比较法学文萃

The Selected Papers of Comparative Law

（第三辑）

主　编　米健

副主编　丁玫　刘彰　王志华
丁洁琳

中国政法大学出版社

大道于无形　涅槃以再生

——比较法学文萃（第三辑）序

什么是比较法学？比较法学在哪里？它的意义何在？一百多年来，从比较法学被作为一个课题提出到其作为一门学科存在，这些问题似乎始终没有解决。然而无论如何，我们都必须看到这样一个事实，即比较法学不仅仅存在着，发展着，而且在越来越大的范围内，越来越深刻的层面上影响着法学与法律制度的存在与发展。无论人们有无意识或是否承认，都应该认识到，没有比较法学，就没有现代中国法制；没有比较法学，就没有改革开放以来中国法制的改革与进步；同样，没有比较法学，就没有未来中国法律制度的发展与进步，现代中国法制的命运与比较法学息息相关。正因如此，完全可以说未来中国法制必然也会一如既往地与比较法学荣辱与共、兴衰与共。比较法学其实正是因循着时代的大势，按照事物发展的必然规律定位自身、发展自身、实现自身。中国的比较法学在上个世纪二三十年代正式进入大学的讲堂，到现在正式成为一个法学专门学科，实际上承载和标志着近现代中国法制的发展与进步。更重要的是，它还承载着未来中国法制的发展与进步的希望。

比较法学在中国可以回溯到上个世纪清末民初中国的法律改制，从时间上看已经有一百多年。在这百余年的历史过程中，比较法学经过了几度兴衰荣辱。首先是它在上个世纪二三十年代的兴起，其起点是1915年东吴大学将其法科部分改设为比较法律学校，10年后又被当时北洋政府教育部批准备案，1929年则正式立案，中国比较法学从此开始了一个名正言顺的生存发展阶段。但随后由于中国的内忧外患，比较法学的发展受到很大限制，这种局面严格说一直持续到中国改革开放之前。20世纪70年代末，中国开始改革开放，同时恢复法学教育，比较法学因之获得了新的生机，从而很快在20世纪80年代初形成了它的第一次复兴。从那时起到现在，中国的比较法学可以说得到了迅速的再生与发展，而且日渐一日地深入影响着中国社会生活的各个方面。回首改革开放后近30年中国法制的建设与发展，可以清楚看到比较法学在中国的痕迹和影响无处不在，无时不在。毋庸置疑，现今的比较法学已经成为中国法制建设和社会法治中不可或缺的一个组成部分，甚至是支持社会生活和法律秩序的动脉。没有认识到这点，就不能认识到法律制度发展进步的一般规律。总结以往世界与中国法律发展的经验与规律，审视当今中国法律进步的需要与路径，综观当今中国与世界法律发展的现实与趋向，可以预言，在未来10年到20年里，中国的比较法学将会形成其第二次复兴并达到鼎盛发展。

虽然比较法学已是中国法制和法学不可缺少的命脉，虽然比较法学已经早已深深渗透到法律发展与法学研究的各个领域，但无论是社会或学界对于比较法学的认识还颇有局限。不仅如此，甚至有人对比较法学的基础和价值存在怀疑。可以肯定，比较法学的意义与作用长期以来被大大低估了。究其原因，主要是对比较法学性质和特征尚没有正确的认识。比较法学是一门学科，但显然是一门与宪法学、民法学、刑法学、行政法学及诉讼法学这些实证法学学科完全不同的学科。它是一门普遍法学学科，一种普遍法学方法，一条普遍法律之路，就此而言，它可以独立存在。但它要想实现其价值，要想获得长久的生命力，就必须化身于各个具体的部门法学之中。也就是说，它是一种思想境界，是一种法学灵魂，是一种法学方法，而部门法则是其载体。经验和现实告诉我们，没有比较法学，部门法学就不可能获得发展，迟早会被质疑乃至淘汰；但没有实证法学，比较法学也就无从谈起，更无法实现其价值和目标。可以说，比较法学是高于所有部门法学的上位法学，是可融于、见于所有法学领域的普遍法学。比较法学和部门法学是灵体关系，灵体合一则法律兴；灵体分离则法律衰。实际上，现今所有部门法学都不可能离开比较法学，这也是不少部门法学家认为他们也在从事比较法学，比较法学总是和部门法学纠缠不清的原因之一。但是，必须看到，部门法学家们所说的比较法学，其实只是将其作为一种方法，是一种实用的、旨在解决具体问题的法律比较，这充其量只是比较法学的一个基本层次或一个方面。而它作为一种思想方法和精神境界的使命，只能由比较法学家们去实现。比较法学的最佳状态是，所有的比较法学家都是部门法学家，而所有的部门法学家又都是比较法学家。更进一步说，当比较法学就是部门法学，所有部门法学又都是比较法学时，当比较法学化身于所有部门法学之中，而所有部门法学具有比较法学灵魂之时，就是比较法学的涅槃之时，而比较法学的涅槃之时也恰恰是它在更高发展阶段的再生之时。此正所谓大道于无形，涅槃以再生，而比较法学的涅槃与再生，就是它的成功与辉煌！

米　健

2009年1月

目　录

制 度 篇

总　论　篇

一、比较法学、法理学与法史学

中国传统之“约”的宪政释义

张守东*

“约”是宪政史的核心概念之一。从“约”的角度透视这一历史并将这一分析回溯到中国政治史更为久远的一些关键环节，还是一项有待深入辨析的任务。本文探讨尧舜禹的禅让、汤武的革命、春秋战国时期的盟约在我国传统政治史中的意义，并把《中华民国临时约法》（以下简称《临时约法》）作为分析近代宪政与“约”的关系样本来使用，希望以此理解我国传统及近代政治权力构造和交接中“约”的在场和缺席与我们的宪政事业有着怎样的历史文化关联。当然，在必要的地方，也涉及了欧美的社会契约论及其实践，以便作为西法东来这一历史因缘解释的参照。可以说，本文是以我国政治史上的“约”为主线，以欧美的社会契约论及其实践为参照物，通过比较的方式，诠释我国宪政传统资源的部分缺失之所在。

一、“天命”、“民意”与社会契约论

我国传统的政治史是一部用武力建立政权，又以德政作为行使政权的标准的历史。虽是用武力赢得政权，但政权的正当性却以“天命”和“民意”的合意来表达。政权的正当性（legitimacy）即当政的资格〔1〕在传统中国基本上被定位在天之命与民之意之上，于是，相应地，天命所归和民心所向也就成了改朝换代天经地义的终极依据。我国最古老的政治著作《尚书》所谓“天视自我民视，天听自我民听”这一至今仍广泛引用的名言，集中体现了传统中国政治体制合法性的基本理念。“天”与“民”之间仿佛理所当然就能自动把自己的政治视听协调起来，成为耳聪目明的政权监护人。“天”与“民”似乎有着从无隔阂，也永不矛盾的默契。作为最高的主权者，“天”与“民”在君主那里找到了自己的代言人和代理人。“天”与“民”的意

---

* 中国政法大学副教授。

〔1〕 我同意赵心树把 legitimacy（正当性）译为“有资格当权”、“有资格当政”，因此，我也把“正当性”按中文的习惯解为“当政的资格”。参见赵心树：《选举的困境》，四川人民出版社 2003 年版，第 33～35 页。

志同构，并不以彼此之间有“约”在先为必要，似乎有着同心同德、心心相印的不证自明，而二者与君主之间，也不是以“约”作为联系的媒介，而是君主主动采取“配”（“以德配天”）的形式“奉”命行事（“奉天承运”）。如果出现违犯天命、民意的暴君，则“有德者”可以“替”天行道，无须等候“天”自己采取措施。“配”、“奉”、“替”都把君主当作可以采取主动的代理人，而不是负有义务的立约当事人。

也就是说，我国传统政治的话语结构基本上不是以“约”的方式表达和实践的。“天”与“民”作为主权者，作为权柄的持有人，其“命”其“意”的发言权和解释权操持在作为其代理人而不是与之立约的当事人的手里。这一政治话语语义结构为其各位主角赋予的角色并无相互约束的功能，而是仅凭代理人的道德自觉。天不自言，“天命”要靠君主的金口玉言来表达；民不得言，没有通过比如民选等方式实现自己意愿的机会，甚至连民意测验都没有。“天”与“民”作为政权正当性的守护神，其法力最终操持在以其名义行事的专制君主那里。

“君”与“天”、“民”之间缺失了以“约”为纽带的政治联络，使得君主得以单方面自行其是。如果说“约”的缔结意味着至少有双边甚至多边的相互见证与约束，则不以“约”为前提的政治权威构建容易成为单边的自说自话。本来应成为一言九鼎的强势主权者的“天”与“民”成了真正的弱势群体，而君主却用武力使自己由代理人和代言人变为主权者。在这样的背景下，“天下为主君为客”的主客关系设计并不比“唯天时求民主”的为民作主的理念对民更有利。“约”的缺席意味着“法”自君出。我国历史上的法作为国法和王法主要是“治”民的工具，乃是执法官吏代表皇帝对小民实行赏罚的依据。总的来说，“法”不是君与“天”、“民”相约的结果。“天”、“民”除了给出“德政”、“仁政”的暗示，对法似乎并无多大作为。君主既没有与“天”约法，也不会与“民”约法。“法”是君主的命令。“前主所是著为律，后主所是疏为令”（西汉廷尉杜周语），君主是法的渊源。“法”是君主公布、万民信守的赏罚标准。“法”与“约”无关。刘邦与关中父老“约法三章”只是开国夺权过程中的权宜之计。君仅以其德赢得天的青睐从而得以奉天承运，无须彼此以“法”相约。西方近代孕育的宪法理念及制度因为在中国缺乏“约”的法源构架而没有真正借以降生的母胎。结果，失去了以约法为标准的政治判断依据，“奉天承运”的在位者和“替天行道”的在野者之间也就没有和平对话的语义场，战场往往就是验证天命民意的惟一所在。

近代我国的立宪运动在中国传统与西方现代狭路相逢的意义上展示了把我国传统形成的强权纳入西方近代意义上的宪法之约的尴尬。近代西方宪政的理论基础是社会契约论。〔2〕从霍布斯到罗尔斯，社会契约论逐渐成了政治权力辩护或政治哲学建构最流行的方式，尽管采用者的用意不同甚至相反，如霍布斯以之为君权不受限

---

〔2〕关于社会契约论这一令人眼花缭乱的理论传统，英国迈克尔·莱斯诺夫等所著的《社会契约论》（刘训练等译，江苏人民出版社2005年版）一书有清晰而确当的系统分析。对于社会契约论传统的神学解读，则可参考林国基精彩的索解，即《神义论语境中的社会契约论传统》，上海三联书店2005年版。

制辩解，洛克则反其意而用之，为限制君权找到理论支柱。这一理论主要确立两个论点，一个是主权在民，另一个是治人者须治于人者同意。这两点又内在相关。主权既然在民不在君，则君主的统治需经人民同意，已在情理之中。社会契约论的灵感来自于以约构成的《圣经》文本。上帝与人有约在先这一点启发了西方政治理论家的想象力。这一理论赖以形成的社会结构肌理则是欧洲近代个人从家族中解放出来成为自治的市民社会一员。这一理论立论的空间场域则是从未得到明确解说的“自然状态”和实有而又模糊的“市民社会”。社会契约论的矛头直指“朕即国家”的政治立场，把治人者和治于人者以宪法的形式“约”进民主的政治体系，使合乎民意的宪法和法律成为一国之王，使“约”与“法”实现以民意为基础的意义同构，乃是欧洲近代政治理论和实践最辉煌的成就。

以此反观我国近代宪政历史，则不难发现，当初仁人志士向西方寻求真理以解我千年政治之惑，实在是一个悲苦而辛酸的过程。首先，上帝代表的超越于人间社会的价值观和权威性，实际上始终若隐若现地构成西方政治理论与实践的强势制约因素，这一点在“天”与“民”同构的中国政治理论中被消解了。欧洲的宗教不仅为其提供了立约的社会秩序建构方式，也提供了价值观和权威性的超越者。在卢梭为支撑他的社会契约论提供的“公民宗教”的信仰告白之中，“全能的、睿智的、仁慈的、先知而又圣明的神明之存在”乃是他言简意赅的宗教教条的第一条。[3] 上帝始终是明显或隐形的终极意义提供者，而在我国，“天命”隐身于无法确知的“民意”之中，“天”未能成为终极立法者。作为社会契约论支柱的价值观之一，天赋人权说（亦译为自然权利论[4]）就是上帝给人以不可剥夺的权利的世俗表达。比如，作为洛克留给18世纪以及其后岁月最重要的贡献，他的社会契约论就是通过不可剥夺的自然权利来建构的。而作为自然权利依据的自然法，则是起源于人们的这样一种共识，即所有的人都是上帝的造物和仆人。[5] 美国的《独立宣言》更是直接把这一权利称为“造物主”的施与。[6] 缺乏真正超越又内在的价值观与权威性，不难想象中国的宪政理论与实践只能是军阀与革命党人之间的实力较量，没有可使之达成政治共识和法律共识、使之共同求助的外在权威。民权因此成为无源之水，难以源远流长。中国近代宪政的现实难题，一则在于这西天真经本身颇多歧异，去伪存真的功夫在救国救民的现实压力之下很难用到家，于是泥沙俱下的情况难免发生；另则是现实的政治格局为军阀这一强势的霸主所把持，新生的革命党人政见不一而又缺乏达成政治妥协的法律机制，因人设法缺乏脱离个人利益的政治远见，均使得近代宪政实践命途多舛。

欧洲的宗教信仰为其带来了人性恶的人性论，这一点是社会契约论另一个重要的依据。比如，伯尔曼指出，洛克的社会契约论和治人者需经治于人者同意的理论背后隐含的是加尔文主义对人根深蒂固的自私自利的强调。正是这一人性的弱点使

---

〔3〕 参见何兆武为其所译的卢梭《社会契约论》（商务印书馆2003年版）所写的序言。

〔4〕 ［法］卢梭：《社会契约论》，何兆武译，商务印书馆2003年版，第5页。

〔5〕 ［英］莱斯诺夫等：《社会契约论》，刘训练等译，江苏人民出版社2005年版，第89～90页。

〔6〕 “人人因受造（created）而平等，其创造者（the Creator）赋予其若干不可剥夺之权利。”参见“Our American Government”，U. S. Government Printing Office，2003，p. 85.

得臣民与君主双方的权力要经双向限制，而这一双向限制又恰是契约概念的应有之义。[7] 不是依靠政治家的个人良知和诚信，而是以宪法之约明确各自的权利义务，使政治行为有宪法这一明确标准可依，则可以避免使政治过于依赖并不可靠的个人品质，此乃宗教为宪政带来的宝贵礼物。而我国近代立宪则在很大程度上没有伴以人性的深刻洞察，却把具体的政治家的个人因素看得过重，没有把普遍人性中的弱点当作宪政设计的根本出发点，倒是总依自己的政治地位选择相应的制度，或依政治对手的政治地位设置相应的制度。对政敌的过分不信任与对自己的太过乐观乃是人性恶理论缺失的政治权力竞争中的痼疾，不利于选择正确的政治制度。本文第三部分关于《临时约法》的论述，将证明这一点。超越个人政治品格的评价机制，而依普适的标准对待任何一个掌权的人，这似乎是中国近代宪政没有做好的功课。

二、古代中国的政治权力建构和交接：以“约”为线索的解释

（一）先王禅让、革命与“约”的缺位

伯尔曼强调，欧洲的每一次革命都是从重新解释历史开始的。[8] 中国当然也不是“托古改制”的例外。春秋战国时期的中国处在社会变迁的十字路口，思想家为自己的愿望和理想寻找历史的支持。思想家发言依赖的是历史形成的权威的依据。而先王也就被迫担当了新思想的话语权威。“祖述尧舜”乃成为一时之风尚。孟子从尧舜禹传贤不传子的“禅让”故事中发掘天意、民心、美德、仁政、王道的历史意蕴。韩非子则以舜逼尧、禹逼舜，汤放桀，武王伐纣（《韩非子·说疑》）的描述为其刻薄寡恩的法术塑造历史的先例。无论如何，尧舜禹禅让与汤武革命作为中国传统政治权力交接正当性的两个标准版本，乃是我们了解中国政治权力建构和交接与“约”是否有关的最佳切入点。

或许孟子和韩非子分别为我们提供了同一史实一体之两面。自从黄帝修德振兵，“天下有不顺者，从而征之”（《史记·五帝本纪》），与蚩尤、炎帝战于阪泉、涿鹿之野，用武力平定天下以来，美德和武力就一直是解释政治权力获取和交接的两种相互对立的要素。尧舜禹之间的“禅让”更有可能既有被选任者美德（尧之至公至明，舜之孝顺笃敬，禹之勤勉力行）的因素在，也有武力的因素在。综合孟子、韩非子、司马迁等人的解说，尧舜禹时代的政权交接可能包含了以下因素。首先，霸主征求其他强权人物的意见。比如，因其盛德而使得“百姓昭明，协和万邦，黎民于变时雍”（《尚书·尧典》）的尧在寻找接班人时先要征求四方诸侯（“四岳”）的意见。其次，以天为公认的话语权威。从孟子所谓尧荐舜于天，舜荐禹于天（《孟子·万章上》）可见天命的作用。最后，强制力的使用。比如，韩非子所谓舜逼尧、禹逼舜。这一“逼”多少调低了孟子有关禅让的道德调门。这一权力交接体系仿佛是以霸主的实力、接班人的政治德行、其他政治强人的附和而在天的监督之下进行的。这说明黄帝通过暴力征伐得来的政权，需要后人用“德”来获取，凭“德”来交接。暴力需要“德行”的认可。不过，“德”从来都不是政治竞争中获胜的真正法

---

〔7〕 H. Berman, *Faith and Order*, Eerdmans Publishing Co., 2000, p. 117.

〔8〕 H. Berman, *Law and Revolution*, Harvard University Press, 1983, p. 113.

宝，"力"才是制胜的关键所在。"德"与"力"都有助于使自己获得接班人的候选资格。而"让"与"逼"的治人者勾当，也都排除了治于人者的同意。"禅让"不是权力分配和交接的社会契约。

其实，暴力不仅在权力交接的时候用得着，在平时也用作协和万邦的工具。尧舜禹之间之所以没能传子而是传贤，大概是这几位华夏霸主尚未有足够的实力在打败蚩尤、炎帝，处置"四凶"一类人物的同时，连像"四岳"这样的地方实力派的意见都敢于置之不理的地步。而"天下诸侯朝觐者，不之尧之子而之舜"（《孟子·万章上》）的现实，也使得即使尧当初想传位给自己的儿子也不可得而行之。

尽管程度不同的武力乃是权力获得和交接过程中真正的主角，但"天命"和"道德"还是被确立为中国传统政治权力交接的正统模式。天命观念起源于尧，道德观念滥觞于舜。〔9〕至于"革命"作为取得政权的方式，则是在"禅让"之后才形成的。政权的交接从"禅让"到"革命"的演变，正好说明温文尔雅的"禅让"难以遮盖暴力的存在，后来干脆以"革命"学说为暴力正名。如果说"天命"是赋予政权正当性的授权者，"革命"则是"天命"赖以实现和维系的另类方式，也就是说，违背"天命"的政治后果就是应运而生的新的有德者揭竿而起，以"革命"的行动为"天命"推出新的代言人。"革命"是"天命"的补充。孟子的"革命"理论并不是要建立民主政权，也不能成为清除圣君贤相的理由，而是诛杀暴君的理论武器。根据孟子，"弑君"和"诛一夫"之间的区别在于是否合乎仁义的标准，唯仁者宜在高位。仁义之德是"君"之为"君"的内在规定。"位"与"德"必须对应，否则不妨诛之，造反有理。"革命"正当性的话语在于天命与道德，这两种政权正当性观念推崇的首先是传贤的"禅让"制度，让人者和受让者都是天命的宠儿和政治道德的化身。暴力的运用仅当在位者二者皆失的情况下才是"顺乎天而应乎人"（《周易》）的正当举措，比如未被正统学说诋毁的"汤武革命"即其例证。尧舜禹之间的禅让，殷周之际的革命，充分显示了政权更替与交接之间德与力交互为用的历史真实。孟子有关"王道"与"霸道"的论辩，乃是这一政治历史在"杀人盈野"的新的政治语境中的延续。

作为西周以前政治权力取得与交接的正当性语言，"禅让"与"革命"都是人与天之间对话的政治语言。当然，"天"并不亲口说，"天不言，以行与事示之"（《孟子·万章上》）。同时，圣人只是则天象地，靠自己体会，"与天地参"，并无与之立约的资格。"禅让"与"革命"以及这二者的"德"、"力"内涵，乃是中国传统政治精英（"先王"）寻求及践履"天"与"民"的共识（所谓"天视自我民视，天听自我民听"）过程中适用的政治工具。其实，"天"与"民"都不说话。"天"是不说话，孔子所谓"天何言哉"；"民"是没有机会和途径说话，然而他们却被解释为政治言论的主体。他们是中国古代政治话语缄默的言说者，他们是缺席的在场者。"先王"和"圣人"替他们说话。"先王"和"圣人"是"天"与"民"未经授权的发言人。"天"与"民"这一虚设的政治话语主体的构造，使得天意与民意的政治内涵成为统治精英任意解释其政治正当性取之不尽用之不竭的泉源。即使"天"塌

〔9〕参见王田葵、何红斌：《舜文化传统与现代精神》，上海三联书店2005年版。

了，“民”也仍然是政治言说最容易被人认可的意义来源。“天”与“民”都不是统治精英与之“立约”的对象，因此统治精英并不作为立约的一方承担政治义务，而是作为贤德英明的领袖主动担当起了天下兴亡的责任。强调一下，统治精英是主动承担责任，而无须作为对等的立约者承担若不履行即应受罚的义务。在这一政治话语系统里，老百姓只是被动接受服务却无权拒绝服务的上帝。作为我国传统政治权威的成分，“天”、“民”权威之虚成全了君王强权之实。

“禅让”和“革命”就是这样把先王变成政治行动的真正主体。这里没有“天”与“民”作为立约一方主张权利的余地。这是中国传统政治正当性大异其趣于社会契约论的地方。社会契约论背景下的革命强调的是人民除掉暴君的权力，汤武革命中的革命则是强调在野而有德的政治强人推翻君主的正当性。前者的重心在人民，后者的重心在僭主。前者的发生是因为治者违背君民之间的社会契约，后者的发生则是由于在任君主获罪于天的莫须有罪名。社会契约理论背景下的革命要建立的是宪政民主，而汤武革命建立的则是另一个专制政权。这里我们不妨引用刘小枫的论述来说明西方革命理论与中国传统革命的区别。他指出，西方革命理论关键在于人民主权理论引出的革命权利的正当性问题。按照社会契约论的人民主权思想，革命的权利是人民的自然权利，而不是圣人的权利。这与儒教革命精神的圣人以天命自居不是一回事。[10]

（二）春秋盟约与称王称霸

尧舜禅让与汤武革命是以“天命”与“民意”为中国早期权力正当性辩解的正统依据，而“德”与“力”则是其一体两面的实际构成。此后，“盟”、“誓”、“约”一度成为春秋战国时期霸主出面与诸国结盟以便建立和平秩序的主要方式。作为中国传统社会与“约”有关的主要用语，它们在今天的汉语中仍然被频繁使用，并在相当程度上保持着自己的原始含义。“盟”、“誓”、“约”都明示或隐含了神灵的莅临，与之有关的“信”则更依赖于个人良知的在场。“盟”、“誓”、“约”都以言而有信为目标。设立“盟”、“誓”、“约”，一言以蔽之，即在于使人信守自己的诺言。人在政治层面的邦国交往以及在经济层面的个人交易，都涉及指向未来的承诺在先以及诺言兑现。公共秩序以及私人交往说到底都有赖于大家为未来而以言相约。未来社会的稳定与秩序取决于人们是否对自己现在的许诺承担未来履行的责任。未来是现实的言论构成的意义世界。一诺千金也好，背信弃义也罢，人们在相当大的程度上寄希望于现实的言说。

1. 盟。“盟”主要用作中国天下一统的政治局面遭到破坏之际也就是乱世收拾政局与建立秩序的替代方式。齐桓公、晋文公等实行春秋霸政的政治成果，在于华夏各盟国借以成功抵制蛮夷之入侵从而实现各国之和平。用钱穆的话来说，春秋霸政有两大要义，一则为诸夏耕种民族之城市联盟，以抵抗北方游牧部落之侵略，因此得保持城市文化，使不致沦亡于游牧之蛮族，二则诸夏和平结合以抵抗南方楚国帝国主义者之武力兼并，因此得保持封建文化，使不致即进为郡县的国家。[11]

---

〔10〕 刘小枫：《儒家革命精神源流考》，上海三联书店2000年版，第91页。

〔11〕 钱穆：《国史大纲》（上册），商务印书馆2005年版，第64～65页。

从当时的实际情况来说，春秋时期缔结了数以千计的盟约，有双边的和多边的盟约，规定对象主要涉及政治事项，如友好、互助、同盟等。关于同盟国的权利义务，钱穆指出，参加同盟诸国，内可保安宁，乱臣贼子不敢擅自篡弑，外可相互制衡，如有争端可付之仲裁，此可谓同盟国的权利。一国遇外敌，霸主即率各国会师戍守。盟主出师，可向盟国乞师，平时盟国要向盟主纳币进贡。[12] 比如，根据《左传》与《孟子》，著名的葵丘之盟有这样的内容，即诛不孝，尊贤育才，敬老慈幼，无专杀大夫，无有封而不告（有所封赏而不向盟主报告）五条（《孟子·告子下》）。"盟"必有主，而此盟的盟主即是作为春秋五霸之一的齐桓公。春秋时期诸侯结盟，概括言之，是以"礼"为依据，以"义"为旨归。所谓"义"之内涵，据钱穆总结，共有四项，其一为尊（周）王，其二为攘夷，其三为禁抑篡弑，其四为裁制兼并。这颇有国际法的味道。凡某国遇篡弑，同盟诸国互不承认，并出兵平乱，另立新君。凡在同盟，互不侵犯，有争端，请于盟主，公断。某国遇外寇，同盟诸国出兵相救。[13]

孟子称葵丘之盟的条款为"命"，为"禁"，足见其作为权威者命令的实质。从与盟诸国作为立约一方的意思而言，在群雄逐鹿的现实政治生活中，即使"盟"有参与者的同意，"诸侯盟，谁执牛耳"（《左传·哀公十七年》）的霸主争夺，也会使"同意"的成分成为强权压制的注脚。这里没有真正的合意。盟约因此更像霸主自己的一言堂，难以具有持久的公信力，难怪像葵丘之盟这样的盟约没有得到信守，以至孟子将诸侯称为"五霸"之罪人。

进入帝制时代以后，政权的正当性来自于皇帝单方面在泰山封禅，在北京祭天。这时，除了与外藩缔结条约，诅盟作为立法手段的现象在国家法制中已完全消失；神明裁判也只是在民间裁判中使用，在国家法制中则已绝迹，盛行诅盟确实是上古时代的特色。结盟变成了封禅，政治一统建立的方式从相互的约束变成了单方面的垄断和强制。"盟"的内容本是各方须共同遵守的义务，如今帝王不再受这一政治义务的限制。他只需对天负责。各方地位相对平等的同盟也就变成了自上而下的统治。我国的社会秩序在从"乱"到"治"的过渡中政治格局成为金字塔式的威权统治。我国政治权力的构成未能在春秋战国群雄逐鹿的多头政治状态下形成相互制约权力制衡模式，反而比"宗子维城"的西周更加专制了。

2. "誓"与"约"。如果说"盟"旨在把当事人各方"约"到一起采取统一的行动或表示彼此信守诺言，"誓"更多的则是单方面表示或被迫表示自己信守诺言。"誓"既可能是权威者的命令，也可能是当事人自己单方面的承诺。就是说，"誓"乃政治与法律言说的另一种古典形式。滋贺秀三指出，如果人们已有了在指挥者之下一致协力的意向，誓就能发挥功能；如果想在独立性很强的人们之间形成秩序，则使用盟。无论是个人宣誓还是对群众誓告，发布宣言的主体都是个人，这是其与盟的不同之处。

其实，"盟"与"誓"都与"信"有关，因为"盟"、"誓"都有赖于参与者信守自己的诺言。总体而言，"盟"、"誓"、"约"都需要参与者有"君子一言，驷马

---

〔12〕 参见注11引书，第62～63页。

〔13〕 同注11引书，第59页。

难追”的精神。然而，春秋以后，随着神权的衰败和“信”观念的普及，“誓”逐渐消失了。随着战国时期杀人盈野时代的来临，各国需要借人质迫使对方就范，信奉法术的法家也不再依靠他人的诚信，而是仰仗以赏罚为手段的人定法，“信”也就失去了用武之地。

“盟”、“誓”的退隐使得中国传统的政治言说失去了超验的诉求。政治言说祛魅的同时也丧失了外在的效力保障。神灵的缺席固然有助于孔孟人文主义的出场，但失去共同信赖的第三者的见证，中国政治语言的转向无疑更有利于赤裸裸的暴力语言登场。“上古竞于道德，中古逐于计谋，当今争于气力”（《韩非子·八说》）便是韩非子对于群雄争霸时代的恰当概括。《韩非子·显学》篇的“多力则人朝，力寡则朝于人”所表达的宗旨，直白言之，就是实力原则。而实力原则的基轴所在，说到底，便是一个“利”字。韩东育指出，所谓“实力”原则在诸侯各国间畅通无阻这一事实本身，已无异于宣布传统的共同体的道德与价值观的无效和无力。[14]

至于“约”、“约束”等用语，也与“誓”有出奇相似的含意。但“约”比“誓”更世俗化。从春秋以前的“誓”到战国秦汉的“约”，后者的使用频率逐渐增高，滋贺秀三认为这反映了世态人心的世俗化倾向。[15] 而增渊龙夫也提到从“盟”到“约”的相似过程。他说，从历史上看，由于春秋中期以后氏族纽带或“歃血为盟”等对等的巫术性结合方式已不能在整体上维持政治秩序，于是逐渐产生了上述众人以人格或感情上的信任为基础推举长上，再由他单方地“约束”集团成员的方式。这种通过“合约”性的强制来形成秩序的方法终于逐渐地压倒和取代了原有的社会结合方式。[16]

春秋中期以来“盟”、“誓”、“约”三者之间的递进显示了愈加浓厚的世俗化倾向。政治权力建构中的宗教仪式越来越从依赖外在神明变成对个人内在信德的仰赖。这一由外向内的转移，使中国政治秩序构造的话语重心从神向人过渡。神话变成圣言。寺田浩明指出，从春秋到秦汉时期，作为使人们彼此之间的行动服从于同一标准的做法，一个就是对等的当事者缔结“盟”或“约”的方法，另一个则是集团首长或领袖单方面地宣示“约”并强制进行约束的方法。前一种做法在当时的政治状况下往往主要依靠神明的力量来保证其拘束力，随着对神的畏怖或信赖逐渐淡薄，这一做法也就渐渐地失去效果。但另一方面，要实行后一种做法，则要求宣示规范进行强制的主体必须拥有一定的背景或资源。[17] 寺田可能高估了“盟”友彼此的对等地位。“盟”可能与“誓”一样有赖于盟主的强势地位。“春秋五霸”、“战国七雄”的描述，很能说明这一点。不过，从孟子有关葵丘之盟的盟约中提到的五项禁令被当时的诸侯违犯而称其为“五霸之罪人”来看，“盟”的效力好不了多少。

总之，尧舜禹之间的“禅让”，殷周之际的“革命”，春秋战国时期“盟”、

---

〔14〕 韩东育：《日本近世新法家研究》，中华书局 2003 年版，第 290 页。

〔15〕 ［日］滋贺秀三：“中国上古刑罚考——以盟誓为线索”，载《日本学者研究中国史论著选集》（第 18 卷），中华书局 1992 年版。

〔16〕 转引自［日］寺田浩明：“明清时期法秩序中‘约’的性质”，载《日本学者研究中国史论著选集》（第 18 卷），中华书局 1992 年版。

〔17〕 同注 16 引文。

"誓"、"约"的递进以及交互为用，成为当时中国政治权力构造和交接的基本线索。其中的政治强人，无论是文治武功得到公认的先王，还是在为自己的政治地盘苦心经营的诸侯，都是当时的霸主，其权威的构成说来都是"天命"与"民意"的合成，其实是"力多则人朝"（韩非子）的统治精英。"禅让"使接班人取得了现成的合法性；"革命"使新生的政权有了合理性；"盟"、"誓"、"约"使得盟主发号施令具有正统性，这几项也许都还有中国传统政治伦理的正当性，但都不具有使政治强人就范的民主宪政底蕴。即使是"约"也不过是盟主确立自己权威地位的备选方式，与作为近代民主宪政理论基础的社会契约理论中的"社会契约"不可同日而语。"神明殛之"这一盟约中常用的罚则，也与社会契约论预设的上帝不同，因为这里的"神明"只是霸主惩罚诸侯的助手，和上帝为社会契约论提供普遍价值准则的角色有着天壤之别。此"约"非彼"约"。其不同不仅在于时代不同，而且在于精神气质迥异。前者是为了确立霸主的权威，后者在于民主的实现。我国的政治史是强人和弱民的共生史，却不是二者的共识史。

三、《临时约法》与近代宪政实践中的宪法之"约"

"约"在中国近代政治史中的表现在于它具有传统中国已有的构建秩序的形式而被赋予新的内容，即被赋予来自于西方的宪法原则与制度。为了收回西方列强在中国的"治外法权"而开始的清末预备立宪与修律运动，使中国被迫采纳它们的法统。宪法也就成为塑造近代中国政权合法性新的话语系统。而近代中国宪政实践的特征，一是频频立宪，另则是因人设法。立宪者因人设法，使得作为近代宪法的各种"约法"缺乏"民约"的恒定，成了因人而异的把戏。这种因人而异，或者是为了立宪者自己的利益，或者是为了限制政敌的权力。前者可以《中华民国约法》[18] 为例，后者可以《中华民国临时约法》（以下简称《临时约法》）为例。下文以《中华民国临时约法》为例分析因人设法的问题，并试图说明立宪中对某个具体的人的考虑不应替代宪政理论中对人性的深刻洞察，而且，对人性的洞察更应纳入"约"的框架，从而使宪法理念在制度层面得到落实。

（一）从制度设计看《临时约法》

《临时约法》比以前的《钦定宪法大纲》、《十九信条》、《临时政府组织大纲》更为完整。民权与政权均已有所归属，近代宪法的基本原理——人权与分权观念也得到了体现，民国的国（第一条，中华民国由中华人民组织之）与民（第二条，中华民国之主权属于国民全体）都得到了法律的确认。关于《临时约法》与《临时政府组织大纲》以下简称《大纲》的异同，荆知仁指出，《临时约法》最特殊而为《大纲》所无者，在于其对国务总理、副署制度、质问及弹劾权的规定。《临时约法》的缺失则在于未曾涉及不信任权与解散权。[19]

---

〔18〕 对于《临时约法》"因人设法"的观点，刘笃才先生批驳甚力，但基于杨天宏等先生的研究以及本人的研究体会，我不采纳刘的观点。而且，我在本文立论的立足点和宗旨也不同于刘先生。考虑到本文的篇幅，我在这里不作阐述。即使是否认《临时约法》因人设法的刘笃才，也积极主张《中华民国约法》属于因人设法。参见刘笃才："《临时约法》'因人立法'辨正"，载《法学研究》2002 年第 5 期。

〔19〕 荆知仁：《中国立宪史》，台湾联经出版公司 1984 年版，第 230 页。

先说责任内阁制。《临时约法》在总统之外复设总理，乃是总统制改为责任内阁制的标志。这一改动留下的问题是总统府和国务院谁是行使行政权的最高机构。就总统的职权本身而言，比较《大纲》第3、4、5条与《临时约法》第32～35条，几无区别，而内容为《大纲》所无的《临时约法》第38条，倒还正面授权临时大总统向参议院提出法律案。《临时约法》对总统的牵制主要来自第45条，“国务员于临时大总统提出法律案、公布法律、发布命令时，须副署之。”至于第44条关于国务员辅佐总统负其责任的规定，与《大纲》第18条只有文字上的差别。府院之间冲突的关键因素不在于“辅佐”，而在于“副署”。论述《临时约法》者，也都着墨于副署问题。荆知仁敏锐地指出，按照英法的内阁制，阁员副署元首公布的法律、命令，乃是代为负责的表示。对于元首，此乃法定的要件，而阁员，则有是否副署的决定权，一旦副署，便构成自己的责任。而按《临时约法》第45条，国务员的副署纯粹成为义务，若不副署，倒构成违法。其词不达意竟到如此地步。倘若咬文嚼字死扣约法，则民国元年六月围绕王芝祥任职而在袁世凯与其老友唐绍仪之间的副署之争，屈在唐绍仪，而非袁世凯。[20] 一般人认为，唐出任总理，和有30年私交的袁世凯不至于有府院之争，然而，由于政体结构的缺陷以及其他因素的影响，两人终于不欢而散。唐绍仪凭借《临时约法》赋予的权力厉行责任内阁制，设国务会议为执行职权的枢纽，对袁不肯稍微放松。王芝祥任职之争最终以唐愤而辞职，其内阁垮台告终。[21]

由于总统府和国务院都被赋予了相当的行政权，而约法并未说明内阁是对总统还是议会承担责任，于是导致了一国之内同时有两个行政中枢的二元化政治格局。因此，“只要国务总理不甘寂寞，要求履行《临时约法》赋予的职权，它（府院之争）便会以某种形式表现出来。”[22]

限制袁世凯权力的另一措施是赋予参议院极大的权力，集中表现为参议院对总统行政行为的“同意权”。《临时约法》规定：“临时大总统得制定官制官规但须提交参议院议决，”（第33条）“临时大总统任命文武职员，但任命国务员及外交大使公使须得参议院之同意。”（第34条）这些规定向来颇受非议。比如鲍明钤认为，当国家从绝对专制转为民主共和，缺乏议会民主的实践经验和程序，立法机构便立即获得任命总理、内阁部长、大使等的同意权，这给议会干涉国家行政以众多机会。[23] 只有参议院的“同意权”，而无总统对参议院的“解散权”。一旦参议院与总统发生冲突，依照约法，总统便无计可施。杨天宏指出，参议员之本意，大概是想操政治上之主动，制人而不受制于人。他们一心要限制行政首脑的权力，并不考虑政府在此体制下能否运作；只看到眼前上任的可能是一个暴君，想不到以后登台的可能是一位贤人，只意识到行政权力应当受到制约，却不把握制约的度。[24]

---

〔20〕 参见注19引书，第231～232页。

〔21〕 参见杨天宏：“论《临时约法》对民国政体的设计规划”，载《近代史研究》1998年第1期。

〔22〕 同注21引文。

〔23〕 同注21引文。

〔24〕 同注21引文。

（二）从“因人设法”看《临时约法》

一般认为《临时约法》关于责任内阁制的规定，是该法因人设法最明显的反映。比如，孙中山在其著述中曾极力抨击西方的议会政府制，又在辛亥革命成功后不久从海外归沪召开同盟会干部会议讨论总统制与内阁制时明确反对宋教仁草拟的体现责任内阁制的临时政府组织法草案，尔后又公布了采用责任内阁制的《临时约法》。个中原因，据荆知仁猜测，“大致是屈于众议和防范袁氏的双重理由兼而有之。”〔25〕问题在于，袁世凯当初是被革命党人翘首以待请来的临时大总统，因为他如果不加盟，新生的民国就可能被他用武力摧毁；而如今又要使之无为而治，实在只是革命党人单方面的如意算盘。袁世凯的武力还在，况且“世凯既负国民之委托，则天下兴亡，安能漠视？”〔26〕民国民主宪政的现实悖论在于，它依靠军阀的“反正”得以存活，但也只想让强人垂拱无为，而军阀不可能仅仅成为革命党人手中的筹码，武力遂成为中华民国的致命伤。而千疮百孔的《临时约法》，又岂能济武力的不足？革命党人过于注重民国建立作为满清王朝灭亡的象征意义，又没有足够的武力推翻袁世凯效力的清王朝，乃是袁世凯成为民国临时大总统的主要原因。试图以一纸约法逼袁世凯对民国的国体就范，竟成为约束袁世凯的主要工具。下面从几个方面阐述《临时约法》文本的形成和解读其中袁世凯个人因素的真与伪。

1. 袁世凯受“让”：和平的代价。袁世凯出任临时大总统最直接的原因是革命党人愿意为帝制的北方和独立的南方之间的和平付出代价，是怕这位政治强人像曾国藩搞垮太平天国那样摧毁新生的中华民国。袁世凯曾被认为是“窃国大盗”，但革命党人的拱手相“让”，也是不容否认的史实。比如，常宗虎指出，袁世凯能当上中华民国临时大总统，是因为：①南京临时政府从筹备组建就期盼袁世凯“反正”归来；②这个临时政府是一个根本不可能存在下去的政权，袁完全有能力将其置于死地，而无须“窃取”；③资产阶级和帝国主义这两个当时中国社会发生变化的主要因素选择袁作为新政权的核心。〔27〕受聘于袁世凯的北洋政府法律顾问有贺长雄在 1913 年也曾撰文指出，中华民国并非纯因民意而立，实系清帝让与统治权而成。有贺氏以东三省、直鲁晋豫四省和内外蒙古等忠于清廷为例，说明这些地方的人民不知民主共和为何物，若非清帝拱手相让，则“除武力征服以外，决不能直以为民国之一部也。”〔28〕而清帝之所以“让”，也是因为满清政府所依赖的袁世凯打算“反正”，投奔中华民国。

袁世凯的“反正”造成了清帝国的垮台，却也使民国迎来了宿敌。一个人既然可以“反正”，他又何尝不可以反叛。为了筹集足够的钱款从而以武力排袁，孙中山曾在 1912 年 2 月 3 日会见日本代表森恪，表示“余等希望将满洲委托给日本，而日本给革命以援助”，若不能得到及时的援助，则只能“与袁世凯缔结和议，抑制天下大乱”，但日方拒绝援助军费，这使得“和谈”得以继续进行。〔29〕实力的悬殊迫使

〔25〕同注 19 引书，第 231 页。

〔26〕同注 21 引文。

〔27〕转引自曾业英主编：《五十年来的中国近代史研究》，上海书店出版社 2000 年版，第 564 页。

〔28〕转引自王健编：《西法东渐》，中国政法大学出版社 2001 年版，第 108～109 页。

〔29〕陈锡祺主编：《孙中山年谱长编》（上册），中华书局 1991 年版，第 648 页。

孙中山不得不出此下策。如果说革命的目标被限定为排满说明了民主共和的理念尚未深入人心，则革命党人没有赢得足够的军事与政治实力乃是不得不将政权交给旧制度卵翼之下的强势人物的原因。拱手相让的可悲之处在于，袁世凯带来的不仅是个人的政治野心，还有他从传统专制中学到的权术，以及对新生的民国来说更为致命的因素，即北洋军阀的武力。来新夏给近代军阀下了这样一个定义："以北洋军阀为代表的近代军阀是以一定军事力量为支柱，以一定地域为依托，在'中体西用'思想指导下，以封建关系为纽带，以帝国主义为奥援，参与各项政治、军事及社会活动，罔顾公义，而以只图私利为行使权力之目的之个人和集团。"〔30〕罔顾公义，使北洋军阀成为制约民国之自由民主理念落实的势力。民国就像是一个不足月的早产儿，为了生存而被羸弱的母亲送给了并不爱它的养母。

政治强人似乎一开始就成为民国挥之不去的梦魇。比如，在讨袁的二次革命中，孙中山发表《告全体国民促令袁氏辞职宣言》强调，"国家安危，人民生死，胥系于袁氏一人之去留。"而在《致参议院等通电》中，孙中山指出，"今袁氏种种违法，东南人民迫不得已以武力济法律之穷，非惟其情可哀，其义亦至正。"〔31〕由此可见政治强人的分量，竟成为国家安危的决定性因素；由此可见《临时约法》的无奈，不得不诉诸武力以逼强人就范。更可悲的是，兵力的不足，军饷器械的匮乏，内部的变乱，终于葬送了革命的事业。个人影响力的一个相应例子是，伴随着二次革命的失败，孙中山鉴于国民党内人心不一、"吾党自败"的教训，竟然在无奈之下作出了与强人政治如出一辙的选择，决定另组中华革命党，在党员誓约中要求"附从孙先生……从兹永守此约，至死不渝，如有贰心，甘受极刑"。〔32〕这使得民国初年的政治舞台颇像孙袁二人之间的政治角逐。

由此可见，制度资源的匮乏使得个人因素在我国政治史上一直被认为是扭转乾坤的关键所在。其人存则其政举，其人亡则其政灭。到了中华帝国行将就木之际，袁世凯一人的向背，竟然成了清王朝与民国孰生孰死的关键。之所以以袁世凯对满清政府的"反正"来作为他成为民国临时总统的依据，是因为荆知仁所说的这一心理，即当时参与革命的人，对于革命的认识，几以排满一事为限。三民主义在很多人的心目中只剩下狭义的民族主义。大家以为只要清帝退位，天下即告大定。〔33〕把溥仪换作袁世凯，似乎就是大清帝国与中华民国惟一清晰的界限。"国"的变迁，太多以某个"人"为转移，这不能不说是近代我国民主创生史上的一个遗憾。

没有充分的宪政理念与制度的支撑，即使袁世凯宣誓就任中华民国临时大总统时发誓"发扬共和之精神，荡涤专制之瑕秽，谨守宪法"，也难以在并无良心约束与外力制约的"誓"与旨在限制袁的"约"（《临时约法》）之间建立合乎宪政的互动。

2. 人性与人格：超越人格视野进行政治评价。袁世凯的政治野心和他手中的北洋军阀武力，固然应当成为我们认识《临时约法》的个人背景因素的一部分，但不

---

〔30〕来新夏："近代军阀的定义"，载《社会科学战线》1993年第2期。

〔31〕陈锡祺主编：《孙中山年谱长编》（上册），中华书局1991年版，第830页。

〔32〕陈锡祺主编：《孙中山年谱长编》（上册），中华书局1991年版，第852页。

〔33〕参见注19引书，第180页。

应主导我们对《临时约法》成败的评价。政治野心实为每个政治家所具有，而且也无可非议。关键是如何将政治家置于宪政的合理框架之中使其政治野心和个人实力不至于成为宪政落空的因素。回顾《临时约法》，我们有必要超越对政治家人格的评价，而进入对人性普遍弱点的深入省察之中。

西望欧美，我们得知，西方民主政治最重要的人性论基础在于"人性恶"的普遍立论。"人性恶"的认识论依据在于《圣经》所说的人的罪性。《圣经》的观点以及奥古斯丁、马丁·路德与加尔文等神学家及其追随者关于人不可救药的罪性的教导，对于近代民主思想的形成也起到了至关重要的作用。[34] 正因如此，单纯以政治家个人人格作为评价其政治行为的标准，也就是无的放矢了。根据人性与罪性设计宪政，其前提即是人格的不可靠，而不必事后根据滥用权力的事实责怪政客的人品有问题。

与此相反，在我国，主流的人性论是儒家的人皆有善端的积极人性论。于是，对政治家人格、人品的依赖就成为不约而同的共识，主导政治评价标准。在一定程度上可以说，对袁世凯的非议主要集中在其个人的品质之上。这种政治评价会使我们把《临时约法》的失败归结为袁世凯一人的人格之坏。这也使当时约法的制定者主要以防范袁氏个人为出发点。

可以说，民国政治家的制度视野限制在眼前的政治对手之上。而在这一点上革命一方的政治家与他们的对手袁世凯实际上如出一辙。他们立宪不是出于对人性普遍弱点的觉识而使权力的制衡适用于所有的政治家，而是出于一己之政治利益的斟酌权衡。宪法因此成了和具体的对手玩现实的政治游戏的规则，而不是可以垂范未来的根本大法。这也许是民国政治不能真正被纳入宪法规制的缘故。

（三）以"约"透视《临时约法》

目前学界对《临时约法》的批评主要集中在袁世凯个人因素的影响[35]以及约法本身的缺点之上。作为分析中国近代宪政史的一部分，我们对《临时约法》的评判应在通过人性恶的觉识而超越对个人人格进行政治评价的基础之上更进一步，即在"约"的意义上进行评判。也就是说，要把《临时约法》放在近现代宪政之"约"的背景上再做文章。这一放大的背景更有助于我们超出《临时约法》一时的得失，而借以探讨近代中国宪政缺失的真正底色，那就是政治家与公民本应具有的宪政之"约"的政治意识和法律意识。仿行西式宪政，离了其"约"的理念，难免邯郸学步，步履蹒跚。

本文第一部分已概述了"社会契约论"，这里为了评价《临时约法》而再对其中"约"的理念进一步申述。"约"是西方人构思近代政治制度与法律制度的灵感源泉，是标准的韦伯"理想型"。"约"的观念在人民与政府之间的运用来自于《圣经》的主张。路德和加尔文也都强调神与万民之间的"约"。统治者毁约的结果是人民有权革命。基督教的革命理论可以这样来概括，即当君王因暴行失去治理的权力，则仍

〔34〕 参见［英］昆廷·斯金纳：《近代政治思想的基础》（下卷），奚瑞森、亚方译，商务印书馆2002年版，第2章与第7章。

〔35〕 刘笃才："《临时约法》'因人立法'辨正"，载《法学研究》2002年第5期。

在掌权的低级官员有权改弦更张。但有权治理的官长必须代表法律和“人民”，因为人民只能经由合法的代表才能抵制暴君。[36]

“约”在西方并不只是抽象的观念，而一向有其现实的运用。社会契约论的历史在西方其实也是中世纪以来欧洲政治实践的历史。以教皇格里高利七世与神圣罗马帝国皇帝亨利四世的授权之争为标志的属灵与属世两大权柄的冲突，最终以两者各司其职告终。皇帝与君王相继从教权中得以释放，个人作为公民又从君王那里赢得自由。在加尔文影响下的日内瓦，全体公民于1537年宣誓遵守以“十诫”为核心的“约”。[37] 而就社会契约理论的实际应用而言，如果说出生于加尔文主义影响之下的卢梭的社会契约论培育了法国革命，那么，美国的《独立宣言》则是以基督教“约”的观念以及洛克等人的近代社会契约理论（见本文第一部分解说）为依据解释殖民地何以有理由切断与大英帝国政治关系的标本。诚如鲍先德在讲到洛克等人对于《独立宣言》形成之影响时所言，“美（国）人于诵读牛顿、洛克诸哲学说之余，同时又受教会对于自然观念之潜移默化，此所以能铸成风气，而《独立宣言》因以形成也”。[38] 北美殖民者知道上帝将其法律写进了整个宇宙，这一法律就是“经由自然揭示的上帝的法律与《圣经》启示的上帝的道德律（the laws of nature and of nature' s God[39]）”。上帝是最高立法者，也是最高法官，他高于英国国王和议会，他的法庭永远不会把人的正义与权利拒之门外。由于英国关上了尘世正义之门，终止了法律与权利，殖民者转而诉诸上帝。这就是为什么法律的语言也发生了变化。而且，《独立宣言》也标志着法庭的改变，即从尘世的法庭转向天国的法庭，也标志着法律的重心从人定法转向神定法。但这并非“法律”本身的变化，因为《圣经》向来都是英国法的基础。[40]

美国人依据从作为最高立法者造物主那里得来的不可剥夺的权利切断了与英王的关系，因为英王无端剥夺了殖民地人民的这些权利并且拒绝予以权利救济。殖民地人民基于自己与上帝的约而切断了与暴君的约的关系。行使正义、保护人民的权利乃是君主从造物主的法度那里承担的责任，这也是衡量人民是否保持与君主的“约”的关系的准则。美国革命的正当性即在于此。至于美国宪法，则是殖民地人民切断与英王的“约”之后，自己以“我们美国人民”的名义在彼此之间立的“约”。而少数政治精英签名的文稿之所以是人民的“约”，乃是因为他们是各州的代表，而且是因为这一宪法之约得到了多数州议会依照法律程序的批准。

上帝与人立约的观念，社会契约论的观念，神定法与自然法的观念，市民社会的民间秩序形态，民间自治的传统，所有这些在美国立宪中根深蒂固的东西，在打算仿效美国宪政的民国初年，都是在约法文本之外缺失的宪政环节。效仿一个国家

---

〔36〕 Gary T. Amos, *Defending the Declaration*, Providence Foundation, 1996, pp. 131 ~ 132；[美] 斯科特·戈登：《控制国家——西方宪政的历史》，应奇等译，江苏人民出版社2001年版，第117~122页。

〔37〕 参见注34引书，第333页。

〔38〕 鲍先德：“英国自然法学派对于美国独立宣言之影响”，载《民国法学论文精粹》（第1卷），法律出版社2003年版，第679页。

〔39〕 关于这一常被误解的短语透彻的讲解，请参见 Gray T. Amos：同注36引书。

〔40〕 参见 Gray T. Amos：同注36引书，第40页。

的制度，不仅在于抄袭其法律文本，更在于培植相关的政治文化土壤。也就是说，《临时约法》的问题不仅在于是应该采用美国的总统制，还是法国的内阁制；而在于，如果按照西方的宪政民主制度操作我国的政治机器，则必须要具有对人的普遍罪性的深刻认同以及社会契约论那种使治人者受制于人者之“约”的文化底蕴。总之，《临时约法》起不到应有的作用，原因在于其文本之外。

四、总结

尧舜禹的禅让，汤武的革命，春秋五霸与战国七雄的同盟，近代军阀的刺刀政治，都是大大小小的政治强人称王称霸的方式。霸主的命令乃是政治权力的权威话语。新的“约”或“法”往往只是新的霸主的最新最高指示，顶多只是找几个实力人物加以呼应或附和。真正的合意并不存在。禅让与民主选举的区别在于前者无需候选人竞选，无需民众投票。让者和受让者达成一致，再找上几个诸侯附和即可，禅让与“民约”与“民选”无缘。

如果说禅让使受让者因德行自动取得了政权，那么革命家商汤与周武王就不得不麻烦自己用暴力推翻不符合德行标准的在位者而建立政权。既然有德者应该取得政权，推翻罪恶的暴君也就顺理成章。革命是禅让在伦理政治方面的盟友。革命家不可能与革命的对象立约。因此，禅让与革命不“约”而同。

早期盟约中神灵的出场也不过是帮助迫使与约者就范，神灵自己并非立约的一方。神灵只是霸主的盟友，或者是霸主的代言人。立誓者则是要强制他人遵守自己的命令，或是被迫接受他人的命令。至于民初的政治家，却在国家层面的约法中增加了政治斗争的诱因，并未给中国带来宪政民主秩序。《临时约法》的弱点不仅在于其文本有着使总统与总理、总统与参议院相持不下的瑕疵，而且在于这一文本并没有、而且其自身也不可能带来类似于社会契约论那种使之付诸实施的“约”的背景。有“法”而无“约”，总是失去了守约的主体。没有“约”隐含的公民个人自由、平等、公义等价值观的登堂入室，宪法作为“法”的文本也就没有了使之被赋予宪政意义的话语空间。近代宪法往往只是表示政权合法性的工具，并无人民合意的正当性。真正意义上的合意之约，似乎有待千呼万唤的真诚相约。

我国历史上的“约”和“法”都不外是命令，而命令有赖强权人物的发布和执行。因此，我国的政治史很大程度上是威权政治的历史，未能摆脱强人政治的阴影。政治强人发言的真正规则不是宪法。而民初革命家试图用服务于自己利益的宪法约束军阀的手脚，不可能奏效，即使其设计的宪法条款可以操作，也不免会被暴力所压倒。

我们并非一定要走西方的道路，言必称希腊，行必仿欧美，或一味以社会契约理论、自然法作为民主宪政的根基，但社会契约论所隐含的平等政治主体之间的盟约以及自然法对公民不可剥夺的权利的设定，则必须有相似的替代品，才能使我们有“仿行宪政”的本钱。如果民主宪政是我们惟一的选择，则我国传统的“约”的资源似乎并不足以成为可靠的宪政根基。用“法”代替“德”，用平等之“约”代替强人政治，也许可以成为我们的备选方案之一。

民国时期的“法学权威”

——一个知识社会学的微观分析

刘　星*

1934 年，吴经熊在一篇文章中提出一个问题：1930 年代左右的法学理论的时代精神究竟是怎样的？在他看来，一句话就可以概括地加以表明，也即“我们可以说是怀疑和中心思想的缺乏”。在这句话的注释中，吴经熊引用梅汝璈几乎同时所说的一句话加以补充。梅汝璈曾说：“现在的中国是缺乏中心思想的”。吴经熊另外提到，梅汝璈的表述对于当时的中国法学是否合适，不属于自己的文章所要讨论的范围，但是，读者阅读自己的文章之后，“当知现代的外国倒是有这般彷徨的现象”。那么，为什么“现代的外国倒是有这般彷徨的现象”？吴经熊讲，因为时任“哈佛大学法科教务长的庞德先生已经先我说过了，是说得最痛快淋漓的”。对于外国法学的大致情形，吴经熊概括地说：“一切正在酝酿震荡扰攘——这便是现在法学的状态。换言之，对于过去法学的批评，即是现今法学大部分内容之所在”。〔1〕

吴经熊的这篇文章，给人的印象似乎是，就外国范围来说“法学权威”是不存在的。然而，就中国情况而言，吴经熊好像是有所保留的。否则，梅汝璈的表述应当是在自己文章的讨论范围之内。另一方面，可以注意到，在提到“哈佛大学法科教务长的庞德先生”时，一个“权威”正在静悄悄地在吴经熊的意识中凸显表达。众所周知，庞德在当时便已经是“比较重要”的，尽管可能不像 1940 年代至 1950 年代那样属于不可置疑的法学权威。

在本文中，我将讨论民国时期的“法学权威”现象。在近现代中国，“法学权威”是个复杂的问题，我们很难用统一的模式加以概括说明。首先，如果从某种意义上讲中国当时存在着“法学权威”，那么，这种权威的展示方式有时可能是“特别”的，可能主要不是以直接“崇拜”作为表现形式的。其次，如果在某种可以认定为中国的法学权威中，“西方印记”是存在的，那么，也许我们可以发现西方的法学权威也有“中国印记”。这意味着，我们可能不仅可以看到吴经熊提到“哈佛大学法科教务长的庞德先生”，而且可能看到西方学者提到中国的某位学者。再次，从法学学术主体来说，西方和中国有时有着密切交流，这样一种交流，有时甚至达到了可以消融“国籍身份”标志的程度。这里的意思是说，其时中国学者不仅“来自国

---

* 中山大学法学理论与法律实践研究中心、法学院教授。本文为国家社科基金项目 02BFX003 的研究成果的一部分。另外，本文写作得到了广东省人文社科重点研究基地重大项目 04JDXM82001 课题经费的资助，特此致谢。

〔1〕 吴经熊：“关于现今法学的几个观察”，载吴经熊、华懋生编：《法学文选》，中国政法大学出版社 2003 年版，第 87 ~ 88 页。

外”（比如留学归来）、精通外语，而且时常走出国门（比如外出讲学），似乎本身就是外国学术成员的一个主体存在。于是，一个重要的现象得以出现：在外国法学中存在的学术状况，可以并发地在中国同样存在。

可以发觉，如果所有这些关于“法学权威”的复杂问题的确是存在的，那么，其将为我们提供一个值得注意的思考路径：在近现代“中西法学”的相对关系中，通过法学权威这一现象加以考察，西方法学可能不纯粹是“进入”的、“领导”的，中西法学的相对关系也许是“斗争”的、“彼此竞争”的，至少就部分情况来说是如此。而如果有时是彼此竞争的，我们也许就需要在某种程度上重新理解近现代中国法学的特征，重新理解法学里的“西学东渐说”。

长期以来，在中国法学界，“近现代法学权威”可能不是一个重要的问题，我们几乎难以发现相关的学术著述。然而，在西方法学界，有人已经通过学者个案探讨过类似的问题。比如，威艾克尔（Franz Wieacker）在分析19世纪德国民法典的历史形成过程之际，梳理解释了萨维尼的法学权威的意义。〔2〕霍维茨（Morton Horwitz）直接梳理分析了霍姆斯在美国法学中的权威问题。〔3〕坎特罗维茨（Hermann Kantorowicz）也曾从微观的学术活动关系和社会背景的角度同样分析了萨维尼的法学权威的特征。〔4〕这些梳理、解释、分析，是有启发性的。只是，在我看来，这些探讨可能更多是从“国内法学背景意义上的内部竞争”来看近现代法学权威的问题，较少（不是没有）注意了这种权威所依赖的“世界法学背景意义上的外部竞争”，进而，未有更多地深入思考“内部竞争与外部竞争的相互关系”，而且，缘此未能挖掘其中包含的更深层的“法律意义”。而一旦可以更多地揭示法学权威与世界背景中外部竞争的相互关联，也许，我们可以在更深层次上，通过法学权威这一焦点，从“全球法学互动”的背景中去理解近现代历史时期“一国法学的特征”，尤其是“中国法学的特征”，并且，从更有意义的角度去理解近现代历史时期“民族国家问题”与“日常法律问题”的复杂关系。

本文在文献资料上大致采用理论法学的内容。采用这些文献资料的主要理由，在于民国时期的法学学者一般而言对理论法学和今天所说的部门法学都是颇为精通的，而理论法学的内容在他们自己的整体法学中或多或少有着“指导”作用。注意理论法学，在一定程度上，的确可以“代表”对他们在其他法学内容上所作所为的关注。当然，为了形成对应，就西方法学而言，本文也大体上仅仅涉及理论法学（除了极个别情况）。此外，法学权威主要是通过学术运作中的“重要法学人物和理论”的“选定”来实现的。因此，本文将特别通过民国法学运作中的“选定”过程和机制的微观视角，来阐述法学权威在民国法学中的呈现和意义，并通过这一视角展开知识社会学的深入分析。

---

〔2〕 Franz Wieacker, *A History of Private Law in Europe*, Oxford: Clarendon Press, 1995, pp. 279 ~ 370.

〔3〕 Morton Horwitz, "The Place of Justice Holmes in American Legal Thought", Robert Gordon (ed.), *The Legacy of Oliver Wendell Holmes*, Jr. Stanford: Stanford University Press, 1992, pp. 31 ~ 71.

〔4〕 Hermann Kamtorowicz, "Savigny and the Historical School of Law", *The Law Quarterly Review*, vol. 53, 1937, pp. 326 ~ 343.

一

1910年代至1940年代，中国法学的大致情形的确有如梅汝璈所说，是缺乏中心思想的。美国学者杜威1921年曾经针对中国的中青年学者提到这样一个印象：青年人“都渴望新思想，对于学理只是虚心的公开的去研究……就是年长的人，也很肯容纳新的思想”。杜威甚至表明这是“新时代的精神，科学的精神，并不只是西方的精神”。[5] 1910年代以后，大批中国法学留学生开始陆续回国，他们随即展开了比较自由的法学研究，而且时常表现出初生牛犊不怕虎的精神，似乎印证了杜威的印象。

所谓初生牛犊不怕虎，是指其时一批法学作者并不特别在意西方法学的“权威”意义。今天有学者称，“中国近代的法学著作较之过去不可谓不多，但……大都是西方法学理论的翻版。”[6] 这一判断，针对民国时期的相当一些法学而言，可能不是十分恰当的。19世纪以来的西方近现代法学理论，为今天学者所耳熟能详的“所谓重要的”，可能包括了诸如边沁、奥斯丁、梅因、萨维尼、普赫塔、施塔姆勒、狄骥、霍姆斯、庞德等人的理论。针对这些西方理论，我们都能发现许多民国年青法学学者的不客气的批判。比如，20世纪二三十年代，燕树棠在讨论法律与自由的关系时，郑保华在讨论法律演化时，以及张志让、朱显祯、萧邦承当然还有其他学者在讨论其他法学问题时，都对西方这些重要学说进行了批判。[7]

但是，在这里重要的问题是，对西方诸多重要法学理论的批判，以及并不特别在意西方法学的“权威”意义，并不等于“西方法学权威在中国”的问题是不存在的。虽然我们不能认为近现代的中国法学著述大都是西方法学理论的翻版，但是，这不意味着西方法学话语的“中心”，或者某种隐蔽的“权威控制”，是不见踪迹的。实际上，从某种意义上看，批判有时既是针对目标的颠覆活动，也是树立“中心”的协助活动。当批判时常得以集中的时候，权威也就可以在另外一种意义上确立并且逐步巩固。毕竟，更多的批判，有时更易导致后来更多的拥护及捍卫，而权威的最终标志，就是更多的拥护及捍卫。因此，在一定意义上，以批判的心态并不在意西方法学的“权威”意义，同时，又以不断重复的方式去确立被批判的对象，是以“推倒权威”的方式不自觉地确立及巩固权威。在后来的民国法学中，我们的确可以发现随之而来的对某些西方法学权威的更多拥护及捍卫，比如，对美国的社会法学及其代表人物庞德。

其实，从广义的近现代世界法学来看，不仅中国存在这样的情形，而且西方内部也存在这样的情形。上述近现代西方法学权威理论，即使是在它们初步成为所谓

---

[5] 罗志田：“传教士与近代中西文化竞争”，载《历史研究》1996年第6期，第77页。

[6] 郝铁川：“中国近代法学留学生与法制近代化”，载《法学研究》1997年第6期，第23页。

[7] 燕树棠：“自由与法律”，载《清华学报》1934年第9卷第2期；郑保华：“法律社会化论”，载《法学季刊》1930年第4卷第7期；张志让：“借英国法中许多稀奇有趣之点来阐明法律的性质”，载《法轨》1934年第1卷第2期；朱显祯：“德国历史法学派之学说及其批评”，载《社会科学论丛》1929年第1卷第10期；萧邦承：“社会法律学派之形成及其发展”，载《法轨》1935年第2卷第1期。

“法学重心”的时候，在西方法学学术中也是备受批评的，而且，也一部分恰是因为备受批评而成为较长时期的一种法学权威。

我们首先可以注意近代德国法学的演化。众所周知，1810 年代中期，萨维尼发表了著名的《我们时代立法与法学的使命》的“小册子”，开始激烈批判当时德国著名民法学者蒂保（Anton F. J. Thibaut）的统一法典观点。正如托乌斯（John Toews）指出的，从这一时期至 1840 年代，萨维尼历史法学的“权威”意义是颇为有限的，“萨维尼辞去了所有大学教职……客观条件限制了萨维尼的学术影响，他处于低谷”。[8] 相反，蒂保在被批评的时候恰是德国至少是德国南部地区大学的重要法学权威之一。1940 年代，大批学者学派将批判的对象从蒂保的自然法学身上逐渐移向了萨维尼的历史法学。此时，出现了竭力倡导德国本土习惯的日耳曼学派（Germanistik），以及积极鼓吹当时德国各邦法典中罗马法因素的罗马法学派（Romanistik），这些学派对萨维尼的理论提出了不同看法。此外，主张法律规则体系完整性的潘德克顿学派的先驱者，也逐渐从另一角度开始不遗余力地瓦解萨维尼的历史观念。加上黑格尔、费尔巴哈、海涅在柏林大学这一当时德国学术中心不断指责萨维尼的反理性和神秘主义，以及原来倡导自然法学的蒂保追随者不断反击萨维尼的理论，历史法学，在稍后才得到更多人的支持拥护，其“权威”在 1840 年代至 1860 年代才得以最终巩固，耶林才在 1861 年提到“萨维尼已被视为德国法学最为闪耀之星”。[9] 当然，萨维尼的历史法学，在初期阶段就有着拥护者。拥护者的存在，恰是萨维尼遭遇批判的一个基本前提。

我们其次可以注意近代英国分析法学的境遇。作为法学学者的奥斯丁，其分析法学在其在世时是默默无闻的，奥斯丁本人也是在寂寞孤独中渡过余生的。研究者们看到，奥斯丁及其自身的各种实证学说，在 1840 年代至 1860 年代几乎为人所遗忘。但是，随着当时英国重要法律学者布莱斯（James Bryce）和著名法律历史学者梅因的批评，以及后来其他学者比如戴雪的不断“纠正”讨论，当然还有诸如密尔（John S. Mill）一类学者不断的重视探讨，分析法学的理论至 20 世纪初期得到了越来越多的学术拥护，开始成为一种“重要法学权威”的象征。[10]

中国近现代时期的法学状况，在巩固甚至确立法学权威的方式上，就其批判“重要法学理论”而言，有时与上述西方德国和英国的法学状况是类似的，更为准确地说，可能是西方这种法学运作的一个历史延续。

那么，这里存在一个问题：在具有近现代历史标记的民国时期法学中，被批评的所谓“西方重要法学理论”是怎样被“选定”的？“选定”本身是个重要的现象，其

---

〔8〕 John Toews, “The Immanent Genesis and Transcendent Goal of Law: Savigny, Stahl, and the Ideology of the Christian German State”, *American Journal of Comparative Law*, 37 (1989), p. 155.

〔9〕 “Savigny's Research Program of the Historical School of Law and its Intellectual Impact in 19th Century Berlin”, *American Journal of Comparative Law*, 37 (1989), p. 79. 以上历史情况，另见 Politics and the Law in Late Nineteenth-Century: The Origin of the Civil Code, Oxford: Clarendon Press, 1989, pp. 23 ~ 27；本注克莱纳尔引文，第 76 ~ 79 页。

〔10〕 参见“Introduction”, in John Austin, *The Province of Jurisprudence Determined*, Wilfrid Rumble ed., New York: Cambridge University Press, 1995, pp. vi, i xx ~ xxi, i xxxiii.

中包含了值得注意的近现代西方法学权威得以产生的双重机制，也即推崇过程中的权威确立和批判过程中的权威巩固，在本文语境中，更为重要的是“批判过程中的权威巩固”。

容易想到的是，对西方重要法学的“选定”，首先是通过翻译“西方学说中的‘选定’”来实现的。1932 年，凌其翰翻译了一位法国学者撰写的有关狄骥著作及其学说的论文。在这篇翻译论文中，我们可以读到，1928 年狄骥的去世是“法律科学之一大损失”，狄骥“必为现代法律思想之关键”。在这位法国学者看来，狄骥的法学理论是颇为重要的，不论他者是想批判还是完全推崇。[11] 1937 年，张季忻翻译了德国法律学者施塔姆勒的《现代法学之根本趋势》。在这部著述中，施塔姆勒提到了相当一些西方重要的法学理论，并且逐一对其提出了居高临下的批评。[12] 在民国时期，作为“西方法律思想介绍”的翻译作品，上述一类著述是时常可见的，而这类著述对中国学者理解作为被推崇或被批判的“西方重要法学理论”，是有重要影响的。不难理解，通过西方学者来了解西方学者的“重要”，是学术上简便快捷的方法，而又被许多中国学人认为是行之有效的“准确操作”。因为，人们容易假定西方学者更为了解西方自己的学术状态。

除了对“西方学说中的‘选定’”的直接翻译，我们还能看到另外一种对“选定”具有影响的学术方式，这就是中国评介者的导引叙述。1921 年和 1923 年，方孝岳分别整理翻译了《大陆近代法律思想小史》一书。这本译著源自 1918 年的英文版著述《19 世纪欧陆法律的发展》。[13] 在这部译著的中文序言中，作为中国学者，方孝岳自己提到了一些“重要法学理论”的代表人物，比如英国的梅因、德国的萨维尼和祁克，而且对相关的重要法学理论的代表人物作出了说明。[14] 在介绍施塔姆勒法律思想的一篇文章中，丘汉平提到，施塔姆勒“在今日的德意志是推为法界第一巨子了”。[15] 而张季忻在上述译著《译者序》中也曾提到，施塔姆勒“是世界的有名法律哲学家。世人都公认他为新康德派的领袖”。[16] 我们知道，评介中包含了一种隐蔽的话语指示，也即评介者对被评介的内容是熟悉的，因而其中“对所谓‘重要’的选定”也就是可以参考的。这之中，当然包含了支撑西方主要权威的“中国辅助权威”。

自然，民国学者的一些评介，如同翻译一样，其背后另外展现着西方学术的广泛语境。首先，我们可以注意，在方孝岳译著所依据的英文原著中，有三个英语国家学者撰写的序言和导论，其一是威格摩尔（John Wigmore），其二是鲍查德（Edwin

---

〔11〕［法］鲍那尔：《狄骥的著作及其学说》，同注 1 引书，第 113 页。

〔12〕［德］施塔姆勒：《现代法学之根本趋势》，张季忻译，陈灵海勘校，中国政法大学出版社 2003 年版，第 88 ~89页。

〔13〕*The Progress of Continental Law in the Nineteenth Century*，by various authors，Boston：Little，Brown and Company.

〔14〕方孝岳：“序”，载《大陆近代法律思想小史》上编、下编，方孝岳编译、陶孟和校，曾尔恕、陈敬刚勘校，中国政法大学出版社 2004 年版，第 4、80 页。

〔15〕丘汉平：《丘汉平法学文集》，洪佳期译，中国政法大学出版社 2004 年版，第 170 页。

〔16〕张季忻：“译者序”，载同注 12 引书，第 3 页。

Borchard)，其三是波洛克（Frederick Pollock）。三位英语国家学者叙述了自己对当时的法律思想的看法，不断地指出19世纪诸如边沁和萨维尼还有另外一些西方学者理论的重要价值。[17] 这些看法，对方孝岳来说很难认为没有影响。威格摩尔和波洛克两位学者在当时的法学语境中还是比较活跃的。无论中国学者，还是西方学者，均认为他们在世界法律历史和英国法律历史方面颇有建树。于是，他们的法律评述观点当然可以发挥一定的潜在引导作用。从历史资料看，民国时期法学学者参阅西方诸如威格摩尔等人的原文著述从而确定"西方重要法学理论"的学术运作，并非是少见的。1929年，何世祯就曾根据梅因对分析法学的批评，提出"可以看出分析法学派根子上有错误了"。[18] 1930年代初期，梅汝璈在讨论《拿破仑法典》制定的社会历史背景以及对世界的影响时，也参考并且沿用了威格摩尔的观点。[19] 其次，我们可以注意，方孝岳在译著《序》中摆列着西文参考书目。参考书目至少包括了诸如《世界伟大法学家》这样的"导引"著述。而《世界伟大法学家》一书中就专门提到了近代以来诸如格老秀斯、霍布斯、普芬道夫、贝卡利亚、边沁、萨维尼、耶林等"重要人物"，以及他们的理论。[20] 参考书目的"导引"影响，比较类似前面提到的被译原著，其所表现的就是作为背景的西方学术语境的某种隐蔽控制。列出参考书目，在民国法学中，也是较为常见的。举凡具有西学背景的学者著述总会列出相关西文文献。

二

然而，我们是否可以认为，民国学者对"重要法学理论"的"选定"，仅仅是西方法学中"选定"的一个简单延续?

我们当然可以认为，无论作为直接表达形式的西方译著，还是作为间接表达形式的中国学者的导引叙述，以及诸如开列参考书目的方式，其中所包含的总是西方学者的"选定"，而这种西方学者的"选定操作"不仅对一般的中国读者而且对作为翻译评介主体的中国译者和评论者的左右，是不可避免的。此外，我们当然可以认为，理解西方法学的途径之一势必是由"西方选定式的著述"开辟的，在这个意义上，中国学者对西方重要法学理论的"选定"，也就包含了西方学者已经作出的"选定"，或者可以说是西方学者"选定"的一个组成部分或者延续。而且，从西方世界的法学发展来看，我们也能看到类似的一国对他国的"选定模仿"的情形。的确，我们有时容易发觉，"西方重要法学选定在中国"的问题是个"西方如何影响中国"的问题。但是，从另一方面看，问题可能并非那么简单。

1931年，丘汉平撰写了一篇关于西方法学著作——《法律之故事》——的书评。这一书评提到该书是十分有意思的，因为这一著述的作者希望描述人类古代野蛮的法律是如何逐渐地演变成为"时代合理化的……由人治的渐至法治的；由君主立法

---

〔17〕［立陶宛］威格摩尔："序言"和"导论"（John Wigmore, etc,"preface" and "introduction"），载同注13引书。

〔18〕何世祯：《近代法律哲学之派别和趋势》，载同注1引书，第46页。

〔19〕梅汝璈：《〈拿破仑法典〉及其影响》，载同注1引书，第145页。

〔20〕同注14引书，第9、80页。

至君主守法及人民立法；由人民立法至人民守法”，这在法律历史的描述中，“可以说是相当的成功”。丘汉平在文章的末尾专门这样说道，不仅仅是我个人将这本书介绍给读者，“就是当代的比较法大儒韦克摩（即本文提到的威格摩尔）教授也介绍这书是梅因（Maine）《古代法》以后的惟一巨著”。[21] 然而，丘汉平提到的《法律之故事》作者及其法学理论，在民国时期大体来说没有被认为是重要的西方法学作者和理论，其明显不能和分析法学、历史法学、社会法学、新康德法学、新黑格尔法学和后来的纯粹法学等学派的人物以及理论相提并论。这样的例子，在民国时期的法学中，时而可见。在此，我们可以发现“在民国法学语境中西方影响”的某种变异，也即民国时期学者似乎有时没有完全依照西方学术路向去“选定”所谓重要的西方法学理论。其实，在前面提到的方孝岳译著的中文序言中，我们也能读到包含某些“中国学者自我选定意识”的文字：狄骥的“‘体大思精’的记录，足以证明作者确是现代法律思想界的大人物”，而法国学者查蒙（Joseph Charmont）“那篇具有国际性的文章，更是将光彩直射到现在的人类上……其价值更不待言”。[22] 方孝岳设想，查蒙也许要比狄骥更加重要，至少是彼此相当的。

在诸如丘汉平、方孝岳等已受西方潜在语境影响的学者中，我们已能发现“需要变异”的自觉意识。事实上，从总体看，在民国时期法学学者的著述中，我们既能发现大量的“今天已成定论”的西方重要法学人物及其理论，也能发现大量的“后来还有争论”的西方“重要或不重要”法学人物及其理论。[23] 这种状况表明，民国时期学者的学术视野本身就是十分宽广的，他们时常是在自由地通过自己的判断来断定西方法学何种理论是重要的。因此，中国学者对西方重要法学理论的“选定”，也就自然可能是种并非完全西方化的“选定”。另一方面，这种“选定”的变异是十分正常的，即便是在西方法学中，也都存在这种“选定”的变异，人们都能发现在一国中重要的在他国未必重要，反之亦然。[24] 于是，就变异而言，我们并不能够发现普遍单一的“中国朝向西方”的学术依附关系。就“批判地树立权威”而言，我们并不能够想当然地认为中国学术运作是西方学术运作的纯粹模仿性的一个组成部分。

如果这是真实的，那么，我们可以提出一个深入的问题：什么因素另外左右着作为批判对象的“西方重要法学”或说西方法学权威在中国的实际定位？

在自己的《译者序》中，张季忻曾经说过，一位中国学者也即吴经熊的学术见解虽然与德国大家施塔姆勒“颇有出入之处”，但是两人治学态度“如出一辙”，施

〔21〕 同注15引书，第283～284页。

〔22〕 同注14引书，第79页。

〔23〕 后者例子，参阅陈任生：“从个人法到社会法——法律哲学的新动向”，载《东方杂志》1933年第30卷第5号；丁元普：“法学思潮之展望”，载《法轨》1934年第1卷第2期；黄右昌：“现代法律的分类之我见”，载《中华法学杂志》1931年第2卷第8期，以上论文提到的西方法学人物及其理论。

〔24〕 Hendrik Hommes, *Major Trends in the History of Legal Philosophy*, Oxford: North-Holland Publishing Company, 1979, pp. 185～208.

塔姆勒对吴经熊“还是称颂倍至”。[25] 而施塔姆勒的确说过，吴经熊所讨论的一些法律思想，把“问题论述得非常精妙……把问题根本把握住了，而且独具慧眼，精到绝伦”，吴经熊所主张的必须要用心理方法来研究法律的实际部分和经验部分的观点，是“完全正确”的。[26] 1928 年，吴经熊自己雄心勃勃地说，“作为一名法律哲学家，我更为希望别人依据两个论文对我作出判断，其一是《霍姆斯法官的法律哲学》，其二是《施塔姆勒及其批评者》”，因为，“我的全部哲学可以视为努力协调霍姆斯和施塔姆勒的法律思考”。[27]

在张季忻的提示、施塔姆勒的评价和吴经熊自己颇具雄心的表达的背后，是可以发现一个具体“历史经历”的，而这一“历史经历”，可以为理解前面提到的影响“变异”的因素提供一个思考路向，同时，也使我们能够从侧面理解本文一开始提到的当梅汝璈论及“中国缺乏中心思想”时为什么吴经熊认为“这不一定”。

1920 年代初期，在留学时，吴经熊和西方一些学者建立了密切的私人关系。其和美国著名法官霍姆斯实现了密切通信交往，和施塔姆勒建立了良好的学术关系，并与庞德建立了友好关系。[28] 这一时期以及稍后，吴经熊用西文撰写了与他们还有卡多佐相关的学术论文，对这些西方学者在赞同之时也颇多批判。然而，重要的是，无论霍姆斯、庞德、卡多佐，还是施塔姆勒，都对吴经熊的论文或者其他著述作出了回应，他们对吴氏的思想或赞同或批评或争执。[29] 众所周知，当时这些西方学者已是十分重要的法学人物。这些西方学者对吴经熊学术的回应，既有可能是缘于吴经熊在自己的论文中批评了他们的观点，也有可能是缘于他们之间使用的语言是“西方语言”，另有可能是缘于他们之间已经存在了一种“密切的私人关系”。但是，不论原因是什么，所有这些原因本身对于我们理解何种另外因素影响中国学者对西方重要法学理论的“选定”，是十分重要的。

首先，我们可以看到，在“声名显赫的西方学者地位”、“西方语言”和“密切的私人关系”这些“原因”的基础上，吴经熊和西方学者的确形成了某种“彼此竞争”的关系。因为，正如前面已经提到的，吴经熊想要努力协调作为西方象征意义的“霍姆斯与施塔姆勒”之间的法律思考，与此相对，被协调的“西方”对象也在反协调，试图征服、推翻作为中国象征意义的吴氏思考。施塔姆勒曾经针对吴氏的某些想法委婉地表达过，吴氏是否正确也许是个另外的问题，但是“应当予以同情的理解”。[30] 在这个意义上，从主要方面来看，我们在此所看到的是一种“中国希

---

〔25〕 同注 16 引书，第 3 页。

〔26〕 同注 12 引书，第 138、150 ~ 151 页。

〔27〕 “Preface”, in John C. H. Wu ed., *Juridical Essays and Studies*, Shanghai Commercial Press Limited, 1928, p. xi.

〔28〕 吴经熊：《超越东西方》，周伟驰译，社会科学文献出版社 2002 年版，第 109 页。

〔29〕 霍姆斯对吴的回应，见［美］*Justice Holmes to Doctor Wu: an intimate correspondence*, 1921 ~ 1932. New York: Central Book Co., 1947. 庞德对吴的回应，见同注 28 引书，第 139 页。卡多佐曾表达了对吴经熊观念的赞赏，见［美］卡多佐：《法律的成长·法律科学的悖论》，董炯、彭冰译，中国法制出版社 2002 年版，第 26 ~ 27 页。施塔姆勒的回应参见 Rudolf Stammler, “On the Question and Method of Juristic Philosophy”, John C. H. Wu ed., *Juridical Essays and Studies*, pp. 245 ~ 259.

〔30〕 同注 12 引书，第 152 页。

望批判西方同时西方希望批判中国”的双向运动，不是一种“中国仅仅希望批判西方”的单向运动，而单向的运动，有时的确隐藏着文化上的被殖民，的确隐藏着“试图批判对方等于是在完全树立对方权威”的问题。于是，在此，我们也就看到了一种独特的中西学术对立关系，从而看到另外一种可能出现的影响“西方重要法学选定”变异的因素。

其次，“批评西方观点”、“使用西方语言”和“密切的私人关系”这些现象事件的相互结合，使吴经熊的原有“民族国家”的学者身份角色发生了重要转换。在此，吴经熊几乎是作为世界法学学术成员出现在当时中国法学学术中的。其通过自己私人化的学术行动在民国法学语境中刺激了民国学者发觉自己在身份上是可以和西方学者平等的。当吴经熊和这些重要西方学者往来密切的时候，吴氏本人正值青年，即使是正值青年也能和西方的重要法学人物展开对话，而且有来有往，那么，在后来众多民国学者的观察中，西方法学的权威神话也就并非是“有来无往”的。毕竟，世界学术成员的身份，本身就意味着“中国学者”和“西方学者”的界线几乎是没有实质意义的。

进而言之，不难理解，当一种“双向运动”可以在一些重要学者之间出现的时候，作为双向运动的“对话”本身是可以出现吸引效应的，也即吸引后来的民国学者不仅将视线移向“西方”，而且还要移向“中国”，同时在“中国”发现重要的法学以及法学人物。另一方面，当世界学术成员意识可以伴随学者个体思考的时候，这种意识，可以淡化“中国”与“西方”的身份思想的束缚。这是在提醒：在作为西方重要法学对立面的吴氏法学运作中，以及在世界学术成员“身份”上的学术交流中，可以发现针对“西方重要法学”的重新定位，在特定的类似吴经熊的中国学者学术中，可以确定不同于西方法学所指向的“重要法学”；此外，在此基础上，后来的民国学者就有可能针对西方法学以及法学人物去体现“中国自我意识”的分辨与“选定”。在这个意义上，我们也就不难理解，为什么端木恺1930年说，吴经熊的《法学论丛》（Juridical Essays and Studies）的出版，已经“引起全球法学界的注意，这不特是沉寂已久的中国法律思想上的一大转机，并且是世界法律思想上的一大革命”。〔31〕

概而言之，在近现代中国的法学中，类似吴经熊这样的与西方“亲历”接触以及由此而来的西方回应，甚至不断的中西对话，可能是我们理解其时“西方重要法学在中国的情形究竟如何”的一个重要参照。

三

如果认为吴经熊等与西方学者的学术交往是种独特的“中西学术对立”，其“亲历”性的中西对话具有值得注意的示范意义，那么，我们还应注意其时民国学者的“学理研究”意识。毕竟，对学理的注重，是吴经熊之类的“亲历”因素得以发挥作用的另一重要话语背景。

早在1900年，《译书汇编》杂志已经提到，各国法律制度，“非可徒求诸形迹，

---

〔31〕 端木恺：《中国新分析派法学简述》，同注1引书，第232页。

要当进探乎‘学理’，否则仅知其当然，仍不知其所以然。盖各种经营之结构，莫不本乎‘学理’之推定。而所谓学理者，盖几经彼国之巨儒硕学朝考夕稽，以得之真谛也”。[32] 这里虽然明显地指示了“西方重要法学理论”可以在“巨儒硕学”中加以确定，但是，另一方面，同样重要的是如果对学理进行探讨，那么，探讨的过程也就不仅仅是学习——“面朝西方跟随西方”的学习，其中另外还要包括辩驳，包括“和西方巨儒硕学的理论相互对话”，否则是无法获得“真谛”的。其实，在另一种意义上，民国学者探求学理又是理解民国时期的“西方重要法学”的“选定”变异的另外一个路径。

1929年，在一篇论文中，朱显祯指出，萨维尼的历史法学派相信法律来自民族精神，同时民族意识又存在于法的“确信”，“萨维尼……等以法信为法规存在之确信”，但是，这种基本观念是不能成立的。因为，如果谈到法规存在之确信，那么，确信的对象也即法规是不可能不先于确信而存在的。人的“智识和信念”，不过是针对对象物而言的心理状态。当存在一物、出现一事的时候，人才可以对之加以“经验而知之”。有了观念之后，人才能够超越“经验而信念之”。这就如同先有善恶之观念，然后才能出现“信善信恶”。所以，“信其为法之前，则法之观念不可不先此而存在”。萨维尼认为“法存于法的确信，而对于确信之对象物之法规为何一问题，则除民族之一般的必要感（Opinio Necessitatis）即法信之外，别无解说。此实类于鸡卵因果论。”[33]

在此，我们可以清晰看到民国学者是如何在学理细节上分析问题的。

对于学理的当下注重，其功能是多方面的。第一，在面对西方法学理论何者重要的问题上，判断的标准将不再是现存的西方自己的学术宣扬，而是辩驳推理操作的有效结果。第二，即使被以往人们衬托起来的所谓“重要法学理论”，比如萨维尼的理论，可能还有霍姆斯等人的理论，依然需要在新的学术视野中加以论证检验。第三，即便是在学术上“初来乍到”，只要能够言之成理、持之有据，而且相形之下具有更多的道理成分以及论理实力，那么，其本身就拥有了“予以‘重要’认定”的资格。正是在这些意义上，我们可以从深入的层面去理解为什么吴经熊一类的中国学者可以得到西方显赫学者的积极回应（比如，吴经熊在“亲历”的过程中，至少展示了思考实力从而得到了西方学者的回应），我们可以理解，经由这样一种“对话西方”，为什么后来的民国法律学者可以像本文第一节所提到的那样，不断加强对西方重要法学理论的批判与挑战。

除此之外，还是在这些意义上，我们又能而且需要深入理解前面一节分析提到的以吴经熊为显著标志的“中西学术对立”在法学权威筑造上的另一层含义，以及民国学者在广泛批判西方法学理论之际其本身所包含的有关法学权威的复杂内容。前已提示，重要法学理论的“选定”，不论推崇意向的，还是批判意向的，其中导向的实质问题正是“法学权威”。

---

〔32〕“译书汇编发行之趣意”，载《译书汇编》1902年第2卷第1期。

〔33〕朱显祯：“德国历史法学派之学说及其批判”，载何勤华、李秀清编：《民国法学论文精粹·基础法律篇》，法律出版社2003年版，第585页。

在1928年吴经熊出版的《法学论丛》中，我们应当注意，其在内容顺序编排上是颇具用意的。这部书的第一部分基本上是吴经熊自己的观点阐述，其中包括了“法律的三度论”、“重新思考法理学的范围”、“司法过程中的科学方法”等。第二部分基本上是对西方学者理论的讨论批评，其中包括了“霍姆斯法官的法律哲学”、“罗斯科·庞德的法律哲学”、“卡多佐法官的法律哲学”、“施塔姆勒及其批评者”等。第三部分是有关自己展开的中国法律研究。第四部分则是西方重要学者对吴经熊的讨论评价，其中只有施塔姆勒和卡多佐两位西方法学人物对吴经熊思想讨论的文章的部分段落。

我们可以发觉，这一编排顺序包含了这样的隐蔽“告白”：我的开创观点是什么，我对西方权威法学的评价是什么，我对中国法律的评价是什么，而西方又是怎样评论我的观点的。另外需要提到的是，在该书序言中，吴经熊讲到一位德国学者尤肯（Ihr Rudolf Eucken），并且将其写给自己的一封书信全文附上。之所以讲到这位德国学者并且将其书信全文附上，是因为这位德国学者读到吴经熊评论霍姆斯法律哲学的德文文本，对吴经熊表现出了高度赞许。此外，1935年，吴经熊将霍姆斯写给自己的书信刊载在自己编辑的《天下月刊》，这一刊物“重点是将中国文化介绍给西方”。〔34〕

吴经熊曾说，留学西方“只是梦想着学术上的荣誉和别的低级虚荣”。〔35〕我们可以将上述出版程式视为吴氏学术荣誉梦想的进一步表现。但是，在此这并非是重要的。重要的是，在上述出版之后的民国法学中，我们可以看到吴经熊及其理论事实上是如何被视为“重要”的，是如何被视为可以和西方法学权威并驾齐驱，甚至超越西方法学权威的。1930年，孙渠在一篇论文中指出，吴经熊的主要法学理论之一“法律的三度论”是对社会法学、分析法学、历史法学的超越。〔36〕端木恺提到，相对西方法学，《法学论丛》中的“立场、方法和主张，实有不可不研究的价值”。〔37〕几乎同时，在自己的论文中，何世祯首先介绍了吴经熊的“法律的三度论”，然后将其部分地运用于法律思想的研究，尤其是西方法律思想的研究中〔38〕……端木恺在自己的著述中，甚至颇有将批判的矛头指向具有特殊符号意义的中国学者吴经熊的意味，〔39〕就像本文第一部分所述民国学者对西方法学权威的批判。此外，1929年和1930年，吴经熊应邀分别到美国西北大学法学院和哈佛法学院讲学，其著述受到了“美国法界的推崇”，〔40〕时任美国西北大学法学院院长的威格摩尔针对吴经熊的《法学论丛》发表过“作为一名法律哲学家，该作者现在站在前列”的评论，〔41〕这也表明西方如何认为吴氏思想是“重要”的。所有这些，似乎印证了张

〔34〕马军：“《西文汉学旧籍》简介（二）”，载《史林》2001年第3期，第110页。

〔35〕同注28引书，第115页。

〔36〕孙渠：《续中国新分析派法学简述》，同注1引书，第252页。

〔37〕同注1引书，第232页。

〔38〕何世祯：《近代法律哲学之派别和趋势》，同注1引书，第41页以下。

〔39〕同注31引书。

〔40〕丘汉平：《舒丹木拉法律哲学述要》，同注15引书，第170页。

〔41〕同注28引书，第138页。

君劢 1922 年的一个预言：“今吴君已在欧陆，将上溯黑格尔之法律哲学，下及近世思潮之变迁，其必有大贡献于世界与吾国。”[42]

在《法律的三度论》这篇论文中，吴经熊首先定义了确定法律特征的三个因素：时间特性、效力范围、事实争点。所谓“时间特性”，是指法律总会遇到时间上的限定；“效力范围”是指法律总会涉及具体的地域范围；而“事实争点”则指法律总是关于具体事实的规则。他的一个定论是，任何法律如果是存在的那么都不能没有这三个方面的因素。然后，吴经熊细致分析了当引入“法律的三度”理论的时候在法律理解中将会出现怎样的后果。在他看来，特别重要的是，寻找法律的方式自然而然地要从形式逻辑转向经验归纳。因为，上述“三度”是理解实际存在的法律现象的关键。从时间这一角度来看，面对“与此时此地某类案件相关的法律是什么”的问题，法律家将不再通过演绎推理的方式加以解决，也即通过制定的规则是大前提、事实是小前提，所得结论是法律这样的三段论。毕竟，“情况并非如此简单”。当事件发生的时候，制定出来的规则可能因为时间而出现了效力上的改变，从而因为时间而不再是法律了。另一方面，从事实争点的角度来说，“没有两个案件是彼此完全一样的，所以，从一个案件的判决不能推断另外一个案件的判决”。经验告诉我们，只能通过一个案件的判决去推测另一案件的判决，于是，有效的方法不是期待绝对的（absolute）结论，而是归纳合理的（reasonable）结论。吴经熊坦陈，自己的推论是在走向霍姆斯的法律预测说。[43]

就今天的法学理论而言，吴氏的理论似乎不是多么精湛的甚至不是多么新颖的。但是，在 1920 年代，当霍姆斯的预测理论颇为盛行的时候，吴氏所要解决的问题则是为什么预测理论可以成立，这是一种学理上的努力。霍姆斯明确地提出，法律就是对法院将要做什么的预测。然而，为什么可以这样认为，仅仅因为现实告诉我们情况就是这样？霍姆斯为了贯穿经验主义和实用主义在此语焉不详。吴经熊试图从逻辑推论的层面上给予一种学理回答，因此，从现实经验中首先分析了法律可能遇到的时间、地域、事实的问题，然后将结论逐步地引向预测理论。

吴经熊在此所做的努力事实上具有双重隐义。首先，其解决的是如何推进学术思考向前移动的问题。在当时的法学语境中，各种观点已纷纷出场，各种理论已各有论说。为了凸显自己理论的重要，则必须在理论分析上施展自己的突破。而从某种角度来说，吴经熊的确实现了一定的突破，讲出了某些特定的内容。突破的实现，则是自己“重要”的实质表达。其次，吴经熊推动的理论对象是具有相当象征意义的一种西方法学理论——霍姆斯的理论。如果能在学理上将这样一种理论予以推动，或者与其彼此相当、“各有千秋”，那么，这意味着自己的理论可以在西方对象的衬托下成为“同等重要”甚至“更为重要”的，于是，“西方重要”的意义，相对中国法学而言，将变为双向互动中的对话示意，而非单方指引的领导提示。在此，中国法学也有自己的“重要”，而且是与“西方重要”至少是差距不大的“重要”，有时还有可能是显现超越的“重要”。

---

〔42〕 张君劢：《法律的基本概念·序》，同注 33 引书，第 28 页。

〔43〕 吴经熊：《法律的三度论》（“The Three Dimensions of Law”），同注 27 引书，第 4 ~ 5 页。

当然，这一双重隐义，是在吴经熊等“亲历”西方的中西学术对立以及民国学者颇为注重学理这些背景下得以产生的。“亲历”西方，其本身在当时就有可能塑造被注意的中国学术形象。同时，注重学理的话语背景又能从更为广泛的意义上以辅助形式去巩固“亲历”中的较为真实、确有学理实力的中国学术形象。

从这个角度考察，在近现代影响西方重要法学理论的“选定”变异的因素中，我们看到的实质上是中国重要法学理论的某些崛起。换言之，我们看到的是中国法学权威与西方法学权威在某些方面的相互竞争，以及彼此并存。民国时期，法学权威不是单纯由西方所独霸的。这一时期，不是一个中国全面地不断追随西方，或者不断批判西方（如本文第一部分所述），从而单方面树立西方法学权威的时期，而是一个在某些方面使得西方不得不回应的、进而使中国法学权威可以并发地同样在中国被追随被批判从而树立自己的复杂时期。而且，在西方法学权威中，又能发现中国法学权威的印记。于是，本文一开始提到的吴经熊所说“怀疑和中心思想的缺乏”，可以认为是对这一时期“多重法学权威”的复杂状态的一个脚注。

四

1947 年，蔡枢衡曾说：“今日中国法学之总体，直为一幅次殖民地风景图：在法哲学方面，留美学成回国者，例有一套 Pound 学说之转播；出身法国者，必对 Dugiut 之学说服膺拳拳；德国回来者，则于新康德派之 Stammler 法哲学五体投地。”[44] 总而言之，当时状况便是法学上的“西学东渐”。但是，通过上述对民国时期法学权威的历史考察，我们可以清晰地看到，中西法学的关系是复杂的，当中国法学在批判西方法学的时候，这种批判不是单向的批判，而是至少出现部分回应的批判，从而是种包含“相互竞争”的批判。即使是就中国法学“学习”西方法学而言，我们同样可以觉察中国法学内部也是存在相互学习的，甚至发觉西方法学也在学习中国法学，[45] 至少是在关注中国法学。而且，在“亲历”西学的背景中，特别是在注重学理这一背景中，学习西方法学不是单纯的模仿、“拿来”、唯西学理论是尊，学习中国法学也不是无根无据的。相反，有如民国法律学者所说的，一切学习是在“世界各国法律思想之趋势与时俱进”中展开的，是在“一切学术之性质与时俱进”的精神中展开的。[46] 因此，近现代的中西法学关系是复杂的，相互裹挟的，并不那么“总体上是‘西方进入中国’的”。随之我们也就需要重新判断蔡枢衡的判断，重新判断与之相近的观点。

同时，在这个意义上，我们可能需要从某种角度将民国时期的中国法学看作世界法学的一个内在组成部分。

1820 年，英格兰的一位学者厄文（David Irving）来到德国研究法律资料，1823 年他提到萨维尼的著作是当时最为值得注意的学术著述之一；1841 年，美国学者施密特（Gustav Schmit）创办《路易斯安那法律杂志》（Louisiana Law Journal），并在该

---

〔44〕 蔡枢衡：“中国法学与法学教育”，载许章润主编：《清华法学》（第 4 辑），清华大学出版社 2004 年版，第 14 页。

〔45〕 例如，卡多佐曾表达希望自己的观点和吴经熊的观点是一致的，并且以此为荣，同注 29 引书，第 26 页。

〔46〕 丁元普，同注 23 引文；陈启修：《护法及弄法之法理学的意义》，同注 33 引书，第 231 页。

杂志第一期的一篇评论中，专门介绍了萨维尼和德国历史法学派，其中充满了十分倾慕的赞扬之辞。[47] 而1849～1850年，结识过萨维尼的美国法律学者斯托里（William W. Story）提到，萨维尼拥有人们可以看到的“所有最值得注意的优点，其人宛如仙者，彬彬有礼、和蔼谦逊，但是生活在书的世界中，这书的世界是法律书的世界”。[48] ……在世界范围内，萨维尼本人及其历史法学观念，通过各种话语流通方式赢得了巨大声誉。

然而，施密特在表达充满赞誉之辞的时候，并没有对外来的萨维尼学说不予批判。在他看来，萨维尼没有澄清历史法学理论的哲学基础，而且，萨维尼的学说过于理论化，对于后来的法律学者，其意义是颇为有限的。[49] 曾于1820年代末期在德国研究法律的奥斯丁，对萨维尼的历史法学理论几乎没有任何兴趣同时大加贬抑，他所欣赏的是法律的体系化，因而他说萨维尼的小册子《我们时代立法和法学的使命》“外表华丽然而内容空洞”。[50] 而在美国，菲尔德（David Field）在和卡特（James Carter）争论是否应当制定纽约民法典的时候，激烈地批评了萨维尼的历史法学观念。他甚至颇有英雄感地宣称，“50多年前，萨维尼反对法典化，激起争论，而且萨维尼取胜了。但是，萨维尼及其追随者最终还是被战胜了。”[51]

更为重要的是，我们另外看到了萨维尼对域外法学的关注与回应。1841年，法国学者佛立克斯（Johann J. C. Foelix）来到德国学习，1843年出版了自己的法文法学著述并时而评论甚至批评萨维尼的理论。当时已经成为重要法学权威的萨维尼阅读了这部著述的第二版内容并有回应。1841年，美国学者斯托里（Josef Story）出版了自己英文法学著述的第二版。萨维尼阅读了这版英文原著并且给予了分析讨论。萨维尼在撰写《当代罗马法体系》的时候另外参考了当时意大利学者洛可（Niccola Rocco）和英国学者伯芝（William Burge）的学术著述……[52]

其时的世界某些法学状况，犹如当时成为世界法学关注焦点之一的萨维尼本人所说的，“所有德国人、法国人、英国人、美国人，都表明了同样的兴趣解决问题，努力交流、接近”，毕竟人们可以发现法律中存在了人们共同从事的法学研究。[53] 在100年来的世界近现代法学变迁中，我们可以发现许多类似的域内域外法学的复杂交融，比如在边沁、耶林等人的理论上，比如在狄骥、施塔姆勒的理论上。这里最为重要的是，随着民族国家的交往，语言有时是共享的，学术交往有时是“亲历”的，思想也是“有来有往”的，从而法学理论并不是单纯的“一国对他国的进入或

---

〔47〕 以上资料见“Savigny and His Anglo-American Disciples”, *American Journal of Comparative Law*, vol. 37, 1989, pp. 19～28.

〔48〕 *William Wetmore Story and His Friends*: from letters, diaries, and recollections. London: W. Blackwood and Sons, 1903, pp. 215～216.

〔49〕 同注47引书，第24页。

〔50〕 *Lectures on Jurisprudence* (edited and revised by Robert Campbell), 5th ed. London: J. Murray, vol. 2, 1885, pp. 666～667.

〔51〕 Mathias Reimann, “The Historical School Against Codification: Savigny, Carter and the Defeat of the New York Civil Code”, *American Journal of Comparative Law*, vol. 37, 1989, p. 103.

〔52〕 “Story and Savigny”, *American Journal of Comparative Law*, vol. 37, 1989, pp. 40～43.

〔53〕 同注52引书，第46页。

‘侵入’”，法学学者有时在争论着，争论时仿佛自己是世界法学的学术成员。毕竟，当语言不是障碍的时候，当“亲历”得以成为现实的时候，学术思想是自然要经过学理考验的，人们势必要证明自己的学术能力和论理作为。因此，我们可将民国时期的中国法学部分地看成世界法学的一个内在的历史延续。

此外，我们面对民国时期的法学之际，不仅要从其时中国自身的角度去看待西方法学，而且要从西方法学内部来考察西方法学，并在其中考察西方各国法学之间的某些关联，以及从西方各国法学去看望中国法学。在此，重要的是要挖掘一个新颖的视角，也即不断地从一国到他国巡回观察的视角，而不是仅仅固守一个传统的视角，也即只是持续地从中国到西方直线观察的视角。由此，我们也许可以在另外的意义上更为深入地考察近现代中国法学与西方法学的关系，甚至发觉在当时的中西法学关系上，恐怕未必就是总体上的“西学东渐”。而法学权威的问题，对于这种考察和发觉，可以说是提供了适宜的切入方向。

1908 年，戴雪指出，在法律实践中，无论什么时候，不论是制定法文献还是判例法文献，都不意味着一个惟一的权威，一名法律知识探索者还要反复研究“诸如斯托里和萨维尼这样的权威学者。这两位学者的意见，事实上已经筑造了英国法官的判决”。〔54〕 1927 年，吴经熊担任上海特区法院法官，受聘当日，他即写信给霍姆斯提到，“我会有很多的机会在法院表现创造力”。〔55〕 在较长时间里，吴经熊同时担任过东吴大学法学院教授。稍后的丘汉平，20 世纪 30 年代开始从事律师职业。当然，丘汉平首先是以大学法学教授身份出现的。即便是我们屡次提到的萨维尼，在 19 世纪也担任过普鲁士立法大臣，而且根据某些学者的考察，萨维尼及其重要的法学教授朋友，不仅希望法律科学推动当时德国的法律实践，而且曾经多次亲自参与当时德国法院法令的起草工作。〔56〕 更为有意思的是，众所周知，以萨维尼作为重要标志的德国历史法学的呈现，和当时德国民法典应否制定的争论是交织在一起的。

所有这些意味着什么？

近现代时期，无论中国还是西方，社会专业分工意义上的法律职业阶层逐步出现。这一职业阶层出现的特点之一，就是法学家与法律家的“作用搭配”甚至“角色混同”。一方面，当我们看到法学家提出学术并且关注实践的同时，我们也能看到法律家操持实践并且关注学术。换言之，他们之间，有着相互交流的机缘和谱系。正如道森（John Dawson）所提醒的，在近现代，法律实践和法学学术之间的关系是值得注意的，“许多法院的意见，反映了学者的看法。而法院意见本身，又对学者的进一步研究有着影响。”〔57〕 另一方面，在具体的法律人身上，法学家和法律家的“名分”是可以兼而有之的，一名法学教授可以既是法学家又是法律家；一名法官可以既是法律家又是法学家。而当法学家成为法律家的时候，他可以将学术的主旨精神推入实践之中。当然，在今天我们依然可以看到这样的情形。然而，今天这种情形比起近现代可能是有所

---

〔54〕 Albert Dicey, A *Digest of the Law of England with Reference to the Conflict of Laws*, 2nd ed. London: Stevens and Sons, Ltd., 1908, p. 21.

〔55〕 同注 28 引书，第 127 页。

〔56〕 John Dawson, *The Oracles of the Law*. Ann Arbor: The University of Michigan Law School, 1968, p. 456.

〔57〕 同注 56 引书，第 467 页。

不同的。因为，今天的法律职业内部分工更为清晰、更为明确，我们还是可以发现更多以及更为明显的“法律职业内部角色”，比如较为纯粹的法官、法学教员、律师等。近现代之所以如此，从宏观背景来说，正是因为近现代才是“现代法律制度”真正开始起步、发展、深入的时期，此时特别需要法学和法律的彼此协作。法律期待法学为其提供智识的源泉，同样，法学期待法律为其提供现实的契机。[58] 这意味着，不仅法学可以“从法律中来”，而且法律可以“从法学中来”，它们是相互支持、彼此合谋的。

这样一种关系，表明了近现代时期的法律运作是特别存在“生产法学权威”的需求的。因为，法学权威，可以在法律和法学的双重意义上带动“现代法律制度”的自我发展，可以凭借独特的社会角色方式去证明法律法学自身的重要意义。

近现代以来，随着民族国家之间的相互交往，特别是激烈的政治、经济还有文化上的竞争交往，以及有时民族国家之间出现的尖锐斗争对立，如何促使本国迅速步入现代化进而富国强兵成为了首要的“现代性”问题。这对其时的近现代中国来说是如此，对较早时期的西方国家来说也是如此。这样一种“现代性”，时常容易使“民族国家问题”遮蔽甚至去除“日常法律问题”的自身存在，同时，也使“现代法律制度”的确立发展，处于一种悖论性质的境地：一方面，它要附和民族国家的迅速崛起，服从民族国家的政治需要、急剧变革，从而在现实中变得不能拥有过多的作为法律原有特征的稳定性、保守性；另一方面，它要寻求自身的存在，必须张扬自己的稳定性和保守性，从而时常不得不努力避开对民族国家的迫切要求的附和与服从。此外，当政治经济文化的“现代性”成为民族国家首要问题的时候，随着日常法律问题容易被视为依附“大政治”而存在，法学家和法律家同样容易成为“大政治”势力的明显附庸，人们容易对法律职业的“社会独立性”提出疑问。在这种情况下,“现代法律制度”就需要自己的代言人来论证“现代法律制度”如何可以而且应当在民族国家政治经济文化问题的边旁甚至内部具有自己的独立意义；法律职业阶层就需要自己的代言人来证明，法律职业人员仍然具有自己的重要价值，只是这种“重要”，与直接促进民族国家富国强兵的政治、经济、文化人士的“重要”有着不同侧重而已。经过多重法学竞争以及法律实践产生出来的法学权威，则是可以充任这种代言人的。

而面对日常法律问题，法律职业阶层，是要从理论和实践两个方面来提出解决方案的，是要提出自己推理论说的，进而言之，也是需要法学家和法律家的相互合作的，而且需要表征法学家和法律家相互合作带来的合而为一性质的法学权威的生产，从而促使“法言法语”深入展开。在这个意义上，就历史进程来说，我们也就可以解释，与法律实践关系密切的近代西方以来的“法律科学”，以及近代中国以来的各种法学“繁荣”，何以能够在“民族国家大政治大问题”的旁边以及内部迅速发展呈现，并且何以能够不被“民族国家大政治大问题”所遮蔽、所“吞噬”。从这个角度来看，注重法律学理的探讨，展开各个民族国家法律学术的“亲历”交流，进而从中诞生“法学权威”，也就是自然而然的了。反过来说，民国时期凸显出来的西方法学权威和中国法学权威，其背后昭示着“民族国家问题”和“日常法律问题”

---

〔58〕［德］马克斯·韦伯：《经济与社会》（下卷），林荣远译，商务印书馆1997年版，第126~138页。

的某种复杂距离。因此，对法学权威的深入理解，可以使我们深入理解近现代“民族国家问题”和“日常法律问题”的复杂关系，当然还有其时的法学家法律家的“特定角色彼此融合”的表征意义。近现代的“法学权威”，是有多重隐义揭发功能的。

论比较法学中的价值理性

高明亮*

作为目的的价值理性可以为作为手段的工具理性提供目的和前行的方向，而工具理性的越位所导致的价值理性的缺位现象的实质就是：原先作为手段的工具理性成了目的，原先作为目的存在的价值理性则成了原先作为手段的工具理性的手段。这种目的与手段的易位现象是我们所不能容忍的，它会带来诸多问题，体现在目前的法学研究中，就是科学主义倾向过于强烈，容易使人忽略本应同样受到重视的价值的探讨。在这样的环境下探讨价值理性的有关问题就显得尤为必要。当然，价值理性的缺位在整个法学领域都在不同程度上存在，只是因为比较法学能够对各个法学领域中的研究对象（不同国家和地区的法律制度）进行比较研究，相关的结论在相当大的程度上也能推及到整个法学领域，所以本文以比较法学中的价值理性作为讨论的核心，就比较法学中价值理性问题的提出、价值理性存在的问题及其分析和价值理性缺位问题的解决思路等进行初步探讨。

一、比较法学中的价值理性问题的提出

价值理性原本是个哲学概念，要借鉴它来梳理比较法学中的相关内容，还必须先从哲学上的事实与价值的两分现象谈起。自从休谟提出事实与价值相分离的看法和康德对此进一步加以阐述以后，有关事实与价值的区分问题在许多学科中都得到了相当的重视。这个事实既包括客体本身的性质，也包括主客体相互作用的结果。而价值就是揭示满足人需要的对象对人的意义，反映的是主体和客体（即人与物、人与事物、人与自身）之间的一种肯定性关系。[1] 由事实与价值的二分所决定，一切判断都可被分为事实判断与价值判断。从法律规范如何可能的角度来看，或者说法律规范得以成立的充分必要条件来看，必须具有事实判断和价值判断两个过程，且分别代表“真”和“善”两部分内容。在价值判断中包含着与事实判断中相同的不依赖于判断者的客观的内容，事实判断是价值判断的基础，以事实判断作为基础的价值判断才有可能被称为是合理的。[2] 事实判断与价值判断的本质区别在于，价值判断中存在着“人的需要”这一因素。价值判断可分为评价判断与规范判断。评

---

* 厦门大学哲学硕士。

〔1〕 张兴国：“‘价值理性’：在哲学应用的视域内”，载《扬州大学学报》（人文社会科学版）2003 年第 1 期。

〔2〕 冯平：“走出价值判断的悖谬”，载《哲学研究》1995 年第 5 期。

价判断是针对人的品质、性格、理想所珍惜和追求的事物的，从而试图告诉人们应该怎样生活，应追求怎样的目标和事物，怎样使自己的生活过得有意义乃至达到个人和社会的至善等。规范判断是针对人的行为的，直接告诉人们应当怎么做，或者说什么行为或行为准则是正当的。[3]

借助事实与价值的两分，我们可以提出这样的四组概念，每组又各有三个概念，而且这些概念相互之间有很密切的联系。我们在对比较法学中的价值理性问题进行探讨时，必须涉及这些概念。首先，事实与价值的两分所带来的事实判断、评价判断和规范判断的区别，在一定意义上，可以认为这三种判断所涉及的内容，大体上对应于西方的社会学法学、自然法学和分析实证法学等三大流派（自然法学流派比较重视传统中说的“善”，另两大法学流派则更强调“真”）所分别侧重研究的对象，即事实、价值和形式。[4] 其次，在比较法学中，对事实、价值和形式进行比较研究的方法，从某种意义上说，就是分别对应于功能比较方法、文化比较方法和概念比较方法等三种。最后，在这样的基础上，我们提出，比较法学中的价值理性问题所要探讨的，对应于上述的不同组别上的评价判断、自然法学、价值和文化比较方法等内容。这是一种比较概括的论述。而作为一门学科的比较法学，如果把它的研究对象是什么以及如何研究这些对象的方法理解得更透彻，那么它就可以变得更为成熟。因为目前我们对这些问题还是没有形成比较一致的看法，所以，我们很有必要结合比较法学的研究对象和研究方法中的评价标准问题做进一步的分析。

研究对象中的评价标准问题很重要。以大陆法系为例，罗马法、教会法和商法等在资产阶级革命和德国法学等因素的影响下，构成了大陆法系的历史渊源。[5] 这是事实判断层面的问题。而法系的演变因为经济、政治、文化、科学技术等的变化导致了评价标准的变化，进而导致各大法系的具体的法律规范的变化。这是价值判断中的评价判断和规范判断的问题。针对这些问题，我们主要结合法系论（法圈论）讨论不同法律制度之间进行评价判断时的评价标准问题。达维德最先指出法圈分类不能局限于单一标准，而茨威格特将这一思路发扬光大，把多元性标准引进法圈分类，完成了法圈论的理论化。[6] 茨威格特和克茨提到了样式构成的法律秩序在历史上的来源与发展、在法律秩序中占统治地位的特殊的法学思想方法、特别具有特征性的法律制度、法源的性质及其解释和意识形态的各种因素 5 个要素。在此基础上，他们从总体考虑的角度提出可以把世界上不同的法律制度分为 8 个主要法系，并做出说明：“由于这本《比较法总论》是以教学为目的……抱着其他目的的人们可以进行别的分类”。[7] 然而，茨威格特和克茨按照多元性标准所进行的分类，并没有说清楚他们这样划分法系的具体操作过程，也就是没有说明什么法系分别是根据样式中的什么要素分出来的，各个要素在其中所占的比重多大，为什么要这样分等。我

〔3〕 易军：“对民事法律行为成立‘事实判断说’的质疑”，载《法学》2004 年第 9 期；程仲棠：“从‘是’推不出‘应该’吗?”，载《学术研究》2000 年第 10 期。

〔4〕 沈宗灵：《比较法研究》，北京大学出版社 1998 年版，第 6 页。

〔5〕 [美] 约翰·亨利·梅利曼：《大陆法系》，顾培东、禄正平译，法律出版社 2004 年版，第 6 页。

〔6〕 [日] 大木雅夫：《比较法》，范愉译，法律出版社 1999 年版，第 112 ~ 113 页。

〔7〕 [德] K. 茨威格特、H. 克茨：《比较法总论》，潘汉典等译，法律出版社 2003 年版，第 116 页。

们可以就这个问题做进一步探讨。茨威格特和克茨所说的多元性标准，换个角度看正好就是评价判断、规范判断和事实判断的有机统一，只是其中哪一个因素占多大比重不同而已。从分类的具体操作过程来看，其实是可以用文化比较方法、概念比较方法和功能比较方法，通过对应西方三大法学流派所分别侧重的价值、形式和事实的不同来做出解释的。首先应该做的是根据评价标准——价值——的异同进行区分。通过样式中的价值的不同，也就是茨威格特和克茨所说的“思想意识”因素的不同，来划分出西方法（包含罗马法系、德意志法系、北欧法系和英美普通法系）、宗教法（包含伊斯兰法系和印度法系）、远东法（包含中国法和日本法）和社会主义法（包含苏联法律和其他相关的社会主义国家的法律）。然后可以根据其他两个因素——形式和事实——的不同来进一步加以区分。[8]

研究主体在进行某一对象的研究时，为了更有效地研究对象，必须运用一定的方法。黑格尔认为：“只有（正确的）方法，才能够规范思想，指导思想去把握实质，并保持于实质中。”[9] 这是黑格尔在哲学上对方法的一种肯定。而拉德布鲁赫所说的“有理由去为本身的方法论费心忙碌的科学，也常常成为病态的科学”[10] 的提法并不符合现代比较法学的情况。探讨比较法学的方法是富有意义的，这不是因为比较法有毛病，而是因为法学是有病的，而比较法却是一剂良药。[11] 也因此，我们就更有必要对比较法学中的比较方法做进一步的研究。从本文的角度出发，更具体地说就是应该做到文化比较方法、概念比较方法和功能比较方法等各种方法结合使用，而宏观比较法与微观比较法、动态比较法和静态比较法，只不过是这三种方法在不同的空间和时间上的变动而已，它们自身并不能算是什么独立的比较方法。另外，许多学者提到，在比较法学中存在着两种主要的比较方法，即对法律制度的描述性比较和分析性比较。描述的方法仅仅是说明不同的法律制度，而不涉及它们的相互关系。这种方法是不能令人满意的，还应该揭示“背后的联系”，这时就要用到分析性比较方法。[12] 其实，这两种方法的划分最终还是要落实到上述的三种方法上。对法律制度的描述性比较侧重的是概念比较方法，而分析性比较侧重的是文化比较方法和功能比较方法。因为与西方三大法学流派所关注的事实、价值和形式相对应的功能比较方法、文化比较方法和概念比较方法，是从哲学的事实与价值两分的高度进行分类的，具有高度的概括能力，是一种实质性的分类方法，而其他方法都离不开与这三种方法的关系。其他方法在某种意义上可以认为就是这三种实质性

---

〔8〕 本文认为，在区分了不同的评价标准并进行初步分类之后，还可以通过以下两个步骤进一步区分：首先，通过样式中的形式的不同，也就是茨威格特和克茨所说的“一种特有的法律思想方法”、“特别具有特征性的法律制度”和“法源的种类及其解释方法”三个因素，把其中的西方法系分为成文法地区（包含罗马法系、德意志法系、北欧法系）和非成文法地区（英美普通法系），且分别对应欧洲大陆地区的成文的民法法系和英美的非成文的普通法系；然后，通过事实的不同，茨威格特和克茨所说的“历史上的来源与发展”因素，再进一步把欧洲大陆的法律秩序分为罗马法系、德意志法系和北欧法系。这样，茨威格特和克茨所说的八大法系就可以区分出来了。

〔9〕 ［德］黑格尔：《小逻辑》，贺麟译，商务印书馆1980年版，第5页。

〔10〕 ［德］拉德布鲁赫：《法学导论》，米健、朱林译，中国大百科全书出版社1997年版，第169页。

〔11〕 同注7引书，第44~45页。

〔12〕 ［美］格伦顿等：《比较法律传统》，米健等译，中国政法大学出版社1993年版，第5~6页。

的方法的外在表现形式。根据不同的需要从不同角度来对比较方法进行分类是有益的，但是其对应于评价判断、规范判断和事实判断的实质是不会改变的。而自20世纪70年代以来，西方法学中出现了强调法律文化研究的趋向，其代表作有埃尔曼的《比较法律文化》，胡克的《法律多元主义》，弗里德曼的《法律制度》和格罗斯菲尔德的《比较法的力量与弱点》等书。[13] 因为法律文化研究与价值理性具有紧密的联系，这种强调法律文化研究的趋向，也从一个侧面反映了比较法学中对价值理性问题研究的相对缺乏，而且也正是这个重要问题研究的相对缺乏，才导致很多人去重视它、研究它。另外，在比较法的方法论中，比较的步骤也是非常重要的。比较的步骤是对各种具体方法采取的步骤的说明。其实，比较的步骤也就是要把法的价值、形式和事实等区别开来，并在此基础上得出对相关法律制度的一些评价的过程而已。

研究对象与研究方法两者之间的变化是相互关联的，任何一种的变化都会导致另一种的变化。研究法律制度的价值判断中的评价判断时，就必须用到法律文化比较的方法，研究法律制度的价值判断中的规范判断时，就必须用到概念或结构的方法，研究法律制度的事实判断时，就必须用到功能比较法等。研究对象的价值问题，主要是不同的法律制度在演变过程中所体现出来的法律原则的变迁。这在民法的演变过程中，能够很好地体现出来。而将上述的分析评价标准的思路用到法圈分类标准的主观性和客观性问题的理解上，是可以对该问题加以重新认识的。以茨威格特和克茨提出的多元性标准[14] 为例，这种标准本身应该坚持，但其对各分类要素所占比例的确定，却太过主观。同样也坚持多元性标准的康斯坦丁内斯库正是对这种主观性提出了批评。这两种看法的不同，从某种意义上说，只是提出了分类标准的主观性和客观性的问题，并没有在实质上解决该问题。真正要达到在法圈的分类标准上主观性与客观性较好的统一，可以结合事实判断、评价判断和规范判断等来实现，以达到“真”与“善”的统一，也就是事实判断与评价判断和规范判断的有机结合。

价值理性与工具理性是哲学中的两个相对的概念，但它们可以应用于许多学科，其中就包括比较法学。西方传统中对理性不加区分，只是到了近代才对理性加以细化，比如康德把理性分为纯粹理性和实践理性，后来马克斯·韦伯又从一定的角度把理性分为工具理性和价值理性。韦伯在谈到社会行为由什么情况来决定时，提出：“目的合乎理性的，即通过对外界事物的情况和其他人的举止的期待，并利用这种期待作为‘条件’或者作为‘手段’，以期实现自己合乎理性所争取和考虑的作为成果

---

〔13〕 同注4引书，第32～33页。

〔14〕 同注6引书，第113～116页。茨威格特和克茨在提多元性标准的同时，还提到了相对性标准问题，包括主题相对性和时间相对性（本文认为，茨威格特和克茨所说的相对性标准其实是在采取多元化标准之前的一种限制，其本身并不独立，在采取相对性标准之后进一步采用多元化标准才是真正在分类中起作用的标准）。另外，康斯坦丁内斯库与茨威格特和克茨的相对性标准的看法正好相反。为了在法圈分类上达到更好的客观性，康斯坦丁内斯库认为要对公法和私法都考虑进去以建立更为客观的分类标准。茨威格特和克茨建立法圈论只是为了更好地对不同法律制度中涉及的需求进行比较，并据此希望找出更好的法律来对待这些需求，而康斯坦丁内斯库则以建立独立的比较法学为目标。

的目的";[15]而"价值合乎理性的，即通过有意识地对一个特定的行为——伦理的、美学的、宗教的或作任何其他阐释的——无条件的固有价值的纯粹信仰，不管是否取得成就"[16]。韦伯在这里所说的目的和价值合乎理性，其实就是本文所指的工具理性和价值理性。工具理性的特征之一是试图把原则的普遍有效性还原为规律的客观性，但是这已在逻辑上被证明是不可能的。那么，若要把理性只理解成工具理性，追求价值理性也就被看作是徒劳的了。但是，在掌握了强有力的工具后，如若没有终极价值的引导，我们就会在关键时刻不知所措。因而人的理性不可能放弃对终极价值的探求。这样的探求，就是在寻找价值的普遍原则时让理性介入，而介入这个寻找过程的理性，就是价值理性。一场关于是否可以从对事实的客观描述导出价值判断的争论，也即关于"是"与"应该"的关系的争论，在20世纪中叶兴起。其实，这种争论的实质在英美哲学那里就是价值理性是否可归化为工具理性。这里，价值理性指的是用来寻找价值的根据或给价值提供基础的理性。哲学大师康德精心论证的实践理性，就是给终极价值提供基础的理性。在康德那里，工具理性只是在假言命令中体现，在逻辑上后于给自我行为进行道德立法的实践理性。[17] 换句话也可以说，价值理性就是在人的活动中表现为价值主体合规律性和合目的性相统一的行为取向。[18] 这里所提的目的其实就是那些不同的需求的满足，是善的一种体现。而这些不同需求的满足的平衡又可以用利益法学、目的法学、评价法学等加以说明，并最终达到利益均衡的目的（包括物质利益在内的各种利益的均衡，从这个意义上说，一部法律制度演变史就是利益均衡史。而利益均衡是有其人性基础的。体现利益均衡的，正是在其背后起作用的对公平正义的追求）。因为价值理性具有作为目的的身份，它能对作为手段的工具理性的前行方向加以指导，所以，价值理性问题是非常关键的。

全球化问题产生之前，也存在比较法学中所提到的价值理性问题，但是全球化背景的实质主要是工具理性在整个社会中过度扩张，这是与以往任何时候都不相同的。而全球化背景下比较法学中的共同法如何发展也与价值理性密切相关。因此很有必要专门探讨全球化背景下比较法学中的价值理性问题。结合以上对研究方法及研究对象中的评价标准的相关论述，我们可以得出这样的结论，比较法学中的价值理性考虑的就是参与比较的不同国家和地区的法律制度得以形成的评价标准问题，这与评价判断息息相关。下文就以此为依据，对不同法律制度之中的价值理性从其存在的问题及其原因、解决思路两个方面做进一步的论述。

二、比较法学中的价值理性存在的问题及其分析

谈论该问题的角度可以有很多，本文主要从工具理性与价值理性相互关系的角度来谈价值理性存在的问题及其分析。这样处理的主要原因是，从这样的角度进行

---

〔15〕［德］马克斯·韦伯：《经济与社会》（上卷），林荣远译，商务印书馆1997年版，第56页。

〔16〕同注15引书，第56页。

〔17〕翟振明："价值理性的恢复"，载《哲学研究》2002年第5期。

〔18〕同注1引文。

分析已经提升到哲学的高度，比较容易从思想的深处来把握该问题，也更容易抓住该问题的真正实质所在。

价值理性的缺位现象是很普遍的，在法学领域和其他许多领域都存在。本文主要是讨论比较法学中的价值理性问题。比较法学中的价值理性问题归根结底是各个具体部门法学当中所涉及的价值理性问题。以知识产权为例，工具理性的越位导致了强势主体在追求物质利益时不顾及物质利益与其他利益或需求之间的平衡，使得形式上的公平掩盖了实质上的不公平。比如经常被提及的“技术专利化——专利标准化——标准垄断化”，从表面上看知识产权规则是公平的，可实际上，这些规则只是西方发达国家和地区进行商业利益争夺的工具而已，其掩盖的是深深的不公平——发达国家与发展中国家的贫富差距越来越大，实质正义在这里沦丧殆尽。康德提到的要尊重人的看法，在这里就很难体现出来。一切都成了工具，只是实现商业目的的手段而已。真正应该考虑的公平正义等，现在也成了原先为实现公平正义而制定的规则的手段。换句话说，在这里，目的成了手段的手段。围绕着世界贸易组织的 Trips 协议而发生的事情，可以说正是这种现象的集中体现。比如，中国在20世纪90年代为加入世界贸易组织而与美国进行的三次艰苦的知识产权谈判，就是我们认识该问题的极好的例子。目前世界上各个国家制定知识产权战略的行动正在如火如荼地进行，这更加剧了这种不公平的程度。这里倒不是认为知识产权不要保护了，而是指知识产权规则绝对不能沦落为发达国家和地区从发展中国家和地区掠夺战略利益的工具。在私法中虽然存在着很多部门法，但是因为知识产权与科学技术的关系极其密切，专利权法部分尤其如此，所以上述的知识产权法的例子已经更为有效地说明了私法中的工具理性越位和价值理性缺位的现象及其发生的原因。另外，公法中三权分立思想的形成是西方近代启蒙的结果之一，它是建立在人们从对神的依赖到对人本身的重视的基础上的。换个角度看，也就是人的理性的觉醒，使三权分立由原先的思想变成了许多西方国家的社会现实。而这一理性的觉醒，又进一步导致了工具理性的不断扩张。在现实中，三权分立制度原本持有的体现权力制衡的价值原则的评价标准常常被那些体现具体的实际效用的工具理性的评价标准所取代，往往成了部分个人或集团牟取私利的庇护所，导致了许多腐败现象的发生。这里也同样存在着价值理性的缺位问题。这样的例子还有很多，以上只是以知识产权法和宪法为例对价值理性的缺位问题做的简单说明。其实，其他部门法中的价值理性问题，即使具体的表现形式各不相同，从实质上看，也仍然存在着工具理性的越位和价值理性的缺位问题。

而这种现象出现的原因，从工具理性与价值理性的关系的角度来分析，可以说就是工具理性越位所导致的价值理性的缺位。科学技术在这几百年来的发展，已经导致了技术的异化和人的异化的产生，工具理性和价值理性发生了相当程度的易位。近一百年来，越来越多的有识之士对此给予了极大的关注，如胡塞尔、海德格尔及法兰克福学派的许多著名哲学家等，都对科学技术对社会的不良影响有过相当深入的思考。对于比较法学来说，要更好地研究未来的世界各个法系、各个国家地区的法律以及各个部门法的未来走向，就必须对此问题给予相应的注意，并注意吸取其他学科对此问题的研究成果，以此来促进对比较法学在未来的发展方向的理解。工具理性的越位，导致了人们批判理性的热情逐渐高涨。现代主义哲学内部有很多针对工具理性越位的批评，如哈贝马斯的批判等，后现代主义哲学流派也有很多对理性（主要也是针对工具理性的过度扩张）的批判。在韦伯看来，科学构成工具理性的基础，或者说，它本质上就是一种工具理性。科学技术只能保证手段的正确，却不能反省、批判其追求的目的。随着科学技术的迅速发展，工具理性日益扩张，价值理性日益萎缩，工具理性取得全面胜利，其结果则是一种十足的“非理性”。因此，韦伯主张限制工具理性，恢复实质理性的权威，把价值、目的、意义一类的东西重新引入科学技术，对科学技术在工业社会及其文化系统中的角色加以重新定位。〔19〕 正因为如此，韦伯在批评资本主义的现代性时说：“专门家没有灵魂，纵欲者没有肝肠，这种一切皆无情趣的现象，意味着文明已经达到了一种前所未有的水平。”〔20〕 工具理性的过度扩张导致价值多元性的丧失，由此引起了法律制度在价值理念上的一种简单的统一，即工具理性取代了价值理性的位置而起到一种评价标准的作用。〔21〕 下面就以近现代私法原则的演变为例进行更加具体的分析。

从近现代私法基本原则的演变的角度来看，科学技术发展对评价判断的影响，其实，可以归结为对规范形成中的几个基本原则的影响。因为评价判断认为某个行为所形成的某个结果，具体损害的内容其实就是靠这种原则来加以评价的。比如，侵害专利权的行为所造成的不良后果的评价，是靠传统民法中的私有权神圣、契约自由和过错责任等基本原则中的私有权神圣原则作为标准来完成的。这些原则，实质上相当于卡尔·拉伦茨在论述法学中的“内部的体系”时提到的“实质的法律思想”。〔22〕 这部分内容主要是以大陆法系有关私法的理解来进行论述的。英美的普通法虽然表现形式有所不同，但是实质是一样的，也是工具理性的张扬使科学技术的发展对知识产权的影响不断地持续下去。科学技术发展对民法的影响，可以从近代以来传统民法的基本原则的形成中表现出来。传统民法立足于“自由平等”和“个人主义”观念，形成了著名的私有权神圣原则、契约自由原则和过失责任原则等。它们体现于民法全部规范之中，有的被明确的宣示，但更多不具有实在规范的形式。〔23〕 其实，“自由平等”和“个人主义”观念的形成，也是近代哲学思想演变和科学技术发展的结果。从中世纪文艺复兴以来，人文精神的崛起，使人认识到了自己的重要性，这在社会生活的各个方面都体现出来。在科学技术的发展上，就是近代科学技术的逐渐产生和发展，然后发展了的近代科学技术，又影响了人对自身的认识，更进一步加强了“自由平等”和“个人主义”观念的形成，然后也就有了传统

---

〔19〕 陈振明：“工具理性批判——从韦伯、卢卡奇到法兰克福学派”，载《求是学刊》1996 年第 4 期。本文在相关的论述中，因为科学是构成工具理性的基础，所以为了行文的方便，在谈到科学技术对评价标准的影响时，其实也就是指工具理性对评价标准的影响。

〔20〕 ［德］韦伯：《新教伦理与资本主义精神》，彭强、黄晓京译，陕西师范大学出版社 2002 年版，第 176 ~ 177 页。

〔21〕 从许多法律制度中的工具理性越位，使工具理性代替价值理性成了变了样的评价标准的角度上看，这些法律制度是统一的，然而这种统一主要是在理念上的，在现实中并没有统一。而下文要探讨的建立在全球化背景下的共同法，则是在建立在多元化基础上的现实或者可能的统一。

〔22〕 ［德］卡尔·拉伦茨：《法学方法论》，陈爱蛾译，商务印书馆 2003 年版，第 348 页。

〔23〕 龙卫球：《民法总论》（第 2 版），中国法制出版社 2002 年版，第 50 页。

民法在近代逐渐形成的法律基本原则。而这些法律原则，在民法的所有规范中都能够直接和间接地体现出来。当然，美国的艾伦·沃森对民法的演变问题有不同的看法。他认为，在对待法律的态度上，民法法系和普通法系之间存在的区别，完全可以归结于欧洲大陆国家把优士丁尼的《民法大全》当作权威继受的结果，继受过程一旦开始，一切便一目了然了，再没有什么必要去考虑更深刻的社会因素，包括一般的政治体制或开业律师的组织形式。这不是说社会因素不那么重要，而是说民法法系的总体发展演化，可以归结于将《民法大全》奉若神明的事实。〔24〕然而，基于科学技术对评价标准的变化的重要影响的相关论述，持法律移植无机论的艾伦·沃森的上述观点是无法令人信服的。

我们还可以就工具理性对民法基本原则的影响做出进一步的分析。在近代，私法的基本原则的演变从根本上说正是工具理性不断扩张的结果。工具理性把原先对人的重视逐渐提升到更高的程度，认为人的理性（主要是指工具理性）可以解决一切问题，“自由平等”和“个人主义”的观念以及由此衍生出的私有权神圣原则、契约自由原则和过失责任原则等，从这个角度来观察，不过就是工具理性扩张的一个过程而已。在当代，科学技术的发展又使现代私法基本原则发生了重大的改变，使近代私法的几项原则都出现了程度不同的变化，体现在所有权由绝对化向相对化的转换，由契约自由到对契约自由的限制，由过错责任到无过错责任等方面。虽然这些变化是对工具理性对价值理性颠覆的一种回应，但是这种回应也只是对强势主体不顾其他而片面追求物质利益的一种限制，并没有从根本上去解决私法中的工具理性越位的问题，私法中的价值理性缺位的问题仍然存在。

三、比较法学中价值理性缺位问题的解决思路

工具理性主导下的法律主要调整一元化的经济利益，而价值理性主导下的法律则主要调整多元化的价值。比较法学中的“真”与“善”之间，善就是人的一种需求，要建构在“真”的基础上，但不能被还原为“真”。工具理性也代表人的需求的一方面，且主要集中在人的物质性利益上。而价值理性，除了考虑经济上的物质性利益外，还要考虑其他的道德、宗教和情感等方面的需求。“抽象社会”〔25〕最为关键的地方正是在于其以物质性利益为主导，以其取代了其他的需求，即使考虑了其他需求，也是完全为了满足物质性利益，是为了达成物质性利益的需求而培养出来的驯服的主体，是为工具理性精神浸淫过的一种带有工具理性精神的异化了的需求。

---

〔24〕［美］艾伦·沃森：《民法法系的演变及形成》，李静冰、姚新华译，中国政法大学出版社 1992 年版，第 45 ~ 46 页。

〔25〕李猛：“论抽象社会”，载《社会学研究》1999 年第 1 期。李猛在该文中提到，“抽象社会”这个概念直接来自荷兰社会学家 Zijderfeld，并为人们常常批评的“抽象社会”做了辩护。他所说的这几种冲突力量都被工具理性各自驯服了，“诸神之争”不过是诸“工具理性”之争而已，而“主体化”恰恰是在“工具理性”精神中熏陶出来的驯服的带有浓厚“工具理性”色彩的符合“工具理性”扩张的要求的主体。他在这里所提的社会仍然建立在由分化的程序技术驯服的多元化价值的基础上，其本质还是工具理性扩张的一种表达，且可以认为这是他所说的工具理性扩张的精神论中的更精致的表达。他在该文中只是把人们考虑工具理性和价值理性的问题时的思路引向深入而已。

社会从整体上变成了陌生人的社会，且成了冷冰冰的无感情色彩的社会。价值的多元化（需求的多元化）被工具理性所诉求的物质性利益所取代的后果是严重的，也是我们所不愿看到的。我们必须重新恢复价值理性应有的地位。从上面的论述可以看出，价值多元性是非常必要的。

下面还可以从哲学的角度来做进一步的论述。后现代主义认为传统哲学是根源于理性的总体性哲学，历史和社会被看作由中心、本质和目的支配的统一整体。后现代主义强调应高扬不可通约性、差异性和片断性（fragmentation）、特殊性和间断性；应该用知识形式的多样性和微观分析去超越总体性、总括性和强制性。〔26〕不涉及其他问题，就后现代主义的这些看法而言，其对限制工具理性的过度扩张，是非常有价值的。全球化从某种意义上说，就是现代性不断显露的过程，〔27〕也是工具理性过度扩张的结果。

目前探讨的共同法问题就是处在全球化这一背景之下。比较法学中价值理性缺位问题的解决，是建立在“法圈”的分类已经完成的前提下的，〔28〕本身并不是继续对法圈分类问题做进一步的分析。这里要探讨的恰恰是，依据人为制定的或客观或主观的标准，已经分类完成的各大法圈之间如何沟通或统一，最终达到一定程度的统一与多元化之间保持必要的张力的目的的问题。因而，这里要讨论的共同法就是不同法律制度在多元化基础上的沟通或统一的目标，是工具理性与价值理性之间保持必要的张力的看法在全球化背景下的比较法学中的具体体现。这里注重的是多元性标准。至于相对性标准，是在讨论法圈分类标准问题时提出的，在某种意义上也是多元性标准的体现，其本身并无太多单独的意义。这些理解就是本文所说的比较法学中价值理性缺位问题的解决思路。下面我们可以结合比较法学的内容，来更具体地分析这种解决思路。

西方的法律大同观念的发展可以分为许多阶段，而自然法、万民法、世界法和全球化法则是这些不同阶段的名称。〔29〕达维德认为，法在国际上的一定程度的统一是今天的世界所要求的，而对明天的世界来说，它将是更加必需的。〔30〕共同法在不

〔26〕冯俊、［美］弗兰西斯·弗·西博格、［法］高宣扬、［英］玛丽安·霍布森、石计生：《后现代主义哲学讲演录》，陈喜贵等译，商务印书馆2003年版，第12页。所谓“后现代主义哲学”，是指从笛卡尔开始的理性主义哲学启蒙运动。可以说，后现代主义对于西方传统哲学的批判是整个西方哲学发展史上哲学批判和论战中最全面、最激烈、最具根本性的一幕。主要表现的其中一种就是用差异对抗理性的总体化。参见该书第8页及以下。

〔27〕何中华：“现代性·全球化·全球性问题”，载《哲学研究》2000年第11期。他提出：“全球化（globalization）简单地说就是通过‘历史向世界历史的转变’而形成的，全球化的历史展开过程，也就是现代性不断彰显的过程。全球化的悖谬之处在于，全球化是通过人类交往的扩大实现的，而交往的本意是交往多方的对等沟通和平等对话，然而近代以来的人类交往却是以征服和地位不平等为特征的。”

〔28〕本文主要依据茨威格特和克茨的分类方法，而在要论述的问题比较宏观时，有时也参考达维德的分类方法，如大陆法系根据具体要论述的问题的情况，有时分为罗马法系和德意志法系，有时作为整体使用。

〔29〕严存生：“自然法、万民法、世界法——西方法律全球化观念的历史渊源探寻”，载《现代法学》2003年第3期。

〔30〕［法］达维德：《当代主要法律体系》，漆竹生译，上海译文出版社1984年版，第15页。

同历史阶段所包含的内涵和外延都不相同。如果借鉴库恩的范式理论，[31] 我们就可以认为全球化背景下的共同法也是一种范式，在这种范式中，可以认为比较法学实际肩负着实现人类法律文化大同的世界使命和责任。[32] 战后西方法学的发展，逐步打破法系即法律文化传统的界限或国与国之间的界限，呈现出一种统一化和国际化的趋势。[33] 上述的理解体现在全球化背景下共同法的建构上就是要坚持多元化标准。全球化背景下的共同法不是工具理性一统天下的局面，而应该是在价值多元化基础上的有限度的统一。如果工具理性再进一步扩张，体现在共同法的建构上，就必然会要求拥有不同价值观的国家和地区的法律制度的强行统一，而这将使世界变得越来越单一，出现工具理性一统天下的局面，导致价值理性的全面缺位，引起多元化标准的丧失。为防止这种现象的出现，要处理好全球化背景下的共同法中的价值理性的缺位问题，则须根据各法律制度的评价标准的不同情况，分别采取以下三种措施：

首先，世界上各种各样法律制度，无论它们各自之间有多大的不同，都必须共同遵守最低限度伦理，比如禁止滥杀、禁止偷盗和禁止奸淫等价值标准，[34] 因为这些评价标准是人类社会得以生存的物质性前提，是一种最低要求的“善”。只有承认了这一点，才能够进一步去考虑其他相关的评价标准的问题。

麦金太尔对伦理学现状的批评不但没有使他看到价值理性的前景，反而使他对在理性基础上建立普遍有效的价值原则的可能性持否定态度。中国学界的某些麦金太尔同情者认为，普遍理性不存在的明证是，如果它存在的话，我们早就不会在伦理价值问题上争论不休了，我们按照那个普遍理性规定价值就好了。这些人的错误在于把普遍价值的存在与它的被认同混为一谈。人类认识的历史告诉我们，越具普遍性的原则，能清楚地把握它的人就越少，因为它离常识越远。幸运的是，普遍原则在生活中的有效运作，并不完全依赖人们对它的理论上的自觉。这就是为什么不同文化传统中的人们虽然未曾在如何论证价值普遍原则的问题上达到共识，他们在实践上所遵循的最低限度伦理还是基本一致的。[35]

其次，评价标准类似的法律制度之间，可以很好地进行沟通乃至寻求一定程度

---

〔31〕［美］托马斯·库恩：《科学革命的结构》，金吾伦、胡新和译，北京大学出版社 2003 年版，第 9 页。库恩的“范式”理论认为同一种范式具有两种特征：一是科学经典的成就空前地吸引一批坚定的拥护者，使他们脱离科学活动的其他竞争模式；二是这些成就又足以无限制地为重新组成的一批实践者留下有待解决的种种问题。

〔32〕米健：“比较法学与世界法律文化”，载《法学》2004 年第 10 期。米健认为：一方面，它要对具体法律制度进行比较研究，发现和说明本国和外国法律制度各自存在的基础和理由，论证确认它们各自的长处与欠缺，通过有关文化和社会背景的阐释说明，引出改进完善自身法制的观点与方案，以求最终促进发展本国的法律理论和法律制度。另一方面，它又要发现和指出不同民族国家法律的异同及其历史、文化和社会原因，寻求各民族国家法律最大程度和最普遍的和谐，并在此基础上使本国法律尽可能地接受吸纳对整个人类社会具有普适性的规则与原则，最终完成设计和构造出一种世界共同法或普遍法的崇高人类使命。两者之间，后者对比较法学而言是最为根本的。其实，正是在此意义上，比较法学才获得了其作为一门科学的地位。

〔33〕何勤华：《西方法学史》，中国政法大学出版社 1996 年版，第 446 页。

〔34〕何怀宏：《伦理学是什么》，北京大学出版社 2002 年版，第 200 页。

〔35〕同注 17 引文。

上的统一。这是在价值多元性的前提下，对类似的价值原则内部所采取的相对的统一，价值理性的缺位问题在此可以被克服。

以有着大体类似背景的欧盟各国的法律的统一为例。欧盟法虽然有很多难以解决的问题，但是欧盟各国基本上都有共同的基督教传统观念。因此，欧盟法虽然要考虑大陆法系和英美法系的融通问题，但是，这时候要考虑的主要是法律的规范判断层面上的交流与合作，并通过立法、司法、执法等过程体现出来。

一部欧洲法的成形，结果要取决于21世纪的欧洲谁是“立法者”，法院，法律教员还是选举产生的立法机构。而立法机构、教员和法官的联合努力是有可能产生一部超越古欧洲时代的欧洲法的。〔36〕正如茨威格特和克茨所言：“在法律思维方式上，普通法国家与欧洲大陆无疑具有差异，但若认为前者的归纳式解决问题方法与后者系统的概念思想方法之间存在着一种不能沟通的对立，则肯定是错误的。”〔37〕私法的统一和联邦宪法的构造这两个与欧洲统一有关的问题值得我们注意。在私法中，普遍主义和地方主义都对欧洲人的头脑有很强的拘束力。它们都有辉煌的历史，而且没有哪一个能够完全代替另一个。21世纪的欧洲法将会在合同、知识产权和民事程序方面，更广泛地说，是在整个私法领域呈现出不同的面貌。一种共同的欧洲法学——一种新的共同法——的兴起是很有可能的。如果私法要占据欧洲法律人的头脑，那么公法也要求被给予同样的重视；在新世纪里欧洲宪法将成为第二个挑战。无论未来会怎样，承认区域目标和文化少数民族而不是与他们相敌对的联邦制度无论是在国家层面还是在欧洲层面都需要法学家的技艺。〔38〕

在这里，可以举一些例子来简单地说明欧盟中各国法律的统一问题。在欧盟中，英国与以往不同，近来由于英国加入欧洲经济共同体以及在设于卢森堡的欧洲法院实践的影响下，英国法官已经考虑立法者意图了，记录在英国议会议事录中的议会里的辩论现在可以在法院中被引用了。〔39〕如在比较法发源地法国，在海商法和运输法中，某些条文直接借鉴了英国和德国的相关法律；甚至有些法律用语也直接采用外国语，如“托拉斯”、“旅行支票”、“经营代理”等。从而促使其解释学也趋于同一。〔40〕在有共同或类似的评价标准的时候，法律制度的移植或统一也可能会存在很多比较大的困难。比如，英国的信托观念、信托制度已逐渐被一些非普通法系国家所接受，但英国关于信托的衡平法判例形式却很难传播至普通法系之外。〔41〕又如，在物权立法方面，法国立法模式和德国立法模式的共同特点是他们都是建立在市场经济基础上的立法，他们的基本分歧主要表现在交易中财产关系的法律调整模式方面。法国法的这一立法模式在国际上被称为“同一主义”，即依据一个法律根据同时发生物权变动和债权变动立法模式。与此相对应的德国立法，因为民事权利尤其是

---

〔36〕［英］R. C. 范·卡内冈：《欧洲法：过去与未来——两千年来的统一性与多样性》，史大晓译，清华大学出版社2005年版，第165～166页。

〔37〕同注7引书，第377页。

〔38〕同注36引书，第166页及以下。

〔39〕同注36引书，第45～46页。

〔40〕同注33引书，第447页。

〔41〕董茂云：“法典法，判例法与中国的法典化道路”，载《比较法研究》1997年第4期。

财产权利的性质有物权和债权的清晰区分，法律上无法认可“广义财产权”的正当性；因为一个交易过程必须区分为债权变动和物权变动两个过程，因此必须就其法律根据予以区分。这就是“区分原则”。〔42〕这些现象也都从各自的角度反映了法律比较的复杂性及实现共同法的诸多困难。

最后，评价标准迥异的法律制度之间的沟通。对于不同的评价标准不能强求统一，而应采取“己所不欲，勿施于人”的原则。这条原则在1993年芝加哥召开的国际全球伦理大会上，与会者正式把这样一条规则定名为“金规则”。所谓金规则，就是全球各大文明、各种不同的文化，从它们的伦理道德、宗教信仰中提取一条普遍性的规则。〔43〕这样做就可以使工具理性一统天下的局面难以持久存在，而价值多元性就可以得到坚持。“善”这种价值判断，要建立在“真”的基础上，然而,“善”不能还原为“真”，其中多了人的需求和人的道德底线等。这样，就从哲学的高度论证了具有完全不同评价标准的法律制度之间，如在不同宗教影响下的婚姻家庭法等，都难以从作为价值的“善”还原为“真”。因此，这时候更需要的是沟通理解而非强求统一。

以欧盟法（基督教传统）与伊斯兰法（伊斯兰教传统）中的婚姻家庭法的沟通为例。婚姻家庭法是人身关系方面的法，它要比财产法更容易体现各个国家的不同评价标准，再加上宗教等因素的影响，使分别信仰伊斯兰教和基督教的人们的婚姻法统一起来的难度比较大。在穆斯林的私法领域，婚姻家庭法是伊斯兰国家私法的核心。近百年来，绝大多数伊斯兰国家在民法及婚姻家庭法领域，都先后制定和颁布了婚姻家庭和继承方面的法典、条例和法令，对童婚、妻方无权离婚的法律作了局部调整。这些法律从总体上来说，并没有脱离传统的伊斯兰法，最明显的是对多妻制予以保留。虽然各国都对传统的伊斯兰法作了一些相应的改革，有些国家在立法中规定了传统伊斯兰法中没有的结婚登记制度；有些国家在法律中规定男女享有平等的继承权；有些国家在家庭法中规定了“代位继承制”。但因改革的力度、范围不同，使这一领域的伊斯兰法律失去了统一规范，也使伊斯兰法形态的发展趋势更倾向于本土化而不是普世化。〔44〕

欧盟的情况则有很大的不同。属于英美法系的英国在近几十年来，随着女权主义、自由主义勃兴发展，其婚姻家庭法也发生了重大的变革，主要表现在以下几点：男女平等的进一步实现；非婚生子女家庭地位的提高；离婚理由的标准化、惟一化。〔45〕而在属于大陆法系国家中，婚姻家庭法方面沿袭罗马法传统，制定了系统的民法典，并以“亲属法”统纳婚姻家庭方面的法律规范。婚姻家庭法在半个多世纪以来一直变化，主要呈现出如下特点：家族本位原则向个人本位原则转变；夫妻在人身关系、财产关系方面的地位逐渐平等；对子女权利法律保护的全面化、系统化；离婚条件无过错化。在大陆法系国家，随着家庭关系的非传统化，家庭的结构和形

---

〔42〕孙宪忠：“制定民法典的主要难题”，载《法学》2003年第5期。

〔43〕邓晓芒：《康德哲学讲演录》，广西师范大学出版社2005年版，第190～191页。另外，邓晓芒有关金规则的三种模式的详细说明，还可以参见该书第191页及以下的相关内容。

〔44〕朱虹：“面对法律全球化的伊斯兰法形态”，载《人权》2003年第4期。

〔45〕何勤华、李秀清：《外国民商法导论》，复旦大学出版社2000年版，第213～214页。

式均已发生变化。这种反传统的趋势有可能会成为新世纪婚姻家庭法发展的主流。[46] 从以上欧盟中的两大法系的有关婚姻家庭法的简要论述中，可以看出两大法系虽然在一些方面也有所不同，但是整个欧盟中各个国家的婚姻法，在整体上还是有一些共同的文化传统，比如说基督教传统等，它们之间的相互沟通是比较容易的。

而当我们把有关婚姻家庭法方面的比较的眼光投向伊斯兰国家与欧盟各国中时，就会发现两者之间有非常明显的不同。伊斯兰国家在面对法律全球化时，其内部已经有很多不同的评价标准，而其与非伊斯兰国家的婚姻家庭法更是难以统一。因为评价判断中的评价标准不易统一，所以，在这样的情况下，就应该以“己所不欲，勿施于人”的原则来指导实际的不同法律制度之间的对话。

以上三种情况，就是全球化背景下共同法中的价值理性缺位问题的解决思路。而且这三种不同的情况，是应该区别对待的，只有这样，共同法中的价值理性问题才能够多层次、多角度地解决好。

四、结语

从上文的阐述中，我们可以得出这样一些总结性的看法：比较法学中的价值理性体现在参与比较的不同国家和地区的法律制度得以形成的评价判断方面。比较法学中的价值理性出现了缺位的现象，其原因就是工具理性的越位。工具理性的越位现象引起了现代主义和后现代主义对工具理性的批判。比如，德国著名的现象学家胡塞尔在20世纪早期就已提出，科学观念被实证地简化为纯粹事实的科学。科学的危机表现为科学丧失生活意义。在19世纪后半叶，现代人让自己的整个世界观受实证科学支配，并迷惑于实证科学所造就的“繁荣”。[47] 另外，马克斯·韦伯也认为，在现代社会，我们赋予了技术工具理性以相对于别的理性成分的绝对优先地位。[48] 工具理性与价值理性之间应保持必要的张力，体现在全球化背景下的比较法学中，也就是要坚持评价标准的多元性。在这样的意义上，本文也可以说是在法学界中强烈的科学主义氛围（以工具理性为指导）中对价值理性的重要性的一种辩护。

还要加以说明的是，这些总结性的看法主要都是在抽象的原则层面进行分析时得出的，而结合具体法律制度进行详细讨论的较少。如果借鉴康德的“思想无内容则空，直观无概念则盲”[49] 这一名言，那么就可以看出，本文的论述就主要集中在“思想”和“概念”方面，且深度也有限，而对“内容”和“直观”方面则把握得更少。因此，就比较法学中的价值理性这个问题而言，就很有必要在加强对抽象原则的进一步研究的基础上，对各相关的法律制度做更加详尽的研究，以避免康德所言的“空”和“盲”的状况的出现。

最后要说明的是，本文关于比较法学中的价值理性问题，是以事实和价值两分以及工具理性和价值理性两分为逻辑起点的，然而，这样的两分法，在哲学界中也

---

〔46〕 同注45引书，第438～439页。

〔47〕 ［德］埃的蒙德·胡塞尔：《欧洲科学危机和超验现象学》，张庆熊译，上海译文出版社1988年版，第5～6页。

〔48〕 ［德］得特勒夫·霍尔斯特：《哈贝马斯传》，章国锋译，东方出版中心2000年版，第107页。

〔49〕 ［德］伊曼努尔·康德：《纯粹理性批判》，李球零译，中国人民大学出版社2004年版，第83页。

有一些不同的意见，比如，与事实和价值两分的做法相关的事实判断和价值判断的判断标准的把握问题。这些批评也有很多可以借鉴的地方。另外，从内容上看，本文主要是从私法的角度加以分析，而对公法和社会法的内容则很少涉及。然而，在谈论价值理性问题时，与其说公法和社会法的相关问题显得不如私法的重要，不如说公法和社会法的相关问题是要加强研究的地方。除了内容上的一些局限外，在表达上还应指出的是，本文借用了“价值理性”等哲学概念对比较法学的相关内容进行梳理，致使本文在哲学术语和法言法语的沟通上还有很多需要斟酌的地方。

社会契约与人的联合

胡玉鸿*

社会契约是一种政治哲学上的理论假设，它声称国家的形成不是自然的产物，而是人们为了自由、安全和幸福所作出的一种理性选择："社会成员在行动上彼此互相采取负责的态度，承认国家的权威，国家反过来保障和坚持某些道德原则"。[1] 这意味着形成共识的人们达成形成社会共同体的愿望，在此基础上与国家签订契约，作出相互间权利、义务的承诺。必须注意的是，社会契约论虽然可广延于古希腊哲学，然而其成为成熟的理论体系则始于启蒙时期，尤其是霍布斯、洛克和卢梭的学说。对于启蒙时代的思想家而言，国家原本是个既在的东西，然而他们却不满足于将国家看作是一个"给定物"并据此进行分析，相反，他们深入到国家内部，分解国家的组成要素，并以之说明国家形成的动因。这是一种全新的由整体向部分还原的解释方法，它意味着在事物的分析中必须"一直深入下去，直到追溯到真正的元素，追溯到不可分割的单元"。[2] 什么是构成国家的最终单元呢？这就是个人！启蒙思想家所设想的自然状态、自然法以及社会契约，都是建立在对个人的定位及对人的本性的分析基础之上的，也就是说，在方法论上，他们大多都是个人主义方法论的提倡者与实践者。这一方法，即以个人作为分析的基本单位，由此来推导整体的生成与性质。简言之，国家就是个人在政治生活中的一种映像，国家的制造材料和它的创造者都是个人，正是个人与个人之间、个人与国家之间的社会契约造就了现代意义上的国家。[3] 当然，本文的目的不在于追溯社会契约论的思想源流并评价其理论得失，而是解构社会契约理论中隐含的人的联合的因素，并探讨其在当代国家的具体实践。

一、人的联合与社会契约的缔结

古典自然法学的研究传统之一，是将国家、法律理论从神的意志下解脱出来，而转向对人本身的分析。换句话说，在自然法学者眼中，惟有立足于人、人性的分析，才可望得出解构政治、社会问题的正确结论。在这方面，被称为"古典自然法之父"的格老秀斯，就对此进行了明确的解说。格老秀斯认为，"社会本能"是推动

---

* 苏州大学法学院教授。

〔1〕［英］大卫·克里斯特尔主编：《剑桥百科全书》，中国友谊出版公司1996年版，第1105页。

〔2〕［德］E. 卡西勒：《启蒙哲学》，顾伟铭等译，山东人民出版社1988年版，第248页。

〔3〕［英］霍布斯：《利维坦》，黎思复、黎廷弼译，商务印书馆1985年版，第1～2页。

个人与个人订约并组成国家的主要因素，他指出："可以肯定，人是一种动物，但他是高级动物……在人所独具的特性中有一种要求社交的强烈愿望，亦即要求过社会生活的愿望——这并不是指任何一种生活，而是指按照他的才智标准跟那些与他自己同一类的人过和平而有组织的生活……"。〔4〕显然，"和平"而"有组织"的生活，只能在国家形成之后才有可能。因而，寻求"个人"这一最终的元素，就可以求得国家生成的答案。这一研究模式的确立，成为启蒙时期思想家们的基本研究范式。以下我们以霍布斯、洛克及卢梭的社会契约理论为例，研究三位思想家的人性预设对社会契约模式的意义所在。

（一）因"恐惧"而联合——霍布斯的人性预设与社会契约理论

霍布斯笔下的"个人"即纯粹的自然人。在他看来，"人的本性是他的各种自然能力和力量的总和，像营养、运动、生育、感觉、理性等能力。这些能力，我们都一致地称之为'自然的'，它们在'动物的'和'理性的'这些语词之下包含在人的定义中。"〔5〕问题的关键是，"自然使人在身心两方面的能力都十分相等"，这种能力上平等的自然人，"在没有一个共同权力使大家慑服的时候，人们便处在所谓的战争状态之下。"因而，国家产生之前的社会，只能是一种"每一个人对每个人的战争"的自然状态。在这样一种自然状态里，正常社会所需的经济、社会、文化等各个方面的发展都将不复存在，更糟糕的是"人们不断处于暴力死亡的恐惧和危险中，人的生活孤独、贫困、卑污、残忍而短寿"。〔6〕不能指望生活在自然状态下的人们能够通过忍让来解决这种各自为战的混乱局面，因为每一个人都有按照自己所愿意的方式运用自己的力量保全自己的天性，也就是保全自己生命的自由。这种"自我保全"是每个人的自然权利，它表明在自然状态下，每个人都可以为自己利益而抗争。然而，这只能导致战争状态的加剧，而不可能通过暴力来重建和平。正因如此，霍布斯借用了民法中"契约"的观念，设想由人们之间相互签订契约，共同交出自己管理自己的权利，以取得和平的状态。然而，这必须设立一个人们共同接受的"并具有强制履行契约的充分权力与力量"，因为"没有对某种强制力量的畏惧心理存在时，就不足以束缚人们的野心、贪欲、愤怒和其他激情"。所以，国家就是"把大家所有的权力和力量付托给某一个人或一个能通过多数的意见把大家的意志化为一个意志的多人组成的集体。"〔7〕由此，霍布斯完成了"人的本性→自然权利→自然状态→社会契约→国家、法律"的逻辑推演。

（二）因追求幸福而联合——洛克的人性定位与社会契约的建构

洛克同样将"个人"作为分析的基点，但与霍布斯不同的是，在洛克关于"个人"的假设中，"个人"不仅是个自然人，同时也是个社会人。洛克指出："每个人主

---

〔4〕［荷］格老秀斯：《战争与和平法》，绪论第8节，转引自［美］乔治·粗兰·萨拜因：《政治学说史》（下册），刘山等译，商务印书馆1986年版，第480页。

〔5〕《霍布斯英文著作集》第4卷，伦敦1839年版，第2页。转引自巴发中：《霍布斯及其哲学》，中共中央党校出版社1997年版，第174页。

〔6〕上述引文分别见注3引书，第92、94、95页。

〔7〕上述引文分别见同注3引书，第98、103、131页。

要应当关心的，首先是自己的灵魂，其次是公共和平。”〔8〕 前者是从“自然性”而言的，后者则涉及人的“社会性”。正因为将人的社会性作为个人本性的重要方面，洛克所设想的自然状态就与霍布斯所构思的自然状态大为不同。〔9〕 在洛克看来，自然状态并不是一种放任的状态，作为自然法的理性能够给人民以重要的启示：“人们既然都是平等和独立的，任何人就不得侵害他人的生命、健康、自由或财产”。洛克以夸张的笔触描绘了“自然状态”的特性：自由与平等。然而，虽然人们在自然状态中享有种种权利，但这种享有是很不稳定的，又不断受别人侵犯的威胁。因为虽然理性是人的本性，然而总会有人不遵守公道和正义的准则，因而直接威胁到人们的权利，特别是财产权可能就会因此而遭受灭顶之灾。所以，洛克沿用霍布斯的论证，将“社会契约”的签订以及由此而组成的国家和政府，作为化解这一矛盾的良方。洛克言道：“任何人放弃其自然自由并受制于公民社会的种种限制的惟一的方法，是同其他人协议联合组成一个共同体，以谋他们彼此间的舒适、安全和和平的生活，以便安稳地享受他们的财产并且有更大的保障来防止共同体以外任何人的侵犯。”〔10〕 这就是说，每一个个人作为订约的主体，通过协议而组建国家，从而保障自己的舒适、安全与和平。

（三）为成就公意而联合——卢梭的社会契约构想

社会契约论的集大成者卢梭也同样是立足于人，来切入对社会契约理论的分析。卢梭笔下的人，就是生存于自然状态中的自然人，它不同于进入政治社会之中的、具有公民身份的政治人。在卢梭看来，文明的进化虽然带来了物质的繁荣和社会的进步，然而也不可避免地带来了私有制以及不平等的状态，在这样一种情形之下，和平的自然状态必然要向阶级社会过渡，从而进入了霍布斯所言及的“战争状态”之中。然而人类是理性而明智的动物，在意识到战争状态会最终毁灭人类时，他们就会寻求一种和平、安全的政治体制。正因如此，人们通过订立社会契约，建立一个体现集体意志的共和国。当然，卢梭不同意霍布斯设想的契约论模式，即国家是通过强制而使公民聚集在一个社会中的说法。〔11〕 在卢梭看来，无论是社会契约本身的签订，还是通过社会契约而产生的国家，其核心的概念都是“公意”。所谓公意，也就是公共意志，是指整个社会本身的意志，或者说，它是所有个人的意志的总和，只要他们都谋求共同利益。〔12〕 “公意”是如何形成的呢？它源于在社会契约中人们所作的承诺：“我们每个人都以其自身及其全部的力量共同置于公意的最高指导之下，并且我们在共同体中接纳每一个成员作为全体之不可分割的一部分。”按照卢梭

---

〔8〕［英］洛克：《论宗教宽容》，吴云贵译，商务印书馆 1982 年版，第 39 页。

〔9〕必须注意的是，在这里，洛克发生了学者常常指出的方法论上的背离。从认识论的角度而言，洛克坚决反对所谓的“天赋观念”，认为人类的知识全部来自于经验；但在自然状态、社会契约的论述上，显然其又是运用一种理性演绎的方法。

〔10〕［英］洛克：《政府论》（下篇），叶启芳、瞿菊农译，商务印书馆 1964 年版，第 59 页。

〔11〕卢梭为自己的社会契约论所确定的主题是：“要寻找出一种结合的形式，使它能以全部共同的力量来维护和保证每个结合者的人身和财富，并且由于这一结合而使每一个与全体相联合的个人又不过是在服从自己本人，并且仍然像以往一样地自由。”参见［法］卢梭：《社会契约论》，何兆武译，商务印书馆 1980 年版，第 23 页。

〔12〕参见［英］鲍桑葵：《关于国家的哲学理论》，汪椒钧译，商务印书馆 1995 年版，第 128 页。

的说法，这样形成的道德的与集体的共同体，就成为“公共的大我”，构成了共同体的生命与意志。[13]

从以上的分析可以看出，社会契约论在霍布斯、洛克、卢梭等启蒙思想家的笔下各有不同的理论样态，然而上述思想家有关社会契约的本质认识是相同的，这包括：①国家的形成是人们自愿协商并放弃某些自然权利的产物，因而国家不是一种自然存在，相反，它是个“人造物”，即由人所创设的公共团体。霍布斯明确指出，国家是“把大家所有的权力和力量付托给某一个人或一个能通过多数的意见把大家的意志化为一个意志的多人组成的集体”，[14] 国家的成立也即标志着人的联合的组织化体系得以形成；②社会契约的结果是人们与国家之间的相互承诺，这意味着无论是契约的哪一方，都有信守契约的义务，在一方毁约的情况下契约即无效力，特别是人民拥有重新订约以组织政府的权利。正因如此，“互惠性”已成为社会契约的本质特征；[15]③社会契约中的个人是自然人，即自利、理性的个人。社会契约的签订，也是源于这些自然人权衡利弊下的理性选择。他们或是为了避免人类的自我毁灭，或是为了追求更大的幸福，或是为了成就人们联合在一起的“公意”。总之，并不存在所谓天然的政治秩序与宇宙统治样式，所有国家与政府都是在个人合意基础上签订的社会契约中诞生的。

以今日的眼光来看，社会契约论自然存在诸多理论上的缺陷，尤其是其不可证成的属性更是成为其他思想家攻击的藉口。然而，我们之所以将之作为“人的联合”的例证，主要是因为它涉及了这样几个方面的论题：①国家（从民族国家的角度而言）是最广泛的社会共同体，而这样一种共同体的合理性、正当性必须从人们的“同意”中得到证明。契约的本质在于双方的合意，这是使契约得以生效、真正具有约束力的一个最根本的条件。这正如英国著名思想家柏克所言的那样：“一个国家的政体一旦依照某种默示的或明示的约定确立下来，那么，如果任何现存的权力要改变它，那么必然会违反约定，违反各方当事人的意愿。这就是契约的本质。”[16] ②国家是经过契约的订立而形成的，这意味着在国家之外，还有“社会”的存在，它可以集中个人的力量，来监督国家是否守约。在签订契约的过程中，个人并没有将自己的一切交给国家，相反，像洛克他们所证明的，个人保留了部分的自然权利，如抵抗权、生命权、财产权等。而恰恰是这些保留的权利构成了个人与国家分庭抗礼的基础。③国家成立的目的不在于对个人的本性、情感、需求进行限制，而是更好地保障人民的权利与自由。换言之，人们之所以组成国家和社会，并不是以自然权利来换取奴隶资格，而是为了更好地实现自由、安全和幸福。这正如美国《独立宣言》

---

〔13〕 同注11引书，第24～25页。

〔14〕 同注3引书，第131页。

〔15〕 英国政治学家莱斯诺夫在解构社会契约论的含义时就专门指出：“对一个契约的通常看法是：它在本质上是互惠的，也就是说，它包括双方的允诺（如果只有两个当事人的话），每一方都以对方的允诺作为回报；并且，它在本质上是有条件的，换句话说，每一个允诺当且仅当另一方完全履行其允诺的内容时才成为一项必须采取行动的承诺。”参见［英］莱斯诺夫等：《社会契约论》，刘训练等译，江苏人民出版社2005年版，第11页。

〔16〕 ［英］埃德蒙·柏克：《自由与传统》，蒋庆等译，商务印书馆2001年版，第76页。

所表明的：为了保障生命权、自由权和追求幸福等“不可转让的权利”,“才在人们中间成立政府”，当政府损害这些目的时，人民就有权来改变它甚至废除它,“以建立新的政府”。当然，即使是在推翻暴政政权重新缔约组建政府时，社会契约所加诸政府的责任同样是未来契约的准绳。

二、社会契约下“新人”的诞生

以上我们回顾了社会契约理论形成的大致脉络。那么，社会契约与人的联合究竟存在何种实质的关联呢?

首先，社会契约是在统治者与被统治者之间达成的协议，然而，对社会契约进行分解就可以知道，实际上这本身是包括两个独立的过程的：一是人民之间形成统一的意见，相互承诺放弃全部或部分自然权利；二是作为整体的人民与统治者签订契约。可以说，没有前面一个契约，后面一个契约就无法实现。从这个意义上而言，“契约意味着一种人际关系和交往”,〔17〕它表明理性的人们为了结束混乱、不便的自然状态而相互之间达成了组建国家的协议，所以说，社会契约本身就是人的联合的结果。

其次，社会契约的订立，为国家的形成以及权力的正当性提供了基础。然而必须注意的是，人们交出天赋的自然权利，本身是为了获取更大的利益。〔18〕因而，对于国家而言，对于有着人性基础的人们之间的合作权利，必须从制度上予以保障。如前所述，为了物质的生存以及精神的需要，人们需要合作、互助，因而，对于人们相互之间联合的权利，国家法律不得限制、克减，更不得予以取消。美国《宪法修正案》第 1 条就明显地体现了这种立场，其规定：“国会不得制定任何法律……剥夺人民和平集会和为救济冤屈而向政府请愿的权利”。

再次，当政府背信弃义，无视对人民的承诺而倒行逆施时，人们有重新联合起来推翻政府和组建新的政府的权利。这正如美国《独立宣言》所声称的：“当一个政府恶贯满盈、倒行逆施，并且一贯实行暴政，显然是企图把人民抑制在绝对君主专制的淫威之下的时候，人民就有权利和义务推翻政府，并为他们未来的安全建立新的保障。”显然，人民的抵抗、武装起义都需要人们在形成共识之下，重新聚合起来。单个人的自由、权利，尤其是人权本身具有对抗国家的性质，但是，没有人的联合，对无道政府的反抗就会成为一句空话。

最后，更为重要的是，通过社会契约的假设，自然状态进入了文明社会，野蛮人变成了政治社会中的公民，这对于人的联合而言，有着极为重要的意义：

(一) 社会契约的订立是孤立的“我”转变成“我们”的过程

如霍布斯等人所假定的，在自然状态中存在的是一个个孤立的、原子式的个人，

---

〔17〕 何怀宏：“契约伦理原论”，载《外国哲学》编委会编：《外国哲学》（第 14 辑），商务印书馆 1998 年版，第 232 页。

〔18〕 颁布于 1776 年的《弗吉尼亚权力法案》在这方面作了经典的表述。法案第 3 条规定：“政府是为了，或者应当是为了人民、国家和社会的共同利益、保证和安全而设立的；在所有各种形式的政府当中，最好的政府是能够提供最大幸福和安全的政府……。”参见［美］J. 艾捷尔编：《美国赖以立国的文本》，赵一凡、郭国良译，海南出版社 2000 年版，第 22 页。

人们纯粹根据本能而生活，并且仅仅关注自己的利益。然而，人是自利的，但也是理性的，当人们认识到了自然状态中的种种不便时，就有了通过契约缔结“政治共同体”的想法。因而，社会契约签订的过程，本身就是人与人之间平等协商的过程，理性的自然人出于秩序与安全、便利的考虑，共同放弃全部或部分自然权利，进入国家状态。这一过程，使纯粹的“我”变成了同类间志同道合的“我们”。所以，当1787年的美国《宪法》以“我们，美国人民”作为开场白时，虽然省略了有关社会契约签订的具体过程的论证，但是，正因为孤立的个人已经联合了同类，因而才有了建立国家、制定宪法的力量。“我们”是什么？“我们”意味着人的集合，意味着人们之间有了共同的目标与信念，具备了联合进行行动的客观基础。当“我们”存在时，人就再也不是孤立无援的“独行客”，而是能够在一种休戚与共的环境中联合其他人来进行共同事业的联合体中的一分子。正是因为“我们”的存在，面对人造物的“国家”，人将不再是软弱无力的；也正是因为“我们”的存在，“公意”的形成才有了可能。“我们每个人都以其自身及其全部的力量共同置于公意的最高指导之下，并且我们在共同体中接纳每一个成员作为全体之不可分割的一部分。”这样形成的道德的与集体的共同体，就成为“公共的大我”，构成了共同体的生命与意志。[19]因而，“我们”不仅是量上的人的集合的一种表征，更是具有精神结合的人的联合的一种称谓。

（二）社会契约的订立，是将“个人”转变为“公民”的前提条件

从政治学、法学的意义上而言，“个人”与“自然人”同义，指的是自然生长、自然发育的生命个体。因此，人的本性既具有动物的一面，也具有理性的一面。并且既然同为自然人，因而，同一个时代的个人之间也就是“同类人”，有着相似的特征与人性。在这其中，人类的三种天性普遍地存在于各个个人身上，这就是竞争、猜疑和荣誉。正是因为人类之间的冲突乃至战争，人们才放弃自然权利，签订社会契约。然而问题在于，一旦加入社会契约，进入国家状态，个人就会由自然人转换为国家的公民。而“公民”与“个人”的意义是不同的：①公民是与国家联系在一起的身份或生存状态，从通常的意义上而言，公民是指具有某个国家国籍的人，然而正是这种“国籍”的确立，使一个人与国家之间发生着身份上的联系。正如学者所言：“公民身份指的是一种关系——那些创建政体者的联系方式——而不仅仅是指那些以其财力、态度和其他个人特点彼此孤立的个人。”[20] 在这样一种依附关系之下，公民必须有最基本的对国家的忠诚，同时也以这种身份与其他公民发生政治上的联系。②公民意味着“公共之民”，这就是说，公民不像自然人那样，可以单纯地考虑自身的生存和利益，作为公民，他还必须参与社会的公共政治活动，履行公民的政治使命。在此意义上，参与国家的公共政治生活既是公民的一种权利，因为“公民资格是一种给予国家共同体中正式成员的地位，因而公民资格的权利，正像马

---

〔19〕 同注13引书，第24～25页。

〔20〕［美］斯蒂芬·L. 埃尔金：《宪政主义的继承者》，载［美］斯蒂尔·L. 埃尔金、卡罗尔·爱德华·索乌坦编：《新宪政论——为美好的社会设计政治制度》，周叶谦译，三联书店1997年版，第168页。

歇尔所称的，乃是一种来自参与，并有助于参与的共同拥有的权利。”[21] 同样介入公共政治生活也是公民的一种职责。“民主国家的公民资格不仅仅是国籍，不仅仅是国民。公民资格是一种职责，像其他职责一样，会带来某些权力和责任。”[22] ③政治理论中，有时还将公民视为具有公民伦理的道德个人。英国学者沃夫在分析卢梭的公民观念时就特别指出：卢梭眼中的“公民”，是经过训练，“举止不会不容于社会”的人，这对国家的长治久安是很重要的。此外，“服公职”也是卢梭所指的“公民”的重要任务。不仅如此，卢梭还要公民积极参与政策制定。透过特定形式的直接民主，所有的公民都可参与创制立法。[23] 就算是在现代，许多政治理论家也将“好公民”视为民主制度得以运作的基本前提。美国政治学者伯恩斯等人在其著作《民治政府》中，就辟专章论述“好公民”的问题。在他们看来，“我们国家要求公民理解他们的安康是与他们的邻居、社区和国家的安康息息相关的。真正的公民都置身于他们社会的社会和政治结构不断再造与更新之中。”[24] 当然，这一理论也存在着极权主义的危险，这是不能忽视的。

（三）社会契约的订立使普通的“生活人”有资格联合成为反抗暴政的“卫道士”

在启蒙思想家的观念中，人们之所以有资格与国家签订契约，并非因为他们是“一无所有”的“可怜人”，相反，人生而具有不可剥夺的自然权利，正是由于他们将这种权利让渡给国家，才有了国家权力的获得及国家成立的基础。所以，如美国《独立宣言》所昭示的：“政府的正当权力，系得自被统治者的同意”。然而必须注意的是，社会契约并不是一个简单的“同意契约”，更不是人们集体让权的“投降契约”，在契约中，隐含的观念是统治者必须按人民的意志进行治理，如果统治者背信弃义，人们可以联合起来推翻暴政，重新签订社会契约。什么是“暴政”？在此我们可以用洛克的话来加以说明。洛克认为：“暴政便是行使越权的、任何人没有权利行使的权力。这就是任何人运用他所掌握的权力，不是为了处在这个权力之下的人们谋福利，而是为了获取他自己私人的单独利益。”当出现了暴政时怎么办？洛克以立法机关为例说明了这个问题。在他看来，人们参加社会的理由在于保护他们的财产；他们选择一个立法机关并授以权力的目的，是希望由此可以制定法律，树立准则，以保卫社会一切成员的财产，因此，“当立法者们图谋夺取和破坏人民的财产或贬低他们的地位使其处于专断权力的奴役状态时，立法者们就使自己与人民处于战争状态，人民因此就无需再予服从，而只有寻求上帝给予人们抵抗强暴的共同庇护。”这并非叛乱而是正当的革命。[25] 正是在这种“革命”过程中，个人之间联合起来，成为反抗暴政的卫士。在这个时期，个人再也不是仅仅关注自己蝇头小利的俗人，而是可以拿起武器推翻无道政府的战士。因而，社会契约的订立，实际上也是为国家制造了潜在的反抗者。

---

〔21〕［澳］巴巴利特：《公民资格》，谈谷铮译，桂冠图书股份有限公司1991年版，第25页。

〔22〕［美］詹姆斯·M. 伯恩斯等：《民治政府》，陆震纶等译，中国社会科学出版社1996年版，第201页。

〔23〕［英］强纳森·沃夫：《西洋政治思想导论》，侍建宇译，五南图书出版有限公司1998年版，第110页。

〔24〕同注22引书，第1235页。

〔25〕同注10引书，第123～124页。

自然，以现存的国家而论，我们很难指认哪个国家是经由全民签约而形成的。然而，寻求社会契约的国家实证资料，这本身并非社会契约论者的目的，正如拉德布鲁赫所言：“社会契约不是要成为一个事实，而只想成为一个标准：我们不能断言，国家是起源于由现实中的人们所缔结的真实的契约，而应该认为它的价值可以用成功的或者没有成功的尝试来衡量，可以认为国家是起源于一个被看做是纯粹理性生物的人类所订立的契约。”[26] 就促进人的联合及国家正当性这两方面的意义而言，社会契约论并不因其缺乏实证基础而丧失意义。如果说人在社会中的联合本身也包含着为国家、社会和他人履行义务的话，社会契约论实证上也提供了人的联合的义务基础。沃夫正是从这个方面挖掘了社会契约论的内在意义，他指出：“从抽象的理论层面来看，社会契约论是一个不错，且颇高级的处理方法，用以解决每个人为什么有政治义务的问题。社会契约论满足了两个需要：①普世主义，每个人都有同样的义务；②自愿主义，政治义务的存在始于每个人的同意认定。”[27] 前者奠定了“法律之下人人平等”的理论根基，后者则是现代国家存在的正当基础。

三、社会契约与人的联合的实践

如前所述，建立于自然状态之上的社会契约的确很难说有实证的基础，毕竟当代任何一个现存的国家，实际上都不是由人们聚集在一起而签订社会契约的结果，然而，这样一种由思想家“虚构”的理论，却深刻地影响着启蒙以来的政治和社会实践，迄今仍为人类思想史上的一项宝贵财富。

（一）通过社会契约形成共同体和国家的尝试

社会契约在人类政治史上的尝试，可以《五月花号公约》作为一个实证的材料。1620 年，为避难而逃离英国的清教徒们在踏上北美新大陆之前，全体成年男子为了个人安全和社会幸福的考虑，签订了如下契约：“为了上帝的荣耀，为了吾王与基督信仰和荣誉的增进，吾等越海扬帆，以在弗吉尼亚北部开拓最初之殖民地，因此在上帝面前共同庄严立誓签约，自愿结为一民众自治团体。为使上述目的得以顺利进行、维持并发展，亦为将来能随时制定和实施有益于本殖民地总体利益的一应公正法律、法规、条令、宪章与公职，吾等全体保证遵守与服从”。[28] 公约的签订，既保证了相互间各自的和平，也为美国宪法的制定以及宪政体制的构造提供了基础的原型。这就说明，通过社会契约来进行个人之间的联合，不仅具有道义上的正当性，也是政治实践上可以尝试的方式。

美国宪法的制定也可以视为是以社会契约方式缔造国家的范例。在 1787 年，来自北美 13 个州的代表们齐集费城，就制定宪法进行了长达 4 个月的辩论与协商。按照学者们的说法，美国宪法的伟大之处在于：“宪法源自全民，人民是在宪法之下行使的一切政治权力的根源；宪法是建立在全民同意的广泛的自由与统治的原则上面，超越了任何特殊集团或阶级的利害”。比尔德引述班克罗夫特的话说：“由于冷静的

---

〔26〕［德］G. 拉德布鲁赫：《法哲学》，王朴译，法律出版社 2005 年版，第 146 页。
〔27〕同注 23 引书，第 56 页。
〔28〕同注 18 引书，第 5 页。

思考与友好的协商，他们（人民）奠立了一部宪法，把自由与权力和秩序揉成一片，超越了每一个人的原来的意见。"[29] 也就是说，就美国宪法与人民的关系而言，宪法崇拜者主要表达了三个方面的赞赏：①宪法的源泉是人民，它是人民主权学说最充分的表达；②宪法建立在全民利益的基础上，它与私人利益和阶级利益绝缘；③人民中"每一个人"的意见都在宪法中得到了最好、最富有理性的表达。自然，这样一些对宪法的赞颂，不免有溢美之处，毕竟在宪法中奴隶制的保留以及制宪会议的代表性不足等问题，经常被人们所诟病；但是，它证成了政治和法律史上的一个重要原理：理性的人们可以通过协商、辩论，缔结建构国家的根本大法。虽然也有不少学者否认宪法的契约性质,[30] 然而，联邦制度、共和政体、三权分立等重要的政治制度架构，都是在"一致意见"上达成的重要结论，这无疑符合契约的"合意"性质。

如果说宪法是人民意志的最高体现，那么，通过社会契约所形成的国家，也就是在人民的联合之下，根据自愿协商、自主选择而形成的公共政治机构。在同属于社会契约签订者的身份上，每个公民都有着平等的人格与地位，国家不得对其成员区别对待；在社会契约的框架之下，人们之间的合作、联合有着稳固的制度保障，确保人民在社会交往与政治合作中利益的实现，成为国家必须担负的政治义务。可以说，社会契约理论奠定了新型的个人与社会共同体之间的关系，也确立了个人与个人之间彼此独立又可以相互集结的权利。换句话说，人与人之间当然也可选择冷漠甚至老死不相往来，然而，一旦人们需要结成某种协助、合作、分享彼此情感的社会关系，国家就必须提供制度上的保障予以支持。

（二）社会契约论与社会生活中人们的法律联合

正如英国学者莱斯诺夫所言，社会契约论的根本目的就在于确定政治权威的合法性,"事实上，这种契约的意义是如此关乎政治，以至于卢梭所使用的传统名称——社会契约——多少有些误导，'政治契约'可能是一个更好的术语。"[31] 然而，如果说启蒙思想家所建立的是一种"假设的"或"宏观的"契约，反映着一个共同体中理性的个人之间的"应当"存在的协议，那么，将这种社会契约的理论推广，在现实生活中则存在"现存的"、"微观的"契约。例如行业、公司、工会等各种组织内部或相互之间，就通过章程、协议建立了一系列实际的社会契约。[32] 例如美国学者唐纳森等人就认为,"会计或律师所接受的道德原则反映'微观的'或'现存的'社会契约",[33] 这

---

〔29〕［美］查尔斯·A. 比尔德：《美国宪法的经济观》，何希齐译，商务印书馆 1984 年版，第 18 页。

〔30〕例如斯托里对美国宪法是否具有契约性质，就作了否定的回答。参见［美］约瑟夫·斯托里：《美国宪法评注》，毛国权译，上海三联书店 2005 年版，第 138 页。

〔31〕同注 15 引书，第 8 页。

〔32〕这可以以国外学者有关"契约"的分类为例来说明："人类的互动关系，乃建构于协定之上。有一些制度以私人部门之契约的形式，规范了个人之间的交易行为，例如私人部门中的市场制度，以私有财产为基础，提供人民缔结契约的架构。另一类制度，则以国家对其领土范围内之子民所具有的权威为基础，规范着公共部门的契约行为。民主政治与官僚政治的相关规则提供了制度，让所谓'委托—代理'之间的契约得以产生。"参见［瑞士］Jan-Erik Lane，［瑞典］Svante Ersson：《新制度主义政治学》，何景荣译，韦伯文化国际出版有限公司 2002 年版，第 66 页。

〔33〕参见［美］托马斯·唐纳森、托马斯·邓菲：《有约束力的关系——对企业伦理学的一种社会契约论的研究》，赵月瑟译，上海社会科学院出版社 2001 年版，第 26～27 页。

说明，作为社会成员的会计师或律师，已经承诺从职业伦理的角度来履行其职责，而社会也据此给予其必要的地位与报酬。所以，这种社会契约的普及，有利于在现实生活中维系人们之间合理的合作、联合关系，从而保障个人独立的人格与地位。

如果我们将“法律关系”从“意志”的角度进行区分，那么可以看出，它包括两种基本类型：一是自然的法律关系，这是一种不依据主体自由意志的表达，或者主体根本无从表达其意志所形成的法律关系，例如子女与父母的关系；二是选择的法律关系，这是一种根据当事人双方选择而形成的法律关系，其前提在于意志自由和平等协商。相对来说，这种法律关系有关“人的联合”的内容更为明显，它代表着人们以追求互利为目的，通过寻求合作伙伴来促进更大利益的实现。任何个人都无法孤军奋战而得到自己所需要的一切，因而他必然要与别人联合；就现代的法律而言，它不允许将一方的意志强加于另一方，从而需要通过法律关系的确定，为各自的行为确定合理界限，来保证交易、合作秩序的正常。

契约关系是最为典型的选择型法律关系。麦克尼尔将契约定位为“有关规划将来交换的过程的当事人之间的各种关系”。在他看来，契约有四个初始根源：一是“社会”,“没有社会创造的共同需求和爱好，契约是不可想象的”；二是“劳动的专业化和交换”；三是“选择性”，即凭藉“意志自由”所进行的“自由挑选”；四是“未来意识”，即契约不同于个别性交换，它是当事人之间对未来的计划与安排。[34]麦氏的“契约”定义，其新颖之处就在于将“契约”视为人们之间的一种关系，是促进社会团结与合作的制度安排。如果说国家立法是为“我们”立法，那么契约关系则是“我们”为自己立法，它体现了行为人之间通过法律以及约定，来确定各自的权利与义务的内容，从而保证社会合作的实现。

（三）社会契约对当代国家“人的联合”的现实制约作用

如前所述，社会契约仅为一种法律理论上的预设，现实的国家并无完全通过社会契约来组建的实例。然而，社会契约理论的伟大之处，就在于它实质上已经成为一切标榜为民主、宪政国家的先期预设。没有社会契约理论,“人民主权”或“主权在民”（或者如我国《宪法》所规定的“中华人民共和国的一切权力属于人民”）就难以真正地得以理解；同样，没有社会契约理论，国家权力的合法性、正当性也就成为无源之水。总之，社会契约理论正确地解决了主权的归属问题，也为证成权力的正当性提供了依据。结合本文的主题，尤其要提出的是，这样一种社会契约理论，对于当代国家的人的联合而言，也有着重要的规制作用。主要表现在：

第一，在人们之间结合的静态关系上，国家必须以制度化的形式，确保“结社自由”等联合权利的实现。在宪法中，所谓结社，指的是一定数量的人，为着政治、经济、文化、宗教、艺术等共同目的,“持续性地结合起来的行为”。[35]与集会、游行、示威等人的联合的方式不同，结社自由会形成固定的组织化形式，从而为以后的长期合作提供制度基础，这些组织通常包括社团、政党、利益集团等。分散于社会各地域、各阶层的人们可以在共同目的的引导之下，自愿结成一个自治的团体。

〔34〕 参见［美］麦克尼尔：《新社会契约论》，雷喜宁、潘勤译，中国政法大学出版社 1994 年版，第 1～4 页。

〔35〕［日］芦部信喜：《宪法》（第 3 版），林来梵等译，北京大学出版社 2006 年版，第 190 页。

这种关系是长期性的而非短暂性的、是志同道合的人们的自愿联合而非孤立个人的临时聚集。不仅如此，社会契约的实践也同样适用于结社形成的关系共同体之中，正如学者所言的那样，“组成这些自愿性结社的个人们会在这样的结社当中自行拟定自治规章，这一类的人的集合体也常常构成了契约论者对国家社会形成的想像”。[36]换句话说，在社团之中，规章的拟制既是社会契约实践在人们生活中的一种显现，也是人们缔结社会契约的一种历练，它有利于人们政治意识与政治素质的提高，从而为国家造就关心国事、担负责任的公民奠定基础。当然，更为重要的是，国家不能限制、阻碍人们的自愿结社，毕竟“人们只有在能够与他人联合（成为一个政党、职业利益团体、组织或其他追求特定公共利益的社团）的条件下，才能有效地主张其政治利益”。[37]

第二，在人们之间结合的动态关系上，国家必须为人们的集体行动提供渠道，确保人民能够通过外在的群体行动，表达社会上人们的集体呼声。在各国宪法中，像集会、游行、示威、罢工等都是常见的集体行动的形式。这种人的联合的方式，不在于追求长期性、持续性的合作与互助的关系，而是为了某些特定的目的，人们之间的临时聚合与集体发声。应当承认，集体行动往往在街道、广场等公共场地进行，因而会对社会安全与社会秩序带来一定的冲击，同时，集体行动甚至会伴有剧烈的反抗、抵抗行动，这对于国家而言，也会增加治安管理的成本。但是，动态的集体行动会激发社会上一般人迅速地对某些事件予以关注，从而容易在社会上形成共识，迫使政府、企业等强势组织调整政策，因而成为宪法上一种重要的自由表达形式。正因如此，它也成为宪政国家必须重点加以保障的自由人权。日本宪法判例中有关集会自由的一段判词就很好地说明了这一点。判例指出：“集会作为国民通过接触各种各样的意见或信息，形成和发展自己的思想或人格，并且相互传递、交流意见或情报的场合，乃是必要的，而且，由于它还是对外表明意见的有效手段，因此《宪法》第21条第1款所保障的集会自由，作为民主主义社会中重要的基本人权之一，应特别地受到尊重。”[38]

第三，在人们之间联合的可能性上，国家必须为人们未来的联合提供知识基础。人不能遗世而独立，人需要在社会中成就自我，这就要求他们有一种能够与人合作、结成互助关系的心理基础与知识储备。就此而言，一个负责任的国家应当为其成员更好地融入社会提供条件，以受教育权而论，其重要意义就在于它是人权得以实现的前提条件，“享有多种公民和政治权利，如信息自由、表达自由、集会和结社自由、投票权和被选举权或平等地获得公共服务的权利，至少有赖于最低限度的教育”。[39] 所以，提供必要的、适当的公共教育，以使全体公民获得智识上的进步及与他人合作的技能，就成为现代国家必须履行的一项法律责任。必须注意的是，国

---

〔36〕 李谋荣：“公民权理论之研究——以 Kymlicka 理论为中心”，载《台湾大学法律学研究所2001学年度硕士论文》，第18页。

〔37〕 [奥] 曼弗雷德·诺瓦克：《民权公约评注——联合国〈公民权利和政治权利国际公约〉》（上），毕小青、孙世彦主译，三联书店2003年版，第381页。

〔38〕 日本最高法院大法庭1992年7月1日判决，民集第46卷第5号，第437页。同注35引书，第184页。

〔39〕 [挪威] A. 艾德等主编：《经济、社会和文化权利教程》，四川人民出版社2004年版，第199页。

家管理公共教育，但并不意味着国家可以操纵公共教育。按照《世界人权宣言》所昭示的目的，教育“在于充分发展人的个性并加强对人权和基本自由的尊重”。这也意味着，国家不能在公共教育中强制人们服从某种意识形态或者强加某类信仰于人们。真正有效的教育在我们看来不外乎两个方面：一是公民教育，即养成个人的公民意识，强化其权利、义务、责任观念，培养其基本的政治意识和政治技能；二是知识教育，即为即将进入社会的人们提供必要的知识、文化和社会教育，养成其独立的个性并培养其与他人合作的意识。

总之，根据社会契约的理论，国家的权力来自于人们权利的让渡，因而国家必须担当起保障人们权利实现的重要职责。人的权利既可以由单个的人独立行使，如思想自由、言论自由等，也可以通过联合的方式与其他人共同行使。在这方面，如何保障人的联合的有效实现，成为判定一个国家民主、宪政化程度的重要标尺。

表达自由法制中的管理性权力

侯　健*

一、为什么会有管理性权力

表达自由不仅是发表言论的自由，而且是进入公共论坛发表言论的自由。在自由的另一面是国家权力。可以把针对表达自由的国家权力分为两种：一种是针对言论本身的，它的目的在于划定合法与非法言论的界限，决定哪些是合法的言论，可以容许其存在，甚或加以促进；哪些是非法的言论，必须加以限制和惩罚。这种针对言论本身的权力，可以称为规范性权力。另一种权力是针对公共论坛的，它管理着公共论坛的秩序和发言者声音的高低等事项，这种权力可以称为管理性权力，这种权力也相当重要。不过，我们在讨论管理性权力之前，先分析一下规范性权力。

规范性权力又可以分为界定、审查、惩罚、保护、促进五种具体权力。

第一种权力是界定。它旨在划定合法与非法言论之界限，决定何为无害言论因而是合法的、何为有害言论因而是非法的；划定保护与惩罚的界限；决定言论自由与其他公共利益（例如国家安全、公序良俗）和私人利益（例如名誉权、隐私权）之间的冲突如何调整；根据言论的有益程度或其价值大小，划分言论的不同类型，给予不同类型的言论以不同程度的保护或予以不同程度的限制。

具体说来，言论可以分为三种：①有害的言论：从某一角度来说对某种利益有危害（或损害）或者有某种危险的言论；②中性的言论：对某种利益既没有什么危害也没有裨益的言论；③有益的言论：能够推进或带来某种利益的言论。不可容忍的言论是有害的言论，但是可以容忍的言论却未必是有益的言论，它包括中性的言论和有益的言论。政府可能会提倡一些言论，这些言论是有益的言论。“有益的”言论总是从某一角度来界定的。在一些国家，表达自由法制可能仅界定出有害的言论与无害的言论，但是在另一些国家，表达自由法制还要界定出有益的言论。在学术界也有不同的主张，有的学者仅主张界定出有害与无害的言论，但是有的学者主张还应界定出有益的言论，有益的言论是表达自由法制要促进的言论，而对于无害（也无益）的言论，仅提供保护措施。

界定是一种极其重要的权力，是整个规范性权力的核心。霍布斯在《利维坦》中主张：“决定哪些学说和意见有害于和平，哪些有利于和平，决定对人民大众讲话时什么人在什么情况下和什么程度内应受到信任，以及决定在一切书籍出版前，其

---

* 复旦大学法学院副教授，法学博士。

中的学说应当由谁来审查等属于主权范围。"[1] 这种主权权力是一种认识论意义上的权力，它决定事物的涵义和争论的性质，引导臣民就什么是"好"和"坏"的意义达成一致意见。主权者由于享有认识论上的权力，进而享有道德和宗教上的权力。规范性权力就是一种认识论意义上的权力。

第二种权力是审查。政府为了防止有害的言论流入公共论坛，蛊惑人心，危害秩序，可能对准备发表的言论进行检查，只允许无害和有益的言论进入公共论坛。这就是传统的文字检查制度或者书报审查制度。这是一种事先约束制度。它使某种有害言论在危害实际发生之前，就被消灭于萌芽之中。但是这种危害主要依据审查官的想象和预测，因为实际的危害并没有发生。审查权力不仅用来对境内产生的言论在进入公共论坛之前进行审查，而且还用来对境外流入的言论进行审查，以保护境内论坛的纯粹性。除了有事先的审查之外，还有事后的审查，即对刊行的言论进行审读和对刊播的节目进行审看。事后的审查是为实施惩罚做准备。

第三种权力是惩罚。它是对在公共论坛上表达、散布、传播或坚持有害言论的人进行惩罚。言论的弊害可以分为两种：①其内容本身即有害，无论这种言论以什么样的形式发表都会有害；②其内容本身并没有弊害，但是其发表的方式带来一定的弊害。惩罚权力即决定对何种有害言论采取何种形式的惩罚措施。惩罚措施具有多种形式，如没收非法出版物、查封出版工具或场所、罚款、行政拘留、各种刑事惩罚等，不一而足。惩罚措施可能由行政机关施加，也可能由法院施加。

第四种权力是保护。即使是合法言论的发表和传播，也可能会受到某个国家机关或者私人的阻挠和干扰，例如印刷品被行政机关非法查封或扣押，演讲者被不法之徒攻击和辱骂等。国家应为合法言论的发表、传播和流通提供保护措施。国家机关行使这种权力，以保护表达者的合法的表达活动不受阻碍和干扰。

第五种权力是促进。促进就是对有益言论的促进。有些促进措施是带有鼓励性质的，其给予符合要求的表达者和传播者一定的好处，以鼓励他们表达和传播有益的言论。在人们的印象中，国家针对表达自由的权力似乎仅限于界定和惩罚有害的言论，但实际上远不限于此。言论促进措施在现代国家的表达自由法制中是广泛存在的。例如国家资助科学研究的开展和研究成果的发表，资助某种艺术形式的发展，奖励某种出版物，等等。这种措施引起学术界的争论，学者观点不尽一致。[2]

在这五种权力中，审查是一种通常会遭到怀疑的权力。怀疑主要针对两点：一个是技术因素，一个是成本因素。在技术上，审查权力的运作依靠审查官对言论危害的想象或预测。因为言论并没有发表，所以这种想象或预测有多大的真理成分，就很值得怀疑。文字审查工作是一种单调乏味、枯燥的工作，并不能吸引统治阶级内部优秀的人才去做。由平庸之辈去辨析那些复杂的文字和微妙的表达的好坏，其

---

[1] ［英］霍布斯：《利维坦》，黎思复、黎廷弼译，商务印书馆1985年版，第137页。

[2] 例如在美国，国家资助某种艺术展览的正当性问题成为法学界讨论的话题。参见［美］罗纳德·德沃金："自由国家会支持艺术吗?"，载［美］罗纳德·德沃金：《原则问题》，张国清译，江苏人民出版社2005年版；［美］欧文·M. 费斯："艺术与积极主义的国家"，载［美］欧文·M. 费斯：《言论自由的反讽》，刘擎、殷莹译，新星出版社2005年版。

效果就更令人怀疑了。在成本上，文字审查是一种相当耗费人力物力的工作。施拉姆指出："17 世纪末，充分检查报刊上的大量材料有明显的困难。政治的问题多起来，也复杂起来，这都加重了检查员的负担。"〔3〕 如果在现代对公开出版物实行全面的检查制度，这种情况较 17 世纪将有过之而无不及，因为现在一天出版的报刊书籍可能是一个人一辈子都无法读完的。

如果事先审查不能达致目的，那么事后惩罚就更不能了。事后惩罚措施的成本也许不会很高，但是也有缺陷。有害的言论已经在一定范围内加以传播，造成了一定的损害或危害。任何一个专制政权都不会在人们的观念已经被有害的言论改变了之后再去实施惩罚。可以看出，仅仅依靠规范性权力，并不能很好地限制有害言论的危害或损害。

更重要的是，即使可以限制住有害言论的危害或损害，但是公共论坛上仍然可能不会出现有益的言论，或者有益的言论不会很多。有益的言论可以分为两个层次。一个层次是言论的完整性，即公共论坛使人们看到了他们想看到的言论，能够表达他们想表达的言论，公共论坛的言论状态比较完整地反映了人们的声音、要求和愿望。公共论坛是不偏颇的，并不偏爱某一些阶层的人，没有使某一些人过大的声音淹没了另一些较小的声音。完整性涵盖了多样性，多样性往往是指公共论坛的言论状态多种多样，丰富多彩，能够代表不同的人的声音和满足不同的人的需要。〔4〕 多样性侧重指言论的状态，完整性不仅指言论的状态，还指言论状态与人群的对应关系。作为公共论坛的一个理想目标，完整性是一个更准确的概念。另一个更高的、更抽象的层次是言论的教育性。制度设计者可能认为，尽管人们从公共论坛上得到了他们感兴趣的信息和娱乐，也可以把他们的言论表达在公共论坛上，但是那些信息和娱乐并不具有重要的社会和政治意义，公共论坛的主题是无足轻重的小事，对于重要的社会和政治信息无人感兴趣，国家所面临的重要的社会和政治问题无人讨论。为了提高讨论的水平和言论的质量，必须采取一定的措施来引导人们的言论。引导公共论坛的参与者发布具有较大重要性的信息和言论，通过这些较具重要性的信息和言论来影响听众（观众）的观念。公共论坛上出现了"有益的问题"，成为人们讨论的话题。更进一步地，公共论坛上不仅出现了"有益的问题"作为讨论的话题，而且形成从某一角度来看比较令人满意的一致观点和舆论，传播了某种价值观和意识形态。这样公共论坛对于发言者和听众都起到了一种教育和自我教育的作用。

规范性权力尽管具有多方面的作用，但是仅靠规范性权力并不足以保证公共论坛上言论的合法性；特别是它不能满足言论的完整性和教育性这两个目标。任何政府似乎都不会满足于行使规范性权力，它们期望的还有很多。这样，以公共论坛为

---

〔3〕［美］韦尔伯·施拉姆等：《报刊的四种理论》，中国人民大学新闻系译，新华出版社 1980 年版，第 23 页。

〔4〕 Vincent Blasi, "The Checking Value in First Amendment Theory", *American Bar Foundation Research Journal*, 1977, pp. 521 ~649.

调整对象的管理性权力就必然要出现了。[5] 当然在不同的法律制度下，管理性权力的出现会有不同的缘由。有的以实现言论的完整性为目的，有的以实现言论的教育性为目的。管理性权力也可能由于其他的缘由而出现，例如压制某一阶层的利益表达活动以阻碍形成言论的完整性（言论的反完整性），控制信息的流动以愚弄民众，达到掌权者或者某一利益集团的一己目的（言论的反教育性）。出于这些目的的管理性权力在现代民主和人权时代显然没有什么正当性，政府声称对公共论坛行使管理性权力很难以这些目的作为辩护理由。

显而易见，言论的完整性和教育性是可以促进表达自由的一种或多种价值的，例如追求真理、健全民主、繁荣文化、稳定社会以及提升表达者的个人价值等。言论的反完整性与反教育性则必定会破坏其中的一种或多种价值。压制某一阶层的利益表达活动，则妨碍了这一阶层的表达自由的实现；公民没有接触到应当接触的信息，也不利于形成健全和明智的民主决定。出于统治集团一己目的，控制信息的流动，是一种反理性的措施，它至少不利于人们对真理的追求。

二、管理性权力是一种什么样的权力

管理性权力是针对公共论坛的，管理着言论表达和传播的方式以及由若干方式所构成的公共论坛的结构的权力。它是一种分配与公共论坛有关的权利和义务，并决定某当事人是否享有有关权利或承担有关义务的权力。这在很大程度上是一种配给性权力。它决定谁可以在公共论坛上发言，并规定发言的方式和音量的大小。

相比较而言，规范性权力体现了法律制度对非法言论的限制作用、对合法言论的保护作用和对有益言论的促进作用；管理性权力是要按一定的目标或目的形成公共论坛的秩序，体现了法律制度对所有言论的限制作用以及对有益言论的促进作用。管理性权力不同于规范性权力，但是与规范性权力密切相关。无论是限制有害言论还是促进有益言论，仅靠规范性权力是不够的，还要依靠管理性权力。从这一角度看，管理性权力是对规范性权力的补充。在现实生活中，两种权力往往是结合起来行使的。

规范性权力意在调整言论关系，即表达者、接受者围绕言论形成的关系；从利益角度看，它调整表达自由利益与其他利益（包括国家利益、社会利益和个体利益）之间的关系。管理性权力意在调整公共论坛关系，即表达者与表达者之间的关系以及表达者与作为一个整体的接受者之间的关系；从利益角度看，它调整不同主体的表达自由利益之间的关系以及表达自由利益与其他利益（包括国家利益、社会利益

---

〔5〕 倾向于经济分析方法的人可能会使用“公共物品”或“外部性”概念来分析管理性权力出现的缘由。桑斯坦认为，如同国防、清洁空气一样，关于公共事务的信息有着许多“公共物品”的特征。如果完全依赖市场，将会出现不充分的国防和过于肮脏的空气。有关公共事务的信息会给其他人带来很大的额外收益，但是市场机制不能保证那些制造信息的人对这些收益予以充分考虑。同时在个人的消费选择中，也不会考虑通过接触有益信息而成为一个有用公民的额外收益。这样，解决公共物品问题的规制方案就获得了正当性。参见［美］凯斯·桑斯坦：《偏颇的宪法》，宋华琳、毕竟悦译，北京大学出版社 2005 年版，第 258～263 页。这种分析方法的确有一些道理。这与本文的论述是不矛盾的，它们可以相互参照，分别从不同侧面说明管理性权力出现的缘由。

和个体利益）之间的关系。管理性权力可能会缩减一个人的表达自由权以实现另一个人的表达自由权，或者采取某种方式使相冲突的表达自由权都得到一定的实现。[6]

管理性权力不仅是对表达自由权的分配，更是对借以实现表达自由权的各种力量和资源的分配。管理性权力可能会以言论的完整性为目标，对传播媒体的财产权和经营权进行限制，或者以言论的教育性为目标，对传播媒体的编辑权进行限制。管理性权力甚至允许一个人为了实现表达自由权而使用另一个人的财产。它使原本没有表达渠道的声音通过某种渠道表达出来，也可能使原来细小的声音扩大音量，以被足够多的人听到。

管理性权力是管理公共论坛的权力。在一个存在着广泛的管理性权力的国家，即使是内容上合法的言论，也不是一个人愿意怎样说就怎样说，他必须在政府的管理性权力调控下来表达这样的言论。管理性权力的存在使得即使是合法的言论也必须通过合法的方式表达出来。

如果把传播媒体视为一种企业，管理性权力可以分为一般的管理性权力和专门的管理性权力。一般的管理性权力是普遍针对市场中的企业的，也适用于作为企业的传播媒体。专门的管理性权力是专门针对传播媒体这种特定的企业的。我们这里的讨论主要是围绕专门的管理性权力而展开的。

管理性权力在世界各国的表达自由法制中广泛存在。归纳起来，管理性权力大约有这样一些种类：

（1）决定公共论坛的总体结构或宏观体系。这是一种制定宏观政策的权力。例如，中国《广播电视管理条例》第 8 条规定："国务院广播电视行政部门负责制定全国广播电台、电视台的设立规划，确定广播电台、电视台的总量、布局和结构"，《出版管理条例》第 10 条规定："国务院出版行政部门制定出版单位总量、结构、布局的规划，指导、协调出版事业发展"。

（2）许可设立传播媒体和批准集会游行示威。对特定的申请进行审批，这属于行政许可。当然，在西方国家，私人设立出版、印刷或发行机构，就像设立其他性质的私人企业一样，一般只需要在有关政府机关登记或者备案，无需经过批准或许可。申请设立广播电台、电视台的条件则有所不同。由于广播电台、电视台传送节目信号要使用一定的频率或频段，同一频率或频段不可能同时传输两种节目信号而不使它们相互干扰，因此将一定的频率或频段授予一家传播媒体使用即等于拒绝了另一家传播媒体使用。在不少国家，频率和频段被视为公共资源，所以各国对申请设立广播电台和电视台均采取许可制或批准制。对于申请设立出版机构和电视台、广播电台，西方国家的法律普遍规定了一个限制性的条件，即这些机构的所有人，乃至编辑，应当是本国公民。互联网站虽然也是一种电子媒体，但是在技术上并不存在资源的稀缺性问题。西方国家法律制度对申请设立互联网站从事信息或新闻信

---

〔6〕 当然，我们可以认为，规范性权力也是对不同的表达者之间关系的调整。将一种不应界定为非法的言论界定为非法言论，实际上就等于剥夺了这种言论的表达者的权利。但是，这里所说的权利是在人权意义上而言的。管理性权力对不同表达者之间关系的调整，是指在法律权利的范围内，谁可以得到帮助以在较大程度上实现法律权利。即使大家都不表达非法的言论，仍然存在着谁享有较大的表达自由权利或者谁可以充分地实现这种权利的问题。

息服务，就如同对待设立出版印刷发行机构一样，采取登记制或备案制。由于集会游行示威要占用公共街道或场所，所以一般要经过批准，在核准的场地或路线进行这种表达活动。

（3）规定传媒的内部治理结构。传媒内部治理结构的关键是合理地规范和界定所有权、经营权和编辑权的权限以及相互之间的关系。在把传媒视为企业的国家内，传媒的内部治理结构要遵守一般的公司法规定，但是毕竟传媒是一种特殊的企业，法律对于其内部治理结构还可能有特殊的要求。西德宪政法院把多元化原则适用到广播电台电视台的内部治理结构上，即董事会应由来自社会不同阶层、不同团体和派别的代表组成，董事会有权监督节目负责人，保证媒体服从立法条款，并要求合适比例的利益相关者参与节目制作。多元化原则不仅适用于国立电视台，而且适用于私人电视台。[7]

（4）赋予公众或特定当事人接近使用媒体的权利。中国《出版管理条例》第28条在这方面提供了一个例子："报纸、期刊发表的作品内容不真实或者不公正，致使公民、法人或者其他组织的合法权益受到侵害的，当事人有权要求有关出版单位更正或者答辩，有关出版单位应当在其近期出版的报纸、期刊上予以发表；拒绝发表的，当事人可以向人民法院提起诉讼。"报纸、期刊拒绝发表更正或者答辩说明，当事人只能向法院提起诉讼，而不能请求出版行政部门强制执行。在该法的"法律责任"一章中，没有规定报刊的拒绝行为会带来什么行政法律责任。因为有关作品内容是否真实或公正，会形成纠纷，由法院来裁决这种纠纷比较合适。这个规定只是指导性的而不是强制性的。美国法律拒绝承认政府有权强迫报刊发表被批评的当事人的答辩，发表它们不愿意发表的来自公众或某一团体的文字或广告；即使是公立出版社，也不被要求出版它们不愿出版的文章或书籍。广播公司也没有义务播送某一公民或团体提供的节目或广告。但是对于公职候选人，国会《通讯法》第315节赋予他们一种"合理使用权"：如果广播公司让一个法律合格的候选人在竞选公职时使用电台或电视台，那么该广播公司除了一些特殊情况外，必须对该候选人的法律上合格的竞选对手提供"平等的"机会使用同样的电台或电视台，而且不能对其进行节目审查。这一节还规定了广播公司不得收取过高的费用。

（5）运用经济杠杆，对传播媒体征收特别税种或进行资助。这种特殊的税种就是知识税。1712年~1861年，英国曾实行印花税，规定所有的报纸、小册子、纸张均按不同税率纳税；否则就会受到惩罚。受英国影响，其他一些欧洲国家也曾实行过印花税。由于这种税企图通过财政手段遏制思想传播，所以被称为"知识税"。在18~19世纪的英国，与印花税相并行的，还有对报人和报纸的津贴制度，津贴费用列入政府预算，成为宣传费用的一部分。在罗伯特·沃波尔两次任首相期间（1714年~1717年，1721年~1742年），津贴制度最为盛行。许多报纸为了得到津贴以及邮寄之便利，不发表批评政府的言论而只讲政府的好话。现在，知识税已经成为历史，由于其臭名昭著很难再复苏，但是津贴制度被不少国家继承下来。

---

〔7〕参见德国宪政法院"电视台第一案"、"电视台第三案"，转引自张千帆：《宪法学导论》，法律出版社2004年版，第543~545页。

(6) 对节目(栏目)编排或其内容提出要求。这种要求是针对言论内容的，对有益言论具有促进作用。与规范性权力的促进措施不同的是，它往往与一定的惩罚措施相联系，例如与许可证的发放相联系，因而带有一定的强制性。它要求传播媒体必须表达一定的有益的言论，或者必须压缩那些无聊的言论的空间以发表或传播有益的言论。例如美国国会1990年通过《儿童电视法》，授权通讯委员会制定有关广播公司播送儿童节目数量的标准。1996年通讯委员会公布了这些标准。该标准要求广播公司应特别制作儿童教育信息类节目(核心节目)，核心节目以服务于儿童对教育与信息的需求作为首要目的，一个核心节目必须不少于30分钟的时间长度，播出时间在上午7点至晚10点之间，每周内容都应有更换；必须明确该节目是适合儿童的教育信息类节目，并印在有关的节目单上以供公众查询。广播公司每周应提供不少于3小时的核心节目，或者虽然少于这个数量，但是还播出了其他教育信息类节目，从而足以证明自己为儿童提供的服务相当于3小时的核心节目。如果广播公司没有履行这些义务，在申请许可证续展时将会遭遇困难；严重不履行的，将被处以罚款和只给予短期续展等处罚；特别严重的，续展申请将会被拒绝。

有几点必须加以说明：①在不同国家，管理性权力种类的多少可能是不同的，在一个国家具有的某种管理性权力在另一个国家可能是没有的；②即使具有同一种管理性权力，但是不同国家在权力的内容、宽泛程度和严厉程度方面可能是不同的；③同一个国家在不同时期的管理性权力可能是不同的，是有变化的；④有的国家在设置管理性权力时，对不同的传播方式或传播媒体进行了区别，有的国家则不强调其间的区别。管理性权力的不同设置使针对公共论坛的管理体制呈现出不同的特色。

在20世纪以前，政府针对表达自由的权力主要是规范性权力，而自此之后，政府的管理性权力逐渐多了起来，表达自由法理学的议论对象不仅是规范性权力，而且包括了管理性权力。关于管理性权力如何行使，至今人们还没有达成共识。人们在管理性权力方面的意见分歧要大于他们在规范性权力方面的意见分歧。关于规范性权力如何行使，一些国际人权公约的条款可以说代表着一定的共识，例如，《公民权利和政治权利国际公约》第19条第3款称："本条第2款所规定的权利(即表达自由——引者注)的行使带有特殊的义务和责任，因此得受某些限制，但这些限制只应由法律规定并为下列条件所必需：(甲)尊重他人的权利或名誉；(乙)保障国家安全或公共秩序，或公共卫生，或道德"。大约没有人会怀疑表达自由应当受到如此限制。任何一个国家的表达自由法制都不会容忍一个人肆意捏造事实毁人名誉、散布他人隐私或泄露国家机密。对于如何规范言论的内容，似乎存在着一些公理性的原则，一些国际或区际人权公约载明了这些原则。但是没有一个人权公约规定针对表达自由的管理性权力应该如何行使。与规范性权力相比，管理性权力似乎更容易受到意识形态、宏观政策和传播技术发展的影响。

三、管理性权力有哪些正当性依据

管理性权力的正当性依据是什么？也就是说，人们通常从哪些方面来证明管理性权力的正当性？有哪些基本的因素可以作为论证的素材？归纳起来，大约有四种因素可以作为证明的素材。

（一）自然因素

为什么要对公共论坛进行管理？因为公共论坛的活动要使用一些自然资源，例如集会游行示威要使用街道、公园或其他场所，广播电台、电视台发射节目信号要占据一定的频率或频段等。这些自然资源是稀缺的，不可能供人人自由地享用。城市的空间是有限的，街道、公园等场所还要用于其他的活动，例如通行、娱乐、散步、休息等。不是只有表达活动才是重要的。再设想，假如有不同的人群申请在同一时间使用同一场所来集会游行示威，那只能赋予一部分人以使用权。赋予了一部分人以使用权，就等于拒绝了另一部分人。广播电台、电视台的传输信号也是如此，在一定期间内允许一个媒体使用一定的频率或频段，就等于拒绝其他人在这段时间使用。如果不加以管理，在同一时间使用同一场所举行不同的集会游行示威，那不会有很好的效果；在同一时间使用同一频率或频段来传输不同的信号，估计没有人能正常收听或收看任何一套节目。在这一方面，公共论坛的管理者就像交通警察指挥交通一样，指挥着在公共论坛上各种声音的传播。

更重要的是，这些资源还可能被看作是公共的，是属于全体公众的，全体公众是合法的所有者和使用者。政府是公众的代表，接受委托为了公共利益管理这些公共资源。显然，不经过政府的许可，没有人有权使用这些公共资源作为表达的渠道。

在稀缺性这一方面，自然因素也可以看作是技术因素。技术的发展会缓解资源稀缺的压力，这样就会减弱自然因素在论证管理性权力中的证明力。假如有一天，新的传播技术开发了用之不尽的频率和频道，提供多种多样的传播渠道，使得频率或频段不再稀缺，或者最终有一天人们在互联网的虚拟空间中举行集会游行示威完全可以达到与在现实空间中集会游行示威同样的效果，这样资源的稀缺性也许就无法为管理性权力提供论据了。在自然因素这方面，也许只剩下资源的公共性作为论证的因素了。

（二）经济因素

每个人都应有同样或同等的表达自由权，任何一个人的表达自由权都不应比别人的大，在现代社会大约没有人会怀疑这个道理。但是自由权与自由的价值或行使自由权的条件是不同的。[8] 一个具有很强经济实力的人可以很充分地行使表达自由权，而一个文盲或者一贫如洗的人就很难行使这种权利，这种权利对于他就没有什么价值，或者说没有什么作用。表达自由固然有许多价值，但是这是就一般情况而言的，是在抽象意义上而言的。使这些价值体现出来，还需要依赖其他的条件，特别是经济条件。对那些无力表达或者表达不足的人，可能需要给予一定的扶助。如果一个人说的比另一人说的有道理，如果那个没有道理的人的声音盖住了有道理的人的声音，为什么不可以至少让两个人有大致相等的音量，以使公众可以听到双方的声音以便作出明智的判断？难道谁的嗓门大谁就应该成为胜利者吗？如果一个阶层已经充分表达了利益要求，他们的利益也得到了国家充分的保护，而另一个阶层的利益正在受到侵害却无力表达他们的正当诉求，那么为什么受害人不能得到帮助

---

〔8〕 参见［美］约翰·罗尔斯：《正义论》，何怀宏等译，中国社会科学出版社1988年版，第191～195页。

以获得舆论的同情和国家的保护？难道不会哭的孩子就不应得到必要的关心吗？平等的表达自由权在不平等的现实世界里往往会带来不平等的结果，这也不能说是合理的。为了公平起见，为了自由发挥其应有的价值，为了使平等的表达自由也是公平的表达自由，国家在公共论坛里设置管理性权力，似乎也是应该的。[9] 这些理由也是人们在论证管理性权力时喜欢使用的理由。

经济因素与市场有关。在一般的分析中，传媒市场结构被分为完全竞争模式、完全垄断模式、寡头垄断模式、垄断竞争模式。[10] 无论是哪一种模式，都有一种根本的危险，即使表达的力量受制于资本的力量而不是所表达的观点的合理性，使社会各阶层的表达结构受制于利益结构而不是民主的需要。

没有适当管理的市场往往会引起垄断。一定程度的垄断就会阻碍自由的竞争，因此就出现了所谓的"市场失灵"问题。这种情况下，就需要一定方式的国家干预。即使没有垄断，"市场，甚至经营得当的市场，本身就是一个控制性的机构"，"它可能是一个生产低廉、多样的消费品和提供基本服务（包括娱乐）的有效场所，但可能不利于不断更新民族自决能力的那一类辩论。国家可以作为一种特需的平衡力来抵制归罪于市场的对公开辩论的歪曲"，[11] 即使市场不是失灵的，它也不是万能的。比如市场的运作和民主的运作可能就是两个不同的原理，不能依据市场原理来运作民主。市场是市场，民主是民主。[12]

赞成管理性权力的人会从经济因素或市场因素中寻求依据。赞成较少的管理性权力的人只看到经济因素或市场因素中较少的弊端，赞成较多的管理性权力的人从这里看到了较多的弊端。

经济因素的证明力取决于经验性的事实。市场有多少好处，有多少弊端，并不取决于理论的猜测，而是取决于实际的资料和数据。这种资料和数据甚至不是有关市场的垄断程度的数据，例如在一个地区的市场中只剩下几家乃至一家媒体，[13] 而是市场是否让需要表达的人得到了自由的表达，市场在促进表达自由及其价值的实现方面发挥着什么样的作用。经济或市场因素是否可以作为管理性权力的论证因素，是一个经验性的问题。

这里补充说明一点，虽说自然因素的证明力在很大程度上取决于传播技术的发展，但是传播渠道的稀缺性最终也是一个经验性的问题：所有自然的传播渠道是稀缺的还是丰富的，是否能够满足特定地区的人们的表达需要，也是要用实际的资料来证明的。

---

〔9〕 为什么国家应当对集会游行示威的申请采取批准制度却不应该设置过高的条件，因为在公共论坛的各种形式中，对于普通人来说，集会游行示威是一种最廉价的形式，是一种穷人也能够负担得起的表达活动。

〔10〕 赵曙光、史宇鹏：《媒介经济学：一个急速变革行业的原理与实践》，河南人民出版社 2003 年版；吴飞：《大众传媒经济学》，浙江大学出版社 2003 年版，第 148～162 页。

〔11〕 Owen Fiss, "Why the State", 100 *Harvard Law Review*, vol. 781, 1987.

〔12〕 公共论坛是否可以像国民教育一样，不可完全按照市场法则来运作？

〔13〕 赞成管理性权力的人往往列举数据来说明媒体市场的垄断程度，但是这对于证明管理性权力的必要性是不够的。

（三）解释因素

主张管理性权力的人也往往从对宪法表达自由条款的解释中寻求依据。无论是自然因素还是经济因素，都要接受一定法律规范的调整。从自然因素或经济因素中寻求到的证明理由，如果与法律规范的意旨相对立，也难以正当化管理性权力。

各国宪法有关表达自由的规定都言简意赅，这就为法律解释提供了很大的空间。有关法律解释的目标和方法有不同的学说，对于同一个法律条文，运用不同的学说进行解释，往往得出不同的解释结果。法律解释成为不同学说角力的一个战场。这里不拟对这些学说进行介绍，只考察宪法中表达自由条款的主要两种不同的解释方向或解释结果。

一个解释方向是把表达自由解释为个人的自由。〔14〕宪法中表达自由条款所规定的是一种个人自由，如同人身自由、宗教信仰自由和隐私权一样；所要实现的是个人目的，保护个人权利，协助个人实现其价值。

另一个解释方向是把表达自由解释为体制性（或政治性）的自由。宪法中表达自由条款所规定的是一种体制性的自由，如同（西方）宪法所规定的三权分立、代表制、司法审查一样，所要实现的是体制性目的。这个目的经常被看做是制约国家机关的权力〔15〕或者集体自治或民主〔16〕等。表达自由是被当做制约权力、实行集体自治或民主的一个制度性条件来规定的。

可能还有一些折衷的解释，把表达自由既看做是一种个人的自由又看做是一种体制性自由。但是折衷的解释总是免不了采取一种基本的立场，把一种自由性质看是基本的，把另一种自由性质看做是引申的。例如，认为表达自由基本上是一种个人自由，但也是体制建构的重要因素，在体制层面上有重要的、不可或缺的作用。

根据第一种解释，管理性权力仅仅在它能促进个人自由时才可以得到正当化，才不违反表达自由条款。这样管理性权力的生存空间就比较小，因为管理性权力至少在表面上构成了对自由的限制。

根据第二种解释，只要能够有效地制约权力或者使民主运转良好，管理性权力就可以得到证明，就不违反表达自由条款。这样，管理性权力就有较大的生存空间和发挥余地。

对宪法表达自由条款的解释，大约有两个作用。一是说明管理性权力是不违宪的，二是证明管理性权力对于实现宪法意旨来说是必要的，或者论证管理性权力本身已经包含在宪法意旨之中。

---

〔14〕例如 Edwin Baker，“Scope of the First Amendment Freedom of Speech”，25 *UCLA Law Review*，964 ~ 66，990 ~ 98，（1978）；Martin H. Redish，“The Value of Free Speech”，*University of Pennsylvania Law Review*，1982，p. 591。

〔15〕例如 Potter Stewart，“Or of the Press”，26 *The Hastings Law Journal*，1982，p. 634（1975）；Vincent Blasi，“The Checking Value in First Amendment Theory”，*American Bar Foundation Research Journal*，1977，pp. 521 ~ 649.

〔16〕例如［美］亚历山大·米克尔约翰：《表达自由的法律限度》，侯健译，贵州人民出版社 2003 年版（该书原文名为“Free Speech and Its Relation to Self-Government”，在翻译出版时应出版社要求改现名）；［美］欧文·费斯：《言论自由的反讽》，刘擎、殷莹译，新星出版社 2005 年版；［美］凯斯·桑斯坦：《偏颇的宪法》，宋华琳、毕竟悦译，北京大学出版社 2005 年版。

无论是赞成或反对管理性权力的人总是要从对宪法的解释中寻求根据。几乎没有人会公然主张不合宪的东西。在法治的意识形态下，合法化成为重要的论证手段。对宪法中表达自由条款的解释成了表达自由法理学的重要组成部分。但是由于人们不能就有关法律解释的目标与方法达成一致意见，由于法律解释必然会涉及法律文本之外的理论主张，所以无论是以法律解释作为论证管理性权力的方式或因素，还是作为反对它的方式或因素，都受到一定的质疑。〔17〕

（四）利益因素

论证管理性权力，有时可以援引某种重要的社会利益作为根据。表达自由也是一种值得保护的（私人或社会）利益，但是它必须与其他公共利益相协调。这样，就如同规范性权力一样，管理性权力的存在根据之一就是恰当地平衡表达自由与其他公共利益之间的关系。不同的是，规范性权力要平衡表达自由与其他私人或公共利益之间的关系，而管理性权力一般声称要平衡表达自由与公共利益之间的关系。

这可以从一些国家的表达自由法制中找出例证。例如我国《出版管理条例》规定，从事出版活动，应当将社会效益放在首位，实现社会效益与经济效益相结合。美国《通讯法》规定了通讯委员会行使许可权力的原则是“公共利益、便利或必需”(the public interest, convenience or necessity)。社会效益原则是对出版活动提出的，“公共利益、便利或必需”原则是对管理性权力提出的，但是这些原则都可以转化为管理性权力存在和运作的正当性依据。

利益因素实际上是一种权衡的方法。因为政府有责任实现的利益是多种多样的，这些利益之间可能出现一些冲突或者抵触，为了实现一种利益可能就不得不在一定程度上牺牲另一种利益。这样就不得不进行权衡，以决定应重点保护谁、促进谁。

利益因素也是一种高度灵活的因素。当然，国家的宪法或法律也许就这些利益的高低位阶提供了一些原则，或者就如何解决这些利益之间的冲突提供了一些启示。但是这些原则或启示往往不够明确，这样政府就必然获得自由裁量权。这种自由裁量会随着形势的变化而变化，也难免会带有政府的好恶。解释因素也是一种灵活的因素，但是它毕竟要受到法律文本、立宪史或立法史的制约。而利益因素就较少受到这些制约。

利用前述三种因素（自然因素、经济因素、解释因素）来论证管理性权力的正当性，已经包含着一定的利益因素了，例如维护正常的表达秩序、促进表达自由本身、实现民主等有关利益。而直接利用利益因素来论证，就不必麻烦再借助其他因素，这是显得有点武断的。总之，我们可以把所有这些因素所指向的利益分为两大类：一类是表达自由本身，另一类是其他公共利益。归根结底，管理性权力所可援

---

〔17〕 米克尔约翰解释说，在（美国）制宪者原意中，宪法第一修正案仅保护政治性言论，给予公言论以绝对的自由，而私言论则受第五修正案的保护。参见［美］亚历山大·米克尔约翰：《表达自由的法律限度》，侯健译，贵州人民出版社 2003 年版。对此，杰佛在一篇书评中提到，在布朗大学，米克尔约翰喜欢这样来开讲他的逻辑课：“如果我告诉你刚刚看到一只独角兽穿过校园，你怎么证明我是错的？”杰佛善意地嘲讽说，米克尔约翰先生在第一修正案中所看到的就是一只美丽的独角兽。See Zechariah Chafee, “Book Review: Alexander Meiklejohn's Free Speech and Its Relation to Self-Government”, *Harvard Law Review*, 1949, pp. 891 ~901.

引为依据的利益或者是表达自由本身，或者是其他的公共利益。这些其他的公共利益被认为在一定条件下超过表达自由重要性的利益。

通过归纳不同学者的主张和不同国家的表达自由法制的内容，这些“其他的公共利益”可以大致列举如下：①某种形态的民主，例如多元主义的民主或协商的民主；②某种共同体价值，例如社会的和谐、文化的繁荣、道德的凝聚力、公序良俗等；③经济的发展、社会的稳定和进步、综合国力的提高；④公民的素质，包括公共意识、社会责任、奉献精神、文化水平等；⑤行政管理的效率、法律和政策的有效贯彻、政府的社会动员能力等。

促进表达自由本身和这些“其他的公共利益”，可以看做是管理性权力的价值所在。管理性权力有它的价值，表达自由也有它的价值。无论是把表达自由作为一种个人的自由还是体制的自由，都具有多方面的价值，例如获致真理、健全民主、实现自我、稳定社会和繁荣文化等。管理性权力所要促进的价值与表达自由的价值有相类似之处。所以表达自由也有可能促进管理性权力所要促进的“其他的公共利益”。如果没有看到这一点，运用管理性权力以制约表达自由，也许并不有利于那些要促进的“其他的公共利益”。

以上列举了一些国家的学界和法院在论证管理性权力时通常会使用的几种因素，不同的学者和不同国家的法院也许会利用不同的因素或因素组合，也许同一个法院在不同时期也侧重于利用不同的因素。各种各样的理论以不同的因素为基础建构起来，并支撑针对公共论坛的管理体制，为之辩护或说明。

为什么管理性权力需要论证才可以成立？这就隐含了一个前提，即表达自由是一种宪法权利，是基本人权，因此对这项宪法权利的管理就需要论证。管理总意味着制约和设限。如果不承认表达自由是一项宪法权利或基本人权，也许就无需证明管理性权力的正当性。在一个专制国家中，为人民主张一种权利是需要论证的，专制者的权力是天经地义、不需论证的。在一个提倡民主、人权和法治原则的时代，国家权力需要论证才有可能成立。如果针对公共论坛的管理性权力运用不当，就会不适当地制约人们在公共论坛上表达自由的权利。如果管理性权力被滥用，就会压制人们在公共论坛上的表达自由权利。至少在原则上，管理性权力必须以符合公共利益的方式来设立和使用，不应被用于谋求一个集团、一个阶层或任何特殊利益群体的私利。

德国比较法学的发展脉络

朱淑丽*

德国比较法学在世界法学界占有重要位置。作为有组织的学术活动，比较法学最早开始于19世纪前期的德国，[1] 而且其发展形态比较完备，其各个阶段在世界比较法学领域都富有代表性。尤为重要的是，德国学者对这个学科做出了非常出色的贡献。德国法素有"法学家法"之称，这一点体现在比较法领域也相当突出。因为比较法不同于部门法学，它的历史本质上就是一部学术史，完全为比较法学者一手缔造。德国学者体系化的思考方式以及踏实严谨的学术传统在这一领域得到尽情挥洒，这一优势使他们得以长期领导世界比较法学的潮流，并且直至今天，其主导地位仍未发生根本性动摇。

一、近代发展演变

（一）发轫阶段

德国比较法的发轫阶段大致从1814年（此年，蒂保著文号召德国效仿法国进行法典编纂）持续到19世纪三四十年代（这时期，大多数倡导比较法研究的理论家相继去世）。[2] 这一阶段德国比较法研究的直接动机，源自莱茵和巴登地区对《拿破仑法典》的继受。德国南部的海德堡大学是这一时期的研究中心，并围绕着精神领袖米特尔迈尔（Mittermaier）形成了一个学术团体。

该阶段的比较法研究具有两个特点：其一，它迫于德国改革法律的急切需要而开始，目的是为立法者和法官提供参考，以借助外国法的经验发展和完善本国法。[3] 是故，它重实践而缺乏理论总结，没有进行任何关于比较法研究对象以及研究方法的讨论。其二，欧陆法学家第一次对英美普通法的发展和传统技术怀有浓厚兴趣，并积极试图去理解。米特尔迈尔百科全书式的知识，这个团体的法学家对当时世界所有法律、法律科学和大国法律教育所怀的求知热情，不仅前无古人，而且在欧洲大陆后来的很长时期内也几乎无人超越。[4]

---

* 华东政法学院博士研究生。

〔1〕 David S. Clark, "Centennial World Congress on Comparative Law: Nothing New in 2000? Comparative Law in 1900 and Today", *Tulane Law Review*, vol. 75, 2001, p. 873.

〔2〕 William Ewald, "Comparative Jurisprudence (Ⅰ): What Was It Like to Try a Rat?", *University of Pennsylvania Law Review*, vol. 143, 1995, p. 2119.

〔3〕 [英] 施米托夫："比较法律科学"，韩光明译，米健校，载《比较法研究》2001年第4期。

〔4〕 Walther Hug, "The History of Comparative Law", vol. 45, *Harvard Law Review*, 1931～1932, p. 1069.

海德堡的法学家们尽管开启了比较法研究的大门，但其努力仅仅局限在一个很小的法学家圈子内；再加上大多数倡导比较法研究的理论家如费尔巴哈、黑格尔、耶林等，也都于19世纪三四十年代相继去世，这个团体难以抵抗法律实证主义的强大势力。[5] 19世纪中期，随着法律实证主义在西方法学界统治地位的形成，法哲学处于最低谷，海德堡学术团体衰落了，外国法和比较法研究几乎完全消失。这是萌芽期，对比较法普遍产生兴趣的时代尚未到来。

（二）“比较法律科学”学派形成

经过几十年沉寂之后，德国比较法开始以另一副面貌重新登场——19世纪后期，历史主义成为比较法研究的主导范式，法律比较的目的在于试图揭示法律进化的内在规律。[6] 所谓历史主义，就是以历史方法思考一切问题的立场，即把眼前的一切事物都作为生成、发展而来的东西来理解。主要以黑格尔的历史哲学为思想基础，后来又受到达尔文进化论的深刻影响，先在德国，后来蔓延到西欧各主要国家，兴起了一股学术潮流，即“法律人类学”或“普遍法律史”。在德国，由此形成“比较法律科学”学派，主要代表人物有波斯特（Albert Post）、伯恩霍夫特（Franz Bernhoft）和科勒（Joseph Kohler）等。

这类研究的背景是殖民主义和帝国主义，它们之需要比较人类学，目的并不在于向外国学习，而是为欧洲国家的殖民扩张提供正当根据。[7] 这些学者的视野向整个人类开放，而不局限于罗马法或日耳曼法的狭隘范围。其研究特点是从人的统一心理结构出发，把人类的各种现象、社会制度和法律制度的类似作为无庸置疑的前提，认为所有民族的法都朝着单一方向、服从同一进化规律而发展，因此各个民族的法或法律制度的差异，只是因为在这条单一的道路上处于不同的发展阶段而已。这种观点过高地评价了类似性，显而易见地忽视了差异性。它几乎完全无视民族特性，常常把本无关系的制度牵强附会地联系起来，明显地急于使其普遍化。[8] 由于这些致命缺陷，19世纪末“比较法律科学”衰落了。但这股潮流强力推动了西欧比较法学的发展：一系列比较法学会、杂志、讲座创立，比较法研究开始制度化，其作为独立学科的地位率先在法、英两国得到承认。

（三）现代转型

世纪转换之际，西欧比较法学迎来了发展史上的转折性变化：从法律人类学或普遍法律史也即历史的比较法，转向以现行外国法为基础的现代比较法。比较法研究的主导动机，首先是为国内立法和国际法律协调提供“解决仓库（stock-taking）”，而后，当欧洲大多数国家法典化基本完成后，实现国际法律的逐步统一。

发生这种转变的原因首先是国家间经济和商业的联系愈加密切，全球化趋势日

---

〔5〕 19世纪在德国占主导的历史法学派，以及其后登场的概念法学和实证主义法学，都反对比较法研究。尤其是实证主义法学，它认为只有国家确立的法律规范，即实在法才是法律，因此它不仅把法律研究锁定在本国范围以内，而且进一步将法学的任务限定在分析和剖析实在法律制度的范围之内。

〔6〕 Anne Peters & Heiner Schwenke,“Comparative Law Beyond Post-Modernism”, *International and Comparative Law Quarterly*, vol. 49, 2000, p. 803.

〔7〕 同注6引文，第805页。

〔8〕 ［日］大木雅夫：《比较法》，范愉译，法律出版社1999年版，第52页。

益增强，这种时代精神要求对外国法律规则，或者甚至是统一的法律规则有更好的认识。其次，在国际联盟的推动下，西欧各主要国家争取法律统一和国际合作的巨大努力取得了可喜成绩。在此形势下，西欧法学家们将私法的大规模统一作为事业理想，并对其实现的可能性怀着乐观信念，现代比较法学遂应运而生。

领导比较法学完成这一历史转变的是法国法学家。1900 年，巴黎国际比较法大会召开。大会的召开是这时期比较法发展的顶峰，它集中体现了这一阶段比较法学发展的主要特点。这次大会为比较法设定的目标是：从各种法律中寻找共同基础或近似点，以发现和创立“人类社会的共同法”，并以此为模式使各种不同的法律制度互相接近，逐渐达到世界法律的统一。

在对法的认识上，由于深受实证主义法学和概念法学的影响，该阶段的比较法学在研究对象、方法以及研究范围上都带有主流法理学的烙印。受实证主义法学影响，这时期的研究对象是制定法，比较法就是对不同国家的法律规范体系或具体法律规范进行比较。另外，在法律实践中，德国法学者曾在 19 世纪最后 20 年致力于准备《德国民法典》的制定，又在 20 世纪头 15 年对他们亲手缔造的民法典进行彻底的检查和研究，这就进一步强化了其根深蒂固的以法律文本为中心的思考习惯。而在制定法中，比较范围又进一步局限于私法领域，其中原因是：自中世纪罗马法继受以来法学研究的一般趋向如此，而且《德国民法典》又理所当然地成为研究焦点。

方法上，比较法也深受实证主义法学和概念法学影响。概念法学高度强调概念和分类，热衷于创制一个系统的和严格的实在法体系。这阶段的比较法学者也偏好宏大而又系统化的法学方法，专门研究正式的规则、制度、程序，而忽略了规范背后的社会和经济因素。这种比较方法被称为规范比较法，或概念论（conceptualism）、文本论（textualism）、文本方法（textual approach）等。〔9〕

这一时期的研究范围局限于欧洲大陆诸法律体系，原因在于：“人类的共同法”理论，志在追求对整个文明人类普遍适用的法律。这在当时被认为过于宽泛，因此比较法学者将研究范围首先限定在罗马民族和日耳曼民族；而受研究对象以及方法论的制约，研究范围又进一步缩小到欧洲大陆各国的制定法。当时人们认为，只有欧洲大陆的实在法体系才是彼此类似的法制，在此前提下才可以进行比较，而普通法与大陆法的法律框架差异太大，缺乏可比性，对它们进行比较不仅极为困难，而且也没有价值。〔10〕

（四）全新局面的开创与停顿

第一次世界大战后，德国比较法学有了突飞猛进的发展，自此取代法国，主导世界比较法学的潮流。

《凡尔赛条约》的签订，由各国仲裁员混合组成的仲裁机构对德国战前合同的仲裁，以及美国财政政策对战后德国的影响等因素，使原来很少引人注意的外国法和比较法具有了越来越重要的意义。德国法学家肩负着为了国家的特定利益而充当辩护士的任务，围绕关于法律问题的理解和适用展开了争论，这逼着他们将德国法同

〔9〕 黄文艺：“论当代西方比较法学的发展”，载《比较法研究》2002 年第 1 期。

〔10〕 Hein Kötz, “Comparative Law in Germany Today”, *Revue Internationale de Droit Comparé*, vol. 4, 1999, p. 758.

外国法进行对比。德国法学由此从它“罕见的闭锁状态”中突破出来。

这时期，利益法学、自由法学、法律社会学和法律现实主义以各种形式对概念法学和法律实证主义展开批判，粉碎了各国构建的自成一体的概念体系、高度精密的学说以及教条结构，为法律认识提供了新方法。这些学派虽各有主张，但在一点上却取得共识，即法律科学的对象并不是概念性的法律结构，而是这些法律结构应当解决的生活问题；法是“社会工程”，法律科学是社会科学。这些新认识为比较法学提供了思想和方法的理论基础。

德国比较法全新局面的开创与著名比较法学家、国际私法学家恩斯特·拉贝尔（Ernst Rabel）的卓越贡献密不可分，他对这时期和此后的德国比较法学都产生了至深至远的影响。拉贝尔发表的两部关于比较法学理论的著作《比较法的任务与必要性》以及《德皇威廉外国法和国际私法研究所的专业领域》，集中阐述了比较法的目的、任务和研究方法等问题，为比较法学的发展奠定了基础。他提出：“学术的主要任务是……十分审慎地对个案进行精确的处理。”[11] 这就从巴黎国际比较法会议对比较法的原理讨论，即讨论比较法在法学体系上的位置、效果和目的，转移到事实问题的个别研究，即“具体的研究”。

在方法上，拉贝尔超越了先前的形式主义，提出一种新方法，其本质内容是：考察同一事实问题在多个法律体系中是如何解决的，而后探究这些解决方法的异同。新方法着手解决具体的社会问题，其出发点并非单纯基于制定法，或者法律制度的结构，而是社会事实。拉贝尔总结道：“我们比较的不是固定的材料和孤立的段落，而是各种解决办法，这些办法是由此国或彼国为了解决同一事实问题而产生的；而后，我们要考察这些解决办法为什么会产生，它们有哪些成功之处。”[12] 他认为这种新方法“可以恰切地称为功能方法”。[13] 今天，人们也称之为功能主义（functionalism）或语境论（Contextual method）。功能比较有两个基本特点：其一，比较的出发点和基础是社会所面临的各种问题或需要；其二，在对法律问题进行比较时，它着重的是法律的社会功能、效果，而不是法律文本上的抽象内容。这种方法抛弃了仅仅作为“法律规范和制度的描画大纲”的传统比较法，为比较法研究提供了新思路，从而大大拓宽了研究视野。同时，它也使比较法学者面临更艰巨的任务，那就是：不能局限于对法律规范进行简单、直接的比较研究，而要对法律生活的整体进行全面考察，研究“社会中的法”。

比较法在比较制定法也即规范比较法转向功能主义的同时，研究范围随之扩大。此前，人们认定只有法律结构和概念相似的法律制度才能进行比较，研究范围因而局限于欧洲大陆实在法体系。功能方法则主张，各种不同形式的法律规范、法律制度，只要功能相同，即它们解决相同的社会问题或满足相同的社会需要，就可以比较。因此，当功能主义提出来以后，上述框架就被彻底打破了，比较法挣脱了单纯

---

〔11〕［德］K. 茨威格特、H. 克茨：《比较法总论》，潘汉典等译，法律出版社2003年版，第90页。

〔12〕David J. Gerber, “Sculpting the Agenda of Comparative Law: Ernst Rabeland the Facade of Language”, Annelise Riles ed., *Rethinking the Masters of Comparative Law*, North-western University School of Law Hart Publishing, 2001, p. 199.

〔13〕同注6引文，第808页。

的制定法的束缚，开始逐步打开新领域。

正当德国比较法研究如火如荼开展着的时候，1933 年纳粹党控制了德国政权，随之通过了一系列排犹法令，将所有犹太人和持不同政见的法学教授逐出大学。各大学的法学教职被德国民族主义者和纽伦堡法律绝对主义者垄断。随之，各比较法研究所相继关闭，比较法杂志纷纷停刊，外国法和比较法研究陷于停顿。

二、当代发展概况

二战后，德国比较法研究重新走上正轨，并经半个世纪的繁荣发展取得骄人成绩。单以学术成果而论，战前比较法方面的论文寥寥可数，成熟的专著几乎付之阙如；而到今天，比较法著作的强大阵容令人瞩目，系列丛书、数千篇论文更是汗牛充栋。而且大量成果都颇有建树，其中茨威格特（Konrad Zweigert）和克茨（Hein Kotz）合著的《比较法总论》堪称当代比较法学皇冠上的明珠，迄今为止它依然雄踞于世界比较法“经典大厦”的顶端。〔14〕 近十几年来，德国比较法还走出了纯学术的象牙塔，在社会实践中发挥着日益显著的作用。〔15〕 以下从三方面介绍当代德国比较法学的发展概况。

（一）研究方法

研究方法是比较法学最核心的问题之一，它以法哲学对法的解释为基础，直接决定比较法的研究范围、任务与研究深度。战后，茨威格特和克茨在继承拉贝尔研究方法的基础上，在继续批判规范比较法的过程中，进一步发展和确立了功能比较方法。1971 年，他们合著完成《比较法总论》，其中功能主义得到了最系统的阐述和完善。〔16〕 自此，它不仅成为德国而且也成为世界比较法研究的正统方法。

今天，人们普遍认识到，进行法律比较时，必须采用功能方法：不仅要分析法律规范如何具体规定，而且也要分析它们在各自的法律体系中到底要解决什么问题；如果想要把握法律更深层的意义，就必须在规范的社会背景下，至少要在现存法律秩序的制度框架内，以及在社会、经济和文化的大环境下思考它们，即不仅必须考察纸面上的法，而且也要考察实践中的法，诸如法律的应用和解释，它们的真正力量和效果，也包括它们的无效等。一言以蔽之，功能主义使人们超越了规范比较法。〔17〕 它最重要的理论贡献在于：打破规范比较理论的桎梏，把似乎完全异质的法律秩序纳入比较法框架，从而将该领域的研究对象拓展至世界范围内的所有法律秩序。凭借这一方法，战后 50 年的比较法才取得了长足发展，它因此被高度赞美为

〔14〕 Mathias Reimann, “Stepping Out of European Shadow: Why Comparative Law in the United States Must Develop Its Own Agenda”, *The American Journal of Comparative Law*, vol. 46, 1998, p. 638.

〔15〕 Günter Frankenberg, “Stranger than Paradise: Identity & Politics in Comparative Law”, *Utah Law Review*, 1997, p. 260.

〔16〕 Mark Van Hoecke & Mark Warrington, “Legal Cultures, Legal Paradigms and Legal Doctrine: toward a New Model for Comparative Law”, *International and Comparative Law Quarterly*, vol. 47, 1998, p. 495.

〔17〕 Mathias Reimann, “The Progress and Failure of Comparative Law in the Second Half of the Twentieth Century”, *The American Journal of Comparative Law*, vol. 50, 2002, pp. 679 ~680.

“比较法贡献给20世纪法律科学的最重要的礼物”。[18]

随着研究的逐步深入，跨学科研究逐渐应用到比较法领域，这是功能主义的具体运用。它使学者们从原来专注于研究法律规范转向考察各种社会事实，跨学科研究广泛涉及法律史、法社会学、经济学等领域。然而，相形之下这方面的研究成果还显滞后，其具体运用尚属例外。

（二）研究范围

随着功能主义日益为人们接受，德国比较法的研究范围扩大到世界所有法律秩序，包括大陆法系、普通法系、社会主义法系以及其他法系等。除此之外，它还从20世纪以来形成的以私法为中心的学术传统中突破出来，扩大到公法领域和其他领域。

长期以来，人们认为公法在很大程度上以特殊的政治结构为基础，国家干预色彩较为强烈。因而，对公法各部门进行比较，如果说并非不可能，但至少颇为困难。另外，与私法相比，人们进行公法比较时，很难简单地得出结论说哪一个解决办法更好。但法学者们认识到，所有这些都不能有力地否定公法比较的价值。公法和私法在比较法领域内并不能截然分开；公法和私法之分也从来没有被普通法国家所接受，二者的界限即使在大陆法系也变得模糊不清。因此，比较法学者应该把二者放在同等位置上进行考察。

德国比较法的研究领域还发生了另外一种变化，借用克茨的界定，不妨称之为从微观比较到宏观比较。[19] 在比较法发展的早期阶段，其研究重点是微观比较，即它比较的是各个法律制度或者法律问题，从而比较那些在不同的法律秩序中用以解决具体问题的规则。现代比较法中，这类比较占据着中心位置。随着社会学方法的广泛运用，宏观比较开始突显。它的对象不是具体的各个问题及其解决方法，而是处理法律素材的一般方法，调解和裁决争议的程序，或者法律家从事法律工作时所使用的方法等。比较研究法律职业者的任务和功能，他们的活动、组织和兴趣等在多大程度上决定特定社会中的法律风格，也是宏观比较的一个方面。这被认为是大有作为和富有前途的研究领域。

（三）追求目标——“欧洲共同法”

早在上世纪80年代初，德国少数学者率先提出，如果欧洲形成了没有贸易壁垒的统一大市场和共同体，那么它也很可能需要一个共同的私法。但在当时，这种观点并未引起人们的注意。随后，欧洲统一化的逐步推进，为欧洲共同私法的构想注入活力，比较法学者由此树立了新的追求目标——“欧洲共同法（ius commune europaeum）”。他们希望通过比较研究，完成一个能够为欧洲国家共同接受的私法结构，推动欧洲实现整体意义上的私法统一化。

实现欧洲私法统一，是自1900年以来欧洲比较法学者孜孜以求的梦想。二战后，各国学者倾向于通过各种统一法和法律协调循序渐进地接近这一理想。但自20世纪

---

〔18〕 Vivian Grosswald Curran, “Cultural Immersion, Difference and Categories in U. S. Comparative Law”, *The American Journal of Comparative Law*, vol. 46, 1998, p. 66.

〔19〕 同注11引书，第6～7页。

80 年代以后，由于用于统一或协调各国法律的技术存在难以克服的障碍，这种手段逐渐被抛弃，欧洲法学者纷纷将其研究目标转向“欧洲共同法”。具体地说，就是试图用一个欧洲层面上的而非国家层面上的《欧洲民法典》来实现欧洲私法的统一。德国法学家尤其是这项事业的积极推动者，他们一致认同：“欧洲共同法”的实现面临重重困难，抛开现实的立法技术因素不谈（例如欧盟有否这方面的立法权），欧盟内共有四种法律体系，[20] 大陆法和普通法之间尤其存在巨大差异，这是制定《欧洲民法典》最大的障碍；因此，“比较法学者们必须承担起艰巨任务，尽力构建一个欧洲法律原理和规则的共同核心，一种欧洲共同的法律语言以及法律文本，并以此为基础，当时机成熟时，拟订《欧洲民法典》”。[21]

为此，欧洲法学者们于 1997 年成立了《欧洲民法典》研究组，德国法学教授巴尔（Christian Von Bar）被推选为主席并担任非合同之债小组的领导人。该团体代表欧洲六所大学和研究机构，共设六个工作组分布于全欧洲，每年举行两次年会，主要讨论各小组起草的民法典相关部分的草案。关于这一题材的比较法著述也成绩斐然，这些著作都试图从共同欧洲的角度去理解私法的整体领域，培养“共同欧洲思维方式”，“希望对欧洲共同私法的思索能够汇流成‘统一’的法，即民法典形式上的大框架之法律统一”。[22] 德国法学者还为此开展法学教育，希望通过培养一体化的法学人才推动欧洲法律文化趋向统一，并于 1993 年创办《欧洲私法杂志》，专门致力于发展共同欧洲私法。

自“欧洲共同法”成为新目标后，德国比较法就从国家的法律秩序中超越出来，开始在整个欧洲层面上进行思考和研究。其形象随之发生很大变化，它再也不是具有“灰姑娘情结”的边缘角色，而成为一门充满雄心、积极参与实践、并且颇富声望的热门学科，其发展势头和产生的影响更是前所未有。[23]

然而，纯粹从学科角度看，德国比较法在战后半个世纪里很少有实质性突破。它既没有形成一个较为成熟的法律概念，也没有精练其方法，更缺乏真正崭新的追求目标。从方法上看，茨威格特、克茨的功能主义不过是对拉贝尔方法论的继承和完善；跨学科研究也并非新鲜事物，它也早被拉贝尔竭力提倡过。而且，尽管功能主义已是公认的研究方法，但在实践中它却没有得到广泛和深入的运用。特别在欧洲私法统一化的背景下，大多数学者都热衷于为欧洲私法统一寻求共同基础，因此其研究焦点依旧是西方法律体系中的私法规范和准则，而对各类社会何以不同以及法律文化中的差异置若罔闻。[24] 从研究目标看，德国主流学者仍然片面追求私法的

---

〔20〕 四种法系指的是英美法系、罗马法系、德意志法系和北欧法系。

〔21〕 同注 10 引文，第 766 页。

〔22〕 巴尔解释说：“共同欧洲思维方式是指：①特别强调已经存在的共同点；②去理解相邻法律制度发展对一国法律制度形成的影响；③追踪历史的偶然性和荒谬以发现一国法律制度的棱角，并在不损害内容的前提下，在欧洲统一进程的框架内磨平它们。” 参见［德］克雷斯蒂安·冯·巴尔：《欧洲比较侵权行为法》（上卷），张新宝译，法律出版社 2001 年版，德文版序。

〔23〕 同注 17 引文，第 691 页。

〔24〕 James Q. Whitman, “The neo-Romantic turn”, Pierre Legrand and Roderick Munday ed., *Camparative Legal Studies: Traditions and Transitions*, Cambridge University Press, 2003, p. 314.

协调和统一。这个目标曾经激励了伟大的法典化运动，热情鼓舞过巴黎国际比较法大会，始终贯穿在拉贝尔时代的研究工作中，并被战后50年代的法学者满怀信心地规划过；今天随着欧洲一体化进程和全球化趋势，又以《欧洲民法典》或其他欧洲共同法的形式，牢牢盘踞在西欧主流法学者的心头。50年来，德国比较法的成功主要表现在有关知识的大量积累，以及它的工具性作用方面；作为学科，它的内在生命却被严重忽视了。

三、20世纪末以来的新发展

（一）发展背景

20世纪最后十几年来，由于后社会主义国家的转型和欧洲的统一在区域范围内产生的影响，以及全球化的形成在世界范围内带来的推动作用，不同法律体系和文化在走向融合的同时难免发生碰撞，并必然相互作用和影响。这引起一系列涉及道德和法律标准的适用等新问题的产生。另外，随着文化研究的升温，对法律进行文化解释逐渐成为法律研究的主导范式。在这种法律观看来，法律不仅仅是解决社会问题或满足社会需要的工具，它也是一种文化现象，是表达或传递意义的符号。而要理解一种法律体系，必须深入把握其文化底蕴。这种法律观进一步深化了人们对法律的认识。不仅如此，20世纪八九十年代以来，西方法理学的各个学派都在不同程度上受到后现代思潮的影响，一批激进的法学者遂将后现代理论引入比较法研究。

在以上多种因素的综合作用下，西方比较法领域发生了一场意味深远的变革：一些比较法学者在对法律进行深入认识的基础上，一方面主要以后现代理论为知识平台，对传统比较法展开批判；另一方面也试图探寻比较法研究的新方向。这批学者被统称为后现代主义者。德国在这方面的代表人物主要是格罗斯菲尔德（Bernhard Grossfeld）和弗兰肯伯格（Günter Frankenberg）。

（二）对传统比较法的批判

后现代主义强调文化和社会领域的差异性、多元性和异质性，认为知识形式、道德体系以及个人的生活追求和行为模式都是多种多样的，它乐于接受这些各不相同的立场，查明其独特个性，而反对某类理性观的霸权意识以及导致绝对性的普遍主义观念。它认为，社会和文化生活中存在的异质的群体、利益、话语等因素永远不可能同化到普遍的或普适的标准中去，而所谓的普遍性、共同利益和共识，掩盖的无非是霸权主义者的特殊性、特殊利益和特殊话语。

与此相应，后现代主义者以结构论（framework-theory）作为批判的理论基点和假设前提，认为各种文化之间没有共同性，不可能从中抽出中立和客观的意义与价值，独立的世界意义和价值根本不存在，一切体系都是独立自足、自洽和相对的；推理、语言、判断受制于诸如知识、文化和道德的种种结构；这些结构不容忽视，也没有共同的尺度可以衡量。法律作为一种文化现象、知识和语言的载体，以及饱含道德伦理的符号，必然受种种结构的制约。

以这些理论为依据，后现代主义者对传统比较法的方法、追求目标和分类等实质问题展开深入批判。他们认为，功能主义把只有履行相同功能的法律才能进行比较作为前提，它所寻求的其实是那些按照国内法的分类和解决模式出现的问题在外国法中的解决办法。这样，其研究就只停留在法律问题的功能效果的表层，却没有深入到社会、历史和文化的实质中。这种研究掩盖了潜藏于法律文化中的巨大差异，消除和抹杀了个性。[25] 在后现代主义者看来，功能主义者标榜的法律普遍主义，并非世界所有法律秩序所具备的共同特性，而不过是欧美“法律帝国主义”的委婉之词罢了。其所主张的中立性和客观性，实际上是“以自身尺度衡量别人的无意识解读”,[26] 是学者自己幻想出来的一种规划和霸权主义者的自负而已。

针对当前西方主流法学者所从事的事业及其追求目标，后现代主义者指出，近十几年来，西方比较法已经发展为一项具有实践冲击力和富有侵略性的政治事业，它超出了学术范围，充当起权力的助手，成为一种新殖民主义的“政治干涉”和意识形态工程，意图强化欧美法律的权威地位，为其以全球理想法律之名干涉其他弱势法律秩序提供正当根据。[27] 传统比较法的分类技术也同样是“战略性的（strategic)”，旨在确认西方法律的优越性。

这些批判从总体上给比较法注入了一副虽不协调但却健康的针剂，它刺激人们对已经根深蒂固的传统的假设前提、方法和实践进行反思，并去探索新研究方向。

（三）新方向的开创——“文化比较”

既然坚信法律是一种文化现象，知识和理解受制于种种结构，后现代主义者在对传统比较法展开批判之后，也就自然而然地试图将比较法研究导向一个新方向。这个新方向着力于探寻潜藏在法律文本背后的目的、意义和主题思想，简言之，就是要揭示这些法律文本各自的结构。比较法的研究焦点也就由单纯的法律转向研究对象自身的历史、认识论和政治学等。这种新方法虽然名目不一，有“文化渗透”、“批判性比较”等，但被笼统地概括为“文化比较”。其特点是：第一，强调从内在参与者的立场理解外域法律文化，认为只有这样，才能把握隐藏在外域法律体系背后的法律思想，才能真正理解这种法律体系；第二，注重不同法律体系的文化差异，要求比较法学者不要惑于法律体系间表面上的类似性，更不能随意抹杀不同法律体系的深刻差异。

比如，格罗斯菲尔德认为，比较法学者若想对某一法律体系进行富有成效的研究，就必须进行深入的跨学科研究，考察其背后的历史、文化、政治、语言和社会学等因素的作用，比较法分析因而要进一步将其研究范围扩展到诸如人类学、地理学和认知科学等领域。他本人的研究就广泛涉及地理、时间和空间、绘画、神学、人类学、语言学、认知心理学、哲学、历史、文学，甚至数字理论等领域。他的著作通过无数实例，试图说明比较分析要克服的障碍所在，也试图证明其比较法理论：越能充分地预想法律，从文化内在的视角观察法律，就越能充分地了解法律的复杂性，它与文化之间多姿多彩的相互作用，以及它在社会生活中所扮演的角色。他认为只有这样，比较法学者才能培养起对秩序的新意识，才能合格地成为社会的委托

---

〔25〕 同注6引文，第811页。

〔26〕 ［德］根特·弗兰肯伯格：“批判性比较：重新思考比较法”，贺卫方、王文娟译，载梁治平编：《法律的文化解释》，三联书店1998年版，第175页。

〔27〕 同注15引文，第265～266页。

人，将技术专长和文化认识结合在一起，才能充满希望地在新信息时代为其他文化架起相互沟通的桥梁。[28]

后现代主义者对传统比较法的批判，以及对研究新方向的开拓，具体代表了比较法的新发展。这些发展固然可贵，却在目前比较法学界位卑言轻。欧洲一体化的大环境吸引众多学者把热情倾注到发展欧洲共同私法上，致使他们对文化差异问题无暇顾及，也缺乏兴趣。[29] 因是，这些新发展还远远未在整体上形成一股明显可见的冲击力。

四、结论

通过上文概述，德国比较法学的发展脉络大体得以显现。在此基础上，笔者归纳出如下几点结论：

首先，"欧洲共同法"始终是德国乃至西欧比较法学发展的一条主线，它既是其产生的诱因，又是其不懈追求的主要结果。正因为随着近代欧洲民族国家的崛起，欧洲法律走向国家化，破坏了欧洲法学曾有的普遍性和统一性，才促使了西方比较法学的产生。[30] 自其产生后，它始终把欧洲私法统一作为学术理想，100 多年来，比较法学者们的研究工作中都贯注了对这一目标的孜孜不倦的追求热情。形成这一特点的历史原因在于欧洲各国的法律文化、法律渊源和法律传统具有同根性；其现实基础则归结于先有欧共体后有欧盟的强力推动。至于"人类社会的共同法"梦想和国际私法统一实践，不过是"欧洲共同法"这一主旋律的变奏曲，是"欧洲共同法"这个理想模型的扩大化。它成因于国际经济的一体化趋势和西方资本主义势力的全球性扩张，以及欧美国家在世界经济、政治舞台上所占的主导地位。上述种种因素促生了欧洲主流法学者的法律普遍主义观念。

法律普遍主义观念的对立面，则是法律的特殊主义观念。这种法律观曾为 19 世纪萨维尼代表的历史法学派竭力主张过，今天又为后现代主义者以另一种方式再次提倡，只不过他们各自产生的影响截然不同。如果说，德国历史法学派对法律的特殊主义主张一度阻碍了比较法的发展，那么在欧洲统一化和全球化的进程中，后现代主义者关于法律文化"差异性"的呐喊相形之下要微弱得多。

其次，德国比较法的研究旨趣、比较方法和研究范围深受主流思潮和法哲学的深刻影响。比较法学者是他们所处的社会环境的产物，反映时代精神的广博的智识、理论趋向和运动，不可避免地塑造着学者们的学术活动。具体地说，学者们的研究旨趣依赖于时代背景，他们的方法论取决于主流思潮和法哲学对法律的基础性认识，而比较方法则直接支配研究领域的幅度和深度。从 19 世纪德国比较法的成型至今 100 多年的发展脉络中，可以清晰看到四者间的密切联系（详见下图）。

---

〔28〕 Bernhard Grossfeld, "Patterns of Order in Comparative Law: Discovering and Decoding Invisible Powers", *Texas International Law Journal*, vol. 38, 2003, p. 305.

〔29〕 同注 24 引文，第 313～314 页。

〔30〕 西方比较法学的出现，在一定意义上是对法学狭隘性的反抗，并力图使各国法学克服特殊性、封闭性，实现欧洲法学普遍性和统一性的理想。同注 6 引文，第 803 页。

主流思潮以及法哲学	研究旨趣	比较方法	研究范围
达尔文进化论、黑格尔的历史哲学	普遍法律史、揭示法律进化的内在规律	历史主义（回顾历史以揭示法律的发展规律）	世界范围内的法律史
实证主义法学、概念法学	国内法的统一、“人类社会的共同法”	规范比较方法（或概念论、文本论、文本方法）	欧洲大陆各国私法领域内的制定法
利益法学、自由法学、社会学法学和现实主义法学	法律的协调和统一、“欧洲共同法”	功能比较方法（或功能主义、语境论）、跨学科研究	全世界范围内的法律主要是私法领域
法律的文化解释、后现代主义思潮	关注弱势法律文化，强调法律文化间的差异	文化比较（深入的跨学科研究）	法律的社会、历史、文化、传统习惯等深层结构

最后，德国比较法的一个突出特点在于实践性。各个历史时期的学者都非常注重比较法的实际用途，并根据时代需要把比较法应用于实践中。实践性使比较法学逐渐摆脱了学科的边缘性地位，为它取得了令人瞩目的成绩。然而，利之所在，弊亦随之。100 多年来，德国比较法学者的实践活动，尤其是对欧洲共同私法的追求，使他们更多地把比较法作为主要的工具，专注于如何为欧洲法奠定共同基础，而忽视了对比较法作为一门学科的关心。因此，尽管他们已经积累起大量丰富的知识，但这些知识却没有酝酿成现代的、明确和有连贯性的学科体系，结果导致比较法从整体上缺乏一个合理的理论框架；对法律秩序的结构和发展，对法律、社会和文化之间的关系，它也缺乏广博而深入的洞察力。这不能不说是德国比较法学的一个缺陷。

论普通法系国家法典的编纂

许中缘*

"民法典不管是在哪里，都往往被看做整个法律制度的核心。"〔1〕艾伦·沃森的话描绘了法典在整个法律制度的地位。但是，大陆法是法典法，普通法为判例法这种分类方法一直深延于人们的心中。法典在普通法系中的地位常常没有受到应有的关注。我们对普通法系规则的利用总是持一种警惕甚至胆怯的态度，同时也对普通法系的法律体系尤其是法典形式本身过于漠视甚至轻视。〔2〕相关的情形也表现在台湾学者的观念之中。"台湾民法学者的论述常常有比较法的探讨，甚至缺乏论理而仅是外国法律的仿效，常见的是德国法如何、日本法如何，而认为台湾同为欧陆法系解释上亦当相同。而所谓的欧陆法有何共通之处，一般学者其实是不假思索，而在台湾各项新的立法都已参考美国法的情形下，还是有学者认为台湾法不宜采用美国法"。〔3〕既然法典是大陆法系与普通法系国家所共同具有的普遍现象，二者肯定具有基本的共同之处。在普通法系的法律制度中，法典发挥的作用与大陆法系究竟有什么区别，这是比较法中常为学者忽视的一个问题。〔4〕本文拟对此进行探讨。

一、普通法系国家法典编纂主要历程考察

尽管英国与美国同属于一个法系，但是二者基于特定的国情各有特点，在法典化实践中也不尽相同。

---

* 中国人民大学法学院 2005 级博士研究生。

〔1〕［美］艾伦·沃森：《民法法系的演变及形成》，李静冰、姚新华译，中国政法大学出版社 1992 年版，第 191 页。

〔2〕这主要表现在学者的著作中，在对普通法与大陆法进行介绍时多以大陆法系是成文法，普通法系为判例法来进行简单介绍，对其共同之处常常忽视。学者认为这是一种历史的谬见，其认为在普通法系国家，制定法在其中占有压倒性的优势，而判例只占据重要的位置。对此探讨参见李红海：《普通法的历史解读——从梅特兰开始》，清华大学出版社 2003 年版，第 143、225～233 页。

〔3〕谢哲胜："民法基础理论体系与立法——评大陆民法草案"，载王利明等编：《中国民法典基本理论问题研究》，人民法院出版社 2004 年版，第 59～60 页。谢哲胜对该文的评价为："这样的看法，究竟是一种主观的认知，还是客观事实的评论，都值得加以检验。"

〔4〕此种现象是世界各国所具有的一种共同的特征。如魏斯（Weiss）博士认为，除杰米·边沁以及菲尔德与卡特关于法典的争论之外，关于普通法系法典常常为人所忽视。参见 Gunther A. Weiss, "The Enchantment of Codification in the Common-Law World", *Journal of International Law*, Summer, 2000, p. 438; Mathias Reimann, "The Historical School Against Codification: Savigny, Carter, and the Defeat of the New York Civil Code", *Am. J. Comp. L.*, vol. 37, 1989, pp. 95, 99.

（一）英国法典的编纂历程[5]

在诺曼征服之后，英国采用了普通法，摒弃了罗马法传统。加之英国是一个四面临海的岛国，使其更容易抵制欧洲大陆的法典化运动。尽管如此，法典化运动还是在英国得以展开。在13世纪英国就有关于继承、赠与以及禁止次级分封的《威斯敏斯特法Ⅰ、Ⅱ、Ⅲ》这样的法典。不过，与美国不同的是，在英国，法典化运动仅仅是一场洗礼。英国多次对编纂法典进行深刻考虑。其中弗兰西斯·培根（Francis Bacon）、马修·黑尔（Matthew Hale）、威廉·布莱克斯通（William Blackstone）、杰米·边沁（Jeremy Bentham）、威廉·梅特兰（William Maitland）、约翰·奥斯汀（John Austin）、约翰·罗米丽（John Romilly）、亨利·梅因（Henry Maine）等都是英国历史上具有影响的法典化的支持者，他们中的一些人也提出过比较系统的法典化的理论，英国在一定程度上也进行了法典化的实践。不过，英国法典化的进程非常缓慢，历经多次反复均没有成功。[6] 在18世纪末与19世纪初，立法机关决定先对所有的成文法进行汇编，然后，经过一定的技术使之成为法典，但是无果而终。19世纪末20世纪初，几部法典在不同的领域得以制定，最重要的为1882年的《票据交易法》（the Bills of Exchange Act）、1890年的《合伙法》（the Partnership Act）、1893年的《解释条例》（the Interpretation Act）、《货物买卖法》（Sale of Goods Act），[7] 以及1906年的《海洋保险法》（the Marine Insurance Act）。尽管这些法律与大陆法系的单行法相类似，但是不能将二者简单等同，如英国的《货物买卖法》包含了诸多重要领域，具有类似大陆法系法典的特点。

受美国的统一商法典的影响，英国也开始编纂商法典的工作。其中最具影响的是1997年法律委员会的主席阿顿（Dame Mary Arden）的法典化的主张。[8] 阿顿认为，法典使法变得更加容易理解、使法官很容易在法典中找到所需答案、使法得以更新与现代化。同时，法典能够作为解决因权威的冲突或者权威的丧失而产生的法的不确定性。而且，判例法数量过多，在必要时也应该法典化。但该委员会仍然没有开始进行商法典编纂的计划。1999年1月，商法典的强烈支持者阿顿任期届满，这使商法典的前景变得更加迷离。但是继任的委员会的规划中明确包括编纂商法典的工作。[9] 最近的发展表明英国法部分法典化的思想仍然具有活力。[10]

（二）美国法典的编纂历程

经过独立战争的美国在选择法律的道路中面临诸多选择：是选择大陆法系法典化道路还是继受英国的法律？但是，独立后的美国出于对英国法律的制度的敌视，加之法典所具有的优点以及普通法具有的不易掌握的缺陷，使美国这样一个面临着

---

〔5〕 同注4魏斯引文，第438～479页。

〔6〕 当然，这不包括英属印度。实际上，英国在印度的法典化的“试验”取得了成功，印度也因此走上了法典化的道路。

〔7〕 该法律增补了一些内容即成为1979年的《货物买卖法》的内容。

〔8〕 Dame Mary Arden, “Time for an English Commercial Code?”, *Cambridge L. J.*, pp. 516～536.

〔9〕 同注5引文，第498页。

〔10〕 Carlos Bollen & Gerard-Rene de Groot, “The Sources and Back-grounds of European Legal Systems”, A. S. Hartkamp ed., *Towards a European Civil Code*, vol. 112, 1994, p. 113.

法律继受问题的年轻的国家，比英国更容易走上法典化道路。也因此，法典化的思潮更容易在美国得以展开，在美国有些州，法典的编纂取得了实质的胜利。我们这里仅仅介绍在美国比较成功的法典的编纂。

1.《路易斯安那州法典》。1820年至1850年，美国掀起了法典化运动，“在1825年后，几乎所有的法学作者觉得有义务在各种形式的著作中阐述其（法典化）的观点”。[11] 在1822年，立法机关任命利文斯顿（Edward Livingston）等三人修改与编纂民法典。利文斯顿是一个深受边沁思想影响的学者，其也是把边沁思想带入到美国的第一人。[12] 他们在制定的法典中吸收了现行产生法律效力的法律汇编的内容。最后，他们拟订的法典草案被采纳，并于1824年颁布，此即为《路易斯安那州法典》。该法典共3522条，由三部分组成：人法、物法（包括财产的类型）以及取得财产的方法。可见，该法典在体系上完全是以拿破仑法典为基础，而且其内容也是对该法典内容的适当修改。

2.《菲尔德法典》。庞德指出：“在19世纪前期的纽约，法典化的动力一方面是立法改革运动的一部分，另一方面是因为边沁著作的广泛影响。不过，这也是经过独立战争后的美国对英国法律以及制度的敌视。”[13] 其中菲尔德是法典的激进的拥护者。经过制宪会议授权，菲尔德开始进行积极的法典编纂实践。其花费差不多20年的时间（1847年~1865年）进行了五部法典的编纂：《政治法典》、《民事诉讼法典》、《刑法典》、《刑事诉讼法典》以及《民法典》。在其起草的《民事诉讼法典》中，其把传统的“普通法之诉”与“衡平法之诉”进行区分，这一改革大大简化了诉讼程序。该部法典成为了法律改革运动中的一块里程碑。[14]

3.《法律重述》与《美国统一商法典》。到19世纪末20世纪初，美国法律、法规和各种判例的数量增加使得人们难以驾驭。根据统计，法院在1919年存在大约1万册判例，在1923年已经存在18500万册。过多的判例使司法成为困难。1923年，美国律师在华盛顿组成了美国法律协会，该组织决定对法进行“重述”。“重述”的意图是对支配各个领域的原则进行系统化。法律重述的目的是取代不断出现的判例，提出“一个有条理的关于美国一般普通法的阐述，在‘阐述’一词中，不但包括完全由司法判决发展而来的普通法，而且包括法院通过对制定多年且尚有效力的成文法的适用发展起来的法律”。[15] 但是法律重述不限于对判例与成文法的汇编，也具有法律创制的作用，因为法律重述“其目标应该不仅帮助我们确定现在很大程度不确定以及简化不必要的复杂的内容，而且使这些变化更好地适应社会生活的需要。……其是分析的、批判的与构建的综合”。[16]

法律重述为法典的建立提供了一种可能。其一，法律重述是法学者对既有的判

---

〔11〕 C. COOK, *The American Codification Movement, A Study of Antebellum Legal Reform*, Westport, Conn.: Greenwood Press, 1981. p. 109.

〔12〕 同注4引文，第501页。

〔13〕 R. Pound, "David Dudley Field; an Appraisal", *On David Dudley Field: Centenary Essays* 1949, pp. 3, 8.

〔14〕［美］伯纳德·施瓦茨：《美国法律史》，王军等译，中国政法大学出版社1989年版，第79页。

〔15〕 同注14引书，第219页。

〔16〕 同注4引文，第519页。

例与成文法的总结而提出的一般规则，这是法律得以统一与系统化的基础；其二，法律重述使成文法形式的权威得以确立（尽管重述是民间进行的，本身不具有立法的权威），法律重述以美国法学会著名学者的权威作为后盾，该重述对美国的司法具有重大的影响，这可以从美国的司法判例对法律重述的援用看出；其三，法律重述是美国学者为了防止繁杂立法而选择的一种折衷的道路，这也必然为法典的制定提供一种选择的道路。可以说，法律重述是法典编纂的“起点”。[17] 随着时间的推移，新一代的法律现实主义学者开始着眼于不仅形成重述的规则，而是要形成统一的法律，其中就有统一商法典。[18]

《美国统一商法典》是在联邦法典编纂机关的主持下，是美国统一州法委员会（NC-CUSL）和美国法学会（ALI）联合组织制定的一部示范法，现已为美国50个州所采纳，对世界各国的民商事立法及国际商事公约产生了深远的影响，其重要地位举世公认，被誉为英美法系历史上最伟大的一部成文法典。

二、普通法系国家法典编纂的特点分析

在对英国与美国这两个普通法系国家法典化实践的考察中，可以看出这两大法系法典编纂具有以下特点：

（一）普通法法典化具有实践的反复性，但政治阻力是法典编纂失败的主要原因

英国的法典化的思想不仅对英属印度的立法产生影响，而且对整个帝国的局部法典编纂产生影响。而且，许多改革事实上已经形成固定的形式，但在最后的议会通过时失败了。法典编纂的失败有多种原因，如既没有既存的草案可以借鉴，又没有既定的规则可以吸取；尽管有很多对某个问题进行阐述的著作，但是没有一种系统性的学说。从判例法中也很难抽象出法典化的一般规则。但是，政治的阻力是法典编纂失败的主要原因。学者对英国法典编纂失败的解释为：“法典编纂失败的诸多解释与其说是法律原因不如说是政治的原因：议会的政治构造不可能为制定法典进行全面的改革；议会的诸多法律专家出于对任何类型的改革的保守态度而反对全面的改革；同时，因为有很多紧迫的问题需要解决，为法典努力的时间准备不足；最后，他们害怕全面的法律改革可能导致难以预料的社会变革问题。”[19] 即使法典并不必然地与激进的变革相联系，但是，在人们的心中，法典仍然主要被认为是边沁或者法国思想中的实质上与形式上的激进的改革。普通法的律师们宁愿选择从案例到案例推出的法律原则而不是突然的法典编纂。美国律师害怕法典的编纂会导致一种不可预料的结果。[20] 菲尔德法典的失败主要也是因为卡特等纽约律师的集体反

---

〔17〕 James Gordley, “European Codes and American Restatements: Some Difficulties”, *Colum. L. Rev.*, vol. 81, p. 156. 但是也有学者认为，法律重述也不是“严格科学意义的法典”，那种认为法律重述使美国法庞大的编纂法典的要求获得了满足，也不正确。参见注4引文，第220页。

〔18〕 同注4引文，第519页。

〔19〕 Robert W. Gordon, “Book Review: The American Codification Movement, A Study of Antebellum Legal Reform”, *Vanderbilt Law Review*, vol. 36, p. 432.

〔20〕 同注11引书，第206页。

对。〔21〕正如莱曼在总结菲尔德法典编纂中的争论时所说的那样："对萨维尼与卡特来说，他们都惧怕社会与政治的革新。二人对立法的反感最后均根源于他们的政治保守主义。"〔22〕但是，与英国不同，法典化实践在美国取得了一定程度的成功。

（二）普通法系的学者已经提出比较先进的法典化理论

尽管在普通法系国家，法典化并没有如欧洲国家那样取得很大成功，但是，普通法系学者提出了许多先进的法典化的思想。早在18世纪末，在英国，边沁对法典权威、体系、完整及革新等进行了全面的阐述。〔23〕在边沁法典化的体系中，其提出法官依赖柔韧的一般原则，依靠科学方法的力量而不是严格的决疑的方法。他不相信法官总是能够立即从法律中找到答案以及保障法律适用的机械的安全。即使立法机关的意志非常明确，但是立法机构"要么是立法的草率，要么是语言的不准确没有明确表明（其意志）"，法官仍然需要对法律进行解释。尽管边沁对一部好的法典抱着非常乐观的态度，他不相信法律能够总是非常容易地提供解决面临案件的所有规则。这是同期受理性主义影响的欧洲学者不能企及的。奥斯汀提出要把法典的"形式创新"与"实质创新"区分开来。"对现有法律的法典化，以及对现有法律的实质的革新，是非常不同的；尽管法典或许可能部分或者整体在形式以及实质上都是新的"。〔24〕由此可见，普通法的中心国家已经产生了比较系统的法典化理论。

（三）普通法系国家中的法典凝聚有大陆法系与普通法系法典的特点

在一定程度上可以说，第一次在美国产生的法典化的浪潮与殖民时代具有某种关联。〔25〕尽管殖民统治得以消灭，但是殖民统治制度的影响仍然如影随形。美国的法典编纂在很大程度上是根据殖民统治的法典而予以颁布的。《菲尔德民法典》深受《法国民法典》的影响，〔26〕《路易斯安那州法典》是"欧陆大陆法系的传统"支配下的产物，〔27〕其法典编纂的素材直接源自于《法国的民法典》，西班牙的法律以及罗马法的内容。〔28〕

大陆法系国家的法典对普通法系国家的法典的影响还表现在同时期法典化倡导学者的著述中，如边沁多次提到法典必须"包含所有的法律"以及必须

---

〔21〕同注4雷曼引文，第115～116页。

〔22〕详细阐述参见注4引文，第476～479页。

〔23〕John Austin, *Lectures on Jurisprudence or the Philosophy of Positive Law*, Robert Campbelled., 4th ed. London, Murray, 1879, p. 1021. 转引自前注4引文，第482页。

〔24〕H. Patrick Glenn, "The Grounding of Codification", University of California, *Devis Law Review*, vol. 31, 1998, p. 772.

〔25〕Rodolfo Batiza, "Sources of the Field Civil Code: the Civil Law Influences on a Common Law Code", *Tulane. L. Rev.*, vol. 60, p. 806.

〔26〕Rodolfo Batiza, "Roman Law in The French and Louisiana Civil Codes: A Comparative Textual Survey", *Tulane. L. Rev.*, vol. 69, 1995, pp. 1601～1612; Rodolfo Batiza: "Origins of Modern Codification of the CivilLaw: The French Experience and its Implications for Louisiana Law", *Tulane. L. Rev.*, vol. 56, 1982, p. 487.

〔27〕Joachim Zekoll, "The Louisiana Private-Law System: The Best of Both Worlds", *Tul. Eur. & Civ. L. F.*, vol. 10, 1995, p. 3.

〔28〕同注4引文，第478页。

“完整”,“没有在法典之中包含的法律，应该不是法律”。其认为，具有约束力的先例以及法律习惯不再接受为法律渊源。〔29〕菲尔德在立法中建议五部法典应该包含所有的法律。〔30〕这显然是与大陆法系同时期把法典作为法的唯一渊源的思想同出一辙。〔31〕而《美国统一商法典》就是受法律现实主义学派的代表人物卢埃林影响的产物。

不过，殖民时代大陆法系的法典并没有被完全借鉴。在很大程度上，这些国家的法典已经不再是大陆法意义上的民法典，而是打上了普通法系的烙印。如《路易斯安那州法典》，尽管受《拿破仑法典》以及《西班牙法典》的影响而具有一定的大陆法系的传统，但路易斯安那是美国的一个州，美国的经验对其现有的法律体系不可避免地具有决定性的影响。〔32〕特别是在《菲尔德法典》之中，这种影响非常明显。所以，一方面，普通法系的法典已经具有欧洲法典编纂的特点，普通法系国家法典的体系、权威以及解释方法具有大陆法系的传统特点；另一方面，从客观上说，普通法系颁布的法典与大陆法系的法典具有一定的不同。普通法系法典注重对法律概念的定义性规定，其规定过于细致而缺乏法律原则的内容，这与传统大陆法系国家法律的规定不同，而且，至少在《统一商法典》中，已经形成了普通法系法典编纂的独有的起草技术以及解释技术。〔33〕

三、普通法系国家未走向法典化之路的缘由探讨

笔者认为，普通法系国家的法典编纂并没有如大陆法系国家那样形成气候，主要有以下几个方面的原因：

（一）罗马法影响的薄弱

罗马法不仅仅为大陆法系法典体系的建立提供了理论的指导，而且也提供了体系的科学规则以及体系建立的方法：首先，罗马法在大陆法系国家如同圣经与教父的著作一样，在整体上是神圣的、理性的表现。这些国家基于对罗马法的神圣理性的追求与向往，需要编纂一部逻辑一致、秩序井然的法典来构建社会，实现一种有序的生活，而罗马法为编纂法典提供了一种完美的标本。如号称理性主义的《法国

---

〔29〕同注4引文，第505页。

〔30〕David S. Clark, “The Civil Law Influence on David Dudley Field's Code of Civil Procedure”, in *The Reception of Continental Ideas in the Common Law World*: 1820～1920, p. 70.

〔31〕有学者认为，路易斯安那是一个混合的法律体系。Christian Paul Callens: “Loutistana Civil Law and The Uniform Commercial Code: Interpreting The New Louisiana U. C. C. —Inspired Sales Articles On Price”, *Tulane. L. Rev.*, *Vol.* 69, 1995, pp. 1654～1656.; Kenneth M. Murchison, “The Judicial Revival of Louisiana's Civilian Tradition: A Surprising Triumph for the American Influence”, *LA. L. Rev.*, vol. 49, 1988, pp. 33～34；同时也可参见注4引文。

〔32〕具体分析可以参见约翰·L. 戈蒂德：“《统一商法典》的方法论：现实主义地看待《商法典》”，徐涤宇等译，载吴汉东主编：《私法研究》第2卷，中国政法大学出版社2002年版，第64～75页。

〔33〕如梅特兰认为：英国的法律体系是由法官与国王将大陆法系特定内容发展而成的。实际上，罗马法从来没有停止过对英国的法律以及法理学产生影响。Reinhard Zimmermann, *The Law of Obligations——Roman Foundations of the Civilian Tradition*, preface Oxford University Press Inc., New York; Arthur Taylor von Mehren et, *The Civil System*, 2nd edition, Brown and Company, 1957, p. 4.

民法典》正是吸收与完善《法学阶梯》“人法”、“物法”与“诉讼”三编制而建立起来的体系。其次，对罗马法注释产生的注释法学派为法典的建立提供了体系的方法。注释法学派试图将法律规则系统化为一个整体，从规则中抽象出原则，然后将原则构建为具体的制度，从而对之进行体系化。

即使普通法系（主要是英国）也受罗马法的影响。这种影响在12世纪诺曼征服之前与大陆法系影响并没有什么区别，而且这种影响也一直在持续着。[34] 但是，英国在以后并没有如大陆法那样经历伟大的罗马法复兴运动，并没有完全纯而又纯地接受罗马法。相反，英国改造的普通法趁机占据了英国法制的天空，加之注重从个案与经验中得出案件的结果而反对科学建构的浪漫主义哲学的影响，所以，其与主张科学的体系化来获得一定确定性的启蒙主义具有明显不同，其本身具有反对体系的因素。[35] 所以，普通法是从一个个不同的法庭判决的案例中演变而来的；与此相反，大陆法系的罗马法更容易走向法典化的道路。

（二）法典化理论的欠缺

法学理论是立法的载体。法典需要法学理论的成熟，也需要法律科学的充足发展，“法律不再是一个经验主义的技术或者‘工艺’，而是必须发展成为包含抽象概念、一般理论与能够对法律推理的方法进行准确控制的真正科学，这样，才能够使法律的一般原则（legal principles）得以制定。这样，才能在一般原理中通过逻辑的分析过程得到对案件的特定的解决方法”。[36] 普鲁士法典的编纂深受普芬道夫（Samuel Pufendorf）著作的影响，《法国民法典》的编纂是在波蒂埃（Robert-Joseph Pothier）与多玛（Jean Domat）著作的指导下进行的产物，德国民法典的编纂是直接继受潘德克吞体系的结果。

而普通法是一种从司法实践中发展起来的体系，其一开始就以纠纷的解决作为其出发点，并不追求一种理论化的体系。而且，普通法系救济先于权利的源于司法实践而不是理论阐述的真理，阻止了这种社会需求的实现。在历史上，即使出现诸如布莱克斯通所描述的那样的法律体系，也只是昙花一现、独木难成林。法典化的要求与法学体系发展的要求相去甚远。即使在英国有许多著名的法学家如边沁等提

---

〔34〕 Isaiah Berlin, *The Age of Enlightenment*: *The 18th Century Philosophers*, 1984, p. 139; Vivian Grosswald Curran, “Romantic Common Law, Enlightened Civil Law: Legal Uniformity and the Homogenization of the European Union”, *Colum. J. Eur. L.*, vol. 7, 2001, p. 88.

〔35〕 Jean Maillet, “The Historical Significance of French Codifications”, *Tulane L. Rev.*, 1970, p. 685.

〔36〕 在其早期的著作中，边沁把法分成几个领域——民法典、刑法典、商法典、海洋法典、军事法典以及相关领域的程序法典等。但在此后，其宁愿选择一部法典之中包含所有程序的问题。边沁认为，在任何环境下，法官的判决应具有先例的拘束力。但边沁同时把司法与立法进行严格区分，反对法官在司法中进行立法。不过，根据边沁的观点，其认为法典不可能总是包含所需的规则，应该包含通过它进行平衡而进行裁判的相关的功利原则。参见注4引文，第476～482页。

出诸多法典化的理论，但是，法典的方法与思想并没有一以贯之。[37] 因此，边沁的思想并没有在英国形成气候。[38] 19 世纪美国的法典化努力既没有既存的草案可以借鉴，也没有学术的体系可以吸取，尽管有诸多对个别法律问题进行阐释的著作，但是缺乏对系统的法学理论的阐释。作为一个普通法学者，其不能仅把这些著作的内容转变为法律而必须从判例法抽象出规则。[39] 庞德在早期反对在普通法中颁行法典，其认为，普通法不具有发展足够完全的适用法典技术。不过，值得注意的是，法律体系的阐述是法典化的一个必要而不是充分条件。学者对法律体系的阐述能够提供一种可资借鉴的体系，这也是现代法典不可缺少的成分，但学者体系的阐述需要得到立法者的支持，而在普通法系国家，立法的实践经常是对学术的观点持排斥的态度。因此，这些法典类型的著述也很少能够成为真正的法典。

（三）法官作用的影响

这主要表现为法律正义实现的途径以及法官在司法过程中的作用。在大陆法系国家的法律体系中，法官作为政府的官员存在，其不能修改与创造法律，仅仅是适用与解释立法者制定的法律或者社会形成的习惯而已。[40] 这种思想必然要通过编纂法典这种高度系统化的工具来实现对社会生活的调整。如冉昊博士在分析大陆法系法律实施时所认为的那样："在审判的整体方法上，大陆法系开始于法典的抽象规范；然后依照目的论对规范中表现为各种概念的权利类型进行充分的、甚至创新的解释，从而尽力将丰富多彩的生活事实纳入这些规范权利类型；再判断争议标的物是否符合概念的构成，因之决定它属于什么类型的权利；最后依照三段论得出结论，应给予什么样的保护。"[41] 但是，对普通法系由于历史的发展而出现的司法中心主义即法律的适用不在于制定法，而在于法官对当事人主张的事实的裁判。也如勒内·达维所说："大陆法国家的法律规则概念总是异于英国的法律规则概念，因为前者是与个别案件的情况相分离的；确定和表述法律概念是学者而不是法官的职责，法官的职责只是适用前者所表述的法律规则。"[42] 所以，在普通法系中，判例以及相应的先例原则成为普通法系国家的主要法律。而在大陆法系国家，大陆法系法典的建立与当时欧洲的政治上的"权力分离（分立）"的思想紧密相关。权力分离（分立）使司法权与行政权的独立成为可能。行政法院的建立，任何立法的司法审查得以禁止，即使立法机关制定的法律有漏洞或者有互相冲突、内容不明确的情形，

---

〔37〕 茨威格特与克茨对此评论道："尽管进行英国法典编纂的想法在杰里米·边沁（Jeremy Bentham, 1748～1832 年）处寻找到一个重要的维护者，然而启蒙时代和理性法的系统和概念性的法律思想从来没有能够与英国法学家们的——特别是四大律师公会中颇具影响而又有组织的法官和律师阶层的那种冷静客观、关注实际及传统意识的保守主义相对立。" 参见［德］K. 茨威格特、H. 克茨：《比较法总论》，潘汉典等译，贵州人民出版社 1992 年版，第 254 页。关于英国学者对罗马法的反对也可以参见［日］大木雅夫：《比较法》，范愉译，法律出版社 1999 年版，第 245～246 页。

〔38〕 同注 26 引文，第 800 页。

〔39〕 同注 4 引文，第 685 页。

〔40〕 冉昊："两大法系法律实施的系统比较"，载《中国社会科学》2006 年第 1 期。

〔41〕 ［法］勒内·达维：《英国法与法国法：一种实质性的比较》，潘华仿等译，清华大学出版社 2002 年版，第 15 页。

〔42〕 ［美］约翰·亨利·梅利曼：《大陆法系》，顾培东、禄正平译，法律出版社 2004 年版，第 36 页。

法官也不能进行解释，而只能通过立法机关对此作权威的解释。[43] 与此同时，法官成为立法、司法的机械性工具。法官的任何创造都被禁止，在法典面前的无所作为，促进了完备、精确的法典的产生。法律的发展主要是通过议会来予以实现。[44]

（四）政治因素的阻碍

政治对法典编纂的影响主要表现在两个方面：一是法典体系建立的目的具有政治性。法典体系的建立是为了实现与巩固政治上的统一。二是法典颁行中政治制度或者政治体制对法典的影响。这二者均影响了法典的制定与法典的结构。首先，法典是推行政治统治的工具。“制定一种新的、旨在改变现有法律规范的行为始终是一种政治行为，它不会因为采用了制定法的形式而丧失这种性质。”[45]《法国民法典》的制定是拿破仑为了巩固法国的统一以及实现殖民统治，《德国民法典》的制定是为了巩固俾斯麦建立统一的大德意志帝国的需要，《瑞士民法典》的编纂也是为了实现各州立法的统一。其次，法典的编纂需要合适的政治环境。“对于法典编纂而言，政治因素必定是重要的，当法典问世之时，也必定有适当的政治环境。”[46] 但这些在普通法国家是没有的。在普通法系典型国家如英国，已经实现了政治统一，在强有力的王权和王室法院的统治之下，已经形成了一元化的普通法，在英国实现法律统一的问题也就无从提起。而且，皇室法院以其卓有成效的成就，压倒了最初建立的地方法院。在强大的司法中心主义的影响下，人们更愿意把对法律的信赖寄托于法官而不是法典。19 世纪英国人对法国大革命的敌视，使任何的法律的实质改革都被认为具有政治的企图。所以，托依布纳指出，在英国，社会政治是 19 世纪英国法典化命运的真正的决定者。[47] 此外，经过 1832 年的议会改革之后，在大陆引导法典化运动的资产阶级在英国成为议会的一部分，通过法典来保证实现资产阶级的目标没有必要。在这些条件下，法典作为改革的工具不可能成功。事实业已证明，尽管在英国有多次法典编纂的努力，但是均以失败告终。而如《菲尔德法典》编纂能够得到许多支持是非常少见的，这也主要是源于当时法典编纂的环境。独立战争后的美国，多少对曾经隶属于英国感到屈辱，由此产生对英国法律和制度的仇视。受《路易斯安那州法典》的影响，美国转而编纂法典。但是，在美国，议会的低能使其不能领导美国法发展，所以司法机关成为美国法律发展的主导。所以，尽管具有菲尔德式的法典编纂，尽管有反对普通法发展制定法的良好契机，[48] 但

---

〔43〕 同注 34 梅利曼引书，第 121 页。

〔44〕 同注 34 梅利曼引书，第 121 页。

〔45〕 ［德］霍尔斯特·海因里希·雅科布斯：《19 世纪德国民法科学与立法》，王娜译，法律出版社 2003 年版，第 34 页。

〔46〕 同注 1 引书，第 130 页。

〔47〕 Werner Teubner, *Kod-ifikation und Rechtsre form in England*, 1974, pp. 198 ~ 202；另一个例子可以证明该观点的是英属殖民地印度因为有合适的政治环境也走上了法典化的道路。Maurice Eugen Lang, *Codification in the British Empire and America*, 1924, p. 193.

〔48〕 在革命时期和革命以后，作为美国法基础的普通法在各州受到了反对，甚至有些州禁止援引英国在美国独立以后颁布的判决，纽约州律师界的一位领导人用悲愤的语气质问道：“难道我们一定要永远亦步亦趋，走他们走过的路吗？一定要步其后尘、为其所为、云其所云吗？”英国法被认为是“这种依附关系的最后的公开见证和耻辱的象征”，正是这种思想的表现。对于此阐述可以参见注 14 引书，第 9 ~ 11页。

也不能挽救其失败的命运。

当然，除了这些主要因素之外，尚有多方面的原因，如普通法系国家法典化时间准备不足等。在各种因素的影响下，大陆法系出现了法典化的繁荣现象，而普通法系国家选择了普通法道路。但需明确的是，大陆法虽然是以法典为主干，但绝非是由《罗马法大全》直接而连续地发展而来，法典编纂的动机主要是结束严重的法的分裂和不安定状态。〔49〕在这个意义上，无论是大陆还是英国都同样重要，只是英国的王室法院以判例形成了普通法，法律的发展主要通过法院来形成，具备了相对的统一性，所以也就没有进行全面的法典编纂。但是这种差异并不是历史发展的必然，而是由于历史的机缘即偶然性。〔50〕因为政治的原因，英国缺少法典化的推动力，但这是一个“政治而非法学的理由”。仅仅根据法典编纂方法的实践，很难说英国的历史表明法典在普通法体系中是不可能的。〔51〕判例制度的聚集与混乱，人们也需要通过制定法甚至编纂法典来调整社会生活。所以，学者认为，关于普通法系法典失败的理由，不是由于先例的约束作用、既存的法官造法以及法典被认为是不合适的思想。该失败更显示出坚持拒绝对现有法改变的保守的法院的胜利，但法典失败的历史也并不能说明普通法先天不可能法典化。〔52〕

四、结语

无论是大陆法系还是普通法系国家都存在一对矛盾。一方面，法律必须具有可预见性和确定性；另一方面，法律必须能够适应社会发展的变化而不能成为规范行为的一种禁锢。法典的编纂能够增强法律的可预见性，但是法典本身由于体系性限制使其失去了灵活性。判例法的颁布可以增强法律的灵活性，但显然，其预见的程度是有限的。基于现实的需求，大陆法系国家从认为法典是单一法律来源的形式到逐渐承认了法官的自由裁量权的发挥，承认判例法作为法典的渊源；〔53〕而普通法系国家主要是以判例法作为法律的渊源，后逐渐采用了制定法的形式，最后采用了法典。可以说，二者逐渐走向了融合。这种融合或者趋同不是立法者的任意，而是实践的需求。这也是各国经济交往中大陆法

〔49〕 同注26［日］大木雅夫引文，第120页。

〔50〕 该偶然性主要体现于1616年普通法与衡平法达成的妥协的结果，由此而导致本来可以拉进大陆法系的英国走上了普通法的道路。只因为是历史的“机缘”，妥协因为这既不是来自于法律本身，也不是由于国王以及法官的决定，而是以议会自由派反对党领袖——首席大法官柯克为代表的普通法院同大法官法院曾经发生的一场激烈的冲突。具体阐述可以参见［法］勒内·达维德：《当代主要法律体系》，漆竹生译，上海译文出版社1984年版，第307~309页。

〔51〕 同注4引文，第494、515页。

〔52〕 同注11引书，第6页。

〔53〕 有学者认为，大陆法系与普通法系的判例仍然具有区别，普通法系的“遵循先例”是一个普通原则，而在大陆法系这一原则仅仅适用于某些国家、个别法律部门的特定案件，尚未作为一种普通的法律制度而确立。可见，大陆法系的“判例法”远远不是严格普通法意义上的判例。参见潘华仿等：“当代西方两大法系主要法律渊源比较研究”，载《比较法研究》1987年第3期，第39页。我们认为，这种比较就整个法系的比较是正确的。但是，就民法典该部门法而言，大陆法系的判例法规则与普通法系的判例法规则并没有实质性的差别。

系与普通法系各国注重吸收对方法律制度的长处弥补自己不足的结果。所以说："大陆法与普通法的对立并不能归因于这样的事实，即一方是法律规则主要存在于法典或制定法的国家，而另一方是法律规则普遍存在于法院的判决中的国家"。[54] 在普通法系国家，法典化的驱动力也一直存在着。普通法系国家也脱离不了习惯法到制定法再到法典的法律发展的一般规律。我们相信，随着欧盟的统一和欧洲合同法的制定，一部既能适用于普通法系传统也能适用于大陆法系传统的欧洲民法典的出台已经不再遥远。

---

〔54〕 同注42引书，第30页。

知行合一 经世致用

——德国法学教育再述

郑永流*

在德国，当一个握有完全中学（Gymnasium）毕业证书的人选择研习法律专业时，除了像其他大学候补生一样，为着要去享受一下人生旅程中那一段自在逍遥的大学时光和对未来神圣而又富足的职业的愉快憧憬外，那摆在她/他面前德国现行的约5000个法律，约90万个条例，[1] 使她/他感到，不仅在制度上，而且在技术上，仅仅只通过自学或在律师事务所的训练，不走进法学院的大讲堂去聆听教授们海阔天空的宣教，而要成为一个富有素养的法律工作者，近乎天方夜谭。

德国的法学教育是大学教育，且有着悠久的历史。法学院属于大学产生之初就设置的四个学院之一，其他的是文学院（起初为预科）、医学院和神学院。[2] 近代以来，从德国的法学院里走出了一大批让今天的法科学生引以为自豪的思想家和学者：普芬道夫、莱布尼兹、托马修斯、沃尔夫、胡果、黑格尔、费尔巴哈、马克思、普赫塔、温德沙伊德、耶林、李斯特、施塔姆勒、基尔克、迈尔、韦伯、黑克、坎特诺维奇、拉德布鲁赫和考夫曼等等。[3] 尤其是萨维尼（1779～1861年），在长达34年的教授生涯中（他29岁任法学教授至63岁辞职），为法学在近代成为一门独立的科学作出了他人无法替代的杰出贡献。他首先将法学的研究对象从自然法、理性法转到实证法尤其是习惯法，使法学不再是虚妄而变得有用；在方法上，他把法学看成是历史经验和系统理论的综合，使得法学兼具实践和理论的意义。[4]

德国现行法学教育体系的法律基础，根据《联邦基本法》（Grundgesetz fürdie

---

* 中国政法大学教授。本文原以《学术自由教授治校职业忠诚》为题载《比较法研究》1997年第4期，写作中承蒙时任教于德国萨尔州大学的A. Bürger教授惠赐德文资料，在此深表谢意。2002年3月21日德国颁布《法学教育改革法》（Das Gesetz zur Reform der Juristenausbildung，2003年7月1日生效），对法学教育的目标、教学内容、考试制度等作了重大调整。另外，时过境迁，德国法学教育之面目，今非昔比。如何纳新，颇费踌躇。按通例，当专文介绍新处，但读者不免前后翻检，方可知晓全貌；如另书一全文，仍要谈基本架构，不免大量重复。权衡再三，遂主要依据此改革法，并基于其他相关法律，采用最新数据和事例，修订正文，篇幅增加1/4强，另新附弗莱堡大学法学院课程设置，合成此文。此举仅属例外，并无开先之意。关于德国法学教育改革，详见Michael Gressman，*Die Reform der Juristenausbildung*，Köln，2002.

〔1〕 Frithj of AMaennel，*Studium der Rechtswissenschaften*，Köln，vol. 1，1994，S. 10.

〔2〕 今天各大学还设有哲学院、经济学院、自然科学院、技术科学院等。参见［德］汉·派泽特和格·弗拉姆汉：《联邦德国的高等教育——结构与发展》，北京大学出版社1993年版，第2页。

〔3〕 Gerd Kleinheyer，Jan Sch der，*Deutsche Juristen aus fünf Jahrhunderten*，Heidelburg，1989.

〔4〕 Ralf Dreier，"Zum Verhaltnis von Rechtsphilosophie und Rechtstheorie"，*Philosophiedes Rechts und das Rechtder Philosophie*，*Volkmar Schneburg*（*Hrsg.*），Frankfurt a. M，1992，S. 17.

Bundesrepublik Deutschland）所确立的联邦制和法治国两项基本原则，[5] 体现在联邦法，如《高等学校框架法》（Hochschulrahm engesetz）、[6]《德意志法官法》（Deutsches Richtergesetz）和《联邦律师条例》（Bundesrechtsanwaltsordnung），以及各州的《法学教育法》（Gesetzüber die juristische Ausbildung）及其实施条例中。另外，各设有法律专业的大学根据州法制定有相应的法学专业研习规则（Studienordnung für den Studiengang Rechtswissenschaft），这些法规也同时构成了本文陈述和评论的主要依据。

一、法学教育的目标和入学资格

在原则上，德国法学教育的目标要与高等学校的任务和教学目的相一致。“高等学校的任务在于，通过研究、教授和研习，培植和发展科学、艺术，并为学生将来从事需要运用科学知识和科学方法或艺术创造能力的职业做准备。”“教授和研习应为学生从事某种职业做准备，应根据专业传授给学生职业所需要的知识、能力和方法，以使学生能在一个自由、民主和法治的国家里，胜任科学或艺术工作和具有责任性的事业。”[7] 上述规范，把教育为职业服务的思想表达得清楚明晓。正如许多人士所指出的，教育与职业的这种直接联系，是使德国在自然资源缺乏、人口众多，并经历过两次世界大战失败的情况下，迅速成长为世界第三大经济强国的秘诀之一。

从事法律工作的人员更是要具备严格的受教育条件。《德意志法官法》第5条规定，出任法官的受教育资格，是在一所大学研习法律专业，通过第一次考试，并修完职业预备期，最后通过第二次国家考试。充做检察官、律师以及高级公务员也需要具有与充任法官相同的受教育条件。[8] 在习惯上，人们将这些人称为完全的法律工作者（Volljurist），在2004年年底，德国有法官20 394名，检察官5 105名，律师约10万名；[9] 而只将通过第一次考试的人称为准法律工作者（Vorjurist），他们可以在政府、议会、公司等部门从事与法律有关的职业。总之，法学是一门科学，任何人甚至可以在家里来研修，但法学教育却是职业教育，以培养职业法律者为目标。

德国是一个法治国（Rechtsstaat），对各类法律人才需求量较大，加之法律职业在社会上和人们心目中的崇高地位，法律成为许多青年人向往的专业之一。

---

〔5〕《德意志联邦共和国基本法》第20条（1）和（3）。根据联邦制原则，联邦中央与州、地方分享立法权，以中央为主。中央享有联邦专属立法权、竞合立法权、框架立法权；州享有州专属立法权，并在竞合领域尚无联邦法的情况下，可以制定有关州法，在框架立法的指导下，制定具体的州法。根据法治国原则，国家必须尽可能将国家事务纳入法律控制的范围。

〔6〕框架法（Rahmengesetz），又称总纲法，是联邦法的形式之一，任务是规范州、地方公共权力和其他公法团体的工作人员的法律关系（法律地位）；高等学校的基本原则；出版、电影业的一般法律关系；狩猎；自然保护；风景维护；土地划分；空间规划；水政和登记证明服务。参见《联邦基本法》第75条。

〔7〕《高等学校框架法》第2条（1）；第7条。

〔8〕《法院组织法》（Gerichtsverfassungsgesetz）第144条，《联邦律师条例》第4条。

〔9〕资料来源：德国联邦司法部网站（www. bmj. bund. de），2006年6月5日访问。律师数量（2003年）引自德国联邦司法部前部长多伊布勒－格梅林2003年在南京大学法学院的一次报告“德国法学教育的新动态”，载南京大学—哥廷根大学中德法学研究所编：《中德法学论坛》第2辑，南京大学出版社2004年版，第84页。

2004~2005冬季学期，法律专业在校大学生人数为93 945 人，占在校大学生总人数1 372 531的7%弱，在各专业中，仅少于企业管理（BWL）专业学生数（162 608人），其中男女学生数分别为46 435 人和47 510 人，女学生略多于男学生。[10]

虽然所有大学法学院的大门对那些拥有完全中学毕业文凭（Abitur）的人同等地开放着，且无需大学入学考试，但由于大学所在地的环境与居住条件、法学院的名声、离父母家远近、生活费用与打工机会等因素的限制，申请者不一定都能到所希望的法学院研习，这就造成了一些法学院人满为患而另一些研习位置空缺的状况。为解决这一矛盾及一些限制招生名额专业的招生问题，各州在北莱茵－威斯特法伦州的多特蒙德市联合设立了高等学校研习名额调配中心（ZVS），申请者可在该中心的指导下选择法学院，以免申请不当导致落选而延误就学时间。[11]

在选择法学院的诸因素中，法学院的名声所起的作用仅次于离父母家远近（60%的申请者首先考虑远近）。[12] 在全德74 所大学中，有37 所设有法学院，4 所设有法律与经济学院，1 所设有法律与政治学院，另有2 所独立建制的法学院。[13] 在传统与理论上，德国各大学或法学院无重点非重点之分，它们的法律地位都是平等的，当然其实际水平是可分出高下的。出于不同的目的，一些机构和报刊仿效美国等国做法，不时对全德法学院作出排名，并对它们评头品足。其评价标准包括：教授的学术声望；专业同行的评价；发表论文及被引用的数量；奖学金获得者数量；博士生人数；专业覆盖面等。由于每次排名选取的标准及多寡不一，获取信息的手段各异，是故因名次排名的结果引起的是非颇多，这里提供1983 年以来报刊对全德法学院几次排名（前三名）的情况，仅供一阅：[14]

1983 年《时代报》：慕尼黑大学，图宾根大学，弗莱堡大学，波恩大学，哥廷根大学；

1985 年《资本杂志》：比勒菲尔德大学，波恩大学，法兰克福大学；

1989 年《明镜周刊》：巴雅洛伊特大学，维尔茨堡大学，萨尔州大学；

---

〔10〕 资料来源：德国联邦统计局网站（www. Destatis. de），2006 年6 月5 日访问。德国大学学制分为冬季（10 月~4 月）和夏季（4 月~10 月）两期，冬季学期为大部分新生入学期。其中2 月中旬至4 月中旬，7 月中旬至10 月中旬为无课期，俗称假期，但在此期间，师生并非全休，考试和预复习全安排在这段时间内。

〔11〕 然而这种做法也招来非议，理由是限制了各大学之间的竞争，尤其是与《联邦基本法》第116 条规定的公民有选择职业和教育场所的自由不符。

〔12〕 同注1 引书，Frithj of AMaenne，l S. 22.

〔13〕 Michael Gressmann，*Die Reform der Juristenausbildung*，Köln，2002，S. 93~105.

〔14〕 2006 年前的排名见注1 引书，Frithj of AMaenne，l S. 26~29. 2006 年的排名见德国之声网站（www. dw-world. de），2006 年3 月5 日访问。据笔者多年来与一些大学的法学教授和学生的交谈，他们中大多数人对排名的结果不感兴趣，也并不在意。在他们的感觉中，还是像慕尼黑、汉堡、图宾根、海德堡、哥廷根、波恩、科隆等老大学的法学院声誉较高。另，2006 年1 月，德国科学委员会（WR）和德国科学研究会（DFG）宣布，德国10 所高校进入精英动议（Exzellenzinitiative）中的“未来发展计划”的下轮评选，此计划之目的是创一流名牌大学。它们是：柏林自由大学、不来梅大学、亚琛工业大学、海德堡大学、维尔茨堡大学、图宾根大学、慕尼黑大学、慕尼黑工业大学、卡尔斯鲁尔大学、弗莱堡大学。虽然最终入选的5 所大学要到2006 年10 月才确定，但一般认为，能进入下轮的这“十大”就是德国的“重点大学”。

1993 年《明镜周刊》：康斯坦茨大学，帕骚大学，雷根斯堡大学；

2006 年《经济周刊》：海德堡大学，弗莱堡大学，慕尼黑大学，汉堡 Bucerius 法学院，明斯特大学。

二、大学研习与第一次考试

德国法学教育的职业训练色彩较之其他专业教育更为明显，这充分体现在法学教育的结构上：大学研习（Universitatsstudium）+职业预备（Vorbereitungsdiest）。[15] 学生不仅要在大学校园里研习书本上的法律，还要到司法、行政部门去练习运用法律的能力，最关键的是，最终检测学生是否合格的方式不仅是温文尔雅的教授命题的大学考试，而且还有由法官、高级行政官员等主持的、为取得法律工作者资格而设置的国家考试。[16]

学生从一进法学院起就开始专业研习，专业研习所需的基础知识教育如外语、历史等在完全中学的第 12 学年和第 13 学年业已基本完成，通过完全中学的毕业考试就意味着取得大学入学资格和具备了研习专业的能力。《高等学校框架法》第 15 条（1）和《德意志法官法》第 5a 条（1）规定，学生修业年限为 4 年（可以缩短）。[17] 由于学生在研习期间结婚、生育、打工、考试未通过、转专业等原因，据 2004 年的统计，法学专业学生平均修业时间在 9.6 个学期，有的甚至长达 16 个学期。[18]

据萨尔州的《法学教育法》，法律专业学生参加各种教学活动的标准期限是 4 年，[19] 由于与上述相同的原因，部分学生要花 10 学期以上的时间才能完成这个阶段的学业。在这 4 年的时间内，学生至少要在校研习 2 年，并必须参加大学组织的、与所有考试课程相关的教学活动，否则不能参加第一次考试。这 4 年分为必修课研习（Pflichtfachstudium）和选修课研习（Schwerpunktbereichsstudium）两部分，必修课研习又分为三个阶段：基础研习（Grundstudium，第 1 学年），主要研习（Hauptstudium，第 2~3学年）和深化研习和复习（Vertiefungs-und Wiederholungsstudium，第 4 学年）。[20] 在第 1~3 学年，学生将参加 61 种各类教学活动，研习的内容分为三部分：①法学基础，如法哲学、法律史、法律方法论；②必修课（Pflichtfacher），包括实体法，如民法、刑法和公法，程序法和欧洲法；③重要技能和法学外语课程，如修辞学、表达技能、交流和谈话能力，法语法律术语、英语法律术语。在第 4 学年，学生主要精力用于可选择的重点领域（Schwerpunktbereich），俗称选修课的研习，重点领域分为 5 组：德国、国际合同法和经济法；德国、国际税法；德国、国际劳动法和社会法；国际法，欧洲法和人权保护；德国、国际信息法和媒体法，继续完成重要技能和法

---

〔15〕 关于法学教育结构等具体问题，除《德意志法官法》外，主要由州法规定，其内容大同小异。本文所依据的是《萨尔州大学法》、《法学教育法》及其实施条例。

〔16〕《萨尔州法学教育法》第 1 条（1）。

〔17〕《高等学校框架法》第 15 条（1）。

〔18〕 资料来源：德国联邦司法部网站（www. bmj. bund. de），2006 年 6 月 5 日访问。

〔19〕《萨尔州法学教育法》第 5 条（1）。

〔20〕 弗莱堡大学法学院有所不同，第 1~4 学期为基础研习，从第 5 学期始为主要研习。这是由于教育事务属州的“文化主权”之范围。

学外语课程学业，并同时准备第一次考试。

第一次考试（die erste Prüfung）由大学考试和国家考试组成。大学考试由大学（实为法学院）负责，一般在国家考试之前举行，考试内容为重点领域，学生可任选一重点领域研习，其考试由三种形式组成：①写论文及口头报告；②当场论文；③结课闭卷考试和口试课。国家考试针对必修课程。它们各占总成绩的30%和70%。国家考试是国家（实际上是各州）为将要从事法律、医疗、教育工作的人举办的职业资格考试。法律国家考试分第一次和第二次，每年春秋两次举行。欲考者只要满足了规定的在大学修业年限和参加教学活动的条件，可申请参加第一次考试，以检测是否达到作为前法律工作者的资格。在考试中，学生应展现自己对法律的理解与应用能力，必备的法学方法和电子数据处理能力，还有欧洲和国际知识，历史、哲学和社会基础，经济、政治知识，以及法律咨询业务水准。[21]

国家考试由设在州司法部的州法律考试局主持，考试局主席和副主席由职业法官和高级行政官员出任，其他成员由法官、检察官、律师、公证员、行政人员、大学教授、高校讲师充当。考试局下设考试委员会负责具体考试工作。[22]

第一次国家考试采用书面和口头两种形式，其中书面又分为当场论文（Aufsichtsarbeit）和家庭论文（Hausarbeit）两种，各州规定不一，有的只有前者，有的还包括后者。萨尔州的书面考试的内容为6门规定的必修课（当场论文）：[23] ①私法基本结构；民法总则、债法和物法；家庭法和继承法原理。②商法和公司法原理。③劳动法原理。④刑法基本结构（包括犯罪学）；刑法典总则和分则。⑤公法基本结构及与此有关的一般国家学说，欧洲法和国际法；国家法；一般行政法和行政诉讼法原理；特别行政法、警察和治安法；地方自治法、经济行政法和建筑法原理。⑥诉讼法原理包括法院组织法。

考生在考官的监督下分别参加上述6门课的笔试，每天1门，连续或非连续进行，每次5小时。在笔试达到了规定的6门相加所得的平均分数后，考生方可申请口试。口试的目的在于通过问答考查学生的理解能力，口试的内容为必修课，分为3个领域，各15分钟。一般为不超过5人的多名考生同时参考，集中提问，分别回答。综合笔试和口试（各占约70%和30%）的成绩，分优秀、良好、完全满意、满意、尚欠缺和差7个等级计分，达到达标以上分数的考生可取得州考试局颁发的、载有成绩的第一次国家考试通过证书。

鉴于国家考试在第一次考试中的举足轻重的分量，学生在校园研习期间参加的各门课程结业考试，主要是一种取得参加国家考试资格的考试，并起着检验学生研习水平的作用。原则上，国家考试只允许重考一次，因而，学生在校园研习结束后，并不立即申请第一次国家考试，而是全力投入到考前的准备之中，具体就是复习所学的必考课程，练习考试方法。为此，学生大都要参加各类考前复习辅导班，[24] 不

---

〔21〕《萨尔州法学教育法》第1条（2），第6条，第6a条。

〔22〕《萨尔州法学教育法》第3条。

〔23〕《萨尔州法学教育法》第8条（2）。

〔24〕这类班多为具有丰富经验的获得法学博士学位的私人开办，据介绍，80%以上的学生都参加过他们主办的这种辅导班，效果颇佳。

到有十分的把握不申请参考。即使如此，2004 年，在联邦范围内，平均有 25.6% 的考生（9 655 人）未能通过第一次国家考试，重考的未通过率也很高，达 39%。[25]

如果一个学生两次未通过国家考试，也就意味着不能从事法律工作，必须重选专业，从头开始，其付出的时间、钱财与精神的代价是巨大的。因此，法律专业的学生在大学里与医学学生一道常博得“最勤奋的学生”的美名。殊不知，对于他们来说，除了勤奋鲜有他路可择。谈考色变，决非戏言。一位法学教授在一篇题为“法律学生的不幸”的文章中这样写道：“恐惧是高年级学生的普遍心理状况。我也总是感到震惊，在宪法、行政法、刑法、诉讼法、劳动法和商法中，到底有多少东西将被考问。”[26]

由于法学教育是职业教育，国家考试主导着法学教育，国家原来甚至不设置与大学性质相连的法学学士或法学硕士学位，只是近十几年在教育日益国际化的潮流中，德国才先为外国短期留学生设立法学硕士学位（LL. M），通常研习时间为一年至一年半，后又依据修订的《高等学校框架法》［该法第 19 条引入学士（Bachelor）和硕士（Master）学位制度，第 18 条允许大学授予国家考试主导的专业的学生以学士学位］，在法学中为国内学生设立普通的学士学位（Bachelor），但目前只有奥斯纳布吕克和格赖夫斯瓦尔德大学实行，哥廷根等大部分大学设立法律人学士学位（Diplom-Juristin/Diplom-Jurist），巴雅洛伊特大学则设经济法律人学士学位（Wirtschafts-jurist）。[27] 学生在通过第一次国家考试的同时可获得学士学位。

在大学校园研习阶段，根据规定，[28] 学生还应在第 4 学期结束之前，在无课期间，自己联系到基层或州法院、律师事务所、政府办公机构或企业作为期 3 个月的实习，以了解司法或行政实际工作。实习结束，由有关部门开具证明，供日后使用。

三、职业预备与第二次国家考试

学生通过了第一次考试，意味着大学研习的结束，并表明他具备了作为一个准法律工作者的资格和作为一个完全的法律工作者的理论基础条件，要想将来谋求法官、检察官等职务，还要经过职业预备和通过第二次国家考试。在法学教育中设置职业预备期的目的在于使学生熟悉司法与行政的实际任务和工作方法，深化与补充原有知识，培养独立工作、独立判断能力和责任意识。[29] 学生在这期间被称为“文官见习生”（Referendar），享受每月约 1000 欧元纯收入的薪金，可维持中等水准的个人生活。由于申请者众多，而空缺位置少，通常要等待 1 年左右。2005 年底，全德有 20 832 名文官见习生。[30] 这种安排，不仅加重了法学教育的职业色彩，而且在

---

〔25〕 资料来源：德国联邦司法部网站（www. bmj. bund. de），2006 年 6 月 5 日访问。

〔26〕 同注 1 引文，Frithj of AMaenne，l S. 15～16.

〔27〕 同注 13 引文，Michael Gressmann，S. 106.

〔28〕 即《德意志法官法》第 5 条（3）；有关州法，如《萨尔州法学教育法》第 7 条。

〔29〕《萨尔州法学教育法》第 23 条。

〔30〕 资料来源：德国联邦司法部网站（www. bmj. bund. de），2006 年 6 月 5 日访问。

于着意培养法律专业学生的职业忠诚感。[31] 职业预备期为时 2 年，学生在此期间主要由州高等法院院长负责管理。他们将在 6 个部门继续研习，具体安排是（以萨尔州为例）:[32] 律师（1）6 个月；检察院或基层法院刑事审判庭 3 个月；政府部门 3 个月；初审法院民事审判庭 5 个月；律师（2）4 个月；自选的部门 3 个月。

学生实践的方式为在所处部门安排的专业人员，如法官、检察员、行政官员的指导下，具体参与司法和行政工作。在法院，学生要起草法官的判决，参加庭审和合议，在法官的指导下，询问诉讼当事人，查明证据，主持口头审问，独立处理一项事务的全部文件；在检察院，学生须练习的内容为：犯罪的追查和证明，证人和被告的询讯，公诉书的起草和出庭公诉；在政府部门，诸如参加会议、讨论、谈判和检查工作为必修科目；接待咨询者，起草法律文书和出庭代理案件等则须在律师事务所实习。

在每一个实践环节结束时，如同在大学研习课程结业时一样，应由指导者出具一个载明学生实践成绩、能力、知识、品行及研习状态的证明，指导者所在部门的负责人据此也要提交一份有关该学生实践情况的报告和载有以分数计的总成绩的证明，以便总体考核学生的实践情况。

在实践的第 23 个月，即必须实践的最后一站结束之时，学生应参加第二次国家考试，并提前 1 个月向州考试局提交有关书面材料。第二次国家考试旨在考核学生是否具备作为法官、检察官、律师或高级公务员所要求的综合知识水准、综合能力和个人品行。[33] 第二次国家考试同样以笔试和口试的方式进行，所不同的是，笔试内容更加专门化，具体为（以萨尔州为例）:[34] 民法、强制执行法、刑法、国家法和行政法。

考生要参加 5 门（每天 1 门，每次 5 小时）以上述科目为内容的案例分析的当场论文考试。同样，在笔试过关后方能参加口试。口试的科目为民法、刑法、国家法和行政法。与第一次口试不同的是，考生首先要当场口述一个判决报告（Aktenvortrag），然后与考官进行以上述三科为内容的对谈。

落考者可申请重考一次，通过者被称为“候补文官”（Assessor），可申请法官等职位。据统计，2004 年，全德每年有 14.5% 的考生（9 639 人）未能通过第二次国家考试，重考的未通过率也很高，达 31%。[35] 德国每年通过第二次国家考试的人数在 5 000 人左右，而每一年只有大约 300 人从法官、检察官岗位上退休，这就是说，大部分候补文官只能去谋求高级公务员的职位或做自由职业者——律师。[36]

---

〔31〕 事情往往也有相反的一面。由于这种职业训练所熏陶出的职业忠诚，在纳粹时期，使得德国司法界对希特勒以法律的名义的所作所为听之任之，失去抵抗力。参见［德］拉德布鲁赫：《法律的不公正与超法律的公正》。转引自［德］U. 诺伊曼：“1945 年以来的德国法哲学的发展”，郑永流译，载《中国社会科学季刊》1995 年 8 月，第 138 页。

〔32〕《萨尔州法学教育法》第 24 条。

〔33〕《萨尔州法学教育法》第 24 条。

〔34〕《萨尔州法学教育法》第 27 条。

〔35〕 资料来源：德国联邦司法部网站（www. bmj. bund. de），2006 年 6 月 5 日访问。

〔36〕 同注 1 引文，Frith jof A Maennel，S. 16，S. 97，S. 104。

一般说来，博士学位与从事实际工作关系不大，而主要与从事教学科研、学术教授职位相连。由于博士教育并非法学教育的组成部分，学生也不以获得法学博士头衔为人生研习最高目标。关于攻读博士学位的规定，只是由各大学制定，一般只要求申请者通过第一次国家考试，成绩在“非常满意”以上即可（只有12%的考生获得此成绩），录取与否全在W3/C4教授（也称正教授，当然的博士生导师）。博士生至少须在大学研习两个学期，然后完成一篇约为200打印页的专题论文，时间不限，通过口头答辩，便可获得博士学位。每年全德约有500人新加入法学博士行列。[37]

四、大学中的法学教学形式

德国法学教育的职业性在大学研习的组织形式上也体现得淋漓尽致，这就是形式多样、教学互动、理论与实际紧密结合，同时也融入了浓厚的学术自由的精神。

第一种形式是讲授课（Vorlesung）。讲授课，俗称大课，是大学教学的一种最古老的形式。据考，在大学设立之初，书籍缺乏，教师只能通过呆板的系统宣讲，甚至念讲稿来传授知识。自书籍普及以来，这种方式就被以系统讲解某门课的基本原理为主，辅之背景知识和现实情况的介绍所代替，其目的在于使学生对某门课程有一个概貌式的了解。讲授者的学术声望、个人风度及讲授技巧在很大程度上决定着讲授课的成功与否。担任讲授课的主要是大学教授，还有已取得教授资格但未获教授职位的高校讲师和高级助教。讲授的科目为必修课和选择必修课，听者众多，自由参加，尤其是像民法总论、刑法总则这样的基础必修课，听众常达数百人，有时为全体新生。

为了使学生能更好地理解讲授课中教师讲述的抽象基本原理（主要在民法、刑法方面），学生被划分为若干研习小组，大小以能开展自由讨论为限。研习小组由实践经验丰富的法官、检察官或教授的助手来指导，其任务是具体解释所学基本理论并组织学生讨论。加入研习小组是日后参加练习课和国家考试的前提条件之一。

讲授课和小组研习不设考试，也不评定学生成绩，这种功能主要由第二种形式——练习课（übung）来承担。一般学生要取得7张成绩单（Schein）[38] 才具备申请国家考试的资格。练习课由高级助教或教授助手主持，还常有法官律师参与指导，学生先用在讲授课或研习小组中掌握的基本理论对案例进行分析（是故此课也称案例分析），然后主持人组织讨论并加以系统总结。练习课旨在培养学生将理论应用于实际的技巧和方法，所练习的内容为民法、刑法和公法的一般原理和上述三方面的具体制度共六门。练习课的考试方法分为当场笔试和家庭论文（各三次）。当场笔试是在监考人员在场的情况下，在两小时内书面回答若干问题。家庭论文被安排在无课期间，由学生在利用参考资料的基础上课外独立完成。

与练习课注重实际能力不同，第三种形式——学术讨论课（Seminar）则意在训

---

〔37〕 同注1引文，Frith jof A Maennel，S. 97.

〔38〕 这7张成绩单有5或6张来自练习课，均为法律专业的，在实行5张练习课成绩单制的情况下，另1张来自学术讨论课。第7张来自非法律专业必修课。

练学生的开放的、自由的学术能力。参加者为具有一定基础理论和研习方法的高年级学生。根据讨论的内容，学术讨论由教授单独或与资深法官、检察官共同主持。其进行的方式是：学生在教授拟定的一些具有讨论或争论意义的论题（如婚姻中的强奸罪是否成立）中选取一个，在课外进行准备，写出大纲全文，然后在讨论会上作一个简短的学术报告，全体参加者包括主持人可对此进行评议，抑或做出自己的解说，最后由主持人做出优长与不足的评定总结。学生再根据讨论的情况，完成一篇约 20 打印页的学术论文，提交给教授，以期获得一张成绩单。

综合上述三种主要教学活动的总时数，以萨尔州大学为例，在第 1 ~ 6 学期，法学专业学生每周（5 天）平均必须参加各种教学活动的时间为 24 小时，在第 7 ~ 8 学期每周则为 20 小时左右。这样，以每学期 14 周（有课期）计，前 6 学期每学期为 336 小时，小计为 2 016 小时，后 2 学期每学期为 280 小时，小计为 560 小时，学生仅在校园专业研习阶段必须上课的总时数合计为 2 576 小时。

上述几种教学活动构成了校园法学教育的主要形式。除此，大学还提供若干种其他的教学方式，以满足学生不同的研习要求，如：①专题讲座（Kolloqium）：由教授助手主讲某一比较专深的问题，如刑法与生态环境保护，学生自由参加，一般在报告后都有一个小型讨论；②专业深化课（Vertiefungsveranstaltung）：由教授或高级助教对一些课程的基本原理或难点进行深入讲解；③模拟考试课（Examinatorium）：其内容为模仿国家考试，出题测验，并传授与练习应试技巧；④课外讲座（Vortrag）：多由外校人员主讲，论题从最冷门的如古希腊文为何消失到最热门的如俄国极右势力抬头，数量众多，目不暇接，如萨尔州大学每天的课外讲座多达 20 个左右，从下午一直持续到晚上 10 点。

五、法学教育的管理体制、大学教师及其地位

德国法学教育的大学研习 + 职业预备的结构，使得其法学教育的管理体制表现为一种复合的模式，即大学的主要任务是培养学生的理论素养，州高等法院（通过其院长和有关司法、行政部门）负责训练学生的实际工作能力，州司法部（通过州法律考试局）则执掌国家考试大权，因为学生 6 年的研习生活有 4 年消磨于大学校园，这里着重介绍大学的管理体制。

德国现代大学管理体制是在对洪堡教育模式改造的基础上于 19 世纪 70 年代得以确立的。所谓洪堡教育模式是 19 世纪初任普鲁士内政部文化教育司司长的威廉·冯·洪堡在建立柏林大学（1809 ~ 1810 年）中提出的，其核心内容为：大学由国家举办，但享有广泛的内部自治权；大学由讲座教授即正教授负责管理；强调科学研究应超脱社会的种种实际利益，大学应进行陶冶教育，而不是一般的学校教育和实用的职业教育。[39] 与此相适应的原则就是教学自由和研习自由，研究与教学统一，大学自治，教授治校。这种以德国古典唯心主义哲学为基础的大学观，至今仍未失去其魅力，只是其只注重精英教育，忽视大众教育、职业教育的倾向在后来大学的发展被纠正。

---

〔39〕 参见注 2 引文，第 3 ~ 4 页。

德国的大学是公法团体（K perschaft des ffentlichen Rechts）。鉴于集权制在纳粹时期丧尽人心，二战之后德国实行了联邦制，联邦各州的独立性集中表现在州拥有“文化主权”，教育是各州的专属事务，因而各大学除少数几所私立的和教会办的外，都隶属于各州。由于在50年代后，各州在高等教育的大发展中面临着日益增大的财政压力，这就为联邦政府参与高等教育事业提供了契机。在现行的高等教育管理体制下，各州仍拥有主导的管理权，但联邦可参与新建高等学校总体规划的制定、全国性科研机构和科研项目及教育规划的确立，还可为高等学校制定一般性的框架法。[40]

大学作为高等学校中最重要的组成部分，虽然是由国家举办，但它享有高度的自主权。在60年代以前，正教授几乎独揽了大学的一切科研、教学、人事及财务大权。校长和大学决策机构——校评议会清一色地由正教授出任和组成，当时的大学被称为“正教授大学”。这种管理体制在大学日益发展成为一个综合性的科研教学企业时，显得不合时宜，通过60年代末至80年代初的联邦立法和州立法以及联邦宪法法院的几次裁决（尤其是1973年的裁决），最终确立了“群治大学”（Gruppenuniversitat）的新体制。

在这种体制下，大学实行校、院两级管理，两级决策机构分别是全校大会（Konzil）、校评议会（Senate）和院务会（Fachbereichsrat）。它们由教授、学生、教研助理人员和其他工作人员四个群体的代表组成，教授仍有绝对多数的表决权。校长（Rektor 或 Präsident）由全校大会选出，一般均由教授出任，任期4年左右，可连选连任，常务副校长（Kanzler）主持日常行政工作。院长（Dekan）由院务会选举产生，也是由教授出任，任期1～2年。[41]

教授是大学里教学和科研的主要组织者和承担者，通常每周授课时间为8学时，大部分时间用于科研。从2004年起，大学教授分为W2和W3两级（原为C2，C3和C4三级），各占一半左右，为终身公务人员。作为大学教授，尤其是法学教授，虽收入（每月5 000欧元左右）不及政治家和企业家，但其社会地位普遍高于后者及其他职业者。像其他教授一样，法学教授可以兼职，一般他们更愿意去兼做法官或仲裁员而不是律师，以社会的第三者面目出现，旨在充分保持中立，达致“学术与思想自由”。出于同样的考虑，他们也很少加入政党。

然而，通向法学教授位置的道路是漫长而又充满风险的。有志者在通过两次国家考试（通常为8年）和获得博士学位（通常为2～3年）后，要花5～7年时间去获取教授资格。在此期间，她/他必须撰写一份具有独创性、学术水平超过博士论文、长达500打印页的论文（俗称教授论文），通过法学院组织的答辩后方可获高校执教资格。除撰写论文外，还要作为教授的助手，担负一定的科研与教学任务。目前获此资格人的平均年龄为39岁。[42]

取得执教资格并不意味着立即可获得教授职位，只有当非本校的教授位置空缺

---

〔40〕《联邦基本法》第75条1a，第91a条。

〔41〕《高等学校框架法》第38、62、64条。

〔42〕参见注2引文，第112页。

时，才能去应聘。招聘教授通常的程序为：先公开刊登招聘广告、书面筛选、邀请申请者公开作学术报告并答辩，后由招聘委员会（主要由教授加上少量学生组成）从答辩者中选出三位候选人，报大学同意后，提交州文化科教部决定最终人选。由于获教授资格的人数大大多于退休教授数，[43] 一般说来，要经2~3年不断应聘才可能成功。在等待教授位置期间，他们可以出任专为他们设置的高级助教和高校讲师之职，但最长只能为6年，在这期间，他们作为教授的主要助手独立担任讲授课、练习课、专题讲座的教学任务。一旦受聘期满而仍未获教授位置，必须离开大学，另谋生路，这对于一个已年逾40岁的中年人来说，其谋生的困难和心理的重负可想而知。

鉴于此情况，在70年代曾酝酿取消教授资格制度，但未成功。然而，人们普遍认为，必须缩短大学研习和取得教授资格所需要的时间。同时《高等学校框架法》第44条（2）规定，对少数没有取得教授资格而的确出类拔萃者，可援引此“天才条款”聘为教授。进入21世纪后，德国又试行了一种无需取得教授资格的“青年教授”（Juniorprofessor）制度，以解决教授老龄化，青年学者晋升艰难的问题，但只有少数大学实行，且实效不佳，人们认为青年教授的水准似不如已取得教授资格的人。也正是由于遴选教授制度的严格，才保证了德国的大学教授普遍享有较高的学术声望。

附：弗莱堡大学法学院课程设置* （2005年6月23日）

A. 必修课研习

第1学期（冬季学期）

1. 法学基础/必修课

德国法导论	周2学时
国家学说总论	周2学时
欧洲和德国法律史	周3学时

2. 重要技能/必修课

修辞学/表达技能/交流和谈话能力（或第2学期）	周2学时
法律人的经济学基础	周2学时
结算知识	周1学时

3. 必修课教学活动

民法

民法：导论和法律行为学说	周4学时
初学者练习课 I	周2学时

[43] 据一项研究，1980~1985年共有4600名具有教授资格者应聘教授职位，成功者只有740人。参见注2引文，第114页。另据萨尔州大学马廷内克教授2005年11月的一次私下介绍，目前在德国法学院，一个教授职位空出，往往引来三四十人竞聘，只有约5个人能进入答辩程序。

* 本表据弗莱堡大学法学院研习计划（Studien plan）改制，由中国政法大学中德法学院2004级研究生杨瑞初译，笔者改定，谨此向她表示感谢。其中B. 重点研习，通称选修课研习，学生可任选一个重点领域。

刑法
　总论　周4学时
　初学者练习课Ⅰ　周2学时
公法
　国家法Ⅰ：国家组织法　周2学时
第2学期
1. 法学基础/必修课
晚近宪法史　周3学时
法律方法论导论　周2学时
法哲学　周2学时
2. 重要技能/必修课
谈判学/调解　周2学时
3. 必修课教学活动
民法
　债法Ⅰ　周4学时
　初学者练习课Ⅰ　周2学时
刑法
　分论　周4学时
　初学者练习课Ⅰ（分论）　周2学时
　初学者练习课Ⅱ　周2学时
公法
　国家法Ⅱ：基本权利　周3学时
　初学者练习课Ⅰ　周2学时
第3学期
1. 法学基础/必修课
法律社会学　周2学时
罗马法Ⅰ　周3学时
2. 法学语言课/重要技能
法语/英语法律术语（或第4学期）　周2学时
3. 必修课教学活动
民法
　债法Ⅱ　周4学时
　物法　周4学时
　民事诉讼法　周4学时
　初学者练习课Ⅱ　周2学时
刑法
　高年级练习课　周2学时
公法
　行政法Ⅰ　周4学时
　初学者练习课Ⅰ　周2学时
　初学者练习课Ⅱ（或第4学期）　周2学时

第 4 学期

必修课教学活动

民法

家庭法	周 2 学时
继承法	周 3 学时
商法	周 2 学时
劳动法	周 3 学时

刑法

刑事诉讼法（包括法院组织法基础）	周 4 学时

公法

行政法Ⅱ	周 2 学时
行政诉讼法	周 2 学时
警察法	周 2 学时
初学者练习课Ⅱ（或第 3 学期）	周 2 学时

经济学

国民经济	周 4 学时

第 5 学期

1. 重要技能/必修课

律师诉讼指导和诉讼策略	周 1 课时

2. 必修课教学活动

民法

公司法（包括公司法制定）	周 3 学时
法律比较	周 2 学时
高年级练习课	周 2 学时

公法

地方法	周 2 学时
建筑法	周 2 课时
欧洲法Ⅰ	周 3 课时
高年级练习课（或第 6 学期）	周 2 学时

第 6 学期

必修课教学活动

民法

国际私法	周 2 课时
强制执行法	周 2 学时

公法

欧洲法Ⅱ	周 2 学时
国际法	周 2 学时
高年级练习课（或第 5 学期）	周 2 学时

第 7 学期

民法

民法复习和深化Ⅰ	周 4 学时
民事诉讼法复习和深化	周 2 学时

刑法	
刑法总论复习和深化	周 3 学时
刑事诉讼法复习和深化	周 2 学时
公法	
基本权利复习和深化	
一般行政法和行政诉讼法复习和深化	周 4 学时
结课闭卷考试课程	
民法、刑法和公法领域	周 2 学时
第 8 学期	
民法	
民法复习和深化Ⅱ	周 4 学时
商法和公司法复习和深化	周 2 学时
刑法	
刑法分论复习和深化	周 3 学时
公法	
国家组织法复习和深化	周 2 学时
警察法复习和深化	周 2 学时
地方法复习和深化	周 2 学时
结课闭卷考试课程	
民法、刑法和公法	周 2 学时

B. 重点研习（第 5 学期始）

重点领域 1：法律史和法律比较	
欧洲和德国法律史	周 3 学时
罗马法	周 3 学时
法律比较	周 2 学时
欧洲私法史	周 3 学时
法律比较方法论	周 2 学时
古希腊罗马法律制定和法律实践	周 2 学时
中世纪和近代法律制度	周 2 学时
欧洲政治制度史/宗教和国家	周 2 学时
法律史或法律比较学术讨论课	周 3 学时
重点领域 2：司法和律师业中的民法执行	
民事诉讼法	周 4 学时
强制执行法	周 2 学时
法律比较	周 2 学时
破产法	周 2 学时
家庭法和家庭诉讼程序（包括自诉事务法）	周 2 学时
继承法和继承法制定（包括自诉事务法）	周 2 学时
证据法与审讯学	周 1 学时
律师的职业法和专门职业法	周 2 学时
律师诉讼策略	周 1 学时

欧洲民事诉讼法和诉讼法比较	周2学时
德国和外国民事诉讼程序学术讨论课	周3学时
重点领域3：刑事司法	
a）公共教学活动	
刑法的哲学和历史基础	周2学时
制裁法（包括量刑）	周2学时
违警法	周2学时
刑事诉讼法（复习与深化）	周2学时
b）第1：经验—心理矫正领域	
经验基础：犯罪学Ⅰ	周2学时
经验基础：犯罪学Ⅱ	周2学时
刑罚执行	周2学时
青少年刑法	周2学时
c）第2：国际刑法和刑法现代问题	
经济刑法	周2学时
环境刑法	周1学时
信息刑法	周1学时
刑法比较	周2学时
国际刑法	周2学时
学术讨论课	周3学时
重点领域4：贸易和经济	
商法	周2学时
公司法（包括公司法制定）	周3学时
资合公司法和康采恩法	周2学时
金融市场法和证券法	周2学时
竞争法和卡特尔法	周2学时
公共经济法	周2学时
欧洲经济法	周2学时
世界贸易法	周1学时
著作权法和专利法	周2学时
商标法和公平交易法	周2学时
税法原理	周2学时
结算法与企业税法	周2学时
学术讨论课	周3学时
重点领域5：劳动和社会保障	
劳动法Ⅰ	周3学时
劳动法Ⅱ　集体劳动法	周3学时
社会法Ⅰ	周2学时
社会法Ⅱ	周4学时
欧洲和国际劳动和社会法	周2学时
劳动法院程序	周1学时
社会行政程序和社会法院程序	周1学时

学术讨论课	周3学时
重点领域6：欧洲和国际法律关系和经济关系	
欧洲法Ⅰ	周3学时
欧洲法Ⅱ	周2学时
国际法	周2学时
法律比较	周2学时
国际私法	周2学时
欧洲经济法	周2学时
世界贸易法	周1学时
国际私法和诉讼法	周2学时
深化与练习	
行政法的欧洲化	周2学时
欧洲宪法和行政法/私法的欧洲化/欧洲私法	周2学时
学术讨论课	周3学时
重点领域7：环境和经济	
环境法总论（包括环境私法）	周2学时
环境法分论	周2学时
国际和欧洲环境法	周2学时
公共经济法	周2学时
公共事业/公共企业	周2学时
欧洲法Ⅰ	周3学时
行政法的欧洲化	周2学时
环境刑法	周1学时
学术讨论课	周3学时
重点领域8：信息社会的法律	
信息法导论	周2学时
电子通讯法	周1学时
媒介法	周2学时
网络法	周1学时
著作权法和专利法	周2学时
商标法和公平交易法	周2学时
欧洲法Ⅰ	周3学时
竞争法与卡特尔法	周2学时
欧洲经济法	周2学时
世界贸易法	周1学时
信息刑法	周1学时
学术讨论课	周3学时

法律移植与法律文化变迁

——以伊斯兰法文化变迁为例

黄金兰*

任何一种法律文化在其发展过程中，都不可能完全保持其内部构成要素的一成不变，当法律与社会之间的不协调出现时，由于一般情况下不可能用法律来禁锢社会的发展，因而变更法律、对法律自身作一些调整就成为我们的不二选择。法律文化的这种为因应社会发展而不断调整自身的过程，就是法律文化变迁的过程。法律文化的变迁通常以两种不同的方式进行：一是依靠社会内部的力量慢慢演化；二是借助外来法律文化资源实现变迁。当一个民族或国家面临剧烈的社会变化或重大的社会转型时，往往会倾向于选择第二种方式来实现法律文化的变迁，这种方式通常借助法律移植来进行。

法律移植与法律文化变迁之间的关系，是法文化学上的一个重要问题。二者之间的关联可以简单地概括为：其一，法律文化变迁的需要是法律移植的根本动因；其二，法律移植又是实现法律文化变迁的一种重要方式；其三，法律移植的不同模式对法律文化变迁的效果有着不同影响。为了论说的方便，本文将结合伊斯兰法文化在近现代的变迁来进行说明。

一、法律文化变迁：法律移植的根本动因

一般而言，只有当一个社会具有了法律文化变迁的需要时，才可能引发法律移植，从这一意义上讲，法律文化变迁是法律移植的根本动因。而一个社会在何种情况下会产生法律文化变迁的需要呢？通常可能有两种情形：社会内部发生剧烈变化；或者受到某种强大外在压力的影响。当然，在有些时候，这两种情形可能同时具备，伊斯兰法文化的变迁就属于此种情形。

伊斯兰法在近代以前始终以一种较为封闭和稳定的态势存在和发展着，这种发展态势基本能够适应中世纪伊斯兰世界较为平缓的社会发展状况。然而，当历史步入近现代这一特殊时期——当伊斯兰世界由于内外压力的双重作用而面临社会转型和价值观转变的迫切需要时，严格固守伊斯兰法传统的做法必须被打破，以适应这种需要。

大体说来，伊斯兰法在近现代面临着内外两方面的挑战：内部挑战来自伊斯兰社会内部，表现为僵化的伊斯兰法已不能适应日益发展的社会需要。如人们所知，伊斯兰法自7世纪产生以来，经由此后3个世纪教法学家的发展，到10世纪，基本

* 厦门大学法学院讲师，法学博士。

形成了古典法学理论。古典法学理论的形成，一方面意味着伊斯兰教法律体系的基本成型，另一方面也意味着伊斯兰法从此走向了保守和僵化。为什么这么说呢？因为人们相信，在此前的3个世纪里，具有神圣意志的材料来源、来自先知的启示，都已经被充分地利用完，伊斯兰法的解释和发展的大业，已经由具有卓绝能力的学术大师们一劳永逸地完成了；人们也相信，"人的思想不能独立判断行为的真正价值和标准，这样的知识唯有通过神圣启示才能获得，而一件行为是善是恶，也完全是因为真主所赐予它的不同品格"；[1] 人们还相信，不是社会造就了伊斯兰法，而是伊斯兰法铸造了社会。基于这些认识，自10世纪之后，伊斯兰法的"推理大门"趋于关闭，后人所能做的，就是严格遵循业已形成的伊斯兰法传统。此后，教法学家们提出了两种理论，即公议[2]不谬说和因袭传统说。所谓公议不谬说，是指公议一经形成，就是永无谬误的，违反公议，则被视为异端；[3] 所谓因袭传统说，是指10世纪之后的每一个伊斯兰法学家都只能接受和遵循前人所确立的学说，而不能对经典作自由的推理。正如有的学者所说，公议不谬说为伊斯兰法"日趋僵化的过程加盖了最后的封印"；[4] 而因袭传统说则意味着教法学家们创造力的终结。这两种学说的贯彻实施，"严重束缚了理性思辨和逻辑论证的发展，从理论上排除了人为立法和修订法律的权利"。[5] 然而，伊斯兰社会并不会因为伊斯兰法"推理大门"之关闭而止步不前——实际情况正是：社会依然向前发展。由此而引发的问题就是，如何协调僵化的法律和发展的社会之间的矛盾？对此，伊斯兰法以往主要通过两种方式来实现二者间的妥协：一是习惯调整，即当人们的社会习惯实际上已经突破某一法律规定时，由专司法律解释的穆夫提或大穆夫提就此发表一项"正式法律见解"（法特瓦），给予确认；二是行政调整，即由封建君主颁布政令，以行政法规和统治者的王权作为沙里亚法典的补充。[6] 然而，这两种方式却依然很难使法律真正达到与社会的协调——因为正如各国法制发展的一般规律所已然表明的一样：对社会转型的适应，最根本也是最有效的措施是立法。[7]

如果说伊斯兰法与伊斯兰社会之间的这种不协调在前近代社会体现得不是很明显的话，那么可以说，自近代以来，这种脱节随着伊斯兰社会资本主义经济因素的发展，以及相应之社会结构、生活方式、价值观念的转变，就已然成为了一种显而

---

[1] ［英］诺·库尔森：《伊斯兰教法律史》，吴云贵译，中国社会科学出版社1986年版，第67页。

[2] 公议是伊斯兰法四大渊源之一，其在伊斯兰法中的地位仅次于《古兰经》和圣训，是居于第三位的法律渊源。在古典法学理论中，公议指的是某一世代有资格的法律学者们的一致意见；而在教法学家沙斐仪看来，公议则指整个穆斯林社团的一致意见，既包括法学家，也包括一般社会成员。公议的作用在于，它保证了《古兰经》和作为神圣启示记录的各种各样的圣训汇集的可信性，类比方法的有效性，以及整个法律结构的权威性。参见同注1引书，第45、60页。

[3] 同注1引书，第62页。

[4] 同注1引书，第62页。

[5] 吴云贵：《伊斯兰教法概略》，中国社会科学出版社1993年版，第214页。

[6] 同注5引书，第214页。

[7] 梅因曾作出如下论断："关于使'法律'和社会协调的媒介……据我看来，这些手段有三：即'法律拟制'、'衡平'和立法。……立法是适应社会转型的根本手段。"参见［英］梅因：《古代法》，沈景一译，商务印书馆1959年版，第15～17页。

易见的现象。它主要体现为如下几个方面：其一，传统伊斯兰法对于一些急需调整的新的社会关系显得无能为力。这一点在民商事领域最为明显，在传统伊斯兰教法中，根本不包括银行、公司、股票、信贷、合同等反映现代资本主义商业活动的内容，而这些内容却是一个商品化日益明显之社会所必须具有的。其二，传统伊斯兰法的许多规定在日益发展的社会面前越加显示出其僵化性和不合理性。这一点在继承法和瓦克夫制度里尤为突出。以继承法为例，按照逊尼派继承法的继承原则，在分配遗产时，遗产的2/3适用法定继承，另外1/3适用遗嘱继承，分配给远亲、亡人的生前好友、乃至非亲非故的“外人”。很显然，这种继承原则的僵化规定损害了死者直系血亲的权益，因为他们只能分得遗产的2/3——更严重的问题是，在商品经济中（尤其是涉外领域），这种做法明显地与私有制的基本理念相悖；同时，这种制度还存在一些其他固有缺陷和不合理之处，如父系男系亲属的优先权、祖父的特殊地位、女性亲属没有同等的继承权、不承认代位继承原则等，这些都不能保障法定继承人的合法权益。因此，进入近代以后，随着原始大家庭的解体和新的以父母、子女为基础的核心小家庭的普遍出现，伊斯兰法传统的继承制度的僵化性和不合理性越来越暴露无遗。其三，传统伊斯兰法中的许多规定与人们正在发生转变的观念相冲突。这在刑法领域体现得最为明显。传统伊斯兰刑法中有许多规定是非常残忍的，因而也是违反人道主义原则的，如《古兰经》规定，对偷盗者可以削手，对通奸者可以石块击毙。这种严重违反人道主义原则的刑罚与人们正在发生转变的观念也存在剧烈的冲突。此外，传统伊斯兰法中的国家最高首领（哈里发）所享有的广泛任意裁判权（塔吉尔〔8〕），也与商品经济所要求的有限政府理念相悖，等等。

伊斯兰法所面临的外部挑战则表现为西方殖民主义所带来的一系列影响。自19世纪初，广大伊斯兰世界，包括西亚、北非、南亚和东南亚，相继成为欧洲列强的殖民地。殖民主义给伊斯兰世界的社会、经济和人们的思想观念都带来了巨大影响：首先，它瓦解了伊斯兰世界传统的国家结构和社会结构；其次，也对伊斯兰原有的自然经济造成毁灭性的打击；最后，尤为重要的是，它还给穆斯林的思想和价值观念造成巨大冲击——随着西方以个人主义为基础的生活方式和以基督教伦理为基础的人文主义在伊斯兰世界的渗透和传播，穆斯林的生活习惯和价值观念客观上已经发生了某些转变。殖民主义所带来的这些影响，形成了一股对伊斯兰传统法律文化的巨大瓦解力量，从而从外部引发了伊斯兰法文化的变迁。〔9〕需说明的是，在所有的外部压力中，导致伊斯兰法文化变迁的最直接因素是治外法权制度的实施。就像在其他殖民地一样，西方殖民者以某些借口（在阿拉伯地区是以伊斯兰法违反人道主义原则）为由，通过治外法权制度的实施在伊斯兰世界强制推行西方法律。根据这项制度，西方国家可以将他们本国的法律适用于居住在伊斯兰国家的侨民，随后又扩大适用于欧洲人与穆斯林商人之间的特定纠纷。治外法权制度所产生的后果是，

---

〔8〕塔吉尔即沙里亚法赋予君主的酌定惩罚权，依据这项权利，君主完全可以任意决定在每一桩案件里什么样的行为构成犯罪，以及给予什么样的惩罚，详可参见注1引书，第108～109页。

〔9〕针对西方在武力、技术和文化方面对伊斯兰构成的挑战，［英］汤因比也曾指出，“在这个强大的敌人面前，伊斯兰再一次面对西方而无路可退了”。参见［英］汤因比：《文明经受着考验》，沈辉等译，浙江人民出版社1988年版，第157页。

不仅严重破坏了伊斯兰世界的国家主权和民族尊严，同时，作为一种客观上更能适应商事交往的法律，欧洲法律也越来越受到追求效率的商人们的青睐，从而在伊斯兰社会内部形成了一股对伊斯兰法的瓦解力量。

面对内外两方面的双重挑战——即一方面，伊斯兰法的传统发展模式已经不能适应现代社会的急剧变化；另一方面，西方列强的入侵客观上又使它不得不尽快按照殖民者的意愿进行法律变革——传统的伊斯兰法已经处于一种困境之中。这种困境使得伊斯兰国家开始意识到必须对传统法律进行改革，而改革，就伊斯兰法自身而言，也就是传统沙里亚法的变迁，即人们必须放弃传统沙里亚法中的某些行为模式和观念系统，接受一些与之不同的新的行为模式和观念系统。在本文看来，伊斯兰法这种变迁的需要，是伊斯兰世界选择借用西方法律资源、移植西方法律的根本动因——因为倘若伊斯兰世界依然像中世纪那样平稳发展，倘若没有外在压力的影响，倘若伊斯兰法没有变迁的需要，那么，较为保守的伊斯兰世界一般是不会选择借用西方法律资源、移植外部（西方）法律的。从这一意义上讲，我们可以说，法律文化变迁是法律移植的根本动因。

二、法律移植：法律文化变迁的重要方式

如前述，法律文化的变迁，通常是以两种方式来实现：一是依靠自身力量慢慢演进；二是借助外来法律文化资源，通过法律移植的方式来实现——我们不妨将前一种方式的法律文化变迁称为演进型的法律文化变迁，而将后一种方式的法律文化变迁称为移植型的法律文化变迁。这两种方式的法律文化变迁具有各自不同的特点。

演进型的法律文化变迁，首先要求一种法律文化的韧性较强。所谓文化的韧性，是指一种文化在其自身所能容许限度内的伸缩度，也即一种文化在保持其基本属性不变的前提下为适应社会发展而不断对自身作某些调适和改变的能力。一般而言，一种文化的韧性越强，则其对社会发展的适应能力越强；反之，一种文化的韧性越弱，其对社会发展的适应能力也相应地越弱。除了对法律文化自身的韧性要求较高外，演进型的法律文化变迁还具有另外一个特点，即它通常需要经历一段较长的时间，因为既然是演进，其过程则往往会是漫长的。演进型法律文化变迁的这一特点，决定了其只能适用于一个发展较为平缓的社会——对于一个面临急剧变化或重大转型的社会而言，是基本不能适用的。

移植型的法律文化变迁，也具有两个方面的特点。首先，这种形式的法律文化变迁，通常要求一种法律文化具有较强的开放性。所谓文化的开放性，是指一种文化对他种文化的包容性，也即一种文化对其他文化有益成份的接纳、吸收能力。一般而言，一种文化的开放性越强，其对他种文化的接纳和吸收能力就越强；反之，开放性越弱，则接纳、吸收能力也就越弱。由于移植型法律文化变迁是借助外来法律文化资源来实现法律文化变迁的，因而它必然要求本土法律文化对外来法律资源具有较强的接纳和吸收能力，也即较强的开放性。其次，相对于演进型的法律文化变迁而言，移植型的法律文化变迁，通常历时较短。这一特点决定了其不仅可以适用于一个发展平缓的社会，而且可以适用于一个发生急剧变化或面临重大转型的社会——对于处于这样一个社会中的法律文化来说，采取移植的方式来实现自身的变迁，往往可能是一种捷径。

本文认为，伊斯兰法文化是一种韧性较弱的法文化。这主要是因为：首先，传统伊斯兰法所调整的社会关系较为单一。正如有学者所指出的，“（作为伊斯兰世界根本法之）《古兰经》的基本目的，不在于规范人与人之间、而在于规范人与他的创造者之间的相互关系”。[10] 在这一根本宗旨的指导下，伊斯兰法经典的内容，只涉及三个方面的法律规定，即宗教礼仪制度、民事法律和刑法，具体说来，大体包括：契约、遗产、婚姻、家庭、刑法、对不信者作战、对非信徒的基本态度，以及关于可食之物、宰杀、作证、法律程序、法律证据、释放奴隶等问题。应该说，这种较为简约的法律规定虽然基本可以满足中世纪较为简单的穆斯林生活和社会实践的需要，但却不能很好地适应一个商品化不断增强、社会关系日趋复杂的社会。尤其是对于一些随着商业贸易的发展而出现的新的商事法律关系，如银行、公司、股票、信贷等，传统的伊斯兰法根本就不能对之进行规范和调整。并且，由于传统沙里亚法中根本就不存在与之对应的法律规定，因而也不可能从中演绎、推导出相应的规定。其次，传统伊斯兰法的原则性和体系性较差。一般而言，一种法律的规定越是原则化和体系化，其发展的空间就越大；相反，一种法律的规定越是烦琐和不成体系，其发展的空间也就越小。伊斯兰法恰恰是一套烦琐的和不成体系的法律规定，这一点我们从该法的最重要的两大渊源——《古兰经》和圣训——就可以看出。《古兰经》是先知穆罕默德在创立伊斯兰教和创建统一的阿拉伯国家的过程中，为解决穆斯林日常生活中所遇到的实际问题而以真主的名义陆续颁发的一系列宗教、道德和法律规范的复合体；经文内容是穆罕默德根据自己的创教活动和军事政治需要，针对一件事情、一个问题，口述一节或数节启示，由他的门徒记载在石片、树皮和骨片上，或者默记和背诵下来的；[11] 其中的绝大部分内容都只是针对具体问题而采取的就事论事的解决办法，而并非为全面解决某一普遍性的问题而作的尝试，如关于结婚和离婚的规定，只是为了对此前的妇女地位作一定的改善，而绝非为创制婚姻家庭法的一个全新结构[12]。对于这样一种经典文献，其中的法律规范之原则性和体系性如何便可想而知。至于圣训，则是流传下来的先知穆罕默德生前的言行汇集，是一种由一些“偶然的、互无关联的个别题目和判例”[13] 组成的汇集，这种汇集的原则性和体系性如何亦可想而知。传统伊斯兰法的这种就事论事、不成体系的特点，使得其自身的原则性、伸缩性较差，因而对社会发展的适应能力亦较差。再次，传统伊斯兰法的伦理性过强。作为传统伊斯兰法之最重要渊源的《古兰经》，从其性质上看，与其说是一部教法，不如说是一套伦理准则。“《古兰经》作为一部宗教典籍，其根本宗旨是为了规范穆斯林信仰者个人与真主之间的理想关系。这就决定了它的立法与宗教神学有着极为密切的亲缘关系，其基调是宗教伦理性质的，因而不同于一般的社会立法。这种立法的出发点，不是要回答合法或非法的，而是以宗教道德为尺度，规定善恶、是非、美丑的标准。”[14]《古兰经》的伦理性我们还可以从经文

[10] 同注1引书，第4页。

[11] 参见于可主编：《世界三大宗教及其流派》，湖南人民出版社1988年版，第426页。

[12] 同注1引书，第4~6页。

[13] 同注1引书，第34页。

[14] 同注5引书，第16页。

的内容编排看出，在长达600多节的经文中，真正涉及法律题材的只有80余节。这样一套伦理性极强的法律体系，面对一个越来越世俗化、现代化以及一定程度上西方化的社会，其适应性及韧性亦是非常弱的。

鉴于传统伊斯兰法在现代化进程中所表现出来的韧性较弱这一特点，因此可以说，演进型的变迁方式基本不适合于伊斯兰世界中大多数国家的法律文化变迁。演进型变迁方式一般历时较长，通常只适用于发展较为平缓的社会，这也决定了这种变迁方式对于近现代的大多数伊斯兰国家并不适用，因为在这样一个由传统到现代的急剧转型期（特别需要注意的是还必须应对西方文化的挑战和全球一体化的挑战），这些国家根本就没有足够的时间来等待从本土法律中生发出相应的法律秩序。[15]

既然演进型变迁对于大多数伊斯兰国家并不合适，那么，要想实现传统法律文化的转型，这些伊斯兰国家就必须选择另外一种方式，也即借助外来法律文化资源，通过法律移植来实现法律文化的变迁。如前述，移植型的变迁方式，要求一种法律文化必须具有开放性。笔者以为，伊斯兰法是一种具有一定开放性的法律文化。这一点我们从伊斯兰法的发展历程便可以看出。事实上，伊斯兰教在创教之初，就吸收了犹太教和基督教中的许多因素，如《古兰经》中规定，先知穆罕默德只是作为真主安拉的数位使者之一，在他之前，真主还曾派遣数位使者下凡，这些使者就是见诸于《圣经》中的亚当、挪亚、亚伯拉罕、摩西、耶稣基督。又如，《古兰经》中关于末日审判的规定，即当世界末日来临之时，死者均将复活，并逐一凭今世之所为而或赏或罚：虔诚信奉安拉为一神并作善事者将永居天国，不信者和作恶者将堕入火狱饱受烤炙之苦，亦是《圣经》中有关末日审判的翻版。再如，穆斯林和犹太人之间有着许多共同的习俗和禁忌：男孩必须受割礼（只是两种割礼在时间上存在差异，犹太人行之于诞生后，穆斯林则行之于7～10岁之间）；禁食猪肉；严禁制作神像，并严禁为有生命者（人或动物）绘制图像，以免授偶像崇拜以任何口实；关于禁酒的规定；等等。[16] 除在创教之初对其他宗教因素的吸取外，伊斯兰法在其最初几个世纪的发展中，还曾大量采用当地习惯法的有关规定，尤其在伊斯兰教对外扩张的过程中，吸收了许多外来的法律概念和法律制度。这种对外来法的吸收在倭马亚王朝时期体现得尤为明显，如伊斯兰教里非穆斯林属民的法律地位，就是东罗马帝国非公民团体法律地位的照搬；又如，伊斯兰行政管理体制中的市场检察官制度就是来自拜占庭的行政制度；再如，传统伊斯兰法中一项非常重要的制度——瓦克夫制度——亦主要来源于拜占庭的慈善事业。[17] 此外，即便是在“推理大门关闭”之后，伊斯兰法也不乏对其所处的社会内部其他法律元素的吸收。如前文所述的当人们的社会习惯实际上已经突破某一法律规定时，由专司法律解释的穆夫提或

---

〔15〕 当然，伊斯兰世界，也有极少数国家选择以自然演进的方式来实现传统法律文化的变迁，如沙特阿拉伯、也门，以及波斯湾沿岸的一些小国，在这些国家，传统伊斯兰法至今仍是根本大法；但即使在这些国家，也不乏对西方法律的少量采纳。

〔16〕 参见［苏］谢·亚·托卡列夫：《世界各民族历史上的宗教》，魏庆征译，中国社会科学出版社1985年版，第593～595页。

〔17〕 参见注1引书，第17、18页。

大穆夫提就此发表一项“正式法律见解”（法特瓦），给予确认，从而将其纳入现有的法律体系之中。伊斯兰法发展史上对外来法律元素及本社会内部其他法律元素不断吸收的历程，使得这一法律文化具有了一种较为开放的特性，这一特性的存在，为伊斯兰法在近现代对其他法律文化优秀元素的借鉴提供了可能。

我们大体可以说，近代以来，伊斯兰法文化的变迁主要是通过法律移植的方式来实现的。伊斯兰国家移植西方法律主要采取两种模式：一为替代性法律移植，二为补充性法律移植。在这里，所谓替代性法律移植，是指用移植来的外来法律全面取代本国相应的固有法之法律移植模式，这种移植模式的特点是，在通过移植引进某一外来法律的同时，将本国的相关领域的固有法律予以废弃。而所谓补充性法律移植，是指以移植而来的外来法律补充固有法之不足的法律移植模式，这种移植模式的特点在于，并不以外来法全面取代固有法，而只是以移植的方式借用某些外来法的资源，同时对固有法作一定程度的修改，以实现二者之间的相互妥协与融合。这两种模式的法律移植在伊斯兰社会的法律改革中都可以寻见，只是它们存在于不同的国家或者同一国家的不同法律部门中。

替代性法律移植普遍存在于奥斯曼帝国“坦志麦特”改革和一战后土耳其凯末尔改革中，这两次改革具有一个共同的特征，即都是以移植来的外来法律全面取代本国的固有法律。“坦志麦特”改革发生于1839～1876年间，在这次改革中，土耳其全面移植了欧洲国家的法律，并同时几乎废弃了所有传统的伊斯兰法：1850年颁布的《商法典》，是对《法国商法典》部分内容的直接翻译，法典的颁行，以法律条文的形式承认了商业利息的合法性，从而在伊斯兰国家首次突破了传统伊斯兰法关于禁止获取利息的规定；1858年又颁布了《奥斯曼刑法典》，其内容也主要是仿效《法国刑法典》，同时废除了沙里亚法的几乎全部固定刑罚（对叛教者处以死刑除外）；1861年和1863年相继出台的《商业程序法典》和《海商法》，也都是法国法的直接照搬。为了保证这些法律的实施，土耳其还成立了现代世俗法院（尼扎米亚法庭），该法院可以管辖除穆斯林私人身份案件之外的全部民事案件，而这些案件此前都是由沙里亚法院行使管辖权的。[18] 在“坦志麦特”改革中，通过对西方法律的全面移植和引进，大大削弱了伊斯兰传统法文化的统治地位，尤其在商法和刑法领域，完全以外来的世俗法律替代了传统的伊斯兰教法。这一改革尽管未能使土耳其奥斯曼帝国免遭灭亡的命运，但由此而引发的法律改革却对伊斯兰世界产生了深远的影响，使传统伊斯兰法的改革大门被打开，自此以后，改革的洪流源源不断地涌入伊斯兰社会，从而为伊斯兰法的变迁和现代化开辟了道路。

“凯末尔”改革则发生于第一次世界大战之后，这次改革同样是以西方法律全面取代本国固有法律。第一次世界大战之后的土耳其是在奥斯曼帝国的废墟上建立起来的，作为这样一个新兴国家的领袖，凯末尔认为，尽可能地西方化、全面移植西方法律来取代土耳其的固有法律，是土耳其对抗西方的惟一道路。在这种思想的指导下，凯末尔在土耳其兴起了一场全面而彻底的改革，从而使奥斯曼帝国和伊斯兰的几乎全部法律遗产都遭致废弃：1924年，哈里发职位被废除，这一职位曾作为伊

---

〔18〕 关于“坦志麦特”改革，参见注1引书，第124、125页；另参见注5引书，第218页。

斯兰的政治和宗教最高权威而由苏丹沿袭了好几个世纪；1923～1924年期间，卡迪法庭也被废除，这曾是伊斯兰法最重要的司法机关和整个“法律制度的中枢”；1925年，穆斯林的宗教组织塔里卡也被强行解散，其集会地点德克和宗教学校马德拉萨也被迫关闭。与此同时，西方法文化中的许多制度和观念被移植到土耳其；1926年，一部全面效仿瑞士民法的民法典获得通过，该法典的作用是直接取代沙里亚法；同年，又颁布了一部以意大利刑法为蓝本的《刑事法》；1928年，一部全面模仿德国法律的《刑事诉讼程序法典》又被公布；同年修改宪法，将“土耳其国家的宗教是伊斯兰教”这一条款予以删除，从而使伊斯兰教丧失了其在穆斯林世界中的国教地位；1937年又进一步修改宪法，增加“政权归还俗人主义”即现世主义这一条款，该条款的实施使得土耳其由一个带有神权色彩的政教合一的国家转变为一个纯粹的世俗主义国家；1938年出台一项法律，禁止组织以宗教、教派或塔里卡为基础的团体，禁止政党利用宗教谋求政治目标；1949年修改刑法，规定凡违反“政权归还俗人主义”这一宪法原则者，将给予刑罚处罚，同时规定禁止反对现世主义的宣传。〔19〕通过“凯末尔”改革，土耳其基本放弃了伊斯兰法的传统，取而代之的则是源自西方的世俗主义法律。这一改革的最终效果如何，我们暂且不论，然而，客观事实却是，在这一改革过程中，通过对西方法的移植，引入了大量与传统伊斯兰法截然不同的新的法律元素，使原已处于僵化的伊斯兰法获得了一次变迁的机会，从而迈出了伊斯兰法现代化的第一步。

当然，除土耳其之外，替代性法律移植模式也出现于其他一些伊斯兰国家的特定法律部门中，其中主要是刑法、商法、民法和程序法领域。埃及自1875年（此时埃及虽名义上仍隶属于奥斯曼帝国，但已获得司法独立）起，不仅直接采纳了法国的《刑法典》、《商法典》和《海商法典》，还仿照《拿破仑法典》，相继于1833年和1875年制定了两部分别适用于埃及国民法院以及埃及人和外国人的混合法院的《埃及民法典》，还建立了独立于宗教法院的现代世俗法院制度。继埃及之后，大部分中东地区的刑法、商法及有关诉讼程序法都几乎全盘西化了。在北非，阿尔及利亚自1850年沦为法国殖民地后，直接适用法国《刑法典》和《民法典》，伊斯兰教法被降格为私法，仅适用于有关穆斯林私人身份的案件；摩洛哥于1954年以法国刑法为蓝本制定了一部《刑事法典》，在这部法典中，摩洛哥几乎将传统的伊斯兰刑法全部抛弃，只保留了其中的私通罪；之后，突尼斯也以法国法律为基础，制定了《商法典》、《民商程序法典》（1960年）和《海商法典》（1962年）。〔20〕

补充性法律移植见诸于一些伊斯兰国家的特定法律部门中，在时间上也较前一种模式的法律移植稍晚。这种移植模式的一个重要特点是，并不以移植而来的外来法律全面取代本国固有法律，而是力图寻求二者之间的某种妥协，从而使外来法律起到补充本国固有法之不足的作用。埃及在20世纪对西方民法的移植就具有这一特

---

〔19〕 关于凯末尔改革，参见［英］G. H. 詹森：《战斗的伊斯兰》，高晓译，商务印书馆1983年版，第134～144页；另参见注1引书，第125页；以及［美］S. 亨廷顿：《文明的冲突与世界秩序的重建》，周琪等译，新华出版社2002年版，第153～160页。

〔20〕 参见注5引书，第219、220、224、225页。

点。1948 年，埃及颁布了一部民法典，这一法典的颁布，改变了伊斯兰国家以往那种不加区别地全面采纳欧洲法律的做法，因而可以被看作是“传统伊斯兰教制度与西方制度妥协的尝试”。[21] 这部民法典是伊斯兰教法律原则与欧洲法律的糅合，这一点我们从法典的渊源就可以看出，它是埃及 1833 年和 1875 年两部民法典、其他一些欧洲国家如联邦德国、意大利和日本等国的法律原则，以及沙里亚本身的法律原则的汇集。尽管这些渊源在法典中所占的比重各不相同，因为沿用传统沙里亚法的部分甚少，而四分之三以上内容直接仿效埃及 1833 年和 1875 年两部民法典。但这却不能改变法典本身的糅合特性，首先，源自外国的法律规定是按照符合沙里亚法律学说的原则筛选出来的。其次，法典明确肯定沙里亚法作为该法的渊源，在《民法典》第 1 款中就明文规定，凡是本法典未予特别规定的事情，法庭应遵照习惯法、伊斯兰教法的原则或自然公断的原则来处理。这意味着，法庭在审理案件时，可以将沙里亚法作为一种当然的法律渊源予以适用，这就为法庭更广泛地引用沙里亚法开了方便之门。最后，《民法典》还保留了前两部民法典中源自沙里亚法典的一系列规定，有些原封不动地予以了保留，有些则经过一定的修改后进行保留。

继埃及之后，一些中东国家，如叙利亚、利比亚、伊拉克和约旦，他们在二战之后的法制改革也基本采用埃及式的立场和方式来对待西方法律，也即在保留伊斯兰法基本原则和制度的前提下，通过移植引进西方法律来补充固有法之不足。同时，对移植对象的选择也始终贯彻伊斯兰法基本原则，按照沙里亚法律学说的原则来对外国法进行筛选。埃及式的补充性法律移植模式代表了二战后伊斯兰国家法律移植的基本倾向。这种模式的法律移植使得这些伊斯兰国家的传统法律文化以一种创造性的方式变迁着：它并不抛弃传统，而是在传统依然能够容许的限度内，将外来法律作为一种可以利用的资源，寻求一种适当的方式实现二者之间的妥协与融合，并在妥协与融合的过程中达致传统法律文化的变迁。

这样，通过移植西方法律、充分借用外来法律文化资源，伊斯兰法从整体上完成了某种形式的变迁。自 19 世纪下半叶以来，传统形式的纯粹沙里亚法，一般仅在中东地区的家庭法领域（如继承、瓦克夫制度、赠与等）残存着，在其他地区和其他领域，源自西方的法律制度和原则正源源不断地被注入，无论这种注入是以全面照搬的形式，还是以一种有选择的创造性形式，这些来自外部的法律文化资源都为传统伊斯兰法的变迁提供了新的元素和新的可能性。

三、法律移植的模式影响法律文化变迁的效果

尽管前述替代性法律移植与补充性法律移植都是法律文化变迁的一种方式，然而，二者对于法律文化变迁的效果却有着不同的意义。对于移植模式对文化变迁的意义，我们还以伊斯兰法文化的变迁为例来进行说明：

替代性法律移植虽然可以从立法上全面废弃本国的固有法律，从而在较短的时间内实现传统法律文化的变迁，然而，从长远来看，这种移植模式并不一定可取。因为这种模式所实现的法律文化变迁是以全面抛弃相关领域之传统为代价的，而完

〔21〕 同注 1 引书，第 126 页。

全舍弃传统是不可能真正实现法律文化变迁的，即使能够变迁也将带来很多负面影响，至少就像历史所一次次表明的那样，没有或不顾及传统的改革本身就很难成为传统，而只能再一次成为被改革的对象。同时，一国虽然可以废弃其固有法律，却不能废弃其文化传统和文化氛围，[22] 因此，无论多么大规模的引进，移植而来的法律对于本土文化氛围来说都是外来的，二者之间的排异在所难免。从一定意义上讲，这种排异的性质、程度和最终的处理结果将对一国法律文化变迁的方向产生实质性的影响。

补充性法律移植由于能够兼顾到本国的固有法传统，并力图在外来法和固有法之间达成某种妥协，因而更易于融入本国的固有文化中。同时，由于这种模式的法律移植是以渐变和局部变化的方式来实现法律文化变迁，因而也更符合社会成员的心理需求。任何社会主体都具有一种追求安定的心理情结，这就为外来法律在事实上成为社会成员的行为标准和价值准则提供了条件。而一种法律文化变迁的最终效果如何，很大程度上取决于主体的行为模式和思想观念是否真正发生了转变。

在伊斯兰法的变迁中，我们可以较明显地看到两种不同的法律移植模式对变迁效果所产生的不同影响，伊斯兰原教旨主义的出现及其在不同伊斯兰国家的严重程度可以较好地说明这一点。伊斯兰原教旨主义[23]是伴随着伊斯兰国家的普遍现代化和某些伊斯兰国家的全面西方化而不断壮大的一股宗教和社会思潮。其基本宗旨是要求恢复伊斯兰教的正统教义，主张把《古兰经》当作超越时空的、永恒的、绝对的真理，排斥对经典作种种自由的或现代主义的解释，反对现代主义、自由主义和世俗主义。其基本口号为“伊斯兰化”，即要求以伊斯兰教教义作为社会、群体和个人行为的最高准则，并提倡“宗教政治化，政治宗教化”。伊斯兰原教旨主义的出现有着深刻的政治、社会和文化背景，然而，在所有构成这一背景的因素中，文化因素居于非常重要的地位，主要体现为广大穆斯林的伊斯兰文化认同感的丧失。随着伊斯兰世界的现代化尤其是少数伊斯兰国家的全面西方化，穆斯林的文化认同感逐渐趋于弱化，民众文化认同感丧失的一个必然结果就是重新寻找认同，而寻找的方向通常会是人们以往的历程，寻找的结果也往往就是从前的认同纽带——很显然，穆斯林以往的认同纽带也就是伊斯兰传统。

伊斯兰原教旨主义构成伊斯兰法的变迁和现代化的一股反叛势力，这股势力的强大程度在不同的伊斯兰国家有着不同的表现。在土耳其，这一势力非常强大。在

---

〔22〕 从符号学、哲学解释学的角度看，只要一个国家或一个民族还保有自己的语言、自己的文字，那么，她就必定会或多或少地保有自己的文化传统和文化氛围，就不可能被完全异化（如西化）。参见周赟：“民族国家法律的本土性和国际性”，载谢晖、陈金钊主持：《民间法》（第5卷），山东人民出版社2005年版。

〔23〕 须说明的是，伊斯兰原教旨主义并不是近代特有的现象，在伊斯兰教史上，要求恢复伊斯兰教的正统教义、回到“纯洁的伊斯兰教”的思想和运动几乎从未间断过，每当社会生活发生巨大变化或重大历史转折时期，当传统社会的平衡被打破、各种社会矛盾激化、社会成员感到无力承受或无法理解种种压力时，通常都会出现一种“恢复正统教义”、“纯洁信仰”、“回到《古兰经》去”的呼声，并掀起一场净化社会、清除一切外来影响或异端思潮的运动。参见陈麟书主编：《宗教观的历史·理论·现实》，四川大学出版社1996年版，第532～533页。然而，近现代伊斯兰世界的原教旨主义，其强度和深度，是以往任何时代都无法比拟的。

土耳其的现代化道路上，伊斯兰原教旨主义始终作为一股对现代化的反叛势力而存在，这使得土耳其传统伊斯兰法的变迁举步维艰——土耳其法文化的变迁过程，与其说是伊斯兰法的现代化过程，不如说是现代化与反现代化两种张力相互作用的过程。土耳其传统法文化变迁过程的这一特点与其在法制改革中全面抛弃传统的做法有着非常密切的关联。前文已经述及，土耳其近现代的法律文化变迁是以替代性的法律移植模式来实现的，由于这种变迁完全舍弃了伊斯兰法的传统，从而导致民众的伊斯兰文化认同感丧失，用亨廷顿的话讲，就是土耳其成了一个“无所适从的国家”。[24] 民众的这种无所适从感是土耳其伊斯兰原教旨主义势力强大的一个极为重要的原因。这股势力已经构成土耳其法制现代化的严重阻碍，因为他们坚信伊斯兰教是一种完美无缺的、自足的文化体系，它不需要任何来自外部的补充和发展，而只需要激发其内在的精神和潜力。[25] 原教旨主义者的这种信念必然促使他们满足于自身的文化体系，将其看作一种完全封闭和自足的系统，因而拒绝对任何外来文化因素的吸收，也拒绝任何形式的法律移植。在一个优秀文化因素共享的时代，法律移植被普遍运用于各国的法制现代化过程中，那种盲目的、不作任何区分的拒绝移植的原教旨主义只能阻碍其法律文化的现代化进程。总之，我们可以这样说，土耳其全面抛弃传统之法律文化变迁方式，并没有使土耳其的法律文化变迁取得良好的效果，其法制现代化之路走得并不顺畅，因为在这条路上总是伴随着原教旨主义的逆反势力。

在其他伊斯兰国家，尽管原教旨主义也存在，但其严重程度较之于土耳其而言，却要弱得多。这在很大程度上应当归功于这些国家在法制现代化进程中所采取的补充性法律移植模式。尽管这些国家的法律文化变迁也舍弃了本国的一些传统，但这种舍弃却不是全面的和彻底的，而只限于某些领域并且也只是在一定程度上舍弃；尽管这些国家的法律文化变迁也是通过借助外来法律文化资源的方式来实现的，但这种借用却并不是盲目的，而是有选择性的，在选择的过程中始终贯彻固有法的某些原则和精神。这种变迁并没有导致民众文化认同感的丧失：一方面，他们认同的纽带并没有全部灭失，因为他们的很多传统还保留着；另一方面，选择性的移植使得他们在外来法中同样可以找到认同的纽带，因为外来法是按照传统法中的某些原则筛选出来的。民众文化认同感的依然存在，导致这些伊斯兰国家的原教旨主义失去了主体基础，至少在没有其他外部压力的情况下，它不能像土耳其的原教旨主义那样形成很大的势力。而原教旨主义势力相对较弱这一特点，使得这些国家的法律文化变迁不存在强大的反叛势力，因而其变迁效果较好，其法制现代化之路也比较顺利。

---

〔24〕 同注19引书，第146页。

〔25〕 参见注5引书，第298页。

理性主义视角下的中西传统法律文化差异

朱海波*

理性产生于古希腊城邦公共政治生活的辩论之中，是从公共话语文化之中发展而来的思辨哲学系统。法国历史学家让·皮埃尔·韦尔南（J. P. Vernan）曾以寥寥数万字，精辟地勾勒出公元前12世纪到公元前5世纪希腊“从迈锡尼王国到民主城邦、从神话的没落到理性知识的诞生的演进过程”。[1] 这是一段从神话思维向理性思维转变的古希腊文化史，其中所诞生的自然哲学构成整个希腊哲学和欧洲文化的基础，因而韦尔南称之为希腊思想的起源，胡塞尔（E. Husserl）则引以为欧洲精神之源。如果同意恩斯特·卡西尔（Ernst Cassirer）的说法，即西方哲学就是西方文化，[2] 那么理性主义可谓西方文化的核心：它完全可以为现代西方宪政法治国家的思想渊源、行为模式和制度模式提供一种“元叙事”式的文化解释，“西方理性主义把西方文化的特殊性表达了出来”。[3] 可以说，理性主义主导了西方的政治、法律文化，影响了当代欧洲的所有政治信仰——几乎所有政治和法律思想都是理性主义或近理性主义的。[4] 因此，研究西方理性主义认识论特征、在此基础上所衍生的法哲学体系，以及理性思维对于人格的塑造等问题，是分析西方传统法律文化与中国传统法律文化差异的一个很好切入点。

一、法治传统：西方理性主义认识论下的思维分析

（一）“方法论本质主义”

卡尔·波普尔（K. R. Popper）使用“方法论本质主义”一词描述柏拉图以来建立的理性观。这种理性观认为，事物必有其真正本性，而仰仗理性即“能够认识事物的不变实在或本质”，所以“科学的目的在于揭示本质并用定义加以描述”。[5]

“本原（archè）”一词由古希腊米利都学派的阿纳克西曼德（Anaximander）创

* 中共广东省委党校副教授，法学博士。

〔1〕［法］让·皮埃尔·韦尔南：《希腊思想的起源》，秦海鹰译，三联书店1996年版，新版序言第2页。

〔2〕［德］恩斯特·卡西尔：《国家的神话》，范进等译，华夏出版社1999年版，第208页。

〔3〕［德］哈贝马斯：《交往行为理论——行为合理性和社会合理性》，曹卫东译，上海人民出版社2004年版，第173页。

〔4〕［英］迈克尔·欧克肖特：《政治中的理性主义》，张汝伦译，上海译文出版社2004年版，第1~2页。

〔5〕［英］卡尔·波普尔：《开放社会及其敌人》（下），陆衡等译，中国社会科学出版社1999年版，第66、67页。

造，并首次被赋予“‘基本原理’的哲学含义”。[6] 在此基础之上，苏格拉底通过分析道德伦理、自然正义与人类法律、习俗的关系等“伦理诸品德的普遍定义问题”，从为而“归纳思辨与普遍定义”的认识结构奠定基础，“两件大事尽可归之于苏格拉底——归纳思辨与普遍定义”。[7] 这种认识结构主导西方文化沿着理性主义的脉络而发展。15 世纪之后自然科学经由自然科学理性取得的非凡成就，更促使欧洲的启蒙革命派相信，“可以对政治行为毫无困难地作科学界定”，[8] 如 17 世纪社会契约论的鼻祖霍布斯声称，试图理解一个东西，就必须从对其本性和本质下定义开始。[9] 于是自然科学理性经笛卡尔、格劳秀斯、洛克、潘恩、康德等自然法哲学家的强力引介而成为政治哲学和法学的思维形式。这意味着：

第一，预设了主—客体对分的二元认识结构。这种二元认识结构还预设了一种笛卡尔式的、独立存在于客体之外的“原子”式完整主体。原子式的主体性哲学引发出自由与独立的人格体系。

第二，相信“本质”、“规律”的存在，同时相信籍由理性，可以发现“本质”、认识“规律”。难以解决的问题在于通过理性思维如何“使知识符合于对象”。

第三，政治学、法学借鉴自然科学理性所倡导的分析实证和演绎推理，试图由逻辑一致性导出逻辑必然性，再由逻辑必然性导出结论的真理性。所以所谓“使知识符合于对象”，就是借助特定的认识论力图证明自己的描述符合客观规律，如洛克、霍布斯、康德、潘恩等思想家，其滔滔雄辩无非试图藉“理性”之名论证自然权利论、社会契约论以及立宪或共和理论符合社会发展的客观规律。

所以，17 世纪至 19 世纪格劳秀斯、洛克、潘恩、康德等立宪主义者所倡导的理性启蒙运动，是一场以对理性和真理的崇拜替代对神权和君权的崇拜的革命。他们相信真理的存在、并相信诉诸“理性”可以发现真理，试图以无可辩驳的逻辑力量，赋予自然法哲学、自然权利、人民主权、国家主权等一系列主张以绝对的真理性、普遍性，为他们以理性驳斥神权和王权，建立普遍主义的现代民主法治文明提供强大的武器。

（二）知识的对象、知识的来源和知识的标准

西方理性主义通常围绕知识的对象、知识的来源和知识的标准来讨论认识论，“它围绕知识的对象、来源和标准等方面来说明认识过程中的主体与客体的关系”。[10] 这种主、客体关系在理性主义的认识逻辑中，被预设为主体和客体相互隔离，同时主体（认识）应当符合客体（本质）的自然法模式。

1. 知识的对象。亚里士多德开创了如下知识观：科学就是以论证性的知识为目的的学科，知识的对象必须是相对于可变的主观而言不变的客观存在，或说是在变

---

〔6〕 同注 1 引书，第 1 页。

〔7〕 ［挪］希尔贝克、伊耶：《西方哲学史：从古希腊到二十世纪》，童世骏等译，上海译文出版社 2004 年版，第 99 页。

〔8〕 ［德］卡尔·曼海姆：《意识形态与乌托邦》，黎鸣等译，商务印书馆 2000 年版，第 124 页。

〔9〕 同注 2 引书，第 1、206 页。

〔10〕 夏光：《东亚现代性与西方现代性》，三联书店 2005 年版，第 55 页。

化之中保持不变的本源、本质、规律一类的东西。[11] 所谓“自然”，即是宇宙实体，在斯多葛学派的自然法理论中又表“规律”之意涵，是绝对客观的“基本原则”。根据阿那克西曼德的平等型宇宙结构论，“基本原则”代表最高力量，它统率下的物质分子永远处于均质运动和可以相互替代的平等状态之中。[12] 引申开来，如果宇宙间的平等秩序就是“自然”，那么“正当”的秩序也应如同宇宙秩序一般，是在以法律、习俗等基本原则所代表的最高力量统治之下的人人平等、轮流执政，社会应是民主社会。因而西方法律文化得以从结构论宇宙观过渡到目的论宇宙观：从结构论来说，“自然”本然的（by nature）就是平等，“平等”即为万物关系之结构；从目的论来说，平等体现出“善”之价值，于是“自然”所代表的平等型宇宙秩序同时成为蕴涵“善”和“正义”的伦理价值体系，于是“自然”顺理成章的为古希腊城邦民主制度、亚里士多德所倡之良法之治、启蒙派的理性主义、自然权利论、社会契约论、立宪主义和宪政法治实践提供了正当性基础。“古典形式的自然权利论是与一种目的论的宇宙观联系在一起的。……就人而论，要以理性来分辨这些运作的方式，理性会判定，最终按照人的自然目的、什么东西本然的（by nature）就是对的。”[13]

所以，如果宇宙模型是一种平等结构，那么根据“本然的就是对的”、主体（认识）应当符合客体（本质）的自然法思维，人类社会结构亦应建立在平等法则基础之上，譬如古希腊雅典城邦的公民大会和轮流执政的议政制度，可谓平等型宇宙结构在人类秩序之中的投影；而18世纪欧洲的立宪主义革命则被查尔斯·比尔德（Charles Beard）称为“诉诸自然”[14] 的启蒙革命。诉诸“自然”，显然希望在结构论宇宙观和目的论宇宙观的双重支持下，通过“理性”掌握“自然”的恒定规律。而原子运动所遵循的平等、自由，并抽象、普遍而划一的运行法则，显然就是现实国家结构所应效仿的真理法则。

2. 知识的来源。所谓知识的来源，即知识来源于内心的纯粹观念还是外在经验。在如何运用理性这一问题上，尽管以法国的笛卡尔、莱布尼茨、康德为代表的欧陆理性主义和以英国的霍布斯、洛克、贝克莱、休谟为代表的经验主义，存有重大区别。但是无论演绎逻辑还是归纳分析，都试图通过“自然理性”的客观性来赋予主观认识以真理性。如洛克（John Locke）在《人类理解论》中强调：“自然的、朴素的理性却容易开一条通向人类的知识总量（一如其以前所作的样子）的大道”。诸如此类的辩护，使源于人类思维的知识不再具有主观随意性，而是产生于自然的、普遍的理性，因之，主观性的知识得以蒙上“客观真理”之面纱。事实上，欧洲的立宪、立法运动，正是利用理性主义发现真理的能力来驳斥神权派、保皇派；或者说，正是对“理性=真理”这一认识公式的信仰，推动了以理性推翻非理性的神权和皇权的启蒙运动。

3. 知识的标准。所谓知识的标准，即如何检验知识的真理性。理性主义要求知

---

〔11〕［美］列奥·施特劳斯、约瑟夫·克罗波西主编：《政治哲学史》，李天然译，河北人民出版社1993年版，第128页。

〔12〕参见注11引书。

〔13〕同注11引书，第8页。

〔14〕同注11引书，第93页。

识最终必须能在经验事实或者逻辑推理中获得合理重建，故而实证或逻辑成为知识的标准，不能通过事实或逻辑获得重建的认识，就不是知识。“理性主义的意义不是它承认技术知识，而是它没有承认任何别的知识”。[15] 理性主义作为现代性话语的典型模式，意味着理性取代上帝和国王成为判断“哪些理论和实践占据上风的基础”。[16] 所以启蒙时期的“真理”仅仅应当接受理性的裁量，而非神权或其它权威。

显而易见，建立在知识的对象、来源和标准之上的理性认识结构对于客观性、本质性有异常的执着。相信规律的存在并穷力于追求抽象而绝对的规律，成为理性主义的根本特性。这种思维特性在欧洲启蒙运动中的表达，就是试图诉诸抽象而永恒的真理革除现状的不合理，为革命铺路，“在资产阶级唯理智论的描述中，把注意力引向力图消除各种利益，甚至政治利益，并且把政治讨论只归结为一种取决于‘自然法则’的一般性和普遍性意识”。[17] 相对于主观擅断的王权而言，宣称接受“自然法则”调整的法律无论价值还是形式都更具一般性和普遍性，更接近于“自然”，所以也就更为符合知识的对象应当具有客观性和稳定性这一理性要求，极大地满足了“结构论”宇宙观和“目的论”宇宙观的诉求。可以说，正是理性主义确立的自然秩序观，催生出现代西方的权利、自由、民主等法治理论。与此同时，对整齐划一的行为标准和社会秩序的追求，亦推动了18、19世纪欧洲的立宪和法律法典化浪潮，法典化使法治更趋向实证主义和程序正义，而这样的法律文化则构筑了现代政治和法治模式。

二、人治传统：理性主义视角下的儒学思维分析

虽然以相信规律的存在和规律的可知性这两个标准来衡量，中国的儒学文化亦可谓理性主义。但是在认识论传统上，即知识的对象、知识的来源和知识的标准等问题上，儒学文化与欧洲理性主义认识论根本不同。[18] 更准确的说，儒学“理性论”只是关于修身立命以及人伦道德的伦理哲学，但是并不成其为一套系统的认识论体系。如果说西方理性主义在认识论上严格划分了主体与客体之间的界限，是对象性思维，[19] 那么中国传统文化的思维结构，就是意向性思维。“对象性”强调客体的内在本性，试图通过概念性和逻辑性的认识和陈述系统来表达明确的“实有”（being）这一外在的客观认识对象；而所谓“意向性”，更强调思维的主体因素，是“从主体内在的情感需要、评价和态度出发，通过主体意识的意象活动（包括直觉、体验），获得人生和世界的意义”。因而意向性思维不是对象性的、认识论的，而是主体论的、价值论的；不是“为知识而知识”、“为理论而理论”，而是以知识和理论对于人生有什么意义为目的展开思索，也就是以人为中心的实用主义和实践理性。

---

〔15〕 同注4引书，第20页。

〔16〕 ［法］海登·怀特：《米歇尔·福柯》，载［英］约翰·斯特罗克编：《结构主义以来：从列维一斯特劳斯到德里达》，渠东等译，辽宁教育出版社1998年版，第94页。

〔17〕 同注8引书，第172页。

〔18〕 同注10引书，第79～90页。

〔19〕 叶秀山：《思、史、诗——现象学和存在哲学研究》，人民出版社1988年版，“引言”第1页。

所以，意向性思维“从根本上说是价值论的或意义论的，而不是认知型的或实证论的。”[20]

（一）知识的对象

相对于西方理性主义主—客二体对分式的对象性思维而言，儒学的整体式思维并没有划分出一个外在于人的绝对客观存在，人就是宇宙的中心，人的存在就是世界的根本存在，换而言之，“世界的意义内在于人而存在”。[21] 所以就知识的对象而言，儒学始终以人以及人类社会作为知识的首要对象，[22] 政治、权术、纲常伦理等被亚里士多德排除在知识范畴外的东西，却始终是儒学恒久不变的主题。因之，儒学理性主义不以事物的客观本质为中心，而是一种以人为中心的宇宙观。这是拟人化的宇宙观，“我国民族向来所持的宇宙观是以人事解释自然界（拟人论），再拿这个人事化的自然界来做人间世的模范！所以在表面上是个超然的人生观，其实是个拟人论的宇宙观”。[23]

拟人论的宇宙观将现实社会中的尊卑关系投射到本无尊卑之别的宇宙中，然后再将这种非自觉的尊卑宇宙等差奉为等级社会的楷模。《周易·系辞》开篇即云，“天尊地卑，乾坤定矣；卑高以陈，贵贱位矣”，[24] 于是人有等差成为至上真理。儒学思维虽然也预设了规律的存在和规律的可知性，称之为“道”和“理”；但是，儒学的“道”和“理”不是以自然为知识对象的客观规律，而是以“人”为知识对象的社会道德和伦理。前者以对象性、客观性、普遍性、必然性为特征，后者却以非对象性、内在性、特殊性、实践上的目的性为特征。[25]

这并不是说儒学文化完全将自然排斥出认识的对象之外，而是说，在人、人类社会、自然三者之间，存在轻重缓急的先后秩序。朱熹声称“知人”乃当务之急，《朱文公文集》卷39如是说：“然其格之也，亦须有缓急先后之序，岂遽以为存心于一草木器用之间而忽然悬悟也哉！且如今为此学而穷天理、明人伦、讲圣言、通世故，乃兀然于一草木一器用之间，此是何学问！”而王守仁则索性将天“理”等同于人“心”，在《传习录》中曰：“物理不外于吾心，外吾心而求物理，无物理矣。……故有孝亲之心，即有孝之理；有忠君之心，即有忠之理。……理岂外于吾心邪”。[26] 可见，儒学传统始终以“人”作为知识的第一对象。

西方理性主义以客观的世界为知识的对象，于是外在于人的内心活动的外部规律（例如法律）成为衡量行为正当与否的最高准则，法律一经颁布就成为一个客观而且不受颁布者影响而存在的系统。而儒学传统却将知识的矛头导向内心——内在的道德伦理，相应的，“道”或“理”不是僵硬的外在于客观世界，而是灵活的内在

---

〔20〕 蒙培元：《中国哲学主体思维》，人民出版社1993年版，“绪论”第2页，第1~8、184页。

〔21〕 同注20引书，“绪论”第5页。

〔22〕 同注8引书，第70~85页。

〔23〕［奥地利］田默迪：《东西方之间的法律哲学——吴经熊早期法哲学思想比较研究》，中国政法大学出版社2004年版，第93页。

〔24〕 同注23引书，第94页。

〔25〕 参阅蒙培元：《心灵超越与境界》，人民出版社1998年版，第71页。

〔26〕 同注10引书，第83页。

于具体的人情世故当中，于是衡量行为正当与否的最高准则最终落实于相对主观化的道德人伦，而法律的实施则始终受制于颁布者及各级官员的道德判断。这可谓法治传统与人治传统的区别在知识对象上的根源之所在：①西方文化：超越性思维→超越性文化→天理或者天理化的人理→外在的客观法→法治；②中国文化：非超越性思维→非超越性文化→人理或者人理化的天理→内在的道德法→人治。

（二）知识的来源和知识的标准

西方理性主义认为，所谓知识，最终必然能够通过经验事实和逻辑推论而获得合理的重建。但是，儒学思维既轻视经验事实在知识的来源和标准上的作用，又忽视逻辑推理对知识的论证功能。

孟子、荀子、张载等较倾向于唯心主义和经验主义的思想家都认为，"心"在认识的过程中最为关键，而感觉经验的功能是有局限的。如《孟子·告子上》中曰："耳目之官，不思而蔽于物，物交物则引之而已矣。心之官则思，思则得之，不思则不得也。此天之所与我者"。但是，儒学思维所倡导的"心"，是讲究情感与人伦的"心"。而同为唯心主义的笛卡尔式的"我思"，却是讲究理性与知性的"我思"。所以中西唯心主义其实是两种完全不同的所指：前者指向直观情感论，而后者指向逻辑分析论。直观情感论讲究善德与直觉，于是儒学思维成为以修养为基础的顿悟式直观思维。即便声称"人法地，地法天，天法道，道法自然"的道家思想，亦不主张探索自然，而是主张顺应自然，并否认逻辑分析式的欧洲理性论："体道"、"悟道"只有在"无知无欲、致虚守静"之中方可实现，[27] 正所谓"道可道，非常道；名可名，非常名"；"道不可言，言而非也"。于是对"道"的感悟皆被内化于只可意会，不可言传的顿悟之中，变成一种个人内心自省式的心理活动，也就是意向性思维特有的指向自身、回到内心。

至于儒学所讲究的直观，与洛克在《人类理解论》之中所推崇的直觉又不一样，洛克的直觉知识以观察、经验和反省为基础，而如上所述，儒学却无论是在知识的来源还是知识的标准上都重视"心"之顿悟而轻视感觉经验。虽然直观思维与理性思维之间的关系并不存在截然的对立和绝对的优劣之别，[28] 但是理性的逻辑思维，其独具的客观性、规范性、明晰性和稳定性却明显有利于形式法治主义，譬如19世纪德国以萨维尼为首的潘德克顿法学派，将柏拉图的"善的理念"、亚里士多德的三段论以及罗马法体系发扬光大，并最终成就了闻名于世的《德国民法典》。

三、中西传统法哲学之差异：以理性主义为标准的分析

以上两节分析指出中西理性主义在认识论结构上存在差异，这一差异则导致两种法哲学体系：

（一）以自然法为基础的西方法哲学

西方理性主义特有的认识论引申出"自然法（law of nature）"这一社会哲学传统。斯多葛学派的理性主义相信，人类社会如自然界一般存在着"必然而普遍的规

---

〔27〕 吕锡琛：《道家与民族性格》，湖南大学出版社1996年版，第8页。

〔28〕 ［英］阿尔弗莱德·怀特海：《思想方式》，韩东辉等译，华夏出版社1999年版，第44～46、55～56页。

律或‘自然法’”。至于所谓自然法，西赛罗是这样解释的：“真正的法律是同自然相一致的理性；它是普遍的、不变的和永恒的；它是有令必行、有禁则止的”。[29] 这意味着，社会规律具有与自然规律相同的或类似的性质，或者更准确的说，社会规律应当是自然规律的一部分（至少直至康德哲学体系之前，自然规律和自然法都被认为在本质上没有不同）。因而即便社会规律，也如自然规律一般被假定为一个外在于人的、超验的、普遍的和永恒的存在。

而笛卡尔式的现代自然法哲学，即一种“原子论、机械论和静止的”[30] 理论范式，将作为理性主体的人类想象成为自足、自立的个体，而社会则是一份个体之间达成的共识和契约。这种将人类想象成为自足、自立的个体的理性范式，将人类描绘成为有充足能力的原子式自由个体。个体的自立、自足性，从权利能力和行为能力的角度，在可能性上为现代文明国家之所以能够根据主权在民和基本人权这两项宪政原则订立宪政同盟，提供了人格基础。斯多葛学派关于人类理性的“自足”原则在17世纪启蒙哲学家们的阐发下,“构成了一切自然权利理论的基石”，而“自足”的理性结合自然权利理论,“使国家契约理论在17世纪成为政治思想中一个不证自明的公理”。[31] 于是欧洲社会的结构，成为以自由的个体为核心的“个人→家庭→行会→社会→国家”的层层契约结构，也就是一种通过谨慎混合个人主义和集体主义的联邦。[32]

而自然法哲学的上述假定——即自然法是超验的永恒存在、人类是自足和自立的个体、社会是自由个体之间的宪法契约，赋予了自然法超越人心、存在于“彼岸世界”、永远高高在上的权威性，以及坚不可摧的合法性。而法律这种被认为依据彼岸世界的自然法而制定的人类世俗政治规范体系，亦在这种理性主义的想象当中，被赋予来自于理性力量的神圣和不可违背的权威性，成为衡量、判断人际交往行为与社会政治正当性的普遍、客观而稳定的超验标准。因而形成了这样的现代法治传统：法律作为理性个体之间的利益共识，其神圣性，无论是形式意义上的还是实体意义上的，主要来自于普遍、客观的外在自然法则，而非内在人性的崇高性。因而衡量人类行为的善或恶，只能依靠稳定、公正的外在法，而非圣人主观、随意的内在道德。只有法治，才更为合乎外在世界的自然法则，才更有利于人类整体和人类个体的全面发展。这正是法治（rule of law）的理性根源。

（二）儒学道德伦理主导的传统中国法观念

至于儒学传统，虽然也假设了规律的存在和规律的可知性，但是儒学思维并不区分主体和客体，其道德伦理哲学必须从各种关系之中界定人性和人的价值，是一种整体论和有机论的思维范式，比较接近于19世纪迪尔凯姆、马克思等反对自然法哲学的个体主义的集体主义传统。因此，就政治、法律等社会制度的形式和渊源而言，儒学无需假定某种“自然状态（state of nature）”以及个人之间的“社会契约”，

---

〔29〕 同注10引书，第67、68页。

〔30〕 同注10引书，第75页。

〔31〕 同注2引书，第204页。

〔32〕 ［英］迈克尔·莱斯诺夫等：《社会契约论》，刘训练等译，江苏人民出版社2005年版，第54～58页。

因为个人与社会本来就是一个整体结构，人生而是社会的存在，是社会结构关系的体现，而个体，反而必须在人情世故当中，经过不断的修为来参悟道或理。所以在儒学传统当中，人不是自足、自立的个体，而是被预设成为脱离了结构就不完整的个体。这使得儒学成为与自由主义的原子个体论区别开来的整体主义、集体主义。而整体主义或集体主义则促使儒学国家成为一种稳定的家长式、家族式和君主式的家庭、家族及政治结构。在马克思·韦伯看来，正是宗族制度构成资本主义在封建中国发展的最大阻碍，"因为它总是一再把个人同自己的家族成员联系在一起，并且束缚他服从于家族规范，并且在任何情况下总是把他与'人'而不是与功能性的任务（企业）联系在一起"。〔33〕将个人放入宗族人际关系来看待，而不是放入人与自然、人与物的关系之中来看待，从根本上而言，与儒学传统将人以及人类社会视为所有认识的第一位对象的认识论传统有关，因而人的行为只有服从于整体社会关系、整体社会价值观，即道或理才是正确的。

所以人以及人际社会的"道"和"理"成为儒学的基本知识对象，理性化的目标不在于探求并普及自然和社会的终极规律，而在于人性（道德）的完善，"两千多年来中国的正统思想是儒家，而儒家的分析范畴就都是一些人伦与情感的范畴"。〔34〕儒学理性主义于是发展成为人类中心主义的社会哲学，道或理不是僵硬地外在于客观世界，而是灵活地内在于具体的人情世故中；与此同时，法也内在于人心，并随人情而动。所以在传统的中国社会，人生而不自由，而是应当顺乎人情世故，人情练达才是核心价值。至于政制、国法等人定法，显然只是治世工具，形式上虽然外在于人心，可是本质上却渊源于内心道德。因而宪制与法律都不是体现彼岸世界（自然世界）超验准则的制度，而是内在于此岸世界（人类社会）的情、礼、法；不是来自于神秘自然的不可质疑的权威所在，而是人人皆可自行参悟的伦理道德，其本身并无任何神圣性和崇高性可言。相应的，普遍、稳定、客观的法律之治难以实现，而特殊、易变、主观的人治传统则轻而易举。这即中国式的人情社会和人治传统，亦是中国实用主义和功利主义的基础。

四、理性主义：现代西方法律文化的核心

以上三节分别从认识论和社会哲学两个角度，简单地分析了中国传统文化与欧洲理性主义的主要差异：一言以蔽之，中国式思维没有"理性"以及理性主义认识论单独存在的空间。

公元前7～公元前6世纪古希腊米利都学派的阿那克西曼德等自然哲学家们，不见得比同时代的古巴比伦或中国思想家掌握了更多的知识，但是他们试图就问题提出一个合理性论证的框架，试图以"理论"为媒介实现对问题的论证和理解，"希腊人所要寻找的是受到普遍论证（就如毕达哥拉斯定理那里）支持的、范围广泛的、

---

〔33〕 转引自金耀基："后儒家时代儒学的转化——理性传统主义在香港的形成"，张鸿翼译，载《中国文化与中国哲学》1989年第4辑，第245页。

〔34〕 ［美］孙隆基：《中国文化的深层结构》，广西师范大学出版社2004年版，第27页。

有条有理的理论”。[35] 诉诸逻辑、用理论的普遍证明力来阐述观点，就思想的革命而言，其意义不在于建立了什么理论，而在于彰显了一种求真知的批判精神。这使得古希腊人民，有可能从现实出发，以自然的本质作为思考和认识的对象，探索自然，并就人与自然、人与人、人与社会、人与国家之间的关系进行理性论证的尝试。这使得思考的旨趣发生了从关注外在实体到关注内在观念、从关注有限实体到关注普遍性质的哲学转向。这种思维模式成为整个欧洲精神的渊源，也是西方法律文化最为古老、最为深层的结构。

与古希腊理性诞生的时代相近的古中国，也曾出现大批思想家。但是，理性作为一种思维形式，在古代中国思想家那儿并未与人的其它精神活动，尤其是同人的情感、直觉等心理体验完全而独立地区分出来，东方人对于世界本原的理解，不是经由理性，而是经由直观或顿悟。[36] 在古代中国，并不习惯于划分神话思维和理性思维，理性思维与神话思维可谓水乳交融。[37] 同时，中国文化倡导整体思维，既没有在认识的主体和认识的客体之间划分出严格的界限，也没有在思维之中区分出知、情、意等各个层面。蒙培元指出，虽然在中国文化之中，情感属于感性的范畴，“性情”范畴就意味着理性与情感之分，如“性”是普遍的、理性的、绝对的、客观的，而情是个人的、感性的、相对的、主观的，“以情顺理”、“以理主情”、“性其情”等说法正指明理性对感性的指导和调节作用；但是，性和情又是一体的，理性和情感不能单独起作用，如孟子所言“若乃其情，则可以为善矣”，[38] 陆九渊所说“心性情才只是一事”，[39] 王阳明所谓“良知只是一个真诚恻坦”之心，[40] 等等都说明中国传统思维“反对对理性、感性作二元论的区分”。[41] 而无论儒学还是道家，抑或是后来的集大成者理学，都从整体性思维的角度倡导“天人合一”、“天人一理”、“天地万物一体说”等诸如此类的整体式宇宙观、集体主义人文观。因此，古中国文化，被认为是一种趋向于传统的经书文化，只属于特定团体，而不是在公众讨论之中发展。[42] 不在公众讨论中发展思辨哲学通常有两个含义：一是公众的意见被统治者认为无足重轻，无须与其交流；二是公众在国家文化传承过程当中的角色，主要是作为“接受者”而非“发言者”而存在。按美国政治学者阿尔蒙德等的著述《公民文化》一书的划分类型，作为接受者而存在的民众属于“地域民”或者“臣民”，而非“公民”，接受者在国家政治结构当中只是作为政策的“输出系统”的受众，即接受行政安排和法律约束的民众而存在，而在国家政策的“输入系统”，即政策的制

---

〔35〕 同注7引书，第8页。

〔36〕 参见［美］威廉·巴雷特：《非理性的人——存在主义哲学研究》，杨照明、艾平译，商务印书馆1995年版，第59页。

〔37〕 同注34引书，第1~20页。

〔38〕《孟子·告子上》。

〔39〕《象山全集·语录》。

〔40〕《传习录·中》。

〔41〕 同注25引书，第478页。

〔42〕 同注7引书，第27页。

定和决议过程中则没有或者仅有微弱的影响力。[43] 因而在一定意义上，经书文化的传承形式在发展模式上，趋向于"接受"而非"创新"，"接受"通常意谓对于古人思想以及统治当局的一系列注释与颂扬。历朝历代的更替和改革之中所不断上演的"托古改制"，以及中国文化数千年来在政治、经济和思想模式等领域所呈现出来的"超稳定性体系"[44] 的形态，就很能说明经书文化这种重在接受、融合而非创新的思想模式的影响力。

"理性"作为独立的思维模式和认识论，其繁荣需要开放的社会结构，即一个公众可以拥有自由的话语权的环境；而在专制和经书文化的氛围当中恐怕难有发展的空间。而有无"理性"的支持，反过来又直接影响不同文化的发展方向：欧洲文艺复兴以来依靠理性的支持，发展了自然科学、资本主义经济和现代法治精神；而在理性认识论缺失的古代中国的经书文化传统之中，自然科学、资本主义经济和现代法治精神即便出现了萌芽也最终被扼杀，所以中国明、清时期经济的资本主义化、政治的民主化以及自然科学的发展等以理性为基础的现代化转型的标志性领域均告失败，可说不无原因，在一定意义上，可以认为是因为缺乏"理性"而导致的文化必然宿命。

因之，本文一个简单的结论，就是在一定程度上同意巴雷特（William Barrett）的观点，即理性可谓希腊文化独享的成就，理性是西方文化之区别于东方文化的魂魄所在。[45] 理性主义的文化特质，可谓解释共享理性主义文化传统之欧洲人的精神、行为模式、社会制度的入门钥匙，亦是法治区别于君主专制的魂魄所在。

这在一定意义上可说是马克思·韦伯式的文化解释。韦伯将新康德主义融入其个体解释学的社会分析，认为自然科学、现代立宪国家、科学的法律学说、形式法律制度、职业法律解释者、以成文法为基础的官僚机构、现代资本主义企业组织形式等大量的现代现象，都涉及"西方文化特有的理性主义"，"资本主义精神的发展完全可以理解为理性主义整体发展的一部分，而且可以从理性主义对于生活基本问题的根本立场中演绎出来"。[46] 笔者认为，儒学文化显然缺乏这种理性主义，所以包括中国在内的非欧洲文化地区，"科学、艺术、国家以及经济都没有走上西方所特有的道路"。[47]

当然，韦伯认为是清教徒的禁欲主义引发了经济发展所需之计算、利益衡量等以理性为基础的资本主义文化乃至近代宪政法律精神。但是，我们对此结论的一个微小疑惑是，中世纪早期的基督教理论本身就已经融合了斯多葛学派的理性自然法；而从中世纪中后期的13世纪以来的经院哲学，也是在古希腊理性主义的认识论和哲学基础之上发展——在这一意义上，可以说是理性主义丰富了宗教思想，而非反之。整个基督教从一开始就引入了斯多葛学派的自然理性观，何来新教禁欲主义引发资

---

〔43〕 参见［美］加布里埃尔·A. 阿尔蒙德、西德尼·维巴：《公民文化——五国的政治态度和民主》，马殿君等译，浙江人民出版社1989年版。

〔44〕 同注34引书，第11页。

〔45〕 同注36引书，第75页。

〔46〕［德］马克思·韦伯：《新教伦理与资本主义精神》，于晓等译，三联书店1987年版，第15、56页。

〔47〕 同注3引书，第153页。

本主义理性精神之说？或者换一个说法，借鉴韦尔南对希腊理性源头所作的考察，在公元前7～公元前5世纪的雅典城邦，“节制”的理想与富人的狂妄形成对照，它崇尚均衡性和中介性，并使“平等”成为设计城邦生活的基础，“……从总体上讲，‘节制’是在教派之外获得了具体的伦理意义和政治意义”，对于直接介入公共生活的社会阶层而言，“节制”通常意味着“新的政治内容和非宗教的、实证的形式”。[48] 显然，“节制”、“禁欲”本身就是作为理性人格而对立于“纵欲”、“贪婪”等非理性人格而被提出的，所以，理性主义才是包括基督教等宗教文化在内的欧洲文化的渊源，而非反之。当然，这个问题还涉及很多方面，限于篇幅就此存而不论。而依本文逻辑，将“理性”和理性主义认识论视为西方宪政法律传统、尤其是现代宪政法律文化的核心基础，显然足以成立。

---

〔48〕 同注1引书，第72～80页。

萨维尼的《论占有》及其贡献

——法学、立法以及方法

朱　虎*

一

《论占有》[1] 是萨维尼的成名作，他在此书的第4版序言中简要说明了写作本书的缘起。在萨维尼之前的对于罗马法的研究中，占有这一问题受到了忽视。萨维尼在对于罗马法进行研究时将这个被忽视的问题拉到了前台，于1802年完成此书，1803年出版。此书一问世便为萨维尼带来了极大的名望，蒂保（Thibaut）因之称萨维尼为“我们的第一民法学家”，[2] 奥斯丁（Austin）称此书为“在所有关于法律的著作中，是最完美、最精致的”，[3] 至今它仍被认为是法律释义学的典范之作。《论占有》在萨维尼生前曾印行6版，并在他逝世后出版了第7版。占有这个主题在此书出版后成为耶林（Jhering）[4]、布鲁斯（Bruns）[5] 等持续探讨的对象，这些讨论直接影响了《德国民法典》对于“占有”的规定，并间接影响了《路易斯安那民法典》。[6] 连美国联邦最高法院的大法官霍姆斯（Holmes）[7] 以及声名鹊起的波斯纳（Posner）[8] 也对占有进行了讨论，并且在讨论中仍然避不开萨维尼的这本著作。

萨维尼在这本著作中论述了占有的所有相关问题，包括占有的概念、取得、持续、丧失、保护以及准占有。在第一篇中，萨维尼首先确定了构成占有法律概念的

---

* 中国政法大学民商经济法学院博士生。

[1] Savigny, Das Rechtdes Besitzes, 6. Aufl., Giessen 1837.

[2] [德] 克莱因海尔、施罗德主编：《九百年来德意志及欧洲法学家》，许兰译，法律出版社2005年版，第359页。

[3] Von Savigny, *Treatise on Possession*, translated by Sir Erskine Perry, Hyperion Press, Inc., 1848, translator' s preface.

[4] 布鲁斯在这个问题上的主要著作有：《罗马法和现代法的占有诉讼》（Carl Georg Bruns, *Die Besizklagen des römischen und heutigen Rechts*, Wemiar, 1874）、《中世纪和当代的占有权利》（*Das Recht des Besitzes im Mittelalter und in der Gegenwart*, Tübingen, 1848）、《通过利益代理人的占有取得》Besitzerwerb durch Interessenvertreter, Tübingen, 1910）。

[5] 耶林在这个问题上的主要著作是《论占有保护的根据》（Rudol fvon Jhering, *Ueber den Grund des Besitzesschutzes*, 2. Aufl., Jena 1869）。

[6] Snyder, "Possession: a brief for Louisiana's rights of succession to the legacy of Roman law", vol. 66, *Tul. L. Rev.*, 1992.

[7] [美] 霍姆斯：《普通法》，冉昊、姚中秋译，中国政法大学出版社2006年版，第5、6讲。

[8] Posner, "Savigny, Holmes, and the Law and Economics of Possession", 86, *Va. L. Rev.* 2000. 另参见 [美] 波斯纳：《法律理论的前沿》，武欣、凌斌译，中国政法大学出版社2003年版，第6章。

事实条件是“持有”，而所需要讨论的是与法律关系相联系的占有，即占有权利（Rechten des Besitzes），那么，占有究竟是与什么法律关系联系起来从而被认为是占有权利？根据罗马法篇章以及占有在罗马法原始文献的体系中的位置，仅有时效取得和令状这两种法效果能与占有联系起来。因此，占有就本质来说是事实，但占有又等同于权利，因为存在与它相联系的法效果。这便回答了占有究竟是事实还是权利这样一个长期争论不休的问题。而根据体系化的考虑，又进一步确定了占有令状权，即对于占有的保护的根据在于私犯之债，即对于占有进行侵扰会产生不利于占有人的事实状况的变化，因此占有令状权属于债务性（obligatorische）权利。

根据自决的基本理论，持有如果要成为占有，在实质上还必须具备占有心素（意图），即支配意图（animus domini），即占有人必须事实上意图对物进行支配，不承认他人比占有人自己更有资格。在准占有之中也同样需要此心素，即对于被占有的权利不承认他人比自己更有资格行使。但是，仍然存在例外，即传来占有（Ableiteten Besitz），这种占有根据他人的原初占有而产生，是从前占有人那里转让而来的占有。但即使在传来占有中，仍然存在占有心素，虽然这种心素不是支配意图，而是享有之前属于他人的占有权利的意图。为了给后面的一些分析确定前提，萨维尼支持了“所有的占有都是排他的”这个规则，即对于一个物不可能同时存在两个或两个以上的占有，这样，很明显的两个规则便由此得出：只要前占有存续，则新的占有就必然不会开始；只要新的占有被承认，那么前占有就必须被认为已经终止。

在第二篇至第四篇中，萨维尼对于占有进行了动态的分析，即分析占有的取得、丧失和保护。首先是占有的取得。与占有的实质构成要素相对应，如果一个人要取得占有，则必须存在取得占有的物理行为（体控）和伴随着物理行为的意图（心素）。对于体控而言，与物的直接接触并非必须，必须的是直接作用于物的能力——对于不动产而言，体控即为在土地上的现时在场，而对于动产而言，则是物的现时在场，同时，对于所使用的房屋内的动产，房屋使用人基于看管（custodia）能够自然取得对于此动产的占有。如果对于物的物理关系在占有被取得之前就已经存在，则占有仅通过心素就可以被取得。

而在占有意图的论述中，萨维尼论述了无法产生占有意图的一些人，包括法人、儿童，以及对于物的单独部分占有的法律可能性。这些论述都只适用于原初意义上的占有，之后萨维尼根据罗马法篇章确定了产生传来占有的四种情形：在永佃权以及根据质押合同而产生的质权中总是存在传来占有；在寄托的情形中，只有在例外的情况下才会产生；而在临时让与的情形中，只要不存在明确的约定，就可以产生传来占有。但占有不必都要由自己亲自取得，它同样也可以通过代理人而取得。

其次是占有的丧失。根据占有的构成要素，以及占有取得的规则，依据逻辑上的一致性可以推导出两个规则：占有的持续如为可能，也必须有体素和心素的存在；而占有持续与占有丧失是一个问题的两个方面，即占有只能持续到其丧失为止，因此，如果体素和心素的其中之一不再存在，或者两者都不存在，那么占有就会丧失。在外在事实（体素）中，如果对物的直接支配关系能够根据意思而不断再现，那么占有就能够持续，反之占有也就丧失。而在内在事实（心素）之中，为了使占有持续，一种随时能够重现原始意志的能力的这种心素是必须的。而通过代理人也同样可达成占有持续。

再次则是占有的保护，即令状。从令状的一般含义出发，可以认为，占有令状是建立在单纯占有基础之上的令状，它只包括恢复占有令状和维护占有令状。维护占有令状与所有权之诉之间的预备关系仅是一种偶然的关系，因此占有令状与所有权之诉是两回事。之后萨维尼分别论述了维护占有令状（包括现状占有令状和优者占有令状）、制止暴力剥夺令状、针对隐秘占有的令状以及针对临时受让的令状，详细界定了它们各自的要件、效力以及对它们的抗辩，说明了它们各自适用范围的历史演变过程，注重它们之间的相互协调和系统性，避免法律漏洞的产生。

至此，所论述的占有权利都是以保护所有权的行使作为根据，但这种保护也延伸到其他一些权利之上从而形成了准占有，即对于权利的占有，这些权利包括人役权、地役权和地上权。萨维尼分别论述了对于这些权利的占有，界定了这些准占有的取得、丧失以及保护。

在最后一篇中，萨维尼描述了罗马法的占有理论与现代法（教会法和德国法）之间的关系。占有所适用的标的得到了扩展，同时，对于占有的保护，新的侵夺之诉（Spolien-klage）得到了确立，虽然在侵夺之诉中，确实存在一些革新之处，但此诉权完全能够根据罗马法而得到解释。同时，还存在一种简易占有之诉（possessorium summariissimum），这种救济方式只是为了在占有诉讼中防止诉讼的拖延可能产生的不法行为的一种程序，它与罗马法之中的占有诉讼仍存在着密切的关联。因此，虽然在现代有了一些新的规定，但罗马法的占有理论的整体并没有因为这些规定而被打破，罗马法理论在现代仍然有效。

二

萨维尼以独特的细致和敏锐，审查了他之前的关于占有的通行观点，进而对于占有的所有相关问题都毫不逃避地进行了清晰、逻辑一贯和系统地讨论，如同维亚克尔所评价的那样："……从占有意志之前后一贯的建构原则出发，并藉由诠释学的文化与萨维尼自身的平衡感，如同一项音乐主题一样被'彻底实现'的，精神上，甚至可说是艺术性的整体创作。"[9] 由此，他对之后的学者产生了重大的影响。他之后其占有理论被布鲁斯继续发展，但却受到了耶林和霍姆斯的批评，尤其是霍姆斯对于萨维尼的占有理论进行了全面系统的批判。如果要彻底理解一个理论，那么就必然不能忽略对于此理论的批判，这里限于篇幅的原因，只结合霍姆斯的批判来对于萨维尼的占有理论进行一个简单的讨论。[10]

首先是占有保护的根据。萨维尼首先认为，对于占有进行保护的原因在于"一

---

〔9〕［德］维亚克尔：《近代私法史》，陈爱娥、黄建辉译，上海三联书店2006年版，第376页。

〔10〕在这一部分以及以下其余部分中，如果没有特别注明，对于正文中括号内的页码，对应于萨维尼的指的是同注1引书的页码，而对应于霍姆斯的则指的是同注7引书的页码。

切暴力皆为非法”（第8页），即暴力根据它的形式就是非法的，这一点同样适用于所有的类似情形，如针对临时受让的令状是建立在滥用原告信赖即非法的这个基础之上。所以，占有的保护是“建立在一个根据形式为非法的行为的基础之上”（第9页）。在这一点上，霍姆斯似乎误解了萨维尼，根据霍姆斯的理解，萨维尼的观点是“一切暴力的行为都是不合法的，因此占有应被保护”，由此霍姆斯批评道：“这难以回答，为什么占有被保护不受暴力侵犯之外，也不受欺诈的侵扰”（第182页）。很明显，霍姆斯把萨维尼的观点理解得过于狭窄了。

但萨维尼之后又认为，占有保护的真正基础在于对占有进行侵扰会发生不利于占有人的事实状况的变化（第41页）。但萨维尼并没有明确阐明这里所阐述的基础与之前所阐述的基础之间的关系。并且，如果占有保护的基础是如此，那么为何此种事实状况的变化就应该得到保护？因为根据一般的观点，虽然所有的事实状况变化都蕴涵了被侵犯人利益的变化，但并非所有的利益变化都应受到保护，为何法律偏偏对于此种事实状况的变化进行保护？

在霍姆斯看来，萨维尼对于占有保护根据的阐述并没有继承康德，因为康德认为占有之所以受到保护，是因为一个人通过占有某客体，从而将人格扩展至该客体之内或之上，因此，对于占有的侵犯就是对于人格以及自由的侵犯。[11] 而萨维尼是以暴力行为的非法作为占有保护的根据。但霍姆斯的这种观点似乎并不妥当。

萨维尼基于康德的意志自由的“悬设”，认为取得占有必须要存在占有心素（意图），只有在这时，才可以认为占有标的进入到了人格的范围之内，自由意志才贯彻到该占有标的之上。而占有如果要得以持续，也必须存在占有的意图；在占有意图不存在之时，占有也就丧失。因此，占有意图在占有之中具有至关重要的作用，对于占有的侵犯也就是对于人格和意志的侵犯。因此，萨维尼明确陈述：“我对于上述保护的解释也是根据个人的不可侵犯性，以及人身与物之间的联系，这种联系产生于物的自然从属”（第36页）。普赫塔（Puchta）认为，对占有的保护实际上是对于人格的保护，萨维尼评论说：“我看不出这种对于占有保护的解释与我的解释有何本质上的不同”（第36页）。因此，萨维尼也是认为对于占有保护的根据在于意志自由，这同样与之前提出的基础协调起来，即占有是自由意志在标的上的贯彻，而对于占有的侵犯会导致占有人的事实状况的变化，这同时侵犯了占有人的意志自由，或人格。也就是说，只有在侵扰行为导致了主体的事实状况变化，同时又侵犯了主体的意志自由的情形中，保护才是有根据的。而只有在这个基础上才能认为，暴力行为根据形式就是非法的。因此，在这一点上，萨维尼与康德、黑格尔是一脉相承的，他的观点是来自于德国古典道德哲学。

而霍姆斯对于道德哲学非常蔑视，认为应将法律与道德区分开来，甚至主张观察法律的“坏人视角”，[12] 认为“法律之最直接的基础一定是经验的”（第187页），

---

〔11〕 同注7引书，第182页。同时参见［德］康德：《法的形而上学原理》，沈叔平译，商务印书馆1991年版，第54页以下。黑格尔也同样如此，参见［德］黑格尔：《法哲学原理》，范扬、张企泰译，商务印书馆1961年版，第50页以下，尤其是第45节。

〔12〕 参见［美］霍姆斯：“法律的道路”，载［美］伯顿主编：《法律的道路及其影响》，张芝梅、陈绪刚译，北京大学出版社2005年版。

强调理论是从外部研究法律，“而法学家的任务则是让人们知道法律的内容；也就是说，从内部处理它”（第 193 页），因此他拒绝萨维尼关于占有保护根据的观点。他认为法律对占有进行保护的根据是人具有保护占有的本能（第 187 页）。虽然这种解释表明了法律的社会视角，但这种通过本能来解释法律保护占有的根据似乎过于简略了些。首先，本能如何证明？是不是可以认为，侵夺他人的占有而有利于自己也是人的本能？如果不是，如何证明？如果是，又如何证明？其次，法律对于本能有许多的限制，例如，也许每个人都有性的本能，而在涉及性的事务上，法律施加了诸多限制。因此，这种解释至少是不充分的。如果仅从逻辑一贯和充分性上而言，萨维尼的理论似乎更为可采。

其次，霍姆斯认为，对于占有是事实还是权利的讨论是毫无意义的，因为“凡是指示着这样一组事实的词，就意味着附加于它、作为其法律后果的权利；而凡指示着附加于一组事实的权利的词语，也以同样方式意味着这组事实”，因此“占有”指示着事实而隐含着后果（第 189 页）。而萨维尼认为，占有起初也只是一种单纯的事实，而就其产生的后果而言等同于权利，并进而讨论了占有权利的类型归属。在很大程度上，萨维尼和霍姆斯在这一点上的观点是相同的，二者之间的差别的原因首先是对于“事实”和“权利”的理解并不相同，所以这两种理论并不构成排斥关系。并且，霍姆斯是一种实用主义立场，因此他认为，对于这个问题的讨论并没有什么实际价值。但萨维尼基于一种体系的方法以及对于体系价值的确信，仍对之进行了讨论，他将法律作为一个体系来看待，因此，必然要讨论占有的性质，以及占有令状权应归属于哪一类权利。因此，两者在这一点上的差别主要体现了对待法律的态度以及与此相联系的所使用的方法的差别。

在此，霍姆斯也同样认为，为了取得占有，必须存在与占有标的之间的物理关系，即存在对于对象的某种程度的权力。但是，“对对象拥有的足以构成占有权的那种权利与不足以构成占有权的权利之间的区分，仅是一个程度问题，分界线可以在不同的时间、不同的地点根据刚才提到的依据而划出”（第 191 页），他不试图给予这种占有体素以明确的定义。萨维尼却明确界定了占有体素，并且，根据占有的标的是动产还是不动产，他分别确立了明确的规则，虽然在土地的情形中存在例外（第 149 页以下）。但即使如此，规则的应用仍会产生一些难题。而萨维尼也认为，这时必须以社会的外在统一观察作为判断体控存在的因素。萨维尼承认：“如果人们要问，在什么条件下，通过现时在场可以同时产生物理支配的意识，那么，这要取决于个别情势，特别是在涉及第三人的可能的相反作用力的情形中”（第 178 页）。但是，萨维尼仍然认为这只涉及基本规则的应用，而并不涉及到基本规则本身。所以，萨维尼与霍姆斯的观察重点并不相同，这同样取决于他们所运用的方法的不同。

霍姆斯同时认为，对于占有的持续而言，“始终对物具有现时权力不是必要的”。为此，他举了一个例子：

> 假设某人发现了一钱包金子，把它放在自己围了一点点栅栏的乡下房子里，后来他因事入狱，被关在 100 英里以外的监狱中。这房子很偏僻，

> 在它方圆20英里以内只有一个人，一个全副装备的夜盗贼。他在这房子的前门，透过窗户看见了这钱包金子，遂立刻起意要闯进房内拿走它。在本案中，拾得者对金子再次产生原来的那种物理关系的力量肯定是很有限的，但我相信，没有人会说，在这夜盗贼通过一项公然的行为表明他对此金子之排除他人的权力和意图之时，拾得者的占有就终止了（第209页）。

但在这种情形中，萨维尼就会认为拾得者的再现物理关系的能力终止，进而认为占有丧失了吗？根据萨维尼的观点，占有的持续可以建立在看管的基础之上（第266页），这仍然构成了再现物理关系的能力。在这种情形中，拾得人虽然入狱，但他仍然享有对于房屋的看管，因此，只要盗贼没有进入到房屋之中拿走那些金子，再现物理关系的能力就没有终止。而且，拾得人入狱只是一个偶然的情形，他虽然不能亲自进行占有，但他仍然可以委托他人对物进行占有。因此，他再现物理关系的能力并没有丧失，进而他对于金子的占有并没有丧失。所以，在这一点上，霍姆斯并没有驳倒萨维尼。

在萨维尼的占有理论体系中，最遭人诟病的是他的占有意图理论。如果按照萨维尼的这种理论，那么承租人、使用借贷人以及他物权人（虽然他物权人可能会享有准物权）就不会享有对于物的真正的占有（第212页）。萨维尼根据罗马法篇章，基于历史因素和便利因素，承认在四种例外情形（第221页）中会产生传来占有，但也仅限于这四种情形。但是，霍姆斯认为，基于现实的需要，在承租人、使用借贷人等情形中也应承认占有的存在。为了解释这一点，霍姆斯虽然仍然认为占有要有占有意图的存在，但是这种占有意图并非如萨维尼所界定的那样是“支配意图（据为己有的意图）”，而是“排除他人的意图”（第193页），其差别在于，“若没有排除他人的意图及更多的东西，那种据为己有或作为所有者处理一物的意图，就不可能存在；但排除他人的意图在不存在作为所有者持有的意图的情况下，也完全可能存在”（第194页）。而且，萨维尼的支配意图是绝对的，即排除其他所有的一切人，但霍姆斯则认为排除他人的意图可以是相对的，如在抵押或其他可任意终止的寄托中，普通法保护受寄人对抗第三人，而不保护他对抗所有者（第194页）。霍姆斯作出此种界定的理由在于，法律责任先于法律权利。但这一理由似乎过于牵强了，即使是非常尊重霍姆斯的波斯纳也认为：

> “对于反对支配意图的要求，而赞同仅有排他的意图即可主张这一核心主张，他（指霍姆斯——笔者注）所给出的惟一解释就是，法律责任先于法律权利。占有法创造了不干涉占有人对于占有物的排他性使用的责任；这一责任产生了一项相应的禁止干涉或者获得救济的权利；因此一个占有人所需的惟一意图就是排除这样的干涉的意图。这一‘因此’并不是必然的。将对抗所有人的占有救济仅限于意图保持占有的人并没有什么不合逻

辑的，无论它明智与否或者与英美法是否一致。”[13]

同样，根据萨维尼的占有意图理论，主体就不能取得此主体没有意识到为他所控制的物，即使此物处在他所使用的房屋中（第169页）。而霍姆斯根据一些案例，证明了在一些情形中，虽然主体没有意识到他所控制的物，但仍被认为存在占有（第195页）。但是，值得注意的是，霍姆斯是从一些既往的英美案例中抽象出了这一规则（“交替地参考历史和现有的立法理论”，第1页），在这一点上，他似乎与萨维尼所使用的方法相同，因为萨维尼也是从既往的罗马法篇章中抽象出了这一规则。[14] 这样，最多只能认为，萨维尼所抽象出来的规则虽然能够解释罗马法篇章，但却不能解释英美法的既往案例。而霍姆斯并没有对于两个规则的合理性作出判定和论证，基于他的实用主义立场，他也不可能去寻求普适的合理性。因此，两者的主张虽然不同，但并不能构成一种反对关系，甚至，两个主张具有方法上的相似性，因此在这个意义上为一种互相证明的关系。

霍姆斯认为萨维尼的占有意图理论与他对于占有保护根据的阐述一样只不过是道德哲学在法学上的阐发，因此没有基于现实的需要。但这种攻击对于萨维尼而言部分是不正确的。萨维尼在承认占有意图的情况下，依然承认了传来占有这个例外，在质权和提存物扣押的情形中，这是“根据这两种制度的实践目的，此实践目的恰恰要求是所有权人不再享有令状。因此，牺牲严格的逻辑一致性以满足实践需要就相当自然了”（第94页）。萨维尼明确宣称：“（科学逻辑）一致性的利益必须隶属于生活的需要”（第52章）。因此，可以看出，萨维尼在确定规则时实际上考虑到了生活需要，但他不愿意采取这样一种行事方式，即“实践的利益没有被获得”，而且使得具有一致性的确定的规则和原则都不再可能（参见第52章）。[15] 而且，萨维尼力图确定规则的目的恰恰也在于规则可以杜绝盲目任意（第52章）。在这一点上，波斯纳正确地认为萨维尼确定规则具有历史正确性和现实正确性，萨维尼考虑到了他所处时代的真正需要，即明确与统一的法律规则；并且规则错误的成本肯定能被

---

〔13〕 同注8引书，第214页。同样，波斯纳认为，萨维尼在一些情形中承认传来占有的理由也似乎同样可以适用于承租人的情形，参见同注8引书，第210页。但是，萨维尼认为，永佃权人和临时受让人享有传来占有是基于历史原因而非法律关系本身的性质和条件（第222页以下）。关于提存物扣押人享有的占有与承租人没有多大的联系，而质权人享有传来占有是基于质权的目的，即为了防止债务人很容易通过不法方式重新取得对于物的自然占有（第337页以下），而且，他明确阐述了这个理由不能适用于承担租人或使用借贷人的原因，即质押是建立在对债务人不信任的基础之上，这与其他合同不同（第339页注1）。那么，为什么承租人不能享有准确占有，既然以 *jus in re*（对物权）作为持有根据的持有人，如受益人，享有准占有？萨维尼对其原因也作出了明确的阐述（第139~141页）。波斯纳在论述这一点时，也似乎混淆了萨维尼所界定的准占有和传来占有。

〔14〕 波斯纳也同样注意到了这一点，参见同注8引书，第212页以下以及第226页以下，并且，萨维尼认为传来占有是占有规则的一个例外（虽然并不完全是），而霍姆斯在雇姆斯在雇员的情形中，也认为雇员不享有占有同样是一个基于历史原因所形成的例外，参见同注7引书，第198页以下。

〔15〕 波斯纳正确地注意到了这一点，参见注8引书，第210页，“萨维尼乐于——无论如何在某种程度上乐于——让实践需要胜于精致法学甚至对罗马法律原则的忠诚”。

规则在减少诉讼成本和减少法律不确定性方面的收益抵消。[16] 这里已经涉及了萨维尼所使用的方法的讨论，在后文中有更为具体的论述。

因此，虽然萨维尼的占有理论自然可以而且应该被讨论，但他至少在理论上并没有被霍姆斯所完全驳倒，但霍姆斯的失败恰恰也让我们看清楚了他失败于何处，高手的失败恰恰也是他的批评意义实现的一种方式。而我们如果要对于萨维尼的占有理论进行批判，就必须首先要试图完全理解萨维尼以及萨维尼的占有理论，以及之后学者对于他的批判，这不正是一条很明显的理论脉络吗？

三

萨维尼的占有理论自从问世之后，就一直处于讨论之中，这些讨论自然会对于立法产生很大的影响。现在我们就来简略观察在《德国民法典》的规定中，萨维尼的占有理论究竟有多大的影响。

首先，萨维尼对于占有的功能没有进行专门的论述，但是在具体的论述中可以看出萨维尼对于占有功能的观点。萨维尼将占有与令状和时效取得联系起来（第7页以下），他似乎更为注重占有的保护功能，他专门论述了占有令状，占有是占有令状的基础（第8页，第304页）；同时，他也注意到了占有的持续功能（Erhaltungsfunktion），占有是时效取得的基础，即与占有相联系的持续性利益能够因时间的经过而得到增强，进而成为完全性的权利。但是，在《德国民法典》中，占有的功能更为广泛，首先，占有具有保护功能，这主要体现在第858～867、1007条以及第823条第1款、第812条。其次，占有还具有维持功能，包括债权性法律地位的强化（第986条第2款以及第571条）、占有人的销除权（第268条第1款第2项）以及时效取得（第900条以及第937～945条）。最后，占有还具有公示功能。[17]

其次，《德国民法典》并没有对于占有作出明确的界定，因而更不可能讨论到占有的法律本质问题。但是，我们可以根据《德国民法典》的规定看出一些端倪。《德国民法典》区分的基础是物权与债权的区分，债权涉及人与人之间的关系，物权涉及人与物之间的关系，而占有同样处理的是人与物之间的关系，因此，立法者把占有放于物权编之中。并且，根据《德国民法典》的具体规定，占有是物权产生的法律前提（第929、937、958、1205条），[18] 因此占有位于物权编的开端。法律对于占有进行了保护，占有可以被转让（第854、870条）和继承（第857条），也可以作为遗嘱占有的客体（第2169条），同样，占有根据一般的观点，可以作为侵权行为保护的客体，通说认为，它属于第823条第1款的“其他权利（sonstiges Recht）”的范围。[19] 因此，“如果占有人不拥有实际的权利地位，他也拥有类似于权利的地

---

〔16〕 同注8引书，第226、227页。

〔17〕 具体参见［德］鲍尔、施蒂尔纳：《德国物权法》（上册），张双根译，法律出版社2004年版，第105页以下；［德］沃尔夫：《物权法》，吴越、李大雪译，法律出版社2002年版，第77页以下；孙宪忠：《德国当代物权法》，法律出版社1997年版，第107页以下。

〔18〕 RGRK BGB，III 1，12. Auf. l Walter de Gruyter Verlag. Berlin，1979. S. 3.

〔19〕 同注17引鲍尔书，第106页，第167页以下；同注17引沃夫书，第80页；同注18引书，第3页。

位”,[20] 占有“提供了一种重要的法律地位，其意义好像一种暂时的权利”。[21] 这种观点与萨维尼的观点（第5章）很是一致。但是萨维尼认为对于占有的保护（占有令状）应是债务性权利，而《德国民法典》则把对于占有的保护（占有保护请求权）规定在了物权篇中，民法典的这种处理方式可能是与“请求权”概念的创立以及物权与债权区分相联系的。

对于占有心素而言，《德国民法典》并没有作出明确的规定。但是，第872条的规定表明，自主占有与他主占有的区分仍取决于占有意图。而且根据第867条第1句的规定，可以推导出，如果一个物的据有人（Innehaben）对此不知情，那么他并不能对于此物享有占有。事实上，“一个事实上的支配力如果没有相应的支配意图的话是不可想象的”,[22] 根据第867、965、984、1005条同样可以推导出这一点。所以，如果一个人对遗落在他房屋的物并不知情，他并不能取得占有（这点与萨维尼的观点相同，见本书第169页）。因此，对于《德国民法典》而言，通说认为占有的取得仍然需要意图（Wille）的存在，但是这种意图只是一种自然的意图，而非法律行为的意图，因此，即使是无行为能力人也可以具有此种意图，并据此而取得占有。[23] 而萨维尼所要求的占有意图似乎并不限于此，他所要求的意图是法律行为的意图，为此他论述了不能产生占有意图的主体。在这一点上，《德国民法典》似乎并没有采取萨维尼的理论，而是大致采取了耶林的理论，耶林认为，占有应当以客观的人与物的空间控制关系加以判断，但这种空间控制关系是占有人意思的反映，所以占有以符合占有意思的空间支配关系成立，《德国民法典》采取了此种折中观点，即一端是萨维尼的理论，一端是纯粹的客观理论——占有只是单纯的事实支配关系。同样，对于《德国民法典》而言，占有的丧失可以根据抛弃产生（第856条），而抛弃的意思也同样仅需要自然意思,[24] 而萨维尼认为：“如果占有人没有可能行使他的意志，占有也同样不会丧失”（第277页）。在间接占有（第868条）中，直接占有人必须具备以用益权人、使用承租人等的身份而为占有的意思，但此意思也同样仅是自然意思，只要占有媒介人承认他人为其“上级占有人”，就符合此种意思。[25] 因此，从整体上而言，《德国民法典》规定的占有虽然也同样需要占有的意图，但此种意图的含义已经不同于萨维尼所赋予的含义。

在一些例外情形中，占有的取得甚至不需要占有意图和体控行为（即事实上的支配关系）。例如，在继承中，萨维尼认为，占有并不随继承的开始而移转给继承人，“因为在遗产继承开始中，根本不存在对于遗产单个物的体控行为”（第249页），同样，依据他的基本理论，这里也需要存在占有意图。而根据《德国民法典》第857条的规定，占有在继承开始时，继承人就取得对所有属于被继承人的遗产的物的占

〔20〕 同注18引书，第3页。

〔21〕 Palandt BGB，54. Auflag，C. H. Beck，München，1995，S. 1039. 同注17孙宪忠书，第100页。

〔22〕 同注18引书，第8页。

〔23〕 参见同注17引鲍尔书，第117页；同注17引沃尔夫书，第81页；同注18引书，第8页；Jauerning，BGB，C. H. Beck，München，1990，S. 1019.

〔24〕 同注17鲍尔书，第120页。

〔25〕 同注17鲍尔书，第124页。

有，不需要事实上的支配关系以及占有意图的存在。在通过代理人取得占有的情形中，萨维同样要求代理人必须同样具有占有意图，但代理人必须不是意图为自己，而是意图为他人取得占有（第233页）。但在《德国民法典》中，占有辅助人为占有人取得占有是基于从属关系，根据判例的观点，占有辅助人是否具有为占有人进行占有的意思是不重要的。[26]

但是，根据《德国民法典》的规定，除了在上述继承的情形中之外，占有的取得仍然需要占有体素的取得，这一点与萨维尼的理论是一致的。《德国民法典》第854条第2款同样规定了取得人能够行使对物的支配力的，对于占有的取得，只需要前占有人和取得人之间的合意即为足够，萨维尼也同样阐述了这一点（“通过先前的体控取得占有”，第22章），此处《德国民法典》所需的合意与萨维尼所说的意图便非常类似，都是法律行为的意图。

再次，根据萨维尼的观点，在大多数情形中，存在通过代理人进行占有的情形，在这些情形中，真正的占有人只是被代理人，而代理人并不享有占有，而且在代理人和被代理人之间存在一种法定命令或约定委任的关系（第232页以下以及第283页以下）。《德国民法典》根据这一观点，在第855条规定了占有辅助人制度。但是在具体的应用中，还与萨维尼的理论存在稍许的不同，例如，萨维尼认为如果先前存在于代理人和占有物之间的自然占有关系通过代理人自己的意志而被终止，那么无论有没有他人获得自然占有，占有都不会终止（第289页以下），但依照《德国民法典》则并非如此。

而且，萨维尼只认为在四种情形中，存在传来占有的情形，在其他代理人情形中，与物存在支配关系的人只是为他人进行占有，占有人是通过代理人进行占有，代理人本身并没有取得占有。在传来占有的情形中，是由没有支配意图的与物存在直接关系的人取得占有，而在其他情形中，则与物不存在直接支配关系的人仍享有占有。但是，《德国民法典》第868条规定了间接占有，则对于萨维尼所认为的特殊之处进行了结合和很大的扩展，用益权人、质权人、用益承租人、使用承租人、保管人或者在类似关系中占有物，而根据这一关系，其对他人暂时享有占有的权利或者负有占有的义务的，该他人也是占有人，直接占有同样得到保护（第869条），也可以被转让（第870条）。在直接占有人那里，并不存在萨维尼而言的支配意图（类似于传来占有），而间接占有人那里并不存在与物的直接支配关系（类似于其他代理人情形中的占有人）。这个规定已经大大突破了萨维尼的占有理论，或者说是对于萨维尼所认为的例外作了一般化处理，这与上面所提及的《德国民法典》对于萨维尼的占有意图理论的突破具有很大的关系。

与此相联系，萨维尼认为，所有的占有都是排他的，不可能存在“多数人同时占有”。但是由于《德国民法典》规定了间接占有制度，因此在一个物上可能存在直接占有人和间接占有人，并且，多个占有媒介关系可能相互重叠，形成占有链条关系，成为“占有大厦”（“多级间接占有”，第871条）。这些都是《德国民法典》与萨维尼占有理论的不同之处。

---

〔26〕《联邦最高法院民事判例集》第8卷，第133页；同注17鲍尔书，第135页。

最后，萨维尼根据对于占有的侵犯形式，将对于占有的保护区分为维护占有令状和回复占有令状（第315页）。而《德国民法典》也同样根据对于占有的侵犯形式的不同，将占有侵扰分为“占有侵夺”和“占有侵扰”，并且根据这两种占有侵扰行为规定了不同的规则：占有请求权包括占有剥夺请求权（第861条）以及占有妨害请求权（第862条）；在占有人的自助情形中，也根据侵犯形式的不同规定了不同的规则（第859条）。但是，在对于占有的侵犯中，《德国民法典》并不细致区分暴力、隐秘以及临时受让（事实上，由于无名契约的承认，不再需要临时让与制度），而将对于占有的侵犯统一成为“法律所禁止的私力”（第858条）。而根据第861条第2款、第862条第2款结合第858条第2款以及第863条和第864条，对于占有请求权的抗辩也与萨维尼的论述存在同源关系，甚至《德国民法典》第1007条规定的请求权与萨维尼所论述的也有着某些类似之处。

还有一些问题，例如《德国民法典》承认了权利占有（准占有）（第1029、1090条），[27] 虽然萨维尼所论述的更为广泛一些。《德国民法典》对于部分占有的规定（第865条）以及共同占有的规定（第866条）也与萨维尼的论述存在不同之处，而且对于不动产，规定了很大程度上取代了占有功能的土地登记制度，这里限于篇幅的原因，就不再细致地进行分析。无论如何，萨维尼的理论在《德国民法典》中被改变了很多。但是，一个理论的成功与否不能以立法的采用与否作为最终的证据，虽然它也许可以作为一个表面证据。这并不能免除我们对于此理论进行更多的思考。[28] 这种立场或许更为符合萨维尼对于“立法”和“法学”所作的区分。[29]

四

《论占有》最重要的意义毋宁说在于萨维尼在这本著作中所使用的方法。维亚克尔认为：“今天的读者对于此书只会赞誉其（被如此多释义学的专论所共知的）方法上的贡献”。[30] 韦森贝格（Wesenberg）甚至认为，假如《论占有》“不是解除了（现代运用）所造成之文献庞杂、矛盾的困扰的话，其声望或将更低。”[31] 因此，我们阅读此著作，就必须对其方法极为注重。但必须注意的是，萨维尼在他的学术生涯的开始，就对于他的学术目标有着整体的规划，而且，他早在1802～1803年间就已经论述了他的法学方法论问题，而《论占有》的第6版是在他的方法得到系统阐述之后出版的，因此，我们探究《论占有》中的方法问题，就必须结合萨维尼理论的整体图景进行讨论。而由此，本部分的处理方式也就获得了正当性。

在《论占有》一书中，令人印象深刻的是，萨维尼在论述每一个规则时，几乎

---

〔27〕 参见同注17引鲍尔书，第114页，第167页以下；同注17引沃尔夫书，第472页；同注18引书，第5页；同注23引尧尔尼希书，第1019页。

〔28〕 例如，波斯纳就采用经济分析的方式证明“占有的排他”规则是合理的。参见［美］波斯纳：《法律理论的前沿》，中国政法大学出版社2003年版，第6章。这并不是说我就支持他的结论，而是借此证明我们仍需要对此进行研究。

〔29〕 萨维尼的占有理论与《路易斯安那民法典》之间的关系，参见同注6引文。

〔30〕 同注9引书，第376页。

〔31〕 同注9引书，第376页注7。

都是根据罗马法的原始篇章归纳出来，并且利用罗马法原始篇章作出证明，而没有简单地从一些自然法的原则推导出来具体的规则。在这里，我们首先应注意到萨维尼对于理性法[32]的反对，这在《论占有》一书的反映便是拒绝采取理性法的空洞推导形式。萨维尼认为，自18世纪中叶以来，“整个欧洲均为盲目的发展和增长的激情所鼓荡。……它们将祛除所有的历史联系，在纯粹抽象的意义上，为所有国族、一切时代所同等继受”，但是，“一种历史精神已然觉醒，无处不在，不容上述浅薄的妄自尊大存身”。[33] 他试图用历史来抵御自然法，认为历史是通往对于我们自身情势的真正知识的惟一途径，[34] “这是一个普遍的问题，即过往与现在是什么关系？产生与存在是什么关系？”[35] 他写道：

> “……每一个时代既是自由的也是必然的，它是必然的，因为它不取决于当前的特殊任意；它是自由的，因为它同样不以外在的特殊任意（如奴隶主对于奴隶的命令那样）为出发点，毋宁说，它产生于作为一个始终成长、自我发展的整体的民族的更高本质。当前的时代是更高民族的一个环节，它的意志和行动都是在这个整体之中并和这个整体一起实现的，这样，被整体所给定的东西，又是这个环节所自由产生的。”[36]

所以，历史是必然和自由的统一，这产生了历史的延续性，受赫尔德的影响，萨维尼认为，法律如同语言，并无绝然断裂的时刻，仅仅是连续不断的发展。[37]

但是，萨维尼在《论占有》中是以对于罗马法的原始篇章的研究作为出发点，而对于历史的注重如何导向对于罗马法原始篇章的研究？这也是后来的学者所认为的萨维尼自相矛盾之处。如果对于德国法进行历史研究，似乎首先应该研究德国本土的法律，事实上，这也是后来历史法学派之中日尔曼分支的主张。一些学者认为只能从萨维尼的古典主义偏好来对此加以说明。[38] 这种解释并不充分。维亚克尔则从萨维尼的古典文化理念来解释这一点，认为萨维尼的民族概念则是一个文化概念，罗马法自然可以被视为德意志法律生活的重要元素。[39] 这种解释更为充分。

首先，根据萨维尼之后的著作，他认为罗马法可能延续于民族生活之中。萨维

---

〔32〕 理性法不能等同于自然法。自然法在历史中具有多种不同的表现形式，而理性法只是自然法在十七八世纪中最为重要的表现形式。

〔33〕 ［德］萨维尼：《论立法与法学的当代使命》，许章润译，中国法制出版社2001年版，第4页。

〔34〕 Savigny, *Zweck der Zeitschrift für geschichtliche Rechtswissenschaft*, Vermischte Schriften, B. 1, Berlin, 1850, S. 111.

〔35〕 同注34引文，第109页。事实上，这也是萨维尼与黑格尔的差别之处，萨维尼是使哲学历史化，而黑格尔是使历史哲学化。

〔36〕 同注34引文，第110页。另请参见［美］汤普森：《历史著作史》（下），第3分册，孙秉莹、谢德风译，商务印书馆1992年版，第219页。但这一段的翻译似乎是有问题的。

〔37〕 同注33引书，第9页，另参见第7、84页。

〔38〕 参见［德］康特罗维茨：“萨维尼与历史法学派”，许章润译，载许章润主编：《萨维尼与历史法学派》，广西师范大学出版社2004年版，第352、354页。

〔39〕 同注9引书，第362页以下、第380页以下。

尼的《中世纪罗马法史》所要阐明的正是这一点。在本著作的第2卷中，萨维尼阐述到："如第1卷所界定的，头两卷的共同任务旨在描述自罗马帝国覆亡至伊尔内留斯（Irnerius）为止这黑暗的六个世纪里罗马法的连续性"。[40] 恰恰为了实现同一目标，萨维尼在《论占有》的最后一篇中论述了现代法对于罗马法所作出的变更，这是为了证明："诚然，在现代，规定了一些罗马法所不了解的法律规定，但是，罗马法理论的整体并没有因为这些规定而被打破，相反，这些规定本身只能被作为罗马法理论的补充，由此，罗马法理论的有效性同样得到了非常明确的承认。"[41] 因此，罗马法对于萨维尼而言，构成了"普通法"，是"各邦国间法学家们的共同纽带"。[42] 同时，罗马法对于萨维尼而言，具有一种典范价值，"在吾人之科学中，一切均取决于对于基本的原理原则的掌握，正是这些基本的原理原则，造就了罗马法学家们的伟伦不群"。[43] 因此，这便证成了萨维尼研究罗马法的正当性。[44]

但这里又会产生一个问题，如果萨维尼认为，法律来源于民族的精神，那么他作为法学家为何研究罗马法？萨维尼对此进一步阐明，认为法律以前存在于社会意识之中，现在则被交给了法学家，法学家因而在此领域代表着社会，并将法律与民族一般存在间的这种联系称为"政治因素"，而将法律的独特的科学性的存在称为"技术因素"，[45] 并且"后者更为重要，自中世纪以来的我们的法学史，构成了它的基础"。[46] 至此，萨维尼已经论证了法学家研究罗马法的正当性。[47]

那么，对于《论占有》一书而言，他研究罗马法的方法是什么呢？罗马法的原始篇章在他这里具有什么样的意义呢？萨维尼认为，法学家必须具备"历史素养"和"系统眼光"，那么这两者之间又是什么样的关系呢？哲学和实践在他的方法之中又占据何种位置呢？

首先，我们来看萨维尼的一段话："历史法学派认为，法律的题材（Stoff）通过民族的全部既往而被给定，并不是任意的，以至于使它是这样的或其他的，而是产生于民族的内在本性以及民族的历史。每个时代的审慎工作必然指向这一点，即使具有内在必然性的给定的题材清晰化，对其予以更新，使之获得新生。"[48]

这时，萨维尼似乎认为罗马法是研究的"题材"，此题材因为历史而得以既存。更进一步言之，萨维尼认为，我们从既往所得到的概念、规则、术语表述无疑是错

---

〔40〕 转引自［德］吕克特："未被认识到并且未获承认的精神遗产"，载许章润主编：《萨维尼与历史法学派》，广西师范大学出版社2004年版，第363页。

〔41〕 如果一些学者基于此认为萨维尼对于大部分的立法变化持消极态度，并且是"非历史的"，例如同注2引书，第362页，那么这是不正确的，如前所述，萨维尼作出如此的处理是由萨维尼的目标所决定的。

〔42〕 同注33引书，第105页。

〔43〕 同注33引书，第23页，另参见同书第24、25页。

〔44〕 萨维尼对此最为明确的阐述，参见同注33引书，第30页。

〔45〕 参见同注33引书，第9、10页。

〔46〕 同注33引书，第88页。

〔47〕 但是，萨维尼并不趋向罗马法的支配地位，而是认为研究罗马法与德国法具有同样的重要性。参见同注34引文，第106、115页。

〔48〕 参见同注34引文，第113页。黑体字为笔者所强调。

误添加与真实的并存，为了避免误解，必须对流传下来的文本和著述进行审查，并在存有疑问时，探究其起源。[49] 因此，萨维尼主张，我们必须使用罗马法的原始文献，而注释法学派的著作只是一种参考。[50] 这一点在《论占有》一书中体现得极为明显，萨维尼往往只是以罗马法的原始篇章作为依据，而之前的各种评注和注释只是作为一个参考因素，它们或者能够得以证成，或者被反驳。而受到尼布尔（Niebuhr）以及萨维尼的老师魏斯（Weis）的影响，[51] 萨维尼将对于罗马法篇章的研究与语言学的研究结合起来，对于罗马法的各个篇章进行充分的文本并且只是文本的研究。[52] 因此，在《论占有》一书中，萨维尼没有对于占有制度的社会面向和历史原因作出任何陈述，而只是植根于罗马法篇章，对于各种文献作出探讨。

并且，当时，由康德提出来的问题，即如何阐明个别知识与整体知识间的联系，成为一个主要的问题。[53] 康德在《纯粹理性批判》中作出了一个很好的示范，他通过哲学性的手段阐明了数学、自然科学如何可能的问题。在此之后，法学才精确探讨如何以对于认识的批判为基础，将历史给定的实证法律题材全体组织成具有内部体系的学术，如何建构自主性学术内在的统一性以及此学科与其他人文科学在方法上的脉络关系。[54] 针对注释法学中常出现的文献的庞杂和自相矛盾，以及理性法的抽象，萨维尼对此提出的方式是对于历史既定的题材进行哲学性的处理，由此就不再是限于古代文献的单纯讨论，而是通过对于题材（罗马法篇章）的文本研究，从而发现根本的原理原则，[55] 以合理精神将这些题材组织成内部体系，并且使这些题材产生精神上的关联。他指出："制度中法律条文的有机关联性"应"取代纯粹的外在排列"。[56] 这种有机关联首先指的是逻辑的一致，体系方法的本质在于使个别法律概念和法律规则能联结成统一的整体。[57] 萨维尼指出：

> "吾人法律之每一部分均各有其旨意之所在，藉此，则其余部分益且昭然若揭：这些或可被称为基本公理。法理学诸问题中之最大难题在于，对于这些公理进行厘别和区辨，从中推导出存在于一切法律概念和法律规则间的内在联系极其确切的亲和程度。的确，正是此一特殊之处赋予我们的劳作以科学性质。"[58]

这种方式实际上继承了理性法学的概念建构的方法，内涵了概念法学的因子，之后被普赫塔进一步发展，成为学说汇纂法学的主要方法。《论占有》一书完美地体

---

〔49〕 Savigny, *System des heutigen Römischen Rechts*, B. 1, 1. Aufl. Berlin, 1840, Vorrede, XI.

〔50〕 更为明确的论述，参见同注33引书，第89、104页。

〔51〕 萨维尼曾多次充满感激地提到魏斯，在《论占有》的德文第四版序言中也同样如此。

〔52〕 参见同注9引书，第375页。

〔53〕 同注9引书，第360页。

〔54〕 参见同注9引书，第359、360页。

〔55〕 参见同注33引文，第87页。

〔56〕 转引自同注9引书，第362页。

〔57〕 参见同注9引书，第363页。

〔58〕 同注33引书，第17、18页。

现了这一点，所以维亚克尔才会评论《论占有》一书是“经典地实现新兴法学——不相矛盾且组织上完整地建构一项制度——的理想”。

萨维尼同样接受了康德的伦理学作为法的伦理前提。康德的伦理学是一种形式伦理学，其目标是实现人与人之间的自由的并存。萨维尼认为“所有法律共同的职责可以归结为对于人类本性的道德确定”：

“人被置于外部世界之中，在此环境中最重要的因素是他与其同伴在本性和命运上的联系。但对自由人来说，在此接触中互惠共存。在他们的发展中，并不仅仅因为承认存在每一个体存在与活动可获得安全与不受干扰的领域的无形界限而互相妨碍，这是有可能的。确定这种界限与自由空间的规则是法律，这即意味着法律与道德之间的联系与区别，法律服务于道德，但不是执行它的命令，而是保障每个个体意志中存在的力量的自由发展。”[59]

通过这种处理，萨维尼逃脱了常有的对于历史主义可能导致的相对主义的批评，对于历史的追溯并没有伴随着法律前提和思想的相对化。如前所述，占有意图的提出就是以这种伦理学作为前提的，并藉此实现了与德国古典道德哲学的联结，而在之后概念法学的发展以及——作为具体应用例子的——对于占有意图的质疑，往往都是以此种伦理前提的忽视作为基础的。

由此可以看出，“不应将历史法学中理性法的遗产理解为已完结之时代未解决的残渣，其毋宁为历史法学所完成之更新的支柱：藉此，流传下来的法素材得以有方法意识地被组成自主的、有批判性的法学。”[60] 萨维尼认为：“现存题材（Stoffs）的重大影响无可避免：但是只要我们无意识地服务于它，它对于我们就甚为有害，但如果我们用生气勃勃的塑造力量来回应它，通过历史性的研究使它臣服于我们，并因而取得过往时代的所有财富，那么它就会有所裨益。”[61] 所以，萨维尼并不一般性地反对法的哲学面向，在晚年，他对此进行了明确的阐明。[62] 相反，他致力于将“历史方法”和“哲学方法”结合起来，对于“历史方法”和“非历史方法”而言，“现在不是选择一个而拒绝另一个的问题，毋宁说，任务在于，将这种对立溶成一个更高的统一，这种统一是科学取得更确定的进展的惟一方式。”[63] 并且，由这种体系化的方法所决定，即使对于古代罗马史料，他也有意地依其于体系内的价值与贡

〔59〕 上述引文均转引自［德］格恩里：“弗里德里希·卡尔·冯·萨维尼传略”，载萨维尼：《法律冲突与法律规则的地域和时间范围》，李双元等译，法律出版社 1999 年版，第 313、314 页。

〔60〕 同注 9 引书，第 364 页。

〔61〕 Savigny，“Vom Berufunsrer Zeit für Gesetzgebung und Rechtswissenschaft”，*Thibaut und Savigny，ihre programmatischen Schriften*，Frany Vahlen Verlag. München，1973，S. 163；参见［德］萨维尼：《论立法和法学的当代使命》，第 84 页，以及同注 9 引书，第 378 页注 1。本段译文为笔者自译。

〔62〕 参见同注 34 引文，第 106 页。

〔63〕 同注 49 引书，“前言”第 10 页。

献进行挑选，[64]他往往只注重于“健康情形”，对于“病态情形”则予以忽视，而“健康情形”与“病态情形”的区分根据恰恰是体系内的价值。[65]所以，萨维尼对于罗马法的占有制度进行研究时，绝非再现罗马法的占有制度，而仅是再现这个再现而已。

但是，萨维尼的哲学面向仍然是建立在对于既定法律题材进行彻底的研究的基础上的，他认为：“一个并非建立在对细节进行彻底研究基础之上而仅是以大的、有影响的原则为标题的法律史，与根据半真半假的事实所作的一般性的表面推理相比，它并不能提供更多的东西——我确信，这种程序是无益的，毫无成效的，与之相比较，我宁愿选择经验主义”。[66]

至于实践面向，萨维尼仍然非常重视。事实上，萨维尼在《论占有》一书中对于规则的法庭应用（第6篇）和实践需求进行了很多讨论。这种重视还可以从以下事实中得到确证。在他赞颂罗马法时，其中一个理由就是，“他们的理论和实践乃是同一的。他们的理论是构建来即可加以适用的，而他们的实践则因为秉受科学的洗礼而全然升华”。[67]因此，萨维尼主张理论和实践的自由交往和沟通。[68]并且，他致力于设立与法学教师相关的判决咨询委员会，以此在“理论和实践之间产生一种生机勃勃的合作和相互影响”。[69]

因此，我们可以这样来概括萨维尼在《论占有》一书中所运用的研究方法：从历史所给定的法律题材（罗马法原始篇章）出发，运用语言的分析和文本的注释追根溯源，结合既有的对于罗马法的注释和评注对之进行彻底的研究，并注重实践的面向，对于这些素材进行哲学化处理，力图使这些素材在逻辑上协调一致，抽象出原理规则，并成为一个逻辑上无矛盾的体系，并且产生以形式伦理学为前提的精神上的关联。

---

〔64〕同注9引文，第386页。

〔65〕具体参见［德］吕克特：“萨维尼：法律方法与现代性”，盛洪译，载《清华法学》第9辑。

〔66〕转引自同注59引文，第313页；另参见同注40引文，第374页。

〔67〕同注33引书，第24页。

〔68〕参见同注33引文，第94页。

〔69〕参见同注59引文，第306、307页。但是，哈腾豪尔（Hattenhauer）认为，实践对于萨维尼而言始终是低于理论的领域，其始终的信念是“实践是法学的仆人，唯有理论才是法学的主人”。Hattenhauer, *Einleitung*, *Thibaut und Savigny*, *ihre programmatischen Schrifen*, S. 30. 但这种态度对于作为法学家的萨维尼而言毋宁是正当的。

冯·梅伦对比较法和国际私法的贡献

陈卫佐*

2006年1月16日，美国当代著名比较法学家和国际私法学家、原哈佛大学教授阿瑟·泰勒·冯·梅伦（Arthur Taylor von Mehren，1922~2006年）在马萨诸塞州的剑桥与世长辞。世界比较法和国际私法学界、法学教育界失去了一位勤奋睿智的学者、诲人不倦的教师和笔耕不辍的法律工作者。作为一名11年前聆听过冯·梅伦教授在海牙国际法学院讲授的"国际私法一般课程"的晚辈，我怀着崇敬的心情撰写此文，缅怀这位比较法和国际私法一代宗师。

一、冯·梅伦教授的生平

冯·梅伦1922年8月10日出生于美国明尼苏达州的艾伯特利。年轻时，他和他的孪生兄弟罗伯特·冯·梅伦分别申请到了哈佛法学院和耶鲁法学院的奖学金。根据美国地方报纸近乎传奇的报道，兄弟俩当时用抛硬币的方法来决定谁进哈佛、谁进耶鲁。虽然外界至今不清楚到底谁是当时抛硬币游戏的赢家,[1] 但确定的是，阿瑟进了哈佛、罗伯特进了耶鲁。一年以后，罗伯特从耶鲁转入哈佛。这两位孪生兄弟都是哈佛法学院毕业生，一位成为著名的法学家，另一位成为杰出的国际仲裁员，且二人都曾任《哈佛法律评论》的社长，在哈佛法学院被传为佳话。

1945年从哈佛法学院毕业后，阿瑟·泰勒·冯·梅伦曾担任美国第一巡回区上诉法院马格鲁德法官（Judge Calvert Magruder）的秘书。一年以后，他回到哈佛大学担任哈佛法学院助理教授。同年，他被哈佛大学文理学院授予管理学博士学位。此后的三年，他在战后百废待举的欧洲游学和工作，先就学于瑞士苏黎世大学（1946~1947年），随后在德国柏林担任美国占领军政府法律部立法处主任（1947~1948年），继而在法国巴黎大学深造（1948~1949年）。1949年回国后，他回到母校哈佛大学任教，于1953年成为一名法学教授。他在1976年被任命哈佛大学"斯托里教授"，在1993年被任命为哈佛大学"名誉斯托里教授"，且一直在哈佛大学任教至2004年。[2]

---

* 清华大学法学院副教授。

〔1〕 Vgl. dazu Murray und Gottschalk, "In Memorian Arthur Taylor vonMehren", *ZvglRW iss* 105, 2006, p. 251.

〔2〕 默里和戈特沙尔克，同一出处；Vgl. dazu Murray und Gottschalk, ibid.; Symeonides, *Arthur Tayor von Mehren: A Career of UnassumingExcellenc*, IPRax, 2007, p. 262.

二、对比较法和国际私法教学的贡献

冯·梅伦教授在哈佛大学法学院任教近60载，听过他授课和参加过他组织的研讨会的学生数以千计，可谓桃李满天下、饮誉全世界。上世纪60年代至80年代，他先后担任哈佛大学“东亚法律研究项目”主任和“研究生项目”主席，成为数百名外国留学生尤其是其中攻读法学硕士（LL. M.）和法律科学博士（S. J. D.）学位的外国留学生事实上的导师。他长年为攻读法学硕士的外国学生开设“美国法导论”课。他不仅传道、授业和解惑，而且鼓励学生们独立思考、勇于创新、挖掘潜力。对于那些初来乍到、尚不能适应美国社会和法制环境的外国留学生，他总是给予热情洋溢的鼓励，帮助他们克服异国文化冲突所带来的困难和困惑。他尽力使每一个在哈佛法学院学习过的外国学生从自身在哈佛的经历中获益，使之成为一笔终身受益的精神财富。在他生命的最后岁月，他设立了哈佛大学“约瑟夫·斯托里计划”，使来自德国的年轻国际私法学者得以在他亲自指导下以“斯托里研究员”的身份从事为期一年的比较法研究，并在德—美法律对话中充当欧洲和美国法学交流的桥梁。在他所教授的外国学生中，来自塞浦路斯、在希腊获得过私法和公法双学士学位的西梅昂·西梅昂尼迪斯（Symeon C. Symeonides）曾跟从他研习国际私法，先后获哈佛大学法学硕士和法学博士学位，后来成为冯·梅伦教授的同事和合作者，现为美国比较法学会会长、威拉米特大学法学院（Willamette University College of Law）教授兼法学院院长，是当今美国国际私法学界思想最活跃、作品最高产的学者之一。学生的成功也是教师的成功。冯·梅伦教授是一位“授之以渔”的法学教育家，堪称从事比较法和国际私法教学工作的中国教师的一面镜子。

三、对比较法和国际私法研究的贡献

在长达半个多世纪的学术生涯中，冯·梅伦教授发表了大量学术论著，及于整个比较法领域（包括比较私法和比较公法）和美国国际私法学者所称冲突法（国际私法）的所有分支（管辖权、法律选择、判决的承认与执行）以及国际商事仲裁。他出版了10本书（包括4部专著），发表了119篇论文、48篇书评、29篇报告及其他论著。除母语外，他能流利地讲法语和德语。他的学术成果以英文、法文、德文、西班牙文、意大利文和日文6种语言发表，[3] 令我等后辈叹为观止。

谈到冯·梅伦教授对比较法的贡献，不能不提及他出版于1957年的拓荒之作《民法法系：法的比较研究案例与资料》（第1版）。[4] 该书是他在游学欧洲3年期间精研德国法和法国法的结果。其第2版和第3版的合作者均为戈德利（James R. Gordley），分别出版于1977年和2006年，它被一位瑞士学者誉为“比较法的杰

---

〔3〕“Lifetime Achievement Award：Arthur T. von Mehren”，http：//www. comparativelaw. org/vonmehren. html（Stand：9. 10. 2007）.

〔4〕［美］Arthur T. von Mehren，“The Civil Law System：Cases and Materials for the Comparative Study of Law”，1st ed.，1957.

作”。[5] 冯·梅伦教授还是《比较法国际百科全书》第7卷《合同概述》的主编兼第1章《合同概览》(1982年)、第9章《合同的成立》(1992年)、第10章《形式要件》(1999年)的独立作者。它们不仅是比较法教师的必读著作，而且在改革开放之初的中国，曾对许多研究民法尤其是合同法的中国学者起到过宝贵的启发作用。

同其他美国国际私法学者一样，冯·梅伦教授的国际私法论著涉及管辖权、法律选择（法律适用）和判决的承认与执行这三个美国国际私法的传统领域。1966年，他与特劳特曼（Donald T. Trautman）在《哈佛法律评论》第79卷合作发表的《裁判管辖权：提议的分析》至今仍是关于管辖权的经典文章。该文所首倡的“一般管辖权”与“特别管辖权”的区分，被美国最高法院所采纳，并已成为美国法律词典的标准词汇。该文被誉为“无疑是关于管辖权的最有影响的现代论文”，并“对美国管辖权法的改革具有深远影响”。此外，他还发表了一些关于判决的承认与执行、法律选择的文章。在法律选择方面，他出版了《多州法律问题：冲突法案例与资料》（与特劳特曼合作，1965年）、《冲突法：美国的、比较的、国际的》（与西梅昂尼迪斯、珀杜合作，2003年第2版）这两部案例书，并发表了25篇文章、12篇书评和6篇报告。

冯·梅伦教授早年对被誉为“美国冲突法革命的领导者”的柯里（Brainerd Currie）的《冲突法文选》的批评至今仍富有启发意义。他一方面肯定并接受柯里所提出的“政府利益”观念，指出：“若不考虑每一个潜在相关的法域在特定诉讼所提出的问题方面实际所持的政策，我看不出法律选择问题的任何合理方法如何行得通”。但另一方面，他又认为柯里的政府利益观念“过于狭隘，其（政府利益）分析过于简单化，甚至是为了论证的目的的”。原因之一在于柯里没有考虑一个州的“多州利益”，而“多州利益”是不同于一个州在对纯州内案件适用特定规则时所拥有的利益的。由于这一原因，加之柯里主张在司法上进行利益衡量和优先适用法院地法，冯·梅伦教授认为柯里的方法狭隘得有点危险，在某些方面“跟柯里本人那么有效地抨击的原版《冲突法重述》（第一次）的方法一样，是教条主义的”。冯·梅伦教授警告说：“柯里的政府利益分析使他赋予法院地法以过宽的适用空间，大有将一个以杂乱无章和以怨报怨为特征的法律体系强加于国际社会和州际共同体之势”。[6]

作为上个世纪60年代美国“冲突法革命”的推动者之一，[7] 冯·梅伦教授与思想上的狭隘主义进行了不懈怠的斗争。他和特劳特曼在他们合著的《多州法律问题：冲突法案例与资料》（1965年）中，创立了冲突法上的“功能分析”方法。[8] 这是一种为冲突法上的政策衡量与利益衡量提供某些准则的新方法，它被美国加利福尼亚州最高法院所采用，并被美国路易斯安那州的国际私法法典编纂所接受。[9]

---

〔5〕 Vischer, “New Tendencies in European Conflict of Laws and the Influence of the US-Doctrine-A Short Survey”, *Festschrift von Mehren*, 2002, p. 459.

〔6〕 同注2引书，第263页。

〔7〕 Vgl. dazu Michaelis und Rühl, “Arthur Taylor von Mehren (10th *August* 1922 ~ 16th *Januar* 2006)”, RablesZ 70, 2006, pp. 233 ~ 234.

〔8〕 参见李浩培：《李浩培法学文集》，法律出版社2006年版，第527页。

〔9〕 同注1引书，第253页。

四、对国际私法立法的贡献

冯·梅伦教授是一个积极参与法律改革、从而对国际私法的国内和国际立法贡献卓著的学者。他参与起草了波多黎各国际私法法典草案（1991 年），并对突尼斯关于国际私法的法律提供了咨询意见（1998 年）。他是 1976 年 10 月 26 日公布的“英美关于相互承认和执行民事判决的协定”的主要起草人和谈判者。[10] 他还是 1979 年第二次“泛美国际私法特别会议”的美国代表团团长。在国际立法层面，他的工作多半是在海牙国际私法会议的赞助下进行的。美国于 1963 年正式加入海牙国际私法会议后，他担任参加海牙国际私法会议的美国代表团成员达 40 余年之久（1966～2006 年）。他先后参加了 1966 年、1968 年、1976 年、1980 年、1985 年、1993 年、1996 年、2001 年和 2005 年的海牙国际私法会议外交大会。20 世纪 80 年代，他曾担任《1986 年 12 月 22 日关于国际货物买卖合同准据法的（海牙）公约》[11] 的报告员和海牙国际私法会议关于消费者买卖的特别委员会的报告员。[12]

但冯·梅伦教授在海牙投入时间最多的，要数推动通过一个关于管辖权和外国判决的承认与执行的公约。在一份写于 1992 年的报告中，他建议美国国务院草拟这样一个公约。他的建议很快得到了美国和海牙国际私法会议的采纳。海牙国际私法会议于当年即开始研究公约的起草问题，1996 年成立特别委员会以着手起草公约草案，1999 年 10 月提出一个“关于管辖权和民商事外国判决的承认与执行的公约初步草案”；[13] 至 2001 年 6 月得出一个“临时文本”，但因意见分歧过大而无法获得通过。冯·梅伦教授关于制定一个“混合公约”的提议也因各国代表团意见相左而无法成为现实。最终，海牙国际私法会议退而求其次，改为制定一个关于排他性法院选择协议的公约，[14] 相继提出了数个草案，[15] 于 2005 年 6 月 30 日的海牙国际私法会议第 20 届外交大会上通过了《关于法院选择协议的公约》。虽然最终制定出来的公约与当初冯·梅伦教授设计的关于管辖权和外国判决的承认与执行的全球性公约相去甚远，最多算得有限的成功，但它没有胎死腹中就已属万幸了。该公约被一位澳大利亚国际私法学者戏称为“阿瑟的婴儿”（阿瑟是冯·梅伦教授的名）。[16] 冯·

---

〔10〕 关于该双边协定的谈判开始于 1973 年，但该协定因英美两国关于最后约文的谈判破裂而被废弃。

〔11〕 该海牙公约迄今尚未生效。

〔12〕 该特别委员会草拟了一个《关于某些消费者买卖的准据法的公约草案》，其解释性报告由冯·梅伦教授担任报告员，载《1980 年海牙国际私法会议第 14 届会议文件法文版》（第 2 卷），第 182～197 页。

〔13〕 参见胡斌、田妮：“十字路口的海牙管辖权公约——海牙《民商事管辖权和外国判决公约》谈判情况介绍”，载《中国国际私法与比较法年刊》（第 5 卷），法律出版社 2002 年版，第 541～562 页。

〔14〕 参见孙劲：“迈向关于外国判决承认与执行的新公约——海牙民商事管辖和外国判决公约草案的新发展”，载《中国国际私法与比较法年刊》（第 6 卷），法律出版社 2003 年版，第 568～584 页。

〔15〕 最后一个草案于 2004 年 4 月提出，名为《关于排他性法院选择协议的公约草案》（Draft Convention on Exclusive Choice of Court Agreements, Work. Doc. No. 110 Revised）。

〔16〕 Nygh, “Arthur's Baby: The Hague Negotiations for a World-Wide Judgments Convention”, *Festschrift von Mehren*, 2002, p. 151.

梅伦教授本人有幸在人生的迟暮之年以2005年海牙国际私法会议外交大会副主席的身份亲历了该公约的开放签字仪式。

五、在其他比较法和国际私法学术活动中的贡献

冯·梅伦教授长期担任美国比较法学会及其前身“法的比较研究协会”的领导工作。1951年，年仅29岁的冯·梅伦作为代表5所美国法学院（哥伦比亚、哈佛、密歇根、纽约、耶鲁）的学者所组成的一个小组的成员，参与成立了美国比较法学会。1952年，《美国比较法杂志》（American Journal of Comparative Law）创刊号出版，他是13名编辑委员会成员之一。他为这一知名杂志的第1卷撰写了4篇论文，为其他各卷撰写了20篇论文，并担任编委长达34年之久（1952～1986年）。他担任美国比较法学会副会长28年，于1994年被选为会长，在任职两届（4年）之后，又担任名誉会长一职。由于他对比较法的突出贡献，美国比较法学会授予他“终身成就奖”（2004年）。[17]

冯·梅伦教授是一位阅历丰富、见多识广的国际型学者。他对各国法律体系的渊博学识是与其长期旅外经历分不开的。他先后作为客座教授于1956年至1957年在日本东京、1962年至1963年在印度新德里、1967年在德国法兰克福、1968年至1969年在意大利罗马、1977年在法国巴黎、1983年至1984年在英国剑桥、1990年至1991年在德国柏林以及1995年在回归前的香港从事过教学和研究工作，并于1980年和1996年两次在世界上国际法的最高学府——海牙国际法学院教授国际私法课程。[18] 他被比利时鲁汶天主教大学（1984年）和法国巴黎第二大学（2000年）授予荣誉法学博士学位，并被日本政府授予荣誉勋章。他是世界性的国际法研究院院士、比较法国际科学院院士、美国艺术和科学院院士以及英国剑桥大学唐宁学院荣誉研究员。但他始终保持一个学人的谦逊本色。

笔者有幸于1996年7月在海牙国际法学院聆听过冯·梅伦教授讲授的“国际私法一般课程”。在为期两个星期的讲课活动中，他精心讲授了国际私法上的国际裁判管辖权问题，并组织了多场研讨会。对于笔者在课间和研讨会上向他请教的问题，他无不给予尽心尽力的解答。他对参加海牙国际法学院1996年暑期课程学习的各国学员，无论属于哪个法律体系，也无论其种族、肤色和语言如何，均一视同仁，且多所鼓励，表现出真正的大师风范。2003年，他将1996年在海牙国际法学院讲授的“国际私法一般课程”的讲义整理成《国际私法上的裁判权理论和实践：普通法系和民法法系的学说、政策及实践比较研究》一书，收入著名的《海牙国际法学院讲演集》第295卷，成为备受赞誉的不朽之作。在此之前，该书的手稿于2002年获得了比较法国际科学院每4年授予比较法领域的最佳作品的“加拿大奖”。直到逝世前十来天，他还在为该书第2版的问世进行精雕细琢的修订，真可谓“活到老，学到老”。

---

〔17〕《终身成就奖：阿瑟·泰勒·冯·梅伦》，同注3引文。

〔18〕 Voir Gaudemet-Tallon, Tallon et Blanc-Jouvan, "Arthur Taylor von Mehben (1922～2006)", *Revue internationale de droit comparé*, vol. 1, 2006, pp. 213～218.

冯·梅伦教授逝世后，美国《哈佛法律评论》第119卷（2006年）和《美国比较法杂志》第53卷（2006年）分别设专号[19]以纪念这位知识界的伟人。笔者相信，中国学人将从这位睿智学者对比较法和国际私法的贡献中获得裨益，并从其学术人格中受到启发。

〔19〕 "In Memoriam: Arthur T. von Mehren", 119 *Harv. L. Rev.*, 2006, p. 1949; Gordley, "Arthur Taylor von Mehren (1922～2006)", 53 *Am. J. Comp. L.*, 2005, p. 527.

法官职权调查证据的比较研究

熊跃敏*

一、引言：问题的提出

证据制度的基本目的是查明案件的真实——虽然我们不能否认还有其他的目的存在，[1] 为了规范查清案件真实的过程，它要就证据的收集、审查、判断等设计一系列的规则。这其中，在诉讼证明活动的第一个环节，即证据收集阶段，人们首先面对的问题是：由谁来收集证据。按照现代民事诉讼程序的通行法理，当事人在审理对象的形成方面享有主导权，也就是说，应当由当事人提出诉讼请求，并为此请求主张相应的事实，再为该事实提供相应的证据。这种法理在英美法系民事诉讼制度中得到了极端的体现。在那里，诉讼证据的提出完全是当事人自己的事情，法官只对程序进行适当的控制和引导，完全不介入调查收集证据的活动。而在大陆法系，各国在承认审理对象形成方面的当事人主义的同时，都或多或少地规定了法官依职权调查证据的例外情形。[2] 这样一来，在当事人主义程序法理与法官职权调查证据之间，就难免产生一种紧张关系，大陆法系的职权证据调查制度正是在这种紧张关系中小心翼翼地发展着。

我国传统的诉讼体制是一种超职权主义的模式，在这种模式下，法院在诉讼活动的各个环节都可以以一定的方式主动介入。在证据提出方面，虽然也规定了当事人应对自己的主张提供证据，但同时又为法官依职权调查收集证据留下了相当大的空间；而且当事人提出证据的范围对法院并没有约束力，也就是说，审理对象的形成并非完全是当事人自己的事情。由于这种诉讼模式随着时间的推移显露出越来越多的弊端，也由于它与现代民事诉讼制度的一般法理明显不符，近年来民事审判方式改革的基本出发点就是强调证据提出层面的当事人主义原则，即法院只能依当事人提出的证据进行审查。其结果，强化当事人举证，弱化法官依职权调查收集证据得到了极端的强调。受这种潮流的影响，学术界关于当事人举证的探讨一般是着眼

---

* 北京师范大学法学院教授，法学博士。

〔1〕 比如为纠纷双方当事人提供一个平等对抗的机会，以及在事实无法查明时根据举证责任原理就案件作出裁判等。

〔2〕 在我国，为证明特定的案件事实，按照法定程序，发现、采集、提取和固定证据材料的证据收集活动因主体不同而称谓略有变化。当事人实施的证据收集活动一般称当事人收集证据；法院依职权进行的证据收集活动一般称法院调查收集证据。在德国、日本等大陆法系国家，法院依职权收集证据称职权调查证据。以下行文中的法院调查收集证据与职权调查证据的含义相同。

于加强，对法官依职权调查收集证据则着眼于限制。这种思路本身并不错。不过，限制法官依职权调查收集证据并不等于取消它，事实上，无论是从国外的立法例还是从我国民事审判的实际要求来看，完全取消法官依职权调查收集证据都没有充分的理由。况且，无论是取消，还是在一定范围内保留，都应该在充分研究的基础上作出决定才是。

在以下的行文中，笔者首先就大陆法系各国法官职权调查证据制度进行初步的介绍；然后对体现在法官职权调查证据中的一般法理加以总结；最后对我国法官职权调查证据制度的改革提出若干思路。

二、大陆法系相关立法例

（一）德国[3]

德国民事诉讼以当事人主义为原则，按照该原则，提出事实主张并提供相应的证据是当事人的任务。虽然近年来德国通过修改民事诉讼法在事实与证据收集层面法官的职权得到了一定程度的强化，[4] 但在证据提出的领域，当事人仍然处于绝对的主导地位。即便如此，法官依职权调查证据制度在《德国民事诉讼法》中仍广泛地存在，除法官不能依职权主动询问当事人未提出的证人外，其他证据方法均可以由法官主动调查收集。[5] 这主要表现在：①命令当事人提供书证。第142条规定："法院可以命令当事人一方提出他所引用的而又存在他手中的文书，以及家谱、地图、设计图纸和其他图纸等"；第143条规定："法院可以命令当事人提出他所占有的，与本案的辩论有关的文书中的各种文件。"应当注意的是，命令提出书证应以当事人的申请为前提，法官依职权调查收集仅具有补充的性质。②命令进行勘验、鉴定。第144条规定："法院可以命令进行勘验，并可命令鉴定人进行鉴定。"③依职权询问当事人。第448条规定："如果言词辩论的结果和已经进行的调查证据的结果，对于应证事实的真实与否不能提供足够的心证时，法院也可以在当事人一方并未提出申请时，不问举证责任的归属，而命令就该事实询问一方或双方。"④允许法院为准备口头辩论而依职权采取相应的措施。第273条规定："为进行任何一种期日的准备，审判长或他所指定的法院成员可以命令当事人对其准备书状加以补充或解释，命令当事人提出文书并将其他适当的标的物交存于法院，特别是定一期间命当事人对应予说明的一定争点加以说明；嘱托官厅或担任公职的人使其向法院说明文书的内容或提出官方报告；命令当事人本人到场；传唤当事人所举出的证人和鉴定人进行言词辩论。"

虽然立法明确规定了职权调查证据，但德国学界对此并非毫无争议。反对者主

---

〔3〕 除另有注释外，关于德国民事诉讼法的资料均来自《德意志共和国民事诉讼法》，谢怀栻译，中国法制出版社2001年版。

〔4〕 2002年德国修改后的《民事诉讼法》通过强化法官的实体性诉讼指挥，以协助当事人在诉讼中尽早、妥当地提出事实与证据。参见［日］敕使川原："2001～2002德国民事诉讼法的修改"，载《早稻田法学》2002年第3期。

〔5〕 ［德］埃伯哈德·席尔肯："德国民事诉讼中法官的作用"，［日］高田昌宏译，载《比较法学》2001年第2期。

张应限制职权调查证据的适用，因为依职权调查证据并非法官的一般性义务，而属于法官自由裁量的范畴。但前述观点并不准确，因为在实务中，法官的裁量常常会受到上诉审法院的审查，由此，便难以否认职权调查证据的义务属性。而赞同者则主张扩大职权调查证据的范围，只要法官对事实的存在与否产生疑问，就可以依职权调查证据，甚至职权调查证据的范围可以扩展至当事人未提出的证人。〔6〕

（二）法国〔7〕

法国新《民事诉讼法》在第一编第一章明确规定了当事人在“系争标的”、“事实”和“证据”的提出层面的当事人主义。在这一章里，职权主义的一个重要体现是第10条的规定：“法官有依职权命令采取法律准许的各项审前预备措施的权力。”加强法官在审前准备程序中的权力，是法国新《民事诉讼法》的重大改革，新的规则无可争辩地倾向于确保法官享有对审前准备程序的更大控制权。〔8〕证据调查是审前准备程序的主要工作，法官对审前准备程序控制的加强，许多时候正是体现在职权调查证据方面。

在审前准备程序〔9〕中，法官享有广泛的诉讼指挥权。但这些权力大多仍限于审前程序的控制方面，不宜看作证据调查中的职权主义。大致可以归入法官职权调查证据范围的包括：①亲自审查。第179条规定：“为亲自查证有争议的事实，法官得在各方当事人到场或者传唤当事人到场的情况下，对案件的任何方面的事实亲自进行审查。如有必要，法官得亲临现场，进行其认为必要的验证、评定、判断或行为复演。”这是一个一般规定，按照该规定，在任何案件中，法官都可以在必要的时候亲临现场进行调查。②依职权要求当事人出庭。第184条规定：“法官得于任何事由中要求当事人亲自出庭，或者让当事人之一亲自出庭。”结合第143条的规定，该项审前措施应当解释为得由法官依职权为之；这一权力是旧《民事诉讼法》中没有的。〔10〕询问当事人的实际效果是，法官可以将询问笔录作为裁判的原始书证。〔11〕③依职权调查证人证言。第200条规定：“书面证明由当事人提出，或者应法官之要求提出。”〔12〕第203条规定：“法官得始终经调查途径听取出具书面证明的人的口头陈述。”按照这些规定，“法官不仅有命令提出、准许提出或拒绝接受书面证明的一切权力，而且在其认为仍未充分了解情况时，或者在其对所提交的书面证明产生疑问时，始终可以听取出具证明的人亲口说明意见。”此外，第218条还规定：“进行调查的法官，得依职权或应当事人请求，传唤提供证言有利于查明真相的任何人，或

---

〔6〕同注5引文。

〔7〕除另有注释外，关于法国民事诉讼法的资料均来自《法国新民事诉讼法典》，罗结珍译，中国法制出版社1999年版。

〔8〕［法］让·文森、塞尔日·金沙尔：《法国民事诉讼法要义》（上），罗结珍译，中国法制出版社2001年版，第577页。

〔9〕法国民事诉讼法上的审前程序，是指为使案件达到适于辩论的程度而进行的各种证据调查活动，这种准备经常是在法庭上进行的。

〔10〕同注8引书（下），第965页。

〔11〕张卫平、陈刚：《法国民事诉讼法导论》，中国政法大学出版社1997年版，第94页。

〔12〕这里的“书面证明”，是指由第三人出具的书面证明。参见［法］让·文森、塞尔日·金沙尔：《法国新民事诉讼法典》，罗结珍译，中国法制出版社1999年版，第43页脚注1。

者听取他们的证言。”④依职权验证、咨询或鉴定。第 232 条规定：“法官得委派其挑选的任何人，通过验证、咨询或鉴定，以查明应由技术人员协助才能查明的某个事实问题。”按此规定，当争议涉及某些专业领域的知识时，法官可以依职权进行验证、咨询和鉴定，以获得形成心证所必要的证据；验证、咨询和鉴定可应当事人要求或依法院职权进行。新《民事诉讼法》的一个改革是增加了法官可以借助技术人员的范围，用三种方式取代了旧法典的单一鉴定的方式。〔13〕 在这三种审前准备措施中，法官享有绝对的主导权。作为补充，第 245 条又规定：“法官始终得提请技术人员，或以书面形式，或在开庭时，对其验证或结论加以补充，作出详细说明或解释。”

（三）日本〔14〕

《日本民事诉讼法》职权调查证据的范围有过重大的变迁。二战前，依职权调查收集证据在很广泛的范围内得到承认。二战后受美国法影响而强调当事人主义，删除了许多具有职权主义性质的条文，依职权调查证据方面也得到大幅度削减。现行法关于法院职权调查证据的主要规定有：①命令当事人提出文书或其他物件。第 151 条第 1 款第 3 项规定，法院为了弄清诉讼关系，可以使当事人提出其所持有的诉讼文书或者在诉讼中所引用过的文书及其他物件。②命令进行勘验、鉴定。第 151 条第 1 款第 6 项规定，为弄清诉讼关系，法院可以命令进行勘验和鉴定。第 218 条规定：“法院认为必要时，可以委托官厅或公署、外国的官厅或公署，或者具有相当设备的法人进行鉴定。”第 233 条规定：“法院、受命法官或受托法官在进行勘验中认为必要时，可以命令鉴定。”③委托调查。第 186 条规定：“法院可以委托官厅或公署、外国的官厅或公署或者学校、工商会议所以及其他团体进行必要的调查。”④依职权询问当事人。第 207 条规定：“法院根据申请或依职权，可以询问当事人本人。在此种情况下，可以使该当事人进行宣誓。”司法实践中，在前述职权调查证据的各类情形中，依职权询问当事人适用相当频繁；而委托调查很少适用。〔15〕 鉴定的采取在形式上仍以当事人主动申请为前提。〔16〕 即使法官依职权鉴定，但当事人如果不预交诉讼费用也不能进行。〔17〕

（四）我国台湾地区〔18〕

我国台湾地区“民事诉讼法”继受《日本民事诉讼法》，许多地方均有类似的规定，但法官依职权调查证据的范围更加宽泛。主要表现在：①命当事人提出各种书证。第203 条第2 款规定，法院因阐明或确定诉讼关系，得“命当事人提出图案、表

〔13〕 参见前注 8 引书（下），第 986 ~ 988 页。

〔14〕 除另有注释外，关于日本民事诉讼法的资料均来自《日本民事诉讼法》，白绿铉译，中国法制出版社 2000 年版。

〔15〕 ［日］奈良次郎：“诉讼资料收集中法院的权限与责任”，载［日］新堂幸司等编：《讲座民事诉讼》（四），弘文堂 1985 年版，第 137 页。

〔16〕 参见［日］谷口安平：《程序的正义与诉讼》，王亚新、刘荣军译，中国政法大学出版社 1996 年版，第 267 页。

〔17〕 ［日］杉山悦子：“民事诉讼与专家——围绕专家的诉讼地位与程序规制”，载《法学协会杂志》2004 年第 4 期。

〔18〕 除另有注释外，关于台湾民事诉讼法的资料均来自中国民商法律网。

册、外国文书之译本或其它文书、对象”。②命令鉴定和勘验。第203条第4款规定，为阐明或确定诉讼关系，法院得进行勘验和鉴定。另据第337条规定，“法院于必要时，得依职权或依声请命证人或当事人提供鉴定所需资料。”③依职权调查地方法、习惯法和外国法。第283条规定：“习惯、地方制定之法规及外国法为法院所不知者，当事人有举证之责任。但法院得依职权调查之。”④委托机关、团体调查。第203条第4款规定，为阐明诉讼关系，法院得委托机关、团体代为调查证据。第289条规定：“法院得嘱托机关、学校、商会、交易所或其它团体为必要之调查；受托者有为调查之义务。法院认为适当时，亦得商请外国机关、团体为必要之调查。”⑤依职权询问当事人。第367条第1款规定：“法院认为必要时，得依职权讯问当事人。”⑥其他情况下的职权调查证据。原台湾“民事诉讼法”中规定的法官可以依职权调查证据的事项，除了“不能依当事人声明之证据得心证”之外，还有“因其他情形认为必要时”一项。在2000年的修正中，以原规定法官职权调查证据的范围过宽为由，将后一项原因删除。[19] 该法第288条规定：“法院不能依当事人声明之证据而得心证，为发现真实之必要，得依职权调查证据。依前项规定为调查时，应令当事人有陈述意见之机会。”

三、法官职权调查证据的一般法理

结束了以上的介绍，本部分准备从三个方面对法官职权调查证据的有关原理加以分析：首先，为什么英美法系没有法官职权调查证据的制度；其次，法官职权调查证据在大陆法系民事诉讼中处于什么样的位置；最后，法官职权调查证据制度的存在依据是什么。

（一）为什么英美法系没有法官职权调查证据的规定

前文的介绍完全没有涉及英美法系国家的立法，这样做的理由很简单：英美法系民事诉讼法没有这方面的规定。作为一种事实，这是毋庸置疑的；但对于导致这一事实的原因，却不能不加以分析。正如英美诉讼制度中许多其他个性化的制度一样，这种情形的存在也与英美法系的陪审团制度有着密切的联系。认定事实被认为是专属陪审团的职能，而陪审团是在不做任何准备的情形下接触案件的。虽然现代英美法系民事诉讼中已经引入了审前的证据开示程序，但法官并不能在审前积极地介入证据调查活动，因为一旦这样，就势必卷入解决事实的问题之中，进而对陪审团的职能构成侵害。[20] 因此，证据调查完全交给当事人及其律师进行就是很正常的了。上述的审理构造产生于陪审团审理的诉讼程序中，后来在法官主持的案件中同样得到了适用；二者的差别只是后者更加灵活一些而已。[21]

而在大陆法系，事实审理与法律审理是合二为一的，职业法官负责就案件的事实和法律的适用一并作出裁判。基于对职业法官素质和品性的信任，在对中世纪后

---

〔19〕 台湾地区2000年2月9日颁布的“民事诉讼法”，第288条“修正理由”。

〔20〕 参见［日］小岛武司等：《司法制度的历史与未来》，汪祖兴译，法律出版社2000年版，第62页。

〔21〕 ［美］杰弗里·C. 哈泽德等：《美国民事诉讼法导论》，张茂译，中国政法大学出版社1998年版，第154页。

期的“法定证据制度”予以扬弃时，大陆法系各国很自然地采用了自由心证证据制度。在自由心证证据制度下，法官根据他在审理过程中对案件形成的心证作出判断，此外不受其他的任何制度约束。由于审理的目的就是促使法官形成心证，自然就没有必要像英美法系那样设置一些规则就证据适格性、相关性作出严格的限制了。同样的道理，为了有助于法官形成心证，让他在审理过程中相对主动地介入证据调查活动，也就不是不可饶恕的。此外，区别于美国的集中审理制，大陆法系一般并不严格区分审前程序和审理程序，而是通过一连串的开庭审理来达到调查证据、查明案情的目的。由于没有专门的证据开示程序，法官就只能在前期审理中，对有关证据问题及时地作出裁决，而这种相对灵活的审理构造，使得法官在一定范围内的依职权调查证据成为可能。

（二）法官职权调查证据在大陆法系民事诉讼中的位置

在大陆法系的民事诉讼中，作为裁判基础的事实主张与证据由当事人提出的程序法理被称为“辩论主义”。但仅仅依靠“辩论主义”不足以实现发现真实的审理目的，为此，在事实主张与证据提出两个阶段，都有与“辩论主义”相对的“职权主义”程序法理作为补充。对这两种法理的具体界定，学者之间存在分歧。但无论对“职权主义”的概念进行怎样的划分，“职权调查证据”的内涵大致上是没有争议的，那就是：在法律规定的情形下，某些证据即使当事人没有提供，法院也可以依职权加以调查收集。结合大陆法系立法例，我们看到，职权调查证据一般包含以下几方面的内容：①根据当事人申请，采取有关证据调查措施。比如关于申请鉴定、勘验等的规定，以及根据申请命令当事人提交文件的规定等。②依职权采取有关调查证据措施。比如法国法上的“亲自审查”，依职权命令验证、勘验、鉴定；日本法、我国台湾法上的命令当事人提交文件或其他物件，委托其他机关、团体调查；德国法、我国台湾法上的命令鉴定、勘验等。③依职权询问当事人或证人。这里的“依职权询问”，是指不经对方当事人申请，法官主动对当事人进行询问，对此法国、德国、日本及我国台湾地区都有相应的规定。法国还另外规定了职权调查证人证言的制度。④在不能获得心证时，为发现真实依职权调查证据。这主要指我国台湾法上的规定。

（三）法官职权调查证据制度的存在依据

前文我们已经从诉讼构造的角度考察了两大法系关于职权调查证据制度的不同态度。那么在理论上，职权调查证据的依据又是什么？这个问题，最好是结合“辩论主义”的根据来进行回答。因为职权调查证据所体现的法理是与“辩论主义”相对立的，要证明职权调查证据的正当性，就必须有充分的理由否定或者忽视支持“辩论主义”存在的那些理由。在大陆法系，关于“辩论主义”的根据主要有三种学说。[22] 一是“本质说”。这种观点认为，既然民事诉讼解决的是当事人之间关于私权的争议，国家就应当最大限度地尊重当事人自由处分其权利的自律性，这就产生了“处分权主义”和“辩论主义”。“处分权主义”是在当事人直接处分自己实体权利方面尊重他们自由的表现，而在此延长线上，“辩论主义”意味着从程序方面尊重当事人处分自己权利的自由。二是“手段说”。这种观点认为，“辩论主义”把主张事

〔22〕 同注16引书，第109～110页。

实和提出证据作为当事人的一种负担确定了下来，这样可以利用其趋利避害的心理，促进案件真相的发现。这是一种广为流行的观点。三是“防止突袭性裁判说”。这种观点认为，只有经过了当事人充分的攻击防御的事实和证据才能作为法院判决的基础或根据，而法院依职权确定审理对象或收集证据往往带来先入为主的问题，结果剥夺了当事人充分地陈述自己观点或进行反驳防御的机会。

以上三种学说中，“手段说”和“防止突袭性裁判说”应该不能构成否定职权调查证据的充分理由。“手段说”隐含着一个前提，即当事人是其利益的最佳判断者和维护者。但在现实中，把一切交给当事人并不总是保护其利益的最好方式；而且，由于资源占有上的差异，纯粹的当事人主导经常导致事实上的不平等。如果仅仅着眼于发现真实，一定范围内的职权调查证据绝对是必要的。“防止突袭性裁判说”所担忧的是，过于主动介入到事实和证据调查会损害法官的中立性，从而导致对当事人的不平等对待。但这种担忧可以通过适当的制度安排来化解，比如，严格限定法官职权调查证据的范围，给对方当事人充分的陈述和补充举证的机会，等等。至于“本质说”，正如谷口安平所言，这是几种学说里最根本的部分，是最不能被排除的。[23] 不过，诉讼既然进入了国家司法系统，当事人的自由意志受到一定限制是难免的，只是限制的程度和范围大小需要考虑罢了。况且，当事人选择诉讼作为其解决纠纷的最终途径，一定程度上表明了纯粹的自律性解决的失败，这时，对其自由意志施以一定限制应该认为是得到了当事人潜在的承认的。

因此，在笔者看来，“辩论主义”提供的只是一种关于民事诉讼基本构造的指导性法理，而不是彻底否定职权调查证据的理由。“辩论主义”明确了在事实主张与证据提出层面当事人的主导地位，这种指导性的法理，无论在英美法系还是大陆法系，都得到了坚持。另一方面，在“辩论主义”的理念下，法官并非无所作为，对当事人提出的事实与证据，法官本着公正且妥当地裁判的宗旨，依情形可以进行补充，当然，最终就事实与证据的提出责任仍由当事人承担。因此，在“辩论主义”下职权调查证据的地位只能是补充性的，不会是主导性的。作为与“辩论主义”下当事人提出证据相配套的证据获得手段，职权调查证据必须小心翼翼地设定自己适用的范围，以便既能增强法官认知事实的能力，又不至于损害当事人程序主体性和法官的中立性。各种证据调查手段的采取，都或多或少地体现了在两种法理之间寻找平衡的制度逻辑。前文对职权调查证据所作的分类，正是按照“职权主义逐步增强”的趋势进行排列的。比如，如果第一类情形（根据当事人申请采取证据调查措施）某种程度上还可以看成是法院为帮助当事人获得证据而采取的一种手段，那么第二类情形（不经申请主动采取鉴定、勘验、委托调查等措施）就只能解释为法官为认定某项证据而采取的职权调查措施了。第三类情形（依职权询问当事人）在法理上离“辩论主义”更远了，因为，既然承认当事人证言是一种证据，那么不经申请即询问当事人自然是“辩论主义”原理所无法包容的。不过考虑到大陆法系民事诉讼中职权进行的诉讼运作模式和职权询问的庭审方式，以上三类职权调查手段应该说还是这种体制所能够容忍的。与此相比，第四类情形（我国台湾法上关于职权调查

---

〔23〕 同注16引书，第111页。

证据的例外规定）则是对“辩论主义”的远离，因为它把这类情形下法官职权调查证据的具体范围当作了法官自由裁量的事项。

四、我国的选择

在我国民事审判方式改革过程中，有关制度移植的问题经常被归结为诉讼模式的选择。虽然这里面隐含了一种简单化了的思维方式，但是，它却是我们讨论制度改革的路径时经常需要倚赖的一个出发点。就本文的论题，我们也无法回避这个已经谈得太多的话题。如果在整体上选择英美法系的对抗制诉讼模式，那么我们几乎没有必要讨论什么职权调查证据了。而本文隐含的一个前提就是：就民事诉讼程序的基本构造而言，我们应当选择大陆法系的询问制模式。理由如下：

首先，从法律传统来看，英美法系的民事诉讼模式很难借鉴。在笔者看来，英美诉讼模式是由其特定的历史文化传统决定的——陪审团审理是其中一个典型的体现，可以说是一个历史的“偶然”，而很难说是最“理性”的制度安排。这种制度的主要特征之所以仍然存在，同样可以在其法律传统中找到原因。〔24〕正如弗里德曼教授指出的，越是深深扎根于某国特殊的政治法律环境的制度，越难嫁接到其他国家去。〔25〕而从我国的法律传统出发，借鉴大陆法系民事诉讼模式显然更具可行性。〔26〕其次，大陆法系民事诉讼模式同样可以解决我国民事诉讼制度的问题。一种代表性的观点认为，选择英美模式的民事诉讼制度，是因为这种制度中法官的作用相对消极，而这正可以解决我国由于法官权力过大带来的司法腐败、司法不公和枉法裁判的问题。这种出发点无疑是好的，但是必须看到，大陆法系诉讼模式同样可以解决上述问题。我们知道，在审理对象的形成方面，大陆法系也是以所谓“当事人主义”为原则，其具体的体现就是提出请求方面的“处分权主义”与主张事实、提出证据方面的“辩论主义”；“职权主义”仅仅是一种补充。“处分权主义”和“辩论主义”体现了现代民事诉讼程序的基本精神，只要这两种原则真正受到了尊重，法官操纵审判是很困难的。至于一定范围内的职权探知事实和职权调查证据，只要设置合理，并不必然导致破坏法官中立性、损害当事人程序主体性的后果。

最后，我国缺乏借鉴英美法系民事诉讼模式的现实基础。主张借鉴英美诉讼模式的学者还有一个理由，那就是我国法官素质较低，英美法系法官在诉讼中的消极地位比较适合他们。这可能完全是一种主观的推测。我们没有任何证据表明英美法系法官素质比大陆法系法官低——相反，比较法学者对英美法系法官的素质向来都是赞不绝口；也没有充分的理由认为“消极地位”对法官素质的要求相应地就低。英美法系法官比较消极，与陪审团审理的传统有着很直接的关系，因为事实是由陪审团审理的，法官就没必要也不应该过多地介入证据调查和庭审辩论。但完全不能由此推出英美诉讼制度对法官素质要求低的结论。相反，根据人们的一般经验，在

---

〔24〕参见［美］约翰·莱兹：“为什么美国可能无法接受德国民事诉讼程序中的优点”，傅郁林译，载陈光中、江伟主编：《诉讼法论丛》第3卷，法律出版社1995年版，第521页以下。

〔25〕参见［意］莫诺·卡佩莱蒂：《福利国家与接近正义》，刘俊祥等译，法律出版社2000年版，第43页。

〔26〕这样说，一方面是因为大陆法系立法和法律推理的风格都更切合我们民族的思维方式；另一方面是因为，自清末修律以来，大陆法系法律制度事实上已经成为我国法律的又一重要传统。

很少介入事实争执的情况下对诉讼进程进行引导，并在事实查清时作出法律上的判决，这更需要一种典型的“人为理性”——这或许正可以说明英美法系为什么有那么严格的法官培养和选任制度。英美对抗制诉讼模式的另一个要求是律师业对诉讼的广泛介入，因为所谓的“对抗”事实上是律师的对抗，而不是或很少是当事人的对抗。谈到这里，结论应该已经很明显了。在我国，无论是法官素质的提高，还是律师业的发展，都不是短期内能够取得成效的事情。前述的“素质说”，实际上从反面论证了我国引进英美对抗制诉讼模式不可行。

如果上面的论证是有道理的，那么在我国民事诉讼制度改革中适当设置职权调查证据的规定，就不应该存在什么“正当性”的障碍了。接下来的问题是：应该如何设置职权调查证据的制度？这一问题包含许多子问题，本文只简要回答其中的一个，即我国职权调查证据制度的适用范围问题。于 2002 年开始实施的《最高人民法院关于民事诉讼证据的若干规定》对法官依职权调查收集证据作出了明确的限定。其对法官依职权调查收集证据范围的设定仅限于程序事项与涉及可能有损国家利益、社会公共利益或者他人合法权益的事实。有关程序事项的职权调查是世界各国的通例；而对于有关争议事实的职权调查证据的范围则与前述大陆法系国家和我国台湾地区的职权调查证据的范围有着不小的距离。尤其是在我国目前的民事诉讼法中，没有为当事人自行收集证据提供相应的程序保障，法官职权调查证据范围的缩减可能会导致对实体真实的远离。而这应当是我们在设计程序制度时极力避免的。

根据前文的比较研究，我们可以考虑在以下情形中适用职权调查证据：①依职权命令进行鉴定、勘验。大陆法系的专家证据制度以法官任命为特色，受命进行鉴定、勘验的专家被认为是法院的辅助人员，应该站在中立的位置上协助法院查明案件的真实。我国鉴定制度存在着一系列问题，在对它进行改革时，有充分的理由借鉴大陆法系的做法。[27] 但是鉴定还是以当事人申请为原则；应当鉴定、勘验而当事人未申请时，法院可以依法进行释明，告知当事人应当申请鉴定和勘验。在当事人仍不提出申请时，法院可以依职权命令鉴定或勘验。②依职权采取有关审前准备措施。在我国审判方式改革中，庭审制度的改革肯定要与审前程序的建构配套进行。在审前程序的设计中，可以根据需要，赋予法官适当的职权调查证据的权限，使其有足够的资源来推动证据调查的进行。比如依职权命令当事人、证人到庭，命令当事人提交书证，委托其他法院、机关代为调查证据，等等。③依职权询问当事人。法官为查明案情，可以不经申请，询问当事人有关情况。④例外情形下的职权调查证据。根据我国现实情况，为“辩论主义”设置一些例外是必要的。可以考虑借鉴我国台湾法的做法，规定法院在不能依当事人提出的证据获得心证时，得依职权调查收集证据。但是对此必须有严格的限制，比如可以考虑首先应当由法官进行释明，启发当事人举证，只有经释明当事人仍无法举证时，才可依职权调查收集；同时给对方当事人陈述和补充举证的机会，以避免突袭裁判的发生。

当然，以上的建议都是在一个毋庸言明的前提下提出的，那就是我们应该首先在整体上建立起以“辩论主义”为核心的民事诉讼程序基本构造。只有在这个前提下，讨论职权调查证据才是有意义的。

---

〔27〕 参见张永泉：“论民事鉴定制度”，载《法学研究》2000 年第 5 期。

瑶族习惯法特点初探

高其才*

瑶族是历史悠久、文化丰富的居住在我国南方的民族。20世纪50年代前，中国的部分瑶族地区处于封建社会阶段，有些瑶族地区还保留有浓厚的原始公社制残余，[1] 瑶族社会没有建立统一、有效的政权组织，瑶人以大分散、小集中的居住方式生存和发展，通过自治、依靠习惯法形成内生秩序维系民族的繁衍。广西金秀瑶族的俗语“瑶还瑶，朝还朝”正是这种状况的真实写照。[2] 中央政权对瑶族的管治和法律调整也较为有限，[3] 瑶人过着较封闭的带有原始民主性的社会生活。在瑶族社会中，社会关系的调整、社会资源的分配、社会秩序的维持、民族文化的传承主要是通过习惯法进行的，习惯法在瑶族社会中具有举足轻重的地位。瑶族习惯法的生成过程是与瑶人的惯常性相联系的，是与满足和符合瑶族社会成员的需要相一致的，“几乎全然是从自身内部，圆融自洽地发展起来的”，[4] 瑶族习惯法较之国家制定法有其独特的合理性和实效。

在长期的社会发展中，与社会环境和民族文化相一致，瑶族习惯法表现出民主性、民族性、群体性、具体性、稳定性、原初性、神威性的特点。

---

* 清华大学法学院教授。本文为司法部“法治建设与法学理论研究”2005年一般项目《现代化进程中瑶族经济与社会发展法律研究》（项目编号：05SFB2057）的阶段性成果。

〔1〕 林耀华主编：《民族学通论》，中央民族学院出版社1990年版，第261页。

〔2〕 莫金山认为，金秀大瑶山是中国瑶族最典型的聚居地，是中国瑶文的正音之地，金秀瑶族包含了中国瑶族的主要支系，包含了丰富而完整的瑶族文化，是中国瑶族的缩影，处于中国瑶族的中心点上，金秀瑶人保留了更多的瑶族体质特征。莫金山：“金秀大瑶山瑶族在中国瑶学研究中的地位”，载《广西民族研究》2003年第2期。

〔3〕 如宋朝统治者认识到少数民族地区“大抵人物犷悍，风俗荒怪，不可尽以中国教法绳治，故羁縻之而已”（［元］马端临：“文献通考·四裔七”，载《桂海虞衡志》），针对瑶族等少数民族的社会习俗与内地存在极大差异的情况，在法律调整上采取了区别对待的政策。宋真宗曾下诏说：“朕常诫边臣，无得侵扰，外夷若自相杀伤，有本土之法，苟以国法绳之，则必致生事，羁縻之道在于此”（［南宋］李焘：《续资治通鉴长编》卷七二），因此宋朝“尊本土之法”、“因俗为治”，即不强制推行汉法，允许瑶族按习惯法自我管理。

〔4〕 ［德］萨维尼：《论立法与法学的当代使命》，中国法制出版社2001年版，第26页。与此类似的是，日本学者滋贺秀三在分析了中国古代社会的情况后，感慨地指出中国的“法只是由外行的人们所创造和支持（的）”。参见［日］滋贺秀三：“清代诉讼制度之民事法源的考察”，载王亚新等编：《明清时期的民事审判与民间契约》，法律出版社1998年版，第81页。

一、民主性

瑶族习惯法是民族成员在长期的生产、生活和社会交往中共同确认和信守的行为规范，其目的是要维护有利于瑶族整体的社会关系和社会秩序。因此，瑶族习惯法从总体上认识具有民主性质，是一种带有浓厚自治色彩的社会规范。〔5〕瑶族习惯法是古老的社会规范，具有原始民主的痕迹。

在习惯法的议定方面，作为一个民族某一部分成员共同确认的行为准则，瑶族习惯法具有内生性，从满足民族成员需要出发，其议定、修改、废除均须由全体成员参与和一致通过，即遵循全体一致的原则。有的地区虽然主要由首领和头人商议条款，提出初步意见，但仍然必须由全体成员一致通过才能形成习惯法。在议订时，所有参加者均有平等的发言权，可以提出自己的意见和看法，畅所欲言，最后根据大多数人的意见而定。如广西金秀大瑶山石牌习惯法的议订：首先，由头人根据民族传统精神，观察当前社会现象中所表现出来的一般动态和某些方面的突出事件，加以揣摩考究，找出它的关键性的东西；然后，依据当地的民族特点，拟出若干条款，接着召集全体人员开石牌会议，商量讨论后全场一致以默认或欢呼的形式通过习惯法；最后，树石牌表明团结一致，共同遵守。〔6〕

瑶族习惯法的民主性在首领、头人的产生方面表现得更为明显。有的头领是在社会生活中凭着自己的才能和威信自然形成的，既不经过选举，也无需罢免，一旦办事和处理问题不公，就将失去人们的信任而丧失首领、头人资格；有的头领则是由本村寨、家族全体成员民主选举产生的，人人都有选举权，人人也都有被选举权。如果头领处理事情不公有违习惯法，或者利用职权营私舞弊，人们就可以罢免他，另选他人。〔7〕有的瑶族社区更有对不断作恶、为群众所痛恨的头人，或暗地商量凑成一笔“花红”买通打手去拦路暗杀他，或纠合群众大张旗鼓地把他杀掉的事例。〔8〕首领、头人不脱离生产，不脱离劳动，没有特权，没有固定的报酬，有的甚至办事后连一顿酒饭都没有。正如恩格斯所说：“酋长在氏族内部的权力，是父亲般的，纯粹道义性质的；他手里没有强制的手段。”〔9〕

---

〔5〕也有学者认为不能一概而论，瑶族不同族系的习惯法有本质的不同，茶山瑶、多族系联立的大石牌的习惯法已是极大程度被强加的封建性法律了。参见蔡郇：“金秀瑶族石牌制性质剖析”，载《民族论坛》1994 年第 1 期。

〔6〕广西壮族自治区编辑组：《广西瑶族社会历史调查》（第 1 册），广西民族出版社 1984 年版，第 36～37 页。

〔7〕同注 6 引书，第 34 页；广东省编辑组：《连南瑶族自治县瑶族社会调查》，广东人民出版社 1987 年版，第 64～65 页；黄海：“努侯瑶传统文化及对商品经济的制约与改革研究”，载广西瑶学会编：《瑶学研究》（第 1 辑），广西民族出版社 1993 年版，第 163 页。

〔8〕1916 年广西金秀六巷村石牌头人蓝公旺调解蓝公法与门头村蓝公光争水利事不力，没有能够解决，致使蓝公法抓了蓝公光家两个小孩做人质，而蓝公光用火枪打死蓝公法并抢回两个小孩。这时两村石牌头人出面调停，判决蓝公光打死人要抵命、水利平分使用不得一家独占外，石牌头人蓝公旺因不尽职被罚款白银五十两。参见姚舜安：“大瑶山‘石牌律’的考察与研究”，载广西民族研究所：《瑶族研究论文集》，广西人民出版社 1992 年版，第 211 页。

〔9〕［英］恩格斯：“论住宅问题”，载《马克思恩格斯选集》（第 4 卷），人民出版社 1995 年版，第 84 页。

瑶族习惯法的实施基本体现了人人平等的原则，无论是头人或普通成员，也不管富人或贫穷者，都同样受到习惯法的保护、都必须遵守习惯法。若有违反，都要受到制裁。瑶族有“石牌大过天”的谚语，表明在石牌习惯法面前，全体成员的地位平等，都有遵守和服从习惯法的义务，也都有受习惯法保护的权利，习惯法对其所有适用对象都有同样的效力。《三十六瑶石牌法律》就指出：“这十二条呃，自古就有，法律面前人人平等，对天也不例外。”〔10〕任何人都要守法，都要受到习惯法的约束和保护，都要按照习惯法的规定享受权利，履行义务，不允许任何人利用职权违反习惯法；不允许任何人破坏习惯法，无法无天；不允许任何人有超越于习惯法之上的个人特权。

在对违反习惯法行为的处理、处罚的执行上也体现了浓厚的民主色彩。对违反习惯法的行为特别是杀人、偷盗等重大行为，由成员大会按全体一致原则决定处罚方式。执行处罚时，瑶族习惯法大都规定由全体成员共同执行，一起参与。如广西金秀瑶族有“起石牌”的习惯法，即石牌头人集合共石牌的各户户主，一起到出事地点或直接去找违法者，共同处罚凶手，维护习惯法的权威。〔11〕瑶族通过集体制裁违反习惯法的人，共同维持村寨或家族秩序，保障村寨、家族的整体利益。在处理纠纷过程中，一般也不采取强制手段，不搞刑讯逼供，而是采取劝解说服的方法，尽量使双方和解。

瑶族习惯法的这种民主性的形成基于群体成员间原始平等的事实，同时它的存在又起到了保证氏族成员平等权利和义务的作用。原始民主的认识基础是生命同源论和个体无差别论，生命同源论沟通了多种多样的个别生命形式。〔12〕民主原则乃是氏族社会的基本要素。〔13〕瑶族习惯法的这种原始民主继承了氏族的民主传统，适应了维持生存的自足经济的要求，维护了社会秩序的自然稳定，避免了权力斗争，免除了管理费用的负担，缓和了争端纠纷，增进了血缘亲情。同时，增进了人们的团结，促使社会生活固定有序，长期不变。〔14〕

需要指出的是，随着社会的发展和习惯法的演变，瑶族习惯法逐渐具有了一定的等级色彩，其在反映民族全体成员意愿、维护村寨、家族整体利益的同时，也突出反映了首领和头人的意志。特别是那些处于封建制形态的瑶族地区的习惯法，等级色彩和专制色彩尤为明显。保护私有财产成为习惯法的主要职能，原始等级开始法定化，原始民主调停也有了变化。

二、民族性

各民族总是“强调一些有别于其他民族的风俗习惯，生活方式上的特点，赋予

〔10〕金秀大瑶山瑶族史编纂委员会：《金秀大瑶山瑶族史》，广西民族出版社 2002 年版，第 243 页。

〔11〕同注 6 引书，第 74 ~ 75 页。

〔12〕从民主性我们也可以发现瑶族习惯法具有淳朴性，在内容和形式方面较为古老、单纯、质朴。高发元：“少数民族传统道德浅论”，载《思想战线》1999 年第 1 期。

〔13〕［美］摩尔根：《古代社会》，商务印书馆 1977 年版，第 139 页。

〔14〕周敦耀：“金秀瑶族石牌制度的社会管理机制”，载《广西大学学报》（哲学社会科学版）1996 年第 3 期。

强烈的感情，把它升华为代表这一民族的标志”。[15] 瑶族习惯法是瑶族特有的心理、意识的反映，凝结了瑶族强烈的民族情感，是伴随着瑶族的形成、发展而逐渐形成、发展的；它深受瑶族居住地自然环境、经济生活、社会状况等因素的影响，是构成民族特征的重要方面，也是瑶族民族性的突出表现。涂恩瓦曾说过：“法律并不是社会力量的直接反映，而是对政治与社会关系的组织的需求与努力在特定人群的脑海里呈现出来；因而，法律是受到思考方式与心灵状态以及祖先们的规则习惯所限定的。我们必须从根本上认定：整个文化是法律的背景。”[16] 因此，瑶族习惯法在内容、形式诸方面与其他民族的习惯法是有一定差异的，有其浓厚的自己民族和文化的特色，深深地烙下了民族的印迹。瑶族习惯法成为瑶人自我识别和民族认同的基本内容。瑶族的每一个成员从一出生就受到习惯法的强烈熏陶和感染，生老病死、婚庆丧葬无一不遵守习惯法，因此瑶人对本民族的习惯法怀有天然的亲近感和认同感，每一个人的习惯法意识、习惯法观念有强烈的民族色彩。瑶族习惯法成为瑶族成员判别自我和他人团体归属的重要标识之一，瑶人普遍有团体归属意识，关心并维护民族利益。

瑶族习惯法的内容反映了瑶族这一南方山地民族的特点。[17] “生活塑造了行为的模子，而后者在某一天又会变得如同法律那样固定起来。”[18] 中国古代统治者将瑶人圈定在“所处险绝，人迹不至”的山林丛箐之中，瑶人长期耕山为生，过着“历政不宾服”、“不事赋役”、“浮游天下，五湖四海落业，逢山吃山，逢水吃水”的生活，以“伐木盖棚栖身，狩猎采集，刀耕火种”为生，处于“种黍粟豆禾杂以为粮”、“暇则猎山兽以续食”的自然经济阶段，从而形成了独有的山土观念和习惯法。有歌谣唱道：“仍住青山万千年，刀耕火种胜如田，班裳花领常时着，长腰木鼓庆丰年。儿孙饮酒连歌唱，不理东西昼夜眠，手把更弓求野肉，拿来谢祖敬家先。”[19] 与这样的民族生活方式相一致，瑶族有较为系统的农业生产、山林占有和使用、狩猎、生产方面的习惯法，习惯法确认和保障“游耕”方式。瑶族以“刀耕火种”为主要生产方式，实行轮流耕作，“这山无地那山种”，地力耗尽后便丢荒，另开荒地耕种，因此习惯法确认山坡荒地为村寨共同所有，谁种谁收。与民族的发展阶段相适应，广西十万大山的山子瑶虽然已经使用铁器，但工具简陋，农业生产停留在刀耕火种的水平上，生产技术落后，收获量少，人们生活十分贫困，为了征服自然以维持民族生存，山子瑶结成家庭共耕与姻亲共耕、村社共耕、伙有共耕等各种共耕关系，按照习惯法共同生产、共同劳动，平均分配收获物。[20]

---

〔15〕 费孝通：《民族与社会》，人民出版社1981年版，第18～19页。

〔16〕 转引自林端：《儒家伦理与法律文化：社会学观点的探索》，巨流图书公司1994年版，第50页。

〔17〕 覃洁贞认为，瑶族勤劳互助的民族美德、诚实守信的族群秉性、粗放实用的生活方式和平等秩序的伦理取向等人文特征，均是大山养育的结果。参见覃洁贞：“试论瑶族传统文化的山地文化特质”，载《广西民族学院学报》（哲学社会科学版）2001年6月人文社会科学专辑。

〔18〕 ［美］本杰明·卡多佐：《司法过程的性质》，苏力译，商务印书馆1998年版，第38页。

〔19〕 零陵地区民族事务委员会：《零陵地区志·民族志》，零陵地区民族事务委员会2001年版，第2、84～85页。

〔20〕 广西壮族自治区编辑组：《广西瑶族社会历史调查》（第6册），广西民族出版社1987年版，第153～157页。

与不断迁徙的生存方式相适应，瑶族在财产所有权、使用权方面有“示标”习惯法，打标为记，保障生产和生活的正常秩序。如广东连南瑶族用茅草或芒草结成的草标往往作为财物所有、占有的标志，常见的有树标、山标、警标、鱼标等十几种。[21]

由于自然环境的恶劣，瑶人在生产、生活中需要互助，无论插秧、盖房，还是婚丧喜事，都共同协作，互相帮助。瑶族的互助习惯法内容丰富，颇有特点。在瑶族古籍《盘王歌》的《梅花大碗曲》中就赞扬这种社会规范：“二十八后生有远谋，相帮相助起屋楼，起成高屋楼，柱子直溜溜，提笔柱上画金龙，人生世上要相帮，揭开曲缸盖，曲子飘出香。”瑶人由于生存环境较为恶劣，只有团结互助，才能生存发展，因此互助的习惯法比较丰富。[22]

瑶族习惯法规定了男女平等，重视对女性社会地位和权利的保障，在命名、婚嫁、继承、社会地位等方面均对男女一视同仁。如习惯法规定招赘婚为婚姻缔结的主要方式，具体包括“卖断婚”（“从妻居”）、“卖一半”、“两边走”、“招郎转婚”四种形式。广西恭城瑶族历来崇尚男女平等，认为生男生女都一样。没有男儿之家可以招郎入赘，家有男儿的也让女儿招郎。让男儿出外入赘，或者让一个女儿招郎，又让一个男儿娶妻回家，形成和睦相处的家庭，来共同享有继承财产的权利和赡养老人的义务。嘉会乡石盆村户户都有招郎入赘的情况。[23] 有的地方男方入赘女家的家庭达20%以上。“招郎入赘”有全招和半招半嫁两种形式。全招即“买断”，即男到女家以后，改姓女家的姓，同女方家庭一样排辈分，子女跟母亲姓。[24] 男女平等的思想观念为入赘婚的存在奠定了思想基础。有的地区的瑶族习惯法明文规定：“凡招赘入舍，视为骨肉一体，不得做外人。不拘男女，或有异心，即看分论。每年与钱二千文，面斥，各位遵禁（照）。”[25]

瑶族村寨中，人们抬头不见低头见，人与人之间相互帮助、相互提携，彼此熟悉，故日常交往自然诚实守信，否则，就无法在社区中立足、生存。在瑶族山寨的日常交往、贸易、借贷或其他社会生活活动中，瑶人只要有言在先，各方都恪守信用，不管出现什么情况都不食言。这样，诚实守信为瑶族习惯法的重要内容，对规范瑶族社会人们的日常生活行为，维护民族团结和安定发挥着巨大的作用。[26] 同时，瑶族与其他民族也友善相处。如瑶族的商品交换活动，主要是依靠山外汉区小商贩来进行，属于被动的交往。瑶族习惯法保护瑶族与其他民族进行的商品交换关系，保障正常的贸易行为。习惯法保护入出贸易的商贩，不准抢劫或谋害外来商贩。如

---

〔21〕 许文清：“神圣的草标”，载清远市政协文史委员会、连南瑶族自治县政协文史委员会：《清远文史（九）——连南瑶族文史专辑》，清远市政协文史委员会1995年版，第112～113页。

〔22〕 张有隽：“吃了一山过一山：过山瑶的游耕策略”，载《广西民族学院学报》（哲学社会科学版）第25卷第2期。

〔23〕 恭城瑶族自治县地方志编纂委员会：《恭城县志》，广西人民出版社1992年版，第444页。

〔24〕 《恭城瑶族自治县概况》编写组：《恭城瑶族自治县概况》，广西民族出版社1994年版，第39页。

〔25〕 同注6引书，第36页。

〔26〕 同注18引文。

广西金秀瑶族的习惯法规定“不得中途抢劫，以强打单，日后查知，大众石牌究治”。[27] 镌刻年月为乾隆五十一年十月（1786 年），原竖立在金秀在保村桥头的在保、杨柳、将军三村共立的石牌，其条文第 9 条载有“九令……善人卖买生意，有茶有食吃”一句，[28] 意思是说，如果进入瑶山做买卖的善良商贩，到瑶族家里，是会受到茶饭招待的。这表明了瑶人热情好客、诚恳待人的民族个性。

瑶族有自己本民族的语言。作为交流工具和瑶族文化的载体，瑶语在瑶族习惯法的传承中起着重要的作用。瑶族习惯法主要通过瑶人的言耳相传发挥作用、实现功能。

瑶族具有非常强烈的民族生存意识，这种强烈的民族生存意识已渗透到瑶族社会文化的各个方面。瑶族习惯法确保对本民族的认同和忠诚。它有利于村寨族人的团结互助，有利于防御外来侵扰，防止有人与外界结盟破坏瑶区安宁。

同时，由于居住地域以及因此引起的生活方式、价值观念的不同，不同支系、不同地区的瑶族习惯法也存在地域差异，如广西金秀瑶族与广东连南瑶族在习惯法方面就有不少差别：广西金秀瑶族在社会组织方面实行石牌制，广东连南瑶族则多为瑶老制；广西金秀瑶族新娘婚后即在夫家长住开始家庭生活，广东连南瑶族则有新娘不落夫家的习惯。

三、群体性

瑶族社会具有封闭性，它较少与外界主动交往，不受外来的干扰和侵犯，也不让外来的人杂居其间。在个体思维和智慧不发达的状况下，个人无力猎取野兽、抵御自然灾害或反抗入侵之敌，而以群体行动、群体力量来代替个体能力不足的缺陷，则可维持群体的物质再生产和民族的繁衍。瑶族习惯法的群体性正是在这种背景下表现出来的，有其深刻的经济、政治、自然环境、认识论的原因。瑶族《根底话》指出了瑶族习惯法这一群体性特点对于瑶族团结、共存的意义：“我们二十四花山，我们三十六瑶村，我们唇齿相依，我们唇亡齿寒；我们上山同路，我们下水同船，众志山可移，同心海可掏。这样，我们法律才准，这样，我们法律才灵。”[29]

瑶族习惯法是以瑶族地区的若干村寨或家族为基本单位议定修改并执行实施的，重心在于保护民族的共同利益和整体利益，主要目的在于维持本民族社会的秩序与安定，从价值形态上更倾向于追求安全、秩序、平等，体现了集体本位原则。瑶族习惯法强调个体归属群体，重视群体内部的“序列”，重视群体内部个体之间的协同关系。

在瑶族习惯法中，群体的每一个成员严格说来很少能成为真正的主体，很少能独立自主地行为或不行为，个人笼罩在集体的阴影中。人们不敢离开群体，不想离开群体，不愿离开群体，因而群体的法观念、法思维加于个人，从某种程度上说影

---

〔27〕 同注 6 引书，第 44 页。

〔28〕 同注 6 引书，第 50 页。

〔29〕 金秀瑶族自治县志编纂委员会：《金秀瑶族自治县志》，中央民族学院出版社 1992 年版，第 568 ~ 569 页。

响了每一成员主体意识和自由法观念的生长和发展。土地买卖习惯法规定家族有先买权，土地出卖时须先问过家族、本寨后才能向外家族、外寨出卖；村寨、家族内绝户财产归家族或村寨，不允许流入外姓外寨；严格保护山场共享。瑶族习惯法还强调婚姻制度在维护瑶人整体利益中的特殊地位。生产互助习惯法以及许多民族对孤寡残弱成员的生活扶助的习惯法也充分表明了这一点。如贵州荔波瑶麓社会，存在一种叫"播冬"的组织，即由一个共同血缘祖先传袭繁衍下来的血亲集团。习惯法规定同一"播冬"成员有下列义务：凡起房盖屋、红白喜事、生育做寿等，全由"播冬"共同操办，共同接待客人。鳏寡孤独、残疾贫困者，共同接济供养不使流落。[30]

为了维护民族、团体的整体利益，瑶族习惯法禁止有纠纷、有事情不经本地方寨老、老人处理而擅请外人解决，以防止内部分化。如中华民国三年（1914年）的广西金秀《六十村石牌》规定："一料，众石牌有人事争口舌，山水、田土分界不明，失物、千家百事，千祈要听我石牌判，不得请外方人来包事，害我石牌地方。"[31] 这种缺乏社会分工的集体行动和团结互助，有力地阻止了社会分化，并在代际承传中复制着自足的、封闭的"瑶还瑶，朝还朝"的同质文化。[32]

瑶族对违反习惯法行为的处罚，基本形式为集体参与执行，对一些重大的违反习惯法行为更是如此。群体的力量有效地保证了瑶族习惯法的权威。正如美国法人类学家霍贝尔曾明确指出的："运用强制力的特权，构成了法律中的'官方'因素。普通或特别认可的作为合法行使人身强制的人，是社会权威的派生。他不必是有合法官衔的官员或有巡警标志的警察。"[33]

四、具体性

瑶族习惯法是建立在瑶族成员生活中的亲身感受、习惯法实践的直接具体经验，以及传统的习惯法观念基础上的，表现出整个法体系都主要与具体的事物、具体的经验联系在一起的特点。瑶人对瑶族习惯法权威性的认识，是基于他参加了议定、修改、讲述、解释习惯法的全体成员大会，亲身感受了喝血酒时的神圣、一致通过时的庄严；是基于他参与和经历了对违反习惯法者的处罚和制裁，亲眼目睹了违反习惯法者被处死、拷打、开除寨籍族籍的下场。在纠纷处理中，某一方能胜诉，是因为在调解时他所得的竹节木棍多，是因为木板上代表他的那一面口子多。这种具体形象的仪式和符号，充分表现了习惯法的直观而神圣的约束力。[34]

瑶族习惯法的这种具体性表现在许多方面。瑶族的石牌，有的镌刻有习惯法条文，有的仅竖立一块略带长方形而石面扁平的石头，全体在场者杀鸡饮血酒，表示

---

〔30〕 黄海："荔波瑶麓乡瑶族亲族制度考察"，载《贵州民族研究》1996年第2期。

〔31〕 同注6引书，第44页。

〔32〕 周敦耀："金秀瑶族石牌制度的社会管理机制"，载《广西大学学报》（哲学社会科学版）1996年第3期。

〔33〕［美］霍贝尔：《初民社会的法律》，周勇译，中国社会科学出版社1993年版，第29页。

〔34〕 彭兆荣认为，这种仪式和符号成为保持民族文化传承和认同的重要方式之一。彭兆荣："民族认同的语境变迁与多极化发展"，载《广西民族学院学报》（哲学社会科学版）第19卷第2期。

齐心合力，绝不违反，如有违者像鸡一样死去。有的还用斧在石上砍三下，作为大家决心遵守的标记。[35] 瑶族的“打标为记”对于财产的占有具有直观的告示作用。广西南丹大瑶寨白裤瑶习惯法规定，离婚时只要女方拿出一块布，男的拿一把刀，同到寨后的山脚下，男的以刀砍断布匹，即告离婚。[36] 瑶族早先的土地买卖契约为刻木记数、刻木记事。“瑶人在昔买卖田地山林概无契约。凡发生买卖关系，取用同样之竹板二块，符合后，卖者买者及中间人各刻不同样之大小缺刻于合缝上，卖主与买方各执缺刻竹一枝，名为‘梧同’以代契约。近年亦有汉文立约者。”[37] 广西南丹刻木记数、刻木记事的历史不知起于何时，瑶里乡大寨老人黄福平说：“我们古代都是用这种方法，到了民国以后，才有人请汉、壮族文人帮写契，但刻木记事的方法，还有人使用，直到 1949 年解放后前几年也是这样”。中华民国初年，瑶里乡大寨黄福平老人卖了三挑田给本寨黎东州，地价为十六吊钱，在木帮上刻有大格一横，代表十，小格六横，代表六，合为十六。在横格旁，画一横为一吊铜元；两横，意为十六吊铜元。然后将木板破开，二人各执一片，以作契约凭证。这种木刻，除木质外，有时也用竹筒、竹片来作，但制法完全相同。[38] 这些具体的事物、物件，表达了各民族的某种习惯法观念、习惯法象征，表明瑶族习惯法缺乏概括性。[39]

与此相联系，瑶族习惯法也表现出形象性。瑶族由于文明发展程度所限，不能脱离具体事物、具体经验而判断和把握事物，因此就只能用形象进行思考，依靠形象来说明问题、表达思想。英国学者梅特兰曾经指出：“只要法律是不成文的，它就必定被戏剧化和表演。正义必须呈现出生动形象的外表，否则人们就看不见它。”[40] 瑶族习惯法离不开第一手的感性材料，这些材料曲折地反映了某些事物、某些现象的因果联系，尽管其较为简单和原始，但仍是人类智慧的结晶，是瑶族习惯法贴近民众生活的表现。[41]

由所处的社会发展阶段所限，瑶族习惯法不能撇开具体物象作单纯的理论推论，它总是由一定的个别经验去类比另一种情况。当瑶族先民由于生产力与认识能力极为低下，而难以用理性和实证方法来解释主客观世界的复杂现象时，就通过直观性、类比性和猜测性的方式来填补这个“真空”，从而满足自己对自然存在、社会存在和

---

〔35〕 同注 6 引书，第 37 页。

〔36〕 广西壮族自治区编辑组：《广西瑶族社会历史调查》（第 3 册），广西民族出版社 1986 年版，第 57～58 页。

〔37〕 庞新民：《两广瑶山调查》，中华书局 1936 年版，第 85 页。

〔38〕 同注 37 引书，第 37 页。

〔39〕 龚友德将这些结绳、刻木、符号等称之为“前文字”，曲彦斌将诸如手势、烟火、鼓点等称之为“副语言”。龚友德认为少数民族的这种记事表意方式具有古朴性、模糊性、象征性。龚友德：《原始信息文化》，云南人民出版社 1996 年版，第 3～10 页；曲彦斌：《副语言习俗》，辽宁大学出版社 1988 年版，第 4 页。

〔40〕 转引自［美］伯尔曼：《法律与革命——西方法律传统的形成》，中国大百科全书出版社 1993 年版，第 69 页。

〔41〕 瑶族习惯法的这种具体性、形象性对于其传承具有十分重要的意义。瑶族通过宗教活动、婚嫁等民俗礼仪、民间节日等传播和弘扬瑶族习惯法，反映了独特的文化传承机制和传承载体。石宗仁：“苗族文化传承机制漫议”，载《民族论坛》1992 年第 4 期。

心理存在的认知欲望和需求。由劳动形式和生产关系的特点决定，瑶族意识“只是对直接的可感知的环境的一种意识，是对处于开始意识到自身的个人之外的其他人和其他物的狭隘联系的一种意识”。[42] 人们从一个具象物体中去观察另一个具象物体的内容，通过简单联系来分析和把握事物。这一特点最显著的表现，就是瑶族在习惯法的议定、修改、解释、讲述以及处理纠纷处罚违反习惯法之人时，在教育后代、主持正义、谴责邪恶、总结经验时，都高度重视谚语、格言、神话传说，用联想、对比、排比、譬喻、借代、夸张等手法，以精炼的语言、形象的比喻，把天、地、人、物中的某一具体现象和习惯法直接联系起来，把瑶族习惯法表述得更通俗、逼真、生动、优美，加强了说服力、感染力，表现出瑶族习惯法的类比性特点。[43]

五、稳定性

由于瑶族社会经济与社会发展的缓慢，与之相适应的瑶族习惯法表现出明显的稳定性。瑶族习惯法是一定的瑶族社会历史发展阶段的产物，是在特定的历史、文化土壤中形成的，因而它具有深刻的社会根源、历史根源和自然根源。当某一特定群体成员“开始普遍而持续地遵守某些被认为具有法律强制力的惯例和习惯时，习惯法便产生了”。[44] 这样的习惯法，适应社会需要，较少变化，就总体而言非常有稳定性、连续性。瑶族社会中残存着不少原始婚姻遗俗，如“抢婚”（通过抢劫妇女来缔结婚姻关系）、“不落夫家”（指女子在婚后相当长的一段时间内仍留在娘家居住）、“招郎入赘”（指从妻居）等，就是瑶族由母系氏族社会向父系民族社会过渡时的原始婚姻形态残留。瑶族存在姑舅表婚与妻兄弟婚这一族外群婚制原始婚俗遗迹，瑶族习惯法对此并不禁止，有的地区的规范则持鼓励态度。据载，瑶人“婚姻必妹姊之女，谓之还头。兄弟妻其嫂，弟死兄亦如之”。“婚姻必娶姐妹之女”，[45] 这实际是姑舅表亲，属于亚血缘婚姻，是原始社会族外婚的一种形式。

同时，瑶族习惯法是一种从民族成员生活、生产中形成的内在秩序，与瑶人的需要有着天然的契合，习惯法蕴藏着瑶族浓厚的共同心理感情。只要瑶族存在，反映民族特点和民族形式的习惯法就会长期存在；只要瑶族社会没有发生激变，反映民族文化和民族心理的习惯法就会长期存在。如瑶族的很多习惯法都是从古代一直传承下来的，瑶族的互助习惯法与瑶族的山地民族特点相一致。

瑶族的每一个成员从出生到成年直至死亡，无不处在习惯法的氛围之中，受着习惯法的浸染熏陶，同时一直学习和处处模仿，进行内化和强化。瑶族有谚语云：

---

〔42〕［德］马克思、恩格斯：“德意志意识形态”，载《马克思恩格斯选集》（第1卷），人民出版社1995年版，第81页。

〔43〕日本学者滋贺秀三认为，法谚在一定程度上确实具有将习惯客观化或实定化的作用，在中国的一般民众中流传着大量丰富的谚语，这些谚语在社会生活中有很大用处。参见［日］滋贺秀三：“清代诉讼制度之民事法源的考察”，载王亚新等编：《明清时期的民事审判与民间契约》，法律出版社1998年版，第56页。徐晓光曾对藏族的法谚进行过专门分析，认为法谚体现了习惯法的精神。参见徐晓光：《藏族法制史研究》，法律出版社2001年版，第399～410页。

〔44〕［美］E. 博登海默：《法理学——法律哲学与方法》，邓正来译，中国政法大学出版社1999年版，第381页。

〔45〕［明］王士性：“广游志”（卷上），载《王士性地理书三种》。

“白天有太阳，晚间有月亮；官家有法律，瑶民有私约。”《根底话》亦云：“有了石牌律，瑶山固如铁。石牌大过天，对天也不容。哪个敢作恶，哪个敢捣乱，即使它是铜，也把它熔了；即使它是锡，也把它化掉。”[46] 这种潜在的影响及长期积淀，使得瑶族习惯法更具有稳定性和不可抗拒性。

瑶族习惯法具有稳定性的特征，这并不否认它还有变异的一方面。随着历史的前进、社会的发展，少数民族习惯法也不断处于变化发展中。从某种意义上而言，变异是永恒的、绝对的。习惯法主要是靠口头传播、行为传承的，本身就有较大的局限性，各类人员往往根据自己的是非标准和理解判断作出不同的解释，表现出一定的差异。而且生产条件、生活方式、社会阶段的变化，习惯法中也或多或少会有反映。像广西金秀瑶族石牌习惯法的内容，早期是着重保护生产和财产，尔后则着重强调抵御强暴的侵扰。

当然，也有不少习惯法的变化是通过人为的扬弃和吸收，通过主动、自觉的方式变革的。贵州荔波的瑶族曾通过头人废除了“七牛婚姻制”（姑舅表婚）习惯法，重新确立了“四不通婚”的习惯法（一不准与其他民族通婚，二不准与瑶族其他支系通婚，三不准与同宗共祖的人通婚，四不准与姨表兄妹通婚）。[47] 不过，由于瑶族社会经济生活条件变化缓慢，习惯法的变化相应也是缓慢的。

六、原初性

从法律发展角度认识，瑶族习惯法属于人类社会早期的法，具有原初性，缺乏明确性、精致性，科学性程度不高。

瑶族习惯法主要为禁止性规范，以“不得”、“不许”、“不准”、“禁止”、“禁”等方式规定瑶人的义务，如广西金秀《六段、仙家漕，老矮河三处石牌》中的“凡有客有进瑶做买卖者，或生面不识，不准留宿”；[48]《三十六瑶七十二村大石牌》中的“八立料石牌有事，不得请别人”；[49]《六拉村三姓石牌》中的“四公议山中杂粮，物各有主，各种各收，不准乱行偷盗”；等等。[50] 虽也有一些授权性规范存在，但数量比较少。习惯法对权利的保障缺乏足够的重视。瑶族习惯法不仅规范瑶人的行为，而且试图调整、影响瑶人的心理、意识，规范瑶人的内心观念。神判的存在和相关规范即为其集中体现。瑶族习惯法中，民事规范、刑事规范相混合，实体规范与程序规范区分不明显。瑶族习惯法对犯罪的认定概念并不非常清楚，量刑的畸轻畸重很突出，处罚也比较残酷，正如《根底话——〈石牌话〉序》中所指出的：“法律严峻，法规严厉，我们才坐得安，我们才立得稳。”[51]

瑶族的程序意识和程序规范比较弱。虽然调解和审理说理有一个比较固定的叙

---

〔46〕 同注 30 引书，第 569 页。

〔47〕 黄海：“努侯瑶传统文化及对商品经济的制约与改革研究”，载广西瑶学会编：《瑶学研究》第 1 辑，广西民族出版社 1993 年版，第 145 页。

〔48〕 同注 6 引书，第 46 页。

〔49〕 同注 6 引书，第 45 页。

〔50〕 同注 6 引书，第 59 页。

〔51〕 同注 30 引书，第 569 页。

说过程，包括“讲根底”（主人即提起者、原告人讲）、“讲件”（主人陈述事件的经过及理由）、“压话”（中间人即调解人复述主人所述的内容）、“托话”（调解人把主人的陈述内容传给对方）、“驳话”（对方辩驳）、“托话”（调解人把对方的驳话传给主人）、“回话”（主人对双方驳话的回答）、“破事”（调解人据习惯法处理、判决）、“料话”（调解人当面告诫双方日后要共同遵守的原则，嘱咐双方和好应做的事项，嘱咐双方和睦相处、友好往来）等。[52] 但是程序规范总的说来比较简单，程序规范的效力往往受到挑战，不遵守的后果也不明确、不一致。

在法的责任承担方面，瑶族习惯法比较强调责任的共同承担，株连家族甚至亲属邻里。瑶族习惯法通常规定一人违法若不检举，则全家受罚。如清宣统二年（1910年）广西金秀瑶族《桂田等村石牌》明确规定：“各不得停留歹人。如有此事、令十甲严查。一家犯罪，九家同论。”[53] 民族成员主体的独立性较为缺乏。

瑶族缺乏专门的法律机构，也不存在专业的法律人士，没有代理人。瑶族没有专门的习惯法执行机构和专职人员，调解者和审理者基本上是义务的，没有报酬。如清道光二年（1822年）广西金秀《门头、下灵、黄桑三村石牌》就规定：“请老不许食银，不得杀人。”[54] 这就明确要求老人为瑶人排难解纷，不许有受贿赂、抽扣部分罚款等的行为，更不许任意杀人，解决纠纷属于纯粹义务性、公益性的活动，这是由于社会发展水平所限，社会分工尚没有形成，法律职业者阶层还没有出现所致。需要注意的是，由于瑶族逐渐受到汉族和其他民族的影响，特别是瑶族在明代就引进了汉族的文字，因此在法的技术方面，瑶族习惯法也有发展和提高。

瑶族习惯法经过了由不成文到成文的历史演进过程。初始是口头流传的不成文法规，如贵州荔波瑶麓的习惯法由头人或专人传诵，传诵一般在“熟霞”祭祖、丧葬砍牛、喜庆结婚等瑶胞云集时举行，内容为重申古规古训，如丧葬砍牛时唱的“煮劳”歌、念的记公词、结婚嫁女时唱的“时霞”歌等。这是瑶族习惯法的初级表现形态。瑶族习惯法的中间过渡形态是立不刻字的石牌。有些瑶族地区，习惯法条文并不镌在石上，却也要竖立一块略带长方形而石面扁平的石头，作为石牌。这块石头要在开会以前竖好。竖立这种石牌时，须举行一种简单的祭祀仪式，即在石牌前杀猪杀牛，烧香化纸来祭它。[55] 口头议定规约后，当众宣布，立石牌以为标志，不刻字。随着社会的发展，瑶人中识字的逐渐增多，习惯法的内容就用文字来表达了，石牌也由不成文石牌（或无字石牌）演变成为成文石牌。这是瑶族习惯法的高级形态。[56] 广西金秀瑶族的石牌习惯法是少数民族习惯法中比较少见的类型，反映了瑶族比较全面的社会认识能力和比较高的法律议订水平。瑶族石牌习惯法有不同的称谓，如“料令”、“律法”、“班律”、“律规”、“规律”、“条规”、“规条”、“律”等，还有称“五料三朵”的。每件石牌最简单的只有3条，一般为5条到15

---

〔52〕 韦玖灵：“从石牌话看瑶族的原始法律意识”，载《广西大学学报》（哲学社会科学版）1994年第5期。

〔53〕 同注6引书，第65页。

〔54〕 同注6引书，第62页。

〔55〕 同注6引书，第37页。

〔56〕 同注10引书，第180页。

条，进行了条理化的表达。[57] 如1822年的广西金秀《门头、下灵、黄桑三村石牌》即为综合性的规范，虽然条文不多却涉及纠纷解决、头领义务、商品交易、行为禁止等内容。[58] 瑶族习惯法既有综合性的规范，也存在组织生产、禁偷治盗等方面专项的规定。

成文的瑶族习惯法的结构一般包括序言、正文、订立人、时间等，下面这一红瑶地区的广西龙胜潘内杨梅屯的规约就比较典型，其序言为：

> 盖闻奉上明文，以截盗源，以靖地面，而安善良事。窃思国以民为本，民以食为天。我乡本邑瑶民，历年安分苦耕守法，礼依酋长而不乱也。上古之民，夜阁不闭，道今不古。□□□无籍，流离逃窜之徒，三五成群，四五余党，昼则壁上之虎，夜间云里之龙，身鸡犬不得安眠，带撬刀打墙挖孔，害良无厌，目击心伤。乡村无一宁户，我等齐心协力乡禁止，□□谆谆公议款条，开列于后，大则送官究治，小则贼游团公罚。[59]

这一清代道光十八年（1838年）的序言概括清晰、说理充分、表达清楚，水平较高。

瑶族习惯法方面的文书、契约种类比较丰富，已经发现的有入赘合同书、离婚字据、断卖男孩契约、断卖田地契、典当契约、批山地契（租佃山地契）、借钱契据、和息贴、神判书等。[60] 这样多样的文书在其他少数民族习惯法中较少发现，表明瑶族习惯法在中国少数民族习惯法中有其特殊的地位。

七、神威性

瑶族习惯法还依靠神的权威支持，具有神威性。[61] 瑶族社会宗教、迷信氛围浓郁，宗教、迷信对瑶人的感情、情绪和行为有广泛影响。瑶族通过习惯法对各种宗教、迷信的仪式、活动、节日等的规范，加强了群体成员的神圣感。[62] 瑶族宗教信仰方面的习惯法强化了神秘力量的存在，任何违反者都将受到报复和惩罚，从而实现瑶族社会的秩序与公平。

宗教生活在瑶族社会生活中占据了重要位置，瑶族习惯法对宗教信仰、宗教职业者、宗教活动和宗教节日等进行了规定，从而对人们的行为和民族的发展、民族的文化产生了一定的影响。如广西金秀大瑶山瑶族的宗教信仰中保留了不少原始宗教残余。在观念上，瑶人认为宇宙间万物皆有灵，认为山有山神、水有水神，草木

---

〔57〕 同注6引书，第38页。

〔58〕 同注6引书，第62页。

〔59〕 碑存龙胜潘内杨梅屯，1958年广西少数民族社会历史调查组收集。广西壮族自治区编辑组：《广西少数民族地区碑文、契约资料集》，广西民族出版社1987年版，第163页。

〔60〕 广东省编辑组：《连南瑶族自治县瑶族社会调查》，广东人民出版社1987年版，第178页。

〔61〕 严格而言，神威性也是原初性的表现之一，为了方便讨论而单列。

〔62〕 伯尔曼认为神圣性是法律与宗教的共同要素。参见［美］伯尔曼：《法律与宗教》，梁治平译，三联书店1991年版，第39页。

禾石皆有魂，生禽猛兽、风雨雷电也有神灵。瑶族人民认为大自然的一切现象都有灵感，便产生了“万物有灵”的观念，发展成为对自然物的崇拜、图腾崇拜、祖先崇拜，并形成了相应的习惯法规范。[63] 依习惯法，瑶族所敬奉的神祇多而复杂，除少数是本民族的人、神外，有儒道两教的神，还有壮族、汉族有真姓名的人神，这些大致可分为人类始祖神、自然神、民族神、祖先神、保护神、祖师神、兽神等7类。瑶族几乎村村有庙，少者1个，多者达十几个，主要的有社王庙等。瑶族主要的祭神仪式有祭社王、做洪门、做功德、游神、做盘王、祭甘王、度戒、还花等。个人的生病婚丧大事等还进行送小鬼、送关煞、送大鬼、破六甲、开坡催生、除秽、安名、收花、安龙、送魔鬼、架桥、出嫁补福、迎亲、打太公醮、丧事打斋、谢坟、挖墓迁葬、造房上梁、安神龛祖先灵位、择日子等宗教活动。[64]

瑶族习惯法受原始宗教、迷信影响比较明显。如广西上林正凡瑶族通过公约即习惯法时，要杀鸡饮血酒，表示共同遵守，并各自签上名字，然后生效。[65] 在云南元阳等地瑶族中，用簸扬选举、打卦选举、占卜选举等神裁方式产生寨老等头人。这些选举方法，都带有浓厚的原始宗教神秘色彩。[66] 瑶族社会生活的其他习惯法规范，也受到宗教、迷信的广泛影响。在广西南丹白裤瑶地区，也存在春耕前祭祀和头人带头生产的习惯法。每年的重大农业节气做农活，都由头人首先动工，然后民众才能跟着去做。每年春耕前都要召开“油锅”会议，由油锅头人召集全体“油锅”成员到山上或土地庙前祭祀“油锅”鬼，祈祷它保佑农业丰收，鼓励大家要按季节劳动生产，适时耕种，不误农时。祭祀之后，由庙老或“油锅”头人象征性地动手破土，大家把祭品就地聚餐，然后回到各自的地里，放火将砍倒的草木烧成灰烬。[67]

广西全州东山瑶赶山捕猎驱猛兽，要根据习惯法祭祀猎神，猎神祭祀分猎前和猎后两步进行。东山瑶猎神祭祀带有神秘色彩，祭祀时除猎头与猎手外，不准其他无关人参祭，而且多在鸡叫前的深夜行祭。习惯法规定，在祭祀场参祭者必须为在此前没有同房者，要求参加者神态严肃，不准打赤膊，不准说话，更不准发出声响，否则就是对神灵的不敬，会遭到神灵的严厉惩罚，“出猎凶多吉少”。因此祭祀过程中人们非常自觉也很虔诚。[68]

与此相联系，瑶族有关丧葬的习惯法也比较丰富。人类学家认为，丧葬规范起源于人对死者鬼魂的恐惧，由此产生祖先崇拜的信仰，在这种心理下，生者对死者

---

〔63〕 同注10引书，第80~82页。

〔64〕 胡起望认为瑶传道教是中国南方少数民族源远流长的宗教教派之一，以梅山教为代表，在道教信仰中糅合了自己的始祖崇拜与原始信仰，拥有大量有自己特点的瑶经，有在人口中占有较高比例的师公、道公，有自己的仪规与戒律，在瑶族的日常生活中也浸透了瑶传道教的信仰和意识规范。参见胡起望：“论瑶传道教”，载《云南社会科学》1994年第1期。参见谭晗祖则认为刀耕火种农业、猎业、家畜家禽饲养业以及老制、丛会等都受到了瑶传道教的影响。参见谭晗祖：“试析近代以来云南瑶族传统游耕经济和村社制度中的宗教因素”，载《楚雄师范学院学报》第18卷第5期。

〔65〕 广西壮族自治区编辑组：《广西瑶族社会历史调查》（第5册），广西民族出版社1986年版，第45页。

〔66〕 徐祖祥：《瑶族文化史》，云南民族出版社2001年版，第93~94页。

〔67〕 浦朝军等主编：《中国瑶族风土志》，北京大学出版社1992年版，第77~78页。

〔68〕 《东山瑶社会》编写组：《东山瑶社会》，广西民族出版社2002年版，第403~404页。

遗体作一番处理，并有一套象征悲恸的仪式，希望死者顺利到达另一个永息的世界中。[69] 瑶族有关丧葬的习惯法，主要表现在葬制、葬地、葬仪（停灵、入殓、祭灵、埋葬）及服孝这几方面，包括处置尸体与安顿灵魂的初丧规范、生者对死者哀悼的治丧规范、送亡灵“上路”的出丧规范、墓葬的等级差异和尸体掩埋的墓葬规范、葬后的祭祀规范等，充分反映了瑶族生者缅怀死者的心理状态。[70] 瑶族习惯法具体规定采取何种丧葬形式，与瑶族所处的自然环境、生产方式、生活方式、宗教信仰和意识形态等都有关系，各种葬式主要都围绕鬼神崇拜及其人们的功利目的进行。[71]

瑶族习惯法这种神威性还表现在纠纷解决方面。神判是瑶族社会重要的纠纷解决方式。神判是以非人的神灵为后盾的解决氏族成员的争端和纠纷的一种裁决方法。为了维护瑶族的共同利益，惩罚违反习惯法的行为，瑶族便利用人们的神灵崇拜观念和对鬼神的膜拜心理，“有罪或无罪的证据常求之于超人的权力。谳定的权委于神灵，而以占卜及神断的方法探神的意。问神的话是一句率直的问题，要求‘是’或‘非’的一句答案”。[72] 社会需要和人们的神灵观念决定了在当时社会历史条件下神判是重要的习惯法，在瑶族成员的生活中占有重要地位。社会“只有把它放在神和惩治的法律的庇护之下才能维持。”[73] 根据习惯法，瑶族的神判主要有赌咒、占卜、砍鸡头、杀鸡砍狗、进社、装袋、烧香、捞油锅、喊话和射箭九种方式。神判是瑶族解决纠纷和冲突的一种迫不得已的方式，主要是为了弥补证据的不足。瑶人把违法犯罪行为解释为违背了神的意旨，渴望借助具有超人威力和无穷智慧的神，通过神力救济来惩罚真正触犯了神灵的人。神判主要针对违反习惯法者的内心世界，以“万物有灵”观念为基础，在瑶人神灵信仰、神灵崇拜的背景下发挥作用。[74]

八、结语

瑶族习惯法是瑶人生活的产物，来自于瑶族社会实际。瑶族习惯法具有原生性，有着明显的自生自发的朴素性，缺乏系统、完整的理论，无法理性地解释和说明丰

---

〔69〕 王明珂：“慎终追远——历代的丧礼”，载刘岱总主编：《中国文化新论——敬天与亲人》，三联书店1992年版，第309页。

〔70〕 同注6引书，第353~354页；罗炳高：“布努瑶各分支系与认同关系初探”，载韦标亮主编：《布努瑶历史文化研究文集》，贵州民族出版社2003年版，第280~282页。

〔71〕 玉时阶：“瑶族葬式述议”，载《广西民族研究》1995年第1期。

〔72〕 林惠祥：《文化人类学》，商务印书馆1991年版，第208页。

〔73〕 ［法］拉法格：《财产及其起源》，王子野译，三联书店1978年版，第77页。

〔74〕 如广西南丹瑶人深信神判无疑，每遇纠纷发生，在头人无法调停和处理时，最后都取决于神判。如瑶里乡大寨黎老信于1944年日军入侵时外出逃难躲避，失去六匹布、六套衣。他怀疑是邕地乡甲寨的人偷的，但又无证据，头人接受控告后无法处理，结果叫邕地乡甲寨的全寨成年人到庙里去赌咒砍狗。又如同寨人黎老解于1942年被偷去白布十余匹、裙子两件、衣服四件、银耳环十二对，他也认为是邕地乡甲寨人偷盗，但无证据，结果该寨每户派出一个男成年人，到庙中参与神判。神判后，黎老解以二斤酒、一斤肉，加上神判祭物的鸡、狗各一只以及东毫二元八毫送给庙老和魔公，并多送白布六尺给魔公。由于神判之后，邕地乡甲寨的很多人得了流行性疾病，个别人甚至死亡，黎便追回失物，得以重偿。参见广西壮族自治区编辑组：《广西瑶族社会历史调查》（第3册），广西民族出版社1985年版，第51页。

富多彩的法的现象。由于瑶族社会经济文化发展比较缓慢，长期处于自给自足的自然经济社会，瑶族习惯法较少发生变化。随着瑶族与汉族等其他民族相互交流和交往的增多，瑶族习惯法与中央王朝法律、其他民族的习惯法相互影响、相互吸收，瑶族习惯法的包容性、交融性逐渐明显。由于发展阶段、内部支系等因素影响，瑶族习惯法也表现出多样性的特点，需要对其进行客观、全面的认识和把握。

制　度　篇

二、公法

从宪法到宪政

——司法审查制度比较研究

张千帆*

一、引言

可以毫不夸张地说，20世纪是司法审查的世纪。[1] 根据笔者的不完全统计，在目前180多个国家或地区的宪法（或基本法）文本中，已有160多个文本规定了某种形式的司法性质的宪法审查制度，而除了美国（1803年）、印度尼西亚（2003年）、阿富汗（2004年）、伊拉克（2005年）等极少数国家之外，绝大多数国家或地区的司法审查制度都是在20世纪建立的。如果说司法审查是宪法规定获得落实的制度保障，[2] 那么从宪法到宪政的根本转变确实构成了20世纪不可逆转的大趋势，并且有理由相信这个趋势将持续到21世纪。

这篇文章通过比较世界各国的宪法文本以及某些国家的制度运作，探讨了司法审查制度在世界范围内的现状、模式和发展趋势，重点是司法审查制度在新兴宪政国家的发展。近年来，我们比较多地关注了诸如美国、德国和法国等发达国家的宪政制度。这是十分正常乃至必要的，因为如本文以下所示，这些国家的宪政制度确实为世界大多数国家的宪法设计提供了不可或缺的范本。同时，这些国家的宪政运行通过判例制度完好地记录在案，加上本国学者的梳理、

---

* 北京航空航天大学法学院教授，政府学博士。在收集资料的过程中，笔者曾得到北京大学宪法与行政法研究中心研究生毕雁英和黄岳的大量帮助，特此感谢。本文考察的宪法文本主要从下列来源获得：里奇蒙大学（Richmond University）的“宪法搜寻网”，http：//confinder. richmond. edu/；乔治城大学的“美洲政治数据库”，http：//pdba. georgetown. edu/；“国家宪法网”，http：//www. constitution. org/cons/natlcons. html；“国际宪法网”（ICL），http：//www. oefre. unibe. ch/law/icl/；以及姜士林等主编：《世界宪法大全》，青岛出版社1997年版。其中以“宪法搜寻网”的材料最全面，但是大多数美洲国家的宪法都来自“美洲政治数据库”，“国际宪法网”也提供了不少最新信息。

〔1〕 参见以色列最高法院1995年的里程碑决定：*United Mizrahi Bank Ltd. v. Migdal Village*, C. A. 6821/93, 49（4）p. D. 221（1995）.

〔2〕 张千帆：“认真对待宪法——论宪政审查的必要性与可行性”，载《中外法学》2003年第5期。

总结和提炼，很容易为我们这些“外来人”所掌握。然而，这些国家毕竟或许只是少数不那么具有代表性的个案，且由于历史文化和经济发达程度的差异，未必对中国的宪政建设具有直接的借鉴意义。要了解司法审查制度在世界范围内的全貌，我们必须放开眼光，将研究视线转移到发达国家以外的宪政转型国家。事实上，和发达国家相比，这些国家的发展水平和中国更接近，因而其宪政经验往往更具有借鉴性和说服力。当我们看到印度、巴基斯坦、尼日利亚的法院有声有色地实施着司法审查制度，而这些国家的人均 GDP 并不比中国高，“经济发展水平低”之类的论点或许不应该再成为拒绝司法审查制度的理由。当然，对这些国家的研究具有一定的难度，因为它们不仅数量多、变化快、语言差异大，而且由于不少国家的宪政发展过程中夹杂着政治斗争等各类非法律因素，很难给予其纯粹的法理概括，但是这些困难并不能否定研究的必要性，更何况研究难度已因为网络等现代交流技术的发展而大大降低了。

这项比较研究显示，世界上超过 80% 的国家或地区都在宪法（基本法）中规定或实施了某种形式的司法审查制度。在这些国家中，以普通法院为主体的“分散审查制”和以专门法院为主体的“集中审查制”在数量上大致相当，但地区分布差别很大。在司法审查的主体、对象、性质和程序上，不同的审查模式具有显著不同的特征，但都是为了实现保护自由和抗衡专制的共同目的。在许多规定了司法审查制度的国家，尤其是在集中审查制国家，司法审查至少获得了最低程度的实施，司法审查对国家的政治生活发挥了实质性作用。虽然这种作用或影响的程度与范围难以准确地衡量，但可以肯定的是，司法审查制度的实施直接关系到一个国家能否完成从宪法到宪政的进化。

二、司法审查制度的地域分布

这部分研究主要依据各国宪法的最新文本。众所周知，宪法不等于宪政，宪法规定的制度未必落到实处，因而文本研究被普遍认为是“过时”的方法。笔者也基本上同意这个观点，但认为有关司法审查的规定是一个特别的例外。这是因为司法审查本身就是一项关系到宪法能否实施的关键制度，因而有关司法审查的文本规定具有重要的实际意义。试想，除了 1803 年的“马伯里诉麦迪逊”案之外，〔3〕世界上有几个国家的司法审查制度是法院在没有文本授权的情况下自己创造出来的？〔4〕虽然笔者认为马伯里案决定的逻辑是普遍适用的，但是该判决的起因和结果都纯粹是发生在特定宪政文化下的个案，不具备普遍适用性。除了美国、以色列和北欧等司法传统深厚的国家或地区之外，世界上所有其他国家的司法审查制度都是通过宪

---

〔3〕 *Marburyv. Madison*, 137 U. S. 1.

〔4〕 当然，1971 年的“结社法决定”（1972 D. 685）可以被认为是法国的“马伯里诉麦迪逊”案，因为宪政院扩展了自己的管辖权。宪政院原先仅有权界定议会和内阁的立法权限，但该案却在没有宪法授权的情况下判决立法侵犯了公民的基本权利。尽管如此，法国宪政院的存在和基本权限都获得了第五共和宪法的明确授权。中国最高人民法院 2001 年对“齐玉苓案”的批复首次引用了宪法作为惟一的法律依据，但是该案并不是针对任何立法甚至抽象行政行为的“司法审查”，且这类事例至今没有再发生过，由此可见，在没有宪法明文授权的情况下进行司法审查何其困难。

法文本的规定建立的。有关司法审查的文本规定至少表明，制宪者已经认识到司法审查对于宪政的必要性和重要性。当然，文本规定只是一个起点，未必能保证任何制度获得实质性的实施，但是没有文本规定，司法审查制度连“娘胎”都出不了，更不用说进一步发育成长。因此，至少对于司法审查制度来说，文本研究是一个回避不了的起点。

需要指出的是，本文的“司法审查”是一个相对广义的概念，在此是指任何司法性质的机构依据宪法审查法律或法规的制度。“司法性质的机构”不仅包括普通法体系中具有一般管辖权的法院以及大陆法体系中的宪政法院，而且也包括某些表面上具有政治性质但是实际上具备司法性质的审查机构，例如法国的宪政院（Conseil Constitutionnel）。在第五共和宪法初创时期，宪政院原先被认为是一个政治性机构（譬如前总统是宪政院的当然成员），但是宪法文本赋予其相当的独立性，而该机构的司法性质在后来的实践中更加彰显出来（譬如现在没有任何前总统参与宪政院的议事），[5] 因而法国的宪法审查在性质上就是“司法审查”。出于这个原因，本文将所有模仿法国审查模式的国家（主要是非洲国家）也定性为具备司法审查制度的国家，尽管和有关普通法院或宪政法院司法审查的文本规定未必得到落实一样，这些国家的宪政院或宪法委员会未必都能像法国那样达到高度的“司法化”。

在目前收集的194个国家或地区的最新宪法文本中，有165个文本规定了某种形式的司法审查制度，加上美国、以色列、冰岛、北欧三国以及中国港澳地区的司法实践，司法审查制度在世界范围内的“覆盖率”将近90%（见后表一）。更具体地说，规定司法审查的宪法文本的国家比例在美洲、非洲和欧洲最高（分别为100%、98%和93%），大洋洲其次（86%），亚洲最低（70%）。[6] 目前，亚洲有15个国家、[7]

---

〔5〕 张千帆：《西方宪政体系（下册·欧洲宪法）》，中国政法大学出版社2005年版，第32～40页。

〔6〕 亚洲的比例因为分开计算中国台湾、香港和澳门地区而有所增加。如果不算这些地区，那么司法审查的覆盖率只有63%，勉强超过“及格线”。

〔7〕 它们是中国、伊朗、阿曼、卡塔尔、沙特阿拉伯、新加坡、越南、老挝、孟加拉国、朝鲜、约旦、马尔代夫、缅甸、文莱、土库曼斯坦。新加坡1995年宪法授权总统搁置他认为试图规避或削弱宪法给予其自由裁量的法案，总理可以将此类法案提交高等法院裁决（第22h条），最高法院有权裁决总统选举的有效性（第93a条），且总统可以向不少于3名大法官组成的审判庭咨询任何宪法条款的效力问题（第100条）。在这其中，只有第一项权力可能和司法审查有关，但是高等法院并不直接审查立法的合宪性，而只是可能对法案是否在程序上被认为通过产生间接影响（如果肯定总统的判断，法案即遭到搁置），因而并不属于严格意义的司法审查。在1998年的判例中，新加坡高等法院一度判决《腐败防治法》因违宪而无效，但是这一决定后来被上诉法院推翻。这一判例表明司法审查可以在具有成文宪法的普通法国家自然生成，但是这类非同寻常的司法审查必须获得国家最高法院的明确承认和社会的普遍肯定。参见 Taw Cheng Kongv. PP（1998），1 Sing. L. R. 943（H. C.）；（1998）2 Sing. L. R. 410（C. A.）；转引自 Li-ann Thio，“‘Beyond Four Walls’ in an Age of Trans-national Judicial Conversations-Civil Liberties, Rights Theories and Constitutional Adjudication in Malaysia and Singapore”, in Nak-in Sung（ed.）, Constitutionalism and Constituional Adjudication in Asia, Seoul：Asian Forum for Constitutional Law（2005）, p. 397.

欧洲有3个国家、[8] 大洋洲有2个国家、[9] 非洲有1个国家[10]没有规定或实施任何形式的司法审查制度，而本文所统计的所有美洲国家都已规定或实施了某种形式的司法审查制度。在数量上，亚洲没有规定司法审查制度的国家占了2/3。

需要说明的是，判断一个国家是否具备司法审查制度的标准比较简单，但在个别情况下也会遇到令人犹疑的“灰色地带”。例如，伊朗1979年宪法第94条授权宪法“守护委员会”（Guardian Council）审查所有法律的合宪性。委员会其中6名成员是由精神领袖提名的神职人员，另外6名成员是由最高司法官员提名、穆斯林大会选择的穆斯林法官；任期6年，3年更换其中一半（第91条）。由于该委员会仅具有“半司法”性质，且宗教色彩强烈，因而本文暂未将其归为“司法”性质的审查机构。再如，孟加拉国1979年宪法第102条规定，高等法院（最高法院中的两个分支之一）为了实施宪法基本权利，可对官员下达任何适当的命令或指示，因而公民可以据此提出宪法诉愿。例如，在2001年10月选举后，大选获胜的国家党纵容国内发生的暴力事件，致使在选举中支持反对派的印度教徒遭到人身攻击甚至杀害，孟加拉国的人权组织便根据第102条提出宪法诉愿，控告警察和法律部门执法不力。[11] 有的文献据此将其列为分散制国家，但由于孟加拉国高等法院的处分权只是限于针对具体政府行为（或不作为），而不具备审查立法合宪性的权力，因而笔者并不认为其具备本文意义上的司法审查制度。

如果宪法只是规定了宪法的最高地位，而没有进一步授权司法审查，将被认为是不够的，因为最高效力条款只是为法院拒绝适用违宪条款提供了宪法上的可能性，但是很难说特定国家的法院是否会认真地对待这类条款。例如，帕劳宪法第一章第1条和第2条分别规定，宪法是国家的最高法律，违宪的法律无效，但是宪法并没有明确授权司法机构对立法进行司法审查，也没有迹象表明该国法院开拓过司法审查的实践，因而被归为不具备司法审查制度的国家。[12] 否则，中国也将被认为是具备司法审查制度的国家（见1982年宪法前言与第5条），但中国最高人民法院只是在“齐玉苓”案中引用了宪法第46条，而这种做法至今尚未获得明确的肯定。要被认定为具备司法审查制度，宪法至少要在有关权利实施的章节中规定司法干预机制。例如，瑙鲁1968年宪法除了第2条规定宪法的最高地位之外，第14条规定任何人均可在最高法院提起诉讼并请求实施宪法规定的基本权利，而最高法院有权作出所有必要与适当的命令或宣告。西萨摩亚1960年宪法第2、4条、所罗门群岛1978年宪

---

〔8〕 英国、荷兰、圣马力诺。

〔9〕 新西兰、帕劳。

〔10〕 几内亚比绍。虽然宪法文本没有规定司法审查，但是有迹象表明该国最高法院最近已开始介入政治争议。2005年10月，实行双元首脑制的几内亚比绍在总统任命内阁的权力限度问题上发生僵持。最高法院肯定了总统任命并驳回了国内最大党关于任命违宪的主张，判决总统没有义务任命议会多数党的成员作为总理。参见 http：//headheeb. blogmosis. com /archives/031297. html，2006年8月2日访问。由于这项判决并非针对议会立法，本文暂不将其归为司法审查国家。

〔11〕 参见 http：//www. law. ox. ac. uk/opbp/Ethnic% 20Attacks% 20in% 20Bangladesh. pdf，2006年8月4日访问。

〔12〕 比较 Arne Maucic 博士的分类，参见 http：//www. concourts. net/tab/tab1. php？lng = en&stat = 1&prt = 0&srt =0，2006年8月6日访问。

法第2、18条和基里巴斯1979年宪法第2、17条也有类似规定。巴巴多斯1966年宪法在规定基本权利之后，授权高等法院负责权利的实施并受理任何侵权案件（第24条），上诉法院审理关于基本权利案件的上诉（第87条），两者构成了该国最高法院的第80条。虽然宪法没有明确授权法院对法律进行司法审查，但是第1条明确宣布宪法是国家最高法律，违宪的法律无效，因而至少可被理解为法院有权不适用侵犯基本权利的条款。巴哈马1973年宪法与此类似，只不过法院结构略为不同：最高法院审理侵权案件（第28条），上诉法院审理关于基本权利案件的上诉（第104条）。这些法院均被界定为具有司法审查权。

表一：司法审查制度的世界分布（国家或地区的数量）

地理位置	司法审查总数	普通分散	普通集中	普通混合	特殊法院	委员会	欧美混合
亚洲	35/50（70%）	4	10	3	15	2	1
美洲	35/35（100%）	4	20	4	0	0	7
欧洲	41/44（93%）	4	4	1	25	1	6
非洲	50/51（98%）	1	13	4	20	11	1
大洋洲	12/14（86%）	2	8	2	0	0	0
总数	173/194（89%）	15	55	14	60	14	15

根据以上界定标准，本文得出表一的统计结果。上表清楚地显示，绝大多数国家的宪法文本都规定了某种形式的司法审查制度。至少在文本层次上，司法审查已经成为各国宪法的通例。当然，司法审查的入宪并非宪政的充分条件，事实上，它也不是严格意义上的必要条件。例如，美国和北欧国家就是在没有宪法文本授权的情况下建立司法审查制度的，甚至像以色列这样的并非严格意义上的成文宪法国家最终也能行使司法审查权。然而，这些国家毕竟只是例外。对于绝大多数国家而言，司法审查的实践离不开宪法文本的授权。

这项比较研究显示，司法审查制度和经济发展程度与法治状况并不存在严格的对应关系。一方面，包括英国、荷兰和新西兰在内的某些发达国家没有规定司法审查制度。以新西兰为例，1986年宪法没有规定任何司法审查机构。1990年，新西兰通过了《权利法案》，但该法只是列举了权利条款，而且在效力等级上和普通法律没有区别，因而普通法院的司法审查存在着和英国类似的困难。[13] 1993年的《人权法》(Human Rights Act）及其修正案设立了“人权委员会”（Human Rights Commission）和“人权审查所”（Human Rights Review Tribunal），但并未授权这些机构审查立法合宪性的权力。虽然人权审查所带有司法性质，其成员必须由法官担任，但是其成员可以兼职并可以无限连任的规定（第100条）表明其独立性是相当有限的，

---

〔13〕 当然，某些学者认为新西兰法院实际上将《权利法案》作为一种基本法看待，参见Ran Hirschl, *Towards Juristocracy: The Origins and Consequences of the New Constitutionalism*, Cambridge: Harvard University Press (2004), p. 8. 如果确实如此，那么新西兰法院可以发挥和以色列法院类似的作用，但是只有到法院作出直接审查立法的判例，才能断言新西兰具备司法审查制度。

因而并不构成本文意义上的司法审查。

另一方面，在宪法中规定某种形式的司法审查制度的国家中，也不乏像埃塞俄比亚、乌干达、尼加拉瓜等经济相对落后的国家，或像伊拉克与阿富汗这样至今仍战乱频繁的国家。相对落后的非洲地区几乎全部规定了某种形式的司法审查制度，本身就很说明问题。因此，一个国家的宪法文本是否规定司法审查制度，和其经济发展水平并没有明显的相关性，社会、文化和教育程度也不构成文本规定的绝对障碍。总的来说，许多经济和法治落后的国家规定（但未必有效实施）了司法审查制度，没有实施司法审查制度的发达国家也仅限于少数例外；事实上，除了新西兰之外，英国与荷兰都受制于欧洲联盟法院和欧洲人权法院的双重约束，因而并非完全不受司法审查的约束。在这个意义上，司法审查制度已经不同发展程度地为世界各国普遍接受。

三、司法审查的模式

一般认为，司法审查分为两大模式：分散审查和集中审查。在前者中，宪法审查的任务一般由各级普通法院承担，其经典代表是美国；在后者中，宪法审查权由专门建立的法院或委员会行使，其代表是德国和法国。但必须指出的是，宪法审查究竟是由普通法院还是由专门机构承担，和审查的“分散”与“集中”并没有必然关系。虽然由专门机构进行的审查一般可被称为“集中”审查制，由普通法院进行的审查却未必是“分散”审查制，因为若干国家的宪法规定只有国家的最高法院或高等法院才能进行司法审查。事实上，某些分散审查制国家的司法审查权是由最高法院下的专门法庭行使的，例如巴拉圭 1992 年宪法第 260 条和萨尔瓦多 1983 年宪法第 174 条就是在最高法院下设宪法审判庭。这种审查显然也是“集中”的——在某种意义上甚至比专门审查制更集中，因为不少专门审查其实是由基层法院、上诉法院和最高法院组成的全套系统完成的。因此，经过再三权衡，笔者决定采用更为准确的分类标准，将普通法院的审查制度进一步分为分散和集中两种模式，两者兼备的称为“普通混合”模式；专门机构的审查制度则进一步分为以德国宪政法院为代表的特殊法院和以法国宪政院为代表的委员会模式，而同时具备专门审查和普通审查的制度被称为“欧美混合”模式。[14]

（一）不同模式的分类标准

模式的分类几乎注定是有争议甚至可能“吃力不讨好”的事情，因为世界各国的司法审查模式是如此多种多样，尤其是后起国家充分借鉴不同模式的长处，原先相对“纯净”的几大模式早已融为一体，因而对于许多国家来说，不同模式之间的分界线显得模糊不清。但是为了分析和比较的便利，仍有必要尽可能准确地对不同

〔14〕 在本文初稿完成后，笔者在网上读到斯洛文尼亚宪政法院分析部 Arne MavĈiĈ 博士在 2004 年发表的论文，颇受启发并最后决定进一步细化原先的分类方法。参见 http：//www. concourts. net/tab/tab1. php? lng = en&stat = 1&prt = 0&srt = 0，2006 年 8 月 6 日访问。这篇文章帮助笔者核对了原有的结果并纠正了个别错误，尽管该文本身的分类也存在少数错误。本文的分类在原则上是和该文一致的，但在细节上并不完全相同，例如对普通法院审查制的界定和混合制的处理略有不同，因而结果未必一一对应。

国家的模式进行分类和界定。划分审查模式的决定性因素在于审查机构的性质，因为它在很大程度上决定了审查的特征。虽然专门审查制度下的特殊法院和委员会模式之间也已经发生一定程度的融合，但是它们之间的分界线仍然是相对清楚和简单的，因而以下主要考虑普通法院制度下的两种审查模式——“普通分散审查制”和“普通集中审查制”。这两种审查模式都寄托于英美司法体系之下，“普通分散审查制”就是“马伯里诉麦迪逊”案所开拓的经典美式审查制度，其中各级法院都有权审查立法的合宪性；而“普通集中审查制”则是新兴的普通法国家在借鉴欧洲（主要是德、奥）审查模式之后发展起来的一种变通模式，其主要特点是由高等法院或最高法院专门履行司法审查的职能，下级法院则一般不能行使这一权力。在某种意义上，普通集中审查制是美欧两大传统审查模式的“嫁接”，是一种通过普通法院的形式履行大陆法系型审查职能的尝试。事实上，纯粹的普通分散审查制国家到今天已为数很少，大多数普通法国家都采取普通集中审查制或某种混合模式，且其司法审查的职能往往也不只是局限于美国传统的个案审查，而是带上了诸如抽象审查甚至事前审查等欧洲特征。

由于不同审查制度之间必然存在诸多交叉和重叠，因而模式的界定往往要考虑多种不同因素。本文的考虑因素主要包括：①审查机构的性质和数量——究竟是普通法院还是专门审查机构，哪些普通法院有权进行司法审查；②司法结构，包括最高法院和其他法院的关系，最高法院是否独立于法院系统之外；③司法审查的集中程度，例如，最高法院或高等法院是不是惟一有权进行司法审查的法院，是否和普通法院一样处理其他类型的诉讼，其他法院是否有权受理并判断宪法问题；④审查的权限和形式，例如，最高法院是否只能处理具体争议。判断集中还是分散的一般原则是，如果高等法院或最高法院全权受理宪法诉讼，其他法院没有宪法管辖权，或至多只是在发现宪法问题时提请最高法院或高等法院审查，就属于本文意义上的普通集中模式，否则就是普通分散模式。以下举例说明。

例如，爱尔兰1937年宪法第34条授权最高法院和高等法院受理宪法案件，并明确表示其他法院没有宪法管辖权，因而是比较明显的普通集中制。伊拉克2004年过渡宪法第44条和2005年宪法草案第91条都授权联邦最高法院（Federal Cassation Court）专门解释宪法并监督联邦法律的合宪性，其他法院则没有类似授权，且普通案件的上诉一般单独地由联邦最高法院受理，因而也是普通集中制。纳米比亚1980年宪法禁止议会立法侵犯宪法权利，且任何人的基本权利受到侵犯，都可以向“有权能的法院”（competent court）申请救济（第25条），但是第79~80条进而规定最高法院和高等法院有解释和实施宪法的权力，可见它们才是“有权能的法院”。冈比亚1997年宪法虽然规定任何人认为立法或其他行为违反宪法，都可以请求法院给予救济，但是又明确授予最高法院排他性的专有管辖权以解释和实施基本权利之外的宪法规定（第127条），同时授予高等法院解释和实施基本权利的初审管辖权（第132条），因而仍属于集中审查模式。然而，马拉维1994年宪法授权高等法院审查合宪性问题（第108条），但是同时规定普通法院发展宪法解释的适当原则，以反映宪法的特征和最高地位（第11条），且任何人的基本权利受到侵犯，都可向法院申诉并获得救济（第46条），可见普通法院对于合宪性控制也发挥一定的作用，因而被归为普通混合制。

有些国家的宪法借鉴欧洲共同体的成员国法院“提请”欧洲法院（解释共同体法律）制度，要求下级法院在遇到相关宪法问题时提请高等法院或最高法院予以解释。譬如阿富汗2004年宪法第121条规定，内阁和下级法院可以提请最高法院审查有关法律的合宪性。再如伯里兹1981年宪法第96条规定，如果下级法院在审判过程中遇到宪法问题，应提请最高法院予以解释。圣卢西亚1978年宪法第106条以及圣基茨和尼维斯联邦1983年宪法第97条规定，普通法院在遇到宪法问题时应提请高等法院解释。斐济1988年宪法第120条则授权高等法院对宪法问题有初审管辖权，上诉法院和最高法院对此类问题则有上诉管辖权，其他法院遇到宪法问题应该提请高等法院予以解释，并可向上诉法院提出上诉。虽然在决定是否提请过程中，普通法院必然也对法律的合宪性作出初步判断，进行实质性审查的主体似乎只有最高法院或高等法院，因而这类情况在本文仍然被归为“普通集中”审查制。有些国家的宪法规定，普通法院如果遇到宪法问题可提请高等法院或最高法院解释，而如果当事人如此要求则必须提请解释，可见普通法院在没有当事人要求的情况下对是否提请具有一定的自由裁量权（例如博茨瓦纳1966年宪法第18条第2款、图瓦卢1978年宪法第131条、赞比亚1991年宪法第28条、莱索托1993年宪法第128条）。但是这种自由裁量权一般是相当有限的，不足以构成普通法院的实质性审查。不少国家的宪法在规定下级法院提请高等法院解释“实质性”（substantial）宪法问题的同时，排除了“轻浮”（frivolous）和“骚扰”（vexatious）性质的问题。这些规定虽然要求下级法院对宪法问题的性质作出初步判断，但也不足以构成实质性审查。

在少数情况下，需要判断审查机构的特殊性质以便适当归类。例如爱沙尼亚1992年宪法规定，国家法院作为最高法院负责宪法监督并宣布违宪法律无效，但是同时也规定，普通法院在审判中不应适用和宪法冲突的法律规范（第149、152条）。既然这里的“国家法院”就是最高法院，该国并非欧美混合制；且既然普通法院在控制法律合宪性方面也发挥作用，而最高法院的此类作用在性质上又不十分特殊，因而它也不构成普通混合制。然而，佛得角1992年宪法规定总统在批准法律规范或条约前可提交最高法院进行“预防性监督审查”（第301条），总统、总理、众议院议长或1/4众议员以及检察长可提交抽象审查（第303条），因而尽管也有法院不应适用违反宪法的规范或原则和法官不应适用违宪法律之规定（第225、304条），但是最高法院的作用完全是大陆法系型的集中审查，从而构成普通混合制。最后，普通混合制和欧美混合制也有可能发生重叠，例如东帝汶2002年宪法第120条授权普通法院不适用其认为违宪的法律，但是第125～126条又单独授权最高法院决定法律和政府行为的合宪性，并决定政党与选举的合法性等宪法性问题，俨然是德国意义上的宪政法院。但是由于最高法院的职能和组成都基本上采用美国模式，本文仍然将其归为普通混合制而非欧美混合制。

一般来说，联邦制由于需要解决中央与地方的法律纠纷，因而都采取了某种形式的司法审查制度，且普通法国家通常采用了分散审查制或混合审查制。例如密克罗尼西亚联邦1978年宪法规定，联邦下级法院和最高法院对起因于宪法的案件共享初审管辖权；州法院如果遇到联邦宪法问题，应根据当事人请求或法院自行决定提请最高法院的上诉庭进行解释（第1条第6、8款），因而被归为普通分散制。值得注意的是，目前所有没有规定或实施司法审查的国家都是单一制，而规定司法审查的单一制国家一般都采用集中审查制。由于联邦制国家的司法审查一般在联邦和州两个层面进行，因而即便联邦层面的司法审查是普通集中制，各州的司法审查也使之成为普通混合制。例如巴西 1988 年宪法授权联邦最高法院主要负责维护宪法（第 102 条），但是州法院负责处理州宪问题（第 125 条），因而属于普通混合制。尼日利亚 1999 年宪法规定联邦高等法院有专属管辖权解释宪法（第 251 条第 5 款第 q 项），但是任何人认为其宪法权利受到侵害，都可以向所在州的高等法院申请救济（第 46 条），因而也属于普通混合制。一个有趣的现象是，个别联邦制国家的联邦和州的模式迥然不同。例如阿根廷在引入联邦制后，首先有越来越多的省开始实行司法审查，而各省的司法审查模式不尽相同，其中塔库曼省（Tucuman）1990 年宪法建立了宪政法院，其他省则建立了美国式的审查体制，最后联邦也建立了分散审查制度。由于只有个别省例外，阿根廷仍被归为普通分散制。

（二）不同模式的地理分布

总的来说，世界各国对普通法院审查和专门机构审查的制度选择大致“平分秋色”：84 比 74，再加上 15 个混合制。[15] 在很大程度上，各国的司法制度其实未必是建立在理性审视基础上的自由选择，而多半是传统承继的结果：实行普通法院审查制度的一般是前英国殖民地国家，例如美国和加拿大等美洲国家，澳大利亚等大洋洲国家，印度、巴基斯坦以及二战后深受美国影响的日本；实行专门机构审查制度的则主要限于大陆法系传统的国家，例如德国、奥地利、意大利、法国和前法属殖民地的非洲国家以及原属西班牙殖民地的美洲国家。然而，由于绝大多数国家的司法审查制度都是在 20 世纪才发展起来，因而司法审查模式的选择也是建立在比较、分析和借鉴的理性基础上的。事实上，大多数普通法国家并没有选择美国式的分散审查制，而是借鉴了大陆法系国家的集中审查制。三种审查模式——普通法院、特殊法院和委员会——加起来，实行集中审查制的国家高达 129 个，远超过纯粹的普通分散制国家。即便在保留普通分散制的国家中，也有不少采纳了集中审查制的某些特点，从而构成混合审查制（见表一）。

在地域分布上，美洲和大洋洲是普通法系的“大本营”。在美洲 35 个实行司法审查的国家中，有 28 个国家规定或实行了普通审查制，只有 7 个国家采取专门法院的审查制度，而且全部都是欧美混合制。[16] 大洋洲规定司法审查的 12 个国家竟然是清一色的普通法院审查制，但是坚持美国传统的普通分散制的国家却为数不多。事

---

〔15〕 由于 8 个没有文本规定但有司法审查实践的国家或地区均属于普通法院体制，因而宪法或基本法文本规定司法审查的普通法和大陆法国家数量之比实际上是 76：74。

〔16〕 危地马拉、厄瓜多尔、哥伦比亚、秘鲁、玻利维亚、苏里南、智利。其中前 4 个国家的宪法都在规定宪政法院的同时规定了公民诉愿（amparo）制度，例如秘鲁宪法第 201 条规定建立宪政法院，第 200 条则授权普通法院受理公民诉愿等宪法案件，因而普通法院在一定程度上参与了合宪性控制。玻利维亚原先采用分散制，1994 年的宪法修正案模仿西班牙，建立了宪政法院制度（Tribunal Constitutional，第 119 ~ 121 条），从而成为混合制。智利 1980 年宪法第 81 条规定建立宪政法院，第 80 条授权最高法院拒绝适用任何违宪法律。

实上，美洲目前只有4个国家采取纯粹的普通分散制，[17] 而采纳普通集中制的则有20个国家之多。[18] 它们大都是北美国家，其宪法或者没有专门规定宪法基本权利的实施，或者即使规定了也将审理诉愿的权力限于高等法院或最高法院，下级法院遇到此类问题一般需要提请这些法院给予宪法解释。剩下4个美洲国家采取了普通混合制，[19] 其中墨西哥、巴西和委内瑞拉是联邦制国家。与此类似，大洋洲也只有2个国家采取了普通分散制，[20] 另外8个国家采取了普通集中制，[21] 剩下2个国家被归为普通混合制。[22]

相比之下，欧洲和非洲则是大陆法系司法体系的天下。在欧洲41个规定司法审查的国家中，有26个国家规定了专门机构审查制度，6个国家规定了欧美混合制，[23]

---

〔17〕 美国、加拿大、阿根廷和波多黎各。和美国不同的是，加拿大的司法系统和澳大利亚乃至德国类似，联邦只有一个最高法院（高等法院），州和地方构成下级法院系统。但和澳大利亚不同的是，加拿大1982年宪法规定了基本权利，且第24条授权普通法院为侵权行为提供救济，因而在此归为普通分散制。需要指出的是，波多黎各虽然模仿美国宪法模式，但是第5条第4款明确限定只有最高法院全体法官的多数表决才能宣布法律违宪，因而也带有一定的集中审查特征。

〔18〕 安提瓜和巴布达、巴巴多斯、巴哈马、伯利兹、哥斯达黎加、多米尼克、多米尼加共和国、圭亚那、海地、洪都拉斯、尼加拉瓜、巴拿马、巴拉圭、乌拉圭、圣卢西亚、圣克里斯托弗和尼维斯、特兰尼达和多巴哥、圣文森特和格林纳丁斯、格林纳达、牙买加。例如巴拉圭1992年宪法第260条规定在最高法院之内设宪法审判庭。

〔19〕 巴西、墨西哥、委内瑞拉、萨尔瓦多。萨尔瓦多1983年宪法第174条规定在最高法院之下内设宪法审判庭，但同时又授权一般法院不适用违反宪法原则的法律（第185条）。

〔20〕 密克罗尼西亚联邦、库克群岛。其中库克群岛宪法第64条规定了基本权利，第65条进一步要求任何法律都不应被解释或适用为侵犯或授权侵犯基本权利，从中可以引申出普通法院不适用违宪法律的权力。密克罗尼西亚联邦宪法第11条规定，联邦最高法院对于州际争议具有专属管辖权（第1款），且州法院如遇到联邦宪法问题应根据当事人请求或法院自行决定提请最高法院的上诉庭进行解释（第8款），但是联邦法院和最高法院对起因于宪法的案件共享初审管辖权（第6款），因而仍然被归为分散审查制。

〔21〕 斐济、基里巴斯、瑙鲁、汤加、所罗门群岛、图瓦卢、瓦努阿图、西萨摩亚。和上述北美国家一样，这些国家的宪法或者没有专门规定宪法基本权利的实施，或者即使规定也将审理公民诉愿的权力限于高等法院或最高法院，下级法院遇到此类问题一般需要提请这些法院给予宪法解释。

〔22〕 澳大利亚、巴布亚新几内亚。澳大利亚1900年宪法第76条规定，议会可授权高等法院对起因于宪法的案件或宪法解释具有初审管辖权，但是联邦体制决定了其司法审查具有一定的分散性；事实上，由于联邦只有一个最高法院，包括司法审查在内的大量联邦管辖权需要在州法院获得实施。巴布亚新几内亚1975年宪法授权其最高法院负责宪法解释，任何法院遇到实质性宪法问题应该提请最高法院解释（第18、19、162条），因而被一些学者归为分散集中制。但是宪法同时要求所有法律都必须根据宪法获得解释，且宪法作为国家的最高法律具有执行效力（第10、11条）。另外，第187D条笼统规定，省或地方法律的合宪性是“可审查的”（justiciable），而没有具体指明审查机构，因而并不能排除不具有一般管辖权的国家级法院（national courts）进行司法审查的可能性。

〔23〕 葡萄牙、阿尔巴尼亚、白俄罗斯、芬兰、希腊、马耳他。葡萄牙1976年宪法在规定宪政法院的同时（第223条），也禁止普通法院适用违宪法律条款（第207条）。马耳他1964年宪法第46条和第95条规定，宪政法院实际上是民事法院第一庭处理宪法案件的上诉法院。由于民事法院就宪法问题作出判决，而宪政法院又是专门审查宪法判决的上诉法院，故将其归为欧美混合制。希腊1975年宪法第100条建立了“特别最高审判庭”（Special Supreme Tribunal），其职能和宪政法院类似，而第94条也禁止普通法院适用违宪法律，因而也归为欧美混合制。

另外4个国家或政治实体实行普通分散制,〔24〕其中3个北欧国家的司法审查来自司法实践而非宪法明文授权,4个国家或政治实体属于普通集中制,〔25〕瑞士则属于普通混合制。〔26〕非洲对集中制的偏爱虽然不如欧洲那么明显,但在50个规定司法审查的国家中有28个规定了专门法院审查制,18个国家规定了普通法院审查制,其中13个国家规定了集中审查制,〔27〕4个国家规定了普通混合制,〔28〕只有1个国家可被归为普通分散制,〔29〕还有1个国家被归为欧美混合制。〔30〕

在专门机构审查的大模式(全部是集中制)之下,又有特殊法院(如联邦德国)和委员会(如法国)两种小模式之分。在本文统计的74个纯粹的专门集中制国家中,以德国为代表的宪政法院模式占据了明显的主导地位。除了14个国家采取了法国第五共和宪法开创的宪政院模式之外,其余都采用了宪政法院模式,在数量上是前者的4倍。〔31〕在欧洲,只有法国独树一帜,采取了纯粹的委员会制度,芬兰是惟一兼采委员会制度和普通审查制的欧美混合制国家,〔32〕其余25个实行专门审查制的

---

〔24〕丹麦、瑞典、挪威、爱沙尼亚。其中爱沙尼亚1992年宪法规定国家法院作为最高法院负责宪法监督并宣布违宪法律无效(第149条第3款、第152条第2款),因而具有一定的集中制特征,但是同时又禁止一般法院在审判中适用和宪法冲突的法律规范(第152条第1款),因而在总体上仍然将其归为分散制。

〔25〕爱尔兰、冰岛、摩纳哥和欧洲联盟。后者只是针对以欧洲共同体条约和联盟条约为依据的司法审查而言。除了审计法院之外,共同体目前只有最高和初审两个法院,成员国法院在适用共同体法律时遇到疑难问题应提交欧洲法院。事实上,成员国法院对于是否提交有一定的自由裁量权,如果认为共同体法律足够"清楚"的话,可以直接适用。但是,司法实践表明成员国法院对共同体法律的判断毕竟是极为有限的,因而在此仍然将欧洲联盟归类为普通集中制。冰岛1944年宪法并没有明确授权法院进行司法审查,但是有文献反映其最高法院从1943年开始行使司法审查权,因而归为普通集中制。参见Leslie F. Goldstein:"From Democracy to Juristocracy",*Law & Society Review*,September 2004.

〔26〕瑞士以前只是授权针对州政府的司法审查,2000年元旦生效的新宪法才规定了针对联邦的司法审查。联邦法院(Bundesgericht)是最高联邦司法权力机构,负责审查联邦宪法争议和州宪权利等案件(第188、189条),因而在联邦层面上是集中审查制。但是在联邦体制下,各州法院负责审理州的民法、刑法和"公法"(public law)事务,仍然具备一定的宪法管辖权(第191b条),因而在此归为普通混合制。

〔27〕博茨瓦纳、厄立特里亚、加纳、冈比亚、几内亚、肯尼亚、莱索托、毛里求斯、纳米比亚、塞拉利昂、坦桑尼亚、赞比亚、津巴布韦。

〔28〕斯威士兰、尼日利亚、马拉维、佛得角。斯威士兰2005年批准的宪法授权高等法院处理基本权利受到侵犯的案件并审理和决定任何宪法问题(第36条、第152条第2款),但是同时规定包括下级法院在内的一般司法机构有权解决宪法的相关问题(第140条第2款)。

〔29〕利比里亚1986年宪法第2条规定最高法院是宪法问题的最高仲裁者,有权宣布法律违宪,但是一般是作为上诉机构,因而下级法院对司法审查行使初审管辖权(第66条)。

〔30〕乌干达1995年宪法第50~52条规定,普通法院和人权委员会都有司法审查权。虽然乌干达并没有建立宪政院,但是从文本规定来看,人权委员会发挥的作用类似于法国1971年"结社法决定"之后的宪政院,因而将其大致归为委员会和普通法院的混合审查制。

〔31〕事实上,在15个采取欧美混合制的国家里,只有芬兰和哈萨克斯坦两个国家采取了法国模式,其余都属于宪政法院模式。

〔32〕2000年生效的芬兰宪法第74条规定,宪法委员会(Constitutional Law Committee)有权监督法律的合宪性。

欧洲国家都采取了宪政法院模式。[33] 相比之下，法国模式在非洲的影响更大。非洲有20个国家采取了德国宪政法院模式，[34] 11个国家则采取了法国宪政院模式（都不含混合制），[35] 而这些国家的前身多为法国殖民地，在独立与立宪过程中基本上照搬了法国的宪法制度，因而其宪法审查的特征与旨趣也和法国大同小异。[36] 当然，这些国家的宪政院未必都能像法国那样发展为一个严格超越政治的准司法机构，但是至少从其有关成员任免的文本规定来看，它们都具有和法国宪政院同样的发展潜力，因而本文仍然将它们定性为“司法审查”机构。

最后，两种审查制度在亚洲的分布显得相对均衡：在35个国家中，17个国家规定了专门机构审查制度，其中15个规定了宪政法院模式，[37] 2个规定了委员会模式，[38] 17个国家或地区规定了普通法院审查制度，其中10个为集中审查制，[39] 4个为分散审查制，[40] 3个为普通混合制，[41] 其中印度和巴基斯坦为联邦国家，还有

---

〔33〕 德国、奥地利、比利时（“仲裁法院”）、保加利亚、克罗地亚、拉脱维亚、捷克、匈牙利、意大利、立陶宛、卢森堡、马其顿、波兰、西班牙、俄罗斯、罗马尼亚、斯洛伐克、斯洛文尼亚、波斯尼亚和黑塞哥维那、列支敦士登、摩尔多瓦、塞尔维亚、黑山、乌克兰、安道尔。其中列支敦士登1921年宪法规定了专门的“国家法院”（State Court）进行宪法审查，独立于普通法院和行政法院结构之外（第104条），在性质上和宪政法院类似。

〔34〕 安哥拉、贝林、布隆迪、科摩罗、刚果（布）、刚果（金）、埃及、赤道几内亚、加蓬、马达加斯加、马里、尼日尔、卢旺达、塞舌尔、圣多美和普林西比、南非、中非共和国、塞内加尔、苏丹、多哥。其中刚果（布）原先采取法国的宪政院模式，但是2001年宪法改换为德国的宪政法院模式（第144~151条）。

〔35〕 阿尔及利亚、布基纳法索、喀麦隆、乍得、吉布提、埃塞俄比亚、象牙海岸、毛里塔尼亚、摩洛哥、莫桑比克、突尼斯。埃塞俄比亚的体制比较特殊，其1994年宪法规定联邦众议院最终决定宪法解释，而宪法调查委员会调查宪法争议并向联邦众议院提出建议，法院如遇到宪法解释问题则应提交调查委员会（第83、84条）。由于宪法调查委员会的组成人员均为司法人员（第82条），且其建议可能对众议院有相当的说服力，因而在此将其归为类似法国模式的委员会审查制度。

〔36〕 例如和法国类似，阿尔及利亚1976年宪法第164条规定，宪政院由9名成员组成，其中总统任命3人、人民院和国家院各任命2人、最高法院和行政法院各任命1人。总统和议会的任命沿用了法国的政治任命体制，但法院任命可以说是阿尔及利亚自己的创造。

〔37〕 亚美尼亚、阿塞拜疆、巴林、格鲁吉亚、吉尔吉斯斯坦、塔吉克斯坦、乌兹别克斯坦、印度尼西亚、科威特、蒙古、韩国、叙利亚、泰国、土耳其、塞浦路斯。

〔38〕 柬埔寨和黎巴嫩。

〔39〕 阿富汗、不丹、伊拉克、尼泊尔、巴基斯坦、菲律宾、斯里兰卡、阿拉伯联合酋长国、也门、中国台湾地区。例如巴基斯坦1973年宪法第185条规定，如果案件涉及实质性宪法问题，高等法院可向最高法院提请解释。

〔40〕 以色列、日本、中国香港与澳门地区。虽然港澳基本法并没有明确规定普通法院审查特别行政区立法规范的权力，但是这项权力至少自1999年的“吴嘉玲等诉入境事务处处长案”［NgKa Ling and Ors v. Director of Immigration,（1999）1 HKC 291］之后基本上被默认，因而在此将其归为分散制地区。

〔41〕 东帝汶、印度、马来西亚。印度1950年宪法第32条规定最高法院负责实施基本权利并审理宪法诉愿，但不包括州法的合宪性。虽然马来西亚1957年宪法第128条规定最高法院对国会或州议会的宪法权限以及联邦或州之间的争议拥有排他性的专门管辖权，宪法并没有规定下级法院不能审查其他领域的宪法争议，而第4条明确规定了宪法的最高地位和法律的有效性问题。

1个国家（哈萨克斯坦）属于欧美混合制。[42]

（三）提出审查的主体——公民还是政府

对于任何模式的司法审查制度来说，首要问题都是谁有权向宪法审查机构提出宪法审查的申请。更具体地说，申请人是仅限于某类政府官员，还是包括普通公民？一般来说，在分散审查制国家，提出申请的主体是公民；当然，如果政府部门之间发生权力冲突，相关的官员也可提出申请，但由于公民人数众多，因而他们提出的宪法诉讼一般占据了司法审查的主体。最典型的当然是美国，1803年“马伯里诉麦迪逊”案本身是一个由普通公民提出的行政诉讼，最后成为建立第一个司法审查制度的宪法诉讼。目前，世界上大多数普通分散制或混合制国家都允许公民提出诉讼，例如以澳大利亚为代表的大洋洲各国基本上沿袭美国模式。美洲的墨西哥1917年宪法第105～107条、洪都拉斯1982年宪法第184条、尼加拉瓜1987年宪法第184条、圣卢西亚1978年宪法第105条、委内瑞拉1961年宪法第215条，以及非洲的毛里求斯1968年宪法第83～84条、纳米比亚1990年宪法第79条、尼日利亚1999宪法第46条和乌干达1995年宪法第50条等国也都基本上照搬了美国体制。

然而，对于普通集中制国家来说，司法审查权并非由具有一般司法管辖权的各级法院直接行使，而是集中于最高法院或高等法院，其司法审查主要不是直接审判个案中的宪法问题，而是应政府部门或下级法院的提请解释宪法。例如美洲的巴西1988年宪法第119条、伯里兹1981年宪法第94～104条、乌拉圭1967年宪法第239条，以及大洋洲的汤加1875年宪法第90条，司法审查权都仅限于最高法院，而这些国家往往不是由公民个人直接提出司法审查的请求，而是由下级法院在个案中遇到宪法问题时提请最高法院作出宪法解释。又如阿拉伯联合酋长国1971年宪法第101条规定，只有某些政府部门可以提请联邦最高法院进行司法审查；阿富汗2004年宪法第121条也规定，只有内阁和下级法院可以提请最高法院审查法律规范的合宪性。

相比之下，采取专门机构审查制度的国家既可以允许普通公民启动司法审查，也可以将此权利仅限于政府官员。在此有必要区分德、法两种集中审查模式：德国的宪政法院模式可以同时允许公民和政府部门作为诉讼主体，但是法国的“委员会”模式一般不允许公民直接参与。迄今为止，法国仅允许总统、总理、两院议长或60名议员联名提出申请，[43] 德国则同时允许普通公民和政府部门提出宪法诉讼。一些设立宪政法院的国家基本上照搬了德国模式，例如奥地利、意大利、危地马拉、哥

---

〔42〕在1991年获得独立的时候，哈萨克斯坦一度建立了宪政法院，但是1995年宪法最终改变了宪法审查制度，仿照法国建立了宪政院（Constitutional Council）。宪政院由7人组成，任期6年，每3年改选一半成员。总统任命院长和两名成员，两院议长各任命两名成员，共和国前总统是宪政院的当然终身成员。总统、总理、两院议长以及1/5以上议会成员可以向宪政院提出申请，因而是典型的法国式制度。但和法国不同的是，1995年宪法第78条又规定，如果普通法院在审判过程中发现法律侵犯公民和个人权利的情况，必须中止诉讼并就法律违宪的声明（statement）获得宪政院的确认（recognition）。由于普通法院对违宪问题作出判断，因而将其归为混合制。

〔43〕当然，法国本身已经数次提出允许公民参与司法审查的宪法修正案，从而说明这一限制并非不可能打破，但是这些修宪努力至今都以失败告终的事实或许也表明委员会制度允许公众参与的天然困难。

伦比亚。[44] 但是规则总有例外，也有相当数量的设立宪政法院的国家并不允许公民直接提出诉讼。例如阿塞拜疆 1995 年宪法第 130 条规定，只有总统、议会、最高法院和总检察长才有权提请宪政法院审查。卢旺达 1991 年宪法第 90 条也有类似规定，而立陶宛 1992 年宪法、波斯尼亚和亚美尼亚的 1995 年宪法都没有规定公民可以提出诉讼。摩尔多瓦 1994 年宪法第 135 ~ 140 条仅授权总统、内阁、议员和议会团体、最高法院、审计法院、司法部长、总检察长和监察官提请宪政法院进行抽象审查，但是普通公民可以通过最高法院或监察官提请宪政法院审查对公民权利和个人自由的侵犯。

无论是分散制还是集中制，对于那些允许公民直接参与的国家，一个相关问题是申请人是否必须符合一定的法律条件。由于分散制国家一般是由普通法院审理宪法案件，因而宪法诉讼和其他诉讼一样要求原告具备诉讼资格。但是普通集中制国家却未必遵守这一规则，例如冈比亚 1987 年宪法第 132 条规定，任何人认为立法或其他行为违反宪法，都有权请求高等法院给予救济。甚至有些规定只有最高法院拥有司法审查权的国家竟然也不设定任何诉讼条件，例如尼泊尔 1990 年宪法第 88 条和巴拿马 1972 年宪法第 201 条规定，"任何公民" 都可以向最高法院提出宪法诉愿，斯里兰卡 1978 年宪法第 118 条授权所有公民向最高法院提出宪法审查的书面申请，塞拉利昂 1991 年宪法第 120、124、127 条则授权认为立法违宪的任何人提请最高法院作出宣示性判决，但是申请必须符合条件和程序，否则构成"犯罪"。应该指出，这样的规定是不科学、不合理，也不现实的，因为和一般的法律诉讼一样，宪法诉讼应该是一件严肃的事情，需要耗费大量的司法资源。如果任何人都能请求法院——尤其是最高法院——审查立法，那么这不仅可能损害法律的权威与稳定，还可能导致司法权的滥用和司法资源的浪费。事实上，如果没有切实有效的案件筛选程序，那么上述不现实的规定只能意味着这些宪法文本中的司法审查制度根本没有落实。

和普通审查制国家相比，更多的专门审查制国家将提请司法审查的权利局限于政府部门，但如果允许公民提出宪法诉愿，那么采取宪政法院模式的国家一般并不特别要求诉讼资格。例如中非共和国 1995 年宪法第 70 条规定，"认为" 宪法权利受到侵害的任何人都可以向宪政法院提起诉讼。和美、法不同的是，德国和匈牙利对于宪法诉愿的提出几乎没有任何限制。几乎任何人——甚至外国人——都可以宣称其权利受到侵害并向宪政法院提出诉愿。由于提出诉愿的程序十分简单且成本很低，因而宪政法院必然不堪重负。为了解决这个问题，德国宪政法院建立了筛选程序，过滤掉 99% 不合格的诉愿。[45] 这说明了一个普遍适用的规律：无论是集中制还是分散制，都必须建立有效的筛选或限制机制，才能保证司法审查的有关规定不只是一个装点宪法文本的"门面"。

（四）司法审查的程序和性质——事前还是事后，具体还是抽象

在很大程度上，提出审查的主体性质及其资格要求决定了审查的性质——究竟

---

[44] 哥伦比亚 1984 年宪法委托一般管辖权的最高法院进行司法审查（第 214 条），且任何公民都可以提出宪法诉愿，但是 1991 年宪法改换为集中审查制。

[45] Norman Dorsen et al. (eds.), *Comparative Constitutionalism*, pp. 135 ~ 136.

是针对个案的具体审查，还是在没有具体个案背景下针对法条的抽象审查？如果申请人是普通公民并符合资格要求，那么公民一般需要证明有关法律规范以具体方式侵害了其个人利益，因而所提出的一般是具体审查；但如果宪法并不要求公民具备诉讼资格，那么公民也可以提出抽象审查。[46] 反之，政府官员提出的申请既可以是具体的，也可以是抽象的，而这部分取决于审查发生的时间——审查究竟是在法律生效之前或之后？

法国第五共和宪法规定，申请人必须在法律获得议会通过之后、正式生效之前的时间段内提出审查申请。由于法律尚未生效，因而审查必然是抽象的。非洲不少国家的宪法都直接复制了法国体制。[47] 当然，即使采纳了法国的宪政院制度，也未必意味着一定要实行事前审查，例如黎巴嫩 1990 年宪法第 19 条便规定宪政院进行事后的抽象审查，柬埔寨 1999 年宪法第 141 条规定宪政院进行抽象审查，但是在法律生效之前或之后均可提出审查申请。[48]

如果法律已经生效，那么事后审查既可以是具体的，也可以是抽象的。这是典型的德国模式，为世界各地许多国家所效仿。[49] 然而，某些国家将宪政法院的职能限于事后的具体审查，[50] 而某些国家则限于事前（因而必然是抽象）审查。[51] 采用混合制的白俄罗斯 1996 年宪法第 127 条规定了事后审查，但是两种不同性质的法院各有分工：普通法院进行具体审查，宪政法院则进行抽象审查，提出审查的主体限于特定政府官员。

值得注意的是，某些国家糅合了法、德两种模式，由宪政法院进行事前审查。例如智利 1980 年宪法第 82 条允许总统和众议院在法律生效之前提请宪政法院进行抽象审查。更“离谱”的是，某些普通集中制或混合制国家也允许政府部门向最高法院提出抽象乃至事前审查。例如科威特 1962 年宪法第 173 条允许政府提请最高法院进行抽象审查，伊拉克 2005 年宪法第 91 条则授权联邦最高法院在法律颁布之前或之后监督其合宪性，而爱尔兰 1996 年宪法第 26 条则授权最高法院在总统签署议会通过的立法之前审查其合宪性。马来西亚 1957 年宪法第 128、130 条、摩纳哥 1962 年宪

---

〔46〕 这类似于中国 2000 年《立法法》的机制，该法第 90 条规定，普通公民“认为行政法规、地方性法规、自治条例和单行条例同宪法或者法律相抵触的”，可以向全国人大常委会书面提出进行审查的建议。根据这一规定，曾有来自北京和江西的公民质疑黑龙江省的《母婴保健条例》和《婚姻登记条例》。参见“两公民致信全国人大”，载《新京报》2005 年 8 月 3 日。

〔47〕 如喀麦隆 1972 年宪法（第 47 条）、摩洛哥 1996 年宪法（第 76 条）、莫桑比克 1990 年宪法（第 180 条）、突尼斯 1959 年宪法（第 72 ~ 74 条）。

〔48〕 柬埔寨宪法原先于 1993 年制定并生效，但是 1999 年国民议会对宪法作出重大修正，增加了许多重要条款，包括设立宪政院。由于修改如此重大，笔者将 1999 年宪法视为一部新宪法。

〔49〕 如奥地利（1929 年宪法第 137 ~ 147 条）、俄罗斯（1993 年宪法第 125 条）、波兰（1997 年宪法第 188 条）、捷克（1992 年宪法第 88 条）、克罗地亚（1990 年宪法第 128 ~ 130 条）、葡萄牙（1976 年宪法第 225 条）、罗马尼亚（1991 年宪法第 144 条）、南非（1997 年宪法第 167 条）、马达加斯加（1992 年宪法第 105 ~ 111 条）、马里（1992 年宪法第 86 ~ 88 条）。

〔50〕 如西班牙（1978 年宪法第 162 条）、韩国（1987 年宪法第 111 条）、阿塞拜疆（1995 年宪法第 130 条）、斯洛伐克（1992 年宪法第 129 ~ 130 条）、斯洛文尼亚（1991 年宪法第 160 条）。

〔51〕 如乌克兰（1996 年宪法第 150 条）、叙利亚（1973 年宪法第 145 条）、智利（1980 年宪法第 81 ~ 83 条）、摩尔多瓦（1994 年宪法第 134 ~ 140 条）、巴林（2002 年宪法第 106 条）。

法第61、90条和阿拉伯联合酋长国1971年宪法第121条都规定，某些政府部门可以在法律生效之前或之后提请最高法院进行司法审查。佛得角1992年宪法第225条同时授权普通法院进行事前和事后审查：总统在批准法律规范或条约之前可提交最高法院进行“预防性监督”审查（第301条），而总统、总理、众议院议长或1/4众议员以及检察长可以在法律生效之后提请抽象审查（第303条）。总的来说，规定最高法院或宪政法院事前与事后审查并举的国家不在少数。这类审查机制的有效性尚待进一步研究。

四、结论：司法审查制度的前景

我们无意将司法审查描绘为包医社会百病的制度良药。或许对于许多发达国家来说，它只是政治、经济和社会文明发展到一定程度后“水到渠成”的自然产物。和并非所有愿意实行民主的国家都完好地实现了民主的正当目的一样，并非所有实行司法审查的国家都能顺利地实现宪政及其所带来的良性社会效果。实行司法审查不会马上提高这个国家的GDP，也不会立竿见影地改善社会秩序或教育水平；事实上，它甚至没有防止一场饥荒或政变的神通。任何制度的作用都是有限的，司法审查当然也不例外。这项比较研究想说明的是，司法审查制度早已不是发达国家甚至次发达国家的专利；大多数发展中国家也普遍选择了这项制度，且无论采取哪种模式，都不乏实践中的成功者。和民主一样，司法审查已不是各国宪法可以在有无之间自由选择的“选项”。如果说纸上的民主可能在实践中遭遇失败，那么连在纸上都没有民主的国家就更没有成功的希望了。司法审查也适用同样的逻辑。司法审查试验在某些国家遭遇挫折的事实显然不能用来证明这项制度在宪法文本中是可有可无的。在这个问题上，发展中国家的理论和实践要比发达国家更值得深省。归根结底，和没有民主就意味着专制一样，司法审查的缺位也必然意味着宪法正义的丧失。一个国家缺少了司法审查这个枢纽，就无法完成从宪法到宪政的根本转变。但是如果我们对人类的制度进化有信心，如果司法审查和民主一样代表着不可逆转的发展趋势，那么不论在其发展进程中可能遭遇什么障碍、误解和阻力，我们都可以可靠地预言它在世界范围的覆盖面将进一步扩大，直至遍及文明的每一个角落。

中国行政法学的外国法渊源

何海波*

虽然中国古代曾有发达的行政体系和成熟的文官制度，现代意义上的行政法和行政法学最初却是现代化大潮中的舶来品。在当代行政法学的发展过程中，中国自身的政治和社会背景无疑为行政法学提供了最为根本的土壤，并塑造了中国行政法学的基本品格。但是，若干西方国家的行政法理论、制度和实践，为中国行政法学打下了知识铺垫和提供了价值参照，并启示着中国行政法学的未来。在不同的时期，不同国家的法律传统在中国的土壤上留下了清晰的印痕。

本文旨在梳理中国行政法学的外国法渊源，分析不同法律传统在各个时期对中国行政法学的影响。我将以清末民国对日本法学的继受、新中国对苏维埃法学的继受、1980 年后对西方国家法学的继受为顺序依次展开。本文主要关注对外国法学理的继受，讨论时注意了中国学者的留学背景、翻译和介绍外国法的著作和文章以及行政法论文中对外国文献的引用情况。文章最后对中国行政法学继受和研究外国行政法的状况作一个总结和反思。

一、取法东瀛，体系初定

现代意义上的中国行政法学肇始于清末的“赴日研习法政运动”。〔1〕当时的留日学生中，出现了一个关注和钻研行政法学的小型群体，他们翻译、编译了最早的一批行政法学著作。1902 年，东京译书社出版了白作霖转译的《比较行政法》（浮田和民日译），同样在日本的东京译书汇编社出版了董鸿祎辑译的《日本行政法纲领》。这是迄今发现的最早的中文版的行政法学译著。次年，商务印书馆出版了日本学者清水澄《行政法泛论》的中文版。至 1908 年，用中文出版的行政法学著作已达 20 余种（见附录 1）。像当时其他部门法一样，这些书籍的内容大多来自经过整理的课堂笔记，或者经过编译的日本教师的著作。也是这一段时间，日本学者织田万首先尝试以中国行政法学为对象，撰写著作《清国行政法》；〔2〕日本学者冈田朝太郎在京师法律学堂于 1907 年率先开设了行政法课程。〔3〕尚无证据显示中国学者在这一阶段讲授和研究中国行政法学，也不清楚行政法学最早的拓荒者相互之间是否存在

---

* 清华大学法学院副教授，法学博士。

〔1〕关于赴日研习法政运动的描述，参见王健：《中国近代的法律教育》，中国政法大学出版社 2001 年版，第 76～112 页。

〔2〕［日］织田万：《清国行政法》，陈兴年、梁继栋、郑篪译，上海广智书局 1907 年版。

〔3〕何勤华：“中国近代行政法学的诞生与成长”，载《政治与法律》2004 年第 2 期。

学术上的交流。但从译著的规模来看，似乎可以说，在清朝覆亡前，中国现代行政法学已经诞生，日本法学则是其最初的母乳。

进入民国后，法科兴盛，行政法被列为必修课程之一，受过日本教育的中国行政法学者开始登台执教。[4] 例如，钟庚言、白鹏飞分别在朝阳大学、北京大学等校讲授行政法。翻译日本行政法学著作的热情不减，对日本学理的继受也没有动摇。从译介的著作来看，对早期留日学生影响较大的行政法学者有清水澄、织田万和美浓部达吉。[5] 尤其是执教于东京帝国大学的法学泰斗美浓部达吉，"吾国法界人士负笈东瀛者，多出其门"。[6] 他的著作被多次翻译出版，其中他的《行政法总论》在同一时期就有3个中文译本，可谓洛阳纸贵。[7] 虽然中国学者在一定程度上开始了行政法学本土化的努力，包括撰写自己的行政法教科书、[8] 论述"三民主义"和"五权宪法"；但是，只要对照白鹏飞、范扬等人的著作和美浓部达吉的著作，从理论体系、概念到观点，不难发现诸多雷同，[9] 以至于有人把当时的行政法学称为"日本行政法学的摹本"。[10]

与翻译日本行政法的热情形成对照的是，当时的行政法学界对日本以外的世界关注很少。从清末到民国，翻译和撰写的其他国家的行政法学著作实在寥寥，基本上只有美国古德诺的《比较行政法》、日本织田万的《德国行政法》、法国裴德埒弥的《法国行政法》和陈体强的《英国行政法论》。[11] 即使介绍别国的行政法学，大

〔4〕 李贵连："二十世纪初期的中国法学"，载李贵连主编：《二十世纪的中国法学》，北京大学出版社1998年版，第41～53页。北大的情况，参见李贵连等编：《百年法学：北京大学法学院院史（1904～2004）》，北京大学出版社2004年版。

〔5〕 对织田万和美浓部达吉的介绍，参见何勤华主编：《二十世纪百位法律家》，法律出版社2001年版，第377、380页。

〔6〕 ［日］美浓部达吉：《行政法撮要》，程邻芳、陈思谦译，商务印书馆1934年版，译者序。

〔7〕 它们是：《行政法总论》，黄屈译，民智书局1933年版；《日本行政法摄要》，杨开甲译，民智书局1933年版；《行政法摄要》，程邻芳、陈思谦译，商务印书馆1934年版。此外，美浓部达吉行政法方面的著作被翻译成中文出版的还有：《日本公用征收法释义》，李信臣编译，内务部编译处1919年版；《行政裁判法》，邓定人译，商务印书馆1933年版；《公法与私法》，黄冯明译，商务印书馆1937年版。

〔8〕 它们之中影响较大的主要有：钟庚言的《行政法总论》、《行政法分论》，白鹏飞的《行政法大纲》，徐仲白的《中国行政法论》，赵琛的《行政法总论》，马君硕的《中国行政法总论》，范扬的《行政法总论》等。关于早期行政法著作的评价，参见陈新民："行政法学的拓荒者：浅介几本中国早年的行政法教科书"，载《公法学札记》，中国政法大学出版社2001年版。何勤华：《中国法学史》第3卷，法律出版社2006年版，第300页以下。

〔9〕 参见叶必丰："二十世纪中国行政法学的回顾与定位"，载《法学评论》1998年第4期；罗豪才、甘文、沈岿："中国行政法学"，载罗豪才、孙琬钟主编：《与时俱进的中国法学》，中国法制出版社2001年版；何勤华："中国近代行政法学的诞生与成长"，载《政治与法律》2004年第2期。

〔10〕 罗豪才、甘文、沈岿："中国行政法学"，载罗豪才、孙琬钟主编：《与时俱进的中国法学》，中国法制出版社2001年版。

〔11〕 分别为美国葛德奈（古德诺）的《比较行政法》，民友社转译浮田和民，（1913年该书还有谢晓石的译本《美法英德比较行政法》）南昌普益书局1931年版；日本织田万的《德国行政法》，梁继栋译，广智书局1904年版；法国裴德埒弥的《法国行政法》（上编），张其堿、项方等译，商务印书馆1912年版；陈体强的《英国行政法论》，商务印书馆1945年版。此外，还有《和属印度行政法》，著译和出版，情况不详。

多也是转译日本学者的著作。虽然在那个时代的文献目录中偶尔能够看到其他国家的著作,[12] 但它们似乎对中国行政法学没有产生多大影响。日本法和其他国家的行政法学在当时中国的不同境遇,显然跟行政法学者的留学背景有关。那些翻译或者编译最早一批行政法学著作的人曾经清一色地留学日本,即使20年代后活跃在法学界的学者(如钟赓言、白鹏飞、朱章宝、范扬、赵琛、张映南、林纪东)也几乎都是留学日本的(参见附录2)。直到1940年代后,才有陶天南、王名扬留学法国,陈体强、楼邦彦、龚祥瑞留学英国。[13] 而那时,中国行政法学早已被日本学说所支配,难以扭转;不久之后,在社会主义革命的洪流中,不分英美法德日,"旧法学"均被一冲而走。

在这场洪流到来之前,通过对日本法学的继受,行政法学的理论框架和概念体系基本上被构建起来了。当代行政法学的理论范畴,例如总论和分论,行政法关系和行政法原则,行政组织法、行政行为法和行政救济法等,在三四十年代的著作中即已定型。我们今天使用的大部分行政法学概念(其中包括40余个核心概念,参见附录3),如行政法、行政权、行政法关系、行政行为、行政行为的效力、(行政)自由裁量、法定程序、行政诉讼、行政救济等,在民国时期即已确立。甚至被普遍认为是中国当代行政法学所独创的"抽象行政行为"和"具体行政行为"的区分,在民国著作中就已出现。[14] 中国行政法学在它的婴幼儿时期对日本法的继受,也塑造了它的大陆法的基本骨架。

中华人民共和国成立后,旧法统终结,旧学理遭到批判。然而,到了法学研究恢复、当代行政法学初创的时期,那些图书馆中尘封的民国法学著作却成为一笔珍贵的遗产。不少行政法学者看过这些著作,并借鉴了其中的一些研究成果。[15] 王名扬教授在编写《行政法概要》"行政行为"一章时,参考了他上个世纪40年代在武汉大学教书时的讲稿。[16] 通过这些桥梁,民国时期行政法学的核心概念和理论体系对当代行政法学产生了直接的影响。由于这种学术发展的路径依赖,虽然中国大陆

---

[12] 例如,范扬的《行政法总论》在参考书目中,除了日本、德奥外,列举了法、英、美诸国不同文字的16部著作;马君硕的《中国行政法总论》也在参考书目中列举了包括戴西、古德诺、迪金森在内的5部普通法国家的著作。

[13] 陶天南的留学时间待考,一说是上世纪30年代。陈体强留学英国前曾撰写《英国行政法论》,此后他似乎再也没有研究行政法了,而以国际法学者著称。楼邦彦曾经讲授行政法,但主要的学术贡献也不在行政法。

[14] 范扬:《行政法总论》,中国方正出版社2005年版,第158页。

[15] 在法学教材编辑部行政法概要编写组编的《行政法资料选编》(法律出版社1984年版)附录四"行政法参考资料"中,就能够看到民国时期的著作。应松年说,在他步入行政法学研究领域之前,就看过范扬的《行政法总论》等著作。姜明安称,马君硕的《中国行政法总论》是他读到的第一本行政法著作,也是他大学毕业后从事行政法研究的主要诱因。参见当代中国法学名家编辑委员会编:《当代中国法学名家》,人民法院出版社2005年版,第705页。在他的早期著作中,还引用了林纪东的《行政法提要》、马君硕的《中国行政法总论》、管欧的《行政法各论》、张映南的《行政法泛论》等几部民国时期的著作。参见姜明安:《行政法学》,山西人民出版社1985年版,第一章"导论"。

[16] 参见何海波编著:《法治的脚步声:中国行政法大事记(1978~2004)》,中国政法大学出版社2005年版,第22~24页。

在晚近受到了英美法的浸润，但行政法学基本上还保留着大陆法的骨架。

进入1980年代后，中国大陆行政法通过借鉴我国台湾地区的学术成果，在一定意义上延续着大陆法系的传统。尤其在中国大陆行政法学的初创时期，我国台湾地区的行政法学受到大陆同行的高度重视。一些图书馆曾以“海外中文图书”的名义引进了一批我国台湾地区学者的法律著作，例如管欧的《中国行政法总论》（蓝星公司1981年）、林纪东的《行政法新论》（三民书局1976年）等。[17] 从1997年开始，“海峡两岸行政法学研讨会”一年一次在两岸轮流举行。[18] 台湾地区学者翁岳生主编的巨著《行政法》和陈新民的《中国行政法学原理》分别在大陆出版。以之为代表的学术交流，也增进了大陆学界对我国台湾地区行政法学、进而对欧陆行政法学的了解。

二、由盛而衰的苏维埃行政法

1950年代的中国，是苏联法学一统天下的时代。[19] 苏联专家司徒节尼金（С. С. Студеники）等分别在中国人民大学、北京政法学院等校讲授“苏维埃行政法”，由中国学生记述和整理。中国人民大学国家法教研室组织翻译了4本苏联的行政法学著作。[20] 它们在当时翻译的全部苏联法学著作中只占一个极小的比例，[21] 却几乎是当时行政法学的全部内容。经过20多年的停顿后，随着我国法学研究的恢复，翻译苏联行政法的工作继续进行。[22] 南斯拉夫、波兰、保加利亚等东欧社会主义国家的行政法，也有一些译介（参见附录4）。直到80年代中期，苏维埃行政法即使不是“外国行政法”的主流，也是一个重要部分。

这些具有浓重的“管理论”色彩的著作，相当符合我国当时的社会状况和意识

---

〔17〕 罗豪才主编的《行政法论》（光明日报出版社1988年版）在书后“主要参考书目”中列举了管欧、程仲模、陈鉴波、张家洋、马君硕等多本台湾地区学者的著作。

〔18〕 可能是受学者直接交流的影响，从1998年开始，《行政法学研究》文章引用台湾地区文献的比例陡然增高。参见附录5。

〔19〕 关于苏联法学的引进和中国人民大学在当中的角色，参见方流芳：“中国法学教育观察”，载《比较法研究》1996年第2期。

〔20〕 它们是：司徒节尼金的《苏维埃行政法：总则》（1953年）、《苏维埃行政法：分则》（1955年），符拉索夫的《苏维埃行政法提纲》（1954年）以及《苏维埃行政法论文选译：第1辑》（1957年）。中国人民大学国家法教研室还编辑了《中华人民共和国行政法［总则］参考资料（第1辑）》（1956年）。这几本著作均由中国人民大学出版社出版。此外，苏联行政法还有科托克的《苏联行政法概论》（中央人民政府法制委员会编辑，萨大为译，人民出版社1951年版），选译的克拉夫楚克C. C. 等撰写的苏联大百科全书《国家法行政法》（王庶译，法律出版社1955年版）。

〔21〕 从1952～1956年，中国翻译、出版了165种苏联法学教材。汤能松等：《探索的轨迹：中国法律教育发展史略》，法律出版社1995年版，转引自方流芳：“中国法学教育观察”，载《比较法研究》1996年第2期。另一个耐人寻味的事实是，当时派到苏联留学的人员中，似乎没有专门学习行政法的。

〔22〕 相继出版的著作有：马诺辛等的《苏维埃行政法》（黄道秀译，群众出版社1983年版），科兹洛夫等主编的《苏联国民经济管理的行政法原则》（中毅、林芳译，法律出版社1987年版），瓦西林科夫主编的《苏维埃行政法总论》（姜明安、武树臣译，北京大学出版社1988年版），以及任允正等翻译的《俄罗斯联邦行政违法行为法典》（法律出版社1987年版）。1986年，西南政法学院司法行政教研室还编印过李亚南译、贺善征校的《苏俄行政违法行为法典》，但未正式出版。

形态，很快被中国当代的行政法学者吸收。在这些著作中，行政法的观念被描述为国家管理的法，是为保障国家政策的贯彻的法，是整个社会管理的一部分；行政法的渊源高度弥散，包括主管部门颁布的各种工作指示和规范性文件，但排除所有的不成文法；国家管理的基本原则多为政治层面的原则，法治原则并不被着重强调。[23] “这时的行政法，更多情况下，是在一个金字塔型科层官僚体系中行政控制社会之法。”在80年代前期的一些行政法学著作中，我们能够清楚地辨析苏维埃行政法的影响。[24] 苏维埃行政法无疑构成我国当代行政法学初创时期的一个重要的知识源头。

进入1990年代后，对西方国家行政法的了解和研究增多，而对苏维埃行政法的关注和研究趋向衰落。根据宋华琳和苏苗罕整理的文章目录统计，80年代介绍苏联行政法的文章和译文多达35篇，虽然明显低于日本（71）、美国（56），但与法国（40）、英国（29）大体相当，明显高出联邦德国（12）；进入90年代，总共只有4篇（分别为1990～1992年）。[25] 由于同样的原因，对东欧社会主义国家行政法的介绍，80年代还能零星见到几篇（保加利亚4篇、波兰3篇），90年代以后几乎完全消失。苏联解体后，对俄罗斯行政法的研究出现了10多年的沉寂，直到2002年以后才得以陆续恢复。[26] 不仅如此，法学论文中引用苏联或者俄罗斯行政法的文献变得非常罕见。自1993年《行政法学研究》创刊至今，苏联（包括俄罗斯）的著作或者法律在全部文章中仅仅被引用了10次（见附录5），而同期引用美国文献达到652次。

与之同时，中国法学界对苏联行政法所反映的理念进行了深刻的反思和批判。当行政法学界为“控权论”和“平衡论”展开激烈争辩的时候，他们却把矛头共同指向苏联行政法所代表的“管理论”。即使此后“新管理论”被引进，它们所持的理念和所用的词汇（如“公共选择”、“行政政策”），与当初苏联的法学早已不可同日而语。除了“行政法主体”、“行政违法”、“行政责任”等概念，苏维埃行政法对中国行政法学曾有的影响，几乎被完全消去。作为一个苏联的继承者，俄罗斯的经验（例如社会转型中国有资产的管理）无疑值得中国的行政法学者珍视，俄罗斯的行政法学在中国必定会有它应有的地位。但是，就今天而言，它显然不是。

三、西法东渐，五国丰登

西方国家行政法对初创时期的中国当代行政法学影响很少。除了意识形态上的

---

〔23〕［苏］司徒节尼金：《苏维埃行政法：总则》，中国人民大学国家法教研室译，中国人民大学出版社1955年版；［苏］马诺辛等：《苏维埃行政法》，黄道秀译，群众出版社1983年版；［苏］瓦西林科夫主编：《苏维埃行政法总论》，姜明安等译，北京大学出版社1985年版。

〔24〕例如，姜明安的《行政法学》（山西人民出版社1985年版），在阐述行政法的历史发展、国家工作人员、外国的行政法制监督、行政诉讼时，都介绍了苏联的相关情况。其他的著作，还可参见西南政法学院国家与法的理论教研室编：《中华人民共和国行政法概论》，校内教学用书，1982年；王珉灿主编：《行政法概要》，法律出版社1983年版；应松年、朱维究：《行政法总论》，工人出版社1985年版；罗豪才：《行政法论》，光明日报出版社1988年版。

〔25〕宋华琳、苏苗罕：《外国行政法和比较行政法译文篇目年表（1977～2005年）》，未发表。

〔26〕2002～2005年期间有12篇文章、2本著作发表。2本著作，即《俄罗斯联邦行政违法法典》，刘向文译，中国人民大学出版社2004年版；刘春萍：《转型期的俄罗斯联邦行政法》，法律出版社2005年版。张树华、李雅君：“俄罗斯社会保障法律制度”，载《法学》1998年第4期，这可能是苏联解体后10年内惟一的一篇介绍俄罗斯行政法的文章。

障碍，一个重要的原因是，当时有关西方国家行政法的知识极端贫乏。1980年代初期，当行政法学重新兴起，中国法学界与西方国家已经隔绝了30年。除了一些零星的介绍，在1980年代中期以前，根本没有西方行政法的著作。1983年的《行政法概要》在介绍西方行政法著作时，列举了一些著作，在谈到英国时完全遗漏了当时已成权威的2本著作：韦德的《行政法》和德·史密斯的《行政行为的司法审查》。

1984年，在中国政法大学举办的为期2周的行政法研究班上，比利时根特大学行政法荣誉教授德·迈耶尔应邀主讲比利时行政法。〔27〕这可能是30多年来，第一位西方行政法学者登上中国大陆的讲台。虽然这次讲课几乎没有留下什么文字的东西，但它是中国重新接触西方行政法的开端。此后，美国的盖尔洪教授等外国行政法学者纷纷赴华讲学或者参与研讨。〔28〕

真正给中国当代行政法学带来早期的外国法知识的，是龚祥瑞和王名扬两位分别留学英、法的学者。龚祥瑞的《比较宪法与行政法》是在他1980年代初期在北京大学讲学的讲义基础上整理而成。这本书介绍了国外文官制度、行政裁判所等制度，以及“越权无效”、“自然正义”等行政法原则，为中国行政法学注入了新的理念。很多学生受到震撼和启发，至今还有人引用这本书。王名扬的《英国行政法》（1986年）、《法国行政法》（1988年）和《美国行政法》（1995年）三部曲，以其准确、清晰的叙述和翔实、新颖的资料，成为介绍外国行政法的经典。这几本书浇灌了两代行政法学人，至今仍被频繁引用。〔29〕

西方行政法学的中译本也在1980年代中期出现。1986年，群众出版社出版了第一本美国行政法学著作的中译本—伯纳德·施瓦茨的《行政法》（徐炳译）。1988年，中国人民大学出版社出版了第一本日本行政法学著作的中译本——南博方的《日本行政法》（杨建顺等译）。迄今为止，中国学者翻译外国行政法学的著作已近20本，其中包括英国韦德的《行政法》、日本盐野宏的《行政法》和德国毛雷尔的《行政法总论》。

对外国法律的介绍，在行政立法研究组成立后，也紧锣密鼓地展开。从1987年1月至1989年1月，该研究组编印了9期《行政立法研究参考资料》，先后组织翻译了美国、苏联、日本、瑞士、西德、法国、英国、南斯拉夫等国的26部法律或者一

---

〔27〕 详情参见注16引书，第31页，“行政法研究班”。

〔28〕 同注16引书，第21页，“中美法学交流委员会成立”；第91页，“中法行政法学研讨会”；第181页，“中德行政法理论研讨会”；第224页，“中美行政程序法研讨会”；第244页，“国际人权法在国内的实施国际研讨会”、“行政许可法国际研讨会”；第262页，“中美行政诉讼法国际研讨会”；以及历次东亚行政法学研讨会。

〔29〕 苏力根据中文社会科学引文索引提供的资料，对1998~2002年期间法学著作的引用情况所做的统计表明，王名扬的《美国行政法》被引用194次，在所有的法学“教科书型著作”中位居榜首；他的《法国行政法》被引用170次，排第4；《英国行政法》被引用104次，排12位。苏力：《也许正在发生：转型中国的法学》，法律出版社2004年版，第一章“从法学著作引证看中国法学”，尤其是第64页。顺便指出，罗豪才主编的《行政法学》（1996）被引用达187次，在所有的法学“教科书型著作”中位居第二。

些法律的介绍。〔30〕当时译介这批法律主要是出于制定《行政法通则》和《行政诉讼法》的需要，它的长远意义则是为中国行政法学积累了外国法知识。后来应松年主编的《外国行政程序法汇编》（中国法制出版社 1999 年）、胡建淼主编的《中外行政法规：分解与比较》（法律出版社 2004 年），也是这方面的一个重要的基础性工作。

今天中国学者翻译、介绍外国行政法著作或者引用外国文献，虽然再没有出现 50 年代那样的“一边倒”的情况，但几乎完全限于英、美、法、德、日这 5 个公认的法治发达国家。一般的外国行政法教程，通常也只涉及这 5 个国家，或者其中的 4 个。〔31〕译介和讨论外国行政法的文章，也呈现出同样的偏好。在宋华琳和苏苗罕统计的全部 1546 篇文章中，上述 5 国就达 1173 篇（其中有少量重复计算）；这还不包括那 270 多篇以“外国”、“西方”、“中外（中西）”为题、基本上也不出这 5 国的讨论。介绍和讨论其他国家的文章，只是一个不起眼的零头（参见附录 4）。再来看看法学文章中引用的外国文献。在 1993 ~ 2005 年《行政法学研究》所发的文章中（不包括专门介绍外国法的文章），引用外国和我国台湾地区的文献 2511 次，占全部引用文献（6301 次）的 39. 9%。其中，引用上述 5 国的文献达 1181 次，引用我国台湾地区的文献 547 次，而引用其他所有国家和地区的文献只有 153 次（参见附录 5）。

下面分别讨论这 5 国中各个国家对中国当代行政法的影响。

美国行政法可能是当代中国法学界关注最多的。〔32〕对美国法的热衷，除了它在经济和文化上的强势，还得益于语言因素。相当一批行政法学者曾在美国做过学术访问，其中包括罗豪才、王名扬、姜明安等数十人。各个图书馆的美国行政法的英文著作相对丰富，年轻的学生通过互联网就能轻易地获得许多美国法的资料。正因如此，中国法学界对美国行政法学的介绍和讨论可能是最广、最深的。根据宋华琳和苏苗罕的整理，在 1977 年至 2005 年中国大陆学者译介的外国（比较）行政法学的文章和著作中，讨论美国行政法的文章多达 391 篇，占全部文章的 1/4，其中涉及美国的法律多达 49 篇，在各国中都是最多的（参见附录 4）。中国学者在文章中引用的美国文献，无疑也是最多的。在 1993 ~ 2005 年的《行政法学研究》中，引用美国的立法、判例和学说达 652 次，占引用的全部文献的 10. 3%（参见附录 5）。行政规制及其缓和、公共选择和博弈、公共行政的改进、宪法权利的保护、政府信息的公开、司法审查的范围和标准、正当程序原则和听证制度的建立、行政诉讼举证责任的分配……几乎每论及一个主题，中国学者“言必称美国”；浏览文章脚注，几乎十步之内，行必见美国。

---

〔30〕 详情参见注 16 引书，第 51 ~ 52 页，“行政立法研究参考资料”。这些译介后来收进以“本书编辑组”名义编的《行政诉讼参考资料萃编》（中国政法大学出版社 1988 年版），和以“行政立法研究组”名义编译的《外国国家赔偿、行政程序、行政诉讼法规汇编》（中国政法大学出版社 1994 年版）。

〔31〕 例如，张正钊主编的《外国行政法概论》，中国人民大学出版社 1990 年版（该书还介绍了苏联、南斯拉夫等国的行政法）；王名扬主编的《法、美、英、日行政法简明教程》，山西人民出版社 1991 年版；姜明安主编的《外国行政法教程》，法律出版社 1993 年版；应松年主编的《四国行政法》，中国政法大学出版社 2005 年版。介绍外国行政法涉及国家最多的无疑是胡建森的《比较行政法：二十国行政法评述》，法律出版社 1999 年版。

〔32〕 有关中国学界对美国行政法的研究状况，可参见宋华琳：“中国的美国行政法研究：一个学术史的概观”，载《浙江学刊》2005 年第 6 期。

日本也是我国法学界关注最多的国家之一。杨建顺、朱芒等多位学者曾留学日本，中日学者往来频繁，东亚行政法学会等组织也为中日行政法学交流提供了渠道。目前，已经翻译出版了5本日本行政法著作和1本介绍日本行政法的著作。[33] 根据宋华琳和苏苗罕的整理，在1977年至2005年中国大陆学者译介的外国（比较）行政法的文章和著作中，有关日本的题材的几乎与美国相当（参见附录4）。但在文章中引用的日本文献与美国相比有明显的差距（参见附录5）。虽然中国行政法在它的婴幼儿时期深受日本影响，但在最近20多年，日本行政法学提供给中国的理念似乎不多。行政指导可能是少数鲜明地打上日本烙印的概念和原理之一。

从翻译的教科书来看，对德国行政法的介绍是最多的，甚至超过日本。[34] 相应地，在文章中引用的德国文献，2002年以来有明显增长（参见附录5）。但由于语言的障碍，研究德国行政法的学者群体较小，对德国行政法的专题讨论与译著数量也不成比例。尽管如此，德国法上的“法律保留”、“法律优先”、“特别权力关系”、“比例原则”、“信赖保护原则”等概念和原则，先间接地、而后直接地被中国学者所知悉和接受。

在5个主要的西方国家中，对法国行政法的了解最贫乏。王名扬的《法国行政法》几乎代表了大陆学者在该领域的全部知识。[35] 那些早期引进的知识和概念，如“行政法院”、“公务理论”、“公务法人”等，曾经激发了中国学者的学术想象力和争鸣；[36] 而今，学界对法国行政法的最新发展却几乎一无所知。对英国行政法的了解也存在比较明显的“时间差”。[37] 这个拥有一连串为我们所熟悉的名字和名词的国度，现在却让我们感到如此陌生。如果不是王名扬、韦德的两本著作，英国行政法几乎要从人们的视线中消失。考虑到法国和英国是不同行政法传统的母国，这种状况是令人非常遗憾的。

总体而言，中国当代的行政法学界，犹如多国行政法的一个国际大卖场，各种不同的概念、原则和制度纷纷在这里被展出、购买。行政法学兼容并蓄，形成了以

---

〔33〕 它们是：[日] 南博方：《日本行政法》，杨建顺、周作彩译，中国人民大学出版社1988年版；[日] 西冈等：《现代行政法概论》，康树华译，甘肃人民出版社1990年版；[日] 和田英夫：《现代行政法》，倪建民、潘世圣译，中国广播电视出版社1993年版；[日] 室井力主编：《日本现代行政法》，吴微译，中国政法大学出版社1995年版；[日] 盐野宏：《行政法》，杨建顺译，法律出版社1999年版。此外，还有中国学者杨建顺著的《日本行政法通论》，中国法制出版社1998年版。

〔34〕 它们是：[德] 平特纳：《德国普通行政法》，朱林译，中国政法大学出版社1999年版；[德] 罗尔夫·斯特博：《德国经济行政法》，苏颖霞、陈少康译，中国政法大学出版社1999年版；[德] 哈特穆特·毛雷尔：《行政法学总论》，高家伟译，法律出版社2000年版；[德] 奥托·迈耶：《德国行政法》，刘飞译，商务印书馆2002年版；[德] 汉斯·J. 沃尔夫等：《行政法》，高家伟译，商务印书馆2002年版；[德] 胡芬：《行政诉讼法》，莫光华译，法律出版社2003年版；[德] 乌茨·施利斯基：《经济公法》，喻文光译，法律出版社2006年版。

〔35〕 2002年国家行政学院出版社出版的古斯塔夫·佩泽尔的《法国行政法》（廖坤明、周洁译，张凝校）稍稍弥补了这方面的缺憾，但这本小册子只是教科书的一个纲要。

〔36〕 例如，法国的“公务理论”曾经激发中国学者提出“中国行政法的理论基础”这一命题。参见应松年、朱维究、方彦：“行政法学理论基础问题初探”，载《北京政法学院学报》1983年第2期。这一命题后来又引发出管理论、控权论和平衡论的争鸣。

〔37〕 关于英国行政法晚近发展的介绍和讨论，参见张越编：《英国行政法》，中国政法大学出版社2004年版；何海波：《司法审查的合法性基础：英国话题》，中国政法大学出版社2007年版。

大陆法传统为骨架、注入英美法因素的一个混合体。在应松年主编的210多万字的《当代中国行政法》（中国方正出版社2005年版）中，既有单独的行政行为法编，又有单独的行政程序法编，显然是大陆法和英美法两个不同传统的融合。这种影响开始渗透到行政立法中。《行政处罚法》和《行政许可法》这两部堪称独一无二的立法，也可以看做不同法律传统影响的结果：行政处罚和行政许可的单独立法似乎承继和发展了大陆法国家的行政行为分类的传统，而其中的解决方案（特别是对程序的倚重）显然受到英美法传统的影响。在行政立法研究组起草的《行政程序法（试拟稿）》中，我们同样看到大陆法和英美法不同传统的交集。

四、总结与反思

自上个世纪初行政法学在中国滥觞，它始终紧密地追随外国行政法，并笼罩在外国法的强烈影响之中。外国法的学说和制度构成了中国行政法学重要的智识渊源，也构成了中国行政法学研究中的正当性依据。从第一批中文行政法著作到今天数以百计和千计的译介、讨论外国法的书籍和文章，从我们所使用的行政法概念到我们所信奉的行政法原则，无不证明这一点。行政法学论文中引用外国文献的庞大比例，恐怕更是任何一个法治发达国家的学者难以想象的！中国学者对外国学说和制度的重视，从根本上讲是我们作为法治后发达国家在特定阶段的产物。它也构成中国行政法学在这一阶段的重要特征。在可预见的未来，这种趋势仍将延续。

对不同国家行政法学的选择性继受，反映了中国行政法学界的整体价值取向。在中国行政法学一个世纪的源流中，先是日本行政法主宰，后是苏维埃行政法昙花一现；最近20年来，西方行政法声势浩大，其中尤以美国法最盛。中国学者在不同时期对不同国家行政法的偏重，有着地缘（清末民初的赴日研习法政）、语言（对英语国家的普遍重视）和官方意识形态（对苏维埃行政法的移植）等多方面原因。但学者群体自身在法治建构中的价值取向似乎更有解释力。无论是取法日本、照抄苏联还是借鉴美国，学者群体可能都有“……的今天就是中国的明天”这种潜意识的指引。这种潜意识帮助克服地理和语言的障碍，并一定程度上超越官方意识形态。同时，它也反映了学者群体的偏见，导致对与中国境况相似的转型国家和发展中国家甚少关注，甚至对中国正在发生的行政法实践也可能视而不见。这种超前意识在一定程度上造成了理论与现实的脱节。当我们的眼光盯着西方的理念和制度时，殊不知我们的双脚却仍然踩在中国现实的土地上。

对外国行政法学的研究，在广度和深度上都还存在明显的不足。从整体上，对外国行政法学的了解还停留在译介外国教科书和法律文本的层面上；对一个外国法律制度的社会背景、历史演变和实践状况，则很少关注。[38] 我们所得到的书本的知

---

〔38〕 直到近年，罗豪才教授组织翻译了几本外国行政法的经典著作，对外国行政法理论渊源的了解才有所加深。其中包括：［德］奥托·迈耶：《德国行政法》，刘飞译，商务印书馆2002年版；［法］奥里乌：《行政法与公法精要》，龚觅等译，辽海出版社、春风文艺出版社1999年版；［法］狄骥的《公法的变迁法律与国家》，郑戈、冷静译，辽海出版社、春风文艺出版社1999年版；［英］马丁·洛克林的《公法与政治理论》，郑戈译，商务印书馆2002年版；［美］理查德·斯图尔特：《美国行政法的重构》，沈岿译，商务印书馆2002年版。

识多于实践的智慧，常常知其然，而不知其所以然，甚至讲不清具体问题的究竟（例如行政许可、应急法制或者城市规划）。引用外国文献之风盛行的另一面，却是引用资源的单薄。所引用的外国行政法学文献，明显集中在王名扬的“三部曲”以及韦德、盐野宏、毛雷尔等人的少数译著上，基本上为二手资料。从1993～2005年的《行政法学研究》中，援引原始文献的只有257次（不包括专门介绍外国法的文章），只占引用的外国文献（不包括我国台湾）总数的4.5%（参见附录5）。法学文章中引用外国原始文献的比例偏少，暗示大多数作者尚不具备深入研究外国法的能力。即使引用二手文献，绝大多数也是引证教科书型的译介著作，而相当数量的高质量的论文基本上被忽视了。[39] 这可以部分地归咎于检索工具的落后，但也暴露了学界的浮躁。在这样的意义上，王名扬的“三部曲”以及韦德、盐野宏、毛雷尔等人的译著被如此密集地引用，是作者和译者的大幸，却是学界的不幸。

与外国行政法学的兴盛形成鲜明对照的是对中国传统行政法学的冷落。虽然中国行政法学没有“古典史”，[40] 中国古代行政法体系的发达却是不容否定的事实。如果说在现代行政法学的初创时期，为了构建学科体系而划清与古代行政法的界线，甚至不惜否认古代行政法的存在，那么，在行政法学已经日益成熟的今天，我们是否有必要回过头来审视和研究中国古代行政法？只要承认我们的传统仍然或隐或现地存在于今天的法律实践之中，谁又能否认研究中国古代行政法对于解决当今中国问题的意义呢？[41] 然而，除了法制史学者撰写的寥寥可数的几本著作，[42] 这方面几乎没有像样的研究。即使这几本著作，也很少进入行政法学者的视野。这种现象可以部分地归咎于传统的断裂，但缺少有针对性的研究也难辞其咎。

经过上百年、特别是最近20多年的摸索和借鉴，中国行政法学似乎不知不觉地形成了自己的品格。如果说初期行政法学著作，包括名为“中国行政法”的教科书，只是纸上谈兵地论述行政法学的基本原理，[43] 那么今天的行政法学开始具有释义学上的意义。特别是以《行政诉讼法》、《行政复议法》、《国家赔偿法》、《行政处罚法》、《行政许可法》、《立法法》等一系列法律的颁布为标志，中国行政法学已经形成一套概念体系和规则体系，形成认识和解决问题的特定语境。任何引用西方行政

---

〔39〕 同注33引书。

〔40〕 于安：“外国行政法学在我国的引入和利用”，载《政法论坛》2006年第1期。

〔41〕 例如，［美］孔飞力：《叫魂：1768年中国妖术大恐慌》，陈兼、刘昶译，上海三联书店1999年版；张小也：《清代私盐问题研究》，社会科学文献出版社2001年版；秦晖：“并税式改革与‘黄宗羲定律’”，载《农村合作经济经营管理》2002年第3期。这几个作品似乎都算不上行政法学，但对于理解当前中国行政法面临的问题仍然不失启发意义。

〔42〕 张晋藩主编：《中国古代行政管理体制研究》，光明日报出版社1988年版；蒲坚：《中国古代行政立法》，北京大学出版社1990年版；张晋藩、李铁：《中国行政法史》，中国政法大学出版社1991年版；陈国平：《明代行政法研究》，中国政法大学1991年博士论文。

〔43〕 何勤华注意到，由于当时中国缺少重要的行政法典，民国时期的著作“基本的模式都是先介绍论述行政、行政法和行政法学的基本内涵，行政组织、行政作用（行政行为是重点）、行政救济等的基本原理，然后运用西方行政法理论来具体阐述中国在五权宪法的体制下各个行政机关的组织和功能（行政法各论部分），像其他学科那样依据法典的条文作一条条的释义的作品几乎没有”。何勤华：“中国近代行政法学的诞生与成长”，载《政治与法律》2004年第2期。

法学理论和制度来解释或者解决中国问题的做法，例如有法不依、违法立法、司法不公，都可能遇到圆凿方枘的尴尬。本文的意图不是讨论比较法研究的意义和方法；这里只想强调，外国的经验有助于开启我们的思路，但中国行政法学归根到底必须面对和解决中国问题。

未来的中国行政法学是否有可能吸取两大法系、多个国家的智慧，积极回应中国问题，做出“中国特色、中国风格、中国气派”？[44]进而，中国行政法学在长期的移植和借鉴之后，是否能够向世界法学贡献自己的经验和智慧？

附录1：早期的中文行政法学著作（1902～1930年）[45]

年份	作　者	书　名	出版社	备注（版本和资料来源）
1902	［美］葛德奈（古德诺），［日］浮田和民日译，白作霖转译	比较行政法	（东京）译书社	上海民友社1913年再版
1902	董鸿祎辑译	日本行政法纲领	（东京）译书汇编社	田涛，俞江，何勤华
1903	［日］清水澄	行政法泛论	（上海）商务印书馆	叶必丰，何勤华
1903	［日］小林魁郎，范迪吉等译	行政裁判法论	（上海）会文学社	“普通百科全书”，线装。俞江
1903	丁额著，王纯译	普鲁士行政法典	（上海）开明书局	皮纯协，叶必丰
1903	作新社编	行政法	（上海）作新社	铅印本；俞江
1904	［日］有贺长雄，陈运鹏译	行政法	南洋公学	田涛，俞江
1904	［日］织田万著，梁继栋译	德国行政法	（上海）广智书局	叶必丰
1904	唐肯编著	日本地方行政法精义	（天津）阳湖汪公馆	叶必丰
1904	刘荃业编译	行政法	（上海）作新社	北大
1905	［日］清水直义，刘荃业译	实验学校行政法	（北京）学务官书局	线装铅印；国图

［44］罗豪才：“坚持科学发展观推动公法理论创新”，载罗豪才：《行政法论丛》第9卷，法律出版社2006年版。

［45］由于本人未见多数原书，而主要依靠参核各种文献、索引，故在备注栏分别标明图书的保存信息或者资料来源，以供查核。其中，“资料选编”，为法学教材编辑部行政法概要编写组《行政法资料选编》，法律出版社1984年版；“总书目”，为北京图书馆编《民国时期总书目（1911～1949）·法律》，书目文献出版社1990年版；“大词典”，为陈兴良主编《中国法学著作大词典》，中国政法大学出版社1992年版。“国图”、“上图”、“北大”、“人大”等，分别为国家图书馆、上海图书馆、北京大学图书馆、中国人民大学图书馆等经电子检索显示的藏书。“何勤华”等人名，分别指何勤华：“中国近代行政法学的诞生与成长”，载《政治与法律》2004年第2期；姜明安主编：《行政法与行政诉讼法》，高等教育出版社、北京大学出版社2005年版，第738页；皮纯协主编：《行政法学》，群众出版社2000年版，第315～317页；田涛、李祝环：“清末外国法学引进书目”、“附录：清末外国法学引进书目”，载《中外法学》2000年第3期；叶必丰：“二十世纪中国行政法学的回顾与定位”，载《法学评论》1998年第4期；俞江：“清末法学（1901～1911）书目备考”，未发表。

年份	作　者	书　名	出版社	备注（版本和资料来源）
不祥	［日］清水直义，沈纮译	国民教育法	教育世界社	线装铅印；国图
1905	［日］清水澄、松本顺吉，曹履贞编辑	行政法	（东京）湖北法政编辑社	“法政丛编”。北大，何勤华
1905	夏同龢	行政法	（东京）并木活版所	“法政粹编”；上图
1906	［日］织田万，陈兴年、梁继栋、郑篪译	清国行政法	（上海）广智书局	清华
1906	［日］织田万，清国法学研究社译	清国行政法	（东京）清国留学生会馆	俞江
1906	［日］祷苗代，徐志绎等译	日本教育行政法		田涛
1906	［日］大道良太等，周仲曾译	最近警察法教科书	（上海）文明书局	田涛
1907	［日］清水澄，金泯澜译	行政法泛论	商务印书馆	1911年4版，1913年6版人大，总书目，国图
1907	［日］清水澄，卢弼、黄炳言译	行政法		
1907	顾昌世编译	日本行政法		“通社丛书”。田涛
1907	［日］广中佐兵卫，胡敏译	卫生行政法	（东京）秀光社	国图
1907	裴楠、李继兴、卢笃新编译	行政法	（东京）并木活版所	北大
1907	［日］美浓部达吉，熊范舆编译	行政法总论	（天津）丙午社	资料选编，俞江，人大（标为“群益书社”）
1907	［日］美浓部达吉，陈崇基编译	行政法各论	（天津）丙午社	“法政讲义”。1912年3版，清华
1908	［日］清水澄，商务印书馆编译所译	行政法各论	商务印书馆	1912年4版，1913年5版，1917年7版，1919年；国图，上图，人大
1912	［日］冈田朝太郎，熊元翰整理	京师法律学堂行政法讲义	安徽法学社	何勤华
1912	黄炳言（述）	行政法各论	中央政法专门学校	国图
1912	岳□（编）	行政法总论		线装油印；国图
1912	熊范舆	行政法总论	（上海）商务印书馆	第3版；姜明安
1912	［法］裴德埒弥，张其域、项方、姜汉澄、王庆骥译	法国行政法（上编）	商务印书馆	上图；中下编是否出版不详

年份	作　者	书　名	出版社	备注（版本和资料来源）
1912	上海科学书局编辑所	行政法总论表解	（上海）科学书局	上图
1913	上海科学书局编辑所	行政法各论表解	（上海）科学书局	上图
1913	孙丕基	比较行政法表解（上、下册）	（上海）科学书局	何勤华；上图
1913	［美］葛德奈（古德诺），浮田和民转译	比较行政法	（上海）民友社	国图
1913	邵义、李光第编辑	行政法		旧平装书；人大
1914	临时台湾旧惯调查会	清国行政法（8册）	东京	上图
1914	东方法学会编	行政法要览	泰东书局	资料选编
1915	黄俊	行政法总论	北平民国学院	国图
1919	林翰	中国现行行政法	北京琉璃厂文益印刷局	再版，北大
1921	钟庚言	行政法总论	朝阳大学法律科讲义	总书目，现存1923年版
1923	钟庚言	行政法各论	朝阳大学法律科讲义	姜明安
1923	梁泰仁	行政行为论	晋阳日报社	叶必丰
1924	汪文玑	违警罚法释义		人大
1927	白鹏飞	行政法总论	商务印书馆	“学艺丛书”；资料选编，1928年人大、武大
1927	李祖荫	行政法各论	朝阳大学法律科讲义	人大
1928	民国法政学会（编）	中央行政法		人大
1928	民国法政学会（编）	省行政法		人大
1928	民国法政学会（编）	市行政法		人大，下册1929年
1928	民国法政学会（编）	县行政法		人大
1928	内政部	内政法规		
1929	朱采真	行政法新论	（上海）世界书局	1931年3版人大，国图，大词典
1929	林环生	行政法概要	（上海）世界书局	上图
1929	郑定人	中国考试制度研究	（上海）民智书店	大词典
1930	白鹏飞	行政法各论	商务印书馆	前书自序
不详	不详	和属印度行政法	不详	

附录2：影响中国行政法学的学者[46]

学　者	教育背景	活　动	资料来源
［日］清水澄			
［日］织田万（1868～1945年）	1889～1892年东京帝国大学法科大学，东京大学研究生院，1896～1899年留学法、德	1899～1930年京都帝国大学法科大学教授（1901～1907年任法科大学校长），参与筹建京都法政学校（后立命馆大学）	百位法律家
［日］美浓部达吉（1873～1948年）	1897年毕业东京帝国大学法科大学，1899～1902年留学德、法、英	1902～1934年任教于东京帝国大学	百位法律家
［日］冈田朝太郎	东京帝国大学法科，曾赴德、法、意留学	京师法律学堂，1907年起开设行政法；后任教京师大学堂（1910～1915年）、京师法政学堂和朝阳大学	何勤华
钟庚言		曾任教朝阳大学	
白鹏飞（1889～1948年）	东京帝国大学	曾任教北京法政大学、北京大学法律系（1923、1924、1929年）、广西大学（1938～），北平大学法商学院院长（1931～）、广西大学校长、国民政府监察委员	百年法学
范扬（1899～1962年）	1919年起，在东京高等学校、东京帝国大学	曾任教南京中央大学、安徽大学、中山大学、同济大学、复旦大学	邹荣
赵琛（1899～1969年）	明治大学（～1924年）	曾任教安徽大学、复旦大学、法政大学和政治大学，曾任立法委员、高等法院推事、司法行政部代理部长	
朱章宝	东京帝国大学	上海法学院、暨南大学、大夏大学	陈新民
张映南（1892～1959年）	日本法政大学、早稻田大学攻读法律	1930年9月后，任教北京大学、清华大学、广西大学、武汉大学	百年法学
林纪东（1915～1990年）	北京朝阳大学法学学士，后入日本明治大学研究院研究	在大陆的政治大学、中央大学、暨南大学任教授。后任台湾大学、东吴大学等校教授。曾任台湾地区“司法院”大法官。	
管欧（1904～）	北平朝阳大学毕业，获法学士学位	后长期担任法官职务	何勤华
陈体强（1917～1983年）	1939年清华毕业，1945～1948年留学牛津大学	任教清华大学（1948～1950年），后任职中国人民外交学会编译委员会、国际关系研究所、国际法研究所和国际问题研究所，外交学院教授	

〔46〕资料来源分别参见：《中国法学家词典》，中国劳动出版社1991年版；陈新民：《公法学札记》，中国政法大学出版社2001年版，第8篇“行政法学的拓荒者：浅介几本中国早年的行政法教科书”；何勤华：《二十世纪百位法律家》，法律出版社2001年版；何勤华：“中国近代行政法学的诞生与成长”，载《政治与法律》2004年第2期；邹荣：“校勘前言”，载范扬：《行政法总论》，中国方正出版社2005年版；邬纪明：“武大老教师著述及相关资料篇名索引”，载武汉大学图书馆网站。熊范舆、陈崇基、徐仲白、马君硕、朱采真等学者，缺少资料，待查。

学　者	教育背景	活　动	资料来源
楼邦彦	清华毕业，留学英国	先后任教西南联大、武大、重庆中央大学、北京政法学院、北京大学法律系（1939 年）	
龚祥瑞（1911～1996 年）	清华毕业，留学英国 LSE（1935～1938 年）、法国（1939 年）	西南联大、中央大学、北京大学（1954～1995 年）	
陶天南	留学法国	武汉大学法律系（1933～　　）、中央大学	郛纪明
王名扬（1916～　　）	武汉大学（1937～　　）、中央大学（1940～　　），留学巴黎大学（1948～1953 年）	北京政法学院（1958 年）、北京外贸学院、中国政法大学（1983～）	

附录 3：行政法学概念体系的继受（从美浓部、白鹏飞、范扬的著作到当代行政法学）[47]

	美浓部	白鹏飞《行政法大纲》	范扬《行政法总论》	当代中国行政法
行政法学基本概念	行政 行政权 行政权 行政法 行政法之法源 制定法 习惯法 理法 行政法学	行政 　实质意义之行政 　形式意义之行政 行政权 行政权之作用 　警察 　保育 行政法 行政法之法源 　制定法 　习惯法 　条理法	行政 　实质上之行政 　形式上之行政 行政之种类 　警察行政 　保育行政 行政法 行政法之法源 　成文法 　习惯法 　理法 行政法学 　行政学	行政 　实质意义之行政 　形式意义之行政 公行政/私行政 国家行政/公共行政 行政国家 行政权 行政之种类 　规制行政 　给付行政 行政法 行政法的渊源 　成文法 　不成文法 行政法学 　行政学 行政法的历史

〔47〕本表的依据分别是：［日］美浓部达吉：《行政法撮要》，程邻芳、陈思谦译，商务印书馆 1934 年版；白鹏飞：《行政法大纲》，好望书店 1935 年版（1932 年初版）；范扬：《行政法总论》，商务印书馆 1937 年再版，中国方正出版社 2005 年勘校出版。当代中国行政法，主要参考姜明安主编：《行政法与行政诉讼法》，北京大学出版社、高等教育出版社 2005 年版；应松年主编：《当代中国行政法》，中国方正出版社 2005 年版。需要指出的是，本表旨在显示从日本行政法、民国行政法到当代中国行政法之间的渊源关系；至于法律继受中的选择吸收问题，则是另外一个主题（相信也是一个很好的论文题目），本表并不着重。例如，美浓部在论及日本行政法的原则时，除了法治主义，还提出中央集权与地方分权、自由主义、法律平等、私有财产等原则。但后面几项似乎很少被当时和今天的学者接受。还需指出，本表主要显示不同教科书中的概念体系，而不是著作本身的体系。为编排方便，对教科书体系作了某些调整。例如，在美浓部和白鹏飞的著作中，行政行为甚至“行政上之损害赔偿”都放在第一章，先于行政组织部分。

	美浓部	白鹏飞《行政法大纲》	范扬《行政法总论》	当代中国行政法
行政法律关系	公法关系 私法关系 特别权力关系 公权	公法关系 私法关系 特别权力关系 公权	行政上之法律关系 公法关系 私法关系 特别权力关系 公权 反射利益	行政法律关系 公法关系 私法关系 特别权力关系 公权 反射利益
行政法原则	行政法之基础原则 法治主义		行政法之基本法则 法治行政主义 依法行政 行政权之界限 羁束裁量 自由裁量 裁量行政	行政法的基本原则 行政法治 依法行政 行政合法性 行政合理性 行政法的具体原则 正当程序原则 比例原则 信赖保护原则 自由裁量
行政组织	行政组织 行政机关 行政官厅 行政官厅之代理 委任行政 官制 官吏 官吏之权利 官吏之义务 官吏法律上之责任 公共组合 地方自治 营造物法人	行政组织 行政机关 单一制 合议制 行政官署 委任行政 官制 官职 官吏 官吏之义务 官吏之责任 官吏之权利 公共团体 自治行政	行政组织 行政机关 单独制 合议制 独裁制 行政官署 委任行政 行政监督 官制 官吏 官吏之义务 官吏之权利 官吏之责任 自治团体 自治行政 营造物 公物	行政组织 行政机关 首长负责制 委员会制 行政主体 法律授权的组织 行政委托 行政监督 公务员制度 公务员职位 公务员 公务员的义务 公务员的权利 公务员的责任 公营造物 公物

	美浓部	白鹏飞《行政法大纲》	范扬《行政法总论》	当代中国行政法
行政行为			行政作用	行政活动
	行政行为	行政行为	行政行为	行政行为
	行政行为之分类	行政行为之种类	行政行为之种类	行政行为的种类
	依职权为之与依申请为之		依职权为之与依申请为之	依职权行为与依申请行为
	羁束行为与裁量行为		羁束行为与裁量行为	羁束行为与裁量行为
	法律行为的行政行为与准法律行为的行政行为	法律行为之种类与准法律行为之种类	抽象的行政行为	抽象行政行为
				行政立法
			行政规章	行政规章
			行政规程	行政规定
			具体的行政行为	具体行政行为
	行政处分	行政处分	行政处分	
	公法上之契约	行政契约	行政契约	行政契约
			行政合同行为	
			准行政行为	准行政行为
	行政罚		行政罚	行政处罚
				行政许可
				行政指导
	行政行为之附款	行政行为之附款	行政处分之附款	附条件的行政行为
			行政处分之成立	行政行为的成立
	行政行为之效力	行政行为之效力	行政处分之效力	行政行为的效力
		拘束力	拘束力	拘束力
		确定力	确定力	确定力
		执行力	执行力	执行力
	行政行为之无效	行政行为之无效	行政处分之无效	行政行为的无效
	行政行为之撤销	行政行为之取消	行政处分之撤销	行政行为的撤销
				行政强制措施
				即时强制
	行政上之强制执行	行政上之强制执行	行政上之强制执行	行政强制执行
	代执行	代执行	代执行	代执行
	执行罚	执行罚	执行罚	执行罚
	直接强制	直接强制	直接强制	直接强制
	强制征收	强制征收		
行政救济	行政上之争讼	行政争讼		行政争议
			行政救济	行政救济
	诉愿	诉愿	诉愿	行政复议
	行政诉讼	行政诉讼	行政诉讼	行政诉讼
				信访
				国家赔偿
	行政上之损害赔偿	行政上之损害赔偿	行政上之损害赔偿	行政赔偿
	行政上之损失补偿	行政上之损失补偿		损失补偿

附录4：外国（比较）行政法译介著作统计〔48〕

国 别	篇 数	国 别	篇 数
美国	391（49）	俄罗斯	12（3）
日本	388（17）	荷兰	12
英国	132（27）	波兰、南斯拉夫、印度、意大利、瑞士	5
德国	131（15）	保加利亚、西班牙、奥地利	4
法国	111（7）	巴西、越南	0
韩国	41（4）	国外（或外国）	191
苏联	35	西方	57
澳大利亚	23	中外（或中西）	30
加拿大、瑞典	17		

附录5：《行政法学研究》文献引用统计〔49〕

年份	引文总数	美国	日本	德国	英国	法国	苏联（俄）	其他国家	我国台湾地区
1993	88	7	1		3（2）	2	1	2（1）	3

〔48〕本表根据宋华琳、苏苗罕：《外国行政法和比较行政法译文篇目年表（1977年~2005年）》统计。年表共收列著作1546篇。附录表格所列篇数，包括篇名显示某一国家的文章，从作者国别和文章标题推断讨论该国行政法的文章，以及涉及该国的多国比较文章（篇数在括号中标明）。“外国（国外）”、“西方”、“中外（中西）”等标题过于笼统，不计入具体国家，但检索结果附后。

〔49〕《行政法学研究》的文章可能有些参差不齐，总体上也不是以原创性见长。但它作为行政法学专业惟一的核心刊物，时间跨度比较大，作者群体广泛，应当能够代表行政法学研究的一般状况。

引用文献包括学术著作、法律文件、判例、领导讲话和媒体报道，不包括纯粹的外国法译文、介绍、考察报告。例如，陈建福：“制定行政程序法若干基本问题的思考”（1996.2）和“中美行政执行制度比较”（2001.1），提及大量的美、英、澳等国的文献，予以统计；“韦德的第七版《行政法》和最近英国行政法的发展”（1997.3）、“德国行政法学的先驱者”（1998.1）、“政府管制研究：美国行政法学发展新趋势评介”（1998.4）、“德国行政法学中行政主体概念的探讨”（2000.1）、“日本行政指导制度及其法律控制理论”（2001.3）等，包含数量可观的注释，但没有统计。

本项统计关注引文的篇数，而不是引注的数目。一个引注中包括多篇引文的，分别计算；同一个文献在文章中重复出现的，重复统计。纯粹的说明性注释，例如“此处所称的行政行为仅指具体行政行为”、“联邦制是一种典型的分权方式”，不予统计。

引用的内容不但包括正统意义上的行政法学著作，也包括基本上属于法理学、政治学、经济学等学科的著作，例如博登海默的《法理学——法哲学及其方法》、孟德斯鸠的《论法的精神》。

涉及各国的引文，以翻译或者介绍外国法的著作为准，例如王名扬的《法国行政法》、法国达维的《当代主要法律体系》。包含多国行政法的著作，例如龚祥瑞的《比较宪法与行政法》、姜明安的《外国行政法教程》、胡建淼的《十国行政法》，根据正文指涉的内容归入相应的国家。域外学者撰写的外国行政法，根据其讨论所涉及的国别，归入相应的国家，例如印度赛夫著、我国台湾地区周伟译的《德国行政法》一般归入德国。外国学者的著作，如果无法从正文判别其讨论的国家，则归入作者所属国家，例如美国博登海默的《法理学》通常归入美国。马、恩、列宁的著作（数量不大）计算在引文总数中，但不计算到各自国家。

引用原文的数量已经包括在前面的统计中，但在括号内专门标出。转引的原文，不计算到原文中。

由于某些文章大量引用特定国家或者地区的文献，例如台湾地区学者蔡文斌的“关于立法怠惰的国家赔偿责任”（1998.4）、“行政争讼与行政程序”（1999.4）、吴万得的“论行政立法的概念及其意义”（2000.2）、白维贤等的“中美行政执行制度比较”（2001.1），使得个别国家和地区的文献的引用率在特定年份被大大提高了。但在总体上，本表的统计仍然能够反映各自国家和地区的情况。

年份	引文总数	美国	日本	德国	英国	法国	苏联（俄）	其他国家	我国台湾地区
1994	108	16（3）	4		5	5	1	1	2
1995	173	27（8）	7	5	18（6）	15		6（4）	4
1996	285	31（16）	4	3	25（14）	11		27（22）	7
1997	361	56（2）	22	9（2）	20	18		4	18
1998	489	62（9）	34（2）	23	39（1）	25	2	16	64
1999	447	27（4）	25（1）	18	18	8	1	3	52
2000	559	26（3）	50（5）	25	27（9）	31		20	65
2001	581	67（26）	53（22）	31	20（4）	8		7	60
2002	678	47（4）	20	43（12）	15	24	1	7	83
2003	697	50（2）	33	53（2）	26（2）	19	3	8（1）	67
2004	1026	122（23）	48	86（1）	37（8）	24		16（1）	66
2005	809	114（30）	36	44	21	18	1	26（5）	56
总数	6301	652（130）	337（30）	340（17）	274（46）	208	10	143（34）	547

试论美国宪法制定的法治渊源

——英国的法治传统及其在北美殖民地的保留

曾尔恕*

1835年法国政治思想家托克维尔在考察过美国后就曾以敏锐的观察力在其著作《论美国的民主》中指出："每个民族都留有他们起源的痕迹。他们兴起时期所处的有助于他们发展的环境，影响着他们以后的一切。"[1] 在法学家和思想家那里，类似的话语还有："每个民族都有民族起源的神话，这些神话将这一话语根植于对该民族早期形成所涉及的历史事件的解说之中。如同他们在英国的同胞一样，早期的美国人相信他们的权利是来自11世纪盎格鲁撒克逊人的古代宪法。"[2] "制定美国宪法的这一代人总是习惯于将普通法的超验性首先归之于其久远的传统。"[3] 尽管按照现代的标准来衡量，"宪法之父们惯于尊崇的那些所谓古代法令，实际上是些非常贫乏琐碎的东西，其中的大部分内容是'琐细列举对谋杀、伤害及其他暴力行为的各种罚金和赔偿'。"[4] 但是，久远的古代法浸透的观念在政治上却是相当有用的。因为它们从一开始就宣布有一种不依赖于王权而存在，因此能够为王权设定界限的法律。总之，考察影响美国宪法制定的因素，法治传统的巨大影响凸显其中。本文试图通过追溯英国法治传统的历史进路与北美殖民地对英国法治传统的保留，阐述美国宪法制定的法治渊源。

一、英国法治传统的历史进路

哈耶克在论述自由秩序的法治渊源时曾说过："现代的个人自由，大体上只能追溯到17世纪的英国。个人自由最初似是权力斗争的副产品，而不是某个刻意设计的目的的直接结果；而且这种情况可能在任何时候任何地方都是如此。但是，个人自由已存续了足够长的时间，其益处已能为我们所认识。在过去200多年的岁月中，个人自由的维护和完善渐渐成了英国的支配性理想，而且英国的自由制度和传统也已然成了文明世界的示范。"[5] 哈耶克又说："正是由于英国较多地保留了中世纪普遍盛行的有关法律至上的理想——这种理想在其他地方或国家则因君主专制主义的兴

---

* 中国政法大学教授。

〔1〕［法］托克维尔：《论美国的民主》（上卷），商务印书馆1988年版，第30~31页。

〔2〕邓正来、［美］J. C. 亚历山大编：《国家与市民社会》，中央编译出版社2002年版，第224页。

〔3〕［美］爱德华·S. 考文：《美国宪法的"高级法"背景》，强世功译，三联书店1996年版，第18页。

〔4〕同注3引书，第19页。

〔5〕［英］哈耶克：《自由秩序原理》（上），邓正来译，三联书店1997年版，第203~204页。

起而遭到了摧毁——英国才得以开创自由的现代发展。"〔6〕 因此，较为详尽地探究英国自中世纪就提出的法治观念及其发展的历史遗产，对于认识美国宪法制定的法律传统背景，有着极为深刻的意义。

一般认为英国普通法形成于12世纪亨利二世（Henry Ⅱ, 1154~1189年在位）时期。在他的司法改革中，最耀眼的部分是确立具有中央上诉法院职能的巡回法院制度，与此同时形成一套主要由令状制度和陪审制度组成的诉讼程序和审判方法。

令状（writ）本来是王室行使行政管理的主要手段之一，用于命令贵族、主教、郡长，制止引起国王注意的某些不法行为。亨利二世把行政命令式的王室令状转变成这样一种形式："传唤到我的法官面前审问以决定争议的问题——那里有此令状。"换言之，令状的设计是用来引起一个诉讼程序的，原来的"行政令状"在这里已经转变成"司法令状"。令状制度规定："原告须到威斯敏斯特的国王御前大臣处陈述他的诉讼请求；御前大臣对应负责该审判的当地郡长颁发一项令状，命令郡长提起哪一类诉讼程序，以便在国王所属法官主持的法院解决争议。"〔7〕 司法令状的种类以及相应的固定化和格式化形式不断增多，到1300年，司法令状已数以百计。曾在亨利二世手下担任过约克郡郡长的英国王室法院的法官、著名法学家格兰维尔（Ranulf de Granville, 1130~1190年）对令状进行了集中探讨，他所撰写的英国普通法的第一部系统论著《论英格兰王国的法律与习惯》，被美国著名法学家伯尔曼（Harold J. Berman, 1918~2007年）评价为："在令状方面'永垂青史'；通过对特定类型的不法行为确定类型的救济，使其开创了'法律科学的一次革命'。"〔8〕 格兰维尔年撰写的著述中记载的一个司法令状很具有典型性，他这样写道：

"国王向郡长问候。甲向我控告乙自我上次航行去诺曼底期间，不公正地和未经判决地强占了他在某某村庄的自由持有地。因此，我命令你，如果甲保证他提起的权利请求真实可靠，你务使该土地和动产得以返还，并以和平的方式将该土地和动产保持到复活节后的星期天。同时你务使12名自由的和守法的邻人查看该地产，并将他们的名字签于此令状之上。由合适的传唤人将他们于复活节后的星期天传唤到我或我的法官面前，做好确认的准备。以抵押品和可靠的担保人作保证将乙或他所在小区的行政官（如果不能找到他）传唤到那里，然后开始审理，确认事实。并应有传唤人、本令状和担保人的姓名、证人等。"〔9〕

类似这样的令状至少对统一原本分散的地方习惯提供了三方面的贡献：一是提出案件审理应当具备的程序，以及一种严密的事实检验标准；二是将事实问题提交给陪审团，使陪审团的调查与"司法化"的令状结合起来，由此成为正规的制度予以运用；三是确立了王室法院对颁发令状和对陪审诉讼的管辖权。令状制度对程序的强调不仅体现了王室权力的集中，更重要的是在运用令状的同时也限制了王室权力本身。因为在国王扩展他的司法管辖权的同时，主张王室司法管辖权的条件——

---

〔6〕 同注5引书，第204页。

〔7〕［美］伯尔曼：《法律与革命》，贺卫方等译，中国大百科全书出版社1993年版，第538页。

〔8〕 同注7引书，第553页。

〔9〕 同注7引书，第540页。

救济类型的分类以及对请求这些救济程序的论述——是被明确界定的，王室权力也不得突破。

关于这方面的实例，或许可以由以下两个爱德华三世时的案例说明，这两个案例被转载于哈佛大学法学院院长庞德1921年出版的《普通法的精神》。

> 案例一："1338年，一皇家税务官扣押了一头牛，从而引起返还财产之诉。看来，此税务官未取得蜡封令状，原告对税务官的答辩表示异议，所以法院对原告作出胜诉的判决。众所周知，在英王国，未获得特别令状许可，任何人无权向臣民征收皇家税，无权扣押臣民的财产。据此，王室法院于次年给雷金纳德的纳尔福及其他强制扣押臣民财产者判罪并颁发'紧急返还财产令状'。"
>
> 案例二："一位郡司法行政官针对令状辩称，他收到一封盖有国王印鉴的信件，信中写明国王已经赦免了被告，并命令他不得作有损该被告利益之行为。据此，该司法行政官未履行王室法院的令状。但其理由未被法院采纳。法院认为，该司法行政官以一封国王的私人信件为由来为自己拒绝执行王室法院令状的行为辩解是不能成立的。其后，法院对该司法行政官作出了处罚，同时发布新令状宣布被告仍为不法。"[10]

以上案例表达了令状在诉讼程序中是不可逾越的形式，它所具有的约束力是至高无上的，即使英王爱德华三世可以赦免罪犯，但他却不能命令一个司法行政官员违抗律令。

也正是在爱德华三世时，"法律的正当程序"的概念见诸法令之中。1354年爱德华三世第28号法令第三章称："未经法律的正当程序进行答辩，对任何财产和身份的拥有者一律不得剥夺其土地或住所，不得逮捕或监禁，不得剥夺其继承权和生命。"[11] 有理由认为，该法令所指"法律的正当程序"就是令状所规定的法律程序。为了熟悉地掌握普通法复杂的诉讼程序，英国的律师必须经由"四法学会"（Inns of-Court）的培养和训练，而普通法法庭的法官是从开业律师中选拔的。法律教育包括阅读法官对有争议的案件的意见书和报告，以及参与模拟法庭辩论。但最重要的学习项目是诉讼程序和讼案辩护。以《租佃论集》而著名的、曾任英国高等民事法院法官的利特尔顿（D. Littleton, 1407～1481年）曾对他的儿子说："我们法律中最可敬、最值得称赞、也最有利益的事情之一就是具备在物权和人身诉讼中进行有效辩护的专门技巧；所以我要劝你格外打起精神用心学习这个。"[12] 因此，普通法的令状制度的长期存在，不但培育了英国人尊重法律程序的观念，并且强化了"法律至上"这一古老的传统意识。

与司法化的令状结合使用的陪审团制度也是亨利二世统一各地习惯法的媒介。

---

〔10〕［美］罗斯科·庞德：《普通法的精神》，唐前宏等译，法律出版社2001年版，第46页。

〔11〕［英］丹宁勋爵：《法律的正当程序》，李克强等译，群众出版社1984年版，第1页。

〔12〕［美］泰格、利维：《法律与资本主义的兴起》，纪琨译，学林出版社1996年版，第211页。

如1166年的《克拉灵顿诏令》规定，在巡回法官到场时，经宣誓的陪审员应对犯有谋杀、盗窃、抢劫、伪造货币、纵火等罪的犯罪嫌疑人提出指控，然后对嫌疑人立即通过冷水裁判的方法予以审判。这样的陪审制度，要求法官必须在审判之前，在选任的陪审员面前检查由地方官吏保存的记录；然后根据针对记录的问题询问陪审员。陪审员来自每个村庄，每村选4人，每个百户区选12人。可见，"普通法从一开始就建立在习惯之上。事实上，普通法即是习惯，这些习惯通过上述审判制度逐步发展为全国性的，也就是说，发展为普通的（common）。但它又不仅仅是习惯，因为当法官们选择承认什么样的习惯以使其具有全国性的效力，和禁止什么样的习惯通行时，他们实际上运用了'合乎理性'这一检验标准，一个最初源于罗马和欧洲大陆思想的检验标准。实际上，普通法体现正确理性这一观念从14世纪起就提供了普通法要求被看做高级法的主要依据。"〔13〕

"第一次使正在兴起的普通法直接和罗马法的，以及中世纪欧洲大陆的高级法思想联系起来"〔14〕的人是13世纪中期、亨利三世统治时期王座法院的大法官布拉克顿（Henry Bracton，约1216～1268年）。他在其巨著《论英国的法律和习惯》中提出："国王本人不应该受制于任何人，但他却应受制于上帝和法，因为法造就了国王。因此，就让国王将法所赐予他的东西——统治和权力——再归还给法，因为在由意志而不是由法行使统治的地方没有国王。"〔15〕布拉克顿还写道，国王的权力是正义的权力而非不正义的权力。只要他实施正义，他就是上帝的代言人，但是当他转向实施不正义时，他就是魔鬼的大总管。"因此，让国王依法来驯化他的权力，法是对权力的约束。……同样，对于帝国而言，没有什么比依照法律生活更恰当的了，而使君主统治服从于法比依法维系的帝国要更伟大。"〔16〕布拉克顿甚至提出了约束国王权力的办法："如果国王没有约束，就是说如果没有法律来约束，那么这些法官和男爵们应当给国王施以约束。"〔17〕布拉克顿的这段话又一次显示了"所有权威源于法、故受制于法"这一典型的中世纪思想，并且很容易使人联想到1215年《大宪章》第61条强迫国王履行宪章的规定。〔18〕这一思想后来被许多法律文件一再确认或者重申，成为英国传统法治观念中最重要的部分。

英国著名法官、法学家爱德华·柯克（S. Edward Coke，约1551～1634年）继承和发展了布拉克顿的法治思想，在理论上为普通法的发展作出重要贡献。美国的开国领袖认为，柯克以评注利特尔顿的《租佃论集》一书而著名。杰斐逊在追忆革命时日的情况时曾经写到："《柯克论托马斯·利特尔顿》是当时学生普遍使用的法

〔13〕同注3引书，第19～20页。

〔14〕同注3引书，第21页。

〔15〕同注3引书，第21页。

〔16〕同注3引书，第22页。

〔17〕同注3引书，第23页。

〔18〕1215年《大宪章》第61条规定："诸男爵得任意从国中推选男爵25人，此25人应尽力遵守并维护，同时亦使其余人等共同遵守予所颁赐彼等并以本宪章所赐予之和平与特权。"在国王或其官吏违反宪章时，上述25人中的4人可即要求改正，并可联合全国人民，"共同使用其权力，以一切方法向予施以抑制与压力"。

律教科书，没有哪一位比柯克更明智的辉格党人写过这样的书，也没有哪一位在英国宪法的正统理论和被称为英国人自由权理论方面造诣更深的人写过这样的书。"[19] 17世纪初叶，资产阶级与封建势力的冲突非常尖锐，围绕着王权与议会的立法权，国王同议会之间进行了长期的斗争。历任法律的公布人、王室检察长、高等民事法院院长、王座法院大法官和议会议员的柯克有机会站在各种不同职位的角度发表意见。柯克引人注目的审判意见和法律观点集中在以下几方面：

第一，普通法表达了"共同权利和理性"。1610年在"博纳姆案件"（Dr. Bonham's Case）中，柯克坚持认为，尽管博纳姆医生没有取得伦敦医学院颁发的执照就在伦敦市行医，但是医学院没有资格依据它所援引的议会法令而处罚他。原因在于，学校的学监们不可能同时是法官、大臣和当事人；法官可以进行审判或判决，大臣可以进行传唤，当事人可以收取一半的罚金，因为任何人不得在自己的案件中担任法官，相反，在自己的案件中充当法官是非法的。柯克认为："在许多情况下，普通法会审查议会的法令，有时会裁定这些法令完全无效，因为当一项议会的法令有悖于共同权利和理性，或自相矛盾，或不能实施时，普通法将对其予以审查并裁定该法令无效，这种理论在我们的书本里随处可见。"[20]

在上面这个"附论"（dictum）[21] 里，柯克运用了"共同权利和理性"这一短语，并将它的有效性、权威性赋予普通法。透过这些字眼，"我们不仅可以预见到今天美国法官们所运用的、以制定法与宪法相矛盾为理由而否决它们的权力，而且也预见到了使这种权力最终成熟起来的'合理性'检验标准。"[22] 考文教授指出，柯克所提出的"共同权利和理性"就是某种永恒不变的、最基本的东西，它就是高级法。它揭示了美国联邦最高法院司法审查理论的一个必不可少的前提条件，在美国宪法的诉讼史中它被演绎成下述公理或原则：制定法应当是前瞻的，而不能追溯既往；任何人皆不应因同一过错而两次受罚；每个人的居室就是他的藏身所；使用自己的财产不得损及他人的财产；自己的代理权不应当委托他人代理。以上所有这些公理都可以从柯克的《法律报告》或《英国法总论》中加以引证。美国早期的律师和法官所采用的每一条类似的公理，都首先来自柯克的这些著作或来自由此衍生的著作。柯克对普通法的褒扬甚至表现在对衡平法院管辖权的批判上，针对衡平法院弃置普通法判决的做法，柯克指出，普通法法院裁决的讼案，衡平法院无权在当事人之间进行干预，任何就普通法法院的判决向衡平法法院提起上诉的当事人，均须处以监禁；普通法是至高无上的，高于国王或根据国王特权建立的衡平法院及其衡平法。[23]

第二，所有案件皆应依照法律和国家惯例交由法院审理。1608年11月10日，

---

〔19〕同注3引书，第40页。

〔20〕同注3引书，第43页。

〔21〕同注3引书，第42页译者注："附论"，亦写为 obiter dictum，系法官于判决中发表的一种意见，惟此种意见不构成本案判决的决定性因素，因此被称为"附论"，而有别于"判决根据"（ratio decidendi）。

〔22〕同注3引书，第43页。

〔23〕［英］R. G. 沃克：《英国法渊源》，夏勇等译，西南政法学院1984年版，第68页。

柯克在詹姆士一世（James I，1603～1625年）召集的、征求全英格兰法官对国王收回部分审判权的建议的会议上，对法官只不过是国王的代表，因而国王有资格亲自审定案件的论调进行了反驳。柯克记录了这一事件：“法官们告诉国王，自从威廉征服英国之后，无论在什么样的诉讼中，再没有出现过国王亲自坐堂问案的情形，这涉及王国的执法问题。这些诉讼只能由法院单独作出裁决……。”对此，国王说：“他认为法律是基于理性的，他本人和其他人，与法官一样，也都具有理性。”柯克的回答是：“的确，上帝赋予陛下丰富的知识和非凡的天资；但是陛下对英格兰王国的法律并不精通。涉及陛下臣民的生命、继承、动产或不动产的诉讼并不是依自然理性来决断的，而是依人为理性和法律的判断来决断的；法律乃一门艺术，一个人只有经过长期的学习和实践，才能获得对它的认知。法律是解决臣民诉讼的金质魔杖和尺度，它保障陛下永享安康太平。”〔24〕

柯克继续写道：“国王大怒”，并说：“如此说来，他应当受法律的约束了，这种说法构成了叛国罪。”对此，柯克引用13世纪布拉克顿的名言回答：“国王在万人之上，但是却在上帝和法律之下。”以上柯克的答辩表达了三层意思：一是国王的特权要受制于普通法院所适用的普通法为他划定的界限；二是法律是最具权威的规范体系；三是法官从事的司法活动具有极强的专业性和实践性，普通法的原则是一种致力于经验的理性原则。

第三，永恒的自然法观念。在与“博纳姆案”同年裁定的“卡文案”（Calvin's Case）的法律报告中，柯克以概括的方式写道：“①依照自然法，臣民对主权者的忠诚与服从是正当的；②自然法是英国法的一部分；③这种自然法先于世界上任何审判所采用的法律或国内法；④自然法是永恒的，不能被改变。”接下来，他引用了下面的论述支持他的论点：“上帝在造人的时候，为了保全和指导人类而在人心中注入了自然法。它就是Lex aeterna，即道德法，也称为自然法。这种法由上帝的手指写在人的心灵上，在摩西书写法律之前，上帝的子民长期以来一直由这种法管理着。摩西是世界上第一部法律的公布者和制定者。……亚里士多德在《伦理学》第五卷‘自然的记录者’中指出，自然法对所有的人具有同样的效力（jus naturale est, quod apud omnes hominess eandem habet potentiam）。布雷克顿〔25〕在第一卷第5节，福蒂斯丘〔26〕在第8、12、13、16节和《博士与学者》的第2、4节皆同意这种观点。”〔27〕

柯克所显露出的对自然法观念率直的接受态度，有如一股清新的活水注入英国，他的自然法观成为连接福蒂斯丘和洛克自然法理论的桥梁，在英国当时对斯图亚特王朝进行的“伟大的宪法斗争”中，具有深远的重要意义。对此，考文教授的评价是：“它使得16世纪的法条主义和17世纪的理性主义结成联盟，而当时结成的这一

---

〔24〕 同注3引书，第35页。

〔25〕 布雷克顿，又译布拉克顿。

〔26〕 福蒂斯丘（Fortescue, Sir John）于1442年被任命为王座法院首席法官。其主要著作是用拉丁文写的《论自然法的性质》、《英格兰法律颂》。

〔27〕 同注3引书，第44页。

联盟至今于某种程度上仍然在美国宪法及其理论中起着重要的作用。”〔28〕

第四，《大宪章》的基本法概念。1616年，在从高等民事法院调到王座法院3年后，柯克被解除了全部法官职务。4年后，他被选入下议院，在那里立即担当起反对斯图亚特王朝势力的领导者。1628年，柯克倡导起草了《权利请愿书》。为了表明新贵族所要维护的权利的合法性，《权利请愿书》首先列举了包括爱德华一世、约翰王、爱德华三世等诸先王在成文法中确认的权利，而后要求国王：“自今而后，非经国会法案共表同意，不宜强迫任何人征收或缴付任何贡金、贷款、强迫献金、租税或类似负担；亦不宜因此等负担，或因拒绝此等负担，而对任何人命令其答辩，或作答辩之宣誓，或传唤出庭，或加以禁闭，或另加其他折磨或困扰；亦不宜使任何自由人因上述种种遭致监禁或扣押；……。”〔29〕

如果将《权利请愿书》中的上述文字与《大宪章》相比较，不难看出二者的相近之处。柯克对《大宪章》的关注代表了当时资产阶级反对国王特权的动向，被描绘为“《大宪章》这一货真价实、历史悠久但已近风烛残年的法律，长期以来一直足不出户且卧床不起，现在好像……又四处走动了。”针对最初由上议院的议员们附加在《权利请愿书》中的“保留国王主权权力”条款，柯克挺身直言，驳斥了所谓“主权权力是不受任何条件限制的权力”的观点，指出：“君主的特权是法律的一部分，但‘主权权力’可不是议会说的话。在我看来，承认主权权力将会削弱《大宪章》以及所有制定法的地位；因为它们是绝对的，并不受制于‘主权权力’。如果我们现在给它们附加上‘主权权力’，我们将会削弱作为基础的法律，法律的大厦也必将因此而坍塌。”〔30〕

充斥于17世纪英国上层阶级的限制王权的大辩论，伴随着革命运动结出了君主立宪之果。17世纪中叶英国资产阶级革命完成了从专制君主制到君主立宪制的转变，在这一时期议会强制国王签署的一系列法律文件，几乎无一例外地明确限制王权，禁止对公民权利和自由的非法侵犯。如1679年的《人身保护法》规定，除叛国罪和重罪外，被逮捕的臣民及亲友有权要求法院发布人身保护令，命令行政机关在限期内将其移送到法院，并说明逮捕理由；1689年的《权利法案》宣布，未经国会同意，国王不得颁布法律或终止法律的效力，不得征收或支配赋税，不得在和平时期征集或维持常备军，臣民享有包括不受法律追究向国王请愿的权利、自由选举议员的权利、议员在国会中的言论免责的权利；1701年的《王位继承法》除规定王位继承的顺序，还规定除非国会解除其职务法官实行终身职，国家的一切法律与条例非经国会通过、国王批准均无效。

英国著名法制史学家霍兹沃思（W. Holdsworth，1870～1944年）对柯克在普通法上的贡献以极高的评价，他说：“作为一名法官和一位国会反对派的首领，柯克的经历对于巩固普通法的至高无上的权威是最重要的因素之一，这种权威，不仅高于16世纪出现的各种部门法律，而且也高于除英国国会之外的任何机关和个人。”〔31〕

---

〔28〕同注3引书，第45页。

〔29〕周一良、吴于廑主编：《世界通史资料选辑》，商务印书馆1972年版，第5页。

〔30〕同注3引书，第54页。

〔31〕W. Holdsworth, *A History of English Law*, vol. V, London, p. 424.

考文教授将柯克对美国宪法起源的贡献概括为："首先，他在 Bonham's Case 中的'附论'提供了一种语辞形式，这种语辞形式最终经由一大批法官、评论者和律师，在不考虑柯克其他思想的情况下，进行专门阐释，从而成为司法审查概念最重要的一个源泉。""他提出了基本法的学说，这是他对美国宪法的第二大贡献。这种基本法既约束议会，也约束国王，而且这种法在很大程度上体现在一个特定的文件之中，并将确定的内容寓于日常制度的习惯程序之中。"〔32〕

在探询普通法的"法律至上"原则的时候，不能不联系到普通法的"遵循先例"原则。因为蕴涵在英国普通法中的"法律至上"原则与普通法的"遵循先例"原则有着共同的要素，即涉讼的基础是依照理性而非武断的意志。"法律至上"原则讲求的是君王及其所有代理机关都必须依照法律原则，而不是依照武断的意志行事；"遵循先例"原则是说依据从过去的司法经验中归纳出的原则裁判案件。正如庞德院长说过的那样，普通法"体现出经验将为行为的标准和判决的原则提供最满意的基础。它认为法律不是由君王意志的昭令武断地创制，而是由法官和法学家对过去实现正义或没有实现正义的法律原理、法律原则的经验中发现的。"〔33〕 为英国法提供经验归纳法，深刻影响了英国法律的思维方法的一个人是不应被忘记的，他就是与柯克同时代的弗兰西斯·培根（F. Bacon，1561～1626 年）。虽然他在任总检察长时与柯克发生冲突，致使柯克从高等民事法院调动至王座法院，并且在普通法与衡平法的地位问题上支持确立衡平法的优势地位，但在谈到法官的素质时却与柯克的观点不谋而合。培根说："……为法官者应当学问多于机智，尊严多于一般的欢心，谨慎超于自信。犹太律说：'移动邻居界碑者，必被诅咒'。把界碑挪动的人是有罪的。但是那不公的法官，在他对田地产业作出错误判断的时候，才是为首的移界碑者。一次不公的判断比多次不平的举动为祸尤烈。因为这些不平的举动不过弄脏了水流，而不公的判断则把水源败坏了。"〔34〕 先例原则本身历史悠久，源远流长，只是到 19 世纪才有拘束力。然而，判例汇编的系统发展促成了现代的先例拘束力原则。《年鉴》是最早通用的法律汇编，最初编辑于爱德华一世统治时期，虽然它不具有官方性质，但一直为某些法官作为先例的直接渊源而采用。1535 年以后，随着成批的私人汇编以判例汇编者的名义编制、印刷和发行，先例的援引越来越普遍。在 17 世纪的判例汇编中，出版于 1600～1658 年的《柯克判例汇编》是最有影响力的，其中包容了 17 世纪的许多宪法性判例。

与法律的至尊性传统一样，在英国，以法律确认统治者与臣民之间的权利义务关系的传统也古已有之。例如，早在 7 世纪的《伊尼法典》的序言中写道："我、伊尼、承蒙上帝恩典的威塞克斯国王，在我的父亲森列特、我的主教欧森伍德的建议和教导下，在所有我的人民的长老们和主要官吏们的协助下，并且还在一个上帝的仆人大会的协助下，曾经讨论了关于拯救我们的灵魂和使我们的国家安宁的问题，认为应当在我们的人民中建立和加强真正的法律和规章，以便以后任何长老或我们

---

〔32〕 同注 3 引书，第 57～58 页。

〔33〕 同注 10 引书，第 129 页。

〔34〕 ［英］丹宁勋爵：《法律的界碑》，刘庸安、张弘译，群众出版社 1992 年版，第 26～27 页。

的臣民都不敢破坏我们的法令。"〔35〕

1066年诺曼底公爵威廉征服英国后，通过对全国土地的重新分配，确立了全英国的土地均受封自国王的观念，在此基础上建立了王权相对强大的封建国家。按照封建原则，一切土地都是领自该土地之上面的领主，而全国的封建土地最终都源自国王的封授。封建土地领有的公式是"某某向某某……向国王领有那块土地。"由土地的封授所结成的君臣关系，是一种人身关系。在结成君臣关系时，要履行臣服礼，再举行宣誓效忠仪式。格兰维尔认为："除了尊敬这一点以外，一位封臣对他的领主并不比一位领主对他的封臣承担更多的义务；如果领主违背忠诚的义务，那么封臣就得以免除服务的义务。"〔36〕英王对他的直接封臣的土地享有的权利，主要是接受封臣的军役。为了争取封臣提供的军事力量，在土地不足的情况下，英王曾实行过货币封土制。14世纪后，在英国的君臣关系中还流行过"合同制"的方式。例如，1346年，爱德华三世在大陆对法国作战时，"和北安普顿伯爵立约由伯爵提供军士302人，和男爵塔保立约提供157人，和爵士德·拉·波尔立约提供5人。国王付给北安普顿伯爵每日6先令8便士，男爵塔保每日4先令，爵士波尔每日2先令，其他骑兵每日6便士，弓箭手每日3便士，步兵每日2便士。"〔37〕

为了进行有效的中央集权行政管理制度，避免下级领主新的封建义务层次的成长，1290年英王曾颁布法规确认封建领主的土地可以由租赁人自由售让，但承购人须经上级领主授权方得保有之。1130年国王亨利一世给伦敦市颁布的特许状授权保有该市市民农地及司法特权，而条件是向国王交纳租金。特许状中写道："朕亨利仰承上帝恩宠受命为英格兰国王……今特致意全英所有法裔和英裔忠诚臣民，谕示尔等知晓朕已允准朕之伦敦市民，以包租方式保有米德尔塞克斯为农地，按年合共缴纳200英镑……享有充分权力任命他们所愿的本市之人为市长，并任命任何一人或他们所愿的本市之人为法官，负责处理依朕王法而提出之申诉事项，遇有讼案即审理之；此外无论何人均不得对伦敦人民行使司法权力。"〔38〕

普通法强调的由关系而定的权利义务观念根深蒂固，它是通过法官的司法实践为普通民众接受，成为一种普遍性认识的。1176年北安普顿巡回法院在其颁布的一项规定中写道："在一个自由土地保有人去世时，继承人将占有其父亲在去世的那一天所占有的可以继承的土地；然后，他必须去找领主履行有关贡献的义务以及其他义务。假如该继承人不到继承年龄，领主将在接受他的效忠的同时，对他进行监护。如果领地的领主否认继承人的占有权，国王的法官们将对12个守法的臣民提出询问，由他们说明死者在去世的那一天是否占有该土地，并根据调查的结果，将土地交给死者的继承人。"〔39〕

正因为如此，庞德院长认为，普通法上的权利义务观念是对司法实践的一种概

---

〔35〕转引自徐浩："英国中世纪的法律结构与法制传统"，载《历史研究》1990年第6期。

〔36〕同注8引书，第374页。

〔37〕马克垚：《西欧封建经济形态研究》，人民出版社1985年版，第143页。

〔38〕同注12引书，第87页。

〔39〕［英］密尔松：《普通法的历史基础》，李显冬等译，中国大百科全书出版社1999年版，第140～141页。同注33引书，第18页。

括。他说：“在英国法形成的时代里，法官们经常将他们最熟悉的地主与佃户关系的制度加以类推，解决了一个又一个难题。”[40] 在英国，与封建土地制度相关的诉讼，就是依据当事人之间权利义务关系的原则得到解决的。13 世纪中叶的案例已经表明，当农民的权利受到领主的侵犯时，身为自由人的农民就已经懂得越过他们的庄园领主直接向上级领主或王室当局申诉。下面这个案例能够说明农民与领主对于分辨他们之间的权利义务互惠关系的认识程度：“在英格兰的斯塔福德郡有 3 个佃农与其领主进行了长达 35 年（1272～1307 年）之久的争讼。由于佃农耕种的土地先前曾是王室土地的一部分，佃农根据一个世纪前亨利二世时期的习惯上诉到王室政府。他们宣称，他们只有义务每年支付 5 先令的固定租金，再加上某些须向领主交纳的捐税，而领主宣称，他们应承担大量各类劳役，以实物支付税务，当佃农死亡时其家属承担繁重的‘遗产税’（heriot），女儿结婚时承担‘婚嫁费’（merchet）和当发现她不贞时支付‘失贞费’（leywrite），以及承担其他义务。”[41]

在英国封建社会体制下形成的、与封建制权力关系的特殊性质相关的权利义务观念是西方主体性权利观念的渊源。“在 17、18 世纪被‘天赋权利’学说替代之前，那种主体性权利观念被视为纯粹实在法上的观念；它意味着中世纪的主权者所面对的乃是在某种程度上根据权利义务加以界定的社会，而这些权利和义务的存在使得主权者有必要先征得同意，方能进行重要变革。”[42] 遵守封君与陪臣之间权利的互惠性原则，对英国宪政概念中的社会契约观念的形成有重要影响。因为“在中世纪，国家主权和财产权混淆不分，当地主就是国王时，他很容易按照国王规范其与臣民的关系来规范其作为地主与承租人的关系，令后者承担起如同臣民对国王般的责任。”[43] 被视为英国公法的基石的 1215 年《大宪章》主要是英王对直辖地承租人的法律关系中所涉及的责任的概括，其内容是围绕着国王与封建主之间的权利义务关系作出的规定。《大宪章》开宗明义地保证：“予及予之子孙后代，同时亦以下面附列之各项自由给予王国内一切自由人民及其子孙，并允许严行遵守，永矢勿渝。”[44] 在这里需要说明的是，《大宪章》里所提出的“自由”其实就是“权利”。[45] 在公法方面，《大宪章》列举的贵族的权利有：以封建主的会议约制国王的征税权（《大宪章》第 14 条：“凡在上述征收范围之外，如欲征收贡金与免役税，应用加盖印信之诏书送至各大主教、主教、住持、伯爵与显贵男爵，指明时间与地点召集会议，以期获得全国公意。”）；以法院的审判权约制国王的司法权（《大宪章》第 39 条：“任何自由人，如未经其同级贵族之依法裁判，皆不得被逮捕、监禁，没收财产、剥夺法律保护权、流放，或加以任何其他损害。”）。由于《大宪章》对征税权的规定，以后的国王在开征新税时必须征得贵族会议的同意遂成惯例。“但是，议会的财政援助

---

〔40〕 同注 33 引书，第 18 页。

〔41〕 同注 8 引书，第 394 页。

〔42〕 同注 2 引书，第 12 页。

〔43〕 同注 10 引书，第 17 页。

〔44〕 同注 29 引书，第 180 页。文中引用 1215 年《大宪章》的内容均出自于此。——著者注

〔45〕 根据法律出版社 2003 年版《元照英美法词典》的解释，在英国《大宪章》中 liberty（自由）与 rights（权利）具有相同含义。同注 3 引书，第 26 页。

并不是有求必应的，而是有附加条件的，其中一条就是要求国王宣誓遵守《大宪章》。"[46] 在14世纪国会形成以后，国王的征税计划要在征求上院意见后由下院作出决定，限制国王的征税权成为影响以后议会成长的一个最重要的因素。下院常常利用讨论国王征税计划的机会，向国王提出“请愿”，这些“请愿”实际上就是立法议案。在私法方面，《大宪章》规定了封建主对国王有提供协助金、继承金，国王向封建主提供监护等权利义务关系。如《大宪章》规定，英王在“为赎还其本人之身体，册封其长子为骑士，与一度出嫁其长女”时得向自由人即封建主征取贡金（第15条）；“任何伯爵或男爵，或因军役而自予直接领有采地之人身故时，如有已达成年且应缴纳继承税之继承人，于按照旧时数额缴纳继承税后，即可享有其遗产”（第2条）；“监护人在经营土地期间，应自该项土地之收益中拨出专款为房屋、园地、饲养场、鱼塘、磨坊及其他附属物修缮费用，俾能井井有条。继承人达成年时，即应按照耕耘时之需要，就该项土地收益所许可之范围内备置犁、锄与其他农具，附于其全部土地内归还之”（第5条）。可见，“《大宪章》的原始形式就不是一种制定法，而是一种契约”。[47] 所以，当国王想要摆脱由这一纸契约规定的义务时，与贵族的冲突就不可避免地发生了。正如弗里德里克·海尔所说：“撤回忠诚‘表明了在欧洲政治、社会和法律发展中的一个基本点。有关反抗权的整个观念就是这种存在于统治者和被统治者之间、高贵者和低贱者之间的契约概念所固有的’”。[48] 就权利义务关系而言，《大宪章》并不只是沿着限制王权这个单一的维度发展，它所承认的开放城市、统一度量衡等市民的权利与自由，扩大了它所保护的阶层和利益的范围。《大宪章》规定：

“伦敦城，无论水上或陆上，俱应享有其旧有之自由与自由习惯。其他城市、州、市镇、港口，予亦承认或赐予彼等以保有自由与自由习惯之权。”“全国应有统一之度、量、衡。酒类、烈性麦酒与谷物之量器，以伦敦夸特为标准；染色布、土布、锁子甲布之宽度应以织边内之两码为标准；其他衡器亦如量器之规定。”“除战时与予敌对之国家之人民外，一切商人，倘能遵照旧时之公正习惯，皆可免除苛捐杂税，安全经由水路与陆路，出入英格兰，或在英格兰全境逗留或通行以经营商业。”[49]

从此以后，城市普遍获得特权。“中世纪的城市，本质上是市民的家乡，是为了市民而存在，也是由市民所建立的。”[50] 城市的性格是自由，因为市民阶级没有自由，就没有经营与销售货物的权利，因此，城市的发展逐渐瓦解了封建经济，而为资本主义的生产方式创造了前提。与城市的自由要求相匹配的是法律上的变化。传统的法律，程序拘泥而狭隘，其作用主要是调整以土地为生计的人们之间的财产关系，而不能适城市工商业发展的需要。于是，一种适用超然于地方惯例之外的商业惯例的城市法庭应运而生。随着司法自治而来的是行政自治。“所有这些特权，再加

---

〔46〕 同注3引书，第26页。

〔47〕 同注3引书，第25页。

〔48〕 同注8引书，第374～375页。

〔49〕 同注29引书，第182～183页。

〔50〕［比］亨利·皮朗：《中世纪欧洲经济社会史》，乐文译，上海人民出版社1964年版，第153页。

上大宪章中明文规定的对贵族权益的保护，全部都可以归结为一点，即国家应对私有财产、尤其是对个人集聚私有财产的权利进行保护。”[51]

约翰王之后，他的继承者在贵族争取权利的压力下几度被迫颁布《大宪章》，又几度想废除《大宪章》。《大宪章》的辉煌时代持续了一个世纪，据统计，《大宪章》被王室确认的次数约达32次，其中有15次出现在爱德华三世统治时期。[52] 通过1297年的《宪章确认书》，爱德华一世命令所有的“法官、郡长、市长和其他大臣，凡是由我们任命且听命于我们的执掌王国法律的人”，都要在听命处理的所有诉讼中将《大宪章》当做“普通法”来对待。在接近爱德华三世统治晚期的1368年，“在通常形式的王室确认书以外，又以成文法的形式添加了如下宣示：任何成文法规的通过，如与《大宪章》相悖，则‘必然是无效的’。”[53] 至此，《大宪章》已有可能被看做类似于近代所理解的成文宪法了，然而它却仍然保留在普通法之中，作为普通法的组成部分，成为维护公民权利诉讼的依据。14世纪末15世纪初，英国宪法的基本原则已初步确立，当时社会公认的宪法基本原则有五个方面：第一，除非经上、下两院组成的议会同意，国王不得征税。第二，任何法律的制定都必须经议会同意。第三，除非根据法院的令状不得逮捕任何臣民；被逮捕者必须迅速交付法庭审判。第四，刑事诉讼中被告的犯罪事实，必须在案发地区的普通法院的法庭上由陪审团决定。第五，可以对侵犯臣民个人自由和权利的国王大臣和政府官吏提出控告。[54] 生活在15世纪的英国法学家约翰·福特斯丘在奉威尔士亲王爱德华之命所写的《英格兰法律颂》中概括和颂扬了当时英国的法律制度。该书广为流传并几经再版。福特斯丘把国家政治制度分为“君主型”、“政治型”和“混合型”，他将英国与法国相比，认为英国实行的“混合政治”具有其他国家不可相比的优越性。关于英国人的权利，他写道：“每一个居民皆可充分自由地使用、享受他的农庄里所出产的任何东西，如土地上的各种果实、不断繁殖的群羊，以及诸如此类的东西。他所改进的全部东西——无论是由于他自己劳动，还是由于他雇用来提供服务的人的劳动——都由他自己使用和享受，任何人不得阻止、侵扰或否认。无论在什么情况下，如果他以某种方式受到侵害或压制，他应当要求侵害方赔偿损失并满足他的要求。……他们皆依据王国的法律受到仁慈和正义的待遇；除非依照国家的法律，并由国王的法官来审理，他们不会因其财产而受到控告，也不会因任何死罪——无论其罪行多么严重——而受到审讯。”[55]

16世纪，都铎王朝的专制制度建立在扩大国王的“特权”上，在刑事法律方面，星宫法院构成对臣民自由的严重威胁；在民事法律方面，大法官的衡平法院因为以国王的特权为基础，受到君主的优遇。为了应对衡平法院的挑战，普通法法院与议会联合起来反对国王的专制。这使“本来可以把英国拉进罗马法系的一场彻底改革

〔51〕 钱乘旦、陈晓律：《在传统与变革之间——英国文化模式溯源》，浙江人民出版社1991年版，第79页。

〔52〕 同注3引书，第28页。

〔53〕 同注3引书，第28页。

〔54〕 程汉大：《英国政治制度史》，中国社会科学出版社1995年版，第134～135页。

〔55〕 同注3引书，第31～32页。

不曾发生，而终于达成了妥协，普通法法院与大法官法院在一定的力量中继续并存”，[56] 普通法所代表的英国法传统仍旧被保留。以下这个例子即可反映出在那个时期普通法对权利的保护仍然是得到英国上下普遍承认的：1553 年 10 月 21 日，约克郡费特培镇居民向枢密院呈交了一份请愿书，对一个名叫约翰·约克爵士凭借权势，肆意勒索，夺走租契的行为进行控诉。该请愿书中写道：“请愿人和请愿人的祖先一向是按照旧日习惯交纳地租和罚金的，如同下面明白所示的向来没有提高过，也没有困苦、麻烦。约翰·约克爵士有权有势、富有田产、神通广大。您的贫苦的请愿人深恐被他监禁起来，我们这些穷人无财无势，对他奈何不得。迫不得已，唯有向您仁慈的宽厚的女王陛下及您的枢密院提出申诉，请求陛下与枢密院对于上述情况采取措施，以使您的贫困的请愿人得到公正的处理，按照老习惯，交纳规定的地租和罚金，如同他们的祖先所交纳的一样，太平无事地享用该段田地。”枢密院代表女王对该请愿书的宣判如下：“约翰爵士已经应允该起诉人等今后在租佃期内，可以继续享用他们租佃的地产，并按照往常习惯交纳地租，不得无故加以干扰。”[57]

斯图亚特王朝建立了类似大陆各国的君主专制制度，王权凌驾于议会之上，普通法崇尚权利的传统被国王所蔑视。詹姆士一世（1603～1625 年在位）甚至提出“君权神授”论，认为国王受命于上帝，权力无限，创造法律。于是，王权与普通法的自由传统发生全面冲突。1604 年，下院针对国王侵犯下院特权向国王递交“抗辩书”，是斯图亚特王朝与议会正面冲突的第一个回合。“抗辩书”申述了国会固有的权利：“我们知道，并对上帝万分感恩领谢，上帝降赐给我们一位在全世界人君中罕见的、如此贤明睿哲的国王。然而，人的智慧无论何等高超，若无长时间的经验和熟悉情况者的忠实教导，皆不能深入明辨一国人民权利和习惯的特点……。”“我们……最忠诚地宣告：第一，我们的种种特权和自由皆是我们的权利和应分的遗产，正不下于我们自己的土地和财物。第二，这些特权和自由是不能不给我们的，是不能被取消或损害的，否则对于王国的全局是明显的祸害。第三，我们进入国会内提出请求享受我们的特权，纯为一种守礼的行为，这并不能削弱我们的权利……。”“英格兰众议院的权利和自由主要在于下列三事：①英格兰各郡、城市和选邑，均有权根据代议制自由选择他们所信任的人作为代表；②当选的人在该届国会期间，无论在开会和休会期间，均不受束缚、逮捕和监禁；③在国会内他们可以不受妨碍和控制而自由发表意见，发言时对国会至上法庭表示应有的尊敬，即对陛下和两院表示应有的尊敬，在此情况下，陛下和两院只组成一个政治实体，而陛下即为此实体之首……。”[58]

1621 年，针对国王的宗教政策和对外政策，议会在“抗议书”中反驳詹姆士一世关于议员“不能干预国家和政府的重大事务”的论点，以及他的“君权神授”论。“抗议书”针锋相对地宣布：“议会的自由、选举权、特权和司法权是英国臣民生来俱有的、不容置疑的古老权利和遗产。国内时常发生的涉及国王、教会及国家的紧

---

〔56〕［法］勒内·达维德：《当代主要法律体系》，漆竹生译，上海译文出版社 1984 年版，第 308 页。

〔57〕齐思和等选译：《中世纪晚期的西欧》，商务印书馆 1962 年版，第 225、227 页。

〔58〕同注 29 引书，第 2～5 页。

迫事务，法律的制定与保持，时弊的改革等，都是议会商讨和辩论的正当议题。"〔59〕

1628 年，议会通过《权利请愿书》。该请愿书在重述《大宪章》的基本条款、声明 1352 年国会制法明定不得违反《大宪章》的精神后，继续提出，非经国会同意不得强迫征收任何租税；非经正当程序的法律审判，不得将任何人逮捕、监禁。

以上陈述的英国法律史，只是其中最普遍地被研究者一再提到的部分内容，它同时向世人展示的是英国从中世纪以来就一脉相承的、以维护英国人的权利为核心的法治思想及宪法原则的发展史。如果说 18 世纪以前，欧洲大陆各国的贵族、僧侣还可以藐视法律、逍遥法外，英国却早在 13 世纪就提出"王在法下"的理念，并且于 17 世纪就已脱离了特权法时代，进入到法治时期。普通法至高无上的权威性体现了英国宪法的法治原则和精神，英国著名宪法学家戴雪（A. V. Dicey，1835 ~ 1922 年）对英国宪法"法治"含义的界定即包括了对普通法传统的认识。他认为法治的含义有三：其一，法律的至尊性与武断的权力相违背。在全国范围内，一切独裁、特权和政府部门广泛的裁量权均被摒除。英国人民受法律的统治，并且只受法律的统治。其二，在法律面前人人平等。在全国范围内，一切阶级均平等地受到普通法律的管辖，普通法律在普通法院执行。其三，法治表示着解证一件法律事实的公式。这件法律事实是，在其他国家，凡由宪章载明的所有规则都构成宪法法典的组成部分；在英国，宪法不是由法院所确定和实施的个人权利的渊源，而是其结果。〔60〕

二、北美殖民地对英国法治传统的保留

尊重传统、依赖对传统法律的承认，实现届时的政治统治目的的作法古已有之。1066 年征服者威廉为了证明自己是英国王位的合法继承人，便声称要恢复先王爱德华的法律；亨利一世（Henry I，1100 ~ 1135 年在位）的外甥斯蒂芬（1135 ~ 1154 年在位）登位伊始也作出过同样的承诺。亨利二世登上王位时，接受了他父亲的忠告——"切勿试图将安茹和诺曼底的习惯移植到英格兰或相反"，〔61〕在最大限度地保留了先前存在的盎格鲁撒克逊的习惯的基础上，依据诺曼行政管理的传统精神，根据新的习惯和政策进行制度改革。观察英国法律制度发展的历史，对法律传统的尊重贯穿始终，构成了英国法所谓经验主义的特点。这一特点主要出自法律发生时所处条件的限制，正如庞德所说："我们在法律方面的所作所为会受到许多因素的限制。这种类比必须为我们提供一种以活动为依据的法历史解释，引导我们不仅把法律制度视做固有之物，而且也把它们视做被创造的事物；不仅把法律制度视做传承至我们的传统之物，而且也把它们视做人们在此前某个时代创制的事物并且使那些相信它们和需要它们的人在当下所创制的事物——而且在很大程度上也就是后者相信并需要的那种东西。"〔62〕

同样，出于相信和需要，对其母英国法律传统的尊重、保留与承认，不同程度

---

〔59〕 程汉大：《英国政治制度史》，中国社会科学出版社 1995 年版，第 180 页。

〔60〕 ［英］戴雪：《英宪精义》，雷宾南译，中国法制出版社 2001 年版，第 244 ~ 245 页。

〔61〕 同注 7 引书，第 534 页。

〔62〕 ［美］罗斯科·庞德：《法律史解释》，邓正来译，中国法制出版社 2002 年版，第 224 ~ 225 页。

地贯穿于整个殖民地时期。而殖民地法律境遇的烙印对美国的政治思想、法律观念一直有决定性的影响；在美国法律制度中，那些中庸、妥协的内容几乎都可以在殖民地时期的法律中看到它们的身影。如同他们在英国的同胞一样，早期的美国人相信他们的权利是来自11世纪盎格鲁撒克逊人的古代宪法。[63] 从第一部弗吉尼亚宪章（1606年）颁布时起，殖民地居民就得到保证，将享有英国人的权利和自由："所有的自由权、参政权和豁免权……就全部的意图和目的而言，他们就像出生和始终居住在英国境内的公民一样。"[64] 1639年的《马里兰人民自由权利法案》明确表达，普通法是他们有权得到的英国遗产的一部分。1774年的第一届大陆会议通过的《权利宣言》断言："各殖民地居民享有英国普通法规定的权利。"1776年《独立宣言》则充满对英国统治者剥夺殖民地人民"与生俱来"的自由权利的谴责。1789年第一届美国国会将补充权利法案作为最紧迫的任务，而后通过的宪法第1~10条修正案——《权利法案》成为英国普通法和殖民地时期各权利法案的集大成者。在这里，我们看到的是英国法律传统强大的生命力，它的"根基扎得是那样的牢固，即便伴随革命而发生的对英国的敌视情绪，也未能将其拔除"。[65]

然而，早期殖民地立法接受英国法传统的态度基本是被动的，原因主要有三：一是知识范围的有限性。直到独立战争之前，北美殖民地没有出版过任何判例汇编、没有专门的法学著作、没有讲授法律的学校、没有训练有素的律师和法官。立法者承认他们是立法领域的新手，对此他们解释说："如果在我们中间有能干的律师，也许我们可以搞得更精确一些。"[66] 出于担心地方长官由于缺乏明确的法律规定而自行其是，按英国的法律处理便成为最简单的补救办法。二是清教徒的神学观点与法律观念的一致性。殖民地时期的清教徒崇尚圣经，他们强调立法应当以"上帝的法律"而不是英国人的法律为出发点。在他们眼里，上帝的法律与英国人的法律似乎达到巧妙吻合的程度，因此他们力求使自己的行为既不违反上帝的法律又不违反英国的法律；由于时常被指责为异端、违反英王的特许状和英国法律，所以他们在行动上总是小心谨慎地被迫证明自己的行为是合法的。三是殖民地的地位。英国从本土控制殖民地的一个基本手段，就是对殖民地法令行使审查和废止的权力。据统计，在1691~1776年间，殖民地提交英国审查的法律总计有8563项，其中469项被废止。[67] 在1629年马萨诸塞湾殖民地的第一部宪章中，英王授权殖民地议会制定"一切健全和合理的命令、法律、法规、法令、指令和指示"，但条件是"不能违背英格兰国家的法律"。[68] 殖民地的地位一方面使殖民地的立法者不得不按照宗主国的意志行事，另一方面又以实用主义的态度对待英国习惯法，非常注意尽量使英国法的旧体制适应殖民地的新情况。例如，在刑罚方面，1648年的法律按照《圣经》对于

---

〔63〕 同注2引书，第224页。

〔64〕 Bernard Schwartz, *The Law in America*: *a history*, New York, 1974. p. 9.

〔65〕 Bernard Schwartz, *The Law in America*: *a history*, New York, 1974. p. 9.

〔66〕 ［美］丹尼尔·布尔斯廷：《美国人开拓历程》，中国对外翻译出版公司译，三联书店1993年版，第25页。

〔67〕 李剑鸣：《美国的奠基时代》，人民出版社2001年版，第287页。

〔68〕 同注66引书，第22页。

按英国法律应判处死刑的罪进行了补充，将亵渎罪、绑架罪、通奸罪、伪证罪、公路抢劫罪列在其中。这种实用的态度在1639年约翰·W. 温思罗普（John W. inthrop）写的大事记中有清楚的记述：“人们早就希望有一套法律，他们觉得地方长官决断事情的权力过大，从而觉得他们的处境很不安全。前几届议会（立法会议）已作了多方面的努力，而这个问题也已提交给某些地方长官和社会长者们研究；但迄今无结果。……大多数地方长官和某些社会长者之所以在这个问题上不太积极，有两个原因：一是他们不大了解人们的脾性和意向，加上当时国家的情况和其他因素，以致他们认为，对我们最适用的法律乃是按每个问题实际需要而直接产生的法律；英国和其他一些国家的法律就是这样发展起来的，因此，英国的基本法就叫做习惯法，或不成文法。二是他们认为这样做会公然侵越殖民地宪章规定的限制；殖民地宪章规定，我们不能制定与英国法律相违背的法律，而我们曾保证遵守这一规定。”[69]

实际上，早期新英格兰的立法史，“是人们起初不断试图为马萨诸塞湾殖民地居民制定一部《大宪章》，而后来又想搞一套简便的法律汇编的历史。”[70] 1646年，一位名为罗伯特·蔡尔德（Robert Child）的新英格兰人与其他6人向马萨诸塞湾殖民地议会递交一份请愿书，反对该议会制定的许多法律。请愿书指出，由于马萨诸塞湾殖民地已经对英国法律作出几次重大修改，致使该殖民地缺乏“按英国法律建立起来的固定的政府形式”。新英格兰地方长官对这一指摘的回应是：“就我们政府而言，它是根据我们的宪章、英国的基本法和习惯而建立和运作的。……把母国和殖民地两种法律体制的特征加以排列对比，这一点就显得特别清楚。”[71] 在立法的实际操作上，地方长官们将英国的法律，首先是《大宪章》的主要条款与马萨诸塞湾殖民地的基本法内容排列成表，以便作出比较。他们在表的左边列出《大宪章》的主要条款，右边列出马萨诸塞湾殖民地法律的相应条款的内容。他们还将英国习惯法的主要规定，与马萨诸塞湾殖民地习惯法的基本内容进行对比排列。虽然缺乏训练有素的法官和律师，但是这并不妨碍殖民地的执法者根据自己外行人对英国法律一知半解的理解，将英国法律中的专业知识，粗略地运用于解决北美洲殖民地的问题。马萨诸塞湾殖民地早期的有关契约、债券、租赁的法律文件格式都表明它们是从指导英国律师的统一手册中抄来的。根据记录，在1671～1680年萨福克县法院的审判案件中，约有80%的民事案件属于英国传统的诉讼形式中“根据既定判例审理”的案件。这些案件包括“违约诉讼”、“债务诉讼”、“收回不动产诉讼”以及“非法侵占诉讼”等。[72] 因此，可以认为殖民地法院受理诉讼案件所保护的权利基本上是英国法律承认的合法权利。

为了解决英国法律书籍缺乏的困难，使立法和执法方面得到更多的指导，1647年马萨诸塞湾殖民地议会作出决议，命令购买6种英国法律专业书籍，每种两本。这些书籍包括：《柯克论托马斯·利特尔顿》、《柯克论大宪章》、柯克的《案例汇

---

〔69〕 同注66引书，第24页。

〔70〕 同注66引书，第23页。

〔71〕 同注66引书，第25页。

〔72〕 同注66引书，第30页。

编》、《法律新词典》、多尔顿的《治安推事》等。[73] 据统计，1788 年之前在北美殖民地出版的共约 60 篇著名法律论文和著作中，没有一篇是专门为专业律师写的，而是诸如《警官手册》之类的普及读物。[74] 18 世纪中叶在美洲出版的英国法律专业著作，如布莱克斯通的 4 卷《英国法释义》也因为它使杂乱的英国法律变得清晰易懂，受到美洲人的青睐而多次再版，售量几乎与英国同样多。英国法律书籍在美洲的传播不但使许多非科班出身的法官有机会广泛涉猎，而且使北美人民普遍了解了最基本的英国法律及其方法术语，为造就未来美洲新世界的领袖人物作出准备。美国学者对此评论说："一般来说，在我们北美殖民地，特别是新英格兰，人们对法律书上的遁辞很上瘾，一个普通的新英格兰乡下人，几乎有资格充当英国乡下的事务律师。"[75] 爱德蒙·柏克在他主张同美洲和解的著名讲演中曾经指出，美洲的"法律研究的普遍，也许世界上没有一个国家是如此之甚的。……所有识字的人、大多数读书的人，莫不努力从这一门科学里，获取一星半点的知识"。[76] 他从律师垄断地位在美洲的解体这一现象中看出它具有的非常意义，他判断："假如法律知识不被高官厚禄赢取来服务于国家，那么就是政府的可怕对头。假如不以这些巧妙的手段，去驯服、打垮这精神，则它就是不可驾驭的、好讼成性的。……法律的研究，使人敏锐、善察、机巧，使人果于杀伐、巧于防御、富于智谋。他国的人，头脑较他们单纯，性格比他们迟钝，只依既成的苦难论断政治中的病因；而在美洲，他们则依据原则的不良，预见弊端、判断苦难的轻重。他们卜见秕政于千里之外；从每一缕腐臭的微风里，嗅知暴政的来临。"[77] 柏克言中了！懂得法律的人民是不会俯首让人压迫的，对于权利的共同理解必然使殖民地人民团结起来。整个 18 世纪，在寻找与英国统治的争议的论据，用以解释和证明美国人的背离与自由是正确的反抗活动中，北美殖民地人民出版、阅读，甚至抄袭带有强烈自由主义言辞的英国法著作。通过这些著作，他们很容易认为他们保留住了英国人长久以来的价值观，认为"他们没有创造任何应该拥有和遵守的新权利或新原则，而只是宣布了他们应该保持的权利"。[78]

1776 年《独立宣言》宣布北美各殖民地成为自由和独立的诸邦，"这一措辞不仅象征着为脱离英国独立而艰苦战斗的开始，而且还象征着为把各自为政、经常冲突的美国各利益集团、各地区和各州统一起来而努力奋斗的开始。"[79] 此后，美国宪法的制定经历了长达 10 年之久的艰难的历史实践才得以完成，并且作为新生国家的法律基础为美国人民所接受和尊重。然而，美洲革命却并未切断英国法传统对于美国的影响，即便在殖民地人民反对英国殖民压迫时，对英国宪法的广泛赞扬之声也

〔73〕 同注 66 引书，第 31 页。

〔74〕 同注 66 引书，第 231 页。

〔75〕 同注 66 引书，第 231 页。

〔76〕 ［英］爱德蒙·柏克：《美洲三书》，缪哲选译，商务印书馆 2003 年版，第 93 ~ 94 页。

〔77〕 同注 76 引书，第 94 ~ 95 页。

〔78〕 Gordon S. Wood, *The Creation of the American Republic* 1776 ~ 1787, New York、London, 1972, p. 12.

〔79〕 ［美］加里·沃塞曼：《美国政治基础》，陆震纶等译，中国社会科学出版社 1994 年版，第 15 页。同注 78 引书，第 11 页。

仍不绝于耳。“对美国人来说，英国宪法一直是‘英国自由制度的精华’，‘人权自由的守护神……国家安定的基石’，‘智慧累计的纪念碑和来自世界的赞美’。”[80] 约翰·亚当斯在1776年曾经写道，在过去的50年中的每一天，人们都在吹捧英国宪法是天下最好的宪法，认为“迄今为止存在的政府都没有如此自由”。[81] 但是，伴随着日益深重的殖民压迫，美国人民在审视殖民地所受到的种种不可容忍的不平等待遇后发出了革命的声音。他们惊叹英国宪法中的自由博爱精神“已经面目全非！地狱之门吞没了它”,“在长时间的腐蚀中，在贿赂和贪污之手的挥舞下，它似乎已经溃烂到了核心部位。”[82] 所以，美国人民为独立而进行的战争，又是一种法律斗争，“或者说，它至少是以解决法律问题的名义发动起来的。导致革命的冲突，主要是在英国宪法下对殖民地地位的解释不同的冲突。”[83]

长期以来，殖民地居民将自己视为大英帝国平等的成员，认为他们与英国人一样生活在同一宪法之下，根据《大宪章》和英国人“与生俱来”的权利，他们的权利不得被剥夺。所以，尽管英美之间围绕英国在殖民地的一系列立法展开的、对于殖民地的地位的斗争与辩论，其立场观点是截然对立的。然而，美洲殖民地人民用以与英国政府辩论的武器，却是英国宪法的原则。他们一再强调英国宪法的字句和精神两者都证明美洲人民的反抗有理。甚至到1776年他们还都丝毫不怀疑“我们拥有争议并且英国宪法是站在我们这一边的”。[84] 他们反复坚持，他们才是英国宪法的真正捍卫者。由他们阐释和捍卫的英国宪法的原则包括：“无代表则不征税”原则，财产权不可侵犯原则，司法独立，只能依据普通法受审原则以及人民主权原则等。

从1764年至1774年,“是英国改变其旧有的帝国政策、试图课税于美洲的时期，英国与美洲的冲突，焦点主要在利益。”[85] 按照英国传统的自由观念，税收应当来自臣民自愿的输捐而非政府的课征，因此“无代表则不征税”是英国宪法的一项原则。按照这一原则，由于各殖民地在英国的议会中并不享有代表权，所以英国在英法“七年战争”结束后为减轻债务而发布的对殖民地直接征税的《美洲岁入法案》(1764年)“在美洲人的眼里，的确是祖制的大变更”。[86] 1764年10月，纽约州议会致英国的陈情书表示：“蠲免未经许可的、或并非自愿的纳税负担，必须成为每一个自由领地的重大原则，”否则就不可能有“自由、幸福与安全”，如果议会可以对美洲的贸易征税，也就可以对他们的土地或任何东西征税了。[87] 《岁入法案》通过后的第二年，英国政府又通过《驻军法案》，要求凡驻有英军的殖民地，必须为当地英国驻军提供给养、营房等设施。1765年英国议会通过的《印花税法》是首次在关

---

〔80〕 同注78引书，第11页。

〔81〕 同注78引书，第11页。

〔82〕 同注78引书，第12页。

〔83〕 Bernard Schwartz, *The Law in America: a history*, New York, 1974, p. 2.

〔84〕 同注78引书，第12页。

〔85〕 同注76引书,“译者引言”部分，第2页。

〔86〕 同注76引书，第26页。

〔87〕 同注76引书，第6页。

税以外对殖民地课征直接税的规定，对没有代表权的美洲人民课加这一税种，使美洲人民感到震惊。更令美洲人民不可容忍的是该法令中还规定，违犯印花税法的人，必须交海事法庭受审，而海事法庭不允许有陪审并且在审讯中实行有罪推定，要求被告负举证责任。为表示抗议，弗吉尼亚的帕特里克·亨利发表演说慷慨陈词："恺撒最后为布鲁特斯所刺死，查理一世终于被克伦威尔所击败，乔治三世……应当从中得到教训而免蹈覆辙。如果说这就是叛逆的话，那就让我们尽量利用这种叛逆吧！"〔88〕弗吉尼亚议会随即通过一系列决议，宣布只有该议会才拥有"对本殖民地居民……课加赋税的唯一排他性权力"。〔89〕此后，美洲9个殖民地的代表在纽约召开会议，并经一致同意发表宣言："国王陛下之殖民地忠顺臣民，有权享受在英国国内出生之臣民所有继承权利与自由"；"就人民的自由而言，不可或缺的真理是，它同样是英国人原已拥有的权利，即未经本人或代表同意，政府不得征税"；"唯殖民地的议员才是人民自己推选的代表。除非经由当地立法机关批准，任何人从未亦不得对他们合法征税"；"殖民地上缴军需，是他们自愿献给王室的礼品，若将殖民地人民的财产交纳于国王陛下，势必与大英帝国人民共同享有的英国宪法的原则与精神相背离"；"审判须有陪审，是殖民地的每一个英国臣民应当享有的天赋的权利。"〔90〕

面对美洲殖民地人民团结一致的反抗，《印花税法》无法付诸实施。英国政府被迫作出让步，于1766年3月17日撤销《印花税法》。但在同时却颁布《公告令》，申明英国议会是在任何情况下均对各殖民地具有约束力的不列颠帝国最高立法机关，对于殖民地的立法权这一宪法权利绝不放弃。1767年，英国议会制定《汤森税法》，规定在北美港口对进口的外国货物征税，再次触犯"无代表不征税"原则，因而在殖民地再度掀起抗议风潮。1768年，马萨诸塞议会向英王递交请愿书，要求废除《汤森税法》，并通过塞缪尔·亚当斯起草的致北美各殖民地下议院的"传阅信"，指出英国议会的决议损害了北美居民的宪法权利和自然权利。〔91〕1767～1768年约翰·迪金森（John Dickinson）以"一个宾夕法尼亚农场主致英属殖民地居民的信札"为题，发表了12篇文章，抗议《汤森税法》。文章指出，自由的事业不容玷污，应当用一种适当的方式加以维护；在英帝国内有两种政治权力，一种是国会行使的权力，一种是地方或殖民地行使的权力，不可混淆；自由人的政府是受宪法控制的政府，不能逾越规定以行使其权力。有美国宪法学者评论，迪金森倡导的这些理论奠定了美国宪政制度的两大基础——联邦主义和限权政府。〔92〕对于涉及主权问题的英国普通法在北美适用的原则，迪金森在"信札"中写道："英国的普通法被广泛地采纳了……，可是我们的法院在决定普通法和制定法中的哪些部分应当得到沿用方面，

---

〔88〕［美］丹尼尔·布尔斯廷：《美国人建国历程》，谢延光译，三联书店1993年版，第444页。

〔89〕［美］塞缪尔·埃利奥特·莫里森、亨利·斯蒂尔·康马杰、威廉·爱德华·洛伊希滕堡：《美利坚共和国的成长》（上），南开大学历史系美国史教研室译，天津人民出版社1980年版，第190页。

〔90〕David E. Shi, Holly A. Mayer, *For the Record: A Documentary History of America*, vol. 1, Stamp Act Congress from Declaration of rights and Grievances of the Colonies (1765).

〔91〕李剑鸣：《美国的奠基世代》，人民出版社2001年版，第554页。

〔92〕李子欣编：《美国宪法》，正中书局1970年版，第49页。

行使着一种至高无上的权力。因为我们必须承认，环境的变化必然要求我们，在某种情况下否定这两种法律的结论。……英国法的某些原则被采用了，有些则被舍弃了。"[93] 可见，美洲殖民地人民与英国的冲突的重点已然转移到英国的主权与美洲的自由权上。柏克在《论课税于美洲的讲演》中曾劝阻英国政府："假如你要的主权，与他们的自由不相容，他们将何去何从呢？他们会把你的主权甩在你的脸上。劝人受奴役，是必不能成功的！"[94]

到 1776 年为止，在美国人心中对一点已不再怀疑："他们是处在革命的中心，这个革命是各国历史上最完全、最出人预料和最非凡的革命"。[95] 这场革命由强大的甚至持续数百年生生不息的法治传统所支持。因此，在不放弃英国自由和传统的原则下，从英国分离出来已经成为可能，美国人不再仅仅是为保护自己特殊的权利与自由而奋斗，而是已经处于新时代的边缘了。

---

〔93〕 Bernard Schwartz, *The Law in America: a history*, New York, 1974, p. 15.

〔94〕 同注 76 引书，第 62 页。

〔95〕 同注 78 引书，第 43 页。

日本宪法诉讼制度的理论、技术及其问题

张允起*

宪法诉讼作为现代宪政国家保障宪法实施的重要手段，迄今已有200多年的历史。虽然其主旨不外乎权力制衡与人权保障，但各国的违宪审查制度却因国情而异。日本战后形成的宪法诉讼制度虽然主要取法于美国，但由于战前日本司法制度深受大陆法及其自身法文化传统的影响，在具体的司法实践过程中又与美国的情况有所区别。其中的利弊得失对进一步思考如何完善我国的宪法监督制度无疑具有重要的参考价值。本文将尝试对日本宪法诉讼的理论与实践进行初步的考察，希望通过此一研究能够比较全面地把握战后日本宪法诉讼制度的理论、技术及其在司法实践中存在的问题。[1]

一、战后日本宪法诉讼制度的确立及其基本特征

在明治宪法下，司法审查制度在日本的遭遇与当时的欧洲大陆相似。当时宪法学界的主流观点认为，立法机关是国家的最高权力机关，其地位高于司法机关与行政机关，由司法机关执行司法审查权违背权力分立的原则。战前以“天皇机关说”闻名于世的宪法学者美浓部达吉曾明确表达了这层意思：“……我国宪法与美国宪法不同，以立法权之行为为国家最高意志表达，司法权与行政权相互并列其下。法律是宪法之下国家最高意志的表达，裁判所及行政机关皆应该处于服从之地位。当法律经议会决议及天皇批准确定成立时，应该认为议会与政府已确认其并不违反宪法，而依照议会与政府一致之意见承认其并不违反宪法时，其解释便是最终的，裁判所必须服从，无权力以自己独立见解审查之。”[2]

---

* 法学博士，东京大学比较法政国际中心客座研究员（日本学术振兴会特别研究员）。

〔1〕 笔者在学习研究过程中察觉，尽管国内宪法学著作日益增多，但除却少许有数论著，很多重复性的、以讹传讹性质的宪法学论著不但没有任何学术价值，反而从侧面证明了中国宪法学研究的贫困与无奈。至于某些法学名家出于各种原因对中国宪法及其研究者不屑一顾，认为“中国宪法”可有可无，潜意识里将自己从事的“民法”乃至“婚姻法”奉为“宪法”，更显示出中国法学界集体的贫困与中国社会所蕴藏的宪政危机。产生这种奇异现象的背后有着深刻的政治、社会以及学术背景，有待热心法社会学的法学名家的统计和分析。具体到有关宪法诉讼或违宪审查方面的研究，近年虽有所谓“宪法司法化”这些中国“本土”的理论沸沸扬扬，而对于违宪审查的理论和技术的深入研究却寥寥无几。甚至连这一领域的某些专业法律词汇在中文中都难以找到对应的固定译语。本文使用的某些中文宪法词汇参考了日本、我国台湾地区学者的翻译，其中也包含了本人的斟酌取舍，不妥之处敬请指正。

〔2〕 ［日］美浓部达吉：《宪法撮要》，有斐阁1946年修订版，第498～499页。

然而，二次大战以后，西德、意大利、奥地利、法国等欧洲大陆国家却一变战前对司法审查的敌视态度，以不同形式建立起各自的违宪审查制度。这一方面是基于对战前议会至上主义的怀疑，同时也反映出战后立宪主义思潮对战前法律实证主义的深刻反省：如果因为立法权的优越导致了“恶法”的产生，那么司法权（违宪审查权）以宪法的名义对立法权与行政权的制约也就理所当然。日本顺应了战后这一世界宪政史上的重大变化，使宪法诉讼制度在战后日本得以确立并逐步得到完善。[3]

战后日本的宪法诉讼制度主要取法于美国，由以日本最高法院为代表的各级法院在具体案件审理过程中，对有可能违宪的法令和行为进行附随型审查。作为附随型的违宪审查制度，原则上不能直接对法令本身进行抽象审查，而必须在处理具体的宪法诉讼案件过程中，考虑事件（cases）及争讼性（controversies）、司法判断适合性（justiciability）、成熟性（ripeness）、过熟原则（mootness doctrine）以及当事人适格（standing）等要素，进行宪法判断。下面将在简述宪法判断的主体、对象与范围之后，对上述诸要素分别进行讨论。

二、宪法判断的主体、对象与范围

虽然《日本国宪法》第 81 条规定：“最高法院为有权决定一切法律、命令、规则、处分是否合宪的终审法院。”但这并不意味着作为终审法院的日本最高法院是惟一拥有违宪审查权的司法机关，在司法实践中可以得知，下级法院与最高法院一样也拥有违宪审查权。在处理具体的宪法诉讼案件过程中，法律、命令、规则以及处分构成违宪审查的对象。在这里，“法律”包括经国会通过的法律以及地方公共团体通过地方议会和委员会制定的条例及规则。“命令”指行政机关制定的法规。“规则”在此处特指众议院规则、参议院规则和法院规则。“处分”既包括行政处分，也包括立法机关、司法机关的具体的“法规定立”（如判决等）。[4] 此外还有对立法不作为的违宪审查。[5]

关于“条约”是否可以成为违宪审查的对象存在着争议。这实质上涉及国际法与国内法的关系问题。日本学界有所谓“国际法优位论”和“国内法优位论”的对立。有关国际法与国内法的关系，《日本国宪法》第 98 条第 2 项规定：“日本国缔结之条约及确立之国际法规，有必要诚实遵守。”该法第 73 条第 3 号规定：“（内阁）缔结条约，但事前或根据情况事后需经国会承认。”日本最高法院砂川事件大法庭判决（昭和 34 年 12 月 16 日，最高法院刑事判例集 13 卷 13 号第 3225 页）认为：“关系国家存立基础之高度政治性的条约，如若不能称其为极其明白的违宪无效，其合宪性的判断则在司法审查对象之外。”此一争论涉及《日美安全保障条约》是否违宪

---

〔3〕 对战前立宪主义的理论反思可参阅 C. H. McIlwain, *Constitutionalism*: *ANCIENT AND MODERN*, ChapterVI “Modern Constitutionalism and Its Problems”, Cornell University Press, Revised Edition, 1947. 在日本国宪法制定过程中，有关违宪立法审查权的讨论可参阅高柳贤三、大友一郎、田中英夫编著：《日本国宪法制定的过程Ⅱ解说——基于盟军总部方面的记录》，有斐阁 1972 年版，第 242 ~ 245 页。

〔4〕 ［日］小林直树：《宪法讲义》（下），东京大学出版会 1981 年版，第 353 ~ 354 页。

〔5〕 ［日］佐藤幸治：《宪法》，青林书院新社 1993 年版，第 246 页。

的问题，也触及所谓“统治行为”的性质，后面将作进一步的论述。

日本的违宪审查以“事件性”为前提，不能直接对一般的法令进行审查，原则上不能行使抽象审查权。但也有学者以《日本国宪法》第81条为由，认为单从字面上解释，并不排除抽象审查的可能性。关于违宪审查的范围，按照《日本国宪法》第55条以及第64条第1项的规定，议员资格争讼裁判及法官弹劾裁判被排除在外。另外，属于议院内部自律性的特殊问题、行政部门的自由裁量权范围内的情况以及国际法上的治外法权等，也在违宪审查范围之外。

三、事件及争讼性与司法判断适合性

《日本国宪法》第76条第1项规定：“一切司法权属于最高法院及依照法律规定设置的下级法院。”一般认为“具体的争讼”构成《日本国宪法》所谓的司法权的本质要素，而这一要素又被视为“事件性”的必要条件。有论者认为所谓事件及争讼性通常包括四个要素：①对抗性；②当事者在争论的法的权利上存在利害关系；③存在现实的适于司法判断的争讼；④法院最终能够作出具有约束力的判断。[6] 如警察预备队违宪诉讼判决（最高法院大法庭判决，1952年10月8日，最高法院民事判例集6卷9号第783页）认为：“司法权的发动有必要提起具体的争讼事件”，“在我国现行制度之下，只有在有关特定者具体法律关系存在纷争的情况下才能向法院请求判断，那种认为法院脱离这种具体事件，具有抽象判断法律命令等合宪性之权限的见解，在宪法上及法令上没有任何根据。”

成熟的法理作为司法判断适合性的一个侧面，可以简单概括为以下两点：①有必要依靠裁判决定；②是否足以认为问题已十分明确到能够贤明解决的地步，有关实质问题的事件是否充分成熟或是否具有确实发生的可能性。前者关系到对诉讼中当事人主张的权利发生侵害的确实性问题，后者关系到是否存在符合贤明解决的、适合的事实基础。[7] 如日本最高法院关于土地区划整理事业设计等无效确认诉讼（最高法院大法庭判决，1965年2月23日，最高法院民事判例集20卷2号第271页）认为，事业计划只具有蓝图性质，事业计划的决定或公告阶段的诉讼“在以抗告诉讼为中心的我国行政诉讼制度下，欠缺争讼的成熟性以及具体的事件性”。

所谓过熟原则是指当事人之间虽然存在适合司法判断的纷争，但由于诉讼提起后情况的变化失去了实质意义，从而不再成为裁判的对象。过熟原则的法理要求“现实的争讼不仅必须存在于诉讼提起之时，也必须存在于司法审查的全阶段”。在普通法上，过熟原则问题一般与“司法经济”（judicial economy）的考虑相关。因为纷争的解决是颇费时日的事情，法院不应该在“非纷争”（nondisputes）——没有司法救济余地的纷争——上浪费时间。[8]《日本国宪法》中的“司法权”既然以“事件性”为其本质要素，作为法律问题不管如何重要，如果只停留在“假设的”或

---

〔6〕［日］佐藤幸治：《宪法诉讼与司法权》，日本评论社1984年版，第5页。

〔7〕同注6引书，第14~16页。

〔8〕同注6引书，第27~29页。

"抽象的"阶段，就不能成为司法权的管辖对象。[9] 不过，这种过熟原则也不是绝对的，在特定情况下，即使案件本身已经丧失了法律上的利益，出于彻底解决争端的考虑，法院有时也会认为有必要作出裁判。如日本最高法院关于皇居外苑使用不许可处分取消请求事件（最高法院大法庭判决，1953 年 12 月 23 日，最高法院民事判例集 7 卷 13 号第 1561 页），虽然该诉讼已因预定使用期限已过，"丧失了请求判决的法律上的利益"，但最高法院还是作出了宪法判断。同样，在著名的朝日诉讼（最高法院大法庭判决，1967 年 5 月 24 日，最高法院民事判例集 21 卷 5 号第 1043 页）案件中，最高法院虽宣告"本案诉讼伴随上告人死亡同时终止"，也作出了宪法判断。

当事人资格是考虑司法判断适合性的首要因素。历史上明确论及"当事人资格"问题的文字通常认为始于 1924 年 Frankfurter 的《有关劝告意见的备忘录》。此文立足于消极国家观而强调司法权界限的论点颇具影响力，其后在美国判例上确立了作为判定当事人资格标准的所谓"法的权利"和"法的利益"说。虽然此后在判定当事人资格的标准上强调实质的法的利益、直接性、确定性等"事实上的损害"，但也有突破惯例的判决。20 世纪 70 年代以后，要求宽松对待当事人资格的趋向更加彻底，随着公益诉讼、市民诉讼、纳税者诉讼的出现和发展，虽说不免有矫枉过正的现象发生，但所谓"事实上的损害"所涵盖的范围变得更加广泛。[10] 在日本，对于相同的倾向虽然存在批判意见，但正如佐藤幸治教授所指出的那样，既然存在"主观诉讼"与"客观诉讼"的区别，谋求"客观诉讼"的立法扩充或许是适应现代政治社会状况、改善行政救济法制的一条途径。在"客观诉讼"的场合，宪法上的"当事人资格"问题基本上已不再适用，而归属于立法政策范围内的问题。日本最高法院在"既有公共浴场经营者请求取消对无视法定限制距离的第三者新设公共浴池的许可"（最高法院大法庭判决，1962 年 1 月 19 日，最高法院民事判例集 16 卷 1 号第 57 页）案件中，判决认为"理应依靠运用适当的许可制度而得到保护的经营者营业上的利益，不只是事实上的反射利益，应当理解为公共浴池法所保护的法的利益"，从而认定原告适格。[11]

另外，有关主张第三者宪法上权利的当事人资格（third-party standing）问题，日本最高法院在关于关税法上的第三者所有物没收案的大法庭判决（最高法院大法庭判决，1960 年 10 月 19 日，最高法院刑事判例集 14 卷 12 号第 1574 页）认为，"以他人所有权为对象"主张宪法上权利的请求不被允许。但两年后面对同类问题，最高法院大法庭却变更了判例（最高法院大法庭判决，1962 年 11 月 28 日，最高法院刑事判例集 16 卷 11 号第 1593 页），不仅承认原告适格，而且判决"依照《关税法》第 118 条第 1 项没收第三者所有物违反《宪法》第 29、31 条"。[12]

---

〔9〕 同注 6 引书，第 8 页。

〔10〕 同注 6 引书，第 121 ~ 128 页。

〔11〕 同注 6 引书，第 133 页。

〔12〕 有关主张第三者宪法上权利的当事人资格（third-party standing）问题的详细研究和讨论可参阅注 7 引书，第 138 ~ 156 页；［日］芦部信喜：《宪法诉讼的理论》，有斐阁 1973 年版，第 66 ~ 116 页。

四、违宪判断的方法与判决的效力

关于违宪判断的方法，在日本宪法学界有“法令违宪”和“适用违宪”的区分。法令违宪是指法令本身违宪，有“全部违宪”和“部分违宪”两种情况，采用“字面审查”（facial scrutiny）的方法进行宪法判断。适用违宪是以司法的自我抑制为根据，指虽然法令本身合宪，但适用于该案件的当事人则违宪，采用“适用审查”（as applied scrutiny）的方法进行宪法判断。[13]

芦部信喜教授虽然认为适用违宪的概念“未必明确”，但他还是将其划分为三种类型。[14] 第一种类型是指“法令的合宪限定解释不可能的情况，即当能够合宪适用部分与能够违宪适用部分处于不可分离的关系的时候，在包括违宪适用场合的宽泛解释之下将法令适用于该事件是违宪”。如猿拂事件第一审判决（旭川地方法院判决，1968 年 3 月 25 日，下级法院刑事判例集 10 卷 3 号第 293 页）即属此类型。该判决认为对《国家公务员法》第 110 条第 1 项第 19 号“不仅完全不存在限定解释的余地，秉承同法第 102 条第 1 项的人事院规则 14－7 既然明示这一规定适用于所有属于一般职位的职员，作为本法院不得不说，在将《国公法》第 110 条第 1 项第 19 号适用于本案被告人所为的限度内，同号违反《宪法》第 21 条及第 31 条，不能将此适用于被告人”。第二种类型是指“虽然法令的合宪限定解释可能，但法令的执行者未限定在合宪适用的场合而违宪地适用，此种适用行为是违宪”。全国邮递员工会标语牌事件第一审判决（东京地方法判决，1971 年 11 月 1 日，判例时报 646 号第 26 页）属于此类型。该判决认为“将此适用于与其基准不符的行为，在本来不能限制宪法上的政治自由的场合限制之，在法律的适用上构成违宪”。第三种类型是指“即使法令本身合宪，其执行者却将其以侵害宪法保障的权利、自由的形式适用的场合，其解释适用行为是违宪”。如第二次家永诉讼第一审判决（东京地方法院判决，1970 年 7 月 17 日，行政事件裁判例集 21 卷 7 号别册第 1 页）即属此类型。该判决认为基于学校教育法第 21 条的教科书检定制度，其法律性质虽属事前许可，但审查只要不涉及思想内容则不属于“检查”。但从该案检定处分的运用来看，“应该说是事前审查教科书执笔者的思想（学术见解）内容，所以相当于宪法第 21 条第 2 项所禁止的检查。”

在违宪判决的效力上，与英美为代表的判例法国家不同，在战后日本宪法学界有所谓“一般效力说”、“个别效力说”与“法律委任说”等观点。所谓一般效力说是指由最高法院判定违宪的法律条款一般归于无效，等于废止；所谓个别效力说是指该法律只限于产生违宪问题的该事件无效而被拒绝适用，并不涉及该法律条款自身的存废及其效力；与一般效力说与个别效力说不同，还有一种观点认为，采取何种结论有赖于法律上的规定，这被称为法律委任说。[15] 虽然日本最高法院通过行使

---

〔13〕 有关“法令违宪”与“适用违宪”的论述参见［日］青柳幸一：“法令违宪与适用违宪”，载［日］芦部信喜编：《讲座宪法诉讼》（第 3 卷），有斐阁 1987 年版。以下有关“适用违宪”所举案例也转引自该文。

〔14〕［日］芦部信喜编：《讲座宪法诉讼》（第 3 卷），有斐阁 1987 年版，第 23 页。

〔15〕 同注 7 引书，第 203 页。

其强有力的司法行政权在某种程度上可以左右法院的人事，从而人为地提高其判决的权威性，但这与判例法国家司法上的“先例约束原则”是有很大区别的。此外，在战后日本的司法实践中，还存在基于《行政事件诉讼法》第31条法理的所谓“事情判决”或“将来效力判决”的情况，即出于公共利益等特别考虑，法院在判决书结论部分宣告该案件违宪的同时驳回原告请求。如关于众议院议员定数分配不均衡问题的大法庭判决（最高法院大法庭判决，昭和51年4月14日，最高法院民事判例集30卷3号第223页），虽然在判词中宣布依照议员定数分配规定进行的选举违法，但却驳回了选举无效的请求。[16]

五、宪法判断的法理、原则与标准

宪法判断的法理涉及宪法判断的回避、合宪性推定原则、立法事实论等问题。有关宪法判断回避的典型案例，很多日本宪法学著作大多列举惠庭事件判决（札幌地方法院判决，1967年3月29日，下级法院刑事判例集9卷3号第359页）。位于北海道千岁郡惠庭町岛松演习场附近的牧民，以受爆破声音影响使乳牛流产、乳量减少为由，请求自卫队予以补偿。因无补偿规定未能如愿，但自卫队答应当于牧场境界线附近射击时事先通知对方，双方达成君子协定。1962年12月11日，在事前没有任何联络的情况下，两门加农炮开始射击。本案被告野崎兄弟到现场抗议，但射击不停，于是便切断了几处用于联络的电话线。野崎兄弟因此以违反《自卫队法》第121条被起诉。被告方强调上述第121条乃至《自卫队法》全部以及依同法被承认的自卫队本身均违反《宪法》第9条及和平主义理念，主张上述第121条违宪无效，被告人无罪。法院将此案作为宪法案件审理，但是判决没有触及《宪法》第9条的解释问题，仅以对《自卫队法》第121条的解释，宣告被告人不符合构成要件，因而无罪。该案判决主旨如下：①判决首先强调罪刑法定主义原则，强调刑罚法规必须使用明确的表达来规定。《自卫队法》第121条“其他供防卫用的物品”这一表述是抽象的、多义的，认为在解释过程中“严格解释的要求非常突出，类推解释所容许的限度有更多严格的制约原理支配”。②照上述原则对第121条进行解释，“其他供防卫用的物品”应当指在“武器、弹药、航空器”这些“列举物品之中，法定的、近乎与此能够同列评价程度的、紧密而且被认为有高度类似性的物品”。③对照以上特性，关于通信线与列举的物品有无类似性，“有理由保有实质性的疑问”，故而不应当将通信线解释为“其他供防卫用的物品”。④关于宪法判断回避的问题，该案判决认为在具体争讼中行使违宪审查权有一定的限度。只有当该事件裁判结论的判断直接且绝对必要时，才应该对立法及其他国家行为是否合宪进行审查。既然已经得出上述结论，“关于辩护人等指出的宪法问题，不仅已没有必要进行，而且也不应该进行任何的判断。”围绕着自卫队的合宪、违宪问题，该案检方与辩方进行了三年多激烈的争论，但是判决结果却出人意料。法院之所以作出回避宪法判断的法律解释，

---

〔16〕 有关宪法判例上日本的特色及其与美国的区别，可参阅注7引书，第262～294页；［日］佐藤幸治：《现代国家与司法权》，有斐阁1988年版，第378～391页。［日］高桥一修：“先例拘束性与宪法判例的变更”，载［日］芦部信喜编：《讲座宪法诉讼》（第3卷），有斐阁1987年版。

无外乎自卫队问题具有高度的“政治性”。法院把“事件性”作为行使违宪审查权的前提条件，认为审查整个自卫队法是否违宪是对抽象行为的审查，有悖于附随型违宪审查的基本原则。同时又以通信线不属于“供防卫用的物品”为由，偷梁换柱，大事化小，小事化无。

通过法律解释回避宪法判断，本来是司法部门高度裁量行为，但是鉴于事件的重大性、违宪状态的程度、影响的范围、侵犯权利的性质、判决后可能产生的实际效果，综合考虑之后若认为有充分的理由，就应该毅然决然地进行宪法判断。相反，为了回避对重大的“政治”问题进行宪法判断，不惜绞尽脑汁逃避现实，则已不再是“法律解释”，而近似于“篡改法律”了。在这一点上，同法院对长沼事件的判决（札幌地方法院判决，1973 年 9 月 7 日第一部判决）提供了另一条思路：虽然有充分理由回避宪法判断，但考虑到违宪行为的重大性、包括当事人在内的国民权利受到侵害的危险性，以及使纷争根本解决的必要性，法院便具有履行宪法判断的义务。

合宪性推定原则以权力分立原则为基础，是广义的“司法的自我限制”的重要内容之一。该原则认为司法部门应该充分尊重立法部门的判断，只要立法部门不存在“明显的”错误，司法部门就不应该轻率地判定法律违宪。不过，将这一原则应用于限制精神自由权等人权领域的立法则是不适当的。〔17〕合宪性推定原则通常与立法事实的司法审查相关。所谓“立法实事”（legislative facts）是指佐证立法合理性的社会、经济、文化方面的事实。对法律法规进行宪法判断不仅要考虑立法目的合理性的事实基础，也要考虑实现这一目的所采用手段合理性的事实基础，因而必须全面衡量作为立法前提的诸种根据和立法结果的利弊得失。这些包括：①立法目的的性质、重要性以及实现的可能性；②采用的规制手段对宪法上保护的权利、自由的制约程度以及实现的可能性；③为实现同样目的是否存在对公民的权利更少限制的其他可代替方法等诸种要素。〔18〕

违宪判断的原则与标准通常包括明确性原则（void for vagueness）、合理性标准（rationality test）、严格审查标准（strict scrutiny test）、严格合理性标准（strict rationality test）、双重基准论（double standard）、LRA 法理（ less restrictive alternative doctrine）、明显且现存危险标准（clear and present danger test）等。

明确性原则主要适用于对限制人权的法律法规进行字面上审查的情况，要求限制规定本身必须明确。其目的在于防止因规定不明确而导致在法律执行过程中被误用。从这一原则推导出过度宽泛性法理（overbreadth doctrine）或不明确而无效法理（vagueness doctrine），并与严格审查标准相对应。这一原则大多适用于有关言论自由等领域。当被审查的法律法规字面上过于宽泛含混，若以此为依据限制言论自由则会殃及立法目的以外的行为，从而使人惧怕该限制，对本来合法的行为也不免心存恐惧，从而产生畏葸效果（chilling effect）。凡是具有这种足以使人产生畏葸效果的

〔17〕［日］芦部信喜：《宪法诉讼的理论》，有斐阁 1973 年版，第 131～148 页。

〔18〕有关立法事实的论述请参见［日］江桥崇：“立法事实论”，载［日］芦部信喜编：《讲座宪法诉讼》（第 2 卷），有斐阁 1987 年版。

法律法规，适用严格审查标准，在字面上是违宪无效的（void on its face）。[19] 日本最高法院有关德岛市公安条例事件的大法庭判决（最高法院大法庭，1975年9月10日，最高法院刑事判例集29卷8号第489页）是有关此原则的代表性判例。虽然该判决没有宣告德岛市公安条例中的有关规定违宪，但却在某种程度上确立了“当刑罚法规模糊不明确时，可以以《宪法》第31条为根据判决该法规无效的方法”。[20]

合理性标准、严格审查标准、严格合理性标准是相对于法律法规的立法目的而进行的程度不同的合宪或违宪审查标准。合理性标准一般适用于限制经济自由权的立法，在此领域，适用合宪性推定原则，强调尊重立法部门的判断，合宪性的判断居多。严格审查标准是指宪法判断主体对立法目的及其达成目的的手段进行严格审查的标准。这包括对立法目的的正当性以及实现目的的手段的必要性（necessary）的审查，实施规制一方需要承担重要的举证责任。严格审查标准主要适用于对表达自由、投票权、信教自由、迁徙自由、有关刑事程序的权利、隐私权、平等保护等的规制领域。介于前两者之间，严格合理性标准主要适用于经济自由和劳动基本权的规制领域。[21]

双重基准论（double standard）是指在自由权领域，因为精神自由和经济自由两者所要求的人权保障程度不同，对有关限制前者的立法应该排除适用于后者的合宪性推定原则而适用严格审查标准：即有关精神自由方面的规制以严格标准审查其合宪性；而有关经济自由的规制，尊重立法部门的裁量，以宽松的标准审查其合宪性。[22] 不过，从战后日本的一些著名案例看，有关精神自由的严格审查标准并未确立，这也是有关双重基准论的最重要的遗留问题之一。[23] LRA法理是指在对法律法规进行宪法判断时，即使立法目的具有正当性，在规制方法以及对违反规制的制裁方面，如果存在达成立法目的的其他更加非限制性的可以选择的手段，则该法律法规违宪。[24] 明显且现存危险标准是指对言论自由的限制必须是在该言论具有明显而且现存危险的场合，否则限制该种言论自由的法律法令就是违宪的。[25] 罗尔斯在其

---

〔19〕 有关明确性原则的论述请参见［日］藤井俊夫：“过度宽泛性理论及明确性理论”，载［日］芦部信喜编：《讲座宪法诉讼》（第2卷），有斐阁1987年版。藤井俊夫从罪行法定主义、合宪限定解释以及立法事实论等角度对“违反大麻取缔法”一案（最高法院1982年9月17日决定，最高法院刑事判例集36卷8号764页）的分析参见［日］藤井俊夫的《宪法诉讼与违宪审查基准》中的“明确性理论与合宪解释若干问题（判例研究）”，成文堂1985年版。

〔20〕 同注6引书，第177～178页注释3。

〔21〕 有关合理性等标准的论述请参见［日］横田耕一：“合理性标准”，载［日］芦部信喜编：《讲座宪法诉讼》（第2卷），有斐阁1987年版。

〔22〕 有关双重基准论的论述可参见［日］江桥崇：“双重基准论”，载［日］芦部信喜编：《讲座宪法诉讼》（第2卷），有斐阁1987年版；［日］芦部信喜：《宪法判例解读》，岩波书店1987年版，第97～122页。

〔23〕 ［日］芦部信喜：《宪法诉讼的现代发展》，有斐阁1981年版，第112页；［日］芦部信喜：《宪法判例解读》，岩波书店1987年版，第122页。

〔24〕 有关LRA标准的论述请参见［日］右崎正博：“‘更加非限制性的其他可选择手段’的标准”，载［日］芦部信喜编：《讲座宪法诉讼》（第2卷），有斐阁1987年版。

〔25〕 有关“明显且现存危险的标准”的论述请参见［日］浦部法穗：“明显且现存的危险”，载［日］芦部信喜编：《讲座宪法诉讼》（第2卷），有斐阁1987年版。

《政治自由主义》一书中曾对这一标准提出异议。[26]

六、"统治行为"、"部分社会"的理论与司法消极主义

在战后日本宪法学界和司法界的共同努力下，日本的宪法诉讼制度从无到有，违宪审查的技术也逐步从粗疏到缜密。无论是宪法诉讼的理论还是具体的司法实践，都取得了长足的进步。对于既缺乏宪法诉讼的理论也缺乏违宪审查的司法实践，长期处于进退维谷之中的我国宪法学界和司法界来说，战后日本在司法审查领域的经验是我们应当虚心学习的。不过，战后日本宪法诉讼实践过程中也暴露出一些不容忽视的问题，这也是我们应该正视的。"统治行为"和"部分社会"的理论便是其中具有代表性的问题。

"统治行为"理论作为回避宪法判断的原则，在战后日本的宪法诉讼实践过程中得到普遍应用。按照日本宪法学界具有代表性的定义，"统治行为"是指国家机关行为之中具有高度政治性的行为，对此即使可能进行法律判断，因其具有高度政治性而被排除在法院司法审查之外。[27] 日文中的"统治行为"这一词汇虽然源于法国行政裁判机关判例中的区分（即"acte de gouvernement"与"acte d' administration"的区别），但与其类似的却是美国司法判断适合性这一法理中的"政治问题"（political question）的法理。学说上有将"统治行为"与"政治问题"互换使用的倾向，但具体哪些"行为"或"问题"属于"统治行为"却没有定论。最广义的"统治行为"包括：①有关国会及内阁（"政治部门"）之组织、运营的基本事项（两议院议员的惩罚、议院的议事程序等）。②有关"政治部门"相互关系的事项（参议院的解散等）。③"政治部门"政治性、裁量性判断的事项（国务大臣的任免或对国务大臣提起公诉的内阁总理大臣的同意等）。④有关国家整体命运的重要事项（关于外交或国防的事项）。有的认为不包括③，有的认为不包括①和③，还有的认为"统治行为"主要与④相关。[28] 砂川事件判决（最高法院大法庭，1959 年 12 月 16 日，最高法院刑事判例集 13 卷 13 号第 3225 页）在围绕日美安全保障条约是否违宪的判决中认为："本案安全保障条约……应该说是与作为主权国家的我国存立基础具有极为重大关系的高度政治性的东西，其内容是否违宪的法律判断，很多地方是与缔结或承认本条约的内阁或国会的高度政治性或自由裁量性的判断相表里的。所以，上述违宪与否的法律判断，与以纯司法机能为使命的司法裁判所的审查，原则上是不相融合性质的，因此应当这样理解，只要不被认为一看就极其明白地违宪无效，就属于裁判所司法审查权范围以外的东西，那就首先应该遵从有上述条约缔结权的内阁以及对此有承认权的国会的判断，最终应该依靠拥有主权的国民的政治评判。"

芦部信喜教授和佐藤幸治教授都认为"统治行为"概念本身是不明确的，其理论本身包含诸多可疑之处。[29] 芦部教授认为司法部门以所谓"高度的政治性"为由

---

〔26〕［美］约翰·罗尔斯：《政治自由主义》，万俊人译，译林出版社 2000 年版，第 369～378 页。

〔27〕同注 6 引书，第 61 页。

〔28〕同注 6 引书，第 61～63 页。

〔29〕［日］芦部信喜：《宪法诉讼的现代发展》，有斐阁 1981 年版，第 132～138 页；［日］佐藤幸治：《宪法诉讼与司法权》，日本评论社 1984 年版，第 63～70 页。

放弃司法审查权，这与日本国宪法标榜的法治主义是不一致的。他对统治行为论提出四点批判意见：①即使能够承认“统治行为”的存在，也不能将特定不同类型的国家行为笼统地当做“统治行为”。②“高度的政治性”之要件不能单独使统治行为理论的运用正当化。③权力分立原理虽然通常是构成司法判断不适合性基础的重要论据，但绝不能将其视为司法权与政治互相隔绝的理由。④在以重要的人权侵害为争点的事件中，即使是司法判断不适合的理由极为充分的行为（如外交问题），原则上也应该排除适用统治行为理论。[30]

“统治行为”概念本身的含混性使其理论的具体运用有很大的随意性，有时难免成为司法部门逃避现实、推卸责任的借口。持“统治行为肯定说”的观点以权力分立原则为理由，认为司法部门应该在法律上承认行政部门或立法部门的自由裁量权，对行政部门或立法部门决定的问题，法院应该“自制”；但持“统治行为否定说”的观点则认为，法院过度的“自制”及故意回避政治问题，实际上是逃避责任的做法，会破坏以人权保护为目的的宪政体制，酿成司法消极主义的恶果。从一些案例可以看出，与日本最高法院相比，下级法院（包括地方法院和高等法院）在违宪审查过程中表现出相对积极的态度，由这些下级法院宣布违宪的案件，往往被最高法院否决。

与统治行为理论相提并论的还有所谓部分社会的理论。关于“部分社会”理论的具体含义，在大津地方法院1960年5月24日判决（下级法院民事判例集11卷5号第1145页）中有清楚的表述，该判决把国内多种多样的团体和社会视为“依靠自律的法秩序保持自己的存在，为了自己的目的而活动”的“部分社会”，认为“部分社会虽然也服从国家主权，被国家的法秩序所统合，但国法既不是连部分社会内部的细微部分都全面限制的，也不是对部分社会的所有行动都关心和干涉的。国家对部分社会法律规制的程度完全依靠立法政策，部分社会只要不违背国法，不违反公序良俗、公共福祉，就能够依照自治的法约束自身而行动。并且，自治的法规范的实现和所有的纷争并不是必须经常依靠法院使用公权力来解决，只要按照国法不特别属于法院的权限，就必须考虑任其社会内部自治处理”。该判决立足于“法秩序的多元论”，认为“国家社会中也存在各种社会，例如公益法人、公司、学校、社交团体、体育团体等，拥有各自的法秩序”。在米内山事件判决（1953年1月16日，最高法院民事判例集7卷1号第12页）中，田中（耕）法官曾认为使这些“特殊的法秩序”与“国家法秩序即一般法秩序”的“关联成为何种程度的东西，是国家从公共福祉的立场应该决定的立法政策上的问题”。但这种意见受到真野法官的批判：“法秩序即使是多元性的，但只要是一国之内的法秩序，在宪法没有特别规定的情况下，法律上的争讼都应该最后服从法院的裁定。如果其所属团体的处理方法即使违法（不单是妥当的问题），团体成员也因为团体的特殊法秩序的缘故，不能最终向法院提起诉讼寻求救济，只能咬紧牙关忍气吞声的话，一国之内将会随处产生局部的支离破碎的破绽，必定招来国民的不平与不满。”

“部分社会”的理论关系到法、社会或权力的本质问题，是一个主权国家和多元社会所固有的难题，如何处理好“全体社会”与“部分社会”的关系，在尊重“部

---

〔30〕［日］芦部信喜：《宪法诉讼的现代发展》，有斐阁1981年版，第137页。

分社会”自治能力的前提下，又能防止因其权力过度膨胀而威胁到“部分社会”内部和外部的人权，是司法权必须慎重对待的问题。司法机关绝不应该以“部分社会”的理论搪塞，回避本应履行的职责。[31]

战后日本宪法诉讼实践中存在的“统治行为”和“部分社会”的理论，在某种程度上体现出司法部门在违宪审查上的司法消极主义倾向。[32] 司法消极主义通常是指司法部门对议会或内阁等政治部门的决定保持最大限度的“尊重”，本来不应该笼统地加以否定，而必须具体问题具体分析。因此，在具体的司法过程中，如何贤明地灵活运用司法消极主义与积极主义才是问题的关键所在。而日本的判例恰恰在这一点上还欠成熟。不仅在精神自由领域未能确定严格的审查标准和宪法判断的方法，在平等原则以及劳动基本权、生存权的适用等方面也存在诸多问题，未能充分发挥违宪审查的机能。[33] 这种倾向既有制度上的原因，也有日本法文化的背景。因为日本采取的是事后审查的附随型违宪审查制度，不仅没有专门类似宪法法院那样的司法机关处理宪法诉讼案件，各级法院内部也没有设置专门的机构应对宪法诉讼问题。在普通案件积压过多的情况下，不可能有更多的时间和精力用于处理宪法诉讼案件。另外，《日本国宪法》第 6 条第 2 项规定：“天皇根据内阁的提名任命担任最高法院院长的法官。”同法第 79 条第 1 项也规定：“最高法院由任该法院院长的法官以及法定名额的其他法官构成，任该院院长的法官以外的法官由内阁任命。”在司法制度上，日本法官像行政官员一样被任命、升迁，而不是像美国那样的“法曹一元”制度，律师和法官的角色可以互换。[34] 此外，日本法文化所表现出来的息事宁人的态度，恐怕也是造成其司法消极主义的一个原因。这些都构成今后日本司法改革乃至宪法改革的重要问题。[35]

---

〔31〕 对“部分社会”理论的分析参见注 7 引书中的“司法权的界限”，第 91～101 页；［日］佐藤幸治：《现代国家与司法权》中的“‘部分社会’与司法权”，有斐阁 1988 年版，第 147～206 页。

〔32〕 关于司法积极主义与司法消极主义问题的论述可参阅［日］芦部信喜:《宪法诉讼的理论》中的“司法的消极性与积极性”，有斐阁 1973 年版，第 349～370 页；［日］新井章：“司法的积极主义与消极主义”，载［日］芦部信喜编:《讲座宪法诉讼》（第 3 卷），有斐阁 1987 年版，第 187～226 页。

〔33〕 ［日］芦部信喜:《宪法判例解读》，岩波书店 1987 年版，第 259～260 页。

〔34〕 ［日］芦部信喜:《宪法判例解读》，岩波书店 1987 年版，第 258 页。对日本最高法院违宪审查功能及其人事任命等方面的分析可参见［日］和田英夫:《宪法与最高裁判所》，学阳书房 1975 年版。

〔35〕 针对日本最高法院在违宪审查过程中表现出的司法消极主义倾向，日本宪法学界及在野党有各种制度上的构想。除了在最高法院内部设立专门的违宪审查机构这一对策，还有创设宪法法院的设想。如［日］民主党宪法调查会 2005 年 10 月 31 日《宪法提言》、［日］民间宪法临调 2005 年 10 月 28 日《创宪会议新宪法草案》等都明确提出创设宪法法院的设想。参见［日］中岛茂树：“宪法裁判所”，载［日］全国宪法研究会编：《法律时报增刊·宪法改正问题》，日本评论社 2005 年 5 月；［日］全国宪法研究会编:《法律时报增刊·续·宪法改正问题》，日本评论社 2006 年 7 月，第 110、123 页。但也有学者对上述设想持审慎态度，认为应该从改善目前的职业法官制度上着手，使其更趋“市民化”。对日本违宪审查制度未来趋势的总体把握，可参见［日］佐藤幸治：“我国的违宪审查制的特征与课题”，载《日本国宪法与“法的支配”》，有斐阁 2002 年版，第 245～279 页。

死刑案件的程序控制若干问题

——刑事司法国际准则角度

杨宇冠*

死刑是人类历史上一个古老的刑种，从20世纪下半叶以后，一些国家废除了死刑，一些国际公约也鼓励或者直接禁止死刑。目前世界上各国可以根据自己国家的情况决定保留或废除死刑。[1] 世界范围内废除死刑可能需要相当长的一段时间，但总的趋势是逐步减少直到废除死刑。控制死刑可以通过减少死刑的罪名和通过更严格的刑事诉讼程序增加对死刑案件的检查和把关。死刑案件的程序控制既可以控制死刑的数量，又可以提高死刑案件的审理质量，从而具有特别重要的意义。

1984年联合国《关于保护面对死刑的人的权利的保障措施》[2] 规定了适用死刑的限制和面临死刑的人所特有的权利。该文件第4～9条规定了有关死刑案件的程序要求："4. 只有在对被告的罪行根据明确和令人信服的证据而对事实没有其他解释余地的情况下，才能判处死刑。5. 只有在经过法律程序提供确保审判公正的各种可能的保障，至少相当于《公民权利和政治权利国际公约》第14条所载的各项措施，包括任何被怀疑或被控告犯了可以判死刑罪的人有权在诉讼过程的每一阶段取得适当法律协助后，才可根据主管法庭的终审执行死刑。6. 任何被判处死刑的人有权向较高级的法院上诉，并应采取步骤确保必须提出这种上诉。7. 任何被判处死刑的人有权寻求赦免或减刑，所有死刑案件均可给予赦免或减刑。8. 在任何上诉或采取其他申诉程序或与赦免或减刑有关的其他程序期间，不得执行死刑。9. 判处死刑的执行应尽量以引起最少痛苦的方式为之。"

以上规定体现了死刑案件程序控制的思想，值得注意。限于篇幅，本文只对其中一些问题进行初步研究。

一、死刑案件证明标准

死刑案件的证明标准是刑事案件定罪标准的一个部分，在刑事诉讼中采取更为严格的证明标准可以提高案件的质量。在死刑案件中，增加证明的难度不仅可以减

---

* 中国政法大学教授，博士生导师。

[1] 截至2005年12月31日，世界上保留死刑的国家有65个；彻底废除死刑的国家有85个；仅对普通罪行废除死刑的国家有12个；事实上废除死刑的国家有34个。资料来源见：联合国人权委员会第六十二届会议临时议程项目17（a）《增进和保护人权：国际人权两公约的现况死刑问题秘书长的报告》，E/CN. 4 /2006 /83。

[2] 《关于保护面对死刑的人的权利的保障措施》共有9条，前3条规定了死刑案件的实体法要求。该文件中文版见联合国大会第2200A（XXI）号决议附件。

少死刑案件的错案，而且可以起到控制死刑的作用。

联合国《关于保护面对死刑的人的权利的保障措施》规定的死刑案件的证明标准是："只有在对被告的罪行根据明确和令人信服的证据而对事实没有其他解释余地的情况下，才能判处死刑。"这一规定结合了大陆法系和英美法系的定罪证明标准，但比这两大法系的证明有罪标准更为具体化，体现在它要求死刑案件的证明必须达到"对事实没有其他解释的余地"（leaving no room for an alternative explanation of the facts）。大陆法系国家对于刑事案件证明有罪的标准是内心确信，笔者没有发现对死刑案件有更高的证明标准。因为现在大陆法系的许多国家，特别是欧洲国家已经废除了死刑，对这些国家而言，没有必要另行制定死刑案件的证明标准。英美法系国家定罪的证明标准是"排除合理怀疑"，而"对事实没有其他解释的余地"从字面上看应当是比排除合理怀疑更高。

美国是有死刑的国家，美国刑事案件中比"排除合理怀疑"更高的证明标准是"绝对确定"。但是，美国刑事诉讼中对任何案件，包括死刑案件，都没有作这样的要求，原因是美国法学界认为"绝对确定"是不可能达到的标准。"排除合理怀疑"不等于没有怀疑，而是可以有各种怀疑。但是，是否存在合理的怀疑，必须是在听取了控方的全部证据之后，由事实审理者根据审理中接受的证据，而不能根据任何其他来源来对案件事实进行确定。合理的怀疑必须存在怀疑的理由。合理怀疑不是纯粹想象，而是要有事实根据，是一个理智正常并且审慎的人，在比较重大和比较重要的日常活动中，对事实的判断表现出的怀疑。美国的重大刑事案件是采用陪审团审理的，通常由陪审团决定被告人是否有罪，而由法官量刑。但是对于死刑案件，不仅要求陪审团一致判决被告人有罪，而且也由陪审团一致决定是否适用死刑。〔3〕也就是说，对于死刑案件，陪审团要经过两次裁决。虽然美国的死刑案件没有制定更高的证明标准，但经过两次判断，也就是说两次审查是否存在怀疑，实际是提高了死刑案件的证明标准。这也正印证了以程序控制死刑案件是可行的。

世界各国刑事诉讼中都有证明有罪的标准，不宜要求为死刑案件专门制定一个比其他刑事案件更为高的证明标准，这样做一方面从认识论上有困难，因为人的认识能力总是有一定限度的，绝对确信确实很难达到；另一方面，如果死刑案件证明标准比其他案件证明标准高，则可以认为对其他刑事案件的定罪存在"不负责任"的意味，因为如果存在可以达到的证明标准而不要求其他案件达到，反而降低了其他案件的有罪证明标准。

这么说并非指责联合国文件中的关于死刑证明标准不合理，它是合理的，因为联合国文件必须考虑到各个国家的接受程度，不能以一个国家或某些国家的法律术语要求其他国家遵照执行。所以，联合国文件中没有用"内心确信"或"排除合理怀疑"，而是以文字的方式作了解释。笔者认为，联合国所要求的死刑案件的证明标

---

〔3〕 2002年6月，在Ring诉亚利桑那州案中，美国最高法院认为，在5个州，由法官决定而不是由陪审团决定适用死刑违反了由陪审团审判的宪法权利，于是推翻已经对大约800名犯人作出的死刑判决，直至进行新的审判。然而，2004年6月，在Schriro *v.* Summerlin案中，法院裁定，由于其早先的裁定是在诉讼程序中的某一阶段作出，因此不会被追溯适用于那些已经被判处死刑的人。Ring诉亚利桑那州案，122 S. Ct. 2428（2002）；Schriro *v.* Summerlin案，341 F. 3d 1082。

准是所有司法活动中最高的证明标准，它可以用各国定罪的术语去诠释，也是各国定罪的最高证明标准。如果一个国家的立法和司法界认为其实行的定罪标准已经无可再高，就没有必要修改本国的定罪证明标准，而可以通过增加程序和难度的方式达到更为准确的目的；如果一个国家的定罪标准，包括死刑案件，本身还有改进的余地，则应当根据联合国文件的要求进行改进。

在不实行陪审团判决死刑的国家，也可以通过增加审查程序的办法，使死刑案件的证明经过更多的程序和人员来判断是否达到判处死刑的标准。这种以程序控制死刑的方式从证明次数和难度上实际提高了死刑案件的证明标准，对提高死刑案件审理质量和减少死刑将会起到积极作用。

二、死刑案件的公开审判

公开审判既是刑事司法中一项独立的原则，也是公正审理的一项要求和保障。《公民权利和政治权利国际公约》第 14 条规定了公开审判一系列标准。公开审判包括公开审理和公开判决。在没有法律规定的例外情况下，死刑案件的审理或判决信息保密是不符合公开审理原则的。死刑案件贯彻公开审判的原则，不仅可以从程序上保障死刑犯的权利，还可以体现死刑案件的透明度，以便全社会参与了解、监督和控制死刑。

有些国家从死刑的审判到实施，整个过程都是秘密的，或者更常见的是一部分信息被隐瞒，其余的被公之于众。有人认为死刑对犯罪有震慑的效果，是否真正有这种效果并未得到证明。[4] 抛开死刑是否有震慑力的争论不谈，如果死刑案件不公开审判，就不能增强这种震慑效果，这也正是拥护死刑的人所不愿见到的。因为保密将破坏任何一桩死刑案所带来的震慑作用。在对死刑惩罚的合理性上，保密同样是矛盾的。大众和受害者家属一样，都会感到一种来自判决的惩治感，而这种惩治感却是秘密判决不能给予的。得知罪犯被处死后而产生的惩罚效力会在对死刑及其判决保密后骤减。可见死刑案件秘密判决和信息保密对控制犯罪并无好处。

透明度是实施公正的基础。国际人权和刑事司法准则要求公开审判并非偶然。因为公开是公正的最好保障。就死刑案件而言，世界上一些国家具有施行如枪决、注射毒剂或其他致死方式来剥夺一个人生命的特殊权力，而这种权力有被滥用的危险。公开死刑案件的审判过程可以降低这种危险性，增加安全使用权力的概率。从通常理解的角度来看，合法诉讼程序是为保护被告服务的，但同时，国家的司法机构也通过合法诉讼程序确保了判决公平、公正。

联合国经济和社会理事会在它的 1989/64 号决议中，为确保有关保障临刑者应有权利的条款的顺利实施，促请会员国“如有可能，每年公布许可处以死刑的种类罪行采用死刑的情况，包括被判死刑的人数、实际处决人数、被判处死刑尚未执行人数、经上诉后撤销死刑或减刑的人数以及给予宽大处理人数，并包括其国内法在何

---

〔4〕 中国古代哲学家老子说：“民不畏死，奈何以死惧之？若使民常畏死，而为奇者，吾得执而杀之，孰取？常有司杀者杀。夫代司杀者杀，是代大匠斫。夫代大匠斫者，希有不伤其手者矣。”见《老子》第七十四章。这里老子对死刑的震慑力提出怀疑，并明确提出了废除死刑的观点。

种程度上载入了上文[5]提到的保障措施的情况。”

刑事案件公开审判是为了让每个政府部门、每个公众都至少能有机会判断处罚是否公正、无歧视。司法裁决必须透明，判决“公开”意味着它们能被公众查阅。对合法诉讼程序含混不清无异于隐瞒。不仅是判决书，所有有关死刑的全面、准确的报告都应被公布，并且至少每年准备一份经整理的版本。

大众对于全面可靠的有关死刑的信息的关注是合法的，国家的各个有关部门包括行政、司法和立法机关每个层面上，从中央到地方，都可以关注死刑问题，防止判处死刑方面不公正和歧视。如果没有对死刑的统计信息，人们不可能对死刑案件是否公正作出评判。不仅在一个国家内部的人民和有关机构有权关注该国的死刑问题，在国际层面，各国加入的国际公约如果涉及生命权或死刑的，该公约机构以及公约其他成员国都可以关注公约的执行情况。即使对于那些没有明确提出死刑的国际文件，也可能为国际社会对死刑的问题的关注提供法律依据。例如，《世界人权宣言》指出：“鉴于各联合国国家的人民已以联合国宪章中重申他们对基本人权、人格尊严和价值以及男女平等权利的信念，并决心促成较大自由中的社会进步和生活水平的改善，鉴于各会员国业已誓愿同联合国合作以促进对人权和基本自由的普遍尊重和遵行，……。”死刑问题涉及基本人权，联合国有关部门可以要求成员国报告使用死刑的情况，包括判处死刑数量以及执行死刑的总数。

对于隐瞒死刑信息最通常的解释是该类信息属“国家机密”，一旦被公开会使国家陷入危险。这种做法不符合国际人权和刑事司法准则。《公民权利和政治权利国际公约》关于对公开审判的限制只是“由于民主社会中的道德的、公共秩序的或国家安全的理由，或当诉讼当事人的私生活的利益有此需要时，或在特殊情况下法庭认为公开审判会损害司法利益因而严格需要的限度下，可不使记者和公众出席全部或部分审判；但对刑事案件或法律诉讼的任何判决应公开宣布，除非少年的利益另有要求或者诉讼系有关儿童监护权的婚姻争端。”如上所述，即使死刑案件因为涉及该条款所列情况而需要保密，也只在审理时保密，对判决不得保密，因此在判决死刑案件时不得对此条规则作出任何减损。有关死刑案件的基本信息绝不该被视为对公共秩序或国家安全的一种威胁，除非死刑案件的情况确实不符合人权法，公开后会引起社会的强烈反应。但是，这不能成为死刑案件不公开的理由，恰恰相反而应当成为改革死刑的理由。

三、死刑执行控制

一个人被判处死刑之后，并非他的所有的权利都被剥夺了，而只是生命权可能被剥夺。在执行之前，死刑犯的生命权并没有被实际上剥夺，一方面他可以上诉或要求赦免或改判，另一方面，非经法律程序执行，任何机构和个人不能非法剥夺死刑犯的生命。因此，其合法权利仍应当保障。联合国经社理事会 1989 年 5 月《保护死刑犯权利的保障措施的执法情况》第 1 条建议会员国：“给予被判处死刑的人特别保护，使其有时间准备辩护并为其提供便利，包括在诉讼的每一阶段有律师充分协

---

〔5〕 上文指经社理事会 1989 /64 号决议第 1 条至第 4 条所载的保护死刑犯的保障。

助，要超过非死刑案件的情况下所给予的保护；对所有死刑案件规定强制上诉或复审，并有宽大或赦免的规定；规定可判处死刑或予以处决的最高年龄；撤销对智力迟钝或智力极其有限的人的死刑，无论是在宣判或执行阶段。”关于死刑犯的权利，国际人权法、刑事司法准则都有很多规定，至少不应低于《公民权利和政治权利国际公约》中各项刑事司法权利，特别是第14条所载的公正审判的权利。有些权利只对死刑犯适用，或对其特别重要，还需要讨论，例如：

（一）知情权

对于是否应当通知死刑犯本人和家属具体的执行时间，提前多长时间告知执行时间，目前没有定论。关于判处后程序和执行时间表的透明度的缺乏牵涉到两组权利。第一组是不能通知死刑犯本人行刑时间会破坏合法诉讼程序权。合法诉讼程序权和其他生存权的保护甚至在一个人被判处有罪和被判死刑后仍然存在。显然，死刑犯有权就他的定罪和宣判提请高一级法院重审及有权寻求赦免或减刑，如果不告知他行刑的时间，可能影响他要求上诉、重审或赦免的活动。这种由程序上的不透明造成的不确定将置合法诉讼程序于危险中。另外，忽视合法诉讼程序的实际结果，向罪犯隐瞒他们注定的命运仍将是一种不人道或是对判决严肃性的削弱。当然，在死刑的适用和一些信息的公开方面，也有安全方面的考虑。然而，这些考虑只有在不破坏法定权利的前提下才可以被照顾到。

对于罪犯和他们的家属，在不告知死期的情况下，等待死刑的执行是一件很令人痛苦和不人道的事。在一些国家的案件中，虽提供通告，但也仅是迟来的通知。例如，在新加坡，犯人们和他们的家人能提前一周得到通知；埃及提前两到三天通知，日本给出的时间更是少得可怜。还有一些国家的案例中，根本没有预先通知。没有通知或没有足够的提前时间通知，最起码是侵犯了死刑犯要求赦免的权利。

对于提前通知，笔者也听过这样的观点，提前通知会给死刑犯及其家属带来巨大的精神压力，使其在等待执行的时间内更恐惧和痛苦，所以不如不通知执行死刑的时间，或者通知后很短时间内立即执行。[6] 这种说法也有一定道理。但是，判处死刑后不告知执行时间，可能使死刑犯处于更恐惧和焦虑的状态中，同样是不人道的。因此，根本的解决办法应当是废除或者尽量减少死刑，在这个目标达到之前，应当由法学家和心理学家们研究如何尽量减少死刑犯痛苦的途径。[7] 笔者并非心理学家，在没有经过论证之前无法主张是否应当通知执行时间或提前多长时间通知，但从权利保护的角度设想，死刑犯及其家属被通知执行时间是死刑犯的知情权利中的一种，他可以行使这个权利，也可以放弃这个权利。因此，如果死刑犯要求提前告知其执行时间，则应当告知；如果他不要求告知，则不应当告知。但有一点应当明确告知，即在死刑案件的上诉审结束后，在维持原判的情况下，法庭应当告知死刑犯他有权了解执行的时间，并告知上诉审结束后他还能采取的任何要求减刑或赦免的程序。

---

〔6〕 该观点是笔者与同事和其他学者们讨论时的观点，不能具体指明时间、地点和观点的持有人。

〔7〕 由于人的精神和心理状态各不相同，这个问题个体之间的差异可能很大。笔者在美国做访问学者时曾在电视上看到俄克拉荷马爆炸案的作案人蒂莫西·麦克维死刑执行的部分过程，该人显得毫无恐惧和痛苦。

（二）赦免、减刑与辩护权

可能判决死刑的案件在刑事诉讼过程中要保障被告人的辩护权，根据联合国的要求，应当比其他案件更为严格。在已经判决死刑之后，辩护权并没有终止。《公民权利和政治权利国际公约》第6条第4款规定："任何被判处死刑的人应有权要求赦免或减刑。"联合国《关于律师作用的基本原则》第1条明确规定："所有的人都有权请求由其选择的一名律师协助保护和确立其权利并在刑事诉讼的各个阶段为其辩护。"死刑案件判决后的上诉、要求赦免或减刑是刑事诉讼的一个部分，这个部分应当得到律师的帮助。但是，在一些国家一些死刑犯不能得到合格的律师。[8] 被判处死刑的人肯定是处于很严格的关押之中，人身自由和通讯都受到严格限制，要求赦免只有通过别人帮助才能完成，其中很重要的是来自律师的帮助。这一方面是刑事诉讼辩护权的延续，另一方面，提出赦免或减刑需要提出一些理由，这又是新一轮辩护权的运用。

死刑案件大赦、特赦或减刑应作为一项法定的程序固定下来，否则被告人的这项权利不能得到保障。有些国家有自动赦免的程序，据欧安组织提供的资料，在白俄罗斯、哈萨克斯坦、吉尔吉斯斯坦、塔吉克斯坦和乌兹别克斯坦，无论当事人是否申请特赦，死刑案件都会自动被提交给特赦委员会审查。然后，案件将被提交给总统做最后决定。在白俄罗斯，结果不被公布，在哈萨克斯坦、吉尔吉斯斯坦和塔吉克斯坦，暂停处决以前，似乎只批准过"非常少的特赦"，在乌兹别克斯坦也是这样——但是从未公布过任何官方统计资料。[9] 在一些国家，虽然死刑犯可以要求重审，但是否重审则没有保障。例如，日本"没有对判决进行重新审议的正式程序。一名死囚犯可以请求重审，但在这一程序过程中，法院只有在出现新的明显的证据时才进行审查，这一证据能够证明申请者无辜或者他/她所犯的罪应当受到较轻判决……在作出死刑判决后，即使犯人请求也有可能执行死刑……在日本，执行死刑甚至可以不考虑正在进行中的再审程序。"[10]

各国和地区对于死刑犯的赦免通常由国家元首或行政长官进行，提起赦免的程序也不尽相同。赦免是减少死刑执行的一项重要措施，也是防止错误的一种安全措施。鉴于对死刑的赦免是国际公约的要求，一些没有规定赦免的国家应当建立赦免制度，已经规定的应当完善这种制度，包括赦免的启动、赦免的条件、赦免的决定程序等。

（三）死刑的执行方式

联合国要求死刑采取最少痛苦的方式执行，[11] 但什么是"最少痛苦的方式"联合国并没有规定，各国及不同的人有不同的看法。在历史上，有人出于种种目的，曾经故意使用最痛苦的执行方式，诸如凌迟、腰斩、五马分尸、服毒等。这些残酷的方式是违反人道的，现在各国已经不用了。目前世界上执行死刑的方式大致有：枪决、绞刑、斩

---

〔8〕 参见联合国秘书长2005年3月9日《死刑和保护死刑犯权利的保障措施的执行情况——秘书长的报告》第98段，联合国经社理事会文件2005／3／Add. 1。

〔9〕 同注8引文。

〔10〕 同注8引文，第104段。

〔11〕 联合国经社理事会1984／50号决议，《关于保护面对死刑的人的权利保障措施》第9条。

首、注射、毒气室等方式。在对于使用何种处决方式能将罪犯的痛苦减至最低程度的问题上人们产生了分歧。人们似乎普遍相信，致命注射带来的痛苦可能最小，这一点至少是许多国家如中国、菲律宾和泰国转而采用这种方式的原因之一。

但有些国家，如日本认为，“从人道主义的角度考虑，与其他方式如斩首、枪决、电刑和毒气相比，绞刑不是一种特别残酷的方式。”相反，2003 年，来自印度法律委员会的一项报告主张，绞刑是一种令人特别痛苦的刑罚。[12]

美国死刑执行的方式有多种，使用过电椅、毒气、注射等。但是，自从引入致命注射方式以来，美国的死刑执行遇到麻烦，因为没有足够的专业人士为犯人注射。2000 年 10 月，世界医学会在第五十二届大会宣布：“医生以任何方式参与执行死刑，或者执行死刑过程的任何阶段，都是不道德的。”所以，美国的医疗人员不愿意参加执行死刑的活动。而非专业人员执行可能给犯人带来不必要的痛苦，例如，药物流向罪犯体内发生意外中断，可能是造成漫长死亡过程的原因。

死刑以最少痛苦的方式执行是一个总的原则，各国可以根据不同的文化、风俗、传统，选择最少痛苦的方式。这种方式由谁选择也没有定论，通常是由各国的法律或法院选择。即使是同一国家的不同的人对死亡的方式也可能有不同看法，笔者认为，“最少痛苦的方式”应主要依据死刑犯的感受，而不仅仅是法官的看法。所以一个国家可以决定有几种不同的执行方式，供死刑犯选择，这一方面尊重了死刑犯的人格，另一方面死刑犯选择的方式对他本身来说可能是“最少痛苦的方式”。

另外，“最少痛苦的方式”不仅指身体上的痛苦，还应包括精神上的痛苦，因此，死刑不宜在大庭广众下执行，以免羞辱被执行人使其感到精神痛苦。但是，世界上的事情又是复杂的，有些死刑犯愿意在人们的观看下被执行死刑，而且有些受害人也提出要看着死刑犯被执行，以满足“正义得到伸张”的心理。例如，美国的俄克拉荷马爆炸案作案人麦克维被执行死刑时就同意被害人代表观看执行过程和电视台作转播。

笔者认为，死刑犯不仅可以选择执行方式，也可以选择是否在公众注视下执行。也许，对死刑犯而言，秘密执行可能更可怕，而在公众注视下执行可以消除恐惧心理。

传统的死刑执行都是以主动行为结束犯人的生命，从以程序控制死刑的角度而言，死刑可以不执行，在一个人被判处死刑以后不采取主动执行的方式而是终身关押在死囚区，待其自然死亡，其实也是一种执行方式，这种方式也许更为人道。在美国和日本等国家，有些被判处死刑的人在监狱中十几年或几十年而不执行死刑，这种方法之弊端是增加了关押成本，优点是可以从程序上控制和减少死刑执行的数量，并且能防止执行错误。

四、死刑与引渡

（一）引渡简说

引渡（extradition）指一个国家将犯罪人[13]交给另一个国家（或联邦国家的州与

---

〔12〕 同注 8 引文，第 120 段。

〔13〕 被引渡的人通常是被追捕但还没有受到审判的人，按照“无罪推定”的原则，严格说，这种人不能称为犯罪人。但是，引渡的前提是被引渡人有犯罪行为，本文称其为犯罪人，不是从定罪角度而言，特此说明。

州之间）审判或处罚的行为。其分为被动引渡（extradition passive）和主动引渡（extradition active）。被动引渡指根据外国的要求，从本国向外国引渡犯罪人；主动引渡指请求外国向本国引渡犯罪人。要求引渡的国家称为请求国（requesting country），被要求引渡的国家称为被请求国（requested country）。

引渡的历史可以追溯到3000多年之前。据说，公元前1280年埃及的拉莫塞斯二世与赫梯的皇太子哈特西利三世缔结的和约中就有关于引渡的条款。[14] 古代的引渡通常是引渡政治犯和对统治者构成危险或威胁的人，对普通刑事犯罪则不太重视，因为统治者并没有要回逃到其他国家去的“坏人”的迫切愿望。到18世纪，现代引渡制度逐渐在欧洲国家间确立，普通刑事罪犯成为引渡的主要对象。1789年法国大革命打破了旧的思想和制度，旧政权认为的政治犯可能成为新政权的英雄，而且一个国家的政治犯可能在另一个国家并不认为是犯罪人，从而政治犯不引渡成为现代引渡制度中的一项普遍认同的原则。

在现代，可引渡的犯罪范围根据条约和国内法而定。许多国际条约规定了一些罪名，如《联合国反腐败公约》规定了与腐败有关的犯罪，联合国《禁止酷刑公约》规定了酷刑罪，这些公约的成员国都承认公约所规定的犯罪在本国也是犯罪行为。在没有国际公约规定的犯罪情况下，被引渡的人被指控的行为必须是双方国家都认为是犯罪的行为。该犯罪在两国可能不是同一罪名或同一种犯罪类别，但这不影响引渡。由于各国的罪名繁多，而且新的罪名（如计算机犯罪、环境犯罪等）不断出现，因此不可能将所有可引渡的犯罪都列举出来，现在一般采取排除法，即把某一种类的犯罪或某一刑事制裁标准下的犯罪排除在引渡范围之外，尽可能扩大引渡范围，更好地促进打击犯罪方面的国际合作。

引渡可以根据条约进行，可以是请求国与被请求国之间两个国家的条约，即双边条约，如中国与西班牙之间的引渡条约就属于这一种；也可以是一个国家与一个区域的国家集团签订的条约，如美国与欧盟之间的引渡协定（Agreement on extradition between the European Union and the United States of America）；也可以是一个区域内国家集团内部共同签订的引渡条约，如《欧洲引渡公约》；还可以根据国际公约进行引渡，如《联合国反腐败公约》第44条第5款规定：“以订有条约为引渡条件的缔约国如果接到未与之订有引渡条约的另一缔约国的引渡请求，可以将本公约视为对本条所适用的任何犯罪予以引渡的法律依据。”

引渡也可以在没有条约的情况下进行，这种引渡由请求国和被请求国采取个案商量的方式，以礼让和友好合作为根据，它随着国家乃至国际关系、各种形势变化、甚至人事因素变化而变换难易程度，具有不稳定性或可能更费时费力。

引渡可以拒绝，在引渡制度发展过程中，国际社会对拒绝引渡形成了一些做法，如：本国公民不引渡到国外去，政治犯不引渡，基于种族、宗教、国籍、见解、身份等原因进行的惩罚不引渡，军法范围的犯罪不引渡，在被请求国已作了终审判决的不引渡（这类罪犯可以通过罪犯移管的方式交给请求国），被引渡者在请求国内曾

---

〔14〕 参见［日］森下忠：《国际刑法入门》，阮齐林译，中国人民公安大学出版社2004年版，第132～133页；［韩］李万熙：《引渡与国际法》，马相哲译，法律出版社2002年版，第21页。

受到或将受到酷刑或其他残忍不人道待遇或处罚不引渡，请求国内没有公正审判的保障不引渡，死刑不引渡。但以上这些情况也含有许多不同观点和争议。如某种行为是否为政治犯罪，各国在认识方面差别很大，请求国是否具备公正审判的保障也有不同的认识和解释，另外，请求国是否曾对犯罪人使用过酷刑，或将有酷刑的危险也很难证明。其中，很复杂的并且在实践中有不同做法的是死刑不引渡。

国际刑事合作程序也可能控制死刑，其中比较常见的是“死刑不引渡”。

（二）死刑不引渡问题分析

死刑不引渡问题存在的原因是世界上有些国家废除了死刑，有些国家没有废除死刑。从废除死刑国家的角度看，如果将在本国控制下的人引渡到存在死刑的国家，并且该人有被判处死刑的危险，则可能被认为是将人推向死地，违反了该国奉行的废除死刑的宗旨。因此，废除死刑的国家可能不同意引渡或要求请求国作出不判死刑的承诺。联合国《引渡示范条约》[15] 第 4 条在“关于拒绝引渡的任择理由”第（d）款中规定：“按请求国的法律作为引渡原因的罪行应判处死刑，除非该国作出被请求国认为是充分的保证，表示不会判处死刑，或即使判处死刑，也不会予以执行。”

联合国人权委员会第 55 届会议制定的题为《司法法治和民主》[16] 的决议草案中更明确提出了下列要求：

“提醒所有国家履行义务，不将人，通过引渡或其他方式，移交给被移交人可能会受到酷刑或非人道待遇，包括列入死刑名单长期拘留的国家管辖；

提醒已经废除或停止执行死刑的国家可以拒绝将人，通过引渡或其他方式，移交给仍然执行死刑国家管辖；

促请所有国家：（a）不要将人移交给仍然执行死刑的国家管辖；（b）不要将人移交给移交者可能在未经审问的情况下受到拘留或遭受不公平审问的国家管辖；（c）确保除引渡情况外，不将任何人移交给另一国家管辖；（d）确保所有人有充分的机会在法庭对将其移交另一国司法的提议表示异议；

敦促联邦国家废除死刑的组成部分不将人转移到该国仍然保留死刑的另外部分。”

死刑不引渡原则给保留死刑的国家带来不少困难。例如，在实行权力分立的国家，代表国家的行政部门很难或不能作出不判死刑的承诺。如日本提出，引渡被指控犯有死刑罪的人时，无法向有关国家保证不执行死刑。[17] 由于日本司法独立，政府不能向外国作出不判死刑的承诺。而不作承诺的后果，可能使犯罪人逍遥法外，

---

〔15〕 联合国《引渡示范条约》是第八届联合国预防犯罪和罪犯待遇大会制定的（本文作者在维也纳和古巴参加了制定该条约的会议），并于 1990 年 12 月 14 日经联合国大会第六十八次全体会议以 45 /116 号决议通过。该条约为示范文本，供各国制定引渡条约参考，联合国大会在该决议中指出它“是一个有用的纲领，对有关国家谈判和缔结双边协定以改进预防犯罪和刑事司法事项方面的合作可有所助益”。

〔16〕 参见联合国人权委员会增进和保护人权小组委员会第五十五届会议议程项目 3 文件，E/CN. 4 /Sub. 2 /2003 /L. 35。

〔17〕 参见《增进和保护人权：国际人权两公约的现况死刑问题——秘书长的报告》，E/CN. 4 /2006 /83。

但是，如果承诺不判死刑可能违背该国的司法独立和分权原则，另一方面还可能形成同样的犯罪处罚不同的后果，客观上形成了鼓励犯罪人逃往国外的后果。

美国是实行死刑的国家，而欧洲许多国家已经废除死刑。美国与欧洲国家之间关于死刑不引渡的解决方式值得注意。2003 年 6 月，《欧盟与美国引渡协议》签订，其中第 13 条规定："当要求引渡的犯罪根据请求引渡的国家的法律可被适用死刑，而根据被请求国法律不会被适用死刑时，被请求国家在被引渡的人不适用死刑的条件下可以同意该引渡；或者基于程序上的原因，请求国不能满足这样的条件，如果该人被判死刑，则在死刑不被执行的条件下才可同意引渡。如果请求国根据本条款规定的条件接受引渡，则必须遵守该条件。如果请求国不接受该条件，则引渡的要求可能被拒绝。"

美国的做法比日本灵活，日本是明确提出不能作出不判死刑或不执行死刑的承诺，而美国与欧盟的做法是不提出"承诺"这样的字眼，而只是列出了与死刑有关的引渡的两个条件。根据以上条约规定可以看出，如果不作承诺，引渡的请求只是可能被拒绝，也没有说一定会被拒绝，还是可能有一定的谈判空间的。在有关引渡的司法实践中，美国也是很难做不判处死刑或不执行死刑的承诺的。2006 年 6 月 15 日，一名美国青年 Shephard 涉嫌在美国犯有一级谋杀罪，两天之后，该犯罪嫌疑人在加拿大的蒙特利尔被逮捕。现在他面临被遣返美国。但他的律师海伦称，Shephard 要在加拿大申请避难，因为如果他被送回美国，可能面临"残忍的、不正常的处罚"，意思就是指死刑，而该人在加拿大不会面临死刑的危险。美国的司法当局肯定要求将该人遣返美国，但是如果不作免死的承诺，加拿大政府将很难将该人送回美国，这又给美加两国的有关人员出了一个难题。

在此之前曾经多次出现过类似的案例。不仅引起两国司法界麻烦，而且加拿大在没有得到美国免死的承诺的情况下将死刑犯引渡到美国而被这些人告到联合国人权事务委员会（Human Rights Committee）。其中较为典型的案件是金德勒诉加拿大案。在该案中金德勒是美国公民，在美国犯有一级谋杀罪，已经在美国审判并被陪审团建议判死刑。他从羁押场所逃脱进入加拿大。美国要求引渡。根据美国和加拿大引渡条约，加拿大有权拒绝，除非美国提供不判处死刑或者不执行死刑的保证。经过很多磋商，加拿大司法部长决定不向美国要求这样的保证而将该人引渡到美国。类似的案件还有恩济诉加拿大案等。在这些案件中，死刑犯从加拿大被引渡到美国，美国都没有作出保证。美国的做法没有违反国际人权公约的规定，而加拿大则受到国内外许多指责。[18]

从以上情况可以看出，对死刑不引渡各国可以有不同的态度，可以承诺，也可以不承诺，根据各国的情况和司法利益而定。即使引渡条约中有死刑不引渡的条款，被请求国也可以放弃要求承诺，而请求国也可以不作出这样的承诺。奇怪的是，美国在向其他国家请求引渡时不愿意作出承诺，但被请求将逃到美国的犯罪人交其他国家时，却要求别国作这样的承诺。2004 年 4 月 16 日，原中国银行广东开平支行行长余振东被美国司法人员移交给中国警方。在这之前美国政府要求中国政府书面保

---

〔18〕 关于这些案件的情况详见程味秋、杨诚、杨宇冠编：《联合国人权公约和刑事司法文献汇编》，中国法制出版社 2000 年版，第 405～412 页。

证："余先生不被判处死刑和12年以上的监禁刑。"〔19〕

"己所不欲，勿施于人"，通常保留死刑的国家在引渡中自己不愿意做免死承诺的，也不应当要求别人做免死承诺。但是，在联邦国家，有些州有死刑，有些州废除了死刑，已经废除死刑的州向其他国家甚至州遣返逃犯时，或者一种罪行在请求国可判死刑，而在被请求国不能判死刑的情况下，被请求国也有可能要求请求国作免死刑的承诺，这就需要具体案件具体分析了。

"死刑不引渡"原则是国际社会对死刑的一种控制。在全世界死刑还没有完全废除的情况下，逐步控制和减少死刑的适用是各国的共识。

实行"死刑不引渡"之后果是引渡回国的人不能被判死刑或被执行死刑。这种做法还可能致使在某些案件中出现"同罪不同刑"的问题，尤其是犯同样的罪，甚至更严重的罪的人逃到外国就可以免死会使请求国的立法和司法实践受到一定的冲击。因此，保留死刑的国家都不太愿意作免死承诺，但是，如果由于拒绝作出承诺而使引渡无法实现，就会使外逃犯罪分子逍遥法外，根本得不到任何惩处，也就更谈不上司法公正。因此，只有将犯罪嫌疑人引渡回国审判，才能使司法主权得以实现，才能有利于查明案情，揭露犯罪，震慑犯罪分子，才能有利于追回赃款赃物，使国家利益得到维护。这方面的意义将大于对个人判处的具体刑罚。

为了尽量减少因"死刑不引渡"产生的对请求国司法的影响，最终和最好的解决办法是从立法上尽量减少对死刑的适用，在司法上可以采用判处死刑但不立即执行的办法，这样可以减少承诺的难度。

〔19〕 详情请参见杨宇冠："余振东案法律交易"，载《法律与生活》2004年第6期。

三、私法

民法的回顾与展望*

江　平**

主　题："中国民法建设论坛"第一场
讲演人：江　平（中国政法大学终身教授）
评论人：苏永钦（台湾政治大学教授）
主持人：米　健（中国政法大学教授）
时　间：2005 年 12 月 19 日下午 2:00～4:30
地　点：中国政法大学研究生院教学楼 219 室

米健教授（主持人）：

谢谢诸位光临"中国民法建设论坛"首场讲演现场。"中国民法建设论坛"是中国政法大学比较法研究所和中德法学院联合举办的第一个大型的民法学术论坛。今天的首场论坛请到了大家都很敬重的江平老师担任主讲。江老师今天讲的题目是"民法的回顾与展望"，实际上他是要把近几年来对民法学的研究以及参与民事立法的一些体会，进行某种总结和综合。我们还有幸请到台湾地区知名学者苏永钦教授。我认识苏永钦教授时间并不长，拜读他的著作却由来已久了。上个月，我在清华大学参加了一次研讨会，听了苏老师的演讲报告，深为他丰厚的学术底蕴、大气和境界所感佩。现在我们先请江老师做主题发言。

江平教授（讲演人）：

我今天的报告是从这么一个考虑出发的：前两年我在日本的时候，神户大学组

---

* "中国民法建设论坛"为中国政法大学比较法研究所和中德法学院联合举办的大型学术论坛，旨在"广邀资深民法学者，立于民法的历史纬度，驰骋于民法文化与社会的疆域，结合当前中国《物权法》和《民法典》的起草，提出和探讨有关中国民法和民法学建设的创造性构想，为中国民法的学术繁荣和立法合理化提供有益论点"。本文为"中国民法建设论坛"首场讲演记录。该场讲演于 2005 年 12 月 19 日下午在中国政法大学研究生院进行，中国政法大学终身教授江平先生应邀作为主题报告人发言，台湾政治大学苏永钦教授担任评论人，中国政法大学米健教授担任主持人。

** 中国政法大学终身教授，《民法典》和《物权法》起草专家小组负责人。

织了一场学术研讨会，会议谈的主要问题是民法的动态研究，季卫东教授请我去参加。当时我感到很新奇，民法的动态研究是什么？那次会议，日本最著名的两个民法学者都参加了，一个是东京大学的星野教授，一个是京都大学的北川教授。参加这次会议后，我回来总结了一下，认为它具有四个意义上的所谓“动态”：第一个是历史比较的动态，以历史发展的角度，从回顾过去到展望将来；第二个是各国发展的动态，尤其是日本学者很注意当今比较法的最新发展，比方说 WTO 的最新发展、知识产权的最新发展，从这些新的动态考虑问题；第三个，据我理解，动态的研究是很注意跨学科的一种研究，它把民法置于其他学科的边缘来共同研究；第四个，我也感触很深，民法的动态研究，是结合了审判实践发展的动态来研究——实践中提出了哪些新的问题需要来解决？在这个意义上，我是非常赞成这种研究方法的，因此我很推崇“动态”这两个字。当然，“动态”，dynamic，这样一个概念应该怎样去理解，各个国家可能有不同的看法。但是我认为我们民法应该坚持这样一个理念。

今天我选择了一个角度，不是从跨学科，不是从实践，也不是从各国的比较，我偏重了从历史角度来看。我并没有选择中国民事立法的回顾与展望，这个题目太俗了，说得也太多了；我想从整个民法发展的角度来看，回顾历史，展望将来。要达到什么目的呢？我想首先无非是要定坐标，确定历史发展过程中，民法到底把坐标定位在什么地方。一个人也好，一个学科也好，在社会中地位究竟如何，我想这个坐标非常重要。由于坐标的变化，或者坐标的移动，民法所实现的社会功能可能就会发生变化。原来龙卫球老师给我提的题目是“民法的社会或政治功能”，我说这个题目太大了。但是，我们可以从一个发展的角度来看一看。在我思考了以后，选了五个方面来谈民法的回顾和发展，以及我对它的地位和它的功能的一些思考。

第一个方面，我想先从市民社会这个角度来谈。

现在论市民社会的文章越来越多，而且我们民法和市民社会的关系又很密切，并且也有人不断来问我一些问题：你怎么看中国现在的市民社会？现在西方国家有没有“市民社会”这个概念？市民社会本身有什么变化？我想这些个问题是我一直没有很好解决的问题，所以我试图在此来加以回答。

我们知道，“民法”这个词的来源可以有两种理解：一个是词源上的民法；一个是社会学上的民法，或者说是从实质意义上讲的民法。我始终认为，我们教科书中所讲的，民法来自罗马法里面的市民法，这只是词义上的民法。civil law 中的 civil 这个词是来自于罗马国家的市民法。但是对于 civil law 真正的含义，我始终认为，民法者，市民社会之法也。如果从这个意义上来看的话，可以说，我始终坚持这个观念：民法就是市民社会的法。

如果说民法本身是市民社会的法，那么我们显然就要对市民社会有一个回顾。从历史发展来看，可以说市民社会经过了三个时期，即市民社会的启蒙时期、发展时期和发达时期。当然近现代市民社会的发展又出现了新的变化。首先从罗马社会来看，对罗马社会里面究竟存不存在市民社会，或者说市民社会在罗马法里面的体现究竟是什么，一直有人质疑。确实，罗马法里面“市民法”这个词就源自社会。Jus civile 这个词本身的意思，应该指包含了一个自由民的平等社会。我始终把市民社会定义为自由民的平等社会。大家知道罗马法里面有三种权利（当然米健教授是这方面的专家了），即自由权、市民权和家长权（或叫家父权）。自由权，那是不平等的，因为罗马国家里面有自由民，也有奴隶；但是罗马法上作为市民享有的市民权（也叫公民社会公民权）可是平等的。只要拥有罗马国籍，作为罗马人，应该是平等地享有这样一个地位。所以在这个意义上我们可以说，从罗马国家本身来讲，存在着一个平等人的自由社会。而这个平等人的自由社会的存在，是由于在罗马国家确实存在着比较发达的商品经济。我们过去一直在怀疑：为什么奴隶制的国家能产生罗马法，而到了奴隶制以后的封建国家，中世纪的时候却没有一部很好的民法或者类似民法的发展？其中很重要的原因，现在看来是因为在罗马国家存在很发达的商品经济；而这个商品经济是由一个平等的社会里面的自由民组成的，虽然它是奴隶社会，是一个表现为在自由权上很不平等的社会。当然罗马国家的这种商品经济一方面靠着战争在推动，通过军事力量来扩张，但是同时我们也要看到它自身内在的商品经济发展的层次，其程度是很高的。在这个意义上我说，罗马的市民法已经奠定了市民社会最基础的东西，已经包含了市民社会的法律最具有内在性的因素：这就是确立了一个平等人之间的自由的社会，没有国家干预，国家几乎不在这个领域里面做什么。

资产阶级革命之前的这一段时间，在欧洲出现了真正的市民社会。拿我们今天的眼光来看，我想这个市民社会起源于城市里面的自由民，而城市的自由民就是由商人阶层所组成的新兴的资产阶级。这和封建社会里面的农民不一样，农民是依附在土地上，而商人是自治自律的阶层，商人对于国王，只有纳税、纳贡这样一个义务。在资产阶级革命时期我们通常说是在 16、17 世纪这样一个时候，在欧洲国家，特别是在一些开放的城市，如汉堡、不来梅、威尼斯等，确确实实形成了一些这样的市民的社会。它是完全由平等的人组成的、在商人之间的、没有土地依附关系的一个自由民的社会。我们应该看到，正是在这个基础上，民法才得到了孕育和发展；或者说，就是在这个基础上，产生了《法国民法典》，乃至于后来出现其他民事法律方面的一些发展和进步。我们可以看到，近现代国家的市民社会，完全可以用自由的市场经济来概括。在这种自由的市场经济中，国家是不参与的，它只扮演着一个保护人的角色，并不干预市场经济里面的活动。在这个意义上，我们可以说，从现代自由经济发展开始，长期以来西方国家关于市场的自由经济学说，都体现了市民社会这样一个特点。

但是在 19 世纪的时候显然发生了一些变化，尤其是到 20 世纪。从这些变化，我们看到了一个最大的特点，就是在西方国家发生经济危机之后，尤其是 1933 年世界性的经济危机之后，国家从自由主义进入干涉主义或说干预主义了。比如说凯恩斯主义的确立和发展。今天我们仍然可以看到，即使是最发达的资本主义国家，像美国，也已经不能再回复到古典的自由主义时代了。现在的“新自由主义学派”，其所谓“新自由主义”也不是绝对自由，不是古典自由，在这种自由主义里面仍然加进了一些国家干预的色彩。

对于这个问题我可以举两个例子来说明。

大概是 10 年以前吧，美国有一个教授到我们研究生院做报告，我们有个教授就问他这么个问题：美国在所有权这一点上是不是还坚持所有权绝对自由？我记得那位美国教授说得很好。他说，如果在四五十年前，一个美国人在曼哈顿、在downtown（城区）买一块土地，要盖房子，不管要盖50层还是100层，或者他要盖一个破房子，很破破烂烂的，如果市政府以公共利益或者以别的什么原因不让他盖，引起这样一个诉讼告到美国法院的话，那么这个人绝对是胜诉。我在纽约downtown这么好的地方买了土地，结果你不让我盖房子，那怎么行啊？但是事情如果到了今天的话，情况就不一样了。市政府可以以任何的理由，比如城市的规划啊、绿化啊或者别的原因而不让你盖。今天如果同样的情况在美国，这样的一个诉讼，个人要败诉的。

前两天吴敬琏教授跟我合办的洪范法律和经济研究所让我做一个演讲的时候，方流芳教授参加了，他在上面举了美国奥康纳（Sandra Day O'Connor）大法官对一个案子的评述。[1] 我专门把这个案子材料调来了，大概是这么个情况：在美国康涅狄格州（Connecticut）有一个小城市，叫New London（新伦敦）。这个城市过去经济一直不太好，很多人失业，经济发展不起来。美国现在一家很大的制药公司——辉瑞制药公司（Pfizer），要在那儿建造制药厂，需要把一直在那儿居住的居民的一些房子征用。按照传统美国理念，社会公共利益必须有很明确的界定，怎么能够以制药厂的利益作为社会公共利益呢？那制药厂的利益完全是私人利益，完全是商业利益，不能够叫做社会公共利益啊。可是这个案子在康涅狄格州最高法院作出判决，认为征用并无违法。后来上诉到联邦最高法院，虽然奥康纳大法官、兰奎斯特大法官提出了反对意见，联邦最高法院还是以5:4判决维护了康涅狄格州最高法院的判决。我看就是这么一个理由：该药厂可以增加一千个就业，可以使这个小镇的税收大大增加，可以使这个小镇的人得到更多生意。在这个意义上，私人的利益就需要服从于这个公共的利益，该要迁就要迁，该要征用就要征用。

我想，通过我举这两个例子，一个是美国教授的讲话，一个是最近听到的这个案件，我们可以看到，连最崇尚自由主义的国家——美国，现在看来，都可以对社会公共利益做出新的解释，都可以以这种社会公共利益限制个人的利益。所以我们可以看到，今天已经没有像市民社会发展到最高峰时代的那种自由社会了。现在的市民社会具有两个特征：第一个是社会利益高于私人利益，这从德国民法理论中的社会利益学说，乃至于当今美国法律里面都可以看到相应的内容；第二个就是国家对经济生活要进行必要的干预。我想这两个特征对于我国当代经济发展很重要。第一个是社会利益还是要被视为高于个人利益。虽然私人利益是基础，私人利益绝对要加以保护，私人利益绝对不能够被随便侵犯，但是同时又存在一个标准，就是当社会利益和私人利益发生冲突的时候，私人利益仍然要服从社会利益。第二个，经济生活是自由经济，是由市场经济规律自己来调节的，但是当发生市场经济规律这只无形的手不能够解决的某些问题的时候，国家这只有形的手就要进行必要的干预。

---

〔1〕 指美国的“凯洛诉新伦敦市案”，涉及土地使用拆迁。原告是被征地的居民代表凯洛，被告则为康涅狄格州新伦敦市市政当局。2005年6月23日，美国联邦最高法院对该案作出的判决裁定，“该市对于被征地的规划部署合乎‘公共使用’，且在‘第五修正案’条款的含义之内”。按照上述美国联邦最高法院的判决，只要开发属于“公共使用”范畴，地方市政当局便有权强行征收私有土地用于商业开发。此案重新引发了关于“第五修正案”如何解释的讨论。案件材料见Kelo v. City of New London, Connecticut, 125 S. Ct. 2655, 162 L. Ed. 2d 439（2005）。——编者注

争论在于干预的度究竟是多大，谁也没有否认国家要进行某些必要的干预。这就引起了在民法所有权的观念里面，在合同的观念里面，甚至在侵权行为的一些概念里面的一些变化。

我们看到的一些书，有的讲了民法的消亡，有的讲了合同的消亡，无非都是想表达一个理念：就是在这样一个社会里面，有时社会利益可能要高于私人利益，国家对于社会经济要进行必要的干预的时候，原来的那个绝对概念的民法是不是还存在？我始终认为，民法是没有消亡的，但是民法在这么一个市民社会已经发生了变迁。在市场经济已经不讲过去那种绝对自由主义的情况下，民法的功能和民法的作用也会出现一些问题。这并不意味着民法功能的消失，而是说原来经济领域里面的一些问题，不是单纯由民法来调整了。我们要承认后来的经济法也是用于解决这方面的问题，行政法里面有一些（规范）也是。所以，过分地强调只有民法才能够解决经济领域里面的一些问题，现在恐怕就不能这样了。在这个意义上说，市民社会走过了一个从产生、发展到最高峰的过程；而到了现代，过去所理解的那个绝对意义上的市民社会是在衰落了，但是不能说市民社会不存在了，而是它发生了变化。这个变化也会使得民法的功能、民法的作用发生某些变化。这是我讲的第一个方面的问题，从市民社会发展的角度来看民法的发展、变化。

第二个方面，我想从“民法的包容”这个角度来谈。也就是谈民法究竟内容多少，包含面有多大。从罗马法到今天2000多年，民法经历了不断发展、不断膨胀、不断分化，又不断脱壳这么一个过程。就这个角度，我们也可以从历史上来做一个回顾。

在罗马法里面，没有什么民法、商法的区分，私法就是民法。从后来历史发展里面，我们可以看出来有几个（剥离的）过程。

第一个明显的过程是商法从民法中的剥离。不管是民商合一的国家还是民商分立的国家，实质上都有一个商法从民法中剥离的过程。我想商法从民法中的剥离有三个原因：一是商法的活跃性。商法是民法里面最活跃的部分。民法是基本原则比较成型，发展比较缓慢，而商法比较活跃。二是商法有越来越多强制性规范。民法更多则是强调意思自治。我们可以看到，商法里面，尤其像票据法等一些法律，越来越多具有一些强制性的东西。这本身也体现了一些内在因素、内在关系的变化。三是商法越来越具有国家强制性了。商法本身也已具有一种国家强制力的作用在里面了。因为商法不仅涉及私人利益，更多还涉及社会发展的利益、社会功能的利益。我记得，我80年代第一次到比利时去讲学的时候，曾经问当时比利时的一位学者怎么理解经济法？当时他的回答使我很吃惊。他说：“20世纪的经济法就是19世纪的商法。”反过来又说了一句：“19世纪的商法就是20世纪的经济法。”我说：“这话你怎么解释呢？”他说：“19世纪的商法更具有自由性。而到了20世纪，商法就越来越具有强制性、国家强制力的特征了。”从这个意义上来说，他认为我们20世纪的经济法无非是由19世纪的商法脱胎而来。我不完全赞成或者说很大部分不赞成他这种说法，因为经济法绝对不是原来的商法。但是我们可以看到人家说法的合理的因素，合理的内核。这个合理的内核就是，商法也发生了很大的变化，商法从原来商人阶层自治自律的完全自主的东西，逐渐就变成了国家的商法法律规定，在商法里面出现了很多强制性的东西。我们中国大陆现在把商法定位为《公司法》、《票据法》、《海商法》、《保险法》，台湾地区我看也是这样。但是我还注意到，台湾地区的《证券交易法》和《期货交易法》都写在行政法规里面，而我们大陆现在是把《证券法》放在商法里面。当初，《证券法》刚通过的时候，我见到赖源和教授，就和他讨论过这个问题。我说："《证券法》的核心是管理规范，《证券法》里面有很多是管理的规定。而《证券法》又被说成是商法，可是商法不是关于管理的而是关于自主经营的啊。这句话说得对不对啊？"赖源和教授说："我同意你的观点。"赖源和教授也认为，《证券法》本质说来是一部行政管理的法律，它的商法色彩比较淡，而它行政管理的色彩、市场管理的色彩比较重。我们可以思考，《证券法》究竟从本质说来是属于商法的范畴，还是属于一种行政管理的范畴，也可能都有。我们可以来思考一下这个问题，观点可以是各种各样的。所以，我想商法从民法中的剥离是第一次的脱离，它最终的形成理由是国家的干预、国家的强制力；其他的理由可能还有他的活跃性，它的别的一些东西。

第二个我认为很重要的剥离，是劳动法从民法中的剥离，这是第二次大剥离。我们知道，罗马法里面雇用合同等还都是民法的范畴，是绝对的民法范畴。当事人之间存在劳动的问题、雇用的问题，而劳动力也可以买卖，在这个意义上可以把劳动合同放在某一类的民事合同里面。但是今天，不仅原社会主义国家前苏联、现在的俄罗斯仍然把劳动法典单独出来，而且我国现在也没有把劳动法看成民法。《劳动合同法》草案很快就要向全国人大常委会提交审议了。[2]《劳动合同法》不属于民法范畴；包括西方国家也逐渐把劳动法单独放在一起。我也看了看台湾地区的《六法全书》，劳动法也是单独在行政管理法里面，列劳动目，而没有放在民法里面。但是劳动关系也是平等主体之间的关系啊，也是市民社会里面基本的东西啊，劳动关系里面很多也是由当事人自由意志来决定的啊，但是现在劳动关系里面有越来越多国家强制的因素，像最高的工作日时、最低的工作报酬等。我想这点大家看得很清楚，劳动法已经剥离出来了。

第三个剥离，大家可以看到是知识产权法的剥离。虽然我们仍然可以说，知识产权法还是在大民法里面，甚至我们《民法通则》里面仍然规定了知识产权，但是世界绝大多数国家的知识产权法是单行的法，并没有放在民法典里面。虽然这次俄罗斯新民法典说要把知识产权法纳进去，但这个工作也还没做出来。我们可以看到，知识产权法里面有一部分确确实实和我们传统民法的内容是不太一样的，那就是知识产权的一些权利是特许的权利，是许可的权利。除了著作权不是这样，专利权是要经过申请或是要经过批准的，商标专用权更是这样。我们一般的民事权利（当然除了债权）属于绝对权，而绝对权一般是不会既有时间的限制，又要经过国家行政程序的许可，而有关知识产权的法律里面相当一部分恰恰是要经由行政程序的。商标和专利申请的程序、审查的程序、批准的程序、复核的程序都是行政方面的。所以在这个意义上说，知识产权法从民法中分出去了，也是合情合理的。

---

〔2〕《劳动合同法》草案于2005年12月24日首次提请第十届全国人大常委会第十九次会议审议。——编者注

第四个剥离，从现在来看，我认为是竞争法也应该从民法里面分出去。关于竞争法的问题我认为需要很好地来思考。因为从传统概念来说，两个平等主体之间的竞争关系，是一个市民社会的问题，是一个商法里面的问题，或者说是一个平等主体之间的关系的问题，属于私法的范畴，私权的范畴。但是应该考虑，竞争法里面所涉及的私权发生冲突的时候，特别是私权已经影响了竞争的秩序、市场的秩序的时候，应该怎么办？如果大家有兴趣翻一翻法律出版社出版的《法律小全书》——这算是比较权威地编纂了我们现在的法律体系的工具书吧，我们可以看到它把《反不正当竞争法》放在民法的范围内。在台湾地区，好像《反不正当竞争法》不是放在民法里面。如果从大类来划分，《反不正当竞争法》是民法的范畴，是经济法的范畴，是社会法的范畴，还是其他哪个法的范畴呢？究竟怎样来看这个问题呢？我觉得竞争法是典型的国家用强制力来干预市场竞争关系的一个法律。本来竞争完全可以自由的，两个公司合并谁管得着啊？但现在，两个公司合并构成垄断的话，国家就要干预，在这个意义上来说，它是两个主体之间竞争的关系，但它又是通过国家的强制力来限制或者禁止某些竞争的。将来我们《反垄断法》出台后又放哪儿啊？难道再把《反垄断法》放在民法里面吗？还是把《反垄断法》放在别的一个什么部门法里面？《反倾销法》放在哪儿呢？难道我们也把《反倾销法》按部门法来划分归到对外贸易管理法里面吗？我们应该明确地把竞争法这样一些范畴的法律作为一类法律对待，我们可以看到这类法律在逐渐脱离民法，形成它自己的领域。

过去我在前苏联学习的时候，注意到它把三个法从民法里面分出来了，那是1917年“十月革命”以后的事儿了。第一个是把《土地法典》分出来了，第二个是把《劳动法典》分出来了，第三个是把《家庭婚姻监护法典》分出来了。你可能会说这已经过时了。可是我最近又打电话问了黄道秀教授，我说你翻译了《俄罗斯民法典》，除了《苏俄民法典》里面包含的传统债权、物权这几个部分以外，他们的婚姻法、土地法、劳动法是不是还是单独法典。我得到的回答说这三个法典还是单独的，现在俄罗斯仍然有单独的《土地法典》、《劳动法典》和《家庭婚姻监护法典》。没有把婚姻家庭关系纳入到民法典，这也可以说是某种技术问题。我现在并不认为应该把亲属关系、家庭婚姻关系从民法里面拿出去，这是市民社会里面两个基本的东西。我认为市民社会里面最基本的是物质生活关系，而市民社会的物质生活关系无非是两种：一种是人为了自己的生存而发生的生活关系，是生产、交易、分配这样的关系；一种是人为了自己的种族能够延续而发生的生活关系，要结婚、要生子、要有家庭、要有继承。市民社会的根本就在于这两种物质生活关系。一种是为了自身生存，这就要有经济需求；一种是为了自己种族的延续，这就需要家庭、婚姻、继承。在这个意义上来说，市民社会是不要任何人或国家来干预的。我生几个孩子，我采取什么结婚方式，是国家不应干预的。

确确实实，在整个民法的发展过程中，有一些部门是在不断地膨胀，又在不断地分解，更在像蝉一样不断地脱壳，来避免民法本身过分庞杂、过分杂乱、过分变成没有科学内在的东西。我觉得这是我们应该看到的。可以预见，未来有些东西可能还会脱离。

我随便举一个例子——侵权行为法。侵权行为法绝对是民法的范畴，但是我们应该看到，现在有一些侵权行为规则完全是国家强制的，连金额是多少都是国家强制的，它又有多少民法的特征在内呢？有一次，一个国外的大公司要把一些很重要的核设施卖给我们国家，想知道如果核设施发生了事故造成了损害，应该适用什么法律，让我拿出意见。我找了一个学生，他在原来的核工业部、现在的核工业总公司里面的法规处工作。他说他这个处，专门就搞这个立法。一看里面写得很清楚。因为有很大风险，所以哪些由国家来承担，在多大范围内来承担，国家规定得很明确。像这样的赔偿，在多大意义上讲是一个民事赔偿呢？民事赔偿有很多特点，有没有过错、赔偿额的大小、赔偿的原则等很多都是不确定的东西。但是这种赔偿没有，只要造成客观责任，它的赔偿就是这么一个范围。航空事故赔偿也是很典型的。原来按照国际航空运输的有关法律规则，一个人是十万个特别提款权，〔3〕但有一次我在机场碰到了西南政法大学的一个毕业生，在西南航空公司做法律部长，刚从温州处理完空难事故回来，我问他这个问题，他说现在变了。国际上逐渐从这种强制的定额赔偿变成民事赔偿了，十万个特别提款权不是统一的赔偿标准，而是最低的。这可就是民法的问题了。比如说，一个名人坐飞机死了，就不能只赔十万个特别提款权了。要按照民事赔偿，因为他的特殊身份，对他的赔偿费用就会很高。这就涉及我们国家的问题了，农村人和城市人的赔偿标准要不要一样？这个问题争论了很久，最高人民法院也拿出了一个意见。都一样对还是不一样对？我说都不对。不一样是不对的，城市人为什么赔这么多钱？都一样就对？那也不一定。农村可能有百万富翁，他收入也可能很高，城市可能还有没工作的呢，如果按照他的工作性质、他的收入来赔偿，那情况又不一样了。民事赔偿要看实际的损失，实际的损失是现在所造成的损失，而不是我应该是一个什么样的人，城市人平均收入是多少钱。民事赔偿标准的考虑显然和国家赔偿标准，像航空事故、核污染这种赔偿标准，是不一样的。如果我们的侵权赔偿是个统一的标准，只讲客观责任，只要出现了这种情况就赔这么多钱，那就没必要在民法里面去研究这个问题。这种情况下，它完全是行政法的，完全是行政规章、国家赔偿。所以那时候搞《国家赔偿法》，我跟行政法学者也有一个争论：《国家赔偿法》究竟是民事赔偿，还是非民事赔偿？我认为国家赔偿本质说来还是民事赔偿；但是我心中也有一句话，如果这样的赔偿百分之百都是按照统一的标准，百分之百都是一个数字，或者说按某一个固定的东西，那么严格说来它的民法要素、民法因素会越来越弱。

所以我得出的结论是，从历史到现在的发展来看，为什么有一些部门逐渐从民

---

〔3〕根据国际货币基金组织（IMF）金融计划和运作处提供的资料，SDR是国际货币基金组织于1969年创设的一种储备资产和记账单位，亦称“纸黄金”，最初是为了支持布雷顿森林体系而创设，后称为“特别提款权”。最初每特别提款权单位被定义为0.888671克纯金的价格，也是当时1美元的价值。随着布雷顿森林体系的瓦解，特别提款权现在已经作为“一篮子”货币的计价单位。最初特别提款权是由15种货币组成，经过多年调整，目前以美元、欧元、日元和英镑四种货币综合成为一个“一篮子”计价单位。作为IMF分配给会员国的一种使用资金的权利，中国拥有的特别提款权配额为63.692亿，是第8位份额最大的成员，而美国以371.493亿特别提款权作为最大份额成员。《统一国际航空运输某些规则的公约》规定，如果出现意外，航空公司须对每名乘客作出赔偿限额为10万SDR的赔偿。参见徐炯：“什么是‘特别提款权’”，载《21世纪经济报道》2005年5月16日。——编者注

法中脱离？我看最重要的就是一个要素起了作用，即国家强制力的作用。民法本质的精神是意思自治或者说私法自治，不能说一点都不能承受国家的干预，但是如果国家干预过多了，这些内容就逐渐从民法的领域里面脱去了。它已经同传统的民法理念、传统的民法价值、传统的民法功能不太一样了。在这个意义上来说，我始终不主张一个大而全的民法体系。一是从内在发展规律来看，它就是不断地在剥离。这次民法典起草有人主张把商法写进来，说是包含商法，实际上没多少商法内容。一方面要承认一个民法包含商法的体系，另一方面民法又不能够涵盖商法的体系，那怎么行呢？现在王保树教授在商法年会上又再提出搞《商法通则》，因为商法不能够都用《民法通则》涵盖，强制地要把商法拉进民法，又不做一些特别的规定，那不是限制它的发展吗？二是从可能性来看，我们也不可能在今天的社会里面把民法搞得这么大这么全。

第三个方面，从人身权的性质来看民法的过去和它将来的发展。为什么要讲这个问题呢？因为我们民法典起草过程中，对于人身权的性质，对于人身权要不要放在民法典里面单独成为一章或是一编，一直都有争议。

对这个问题的观察不妨也先从历史的角度来看。我认为从历史发展的角度来看，民法是植根于市民社会的。那么跟市民社会相对应的就是政治国家，或者叫政治社会。我在80年代初开始接触到市民社会的时候，大概翻了翻《马克思全集》的第一卷到第四卷。如果大家有兴趣的话，可以翻一翻马克思的早期著作，里面关于市民社会和政治国家有很多论述。市民社会是相对于政治国家而言的。传统的市民社会就像我刚才说的，它是以人的物质生活为基本的，是一个以财产权利为核心的社会。既然人在社会中要为自己生存，起码的条件是要有物质条件；既然讲的是物质社会，它的中心当然就是财产权利。那么人的另一部分权利怎么办呢？人的政治权利、人身权利怎么办呢？这部分显然要从另外一个渠道去解决，那就是政治国家。

法国大革命以后形成的两个东西，即作为欧洲国家资本主义的标志或者资产阶级取得胜利的标志是两个重要法律文件：第一个是法国大革命的《人权宣言》，全称叫《人权与公民权利宣言》；第二个是《法国民法典》。我们必须把这两个法律文件放在一起来看。《法国民法典》是市民社会的宣言，《人权宣言》是政治社会的宣言。市民社会的宣言——《法国民法典》解决了公民和公民之间的契约，而《人权宣言》解决的是公民和国家之间的契约。如果我们从这个角度来观察近现代法律的发展，从法国大革命来看的话应该看得非常清楚，这两个是应该相提并论的，只讲《法国民法典》不讲法国《人权宣言》不行；只讲法国《人权宣言》不讲《法国民法典》也不行。所以从这个角度来看，我们必须要做出区分，一个是公民和公民之间的契约，一个是公民和国家之间的契约。法国《人权宣言》第2条是这么说的："任何政治结合的目的都在于保存自然的和不可让与的人权。这些权利就是自由权、财产权、安全权和反抗压迫权。"这里面讲了四种权利：自由权、财产权、安全权和反抗压迫权，这是公民和国家的契约的核心。国家要给公民自由权；国家要给公民财产权；国家还要给公民保障安全的权利，国家要保护公民；国家还要给公民能够反抗压迫的权利。我想这是政治社会里面非常重要的公民权利。

但是这就有可能产生这样一个问题：我们所说的人格权，如果拿到法国当初的这个条件来看，究竟是应该写进《法国民法典》呢，还是应该写进法国《人权宣言》呢？法国《人权宣言》里面讲了自由权和财产权；而人格权实际上是由两大部分组成的。我们现在所讲的人格权，一部分是自由权，一部分是尊严权。人格权，一是人身自由的权利，一是人格尊严的权利。生命权、健康权、住宅权、通讯自由、婚姻自由，这是人身自由权；名誉权、荣誉权、隐私权等这些，实际上是尊严权。人格权本身是这么来的。当时《法国民法典》没有写进这样的一些自由权，但绝不能够得出一个结论，现在西方国家的法律只重物，不重人，他们是“物文主义”；而我们因为讲人格权，所以我们是人文主义，所以我们最重视人权。这样讲就错了。从某种意义上来说，越是在宪法里面没有把人身自由保障写进去的，也许就越愿意在民法典里面把它补足；而在民法典里面补足，并不意味着是最好的办法（虽然也可能是很好的办法，但只是选择之一）。所以我们从历史的发展过程看，绝不能够仅仅因为民法典里面有没有规定来确定它是把财产权放在第一位还是把人格权放在第一位。因为它有两个宪章，一个是处理公民和公民关系的宪章，公民和公民之间更多的是关于财产的权利；另一个是处理国家和公民之间关系的宪章，国家更多地是保障公民自由的权利，在这个意义上说，自由权是国家承诺的保障。

来之前为了准确起见，我给蔡定剑教授打了个电话，问他联合国《公民权利与政治权利国际公约》我国究竟参加了没有。他说，我们是签字了，但是到现在全国人大常委会都还没有通过。我注意到《读书》杂志有两期都刊登了对联合国这个公约的翻译产生的争论：“公民权利”翻译得对不对？有人说,“公民权利”根本翻错了，civil rights 不是公民权利，而是市民权利。但是我看这杂志上面没人说是“民事权利”，因为“民事权利”太专业化了，民法里面才提“民事权利”。有人说，应该翻译成“私权”，叫“私权和政治权利公约”，也有道理。政治权利是公权利，对应来讲，这边就是私权利。这个 civil rights 怎么翻译确实很麻烦。要让美国人来理解这 civil rights 又不一样了，他会说这是民权了，human rights 是人权，civil rights 是民权。宪法里面人的自由，那是人权；如果讲平等、男女的性别平等、民族的平等、白人和黑人的平等，这是民权。马丁·路德·金领导的民权运动，以及女权运动，这都是讲民权。

1987 年我在比利时遇到一个学者，我就问他，你们这儿 personal right 是在哪儿规范啊？比如说，我的名誉权受到侵犯了，应该怎么办啊？他说，你可以到斯特拉斯堡那个欧洲人权法院。可见，从某种意义上来说，他把这种权利视为是人权里面的。为什么讲这个问题呢？我们现在民法里面所涉及的人格权概念是脱离了宪法概念来讲的，而就人格权本身来说具有相当多的宪法属性。历史的发展是这样。从法国的《人权宣言》，从美国的《独立宣言》，我们都可以看到，人权的问题是政治社会里面的问题，当然它是不是能够完全包容我们今天的人格权那又是另外一个问题。正因为如此，我们应该站到宪法权利的高度来观察民法中的人格权。如果仅限于从民法的角度去理解人格权的话，显然是不合适的。我们更不能够以我们民法起草要加进独立的人格权编（对此我是不反对的），就由此得出结论说，我们是很重视人格权的，我们是很重视人权的，我们比人家没有写的要更为重视。显然不能够得出这种结论，因为在历史发展过程中，它的形成是有不同的轨迹。

人格权除了自由权，还有另外一个方面就是尊严权。我认为，尊严的权利实际也包含在政治国家里面的法律里面。我特别打电话问蔡定剑教授，联合国有关公民权利和政治权利的文件里面有没有包含人格尊严权利的规定？他帮我查阅后告诉我是有的。但是从另外一个角度来说，即使没有，从历史角度我们怎么来看呢？为此，我又专门翻了翻罗马法。我看罗马法里面写得很清楚，罗马法里面的侵权讲的是私犯。罗马法的侵犯分成了公犯和私犯。公犯是侵犯了公共财产，私犯是侵犯了私人权利。侵犯公共财产，包括侵犯公有物，尤其是神庙这样的一些物，那是犯罪。Crime 这个词的词源在拉丁文里面是 crimen，而私犯呢，它用了 delictum 这个词，就是通常我们所说的大陆法系国家的侵权。但是，私犯包含了盗窃，盗窃都只算私犯（而不是公犯），只是侵权、赔偿；还包括对财产的侵权，以及对身体和名誉的侵权。这就是说，自罗马法的时候，侵权行为就不仅仅是对财产的侵犯，也包含了对于身体的侵犯，还包括了对于精神的、名誉的侵犯。罗马法里面特别讲了对名誉的侵犯：怎么样会造成名誉侵犯，造成这种侵权的赔偿责任，它也有一定的列举，比如，在什么情况下给人造成了人格的贬低啊等等。由此我们可以得出来的一条线索就是，罗马法的时候有对于名誉权的侵犯，但是并没有对于名誉权的实体规定。罗马法中没有单独拿出一条来讲名誉权或者讲人格权或者讲哪一种尊严的权利，但是当侵犯这种权利的时候，要承担侵权责任，这写得很清楚。在这个意义上来说，我们可以得出来一个结论，就是从历史发展来说，对于实体权利，往往是先通过诉权来进行保障的，而并不求在实体权利中名称的完善。谋求诉权的保护就可以了。

我们在民法典起草中也有人讨论性骚扰写不写进去？当然要写进去。但是性骚扰侵犯的是什么权？一直有争论，性骚扰到底侵犯什么权，谁也说不太清楚。不一定是身体权，不一定是名誉权，也不一定是隐私权。我打电话骚扰了你，侵犯了什么权利呢？身体可能也没接触是不是？这也没有对于外面名声的公开贬低是不是？但是可以不问侵犯什么权利，即使法律中没有写也不要紧。我们这次讨论，性权利要不要写进去，那可以争论。性骚扰算不算是侵犯性权利，那是另外一回事，但是至少可以规定性骚扰要承担侵权责任，这已经是个保护了，已经是对权利的宣示了，已经是对权利的保障了。在这个意义上，我们可以说，至少早期的民法典，乃至于包括《法国民法典》、《德国民法典》，并不是以单独一编，或者并不是以单独某一个权利的名义，把受到侵犯的人格权写得很清楚，而是通过规定某些侵犯要承担民事责任来加以保障。

有一个例子。我第一个台湾地区的博士生答辩的时候，王泽鉴教授也来了，参加了他的答辩会。后来王泽鉴教授给我们的学生做了一个报告。有个学生就问他这样一个问题："请问王泽鉴教授，人格权是法定主义还是非法定主义？"王泽鉴教授想了一会儿说："照我的看法，人格权不应该是法定主义。不能够说只有法律规定的，才是予以保护的权利。法律上没有写的，也可以照样保护。所以它不能是法定主义，不能只有法律写的我才能保护，只有法律有的我才给予保护。"那次参加会议的还有谢怀栻教授。谢老紧接着发言："我非常同意王泽鉴教授的意见。物权法可以是法定主义，企业法可以是法定主义，但是人格权应当是非法定主义，不能说法律规定的才保护。"在这个意义上来说，从罗马法以后，到《法国民法典》甚至《德国民法典》，实际上都是这样，并不一定非要在法律里面写上一个隐私权，非要在里面写上一个名誉权，非要在里面写上一个荣誉权，才能说有这个权利，才予以保护。即使没写，侵犯了隐私、名誉、荣誉，也是不行的。它不是法定的，不是说写了就保护，不写就不保护。人格尊严在什么情况下都不应该受到侵犯。罗马法都保护名誉权不受侵犯了，虽然并没有明确写“名誉权”这种权利，那你能说现在不写就是不保护吗？我们的《民法通则》到现在还没写隐私权，隐私权不也受到保护了吗？写当然比不写更好，而且我仍然主张写。但是我们不能得出一个反过来的结论：没写就是不保护。

这是第三个方面。我想强调，从人格权来看，我们可以看出两条轨迹来：第一，就是人身权跟宪法权利密不可分；第二，人身权是从侵权行为法里面独立出来的，它是和侵权责任、侵权行为法密不可分的。

第四个方面，我想从公权力和私权利的冲突来谈民法的过去与将来的发展。

从公权力和私权利的冲突来看，我认为，民法传统上既然是市民社会的法，需要解决市民社会的自主要求，形成了我们的私法自治、民法自治，而国家不干预，只起到保护人的作用。所以传统上，罗马法以至于《法国民法典》、《德国民法典》，从来都是通过违约、侵权来解决对私权的侵犯，它具有规范私主体的侵犯这个特征；而国家在政治公约、政治条约里面，在政治契约里面，都被定位为一个保护者，国家答应给公民的权利予以保护，这就是公民的安全的权利。法国《人权宣言》里面讲了，公民可以得到安全，国家不仅要保障公民的人身安全，他的财产、交易都要安全。但是，随着国家对于经济领域、对于私权领域干预的扩大，我们可以看到，国家直接造成公民权利损失的机会也越来越多了，这是我们现在面临的最大的一个问题，就是随着国家干预的加强，国家本身已经不仅仅是保护者了，它在用它的权力来介入了。国家可以征收，国家可以没收，国家可以强制公民做一些事情，国家可以取消公民的某些资格。公权力和私权利冲突的几率越来越大了。而在这样的直接跟私权利的冲突中，它就变成侵权的主体，而不是保护的主体了。这在传统民法中是不太多的，传统上我们讲的侵权都是私人对私权的侵犯。

我们可以看到，公权力跟私权利的冲突有两个方面：一个是私权利对公权力的侵犯，一是公权力对私权利的侵犯。关于私权利对公权力的侵犯，我们已经讨论很多，甚至有人把对于国有财产的侵吞也看做私权利对公权力的侵犯。严格说来并不是，因为国有财产在市场经济中与私财产有同等地位，私权利对公权力的侵犯，不能够仅仅看做对国有财产的侵吞。时间有限，这问题我不在这儿专门论述。对于私权利对公有财产的侵吞，我们有刑法的保障，我们刑法提供了充足的保障，像个人贪污国家财产有贪污罪等，这些罪有的是。物权法草案甚至还有对国有财产保护的规定。但是回过头来，公权力对私权利的侵犯，在我们刑法中是很少体现的。你可以去看看，刑法中究竟有多少条文规定了公权力对私权利的侵犯？我们的物权法里有多少条文体现的是公权力对私权利的侵犯？我们制定的物权法草案里面讲了物权保护的几种方法，还都是传统的，像停止侵害、确权等。

可以得出这么一个结论，由于传统民法解决的是私权利跟私权利之间冲突的法律关系，以及私权利对私权利侵犯以后的法律责任，相对说来，缺少关于公权力对私权利侵犯的规定。而现在呢，不管是在外国，还是在中国的社会，都存在公权力的干预和可能对私权利造成的损害。尤其是在中国，公权力的干预度是比任何国家都大，公权力干预的任意性也是比任何国家都大，而公权力对于私权利造成的损害也比任何国家都大，所以对私权利的保护，也就尤其重要。我想，仅仅通过一个民法来解决对私权利保护的问题，这绝对是民法不能承其重的。只通过民法、物权法、侵权法，把国家权力对于公民权利的侵犯都容纳进去，这可不容易。民法不能承其重，这也不是民法的任务。在这个意义上来说，要解决对私权利的保护，在民法之外还要加强。

所以我认为，民法要深化对于民事权利的保障，不仅仅在民法之内，更重要是在民法之外。我们的行政诉讼法，我们的国家赔偿法，我们将来的司法审查制度，这些东西都需要进一步地加强。比如说，国家行政机关做出抽象行政行为侵犯了公民权利怎么办？国家机关侵犯了公民权利有没有宪法诉讼的保护？而加强这些的目的也是为了加强对私权的保护。所以，对民法中私权利的保护绝不能够仅仅依靠民法，民法也无力完全靠自己来解决对私权利的保障，这需要拿到宪法和其他一些相应法律和规定的范围中去。我认为，这也是国际上一个很重要的趋势。

最后，第五个方面，我想从严格的形式主义和结构主义来看民法的过去与未来。

从民法发展的历史来看，古代是很重视形式主义的，罗马法就非常重视形式主义：Mancipatio 的方式、拟诉弃权的方式，乃至于婚姻、遗嘱等都重形式，甚至中世纪的婚姻都重形式。我想古代之所以重形式，也许类似于今天的公证。因为有了形式，有了众多人参与的场合，这就是一种公证。俩人结婚了，不光登记，还举行一个公众参与的结婚仪式，大家都来参加了，这就是最好的公证。在这个意义上来说，某种形式，是起到了现代公证的某种作用。我还常常记得 80 年代初的时候，我们最早接触到的一部美国电影，当时在美国轰动一时的，叫做《根》（Roots）。讲的是美国有一个黑人决定要寻根，要寻找他哪一辈的祖先当初在非洲什么地方被卖掉。他就到非洲去寻根，最后在冈比亚还是什么地方找到了。当初在一个很重大的仪式上，他的哪个祖先被白人俘虏了最后弄上船给卖掉，一问，其他人还记得住，因为有一个形式，一个仪式，这种仪式可以给人非常深刻的印象。

但是，越是到现代的市场经济自由，越是到现代更多的国家干预，形式已经越来越不能起到那么大的作用了，形式的作用显然被逐渐弱化了。原来罗马法很注意原因（causa），要式和要因，是民法很重要的两个概念。在要式行为和要因行为，没有“形式”归于无效，没有“原因”也归于无效，这里“原因”类似于英美法里面的“约因”，或者叫“对价”（consideration）。可现代英美法的英国也不那么重视 consideration 了，它也是要看市场交易中的发展了。现在我们可以看到，随着两个因素的增加，已经不一定非要严格按照要式或要因了。第一个因素是国家权力的干预。有国家来见证，有国家来管理，干吗非得要式或要因呢？第二个因素是随着经济越来越要求发展、自由，过多地要求“对价”等严格的形式，会使交易变得很迟缓，出现阻碍经济发展。所以我们看到，这两种严格的形式，一个绝对的要式，一个绝对的要因，随着民法的现代化，已经越来越少了。当然还不能说完全绝迹了，完全没有了，而是所起的作用不像原来那么大了。

这里面也涉及另外一个问题。我现在很少举这个例子了。1989 年，正好发生了我们中国历史上一个很重大的事件，我在这前夕到美国去了，到夏威夷参加一个中美民法经济法研讨会，当时一块儿去的还包括崔建远等几个教授。在这次会上，有一个美国学者问我这么一个问题，使得我当时非常难回答。他问我什么问题呢？他说："你们中国的法院能不能够把当事人的合同做自己的解释？合同是这么写的，但是法官认为这合同写得不对或者不好，法官按照自己的意志来判决行不行？比如说合同约定的利息是什么，法官认为不合适、不公平，法官予以改变，可以不可以？"这个问题我真难回答。我要说可以吧，他会不会说："瞧！你们法官权太大了，都可以对人家合同随便做什么。"我要是说不可以吧，而实际上我们的法官也有这么做的。我想了想说，我教过一些年罗马法，罗马法里面把诉讼分为严格诉讼和诚实诉讼，严格诉讼也叫严法诉讼，诚实诉讼也叫宽法诉讼。在所谓严格诉讼，法官只能够严格按照合同的条文来解释，而不能够越过雷池一步，哪怕合同写得再不合理也得按照合同的规则。在所谓诚实诉讼，也叫诚信诉讼，法院则可以根据诚信原则来变更合同。我跟他说，我们可以随便举个例子。威尼斯商人在合同里面规定，如果还不了钱要从身上割一磅肉。要按照罗马法，借贷合同应该是严法合同，合同上怎么写就怎么办。但是要按照宽法合同的话，法官可以根据诚信原则来决定这个合同条款合适不合适。借贷还钱，利息定高定低都是可以的，为什么约定还不了钱要割一磅肉呢？这要是按照严法合同来解释，那就只能从身上割一磅肉了。但是当今世界的发展都走向宽法了，也就是要根据诚信原则来解释。这就是为什么德国现在把诚信原则看做"帝王条款"。合同里还是要诚信第一，而不能够任何时候都严格按照合同条文去解释。

从诉讼角度来说，历史的发展是从严法逐渐走向宽法。从过去的严格形式主义，严格按照合同约定的内容，逐渐走向按照诚信的原则、更公平合理的原则来处理解决处于纠纷中的关系。今天的《法制日报》还是《人民法院报》，刊登了一则消息，关于个案的衡平原则的。讲的是，一审法院因为合同签订人根本没有法人资格，判决合同无效；到了二审法院又判决有效。一审判决无效的理由是，订合同人没有行为能力，没有权利能力，根本没有法人资格，它没有资格，订了合同当然会无效。可是二审法院根据衡平原则、公平原则，认为哪怕它没有法人资格，订了合同，也要有效。因为你要保护对方。要不然，法院认定没有权利能力又没有行为能力订了合同都无效的话，那不就便宜签订人了嘛，订完合同后它可以赖账了。所以要按照公平的精神，进行个案处理。在这个案子里面，哪怕订合同人根本没有权利能力、行为能力，订了合同，它也要有效。我认为这是法官的权力，他可以根据衡平的原则来确定，并不是一切都要严格地按照某种标准来定。在这一点上，我们可以看出来，现在的司法解释也好，判例也好，包括刚才我讲的美国奥康纳大法官参与的这个案子也好，都在发展，而这种发展的根据，包含了一个公平的理性的东西。绝不能够搞严格的形式主义这样一些东西，否则的话，会毁了民法一个根本的精神、根本的理念，即需要根据公平的诚信的原则来处理问题。

其次，我要提出来关于结构的问题。结构主义的问题也需要来研究。关于结构主义，我倒认为古罗马当时的民法或者叫市民法本身就是一个多元结构。罗马的

《国法大全》包括四大部分。其中的《优士丁尼法典》（Codex Justianus）实际上是一个汇编，把过去所有的法律汇集在一起；其中的《法学阶梯》大家都知道，四卷本，分三编：人、物、诉；其中的《学说汇纂》，五十卷，是经过编纂以后，把当时罗马法里面著名法学家的言论拿来，后来可以当作法律来使用了，这就是后来《德国民法典》所沿用的pandecton体系。其中的哪个是最科学的？从科学角度，可能是《学说汇纂》最为科学，因为它经过了一种系统编纂。可是《法国民法典》延续的是《法学阶梯》的三编式。我说这个话就是要我们看到，在欧洲的历史发展中，虽然“三R运动”很重要，其中包括“罗马法复兴”，它在历史上起到了重大的作用，但是我始终认为，“罗马法复兴”也存在着一定的问题。这就是在“罗马法复兴”过程中，注释法学派完全是靠对罗马法的注释，完全是按照它的原义去注释，而不敢超越雷池一步。二三百年发展下来以后，欧洲国家以《罗马法》为蓝本发展出来自己的民法体系，各自都找了它的理论根据，例如德国人找了pandecton《学说汇纂》，法国人找了《法学阶梯》。而现在甚至都有了一个原教旨主义！我们刚开完了“第三届罗马法会议”，我在私下说一句，意大利学者的原教旨主义可太厉害了。意大利学者的功劳就在于把罗马法传播于后世，我是教罗马法的，这我完全赞成。我也主张把罗马法传播到中国，把罗马法理念传播到中国，但是任何一个学说不能够搞原教旨主义，不能说非得按当初的规定来解说！社会发展了这么多年了，怎么还按原教旨去解说！伊斯兰教有伊斯兰教原教旨主义，基督教有基督教原教旨主义，但是基督教要是没有马丁·路德的宗教改革，哪来今天的新教啊？连马克思主义现在也还有原教旨主义，非要奉行马克思两百年前说的哪句话。社会变化很大，说结构主义也好，说原教旨主义也好，要严格按照它去办，只能是奉行过去某一种结构一点都不能变，这样怎么行？

在这一意义上我觉得，从民法的发展来说，是从严格的形式主义、严格的结构主义，到逐渐地放松。我刚才讲了，俄罗斯的民法典完全是继承德国的，但也不一样了。我始终没有反对《德国民法典》的意思，我仍然尊重这部法典。我认为，《德国民法典》在体系和结构方面是成就最高的。但是《德国民法典》更多地是形而上的，更多的是抽象的一些理论体系。英美法更多地讲形而下（这是我个人的看法），它是从实际判例里面拿出来的。在某个判例，做了一个statement，然后就作为一个规则，逐渐成熟。当然也有它不好的东西，但是应该看到它好的更重实际的一面，更接近生活的一面，更符合生活的脉搏的一面。所以在这个意义上我认为不管怎么说，要发展。我刚才讲过，两年前在神户参加“民法的动态研究”这个会议的时候，京都的北川善太郎教授说的话，让我大吃一惊。他说他刚刚去昆明参加了中国民法典编纂的一个讨论，对于民法的体系有一个看法：过去民法的体系，中间一个总则，旁边是债权、物权、亲属、继承；未来的民法典，中间是总则，然后是知识产权、人格权、所有权及其利用、合同、侵权，就连担保他都单独列出来了，他把这些都分出来了，当然还有婚姻继承了。他甚至说，没有必要非要把担保看做物权或者是别的什么，从它的功能来说就是担保债权而已。现在俄罗斯的民法典里面，就把所有的担保都放在债的一编里面去了，看做债的担保的形式。这也很有意思啊！俄罗斯在把原来苏联的一些东西瓦解了以后，也是大量地靠近西方的尤其是《德国民法典》的东西，但是在有一些方面仍然不同于《德国民法典》，而是植根于社会的实际。虽然前苏联瓦解了，但它不能够不承认它继受的那段历史。如果法律已经被人们所接受，已经成为人们生活中的东西，那么过去历史形成的东西就是事实，不能够不考虑。在这个意义上来说，我认为我们应该从严格的形式主义和结构主义中摆脱出来，吸收各个国家、各个民族、各个社会里面优秀的东西，使得我们将来的民法的发展多元化。多元主义、多元化，是必然的趋势，民法的发展不会只是遵从一个典型的模式。我就讲到这儿，下面我想听听苏永钦教授的意见。

米健教授（主持人）：

江老师时间把握得非常好！我简单先说两句。刚才江老师讲了五个方面的问题。我的感觉是，如果立法者不仅是听，而且照着江老师的意见去做的话，我们立法上的很多难题恐怕早就解决了。问题是现在的立法者比以前学得聪明：以前是不听，现在的进步是听，但是照不照办那是另一回事了。江老师刚才讲的五个问题，实际上都是非常重大的，是跟我国民事立法紧密相关的问题。第一个市民社会的问题，是讨论得比较久的一个问题，是一个思想基础的问题，是一个理念的问题，大家有不同的看法。我还是第一次听江老师出来正面阐释他对这个问题的看法。以前也和江老师探讨过这个问题。很多人也对这个问题发表了比较多的看法；我相对来说是比较保守的，也谈过对这个问题的看法。第二个问题我觉得谈的是体系的问题。第三个问题我觉得江老师谈得稍微多一点，我听了比较高兴。我觉得江老师的立场是，尽管江老师不反对现在民法典编纂的结构，但是从我今天的理解来讲，江老师对人格权独立成编的问题是持谨慎态度的。我觉得江老师今天讲得非常清楚。关于这个问题我们学界实际上展开过激烈的讨论。第四个问题是公私权的冲突。江老师主要是从现代社会国家公权对私权的侵犯这个角度，讲了我们民事立法对私权保护的局限，指出现代民法发展的规律，以及私权保护发展的规律和倾向。第五个问题江老师概括得非常清楚、非常简要。一个是要式和要因，讲了形式主义；另一个是结构主义。这两点虽然江老师讲得并不多，但是非常有启发意义，我自己是非常有收获的。现在有请苏教授对江老师的报告进行评论。

苏永钦教授（评论人）：

尊敬的江老师，尊敬的主持人米老师，各位老师，各位同学，大家下午好！我久仰江老师的演讲风采，认识江老师实际上应该有七八年了，过去在台湾地区、在这里都常有碰到他，但这次是第一次倾听江老师的演讲，真是领略到大师的风采。五个议题把整个民法的问题都串起来了，很多地方我觉得是茅塞顿开，受益非常多。可惜事先没有能够拿到江老师的讲稿。刚才米老师讲，对将来立法方向有很大的指引，我觉得还不止是这样，因为基本上江老师谈的是整个民法中现在纠结很多的一些问题，不论将来立法怎么样，对于我们同学学习民法，在这一课所体会到的可能会有很大的一些帮助。当然江老师并没有专门针对立法工作里头最重要的那一些问题去提出他的看法，但是最后总结下来我们也可以大概抓住一些大的方向。果然是个演讲家！以我过去教书二十几年来讲，非常怕演讲，因此非常佩服他，这么短的时间讲这么多。那我还是得作为一个评论人来回应一下。我很勉强地整理一下我写了这么多的笔记，基本上是按照江老师五大点的次序来整理一下。

前面部分我想江老师主要是让我们去注意到，民法作为最原始的理念的时候，它的想象其实在后来有很大的改变。从罗马法一直到欧洲启蒙以后所谈的民法，是由自由民的平等的一些关系所构建的民法，其实后来很快整个社会条件就和那种想象不一样了，因此原来民法中很多制度其实是面对着一些质疑的。里头提到了最近的一些案例，像奥康纳大法官所涉及的案例，针对“所有权绝对、所有权要保护”这样一个观念。更不要讲讨论到合同法，对于传统农业社会短的契约关系，到后来现代的一些长的、继续性契约关系，以至于有人谈到契约已死、合同已死这样一些观念。侵权法的一些社会化的发展和大量存在的社会风险，需要看能不能用传统侵权法去回应。通过这些来显示传统民法理念在社会条件改变以后的不足，这是对民法本身的意识形态和它的基本假设的一个冲击。

第二部分谈的是民法的包容性，谈民法应该处理哪些议题，我想跟第一个问题是息息相关的，提到了随着国家的不断介入，这种介入的深度和广度使得很多传统的私法关系没有办法完全用民法来规范，以至于慢慢地在民法的外面发展出了一些或大或小的法律。从一开始的商法、经济法、劳工法，再提到像知识产权法、竞争法、公共交易法，如果还可以补充的话，像谈得很多的消费者保护法等。这些似乎都是原来民法就可以处理的，后来因为国家的介入或者是一些理念的改变，比方说劳资关系从雇佣关系脱离，慢慢地在它的旁边出现了很多别的法律领域。我想，到这里，这两个议题对我们未来民事立法来讲提出来的重要问题大概是，民法典这个瓶子应该装多少水？要用什么样的态度去灌满这样一个民法典？如果要一个民法典的话，如果这里在领域的划分上已经相当困难，那怎么去设计民法？

第三个问题谈的是一个比较专门的议题，就是人格权、人身权保护的问题。这里江老师的结论是他赞成在中国做特别处理，但是不一定是说，这是中国在人权保护上的一个新的贡献，可能只是一种策略，用民法保护来表现也许还不足。从这个结论来看，江老师觉得人身权的保护是应当肯定的（当然有一些技术上的问题），还特别提到王泽鉴老师碰到这样一个质疑：人格权是不是可以创造？

第四点提到的是公私权的冲突，结论是这种冲突很难避免。在国家大量介入的情况之下，即使再怎么样在程序上注意，很多私权的利益还是会受到侵害的，因此需要很多的保护，但是不应该由民法来承担。

最后一点，也可能是总结的前面四点，提到对未来中国的民法典应该来用什么样的基本原则。我回忆起江老师几年前写的文章，〔4〕在对要不要民法典做讨论的时候，他提到的观点是比较折衷的——要，但是宁可是个松散的民法典，而不是一个过于僵硬的、结构紧密的民法典或者形式主义的民法典。在这点上是把江老师的核心论点指出来，它的理论基础在前面几点应该都可以放进去。为什么他主张这样一个形式的法典？可能比较容易来回应前面提到的社会条件的改变和法律的解释学受到的冲击；可能用这种方式对中国立法者、对中国社会新的变迁，它的回应的弹性

〔4〕 参见江平、梁慧星、王利明：“中国民法典的立法思路和立法体例”，载《月旦民商法》2003年3月特刊；江平：“制订一部开放型的民法典”，载《政法论坛》2003年第1期；江平：“再谈制订一部开放型的中国民法典”，载《法学家》2003年第4期。——编者注

都比较好。如果没有听错的话，江老师是主张民法典继续走下去，可是不要太教条化，而要开放更多的讨论。也许现在没有办法制定像《德国民法典》那样的交给一个最笨的人都可以操作的民法典，而是一个也许有一些矛盾，也许不这么体系，但是可以作为一个操作的开始，然后让法院、让学说还可以随着社会的改变慢慢去适应。整个的论点完全是一气呵成，让人非常佩服。

其实我的笔谈可以到此为止，因为我很难说出任何不同意的话。不过我的时间没有到，我再说一些，不能说是不同意见，应该是补充。对于民法一路发展过来在意识形态上的这些改变，很多民法的这种社会学、民法的这种大理论讨论大概都谈到了，像江老师在第二部分用“脱壳”这样的词来形容。如果我们回顾中国的民法，其实台湾地区用的始终就是中国最早的民法典，所以我们多少也还去读一点这样的东西，在要了解民法立法的本意的时候，也还会去找民律草案这些资料。确实是这样的，民法典它在当初就面临要摆哪些东西进来的抉择。民法典制定当时，最大的争议就是商法要不要摆进来，后来结论是说民商合一。因为中国没有独立的商法、独立的商人和独立的商人社会、特殊的商事关系，用江老师的观察，也可以讲没有像德国或者荷兰一些自由港那样的活跃的商人社会现实，也许有一些市场经济还比较发达的港口城市，但是恐怕还没有形成那样一个商法的传统，所以决定民商合一。可是，诚如刚刚江老师也点到的，在台湾地区，各种六法全书或者法学绪论，那些分类尽管是五花八门，可是大概都还有商法这样一个范畴。这表示虽然所谓民商合一，可是实际上有些商法还是在民法外面。这怎么去解释，从来也没有人认真地去讨论。但在民律草案里其实是有一段话，它的意思也就是说容量的问题。或者你可以讲，这是一个民法典的审美学，民法典如果有一块特别膨胀，公司法、票据法都塞到债编各论中，它会膨胀得很大。当时考虑的可能还不一定是国家的介入这一点，技术上的可容性就把它排除掉了。所以这个民法第1条就说：“法律所未规定者……”，最早的民律草案是说：“本律所未规定者……”。后来就已经确定知道至少四个法律是属于民法该放进来的，可是不得不拿开，因为数量太庞大了。可见民法典的立法者面临的问题还不只是说，水是什么样的成分，是很纯净的某种意识形态，或者体系很教条或者很一致，它还面临到即使都是这样，我还装不装得下这么多水的问题。

在这里也可能是个很现实的问题：民法典的功能是什么？它可能有一种教育功能，比方说它是给所有专业法律人一个第一步的基本的文法训练、一个基本的教材，如果它里面体系特别混乱，有些地方特别庞大，就不太好了。所以民法典要摆多少东西进来，确实是一个非常非常大的问题。对于中国大陆，我们不仅面临刚刚讲的这一些所有人类社会都经历过的一些国家与社会关系的改变、法律制度的改变，还面临一些特殊的经验。比方说我们市场经济规模是在很短的时间内重建的，扩展得非常的快，我们的法律几乎是跟在后头，一步一步地去回应它的需要。这跟西方国家先有一个以市民社会为对象的民法典，然后慢慢地，经过一次战争增加一些经济法，经过劳工运动增加一些劳动法，慢慢再加进来那个情况是不太一样的。后者可以有一个民法典作为一个常态的民事关系，然后有一些异态的修正的法律摆在外面；而我们是已经先有一些特别的民法，也有一部分是民法典的准备，像《合同法》，最后要制定《民法典》。这大概是中国经验最大的不同，我们要回填一部民法典。这里可能我们面临着以下这样一些决定。

第一个决定，我们到底要不要民法典？要它干什么？我们可以不要，这是第一个选择。事实上也有人这样讲。在中东欧的经验，也有少数一些国家最后决定不要民法典。我们有了《担保法》，我们有了《合同法》，我们有了《物业管理条例》，我们肯定也有关于承包经营的条例，有各式各样的法律去处理各式各样的问题，我们将来补不足的就好了。那个更松散、根本不具形式的民法也是一种选择。但是这个选择可能会面对的第一个问题就是法律之间的关联，它的法理的合一变得非常困难。第二个（问题），它的价值的矛盾会很容易产生，因为当你在处理从 A 到 Z 订立的 20 几种法律或者更多法律时，你更多是处理这个法律时会忘掉在前面某个法律已经做的价值判断。而对于一个社会来讲，其实有时也不太容忍对某些民事关系来说它的价值是非常混乱的，在这里非常重视交易安全，在那里完全忽略掉。当然这种忽略不是有意的，只是你忘掉了，因为你没有一个统一的东西。这是特别民法组成的民法可能面对的非常大的价值混乱问题。第三个（问题）是技术混乱。也就是说，你在这里用合同，在那里用契约；在这里用损害，在那里用损失。因为通过一个一个的立法，你不太可能创造一个统一的技术性的概念，它会趋向于分化，一个别的立法者会倾向于创造自己的概念，而有意地从主观上忽略掉前面其他法律概念。这个是它不及民法典的地方。第四个（问题），在教育法律人、训练一批法官到全国去适用法律的时候，教育的工具会非常缺乏。可能有人对于民事关系会写一本统一的民法原理，可是每个人写得都不一样，因为你没有那个一样的东西。这些是我整理出来的民法典非常重要的功能。所以我们先要有这样一个东西，再做某种常态价值的统一，然后异态是在那个统一标准上加加减减，而不是没有一个标准去谈技术的统一、概念体系的统一以及教育的工具。

如果我们因此肯定 2002 年民法典草案的努力是可以继续下去的，我们要面临第二个决定：什么样的民法典？这个民法典如果是把所有已经分散在外头的，有的甚至是分布在行政法中的特别民法，或者是混合少量行政法的特别民法，或者是特别行政法，把它的民法都抽离出来，全部摆在一个高度法典化的民法典里面，就可能会出现一个内容比当年《普鲁士普通法》还要多的法典。《普鲁士普通法》是在 1780 年左右人类创造的最大的一个法典，大概装了两三万的法条，但是后来证明做不下去了：第一个原因，两三万法条怎么用？怎么去体系化？怎么去搜寻？第二个（原因），它可能到第二天就不够用了，你再去立法，怎么去修那个大的法典？所以一个大而全的民法典几乎不是一个选择。那么我们会面临一个两难，如果你不是一个大而全的民法典，你又要一个民法典，那是一个什么东西？你也许会讲就是一个混合的东西，高兴放一些就放一些，这时它比大而全的更糟：它不全，又不清楚。所以，我的头脑分析出来的一个简单的结果是，我们如果还要民法典，就应该是一个体系很清楚，原则很清楚，针对民事关系常态，像一个基本文法一样的东西。它可以发挥如上的功能（便于法理合一、弱化价值冲突、避免技术混乱、承担教育功能），虽然它并没有立刻解决任何一个个案。法官拿到手上的时候，可能只把它当成普通法，当他碰到一个民法的环境案件，一个法官的训练应该告诉他可能从民法到环境法再回到民法。环境法的立法者会知道，他要照民法基础去修改环境法，在环境法里头加上3倍赔偿，其他的依照民法。这个基本的关系，每个立法者跟司法者都知道。那我们要这个民法典的话，我们定的就是一个纯粹的民法典，这个民法典就不承担任何管制的功能。到这里再讲下去，我就有点在推销我自己的观点了。

我想民法典，照刚刚讲法，如果要的话，这样的功能至少有一个好处，就是比较清楚。在我的观察，这也是欧洲的大陆法系民法典成功的原因之一，尽管它现在已经需要一些调整，可是它的调整大概没有脱离刚刚讲的那个基本定位，至少没有脱离太多。当然有一些脱离，比方讲，德国在2002年修改债法的时候有一个很大的争议，就是要不要把《消费者保护法》摆进来?《消费者保护法》是不是一种经济法?是不是一种非市民法?因为它假设有一类市民是弱者，叫做消费者，而不是假设市民是平等的，这样的一个法律破坏了原来民法的基本意识形态。甚至它摆进来以后引起另外一个质疑，说商法是不是也应该合并进来，为什么把商法摆出去?原来把商法摆出去，是假设商人跟商人之间的关系和市民跟市民之间的关系不一样。那你现在把消费者摆进来，商法也要摆进来。争议很多。但是最后，德国人还是忍耐了这一点的非体系性。因为他们认为，要想在欧洲整个民法的发展上能够取得一个领导地位，而整个欧洲大家都不那么讲体系，消费者法摆进来就比较好一点。大概是在这个情况下摆进来的。所以没有一个国家民法典是不妥协的，大概都会做一些妥协。我们可能也需要先做一个决定，最后再做一些妥协，但是有基本的决定，这个民法典是不是要如刚刚讲的走向那样子，不给太多中性化，不去承担太多的功能，去管到国家的一些资源分配、贫富差距这些问题，而去做一个最常态的民法，它是这个样子，然后把其他的问题交给其他的法律去处理。这也是我想象的中国民法典一个可能的模式。

这里仍然可以累积（刚刚江老师讲的）其他的人类社会已经在民法上实践的一些新发现。包括比方说，民法过去过于形式化，而现在走向了实质化。这也是他们德国民法100年以后最大的一个体验。过去认为契约就是契约，但是后来他们发现这个观念有很多漏洞，然后去填补，这就是从形式到实质。这些经验对于中国，就不可能不去参考。所以它必须如江老师所讲，不能走到一个那样非常高度的形式主义，也许是某种修正过的、辩证过的一个结构主义。在这点上，据我个人的观察，民法几乎是人类社会里头一个大家完全不顾忌地抄袭的一个领域，向来都是后者抄前者，因为第一，生活相近性、生活相关性是相同的；第二，它的技术程度不高。所以德国民法其实是吸收了法国民法100年的大量经验，特别是它的一些理性主义、自由主义的精髓，这在德国民法典里头已经有大量的体现。然后我们可以看到，这两个模式的影响，法国民法也许还超过德国民法。可是你也可以看到，它的影响都是在法语区或者西班牙语区，也就是说它的影响基本上是一种政治性的，比方说法国民法影响到比利时。可是如果不具有这种文化的相关性，而是自由的移植、自由的借鉴，大概都会走到德国模式，包括东亚、日本的转变，或者是荷兰的转变、前苏联的转变。为什么?因为后来的总是在观念上、技术上会先进一点，这是很自然的一个想法。所谓对于21世纪的立法者来讲，其实他的选择也没有什么，他就是在看还有没有更先进的。比方说荷兰最近的修法，其实比起德国又做了很多调整。所谓后发优势也无非在此。我觉得这也是一种辩证，也就是说从松散到结构，结构再松散。对于一个新的立法者来讲，可能他没有必要为了松散而松散。我的想法是，你建立一个新的结构，这个结构是建立在前人基础上的，但是你要有心理准备，这个结构可能会被再解构掉，没有一个结构是不会被改变的，这也是完全自然的一件事情。所以诸如在侵权行为领域，将来可能会纳入一种跟原来过错主义侵权制度在理念上仍然可以相容的危险责任；在合同领域，可以加入一些实质性的所谓“信赖保护”这样一些东西。这些过程都是一种很自然的经验的积累。对中国这样一个大国来讲，它的借鉴是完全自由的，不带有任何殖民地的强制性，不带有任何文化的、语言的这种相关性，所以它可以选最好的。但是在选择过程中，它可能应该要做更高的技术性的创新、价值的统一。这个努力对于这样性质的民法典来讲，可能还是不可避免的。

最后一点就是关于人格权这个问题。我非常理解这样一个争议的背景跟它的实质。我记得曾经在和对这个问题主张最多的人民大学的几位老师一起聚餐的时候，听到他们谈文革的经验，可能跟这个有关系。也就是说，在人格权不够受到尊重的一个社会里头，不厌其烦地在某些重要的法典里去强调。我可以体会这点，但是我想提出一个小的问题，也是和我最尊敬的王泽鉴老师打个擂台。人格权是不可能自由创造的，这跟它的本质是不相符合的。在某甲跟某乙可以去自由创造某个人格权的场合，比方说某乙他从小有一种心理状态，听到“苍蝇”两个字他就会做噩梦，于是他与某甲创造了一个不要提“苍蝇”两个字，以免造成他心灵创伤的人格权，这是他创造出来的。请问他要怎么去公示这个人格权？他是不是贴在他的脸上，或者穿在他的衣服上，然后人家才知道不要跟他提“苍蝇”这两个字，以免造成他的心灵创伤？人格法益其实是非常主观的东西，它必然是经过很长的相互主观过程，在这个社会中形成的一种权利。比方说在一个不重视隐私的社会，其实没有隐私权，可是慢慢形成这个价值观念，通过很多的讨论、宣扬，然后慢慢形成，它是自然形成的，它是广义的法定的，应该讲不是国家的法去制定的，是社会习惯法形成的。这在我的观念来讲，是这种意义的法定的东西。形成了以后，每个人的良知良能就可以知道要尊重别人。可是，在甲社会存在的人格权在乙社会未必是存在的，是没有办法通过自由契约去创设的。所以，人格权是非常复杂的问题。“一般人格权”在德国造成非常大的问题，它是一件好事，但是不是那么容易去规定的。在我们的人格权草案里我个人发现：第一个问题，是并没有创造出来一个很清楚的人格权观念；第二个问题，加进了很多特别人格权，它在保护上会有问题；第三个问题，它的内容不具有可形成性，规定的就是这样子，因此跟物权法一样成为一个强制的法定的领域。可是物权法的主要内容是在规定怎么去形成这个物权，还有物权跟物权之间的一些权利义务冲突；人格权草案几乎没有任何规定，而只是去定义什么是人格权，它的保护请看侵权行为章。所以，值得深思的是人格权到底要规定什么？虽然独立一章，但只是去做了一些权利的界定，而其他，对于它的形成跟保护都没有办法或者说不一定适合专章去规定。那这样的规定是不是比较适合摆在一个更高的位置，比方说民法总则，去宣示人格权，去界定某一些人格权，然后把它的保护交给法律体系上的侵权行为法？诸如此类我觉得都是一些还可以讨论的问题。

我就简单地评论到这里。基本上我真的觉得今天是上了一课。对于民法典的问题我觉得是需要更多的讨论，但是，中国大陆这种市场经济发展的快速好像是有点等不及一个民法典一再拖延，这个社会成本是非常非常大的。我们可能会看到各地的法院只能依照民法原理去判案，而每一个法院形成判决的法理都不太一样，这个状态是不可能容忍太久的。所以宁可不是一个完美的民法典，宁可不是如江老师讲的“那么结构完整的东西”（那个可以再去努力），但是可以在现有经验基础上做出最好的，然后留待将来再去修改。这也是我作为一个台湾地区的民法研究者衷心的一点期盼。

米健（主持人）：

非常感谢苏永钦教授。刚才苏永钦教授说江老师是大师的风采，大师的风度。我稍微做一点区别吧，从我第一次听苏永钦教授的演讲到今天，我觉得苏永钦教授是大家的风采，大家的风度。他谈问题很从容，但涉及的问题都很深入。苏东坡有一句词：谈笑间，樯橹灰飞烟灭。苏老师是谈吐间神传意达，都很到位。他刚才对江老师五个问题的点评，我觉得如果没有很深刻的知识背景，没有对民法整个体系、制度、原则、思想跟基础的把握，可能他不会用这么简洁的话、用很短的大概 15 分钟的时间做出这样一个精粹的概括，有的地方跟江老师的讲演正好相映成趣。苏老师而后讲的同样非常有意义。首先他着重谈了民法与商法的关系问题，这个刚才江老师在第二部分也涉及了。我觉得他从台湾地区的经验，从世界各国的立法经验提出了一些非常具有启发性的观点；再一个，他的最后一部分，我觉得是我们应该好好思考的。他对中国大陆民法典编纂的这种期待，没有这么多太高的要求，他就是以一个学者、一个法律工作者的态度来期待一种常态的民法典。这种常态的民法典为什么是可能的呢？是因为从各个民族、国家，到整个世界，它们之间的民事交往、经济交往，也就是文明生活，有共同的经验。在这个基础上呢，他举了《德国民法典》和《法国民法典》之间的差别：一个后到的民法典总是有它后发制人的优势。这并不是说《法国民法典》有什么不足，而是说后来的东西总是要超过前者，这是一个规律。江老师整个演讲从头到尾有一个非常大的特点，这江老师从一开始就讲了，他是从历史的角度来谈民法典的发展，所以他今天讲的这整个五个方面是论从史出的。而苏老师则做了一些非常精到的补充和回应。苏老师刚才说上了江老师的一课，我今天则是上了两课。今天是江老师做演讲，苏老师做评议；按照我和龙老师商定的计划，我们的第二次论坛将由苏老师来担任主讲，到时候苏老师可以更加从容地来谈一谈他的非常精妙的观点和思路。今天借这个机会，让我们对苏老师下次演讲，一方面表示感谢，再一方面表示期待。很遗憾，时间有限，今天到此为止。谢谢江平老师，谢谢苏永钦教授，谢谢诸位出席。

梁笑准/贺栩栩/林浩整理

龙卫球校

权利能力的若干基本理论问题

柳经纬*

权利能力，即我国法上的民事权利能力，是民事主体最为重要的资格。我们关于权利能力的认知，源于民法教科书，基本上也满足于民法教科书。然而，当我们深入探究一些问题时，将发现满足于民法教科书的层面是远不够的，有必要作进一步的讨论。本文攫取其中若干基础理论层面的问题加以讨论，试图藉以展示权利能力的丰富理论内涵和实践意义。是否如笔者之愿，只有请业内行家和读者评判。

一、权利能力与主体资格

权利能力，是指民事主体享有权利和承担义务的资格，既包括民事主体享有权利的资格，又包括承担义务的资格，因而又可称为权利义务能力。[1] 关于权利能力与主体资格（即人格）的关系，我国学界有两种主张：一是权利能力与人格属于等同的概念，可称为“同义说”。如梁慧星说：“民法上得为民事权利主体者，称为‘人’。得为民事权利主体之法律资格，称为‘人格’。此所谓‘人格’，亦即民事权利能力。”[2] 这种观点为我国民法学界之通说，也是传统民法学之通说。二是权利能力与人格属于不同的概念，可称为“异义说”。江平指出：“人格和权利能力不是一个概念”，“人格是指可以成为民事权利主体的资格，而权利能力则是指可以享有民事权利并承担民事义务的资格。前者是主体的资格，后者是享有权利的资格。前者指条件，即具备了什么条件才能成为主体，后者指范围，即民事主体可以享有的权利范围。前者指前提，使主体可以享有权利的前提，后者指内涵，使主体可以享有权利的内涵。”[3] 这种观点属于少数说。笔者认为，通说不足以解释法律生活的现实，理论上应采取“异义说”。

按通说，权利能力等同于人格，但如果民事主体之间的权利能力存在差异的话，就必然得出民事主体的人格也存在差异的结论。然而从法律上看，民事主体的人格应当是无差异的、等同的。因为无论是自然人还是法人，都是独立的民事主体，都具有独立的主体资格，即人格。但是无论是自然人还是法人，其权利能力却存在差异，并非“一律平等”。

---

* 中国政法大学教授。

〔1〕 史尚宽：《民法总论》，中国政法大学出版社 2000 年版，第 85～86 页。

〔2〕 梁慧星：《民法总论》，法律出版社 1996 年版，第 50 页。

〔3〕 江平主编：《法人制度论》，中国政法大学出版社 1994 年版，第 3 页。

就自然人而言，尽管我国《民法通则》第10条规定："公民的民事权利能力一律平等"，但这只是指一般的权利能力而言，在某些情况下，自然人的权利能力存在着明显的差异，例如，基于国家主权原则，任何国家都不会赋予外国人、无国籍人与本国人完全相同的权利资格；基于社会经济秩序正常化的需要，法律限制国家机关工作人员从事商业活动，即国家机关工作人员不能享有商事能力；为保护未成年人的合法权益，法律规定禁止雇用未满16周岁的未成年人，〔4〕即未满16周岁的未成年人不具有劳动的权利能力。〔5〕法人的情形也是如此，法人的权利能力受其目的限制，因此设立目的不同的法人，有着不同的权利能力，从事武器生产经营的公司与从事电器产品生产经营的公司，其权利能力不同；以"救死扶伤"为宗旨的医院与以完成国家国民教育为宗旨的学校，其权利能力也不相同；以从事营业为目的的公司与以从事公益事业为目的的慈善会，其权利能力就存在更大的差别。至于法人与自然人之间，其间权利能力的差异就更为显著，自然人具有自然属性，法人具有社会性，法人不能享有自然人所特有的民事权利，如生命健康权、身体权、肖像权；自然人也不得从事某些只能由法人从事的事业，如电信事业、邮政事业、军工生产、医药生产等。

上述自然人之间、法人之间以及自然人与法人之间，在权利能力上存在的差异是明显的；但是，我们不能由此得出自然人之间、法人之间以及自然人与法人之间法律人格不同的结论。"异义说"将人格和权利能力区分开来，一方面维护了所有主体人格的平等性，另一方面为民事主体之间权利能力的差异性给出了合理的理论解释。依"异义说"，人格解决的是主体之所以为主体的资格问题，自然人之所以为民事主体，法人之所以为民事主体，在于其具有独立的人格。在主体的人格确定的前提下，民事主体能享有哪些权利又能承担哪些义务，亦即民事主体享有的权利范围，则由权利能力来解决，不同的权利能力意味着主体之间能够享有的权利范围的不同。

笔者认为，人格与权利能力的区别还不止于此。人格是现代法律对自然人和社会组织的主体性的确认，而非赋予。自然人和社会组织作为社会生活的主体，是一种客观存在，法律不过是予以确认而已。基于这种确认而非赋予的特性，民事主体的人格各自独立，因而也就具有等同性或者平等性，无论是自然人还是法人，也无论自然人或法人存在多大的差别，其主体资格都是一样的；而且，由于确认而非赋予，因而法律对自然人和法人的人格是不能加以限制或者剥夺的，限制或者剥夺都会导致民事主体人格的差异，而有违现代法治的平等理念。然而，权利能力则是法律赋予民事主体的一种资格。既为法律所赋予，那么法律就可以根据不同的主体赋予其不同的能力，如根据自然人与法人的属性不同而赋予不同的权利能力，根据法人设立目的的不同赋予不同的权利能力；而且，权利能力既为法律所赋予，那么法律也可以加以限制或者部分剥夺。在现代社会，法律基于某种特定的目的或者社会政策，总是对某些民事主体的权利能力加以限制的，如对未成年人劳动能力的限制，

〔4〕参见我国《劳动法》第15条规定。

〔5〕关于商事能力、劳动能力、结婚能力等特殊民事资格的性质，即它们是权利能力还是行为能力的问题，笔者将另文讨论，在本文中笔者取教科书之通说，认为它们均属于特殊的权利能力。

对外国人和无国籍人能力的限制，对国家机关工作人员商事能力的限制等，这种限制并不会导致对现代法治理念的违背。

需要进一步指出的是，在多数情况下，人格的得失与权利能力的得失具有时间上的一致性。例如，自然人出生时取得权利能力，同时也取得人格；自然人死亡时，权利能力归于消灭，其人格也归于消灭。法人的权利能力与其人格的取得与消灭也是如此，均为“始于其设立终于其解散”。这也是传统理论主张“同义说”，将权利能力等同于人格的原因。然而，笔者认为，“同义说”将权利能力与人格混同的根本原因是只看到权利能力与人格的起止，而没有看到权利能力的变化。实际上，无论是自然人还是法人，其人格在其存续的过程中没有变化，但是其权利能力却是在发生着变化的。例如，依我国法律规定，自然人劳动能力的取得在年满16周岁之时，而非其出生之时；其结婚能力的取得也是在达到法定婚龄之时，而非出生之时；如果加入公务员队伍，那么其商事能力也将受到限制。至于法人，其权利能力受设立目的的限制，如果法人在其存续过程中，变更其目的，那么其权利能力也将随之发生变化。自然人、法人权利能力的变动，进一步说明了权利能力与人格不应当是等同的概念，因此理论上应采取“异义说”而不宜采取“同义说”。

二、自然人权利能力的平等性与差异性

自然人权利能力平等在民法学理论中属于常识。我国民法理论教学恢复之初，民法教科书在涉及民法的平等性原则和民事主体的权利能力时，都会谈到自然人的权利能力平等问题，并且认为自然人的权利能力平等是公民在法律上地位平等原则的必然反映，甚至于把自然人的权利能力平等视为社会主义条件下公民所具有的法律人格的特性。〔6〕而且，自然人的权利能力平等也是自然人在主体资格方面不同于法人的特征之一。因为法人的权利能力因业务范围不同而有区别，〔7〕各个法人设立的目的、任务不同，业务经营范围不同，决定了其权利能力的大小和范围不同。〔8〕

自然人权利能力平等，指的是自然人不因其性别、年龄、种族、民族、宗教信仰、教育程度、家庭出身、职业、财产状况以及社会地位等区别而具有平等的权利能力，在法律上处于平等的地位。〔9〕这一原则在民事立法例上通常是通过规定自然人的权利能力的起止来体现的。例如，《德国民法典》第1条规定：“人的权利能力自出生完成之时开始。”《日本民法典》第1条规定：“私权的享有，始自出生。”我国台湾地区“民法”第6条亦规定：“人之权利能力，始于出生，终于死亡。”自然人的权利能力始于出生终于死亡，意味着人在生命存续过程中都具有权利能力，因

〔6〕佟柔主编：《民法原理》，法律出版社1983年版，第40页；佟柔主编：《中国民法学·民法总则》，中国人民公安大学出版社1990年版，第91页。

〔7〕佟柔主编：《民法原理》，法律出版社1983年版，第62页。

〔8〕李由义主编：《民法学》，北京大学出版社1988年版，第91页。

〔9〕李由义主编：《民法学》，北京大学出版社1998年版，第48页；佟柔主编：《中国民法学·民法总则》，中国人民公安大学出版社1990年版，第91页。

而人的权利能力是平等的，无区别的。[10] 但也有直接规定自然人权利能力平等的。例如，《瑞士民法典》第 11 条规定："①人都有权利能力。②在法律范围内，人人都有平等的权利能力和义务能力。"[11] 我国《民法通则》是既规定自然人权利能力的起止，又直接规定自然人权利能力的平等性。该法第 9 条规定："公民从出生时起到死亡时止，具有民事权利能力，依法享有民事权利，承担民事义务。"第 10 条规定："公民的民事权利能力一律平等。"

自然人权利能力的平等性是我们认识和研究民法的制度特征和价值理念的逻辑起点。权利能力的平等意味着民事主体法律地位的平等和人格的独立与尊严，意味着民事主体在民事交往中应当相互尊重，意味着当事人在处理民事法律问题时的自主与自决（即意思自治）。民法的所有制度设计都是建立在主体地位平等的基础上的，无论是法律行为制度还是时效制度，无论是物权制度还是债与合同制度抑或亲属继承制度，民法采取的是中立的立场，很少有宣布自己站在法律关系一方当事人一边的情形（在这个问题上，消费者权益保护法等弱势群体保护法的立场就不一样，这些法律明确地宣布其站在弱势群体一边）。因此，我们看到的民法制度总是不偏不倚的，没有明显偏袒任何人的色彩。这一点在债法对于合同条款不确定性所规定的补充性规范中体现得最为典型。例如，质量约定不明确或者不能依其他方式确定标的物质量标准时，我国民法规定应采用"通常标准"[12]（有的规定"中等品质标准"[13]）；履行期限约定不明确时，我国法律规定债权人随时可以要求履行，债务人也可以随时履行，但应给予对方必要的准备时间。[14]

然而，自然人权利能力的平等仅属一般情形，而非如我国《民法通则》第 10 条规定的"一律平等"。有一般情形，就有例外情形或者特殊情形。就特殊情形而言，自然人的权利能力是存在差异的。在民法学习中，重要的不只是把握权利能力的平等性，更应该关注自然人权利能力的差异性问题。自然人权利能力的差异性主要表现在以下几个方面：

第一，对外国人及无国籍人权利能力限制。基于国家主权原则，任何国家的法律都不可能授予外国人和无国籍人与本国人完全相同的权利能力，对于某些民事权利，法律限制外国人和无国籍人享有。我国《民法通则》第 8 条第 2 款规定："本法关于公民的规定，适用于在中华人民共和国领域内的外国人、无国籍人，法律另有规定的除外。"依此规定，法律规定外国人、无国籍人不得享有的民事权利，意味着对其权利能力的限制，外国人、无国籍人的权利能力与本国公民存在着差异。例如，外国自然人在我国从事营业活动的，须经我国有关部门批准，并办理登记手续，其

---

〔10〕 山本敬三教授指出，可以把"私权的享有，始自出生"理解为规定权利能力平等原则的条文。参见［日］山本敬三：《民法讲义：总则》，解亘译，北京大学出版社 2004 年版，第 24 页。

〔11〕 依通说，权利能力既包括享有权利的资格（能力），又包括承担义务的资格（能力）。瑞士民法将两者区分开来，其他国家或地区的民法则不作区分，其规定的权利能力包括承担义务的资格。

〔12〕 参见《民法通则》第88条第1项，《合同法》第62条第1项。

〔13〕 参见《德国民法典》第 243 条，《日本民法典》第 401 条，我国台湾地区"民法"第 200 条。

〔14〕 《民法通则》第 88 条第 2 项，《合同法》第 62 条第 4 项。其他可参见：《德国民法典》第 271 条，我国台湾地区"民法"第 315 条。

形式只限于设立外资企业（包括独资企业、合资企业和合作企业）。

第二，未成年人劳动权利能力的限制。为保护未成年人的身心健康和合法权益，各国法律都明文规定禁止雇用童工。我国《劳动法》第15条规定：“禁止用人单位招用未满16周岁的未成年人。”“文艺、体育和特种工艺单位招用未满16周岁的未成年人，必须依照国家有关规定，履行审批手续，并保障其接受义务教育的权利。”由此可见，未满16周岁的未成年人，其被雇用而从事劳动的权利能力受到限制。

第三，结婚权利能力的限制。我国《婚姻法》第6条规定，男女双方结婚须达到法定婚龄，即男方须年满22周岁，女方须方年满20周岁。未达到法定婚龄的自然人不具有结婚的资格，其权利能力受限制。第7条规定，直系血亲和三代以内的旁系血亲禁止结婚；患有医学上认为不应当结婚的疾病的自然人禁止结婚。属于该条规定禁止结婚的自然人，其权利能力也受限制。

第四，不同民族之间自然人权利能力的差异。我国《民族区域自治法》第10条规定：“民族自治地方的自治机关保障本地方各民族都有使用和发展自己的语言文字的自由，都有保持或者改革自己的风俗习惯的自由。”例如，我国藏族等一些少数民族有佩戴刀具的民族习惯，依该条规定而具有特殊的权利能力。其他民族（如汉族）则不具有这种特殊的权利能力，如果佩戴管制刀具，有关机关将依法予以收缴。

第五，党政机关工作人员商事权利能力的限制。对党政机关（包括党委机关、国家权力机关、行政机关、审判机关、检察机关以及隶属这些机关编制序列的事业单位）及其干部等经商的限制，是我国一贯的方针政策。[15] 由于党政机关和党政干部及其相关人员有着特殊的权力和地位，其经商容易导致官商不分、权钱结合、以权谋私、滋生腐败，从而妨碍公平竞争，影响社会主义市场经济秩序的建立，因此对这些人员的商事能力加以限制是完全必要的。

民法上以自然人的权利能力平等为原则，而以限制或剥夺或赋予某些特殊群体以特殊资格为例外。由于对自然人权利能力加以限制或剥夺，或者赋予某些自然人特殊的权利能力，关系到人的自由和从事社会活动的范围，因此应以法律明文规定为必要，任何人或组织都不得赋予某些群体以特殊的资格，更不得限制或剥夺自然人的权利能力。基于这一原则，笔者建议未来民法典关于自然人权利能力平等性的规定，不应完全承袭《民法通则》第10条，而应改为：“自然人的权利能力平等，非依法律规定不得限制或者剥夺。”

三、法人权利能力的差异性与平等性

依我国学界通说，法人的权利能力具有特殊性，这种特殊性不仅表现在其不能享有自然人特有的民事权利（生命健康权、身体权等），而且更主要表现在，法人是依据其所担负的社会职能而设立的，其权利能力除了受自然属性限制和法律限制外，还受其章程和目的的限制，法人的权利能力及其范围取决于其设立时所确立的目的，它只能在其设立目的范围内进行活动，享有权利和承担义务；由于法人的设立目的

---

〔15〕 参见柳经纬、刘永光：《商法总论》，厦门大学出版社2004年版，第50～51页。

不一，因此法人的权利能力也各不相同。[16] 依据通说，法人权利能力的差异性被认为是法人能力与自然人能力最为重要的区别点，即自然人的权利能力具有平等性，而法人的权利能力因目的不同而各异。

自然人权利能力的平等性是现代法治社会里人的平等的具体表现之一，尽管法律基于特定的社会政策对自然人的某些权利能力加以一定的限制，但是平等仍然是自然人权利能力的基本属性。然而，法人则不同。在今日社会，除了社会公共事务的管理是由国家公权机关担任外，凡经济、文化、教育、医疗、科学技术、慈善等各种社会事业都是由形形色色的法人来担任的。[17] 一方面基于对社会事业管理的需要以及国家利益的考量，国家不可能将所有的事业都平等地交给所有的法人，另一方面也由于人有所长、术有专攻，并非所有的法人都可以胜任所有的事业，因此法人总是按照以从事特定的事业为目的来设立的，法人之间权利能力的差异也就成为法人民事能力最基本的特征，也是法人能力区别于自然人能力的最主要的特点。法人权利能力依其目的而定，意味着法人仅于其目的范围内有权利能力，在法例上表现为“目的限制条款”。例如，《日本民法典》第 43 条规定：“法人依法令规定，于章程或捐助章程所定目的范围内，享有权利，负担义务。”我国台湾地区“民法典”第 26 条规定：“法人于法令限制内，有享有权利、负担义务之能力。”依其“公司法”第 10 条规定,“公司不得经营其登记范围以外之业务”，台湾地区的立法例也具有“目的限制条款”的意义。我国《民法通则》第 42 条规定：“企业法人应当在核准登记的经营范围内从事经营。”同样属于“目的限制条款”。

然而，如同自然人的权利能力以平等性为主要特性，但也存在差异一样，法人的权利能力以差异性为主要特性的同时，是否也存在着平等的一面呢？换句话说，法人是否也同自然人一样存在着平等享有的、无差别的权利能力呢？笔者认为，答案是肯定的。法人除了从事其特定事业外，为了维持其组织体本身的存在，法律上需要拥有一些基本的权利能力，而这些权利能力显然不在其目的范围之内。例如，法人作为独立的主体，为了与其他主体区别开来，须有名称（如企业的商号），并对自己的名称享有名称权；法人为了正常从事其事业，须有办公场所和办公设施等财产，并对自己的财产享有所有权等财产权；法人基于其自身的利益考虑，须保有其事业秘密，并享有事业秘密权。凡此种种，都与法人主体本身有关，而不在目的范围内。从权利能力的角度来看，法人享有名称权、各种财产权、事业秘密权的资格，不是取决于法人设立的目的，而是基于法人生存的基本需要。相对于依法人目的而确定的具有差异性的权利能力而言，法人基于生存需要而具有的权利能力具有平等性。无论是营利法人还是公益法人，也无论是社团法人还是财团法人，尽管它们在设立目的方面存在着很大的不同，但是在以生存为必要的权利能力方面并无区别。

---

〔16〕 佟柔主编：《中国民法学·民法总则》，中国人民公安大学出版社 1990 年版，第 158～161 页；魏振瀛主编：《民法》，北京大学出版社、高等教育出版社 2000 年版，第 80～82 页；王利明：《民法总论》，中国人民大学出版社 2004 年版，第 295～296 页。

〔17〕 依《民法通则》的规定，国家机关也属于法人，但其民事主体地位仅限于其从事民事活动，如政府采购、发行国债等，而不及于行使公权力方面，在行使公权力方面，国家机关不应具有民事主体的身份。

在法例和学说上，通常是通过对“目的限制条款”的扩大解释来阐释法人目的外的权利能力。例如，依《日本民法典》第43条规定，法人仅于目的内享有权利和承担义务，不承认目的外有权利能力，但是司法实践和学说认为法人“为遂行其目的事业所必要之事项，亦有权利能力”，甚至认为在“不及于”目的之范围内“有无限之能力”。在法国，亦有采取“公司能力无限说”。[18] 应该说，将法人的权利能力扩大到“为遂行其目的事业所必要之事项”是必要的，此种权利能力相当于本文所探讨的法人基于其生存而必须具备的权利能力，但是如果认为法人具有“无限之能力”，除非法律不再规定“目的限制条款”，否则有违反法律之嫌。笔者认为，在不改变“目的限制条款”的前提下，将“目的限制条款”限于法人从事社会事业方面，而在目的外确认法人具有维持其存在所必要的权利能力，是可行的路子。从我国法律的规定来看，这也不违反《民法通则》第42条的规定。该条只是限制企业法人超越经营目的的“经营”，意指不得从事目的外的社会事业，如果法人为维持其存在而保有名称权、采购办公用品和办公设施等，则不属于“经营”的范畴，应不受《民法通则》的限制。

确认法人在其目的之外还存在着具有平等性的权利能力，无论是在理论上还是在实践上，都是重要的。从理论上来看，它拓展了人们观察法人权利能力的视野，丰富了法人制度的内涵。法人的权利能力因此可分为两个部分：一是法人为了维持其生存而具有的基本的权利能力，这部分权利能力不因其设立目的的不同而有区别，具有平等性，且不因法人目的的改变而发生变化；二是依据法人设立目的而具有的从事特定事业的权利能力，这部分权利能力因法人设立目的不同而有区别，具有差异性，并且还会随着法人目的的改变而发生变化。由这两个部分的权利能力构成法人完整的权利能力。

从实践上来看，它解决了实践中许多法律困惑。权利能力不仅决定着其享有权利的范围，而且也影响着其行为的效力。民事主体的行为如果超越其权利能力，将导致法律对该行为的否定。因此，法人超越其权利能力的行为原则上应认定无效。依此原则，如果将法人的权利能力仅仅限定于其设立目的的话，我们就无法解释诸如此类的问题：为什么不同目的的法人都可以享有名称权和财产权？为什么不同的法人对外订立的采购办公用品的合同、房屋买卖合同、房屋租赁合同等都可以有效成立？为什么不同的法人都可以保有其事业秘密？当我们扩展了法人的权利能力内涵，认识到法人除了依其目的而享有的权利能力外，还具有法人所平等享有的权利能力时，上述困惑都将迎刃而解。这对于司法实践具有重要的理论指导意义。

四、权利能力欠缺对行为效力的影响

在民法学理论上，通常只是在权利享有问题上才涉及权利能力问题，而在行为效力问题上并不讨论权利能力，所讨论的是行为能力。因为立法上把行为能力作为法律行为的有效条件加以规定，而没有把权利能力作为行为有效条件来规定。例如，《德国民法典》总则编第三章“法律行为”第一节“行为能力”规定了行为人欠缺

〔18〕 史尚宽：《民法总论》，中国政法大学出版社2000年版，第154页。

行为能力对行为效力的影响，并无关于权利能力对行为效力影响的规定；我国台湾地区“民法典”也在总则编第四章“法律行为”第二节规定了行为能力欠缺对行为能力的影响；我国《民法通则》第55条则明确规定“行为人具备相应的民事行为能力”是民事法律行为的有效条件之一。

通常，行为能力对于法律行为的意义包括两个方面：一是行为能力的欠缺影响行为的有效性。行为能力既为法律行为的有效条件之一，因此欠缺行为能力的法律行为，其效力也必然存在问题。根据我国法律的规定，行为能力欠缺对法律行为效力的影响包括以下情形：①无行为能力人实施的行为和限制行为能力人实施的超越其行为能力的行为，原则上无效，但纯获利益的行为，不因其行为能力欠缺而无效；②限制行为能力人在其行为能力范围实施的行为，有效；③限制行为能力人超越其行为能力而实施的行为，事先征得法定代理人同意的有效；④限制行为能力人未事先征得其法定代理人的同意实施的超越其行为能力的行为，法定代理人事后予以追认的有效；不予追认的，行为无效。[19] 二是行为人欠缺行为能力，可以通过法定代理人的代理实施法律行为（如由监护人代为签订与其利益有关的合同），从而取得和保护其权利；因此行为能力的欠缺是可以补救的，监护制度的功能之一就是弥补被监护人行为能力的欠缺。

然而，民事主体的权利能力对行为效力的影响也是明显的，且具有完全不同于行为能力的意义。作为民事主体享有权利和承担义务的资格，权利能力的有无，不仅影响到权利的享有，而且也会影响到行为的效力。通常，欠缺权利能力对行为的影响，表现为对行为的否定，其影响之大远甚于行为能力欠缺对行为效力的影响。欠缺权利能力导致对行为的否定，包括两种情形：①主体丧失权利能力导致其任何“行为”的彻底否定。例如，自然人已经死亡，其权利能力已经消灭，他人以其名义签订的合同，不仅不能直接发生合同的效力，而且也不能发生代理的法律效果。法人也是如此，如果法人已经注销登记，原有的董事、经理仍以该法人的名义对外签订合同，那么该合同对已经注销的法人也不具有法律的意义。②如果主体欠缺某些方面的权利能力，则导致其特定行为的否定。例如，法律规定人们不得私藏武器弹药，是对自然人权利能力的限制，意味着自然人对于武器弹药不具有享有任何权利的资格，因此自然人实施的制造、买卖乃至租赁、借用、保管以及抵押等任何关于武器弹药的行为，均属于无效行为。又如，自然人须年满16周岁才具有劳动能力，须达到法定婚龄才具有结婚的能力，未达到法定年龄订立的劳动合同以及达成结婚的协议，均不能有效成立。[20] 法人的情形也大体如此，法人的权利能力受其目的限制，法人超越其目的订立的合同，依据我国过往的司法实践，均确认为无效合同（关于法人超越其目的的行为效力问题将在下节专门讨论）。

自然人丧失权利能力，同时标志着其人格的灭失，亦即主体的消灭，因此实际

---

〔19〕 有关法律的规定及司法解释，请参见《民法通则》第12、13、58条、《合同法》第47条、最高人民法院《关于贯彻执行〈中华人民共和国民法通则〉若干问题的意见（试行）》第6条。

〔20〕 我国《劳动法》第18条规定“违反法律、行政法规的劳动合同”无效，包括违反第15条关于禁止雇用未满16周岁的未成年人的规定的合同无效。我国《婚姻法》第10条规定“未达到法定婚龄的”的婚姻无效。

上不存在着“行为”，即便有他人以其名义从事民事活动，也不发生代理的问题。在主体资格尚存但其欠缺某些权利能力的情形，并不存在着类似于行为能力欠缺的补救问题。其一，行为能力欠缺可以通过监护人的代理行为，帮助主体参加社会活动；但权利能力欠缺不存在着类似的制度设计帮助民事主体参加属于其所欠缺的权利能力的社会活动，否则就与法律对民事主体的权利能力加以限制的宗旨相违背。例如，法律规定自然人年满16周岁时取得劳动能力，未满16周岁不具有劳动能力，这是为了保护未成年人的权益，有利于未成年人的身心健康；如果设置类似于监护的制度，可以弥补未满16周岁的未成年人的劳动能力，代为签订劳动合同并使之有效，则与法律保护未成年人的立法宗旨相悖。其二，行为人欠缺行为能力而实施的行为，法律可以通过特别规定或代理人的事后追认，使之有效；但是，欠缺某些权利能力的民事主体实施的相关行为，应确认无效，不存在经他人的追认而有效的问题。例如，未达到16周岁的未成年人订立的劳动合同，应确认无效，不存在其监护人的追认而有效问题；未达到法定婚龄的男女的结婚行为，也应确认无效，同样不存在他人事后追认而有效的问题。因此，相对于行为能力欠缺的行为无效而言，权利能力欠缺的行为之无效具有某种“不得补救”的特性，或可称之为无效的“绝对性”。

五、法人越权行为的效力

法人越权行为，是指法人超越其权利能力范围而实施的行为。由于法人的权利能力包括作为民事主体一般而具有的权利能力和依其目的而具有的权利能力，因此所谓法人越权行为，严格说来应该是指超越其作为民事主体一般而具有的权利能力和依其目的而具有的权利能力的范围而实施的行为。通常，超越其作为民事主体一般而具有的权利能力，意味着法人进入了社会事业的领域，因此法人的越权行为通常表现为超越其目的范围而实施的行为。即法人进入社会事业的领域后，如果在其目的范围内具有权利能力，其行为不属于越权行为；如果超越其目的范围而不具有权利能力，其行为就属于越权行为。

在界定法人越权行为时，有必要将其与董事越权行为区分开来。因为，法人的行为是通过其代表机关——董事实施的，法人超越其目的的行为也是由董事实施的，但是董事越权行为与法人越权行为属于不同的问题，董事越权是指在不违反法人目的的前提下，董事超越其代表权限而实施的代表行为，该代表行为是否有效适用的是《合同法》第50条的规定，即除了相对人知道或者应当知道其越权以外，该代表行为有效；而法人越权是指董事代表法人实施的行为超越了法人的目的，该行为是否有效不适用《合同法》第50条的规定，[21] 应适用《民法通则》第42条等相关条文的规定。同时，在法人越权行为时，董事未必也越权，如股东会作出决议从事超越其目的范围的事业，由董事长代表实施，此时法人越权了，但董事长就没有越权。

对于法人越权行为，原则上应确认无效，此为法律之一般原则。1875年，英国上议院在审理“阿西伯利铁路公司诉瑞切”（AshburyRlyCarriage and Iron Co. Ltd. v.

---

〔21〕 有的学者误认为，《合同法》第50条是关于公司目的外行为（即法人越权行为）效力的规定。参见周友苏：《新公司法论》，法律出版社2006年版，第79～80页。

Riche）一案中，确立了“目的外行为无效原则”。[22] 日本早期的判例甚至认为“法人于目的以外，不有人格”。英美法上也有“能力外之原则”，认为目的事业外的行为无效。[23] 在我国的审判实践中，长期以来一直是采取“超越经营范围的合同无效”的原则来评判合同的效力。1984年9月17日，最高人民法院发布的《关于贯彻执行〈经济合同法〉若干问题的意见》（失效）指出，审查合同内容是否合法的依据之一是“是否超越批准的经营范围”，超越经营范围的经济合同无效。1987年7月21日，最高人民法院在《关于在审理经济合同纠纷案件中具体适用〈经济合同法〉若干问题的解答》（失效）中再次强调了这一原则，指出“超越经营范围或者违反经营方式所签订的合同，应认定为无效合同”。1987年10月10日，最高人民法院在《关于适用〈涉外经济合同法〉若干问题的解答》（失效）中，也指出“订立合同的我国当事人超越经营范围经营的”合同无效。

固守“法人越权行为无效”原则，有危害交易安全之嫌。因此，新近的立法和判例大多转变态度，不以绝对无效论。1950年的美国《特拉华州普通公司法》第14条规定：“公司的行为以及不动产或动产的转让和受让均不得以该公司没有进行此种行为或转让、受让财产的能力或权力为理由而宣布无效。”欧共体公司法第一号指令第9条（the First EEC Company Law Directive [68/151/EEC] Article 9）规定：“公司机关所做的行为对公司具有约束力，即使这些行为不属于公司目的范围。但公司行为超越了法令所授予或允许公司机关权力时除外。”我国1999年《合同法》颁布之后，审判实践所持的态度也开始转变。1999年12月1日，最高人民法院发布的《关于适用〈中华人民共和国合同法〉若干问题的解释（一）》第10条指出：“当事人超越经营范围订立合同，人民法院不因此认定合同无效。但违反国家限制经营、特许经营以及法律、行政法规禁止经营规定的除外。”最高人民法院关于《合同法》的解释，突破了固有的法律观念，解决了长期以来存在的将超越目的范围的合同一律作为无效合同处理的问题，具有促进交易和维护交易安全的积极作用。[24]

然而，对“法人越权行为无效”原则的突破，应以限于企业法人为必要，而不得任意扩大到其他法人。尤其是在我国，这一原则对于国家机关法人、国有事业单位法人以及许多的从事公益事业的社会团体法人，仍然具有重要的意义。早在1984年，中共中央、国务院就作出《关于严禁党政机关和党政干部经商、办企业的决定》，该决定指出：“各级党政领导机关特别是经济部门及其领导干部更要正确发挥领导和组织经济建设的职能，坚持政企职责分开、官商分离的原则，发扬清正廉明、公道正派的作风，切实做到一心一意为发展生产服务，为企业和基层服务，为国家的繁荣强盛和人民的富裕幸福服务，决不允许运用手中的权力，违反党和国家的规

---

〔22〕 有关案情及法官的意见，请参阅张开平：《英美公司董事法律制度研究》，法律出版社1998年版，第119～120页。

〔23〕 史尚宽：《民法总论》，中国政法大学出版社2000年版，第154页。

〔24〕 笔者在给法官和律师讲授合同法时，阐述过这样的看法：如果每个法官每年多判一件确认超越经营范围的合同无效的案件，那么从全国范围来说，仅此项无效合同的标的加起来，就可能抵销掉一个经济发展中下水平的县全年的交易总量。可见，法官少判超越经营范围的合同无效，具有多么大的经济意义。

定去经营商业，兴办企业，谋取私利，与民相争。”1998 年国务院颁布的《社团登记管理条例》第 4 条规定“社会团体不得从事营利性经营活动”。同年国务院颁布的《民办非企业单位登记管理暂行条例》第 4 条也规定“民办非企业单位不得从事营利性经营活动”。2004 年颁布的《基金会管理条例》虽无“不得从事营利性经营活动”的规定，但依第 28 条关于基金会负有实现基金保值、增值的职责的规定，也应理解为“不得从事营利性经营活动”。因此这些非企业法人从事营利性经营活动所订立的合同应以无效论。这不仅是为实现这些法人的目的所必要，而且也是维护市场经济秩序所必要的。

一个正在脱亚入欧的国家的奋斗

——土耳其民法典编纂史

徐国栋*

从地图上看，土耳其处在亚洲与欧洲的交界处，横跨两洲，但其欧洲部分（特拉基亚）的面积仅占总数的3.1%，人口仅占总数的8.5%。[1] 用中国的人口学术语说，它属于“半边户”。按占大头的一半定属性的原则，它应领亚洲“户口”。但由于该国长期参与欧洲事务，例如它是北约成员国并经常以此等身份为北约空袭亚洲国家提供机场，我长期误以为土耳其是一个欧洲国家，只是在经研究后才发现该国身上被燕尾服盖住的亚洲长袍。更有甚者，我还发现了幅员空前辽阔的奥斯曼帝国就是当代土耳其共和国的前身。两者的幅员对比令我心惊。以欧洲的尺度说话，土耳其在面积上是仅次于俄罗斯联邦的大国，比英国大两倍，比德国大一倍，比意大利大一倍半，比西班牙大半倍。[2] 然而，其前身奥斯曼帝国的面积可能是现在土耳其的好几十倍，曾是世界上的一个超级巨国。这种大小的对比类似于盛期的罗马帝国与当代意大利的对比以及绍兴的鲁迅祖居与鲁迅故居的对比。鲁迅之“有谁见过从小康坠入困顿的么”的感言可代表另两个主体的感受。这种转变是如何发生的呢？在地图册上被明确标注为亚洲国家的土耳其，又为何经常导致人们认为它是一个欧洲国家呢？本文力图从土耳其民法典编纂史的角度回答如上问题。必须强调的是，人们已习惯了把在地理上位于东亚的日本看做一个西方国家，把日本当做脱亚入欧的典型，但也许人们忽略了土耳其的经验与日本经验的某些方面的共性，因此，本文还会在必要的地方比较这两个国家的全盘西化经验。

一、历史：从起源、巅峰到衰落

“土耳其”是1923年穆斯塔法·凯马尔（Mustafa Kemal Ataturk）建立现代土耳其共和国时赋予自己民族的名称，它可能有“力量”的含义，现代的土耳其教科书尤其如此主张。也有人认为它是“勇敢的人的国家”的意思。[3] “土耳其”的名称

---

* 厦门大学法学院罗马法研究所教授。本文的写作，主要依据我2002～2003年在哥伦比亚大学访学期间从纽约市公立图书馆（New York Public Library）借阅的资料，我愿利用发表本文的机会对该图书馆提供的良好服务表示感谢。另外要感谢武汉大学法学院的李倣，她帮我从耶鲁大学法学院图书馆复印了《玛雅拉》的完整的英译本，它为本文对该法典的描述摆脱空洞大有帮助。

〔1〕 参见［英］杜德内：《土耳其地理》，北京大学地质地理系经济地理专业译，商务印书馆1975年版，第4、67页。

〔2〕 同注1引书，第3页。

〔3〕 参见李绍明主编：《最新实用世界地图册》，中国地图出版社1996年版，第31页。

首先出现在中国6世纪的历史著作中，被写做“突厥”。根据西方作者的说法，最早于汉朝时入侵中国的匈奴人很可能是土耳其人，中国的长城就是为了防范他们修建的。此语可证土耳其人的东方来源。

从人种和语言来看，土耳其人有许多东方“亲戚”。蒙古人是土耳其人的近亲，土耳其人并不经常地，但时常是在紧要的时刻宣称成吉思汗曾是自己民族的一员。日语、朝鲜语、匈牙利语、芬兰语在语法上都与土耳其语非常接近，导致讲这几种语言的人容易学会彼此的语言，这些现代民族都是中亚“出身”。前苏联解体后诞生的土库曼斯坦共和国以及文化相近的其他伊斯兰共和国与土耳其有紧密的文化联系。〔4〕我国的维吾尔语和哈萨克语也与土耳其语接近，操前两种少数民族语言的人十分喜欢把土耳其语作为自己的考试用外语，因为比较容易。

从地缘来看，现在的土耳其所处的小亚细亚完全是个民族走廊。长话短说，在现在的土耳其民族定居于此之前至少居住过如下民族：公元前6500年~公元前5400年的恰塔尔许于克人、公元前1900年~公元前1150年的赫悌人、公元前1250年~约公元前650年的以弗里吉亚人为代表的海上民族、公元前850年~公元前590年的吕底亚人、公元前546年往后数的200年内的波斯人、公元前346年~公元前278年的希腊人、公元前278年~公元前133年的凯尔特人、公元前133年~330年的罗马人、330年~1071年的拜占庭人、1071年~1288年的塞尔柱（Seljuk）土耳其人、1288年至今的奥斯曼土耳其人。〔5〕对土耳其地方居民变化史的研究告诉我们，这些居民多数属于西方谱系，只有少数——例如赫悌人和波斯人——属于东方谱系。东西方居民的相继居住表明了现在的土耳其的文化交汇锋面地位。这种历史现实也鼓励了现代土耳其人把自己融入西方的愿望。

从1071年这个地方的持续将近1000年的土耳其时代开始了。它可大致分为塞尔柱帝国阶段、奥斯曼帝国阶段和现代土耳其阶段。后者总是前者的继承人。

塞尔柱帝国于11世纪中叶在现在的伊朗境内建立国家，它把现在的土耳其变成了一个独立的政治-地理单位，因为在埃及、希腊和罗马的统治时期，这里都作为大帝国的一个省存在。塞尔柱帝国曾是拜占庭帝国的死敌，适用伊斯兰教法即沙里亚。1243年，在十字军、哈里发、东方的新突厥部落和蒙古入侵者的压力下灭亡。取代它的是奥斯曼帝国。

奥斯曼帝国的起源并不壮伟。13世纪，起源于蒙古，后逃到波斯的奥斯曼部落移居到现在的伊斯坦布尔与安卡拉之间的高原地方索古特（Sogut），他们作为边界居民定居在穆斯林世界的边沿，掠夺拜占廷帝国并皈依了伊斯兰教的逊尼派。随着塞尔柱帝国的衰亡，奥斯曼家族的权力增长，成为奥斯曼王室，1288年，奥斯曼·加齐成为其家系的第一个苏丹。他的名字后来被用来命名一个包括现在的31个国家的巨大帝国。〔6〕地中海一度成为“穆斯林湖”。这31个国家是西亚和北非的阿塞拜

---

〔4〕 See Nicole, Hugh Pope, *Turkey Unveiled: A History of Modern Turkey*, The Overlook Press, Woodstock & New York, 1998, p. 9.

〔5〕 参见麦利萨·莎尔斯等编：《土耳其》，邓伟权、韩慧敏、韩慧新译，中国水利电力出版社2004年版，第18页及以下。

〔6〕 同注4引书，第24页。

疆、伊拉克、埃及、巴林、约旦、科威特、黎巴嫩、阿曼、沙特阿拉伯、苏丹、叙利亚、阿联酋、北也门、利比亚、以色列、巴勒斯坦、塞浦路斯、突尼斯、阿尔及利亚；中东欧的阿尔巴尼亚、保加利亚、匈牙利、波斯尼亚、克罗地亚、斯洛文尼亚、南斯拉夫联盟、乌克兰、亚美尼亚、格鲁吉亚；南欧的希腊。它们构成当时世界上已知的最大帝国的一部分。这一帝国的瓦解导致了它们的诞生。[7] 奥斯曼帝国中居住着希腊人、亚美尼亚人、库尔德人、犹太人、阿拉伯人、阿尔巴尼亚人、斯拉夫人等，他们各有自己的宗教和语言文化。奥斯曼帝国习惯上允许各个人民适用自己的法律，因此，在建立帝国后，拜占廷法继续得到适用，希腊正教和亚美尼亚的教规和人身关系法也继续得到适用。这导致帝国的文化地图极为复杂，也体现出其宽容的一面。

奥斯曼帝国扩张的一个最关键的步骤是于1453年攻陷君士坦丁堡并把它变成了伊斯坦布尔——伊斯兰之城，这一事件在东西方的长期对抗史上是西方的一个败局，从此，奥斯曼帝国要遭遇西方国家自发的妖魔化自己的倾向。在这次大征服不久，苏里曼（Suleiman）一世苏丹（1494～1566年）于1520～1566年期间在位，其外号为立法者（Law giver）。因为他于在位期间为帝国制定了一部《苏里曼法典》，对军事、财政和行政机构进行改革，把伊斯兰教法与世俗法律综合起来，建立了一个以正义为基础的完全成熟又无所不包的司法体系。[8] 因此，他又被称为立法者（law giver）。其统治时期是奥斯曼帝国的全盛时期，幅员达到顶峰。

奥斯曼帝国的厄运开始于1683年。20几年前，它因干预特兰西宛尼亚公国的事务与奥地利发生冲突，是年第二次围困维也纳，但被奥地利与一些选侯组成的联军击败，从此它就处于守势。[9] 在两个世纪的对欧洲人、摩尔人和阿拉伯人的战争中，奥斯曼帝国变得脆弱，只对其广袤的领土保持名义上的控制。到18世纪，帝国只拥有巴尔干和土耳其本身日益变得有限的领土。沙皇尼古拉一世曾在1844年把这个帝国叫做“欧洲病夫”（世界史上得到“病夫”称号的国家除土耳其外，还有被称为“欧洲病夫”的意大利和“东亚病夫”的中国），他未料到的是，他在这样贬低土耳其时，已确认了这个国家的“欧洲人”身份。

二、奥斯曼帝国“和魂洋才”式的法律改革

18世纪中期，奥斯曼帝国在西方列强的压力下开始改革。谢里姆（Selim）三世苏丹（1761～1808年）第一个把西方，尤其是其中的法国采作自己的模式。1789年，他直接与法国国王路易十六通信。他的改革着眼于军事，触犯了近卫军的利益，被囚禁并被绞死。从1826年开始，马赫穆德（Mahmut）二世苏丹（1785～1839年）开始邀请更多的外国军事顾问到帝国来；在服饰上废除了穆斯林头巾和土耳其帽，1826年采用了西式军服；1827年派军官到法国受训；1831年废除陈腐的军事采邑制（Timar），开始建立西

---

〔7〕 *Pax Ottomanica*, see Andrew Wheatcroft, *The Ottomans*, Viking, London, 1993. 也参见注4引书，第57页。

〔8〕 同注5引书，第50页。

〔9〕 同注4引书，第28页。

式文官制度；建立学校和印刷厂。他死后，从伦敦担任大使回来的穆斯塔法·瑞希特巴夏为新苏丹阿卜杜勒·马吉德（AbdulMecit）一世（1839～1861 年在位）起草了一项大改革法令。1839 年 11 月 3 日，外国大使们被召集来聆听这个奥斯曼帝国的改革宣言，它标志着帝国进入了所谓的坦志马特（意为“改组”）时代。它允诺保障生命和财产、公平审判、再造行政系统、确立所有奥斯曼公民在法律面前的平等、确认基督徒与穆斯林平等的权利等。[10] 根据这一改革宣言，奥斯曼帝国聘请西方专家进行了军事、服饰、外交、法律改革，实行全盘西化或现代化。但这种现代化是防御性的，目的在于抵御西方的现代化，并确保改革者在土耳其国内的地位。[11] 具有讽刺意味的是，奥斯曼帝国强盛时，欧洲的使节在进入宫廷接近苏丹时要被卫兵的手紧紧架着，被迫每走 3 个台阶低一次头。[12] 现在，这些被折辱过的国家要成为老师了。

阿卜杜勒·马吉德一世死后，其儿子阿卜杜勒·马吉德二世（1876～1909 年，1839～1861 年在位）和阿卜杜勒·阿齐兹（Abdul Aziz，1861～1876 年在位）在另一位改革大臣米塔特（Mithat）巴夏（青年奥斯曼运动的领袖）的辅佐下进一步改革。奥斯曼帝国站在西欧国家的一边参加了克里米亚战争（1853～1856 年）与俄国作战，并参与了《巴黎和约》的签订，从此被接纳为欧洲文明国家俱乐部的成员。1867 年，阿卜杜勒·阿齐兹出访了欧洲，成为第一位这样做的奥斯曼君主。他受到了法国、英国、比利时、普鲁士、奥地利等王室的接待，开眼看了西方先进的军事技术。这次出访也让欧洲接受了奥斯曼王室，并引发了回访，他成为第一位接待欧洲基督教王室成员的奥斯曼君主。[13]

从法律的角度来看，奥斯曼帝国基本上受沙里亚法中的哈乃菲派统治，该派是 4 大教派（哈乃菲派、马立克派、沙斐仪派和罕百勒派）中在学说上最严格的一派。面临西方法的冲击，这种教法已不符合时代的需要，于是，奥斯曼帝国也开始在法律上学习西方。从 1850 年开始，奥斯曼帝国翻译、颁布并继受了一系列的法国法典。通过其巴尔干领土和埃及领土，苏丹们感到了法国法的影响，并形成一支法文翻译队伍，因此现代化首先表现为采用法国法。《法国商法典》成了 1850 年《奥斯曼商法典》的基础，其部分内容被直接搬用。《奥斯曼商法典》的基本结构如下：

第一编，商事之一般。第一题，商人；第二题，商业账簿；第三题，公司；第四题，商事代理；第五题，陆运和水运的代理；第六题，汇票。

第二编，支付不能（Faillite）和破产。第一题，支付不能；第二题，破产；第三题，重整。共计 315 条。[14]

这一结构与 1807 年的《法国商法典》相比，少了海商（原第二编）和商事法院（原第四编）两编，条文少了 333 条。[15] 这种对比证明奥斯曼帝国在采用外国法时确实有所取舍。

---

〔10〕 同注 4 引书，第 31 页。

〔11〕 同注 7 引书，第 182 页。

〔12〕 同注 4 引书，第 26 页。

〔13〕 同注 7 引书，第 185 页。

〔14〕 *Code de Commerce Ottoman*, *Explique par Theophile Piat*, Paris, Ernst Thorin Edition, 1876/1829.

〔15〕 参见“译者的话”，载金邦贵译：《法国商法典》，中国法制出版社 2000 年版，第 1 页。

《奥斯曼商法典》突破了传统伊斯兰教法关于利息的禁令，确认了商业利息的合法性，这是宗教禁令与经济原则之间的一次较量，后者战胜了前者。

1840 年的《刑法典》也以法国立法为模式，它废除了伊斯兰法中的石头砸死刑。1861 年的《商事诉讼法典》、1864 年的《海商法典》、1879 年的《刑事诉讼法典》（它们实行罪刑法定主义，区分了世俗审判和沙里亚法院的管辖权，后者的范围主要被限定为人身关系方面的事项〔16〕）、1880 年的《民事诉讼法典》都是如此。但 1876 年的奥斯曼宪法以 1831 年的比利时宪法和 1851 年的普鲁士宪法为模板。

富有意味的是，仅仅在奥斯曼帝国的法律改革 3 年后，即 1853 年，日本发生了培里叩关，于 1889 年请法国专家布瓦松纳德（G. E. Boissonade，1825～1910 年）教授起草《民法典草案》。两国法律改革的重要共同动因是废除领事裁判权（Capitulations）。1535 年，法国国王弗朗索瓦一世和豪华者苏里曼（Suleiman，The Magnificent）二世苏丹签订的条约确立了这一制度。〔17〕苏里曼领导的奥斯曼帝国当时与法国订有攻守同盟，领事裁判权之授予只有优待友邦的意思，并无贬损主权的含义。〔18〕再者，在奥斯曼帝国之前，即在拜占庭帝国时期，在后来的奥斯曼帝国的领土上即有某些意大利城市，例如热那亚、威尼斯和阿马尔菲的领事裁判权的存在。〔19〕这与奥斯曼帝国处在基督教文明和伊斯兰文明的接触锋面以及伊斯坦布尔的重要国际贸易通道的情势有关。为了贸易，两个文明需要接触，如此就会发生法律冲突，为了维持接触就必须有一方做出让步。为了吸引外国商人，奥斯曼帝国充当了这样的让步者。这样的让步相当于我国吸引外资的优惠政策。但后来的领事裁判权就变了味。谢里姆二世苏丹与查理九世签订了第二次领事裁判权条约；阿目拉特三世苏丹与亨利三世签订了第三次领事裁判权条约；梅赫梅特（Mehemet）三世和阿赫迈特（Ahmet）一世分别与亨利四世签订了第四次和第五次领事裁判权条约；梅赫梅特四世与路易十四世签订了第六次领事裁判权条约；马赫茂德（Mahmoud）一世与路易十五世签订了第七次领事裁判权条约；1740 年，奥斯曼帝国在俄土战争中失败，西方列强强迫它签订了赋予领事裁判权的不平等条约。〔20〕这些条约是不平等的和侮辱性的。它们把奥斯曼帝国当做一个野蛮国家对待。〔21〕更有甚者，发展到后来，在领事法院受

〔16〕 George N. Sfeir, *Modernization of the Law in Arab States, An Investigation into Current Civil Criminal and Constitutional Law in the Arab World*, Austin & Winfield, Publishers, San Francisco-London-Bethesda, 1998, p. 26.

〔17〕 同注 16 引书，第 30 页。这一条约的内容，参见郭守田主编：《世界通史资料选辑》（中古部分），商务印书馆 1981 年版，第 433 页及以下。

〔18〕 Esin Orucu, "Turkey: "Change under Pressure", Elspeth Attwooll, Sea Coyle, *Studies in Legal Systems: Mixed and Mixing*, Kluwer Law Hague, London, Boston, 1996, p. 90.

〔19〕 *Droit international, Le regimedes capitulations, son histoire, son application-ses modifications*, Paris, E. Plon, Nourrit et cie, 1898, p. 10.

〔20〕 参见吴云贵：《伊斯兰教法概略》，中国社会科学出版社 1993 年版，第 216 页。

〔21〕 Auguste Benoit, *Etude sue les Capitulations entre L'Empire Ottoman et la France*, Librairie Nouvelle de Droit et de Jurisprudence, Paris, 1890, p. 56.

审成了可由苏丹授予奥斯曼帝国臣民的一项特权,[22] 这样，帝国法院不仅对任何涉及外国人的案件无管辖权，而且对要求外国领事保护的非穆斯林奥斯曼人的案件也是如此,[23] 发生过即将被抓住的小偷因为声称自己要求外国领事保护警察不得不将其放走的事例。领事裁判权的确立使奥斯曼帝国的法院系统进一步复杂化，在沙里亚法院、世俗法院、商事混合法院（审理奥斯曼人与欧洲人之间的争议)、社区法院（基督徒的法院）之外增加了领事法院。[24] 西方列强主张领事裁判权的理由是奥斯曼帝国的法律过分野蛮，于是，该帝国像日本一样，希望通过制定西方式的法典把法律的标准提高到西方外交官承认的水平，以此来废除领事裁判权。[25] 这种改革的背景证明了其被动性质，从刑法典开始改革也证明了改革与“野蛮”的指控的关联。

改革并非一帆风顺。穆斯林人口及其宗教领袖与饱吹欧风的阿卜杜勒·阿齐兹之间存在保守与激进的矛盾。保守势力成功地抵制了《法国民法典》的引进。作为折衷，奥斯曼帝国对哈乃菲学派的法律和规范进行了法典编纂，在1869～1876年间编成了《玛雅拉》(Mecelle-iAhkâm-iAdliye，这一名为“正义规则之库”的含义，又名“义务基本法”)，把沙里亚法法典化。在伊斯兰法的历史上，这是以西方的立法形式武装穆斯林法内容的第一次尝试，这样做违反了伊斯兰法的学者法的精神。之所以在内容上不能西化，是因为统治者认为在商法方面可以西化，但对于伊斯兰精神集中所处的民法领域，则必须坚决维护传统。在这里，我们看到了伊斯兰式的民商分立，这是禁脔与开放区的分立，是法律现代化的愿望与维护伊斯兰传统之愿望的分立。

《玛雅拉》也被称为《奥斯曼民法典》，但它并非通常我们理解的民法典，以下对其内容的介绍将证明它与欧洲的任何私法法典无关。它包括一个序言和16编。序言中依次介绍了各编中使用的伊斯兰法的原则，它相当于《学说汇纂》第50卷第17题“关于古法的各种规则”，内容包括法谚、原则和一些具体规则，还包括对一些条文的例示，内容混杂。例如，第29条是法谚：“两恶相权取其轻”；第88条是一条原则：“负担与利益成比例，反之亦然”。第91条是例示，规定为：“法律允许的行为不能作为赔偿请求权的对象”，下面举例：“甲的牲口掉进了乙在自己拥有绝对所有权的土地上挖的井中并死亡，不可请求任何赔偿”。关于混杂，可举下例：在凡100条的序言中，一会规定侵权法的原则，一会规定合同以及法律行为的解释规则，一会规定涉及主物与从物关系的物权法规定，一会规定法律行为的条件的效力，以上主题的条文还往往穿插规定。[26]

接下来是第一编，买卖；第二编，租赁；第三编，保证；第四编，债务移转；第五编，质；第六编，受托管理；第七编，赠与；第八编，取得和损害；第九编，

---

〔22〕 TimurKuran, “The Economic Ascent of The Middle East's Religious Minorities: The Role of Islamic Legal Pluralism”, *The Journal of Legal Studies*, 33, p. 499.

〔23〕 同注5引书，第54页。

〔24〕 同注18引书，第92页。

〔25〕 George Emile Bisharat, *Palestinian Lawers and Israeli Rule*, University of Texas Press, Austin, 1989, p. 19.

〔26〕 “Report of the Commission Appointed to Draft the Meyelle”, in *Arab Law Quarterly*, vol. Ⅰ, 1985～1986, pp. 369ss.

禁治产和强制、赎回；第十编，合伙（共有）；第十一编，委任；第十二编，和解和免除；第十三编，供认；第十四编，起诉；第十五编，证据和作誓；第十六编，审判。共计1851条。显然，其主要内容包括债务、商业契约、民事侵权行为、证据与审判程序等。由于包括诉讼法，它并非完全实体法意义上的民法典。

《玛雅拉》的编纂目的在于实现宗教法的世俗化。为了统一法律的实施，以适应法制改革的新潮流，需要改变沙里亚法典的表达形式，使伊斯兰法的规则固化，从而可以理解和接近。尽管如此，在已接受欧洲法律观念的人看来，它实质上仍与中世纪权威法学家编著的伊斯兰教法律课本区别不大。其致命的缺陷之一是没有规定债的一般理论，这是现代民法典的主要依托，因此限制了其关于具体债的规定的有效运作。[27]

如果说《玛雅拉》主要是对伊斯兰的债法进行的法典编纂，那么，1858年4月制定的《土地法典》是对伊斯兰的土地法进行同样的工作。该法旨在鼓励开垦荒地，发展农业。[28] 它按伊斯兰法的教义把土地分为6类并赋予不同的处遇：其一，绝对私人所有的土地（Mulk）；其二，授予国库的土地或苏丹为耕作目的授予私人，但国库对之保持地役权的土地（Miri）；其三，瓦克夫土地（Wakf），即宗教信托土地；其四，公共土地（Metruki），即留作道路、牧场、树林等社区共同用途的土地；其五，死地或空地（Mevat），即不为任何人所有的土地，例如，自古未设立权利的在人声不可及之处的山地、沙砾地；其六，集体或部落土地（Musha 或 Mushtarak）。由于第一类土地的比例很小，只存在于城市或村落的中心，所以这个法律基本确认了土地的国有制。显然，由于未确立私人所有权的至上地位，它与西方式的土地立法无关，只是以西方的法典形式对已有的伊斯兰法进行的编纂。像《玛雅拉》一样，表现了奥斯曼改革者决心的不坚定。它跟《玛雅拉》一起基本完成了对伊斯兰财产法的编纂。

法典编纂很快推进到人身法领域。1917年，奥斯曼帝国制定了《家庭权利法》，它以西方的法典形式编纂哈乃菲派的家庭法。允许妇女在婚姻合同中为离婚条款之约定或根据3种理由起诉离婚。虽然这种安排打破了男子对离婚决定权的垄断，允许妇女提出离婚仍然未超出哈乃菲派的内容。[29] 超出传统的是结婚必须登记的规定。伊斯兰法的婚姻形式简便，在2名证婚人面前即可结婚，[30] 登记的要求体现着国家对两性关系的控制。当事人必须做的事情更多，因而规避上述要求。我们将看到，这样的要求到了土耳其共和国时期也长期得不到遵守。显然是根据这种实际情况，奥斯曼帝国规定不登记并不导致婚姻无效，经沙里亚法院证明，婚姻也可成立。

以《家庭权利法》收尾，奥斯曼帝国对伊斯兰法的编纂终于结束，它们构成帝国的“国粹”，与移植的具有西方内容的《刑法典》、《商法典》、《商事诉讼法典》、《海商法典》、《刑事诉讼法典》、《民事诉讼法典》、《宪法》不同，它们是西方法不

〔27〕 同注16引书，第91页。

〔28〕 Alexandre Kedar, “The Legal Transformation of Ethnic Geography: Israeli Law and the Palestinian Landholder 1948 ~ 1967”, in *New York University School of Law Journal of International Law and Politics*, 33, p. 968.

〔29〕 同注20引书，第116页及以下。

〔30〕 同注20引书，第100页。

得入内的禁脔，用明治维新时期日本人的改革术语说，属于“和魂”的领域，其他法典则属于对西方法开放的领域，属于“洋才”的领域。私法中的民法属于前者，私法中的商法和一切公法属于后者。私法的两个分支受到不同对待可用商法的国际性强，必须与西方体系兼容解释。在公法都可以西化的前提下民法却被与“西风”隔绝，这种情形难以理解。我以为可以这样解释它：其一，民法比公法更涉及土耳其民族文化的深层结构；其二，伊斯兰法中的民法理论比公法理论更成熟而系统。由于第一个原因，民法属于“动不得”的领域；由于第二个原因，它属于“没有必要动”的领域。于是，西方的影响除了法典的形式外，就在奥斯曼帝国的伊斯兰民法止步了。

从形式上看，以《玛雅拉》、《土地法典》和《家庭权利法》3个小法典涵盖西方意义上的民法典内容的做法，意味着奥斯曼帝国放弃了统一的民法典的制定，基于对西方法律的选择性继受，开创了对后世影响广泛的把人身关系法和财产关系法，把债法和物权法分别制定法典的模式。把民法典理解为单纯的财产关系法典，在它之外另行制定《人身关系法》的做法流行于几乎所有穆斯林国家。后文将要谈到的土耳其全面采用《瑞士民法典》导致的西式人身关系法规定与土耳其社会现实的相对脱离也证明了这种模式的一定的、临时的合理性；把债法和物权法分别制定法典的模式至少流行于奥斯曼帝国的旧地黎巴嫩和突尼斯。

以上3个立法，尤其是《玛雅拉》，对奥斯曼帝国的31个“孩子”中的几乎所有的伊斯兰国家，尤其对西亚国家产生了巨大影响，黎巴嫩在1934年以前，叙利亚在1949年以前，伊拉克在1951年以前，约旦在1976年以前，都适用《玛雅拉》。[31]

三、土耳其共和国的全盘西化式的法律改革

尽管有上述改革，奥斯曼帝国还是继续衰落，其原因分为“内忧”和“外患”两个方面。就“内忧”而言，“改革派”与“更改革派”之间存在对立。奥斯曼帝国的老一代改革者被新一代的改革者认为是保守的，因此，阿卜杜勒·阿齐兹在1876年被青年奥斯曼运动领袖米塔特巴夏领导的军事政变推翻。他的侄子阿卜杜勒·哈米德（Abdul Hamid）于同年12月23日颁布了一部宪法，建立了平民院由选举产生，贵族院由苏丹任命的议会。从此奥斯曼帝国成为一个立宪君主制的国家。阿卜杜勒·哈米德在使国家在物质上现代化的同时实行专制统治，主张全面西化的青年土耳其派军官（未来的土耳其国父凯马尔是其成员之一）在1908年通过政变要求他成为一个真正的立宪君主。在武力对抗中其统治被终结。次年，穆罕默德·赖沙德五世继位（1909~1918年在位），他是傀儡式苏丹。其时，奥斯曼苏丹制度已名存实亡。

就“外患”而言，奥斯曼帝国面临内部成员民族脱离的问题。1830年2月，经长期的武装斗争，在基督教欧洲人的普遍干预下，希腊取得了独立，成立了希腊王国。[32] 1877~1878年，俄国与奥斯曼帝国开战。由于英国的干预，奥斯曼帝国才避

---

〔31〕 同注16引书，第28页。

〔32〕 T. T. Timayenis, *History of Greece*, D. Appleton and Company, New York, 1883, vol. Ⅱ, p. 407.

免了灭顶之灾，但领土遭到肢解，塞尔维亚、罗马尼亚、保加利亚借此获得独立。1911～1912年，意大利经与奥斯曼帝国交战夺得了罗德岛和现在的利比亚。1912年，希腊、保加利亚和塞尔维亚在联合进攻中打败了奥斯曼军队，扩展了它们自己的领土，奥斯曼帝国4/5的巴尔干领土丧失。1918年，奥斯曼帝国作为同盟国成员参加第一次世界大战，其阿拉伯省在英国军官劳伦斯（Thomas Edward Lawrence，1888～1935年）的领导下反叛，导致圣城麦加和麦地纳（Medina）以及巴勒斯坦丧失。1919年，希腊军队在以英国为首的协约国的支持下入侵奥斯曼帝国的爱琴海省。同时，协约国的军队占领了奥斯曼帝国的首都伊斯坦布尔，将之复名为君士坦丁堡。[33] 1920年8月10日，奥斯曼帝国与协约国在法国巴黎附近的塞夫勒（Sevres）签订了《塞夫勒条约》，它要求奥斯曼帝国割让大量滨海土地给希腊；放弃对叙利亚、伊拉克、巴勒斯坦、沙特阿拉伯的一切权利；允许成立独立的亚美尼亚共和国和库尔德自治区；要求向意大利出让爱琴海12岛屿和卡斯特洛里佐岛；放弃对利比亚和埃及的统治；承认塞浦路斯附属英国，黑海海峡区由英国、法国、意大利和日本等大国和希腊、保加利亚、罗马尼亚和土耳其代表组成的委员会共管，使海峡区成为自由中立区。[34] 毫无疑问，这一条约是帝国的死刑判决书，而当时在位的梅赫梅特六世瓦赫德亭（Vahdettin）苏丹竟然接受了它。这时的奥斯曼帝国衰落到了其最低点。否极泰来，一个伟大的人物在这历史的节骨眼上力挽狂澜，把奥斯曼帝国送进了历史博物馆，掀开了现代土耳其共和国的新篇章。

这个人物就是帝国的前上校穆斯塔法·凯马尔，他是土耳其的戴高乐（有意思的是，他们两人在做拯救自己民族的事情时都是上校军衔）。1919年5月15日，凯马尔受宫廷的派遣到黑海边上的萨姆松监督解散东部部队，一经逃脱伊斯坦布尔宫廷的控制，他就宣布放弃其军衔、职务投入到建立一支国民军的工作上，以摆脱其祖国面临的危亡。他领导土耳其人民拒绝了亡国的《塞夫勒条约》，战胜了英国支持的希腊侵略军。1922年11月1日，还废黜了奥斯曼帝国的第36任苏丹梅赫梅特六世瓦赫德亭，终结了持续了600多年的奥斯曼帝国。由于他领导土耳其人民取得的民族民主革命的胜利，以英法为首的协约国不得不修改《塞夫勒条约》，于1923年7月24日与土耳其签订了《洛桑条约》，它允许土耳其保全其主要领土，但放弃对埃及、突尼斯、摩洛哥、利比亚等地的领土要求。根据该协议，双方放弃赔偿世界大战和协约国武装干涉土耳其造成的损害；取消在小亚细亚的法、意势力范围和协约国在土耳其的一切领事裁判权；海关由土耳其自主，海峡实行国际航行自由原则。[35] 通过这一条约，西方列强还承认了新生的土耳其民族政府。1923年，土耳其共和国在奥斯曼帝国的废墟上、在国父穆斯塔法·凯马尔·阿塔图克的领导下成立。

建国后的凯马尔面临再造国家的艰巨任务。他认为奥斯曼帝国的“和魂洋才”式的改革不彻底，应全盘欧化。他坚持土耳其的“欧洲国家定位”，在对外政策中自视为“文明欧洲”一员。因此，建国之初，土耳其向外派驻的26个外交机构中就有

---

〔33〕 同注4引书，第46页。

〔34〕 参见《世界历史词典》编辑委员会编：《世界历史词典》，上海辞书出版社1985年版，第701页。

〔35〕 同注34引书，第515页。

19 个在欧洲国家。此后，他废除了哈里发制度，实现了国家的世俗化，把俗权与教权区分开来；放逐了奥斯曼王朝的成员；取消了传统的等级称号；采用西方服饰、禁止某些土耳其人的传统服装；文字也由阿拉伯字母改成使用拉丁字母；采用国际公认的数字体系和度量衡制度；规定每个人都必须有姓等。[36]

在变法方面，尽管已无领事裁判权的压力，凯马尔还是决定把前辈已开始的改革进行得更彻底，以图完全重构土耳其社会。他完全废除了沙里亚法以及解释和适用此等法的沙里亚法院，直接移植先进国家法律更新奥斯曼帝国留下的法典。1924 年，颁布了新宪法。1926 年，在日本颁布了其西方式的民法典 28 年之后，土耳其基本照搬当时世界上最新的《瑞士民法典》（刚刚生效 19 年）制定了自己的民法典。《土耳其债法》则根据《瑞士联邦债法典》的前两编（总则和典型合同）制定，也差不多是对其蓝本的翻译。1926 年《刑法典》以 1889 年《意大利刑法典》为蓝本；1929 年《刑事诉讼法典》基本上是对德国的 1877 年《刑事诉讼法典》的翻译；1927 年的《民事诉讼法典》是 1925 年 8 月 7 日的瑞士的纽莎泰尔（Neuchatel）州的《民事诉讼法典》本地化的调试。1928 年，土耳其援引了法国 1905 年的政教分离法案，在其宪法第 2 条中取消了“伊斯兰教是土耳其的国教”的规定。通过这些立法，凯马尔完成了一场在世界历史上少有的大规模的立法革命。

就民法而言，土耳其在采用瑞士法的过程中做了一些调试。首先是基本模式的改变。瑞士坚持民商合一，土耳其却选择民商分立，为此，只采纳了《瑞士联邦债法典》的总则和典型合同部分。债法典实际上被作为民法典的第五编。其次是具体规定的改变。民法典和债法典只有 80% 的条文与瑞士的相应法典完全一致。两部民法典的不一致之处主要有：土耳其删去了《瑞士民法典》中涉及州法律的部分（第 5、6、10 条），这是导致两部民法典条款编号不一致的主要原因。此外，“学生”把“老师”规定的成年年龄从 20 岁降到 18 岁；允许 15 岁的人被宣告为有行为能力；男子未满 17 岁，女子未满 15 岁，不得结婚。在特殊情况下，法官可准许 15 岁的男子或 14 岁的女子结婚；年满 15 岁的未成年人可以遗嘱处分其财产。未成年人一旦成年就可自由选择其宗教信仰。此外，为同伊斯兰教的道德原则一致，规定同意通奸不妨碍提出离婚诉讼，尽管这种同意原则上可能被认为是宽恕；夫妻分居限于 1 ~ 3 年。离婚后有过错方对无辜方的扶养仅限 1 年；以分别财产制为法定财产制；只赋予生存配偶非常有限的继承权。[37] 相较于奥斯曼帝国的法律改革，土耳其完成了对全部民法调整事项的统一的不分形式和内容的法典编纂。《土耳其民法典》与《玛雅拉》不同，后者不过是对旧的法律智慧的整理，前者完全属于新桃换旧符。由此，西方法完全取代了伊斯兰法。在亲属法方面，其特别意义在于赋予妇女离婚权并废除了伊斯兰法上的多妻制。

《瑞士联邦债法典》后 3 编的调整事项（商业合伙与公司社团、商业登记、商业名称和商业账簿、票据）外加商事债等内容被制定成了 1926 年《商法典》。尽管它

---

〔36〕 参见上海社会科学院法学研究所编译室编译：《各国宪政制度和民商法要揽》（亚洲分册），法律出版社 1987 年版，第 243 页。

〔37〕 同注 36 引书，第 244 页及以下。

还是以《法国商法典》为蓝本，但已受到意大利和德国的影响。

通过上述改革，土耳其已基本建立了自己的现代西式国家的形象，在各方面都与自己的穆斯林兄弟国家判然有别。1945 年，由于在二战的最后阶段对德国宣战，土耳其成为联合国的创始国；1946 年，在共和人民党执政 20 多年后，土耳其建立了多党制；1950 年，土耳其作为联合国军的成员参加朝鲜战争；同时在穆斯林兄弟国的谩骂声中承认以色列；1952 年，土耳其成为北大西洋公约组织的成员，接着成为欧洲谘委会的成员；1963 年取得欧共体的联系国的身份（Associated Status）；1987 年 4 月 14 日，它第一次正式提出了成为欧共体的成员国的申请。1995 年，与欧盟签订了关税联盟条款。1999 年，土耳其取得欧盟成员候选国的身份，成为欧洲基督教俱乐部的惟一的穆斯林候选国，2003 年，这种身份又得到了确认，成为一个正在脱亚入欧的国家。

四、《土耳其民法典》与土耳其社会的整合

彻头彻尾地继受一部西方国家的民法典，自然要遭遇把它调试到符合当地社会现实的问题。这一问题在亲属法方面最为严重，因此成为调试的重点。调试分为立法和司法两种途径。就前者而言，首先发生的是人们不按民法典规定的方式结婚产生的大量私生子问题。按《土耳其民法典》的规定，相比于婚生子，私生子只能取得一半份额的遗产。而民法典规定的民事婚姻形式与人们在伊码姆前结婚的伊斯兰习俗冲突，这样的事实婚产生的子女是私生子。此等结合的数量及其产生的子女的数量都很巨大，为了解决法不责众的问题，土耳其在 1933 年颁布了第一个大赦法，在 1933～1965 年的期间，把 2 739 179 个同居登记为合法婚姻，把 1 006 452 个私生子转化为婚生子。[38] 而且，民法典规定的法定婚龄过高（男 18 岁，女 17 岁），不合土耳其的早婚习俗，加上它规定的结婚程序较复杂，导致其有关规定在农村地区难以接受。[39] 另外，民法典规定的离婚条件过于复杂，1988 年，土耳其议会修改了有关规定，把婚姻不可挽回地破裂和共同生活之不可能作为两愿离婚的标准，但以此等婚姻持续了一年以上为限。[40] 这些修改也许破坏了法律的统一性。一般认为它们表现了立法者向人民意志的屈服。也有人抱怨它们违反了亲属法已取得的体系一致。当然，议会对民法典做出的修改不以调试以符合国情为限，也根据全球价值观念的共同进步做出修改，例如在妻子在家庭地位提高方面做出的修改。[41] 这种修改可能是与在瑞士进行的同样修改相平行的。就后者而言，《土耳其民法典》第 1 条为进行这种调试提供了方便的依据："如本法无相应规定时，法官应依据惯例，如无惯例时，依据自己作为立法人所提出的规则裁判。在这样做时，应注意普遍接受的学说和传统"。这样的开放性规定为民法典与土耳其的传统习俗的兼容提供了空间。据此，土耳其法院进行了众多的创法活动。例一，在解除订婚时返还彩礼的问题上，

---

〔38〕 同注 18 引书，第 97 页。

〔39〕 同注 18 引书，第 97 页。

〔40〕 同注 18 引书，第 99 页。

〔41〕 同注 18 引书，第 99 页。

确定了小礼不还还大礼的规则，而大礼之构成则根据当事人所处的经济和社会情势进行判断。[42] 例二，在某少年奸污母牛案中，母牛主人向少年的父亲提出损害赔偿，因为根据他信仰的宗教，这样的被奸母牛的奶和肉都已不能食用。二审法院判处原告把母牛交给被告，后者向前者偿付母牛的市场价值，由此按民法典第1条的规则采纳当地习惯解决了案件。[43] 通过法院的这些工作，来自外国的立法与土耳其的社会现实逐渐结合起来并有机化。

但有些西方“顽石”却不能在土耳其的“胃”中克化。《瑞士民法典》中的一些条文转化成了《土耳其民法典》的规定，但在实践中未被采纳。它们有关于家庭财团的规定（第322条）、关于家庭共有财产的规定（第323条及以下）、关于家宅的规定（第336条及以下）、关于家庭会议的规定（第350条）、关于可转让的不动产抵押的两种特别形式：债券和定期金的规定（第812条及以下数条和第817条及以下数条）等。[44] 这些“顽石”的存在表明了法律在移植过程中的必要“磨损”。

从瑞士引进的民商法典为土耳其的现代化做出了巨大贡献，但随时间的推移，它们变得过时，因此，二战后，1926年商法典被新商法典取代，并于1956年6月29日公布，同年7月2日生效，共1475条，其第一稿作者是安卡拉大学的前教授德国人希尔施（E. Hirsch）博士，故采取德国模式。其结构为一个导言和5编。

导言中包括一些基本规定，本法典的适用范围、商业惯例和习惯、商事、商业案件及其证据、商事中的利息等章。

第一编，商业企业。规定了商人、商业登记、不正当竞争、会计账簿、流水账（current account）、商业行纪、代理、交易地点等。

第二编，商业合伙与公司。有一般规定、普通合伙（无限合伙）、特别合伙（康孟达）、股份特别合伙、合作社、有限责任公司等章。

第三编，商业票据。有一般规定、与特殊单据——记名和无记名票据有关的规定、汇票、本票和支票、货物所有权凭证等章。

第四编，海事。有船舶、船舶所有人、海事合伙、船长、海上运输合同、海损、海上留置权、时效期限等章。

第五编，保险。有一般规定、货物保险、人寿保险和海事保险等章。[45]

新《商法典》废除了旧《商法典》中关于商业债务的规定，这是它为避免与《债法典》冲突做出的许多努力的一部分。[46]

新《商法典》最重要的意义在于，与《奥斯曼商法典》和1926年《商法典》相比，它不是对某国法典的移植，而是土耳其人利用自己的技术力量为自己起草的法典，因此，它标志着土耳其移植时代的结束和本土力量起草时代的到来，尽管这个本土的力量还暂时地夹杂了外国因素。

---

〔42〕 同注18引书，第102页。

〔43〕 同注18引书，第103页。

〔44〕 同注36引书，第246页，译文有改动。

〔45〕 同注36引书，第247页。

〔46〕 Tugrul Ansay，“Turkey：New Commercial Code”，in *American Journal of Comparative Law*，vol. 16，1957，pp. 106s.

就1926年《土耳其民法典》而言，由于时代的进步、技术的发达、为了达到加入欧盟的标准进行法律调整的必要，它也必须修改。近年来，一直有修订并形成新民法典的尝试，并已提出了数个草案。最终，土耳其大国民议会采纳了其中的一个，并于2001年11月27日通过了新版的《土耳其民法典》，阿赫迈特·内吉代特·塞泽尔（Ahmet Necdet Sezer）总统于2001年12月8日将之公布于政府公报。

新版的民法典共1030条。维持了民商分立的格局；简化了用语；重构了关于社团的规定；对1926年民法典以亲属法为中心做了重要修改。第40条允许在一定的条件下变性；把男女的法定婚龄都提高到17岁；允许不仅在男方的住所举办婚礼，而且也允许在女方的住所如此；把羞辱行为增为离婚的理由（另外两个理由是谋害性命和重大攻击和侮辱）；允许离婚妇女在当事人同意的情况下保留其前配偶的姓；允许已婚妇女保留娘家的姓，但必须同时采用夫姓；丈夫并不当然是家长，开放了妻子充当家长的可能；允许夫妻共同决定婚姻住所；删除了丈夫负责照料其妻和子女的原则，规定了夫妻以金钱或劳务共同承担家用，由此承认了家务劳动对家用做出贡献的意义；规定夫妻在家庭中地位平等，可以在法定事项上相互代理；废除了配偶选择职业和工作时要征得他方允许的规定，由此，妻子可不经丈夫同意外出工作；废除了寡妇在为其丈夫的利益举债前必须获得法官允许的规定；以所得共同制取代了分别财产制作为法定财产制，这种安排显然有利于妇女；规定了夫妻对子女的平等的监护权；规定妇女也可充当监护人；删除了只有在儿子不愿管理继承的企业时女儿才可以管理它们的规定；取消了对婚生子女和非婚生子女的差别规定；把配偶可以为收养的年龄从35岁降低到30岁；可以经法院命令把精神病人、精神耗弱人、习惯性醉酒人和吸毒人送入卫生中心，但此等人有权就法院命令提出上诉；规定了任何人都可不经事前允许建立社团以确保结社自由；为了增进遗嘱人的遗嘱自由，减少了特留份的比例；从土耳其的传统家庭结构出发，允许抚养死去父亲的孩子的近亲、姨妈和叔父取得死者的部分遗产；为了维持农业企业的整体效应，原则上只允许它为一个继承人取得，但如证明分割此等企业不会影响其产出，允许分割之；允许共有人就共有财产的管理和自己份额的使用做出与法律的规定不同的约定；规定优先购买权必须通过向法院提出申请而行使；为了保证金融机构提供的现金借贷等的安全，必须设立抵押；区分了直接占有和间接占有等。改革的焦点有四：其一，两性平等；其二，增加结社自由和和平集会的权利；其三，保护弱者；其四，保护儿童权利。由于改动较大，条文编号重排了。这次重订民法典与立法和司法对1926年民法典的修改不同，不是把它调适到符合土耳其的社会现实，而是为了提高土耳其社会的文明水平和人权保护水平，达到为加入欧盟必须通过的《哥本哈根政治标准》，尤其是该标准的第2.1.11条：“个人完全享有所有的人权、基本自由、思想自由、良心和宗教而不因其语言、种族、肤色、性别、政治观点、哲学信仰或宗教受任何歧视”。

五、结论和启示

亚洲凡45国，几乎都受到过欧美列强的欺凌，都谋求过自强之道，方法多多，成败不一。只有两个国家选择了改变自己文化身份的自强之道。一是日本，它在羞辱中崛起，以脱亚入欧为口号，成功地把自己变成了一个东方的西方国家。二是土耳其，从开始现代化的时期起，它就采用脱亚入欧的路线，取得了较大的成功，正在成为一个欧盟成员国。在我国，日本全盘西化的经验人所共知，人人争谈，而土耳其同样的经验少为人知，少为人谈，由于土耳其经验的价值对于正在谋求自强和复兴的我国来说，一点不亚于日本经验，因此，重“日”轻“土”是一种不好的局面，正是基于纠正它的考虑，我才写作此文，希望能对我国未来的道路选择提供参考。毫无疑问，日本和土耳其之所以成功或接近成功地脱亚入欧，原因在于它们全盘西化的政策。而奥斯曼帝国采取“和魂洋才”模式的改革，一边“国粹”，一边西化，结果失败。

领事裁判权的是非是所有被殖民国家的感情而非理性的话题，现在到了给予它一点理性声音的时候。从日本和土耳其的领事裁判权经验来看，它成了促进日本领导人把自己的政治、法律和社会转变成满足西方设定的文明标准的动力。它也把奥斯曼帝国变成了对欧洲开放的自由市场，与欧洲国家一体化、尽管在文化上是例外，但实现了物资和技术装备上与现代社会的和谐一致。[47] 不妨可以说，领事裁判权的课加过程是痛苦的，其长远效果却是积极的。

然而，尽管土耳其向往欧洲，但它融入该洲的过程却充满曲折，两个大事件可为明证。

首先是《午夜快车》事件。这是1978年由美国人艾伦·帕克（Alan Parker）导演的一部电影的名字。它以美国青年比利·海耶斯（Billy Hayes）的自述为基础拍成。讲的是这样的故事：海耶斯在伊斯坦布尔逗留期间购买了2公斤海洛因，他在携带它们登机时被土耳其警察逮捕，被判4年徒刑。他曾尝试逃跑但失败。当他的刑期只差53天结束时，他被改判30年徒刑。在被囚期间，他经常受殴打并遭到典狱长的强奸，受到身体上和精神上的折磨。最后，他利用探监女友苏珊带来的美元试图贿赂典狱长放他逃跑，而后者却试图再次强奸他，在推搡中典狱长的头被撞上挂衣钩死亡，海耶斯穿上其制服逃出监狱。面临土耳其的全国通缉，他却成功地逃到了希腊的美国使馆并回到纽约的肯尼迪机场，在那里受到英雄般的欢迎。在整个影片中，土耳其的司法制度被描写得残暴、莫名其妙；美丽的伊斯坦布尔被描写得灰暗、肮脏，而贩毒犯海耶斯却被描写为一个完美的美国人。该影片在国际上获得很大成功，极大地败坏了土耳其的法律形象。它在土耳其电视台播出后引起了轩然大波，土耳其政府专门组织力量写文章驳斥，认为它是西方作品中把土耳其妖魔化倾向的继续。确实，长期以来，大多数西方作品都把土耳其人的形象同暴力和性连在一起（我们在影片《阿拉伯的劳伦斯》中能找到一个具有较好形象的土耳其人吗?），[48] 并揭示了电影描写与事实的不符。这一事件对土耳其的意义在于，尽管它力图在法律上全盘西化，却仍被西方视为异己力量，仍未摆脱妖魔的形象。简单的结论是，不管土耳其人对自己的法律改革的自我评价如何，西方人认为是失败的。

---

〔47〕 David p. Fidler, "*A Kinder, Gentler System of Capitulations? International Law, Structural Adjustment Policies, and the Standard of Liberal, Globalized Civilization*", in *Texas International Law Journal*, vol. 35, pp. 398.

〔48〕 同注5引书，第53页。

因此，西方与土耳其的密切合作仍然是权宜之计，是前者对后者的利用。在西方人的心目中，土耳其仍是“外人”。[49]

其次是土耳其加入欧盟的可能成为欧盟宪法条约草案在法国和荷兰举行全民公决中遭到否决的原因之一的事件。2005年5月29日在法国，2005年6月1日在荷兰，分别就欧盟宪法条约草案分别举行了全民公决，分别得到了否定的结果。两国获得这一结果的原因很多，但都有顾忌穆斯林土耳其加入欧盟的原因。因为按照时间表，土耳其当在2006年进行入盟谈判，2015年欧盟当就此问题做出决议。

为何土耳其的欧化之路如此多难？是因为土耳其人多数为亚洲人吗？非也！首先，在奥斯曼帝国时期，其军队由清一色的男子组成，所有被征服地区的妇女立即成为军人们的财产，由此使现代土耳其人的血统极端混杂。[50] 而且，在1453年奥斯曼帝国毁灭拜占庭帝国前，后者为了苟延残喘，不断地把公主嫁给奥斯曼苏丹，这也使土耳其人的血统中混入了大量的高加索因素，因此，土耳其人的突厥血统已很少了；其次，芬兰人和匈牙利人与土耳其人一样，都有从亚洲迁徙到欧洲的经历，不过他们都皈依了基督教，因此并不受西方人的排斥。所以，土耳其遭受欧洲排斥的原因并非因为这个民族出身亚洲，而是因为其99%的成员仍信仰伊斯兰教。不仅如此，从人类历史来看，西方作为一个文化同质体总是与某一个东方的霸权构成对峙。最早的是波斯人与希腊-罗马人的对峙；然后是奥斯曼人与西方人的对峙——这场对峙在比萨的“圣斯特凡骑士教堂”教堂留下了痕迹：那里陈列着被缴获的穆斯林的军旗和战船头——然后是前苏联与以美国为首的西方世界的对峙。看来，土耳其还因为其曾作为文明冲突的东方代表之一的经历遭到西方的排斥。

面对欧盟已有成员国的怀疑，土耳其不声不响地进行了进一步的改革满足入盟的条件。如前所述，2001年重订民法典以达到哥本哈根政治标准；2002年废除了和平时期的死刑，土耳其好不容易抓到的库尔德分离主义分子领导人奥贾兰由此可以逃脱一死。正在废除国家安全特别法庭，撤销了惩罚女性通奸的刑事法案；废除了针对库尔德地区的紧急戡乱法，把库尔德语纳入正规教育体系，释放了一些持不同政见者，进行了必要的经济改革等。尽管如此，在入盟的18项人权评估指标方面，土耳其还只达到了其中的7项，因此，土耳其还有许多事情要做。

不管土耳其入盟的过程会如何曲折，入盟会是不可避免的结果，那时，土耳其国父们的计划就实现了，这是一个很大的成功。今年是奥斯曼帝国的法律改革运动开始155周年，土耳其的法律改革运动开始79周年，已到了可以对它们进行评价的时候。我想说的是，不管有什么样的民族主义或意识形态的遁词，当今世界一个不可否认的现实是，现代化就是欧美化。加入先进国家的队伍就是搭上现代化的快车，如果我们把自己加入WTO当做一项成就，我们有什么理由对土耳其的入盟不持同样的评价呢？在此基础上我们可以反思土耳其取得这一成就的原因并谋求从中获得启

〔49〕 尽管有土耳其政府组织的批驳，美国律师为本国有可能去土耳其服役的军人写的法律环境报告仍把《午夜快车》中描述的土耳其刑事司法制度当作真实的，Colonel Mark Ort, *A Turkish Law Primer for Legal Assistance Attorneys*, In Army Law, vol. 21, p. 22.

〔50〕 同注5引书，第45页。

示。在我看来，土耳其成功的原因就在于，在精英的领导下、在威权的支撑下持之以恒地坚持全盘欧化。其中的“精英”、“威权”、“持之以恒”和“全盘”4个词为要点。就“精英”而言，土耳其的包括凯马尔在内的精英们继承奥斯曼帝国的改革精英们的成果，一开始就设定了几乎全部的改革目标并世代遵循，达成今日的成就。土耳其的经验证明了英雄创造历史的法则。就“威权”而言，凯马尔及其继任者紧紧依托国家机器镇压一切可能的反改革的思潮和行动，不如此，就不可能在一个具有深远的伊斯兰教历史的国家实现世俗化，保证改革的顺利推进。“持之以恒”可以奥斯曼－土耳其的婚姻登记制度为例。奥斯曼的《家庭权利法》就规定了这一制度，由于只是初次尝试，允许不登记的婚姻维持效力；1926年《土耳其民法典》也规定了这一制度，但在宗教传统的支配下，它几乎成为具文。建国后的土耳其有大约1000万人口，其中有5 478 358人不按这一制度结婚，因为并非所有的人口都在婚龄，从违法者的数目来看，可以推断很少有人按法定方式结婚，而且还要考虑他们要承受民法和刑法上的后果。土耳其当局尽管对他们做了一些让步，但并未放弃这一制度。经过近80年的坚持，现在这一制度当实际推行了。当初若因难而放弃它，就不会得到今天的成果；就“全盘”而言，土耳其的国父们把改革理解为一项波及社会生活方方面面的系统工程，不仅在法律方面实施改革，而且在其他方面——包括文字、服饰、人际称呼等——进行综合配套改革，这种做法类似于在引进橘树后同时改造它生长的土壤和空气，保障了“橘树”的成活。“全盘”还意味着不讲或少讲条件，把西方的法律制度择其善者成建制地引进。我们看到，土耳其除了放弃了《瑞士民法典》中的少量规定外，全部引进了这一法典，当然，由于不合国情，有些制度成了具文，有些制度或具体规定被立法或司法改变，经过长期的适用，土耳其版的《瑞士民法典》已本土化，围绕着它形成了土耳其自己的判例学说。随着改革初期与后期社会条件的改变，一些开头看来超前的规定后来就变成合适的规定了，例如关于婚龄的规定，就有由高而低再高的过程。如果在改革初期就过多地考虑所谓的国情决定可以引进哪些，必须放弃哪些，改革就可能流产或被拖延很长时间，而且被引进的法典由于被分割得支离破碎不能发挥其整体效应、协同效应。奥斯曼帝国的改革之所以最终失败，未设定全盘西化的目标（把民事生活领域留给伊斯兰法调整）至少是原因之一。我们必须注意到，在所有的伊斯兰国家中，土耳其是惟一不区分人身关系法和财产关系法而定是否引进西方法律制度的国家，因此，在土耳其没有什么“Law of Personal Status”，它取得其他穆斯林国家不曾取得的成就，也就不是什么偶然的事情了！“全盘西化”口号的是是非非在我国有过不止一次的讨论，土耳其的案例提供了肯定的论据，要命的是，日本的案例也提供了同样的论据！历史告诉我们，只有那些低首下心、痛定思痛的民族才可以成为涅槃的凤凰。那些抱着过去的光荣的残梦怀着轻贱“老师”之心进行改革的国家，没有一个达到其预定的目标，这跟一个怀着轻贱老师之心向后者学习的个人不可能学到其真本事的道理是一样的。

民法的积累、选择与创新*

苏永钦**

主　题：“中国民法建设论坛”第二场
讲演人：苏永钦（台湾政治大学教授）
评论人：方流芳（中国政法大学教授）
主持人：龙卫球（中国政法大学教授）
时　间：2005 年 12 月 22 日下午 2:00～4:30
地　点：中国政法大学研究生院图书馆学术报告厅

龙卫球教授（主持人）：

各位老师和同学，下午好！今天由我来做主持人，我感到有些诚惶诚恐，因为参加讲演和评论的两位学者，均具有非凡的学术能力，我恐怕自己的思想可能跟不上他们，所以作为这个主持人，能不能协调好，我是没把握的。今天的主讲人是苏永钦教授，他是台湾政治大学的资深教授，现在利用学术休假期间，在清华大学担任高级访问学者。苏教授兼通私法和公法，是一个兼容并蓄的学者，擅长于超越性思维。在人大出版的一本书上，有一段王泽鉴教授对他的评价：“宏观洞见，思维精致。”得到王泽鉴教授如此评价，可想而知他在学术界具有怎样的一种影响力。就我对他著述有限的阅读而言，我感觉到，一方面他确实总能够着力于一种整体的民法思维；另一方面，在这种整体思考中，他也确实能够在 90% 民法假设公理之外，留意到 10% 会变迁的挑战意义。他的研究不止是第二手、第三手的注释工作，而是第一手的基于社会现实的分析工作和构想工作。能请他来到这里做这样一个讲演，应该说是我们的荣幸。今天的评论人，我们很荣幸地请到了方流芳教授来担当。方老师是本校的资深教授，他的研究同样兼跨私法和公法，是位在比较观察、历史视野、现实分析诸方面都有很深到把握的具有综合能力的学者。我个人觉得“宏观洞见”同样适合于对他的学术评价，他总是能够展现出人意料的批判的实证的视角。方流芳教授的思维方式里头总是能够“开天窗”。“开天窗”就是能够打开天窗说亮话，所以，今天是一场高峰论坛。用一句俗话讲，可以说是“棋逢对手，将遇良才”！借

* 本文为“中国民法建设论坛”第二场讲演记录。该场讲演于 2005 年 12 月 22 日下午在中国政法大学研究生院进行，台湾政治大学苏永钦教授应邀作为主题报告人发言，中国政法大学方流芳教授担任评论人，中国政法大学龙卫球教授担任主持人。

** 台湾政治大学法学院教授，德国慕尼黑大学法学博士。

用苏永钦教授的话说，“这是一个民法的时代”！那么，就让我们来分享这场学术盛宴吧！有请苏永钦教授！

苏永钦教授（讲演人）：

尊敬的主持人龙老师，尊敬的米院长、方院长，还有各位老师、各位同学，大家下午好！非常高兴今天能够第二次参与这样一个非常重要的民法建设的论坛，非常感谢各位同学的热情参与。我会控制在一定的时间内完成讲演，然后希望有时间和各位来做一些问题的探讨和对话。在江老师做了那么好的一个演讲之后，我面临的问题实在非常的局促，不知道还可以从哪方面去发挥。米院长、龙老师特别说，你要谈一些大的问题。那我又面临第二个困难：因为在两个月前，我在清华也做了一个公开演讲，谈民事立法者的角色，也发表在最近的一本书上。一些大的问题都已经讲过了，我预期在座也有少数几位看过了，所以如果今天再讲一遍，我会觉得不好意思，所以还得再想点更新的东西。后来我就想，待在北京的这大概两个多月里，参与了一些讨论，听到了一些想法，我觉得非常有意思。大家对中国民法的这次立法都抱着很大的期待。可是该怎么做，出现了非常不同的想法。有人说，要定一个如何如何高度法典化的法典，可能是想要一个简单一点的比较原则的东西。也有人说，何不就把中国最早的民法典搬出来再用一次，稍微改一下就可以，多方便！这种想法都有！我就觉得，这其实是一个思考过程：民事立法者怎么处理这一堆规范来回应这个社会的需要？民法跟其他的法律有什么样的不同？它是不是有一些累积性？它可以有多大的选择？还有，立法者到底可以做什么样的一个发明创新？我就从这个角度去谈。

先谈一点比较轻松的吧！“可乐，麦当劳和违宪审查”。有一个关于“可乐”、“麦当劳”的寓言，说一个非洲人在一棵树下睡觉，有一个白人走过去送给他一瓶可口可乐。这个非洲人打开，喝了下去，马上吐出来，“像感冒药一样”！但后来，这个黑人发现，这个瓶子盈盈一握，很舒服的。然后听到了可口可乐那些青春洋溢的广告歌曲，看到了非常好看的广告形象，再喝第二口，觉得也不坏。再过了一阵子，他就决定到工厂去打工，赚点钱去买第二瓶可口可乐。据说这个非洲小国就此开始了它的市场经济。所以，市场经济就是，你不只是要满足需要，而且是要满足你以为你有的需要，然后开始去追逐，付出你的劳力跟你的心力。这就是美国带给发展中国家的一些所谓观念。其实就台湾（地区）的经验来说，以我自己的经历而言，也许可以跟麦当劳串在一起讲。我第一次踏上美国国土是1978年去参加一位朋友的婚礼。中午的时候，朋友就带我们去吃闻名已久的麦当劳。我进去后却大失所望：这么一个世界知名的店，却拥挤得很，而那个汉堡又一点都不好吃，为什么会生意这么好？我回到台湾（地区）后，没有几年，台湾（地区）开了第一家麦当劳，火的程度就如大家想象。那个时候我的孩子大概已经有三四岁。我发现了一个现象，就是在台湾（地区）第一家麦当劳开了以后，我还没有看到哪一个小孩子不喜欢麦当劳。我开始研究这个现象：麦当劳代表着一种商业文化，让小孩子不能够抗拒它。小孩子觉得在那里他是自主的，他不要听大人唠叨，那些年轻的服务员让小孩子觉得很认同。汉堡其实不重要，重要的是那个气氛。所以我们看肯德基进入大陆也好，麦当劳进入大陆也好，这个世界的消费习惯越来越趋同，两岸的年轻人喝可乐、吃麦当劳、看哈里·波特，其实越来越像。整个世界消费习惯都很像。这跟我们民法似乎没有关系，但是我觉得有关系。同样的情况发生在很多发展中、已开发或者甚至非常古老的文明中。这是我讲的第一点。

在18世纪的时候，如果你把家门打开，第一个进来的很可能是一个英国人。但现在，大家发现都是美国人先进来。你会发现美国的一些价值观、它的商品、它的很多东西都进来了。可是奇怪的是，美国的制度很难进来，包括它宪法上的制度、商业上的制度，以及很多其他制度，没有经过修改的大概很少能够落脚。我特别举违宪审查这个制度。在90年代，大概有四五十个中东欧的国家，在体制上做了比较大的转型，它们希望有一个宪法，而且可以司法化，可以控制公权力，去巩固它们新的制度。那个时候，美国的基金会、学者都乐意去推销他们世界知名的宪法制度，就是违宪审查。结果呢，现在经过了十几年，这四五十个国家里没有一个建立了美国式的违宪审查制度，几乎是全部走到德国式或者德国式加上法国式的违宪审查。除了一个爱沙尼亚——波罗的海一个小国。其实严格讲，它所采取的分散式的各法院来做违宪审查的制度基本上也是学北欧。美国的制度几乎都很难外销到其他的国家去，这有很多很多的因素，跟它的发展有关系，跟它的基本思考也有关系。在我看来，最重要的就是英美案例法思考和体系思考的分野阻碍了它法律制度的输出。它的制度要进入一个新的法律体系里，最大的困难就在这里。在美国的法学院学习，以台湾（地区）的学生来讲，他所碰到的一种冲击，就是根本法律文化的差异。有人说像文化震惊一样。他发现法律原来是这样子的，倒过来读，不去读法律怎么演绎，而是一个一个案例去学习。除了专业法律人的培养，它的工作方式也有同样的困难。在大陆法系的体系思考之下，教授或者律师的办公室里头放的是教科书，也越来越多地放案例汇编。但是它的案例汇编的读法，是通过了教科书，通过了逐条释义，通过所谓的释义学，民法释义学、宪法释义学、商法释义学等这种教条式的思考，指导他去读这些案例。它不是美国式的思考——把法律丢开：出现了第一个案例以后，它就可以把法律丢开，从案例去寻找它的精神，然后依据先例拘束这样的一个原则，去建立、去寻找法律的规则，然后处理下一个个案。美国法律人的办公室、图书馆，只有各种各样的案例汇编。这些使得美国的制度在法律的借鉴上出现一定的障碍。

比较法上对世界几个重要法律制度，用法系或法律家族去分类，分成两个家族、三个家族、五个家族的都有。有的分为普通法体系和大陆法体系；有的加上混合的法律体系；有的再加上社会主义法体系，像茨威格特、克茨这两位德国学者写的《比较法教科书》；再有的把东方的法律体系摆进来；或者伊斯兰的。不同的书有不同的摆法。我个人倒是觉得，你可以从不同的角度去分类，但是分得太复杂其实意义不大。真正的可比较性，还是在比较简单的标准之下去很快地理解一个法律体系，然后谈积累或是学习、借鉴。在法律基本上是作为社会联系和控制工具这样的一个前提之下，我们看到，已经形成一定传统而有鲜明特征的，其实就是这两种法律家族：一个我们称之为大陆法系，一个称之为普通法系。大陆法系有时候又被称之为民法体系，这个 civil law 的 tradition 就是民法传统。原因就是，大陆法系最大的特征就在于，通常是围绕一个高度体系化的民法典来建立它的法律体系。那么，另外一个相对的法律家族，就是英美的体系。它是从一些个案去归纳，然后建立它许许多多的法律原则。这两个对比是最鲜明的。我们也可以看到，像茨威格特、克茨的《比较法教科书》，在新版里已经把社会主义法律家族全部拿掉了，准确地讲，它们全部被归类到传统的大陆法体系里头。这是法律体系最基本的分野。这里完全没有任何价值判断的意思。最近我听到清华王晨光教授谈起一件事，他说最近世界银行有些经济学专家做了一项研究：对于发展中国家，它们采用哪一种法律体系比较有利于发展？结果他们共同的结论是，普通法的体制是比较有利于发展的，它比较有效率。结果这个报告一出来，让法国人非常震惊，认为这个报告有问题。我觉得这个结果不是太意外。如果寻找一些客观的标准分析经济学者做的这些研究，是有一定的道理。但是问题可能不在谁比较好，谁比较有效率，而在于普通法体系形成的学习障碍非常大。普通法体系和大陆法体系，在我看来，几乎是非杨即墨的。当然我们也看到，世界上也存在着一些被称为混合法系的。也有很多人愿意自称混合法系，比方日本人喜欢说它是混合法系。可是谈得比较多的，是美国的路易斯安那，或者是加拿大的魁北克，或者是英国的苏格兰，这些国家确实在传统上具有这样一个情况。是不是已经整理出一个可以兼容两种法律体系思考方式、法律工作方式的新的理念体系，我的研究是有限的，我不知道。也许未来比较可以期待欧盟的发展。欧盟在一个新的政治组织形成以后，被迫要兼容海峡两边的大陆法思想和普通法思想。他们已经做了很多准备，但是到目前为止，我们大概也可以看到，这是一个最大的障碍，也是一个最大的选择。这并不表示说，跨家族的汇流是不可能的，事实上，刚好相反，跨家族的汇流是这个世纪的一个趋势，是上个世纪就已经显示的一个重要趋势。但是在我看来，比较真正的汇流是在问题的共同性、价值的共同性以及在尝试解决方法上的共同性，然而最后大概都要落实在不同的语境、不同的法律的架构里去处理。我们可以举一些民法的制度，比方在20世纪讨论很多的信托制度、侵权法上的严格责任，或者担保法上的农地租赁制度，很多都是从美国这个具有高度影响力并且商业文化非常发达的国家那里发现的问题，找到的答案。可是到了其他国家，它们分别用不同的方式、不同的概念去落实。这就是一开始我们谈的：真正的汇流是一种价值观的合一，不是法律技术上的混合。

然后，我们回到原初的问题——民法的继受和积累。相对于其他领域，民法的继受是普遍存在的。我们看到很多很多例子。有的国家，是整个生吞活剥地带进来，比方说一些非洲国家，就不去谈了；可是，同样是发展程度差不多的国家，也有这样整套的横向移植的。像荷兰，它早期的债法在制定时，有一个统计是633条中有561条直接就从法国翻过来。就中国来讲，国民政府1930年的那个民法典，照梅仲协先生的书上讲，是得之于德国的十之六七，得之于瑞士的十之三四，其他还有包含了日本、苏联、法国，大概有个位数的百分比。梅老师不是做精确的统计，可是以我自己学习民法的经验，觉得这个统计还真是很精确，并且涵盖了整个的结构以及制度的百分比。台湾（地区）现在适用的民法典，大概德国的因素占了百分之六七十，瑞士百分之三四十。这样的一种积累，这样的一个继受，很多条文基本上是翻译的，也有翻错的地方，但是大体上这还是相当不错的一个混合，在一九二几年就有这样的一个水平。再看其他国家民法典，即使它不是这样一个大幅度的继受或者移植，大概也在相当程度上都是移植。多数情况，你可以看到它的合同制度、侵权制度、不当得利、连带责任、占有、所有权或者是身份法上的一些概念，大概都可以上溯到德国、法国，还可以再上溯到罗马法，其实是一代又一代的继受。所以，也有人把它比喻成是一个基因解码的工程。你可以看到，很多的条文，最后都可以在罗马法上找到它最原始的法的情况。这是一个非常独特的现象：民法通过这种继受的、长期的积累，其实变成人类文明的一部分，是一个共同的遗产。这多少显示了在处理平等的人与人之间的冲突，人与人之间权利、义务、责任的分配时，所具有的一种共通性。因为大部分的生活方式是相通的，一些基本的价值观念是相通的，而且通过全球化的发展，这种现象只会加速。

但是另外一方面，我们也看到，继受通常有可能是经过选择的，也有可能是被强制的。我们可以发现，就刚刚讲的两种大的法律家族、两种大的法律思考方式而言，在普通法体系，它的继受大部分是强制的或半强制的，也就是在英国殖民统治之下带进去的。或者是像美国的继受，它基本上是一种随同文化的附带的继受；或者是中南美洲，经由同样语言、同样文化的继受；或者在欧洲大陆本身也是一样，比利时继受法国民法、早期荷兰继受法国民法，可能都有一种文化的相同性。因为语言、宗教或者文化艺术相同，在学习上，它可以比较容易去接受。所以，当我们在问如何选择的时候，我自己的观察是，如果扣除掉通过强制或半强制的继受和随着文化的继受，进行自由选择的话，就会看到一种后发的优势。因为它是累积的，那么后来的民法典，通常会累积较多的一些创新，会比前面的民法典具有更高的优势而被更后来的民法典继受。今天的民法中，法国民法和德国民法代表两种模式，在世界各国有非常大的影响。法国民法有两百年，德国民法刚好100年，它们的影响都非常大。但是，你可以看到，不受强制或半强制或文化相同性这些影响的国家（因为德国本身不是一个强势殖民国家，殖民大多不是强制性的，民法也都不是强制性继受；也不是受德国文化的延续性因素带动而继受），像希腊，或者是日本，以及后来的荷兰、中国等等，假如有比较大选择的话，便会选择比较新的只有一百年历史的《德国民法典》。因为《德国民法典》基本上已经把法国民法的精髓，把其对自由主义的一些思考、理念吸收进来，又加进了经过相当长时间的潘德克顿学派的一些概念累积和一些新的创造。后来的民法典学习了德国，再加上更多新的东西，所以我们也可以看到民法典越来越紧密，越来越丰富，从三编到五编，到后来的六编、七编、八编。苏联后来的民法典，基本上也是以德国作为主要的借鉴对象。从《法国民法典》转到《德国民法典》的，像日本、荷兰，这些例子还都蛮多的。我们可以看到，在继受的选择上，有这样一些现象。我看过比较法对于法律继受的一些研究，也有类似的一个结论。这是关于我们如何去看待民法的继受（它是一个自然的积累），我们如何去看待选择，有以上的一些想法。

随着社会的改变，随着在一些不同国家的适用，随着适用的社会经济条件的改变，民法在积累之下，还不断地有创新。这种创新也不一定发生在同一个国家里，我们可以看到跨国的这种积累下的创新。我就以缔约过失责任作为一个例子吧。在一个原法国民法、德国民法建构的由契约和侵权作为两大支柱的流动的制度体系中，其实在德国立法之后，它的一个重要学者耶林就已经发现，合同法跟侵权法都不能圆满地处理缔约阶段的一些问题。当时认为这一想法还不够成熟，《德国民法典》没有把握加以制定。可是讨论非常的多，而且在民法典制定实施以后，帝国法院实务很快就开始类推一些个别缔约过失的条文，从而发展出一般缔约过失责任，然后把它当成一个习惯法。这些学说和法律，被其他欧洲国家继受以后，立法者就开始尝试把它纳入民法典。像希腊是最早的，它用两个条文去建构一个一般缔约过失责任；1942 年意大利民法也作了一个抽象的规定，所以我们可以称之为一个积累下的创新。实际上，在国际交易中越来越发现这种缔约阶段保护的不足，保护的需求也越来越强烈。在交易过程中，无论交易成或不成，单就交易者经由这种信息的交换，取得对方的一些营业秘密，最后加以不正当地利用，是非常常见的一种纠纷；或者在双方投入非常多的努力以后，一方没有太大理由地中断了交易，造成了损害。诸如此类缔约过程中的问题，为原来民法典所不能控制，所以也变成了国际上缺法的问题。像《国际统一商法原则》里把它加进去，《欧洲合同法》也把它加进去，在台湾（地区）债编修法的时候，大陆合同法修法的时候，不约而同地，也把它加进去。最后，最早处理这个问题的德国在 2002 年也把它加进去。你可以看到，这个制度的创新，在长期的积累以后，其实已经变成这个家族共同的问题；然后再讨论、相互地借鉴；最后呢，殊途同归地去处理这些问题。

我们再来看个别制度的选择与创新。我刚提过，在继受的时候还是有选择的。比方在 1928～1929 年，很短的时间内，中国的立法者（当然是经过两次民律草案）通过了一部民法典。它选择了一些德国的制度，比方说五编制。可是在物权编，它更多的选择是瑞士的制度，在物权里加进了德国没有瑞士才有的“留置权”；再比方说民商合一，把商事合同摆在“债各”里；诸如此类。我们用什么样的思维去看待？继受者应该如何选择？如果继受者加入了某个家族，就必须接受它原来已经积累的一些制度，那他还有多大的选择和创新空间？我举这样一个制度来讲。德国民法有这样一个制度，德国学者称之为“E－B－V”，就是所有人与占有人的关系。王泽鉴老师罕见地在他的一篇文章里对德国这个制度提出了批评，他说这个制度“条文繁杂，区别过于苛细”，争论也很多，还不如我们所参考的日本民法和瑞士民法，比较简明。这引起了我的兴趣，在法大十月份的一个研讨会上，我提出的一篇文章就是写这个内容。我发现多数国家在继受德国法的过程中，都没有把德国这个复杂的有十几个条文的制度继受进来，而是选择它的一部分。这个制度涉及无权占有、返还期间、占有物的毁损、产生的孳息以及费用、如何去处理所有人跟占有人在返还请求以后这中间的关系。有些国家只继受了侵权那一部分，就是毁损那部分；有的国家继受了接近无因管理的那个观念，就是费用部分；有的国家只继受了解决孳息问题的部分。多数国家都是选择性地继受，而且几乎看不到哪个国家，像德国的民法释义学教科书里那样大量地讨论这个制度，这个讨论几乎只停留在德国。也就是说，这个制度在移植的时候，其实是被选择、而且在很多时候是被舍弃的。

王老师有这样一个评论，也很值得思考。我个人觉得，可能要再仔细地去对这个结论作一个分析，因为所谓“条文繁杂、区别苛细”，绝对不是一个遭到拒绝的理由。“条文繁杂、区别苛细”根本是德国法的特色，如果这可以作为一个拒绝理由的话，德国法就不应该作为一个典范。中国继受《德国民法典》大概整个都打了五折，别人有四项的我们只收两项，有两条的我们收一条。大概是这样。因为中国人受不了那样的苛细。但是整个来讲，“条文繁杂、区别苛细”是德国民法的一个普遍现象。所以就这个制度来讲，真正的问题是它的价值问题。也就是说，当一个制度背后的每一个价值评价、价值判断都可以接受的时候，那么苛细绝对不是问题，而且密度高的规范永远能够比较公平地处理比较复杂的社会情况。所以当你排斥它的时候，大部分的原因，或者说比较合理的原因，是你不接受它背后的价值。就这个制度来讲，真正的问题是并不缺这个制度。这个所有人与占有人关系的制度，它所要处理的问题，在一般性的侵权制度、无因管理跟不当得利，都可以找到答案，并没有规范上的逻辑漏洞。德国人之所以建立这个制度，是因为觉得这三个一般性的制度不能够公平地解决在无权占有期间所有人与占有人的关系；觉得让善意的无权占有人去负一个侵权责任，那样的结果是不公平的，他不知道自己是无权占有的，虽然对造成他人所有物的毁损灭失有过失，可是不应该负那么重的责任。德国人觉得这样是不公平的，所以就建立了这个复杂的制度，并且忍耐这样的一个复杂。如果在同样的情况之下，另外一个国家觉得并没有明显的不公平，那么，它就会认为这个复杂是一种苛细。所以我们可以从这里得到一个结论，一个立法者在继受一个制度的时候，其实要先做一个价值的权衡。继受者真正在做的，不是技术的选择。概念的技术或体系的技术是一种累积，很难做任意的有选择的接受。但是价值必须做一个有选择的接受。然后，在一个价值决定下做一个安排。比方讲，我们看到各国在动产善意取得制度上非常多样化，原因就在于每一个国家对于交易安全和财产权的保护这两种民法同样重视的价值，哪一个要多一点，哪一个要少一点，其实是不一样的。所以在这个制度多样性里，可以看出比较法学的一个古典议题，继受其实反映了不同国家的价值选择。所以对一个民事立法者来讲，要选择一个制度，就必须分清楚这个制度里技术的维度和价值的维度。

我现在要进入另外一个新的议题，也是一个比较复杂的问题，我希望用快一点的时间去谈，就是债物二分的问题。这里同样涉及技术和价值的层面。刚好在前天，江老师和我参与这个论坛之前，他突然问我一句话：“听说你最近的主张有点改变，你现在觉得债权和物权的二分不那么重要了?”我赶忙澄清这件事情。这个问题真的很重要，所以我会借这个机会来谈，我最近发表的一些观点也是与此有关系的。

我就从在台湾（地区）一直被谈论的一个制度继受来讲。这就是关于英美法上的一个财产法制度，叫做“随同土地移转的特约”（covenant running with land），要不要把它引进到台湾（地区）的法律里面。因为我们在实务上碰到很多土地上的或不动产上的合同问题。举分管契约为例。一个不动产上，有三个人共有，他们订了一个分管契约。后来其中一个共有人把他的份额让与出去，第四个人加入了，甲乙丙变成了乙丙丁。那原来甲乙丙的分管契约，是不是要被乙丙丁来继受？“最高法院”在1959年的一个判例里说，当然要继受。但是到了差不多30年以后，大法官一个解释把它推翻掉了。大法官解释最后是回到了债物二分的观念里，说共有是一个物权，在这里是一个1/3的所有权，但是所有人甲乙丙之间的分管契约是一个债权合意，它是相对的，没有对世效力，因此不能够对抗新加入的丁，所以乙丙丁必须从头再订一个分管合同。但是这样解释的话可能会造成很大的冲突或无效力，但

“最高法院”一开始说当然有拘束力，很多学者也说当然有拘束力，但没有人能够反驳大法官债物二分这样一个基本原理。当时就有学者说：“唉！我们应该接受这样一个观念，在不动产上头的这个特约，应该随着不动产去移转。”另外一个引起争议的地方，比方说两笔土地非常不规则地相邻，后来很自然地，甲的建筑不小心就越界盖到了乙地，乙地一部分也越界盖到了甲地，成了一个犬牙交错的情况。现实中其实很容易发生这种情况，那双方也默示地允许对方这样做。直到有一天，也许20年以后，甲地让与给丙了，另外的第三人成为甲地的所有权人，他不接受原来甲乙的那个约定，要拆除越界的房子。根据相邻关系关于越界建筑的规定，法院也很头痛，能不能不要拆房子啊？这里是一个相互的越界，这个越界是无偿的，所以很难说它是租赁。如果是租赁就好办了，可以用“买卖不破租赁”的特别规定，让承租人租赁权有一个对世效力，例外地让那个债权有一个对抗后手的效力。因为它是无偿的，所以“最高法院”突发奇想，说这是相互负有租赁义务，把租金相互抵销的一个契约。这是一个非常天才的想法，目的就是不要拆房子。但是它的目的也在于，不要随便继受一个摆进来以后可能后患无穷的东西，因为不知道后面会有什么样的结果。

我们曾经在很匆忙的情况下继受了美国法的东西。在20世纪60年代，经济突然起飞，整个贸易发展非常快，资金的需求，中小企业没有资金，银行贷款风险很高，它需要担保，但是担保工具不足，只有不动产，而不动产总价值没有那么高。最后，因为担保工具不足，“财政部”就派了几个科员到美国去学习，就把美国UCC的制度给抄回来。很快“财政部”就提起了法案，然后通过了“动产担保交易法”。那个法律其实是百分之百的美国法，一直到今天还有，但后来又有一个“信托法”。这个经验看起来不是很坏，但是严格讲是因为法院的案子不多，相关实务其实没有如意想那样发展很大，否则它面临的冲突会很大。这里引进了美国法上的property——所有权，但是它没有大陆法上所有权那种观念。也就是说，在大陆法上所有权是一个完整的权利，相对于一个他物权是有特定权能的权利。这种二分法，这种对立，在美国法是不存在的。美国的property里头，有各种title，各种权利，它没有一个无所不包的所有权，所以他们建立了一个只有担保功能的叫做“所有权”的这样一个东西，他们叫做legal title。在他们那个所谓的“附条件买卖”（conditional sell）里头，“所有权”是这样一个性格，我把汽车卖给你，在你最后一期款交付之前，所有权在我这里，可是所有其他权利都在你那里。在美国法的解释，这个出卖人，既没有占有，也不能使用，他甚至不能做任何第二次处分，只有一个名义上的“所有权”。可是在台湾（地区），出卖人还有没有所有权？如果有的话，那扣除掉法律规定买受人取得的权利，其他权利还是在所有人身上。所以，当时继受这个法律进来，并没有详细规定买受人取得了什么样的权利。理论上，那个在英美法上只有一个形式、一个legal title的出卖人，还可以做各种处分。所以说，这些冲突其实是很大的，只是没有发作而已。后来“信托法”做了密度比较高一点的规定，来处理这个相容问题。这里只是告诉我们说，英美法的引进，在一个大陆法系法域是相当危险的。以我们举的这个例子（随同土地移转的特约）来讲，在觉得非常需要突破的时候，实务界最后还是拒绝引进英美法这样一个制度，他们很害怕如果引进来会有其他问题。事实上，如果仔细分析，需不需要引进，在更精确地处理以后，在技术上创新以后，也可以解决这样的一个问题。

所以我的结论是，我从来不认为，到今天还是不认为，在大陆法的概念体系里累积下来的债物二分已经到了必须动摇的地步。相对性的债权和绝对性的物权，仍然是一个必要的财产权二分的基础。问题也不在于物权行为和债权行为的二分。我不认为物权行为是多余的。实际上在我看来，这里不涉及任何价值选择，而是一种技术的累积，一种技术的创新。我后面会讲得比较详细一点，这是一种高度的技术积累。真正要去思考的是物权法定原则。关于这个问题我有一些新的想法，我认为在这里有创新的空间，而不是债、物二分或者物权行为、债权行为的二分。

我们先讲第一个问题——关于债权和物权的二分。大陆法的教科书上都会这样讲，债权和物权一个是请求权、一个是支配权，一个是相对权、一个是绝对权。然后看到很多文章告诉我们，说在这个二分法之间有越来越多的中间灰色地带，使得这二分似乎不再那么绝对。我现在的一个新想法是，如果我们更精确地理解物权，把它理解成一个“定分权”，把它跟财产权、债权的区格抓得更准确的话，你会发现，这个二分仍然是颠扑不破的。

我的看法是，过去我们过于从所有权的角度去理解债权和物权。我们用所有权理解物权，说它是一种支配权，而债权是一种请求权。物权是处理人和物的关系；债权则是处理人和人的关系；他物权也跟物权一样是处理人和物的关系，而不是处理人和人的关系。因此，债权只有请求效力，而不能排他。借用人和借贷人之间如果有第三人侵害的话，就只能通过请求所有人来排他，债权人自己不能够排他，因为他没有支配权，无法获得排他的效力。但是所有权跟债权不同，这就在于它有直接的支配权，所以它可以对抗所有的人。他物权跟债权差异也很明显。如果你是地上权人，你可以获得直接的排他的效力；如果你是承租人，就不能直接排他。这是教科书上给我们的想像，然后我们就发现了很多中间现象。

可是如果比较精确地加以理解，债权和物权从来就不只是这么单纯的二分，要解决这种单纯的二分引起的争议，在于我们重新界定而不是放弃债权和物权的二分。债权和物权其实存在于同一个交易关系里，都是基于一个相对的交易发生的。物权不是因为甲要跟全世界人交易而发生的，而永远都是在一个相对的交易当中发生的。所谓债权，也就是甲和乙的交易停留在一个相对的关系中。但是也有可能甲和乙的最后交易结果、他们的最大利益，是建立一个可以从甲乙的交易关系中抽离出来加以客观化的物权关系，这可以使他们的需求得到最大满足，于是他们就从他们的交易关系里选择一部分或全部切割出来。比方甲需要乙的土地来盖房子，他们可以停留在租赁关系，也可以决定在乙的土地上建立一个地上权的关系。但是对于地上权的内容，对于如何利用这笔土地，他们可能还停留在一些配套的债的关系。所以他们只是把其中一部分切割出来，变成物的关系。这是对债和物关系的一个比较正确的理解。它基本上是基于同一个交易关系，然后把其中一部分通过双方的合意公示出来，使其客观化，变成一个对世的关系。在此，我们也看到物权行为逻辑上的必要性。

我们原来关于债物二分的想象，是把物权想象成所有权，然后我们以为定限物权就如所想象的那个样子。但是就以台湾（地区）现行民法来讲，所有的定限物权都不是刚才想象的那个样子，其实大部分定限物权都还把一部分债的关系切割进来。

以曾经称为永佃权、现在台湾（地区）改为农用权的定限物权为例，它的内容是，所有人在土地上为他人设立永佃权，使永佃权人可以为耕作而利用。没错，在这里永佃权人取得了一个支配权；但是同样在设定这个权利的时候，所有权人就取得了一个请求永佃权人佃租给付的债权，这个债权变成了永佃权上的负担，也就是一个债务。对于永佃权人来讲，这个支配权与这个债权同样是这个物权的内容，它连同切割了一个债权和一个支配权，所以并不是如我们所想象的，定限物权就是一个支配权。其他如典权、抵押权，它们与债权的这种紧密关系就更是清楚。

德国法上的土地负担是另外一种情况。所有人为土地负担的权利人设定了这样一项权利，内容就是以土地为基础，可以请求给付出产物。实际上是把出产物的请求权这样一个债权物权化。如果土地负担的内容可以自己去设定，比方说还可以设定以房屋作为担保，要你照顾一位老太太，你要提供她生活起居上的或者医疗上的照顾。如果你没有履行这种照顾义务，最终我可以执行这笔房屋来抵偿债权。它实际上是把这个照顾的债权或者请求给付出产物的债权物权化。其他例子大抵都是这样，所谓典权也是如此。如果我们自己呆板地认为债权是对人请求为一定的给付，物权是对物的支配，那在这样的公式下，我们会否定这种权利的物权性，然后说不可以设定这样的权利。实际上，古老的物权，大部分都是在交易关系里进行选择性的切割。

这是第一个关于债物二分的问题。如果我们正确理解的话，就会发现其实现在很多所谓关于债物本质的不清楚，只是教科书的定义不清楚而已。

第二个问题，关于债权行为和物权行为的二分。很多人认为这是德国法的产物，是一个没有被积累下来的、属于特殊时空条件的产物，是日耳曼文化的一部分，是德国人的价值判断，而不是可以被积累继受的。但是比较法告诉我们，除了那些因为文化的因素或者因为其他的因素继受法国法的国家以外，自由的选择大概都走到了物权行为。包括了像德国之后的瑞士，受到法国民法影响的奥地利和荷兰，则是先否定，后来受到德国学说影响，又改为肯定；另外包括东亚的一些法域，像台湾（地区）、韩国；乃至其他继受德国法的国家，像希腊、苏联。最后它们大概都会把物权行为选择进来。如果我们正确理解的话，这里涉及的基本上不是一个关于价值的问题，而是一个概念体系下逻辑的必然的结果。

怎么看待这个问题？让我们看看否定物权行为的理由。有人说它会增加交易成本，实际上不会。在这个体制里面有一个物权行为，就是我刚刚讲到的公示，它是从这个交易中切割出来的一个合意，具有创造物权的效力。在多数一手交钱一手交货的动产交易里头，它跟债权合意并存，而不会增加一个行为。当然在少数情况，它也会独立存在。它独立存在是为了增加交易的可能性，这也是当初为什么会引进德国这个制度的原因。比方说我们刚才讲的 conditional sell，我的车子卖给你，这个买卖并没有附条件，可是我所有权移转的物权行为要附条件，这样我们这个交易就可以用这种方式（conditional sell）去进行。很多交易需要一个物权行为来创造节省交易成本的可能性，所以表面上多了一个行为，制造了一些交易成本，可是满足的那个需求远远超出这个交易成本，因而这里的交易成本是可以被内部化的。所以，交易成本这个批评是不了解物权行为，如果它要特殊存在的话，通常是有特殊的需要。

有人认为物权行为会影响交易安全。因为它使得交易双方在已经有了一个债权合同以后，还必须再另外制订一个物权合同，才能发生物权的变动，多了一个违约的机会。其实答案不是这样。再深入想一想，即使你否定物权行为，在你有了一个债权合同之后，还是要依赖登记来生效。像现在主张否定的一些例子，像我们现在物权法草案走的这条路，违约的机会是完全一样的，不会因为多了一个物权行为或少了一个物权行为而会多一个或少一个违约的机会。因为只要不登记，物权还是不变动。违约的机会实际上还是存在于登不登记。

有人说，物权行为会影响交易的公平，这一点是有道理的。也就是说，在买卖契约被撤销但所有权已经移转的情况下，没有物权行为，你可以基于原因行为的不存在而请求所有权的返还。可是承认物权行为的结果通常会使得因为有了一个物权行为，所有权的移转独立于前面的原因行为，已经另外发生效力，所有权已经移转，所以你只能以不当得利债权人的身份请求返还。债权是弱于物权的，你会有一定的风险，这个结果是不公平的。但是仔细思考，这个争议是不合逻辑的。因为这里的问题不是物权行为独立的问题，而是因为采取了无因原则。也许无因原则才真正是德国式的文化，而不是物权行为。只要不直接继受德国的无因原则，而采取有因原则，那么问题也就不存在。后来采用物权行为的瑞士、奥地利、荷兰，都走向了有因原则。至于对有因原则和无因原则合理性的判断，今天不及细谈。未必无因原则是不利的，但是在某些情况下它确实是比较不公平。

但是对物权行为批评最多的，是认为它违反交易文化。或许德国人在交易时能够接受买一个手套有三个行为，可是中国人没有办法理解，也没有办法接受。这是一种特殊的交易文化，不适合中国社会。这种理解隐藏了一个想象：一个人走进一家餐厅，服务员应该说："你要点什么东西?"他会说"我要涮羊肉"或者说"我要水煮鱼"。然后在民法通过以后，在想象中他走进餐厅去以后不是这样讲，他会跟那个服务员说："请问你今天要用什么东西来引诱我要约?"服务员就告诉他说"有涮羊肉"或者是"有水煮鱼"。然后他说："好，我要约涮羊肉。请你说：'我承诺'。"民法如果要这样规定，我们的生活秩序真的会被破坏掉。但是，我们的民法不是用来改变我们行为的，所以我说民法是裁判法。我们还是照样点菜，然后就有了债权行为，也有了物权行为。到发生争议的时候，比如说你发现水煮鱼里头有两只苍蝇一只蟑螂，那你知道这里有一个瑕疵担保的责任，问题是出在债权行为。如果买了一辆汽车，最后发现出卖人没有所有权，那是物权行为出了问题。在有了这些概念以后，就比较容易在制度上精确地、准确地、公平地解决问题，可是交易双方并不需要知道在做的是民法上的债权行为还是物权行为。民法的本质是裁判法。这里绝对没有交易文化的问题。所以，在台湾（地区）应该说有999‰的人没有读过民法，也不知道什么叫物权行为，可是物权行为一点障碍都没有。

物权行为是逻辑必要的。当你的民法已经不小心积累进来德国法的一些概念以后，比方你的合同法已经把德国的处分行为继受进来了，有了处分的观念，那你就有了负担的观念。这在德国法上是很清楚的两个东西，而在法国法上是没有的。也就是说，我卖东西只是一个负担，但是我移转一个东西是一个处分。我可能在同一个时点做这两件事，也可能分开来做。王泽鉴老师写了很多文章谈一物两卖，说两个买卖都有效。因为要正确理解的话，卖东西的行为是一个负担。谁的负担？自己的负担！德文讲 Verpflichtungsgeschaft（我自己负担），我们用白话来讲也就是“找自己麻烦”。你要把一个东西卖给两个人，你不会找任何人的麻烦，你是找自己的麻烦。国家没有理由禁止一个人找自己麻烦。可是你把一个东西处分给两个人，即一物两让，你是找别人麻烦。这时候国家要问：“第一次让了，你第二次再让，哪里还有处分权？”我们合同法有一条规定说，不可以这样一物二卖。可是当我们已经有了处分的概念后，就会出现这个条文怎么运作的问题：是不是在我们中国社会，如果一个人要把一件东西卖两次，就要否定第二次的买卖？因为只有在你有处分权的时候，合同才有效。那期货怎么交易？很多东西可能要在还没有取得的时候去交易，就是在交易中没有物权行为的时候，在债权行为和物权行为分开来做的时候，供应商可能会看市场价格的高低把一个东西反复交易。我们物权法草案第 15 条说，从合同成立时起，未办理物权登记的不影响合同效力。那是什么意思？登记前合同就已经生效了，可是合同内容是处分财产，又说这个处分登记才生效，那到底是怎样？不清楚。物权法草案第 111 条“动产善意取得”，是以让与合同有效为动产善意取得的要件，但让与合同如果已经生效不是就已经处分了吗？怎么还有取得的问题？反正这些我都读不懂。这就是我所说的，在否定物权行为以后，没有增加什么好处，可是增加了体系的负担。如果你要减掉物权行为，就应该回到法国民法——就像一台旧的电脑还可以用，可是就没有办法把用于新电脑的软件安装进去，否则会容量不足，然后当机。两者的差异应该是在这里。在这个体系已经积累了以后，部分的移植或者部分的不移植，问题是非常大的，会造成很大的体系负担。如果老师教书，同学学习，已经有了这些后来积累的概念，可还要回到十九世纪法国民法，采取那种所谓的没有物权行为一样可以操作的做法，一个交易就是一个交易，不去切割它的内容，最后很容易就像我刚刚讲的那样会当机。所以物权行为和债权行为的二分仍然是必要的。

我所质疑的是，我们可以正确理解物权是从交易中切割出来的，然后通过一个物权行为而产生一个权利的变动或者一个权利的发生，为什么我们还要维持物权只能由国家设计而不能由当事人设计这样一个原则？但是我很怀疑我有没有时间，谈这个内容需要两个钟头，所以我只能把我大概的思考用闪电的方式介绍一下。

我认为今天能够为物权法定原则辩护的只有这篇文章：Merrill、Smith，Optimal standardization in the law of property：The numerus clausus principle 也是谢在全教科书特别提到的这篇文章，其他的理由其实都不成立。这两位美国学者基本上是从经济分析的角度认为，如果物权种类可以让当事人任意创设的话，会制造太高的外部成本，也就是没有办法内部化不良确认成本。就是说，在创造了法律规定的 a、b、c、d、e 这五种物权以后，又创造了第六种、第七种、第八种的新物权，这就造成市场交易中还要去确认权利有哪些类型，它的成本太大。但是他们也承认，创造新的权利类型也是要满足新的交易需要，因为前五种交易类型可能不能满足某种新兴的特定交易需要，所以就容许当事人创造，以减少替代成本。这里讲的替代成本，我们可以这样说，如果你没有办法用物权来满足需要，可能就需要用债权迂回地来替代。比如没有居住权，你可能就要用房屋租赁再加上一些违约金条款或一些担保条款等，来创造等同于物权居住权的一个需要。这里的这些担保、这些连锁的债权关系，就是挫折和替代品。所以物权法定是有成本的。但是前面讲过，物权自由也是有确认成本的。

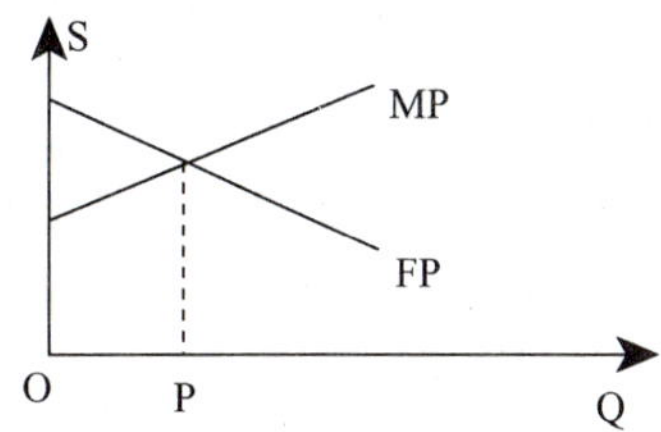

（＄：社会成本；Q：物权数量；Mp：估量/确认成本；Fp：挫折/替代成本；P：边际效用下的物权数量）

然后这篇文章告诉我们为什么要选择物权法定：到了一定数量以后，新创造物权的确认成本会超过这个替代成本。简单讲，在这个理论中，用了一些图表去想象，确认成本（Mp）是随着物权数量增加而往上增加的，可是替代成本（Fp），就是新兴需求不能得到满足而用债权等加以替代产生的成本，随着物权种类的增加会很快地往下递减。在一个农业社会尤其如此。增加一个居住权，增加一个典权，增加一个地上权，可能就没有太多需求了，所以它的交叉点在这里（P）。因此国家只要创设这么多物权就够了，越过这一点（P）再创设物权是违反交易成本的。他们也认为，通过物权制度（如登记）的“改善”，物权数量是可以增加的，但还是存在一定数量。

但是这个理论，我认为最大的一个就是忽略了刚刚讲的这种“改善”。在这个理论想象中，它并没有了解到一个大陆法系国家的登记制度其效率是可以非常高的。当一个国家设立的登记制度从手抄式登记转变为数据式登记以后（像台湾地区现在已经完全可以做到用电脑来完成所有的交易），甚至在将来可能通过网络来完成登记以后，在这种情况下的确认成本已经改变。它也忽略掉了，在市场规模扩大以后，尤其是通过加入世贸组织变成一个对世界交易的开放市场以后，为了满足这个市场的交易需求，其挫折替代成本是非常非常高的。

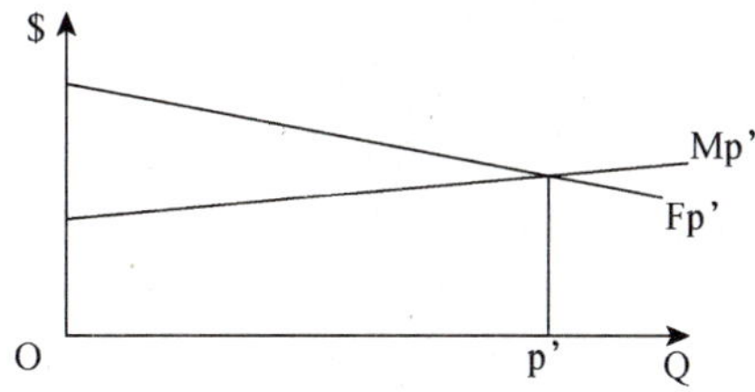

（物权登记制度改善和入世后的市场规模之下：＄：社会成本；Q：物权数量；Mp’：估量/确认成本；Fp’：挫折/替代成本；P’：边际效用下的物权数量）

我刚刚讲的这两个因素加在一起再进行考虑之后，确认成本其实是这条线——Mp’，它的斜率是非常低的。也就是说，因为登记制度的改善，增加物权数量所导致增加的成本是非常细微的。同样地，通过市场经济规模的扩大，增加法定物权数量能够降低需求替代成本（Fp’）的程度也是非常细微的。因此即使还有一个交叉点（P’），那个交叉点也已经非常远。这个物权数量已经不是5个或7个，很可能需要的法定物权是200个，或者是1000个。在一个信息社会里头，大概应该是这样的一个情况。

因此，真正的问题是物权可不可以像债权一样自由化，先由国家制定有名合同、典型合同来降低交易成本，然后让民间社会自己去创造第二层次的有名合同，也就是我们所说的格式化合同。在德国，很多格式化合同实际上已经是物权合同，物权可以和债权完全一样地由国家来制定部分的合同，让民间去制定部分的合同。个别性很高的合同让当事人自己去制定，这样一个物权自由化的倾向也许代表了更合理的分配。所以要判断未来在处理债物关系中最根本的问题——物权要不要自由化，关键在于你有没有能力建立一个统一的登记制度，一个非常高效率的数据化的登记制度。以台湾（地区）的情况来讲，有这个条件可是没有这个胆量。台湾（地区）地政机关的主管跟我拍胸脯保证说绝对可以做到。事实上，我们已经局部在做，比方信托法。所以在信托法，信托内容可以是很复杂的一些对世性的关系，它是通过信托专簿来做的。在知识产权中，商标授权登记也是整个授权契约的登记，仍在进行中的物权编修正，对于共有不动产分管契约也是来登记对抗制。如果再看看具有指针性的荷兰民法，它也已经带动了这个契机，它最重大的一个创新就是用登记物、非登记物二分（这里的“物”包括了权利），来取代现在的不动产、动产二分，因为这是真正的差异。我们现在的财产权法是以动产和不动产作为一个坐标，去区格它的规范模式；可是荷兰法已经在改用登记物和非登记物。这里的“物”包括动产、不动产、权利、集合物、各种想象的东西，只要可以登记，统一规定这些都登记。它的处理是一套规范，这一套规范绝对可以自由化，只要登记制度做到这个程度的话，那问题是不大的。这就是我用最快的速度来谈债和物的二分的一个观念问题：哪些我们必须接受它的积累？哪些我们可以创新，可以去选择？

最后我想就谈我们最关心的中国民法的问题。我自己的一点看法是，就刚刚谈到的法律家族的整体选择以及制度的继受来说，中国不可能复制一个普通法大国。虽然我读过的一些文章里有人这样主张，但是我认为，即使可能这时机也已经过了。经过了十几年的积累，法律专业的教育培养了法律学者，基本上我们已经深深地陷入了一个体系的思考，而不是一个先例拘束的案例的思考。而且我也很怀疑，即使我们在80年代就开始决定要选择走向案例思考的这样一个国家，我们有没有这样的一个社会经济文化条件？我们也可以看到社会主义其他国家也都没有走上这条路，因为它实在非常难移植。中国只能够留在大陆法 civil law 的这个传统、这个家族里，但是必须吸收普通法的养分，在法典的基础上去做技术的创新。国家的政经体制一定会反映到公私法的比重和接轨上来，对中国民法来讲，过去20年，大概就是经历了这样一个政经体制的转变。详细情况在我写的《民事立法者的角色》[1] 里也有论及，谈到中国宪法的转变带动的或者反映的政经体制的转变。民法也经历了我称之

〔1〕 指“民事立法者的角色——从公私法的接轨工程谈起”一文，收录于苏永钦：《民事立法与公私法的接轨》，北京大学出版社2005年版。——编者注

为《民法通则》与残补式的民法，到部门民法，然后走向普通民法典，这样一个过渡、一个发展。残补式的民法已经不足以回应现在市场经济的需要。什么叫残补式的民法？很多人质疑这个说法。我们只当它是一个抽象的想象的定义。也就是说，它的私人关系在大部分情况下可以通过垂直的国家管制、通过计划经济体制来满足，国家只要提供反射式的补充式的私法规范就可以满足它的需要。《民法通则》就是在这样一个过程里出现的。最接近的例子是 1975 年《德意志民主共和国民法典》，它只有 480 条。可你仔细读，它与《民法通则》还有些不一样。它只是简单但是大概五脏俱全，可我们《民法通则》在很多地方在我看来是缺梁断柱的。比方从一部民法典的基本结构来讲，介于合同法和侵权法中间必要的一个法定的债的关系太简陋，是不够的。比方一些关于多数债权人的债的共通规定或者一些物权的共通规定是不足的，没有办法来回应市场。当然我们可以讲，它仍然可以通过案例法，通过批复、解释，就像早期的中国民法典那样去处理，但是这里产生的很多不确定是没有办法回应市场经济的需求的。

一部典型的民法典，我用最简单的构图来讲，它是建立在私法自治的基础上，然后去跟外部的特别法律沟通。它必须有一些确定的权利，还要有一个动态的法律制度，然后产生了一个确定的法律体系，一个流转的法律体系，在法律权利的基础之上（像物权、知识产权、人格权、身份权等），再不断去流转。它会把一些特别的法摆在外面，比方特别的侵权法、一些惩罚性的赔偿，像台湾（地区）“核能损害赔偿法”、危险责任。它会把一些作为行政法工具的特别民法、特别的行政制裁规定摆在外面，比方“环境保护法”，然后在民法典里面维持一个想象的无管制的普通法。对于一个法官来讲，他用这部民法作为一个出发点，然后加上摆在外面的特别法，去处理个案。对于法律学生来讲，会用这部民法作为其基本的教育，再去学习一些特别法，然后知道法官怎么样去处理一个民法问题。而人民不需要学习它，因为它是给裁判官的教育，是给裁判官去学习的一个东西，不需要“普法”。人民需要知道的是那些特别法。这是我的一个基本观念，也是我认识到大陆法系民法典可以维持几百年而不用作太大的本质的改变，它的秘诀就在于维持一个体制的中立。而那些政策性的法律可以不断地变动，由左到右、由右到左，像潮汐一样地起落。或许国家的管制突然涨潮，或者国家的管制突然退潮，但是民法典不需要做太大的改变。这是我在讨论私法自治与国家强制过程中主要提出的观察，也是民法典模式与残补式民法或部门民法的最大不同。

我们也可以拿它和部门民法做一个比较。在现阶段我们所依赖的民法，我把它称之为部门民法。除了正常的合同法以外，我们还有一些特殊的合同法。早期我们有《经济合同法》，它就是典型的部门民法。我们有《物业管理条例》，我们有《反不正当竞争法》，都具有一种部门民法的特质。你可以看到，它是一种不一样的思维，是一种不一样的对公私法关系的处理，是一种不一样的规范主体。而在一部民法典里则是种非常抽象的思维。民法典仍然要有雇用契约去处理非劳资情境的单纯的劳力利用关系，但如果你从部门民法的观念去思考，像我们的合同法，就漏掉了这样一个重要的劳力利用规范。民法典是领域中立的，是政策中立的，是以法官为对象的，它不需要经常修改，它高度地偏重精确和逻辑，而部门民法是另外一种类型的民法规范。这两种民法是我们面临的两种选择。

对中国大陆来讲大概已经不能选择的就是残补式的民法，它是一定不够的了。现在需要的是一部民法典或者是部门民法。但部门民法有相当多的问题，它缺少一个对于常态的民间社会的想象，缺少一个对法官来讲永远可以回去的基本思考，也缺少一个对立法者来讲正常衡量的价值标准，它会造成在不同的立法之间价值的混乱、技术的混乱、概念的混乱。所以就我个人的倾向，部门民法不是一个很好的选择，你必须走向那个对的选择。我认为中国民事立法在2002年做了一个正确的构思，就是走向民法典。如果我们不太苛求的话，其实这部民法典草案已经作出了正确选择，而且有相当多的创新。比方说它有九个编，它把侵权行为独立，我认为这是正确的创新。虽然它也需要一些补强，但是基本上是一部我们可以在这里肯定的法典。我认为目前大家的一些彷徨、一些讨论是不必要的。比方说我们为了要建立中国特色而去创造一些不一样的东西；或者认为我们现在能力还不够，等到我们有能力时再去制定法典。最近还有一种想法，误以为民法典代表一种过度自由的意识形态，而忽略了民法典其实是体制中立的，在一个相当社会化的体制之下，仍然可以操作这部民法典。这是基于意识形态的误解。这是在我看来当前民事立法遭遇的三种困扰，是立法者必须去忽略的。有人说我们可以等，在我看来，等的成本非常大。法院面临着很多不确定性的规范矛盾，比方说《民法通则》跟《合同法》的很多矛盾、跟特别法的很多矛盾，还要依赖批复、依赖解释，对于这么大的国家来讲，对于这样一个高速发展的市场经济来讲，它的社会成本会大到无法承受。

最后是一些感想，也许不是很恰当。北大早期一个老校长蔡元培在“五四运动”之后辞掉了校长的职务，他写给学生的一封公开信里有这么一句话，曾引起一些讨论。他说：“杀君马者道旁儿。”对这句话有过很多不同的解释。用在今天的情况来讲，我觉得很好的一匹马就是我们2002年的民法典草案，本来可以在它的基础上再往前跨出去，可是因为太多的讨论，太多的干扰，这匹马可能就会变得很累，最后就无疾而终了。另外，我常常想到孟子的两句话，他曾经说，如果你自己反省，道理在你这边，“虽千万人，吾往矣”！立法者可能需要这样的一些勇气。他还讲过一句话说，志很重要，气也很重要，所以你要“持其志勿暴其气”。也就是，假如说今天你立定了要做民法典这个志向，那你不要一直再停顿，会气短。“志气”、“志气”，就是从这句话来的！我的报告就到这里，请大家指教！

龙卫球教授：

谢谢苏老师！苏老师的报告灵动而紧凑，提出的问题特别多，视角也特别多，但是都指向了他的中心论题——“民法的积累、选择和创新”。他别开生面地比较了两大法系的法律组织方式和继受特性，特别是在区分继受有可能是经过选择的，也有可能是被强制的前提下指出，普通法体系的继受，大部分是强制的或半强制的，至少是一种随同文化的附带的继受，而大陆法系尤其是德国法的继受，往往是近于自由选择的继受。对于继受的意义，他认为，民法通过继受，获得长期的积累，因此变成人类文明的共同的遗产，通过全球化的发展，这种现象只会加速。在他看来，进行自由选择继受的话，越是后来的民法，就越会形成一种后发的优势，因为它是累积的，会比前面的民法典具有更高的优势。在他看来，从有比较大的选择的条件来看，中国目前还是要定位在大陆法系的家族里面，并且应该选择比较新的只有一百年历史的《德国民法典》。当然，他又提醒我们，中国民法典的成功机遇并不是自然而然地到来的，它需要通过选择和创新来完成，而选择和创新是非常复杂的工作。他强调了继受中价值权衡的必要性，并具体分析了很多个别制度的选择与创新的例子，尤其深入讨论了一些争论很激烈的继受问题，像所有人和占有人的关系规则、债物二分、物权行为、物权法定主义和物权自由等，这些分析都非常注重实际。最后他对民法典方式以及目前的中国民法典起草给予了相当积极的评价，甚至认为目前大家的一些彷徨、一些讨论是可以不必要的，民法典应该加紧出台，对于这么大的国家来讲，对于正在高速发展的市场经济来讲，等的成本非常大。下面，我们有请方流芳教授进行点评！

方流芳教授（评论人）：

首先，作为政法大学的一个老师，我在此对苏老师表示我的敬意和谢意！苏老师最近几年来一直笔耕不辍、硕果累累，我作为苏老师的一位读者也有很多心得，受益良多。再次感谢苏老师来此和我们分享他的治学成果！下面我做一点简短的评论。

首先我谈一下苏老师的报告。苏老师的报告是一个眼界非常开阔的观察。他从一个宽阔的视角、从全球化的背景之下思考民法的沿革和未来，同时，又细致入微地反思民法的许多具体规则。宏大和精细的结合，这是苏老师治学的特点，我们从中可以感受到他的学术功力。

苏老师与其他许多民法学者不同之处在于，他能意识到民法的危机，同时，他对于克服民法的危机又保持信心。他意识到民法的危机，不是无视这一危机，而是直面应对；他看到了全球化背景下法律的交汇和碰撞，从中思考法律的未来；他强调公法和私法的接轨、公法和私法的调和、民法的公法界限，从融通管制和自治、分配正义和矫正正义的政策思考中去体认民法；他把民事责任、民事关系、民事规范和它的合宪性放在一个大的视角之下去进行观察；把民法、经济法等放在一个总体的立法政策下进行观察，这确实给我带来了很多启发。其实，我们中国大陆也进行过民法和经济法的讨论，这个讨论当时也对中国法律的发展产生了一定的影响和推动作用。但是，那次讨论有一个比较大的局限。这就是凡是教民法的人都站在一边，凡是教经济法的人又都站在另一边，双方的立场都和自己谋生的“专业”有关。在“专业”事先决定立场的情况下去讨论问题，争议点、论据、结论和论辩方法都会是非同寻常的。苏老师刚才对物权法定规则发表了很有见地的看法。在今天的讲话和已往的论文中，苏老师都谈到，如果物权法定制度被改变、被松动的话，并不会造成一些学者所说的“反公有”情况，也就是说不会导致基于一个权利之上出现很多相互制约的权利，从而产生挫折成本，增加交易障碍；相反，如果让政府强行管制、强行规定的话，那就可能出现“反公有”，这是我非常认同的一个看法。另一方面，苏老师又坚守民法的核心部分，他赞同物权行为，他认为概念精细化不仅有利于法律的解释，而且有利于法律保持逻辑的一致，如果更改或舍弃这些概念，代价可能是整个逻辑结构的变化。这些都是苏老师独到的看法。在此，苏老师还清楚地表明了他支持中国制定民法典的立场。同时，他再三强调，民法典的读者不是人民而是法官，民法典不是写给人民而是写给法官看的。这些观点都给我带来耳目一新的感觉，给我很多启发和感受。

接下来，我围绕民法的积累、选择和创新的问题，做一点回应。

第一，法律移植是殖民主义时代的精神遗产。如果我们纵观历史的话，法律移植实际上可以归纳为两个过程，这就是殖民化和自我殖民化。实际上，除了殖民化和自我殖民化之外，你很难找到其他的法律移植的路径。中国的法律移植是一个从殖民化到自我殖民化的过程。法律移植运动起源于第二次鸦片战争之后，当时中国和英国签订了《续订通商条约》。在这个条约中，中国被动地接纳法律现代化，回应西方的指责。西方国家对中国的指责是，中国法律是野蛮的，诉讼当事人受酷刑折磨，司法专断残暴而腐败，这是外国侨民不可接受的法律体制，所以，外国人在中国需要治外法权。如果中国尽快地制定法律，使中国法律文明化，那么，西方国家就会考虑在一定时间放弃治外法权。从此以后，大清王朝、北洋政府、南京国民政府的修法都是和废除“治外法权”这一目标结合在一起的。简而言之，中国当局认为，只要法律和西方接轨了，西方国家就没有借口继续维持治外法权了。中国最初的法律选择是为了废除治外法权的一种谋略，中国选择大陆法系，这完全不是中国人民的选择，与人民无关，与国情无关，与合理性无关，它纯粹是威权政府强加给社会的选择，是威权政府应对外国压力而强化自身合法性的造法运动的产物，这是我的看法。

第二，首先进口的法律总是产生先入为主的效应。当这种先入为主的效应和法学教育结合在一起之后，就会产生一种强大的排斥力，就会变得越来越封闭。法律移植造成了法律进口国的路径依赖。中国法学家经常讨论这样的问题：“我们应该采用哪个国家的法律?”在讨论问题的时候，一方对另一方说：“咱们中国是大陆法系，你主张的是英美法系，两个不能合到一块。”这几乎成为掩盖无知，阻断讨论和不战而胜的招数。如今，外国人、国际机构在这个问题上也形成了同样的路径依赖，例如世界银行、亚洲开发银行也常常做这样的研究课题：中国该选择什么法律？大陆法系好还是英美法系好？美国法学家庞德在国民政府担任法律顾问而四处演讲时，也是这样提出和回答一个问题：中国该选择什么法律好？大陆法系，还是普通法系？庞德的回答是，大陆法系更适合中国，因为中国已经选择了大陆法系。我觉得，这些说法既不合逻辑，也不合常理。首先，中国是自己创制法律还是借鉴外国法典？借鉴哪个法典？这是一个政治问题。如果在民主政治之下，这个问题的答案来自多数人的共同意见；如果不在民主政治之下，那么这个问题是否存在、是否需要回答、如何回答，答案都是来自政治权力的运作。无论哪一种情况，法学家都不处于对这一问题作出最终判断的地位，更不是一个只有法学家的意见才显得有分量的问题。其次，中国的选项是不是只有大陆法系和普通法系？是不是天生注定了只能在这里进行非此即彼的选择？我看不出有任何理由就此作出肯定回答，在21世纪进行这样的选择，实在是一种落后观念。追随大陆法系理论的立法实践在一定程度上造成了中国的法律理论的混乱和停滞不前，例如，《民法通则》把法人理论的教条主义推向了极端，把政府机关、事业单位、国有企业通通看成民法上的法人，这是既没有先例，也不会有追随者的非常出格的做法。一个国家没有理由把它的全部机关统统作为民法法人，没有理由把公立机构、官办事业统统作为民法法人，因为，这背离主权统一和科层等级的组织结构。按照台湾（地区）的法律，政治大学、台湾大学不是法人，而是公营造物；而按照中国大陆的法律，中国政法大学和其他任何大学都是一个法人。泛法人化的实际意义颇有疑问：法典把一个单位说成法人，那个单位的自主性就增加？这是一个法律神话，一个历史的误会，在一定的程度上，中国法学家是应当对这一错误负责的，因为中国法学家把鼓吹立法当作自己的事业，常常误导当局。

第三，民法的普适化过程存在着一个悖论。这个悖论在哪里呢？它存在于法律表面上脱离政经体制的价值中立和它的内在价值之间的冲突。只要简要地回顾历史而不必做地道的追溯性研究，我们可以看到，民法术语和连接术语的那一套逻辑结构，其基础是注释法学派对罗马法的经院式解释，这个经院式解释在12世纪之后的欧洲法学教育中成为主流，从中形成的知识在19世纪被运用到民族国家的立法过程，从而出现了民法法典化。如果某种价值和表达这一价值的理念能够超越时空而在不同国家、不同时代的某一类法律中永远有效的话，那么，或者是普适价值、普适语言能够抹去语言、经济、历史、文化、风俗的差异，不同国家、不同时代的法律从而变成同一门派的宗教；或者是法律仅仅存在于纸面上，远未进入生活，从而无论怎么写都没有关系。民法包含的另一个紧张关系就是它的过度归纳。如果说民法有一个基因的话，法律行为就是这个基因，万事都可归纳为法律行为；又如，在债的关系里边，合意之债和非合意形成的侵权之债是作为一个大类出现的，然而，正如苏老师著作里指出的那样，一个是由契约所引发的履行问题，另一个是人身和财产受到伤害而引起的损害赔偿问题，两者的差别远多于共同。与过度归纳相伴随的是过度切割和区格，物权、法律行为、债等，每个概念都存在着无穷扩展的区格。还有一个问题，按照形式逻辑对概念进行归纳、区分、排列和组合，这似乎是把法律变成一种纯粹的形式逻辑的艺术，形式逻辑代替了经验，形式逻辑代替了政经体制。所以，民法超越时空的普适性，在一定程度上，说明它和现实生活是脱节的。

第四，经济全球化过程实际上是一个反法典化的过程。全球化和法典化是不可兼容的。比如说，像欧盟要实施法律统一，它现在面临的最大问题就是法系之争。法系变成了一个历史遗留下来的、妨碍人们创新的堡垒。但是，在某些情境下我们还是有妥协和达成共识的先例，比如说，联合国的《国际货物销售公约》——它既不是大陆法系又不是普通法系，但是是非常成功的一个范例。我觉得在市场全球化的情形之下，法律的发展应当是走向《联合国国际货物销售公约》这样一种模式。当然，这也只是走向之一，我并不是说所有的东西都应是国际通用的，而是强调形成国际交往中的通用规则必须打破法系分割。

第五，法律的进步需要创新，对于中国以及所有的法律引进国家来讲，语言阻碍创新，这是一个无法回避的问题。首先，这些法律术语都是外来语，这些外来语是人民、法官和立法者本身都难以理解的。外来语在本地化过程中又产生许多歧义、许多混乱，一遇见问题，大家就去寻根，看法律出口国是如何解释法律的。在法律引进国家，法学呈现出一种比法律输出国更严重的法律原教旨主义，这种原教旨主义的表征就是那种寻根的迷乱，动辄罗马法、德国法、法国法、瑞士法，这种寻根式的法律解释大大超出了法律引进国的法律家的知识和语言的承载能力，因此，必定制造更多混乱、误导和不实陈述。今天，许多论文都是按照这样的套路来写的：

“这个说法原先来自德国，德国现在已经改口了，我们怎么还不改？”“这个观点来自德国法学，德国已经把这个观点写进法律了，可见，观点之成熟、可靠，我们怎么还不写进去呢？”这是一种自我殖民的法学知识，始作俑者是外来法律的虚妄权威对人的精神的奴役，是外来语对人的思维的限制。

法典化自称的一个合法基础是，法律成文、公开、系统能够减少人民对于法律专业人士的依赖——使人民可以更多地依靠他们自己，而不是依靠律师的专业服务。但是，如果一个法律完全是由外来语构成的，如果一个法律的解释必须要到外国去追溯它的本源，法律和一个国家的人民是没办法亲和的，法律也没有可能应对它本需应对的事。中国民法是不是需要法典化？在21世纪，中国是否还要走欧洲国家19世纪的老路？如果德国人在今天有选择的话，他们会不会法典化？试图把这么多东西都放到一个法典里去，按照注释法学派在1000多年前创制的体例去草拟法律，这实在是法制不能承受之重。谢谢各位！

龙卫球教授（主持人）：

谢谢方流芳教授精辟的评论！这恐怕也是他第一次就中国民法法典化的问题发表观点。大家已经欣赏到讲演人的那种精彩以及评议人的另一种精彩。在这么短短的时间之内，评论人就讲演人的报告作出一个很精确的概括，然后很重要的是作出了很多独特的回应，在这回应中有许多个点非常有意味。他们两位有一个共同的点，就是对通过第三手、第二手注释他人的方式进行自己的制度建设都提出很大的怀疑，都要求回到第一手的分析方式上来，就是回到自身社会的现实分析上来。两位学者也有一些不同的或者正在形成讨论商榷的地方：比如说，对于是否有过自由选择，方老师指出了威权政治下的被动继受的事实的可能，从中可以让我们想到所谓自由选择可能不免自我殖民化这样一种情境；由此，所谓某种继受的持续，可能不过是先入为主或者路径依赖而已；关于谁来选择的问题，方老师提到这是一个政治决断问题，由于实际立法政治有可能不按民主政治的决策过程来进行，法学家往往是白费心思；特别有意味的问题，就是关于民法典价值中立或者是说民法典的定位问题，方老师提出，用形式逻辑代替实际经验或政经体制的做法，有过度切割生活之嫌，民法由形式中立主义建立的超越时空的普适性，在一定程度上和现实生活脱节；最后，方老师认为全球化的过程实际上是一个反法典化的过程，法系变成了一个历史遗留下来的、妨碍人们创新的堡垒。在这么短的时间内，就有很多很有意义的辨点展开来了。由于时间关系，下面我们就请听众提问。为了节省时间，请苏老师在回应方老师的评论中一并回答吧。

问：〔2〕我想请问苏老师两个小问题。苏老师在谈物权法定与自由的时候，关于怎么选择最佳给出了一个模型，方老师说支持你，但我觉得还是有一个过度切割财产的问题或者说反“公有化”的问题。尽管从理性上，或者按照科斯的理论来说，没有成本的时候，财产的交易形式怎样是无所谓的；但是，我们知道有些因素，比如说财产权利设定人的意志可以持续多长时间，是必须要考虑的。因为如果财产过分切割的话，实际上挫折成本还是存在的，不可能是完全自由的。另外一个问题，

---

〔2〕 此问题的提问人为国家行政学院的李清池老师。——编者注

你最后提到中国民法有三个阶段，残补式民法典、部门民法和民法典，经过比较觉得应该过渡到民法典。但是从你的比较来看，我觉得如果我们使部门民法更加理性化，实际上也可以达到民法典的这个效果。也就是说，我们不一定非得有民法典，这是一点。还有一点，你在谈民法的累积的时候，基本上是假设中国还需要一个民法典，所以在讨论一些具体制度时都会考虑大陆法系民法制度在这方面的积累。但是我觉得，刚才方老师也提到，在全球化背景下好多制度都已经在慢慢地互相学习。在讨论的时候，是不是也应该同时考虑一下同一个问题在普通法系怎么解决？普通法和大陆法如果说有区别的话我认为一个区别就在先例有没有约束力，在其他方面区别已经越来越小了。那么在制定民法或者说民法典的时候，怎么来考虑普通法上的这些问题？

问：您提到的特别民法和中国大陆的经济法，其区别和联系在哪里？是否两者就是同一个东西？特别民法和公法的关系是什么？谢谢！

问：您提到的继受和移植，两者是否存在区别？在物权变动模式里面，是不是存在意思自治、效率和安全的矛盾？如果存在应当如何处理？

问：刚才苏老师提到，民法不需要普法，它是裁判法。但是如果人民都不理解民法的话，如何规范他们的行为？人民怎么知道自己行为是否合法呢？民法是否还要作为一个规则法，还是您认为的就仅仅是作为一个裁判法呢？

问：按照您的理解，民法法典化以后，短期内中国的经济增长速度会加快还是变慢？

龙卫球教授（主持人）：

好，有请苏老师回应。

苏永钦教授（讲演人）：

首先非常感谢方老师的指点！因为我过去经常拜读方老师的文章，知道方老师在很多方面都有很深刻的意见和见解。在民法问题上，方老师始终对于过度的形式主义有很大的怀疑。我认为这样的辩论是有意义的，而且可以一直进行下去。虽然可能没有结论，但是这个辩论有意义，因为它可以打破一些思考的盲点。我绝对不能否认我在作这些思考的时候会有很大的一些盲点。所以对于这样一些问题，即使我过去已经体会到了，可是再一次提，再举一些例子，我会有更深刻的感觉。我也觉得反过来相对而言，也是一样的情况。也许人类就是这样往前走的，有时候会从形式到实质，实质又回到形式。在某种程度上，民法典所产生的时代就是一个高度乐观的、对于创造一个像有自然规律一样的人类社会有高度信仰的时代，这种信仰也随着时代的改变慢慢地减弱，那么现在是不是又该讨论是“反法典”还是“回复法典”？双方一直也有辩论。就在今年四月华东政法大学还有一场国际研讨会，把欧洲主张法典的和主张反法典的人都找来，有一些很好的对话，从结果来看都对。你可以看到反法典的不是主张法典都不存在，而是说法典越来越被忽略了，大量的其他法律存在于法典之外。那么主张法典化的人，或者说是主张“再法典”的人，也许现在多数人的说法是“再法典”，主张仍然维持对法典的信仰，但是把反映社会变化的一些民法典外的东西，或者在精神上放进来对法典作一些本质不变的调整，或者就干脆塞到民法里去让民法变质，成为一个大而全的民法。同样是对法典的信仰，也可能有其他不同的看法。那为什么从结果来看都对呢？如果从法典的数量来看，20世纪是个盛产法典的时代，有人统计大约有100部以上，在90年代有几十部出来，特别是那些转型国家。所以这些问题都是可以不断地去讨论的。

比较有趣的是方老师提的第一个问题：外头人怎么看？我们自己怎么看？世界银行用这种简单的思考，Roscoe Pound有那种思考，中国人自己怎么去看？然后方老师提出一个问题：怎样的决定方式是对的？是学者们投票呢，还是决策的人投票？如果是民主多数决的体制，那就由有投票权的人投票；如果不是多数决的体制，那也要有个正当的决策模式。那么现在的选择好像都没有经过这种决定，我想方老师的意思好像是大家就约定成俗的、积非成是地作了决定。这是一个蛮有趣的看法。我们且不说现在到底是不是已经过了如我说的“决定的时候”，就是说，已经过了那道门槛，好像飞机已经过了折返点，过了那个pointofno return，汽油已经不足以让你再回头了，或者你现在还可以回头？这个论辩我们可以摆下来，即使今天回到出发点来问谁来决定这件事情，在所有的国家，好像也都不完全是政治决定，好像是社会在决定又好像不完全是，我觉得它是一个混合的决定。因为一个法系落实到具体，我们抽象地说，涉及法律职业的养成、涉及法学教育，很多东西也许国家根本还没有介入的空间。比方说法学教育，课堂上要教什么，老师脑子里想什么，国家不一定能够干预。法律职业的形成它也许能干预，说律师要通过什么考试、法官要通过什么考试。也许它是一部分可以干预，一部分不能干预。在它可以干预的部分也许是通过政治决定。中国早期的时候没有这么复杂，大概是听听日本顾问的意见，听听欧洲顾问的意见，我们就决定学谁学谁，就这样成了一个政治决定。在今天来讲我看想全部由政治决定是不可能。即使从零点出发，可能也是一个多方面的决定、多方面的共识，多数国家有意无意中就代你作了这个决定。不过这确实是个有意思的理论问题：谁来决定加入哪个家族，姓张还是姓李？好像有这样一个可能性。

方老师的批评我认为很多地方是有道理的。比如说关于体系的思考，大陆法系会有一些盲点，过度地信赖形式逻辑、过度地归纳、过度地分解。关于“法律行为”是不是一种过度的归纳等，都可以再去检讨。方老师作出的一些批评，我也非常有同感，在有些地方也有论及，比如说把合同和侵权都摆到债权范畴。这一点刚刚我也特别谈到，我觉得中国2002年民法典草案把侵权法抽出来跟合同法对立，摆在后面，因为它属于所有违反义务的责任，跟形成义务的合同法、形成义务的人格权法、身份法相对，摆在第二个范畴。这个思考在我认为也就是我所说的积累和创新，是中国民法典的一个创新。它不一定是基于普通法体系的思考，认为contracts跟torts是分开的，在普通法系也许不是体系思考，而是自然而然如此；可是在大陆法系的思考，义务和责任是分得很清楚的，所以也许可以说它是一个在原思考基础上的技术的创新，我是这样给它定位的。我觉得很多东西所谓“过度”，不一定就是它当然的、先天的结果。“过度”可能就表示它的技术已经贫瘠，而需要去突破。我自己关于债物二分所作的论断基本上也是如此。对“过度”的批评我大概有这样的看法。

第三点，就是全球化和民法典的关系。全球化使得价值更快速地统一，生活方式更快速地统一，跨越了国界，当然也跨越了法律家族。这绝对是一个正确的观察。但是全球化也始终承认某些不可共量性，也就是说在不同的领域、不同的思路、不同的文化中不可共量性的存在，然后要在不同之中找到共通，在程序上通过全球化的外部压力使它能够具有一些共语的可能性，基本上是这样一个过程。我今天的全部论断大概也是建立在这个基础上的。在某种程度上，也许今天我有点突出了体系思考与案例法思考、或是说成文法作为主要法源的思考与先例作为主要法源的思考具有的不可共量性，这是我的一个出发点，但是不表示这两个法律家族在全球化趋势下就完全没有共语的可能性。所以我提到，因为生活关系是一致的，价值是趋同的，所以必须要相互学习、彼此吸收。但吸收的结果是回到自己的文化、自己的体系，去学习它发现的问题，学习它的解决方式，学习它的价值。这是我认为全球化和法典化不相悖的地方。

第四点，语言阻碍了创新，语言也帮助创新，两者都有。语言阻碍了创新，可能是说语言阻碍了投入，因为语言创造了一些专业团体，使得其他人没有办法帮忙创新。可是语言帮助创新，是因为语言隔绝了有碍创新的一些因素，就是自然语言的多义性。所以语言是双刃的。通过外来语的进入，为什么法典那么容易继受？它的经验就是这样。为什么案例法没有办法继受，能够移植的几乎只有法典？就是因为法典创造了一些抽离的语言，已经不再是德语、意语或法语，它其实自认为是一种科学语言，所以它容易继受。现在一个中国人跟一个法国人或德国人沟通，只要是法律人，他们讲的话其实既不是中文也不是法文、德文，而是一种法律语言。我想这是我们必须承认的：语言有负面和正面的作用。但是如果已经进入大陆法系体系思考的话，这两方面可能都没有办法避免。

方老师的第五点提到，法典有一个重要的理由，就是使人民得到更好的服务，让人民更容易避免处罚，更容易生活。但是如果走向形式主义，体系化的民法典就跟这样一个目的刚好相反。会不会这样，就看民法典怎么定了。如果民法典定有很多行为法，会改变人民的生活，因为如果违反了就会导致不利益，被处罚等，那民法典这样一个设计是失败的。可是如果民法典走向裁判官法，是一些非常纯粹的民法一般原则，是一个民法最基本的概念体系，那么它不会影响人民的生活，不会造成人民的不利益。如果人民需要教育，我们就把这些内容都摆在民法典外，像3倍赔偿的法律等这些东西。那民法典呢？就要尽量去模仿、参考它所处的社会，也就是我们所强调的它的本土化部分：它的价值观、它的交易习惯。最后，人民虽然不知道民法规定的是什么，可是从法院走出来90%会满意，不觉得意外。当他们争论是不是无权处分，要保护善意受让人还是保护原财产权人，如果立法者做了蛮好的观察，这个社会是比较偏向于商业的、偏向于交易安全的，那么它是偏向于受让人的；如果比较偏向于一个稳定的农业社会，那么它比较偏向于财产权人。所以，民法典的价值观掌握得很准确的话，虽然人民不知道法律，但是最后法官判出来的结果他是可以接受的。当然有人会质疑：这是很难量化的，价值是非常多元的。我都承认。我只是说立法者必须有这样一个准备：当你看到一个民法法律规范，你要把它的价值层次与技术层次剥离开来，然后做不同的处理。立法者不可以闭着眼睛，像过去一样把哪一国的民法抄过来；他必须参考那个国家的法律，但是要抽离价值的部分，去本土化。还有技术的部分。像有名契约这一类的契约是要引导降低交易成本，但在德国或法国典型的契约，在中国可能是不典型的。倒过来讲，我也举一个台湾（地区）的例子，台湾（地区）民法加入了“合会”，在其他国家根本没有，可是立法者有义务定这样的东西。因为在它制定以后，日常生活中有70%的人会经常去参与这样的金融活动，出现争议法院判出来大家也都能接受。所以一个勤快的民法立法者，不能只是抄，而要去思考。他要思考每一个法典哪些是必要的积累，哪些是必要的改变，哪些是必要的选择，哪些是必要的创新。这就是我一直要强调的。很多的论点上我完全同意方老师的意见。很多逻辑是奇怪的，“德国人都改了我们还能不改吗”？或者“德国人这样主张的我们就这样主张”。我完全不同意这样的逻辑。我认为民法的积累不是以这种方式。民法是一种意识的积累、一种学习的积累，而且是要本土化的。所以如果民法典朝这个理想的方向做，就一点都不违反民法典是要方便人民的这样一个目的。

李清池老师刚才提到的几个问题里，第一个是“反公有”问题，因为时间的关系我没有真正去处理。那是一个美国学者叫 Merrill 的，写了一篇文章，主张如果物权自由化，那么财产会过度分割。我认为他犯了两个错误：第一，财产不会因为法定或自由而有不同的过度或低度的分割，而是完全一样的。打个比方讲，有一辆车子最多可以坐五个人，物权法定是说只能坐姓张的、姓王的、姓李的等五个人；物权自由是说所有的人都可以坐，但是还是以五个人为限。因为你要去分割一辆汽车的所有权，在上头设定一个质权，设定一个典权等，设定一个权利，空间就会少一点，剩下的处分权就少一点，而不会因为自由化你就突然可以有100个权利。债权可以，物权不可能的。物权有一个堆叠的原则，有一个处分一点少一点的空间。所以，他犯的第一个错误就是说当物权自由以后它割裂程度会加剧，这是没有经验证明的。第二，他认为物权自由化会造成所谓“反公有”，anticommons，就是一种无效力的状态，一种低度使用的状态，因为创造权利更容易，使得权利人与权利人之间的冲突比较大，协调的成本比较大，所以最后往往因为成本太大他们不去利用这个权利，像共有人之间无法达成分管协议最后造成共有物低度使用的这样一个状态。我在文章里特别针对这个问题谈得比较多，我认为这是一个根本错误的观点。当你自由创设新种类的他物权时，可以把需求跟成本计算在内，也就是可以把成本内部化。可能你创造一个新种类的物权会对下一个交易造成威胁，可能下一个交易会失败，你是会把这个成本计算在你的价格里的。所以基本上不会外部化。相反地，如果没有物权自由原则而采物权法定的话，我们常常会看到反公有的状态。关于这个问题我只能简单回应到这里。

第二个问题我是完全同意的，就是说部门法和民法典都是一种选择。上次有一个匈牙利的重要学者在清华大学做讲座，报告了中东欧民法典在过去几年的发展。他也提到，有少数一两个国家最后就干脆不定民法典了，就在这一路处理下来的成熟的法律之下维持下去了。但是多数国家不是回到旧的民法典就是重新定一个民法典。这是他报告的结果：部门民法也是选择之一。我也同意部门民法的缺点不是不能改善。部门民法处理一个领域、创设一套法律、创设一套概念体系、创设一套价值，现在我们说它们之间常常会发生混乱，但是可以克服。我同意这一点，但是成本比较高。第二个原因，中国已经走到了第三阶段。中国在1999年用《合同法》替代了三个部门民法，就它的内容比较来讲，《合同法》已经不是部门民法了。它用高度抽象的方式来规范私人关系，不再去夹杂处理个别关系。这里也回答刚刚那个同学提的问题，所谓部门民法的特色，就是有公法、有私法，有管制的理念、有3倍赔偿、有各种诱因，这就是我们讲的部门民法。它是碰到一个问题就针对去处理，然后里面有的是私法工具，有的是公法工具，《经济合同法》就是一个典型。所以我们现在已经走到了《合同法》，也有了《担保法》，你再回头吗？那个《合同法》还要不要往前走？所以我觉得我们其实已经作了一个决定，就是像当初民法典一样，是分段立法。走到《合同法》之后就已经离开了部门民法，走向分段的民法典立法，将来走向民法典。我觉得从这个发展来讲好像已经是走到民法典阶段了。那普通法系跟大陆法系的区别是不是那么大？我认为，汇流是非常明显的，而且我们也可以观察欧洲的经验，它甚至可能走向完全的汇流。可是现在欧洲的做法还是整理出一些共通的原则，就像我刚刚讲的，在不可共语、不可共量之下，找出一些共语的东西、一些基本原则，然后由各国的法律自己去规定，基本上还是在这个阶段。

有个同学的问题是，我讲的特别民法与经济法、公法有什么关系？这是我最不容易回答的问题。因为经济法这个概念是社会主义法制之下特有的观念，在以民法典为基础的思考之下对经济法的看待跟我们这里是完全不一样的，所以可能我们在定义上就会有些不一样。概括的定义是说，它不止考量甲和乙私人之间的公平、诚信，它更多地是考量整体经济利益的法规范，它把私人规范包含在公法里。我讲的特别民法，有一部分是包含了经济法的规范，一部分是包含了公法的内容。这是关于部门民法的这样一个定义。

最后好像有质疑说：把我们的法律法典化了，会不会对经济发展有帮助？我自己的信念是一定有。因为第一，直接对司法者而言，他的可预期性大幅地提高了。批复和解释是依附在一些清楚的原则里的，这个联系建立起来了，规则之间的矛盾就比较容易处理了。第二，法学教育变得比较容易。所有专业法律人花一两年时间了解最基本的民法、基本的概念体系和制度，然后再去选择一个特别法学习。法律教育有一个方向，法律人素质就会提高。不管法典实际上定得怎么样，都比没有它要容易。我听说这里的国家考试，老师有时连题都不好出，有时只能说请依民法原理来回答。那其实张老师的民法原理跟李老师是不一样的。你必须要有一部民法典来作为有法律拘束力的民法原理，来指导法律专业的学习，才会使得律师与律师的辩论、律师跟法官的辩论不会鸡同鸭讲。民法典绝对有它的好处。谢谢！

龙卫球教授（主持人）：

谢谢苏老师这么高效和细致的回应！由于时间关系，我们下午的活动到此结束。学术的论坛只是很多学术争论的开始。欢迎大家期待下一场民法建设论坛。谢谢各位参与！再次感谢讲演人和评论人。

梁笑准/孙晓琪/陈洁整理　龙卫球校

德国民法的继受与台湾（地区）民法的发展*

王泽鉴**

主　题：“中国民法建设论坛”第三场
讲演人：王泽鉴（台湾大学资深教授）
评论人：王家福（中国社会科学院法学研究所终身研究员）
评论人：江　平（中国政法大学终身教授）
主持人：米　健（中国政法大学教授）
时　间：2006年9月18日下午3：00～6：00
地　点：中国政法大学研究生院（学院路）礼堂

米健（主持人）：

“中国民法建设论坛”第三场正式开场，论题是“德国民法的继受与台湾民法的发展”。“中国民法建设论坛”是中国政法大学中德法学院和比较法研究所联合主办的高层次学术论坛，意在邀请国内外著名民法学家，对中国民法发展提出建设性构想并加以争鸣。首先，我要满怀敬意地介绍今天下午的主讲人，中国当今最重要的民法学家、台湾优遇大法官、台湾大学教授王泽鉴先生。可以说，王泽鉴教授是中国大陆和台湾两岸共同的举足轻重的法学家，他在中国民法学上的贡献，堪称当今之最，是和史尚宽老师一样的高峰。我们在1978年以后成长起来的大陆学者，从台湾学者、尤其从王泽鉴教授那里学到了非常多的东西，从这种意义上说，王泽鉴老师也是我和我们的老师。所以，我跟王泽鉴老师说，我也是王老师的一个学生，而且是地地道道的一个学生。我昨天还特意在家里找到一些当年在厦大读书时读过的王泽鉴老师的著作，这些书就是证据，不过都是盗版书，希望王老师不介意。里面还写着“内部交流，批判使用”。今天，我们能有这个机会，在这里跟王老师见面，并且聆听王老师“德国民法在中国的继受和台湾民法的发展”这个讲座，我看得出

* “中国民法建设论坛”为中国政法大学比较法研究所和中德法学院联合举办的大型学术论坛，旨在“广邀资深民法学者，立于民法的历史纬度，驰骋于民法文化与社会的疆域，结合当前中国《物权法》和《民法典》的起草，提出和探讨有关中国民法和民法学建设的创造性构想，为中国民法的学术繁荣和立法合理化提供有益论点”。本文为“中国民法建设论坛”第三场讲演记录。该场讲演于2006年9月18日下午在中国政法大学研究生院进行，台湾大学资深教授王泽鉴先生应邀作为主题报告人发言，中国社科院法学研究所王家福教授和中国政法大学江平教授担任评论人，中国政法大学米健教授担任主持人。（本文中涉及的“台湾”一词是指我国台湾地区。——编者注）

** 台湾大学资深教授，著名民法学家，台湾（地区）优遇大法官。

来，这其实是他在做一个关于自己多年学术思路的总结，是在多年积累的基础上形成的。就王泽鉴老师的学术地位和素养而言，他是最有资格做有关这个论题的报告的。我感到非常荣幸，大家可能会跟我有同感。今天担任点评的将是王家福老师和江平老师。可以说，今天的这三位学者是当今中国法律界最有影响的人物。下面我们有请王泽鉴先生给我们作报告。

王泽鉴（讲演人）：

米院长、江老师、王老师、各位老师、各位同学，我为能到法大来演讲感到非常之荣幸。九年前，江平教授指导的台湾来的博士生王文杰答辩考试，我就有幸来参加；我的这些书也有在中国政法大学出版社出版；今天又特别到中德法学院来作以“德国民法继受”为题目的报告；在刚才短暂的会谈期间还认识了许多学者，所以对我来说，今天尤其感到具有重要意义。我日常每天大概四点半就起床，在其他一些场合我也曾经讲过，因为史尚宽先生每天五点钟起来写文章，我想史尚宽先生都要五点钟起来写文章，我应该四点半起来。（掌声）

在昨天，我读了米院长的一本书《出法入道》，里面有他为2005年中德法学院入学新生讲的一段话，提出七个期待：要有时代的意识，要有民主国家的胸怀，要有民主的荣誉感，要超越自己的法律的限界，要有社会责任，要有良好的职业修养，要有全面的人文的素养。我想这七个对法律人的期待，在某种意义上是建立在比较法的基础跟法律的历史根源之上的。中国政法大学对整个中国法学界最伟大的贡献就是在罗马法的研究。从江平老师到米健，到费教授，还有很多其他的老师都做出了很大贡献。我想，这个贡献将是长远的，为中国民法学奠定了历史的基础。我上次来的时候，不记得是米老师送我还是我自己买了一本书，就是《学说汇纂》，里面有一部Lex Aquilia，是西元前挺有名的一部法律，它代表了从“十二铜表法”一直到“物的损害”的一般性规定的发展过程。其中有一个例子一直在我脑中。什么例子呢？就是有一些人在球场踢球，不小心把一个球踢到场外，刚好有人在理发，球打到理发师的手，结果将正在理发的人的脖子割了一刀。这就发生了一个问题：被割一刀的这个人能够向谁请求损害赔偿？有很多法学家就讨论这个问题，它牵涉到了故意或过失、与有过失、行为的不法性等。这个例子让我们体验到，法学是一个历史的发展，从罗马法中的十二铜表法、Lex Aquilia，然后一直发展到近代侵权行为的立法。贵校以比较法来作为整个法学的基础，在这方面做出了重大的贡献。

今天，我想就一个问题来跟各位做一个报告，就是德国民法在台湾（地区）的继受经过。首先我要说的是台湾（地区）跟德国民法接触的情况。首先，我们大家知道，台湾（地区）的民法制定于1920年以后的中国大陆，所以台湾（地区）民法其实是中国大陆民法的延伸跟发展。在1949年国民政府到台湾之后，这一部民法也就到了台湾，开始适用。这部民法到台湾适用的时候，并没有遭遇到任何困难，这是一个历史的巧合。台湾曾被日本统治50年，而日本也是继受德国民法，所以就可以说，国民政府到台湾的那一天，就在台湾适用这个法律，一点困难也没有。在这个意义上来讲，德国民法服务台湾（地区）的司法秩序，已经有100年的历史，这100年历史就奠定了台湾（地区）法律的基础。可是，在1949年到1960年之间，因为当时社会环境的缘故，几乎没有人去国外念书。1960年以后，就开始有人去德国念书。那时候社会比较安定，德意志学术交流中心（DAAD）提供了一些奖学金，台湾（地区）的“教育部”也提供奖学金。我那个时候考上了“教育部”的奖学金。当时法律科两年考上一个人，所以使我有这个机会去德国。那个时候，台湾（地区）有一个法律教学单位，就是台大法律系，它实际上就是德国法研究所。因为那个时候的老师，即使是从日本回来的，多数德文也非常好，有德国法基础，有几位老师也受过德国法的训练。我记得在台大上课的时候，一个礼拜读12个小时的德文，而且都是读德文的原典，一字一句地念，所以，就奠定了台湾（地区）的德国法研究的基础。从那个时候来算的话，到现在已经有五十几年了。那个时候，到德国去念书有各种奖学金，一开始德国给台湾10个名额的DAAD奖学金。因为只有台湾大学法律研究所念德文，就有位余叔平（音）先生，给台大法律研究所的毕业生8个名额。这具有深远的影响。我们感谢余叔平先生！这持有各种奖学金的十几个人，都汇集在海德堡。1964年到1970年之间，有11个人在海德堡大学念法律。我们知道，海德堡是当时德国最好的法律学院之一。在那个地方，我们经常讨论。大家来德国的机会很少，很难得，所以就抱着学步的心思，希望将来能够促进台湾法律的发展。当然今天贵校的同仁都有到德国去念书，这种情况跟早年台湾一样。但是，那时我们念书有一个感觉，就是像当年十一二世纪德国的学生到意大利博洛尼亚大学念书一样。我也曾到意大利去参观，特别是到它的博洛尼亚大学瞻仰了注释法学派四博士的铜像，也特别去瞻仰了著名的阿诺（音）的一个铜像。阿诺是罗马法后注释学派的重要人物，有句话说：“不带阿诺的书，不能上法庭。”当时我们从台湾飞到德国的那个心思，就同当年他们跨过阿尔卑斯山时的心思一样。我们要将德国的法学带回台湾。跟在当年台湾念书相比，德国是另外一个世界，无论图书的设备、生活的环境、学习的方法，都是惊艳。

我想简单说一下我个人的经验。也许在某种程度上，我个人学习的经验就是台湾（地区）继受德国民法的一些过程。那时候我在海德堡大学念书，有11个台湾去的同学都在一起，天天见面，我觉得不太好。那个时候也开始读到拉伦茨先生的书，所以我就转到慕尼黑。到慕尼黑之后，经介绍就跟拉伦茨先生学习德国民法，这对我自己特别重要。大家知道拉伦茨先生研究民法学和法学方法论。我就跟他写论文，写的题目就是《契约解除权与法定解除权的法律适用关系》。这就是典型的德国人所说的Dogmatik。德国法学的特色，就在于Dogmatik，很典型，所以我就比较用心地来读了一些。当然拉伦茨先生的书，现在已经翻译成中文了，在第一册里面还有提到我的名字，提到我曾写过的一篇文章。我读他的书，吸收他的一些思想，用这个方法以后，学习到了三样东西：第一，就是法律的Dogmatik——法律的释义学理论。那时候在台湾，所谓法学方法论是一个比较陌生的概念，就是关于法律的概念、法律的体系、法律漏洞的补充、法律的价值等，这是第一点。第二，让我学习到判例的研究。几乎每一天都在读德国的case，判的案例，引起我对案例的重视和研究。第三，我自己学习德国法，就是学习比较法。所以我以后写一些书，自己努力的一个目标就是，几乎每写一篇东西都能够结合这三者，就是法律的释义学Dogmatik、法律的判例研究以及比较法，希望能够不断地学习，有所进步。

有些事情，也许提出来也有些意义。我在德国停了四年回台湾的时候，经过日本，认识了一位曾在德国学习的有名的日本学者北川善太郎，以后成为很好的朋友。我到京都去拜访北川善太郎时看到一些事情，也跟各位报告。第一件事情，京都大学的教授大部分到过德国，洪堡奖学金他们大概都获得过，所以他们是属于德国派的。第二件事情，我去图书馆的时候，因为我在德国曾经看过萨维尼在1804年写的《占有论》，所以我特别问他们有没有这本书。结果那个图书馆的管理员说有。他拿出来的时候，书是用一个东西包好的，当宝贝似的很郑重地把它放在图书馆的桌子上，而且我翻的时候他还坐在旁边，大概生怕我损坏。我就深为感动：对这样一部重要的著作以如此珍惜的心情来尊重！后来我回到台湾的时候也看到这本书，但很多页都被虫吃掉了。有个事情我也顺便提一下，因为研究德国法的继受，不能不说到日本。我认识了京都大学当地一些教授，当时德国有一个伟大的学者，就是Karl Engish，他的著述论文集刚出来，日本的学者每个礼拜定期去读这部著述论文集的每一篇文章。我深受感动：用这么大的心力在研读它！

另外，我也感受到一件事情：日本的民法学者，在德国普通法的研究上，都深有根底。所谓民法的普通法，就是19世纪以来Puchta（普赫塔）、Repgow（雷普高）、Savigny（萨维尼）、Köhle（柯勒）、Jhering（耶林）、Windscheid（温德沙伊德）这些人以罗马法为基础所建立的德国私法学。日本的每一个法学家都深有造诣，以历史为基础。所以我们也希望，中德法学院的同仁们一方面要研究德国现代法，但是也要注意到德国19世纪普通法的法学基础，这是法学的根底。中国大陆也在翻译Flume（弗卢梅）的《民法通则》，Flume这部书的特色就是重新回到德国19世纪最伟大法学中的普通法。我再讲一件事情，我在慕尼黑的时候，德国举办民事诉讼法年会，我也陪台湾的一个老师去参加。日本派京都大学的田中先生来参加，在当地找一下就有11个日本民事诉讼法教授在德国进修。日本没有人到德国去念学位，都是做教授以后才去。所以我讲这个日本的故事就是说，临近的这个国家今天法学有这么昌盛，实际上就是建立在比较法的基础上的。

接下来我要讲一个问题，就是关于德国法学教学研究的问题。台湾继受德国法，我想贵校也在研究德国法，但是重要的，不仅是要介绍它的理论、学说，更要落实于德国法的教学研究上面。我们知道德国在教学上有几个特色：一个是大学研究所的实例研习，一个是Seminar讨论会，一个是国家司法考试，一个是它的博士学位论文，另外一个就是教授论文。我觉得在德国研习最使我感到深刻的，也是最感到痛苦的，而且我觉得最需要引进的，就是德国的实例研习，Übung。所谓Übung就是说，大一进去的时候就出一个实例题，这个实例题通常是事实部分很长。为什么事实很长呢？就是让我们区辨哪些事实跟法律有关，哪些事实跟法律无关，让你从大一开始就能够判断跟法律有关的事实和跟法律无关的事实。从大一开始，通班每一个人都在写，有一定的格式和方法。从大一到大四，一直在训练。我们当时台湾去的学生在台湾考试的时候都考一些测验题，什么叫有效时效？什么叫法律行为？离婚的理由有几种？就这些题。在德国，我们仿佛进入了另外一个世界。这个事情让我开始写一本书，就是《请求权基础》，我想这本书对了解德国法有帮助。我在德国餐厅吃饭的时候，或者在公园散步的时候，见到学法律的学生都抱着一本书，讨论问题的时候都说："请求权基础何在？"刚才我们说的理发时被割到的那个人，当他请求赔偿的时候，就问“请求权基础何在”？继受德国法，不是继受它的条文，不是单纯继受它法典的文字，而是继受它学习法律的方法。

我回到台湾之后第二年，大概31岁，当上台湾当时最大的、最重要的大学的法律系主任。我自己亲身有这个经验，就开始在台湾引进德国的法律教学方法。所以，在台湾的大学，现在也有实例研习，就是要写实例题，要写报告，每一科——民法、刑法，都要写实例题。德国法学训练出的每一个法学家，都是从很细微的实例题研究出来的。他既懂得很多深奥的理论，也能处理很复杂的实例案件，几乎没有例外。我在台湾引进实例题，然后还给研究所上课。我记得在德国研究所上课的时候，下学期要上什么课半年前就公布了，学生去选，选课之后就写报告、做讨论。我目前在台大就这样实施：事先公布题目，学生要先写报告；写报告之后，上课前一个礼拜，报告的题目要印给每一位同学；而且我们还要有另外一个同学来批判他，提出不同意见；报告完学习完你要重新根据大家的意见来再写一遍。所以我想台湾的法律学研究，Seminar，具有相当的程度，讨论是很扎实的。但是台湾在这方面还有很多的缺点，比如“国家考试”，在德国通常只出一个题目，在台湾要出四个题目，还不相关联。台湾的博士论文很少，质量不错，但是台湾没有德国那么多的注释书。总之一句话，贵校在引进德国法的研究的时候，也要把德国法教学和研究的方法引进来，不能只是纯粹在学理上讨论。这是关于德国法研究教育的一个问题。

另外我要讲的一个问题，就是德国法在台湾的继受。我分三个部分来讲：一个是立法继受，一个是学说继受，还有一个是实务继受。

继受，德文说是Rezeption，是一个法律文化互相交流的现象。如果我们讲今天继受德国法，并不是说我们自己如何如何。我想，长期以来，继受都是法律文化交流的现象。美国继受英国法，德国继受罗马法，我们现在也继受不同国家的法律，我们也是在进行文化交流。继受的过程通常有三种：立法的继受、学说的继受，但是更重要的是实务的继受。

台湾（地区）或者说在早期中国大陆，是继受德国法。《大清民律》就请日本人起草，实际上也就是继受德国法。上世纪30年代的中国民法立法，也就是现在台湾（地区）的所有重要的法律，包括民法、公司、票据，还有保险、著作权、商标、专利、民事诉讼、破产、强制执行等，全部制定于1930年也就是民国十八年之后三五年间。在民国十八年之后几乎把所有重要的法律都制定了出来，这些法律在台湾目前仍继续实施，都没有中断。台湾法是以德国法为基础，台湾法是建立在德国法的基础上。在台湾的时期，尤其是在1949年以后，它也是继续在继受德国法，比如“消费者保护法”中的定型化契约，或者是产品责任，或者1995年“公寓大厦管理条例”的区分所有权，这些当然是继受德国的法律比较多。民法的修正也一直参考德国的判例和立法技术的修正。所以几乎可以这样说，台湾的私法在立法上继受德国法已经有将近七八十年的历史。但是如果只是继受框架，你把条文写下来，翻译过来，那么这只是一个抄袭，没有什么大的意义。

更重要的是学说继受。一个很提倡“学说继受”这个名词的人就是刚才我说到的北川善太郎，他因为写一本书而有名，是关于欧洲法律尤其是德国法律在日本的继受的，就是学说继受。什么意思呢？在明治维新之后，日本东大设了法国法、德国法跟英美法。本来是要采取法国法，后来因为德国的民法出来，就采取德国法，即《德国民法典》第一草案，所以日本的民法是物权在先。而台湾的民法采取《德国民法典》第二草案，债权在先。美国伟大的法学家罗斯科·庞德（Rsoco Pound）说，英美法在征服世界的发展过程中，在一个地方打了败仗。哪里呢？在日本打了败仗。当然日本研究英美法很有成绩，甚至派人到英国。但是他们后来决定采法国民法，然后又决定接受德国民法，使得日本法学建立在德国法的基础上，其影响及于中国大陆，及于韩国，当然包括台湾在内。

学说继受是说一个法典或法条，要把它的解释适用引进来，要参考德国的学说，要把学说理论引进来。我们可以说，贵校除了翻译《德国民法典》以外，也翻译德国教科书，这也是帮助继受德国法，但是可能更重要的工作，应该是用德国的学说理论来诠释现代中国民法典或者《民法通则》，或者物权法，甚至是亲属继承法。用德国的学说理论来诠释它们，建立它的概念跟体系。我觉得，德国民法要在中国大陆生根或者说发展，或者说要使法律科学化，不只是要把这种德国的法典或者教科书单独地引进来（这些都很重要，但是很初步），而应该把它整理消化之后，用来诠释中国现有的法律，这一点才是所谓的学说继受。刚才我们提到，日本那个时候继受了德国法，也受法国法很大的影响，所以那个时候甚至有很多的条文是法国的条文，比如说侵权行为法比较受法国的影响。但是他们用德国的理论来诠释这些条文，使得日本的法学全盘德国化，就是说用德国的法学、概念、体系来诠释日本法。所以我们有很多同仁到日本留学的时候，研究日本法不仅仅是了解日本的一些制度，我想同样要了解日本继受外国法的过程，尤其是如何将外国的法律日本化。他们有一个名称，就是“西洋法律的日本化”，那么我想这就是学说继受。

举几个例子。一个是中国大陆的例子，讨论我们民法典里面应不应该有物权行为。物权行为具有典型的德国法的特征，如果说我们把德国的物权行为的理论引进到我们民法典来阐释我们的法律行为，那么这一点就是学说继受。我想将来各位研究德国法时一个很重要的任务，就是很有技巧地、很有方法地，而且还能够观察到本国法律需要地，将可采用的德国法也好、法国法也好、英美法也好，移进到本国法来，这就是学说的继受。

台湾在学说继受方面，我也举个例子。台湾民法第118条说无权处分的时候效力未定。无权处分中的“处分”到底是什么意思啊？有一些争论。我们知道德国民法所谓处分就是Verfügung。德国法的两个核心的概念就是Verfügung（处分）以及Verpflichtung（负担）。处分就包括物权行为或债权的让与；负担就是债权行为，包括单独行为或者契约。台湾民法很早开始，就将处分跟负担加以区别而引入了台湾的法律里面，这就是对德国的学说继受。台湾就由此德国化，采取了德国的思考方法。

我再举一个例子。台湾现在制定民法典时发现这个问题：德国留学的人跟英美留学回来的人有些不太一样。英美的人擅长于具体案例，比如说侵权行为他可能规定很多的侵权行为类型；但是德国法的训练在于，欧陆法从罗马法以来从Lex Aquilia从十二铜表法，一直发展到现在的侵权行为的《法国民法典》第1382条的概括条款、到《德国民法典》第823条、《瑞士民法典》第49条规定这样一种概括化、抽象化的能力。我觉得一个人要学法律，两个能力必须要有：一个是抽象中能够具体。什么叫诚实信用原则？这是抽象，但是能够把它具体化、类型化的训练是非常重要的。一个是能够将具体的事例原则化。让我们法律的思考来回于抽象跟具体之间，这种训练，我觉得对英美法的人很陌生。在英美法中，如果你的条文讲诚实信用，它比较困难。最近欧洲法要做一个contract law，它对于诚实信用原则是什么东西不能把握。但是欧陆法包括法国法、德国法、瑞士法的特色，就是概括条款。所以概括条款的类型化、具体化，是一个法律人的训练，也是法律发展上一个重要的制度。这方面，有一个例子可以说，是台湾以前的一个判决。租赁契约已经到期的，土地可以收回，但是到期后当事人没有立即收回，过了几年再行使他的权利。法院说，你有权利，但经过长期间不行使，使他方相信你不再行使，你突为行使，陷他方于困境，你的权利行使违背诚实信用原则。我曾经在我的《民法学说与判例研究》里面讨论过这个案例，给它一个名称，就是权利失效。在这之前，台湾很少用这个权利失效。

这是我个人在研究案例上的一点心得。我写那些书，一直在做一件事情。我一直认为，每一个法律的判决都有价值，每一个法院的判决都重要，即使它是三言两句，理由不太清楚，都没有关系。学者的任务、学说的目的，就是在含蕴有一个法律的原则的具体案例中，去发现它，去阐释它，用理论去构造它。这是我个人在研究法律的学习过程中的一个体会。大陆很多同仁想要说，我们法院的判决，内容并不是很丰富，事情也很简单。但是每一个案子都是法律的生命，每一个案子都有它适用的法律原则，那么，应该去阐释它，去发现它。这个阐释、发现蕴含在每一个法律的原则之中，有三个东西非常重要：第一，是刚才我说的Rechtdogmatik——法律释义学；第二，案例的比较分析；第三，比较法。用比较法，让我们发现同样的东西在别的地方、别的国家的法律有怎样的处理。透过Rechtdogmatik，加上案例的比较分析，再加上比较法上的探求，从一个简单的案例就会发生一个法律的原则，使得法律具有生命。这是我个人在研究上的一点心得。

举台湾的一个例子。台湾在民法上的发展，继受德国法，有一个地方非常重要。什么呢？就是契约上的义务群的建立。民法上责任的变迁，私法上责任的变迁，就是契约上义务的扩大。我们一般来讲义务主要是侵权法上的义务，就是注意义务，或是说duty of care。但是在契约上，人跟人之间开始接近的时候就产生很多义务群，即是说有Leitungspflicht（给付义务）以外，还有Nebenspflicht（从义务、附随义务），这个是德国契约法发展上最重要的概念，这就改变了整个德国私法的结构。于是我们说契约还没有订立之前，双方就有通知、说明、照顾、保护、忠实的义务，这是所谓的先契约义务，建立了缔约上的过失。契约成立后，你也有照顾说明的义务，也就是契约中的附随义务。也就是基于诚实信用发生，建立了不完全给付的、债务不履行的损害赔偿，甚至我们原来说每一个债的关系都有给付义务，基于附随义务的产生却发生了一个没有给付义务的债的关系。我看到大陆一般写文章，好像比较少谈到这个问题。

接下来一个问题，牵扯到契约和侵权责任。这一问题在法国就比较少，因为法国侵权行为范围广阔。在德国，因为侵权行为范围受限制，那就需要来帮助它区分。

所以，了解每一个国家的法律制度，要以它本身的体系而决定。这里我要特别最后介绍的一个制度，就是契约责任跟侵权责任。在我给各位资料中有很长的一段文字，提到“院长提议”。我给各位介绍台湾一个比较特殊的制度：台湾有个民刑庭总会，在“最高法院”里院长发现有问题的时候就会设一个案件，提出一个例子，来请大家公决。这里面有一个例子：A银行征信科员甲违背职务，故意勾结无资历之人，高估其信用而非法授以贷款至A银行受有损害，A银行是否得本于侵权行为诉请损害赔偿？有甲乙两说，之后把各种学说说出来。台湾地区跟中国大陆在继受德国法的过程中，要立法继受，要学说继受，但是更重要的是实务继受，就是法院继受它。台湾地区的“最高法院”在很久之前，差不多40年前的时候，就做了一个重大的宣示，什么宣示呢？台湾“民法”第1条：民事依法律，没有法律依习惯，没有习惯依法理。“最高法院”说，比较法具有法理的地位，如果解释台湾一个法律条文有疑问的时候，可以以比较法作为参考资料。也就是说，将比较法作为一种法律解释的方法，这使德国法律进一步得到吸收。不仅是德国的，凡是比较法上的共通的东西，会作为法律解释的一个方法，就是说comparative law on the matter of interpretation。所以你看台湾的法院，都会引德国法怎么说，日本法怎么说，美国法怎么说来判决案子，判决偶尔也会夹几个英文在里面。这就是一个以比较法作为法律解释的方法。其次它也是说，台湾的法律，民法、行政法，有所不备的时候，可以以比较法作为法律的补充。这并不是绝对，只是一个参考，也就是说，尽量采取一般国家所承认的共通的原则。我想这一点对台湾法律的开放继受建立在比较法的基础上是一个很重要的发展。

在契约责任跟侵权责任的竞合上面，牵扯很多法系的问题。台湾开始的时候，接受法国的理论——“法条竞合说”，因为台湾有一位学者王伯琦先生，他是留法的，他也很有影响力，他一直在倡导。这里面又牵涉到一个问题，我留德、你留法、你留美、你留日，假设对日本的法律我比较熟悉，那么我思考想法多是用日本的来争论，希望多引进日本法，凡事依日本法解释，因为我比较熟，我认为它比较好。这种情形就造成很多问题。我昨天晚上读了米老师那本书《出法入道》，就说比较法勉励各位同学，跨越民族的感情，跨越自己的限制。比较法让我们认识别人，比较法让我们知道有各种规范的可能性，比较法让我们知道某一种规范的可能性都受到它本身法律体系的限制，比较法让我们知道自己的有限，也让我们学习谦卑，法律上的谦卑。台湾当时有两派，是采“法条竞合说”还是“请求权竞合说”，在发展上我自己做了一点贡献。我提到我自己有点不谦卑了，刚才说要谦卑，现在我就开始有点不谦卑。我说是想借此勉励德国回来的，或各国回来的同仁都参与实例的研究，目的在此。我回台湾第三年的时候，看到台湾法院当时的一个判决，采“法条竞合说”。有一个人在医疗中死亡，他的父母要请求侵权损害赔偿，法院就说你有契约，不能主张侵权损害赔偿。我就写了一篇文章，写我在德国学的请求权竞合说，说这个判决好像不太好等等。过了不久，当时台湾“最高法院”第一庭的庭长，那时候很有权威啊，写了封信给我，说，王某某，看到你写了这样一篇文章，我读了之后，觉得有考虑的价值。过了不久，他又写信给我，里面附一个判决，说，我们已经不采这个见解了，改采“请求权竞合说”。你看，当时我才30岁多一点，当时台湾

“最高法院”民庭第一庭的庭长，有一个人在批评他，他却不生气。要是一般人就生气得不得了，说你小孩子，不懂啊，批评我们，这个怎么怎么样。他很谦卑。后来我就和他成为好朋友。前一些日子他过世了，他的女儿是我学生，打了电话给我说，王老师，我是谁谁，我爸爸前些日子过世，爸爸过世前特别交待，他的告别仪式要请王某人讲几句话。我就感到前辈的风范跟宽容，他这么大的权威，让他改变他适用的法律原则。

这里面我印了个资料，台湾“最高法院”做了个决议，来改变请求权竞合的理论。我觉得这个决议报告的内容可以看看。为什么可以看呢？报告里面也引德国的见解，引日本的学说，引法国的，分析比较。这也就是说，台湾的法学，包括台湾“最高法院”的判决，是建立在比较法上的，是开放的，让我们可以公开地辩论，选择不同规范的模式来适合本身的需要，来继续发展。这是我讲到实务的继受。所以我也希望中德法学院的同仁到德国，别的学院的同仁也是一样，所有念法律的人到其他的国家去，把它的学说理论引进来，适当地进行学说理论的建构，然后也能够配合判例实务的发展，很谦卑地。以前我开始写的时候比较年轻，有时候批评判决都很不客气，说“此见解甚为不妥”。这样非常不好。现在，我慢慢念书多一点之后就感到自己的些微知识，都来自于别人对我的提示，所以，不管他做得如何，都要表示敬意，表示感谢。写对方的判决，要以敬畏的心来讨论严肃的法律的问题。

我现在继续下一个话题：德国民法的继受与台湾法学的发展。这里顺便提一下，很遗憾地，在台湾没有一个大学里面有罗马法的课程。我在台大念书的时候，有一位留法的金博士教我们读书。我们也读陈朝璧的书，那时候我们也读邱汉平的书。以后近40年来，台湾没有罗马法的著作，也没有一篇罗马法的文章，我想这使得台湾地区的法学受到限制。我预期将来大陆的法学会有很大的成就，就是因为它建立在罗马法或者德国法或其他国家法律的比较之上，有一个历史基础根基的继续的发展。我在慕尼黑大学的时候，也听过一位罗马法伟大的学者库克（音）的罗马法的课，可是回来之后也没有继续研究，因为我不懂拉丁文。先生写了一本书，就是《欧洲与罗马法》，它里面讲了一句话，就是说：“罗马法的继受，使得德国的法律或法制或法学科学化。”

当年在大陆的中华民国国民政府开始决定采德国法之后，当时的六法，或者当时的法律，当然受到日本很多的影响，这已经奠定了中国法学科学化的基础。不管你喜欢不喜欢，但是确实它使中国的法学科学化。这在台湾更为显著，使得法学科学化，成为一种科学。王伯琦先生是我的老师，他写过一篇文章，说法学是科学呢还是艺术呢？我想法学是技巧，是技术，也是科学，也是艺术，有它的风格。在这几年来，经过德国法的继受，当然也吸收受英美法影响的新的思考方法，我想在相当程度上，台湾法学已经科学化。科学化的意思是说，它是概念构成的，它是有体系的，它是可以 argue 的，它论证的过程是可以检验的。我想，论证的过程可以检验这很重要。大家如果有机会读读我附给各位的那个台湾“最高法院”的关于债务不履行的侵权行为竞合的材料，就可以看到“最高法院”在论证方面已经达到相当抽象化、科学化的程度。

科学化表现在几个方面，一个是法律的释义学、法律的理论体系的构成；一个是法学的方法论；一个是法学上的论证。也许我个人可以这样说，台湾慢慢在这些方面有点进步，不是很好但有点进步，意识到了法律的理论构成、法律的论证方法的严谨、法律的推理、法律的方法论、在科学化的过程中间，你看一些判决就可以知道。另外使得台湾的法学德国化。第一个，我想各位同学都会知道，就是物权行为。我现在举个简单的例子，念德国法的人都应该知道。现在我卖3个东西给你，30元钱卖给你，好，现在我将这一瓶交给你，这一瓶交给你，然后这杯茶叶也交给你，你给我3张10块钱。在德国上课的时候，老师一定要问你，这里面有几个法律行为？如果你不知道它，那么你不能毕业；你不知道它，不能算念了民法；你不知道它，不能处理任何法律问题。这里有几个法律行为呢？一般人说，1个2个3个4个5个6个。但是念德国法的人一定说，有7个法律行为。如果你知道有7个的话，你就可以到德国念书了。怎么说是7个法律行为呢？我们知道物权是以物为客体，而且物(采取的)是个别主义，1个所有权、2个所有权、3个所有权，这边有3个所有权，3张十块钱也是3个所有权。我东西卖给你的时候，是买卖契约、债权契约，债权契约可以以多数物来作为它的客体，所以它是一个债权契约而不是3个买卖契约，但是我给你所有权转移，是3个所有权，你给我钱也是三个所有权的移转。这个不是概念的游戏吗？那让我们想一个问题：如果说A瓶矿泉水是我的，B瓶是你递放的，C瓶是我偷来的，3张纸币也是刚才路上拣到的，请问当事人之间的法律关系如何？我想任何大一的学生都应该会写报告，如果不会写报告，学习法律却不会分析法律行为，坐在那谈意思自治原则，谈得很多，但是不能处理这样一个简单的法律问题，那是不合格的。这是德国法律大一学生开始训练的一个特色。大家会问我要不要搞得这么麻烦。在5年前，孙宪忠老师开的一个物权法研讨会，他邀请我来做报告，我说的便是台湾的物权行为。这样一个物权行为理论会让人脑筋清楚、明辨，脑筋像剃刀一样锐利，能够清楚地明辨每一个法律的动作、法律的行为。有两个汉堡大学的教授，谈起这个，可能认为我是在讲德国的法律概念体系很好，说："Bravo！"但是我确实觉得，台湾继受德国法或者说日本继受德国法，尤其是继受物权行为独立性、无因性，确实使得法律思考更明确、更清楚，更能够分析问题，但它也许太机械、太概念化，这是另外一个问题了。我只是举个例子说明物权行为的独立性与物权行为的无因性使得法学科学化了。

另一个台湾法学受德国法学影响的例子就是不当得利。不当得利是德国法学的特色，德国的国家（司法）考试一定要考一个不当得利。为什么呢？因为侵权行为、契约都是自己一个领域，不当得利是能够调整整个无权利财产变动的机制。不当得利，unjust enrichment，非常重要。中国大陆的不当得利规定很简单，只是一个条文。不当得利法在英国是有的，英国有众多不当得利的讨论，而且还专门出了本杂志叫做《不当得利》。我想留德的老师应该为将来中国不当得利的发展而准备，而努力。我觉得老讲这些有关德国的东西会有些抱歉，可是到中国大陆来不讲这些又会觉得不好意思。不当得利在法国也有，但是德国与法国并不是相处的很好。留法的尹田老师也在台下，我对尹老师有一点敬畏，就像德国法对法国法的敬畏。我想在这边的老师应当慢慢地为不当得利做准备——将来发生案子的时候怎么去分析它，怎么去界定它。最好的方法就是能够将德国的法律参照英国的restitution代替中国的民法。

法国也有不当得利，它也是创设的。假设现在就开始研究不当得利，那么等到有一天最高法院有一个案子有问题，我就可以分析它：这个不当得利的要件如何？它的返还请求范围如何？不当得利的功能如何？人家法院就采取你的（意见），你就这样把法律理论都带进来了。你写文章发表，法院采你的意见时，就从学说的继受变成了实务继受，这个制度就在这边生根、发展。台湾的不当得利本来是个统一的规定：一人受益而没有原因造成他人受损害的，应该负赔偿责任、返还义务。德国还划分给付、非给付的不当得利的类型，台湾经过很多学者讨论，就将台湾的统一的不当得利改变成了德国型的非统一的、类型化的不当得利，对德国法的继受就变成了实务与学者的通说。

后面讲一个最近大陆讨论最多的问题，就是侵权行为和人格权的保护。杨立新先生在我到北京的时候去接我。我发现人民大学在人格权、侵权法研究方面非常有成就。昨天我碰到王利明跟他聊，我跟王利明院长已经很熟了，他们人大有一套侵权的书，是专门派人去美国图书馆把里面的侵权法资料复制过来，为此花了一百多万，这是一个很大的收益。为什么人大在研究侵权行为人格法上有这么大的成就？当然这牵扯到一个版权方面的问题，但是学问是不问版权的。他那里整个书架上的都是复制的，这为人民大学研究侵权行为和人格权法所需的资料做出了很大的贡献。杨立新老师跟我谈话就说我们现在侵权行为编制定中的一个最大的困难就是如何区别权利和利益的保护。这方面我特别说一下。法国民法第1382条不区别权利和利益，但它后面做了限制。德国民法制定的时候，遇到这个问题，立法者都是在作比较法上的思考，是要考虑英美法侵权的类型，还是参考法国概括的条款，结果它制定了第823条第1项、第2项和第826条。第823条第1项规定说，因故意、过失不法侵害他人生命、身体、健康、自由、所有权及其他权利者，对他人因此而产生的损害负赔偿义务；第2项说违反他人的法律；后面第826条说故意违反善良风俗加害他人。它这个特色，就是法益性的区别，三个类型的侵权行为。日本民法制定的时候，第709条说因故意、过失，没有加上不法侵害他人权利。我们1930年民法伟大的立法者非常有远见，中华民国民法典第823条将德国民法的三个条文合在一起，因故意过失不法侵害他人的权利为侵权，故意背离善良风俗的方法损害他人的亦同。我们画个图，就是故意过失侵害权利时要赔；但不是权利而是利益的话，那你要故意违背善良风俗，这是非常重要的类型化的设计。台湾民法在此比德国民法要更进步、更概括化，所以台湾在立法技术的许多地方已经超越德国立法，我们对德国立法的继受并不是盲目的继受。这里给大家介绍一本好书，欧盟法现在在统一之中，要做各国法的比较，张新宝先生的一个博士生翻译的《纯粹经济上的损失》非常好。

现在比较法的发展趋势中更重要的研究方法是什么呢？以前比较法的研究是大的研究，像法国和意大利，德国克茨教授的著作也有翻译。现在有一个更重要的研究方法。先举个例子，例如说我跟你买一部电视机，买来后摆在我客厅，因为设计瑕疵突然爆炸，我自己受伤。问：买受人能不能向制造人依侵权行为规定请求赔偿？他自己受伤，摆在电视机上的物品坏了，电视机也因爆炸灭失，买受人能不能向制造人请求就受伤、物毁损，包括电视机的灭失等取得赔偿？电视机本身灭失是权利受侵害呢还是只是契约上的瑕疵担保等问题？然后，开始进行比较，德国法怎么规定、法国法怎么规定，很精确，比较的方法已经由一个大规模的体系风格的比较到制度的比较移到了这么一种案例的比较。这个比较方法的引进让我们更精确地思考比较法的功用。我举个例子，就刚才我说的电视机这个例子，现在我要研究的时候，就中国大陆法怎样、台湾怎样、美国怎样、日本又怎样进行交替比较，这样比较才能很彻底很精确地增进了解，而不是说德国产品责任法怎样，日本产品责任法怎样，这样笼统也很好，但是不精确，所以我们希望贵校在比较法研究上能更深刻地落实在真正用案例解决问题的方法上，即各个法系本身概念的限制和功能的发挥。还有，我想说说台湾继受德国法影响最大的就是宪法。台湾有一个大法官会议，相当于德国的宪法法院，已经有50多年，我曾经在那个机构工作了9年，也有了一些实务上的经验。这个机构作宪法解释，就是使基本权利发挥它保护的防御的功能，通过间接效力使得所有的法院解释法律都要做符合基本权利的解释。这发挥了重大的作用，建立了以宪法基本权为基础的法律体系。

这里我要说一下比较法的重要。台湾留学回来的人，有将近150人，在国外拿到博士学位。台大法律系每个教员都有外国的博士学位，在台大聘用教员的时候，考虑到了比较法的合理的分配。现在教员大约有近50个左右，大约20个人是德国的，早年可能更多，有一些留英美的，有一些留日的，一定要保持比较法的平衡，因为这样才能让我们进步。所以每个法学院都是比较法学院，台大法律系更是显著。为什么要这么多留学的人呢，因为台大法律系的老师几乎都是台大毕业的，近亲繁殖不太好。“宪法法院”大法官里面，一半是学校教授，一半是法官，他在任命的时候，一定是在英美法和德国法之间取其平衡。比如说8人，有4个是留德的，有4个是留学英美的，这样一个重大的机构能够吸收世界两个主要宪法国家的——一个是美国的联邦最高法院，一个是德国的宪法法院——的判决或者资料。所以跟他们关系保持得很好。跟德国关系密切到什么程度呢？我们在讨论案子的时候，遇到一个重大的案件，没有判例，就让助理发一个传真给德国联邦宪法法院，问问他们有什么资料可以提供。这就是说在比较法上能充实我们，所以我们判决也在慢慢好起来，也在进步，也具备了水准。也就是说，成员任命上也具体考虑到比较法的构成，所以可见比较法的重要性，贵校中德法学院和比较法研究所干得很好，应该让每个法学院都成为一个把比较法作为研究方法构成的研究所，每个法律系的构成也应该注重比较法的研究路径。刚才说到，对德国法的继受好像一切很顺利，但实际上也遭遇到很多困难。而且，我们对法国的认识不够，因为没有人到法国去留学，可能和早年没有继受法国法也有关系，所以对台湾法学的发展应当说还是有些局限的。对德国法的继受，目前遇到很多困难。我们现在到德国念书的人也很少去念民法，因为台湾民主宪政改革之后，行政法变成热门。念行政法到德国拿博士回来的，在台湾现在有80个人左右，都找不到工作了，因为人太多。本来是到大学教书，现在都到专科学校、技术学校去工作了。比较好的学生也跑到公法里面。这是人才的问题。第二个问题是研究的方法怎样突破。有局限，是否能够超越？德国法现在在欧洲化，德国法现在在修改变迁中，我们在研究方法上是否能更进一步等，这也是我们面临的问题。第三个问题来自于美国法的冲击。现在美国法，可以这样说，它就是以前的罗马法。对美国法，全世界都在继受，尤其在侵权行为、宪法，甚至在各个领域都有继受，台湾当然也是如此。台湾有很多的法律，像动产担保交易法、惩罚性赔偿、信托法、侵权行为法都受到美国法的影响，所以实际上也面临着挑战。但是这个挑战也带来了机会，使得我们有融合的可能性，只有在比较融合之下法律才能会有更进一步发展的机会。总之，比较法很重要。贵校有罗马法基础研究的贡献，贵校对整个法学的贡献我想是很巨大的，原因就是它有历史的基础，在于对罗马法和比较法的研究。德国法是罗马法的继续，法国的罗马法研究得很好，意大利更不待言。我曾经去意大利博洛尼亚瞻仰注释法学派的四博士和阿诺的雕像。在人大的明德楼也有一组雕画，有机会你们可以去看一下——“优士丁尼在教堂”。

我在台大念书的时候，读了耶林的罗马法精神。他说罗马三次征服世界，就跟我们唐朝征服东亚一样是用武力、宗教还有法律。耶林有一句话：“经由罗马法而超越罗马法。”这句话是我们大家共同努力的目标。我们也希望，能够经由罗马法更经由德国法而超越它，鉴于我们法学设立的需要，而且要在世界上也能有所参与，使得法律的发展进步也有我们的贡献。在这贡献当中，我想会有贵校。很多人问我：王老师依你看，大陆民法学将来发展会如何？我心里这样说：如果贵校能够培养出好的学生，能够鼓励他们到德国去念书，能够有体系的研究、系统的运用、观察到中国本身的需要，而且能够积极地参与立法，尤其是将来，在民法典制定之后，你才会发现研究德国法的重大功用，可以诠释法。将来中国民法典制定之后，使得能够更进一步地施行。我并不是因为在这里讲话才这么说，如果贵校能够造就好的学生，将来对中国民法最有贡献最有影响力的，一定是在这个学校。谢谢大家。

米健（主持人）：

非常感谢王老师。王老师整整站着讲了90分钟，不仅让我肃然起敬，也让我肃然起立，我也得站着。今天主题是德国民法的继受和台湾民法的发展，王老师选这个主题来到政法大学作报告，应该说是有他一定的想法的。我在听报告中，一方面从他报告的内容，另一方面从他引导的方向，都非常受鼓舞。王老师这次来北京，讲了好几场报告，在人大已经讲了三场，明天还要到社会科学院法学研究所作报告。他到政法大学用这个题目作报告，我想是对我们中国政法大学比较法学这么多年的积累，包括罗马法的研究、比较法学的开展，还有对最近几年来中德法学院的建设和发展的深切的期待。这里也体现了一种厚爱。在此我想借这个机会，代表我们所有搞比较法学的同行，代表中德法学院的所有同学，向王老师这种深切的关爱和热情的鼓励表示衷心的感谢。我是没有想到王老师报告中对我们政法大学的这个特色这么大加赞赏，这是意外的惊喜。王老师在比较法方面说了很多。我刚到政法大学，江老师就告诉我去搞比较法，而且是从罗马法入手搞比较法，所以今天王老师在这里又鼓励我，我想江老师听了肯定也很高兴。因为这些年，从我84年入校开始，到现在我们院做的工作，基本上是在江老师的思路下开展的。

今天王老师在这里，从始至终在对德国民法说好。当然，王老师是讲德国法在台湾的继受，并不是仅仅简单地说德国民法好，实际上以这个话题，展开了中国民法，包括台湾、大陆，一个世纪以来基本的发展脉络。所以刚才我说，王老师是做这个报告最合适的学者。有文字资料的同行、同学应该能看到，王泽鉴老师报告的内容是非常丰富的，90分钟之内我想很难把这么丰富的内容完全讲给大家，但是王泽鉴老师做到了。他的报告的内容，从思想方法到技术方法也就是操作方法，从宏观到微观都涉及了。如果没有丰厚的学养，没有长期的积累，没有整体的把握，我想做不到这一点。所以我是非常的佩服。从刚才的90分钟，我还觉得王老师不仅是学者的风度，而且是一个儒者的风度。在当今的法学界既有法学家的风度，又有儒者的风度的，我觉得并不是太多。当然在这里不是努力地要奉承，要奉承也有点晚了，因为奉承王老师的人特别多。在这里我只是讲讲我自己的感受。刚才王老师讲的我觉得非常精彩，他把一个非常复杂的制度，用非常简明的例子，就非常透彻地讲清楚了。物权行为我们讨论了半天，非常难以解释。当然物权行为这个理论，物权行为的抽象原则，在将来的立法上，我觉得可能不会像台湾的那样。但是，王老师用了两杯水、一杯茶，用了三张捡来的人民币就把它讲得非常清楚。告诉了我们一个法学家要怎样去思考问题、分析问题，怎样对不同的法律关系加以说明，值得我们学习。

王老师今天讲的继受有三点：学说的继受、立法的继受，还有特别强调的一点——实务的继受。实务的继受刚才我一直在思考到底为何。我的理解不知道对不对，回头下面再向王老师请教。我觉得可能意味着一种对经验的尊敬，因为在实务里面最能体现的是一个怎样解决问题的适合社会发展需要的、适合国情的经验，在这方面我觉得我们做得还是很不够的。王老师也给了我们一个提示，确实我们在理论方面有资料的积累，但我们做的比较研究应该说还有欠缺，王老师在此之前也提过，今后我们在这方面确实是可以多做一点努力。王老师也提到现在我们学习西方法律的一些手段，我们在学习王老师的思想和知识的时候，确实采取了同样的手段，就是把它们都copy过来，王老师也很宽容，说这是为学术。当初侵犯王老师的知识产权，王老师今天这一句话，开释了我们心里的内疚。说老实话，我们这些人，我想至少我自己，是在通过侵权行为来学习侵权法。如果那时候王老师想要版税的话，我想版税应该是非常多的。我知道王老师全集的版税完全捐给了江老师的江平奖学金，支持我们大陆法学的发展，值得我们尊敬，应该向王老师表示感谢。下面进入点评阶段，请王家福老师和江平老师分别做15分钟到20分钟的点评。首先请王家福老师做点评。

王家福（评论人）：

泽鉴先生、老师们、同学们，我们非常高兴地聆听了泽鉴先生精彩的学术演讲，他以“德国民法的继受和台湾民法的发展”为主题所发表的宏论引人入胜，深富哲理和启迪，让我们获益匪浅，真正享受了一场民法学术盛宴。我特别感到高兴的是，他把中国政法大学称作“罗马法研究的殿堂”，誉为德国法研究将发生重大影响的中心。我当初曾经在法大工作，也是法大把我送到前苏联读研究生的。法大是我的母校。泽鉴先生对法大这样的夸奖使我感到特别高兴。

我认为《德国民法典》应该讲是世界上最完备、最具逻辑、最有理性、最系统的宏篇巨著。它对世界民法立法的发展和民法学的发展有着巨大的影响。德国民法学对中国的民法学发展是从20世纪初开始产生影响的。清末的《大清民律草案》、北洋政府的《民法修正案》以及20世纪30年代民国政府制定的《民法典》都继受了德国民法的传统。1949年以后，中国大陆的民法转而向前苏联的民法学习。但是前苏联的民法也是属于大陆法系，也受德国影响不小，它的体系大体上和德国民法是一致的。当时前苏联的民法学家不少留学德国，他们德语很好。所以，很明显，在1949年以后，中国大陆民法也间接受德国民法影响。

1954年至1956年，中国大陆完成了第一个民法典草案的起草工作。它包括总则、所有权、债和继承四编，525条。这一民法典草案完全采纳前苏联民法典的体例，把亲属法排斥在民法典以外，不使用物权法概念，强调对国家财产的特殊保护。但是它仍然与大陆法系国家的民法典相通，有着同样的体例、概念。

1962年至1964年，大陆完成了第二个民法典草案的起草。该草案设计了一个全新的体例，分为总则、财产所有、财产流转三编，把亲属、继承、侵权行为排斥在民法典之外，却又把预算、税收、劳动关系纳入民法典调整范围。这一民法典草案没有为大陆民法的发展提供有益的经验。

1979年至1982年，中国大陆第三次起草民法典，这个草案的第四稿包括八编，43章，465条。尽管它未正式成为法律，但是由于它从当时的实际出发，借鉴了世界各国特别是大陆法系德国的有益经验，因此具有重要的价值，为《民法通则》的制定提供了智力支持。

20世纪70年代末，在中国大陆开始进行改变中国命运的伟大改革。这场伟大的改革引起了中国大陆经济、政治、社会的深刻变化：其一，社会主义市场经济的形成；其二，国家经济职能的根本性转变；其三，市民社会的形成、发展。这给中国大陆民法的继承和发展奠定了客观基础，创造了难得的机遇。

所谓继受，从本质上讲就是吸取人类文明共同民法成果，借鉴世界各国民事立法的有益经验。关于继受，首先应该是民法理念的继受。近30年来，中国大陆彻底摈弃了与计划经济体制紧密相连的陈旧观念，坚定不移地确立起了私法重要、私法优位、私法自治理念；尊重和保障物权、对合法财产一体保护理念；合同自由理念；平等、自由、诚实信用、公平、禁止权利滥用理念；自己责任理念。现在的问题是民法的理念还不是被所有人接受。今天我们仍然需要讲民法理念，仍然需要更好地宣传民法理念，呼吁全社会更加重视民法这一最基础、最重要的法律制度。民法状况如何标志着社会的文明程度，标志着市场经济的发展水平，标志着国家的进步发达形象。如果民法观念不强、民法制度不健全的话，我们的经济社会生活就很难健康有序、生机勃勃，就难使我们的国家真正构建成一个兴旺发达、人人幸福的和谐社会。

第二，关于继受应该是民事立法的继受。近30年来，中国大陆从中国实际需要出发，从制度上吸取了大陆法系国家特别是德国民法之规定，如自然人、法人制度、法律行为制度、代理制度、时效制度、物权制度、债权制度等，逐步建立了自己的以《民法通则》为统领，以《合同法》、《担保法》、《土地管理法》、《城镇房地产管理法》、《继承法》等单行法为骨干的民事法律体系。2002年12月17日，全国人大常委会法制工作委员会完成了对民法典的起草工作，同年12月底正式提交全国人大常委会审议。这是中国大陆民事立法的重大成就。我们现在的任务应该是集中精力推进民法典的修改、审议，争取其早日问世。诚然，现在这个民法典草案还有一些问题值得研究。比如，我们把合同责任和侵权责任分立两编，就应该增设一个债权总则编，并把不当得利、无因管理放在该编内，以保持德国民法物权与债权的严格区分的体例。

中国大陆民法学界在制定民法典的过程中可能有各式各样的争议，但不管什么争议都应该紧紧围绕尽快把民法典制定出来而展开，要多提建设性建议，不要设置人为障碍，使民法典审议工作无限制拖延下去。我觉得这样做是很不利的，不仅对国家兴旺不利，对经济发展不利，对社会进步不利，对民法学的发展也是不利的。

第三点，刚才泽鉴先生讲了实务继受问题，这点很重要。我们应该重视最高人民法院的司法解释、发布的案例以及有普遍意义案例适用民法条文解决多种社会问题的经验。现在我们民事法律的实施，还有不少不足之处，我们应该想办法通过对司法解释的研究，通过对案例的研究，通过对实践的服务，使民事法律的规定得以实施，能够走进生活、走进实践，使民事法律的规定能够得到人们自觉遵守，使民法在中国大陆生根。否则，只是有好的法律，却没有人们严格遵守；只有合同法，合同的履约率却不高，我们民法就很难在规范社会经济生活中起到应有的作用，就难以推动我们市场经济的健康发展。我觉得这方面的工作需要所有的民法学者来做，使民法真正地在大陆生根、开花、结果，推动我们的社会生活、经济生活向着健康、有序、活跃的方向发展。

另外，民法除了继受之外，还应该注意发展。就是继受也应该吸收英美法系国家民事立法和国际公约中的有益经验和欧盟民法统一化进程中的好东西。就是说，我们应该博采世界之长，结合中国实际，制定出能够给中国带来最大利益的这样一个民法典。泽鉴先生刚才说，德国人通过继受罗马法超越了罗马法，我想我们也应该通过继受德国民法而超越德国民法。中国21世纪的民法典应该充满21世纪的时代精神，应该超越19世纪末问世的《德国民法典》，比它更好。21世纪是更加尊重人的价值的世纪，我们应该把“人格权”作为一编写进中国民法典；21世纪是知识经济世纪，我们应该把“知识产权”作为一编写进民法典。尽管我们现在有些东西规定得与世界相符合，但有些也是创造。比如我们把所有权分三类：国家所有权、集体所有权和私人所有权，既能保持中国经济与社会的稳定，也能使物权制度变得更加切合实际，发挥它应有的效果。

上次来政法大学，有同学提问题，问中国社科院法学所是德国法中心对不对？尽管我们有研究德国民法的著名学者，但是我当时不好回答。今天我可以特别高兴地回答：德国法中心在政法大学。我衷心希望你们百尺竿头更进一步，再创新的辉煌。谢谢大家！

米健（主持人）：

谢谢！谢谢王家福老师也同样对我们政法大学，特别是比较法研究所和中德法学院的师生给予鼓励。王家福老师在王泽鉴老师报告的基础上对中国如何进行法律继受作了进一步的阐释，而且我觉得尤其是他提出来，我们现在的继受首先是观念上的继受。没有观念的继受，光有条文、制度继受是远远不够的。除此之外，王老师作为一个老一辈的学者，作为中国民法从建国初年到现在发展变化的亲历者，他表达了强烈的期待或者愿望，就是要尽快把我们正在酝酿的民法典制定出来，这是于国于民于社会发展都是有很大利益的。而且他提出了具体的一些观点立场，对这些观点立场这几年大家都有所讨论。我觉得王老师的立场是非常鲜明的，以前我在文章上、在研讨会上也都多少有过领略。还有一点我得补充一下，就是王泽鉴老师刚才在报告中，特别强调了很重要的一点，就是在我们进行比较法研究的过程中，人力资源或者说比较法的眼光应该有一个合理的分配，王家福老师刚才也同样提到了这个问题，就是我们在进行比较法研究时，应当将大陆法系、英美法系两大法系的制度、原理兼收并蓄，给予同样的关注。其实王泽鉴老师就是这么一个兼具欧美、欧洲大陆法系和英美法系法制知识储备和学养积累的学者。在这点上，对我们是很有启发的。下面有请江老师点评。

江平（评论人）：

王泽鉴教授在9年前给我们学校作了一个报告，9年以后又来了。当然他刚才讲了，9年期间他当了大法官，而在当大法官期间，作为公职人员，是不能来的。所以，我们感到很亲切，9年后给我们做了这么一个好的报告。我觉得王泽鉴教授的这个报告很突出的一点是讲了方法论。因为王泽鉴教授讲了我们学习德国，不只是学它的制度和条文，更重要的是方法。而且我认为王泽鉴教授就是民法学的方法论大师。我们读了王泽鉴教授的书，觉得跟一般的教科书不一样，不是从理论到理论，从条文到条文，感觉到很新鲜，有新意。新意来自哪里？我觉得新意来自方法论。刚才王泽鉴教授也说了，在德国，他的导师是拉伦茨教授。拉伦茨教授是一代民法方法论的大师。如果我理解不错的话，王泽鉴教授的报告里至少讲了五个方法论。

第一个方法论就是法律解释、诠释。我过去对这个东西不太理解。开始研究罗马法的时候，一讲到罗马法复兴运动，一讲到注释法学派，我就觉得注释法学派有什么意义，有什么创新呀，你不就是把罗马法注释注释？后来一看显然不是。这个注释法学派不仅有疏证，把伪的东西去掉，把它更加科学化，甚至还有自己的发展。在这个意义上，罗马法的复兴完全是有赖于注释法学派。而在台湾，我们还可以看到学理可以作为法律的法源。刚才王泽鉴教授说了，有法律依法律，没法律依习惯，没习惯依法理，可见对于法理的重视。从罗马法来讲也是这样。我们出版的《法学汇纂》这几本书都出来了，这些学者的解释都是法律。我看从罗马法、德国、台湾（地区）到日本，著名的法学家、著名的著作、著名的学说都可以作为立法发展，包括王泽鉴教授作为大法官作出司法解释，作出学理解释。这一点我们做得还不够，原因不仅在于我们的法理解释、立法解释还比较少，更在于我们连立法报告都没有。前半个月我在北大光华管理学院讲EMBA课程。我讲了公司法的修改过程，一位台湾的学生之后就问我，能不能就关于大陆现在公司法立法过程的情况推荐一本书？有没有立法报告书？有没有立法的条文解释？我说真惭愧，没有。我们立法出来的时候，只有学者出书解释一下，没有立法的条文的解释，立法报告书都没有，何来立法解释、立法诠释、立法注释啊？所以，我们大陆的学者还要努力推进立法的完善、立法解释的完善、学理解释的完善。

第二个很重要的方法，就是面向审判的实践，对判例进行研究。王泽鉴教授的书里很多都是判例。我想这至少说明一个问题：判例不仅在英美法系国家很重要，在大陆法系国家也同样很重要。我听说德国法里判例也很多，侵权法里不知有多少个判例。前两年纪念《法国民法典》200周年，来了一位非常著名的法国民法学家。有人问他《法国民法典》有什么变化。他说《法国民法典》没有什么变化，那是一个历史的产物，因为我们要有历史的完整性和历史的价值，所有补充的东西200年来都是通过单行法、立法解释和判例完成的。我想台湾也是这样。判例是最活跃的，判例是最结合实际的，判例是最活生生的，判例是社会发展最新的东西。如果我们不去研究这些东西，就等于脱离社会、脱离实际、脱离最新的发展。我想王泽鉴教授给我们提供了很好的榜样，让我们很好地注意判例。

王泽鉴教授讲的第三个方法，就是比较的方法。王泽鉴教授用了相当多的时间来讲比较。总的来看，我们可以看看所学的台湾的书籍，从史尚宽到王泽鉴教授，都是一个比较法。就拿刚才王泽鉴教授的讲话来看，德国情况很熟悉，日本情况很熟悉，法国情况很熟悉，英美情况也很熟悉，大陆情况也知道，连大陆学者的书怎么样也知道。恐怕从德国、日本可以看出，这是他们的民法学者的一贯的很重要的一个学术修养或方法，他们有一个更宽广的角度、更大的世界的眼光。甚至很有意思的是，台湾的审判实践甚至在没有法律的时候，还可以参照国际各国通行的做法判决，这样判决的本身就是运用了比较法的方法。台湾没有的，可以适用别的国家或地区的法律。我想有了这样一个方法，我们就可以更好地从比较的角度，从更高的视野选择哪一个制度更优秀，才有资格和权利说哪个好、哪个坏；哪个对、哪个不对。

第四，对我启示最大的是王泽鉴教授所讲的从抽象到具体。王泽鉴教授的不当得利研究是一个典型的类型化研究，从很抽象的一个不当得利最后类型化成这么多种活生生的不当得利、活生生的审判实践中的不当得利、活生生的和我们的生活联系在一起的不当得利。这种类型化的方法，正像王泽鉴教授刚才说的，是把民法从抽象到具体。不要把民法条文当做抽象的东西，而有时候我们的教材更多的是使用抽象的概念，如何把抽象的东西变成具体的，变成非常的具体，变成类型化的具体，变成多样多彩的具体，这是方法中的艺术。

最后，王泽鉴教授还给我们提出了一个方法，那就是从具体到抽象。刚才王泽鉴教授也讲了，可以分析一个判例有哪些新的东西，有哪些可以提升为学理，提升为一个规则，我们不要太轻视实践。确实，中国大陆现在的判例当然还有很多缺陷，但是也有一些判例有所创新，而这种创新也正反映了我们的实践。而能够将这么一些判例提升为某些理论，也是一种创新。在王泽鉴教授的著作里，他将每一个判例上升为一条规则，这对我们有很大的启发。能够从每一个具体的案例里面抽象出一种学理，学理多了就变成学说了，采用这种说，那种说，学说多了就成学派了。这对我们很有启发。我们既需要更多的学理，也需要更多的学说，更要发展不同的学派。我想这是标志一个国家法律也好，其他也好，成功的主要标志。法学作为一种学问，作为一种学术，统计它的发展，绝不是以统计数字里面召开过多少次的科研会，召开过多少次的国际研讨会，请了国际上哪些人来参加，在报纸上发表多少文章，在杂志上发表多少文章，出了多少书作为标准；一个国家法学繁荣的最后标准在于它有多少学理出现，有多少学说出现，能不能有百花齐放的学派出现。可惜我们统计数字太多，而学理、学说、学派不多。希望我们能够出现更多的大师级的人物，我们这些人是构不成了。王泽鉴教授确确实实是大师。我希望中国政法大学、中国的民法界乃至中国的法律学界用新的方法论创造出更新的成果。

米健（主持人）：

谢谢江老师！我还在回味和抽象的过程之中。江老师对王老师报告的主要思想进行了非常准确地概括。在这之前王老师提到，现在学习西方法律，不只是学习它既有的东西，还要学习它的方法和路径。王泽鉴老师所期待的是从整个台湾民法的发展和德国民法在台湾的继受过程中学到一些方法。江老师阐述整个五个方面，应该是基本上概括了王泽鉴老师报告所讲的内容。最后江老师非常精彩地提出了法学繁荣的标志到底是什么。江老师的概括很经典、很精辟、非常好，他说标志不在于统计数字的大小，不在于开了多少次会，不在于出了多少本书。事实上，我们现在法学界有一种倾向，就是拼命地统计。统计完就上报，上报完就表扬，这样就有些实效，发点钱，有些提升。但是，江老师认为法学繁荣的最重要的标志是有更多的学理、学说和学派。中国法学缺少的是学术的氛围和环境，是一批具有扎实法学方法论功底和丰厚学术积累的能够构成独具特色的学说、学理、学派的群体。江老师的概括给我们提供了方向。让我们对王老师、江老师的点评再次表示感谢！大家进行一些交流，进入提问阶段。

问：各位老师好，我有个问题想向王教授请教。台湾学者提出，台湾民法的发展经过了三个发展阶段：第一个阶段属于知其然的阶段，第二个阶段是知其所以然的阶段，第三个阶段是本土化阶段。我想请教，您认为台湾地区的民法现在处于哪个阶段，然后根据您对大陆民法的了解，您认为中国大陆的民法现在处于哪个发展阶段。谢谢王教授。

王泽鉴（讲演人）：

首先要感谢王家福老师，我知道中国民法是通过阅读王家福老师跟日本人合著的书，他跟日本的几位学者合著了《中国民法》。有机会来研究后更是从他受益良多。江老师有几个贡献，第一个贡献就是把罗民法引进大陆地区，我想这个是将永垂不朽的奠定中国法学基础的一个工作。我也知道大陆同学最近在翻译 Zimmerman 的一本书，这个书广被引用。最近还有一本书写得很好，英国学者 Peter Stein 写的罗马法的书，罗马法的理性在放射着光芒。经过江老师对我报告的分析，我想我对我自已更为了解了，非常感谢他。

刚才这位同学提到民法在台湾和大陆的发展问题。我想就台湾民法的发展首先说一下。德国法的变迁，它的判例和学说，就是一个方法论的变迁，你去读现在德国民法的判决，它和以前的风格、题材、内容和论证都不一样。这显示德国从 19 世纪开始，从概念法学到 19 世纪 20 世纪的自由法学派，到 1914 年以后的利益法学派，和后来的价值法学派，每一阶段的判决就显示了法学的方法。讲到台湾的发展，在某种程度上我们要看台湾的判决，要确定了解判决的风格、内容、题材。上次跟米院长提到，虽然翻译了很多好的著作，但是要使这些著作发挥功能就要翻译判例，比如专门出一本侵权行为法的案例。现在中国大陆在制定侵权行为法和人格权法，德国是由没有人格权法发展到有人格权法，德国的宪法第一条规定人的自由尊严等，但它并没有明确规定人格权，如果能够把这个写进一部小书，而且能够把德国民法的发展印出来，对立法的工作一定会有很大的帮助。台湾的法律发展，你去读它的每一个阶段的判决，一般可以看出每个阶段都反映了法律的自我反省、法律的功能、法律跟法官的关系以及立法司法的重新的定位，这些一直都在变迁中。至于中国大陆的法律，我发现一个问题真是值得研究，但很少有人说。最高人民法院对一些问题经常作出一些解释意见，比如说一个意见是关于精神损害赔偿的，被侵权人死亡的时候，他的家属能不能请求损害赔偿等。我几乎很少看到有人以这样一个解释意见作为研究的对象，比如说这个解释意见到底是属于法律意见还是法律漏洞的补充，这个解释的构成意见和理由，然后再给它诠释意见，应该也可以扩大解释等。这样的话，这个解释意见本身就能够成为法律原则。我早期的时候读到大陆的法律书都是在谈调整对象，讲得很多，这个很重要，但是也应当分析最高人民法院的具体意见并给它定位。

问：很高兴见到王泽鉴教授，王老师当过大法官，所以可以从更高的角度来看法律。我们海峡两岸现在民法发展很明确，就是走德国的道路。不过王老师刚才也强调了，我们要注意比较法的平衡。我跟一些台湾的老师和律师也交谈过，他们觉得去德国留学的学者回来后很易提拔，英美法的就不行，大陆也是这个情况。刚才王教授说了德国民法的这种特性能够增进社会秩序和文明，我想提一个相对尖锐的问题，与德国民法相对应的是英美法，不能说英美法的社会秩序就差于德国，二战是由两个制定民法典的国家即德国与日本发动，而由英美等国家最后取胜。王教授能不能解释一下，到底英美法和德国民法哪一个优越？谢谢！

王泽鉴（讲演人）：

德国法的特色在于它的概念体系等，被很多国家接受也是基于这个理由。日本接受德国法之后不采用英美法，并不是基于它的品质，当然英美法的品质也没有问题，而日本为什么采用德国法，完全是法典技术的原因，因为德国法的概念体系比较完整，可能不是内容优劣的问题，而是科学性的方面，这是第一点。第二点，我想德国法特色是开放的，虽然那么严谨，但你可以引进许多英美的制度进来，只要法条制定的比较好，比如产品责任法等。这是一个 form 与 substance 的关系，德国法的逻辑和概念体系与形成和接纳美国的制度是不冲突的。台湾法学研究也面临很大的危机：第一，近年念德文的很少。许多新进来的人说为什么要每周 12 小时念德文，于是制度改了，念德文变成选修课，实际上学德文的就越来越少了。我觉得这个对台湾法律发展有影响；第二，大陆几乎是最好的学生留在学校教书，而台湾面临很重大的问题，台大最好的学生都去当法官和律师，没有留下来教书，台湾留在大学教书的人并不是第一流，这种问题再过几年会产生很大的问题。所以我觉得我看到大陆法学这么昌盛，这么多人来听讲座觉得非常感动，台湾做个讲座有 30 个人来听就不错了，有时还从办公室拉人来应付，这是大陆法学兴旺的象征。英美法确实很重要，台大行政法的课，有留德的、留美的，我负责系务时都把这些给分开，让同学们都能去听，去学习不同的教学的方法、研究的方法、思考的方法。我觉得一个好的法律人最好能够兼具二者。另外对本国法的问题一定要深入了解，这样才能讨论本国法的功能和价值；第三，台湾民法是德国法，而特别法慢慢被英美法渗透，这会造成许多问题产生。每个老师在教特别法的时候，都应该先教几年民法，使民法的基本理论体系内容能够在特别法中发挥，特别法中许多思想也能够在民法中回归。而教民法的也应该懂一门特别法。刚才你提到世界大战跟德国民法有关，让我想到一个故事，有人说现在社会的灾难都跟埃及艳后的鼻子有关，说如果她的鼻子没有那么长，就不会那么有诱惑性，或许后来的世界都会被改写。谢谢！

米健（主持人）：

由于时间关系，天下没有不散的宴席，我们今天的活动到此结束。感谢王泽鉴教授带给我们的盛宴，也感谢王家福老师和江平老师精彩的点评。

朱虎/汪洋/徐同远　整理　龙卫球　校

法律行为与法律交易辨析

张俊浩　孙宪忠等

米健教授：

今天这个会是一个非常专业的会议。我们大家就一个已经提出来但没有展开、没有深入下去的问题做一下沟通。在座的都是在法律行为领域有一定研究基础的学者。对于今天的主题的研究，应该说除了最早的董安生教授以外，年轻人研究得比较多。我本人在这方面也做过一些研究，但仅仅是提出了问题，而且可以说找不到共同语言。今天也是我来发现和我有共同语言的同行的机会。从这个意义上说，对今天所有到会的学者、老师表示感谢。今天的会议日程：一是突出少壮派。因为这次会议召开的缘起是北大、清华一些年轻学者的动议。我们首先想听听在这方面比较有研究的年轻学者的意见。当然了，今天我们也要向孙宪忠教授讨教。二是安排非常简单，只有两个发言人，而评议人居多。今天会议的第一场由中国政法大学王卫国教授主持。

第一场

主持人：王卫国教授

今天会议的主题非常有意思。在我的记忆中，始作俑者应该是我们的米健教授。在中国首先提起法律交易和法律行为辨析这个事的，在我的印象中是米健教授。我曾经跟米健教授讨论过这个问题。如果仅仅是翻译术语的争议的话，用什么术语来表达德语上的这个词汇，我觉得意思不大。但现在看来问题不是这样。通过对这个问题的辨析，可以引发出对许多问题的深入思考。还有一个是从对于法律行为（或法律交易）这么一个问题理论的追根溯源、正本清源中引发出对很多问题的进一步思考。这个是非常有意义的。法律行为这个概念在中国也经历了一些变化，在民国时期叫“法律行为”，后来我们叫“民事法律行为”，《民法通则》又出现了“民事行为”的表述，这本身就有很多变化。在变化过程中，是不是丢掉了很多东西，是不是又注入了一些东西。今天我们所理解、所认识的在教科书中以及法律课堂上所讲解的法律行为与源头上的法律行为（或法律交易）有什么区别，这些问题都是很值得探讨的。今天我们请来了北京大学的薛军博士，他就“法律行为理论在欧洲私法史上的产生及术语表达问题”进行了一番研究，这也是我讲的追根溯源、正本清源的一项非常重要的工作。下面我们有请薛军博士来报告他的研究心得。

主讲人：薛军博士

感谢米健老师给我这次机会，我也是刚从国外学习回来不久。能够参加这样一个学术讨论，对我来说也是一个很大的挑战。我首先介绍一些我这篇文章的写作。首先请大家原谅，当时写作这篇文章的背景是我刚从国外回来，在深圳那个地方无法参考很多资料。近期我查了一下，在中国，法律行为这个问题已经有了一些比较好的论述，特别是我注意到文章中有些观点，在孙宪忠老师那篇文章中已经提到了。比如法律行为理论产生的精神背景，以及它跟德国学术的一些关系。所以我觉得在以后的研究中对已有学术研究成果的参考也是要注意的一个问题。另外，我在写这篇文章的后期看到了米健老师的这篇文章，他这篇文章总体的观点或者说框架性的理论我是支持的。我跟他惟一不同的地方就在于术语表达的问题上。我出于一种比较实用的角度，认为为了保持大家已经形成的使用习惯，目前可能不宜把中国法上的法律行为改称法律交易。但是对其提出的区分法律行为与法律交易（在米健老师的语境下）的问题，我是完全赞同的。在我的文章中也论述了为什么在德国会有这种术语上的二元体系，而在法国以及早期受法国法影响的国家却没有采用这种划分。二元体系的表述相对来说更精确一些，以上是我写作论文背景的两个方面内容。

近期研究所关注的一个中心点，即一方面对民法上的基本概念做一个理论源流上的梳理；另一方面，我做一个批判性的反思，特别是中国的民法典编纂以后，我们能够在何种程度上超越（如果能够的话，最好）；如果不能够超越，我们借鉴国外一项制度，它的真正内涵是什么？我首先关注的就是法律行为理论，它究竟具有哪些理论内涵？今天这篇文章只是一篇初步的研究成果。文章中主要谈三个方面的问题。文章首先探讨的是，法律行为的技术概念在欧洲私法史上是怎么产生的，包括罗马法上法律行为的概况。罗马法上已经出现了很多作为法律行为具体制度的制度类型，比如契约、遗嘱、婚姻等。但在罗马法上没有出现一个作为一般范畴、作为一种立法术语的法律行为概念。我想强调的一点是，国内已有不少学者在研究法律行为理论，而且研究的成果相当好。但是需要注意一个问题，那就是在什么层次上来研究法律行为概念。如果想要对法律行为概念做准确的把握，应该在一般层面上讨论。它是一个统摄了契约、遗嘱、婚姻合意、很多单方行为等的一个一般性概念。研究法律行为，不能在法律行为的名义下来研究合同或者那些只能够被用来说明合同的那些理论。我们谈法律行为的伦理基础，可能要从法律行为的一般层面上来讨论，而不能从契约的层面上来讨论法律行为的伦理基础。两者是不同的。至于对其产生的具体过程的考察，法律行为概念分内在和外在两个方面。法律行为最初在德国法上与意思表示是同一个概念。为什么没有用意思表示，而是用法律行为概念？我从两方面做了分析：首先，从它的内涵来讲是一个意志因素，从中分析了欧洲私法史上自然法学影响下的意志论对法律行为产生所起到的促进性作用。最深层的根源来自于基督教背景。基督教认为人的自由意志是人主体性的体现。运用这样的框架，其认为整个法律效力的来源是人的意志外化的过程，这是非常重要的。我们现在在法律行为理论的解释上出现了一些困难，包括法律行为合法性的问题，事实上在西方理论上也是说不清楚的。这是因为，一方面其想在理论上抛弃其主观学说（即意志论的理论），走向所谓的客观主义。但是在框架上，法律行为还是借鉴了德国法律行为理论产生时期意志论的框架，所以这里面也有很多问题。这是第一个方面，即意志论在欧洲法学上的思潮应该说为法律行为的产生奠定了实质性的方面。而在形式性方面，主要是来自学术研究的路径依赖问题。其主要是来自欧洲法学对盖尤斯的批判。这是我做了文献考证之后得出的结论。盖尤斯的体系中是，人—物—诉讼（三分法）。诉讼在词形的表达上跟行为是一回事（actio）。所以他们通过对第三部分的扩张解释，发展出一个一般的行为范畴，然后通过对行为进行分类研究以后，产生了法律行为这样一个理论研究模式。因为法律行为在意志论下还被认为是一个含有意思表示的行为，所以在欧洲法律史上法律行为理论中，法律行为的概念与意思表示的概念是相同的。在这个过程中，可能有一些偶然的因素，比如德国共同法时期的一些法学家，为了表达出对行为的法律意义进行区分，做了一个二元化的区分，把那些一般意义上的具有法律效力的行为与那些产生行为人所意图的法律效果的行为区分开来。所以德国法在拉丁语的环境下采用了一个二元体系的说明模式。其中，对狭义的采用 negotium 来表示，而对于那些一般意义上的具有法律效力的行为，他们还用 actus 这个词。所以自此以后，德国法上的表述也更为精确起来了，即采用了一种二元化的体系。但是这种体系在欧洲大陆的其他国家并没有产生很大影响。比如说在法国法理论上，到现在为止没有一个德国法上的 Rechtsgeschäft 和 Rechtshandlung 这种划分，而只是对法律行为区分狭义和广义。意大利法早期受法国法影响也不进行表述上的区分，但是 20 世纪受到德国法的影响，开始采用二元的术语体系，德国法律行为学说渐趋成熟，开始产生国际影响。那些受德国法律行为学说影响比较全面的国家和地区，倾向于比较全面的借鉴德国法律行为的术语体系。比如巴西、中国大陆、中国台湾地区。但是有一个问题，中国（汉语）的表述中，没有一个词能够精确的表达拉丁语中 negotium 的精确含义，而一直含糊其辞。我查了一下台湾学者，特别是史尚宽先生的论著，他也试图进行区分，但也没找到一个很精确的术语来表述。他使用了一个不是很精炼的词，即“广义上的法律上之行为”，想对应于德语上的广义上的法律行为的概念（Rechtshandlung），然后用法律行为来指 Rechtsgeschäft。台湾的学者也注意到这样的区分，但是苦于汉语中“交易”一词内涵的特殊性（与固有的语言习惯存在冲突），所以没有采用字面意思对应的方式来借鉴德国术语的二元体系。我们现在在理论上讨论这个问题，需要做的是：第一，把二元划分清晰化；第二，选择一个合适的二元体系来表达这样一个来自德国法上的术语。我的建议是保留现在所讲的法律行为概念不变，其内涵也不变，就指德国法上的 Rechtsgeschäft；然后用一个广义上的法效行为来指称那些产生法律效果的一般意义上的行为。这是我当时写作这篇文章的一个基本的思路。这是一个比较技术化的问题，希望与大家讨论。

评论人（1）：张双根博士

我简单地说一点。第一，关于薛军博士谈到的历史的梳理部分，也就是说，法律行为在欧洲私法史上的发展过程，我想做一下引申。薛军博士提到两点：一是意志论，一是行为论。我觉得在我国对于法律行为本身效力的来源的研究，好像不是特别多。当然也有一些相关的论述。但是在我们国家，至少在立法上，法律行为的效力的来源到底在什么地方？这是令人头疼的问题。特别是在具体制度的设计方面，比如说《民法通则》的第 61 条、《合同法》的第 57、58 条，关于法律行为有瑕疵的法律效果上，怎么样来保护行为相对人的利益，涉及信赖利益的损害赔偿，《合同法》、《民法通则》都没有规定。怎么样来解决，我想都可以归到法律行为的效力怎么样来理解。是放在行为人的（意思）自由上来理解，还是换到另外一个方面，即社会对行为进行评价的问题。这是一个问题。

第二，薛军博士谈到意思表示和法律行为这两个概念之间的关系。就我所接触到的材料来看，确实是在萨维尼之前，意思表示和法律行为混淆不分。法律行为这个概念也是在近代法产生的，而罗马法上是没有的。罗马法上是不存在抽象的法律行为这个概念的，实际上意思表示也没有。萨维尼之后，论述法律行为是从法律关系的角度出发的。他认为法律行为和意思表示还是有所区分的，意思表示是法律行为的一个构成要素。两者在某些方面可以等同，但是还是有区分价值的。这也跟我刚才谈到的第一个问题，也就是法律行为的效力来源应归在哪儿的问题有关，是当事人真实的意思还是外部社会的期待？这也是一个相关的问题。

第三，涉及本次会议的主题，就是法律行为与法律交易的关系，跟米健老师的问题相关。也就是薛军博士文章的第二个问题，即中文术语怎样来表达的问题。薛军博士提到了一个概念，即法效行为。它所对应的是德国法上的 Rechtshandlung 的概念。这个概念是不是在我们国家没有一个很恰当的表达呢？这个我有保留意见。薛军博士也看到了，在史尚宽先生的著作里，对此用了一个“法律上之行为”，这个概念也可以表达。其他台湾的学者也有用这种表达的。要看概念本身所包含的内容有哪些。在德国法上还有一个概念，叫“juristische Handlung”。这个概念虽然在中文上接触不多，但在德国法上有。在两本中文著作里提到这个概念，一是史尚宽先生《民法总论》中的“法律上之行为”，实际上就是“juristische Handlung”；另外沈达明教授的《德意志法上的法律行为》一书中也提到这个概念。两个人的表达不同，所指的内容是不一样的。在德国法上，juristische Handliung 和 Rechtshandlung 实际上是同一个概念。我也找到了一些证据，比如 Creifelds 那个法律字典将两者等同。另外，von Tuhr 那本民法总论的书中，也将 juristische Handlung 和 Rechtshandiung 基本等同。这是他们使用概念的情况。那么他们使用概念的内涵怎么样来理解呢？也有不同的看法。有广义和狭义两种理解：广义上的 juristische Handlung 和 Rechtshandlung 所包含的范围极广，包括了所有在法律上能够产生一定效果的行为。包括适法行为和违法行为，甚至包括没有过错的但是有法律效果的行为。这个概念与史尚宽先生和沈达明教授所引进的概念基本等同。但是在德国法上，还有一个狭义的概念，就是把法律行为排除在外的那些有法律效果的行为。这种意义不能概括，只能采取分类的方法来理解：一类是准法律行为；一类是事实行为。薛军博士主要谈的是狭义上的意义。我觉得薛军博士的梳理是有意义的。但是有一个问题，就是不管怎么样来看待 Rechtshandlung，或者说是薛军博士所称的法效行为，它的意义也仅在于学理上，而在学理上就很难有抽象的意义。也就是说，他所提出的这个概念，所要解决的是这个概念所要包含的范围，这个范围在法律上怎么样进行规则，还必须就每一种行为（比如事实行为）进行其规则的构造。它不像法律行为的概念一样有自己的一般性规则。法效行为的表述是无法抽象出一般性规则的。薛军博士提出的对于 Rechtshandlung 做“法效行为”的解释，对于理论的启发意义可能只在于术语的使用问题上，具体的对于理论构建的意义不大，顶多只是在分类上有意义。这是我的一点看法。

评论人（2）：谢鸿飞博士

我从两个方面谈一下我的看法。

第一个是法律行为的缘起。我觉得薛军博士的文章考察的是法律行为的概念或者说是一种思想的历史，而不是一种社会史或者生活史。因为法律行为在各个社会都是存在的，因为每个社会都有交易。那么这种考察主要是一种法学思想的历史。根据我的研究，法律行为从思想史上诞生于中世纪。因为在中世纪完成了对法律行为理论的转变，就是刚才双根讲的法律行为的效力问题，中世纪时把它归于意志理论。意志理论在今天也是解决法律行为效力的一个主流理论。中世纪一个很大的贡献，就是认为婚姻也是一种法律行为，并且找到了相应的依据。我觉得从思想上来讲，最实质的变化是把人的自由意志和上帝联系在了一起，由此人的自由意志就具有了非常高的神圣性。当时中世纪的一些法学家对于亚里士多德理论的改造发展出了法律行为的几乎所有理论。但是我认为中世纪存在一个很大的问题，就是在法律行为中出现的经济上的不公正或者说不平等，这种行为是作为不道德的行为来处理的。一直到近代资本主义，这个问题才真正解决。到德国法学家的时候，法律行为整个抽象的理论就建立起来了。

第二个我想谈谈术语的问题。民法典像《越南民法典》一般是把法律行为翻译为legal action，这个词可能更倾向于将其理解成是法律交易。很多英译包括《德国民法典》的英译本将其译为juristic act或者是judicial act。看到米老师将其翻译成法律交易后，我也在思考法律行为这个词。因为其他法上也有行为，包括刑法上的行为、诉讼法上的行为、尤其是行政法上的行为，好像我们民法用了行为这个词，其他法上就不能用行为这个词，至少是不能用法律行为这个词。如果翻译为法律交易的话，就能够和其他词上的行为区别开来，这一点是非常有意义的。但是翻译成法律交易会存在一个比较大的问题，即有一些东西法律交易涵盖不了，比如单方法律行为以及无偿法律行为。交易按照通常的理解应该是有偿的。恰好我手里有一本《法律交易论》的文章，在这篇文章中，对Rechtsgeschäft有一个解释，它说Geschäft这个词来自于schaffen。schaffen在这里不是从arbeiten而是从produzieren这个角度讲的。法律行为是一种“Tätigkeit”，而不是“Handlung”。我理解，Geschäft是一种生产性的活动，是一种通过自由意志实施的具有法律意义的行为。它涵盖了民法上的三种关系：人和自我的关系、人和物的关系以及人和他人的关系。这就构成了萨维尼讲的一个综合性的体系。总结一下，法律行为是一个个人自我完善，以及个人和他人、其他的物的关系的一个综合性的概念。从这个意义上讲，法律行为完全是一个私法自治的方式。

评论人（3）：申卫星副教授

薛军博士这篇论文我在开会之前大概地看了一下，个人认为薛军博士做了一个非常有意义的贡献。对法律行为这个概念在理论上的产生进行一个学术梳理非常有必要。这个工作还有待于做得更细，比如德国哪些学者提出这个概念，他提出这个概念的背景是什么，基于什么而提出的，提出的当时的架构和现在的架构有什么不同。包括大家萨维尼所说的物权行为只是物权的合意，后来又有单方法律行为的引申。这些都是学术上进行整理的贡献。我的感觉是，学术发展一方面在于创造，另一方面在于整理。整理学术发展史对于正确认识一个制度具有非常重大的意义。

第二个涉及薛军博士提出的关于法律行为概念如何命名的问题。他主张将

Rechtshandlung用“法效行为”来指称，对于 Rechtsgeschäft 用法律行为来指称。我认为都是非常好的努力，但是可能还有更多的考虑可以选择。像史尚宽先生提到的，包括台湾的学者对 Rechtshandlung 用“法律上的行为”，我觉得也可以表明这个含义。实际上，这需要我们统一考虑作为能够引起民事法律关系变动的民事法律事实的构成，事件、行为和一定状态的持续引起民事法律关系的变动。这三个要素中，最主要的是行为。而在行为中有很多是可以区分的。现在《民法通则》所使用的概念在第 54 条里强调民事法律行为是合法的行为，这是对法律行为错误认识的根源。我记得在民法典草案里，孙（宪忠）老师也写文章评论，当时写民事法律行为时已经把合法性去掉了，但后来又加上了。如果把合法性去掉的话，我们可以把民事法律事实中的行为要素进行重新的考虑。一个考虑就是不再在法律行为中强调其合法性的要素，而将法律行为的本质回归到意思表示，尽管意思表示和法律行为之间并不是完全等值的。但是无法否认意思表示是法律行为一个最主要的内容。只不过涉及了其他要素，所以没有做一个等值的划分。这是一个把意思表示回归到法律行为的核心。再一个就是，如果我们指的法律行为是 Rechtsgeschäft 的话，其他学科是不能使用的。比如说在“行政法律行为”中，法理学也用“法律行为”。但法律行为是有法律意义的行为，是能够产生法律后果的行为。“行政法律行为”，比如罚款、没收，这样一些“法律行为”显然不具有 Geschäft 的含义。它不再是在 Rechtsgeschäft 的背景下讨论的概念。所以法律行为在其他学科上是“经济法律行为”、“行政法律行为”，甚至“刑事法律行为”。第三点就是在剔除民事法律行为的合法性要素之后，回归法律行为的本质，在这样的基础上，怎么看待《民法通则》中创造的“民事行为”？很多学者、专家都认为“民事行为”的概念是我们国家民事立法的一个创新，是一个独创。说是独创，确实是因为世界上没有其他国家使用；说创新，并没有任何意义。我认为将来可以把民事行为的概念提升，不再替换传统的法律行为，而是指具有法律意义、能够产生法律后果的行为。其下可以包括传统的法律行为（Rechtsgeschäft）、事实行为、准法律行为、侵权行为。但是对于侵权行为是不是事实行为是有争议的。总之，它是具有法律意义的、能够产生法律后果的行为的一个统领的概念。我们每个人的说话、走路、散步、打球、睡觉，都是行为，但不是所有的行为都会产生法律后果。如果我今天的发言攻击了某个人，就成了一个有法律意义的行为。在这个意义上来使用民事行为的概念，而不是混淆了传统民事法律行为的概念。所以，我个人觉得我们还有两个工作要做：一是如何整理法律行为理论提出的背景和当时提出的理论认识以及现在的发展；二是在现代的民法学下，如何来构建民事法律事实的构成，如何看待法律行为在整个民事法律事实中的具体位置。这恐怕是我们进一步要做的工作。这是我的两点评议。

评论人（4）：张俊浩教授

我事先拜读了薛博士的论文，感到他能够在我们今天的大背景之下，做这样一个纯粹理论层面上的民法基本制度、概念的研究，我是很钦佩的。我认为这篇文章写得大气，有助于培养我们大陆学界和立法者关于法律行为的理论自觉与确信，提升观察问题和处理问题的眼光。我们今天有阵容强大的学人，也是令人感动的。我现在发表两点意见：一是我对薛军博士这篇论文取得成就的评价；二是我认为这篇论文有待修改、改进、提升的地方。抛砖引玉，以引起大家的讨论。

首先，我认为薛军的论文在以下三个方面的成就是很大的。第一，它从理论上培养了法律行为的自觉和确信。把这个问题提得很高，我认为是高见卓识。第二，它围绕着我们中国大陆特有的一个汉语表述里面的一个小争论，贡献了自己的辨析意见。我认为其廓清了或者说是驱散了一些谜团。第三，它提出了伦理形而上学和法学形而上学，意志论和民法学上的行为一般论是法律行为理论的两大来源。这是个梳理，不能说是个创新，因为史料的使用很难说史料过去就没有。但是这种整理在法学上还是有贡献的。另外，这个论文有不少译文的资料，转引用的资料不多，这样就不会重复出现被引用人包括印刷上的错误。这一点也是不容易做到的。这一方面说明薛军博士是读书的，另一方面说明其治学是严谨的。另外也可以看出，这篇文章文字简洁、明快、流畅，文风平实。我们今天大陆的民法学界，文字过了关的不多，文风过了关的就更少了。薛军博士的这篇论文文字和文风都是很好的。以上是我对薛军博士这篇论文成功之处的一点见解。

其次，关于论文的有待改进之处谈两个方面：一是总体来说；二是就论文的两个部分分别做出解读。

第一个方面谈三点。第一点，总的来说，这篇论文一个值得改进的地方是多主题，它有两个主题。两个主题在交响乐里是应该的，两个主题要不断地斗争、不断地展开。但论文是不可以的，我建议把它分成两篇文章来写。第二点，这个文章没有结论部分。没有结论的主要原因就在于其有两个主题，结论没法写。这可能是一个客观的原因。第三点，我个人有个呼吁，不是对这篇论文而言，而是一个普遍现象，就是直接引用没有中译本的外文文献时，是不是应该把它翻译过来。这是我的建议。因为这样做，一方面可以照顾不懂外文的读者群，也表述作者做人的一种人格信念；另一方面也表现我们作为一个中国人学术上的自信。这是总的评价，下面对两个主题分别做出评价。

第二个方面谈两点。第一，关于法律行为理论在欧洲私法史上的产生。这一部分值得改进之处有两点。一是问题没有澄清。本文第一主题所涉及的基本问题是什么？我个人理解是法律行为在《学说汇纂》法学中作为基本逻辑的必要性问题，这个在作者论文的引言部分可以看得很清楚："在中国民法典的编纂中，对于在立法上沿用法律行为概念，到目前为止，几乎没有人提出异议，但是这并不表明目前的态度乃是基于理论和实践上的自觉与确信。只有对法律行为概念进行通透的研究与批判性的分析，才可以让我们获得一种理论上的确信，也才可以判断我们目前的选择是否恰当。"从这段话看得出来，作者是要建立一种理论和实践上的自觉与确信。这种确信说白了就是要破除法律行为并不必要这样一种观念。这一观念最核心的论据是，我个人认为，说破了天，你如果不能回答法国、英国、美国没有采纳法律行为制度不是也活得很好嘛！那么你的一切都是白搭。所以问题点在于，必须证明法律行为在民法学中作为基本逻辑概念的必要性。这种必要性我认为不是普遍的，不是在任何一个民法的理论体系当中，法律行为都是必要的。这显然不符合事实。它只是在特定的民法学的法律体系当中才是必要的。这个特定的民法学的法律体系就是《学说汇纂》体系。为什么在《学说汇纂》体系中是必要的？《学说汇纂》体系是一种什么样的体系？它的质的规定性如何？它的品质如何？它值得我们继受吗？它符合中国国情吗？这样一些问题如果得不到证明，如果不能进一步证明，法典化是在原生性的大国众民的国家民法重述的惟一方式，而这种重述必须借助于《学说汇纂》法学这个民法体系的应用；如果不能进一步证明法典化是继受型民法国家在民法重述上惟一可行的方式，我们采纳《学说汇纂》体系作为立法的背景知识的必要性就得不到证明。我认为问题的要害就在这里。多年以来不知是什么原因，都没有找到这个问题上来。大家可以看得很清楚，凡是反对法律行为概念的人不都是反对《学说汇纂》法学吗？不都是反对制定民法典吗？不都是反对在法学教育中搞体系化教学吗？这个问题不就看得很清楚了嘛！薛军博士的论文没有能够厘清这样一个基本问题之所在，而在这个问题没有得到证明前，就来为立法者建立理论确信，为他们建立有正确选择的眼光。找到他们没有这种确信和眼光的原因在于他们不了解欧洲私法史，我认为这样一个找法不太切题。也正是因为这样一个原因，使得这篇文章的高尚立意（使文章有助于立法者确信的建立，有助于其眼光的提升）我估计很难达成。这是我认为一个值得提出来的问题。另外一点要指出，薛军博士论文的第一主题，叙事的标准到底是法律行为理论在欧洲私法史上的产生还是法律行为概念在欧洲私法史上的产生？从标题上看似乎是前者。从正文上看似乎很少出现法律行为理论这样的表述，更多的都是法律行为的概念。那么这两个表述是一个问题还是两个问题呢？没有得到交代。我个人认为这个问题太大了。法律行为理论是什么呢？是法律行为的要件？效力原因是它的指导原则？是条件还是期限还是别的什么？作为一个理论到底是指什么？我们可以说，一点都没有涉及过。但是作为一个概念是能够说清楚的。理论与概念我初步判断不是同一个问题。既然不是同一个问题，就不可以出现标题上一个表述，正文上另一个表述。这样似乎有点随意地跳来跳去。不应当回避这两个问题的关联，就是说理论和概念有没有一个关联呢？这恐怕也是这篇论文得出更有价值的结论的一个前提性的条件。这是我说的第一个问题，也就是论文的基本问题。一个有待解决的重大的真实命题，这个问题没有澄清。第一部分的第二个评价是论据似乎无关。如果我们依照薛军博士这篇论文的正文的定位，也就是法律行为概念，也就是这个概念在欧洲私法史上的产生。那么，问题本应当归结为，在罗马法就已经趋于成熟的契约、遗嘱等概念，是如何上升到抽象的法律行为的概念的？这样一个认识上的飞跃为什么发生在18世纪的德国，为什么是德国民法学而不是其他国家的民法学？为什么是18世纪而不是更早或者更晚？德国民法学为什么能够比其他国家的民法学集聚实现这一飞跃的巨大能量？这样一个飞跃究竟是一个意外还是有很高的概率性？我觉得应当把论据用到这个问题上来，在已有的思想史的史料中发现它的蛛丝马迹，可惜我认为作者的三大论据：第一是从身份到契约的社会变迁；第二是道德形而上学与法学形而上学的所谓意志论；第三是法学上行为一般理论。这三项论据的第一、二两项似乎都与论证法律行为理论的飞跃无关。第一项从身份到契约的大变迁，将个人在私法上的价值提得这么高，在以前没有，是不是产生法律行为理论飞跃的一个前提呢？我个人认为契约概念的产生是一个前提，说到法律行为，这个已经不沾边了。这个只需要举一个具有内在关联的例子就可以说明。从身份到契约，英国也发生了，法国也发生了，美国也发生了，怎么没有法律行为出来？这一下子就会使我们非常难堪。而且中世纪是不是从身份到契约发育最先进的时期呢？如果中世纪没有发育到最先进的时期，那么为什么到了18世纪才有呢？这个内在的关联需要发现太多的史料进行整理。现在这样一般地放在一起处理似乎过于模式化了。第二项说意志论是法律行为一般的飞跃的法律思想史的重要资料。这个相关性也是值得怀疑的。它在说明契约、遗嘱等具体的概念的产生是有用的，但说明这个飞跃是无力的。总之，在对于第一主题的证明上，薛军博士的论文没有圆满地完成自己的任务，没有揭示法律行为作为基本逻辑概念的必要性的条件，也没有揭示德国民法学何以从契约、遗嘱到法律行为一般的飞跃。

第二，关于法律行为术语表达的评价。薛军博士提出了法律行为术语表达的一元化、二元化的问题。我不理解的是，从概念上看，法律行为是一个还是两个？如果是一个概念用两个术语表达，可能跟二元化有关。但如果概念不是一个，恐怕就很难说是二元化还是一元化。这个问题没有能够得到澄清。另外，我认为这两个词是德国特有的现象。法律行为概念是德国民法学的标志性概念。我在1991年就写进了《民法学原理》这个教科书，或者修改版中至少是修改进去了。法律行为这个概念构成了德国法学的骄傲。这个术语肯定是德国民族的术语，尽管其可能来源于对拉丁语或者相关语词的发掘、整理、选择，但是它最终固化在一个概念用一个物质外壳——一个术语来表示。这是德国民法学特有的，其他国家的民法学（除了包括中国在内的少数几个，包括前苏联有点名堂），日本做得不好。我认为除了德国以外中国做得最好。我再重复一下，除了少数国家的民法学接受了这个成果以外，欧洲的多数国家拒绝接受。法国人说我高卢人怎么会接受你的呢！我还要保护法语的纯洁性呢！在我看来，法典化立法是需要一个理论体系的。法国人没有做到这一点，拒绝往前走。所以，他们的史料是前法律行为的史料，不能够说明在后的问题。还有葡萄牙人1917年主导制定的《巴西民法典》也好，意大利的羞羞答答的转型也好，这个不是文化的核心选择，而是文化的边缘选择。它的论据的证明效力较低。所以我的理由是两点：一是到底有没有二元化的问题，这是首先应该澄清的。二是在史料的处理上我不太赞同用意大利文、葡萄牙文或者其他的文种来做这样一个问题。这是一个总的判断，这个判断的依据是什么呢？就是我们必须搞清楚，逻辑学范畴的概念与语言学范畴的语词（单词）的关系问题。概念是我们理性认识的一个成果。它必须有一个物质载体加以表述才能用于交流。所以任何概念都对应着一个语词。但是看到它们关联的同时，不能否认这是两个领域。概念属于理性认识产生的概念层面的体系；语词属于语言学。对于新抽象出来的概念，就有用新的语词作为其物质载体的需求。有需求就会有供应，这就要造词。据我看来，造词有两种方式：一是对既有的语词加以改造，重新复制，使它被改造成一个专业化的术语，而扬弃它既有的生活层面的义项。这种方式我称之为重新复制法或者重新复制的改造法。二是完全新造，包括音译方式来新造。在两种造词方式中，第二种不会有历史的包袱。第一种则会产生在学科内对这个术语的理解和学科外一般人通常理解的交叉的问题。但这个问题是各个学科都会存在的。你如果没有学过数学，来讲什么叫做无理数，是没办法讲清楚的。外行人望文生义，不足为评。因为他不会影响行内的人准确思考，坚持概念的逻辑同一性。但是我们应该看到这个问题是一个很可怕的现象，一定不能把两个问题混淆。所以对于任何专业术语都不可以离开它固定的学术复制而加以理解，一定要在学术的层面上思考，必须避免望文生义。我们现在研究法律行为，特别是物权行为时，有一个我非常不喜欢的德国民法学大师，就是Otto von Gierke这个人，他开了一个非常恶劣的先河，就是把一个与证据无关的东西混成为证据，就是买手套的例子，而且从中得出了一个非常武断的结论。叫做"法律强奸生活"，后来宪忠叫做"法律凌辱生活"。不管怎么说，法律行为理论、法律行为立法上的表述，统统是专业表述，是裁判用的。你把老百姓买手套拉进来干什么！老百姓买手套、买黄瓜的问题民法上根本不存在，连债权行为都不是，更不是物权行为。有的人就讲因质量问题发生纠纷怎么办？准用违约规则。买手套当然不是债，买矿泉水也不是债，因为没有信用。发生了纠纷，准用违约制度。这是很严肃的问题，就是说我们必须从概念上来把握，就要澄清在《学说汇纂》体系之下，作为法律要件当中一个重要的要件，法律行为的上位概念是什么？下位概念是什么？我们到底把它定义为交易还是行为？这是个逻辑学的问题，是个概念的问题，不是语词选择的问题。虽然薛军博士的论文就这个问题做了大量的梳理工作，但没有提这是一个概念方面的问题。我们需要这样的基本逻辑概念，这个概念在汉语里用什么概念来表达。前人解决了，解决得好，很准确，很传神。我从2005年秋天以来，一直在倡导一个观点，即被重述的民法规范本质上都是为了裁判。它面向的对象都是专业人士，根本没有买黄瓜、买手套的老太太。这个问题解决了，这些问题就都会解决了。我从去年以来连续在几次发言里，就只讲了一个问题，法律行为这个概念，看看各个国家的民法典，哪里有《民法通则》第54条的规定？没有。这是中国首创。连《苏俄民法典》都没有，这是地地道道的首创。但是这一条露出了狐狸的尾巴。像我们国家这些半生不熟的所谓民法专家去创，就像一个刚拿到驾照的人去玩特技一样。这是很不道德的。所以第一是概念问题，我们的前人在清末借鉴了日本人，把它译成法律行为，这没有错，应该不要再动它了。至于再要找一个什么适法的行为或者法律上的行为或者法效行为啊，这个事情非常麻烦。一个民事行为的划分，可能划成六层以上。这个话对不对，不知道。因为没有得到大家的批评和质疑。但是应该看到法律行为对应的反对概念是非法律行为才对。非法律行为和法律行为区别是什么呢？法律行为是自由行为，另一种行为可能是义务行为或者是必需要做的或者是不得不做的行为。这才是法律行为对应的另一面。根本问题是在概念上确定。这是一个基本逻辑概念，我再强调的是《学说汇纂》体系。英美普通法根本什么都不要，连约因都不要了，约因没有了，乃至说契约死亡了。契约能死亡吗？没有约因就死亡了？你们那个契约理论就是个约因理论？这个是很浅的一种看法。它没有基本的逻辑概念！发展就是硬道理嘛！什么是发展？谁的效果好谁就是发展？这个我总是不理解，这个能解决本体论问题吗？讲方法没问题，但是能解决本体的问题吗？

总而言之，我个人的看法是，从旧中国到今天，我们出了很多民法学者，特别是有德国留学背景的，也有不少人拿到了德国政府所承认的学位。史尚宽也好，王泽鉴也好，苏永钦也好，黄茂荣也好，等等，还有方方面面的，梅仲协也好，为什么在以前没有人发现这个问题（法律行为与法律交易）?! 我也咨询过，法律行为应该是所有的法学词典没有第二个歧义的，都是我们所说的法律行为，没有交易的含义，这个问题在德国应该是学法律的人尽皆知的术语，它有固定的含义，属于自由行为中的典范。这就是我们说的法律行为。

主持人：王卫国教授

下面请薛军博士回应。

主讲人：薛军博士（回应）

非常感谢张老师的评点。我这篇文章只是对法律行为进行研究的开端，不可能做一个全面的展开。事实上我是反对法律行为理论的。我认为在未来中国的民法典中，可能要放弃这样一个概念。我之所以研究它，因为如果你不把它的理论进行梳理，特别是它的理论起点，以后进行批评就不会有一个好的起点。另外关于意志论的问题，哪个社会都有法律行为，这是对的。中国古代社会就有了合同，但不能说中国古代社会就有了法律行为。我觉得还是要在一般意义上来理解它。作为一般范畴在现代社会已经失去了其说明价值。为什么强调意志论呢？因为只有在意志论的框架内才能够解释清楚法律行为是不是有合法性的问题以及法律行为的来源问题。但是欧洲的法律行为理论，所谓的从主观主义向客观主义发生的转变，试图从另外一个方面说明法律行为以后，它对法律行为就出现了一个断裂，因为从主观主义向客观主义发生的转变主要是在合同领域发生的，但是在遗嘱、婚姻合意领域还是没有发展。所以法律行为理论已经断裂了。下面我们还可以进一步讨论法律行为理论在当下的一个可适应性的问题。感谢大家！

主持人：王卫国教授

刚才这场讨论因张俊浩教授的发言而引上了一个高潮。从中反映出张俊浩教授治学严谨和学术批判尖锐性的态度。不过我认为有些问题还应当进一步的讨论，因为他刚刚又提出了一个没有列入今天主题的问题。就是从比较法的角度分析，通俗一点地说，就是英美人、法国人没有使用法律行为的概念，人家也活得很好。这个问题是一个很有必要需要回答的问题。希望大家下来也好好考虑考虑。感谢大家的发言！

第二场

主持人：柳经纬教授

今天第二场的报告人是孙宪忠教授，报告的题目是："法律行为制度构造与民法典的制定"。先请孙宪忠教授作报告。

主讲人：孙宪忠教授

法律行为理论的缘起及发展，尤其是在中国的本土化问题，即进入中国的法律语言环境以后，跟中国自己的制度怎么协调的问题，是值得长期探讨的问题。我首先想谈三个非常密切相关的问题。

一是对法律行为的道德价值或者说伦理价值的探讨。也就是要探讨支持法律行为制度进入民法，尤其是在民法中作为一个核心性的制度，伦理价值何在？法律评价中最基本的评价就是这样一个伦理性评价或争议性评价。

二是法律行为制度对民法的具体制度和外在制度的影响。卡尔·拉伦茨说过，法律的体系实际上都是两个体系，一个是内在体系，也就是精神或者说思想的体系。任何一个制度的演变，都是法律思想演变的结果；另一个则是外在体系，也就是技术规则的体系，指的是法律规则或法律制度彼此的同和异。由于它们的同，可能相同的规则构成了一个体系；由于它们的异，使得某一特定法律规则能够和其他的法律规则区别开。具体来说，就是技术层次的求同和求异共同构成的法律体系。法律行为制度在建设过程中，对民法各种不同权利的变动和各种权利体系的设计都发挥了很大的作用。法律行为制度的最大特点是，它体现了法律的伦理层次的思想价值和技术层次的制度价值或者说是外在制度价值的结合。从这点上来讲，其他的法律制度远远达不到这一点。这是我多年来的想法。其他的制度可能默默地或者间接地表现出来比较强化一个制度的价值。但是在法律行为制度的问题上，最强烈地体现意思自治是在18世纪开始的人文主义革命、工业革命，导致意思自治理论的复兴。而意思自治强调在自由主义的哲学社会大背景下人的意思自治的构造，而且把它构造成一个民法的核心问题，然后在这个原则下产生了新的民法体系。实际上18世纪之后，法律整体上发生了很大的本质转变，不仅仅是民法，宪法甚至整个社会人文的法律都发生了本质的变化。法律行为在其中发挥了核心作用，法律行为理论或制度构造就是从这时产生的。这是欧洲史或者说是法律比较、法学史要探讨的问题。

三是这个制度怎么进入中国？在中国语言环境下或者说在中国的法律、政治背景情况下，怎样发挥它的作用？这是我们现在特别需要研究的问题。我们对法律行为理论的引进，有历史上不同的过程。中国人自己的法律背景已经不存在了。虽然我们有五千年的悠久历史，但从法律的概念知识系统来讲，我们自己民族的法律文化的背景，很遗憾地说，已经不存在了。虽然现在有些人讲社会主义中国的国情啊，特别是最近物权法老强调这个权利是中国国情，那个权利是中国国情，其实这些权利没有一个是中国国情，都是从国外引进的理论和知识的变异。有些人讲正宗的或者不正宗的，反正都是从国外引进的，不是从德国、法国、日本引进的，就是从苏联引进的，中国没有。法律行为这个理论也是从多个不同渠道引进的，构成了现在理解上的困难。不过正统的观念对法律行为制度有取有舍，这是一个很大的问题。所以，现在我们在理解法律行为理论的时候，有民事行为、民事法律行为、法律行为还有这样那样不同的说法。实际上在这些问题的基础上，还有对传统的或者是对德国本身法律行为制度的引进，它的概念的翻译和准确界定今天有些已经谈到，比如说为什么要使用法律行为这个词，是不是能用法律交易来替代它。讨论是有意义的，但最关键的问题还是要清理一下它本身的思路，从意思自治到具体的制度建设，把伦理性的东西转化为具体的制度。然后考虑在中国语言环境、现实的法律基础的情况下，怎样来建立一个符合国情的、符合人权基本精神的、符合以人为本、以民权为本的和谐制度建设的制度。法律行为制度的产生关键是要讨论这样一些问题。刚才有些老师提到罗马法和古代法中间有没有法律行为，可以说是没有的。那时的人们主要强调自己的诺言，强调信守自己诺言的精神。那么诺言为什么要遵守呢？实际上并不是从意思自治或者意思表示这个角度来考虑的。它主要是讲诺言是对神的一种契约、对神意的遵守。后来发展到是对一种公共权力的维护，把自己的内心的承诺跟大家的公共利益在集团主义的立法基础上结合起来。后来到了 Gustav Huber

的时候就提出了自由行为的问题，这个时候已经到了人文主义革命最后的时期。他强调，正如有基本的名言这样说，如果以自己的法律行为来设定一个权利的话，法律行为必须是自由的。只有自由的行为才能产生法律上的后果，才能得到法律的承认。一提到自由大家就很清楚地看到，自由不是对我们民法上的人而言的，而是对公共权力而言的。这就要求当政的人、皇帝、君主那些人要给我们民法权利上的空间。自由不是民法上的原则而是宪法上的原则，民法上我们讲自愿。自由是民事权利对公共权力争夺的空间。后来 Rechtsgeschäft 这个词，是从 actus 得来的，是指人能够发生法律效果的行为，是能够得到法律承认的法律效果的行为。法律行为概念从一开始就是从实现自由、实现意思自治这个角度产生的。从这个角度来看，法律行为合法性的问题在德国是怎样看的呢？为什么法律行为是合法的？这个问题我也考虑了很久。法律行为是一个追求自由的结果，是在理性主义或者说是在理性法的情况下，人的理性能够自然地使自己的行为和他人的行为协调，经过认真的思考来创立行为。理性法上的行为是指基于一个平等的人、自由的人、理智的人出于正义的观念，来给别人建立一个法律上的行为。这样的行为实现了法律上的自由。从这个过程来看，法律行为的含义本身就是合法的。如果它是不理智、不平等的或者以侵害他人利益为目的的，它本身已经构成了一种侵权行为。最后，自己的理智是不是达到了客观的认可，这是客观法律的评价。所以从理性法学和自由主义的概念来看，法律行为是一个合法的缘由。法律行为产生的一个最重要的原因是为了体现民法上的自由。把民法的主体上的资格和充分的权利交给社会上的个人。这就是意思自治的价值。这是法律行为逻辑上的基础，说到底就是权利、义务、责任法律链条的确定，它的道德上的基础在哪里？就是我自己愿意。我愿意承受它，它在伦理上是正当的。我的权利、尤其是义务的承担不是因为神要求我这样做，或是君主要我这样做，而是我自己愿意，这种伦理是民法的基础。而民法上的所有的权利包括物权的取得、债权的设定和婚姻的缔结都应该是意思自治的结果。只有在这种情况下才是正当的，法律应该承认它，实际上就是要求公共权力的系统把意思自治的空间给民法。这样就恢复到古罗马时代公权和私权的划分，公法和私法的划分，公共社会和民法社会（民间社会，后来又有人叫市民社会）的划分。后来强调市民社会是一个别扭的翻译，实际上也就是民法社会或者说民间社会，不一定要和市民社会相联系起来。这个翻译是有缺陷的，后来这个翻译又加入了后期的人文主义的一些思考。在这样一种情况下，在强调意思自治的基础上产生了意思的确认和扩大，在意思的确认和扩大的基础上产生了表达主义和意思主义两种不同的看法。后来根据当事人的意思，根据交易的信赖和公正，又产生了缔约过错，在缔约过错还不能解决的情况下才产生了事实法律行为的概念。事实法律行为在社会生活中充分地得到应用，不过一个基本的想法是，这是基于当事人的意思自治产生的一种客观的信赖，在这种信赖的情况下充分地保护整个交易的基础。不过它的最基本的想法是，当事人民法上的自由不受强制的意思。关于这个发展过程我有一个翻译，是关于法律行为概念的产生和发展，发表在杨立新教授编的《民商法前沿》上。从法律行为来讲，这篇稿子还是挺重要的。尤其是法律关系的产生、法律关系理论的产生以及物权行为理论和债权的区分，都是意思自治的结果。由于权利本身的性质不同，当事人根据自己的意思自治取得不同权利，就会导致法律行为上的不同，这是非常符合逻辑的结果。

如果一个法律行为要得到法律上的承认，我看恐怕首先就是公权社会要对民法社会有一个充分的承认才行。不能总是认为民权社会是公权社会的一部分或者说是“所有的私权都是公权的体现”。还有一个问题就是应该对市场经济的发展有充分的期待。现在在我国，市场经济已经发展到一定程度。还有就是在我们中国的语言环境下，我们这些法学家要不要自己遵守自己的工作语言和科学考虑的问题。这么讲大家都说有道理，讲得通。但是每到关键的时候就常常出现很多折衷的语言。为什么提到这一点呢，具体到今天所谈的法律行为的问题，应当培养一种历史的责任感，这是一个很沉重的话题。要强调一种责任感，要想着怎么把我们社会向前推进一下。我的发言到此，谢谢！

评论人（1）：董安生教授

我说一下对孙宪忠教授发言的一些想法。

首先是法律行为制度的作用。目前在我们民法中确实有一种说法，就是说，意思自治是民法的基础，甚至说是与生俱有的一个基本属性，私法中都应该有这样的东西。我有不同的认识。我的想法是，法律行为制度本身是一个技术性手段。它首先是为了解决权利义务具体化的制度。也就是说，在整个民法中，权利可以分成两种，这是《学说汇纂》法学的一个精髓。换句话说，法典主义法学就希望权利义务处于事先公示和明确的状态，这是法律的一个要点。在权利义务中，实际上分成两类：一类叫做法定主义调整体系，它希望通过法典法把各种各样的权利义务明确规定下来；另一类是我们说的法律行为体系。第一类在德国法上是非常典型的。比如在物权法中强调物权法定，在人身权法中也强调权利义务法定，这是很基本的，是不用做很多证明就可以理解的。但是有一些权利比如说合同权利，法律是没有办法规定的。在这个基础上才产生了确定法律行为有效成立的规则。然后由当事人通过意思自治去解决权利义务的具体化问题，并在法律上认定符合条件的法律行为的效力。因此实际上意思自治是法律行为制度的基础，这是肯定的。当然，考虑到民法的特征，很多人后来把它说成是整个民法的基础。我觉得这是一个非常值得研究的问题。也就是说，在很多领域中是不需要意思自治的，甚至法律是限制意思自治的。比如说在旧的德国法的情况下，如果当事人创设合同，创设特定类型的物权，或者约定一个和法律规定不同的物权。那么，法律究竟是支持呢还是限制呢？一定会有这样的问题，所以我想说这是一个非常值得研究的问题。

第二个问题是法律行为制度的基本制度和规则。在座的很多年轻学者都提出了对法律行为问题的思考。这确实很重要。我认为，法律行为制度的本质恰恰在于法律行为成立和法律行为有效的基本规则。而对于这样一些规则，中国法在法律争执上是非常不清楚的。事实上在立法中，很多人认为法律行为有效成立的条件是一个限制性规则。如果不符合这些规则，法律应该给予制裁。比如说无行为能力人从事的法律行为无效，这是很自然的一个结果。其实在多数国家中法律宗旨不是这样。多数国家法律中说，无行为能力人诈称自己为有行为能力人，从事的法律行为应该属于所谓强制有效。这和我们的思维是不一样的，实际上这不是一个观念问题，而是一个法律宗旨问题，这是非常重要的。也就是说，法律行为制度在设立这些有效规则时，采取的是一个非常特定的宗旨，包括真意保留行为。而这些在我们目前的法律中，基本都没有体现。我们学者的研究总是局限于法律行为的抽象的、一般的东西。而没有对具体规则提出很好的建议。目前法律行为制度还在发展，发展得非常快。比如说，商法中非常典型的关联交易行为，是不是属于无效的法律行为？能不能撤销它？最高人民法院有过司法解释说不可以撤销，但它是按照这样的一些原则——无行为能力人的行为基本无效的原则。我们有很多很多规则——受欺诈的行为无效、受干涉的行为无效、受强制的行为无效、重大误解的行为可以被撤销。这些规则在司法实践中是非常受重视的。但它们能不能完整地反映意思表示自愿真实原则呢？也就是法院不可能说意思表示不自愿、不真实就可以被撤销，或者说是无效，这是不可以的。它实际上是按照具体的规则运作的。像这样的一些问题，在英美法中都有非常多非常细的规则去解决它。我们关于法律行为有效成立的基本规则还有待于发展，不可以止步。如果我们想解决中国民商法实践中具体问题的话，必须解决这些问题。比如，显失公平的合同可以被撤销，现在民法和商法在《合同法》中合一了。商事合同中肯定要区别什么是公平的，什么是不公平的。这个在大陆法中是有先例的。比如，在法国法中规定在商事交易中，如果有一个交易偏离了正常市场交易价的48%，可以认定为显失公平的合同。我们中国法中没有这样的规定。法国这个规则不一定是合理的，但一定要有一个限度。我们现在所说的显失公平的合同可以被撤销，其实基本上等于什么都没有说。什么是显失公平呢？没有办法确定。其实就是按照《法国商法典》的规则也不能解决我们社会中的问题。中国目前的企业在交易中实际上是非常沉重的。如果允许一个关联交易偏离了市场交易价格的48%，那就意味着这个企业的全部利润全被吃光。因为我们的营业利润率非常低，一般的企业是10%左右，高科技企业、服务性企业在20%～30%。如果允许这么高比例的法律规则的话，是非常成问题的。证监会经常要求律师说交易是公平的，但法律上没有一个标准。是否符合公平原则，是法律上没有办法证明的，因为法律给的条件是非常差的。总之，基本规则制度确实是要下大力气研究。

再一个，关于物权行为理论，我的基本观点是，物权行为是一个事实行为。德国法愿意从逻辑上把它归纳为法律行为，这是无可厚非的。但是法律行为的本质是创设权利义务，而物权行为恰恰不创设权利义务，这是很关键的。也就是说，物权变动的规则，各国法都是通过强行法规定好的。实际上有了债权行为，有了负担行为之后，物权行为仅仅是履行债权行为，是个义务性的。这是我的基本观点。

还有就是事实行为规则。基本上说，事实行为规则是法定主义调整体系中的重要环节，法律规定权利义务是第一步，第二步要解决具体化问题的时候，必须规定一些事件和行为。事实行为一定是类型化的，一定要强调构成要件，一定要强调定义。也就是说，只要一个事实符合事实行为的构成要件，法律规定的权利义务就会产生。因此事实行为不仅仅要解决是否构成的问题，一定还要解决何时构成的问题。

还有一个是人身权关系行为。比如说结婚行为，婚约行为是不可撤销的，我认为这个有些问题。基本上应该承认人身权利比如说结婚行为是可以强制执行的，换句话说，它是一种权利和义务。这里面涉及权利处分的问题。有人说有了权利以后可以处分。从意思自治的角度可以得出这个结论，但是结婚之后如果再从事这样的行为就是犯罪了。这是一个法院检验的标准，换句话说，一个婚姻行为实际上要经过法院确认。法律行为中不仅仅是意思表示，它还包括有表示行为的形式。其实表示行为的形式也很重要。在身份权行为中，如果是关系比较重大的话，各国法都保留了形式要求，比如说登记，比如说教会婚。它实际上的意思是说要做这个法律行为必须要有很复杂的形式，以便使你更加慎重地考虑你的行为。因此结婚行为是可以通过强制执行实现的。至于制定婚约，因为缺少形式要件，法律上也不承认它。身份行为确实有这样的特点，类似于发誓，你要结婚的话要做一个发誓。许多国家的婚姻法是这样规定的。当然了，也有教会婚，其实教会婚本意也是要在神面前起誓，这个形式我觉得还是比较重要的。我就讲到这里，谢谢大家！

评论人（2）：朱岩博士

我结合上面几位老师的阐述谈一下我的感受。

首先关于法律行为。还是张俊浩老师提出来的，反法律行为的理由，就是为什么法律行为在英美法中没有，在大陆法系除德国法以外，在法国法也没有。实际上孙老师也给出答案了。他提出法律行为有两个根本价值：一个是技术价值，一个是伦理价值。这两点我想是不是可以尝试回答张老师提出来的所谓技术价值。技术价值也是董老师一直提倡的，也就是意定主义的调整方式下的设权行为。这是他的博士论文中最重要的一点。意定主义的设权行为用法律行为来调整，这就满足了民法典作为一种权利本位的法典的基本价值。这个回答在英美法没有必要，因为它不是一种法典化的文化，这是从技术价值层面来说的，它没有必要使用法律行为。那么回到大陆法系，大陆法系其他国家采法典化，为什么没有法律行为？我觉得最根本的还是法典化的技术没有臻于完善。以法国法为特点，它没有进一步往前。现在《德国民法典》立法理由书里也说到，在民法典里，意思表示与法律行为是等同的。但是从萨维尼开始，他在意思表示之上又设定了法律行为这一更高的抽象的概念。从这个意义上来说，德国民法在法典化上、在技术价值上做得更彻底。内在价值就是伦理性，就是弗卢梅在他的名著《法律行为》里说的私人自治。私人自治、权利本位在英美法是通过公法、宪法来实现的，而在大陆法系是用民法来承担这个功能的。所以它在法律部门划分上，在实现功能上出现了一个不完全吻合的路径。英美法没有，是因为它用宪法完成了很多权利本位的东西。在大陆法系，传统上还是用民法来完成的，这在法国法也很典型。这也是法律行为的效力问题，其本身还在于它的伦理价值，也就是私人自治。这是我对法律行为最根本的认识。

另外就是谈到董老师的观点，物权行为是事实行为，是一个技术性行为。包括在附条件买卖当中，附的条件应当是债权行为，不能对处分行为发生附条件。这个问题我思考了很长时间，到底是不是处分行为，实质上有多大意义。后来我查阅了德国法的一些资料，看了一下关于萨维尼创造物权行为本身的意义。我们在讨论物权变动的时候，谈到了三个基本方式，即意思主义、登记要件主义（物权行为）和债权形式主义。在德国法和法国法里实质上都贯彻意思主义。但是法国人的意思主义完全限于债权行为，没有物权行为的概念。德国法是把意思主义又分成两部分：一部分放在债法里，一部分放在物权变动里。也就是在德国法里，意思控制的统治地位严格区分了不同领域，交付中体现出独立所有权变动的合意。在法国法中，意思理论表现在所有权变动合意理论，意志的统治地位而且还体现在原因里面，并且把原因扩张到交付。它实际上还是自然法运动当中的一种意志主义，两者基础一样，但在贯彻时出现了一点偏差。

另外是关于处分行为。处分行为实质上与它鼓励经营行为、确保交易安全有很大的密切联系。以前我们只是考虑德国法是一个完全抽象的法，是按照康德的法哲学、权利自由哲学来做，并没有考虑到交易问题，但误打误撞，正是因为它的那种抽象的概念没有详尽的一些规定，为交易提供了一些便利。德国法律史学者 Coing 认为，这种处分行为与经济方面鼓励经营行为、鼓励交易有密切联系。《德国民法典》通过后，1905 年另外一个德国学者 Sohm 发展了一个“标的”的概念，是民法上的一个基本概念。他说要把所有能够进行交易的东西提炼成一个概念，就叫“标的”。大家看《德国民法典》第 90 条中物的定义，它实际上是 Koerperlicher Gegenstand，即有体的标的。它做了一个更大的抽象，目的是想把所有独立于各种身份行为之外，能够进行独立交易的权利形态都作为处分行为的对象，来满足资本主义交易的需求，包括它的下位概念——物权行为。因为物权行为只是处分行为中的一个，债法中也有很多准物权行为或处分行为，比如说债权转让、债务承担，实质上也是一种处分行为。我们可能忽视了《德国民法典》上很多社会学或者说功能方面的内容。当然对于处分行为，德国人也看到许多不利的影响。耶林所说的主体第一位的要素慢慢可能退居第二，罗马法寻找一个主体是仅仅从技术利益的角度还有纯粹的结构原因，而我们今天自始应当宣告它是不必要的，因为处分行为慢慢地进入一个近似客观化的方向。我感觉这也是整个民法的发展方向。

作为一个小问题，就是张俊浩老师提出来的关于在引用外文的时候，是不是应当翻译成汉语。张老师是一个非常正直、负有社会责任感的学者，说话是很纯粹的学者的语言，是很难得的。我想，好像通行的惯例是引用原文不翻译成母语。美国法学者研究中国法他最多用汉语拼音，没有翻译成英语。德国有名的学者 Konrad Zweigert 和 Hein Koetz 写《比较法总论》，用到希腊语、法语都是用原文，包括《欧洲侵权法》用的都是原文。它的考虑是什么呢？第一，节约资源，翻译有没有意义。如果读者不懂这门外语，翻译出来也没有太大的意义。第二，便于资料收集。比如我懂这个，我可以马上找到。还有第三，怕以讹传讹。这是我的一点看法，谢谢大家。

评论人（3）：龙卫球教授

今天听孙宪忠教授的报告，是在一个意义的角度去谈为什么需要法律行为制度。在中国民法典中进行规定的话，他强调的是私法自治这样一个理由。刚才董安生教授也非常有意味地提出了另外一种理由，他认为法律行为这个制度的规定，可能更多地考虑它技术的理由。他还提到一般性的规则，应该是有效成立的规则。还有就是也强调了法律行为作为统一规则时的问题，就是它的复杂性和多样性，特别是以商业的交易行为为例，这些问题在民法典中怎么处理。这个报告和评论有很多很关键的地方。我想首先讨论一下这个题目。第一个问题就是范围。中国民法典是不是需要法律行为制度，它是指什么意思？并不是说需不需要具体的合同制度，而是需不需要法律行为的一般性规则？另外就是如果需要的话，应该放在民法典的什么位置上？这些规则应该是一个什么范围？哪些规则构成一般性规则？它和特殊规则的关系怎么去处理？比如说跟合同、遗嘱。另外一个更大的问题是法律行为规则在民法的整个规范中，技术也好价值也好，到底是怎么确定？包括和非法律行为的规则的关系，和其他法律事实的关系，甚至和并非是法律事实领域的其他规范的关系，甚至主体的关系。要讨论的问题是非常之多的。

第二，法律行为这套一般性规则在民法典上规定的意义何在？我个人倾向是技术性的和价值性的都有。价值性的是在什么地方呢？就是说首先确定一个一般性规则。董教授刚才讲到民法上有很多领域，可以允许私法自治。我觉得这些领域的出发点是，如果当事人有了一个法律行为的形式，要否定它可以自设法律关系效果的时候，必须找到明确的具体的理由。这样一个反证的义务就交给了那个不同意的人。刚才董教授提到最主要的是有效成立的基本规则是法律行为的一般规则，我觉得出发点是它，但民法典最上位主要去规范的是一般性规则的反证的关系。以所有权为例，所有权及其保护在民法中正面规定，便成为出发点。这样的话，如果国家要征收的时候，给出理由的是国家，这个义务是它的。法律行为的规定问题也同样有这样的意义在里面。只要有法律行为的外壳存在，那么反证的理由必须明确。国家利益、社会利益这个理由必须明确才行。我想法律作为制度的意义确实是私法自治，但是技术规范表现的可能也有另外一套。法律行为统一在什么地方，德国人的贡献在哪里？我想可能在于它找到一般性规则的那个标准，就是意思表示这个术语，法国人没有这个意思表示术语来讨论欺诈、胁迫。德国人找到了意思表示这个本质术语，意思表示是什么，可以继续思考下去，这是很重要的。当然德国人的贡献不只是意思表示这个本质术语的提炼，他们还提出了一套细化技术，例如跟意思表示并列的主体、标的，这两个东西要体现出来。这一套一般性规则，才是《德国民法典》作为统一化最重要的理由。但是这里可能也有一个问题，就是后来提出来的事实合同，这些问题它没有很好地处理。这是我想说的第二个问题。

第三，今天的主题是谈法律行为与法律交易辨析的问题。米老师在这个方面有比较独特的提法。这个确确实实引起了很多有意义的讨论和争论。我注意到《荷兰民法典》有个很有意思的地方，就是把法律行为一般性规则降到财产法通则里面去，这就暗示了似乎法律行为存在的主要有意义的地方是在交易行为或者是在财产交易的范畴之中。这个研究的启发性是很大的。因为法律行为之前，法国关于具体法律行为，比如合同构成里面，特别强调需有交易原因。德国人在提炼出法律行为之后，存身之处是在哪里？主要适用的生活场景在哪里？这个是很值得讨论的。因为没有准备，只能讲这些，谢谢！

评论人（4）：王轶教授

我简单谈几点问题。

第一是跟今天讨论的主题有关系的论证方法的问题。去年罗马第二大学的斯奇巴尼教授到人民大学法学院作学术报告，讲阿奎利亚法上的非契约责任，从阿奎利亚法一直讲到现代意大利民法上的有关非契约责任的法律规则。意大利人真的是非常幸运，在讨论今天问题的时候可以追溯到几千年以前的古老的法律规则。但是中国的文人从清末开始就已经没有这种机会了——从中国的历史上去寻找对现代一些问题进行讨论的学术资源。从这点就引申到有关法律行为制度的讨论。法律行为对中国人来讲的确是一个“舶来品”。在讨论到有关法律行为的问题时，我们只好追溯到欧洲大陆的法律传统和法学传统。那么在这个追溯的过程中，我们采用的究竟是什么样的法律分析方法？当时我请教了斯奇巴尼教授，在欧洲大陆的国家，再追溯历史时，可以说采用的是法律的历史分析方法，因为这已经成为本国历史的一个组成部分。但是对于中国人来讲，去追溯这段历史时，可能不是法律的历史分析方法，而是法律的比较分析方法。因为罗马法的那段历史不是中国历史中的组成部分。法律的历史分析方法和法律的比较分析方法都可以去论证讨论者所持的某种观点的正当性。但是二者在论证途径上和最终能论证自己观点的说服途径上毕竟还是存在差别的。这是一个问题，供大家思考。

第二点，刚才董老师谈到，法律行为主要是民法上的一种法律技术。这点我是同意的。在成文法的法律传统里，任何一种法律技术都是去落实特定价值判断结论的法律技术。这种法律技术正是因为可以去落实特定的价值判断的结论才变得比较有意义。法律行为就是去落实对于自由及其限制这一民法上最核心的价值判断进行讨论所得出结论的法律技术。就像 Canaris 教授在一篇关于债务合同法的具体化的文章中提到的，包括法律行为在内的法律技术，一方面为主体事实上的决定自由和法律上的决定自由的实现开辟了可能。而另一方面，又为特定社会公共政策的实现开辟了可能。就像在民事立法上针对目的意思中的常素所设定的强行性规范，以及针对民事行为的成立和生效所设置的强行性规范，都体现出它也承担着落实特定社会公共政策的功能。在自由及其限制这一民法最核心的价值判断问题上，民法上对自由的确立及其保障是不需要理由，也不需要去进行论证的。前面发言过程中也有谈到，为什么要把自由意志与神、与上帝联系在一起。和上帝联系在一起就表明对自由的确立和保障是一种法律的信仰，他就豁免了去进行论证的责任。但是当通过法律行为制度对自由去进行限制的时候，你设置相应限制规则时，必须要进行论证。要有足够充分且正当的理由才可以借助对目的意思中的常素或者借助对民事行为成立和生效的条件所设定的强行性规范去限制民事主体的自由，这里就有一个论证负担规则，有一个论证责任分配的问题。

第三点，刚才董老师提到了显失公平的问题。最高人民法院在关于《民法通则》的司法解释第 72 条中，对《民法通则》第 59 条“关于显失公平的民事行为是可变更和可撤销民事行为”进行解释时，加了一个限定，由于一方利用自己的优势或者对方欠缺经验，由此导致的利益关系严重失去了均衡，这时属于《民法通则》所说的显失公平。也就是说，非自愿的不公平才是属于民法上的不公平；而自愿的不公平依然是民法上的公平。《民法通则》司法解释的这个规则会不会限缩《合同法》第 54 条第 1 款，关于显失公平的合同行为，是可变更和可撤销合同行为的适用范围？比如说，商事主体能不能主张自己是欠缺经验的？欠缺经验为什么还来从事商事交易？商事主体在交易中间还能不能强调有一方利用自己的优势的可能？这个法律规则究竟适用范围有多大？这是一个值得考虑的问题。

还有一点就是今天讨论的主题是法律行为与法律交易的用语问题。如果说语言的使用有什么规则的话，那么这个规则一定是通过使用语言的习惯来创设的。这一点和我谈的第一点有关系。我们中国的民法学者在进行法律的历史分析时，我们中国的民法传统是什么？我们的历史分析是追溯到什么地方？是清末？是民国时期民法？还是《民法通则》以来的中国的民法传统？这个可能也是在进行法律历史分析的时候要考虑的一个前提性问题。但我不是说米健老师这个说法就不妥当。尼采说了一句话：不断重复一个梦幻，就能把它变为现实。当人们接受了这一种语言习惯的时候，那它就成为成文法中的一种表述方法。我就简单谈这几点，谢谢。

评论人（5）：王洪亮博士

最近市面上有本书，由陈爱娥翻译的 Wieacker 的《欧洲私法史》。在“序”前面有句很有意思的话，大概意思是说很多制度都曾在历史上出现过，都似曾相识。但是每次出现的话都是以崭新的面目出现。为什么是以崭新的面目出现呢？基本上这是建立在大家的误解上。这是继受法的一个特点。比如说，我们谈到缔约过失或者物权行为，萨维尼也好，耶林也好，都津津乐道地谈论罗马法的渊源。但是事后证明，根据是很充分，但也蒙了一阵子，大家慢慢就接受它了。大家对这个问题的理解不一样，看同一个材料的理解都不一样。哈腾豪尔关于法律行为的概念，首先是一个哲学上的发现，把人和物区分开了。把人和物区分开以后需要一种关联，就是怎么样把人和物关联起来？Handlung 的概念也就出来了。这个概念出来以后，人们就讨论，人去处分物也好还是去处分其他行为也好，为什么要有拘束力？这个问题在现代社会是当然的，签订合同就有拘束力。但在当时是大家争论的一个问题。这个时候关于神的，还有其他各种各样的说法也就出来了，这里边行为拘束力的问题最后落实到自由的概念，跟中世纪它的发展过程或者是文艺复兴运动和其他运动是有关系的。最后在关于自由的问题上就出现了“Rechtsgeschäft”和“Willenserklärung”。如果没有经过自由运动的洗礼的话，“Willenserklärung”是不可能出现的。也不可能出现一个单独的词叫“Rechtsgeschäft”。在对“Rechtsgeschäft”的理解问题上，我也问过我在德国的导师。他说“Geschäft”是从“schaffen”过来的。为什么是从“schaffen”过来的呢？因为法律按照当事人的意思去创设它的权利。这个地方问题就出来了。“schaffen”就是创造或者生产的意思。这里争论的一个话题就是，法律承认当事人的意思创造了权利，但是这个权利的根据是什么？到底是意思呢，还是法律上的承认？这个问题上的争论没有休止。到底是照顾到当事人的内心意思还是交易安全，还是有法律上的一个承认？这个问题的争论真的是没有休止的。所以在这个问题上，学者们一般是把它具体化，包括意思表示解释的问题，大家都在不停地争论，根据本国的国情去确立它的规则。意思和意思表示出来以后，法律行为的概念就出来了，大家注意到，法律行为概念在历史上比物权行为出现得早。法律行为再往前走的话，就走到了合同。这不是一个反过来的过程。它说的是合同还需要一个合意，并不是单方的或者是一个人的意思出来的一个结果，而是双方合意后出来的一个结果。合同是整个意思表示的核心，是整个法律行为制度的核心。

最后来讲萨维尼的贡献在于从法律关系来分析法律行为，进一步区分了人和物，出现了法律关系的概念。它区分的是人和人之间的关系、人和物之间的关系，这两个区分就使得债权和物权整个体系的制度出现了。如果没有这两方面的区分的话，债权和物权体系就很难凸现出来。在债权和物权体系出现以后，债权行为理论和物权行为理论就很当然了。因为前提是权利是通过行为创造出来的。物权行为很清楚地说明，为什么物权可以变动？就是因为有一个物权变动的意思。那为什么要受债权的约束力呢？因为有债权的意思。它的区分很学理化。理解上应该不存在障碍，就是说债权意思不能产生物权上的效果。所以如果没有萨维尼的法律关系学说的话，物权行为很难体现出来。如果没有意思对于法律行为本身的影响的话，物权行为也很难体现出来。按照我的理解，这是双方面的。在后来的发展中，出现了事实行为。另外在合同法里有很多法定的权利和义务，尤其是附随义务或者是把债作为一个有机体来看的话，出现了很多法定的权利义务关系。甚至在我们国家，还有许多公法上对私法上没有澄清的关系。在这样的前提下，出现了一个很大的争论。就是侵权行为法，事实行为和法律行为或者合同关系，它们之间界限的划分。就事实行为这个问题，苏永钦老师去年在清华说，在编撰《德国民法典》的过程中，大家很奇怪地没有注意到事实行为。它是一个大量发生的行为，但是在整个民法典中对它却没有关注。所以大家在我们编的《中德私法研究》的杂志里，可以看到它的计划，它把事实行为提出来了，而且是作为一个很大的并列的体系提出来的。但是他对事实行为的概念甚至把无因管理和缔约过失都包括进来了。第二个层次，侵权行为法在我国的司法实践中是大量扩张的。它不仅体现在对合同法领域的扩张，对缔约过失的替代，而且体现在司法实践中，把物权法应该调整的范围和领域都包括进来了。这样在中国也面临一个契机，到底要怎么样摆正它们之间的关系。这是在它的发展史中我的几个感受。

总结起来是以下几点：第一，它的效力基础是什么？只有出现了意思表示和法律行为之间的关联，才出现了具体划分规则的界限的问题。第二，怎么样去确认事实行为和侵权行为之间的交互影响作用？物权行为理论也是从意思表示中出来的理论。总体上来讲，为什么只在历史上或者是在德国出现了这种制度，更大的原因是中世纪的注释法学派加上后来理性法，就是《学说汇纂》体系的影响。它的基本手段就是类型化和进行抽象。类型化是一种技术手段，但是在逻辑前提上并不一定是有先有后的关系的。这样的体系首先是在立法上节约。第二个是在教学上能把实践的东西反映出来。因为它本身就经过了类型化，教学过程中能很快地让大家知道该掌握的知识点。所以就法学教育来讲，在学院里就能培养出比较好地掌握法律体系的法官。整个法典体系也是根据请求权基础来确立的。最后从体系上来讲，《学说汇纂》体系最大的特点就是把简单的问题复杂化。为什么这么说呢？因为只有这样，才能把复杂的问题简单化。简单的问题复杂化了以后，才能把复杂的问题简单化，大家才容易理解或者是区分。我就讲这么多，谢谢大家。

董安生教授：

我刚才的发言是强调理论。但是在中国这样的情况下，实际上意思自治是不受重视的，在整个民法中都有这样的问题。因此在这个情况下，强调意思自治是私法的基础实际上没有什么坏处，从理论上说是这样的。另外一点，对于法律行为技术来说，中国非常缺乏一个意思推定规则。各国民法中经常说它是任意法，但其实它的意思推定规则是非常发达的。甚至很多国家围绕这一问题作了很多很复杂的制度设计。比如说，意思推定规则有时在英美法中变成了强行性意思推定。比如我们今天所谈到的权利瑕疵的问题，这个是强制性的。在买卖行为中，本身就有一个担保，就是你对物有一种无争议的权利，是没有瑕疵的。像这样的问题，相当一部分是强制性的。这都是我们中国法应该吸取的。应该说意思推定规则在整个民法体系中运用得并不广泛。从基本规则上来说，当然使法律行为有效和法律行为成立的是强行法，这是没有争议的。但是对于意思推定规则的争议却比较多。我国并没有达到多数成文法国家有的有效规则和成立规则的宗旨。毛病非常多。而现代经济生活对我们提出的众多问题，远没有涉及。要认识法律行为制度有一些很关键的问题，并不是光靠原则，比如关联交易。简单地说，民法中关于法律行为有效成立的规则就那么几个，一个是有行为能力原则，一个是意思表示自愿真实原则，一个内容不违法原则，一个不违反社会公共利益和道德原则。但是现在所说的关联交易问题，肯定是违反自愿真实原则的。因为它经常是一个法定代表人双手所签的合同。这是我们经常所说的大股东左手和右手所签的合同，左兜和右兜的交易，但是法院不这么认识。他不运用这个原则，而是说你说它违反了某个效力性规定。所以对法律行为规则必须要有更深的认识。表面上看它的确是违反了规则的。合同法当然是法律行为制度规范中非常重要的一块，在英美法中，包括在日本法中也一样。我们没有注意到，日本法中实际上已经开始借鉴英美法的规则。它在违反意思表示自愿真实原则上加了一个“非适当性影响”，也就是说，通过非适当影响所签订的合同是无效的或者是可以撤销的。我们没走到这一步。用这个解决关于关联交易的制裁，我觉得是很重要的一个经验。

王卫国教授：

我谈三点感想：一是法律行为概念的基本精神和理念。法律行为概念的精神就是私法自治。私法自治所依据的法理念是个人人格的尊重，绝对尊重和高度尊重，再进一步地追溯，它的法理基础是天赋人权。如果把法律行为的概念的基本精神由私法自治推演到个人人格的尊重，再到天赋人权，得出的结论就是承认私权自治是统治者的义务。天赋人权是不需要证明的，也不是统治者给予的。如果我们是这样来认识法律行为概念的基本精神的话，下一步再进一步从比较法的角度来观察个人人格尊重的理念在各国法律上的表现方式。在法国，天赋人权的概念是通过宪法和民法来表述的。先是有《人权宣言》，然后有民法。在美国，天赋人权的概念是通过宪法来表述的。而且在美国，还有一个特点，它的宪法是可以作为裁判依据的。这跟法国不同。在德国民法制定的时期还是君主制，还不存在宪法。天赋人权的概念是法学家通过一种非常委婉甚至是比较隐晦的方式通过民法来加以表述的。近代法的兴起和法律改革，最基本的基础就是天赋人权。法律的近代化在法国、美国、德国，是通过不同的形式来实现的。这一点非常重要。我们再进一步看前苏联，它恰好是否认了天赋人权，因此1922年民法典制定。1921年时，列宁曾对民法典的制定有过一些指示，基本精神是欧洲民法典的成果我们要拿过来，但是有条件，我们不承认私权自治。所以法律行为的概念被引入了苏俄民法，但是在里面加入了一个合法性要件。这就是为什么后来到了斯大林时代，法律行为的概念居然能够保存下来，到了上世纪60年代的苏联民法，包括它的民事立法纲要里边，都能够容忍法律行为概念的原因。这是因为个人人格尊重、私权自治和天赋人权等这些灵魂都已经被抽掉了，而加上了合法性判断、合法性要件。合法性要件引入以后，导致的结果是什么呢？打一个比方，是空中之鸟变成了笼中之鸟。社会规范就由过去的无禁止即许可，即法律没有禁止的行为都可以做，变成了无许可即禁止，一切行为都要经过法律允许。中国的法律近代化是从1949年以后我们继承列宁的思想，不承认私权自治，不承认天赋人权，奉行的也是无许可即禁止。计划经济时代实行的就是无许可即禁止。另外中国对于苏俄民法不仅是继受，而且有发展。为了解决合法性要件所带来的法律行为概念的内部矛盾，所以创造出一个民事行为的概念。民事行为变成了法律判断前的一个自然状态的行为。它仅仅以意思表示为要件，没有引入合法性判断。法律行为一定是经过了合法性判断，具备合法性要件的。再进一步的就是扭曲。扭曲是什么呢？就是上世纪80年代初期的时候，法律行为概念被经济法所套用。民法的一系列概念都被经济法所套用。比如经济法人、经济合同等。这样一来，在民事法律行为和“经济法律行为”并存的情况下，又出现了“行政法律行为”。最后法理学进来，它就成了法理学上的法律行为概念，民事法律行为成为法律行为概念下的一个子概念。这样一来，就彻底地把私法自治和意思自治的内容给抽掉了，这样就发生了一个扭曲。

中国改革开放以后，有一个很有趣的现象，就是80年代中期《民法通则》公布以后，《民法通则》跟《经济合同法》之间的一个博弈。90年代初期，我在国外做了一个研究和学术报告，通过当时的很多实证资料来证明在《民法通则》公布以后，司法实践中处理合同案件大量地用《民法通则》的法律行为条款。实际从那时开始，《经济合同法》就已经被晾在一边，存在了一个《民法通则》取代《经济合同法》的现象。这就导致了一个标志性的事件，1995年最高人民法院有个经济审判工作会议，会上就明确提出来要尊重当事人意思自治。意思自治概念已经成为司法实践中被普遍承认的一个概念。这应该说是《民法通则》以后，民法学者们普及民法知识，加上社会上商品经济向市场经济运动的客观要求的推动，司法界适应这一变迁的潮流，出现的很重要的一个变化。所以我们一定要重视当事人意思自治这一概念在中国的出现和应用。进一步是宪法修订和民法制定当前在基本面上的一致性。宪法修订包括承认私有财产不可侵犯，包括我们现在正在制定的物权法和这些法律。一致性实际上可以通过以巩献田为代表的反民法典、反物权法的潮流得到一个反证，证明当前在中国有一个承认私法自治这样一个方向性运动的潮流。而且它又是很民间的，与权利意思复兴相回应的。当前在民间有一个经常被使用的概念叫“维权”。“维权”实际上是中国当今社会一个很重要的主题词。主题词“维权”当中就包含了私法自治，或者人权尊重，个人人格尊重这些理念在里面。

第二个问题是法律行为概念在民法典中的意义。我们知道法律行为概念是一个高度抽象化的产物。围绕这一概念建立起了一套概念体系，有了这个概念体系以后，我们发现历史上有个很有趣的现象，就是《德国民法典》以后的，其他国家的民法法典化，多数都是采用《德国民法典》的模式。比如说日本、中国民国时期、泰国以及其他很多国家，凡是后来产生的民法典，大部分采用的都是德国的体系。因此可以看出它的魅力和它的合理性，它能够被后来其他国家所承认。为什么会有这样一种情况呢？刚才张俊浩教授提到一个问题，他说英美和法国没有不一样也过得好吗？这实际上问的是没有法律行为概念有什么不好。这个问题实际上讲的是法律行为概念的可替代性或非惟一性的问题。实际上你可以不要它，不要它也可以。因为它是可替代的，不是惟一的。我们现在要问的问题是采用法律行为概念的理由，我们要从另外一个角度来讲，有了它有什么好处？虽然没了它没什么坏处，但是我们可以反过来想，有了它我们可以有什么好处。讲的也就是它的可选择性、可采用性问题。在有法典或者说搞民法法典化的情况下，有这么几个理由：第一，它可以用来承载私法理念，并且使之贯穿于整个民法体系。第二，它可以实现规范的概括性，实现规范对法律现象的普适性，以及法律体系的稳定性。第三，它在规则编排和应用上的逻辑性。最近的一个法典是《荷兰民法典》，总结出它的一个法律技术叫做层级技术，一个买卖合同，找它的规范，首先找它的合同分则，没有的再进一步找它的合同总则或者是债法总则，再进一步可以上升到法律行为。《荷兰民法典》采用这种层级概念，只要能概括到更上位的就往上放。法律行为可以涵盖契约行为，也可以涵盖遗嘱行为等其他行为。它的整个法律规则和法律资源可以得到很有效的逻辑化的编排，而且如荷兰人所讲的，它便于适用。第四，很重要的一点就是法学家的话语权。通过一种抽象化的体系和伴随着这个体系与之相适应的法学教育，首先建立起法学家的话语权，然后在这个基础上，建立起法学家的立法参与权和司法评价权。在德国，我们看到法学家的著作对立法和司法的影响力之大。第五，它提供了法律共同体的思维方式和表达方式。这个共同体如果是建立在抽象概念的基础上形成的逻辑化的思维方式和概念化的表达方式，至少有一点好处就是对司法权力和行政权力的任意性能有所制约。

第三个问题是法律行为概念在当代面临的挑战。第一点，是法律社会化运动和社会法学的兴起对法律行为概念的影响。19 世纪德国法律最初的法律行为概念是以天赋人权为思想基础，是建立在自然法学的基础之上。现在社会法学的兴起包括一些现象（比如所谓合同死亡的现象，大量的法定义务进入到私法领域等）提出一个问题，法律行为当年的生态条件现在是否还存在？是否发生了改变？第二点，欧洲兴起的法典化运动以及两大法系之间的相互影响和相互渗透会不会对法律行为概念产生影响？第三点，是在私法自治的基础上来讨论私法自治的空间是否需要重新界定的问题。这个重新界定当中就涉及法律交易概念的使用问题。如果说到今天以自由理念为基础的法律行为概念的空间在缩小的话，那么它最有理由存在的基础，最不可动摇的一个领域就是商业交易，即我们所讲的市场经济。恰好在中国，私权自治或者是意思自治的概念来自于市场交易或商品经济。实际上，在当今中国交易自由就是市民社会的生长点，也是私法自治的生长点。我们很多改革打着的都是经济改革的旗号来进行的，所以我想是否可以对法律交易这一概念加以改造，至少可以将它作为私法自治的一个根据地。首先有革命的根据地，再向外发展。农村包围城市，到有一天再上升到中国的宪法。不管是建立在天赋人权基础上还是其他法理基础上的对人民权利的普遍承认，承认到国家、统治者有义务尊重人民的权利，不管以何种方式来表达，这就代表了我们这一代法学者内心深处的追求和理想。我就说这些。谢谢！

杨代雄博士：

法律行为与法律交易的辨析是一个很有意义的事情。法律行为的概念在中国，包括台湾地区有上百年的历史，从来没有人对这个术语提出反思批判。米健老师倡导对这个术语进行检讨和批判，本身就是一个很大的学术贡献。对长期沿用的习惯性思维进行批判是一件很有价值、很有意义的事情。对法律行为术语可以从两个角度来看。第一是从翻译的角度，第二是从法律术语的构造这个角度。从翻译的角度来看，用中文的术语来区分 Geschäft 和 Handlung 这两个词确实是有必要的。米健老师认为把 Geschäft 翻译为交易是有一定道理的。从法律术语本身的构造这一角度来看，我谈一下自己的看法。

法律行为概念的核心要素和基本的精神理念是意思表示。如果说我们需要为这个概念寻找一种新的表达方式和符号的话，是否可以考虑抓住这个概念的核心要素和它的内在精神？如果从法律术语本身的构造来看的话，可以把法律行为称为表意行为或者是设权表意行为。我记得萨维尼在《现代罗马法体系》中，把法律行为等同于意思表示。书中有一句话，法律行为就是意思表示。蒂堡在1503年的《〈学说汇纂〉法的体系》中将法律行为等同于意思行为。他们的共同点都是抓住了法律行为概念中意思这一因素。所以如果我们需要构造一个新的术语，不从翻译的角度来考虑的话，是不是可以用表意行为这个词来指称法律行为这个概念。

田士永博士：

我想谈三点：第一点，大家都是从罗马法、德国法或者意大利法来谈法律行为。这到底是一种比较的方法，还是历史的分析方法？这里有一个概念需要区分，那就是民法传统和民法学传统。罗马法或者是德国法肯定不是中国民法，但是中国的民法学肯定不是秦代、汉代，包括清代的时候律学的东西。所以民法传统和民法学传统是需要区分的。为什么要讲这个传统呢？因为这涉及我们要建立一个什么东西的问题。如果把这两个东西分开，我们可以说，中国人建立自己的民法，中国民法，是我们中国人自己的民法学，中国民法学。至少在目前，我们没有中国数学这样一种表达。但是可不可以有中国民法学的表达？大家拿到的我们的《中德私法研究》，我们的想法不是说中国与德国的私法表达，我们是讲中文和德文。中国民法学到底是什么意思？我们是要研究中国民法还是中文民法？这些概念是需要考虑的。

为什么又要找传统呢？这就是我要讲的第二点，一个概念只有置于一个传统中，才能准确地理解它的含义。有的内容和概念只是某个体系，某个传统中的东西，不是所有的传统都有这个东西。

第三点就是，我们要把概念的所指和概念以及概念的表达区分开。像老太太买黄瓜这个事情，中国有，美国也有。中国人吃了黄瓜挺好的，美国人吃了黄瓜也挺好的。但是这个事情，我们用什么样的概念来分析它？然后再用什么样的词来表达这个概念？这就回到了今天会议的主题，法律行为与法律交易，它到底是一个所指的问题，还是一个概念的问题，还是一个表述的问题？在所指上，这是一个生活事实。在概念的问题上，需要形成一种观念，在最后一个问题上，是观念如何表达。如果是到了观念如何表达的时候，可能更多的是一个语言学的问题，这时候，需要从不同的角度进行分析。例如，从构词法的角度进行分析，从社会语言学的角度进行分析。到底哪一个概念用来表述？语言学中有一个规律是从大众，目的是让大家伙都能说。比如赠与合同的“与”，《合同法》第185条上还有一个给予的“予”，这两个字写得不一样，但是在台湾地区“民法”里，这两个“与”字都是一样的。为什么不一样？查字典会发现，那个“予”是赠与的“与”的通假字。什么叫通假字？就是说白字说多了，便正确了。这是从大众的规律，还有一种规律是从名人。我们要考虑各种因素，才能定下来这个表达。

孙宪忠教授：

董安生教授说到一些法律行为理论后期的成果，尤其是后期关于各种交易规则演化的技术准则。但是没有提到最初意思自治和提出自由如何跟公权争夺空间的过程。关于法律上的交易问题，从技术规则角度来讲，债权跟物权的区分实际上是请求权跟支配权的区分，以及刚才提到的绝对权和相对权的区分，从罗马法中从对人对物之诉发展到对人之权、对物之权，然后发展到绝对权、请求权。意思自治规则把权利做了一个区分以后，又从意思自治的角度来讨论权利变动的问题。我们看到，在意思自治的情况下产生债权法上的后果，不必然地发生物权变动的后果。所以说物权绝对不可能是事实行为可以解释清楚的，也不可能是自然而然产生的结果。再一个，有的同志问到了法律交易的问题。我想跟米健教授商榷一下，你要用法律交易这个词来概括法律行为时，看到的是意思自治发生的结果，而且权利让渡这样一个价值，是很有意义的。但是，交易这个词在汉语里的含义，可能和德文里的含义不一样。当把这个概念引入中国以后，还要考虑中国人对这个词语的理解是什么意思。

主持人：柳经纬教授

下面请米健教授做总结发言。

米健教授：

由于时间关系，我不再一一地去做总结，而谈谈具体问题。

今天的发言，没有很多地进入我提出的问题，我现在利用一点时间讲一下。

我提出这个问题是有一定道理的。我意识到这个问题有一段时间了。但是之所以近年来提出这个问题，是因为我看了弗卢梅的成名之作《法律交易论》，这本书也奠定了他在德国法学界的地位。他的学问主要成果在《法律交易论》。在这本书中，他几乎用了1/2的篇幅来谈论法律行为（Rechtshandlung）和法律交易（Rechtsgeschäft）的差别。这个问题在我们这里恰恰没有反映出来。刚才张老师谈到日本人的翻译，我曾写过一篇文章，有些同志可能看到过。法律行为的始作俑者是日本人。他们的翻译把德国人的两个东西合并成一个东西。这个对我们现在造成了非常大的混乱。这个问题一直存在，但是一直没有提出来。而我现在为什么提出来了呢？我们作为法学工作者或者是教授也好，应该有一种责任心，不要等到若干年以后说中国法学界无人，连这个问题都没有说到，如果这个问题不说到，对后人是没有办法交代的。为什么？因为确实存在这个问题，我们这次民事立法草案中，规定“民事法律行为”这一章，我觉得这是个非常非常大的问题。我非常赞同刚才张俊浩老师提到的这一点。我们法学者关注的，在很大程度上是逻辑问题。在一部民法典里，规定“民事法律行为”，推而演之，就是规定“民事继承”,“民事婚姻”，都要讲民事。在一部民法典中规定的肯定是民事法律所要调整的东西。但是为什么要加民事呢？因为它无法解决一些矛盾。刚才王老师对这个问题的产生讲得非常清楚。在行政法、经济法以及法理上，所有人都在用。另外，卫星刚才谈到的不能成立，因为你说我们在别的领域里不要用法律行为，这肯定不行。别的领域在用，当 Geschäft 已经成为法律行为了，你不可能告诉法理学以后不能用。现在行政法学界也在用这个东西，它是 Verwaltungsakt，就是行政法上的行政法律行为，你不能让他们不用，这样解决问题是行不通的。再有一个问题是刚才王轶教授提到的从大众的语言创造规则问题，意思是语言规则的创设要从生活中来。但是一开始你也说了，法律行为理论完全是从西方舶来的东西，是借鉴德国法的东西，所以我们应该首先明白，在德国法上，这个东西是什么样的一种结构，什么样的一种建构。问题是我们现在口口声声说法律行为理论是德国民法的，但是恰恰又把德国民法上的两个东西合并成一个东西。因而就产生了一系列的混乱。包括法律行为合法不合法的问题，我困惑了很久，每次问德国教授，他们都很奇怪地问为什么会有这样一个问题。他们说 Rechtegeschäft 当然是合法的，不可能产生一个你这样的问题。可是我们确实是存在这样一个问题的。因为它在上位概念中已经解决了这个问题。行为是个大的上位概念，下来还有友情行为、社会行为、法律行为。在法律行为之下，包括合法的和不合法的。在合法的法律行为里面，就是我们现在口口声声所讲的法律行为，我的语言是法律交易。在不合法的行为里，刑法中有，比如犯罪，但是在民事法律行为上它指的是侵权行为。这个概念体系非常清楚。到了 Rechtsgeschäft，即法律交易这个层面时，不可能有合法不合法的问题。可是看看我们学者讨论的文章，有很多人在讨论这个问题。我觉得立法上出现了逻辑错误，一种不可容忍的错误。这个错误是不能容忍的，否则别人会说民事立法连基本的逻辑都没有。我跟江平老师讨论这个问题时，江老师说这个问题你有道理，但能不能用别的，能不能用“法律活动”或“法律交往”？大家都意识到它有问题，但是就是不愿意用交易。不管用什么，首先要承认问题的存在。至于我们怎么解决这个问题，则是另外一回事。首先应该承认问题的存在。这个问题是真真实实存在的，而且造成了很多的混乱。法理学界一些学者写法律行为的书，看到了我们理论的混乱，但又越写越乱，因为它是在法理的层面上，刑事的、民事的、行政的都在里面。那当然是一塌糊涂。而现在我们所讲的 Rechtsgeschäft 只是一般意义的上 Rechtshandlung 中的一块。而只有通过这一块，才能够反映和体现民法的一个重要价值，按照宪忠的语言，是内在的思想价值和价值取向，最后上升到天赋人权。法律交易是一种天赋人权的体现。这与自由是一致的。包括老董刚才所说的，它是一种技术的设置。我跟德国学者讨论这个问题时，大家一致认为法律交易这个词完全是一种技术上的设置。你不用去考虑它生活当中的理解。这是一个法学的概念，是一种法学的技术设置。所以首先应该理解在法律上是怎么设定它的。

第二点是生活概念和法律概念的问题。这就是宪忠刚才所提出的问题。你所讲的是生活概念。而我们作为一个法学家，应该讲法学概念。（孙宪忠教授：就说交易这个词语本身，江老师所说的活动这个词，还有人用交往，在德国都有这样的用法和解释。交易这个词在中国就涉及以物换物，涉及价值上的流转，价格上的计算这样的活动。这是汉语特别的地方。你发现了这个问题很伟大，但是汉字这个字是另外的问题。）宪忠提出的问题是所有人都提出来的问题。而且我认为这个问题是很简单的一个问题。法律交易在中国民法上有个非常明显的界。它跟法律行为之间有个非常确切的界定，就是始终强调的“意思”。法律交易是指向特定法律后果的行为，是意思表示。这里有两条：一个是意思表示，一个是法律后果，这就构成了一个法律交易。但法律行为不一样，法律行为在德国法上的定义是引起法律后果的行为。这里面有一个刚才一直强调的非常重大的问题，效力基础和效力来源到底是什么？法律行为的效力来源是社会意志，法律行为是对社会意志的保护和确认。而法律交易的效力来源是个人意志，是对个人意志的确认和保护。比如说，遗失物拾得是一个事实行为，而要产生法律后果，不是你说我有我就有。法律规定你应该有，你就可以有。过了一定的期限，你就可以成为它的所有人，这是事实占有。像这些东西都是法律规定的。法律交易就不一样了。法律交易是我想达到的这个目的，比如说婚姻，我想娶你，你想嫁给我，这种意思表示指向的是共同的法律后果，结成恩爱夫妻，或者至少在一段时间内是恩爱的，这是法律不能去规定的。所以说刚才卫国和老董都谈到意思自治这个问题，这确实是它的核心，但恰恰也是我们现在混淆的东西。由于我们沿用了法律行为这种表达，从而掩盖了它所蕴含的非常深刻的价值内涵和思想内涵。为什么提出这个问题呢？我没指望能改变，没指望立法者将来能搞成法律交易，但是在法学界，学者必须清楚，这里是有问题的。你不能说这里没问题。而且将来民法典中不能再规定“民事法律行为”这一章，否则会留下一些耻笑。立法有两类错误是不能容忍的。一类是逻辑的错误，再一类是语言的错误。但是现在，立法中存在很多语言问题。这不是概念问题，是语言的问题。我现在讲的就是逻辑问题。尽管张俊浩老师认为我这个命题不成立，但是我赞同他的一个观点，就是我们法学家关注的应该是非常严肃、能够说服人的东西，拿出来以后应该经得起考验。我们不能说回避它。它很清楚，它是意思表示，它指向法律后果。所以交易就是法律概念，不是生活概念。单方行为和双方行为恰好是今天我要谈的。因为法律行为分类理论是一个基本理论，也就是说，单方行为、双方行为和多方行为是有关法律行为的基本认识。我不止一次地听到有学者指出，“交易”这个概念不是法律概念，而是一个生活概念。按照中文习惯，谈到交易时总是涉及双方或多方，因此它不能涵盖单方法律行为。况且，“交易”在中文里有些贬义。对此我不以为然，我认为，这只是个表达习惯问题。如果我们最初将德文的 Rechtsgeschaeft 翻译成“法律交易”，那么今天肯定不会有人提出这样的疑问。此外，如果我们要将“交易”纳入法律语言，即采用“法律交易”的表达，那么自然要给它一个学理或法律上的定义，而由此定义出发，其实很容易解决“单方法律交易”这样的问题。反过来说，虽然有人提出“交易”不能覆盖“单方法律行为”，但却没有人对“多方”或“双方”法律行为提出质疑。而在我看来，“行为”只能是单方存在的，若是双方或多方而且要达成一致，那么只能是“交易”或“交往”。此外，薛军博士的“法效行为”也不成立，这两个行为都产生法律效果，一个法律效果是意思指向，一个法律效果是法律规定的，所以用“法效行为”也是一种回避。逻辑冲突还有两个问题，现在用“行为”有个很大的问题，事实行为和法律行为分不开。而这两个完全是两类的东西。还有一个问题，就是用法律行为不能表达我们所说的交易中的意思合致。所有的交易中，一定要有意思合致。即使是单方行为，在最后的理论制度的设定上也一定要有合致。

我的立场是，问题是确实存在的，至于怎么样解决问题是另外一回事。但是不能否定问题的存在。否定这个问题的存在是我们学界的一种失误。过了若干年以后，搞德国法律研究的慢慢就会体会到这种问题的所在。当时的翻译肯定是有问题的，但这没办法，它已经形成了一种框架，我并没有抱希望要真正去改变它，但是我们有责任把这个问题提出来。

概括起来，我讲了三个问题：一个是问题是有的，如何解决是另一回事。再一个，要把生活概念和法律概念区分开。第三个，这个“意思”，我们应该一直贯彻到底。制度本身的价值就在这里面。所以提出这个问题也是有它的深意的。

非常感谢大家，今天非常有收获。

物权法草案第六次审议稿的若干问题*

梁慧星**

主　题：“中国民法建设论坛”第四场
讲演人：梁慧星（中国社会科学院法学研究所研究员）
评论人：王利明（中国人民大学法学院教授）
　　　　崔建远（清华大学法学院教授）
主持人：柳经纬（中国政法大学教授）
时　间：2006年11月18日晚6:30～9:00
地　点：中国政法大学学院路礼堂

柳经纬（主持人）：

各位嘉宾、老师们、同学们，由比较法研究所和中德法学院共同举办的“中国民法建设论坛”第四场今天在这里隆重举行。作为本次讲座的主持人，我感到非常荣幸。中国民法建设论坛已经举办了三场，我们分别邀请了江平教授、苏永钦教授和王泽鉴教授，就民法的历史基础以及民法的继受与发展等大家所关注的民法学重大问题进行了深入讨论，三位来自海峡两岸的民法大师给我们带来了一份份丰盛的民法大餐。今天，我们又邀请到梁慧星教授主讲第四场，并请王利明教授和崔建远教授做为评论人，相信定会给我们大家提供同样丰盛的精神大餐。

梁慧星教授是中国社会科学院法学所资深研究员、学部委员、《民法典》专家起草小组成员。梁老师多年来一直致力于我国民法典的理论研究和立法的推动工作，他所带领的团队从1995年在《法学研究》上发表《关于制定中国物权法的基本思路》，到1999年出版《中国物权法草案建议稿》，再到2003年出版《中国民法典草案建议稿》，在民法典的研究方面取得了突出的成果。在物权立法上，梁老师不仅积极参与起草工作，而且全国人大常委会每一次的审议稿之后，我们都能听到梁老师

---

* “中国民法建设论坛”为中国政法大学比较法研究所和中德法学院联合举办的大型学术论坛，旨在“广邀资深民法学者，立于民法的历史纬度，驰骋于民法文化与社会的疆域，结合当前中国《物权法》和《民法典》的起草，提出和探讨有关中国民法和民法学建设的创造性构想，为中国民法的学术繁荣和立法合理化提供有益论点”。本文为“中国民法建设论坛”第四场讲演记录，该场讲演于2006年11月18日晚在中国政法大学研究生院进行，中国社会科学院法学研究所研究员梁慧星教授应邀作为主题报告人发言，中国人民大学法学院王利明教授和清华大学法学院崔建远教授担任评论人，中国政法大学柳经纬教授担任主持人。

** 中国社会科学院法学研究所研究员，中国社会科学院学部委员。

的声音，使我们得以了解立法中的诸多问题。今天梁老师所讲的就是他关于物权法草案第六次审议稿的一些重大想法。由此，我们可以看到一位民法学者的执著和他的社会责任感与历史使命感。

王利明教授是中国人民大学法学院教授、院长、中国民法学研究会会长、全国人大法律工作委员会委员、民法典专家起草小组成员。王老师在民法典立法研究和理论推动方面同样卓有成效。他所带领的团队在2000年出版了《中国物权法草案建议稿》，2003年提出了《中华人民共和国民法典草案学者建议稿》，他领衔承担了教育部重大攻关课题《民法典的体系以及疑难问题研究》。为了推动民法的理论研究，王老师还积极组织各种形式的理论研讨会，从2004年以来，我本人参加的由王老师组织的有关海峡两岸民法典理论的研讨会就有三场之多。在王老师身上，我们同样可以看到一位学者的社会责任感和历史使命感。

崔建远教授是清华大学法学院教授、中国民法学会副会长。崔老师也是近年来积极参与中国民法典立法工作的几位学者之一，他主持完成了《我国物权立法难点问题研究》项目，同时作为重要成员，参与了梁老师组织的《中国民法典草案建议稿》课题组“物权编”和“债权编”的起草。崔老师的“准物权”理论研究独树一帜，是目前我国在这一领域的最高水平。在崔老师的身上，我们同样可以感受到学者的社会责任感和历史使命感。在崔老师身上，我们还可以感受到民法学者特有的儒雅和谦和。

三位教授均是我国当代民法学界的大家，他们不仅在民法学方面有着卓越的学术成就和学术影响，深得民法学之真谛，而且还积极地参与和推动目前物权法和民法典的立法工作，深得立法之奥妙。这也是我们深信今天的讲座必将给大家提供更加丰盛的精神大餐的理由。我在这里也介绍一下今天出席我们讲座现场的嘉宾。这些嘉宾有我们政法大学的副校长张保生教授、北京大学法学院的尹田教授等。今天到会的嘉宾还有一些媒体的朋友。让我们用热烈的掌声欢迎他们的到来！

众所周知，我国物权立法备受关注，同时也备受责难。在国家的立法中，像物权法草案这样已经六次提交全国人大常委会审议的情况并不多见。物权法到底怎么了？为什么这么艰难？其间还存在哪些重大的问题？这些不仅是我们从事法律专业的人士以及从事法律学习的同学所关注的，也是全国人民所关注的。今天，我们请到的这三位学者将给我们解答这些问题。今天的讲座安排是这样的：先由报告人、评论人发言，之后自由提问。为了节省大家的时间，我们设计了一种新的提问形式，就是通过短信息发到我的手机上。下面我们请梁慧星教授作报告。

梁慧星（讲演人）：

谢谢主持人！谢谢王利明教授、崔建远教授来做评议人。政法大学的同学们，晚上好！我很高兴到政法大学来参加这个论坛。物权法草案在今年10月进行了第六次审议，在下一个月还要进行第七次审议。据说物权法审议已经接近尾声，明年3月份全国人大一定会通过，因此剩下的时间不多，要提问题、进行修改的机会也不太多。我今天针对《物权法草案第六次审议稿》（下称《第六次审议稿》）来提出问题，不是针对没有规定或者是规定不完善的地方，而是针对规定存在错误的地方。

首先一个问题是：是“物权法定”还是“物权自由”？

这是针对《第六次审议稿》第5条而提出的问题。该条规定："物权的种类和内容，由法律规定；法律未作规定的，符合物权特征的权利，视为物权。"同学们注意，这个条文如果浅易地看，我们可以说它是规定了物权法定原则。但是由于增加了后面一句，这就改变了这个条文的性质，物权法定原则变成了物权自由原则。这是值得重视的、引人深思的。我认为物权法的基本原则物权法定不能被轻易地改变，如果我们把物权法定原则否定了，把它改为物权自由原则，在理论上是错误的，在实践上是非常有害的。

为什么要规定物权法定原则呢？我们的教科书上讲，物权法定原则是物权法第一条基本原则，其目的在于排除当事人的意思自治，不允许当事人创设物权种类、变更物权的内容。为什么要规定物权法定原则？教科书上给我们做了提示，是因为物权的性质和效力。关于物权的性质和效力，教科书上说，物权是绝对权，是支配权，它具有排除他人干涉的效力；物权被称为对世权，这是由物权的性质和效力决定的。既然它是绝对支配物的权利，具有排除他人干涉的效力，这两个要点结合在一起，就使得我们可以把物权理解为一种独占权。所以，谁要买了一套三居室的房屋，取得了这套三居室房子的所有权，谁就独占了这套三居室房屋；谁要买了一辆汽车，取得了它的所有权，谁就独占了这辆汽车，这就是所有权这一物权的本质。

与此相对，合同上的权利就不一样了，它是相对权，只在当事人之间有效，既然只在当事人之间有效，那我们就可以理解为合同上的权利通常不会直接影响到他人的利益，不会直接影响到国家和社会的利益。因为一个权利只在双方当事人之间有效，对当事人以外的人通常就没有丝毫的效力，这就是合同权利的性质，它是相对权。有人说，如果有人借口订立合同来损害他人利益和国家利益怎么办呢？这样的合同不是真正的合同，而且，法律上也有办法——规定内容违反法律强制性规定的合同无效，这就够了；规定内容违反公序良俗的合同无效，这就够了。可见，合同法可以规定合同自由的基本原则，它来源于合同权利的本质、性质以及效力。

那么，物权法能不能搞物权自由呢？不行！刚才讲到，物权的效力不仅存在于当事人之间，它还及于当事人以外的一切人，就是说物权是绝对权、是对世权，它实际上是对社会现存财富的独占。那么，如果我们让当事人按着自己的意思来创设物权的种类、改变物权的内容，这等于是允许、许可人们通过创设物权的种类、改变物权的内容，来损害国家利益、社会利益和他人利益，这一点在教科书上已经讲到。所以，物权的性质和效力决定了物权的种类和内容必须由法律规定，必须实行物权法定原则，不允许当事人创设新的物权，不允许当事人改变物权的内容。

教科书上还提示我们，规定物权法定原则还有一个理由，就是物权是市场交易的前提和结果。那么市场交易是什么和什么交易呢？最典型的，是所有权和所有权的交易，是对物的所有权和对货币的权利的交易。可见，所有权首先是交易的前提。那么，抵押权和其他担保物权呢？难道它们不是交易的前提吗？你到银行贷款，你不设定抵押，银行会把这个贷款划到你账户上吗？可见，抵押权和其他担保物权也是交易的前提。用益物权也是如此。

所有权、担保物权和用益物权都是市场交易的前提，既然是市场交易的前提和结果，就应该是统一的，应该是统一化的，应该是标准化的。比如说所有权，法律规定，所有权是对所有物占有、使用、收益、处分的权利。当事人无论是买房还是买汽车，无非是用货币的所有权交换房屋、汽车的所有权。那么，我们在合同上需不需要约定所有权的内容呢？不需要约定。法律不允许你约定，所有权就是所有权。如果允许当事人任意约定所有权的内容，比如说有效期多长、可不可以转让、可不可以继承等，其结果就是市场交易难以进行。物权需要标准化和货币需要标准化是同样的理由。想想现在市场上什么东西不打折，唯有货币不打折，50 元就是 50 元，100 元就是 100 元。为什么不打折？央行不允许你打折。为什么央行不允许打折？这是因为货币是市场交易的前提，市场交易的一般等价物，必须是标准化的，所有的交易前提都是如此。这就是物权法定原则的第二个理由，物权法定原则是为了使市场交易的前提标准化、统一化，是为了使市场交易顺利进行。

我们刚才讲到的这个条文——“法律未作规定的、符合物权性质的权利，视为物权”，这一规定把物权法定原则改为了物权自由原则。首先要谈一下“视为”这个词。“视为”在民法上是个非常特殊的、技术性的法律概念。所谓“视为”就是法律直接作出认定，这样的认定是不允许推翻的。“视为”和“推定”的差别在于,“推定”也是法律作出认定，但是“推定”是可以用相反的证据加以推翻的，因此，法律上凡是规定“推定”的都还有救济之途，还有救济之道，相对人还可以通过举出相反的证据来加以推翻；“视为”不行，法律直接作出认定，不允许任何人以任何证据来加以推翻。可见“视为”这个概念非常特殊，一经“视为”，就毫无救济途径。还有我们可以看到“视为”这个概念仅仅用于对事实的认定，它据以认定的前提条件也必定是事实，一定是确定无疑的事实，必须是确定的事实。

我们举一个例子。现行《继承法》第 25 条规定：“继承人在继承开始后遗产处理前，没有表示的，视为接受继承”。我们看一看这里“视为”的前提条件：时间是卡死的，就是继承开始后遗产处理前；“继承人没有表示”也是卡死的，确定无疑的。根据这样确定的事实作出认定，这种认定是法律强制的认定，就是视为该继承人接受继承。同条还规定了受遗赠，受遗赠人在知道受遗赠后两个月内,“没有表示的，视为放弃受遗赠”。你看，这里“视为”的前提条件也非常明确：知道受遗赠之后两个月内没有表示，这是明确的，根据这样一个明确的事实，法律作出“视为”，作出认定，认定受遗赠人放弃受遗赠。同样的条文在法律上还有很多。如《合同法》第 16 条规定，采用数据电文方式订立合同，如果收件人指定了特定的系统接受该数据电文，这种情况下,“该数据电文进入该特定系统的时间，视为到达时间”；如果收件人没有指定特定的系统，则该数据电文进入该收件人任何系统的首次时间，视为到达时间。我们可以看到“视为”这个概念的使用条件是非常严格的。

现在我们来看看本条。物权法草案（第六次审议稿）第 5 条说：“符合物权性质的权利，视为物权”。那么，什么是“物权性质”？物权有哪些“性质”？什么叫“符合物权的性质”？都是不确定的，可以说是见仁见智的。怎么可以根据这样不确定的、见仁见智的所谓的符合物权性质就视为物权呢？本条将“视为”这一特殊的法律技术用于权利的认定，这在理论上是错误的。学理和法律认为，一个人有何种权利、有没有权利，以及双方之间是否存在某种法律行为、该法律行为是有效还是无效,“不能视为”，必须按照法律规定的成立条件和生效条件，由法院以判决方式作出认定。物权法草案（第六次审议稿）轻率地采用“视为”这种技术来对物权进行“认定”是有极大的危害的。

还有，我们可以看到，不只是物权法有物权法定原则，我们的银行法、金融法上也有货币法定原则。人民币不就是法定的货币吗？关于有价证券，我们的票据法上、证券法上是有价证券法定原则。你看，货币、有价证券都必须是法律明确规定的。如果说物权法定原则可以否定，可以改为物权自由原则，按同样道理，货币法定原则也可以改为货币自由原则，有价证券法定原则也可以改为有价证券自由原则，这样一来，我们食堂里面的饭菜票、商场里面的优惠券和返券、私人之间的借条、借据都可以认为符合货币、有价证券的性质，但能否都将它们视为货币、有价证券？显然不行！这是不堪设想的！

教科书上还探讨物权法定的第三点理由是，国家立法机关借此确认国家所认可的物权，排除国家不予认可的物权。这一点在有的教科书中没有强调，但却非常重要。想象一下，改革开放以来，中国境内有多少外资企业、外国人、外国律师！他们最熟悉的物权一定是本国的物权，如果我们把物权法定原则改为物权自由原则，按照草案的规定，法律未作规定的，符合物权性质的权利，均可以被视为物权，那么这些外商、外国律师在中国进行经济活动时当然可以把他们本国的物权搬到中国来适用，这样，对于那些美国的、法国的、日本的甚至拉丁美洲的物权，中国法院依照草案第5条都必须“视为物权”，因为这些物权在他们本国本来就是真正的物权，当然符合物权性质。想一想，这将会给中国的国家主权、法律制度造成多大的冲击和损害！所以，物权法定原则不仅在于排除当事人的意思自治，它还有维护国家主权、法律制度的重要功能。我们轻率抛弃物权法定原则，将会对国家造成多大的损害！

起草人为什么要规定物权自由原则呢？可能是受个别学者的理论观点影响。但学术和立法是不同的，学术研究是“求同存异”，尽量讲别人没有讲过的话，讲和别人不一样的话，因此在学术领域有各种不同的观点。但国家的立法应该是“存异求同”，不能因为个别学者有某个新观点就在立法上规定下来，而要考虑是否符合学术上的通说，是否取得多数学者同意，是否符合法院的实践以及考虑法律实施相关的部门的意见。立法要考虑子孙后代的利益，一定要慎之又慎，不能仅凭个别人的新观点就作出规定！

实际上，在民法发展的最近一两百年的历史中，在物权领域，最重要的是产生了“让与担保”这个新的物权种类。让与担保最初出现时，法院认为是规避行为，以违背物权法定（原则）而认定为无效。后来发达国家法院认为，让与担保是社会实践创造出来的新的物权，逐渐在判例中加以认可，随后有的通过特别立法或修改法律的方式予以规定。通过这一例子我们知道，一两百年的历史在物权法定之外仅仅发展出了一个让与担保，物权法定并没有对社会经济造成负面影响，并没有多大的弊病，这是由法律自身的规律性所决定的。当今世界所有国家的物权法均确立了物权法定原则。虽然物权法定原则在19世纪后期以来受到挑战，出现了相对化趋势，但须注意的是，所谓物权法定原则的相对化，都是在法律规定之外由法院通过法律解释手段来实现的，至今没有任何一个国家废除物权法定原则而代之以物权自由原则。可见，物权法定原则不可动摇！一旦动摇必将对国家造成巨大的危害。

下面我讲第二个问题：不宜明文规定“国有化”措施。

这是指《第六次审议稿》第52条。该条规定：“铁路、公路、电力设施、电信设施和油气管道等基础设施，依照法律规定为国家所有的，属于国家所有。”粗粗看来，该条文似乎没有问题，但仔细分析，这不就是“国有化”措施吗？不就是国家随时可以通过立法将铁路、公路等基础设施收归国有吗？这是典型的“国有化”措施，甚至根本没有任何补偿、赔偿的规定。

基础设施是不动产的一部分，依民法“谁投资归谁所有”的原则，国家投资的基础设施归国家所有，私人、企业投资的基础设施归私人、企业所有，这是民法的基本原则。第52条讨论的当然不是国家投资基础设施的情形，而是私人、非公有制企业投资基础设施的情形。依民法原则，这属于私人、非公有制企业所有的基础设施，国家要取得其所有权，在现代法治的条件下，惟一的途径就是国家征收。这在宪法、物权法草案中都有明确规定。物权法草案规定，出于社会公共利益的目的，根据法定的权限和程序，可以征收私人、企业的不动产，包括建筑、土地，同时要给予补偿。国有化的措施是社会主义国家、资本主义国家都曾经采用过的最严厉的措施。通过制定一部法律就宣布某些不动产归国家所有，这对社会是十分危险的。

改革开放初期，我国政府对外宣布改革开放的政策。但80年代初期、中期，引进的只是一些私人、小企业及所谓“三来一补”企业。大企业迟迟不进入的原因，就在于担心中国政府会实行国有化措施。只是到了90年代，中国政府宣布实行市场经济体制，用实践证明了对外资企业给予同等保护，承诺不实行国有化征收，一些大企业、跨国公司才进入中国。这些国际资本进入中国市场之所以顾虑重重，是有历史原因的。历史上，苏联在十月革命以后出现了经济困难，实行“新经济政策”，其中一项政策就是对外开放，吸引境外投资。当时西欧、美国的资本投入苏联，对经济的恢复发挥了很大作用。一度过危机，苏共中央即宣布结束“新经济政策”，颁布“国有化”法令，宣布外资财产全部归苏联国家所有。当时一些苏共中央领导人还尖刻嘲笑这些外国资本家的愚蠢。

有了这个教训，国际资本对中国的改革开放一直观望，中国政府经过了大量的动员说服，付出了很大的代价给予外资企业以优惠政策才逐渐消除了他们的顾虑。现在中国加入了世贸组织，但这并不等于就自动取得了市场经济国家地位，为了取得市场经济国家地位，必须与各个国家进行谈判，说服这些国家相信中国是市场经济国家。中国政府花费了巨大努力向国际社会作出不进行国有化的承诺，给外资企业以同等的保护，而现在物权法草案（第六次审议稿）居然明文规定国家将对基础设施保留实行国有化，规定只要法律规定为国家所有，就为国家所有，绕过了国家征收，丝毫不提补偿问题！物权法草案明文规定国有化措施，这对我们继续推行改革开放是不利的。退一步说，即使有人对此抱有怀疑，认为社会主义市场经济不是中国长远之计，认为最终将有采取“国有化”措施的一天，也大可不必在物权法上明文规定。因此，这一规定违背了我国市场经济的政策，将会损坏国家形象和市场经济的建设，至少是不明智的。

下面讲第三个问题：承包经营权的期限为什么不统一？

这是针对《第六次审议稿》第126条，该条文规定：“耕地的承包期为30年，草地的承包期为30~50年，林地的承包期为30~70年，特殊林木的林地承包期经国务院林业行政主管部门的批准可以延长。”由此可见，物权法有关承包经营权的期限是不统一的。

首先的问题是如何操作。比如，将草地、林地规定不同的期限，显然是根据栽种的草或树木的种类确定的，一块草地究竟种多少种草？哪个机关有权依据不同草的生长期，决定承包期限的目录，制定不同林木承包期限的目录表？即使制定了目录表，如果实行轮作制、间作制，究竟应以何种草决定其承包经营的期限？这是难以操作的。

同样，以不同树种的生长期决定承包经营权的期限，也是难以操作的。银杏树的生长期较长，南方叫做“白果树”或“公孙树”，爷爷种树，孙子才能收成。假设以种植银杏为由可以获得90年的承包期限，那么大多数农民都会选择栽种银杏树苗以获得较长的承包期限。但是，一旦经过一定的程序获得了90年的承包经营权，农民们又一定会刨掉收成期长的银杏而改栽收成期短的经济植物，这是现实利益所驱使的，如果真的种银杏，那么爷爷、父亲他们吃什么呀？如果出现这样的局面，政府应该怎么办？政府可以睁只眼闭只眼，但这又违背了法治的权威。从法治的视野，我们不能睁只眼闭只眼，我们一定要纠正它。但谁又有权去纠正呢？谁可以成为工作队的成员呢？可见要纠正也很困难。纠正的方式也马上就发生了问题，当我们派出工作队的时候，那些农民把那些香蕉树、苹果树刨掉，又种上了银杏树，那怎么办呢？这会造成多大的麻烦啊？这会导致农村经济多大的动荡和混乱！

我们回想一下改革开放。改革从农村开始，取得了巨大的成功。农村的改革开放，说到底，不就是把土地的所有权与使用权的统一给它分开了吗？所有权保留给集体，把使用权转让给了农户。就是这样的一个改变带来了农村改革的成功。还是这些土地，还是这些农民，但我们中国历史上的农产品、副食品，从来没有像今天这样丰富。这个经验从法律上说，就是所有与使用的分离，实际上就是农民自己决定栽什么、种什么。邓小平领导的改革开放，不就是这一点吗？这改革开放的经验归结到一点就是，种什么，政府不要管，让农民自己去管。因此，就取得了农村改革的成功。如果我们置这些经验于不顾，物权法用规定权利的期限去限定农民们栽什么、种什么，用这样的办法来限制农民，导致农村经济的动荡，混乱，这样有没有必要？完全没有必要！这是不明智的，违反了改革开放的经验，是危险的！

下面我要讲第四个问题：不可轻率地规定动产浮动抵押。

这是针对《第六次审议稿》第182条，即“经当事人书面协议，企业、个体工商户、农户可以将现有的以及将来拥有的动产抵押。债务人不履行到期债务或者出现当事人约定的实现抵押权的情形，债权人有权就约定实现抵押权时的动产优先受偿”。这个条文规定的是动产浮动抵押。它规定的不是我们教科书上的一般浮动抵押，而是动产的浮动抵押。

要讲这个条文，首先要讲抵押，要讲为什么会从抵押中发展出浮动抵押。我们说的抵押权是担保法上规定的一般抵押权。作为一般抵押权，它的标的物是不动产，要办理登记，而且对于一般抵押权而言，一个抵押物要办理一个登记。就是说，如果一个企业有两栋大楼，按照一般抵押权，它应该订立两个抵押合同，办两个抵押登记，最后产生两个不动产的抵押权。一个不动产设定一个抵押权，这叫一般抵押权。但《担保法》作出这样的规定，对一般企业就会造成限制，存在不足之处。一个企业可以有若干栋大楼，除了办公大楼，还有厂房、宿舍及其他一些贵重物品。要一一设定抵押权增加了它的麻烦，要签好多合同，办很多次登记；再说分成了若干个抵押权以后，担保价值也会受到影响。这是一般抵押权的不足。

鉴于一般抵押权的不足，法律上就产生了一种新的抵押权，这种新的抵押权在日本叫财团抵押。我们的现行《担保法》上有一个规定，就是上述的不动产、动产可以一并抵押。按照这一规定，如果一个企业有好几个不动产，还有好多动产，它就可以把这好几个不动产、好多动产合并起来，编制一个财产清单，然后将财产清单拿去登记机关登记，办一个抵押权登记，设定一个抵押权。这种抵押权的优点是手续简单，它仅办理一次抵押登记。这些财产合起来一起抵押，比分开各个抵押的担保价值可能要更大，对企业更为有利。这样，一般抵押就发展出动产、不动产的集合抵押。动产、不动产的集合抵押有它的优点，但后来发现，它也存在缺点。如果涉及那些特别大型的企业，它的缺点就出来了。那些巨型的企业，要制定一个财产的目录，制定财产清单，非常的困难，要花几十人、上百人，花上好几周、好几个月去登记、清理，还不见得能清理完善，更不用说跨市、省、国的大企业，制定财产目录非常的困难。一旦财产被列入财产目录办理了抵押登记，这个财产就不能动，如果要动，就要变更登记。新买的设备要变更登记，财产转让要变更登记，这就限制了企业的生产经营。

在这样的条件下，就产生了一种更新的抵押方式，就叫浮动抵押。浮动抵押是从英美法上学过来的。什么叫浮动抵押呢？就是抵押物是不确定的。因为是不确定的，设定就非常的简便。一个企业签订一个抵押协议，说将我这个企业的现有财产以及将来取得的财产抵押给某个债权人、银行，它拿去登记的时候要不要什么财产清单呢？不要财产清单，只要把抵押协议拿到企业登记机关，而不是那个不动产登记机关，在那里办一个登记，说这企业现在所有以及将来所有的财产抵押给一个银行，这就足够了。程序手续非常简单，避免了刚才提到的那些大企业制定财产清单的困难，这就叫浮动担保、浮动抵押。

浮动抵押的缺点也显而易见，以现在所有以及将来所有的财产设定抵押，现在的财产如果将来不在了，怎么办？现代市场经济风险是巨大的，看看我们的市场，有多少小企业、中型企业、甚至一些比较大的企业，不断倒闭、不断破产。法律上说，他们是企业法人，企业法人的消灭必须清算。实际生活中，多少中小企业关门了、蒸发了，它们清算了没有？它们没有清算。这是市场经济的风险决定的，不然它就不叫市场经济。所以浮动抵押虽然有它的优点，但如果该企业经受不住市场的风险，破产了，垮台了，蒸发了，那怎么办呢？假设是一个不诚实的商人，他把他现在所有的财产以及将来所有的财产抵押给银行，然后他把这些财产转卖了，然后就关门大吉，就蒸发了，这银行到什么地方找他？浮动担保标的物不特定，连个清单都没有，性质上是允许出卖的，如果他把财产卖了，或者送人了，最后消失了，银行的债权靠什么保障？这种担保必然潜伏着欺诈、骗贷、骗保的危险。所以，发达国家引进这个制度的时候，就采取了措施。

首先，限定浮动抵押的设定人必须是大规模的企业——股份有限公司。为什么股份有限公司可以设定呢？因为在公司法上，作为股份有限公司，它的资本金是巨大的，承受风险的能力较强。根据经验，大型的企业在市场中能够承受风险，而中小型企业难以承受风险。还有一点，根据公司法的规定，股份有限公司的规制比较严格，法律法规比较健全，对内部、外部关系有严格的管理，更不用说还有登记、信息披露等一系列的制度。其次，从浮动抵押的设定主体上限定还不够，还要对担保的债权再进行限制，仅限于担保发行公司债。如果一个股份有限公司要发行公司债券，它一定是一个上市公司。一个上市公司也不能随便发行，还要遵守发行公司债的相关法律法规，有严格的实体与程序上的条件。一个大型的股份有限公司，本来承受风险的能力就较强，本来它的内外部管理、法律法规就比较健全，现在还规定只有发行公司债才能设定浮动抵押，又加了一个严格的限制，要经过严格的审批，有严格的程序和条件。从这样两个方面限定浮动抵押，其目的就在于要防止骗贷骗保，就是要保障银行合法的权益。随着社会的发展，90 年代以来，有另一类的债权也可以设定浮动抵押，就是项目融资。项目融资所涉及的企业一定是大企业，这个项目一定是一个大项目。随便一个小项目，盖一个宿舍楼，盖一个办公楼的项目会进行项目融资吗？不可能。一定是大型企业的大型的项目融资才可以采取浮动抵押。浮动抵押制度有它的优点，也有它的弱点，所以才从设定人、担保的债权两方面限定。

浮动抵押由于它的抵押物不特定，它的实现方式也是特殊的。一般抵押权的实施，依我们的《担保法》规定就是向法院起诉，而对《民事诉讼法》上规定的企业的破产程序、清偿还债程序，一般抵押权的实施都无须动用。一般抵押权的实现，严格意义上说连诉都不必要，《合同法》第 286 条规定了承包人的优先受偿权，关于它的实现，合同法上规定向人民法院申请执行就行了，不必起诉，相当于国外的“对物之诉”，比较简便。因为登记的就是那标的物，谁也拿不走，只要向法院申请行使抵押权即可。法院受理行使抵押权的申请，就查封抵押标的物，发布拍卖公告，公告期满没有人异议，法院就决定拍卖，债权人就优先受偿，程序上非常简单。浮动抵押就不是这样，因为它的标的物不确定，设定时说是现在所有的财产及将来所有的财产，但实现时到底有多少财产，那些财产在哪里，你怎么知道？因此必须要动用民事诉讼上的破产程序、清偿还债程序。一旦要实现浮动抵押权，债权人向法院提出申请，法院就要马上作出执行浮动抵押权的裁定，马上要查封被执行人的财产，同时指定财产管理人来登记所有的财产，然后根据破产程序、清偿还债程序拍卖，来使抵押权人优先受偿。可见，浮动抵押权的执行也是很特殊的。

我们已经介绍了浮动抵押制度，现在回过来看《第六次审议稿》。首先，它将标的物限定在动产。浮动抵押的标的物本应是抵押人现在所有和将来所有的全部财产，范围很宽，包括企业的动产、不动产、知识产权、债权等，因此可以担保较大的借款，可以发挥较大的担保的作用。而我们的草案将不动产、知识产权等全部排除在外，仅剩下动产。一个企业，不动产是最值钱的，动产往往不怎么值钱，而同时又将那些值钱的知识产权、股票、债券等动产都排除在外，剩下一堆有形的动产能值多少钱？这种在标的物上的限定，是不合适的。其次，在主体上没有作出限制，没有限定于大企业，这就等于把主体扩大到所有企业甚至个体工商户、农户。在我国，公司企业包括股份有限公司、有限责任公司，非公司企业包括合伙企业等。对大量的中小企业来说，它们有多少动产？它们在市场中经受风险的能力较低，它们破产了怎么办？消失了怎么办？除了企业，还有个体工商户，个体工商户的财力更有限，不就是一个手工作坊吗？一个手工作坊、小商店、饭店，它有多少动产？值多少钱？那些锅碗瓢盆值多少钱？经受风险的能力就更小。还扩大到农户！农户有多少动产？好多经济比较好的农村家庭有一辆手扶拖拉机，稍微再好一点的有辆载重汽车，东北大一点的农户可能有个大型收割机，有些可能有载货的机车，就这些动产，值多少钱？农户的动产是很少的，价值是很低的，值不了多少钱。所以说，现在的条文在主体上不加限制，扩大到所有的企业，扩大到个体工商户、农户，毫无理由。这样做的结果是必然会滋生骗保骗贷。最后，这些财产没有了，企业不见了，个体工商户的财产卖掉了，人也跑掉了、蒸发了，银行这个贷款人，这个浮动抵押权人，其权利就等于零。因为抵押标的没有了，权利也就没有了。

所以，这样规定是危险的，它会进一步助长骗保骗贷。在现代社会市场经济中，诈骗丛生，骗的是谁？如果是小骗子骗个人，骗的就是退休的老太太、老头；如果是大骗，那么骗的是谁？就是银行！改革开放以来，银行遭受的诈骗、欺诈、骗保骗贷何其多！不然为何有如此大的不良资产，如此多的呆账需要国家专门制定法律法规予以解决？这都是因为它们遭受到了欺诈而造成的！再加上我们的银行转入市场经济的时间不长，它们的管理制度不严，你看凡是银行上当受骗的，一定是内外勾结。这样的教训特别多。改革开放以来，最早推出来的委托贷款，最后导致银行遭受多大损失！还有这个债券回购，导致多大损失！然后是机动车保证保险的融资贷款，导致银行多大损失！现在我们物权法如果轻率地规定动产浮动抵押，可预见又将对中国各个银行带来巨大的损失，又将使得市场经济秩序极大混乱，使得现在这些违法行为进一步滋生和泛滥！

下面，我讲第五个问题：是权利质权还是债权转让？

这是针对《第六次审议稿》第224条。该条是这样规定的：“债务人或第三人有权处分的下列权利可以出质：①汇票、本票、支票；②债券、存款单；③仓单、提单；④可以转让的股权；⑤可以转让的注册商标专用权、专有权、著作权等知识产权中的财产权；⑥公路、桥梁等收费权；⑦应收账款。”现在的第6项和第7项是新增加的，在此前四次审议稿都没有这两项，现行《担保法》关于权利质押的规定里也没有这两项。但是，公路、桥梁等收费权和应收账款可以设定权利质权，在理论上是错误的，并且，在实践上也是有害的。

为什么会这样规定呢？为什么规定公路、桥梁等收费权和应收账款可以作为权利出质呢？是因为起草人员没有注意到，现实生活中发挥融资担保作用的不见得都是担保物权。担保物权可以担保融资，但担保物权以外的担保手段、融资手段也有很多。“指定账户”、“债权转让”、“共同债务人”，这些都是担保手段。我们的保证不是担保手段吗？那个定金不也是担保手段吗？押金不也是担保手段吗？所以说发挥担保作用不等于就是担保物权。担保物权是发挥担保作用手段中的一种，还有很多不是担保物权。

这里讲到了共同债务人，共同债务人在《担保法》上没有规定，实际上，一些老练的企业和精明的律师就在采用这样的手段。什么叫共同债务人呢？比如说甲企业向银行贷款，银行对它的信用没有信心，通常是找一个保证人，找一个大企业或公司来当保证人，由保证人起担保作用。如果这个银行的律师或法律顾问比较精明，他就会说，你找个大型企业在借款合同的借款人一栏签字，不要在保证人一栏签，直接在借款人一栏签就行。这样，这个借款合同就是两个借款人。一个是真的借款企业，还有另一个是名义上的借款企业，这另一个借款企业是在起担保作用的。这就运用了我们债权法上所说的连带债权、连带债务这个制度。两个债务人之间是连带责任，到执行债权的时候，银行想告谁就告谁，谁有钱就告谁，所以这是一种最有利、最诚信的担保形式。这并没有产生担保物权，甚至连担保权都没有产生，这里只是利用了债权债务，是作为债务人发挥担保功能。

现在回到担保物权，在担保物权中，一种权利、一个标的物为什么可以设立担保呢？动产质权与不动产抵押权，一个是移转占有，一个是不移转占有。不移转标的物的占有，叫做抵押，但是要办理登记；转移占有，叫做质押，产生质权，不需要登记。不动产抵押为什么不需要移转占有？那个大楼、房子还在抵押人手里，银行为什么放心呢？这个原因就在于这个标的物是不动产。不动产就是不可移动的财产，用老百姓的话说，跑得了和尚跑不了庙，你这个庙它跑不掉，抵押权人的权利附在这个庙上，我向法院申请，拍卖你这个庙就行，所以说不动产是不可以移动的，符合“跑得了和尚跑不了庙”的老百姓的一般社会经验，因此设立抵押不需要移转占有。动产不行，动产会跑，不但汽车会跑，摩托车也会跑，机器设备也会被别人抬走，马牛羊也会跑，那怎么办呢？非移转占有不可。为什么要移转占有？因为不移转占有，债权人不放心。设定担保物权后，把动产卖了、送人了，人也跑了，这时候债权人遭受损害就毫无救济之道。因此，动产质押非移转占有不可。我们法律上规定，动产质押以移转占有为生效条件，还进一步规定，一旦你这个质权人丧失对动产的占有，这个权利就消灭。这是这个权利的生效条件，一旦丧失占有，这个权利就不存在了，为什么呢？因为你不移转占有，不亲自控制这个物，你就保障不了自己的利益。

那我们来说权利质权。权利是无形的、无体的，你怎么说它是动还是不动呢？所以，适合权利质押的不是一般的权利，不是所有的权利，而应该是有权利凭证的权利，这个权利一定要有权利凭证。这个权利凭证不是一般意义上理解的权利凭证，不是我给你打一个欠条、收据，或者给你多少返券、优惠券，这里说的权利凭证是有价证券，即汇票、本票、支票、仓单、提单，还有股票和债券。注意，一张什么纸成为权利凭证，是需要法律明文规定、严格限制的，汇票票面应该有哪些字？有什么图案？背面应该划分几栏？怎么背书？怎么转手？等，法律有严格的明文规定。注意，可以作为权利质押的不是一般的权利凭证，而是有价证券。什么是有价证券？大家想一想我们海商法上讲的提单，合同法上讲的仓单，我们教科书上说这叫债权凭证。什么叫债权凭证呢？就是债权的享有和行使，必须以该凭证为依据。谁拿着这个提单，谁就有权提货；谁拿着这个提单谁就享有提货的债权。仓单也是如此。提单、仓单不仅是债权凭证，它们还是物权凭证。为什么说是物权凭证呢？这个提单交付就代表着物的交付，代表所有权的过户，谁拥有提单，谁就是这批货物的所有权人。可见，仓单、提单它不是一般的权利凭证，它是特殊的，是有价证券，既是债权凭证，在以仓单、提单提取货物的情况下它还是物权凭证。当然其他的如汇票、本票、支票、仓单、提单，还有股票和债券等，只是债权凭证，不是物权凭证。

进行权利质押，须将权利凭证交给对方。那么，为什么要把权利凭证交付给对方呢？刚才讲过了，动产质押要把动产交付给债权人占有他才放心，那么，在权利质押的情况下，同样只有把权利凭证交付给债权人，债权人作为质权人占有权利凭证他才放心。为什么他会放心？因为仓单、提单、汇票等这些权利凭证的性质决定了谁拿着这些权利凭证，谁就享有这些权利。要提货、取款就是靠这个权利凭证：你只要出示汇票、支票，银行就要把款给你；你只要出示提单，船长就要把货交给你；仓单也是这样的，你只要出示仓单，仓库保管员就把货物交给你。它们就代表债权，就代表货物所有权，代表提取货币的权利，因此要移转权利凭证的占有，通过移转占有来达到控制这些权利的目的。那么，没有权利凭证的某些权利要设立质押，怎么办呢？比如刚才所说的可以质押的股权，如果没有这个权利凭证怎么办呢？一些债券、公司债也不发行票面的权利凭证，而是记账。记账只要符合法律也可以设定权利质押，因为这个权利有登记制度，虽然没有权利凭证，但有登记就可以了，就像不动产登记一样，仍然可以达到控制的目的。

这就是说，权利质押，设立权利质押的权利一定要有条件。所以，权利质押不是所有的权利都可以设的，要按规定条件。这个规定条件就是要么有权利凭证，要么有登记制度，并且，通过移转权利凭证来移转占有，或通过登记来达到控制权利的目的。反过来，如果一个权利没有权利凭证或登记制度，或者虽有权利凭证和登记制度，但不能通过移转权利凭证来达到控制权利的目的，就不能设立权利质押。公路、桥梁收费权和应收账款恰恰是既没有权利凭证，也没有登记制度的权利。没有权利凭证或登记，就不能通过移转占有或登记来控制权利。

首先，公路、桥梁收费权不适于设立权利质押。因为，它有什么权利凭证呢？它有什么登记制度呢？没有。有人问，我们通过物权法给它搞出一个物权凭证，给它设计一个权利凭证，或者给它设计个法律登记不就行了吗？好，退一步讲，我们真给它搞出一个公路桥梁收费权凭证，搞出一个公路桥梁登记制度，能否通过移转占有或登记达到控制公路、桥梁收费权的目的呢？同学们想一想，过往车辆来来往往，谁来收费？这还不是原来的权利人去收费吗？你既然设立了权利质押却仍由原来的权利人收费，你怎么控制他？那有人会说，我们再建立一个制度，要求债务人必须在债权人的银行开户，他收的过路费必须存入这个账户，这当然可以达到控制权利的目的，但这样做他就采取了另外一个担保手段，叫指定账户。他只要设立指定账户就够了，又何必画蛇添足设立权利质押？完全没有必要！还有一个办法不让他收费，由银行派人收费或者委托中介机构收费。但这不就是合同法的债权转让吗？公路、桥梁收费权的权利性质决定了，只要过往车辆，你非收费不可。你办理了所谓的登记也好，你移转了所谓的权利凭证也好，你控制不了收费。所以想要以之为担保，可行的办法是，要么设立指定账户，要么进行权利转让。

以公路、桥梁收费权作为担保手段最常用的形式就是权利转让。我们回忆一下，中国历史上曾经向外国政府借款，向英国政府借款，中国清政府曾用什么做担保？用海关的收费权担保，就是用关税来担保。我们回忆一下，可以去查一下历史资料。中国海关设立时的关长是谁？关员是谁？海关总署的头是英国人，关员是英国人，或者英国人雇用的奥地利人或欧洲其他国家的人。为什么中国海关由英国人担任关长、关员来收关税呢？因为中国政府把对海关的收税权拿来作为向英国政府借款的担保了。那么怎么担保的呢？就是把海关收税权转移给英国政府，由后者直接来收费，直到收的关税金额冲抵了借款和利息，后者才撤走，撤走后才换成中国的关长和关员。想一想，中国海关的收回和租借地的收回是不一样的，不是拿着枪把外国人赶走租借地就回来了，海关是在还清了本息，是在外国人收费够了撤走之后我们才收回的。为什么海关关税只能采取债权转让的方式？因为海关关税没有债券凭证，没有登记制度，不能通过移转凭证或办理登记来控制海关收费，所以非要亲自控制收费不可。所以现在公路、桥梁收费权，要作为债权担保，就不能不采取历史上的形式，采取债权转让的形式，当然你也可以搞指定账户，但就是不能搞权利质押。

其次，应收账款也不能设立权利质押。什么是应收账款？就是出口商在出口后对进口商所享有的货款的债权，所以又叫应收账款债权。那么在出口商出口货物后他怎么来收回货款呢？我们教科书上说他可以采取信用证的方式，采用跟单信用证的方式。过去的教科书说信用证是最安全的，安不安全呢？看看我们改革开放以来各级人民法院、最高人民法院有多少信用证诈骗案件！可见信用证这种方式并不是安全的，它容易滋生信用证诈骗；同时进口商要开出信用证，他要先拿一笔钱存在银行开立信用证账户，银行才会开信用证，而这样一笔钱存在银行里，就会影响他的经营，对进出口的发展不利。因此90年代就发展了一种新的方式，这种新的方式叫保理业务。

保理是什么意思？首先就是应收账款债权的转让。按照1988年的《国际保理公约》，出口商把应收账款债权转让给出口商所在地的银行，单这一点还不叫保理合同，保理中银行还要承担其他职能，根据《国际保理公约》的规定，就是要么为进口商提供融资，要么为出口商收款，要么替出口商管理账户，或者为出口商防范债务人违约，防范呆账。《国际保理公约》中规定，出口商把应收账款债权转让给银行以后，只要银行提供了四种作用中的两种，或者为进口商提供融资；或者为出口商收款；或者替出口商管理账户；或者防范债务人违约，这样的合同就叫保理合同，这样的银行就叫做保理商。

保理商对于应收账款债权又怎么办呢？他又把它转让给进口商所在国的银行，这个银行往往就是进口商的开户行。进口商所在国的银行在受让应收账款债权以后，怎么办呢？它就向进口商要钱就行了。它向进口商要钱很方便，进口商的账户就在它这个银行，它就在这个账户上扣收扣划就够了。万一进口商有抗辩权，比如说，产品质量不合格，或者同时履行等抗辩权，不付这个款的话怎么办呢？这种情况下，进口商所在国的这个银行就又把这个应收账款债权反方向地转让给出口商所在国的那个银行。那个银行拿到这个应收账款债权以后就又找这个出口商退钱，把我先给你的钱退给我，你要不退给我就在你账户上扣掉。这就是保理业务，是用来代替信用证的一种制度、业务。

但是1988年的《国际保理公约》对保理有限制。首先，这在前面已经说到了，你要么承担融资，要么替它收款，有这样的限制。其次，还有什么样的限制呢？限于进出口合同，限于商人之间合同上的应收账款债权才可以实行保理，才可以转让。还有，这个公约没有解决一个问题，就是出口合同上有一个禁止转让条款的时候怎么办呢？当事人约定了一个禁止转让条款，如果出口商把这个应收账款债权转让给了银行，那么当事人之间的禁止转让条款对于受让人是有效还是无效？能不能够对抗受让人？如果能够对抗受让人，转让就无效，受让人就不能得到这个应收账款债权。

关于这个问题，《国际保理公约》没有达成一致的意见。这存在两种方案：以美国为首的意见是不能对抗受让人，当事人在合同上有禁止转让条款，这个禁止转让条款只在当事人之间有效，不能对抗应收账款债权转让的受让人；但是德国不同意，德国认为，当事人之间禁止转让，这也是合同自由，既然符合合同自由，是当事人真实意思的表示，当然具有对抗他人的效力。于是，《国际保理公约》就规定了两套方案，由参加国去选择。不管怎么说，这不方便，没有最终解决这个问题。《国际保理公约》还遗漏了一个重要的问题没有解决，就是一个出口商把一笔应收账款重复转让给两个以上的银行、两个以上的受让人时怎么办呢？哪一个转让有效？哪一个受让人享受权利？在《国际保理公约》上根本就没有讨论这个问题，没有提出对策。因此，这不利于国际间的应收账款转让的发展。

由于《国际保理公约》有这些缺点，联合国国际贸易法委员会在1992年提议起草一个应收账款融资与应收账款转让的公约。这个公约在2001年完成，完成以后，联合国大会通过，向各国开放签字。这个公约起草的时候，叫做《应收账款融资与应收账款转让公约》，最后完成以后，把“应收账款融资”删掉了，就叫《国际应收账款转让公约》。为什么要把“应收账款融资”删掉呢？这是因为这个公约对应收账款转让废除了目的限制。《国际保理公约》规定银行要么融资，要么收款等，从目的上进行限制。这个公约把任何限制都取消了，不管你是融资、收款还是其他目的，只要你把应收账款转让给银行，就叫应收账款，就适用这个公约。所以说，实际上它就是规定应收账款债权转让。

前面讲到了，进出口合同、商人之间的合同，才可以适用《国际保理公约》，现在《国际应收账款转让公约》也把合同的限制取消了。国内的合同、进出口的合同，甚至一般的消费者的合同，都可以适用这个公约，都可以进行应收账款转让。并且，将来的应收账款，合同还没有签订，还没有发生的应收账款债权，或者签订了还没有交货，将来可能发生的应收账款债权也可以转让。前面讲到的，当事人在合同中规定了禁止转让条款的情形，这个公约采取了一个彻底的态度，就是禁止转让条款不能够对抗受让人。不仅禁止转让条款不能对抗受让人，当事人在合同上对应收账款债权转让所附加的任何限制，对于受让人都是无效的。当然，应收账款基础合同上的禁止转让在当事人之间还是有效的。还有，这个公约把我们债权法上的债权转让通知进一步地加以区分，规定了债权转让的通知与付款指示，并且规定如果债务人收到付款指示以后还把货款还给原来的出让人，他不能免责。债务人能不能免责以什么作为标准呢？以收到付款指示为标准。

特别值得注意的是，这个国际公约对于重复转让有规定。关于重复转让，一个应收账款债权转让给了两个、三个银行，有两个、三个受让人，哪一个受让人享有这个应收账款债权呢？美国的方案是，应当按照国际上的应收账款转让的注册体系的注册为准，以注册的时间先后为准，注册在先的受让人享有应收账款债权。德国的方案是，以债权转让合同成立的时间先后为准，成立在先的债权转让合同有效，后面的债权转让就无效了，成立在先的债权转让合同的受让人享有这个权利。德国人的理论就是，一个应收账款债权，你转让给了张三之后，你就没有权利再进行对李四的转让，你就是无权处分，当然不能够有效，他们严格以债权转让合同的成立时间先后为准。英国、日本、西班牙采取第三种方案、以债务人收到债权转让通知的时间为准。所以债务人收到债权转让的通知，第一份通知上的受让人享有债权，享有应收账款债权。这三种方案在公约制定的过程中达不成一致意见，所以《应收账款转让公约》不得已设了一个附则，附则当中同时规定了这三种方案、三种规则，然后在公约当中专门有一条规定，参加国可以随时声明接受附则三种方案中的哪一项。如果接受第一项，以注册登记的时间为准的话，你同时就要加入国际间一个专门的注册系统；如果你接受第二个方案，以合同成立的时间先后为准的话，当然你声明就行了；你接受第三种方案，以接到债权转让通知的先后为准，你也只要随时声明就行了。

由于这个公约在它的附件中规定了三个方案，第一个谈到了以注册时间先后为准，并谈到了注册体系，就很容易使人联想到物权法上的登记。但是这个注册是登记吗？或者说是不是因为登记就产生了一个担保权呢？《国际应收账款转让公约》规定重复转让的第一个方案，以注册的先后为准，要加入国际间一个注册体系，就使我们银行的一些同志误认为这就是担保权——有登记，而且登记决定了先后顺序，这不就是担保权了吗？这也正是把应收账款这个债权转让误解为权利质权的原因。他们甚至没有看《国际应收账款债权转让公约》的中文文本。这个公约以及前面的《国际保理公约》两个国际公约，都是规定了应收账款债权转让，而没有任何一个字讲到权利质押或者应收账款债权质押，没有任何一个字讲到担保物权、担保权益等，它纯粹的、彻底的就是债权转让的方式，就是一个债权转让的制度。我们的物权法却将应收账款纳入权利质押制度。

据了解，现在中国的银行绝大多数银行都没有开展保理业务，都没有开展这样一种应收账款债权转让的业务，对于这两个公约不熟悉。只有个别的银行，哪一个银行呢？例如交通银行，它签订的合同文本当中，有一个保理合同的文本。我们立法机关在作规定的时候呢，开了一个专家论证会，请的都是银行方面的专家。所以，后来法工委的同志告诉我，银行方面同志在这个方面的一致意见是，物权法草案要规定应收账款权利质押。这样，就把一个普遍的债权转让制度，在物权法上作为权利质押来规定，和国际的实践截然相反。应收账款这样的债权不适于设定权利质押，这样的规定是理论上的错误，在实践上是绝对有害的。如果不删掉它，那么将来我们银行开展保理业务，开展应收账款融资业务，如果按照物权法，则难以操作，并且将会造成极大的害处。

由于时间关系，关于《物权法草案第六次审议稿》，我今天就说这么多。实际上存在的问题还有不少。我在这里讲了几个我认为是错误的，是绝对错误的，一定要提。我向立法机关提出，现在时间已经不多了，漏掉的虽然重要，不规定也不要紧；规定不完善的，规定不准确的，也不要紧，毕竟法律生效以后，我们还有最高人民法院的解释加以补充、完善和准确化，但是，如果我们物权法上规定了错误的制度，将来就无可救济，最高人民法院也不能改变它，因为不能通过解释来纠正法律的规定。在此做个提醒，我们的立法机关一定要利用这最后的时间把这五个问题彻底解决，不然，将会给实践造成极大的问题。谢谢大家。

柳经纬（主持人）：

梁老师刚才给我们谈到物权法中的五个问题，我个人的感受是既有法理又有情理，既有理论又有实务，非常的精辟。接下来我们请中国人民大学法学院王利明教授作评论。

王利明（评论人）：

老师们，同学们，我非常荣幸今天能够担任梁老师的这个非常精彩的报告的评议人。这对我来说也是一次非常难得的学习机会。刚才听了梁老师非常精彩的报告，对我来说确实有耳目一新的感觉，收获很大。我想，梁老师的这些意见可以说都是非常重要的意见，也肯定会受到立法机关的高度重视，并肯定会对我们国家物权法草案的完善起到极大的帮助作用。尽管有一些意见和梁老师不太一样，但是我想我和梁老师在这一点上的意见都是共同的，就是都认为物权法应当尽快出台。早出台比晚出台好，早一天出台比晚一天出台好。因为我们的国家迫切需要物权法，我们的民族迫切需要物权法，我们的社会主义市场经济体制、我们的国家的繁荣富强都需要物权法的保障。所以我们在此强烈呼吁立法机关，要排除各种干扰，尽快地出台物权法。下面我想简单地谈几点意见。

第一点，就是梁老师谈到的关于物权法定原则在物权法草案中的表述。我觉得梁老师的意见应当说是非常正确的，我有一些意见曾经在有关的全国人大的研讨会上和梁老师交换过。比如说“视为物权”这个表述，我也感觉到至少在文字表述上不是太确切，当然我个人建议是不是删去“视为物权”这句话或换一种表达。当然这都可以再讨论。

这里确实有一个非常重大的问题，就是物权法定原则需不需要缓和。如果我们在物权法上要表述物权法定原则，我们就必须要对这个问题作出回答。可能我在这一点上和梁老师的观点不完全一致。我是极力主张要在物权法上表述“物权法定”这个原则，同时我也建议要做一点适当的缓和。主要是考虑两个原因：一是我们现在处于一个社会的转型时期，财产关系处于一个急剧的变化、变动之中，我们还不能指望物权法把各种物权都能够固定下来。其次，我们在整个物权法制定过程中都一直就一些物权的形态是不是要在物权法中规定进行讨论。比如说典权，它在实践中已经存在，那么是不是要在物权法里规定？还有一些权利类型，比如说像居住权、空间权，是不是要规定，争议很大。《第六次审议稿》就把居住权删除了，但也有很多人认为将来居住权也有可能变得越来越重要，是不是未来要通过某种形式把它承认为物权？另外关于新的担保，现在有些学者说担保既是一种古老的制度，也是一种新型的制度。在担保这一领域，的确我们要看到，一些新的物权类型已经产生了。这些是不是都要规定在我们物权法中当然是另外一个问题。

这就是说，在物权法上对物权法定原则做一些必要的缓和，留一些开放的空间，对未来人们更有效率地利用资源，更有效率地通过物权的形态来利用资源，也许是有利的。我看到一个葡萄牙学者谈这个问题，他的基本观点是认为，如果物权法定过于封闭的话，就会妨碍人们有效率地利用资源。我觉得这个观点可能还是值得我们思考的。所以我更倾向于认为，适当地留一个开放的空间可能是有一定好处的。但是我确实赞成在如何表述上进一步探讨。我赞成梁老师刚才提出的意见，可能确实需要做一些修改。

第二点，就是关于第52条。关于第52条的表述，我觉得梁老师指出的问题是有一定道理的。我想这可能在很大程度上是一个因表述不太清楚而产生的问题。据我个人了解，写这一条的出发点主要是想把一些重要的国有财产在法律上规定下来。有不少人建议，我们的物权法应当就一些重要的国有财产都在草案中作出确认和规定，这样有利于保护国有财产。立法机关是不是考虑到这个意见呢？因为这次确实是增加了一些关于国有财产的客体的规定。第52条可能也是从这个角度，想把铁路等基础设施这些重要的国有财产规定下来，但可能在文字表述上存在问题。

目前个别教授可能对物权法有些偏见，把一些纯粹技术性的规则政治化，这样一些批评与指责在我看来是没有道理的。比如物权法草案规定了占有，他说你就是要占有国有财产，导致国有财产流失；又比如规定善意取得，他说你就是要善意取得国有财产，为侵吞国有财产提供方便，其实我们对此写得非常清楚，前提必须是支付合理的价格。规定取得时效更不行，他说那就是要为非法占有国有财产大开方便之门。我曾经建议说写上先占，那更不能写了，弄不好就被误解为是要侵占国有财产。所以有人提出要把占有、善意取得统统删掉，否则就不利于保护国有财产。这种观点是对物权法的误解，但我觉得这种误解有些离谱了。我觉得立法机关应该不受这些误解的左右，把我们的物权法起草得更好。

第三点，是关于新的担保形式。我们注意到国际上担保物权有新的发展，出现了新的担保形式，但这些新的担保形式是不是都要写进物权法，我觉得需要进行讨论。梁老师对于浮动抵押利弊进行了分析，我觉得非常精辟。浮动担保可能从理论上看是有很多的优点，比如它跟固定担保不同，它可以利用集合物担保，充分利用担保物的价值；它跟财团抵押不同，不仅仅是以集合物担保，还可以对集合物一件件进行灵活处分，有效率地利用企业的财产，理论上比财团抵押还有效率，但确实潜伏有许多的风险。

草案只是规定了这种担保形式，但还有许多重大问题没有解决，如关于该制度的适用范围是否要有严格的限制；还有它与固定担保的关系，设置了浮动担保是不是还可以设置固定担保；优先顺序怎么确定；债权人何时能够介入等。这些问题还需要我们研究，我个人觉得还应该规定得详细一点，但有的人认为这样写太琐碎了，物权法只能把基本形式表现出来，将来可以通过特别法和司法解释完善。但我认为，完全由有关行政规章进行解释很危险，弄不好是由行政机关决定物权的内容，而且，我想这样做也不一定符合《立法法》的规定。

关于收费权的质押与应收账款的质押问题，我觉得梁老师的分析有道理，但有些观点我与梁老师又有分歧。比如，关于权利质押是不是主要限制在有权利凭证的权利方面，权利质押是不是实际上都是权利转让，这些都值得探讨。但我觉得梁老师的观点都很精辟，看问题也很独到。我赞成梁老师的这样一个观点，就是我们对于新的担保形式的认可应当慎重，特别是担保制度在现代社会与金融体制有密切的联系，是以金融为中心的担保，因此我们在设计新的担保形式时，要看它能不能为中国现行的金融体系所接纳，这是需要我们认真思考的问题。我们需要看到，现在的四大商业银行，尽管经过一些改革，在法人治理结构上有很大进步，但还是很不完善很不健全，国有商业银行一些固有的毛病还相当严重，而且银行业从业人员素质还需要提高。如果我们盲目地没有限制地允许银行采用这些新的担保形式，确实像梁老师讲的，可能会出现骗贷骗保，出现大量的呆坏账。

对于应收账款我也赞成这个意见，就是我们要慎重，即使规定也要有明确的限制，对于什么是应收账款要有明确的定义。否则，本来大量债权法院判下来都收不回来，将来都拿去银行作质押，像梁老师刚谈到了，一方面贷出去的钱收不回来，另一方面作质押的债权都是坏账，不是更助长了呆坏账吗？我们的银行又不是非常理性的商人。这样的结果是对经济有害的，所以我也有担忧。这些问题值得进一步探讨。我们怎样更进一步地充分发挥现行法律所规定的担保形式的作用？这些作用、潜力是不是都作了充分的挖掘？现有的担保手段是不是真正发挥了它应有的功能？如果我们能够通过充分发挥现有担保手段的作用，可以起到新的担保方式所起的作用，我们也不一定规定新的担保方式，除非是现有方式实在不能发挥作用。所以我个人在这个意义上赞成梁老师的想法。

总的来说，我非常感谢政法大学给我这次机会，感谢政法大学的邀请，谢谢大家！

柳经纬（主持人）：

王老师刚才对梁老师所谈的几个问题都作了正面的评论和回应，我们看到立法上考虑的角度可能是多元的。下面请清华大学的崔建远教授作评论，大家欢迎！

崔建远（评论人）：

首先感谢中国政法大学邀请我参加今天晚上梁老师的报告以及让我作点评。听了今晚梁老师的报告、利明教授的点评，我确实有很大的收获，也有许多感想。第一个感受，我感到梁老师具有社会责任感、法律人的历史使命感和理论的勇气，这些都值得我们学习。从进入民法的领域以来，在很多的历史时期、很多的法律事件上，我都深刻地感受到梁老师的勇气和精神风貌。比如在过去，我们都不敢直接引用境外学者著作中的观点，唯恐被扣上精神污染、资产阶级自由化的帽子。在我的印象里，第一次读到的是梁老师的论文明确地引用了例如史尚宽先生等人的著作，并且明确地称他们为先生。我们私下里都很感佩梁老师的勇气，为了追求真理，不计后果！在现阶段，无论是合同的立法还是物权的立法，梁老师都针对法律的草案，而不是针对人，本着为中华民族、为我们国家负责的精神，为了学术的纯正与向前发展，勇于发表自己的意见，尽管这些意见可能是逆耳的，但他还是毫无保留地把它袒露出来，这确实值得我们学习。第二个感受，是梁老师目光的敏锐，他能发现我们常人难以发现的问题。今天梁老师谈到的国有化措施，我就没有发现。过去梁老师提到的物权登记制度的问题我也没有发现（我想我能够代表亿万常人）。但这些问题，都被梁老师发现了并明确提出来，从理论上说明它的不足以及应该改进的路径与方法，我们的法律学术应该这样一步步向前发展。第三个感受，是梁老师学识渊博、富于逻辑。他今天的报告不仅涉及传统的民法理论，还涉及很多新兴的学科，他都能娓娓道来，并按照逻辑的层次步步展开。第四个感受，是梁老师亦庄亦谐，趣味横生。梁老师看上去是个严肃的人，严肃地做人，严肃地做学问，阐释他的意见，但其中不乏幽默之感，像今天谈到的银杏树的问题，还有货币的标准化类比问题。以前的讲座他还谈到，如果把水资源规定为国有，那滚滚长江水流入东海，就等于是每天国有资产都在流失。都很幽默，使得我们永生难忘。

下面，我谈谈自己对有些问题的理解。

第一个问题是物权法定还是物权自由。我的想法要坚持物权法定，关于这点，梁老师已经说得很多了。我觉得，考虑到我国现实，除梁老师所讲的理由之外还有一个理由，就是在我国现行法与物权法草案上，物权的构成要件、法律效力非常不一致，在这种情况下，物权法定就更便于我们了解中国现行法上的物权是什么样子，才能使权利者的利益、交易安全都得到兼顾。

但我感到坚持物权法定有一个前提，就是我们必须把已经认识到的物权类型、生活中需要的物权种类都在物权法上明确清晰地规定下来。如果已经认识到一些物权，哪怕它适用得很有限，不像所有权那么普遍，但它有用——如刚才利明老师谈到的典权、实务中争论激烈的居住权，这些都应该规定下来。我担任了北京检察院的咨询员，他们向我咨询民法的案件，里面就有居住权的案例。老人需要这个制度，担心儿女们不孝。有的学者说我们有婚姻法、继承法的规定，但那些规定是对还有孝心的儿女而言的，对于丧尽天良的儿女，如果他把房屋卖给第三人并且过户，那么老人就一点办法也没有。可见，我们需要把对我们有用的物权种类在法律中都明定下来，供老百姓、法人在未来生活中选择适用。在这样的前提下，物权法才是最佳的选择。

很遗憾，我国的物权法草案把物权的类型越缩越小，不敷使用，在这样的情况下如果还套上物权法定的紧箍咒就有问题了。所以，在目前物权法草案只规定几种有限的物权的情况下，如果对于物权法定不采取一些缓和的措施，那么法律就不能令人满意地适应社会的发展。我的结论是赞成物权法定，但要把现在能认识到的成熟的物权明确地规定出来，目前草案规定的物权种类远远不够。

第二个问题是关于应收账款。我指导过招商银行一位工作人员的硕士论文，指导过一位博士生的博士论文，都是应收账款的转让；我还请教过建行的工作人员，对这个问题有所了解，并且还参加过世界银行在中国办理的应收账款的研讨会。我国物权法草案规定应收账款可以出质，背景是我国合同法上的债权转让限制较多，据此判定银行实际开展的保理业务，会发现它们是违法的；我国物权法草案坚持不承认让与担保，有些银行系统又在实际开展应收账款的转让工作；而最高人民法院在研讨会上明确表示，如果打官司，我们就不支持你们银行，因为你们没有法律的根据；实务的运转又发现它们有令人满意的效果，在这样的背景下，需要法律规定作为它们运转的法律基础。

从这个意义讲，我赞成把应收账款规定在物权法中作为一个质权的标的。通过我国合同法规定的债权转让制度，银行难以达到目的，我们就应该另辟途径。现在，应收账款在权利质上有一个通道，我们把它规定下来，使我们的实际生活已经运作的东西能够找到法律的依据。当然对此应加以一定限制。至于能不能用债权让与来替代应收账款的出质，我感到它们的制度是各有千秋。我现在正修订《合同法》教材的第三版，前段在做债权让与、债务承担的工作，发现债权让与在我们现行法上限制很多，比如《合同法》第79条规定，合同性质决定不能让与的、当事人约定不能让与的、法律规定不能让与的债权都不能让与，存在很多的限制。保理业务中的应收账款的转让就不符合《合同法》的这些规定。那么是按照法律压制实际生活的运作，还是突破法律呢？过去，在《合同法》生效、物权法欠缺的情况下我们找不到适当的途径。现在，可以利用物权法开出另外一个渠道，通过再转质来解决这个问题，这也是可以考虑的一个方法。

还有，在债权让与中，像梁老师谈到的重复让与，它的规则和债权质就不一样。债权让与可以是未来才存在债权、未来才转移的债权，那么对于债权的这种重复转让而言，两个让与合同都是有效的，因为债权在合同订立的时候并没有转移给受让人，在这种情况下，我与另外一个商人再签订合同，都是有标的物的，都不违反《合同法》第51条的规定。德国也承认了未来债权的转让，尽管用德国法的物权行为理论来解释很别扭。德国法也采取了很多解释办法，比如用区分成立要件与生效要件来解决。我们不用这样，就可以很顺利地解决这个问题，但这与债权转让时间到来归哪个商人有关，与通知哪个债务人有关。而如果是存在债权质，就不存在这么多的说道。所以我自己感到它们是各有各的功能，不妨在法律上都承认它们，只不过对它们各自的成立要件、形式要件、法律效力都进行严格的规定。这样也符合一方面坚持物权法定，另一方面尽可能增加物权类型这样一个基本要求。我就先说到这儿，不对的地方再议，谢谢大家！

柳经纬（主持人）：

感谢崔老师的非常精彩的评论。尤其是崔老师对梁老师的几点感受，我想这些也是我们大家共同的感受。现在时间已经超过了，但还是要给听众一些机会。我手机上接到了不少的问题，我已经把它们一一记录了下来。由于时间的原因，今晚不能对所有的问题都进行回答。按提问的顺序，回答三个问题吧。第一个问题是，物权法定与货币法定、有价证券法定有何逻辑上的联系？货币法定、有价证券法定何以推导出物权法定？这个问题我想应该是请梁老师回答。

梁慧星（讲演人）：

它们的联系在马克思关于市场交易的理论里就已经说得很清楚。马克思当时讲，最初的交易是斧头和羊的交易。后来慢慢产生了一般等价物——货币，货币一定是法定的货币，货币是市场交易的一般等价物。所有权也是市场交易的一般等价物。大家想一想，商品房的所有权国家是统一的，汽车的所有权是统一的。当然，抵押权也是统一的，用益物权也是统一的，它们都是市场交易的一般前提。一般等价物是市场交易的前提，在这一点，它们完全是相同的。它们具有相同的理由。

柳经纬（主持人）：

谢谢梁老师。第二个问题是，物权立法如何体现缩小贫富差距，建设和谐社会的要求。这个问题请王利明老师回答吧。

王利明（评论人）：

确实要看到中国现在两极分化十分严重，有报告说已经达到了基尼系数的警戒线。但是解决两极分化这个问题，最直接的是要靠有关国民收入再分配的法律制度来解决，例如税法以及社会保障法等社会法，通过这些法律制度的完善来解决两极分化的问题。物权法作为财产法，主要是确认财产的归属、利用关系，解决的是资源的利用问题，它不直接决定财富的分配。但是物权法对这个问题，也是能够发挥作用的。通过鼓励亿万民众去爱护财产、创造财产，鼓励社会财富的增加，促使老百姓手上财富的增加，肯定会对缓解两极分化起到重大的作用。毕竟，国家富强了，人民富裕了，两极分化会好解决得多。

我们非常不赞同这样一种看法：平等保护只保护富人的宝马车、别墅，老百姓只剩一根打狗棍，所以不需要物权法保护，物权法就是保护富人的法。这个看法是不正确的。改革开放20多年来，我们亿万人民的财产有了很大的增加，绝不就是一根打狗棍。老百姓的财产、农民的承包经营权、宅基地使用权等，都要在物权法中规定。规定的目的就是要保护广大人民群众的利益，保护广大农民和城市居民的基本的财产，这对构建和谐社会是非常非常重要的。没有这些物权法制度性的安排，和谐社会是很难建立起来的。这是我个人的一点意见。谢谢大家！

柳经纬（主持人）：

还有一个问题。物权法在立法过程中，如何处理对于自然资源的权利。我个人认为，这个问题由崔老师回答更合适一些。

崔建远（评论人）：

这些权利富有特色，比较特殊。比如说在成立上，这些权利大多都需要许可，有行政的介入，不像我们普通的、典型的物权基本上是由当事人通过法律行为或者直接基于法律的规定来产生。这样一来，这些权利就在成立以及在主体上受到了很多的限制。这些权利在效益上也不尽如人意，所以，有人主张取消许可制，完全交由市场交易。这些权利在属性上也存在是公权还是私权的激烈争论；这些权利的效力也不像所有权、抵押权等典型物权那样明确，而是参差不齐；尤其是，这些权利的成立、存续和消灭，往往有行政的因素伴随其中。这样，就与物权的主要性质不是很吻合，所以这些权利的规范往往不是私法的。从这个意义上来讲，应当在特别法、单行法里面，比如说由《水法》、《渔业法》、《自然资源法》或者说《矿业法》等等来规定，这样更详尽、更周全。这样能够维护物权法的纯洁性，并且在物权法中概括地说一下又解决不了多大的问题。从这些理由来讲，不规定在物权法里为妥。

但以上的结论是学术的，而立法不仅仅是个学术，还要考虑到实际的需要。在我国，目前有关国家机关都希望其管理的自然资源的权属在物权法上有一个地位。探矿权、采矿权、取水权还好，单行法已经有规定，相关的管理部门也在对它实施管理。比较麻烦的是，捕捞权、养殖权在渔业法上没有规定。我们国家出了一个《海域使用管理法》，在世界上首次规定了海域使用权这种新的权利，在世界上规定海域归国家所有也是比较罕见的。在这样的一个背景下，就涉及渔民在海里湖里捕鱼、在水里养殖到底怎么办。据我掌握的信息，农业部和海洋局就各自有各自的看法。

那么怎样承认、如何规定这些关切渔民生存的利益呢？不在法律上予以明确，这些问题就难以解决。在境外的一些立法例和实务当中，渔民祖祖辈辈在海里捕鱼的权利是当然享有的，而按照我国《海域使用管理法》，海域使用权的设定，要实施拍卖、招投标，由价高者得，由经济实力强的人得。这样，许多渔民就失去了生存、生活的基础。我去海岛调研过，见到过一些渔民，那么强壮的汉子，拿着十几本证件。一个渔民要有十几种证件才能驾船出海捕鱼，缺少一本都不能去。渔民一边数着证，一边叙说着他们的艰辛，热泪盈眶。我心里面也特别不是滋味。考虑到这些问题，如果再次修改《渔业法》、《水法》、《矿产资源法》，也不是一两天的事。

现在赶上物权立法，能不能在物权法定这条里面增加一款，从种类列举的角度说一下我们国家的物权应该有哪些，也可以进一步分典型的物权和非典型的物权，至于这些是叫准物权还是特别法上的物权，都是小事。为它们在法律上确定一个地位，无论民事主体取得这些权利，还是有关部门的管理；无论权利的实施，还是发生纠纷到法院进行诉讼，就有一个依据。即使规定得简单，通过以后的立法或者司法解释使之具有可操作性，也是一个可取的路子。我自己在这个问题上认为，从学理上讲，物权法不应该规定；但从实用主义上，觉得可以在物权法定这个条文里面增加一款，把它们规定下来，为有关的当事人的行为找到法律依据。

柳经纬（主持人）：

三位老师从不同的角度对物权法草案，尤其是《第六次审议稿》进行了深入的解读，使我们进一步了解了物权法中的重要问题；同时，也让我们得以领略三位学者的学识和风采。让我们以热烈掌声，再次感谢三位老师。今天的论坛到此结束，谢谢各位！

卫丹/刘靖靖/丁洁　整理　龙卫球　校

法治进程中的中国民法

——纪念《民法通则》施行20周年

龙卫球*

当今中国的法治进程，既可以将1979年启动的改革开放、恢复民主与法制建设视为开端，也可以以1982年宪法作为起点。然而，某种程度上说，1986年4月12日通过和公布、1987年1月1日正式施行的《民法通则》是其过程中一个新的里程碑，这是因为民法的出席对于这场法治进程具有独特的实质意义。按照康德的说法，民法是那种“不需要向外公布的法律的体系”，[1] 因而也是全部法律的内在基础，由此推导，民事立法实际便是对那种内在法律体系或者说法律内在基础的意识觉醒。所以，今天来回顾一下《民法通则》所开启的法治新历程以及民法在中国这20年法治建设中的独特贡献，是有必要的。从这里，我们也可以进一步思考一下民法和法治发展的未来取向。

一、“法治”的两个层面

1979年之后的中国，进入到以改革开放为主旋律的转型时期，也是将法治奉行为国家政制原则的新时期。1982年《中华人民共和国宪法》第5条在“法律至上”的意义上初步承认了法治原则，该条第3款规定：“一切国家机关和武装力量、各政党和各社会团体、各企业事业组织都必须遵守宪法和法律……”；第4款规定：“……一切违反宪法和法律的行为，必须予以追究”；以及第5款规定：“任何组织或者个人都不得有超越宪法和法律的特权”。1999年宪法修正案第13条进一步全面宣示法治原则：“宪法第5条增加一款，作为第1款，规定：‘中华人民共和国实行依法治国，建设社会主义法治国家’。”

但是，关于法治的理解，或者说关于什么是“依法治国”的理解，对于我们这个历史上长期以来习惯于人治，或者说，即使重视法律的作用，也只是习惯于在工具的意义上加以使用的国家来说，不是一件可以一挥而就的事情。然而由于1986年《民法通则》的出台和施行，中国社会在法治的观念上开始深化。我们开始意识到，法治至少具有两个方面的含义：一个是形式意义的，即法律至上，或者说法律应该具有无上的权威。实现这一目标的关键在于司法与行政分离、行政节制以及司法权的独立。这些年来，这方面的努力和呼吁显而易见。另一个是实质意义的，这是由民事立法所启示的一种认识，即法治必须是一种“依理之治”，这种理就是市民社会

---

* 中国政法大学教授，法学博士。

〔1〕 参见康德：《法的形而上学原理——权利的科学》，沈叔平译，商务印书馆1991年版，第53页。

的内在机理或曰市民法，它是法律的内在体系或者说内在基础。

法治的对立面，既包括“人治”，也包括“依力而治”，其实西方早期政治家就已经提出。法治思想最初由亚里士多德提倡，后由中世纪的马西利乌斯和启蒙时期的孟德斯鸠发展，成为当今主流政治文化。亚里士多德（公元前384～前322年）首先提出“法律主治”的思想，区别于人治或者说柏拉图的哲学王主治。他认为，城邦必须预先有某种安排，以载明什么时候由谁来做什么决定；城邦的决定出于法律的形式才是合宜的，因为法律主治是一种实践智慧之治，而非激情之治。他还认为，就是睿智而知节制的统治者，如果手握行政权，也不值得信任。〔2〕孟德斯鸠进一步认为，法治是有正当性的，而且广大公民会承认其正当性，而权力分立尤其是存在与君主权力相分离的独立司法权力是法治得以维护的原因。〔3〕这种理解正是我们今天关于法治的形式意义方面的理解。〔4〕但是，亚里士多德特别提出，法治内涵还不仅仅是法律主治，还包括“依理而治”，应提防法治沦为“依力而治”。在此，他注意到了法治的实质要求。亚氏认为，法律公正合理，才能要求理性的人服从，而公正合理来自它能公开接受检验。城邦公民是统治的产生者同时也是消费者，因此法律应有节制，所以法律应倾向于消极性，这样的法律可为公民生活提供“消费”的架构，使人为人生做好准备。否则，如果忽视公民的合理要求，法律便难以运作，更难以在懂得自我肯定的人民之间持久。〔5〕接下来，罗马人在自然法思想的启发下，以其伟大的实用主义精神，以独特的、开放的社会实践，推动了这种实质法治的形成。罗马法把法律权威理解为一种以鼓励为主的安排而不是简单的威吓，其法的正义理解为“给予每个人他应得的部分的这种坚定而恒久的愿望”，在公私分立的观念上，通过确立和发展私法，并将之设定为全部法律的内在基础，推动了一个自由式市民社会的成型和发展。就是说，罗马法找到了一种它本身被人民尊重的方式，即确保了公民的私人生活、生命和财产的自由。罗马私法是罗马法的历史价值所在，也是罗马法最终区别于其他法律传统得以延续并成为当今法律文明的共同起源的重要原因。〔6〕可见，如果说法律主治是法治的形式要素，那么私法主治则是法治的本质要素或内在基础。正是在这一意义上，美国伯克利学派称，西方的法律不是压制型的而是自治型的。〔7〕

---

〔2〕参见［古希腊］亚里士多德：《政治学》，吴寿彭译，商务印书馆1965年版，第1卷。

〔3〕参见［法］孟德斯鸠：《论法的精神》，张雁深译，商务印书馆1963年版，第1、2卷。

〔4〕罗马人确立了法律至上的权威，罗马元老院和保民官也成功地节制了执政官或皇帝。我们今天说西方社会维持了这种法治传统，也首先是基于这种形式意义而言。伯尔曼在描述西方法律传统的10个突出要点时，其中第八点即为法律至上，参见［美］伯尔曼：《法律与革命》，贺卫方等译，中国大百科全书出版社1993年版，第11、46页。

〔5〕参见［古希腊］亚里士多德：《政治学》，吴寿彭译，商务印书馆1965年版，第2、7卷。

〔6〕罗马人之所以能够发生私法，是有很多得天独厚的原因的。马基亚维利和孟德斯鸠给了一种现实的解释：罗马的阶级区分以及相互节制是罗马的美德之源，因此在贵族和平民的对立合作之间产生了温和而有节制的政治。的确如此，我们看到，罗马法的一个重要形成事件是公元前450年的《十二铜表法》，它是在平民斗争和贵族妥协中产生的。

〔7〕参见［美］诺内克、塞尔兹尼克：《转变中的法律与社会：迈向回应型法》，张志铭译，中国政法大学出版社1994年版。

中国古代以来虽然也重视法律，然而由于特殊的政治、社会和文化原因，终究未成法治局面。[8] 一方面，是因为没有将法律确定为至上的权威，而是采取法家的法律工具主义的做法，将法律仅仅视为统治的工具；另一方面，私法缺乏也是中国为什么没有形成法治的重要原因之一，中国古代法律几乎无一例外都体现为压制型的，是一种以行政命令为特点的官僚法。那么，今天要实现法治，显然存在历史资源的短缺。尤其在新中国成立以来头30年实行计划经济和国家各方面的统制，更导致法治的现实资源的匮乏。所以，《民法通则》的出台和施行，对于我们今天的法治进程具有不可替代的意义，因为法治进程，在完整意义上必须体现为两个层面的齐头并进：一方面是法律威权的树立；另一方面是法治内在基础的确立，即民法的制定和完善，这是法治的实质工程。

二、20年来中国民事立法及其对法治进程的意义

既然民法是真正意义的法治的实质面，那么，中国这20年来，每一次民事立法总是声势浩大，每一次民事立法都成为法治事件，引发激烈的社会讨论，也就不难理解了。我们可以简单回顾一下，其中有重要影响的就有四次。

首先，是1986年《民法通则》。该次立法争论可谓“硝烟弥漫”，争论论题表现为“经济法与民法之争”，[9] 涉及的法治实质面是要不要民法的问题，导致民法学者发出要“认真对待民法”的呼声。[10] 最后，《民法通则》在艰难和妥协中出台，并且以第1条“保障公民、法人的合法的民事权益”和第2条“调整平等主体的财产关系和人身关系”而在世界民法之林中显得十分独特，成就了其“民法宣言书”的名声。所以，如果说《民法通则》的制定是一场法治启蒙——民法意识作为法治制度条件的法治启蒙，并不为过，然而某种意义上《民法通则》也主要是启蒙而已。但是，不要小瞧了这点启蒙，它已经点燃了实质法治的火种，为中国民法和法治的迅速成长埋下了种子。

其次，是1993年12月29日出台、1994年7月1日施行的《公司法》。该次立法争论也是“盛况空前”，核心议题之一是“公司法和企业法的关系”，[11] 即公司法能否在一般意义上取代企业法问题，其涉及的法治实质面，是经济领域的经营组织是否将主要采取民事主体即私法人的组织形态，大多数国有企业、集体企业是否应该在实质上改制为公司法人。这是一次对于经济组织在多大程度纳入市民生活范畴、纳入自由竞争的问题。最后，《公司法》在妥协中顺利出台，确立了公司制度，却也极大程度地容忍了企业法的体制限制，并且相当程度地迁就了国有企业改制过渡的需要。2005年《公司法》发生大幅度修改的原因，也正在于此，当中国的市场经济发展到今天，经营组织应从传统的企业法体制更彻底地解放出来，已经刻不容缓了。

---

〔8〕 按照社会学家韦伯的观点，中国不能形成法治的原因，是因为就资本主义的发展特性而言，存在精神条件的问题。昂格尔则认为，中国不能形成法治，主要原因在于中国缺乏形成现代型法秩序的历史条件。

〔9〕 参见谢怀栻：《谢怀栻法学文选》，中国法制出版社2002年版，第66页。

〔10〕 参见谢怀栻：《谢怀栻法学文选》，中国法制出版社2002年版，第67页。

〔11〕 参见江平主编：《新编公司法教程》，法律出版社1994年版，第18页。

再次，是1999年3月15日出台、同年9月1日施行的《合同法》。这次立法首要争论点是合同法所应体现的时代性问题，亦即合同法是应着眼于由计划经济向市场经济转轨过程中的经济生活，还是应着眼于调整21世纪中国建成比较发达的社会主义市场经济后的经济生活?[12]最后，出台的《合同法》不仅在形式上统一了过去三个计划经济色彩比较浓厚的单行合同法，而且“更多地着眼于反映市场经济本质的经济现象和经济关系”，例如，比较全面地贯彻了合同自由原则，相当程度地清除了过去合同法里对于合同的行政监管权力。同时，广泛借鉴吸收了发达国家和地区的经验和国际公约的成果，成为比较充分的与国际接轨的自由市场交易法。

最后，是当前的《物权法》的起草。正在进行的《物权法》起草，从1999年至今已经有八个年头，已经有了七个审议稿。其间发生争论之激烈，与历次民事立法相比有过之而无不及，有技术之争，更有价值原则之争，主要议题是私有财产的平等保护问题，或者说物权法的合宪性问题，实质上是物权法是否应该着力于去确认或者构建市场化的财产权基础。[13] 可以预见，最后结果会一如既往，民法派或者说市场派取得胜利。这是因为法治进程的实质要求使然。

那么，这20年来在论争中前行的民事立法及民法实践有什么意义呢? 从这些民事立法的制度内涵、解决的法治实质问题来看，至少存在四个方面的意义：其一，有利于促进自立的或者减少政府主导的治理模式的形成。民法的立法发展，意味着我们的法律体系对于法治内在体系的逐渐认知和尊重，这样的法律不再是简单的统治法，而是逐渐成为可消费的法、公民自治生活的法。其二，有利于促进自由竞争的市场模式的形成。《民法通则》也好、《公司法》也好、《担保法》也好，《合同法》也好，为经济生活中的经济行为、经济组织提供了自由决定、自由组织、自建信用机制的授信和保障。其三，有利于缓解法治的正统性危机。民法的扩展，使得国家制定法得以“由圣入凡”，在国法中通过对于公民的主体确立使得公民本身成为法律的消费者，法治获得了目的合理性，所谓“守法”在私法而言就等于“维护自己的权利和尊重别人的权利”或者如耶林所说“为权利而斗争”。其四，有利于适应全球化进程。美国当代畅销书作家托马斯·弗里德曼先生说,“世界是平的”，在今天这个世界的关键,“不是你要不要全球化的问题，而是你如何全球化的问题”。[14] 在这种背景下，一国法律如果要想在全球化时代中不成为螳臂挡车，那么就必须考虑如何适应全球化。民法是法律中最容易取得一致的领域，因为它一开始就是与商品经济（市场经济）相关的。通过推进民事立法，一方面促进“小政府、大社会”的形成，减少国际化中的行政障碍，另一方面可以大为缩减与他国法律的鸿沟，法与社会的差异容易在深层结构得到和解。这也正是联合国的国际政治体系、WTO的国际经贸体系的精髓。

---

〔12〕 参见梁慧星：“中国合同法起草过程中的争论点”，载《法学》1996年第2期。

〔13〕 参见龙卫球：“物权法政策之辨：市场经济体的法权基础——略评《物权法（草案）》”，载《中国法律》2005年第8期，及作者2006年3月16日在中国人民大学的学术讲座“物权立法的合宪性问题”。

〔14〕 弗里德曼在《理解全球化：“凌志汽车”和“橄榄树”的视角》与《世界是平的：21世纪简史》两部畅销书中精彩地阐述了全球化及如何对待全球化的问题。

三、中国民法的前景与展望

只要继续走法治之路，那么民事立法就不会停滞不前。从现在世界的私法发展动态来看，我们似乎可以预计，中国民法建设不可避免会面临以下挑战。

（一）如何步入制度化和生活化

研究法制现代化的法学家，如川岛武宜、昂格尔等，都注意到了法意识与制度的相互依存关系。法意识是法治的先决条件，否则法治寸步难行，在法律后发国家贯彻法治，首要的难题便是法意识的缺席，或者说传统文化意识的不协调；但是，空有法意识而无制度改进、法运用，法治仍然无从落实。[15]《民法通则》以及之后的数次民事立法开启了民法意识的启蒙之门，这应该是民法建设或者说法制现代化建设的第一步。然而，民法的发展由此只是刚刚起步，往下只有完成制度化和生活化，才能算是大功告成。首先，须经由启蒙而制度化。通过更为完备的民事立法，完成相关民法制度的继受和发展，使民法观念、价值和思想得以达成制度的落实，如此可以避免，在空有法观念的情况下防御无据，落入所谓的“旧势力容易与反法治的合谋复辟”（依稀记得似为季卫东教授语）。其次，须经由制度化而生活化。王泽鉴教授谓之“判例层面的继受”，应是此项民法生活化的重要部分。[16] 民法“守法”具有特殊性，就是应该使民法制度变成生活事实，唯有如此，民法才有实际意义。

（二）如何转向“软性法治”

我们已经注意到，法学方法论在当今炙手可热，度其原因，正是民法的特殊实践造就的。[17] 这种注重包括评价、权衡因素在内的方法论，塑造了民法适用的一种“软性法治”的特性，与传统的“刚性法治”相区别，后者是一种严格固守文本的实践。民法的“软性法治”在今天尤其具有必要性，这是因为，其采取制定法形式时，由于表达的抽象性和经济性，有关规则不免过于刚性，而当今世界已经到了复杂无比的程度，资源紧缺、社会信仰的多样、贫富分化、环境污染、城市拥堵等，必然要求民法适用的灵活性。伯克利学派的诺内克、塞尔兹尼克在其著作中提出“回应型法治”，大概也正是因此，这种法治模式具有以下特点：法律实践由目的引导；要求法制具有开放性和弹性，参与者必须遵守法律但又允许参与者变革法律；法律设计更注重效率。[18]

（三）如何推进宪法改革

民法的发展，应以现代化的民主、自由法治的整体配套为保障，这首先体现在

---

〔15〕 参见季卫东：《法治秩序的建构》，中国政法大学出版社 1999 年版，第 308 页。

〔16〕 王泽鉴教授关于民法继受的观点，参见王泽鉴：“德国民法的继受与台湾民法的发展”，载《比较法研究》2006 年第 6 期。

〔17〕 当今具代表意义的法学方法论著作，当推德国民法学家拉伦茨的《法学方法论》，此书正是以《德国民法典》司法实践作为基点。参见［德］拉伦茨：《法学方法论》，陈爱娥译，台湾五南图书出版公司 1996 年版。

〔18〕 参见［美］诺内克、塞尔兹尼克：《转变中的法律与社会》，张志铭译，中国政法大学出版社 2004 年版。

全部法律体系应从内在基础的意义上为民法正位，或谓民法优位。所以，在以宪法作为上级法的情形，应该将民法的基本制度、原则提升为宪法规范，使之成为全部法律体系的基础，成为节制立法和行政权力的实质根据。然而，现行1982年宪法，虽然在形式上开启了法治，但是在实质上并没有确立私法主法，因为其制定之时并非于市场经济目标确定之际，而是于公有化进程的最后阶段，可谓公有化的尾声。其中，该宪法第6条确立公有制为基础；第7条确立国有经济为主体；第8条确立合作经济是农村集体经济的形态；尤其是第9条和第10条确立自然资源、土地一律属于国有或者集体所有，从而在宪法角度确认了自然资源和土地的全面公有化；第15条确立实行计划经济。这说明，1982年宪法的框架在根本上难以容纳之后国家提出的市场经济目标，尽管此后1988年、1993年、1999年和2004年四次修宪，但这一框架导致在许多基本的问题上无法突破局限给市场松绑。在这种意义上说，1986年出台的《民法通则》是民法的开始，也是与1982年宪法的基本框架冲突的开始，后来的民事立法越走向深入，也就意味着与1982年宪法的裂痕越深。现在看起来，应该考虑主动打开宪法局面，将民法这个法律体系的内在基础在宪法中加以更大程度的确立，私人生命、财产（包含所有权、契约自由）和私生活的安全和自由等应提升为宪法基本规范。

（四）如何适度社会软化

传统的民法主要是以完全个体化的权利或者义务作为技术建立其规则的，这种技术虽然可以突现公民的法律主体性地位、激发其主体性意识，但是也容易造成主体之间的疏离和对于社会合作的不自觉。同时，一些社会性很强的资源在民法规则的纯私化分配体系中容易迷失其社会性。〔19〕另外，现代的社群形态，现代生产、生活的合作状态又恰恰强化了社会合作的必要。于此，便会如罗蒂所言，我们都有一项道德义务（不是康德所说的那种理性道德义务，而是社群义务或者说主体交互有效性义务），去感受我们和所有其他人类之间的团结感。〔20〕由此，对于传统民法制度进行适度的社会软化、以完善社会合作就有必要。美国19世纪中叶对于土地所有权的松动，可称为私法社会软化的先声，18世纪土地所有权可谓绝对支配权，但从19世纪开始一定程度上让位于水利开发权，因为在当时的技术条件下修建水坝已经可以带来更大的社会利益，过去视为“侵权”的使用现在转化为“合理利用”，技术造就公共性，从而导致私权软化。〔21〕我们今天在私法上广泛承认相邻关系，在公法上承认征收、征用，均是此理。

---

〔19〕昂格尔认为，为达成社会生活的可变性、控制社会资本的市场、个人与社会结合，我们必须要承认对社会资本或资源提出分配要求的市场权和在法律上满足共同体生活需要的团结权。参见季卫东：《法治秩序的建构》，中国政法大学出版社1999年版，第324页。

〔20〕参见［美］罗蒂：《偶然、反讽与团结》，徐文瑞译，商务印书馆2003年版，第270页。

〔21〕参见［美］霍维茨：《美国法的变迁（1780～1860）》，谢鸿飞译，中国政法大学出版社2004年版，第二章。

论中国民法典总则的内容结构

尹 田*

一、《德国民法典》的模式及我国立法草案的选择

（一）《德国民法典》总则的内容结构

民法典总则为民法之一般而抽象原则的归纳和汇总，在民法典中设置总则，为《德国民法典》所独创，并为以后很多大陆法系国家民法典所借鉴。

《德国民法典》总则共240个条文，包括：第一章“人”（自然人、法人）；第二章“物”；第三章“法律行为”（行为能力、意思表示、契约、条件和期限、代理和代理权、同意和追认）；第四章“期间和期日”；第五章“消灭时效”；第六章“权利的行使、自卫和自主”和第七章“提供担保”。前述基本内容结构，为日本和我国台湾地区所仿效。《日本民法典》总则（共174条）的基本结构与《德国民法典》相似，也是以“人”、“物”、“法律行为”（包括代理）、“期间”以及“时效”为主要顺序，只是在“人”前面加设“通则”（基本原则、解释的标准）一章，并在“时效”中并列规定取得时效与消灭时效。同时，未包含《德国民法典》第六、七章的内容。与之相似，我国台湾地区“民法”总则亦依照“人”、“物”、“法律行为”（包括代理）、“期日及期间”、“消灭时效”、“权利之行使”的基本顺序安排其主要内容，只是在“人”前面设置了“法例”一章，同时，未包括《德国民法典》第七章的内容。

《德国民法典》总则部分的内容结构安排，显然遵循的是民事法律关系各要素解构的逻辑思路。依照民事法律关系的一般理论，民事法律关系包含“主体”、“客体”和“内容”三要素，而“法律事实”则是民事法律关系得丧变更的发生根据。据此，依照严格的逻辑思路，民法典总则的第一部分内容应为“人”（主体），接下来是“物”（主要的客体），然后应当是“权利义务的一般规定”（内容），最后是“法律行为”（主要的法律事实）。但是，由于包括物权、债权与亲属权利在内的各种具体的民事权利，其相互之间在法律性质、法律特征和法律效力等方面的差异十分巨大，很难通过归纳的方法抽象出其一般规则，或者说，即使能够进行此种抽象，因其抽象程度已达某种“观念”的高度（如“权利的强制性”以及“权利的不可侵害性”），从而将使该种关于“权利的通性”的立法阐述仅具“宣示”意义，缺乏作为裁判规则的法律规范的基本价值。因此，在这里，《德国民法典》总则的逻辑进路不得不发生断裂或者跳跃，其“主体”以及“客体”之后的“法律行为”制度，为对

---

* 北京大学法学院教授，博士生导师。

主要的法律事实的规定。而“法律行为”之后的规定，则离开了民事法律关系的基础，成为“其他问题”的大杂烩。

对于《德国民法典》总则的内容安排，德国学者的评价不高，除批评其没有对权利作广泛的规定之外，批评意见主要集中于该部分内容的“残缺不全”，主要包括：①权利主体：就自然人而言，没有一开始就规定与婚姻或亲属相关的事项；对人格权的规定过于简单；就法人而言，没有对股份公司、有限责任公司和合作社等实践意义重大的商事公司作出规定。②权利客体：物的问题与其归属问题紧密相连，因此，有关“物”的规定在很多情况下仅在物权法规定的背景下才能显现出其意义，而总则将“物”与“归属”人为分离，故其对“物”的专门规定，“可以说是一般化尝试失败的典型”。③法律行为：鉴于法律行为现象形态各异，总则的规定要么非常抽象，要么并不适用于一切法律行为。比如，有关意思表示错误的规则，就不适用于婚姻或者遗嘱。但总则没有对这些一般规则的例外作出明确规定，从而导致法律适用上的困难或者冲突。④其他规定：虽然消灭时效因可以适用于几乎一切请求权而与民法典各编都有关系，但总则并未对所有的请求权都规定消灭时效期间。而有关权利实现和权利行使的规定特别不完整。至于有关提供担保方面的规定，也仅仅是一个框架而已。[1]

（二）我国民法典草案及建议稿之总则的内容结构

全国人大法工委2002年提出的民法典草案以及梁慧星、王利明两位先生分别主持撰写的民法典草案学者建议稿，其总则的内容结构均借鉴了《德国民法典》总则的基本思路，但有所变化。

全国人大法工委的草案总则编的内容结构为：第一章“一般规定”（立法目的、调整对象和基本原则）；第二章“自然人”；第三章“法人”；第四章“民事法律行为”；第五章“代理”；第六章“民事权利”；第七章“民事责任”；第八章“时效”；第九章“期间”。

梁慧星先生的建议稿总则编的内容结构为：第一章“一般规定”；第二章“自然人”；第三章“法人”；第四章“权利客体”；第五章“法律行为”；第六章“代理”；第七章“诉讼时效”；第八章“期日、期间”。

王利明先生的建议稿总则编的内容结构为：第一章“一般规定”；第二章“自然人”；第三章“法人”；第四章“合伙”；第五章“民事权利客体”；第六章“法律行为”；第七章“代理”；第八章“诉讼时效”；第九章“期日与期间”；第十章“民事权利的行使和保护”。

上述三部草案的共同点是，均按相同的逻辑顺序规定了“一般规定”、“自然人”、“法人”、“法律行为”、“代理”以及“时效”和“期间”。但在全国人大法工委草案的“时效”制度中，并列规定了“取得时效”和“诉讼时效”，而梁慧星先生和王利明先生的建议稿中仅规定了“诉讼时效”。此外，两部学者建议稿均增加规定了“权利客体”，王利明先生的建议稿增加规定了“合伙”与“民事权利的行使和保护”。同时，两部学者建议稿均未规定“民事权利”和“民事责任”两章，但王利明先生的建议稿

---

〔1〕［德］迪特尔·梅迪库斯：《德国民法总论》，邵建东译，法律出版社2000年版，第25~28页。

在其“民事权利的行使和保护”一章中，规定了民事责任的内容。

很显然，我国民法典草案及两部学者建议稿均以《德国民法典》采用的“人”（自然人与法人）、“法律行为”（包括代理）以及“时效”三个基本顺序为蓝本，但都没有采用其第七章“提供担保”。鉴于债务担保仅与债务有关，人的担保（保证）所发生的法律关系为债权关系，应规定于债权编；物的担保（抵押、质押、留置等）所发生的法律关系为担保物权关系，应规定于物权编，其并非民法中的一般问题，故不应当在总则编予以规定，所以，此种安排是没有问题的。另外，较之《德国民法典》，上述三部草案均在总则编之首增设了关于调整对象和基本原则的“一般规定”，此符合我国民法理论和立法的一贯做法。

至于王利明先生的建议稿中将“企业法人分支机构”在“法人”章中予以规定，并将“合伙”予以单章规定的做法，显然欠妥。法人分支机构与合伙均属非法人团体，即使需要纳入总则编，亦应像梁慧星先生的建议稿那样，将之一并在“非法人团体”一节中予以规定，分开处理，实无必要。

除上述有关问题之外，理论上需要着重讨论的主要问题还包括：

第一，在总则编有无必要规定“权利客体”（或者“物”）一章（全国人大法工委草案未作规定，两部学者建议稿均作了规定）？

第二，在总则编有无必要规定“民事权利”和“民事责任”两章（全国人大法工委草案作出了规定，梁慧星先生的建议稿未作规定，王利明先生的建议稿未规定“民事权利”，但将“民事责任”规定于“权利的行使和保护”一章）？

第三，在总则编有无必要将诉讼时效和取得时效并列规定于“时效”一章（全国人大法工委草案作出了规定，两部学者建议稿仅规定了“诉讼时效”，未规定“取得时效”）？

二、权利客体的正确位置

（一）“权利客体”辨析

权利客体的具体所指，从来都是一个在理论上未能达成共识的问题。

权利客体为权利义务指向的对象或者事物，对此定义，似无大的异议。[2] 但权利客体为何物则历来为学者见仁见智的问题。

德国学者拉伦茨将权利客体分成两种：一种是狭义的权利客体，指支配权或利用权的标的，包括物（有体物）、精神作品和发明等（无体物），称为第一顺位的权利客体；另一种是权利主体可通过法律行为处分的标的，包括权利和法律关系，称为第二顺位的权利客体。此外，由于“人”是一切客体的对立面，而支配权的客体既不能是自己，也不能是他人，所以，人身权不是一种支配权，人格本身不能成为权利客体。具有人身性的家庭权是一种“义务权”，本质上和完全的支配权是有区别

〔2〕 前苏联学者对此曾经争得一塌糊涂：有人认为法律关系的客体为法律关系“所由”发生的事物；有人认为客体是法律关系所要“达到”的事物；还有人则把法律关系的客体看做是法律关系所“作用”的事物。参见［苏］格里巴洛夫、科尔涅耶夫主编：《苏联民法》，中国社会科学院法学研究所民法经济法研究室编，法律出版社1984年版，第92页。

的。至于企业本身则只能作为第一顺位的无体财产的权利客体。而债权和选择权等权利，则没有客体，它们的客体就是自己本身。[3]

拉伦茨的上述关于权利客体的观点并没有得到其他德国学者的完全赞同。比如，大多数德国学者就仅仅把所谓“第一顺位”的权利客体看做权利客体。而支配权的客体是否包括“人”本身，大多数人亦持肯定态度。[4]

日本学者四宫和夫认为，人格权的客体是权利人本身；亲权、债权、社员权的客体是他人；物权的客体是有形财产；无形财产权的客体是精神性产物；权利质权的客体是权利；企业担保权的客体是企业；形成权的客体是权利或法律关系。[5]

上述日本学者的观点，为我国早期一些学者如史尚宽等所完全赞同。[6] 台湾地区学者王泽鉴先生则以拉伦茨的观点为基础，试图就史尚宽先生的观点作出别种解释，指出“人格权的客体为人之本身，系以人之本身为存在基础，及其直接现实的表现，乃应受法律保护的对象，而非得受支配的客体”。他同时指出，“亲属权（身份权）涵蕴人格关系，并具义务性质，亦非以立于一定亲属关系之人为支配客体”，而“所谓债权的客体为特定之人，乃指债权以特定债务人为对象，债务人负有一定作为与不作为的义务，债权人有请求给付的权利，但对债务人的人身或给付行为并无支配的权利。债务人在债之关系上乃居于主体的地位”。至于企业，则“系各种权利的总体，其本身不得作为权利的客体”。[7]

权利客体是前苏联民法学最有争议的问题之一。在批评传统理论的同时，有人提出将客体统一成“人的活动或行为”的观点，甚至有人还认为“法律并不调整物、行为和利益，法律关系的客体只能是法律以法律关系为媒介所调整的社会关系，否则就是资产阶级法学家的形式主义”。[8] 但依照权威学说，法律关系的客体包括：①物（财产）；②一个人向另一个人提供的一定的工作或劳务；③创作活动的产物；④人身非财产的利益。[9]

受前苏联民法理论影响，上述前苏联有关客体范围的观点，为我国内地过去和现在大部分教科书和著作所采纳。[10] 只是对于债权的客体，有不少学者指出应当是特定行为（给付）。[11] 同时，也有学者指出客体还应包括权利。[12]

比较上述理论，很显然，作为支配权的客体，学者对物权的客体为“物”（权利质权除外）、知识产权的客体为“智力成果”，并无争议。问题仅在于，债权的客体

---

〔3〕［德］卡尔·拉伦茨：《德国民法通论》（下），王晓晔等译，法律出版社 2003 年版，第 377～404 页。

〔4〕同注 3 引书，第 378～379 页。

〔5〕［日］四宫和夫：《日本民法总则》，台湾五南图书出版公司 1995 年版，第 125 页。

〔6〕史尚宽：《民法总论》，中国政法大学出版社 2000 年版，第 221 页。

〔7〕王泽鉴：《民法总则》，台湾 2000 年版，第 221～222 页。

〔8〕佟柔主编：《中国民法学·民法总则》，中国人民公安大学出版社 1990 年版，第 56～57 页。

〔9〕同注 2 引书，第 93 页。

〔10〕同注 8 引书，第 58 页。

〔11〕同注 8 引书，第 58 页；梁慧星：《民法总论》，法律出版社 1996 年版，第 50 页；龙卫球：《民法总论》，中国政法大学出版社 2002 年版，第 128 页。

〔12〕梁慧星：《民法总论》，法律出版社 1996 年版，第 50 页。

究竟是债务人，或债务人完成的工作、提供的劳务，或债务人应为之特定行为，或债权根本没有客体？人格权的客体究竟是权利人自身或是人格利益？亲权的客体究竟是不是他人？企业能否作为权利客体？

笔者认为，民事法律关系之客体的理论，目的在于彰显权利所系之利益的载体，以助于权利内容和特质的认识，而权利为主体所享有的受保障的利益，故主体只能是“人”（自然人和法人），反之，“人”只能是权利主体而非客体。尽管在某些法律关系中，其权利义务指向的对象或者权利的目的似乎是“人”，如监护权为对被监护人的保护，人格权为对权利主体自身的保护，债权为对他人（特定人）的请求，甚至于，在承运人受托运送未成年人的旅客运输合同中，承运人向托运人“交付”的标的为其承运的未成年人。但是，仅仅因为某些权利义务可以被看做指向权利人自身或者指向他人，便认定这些权利的客体为“人”，有可能混淆主体与客体的界限。如果我们说，人有时是权利主体（在一切法律关系中），有时是权利客体（在亲权、社员权以及某些债权法律关系中），有时既是权利主体又是权利客体（在人格权法律关系中），有时既是义务主体又是义务客体（在债权关系中），问题将变得异常复杂而且毫无意义。而在观念上，近代以来的人权思想不允许将“人”作为支配对象或者交易标的，如果仅仅凭借某种理论阐释的需要而将“人”认定为支配权客体或者请求权客体，此种做法，与人权观念、人文精神格格不入。相反，适当转换观察角度，将有关权利的客体描述进行技术处理，亦即将监护权的客体认定为被监护人的身份利益和财产利益、将人格权的客体认定为自然人的人格利益、将债权的客体认定为债务人应为之特定行为（给付），法理上能够成立，于实践无害，何乐而不为？

至于“企业”能否成为权利客体的问题，本为虚假命题。“企业”一词是对以营利为目的之人合组织的描述，“企业”不同于企业拥有的“全部财产”。在民法上，企业或者为法人，或者为非法人团体。所谓“企业出售”，实际上是出售企业的全部财产或者投资人的全部股权；所谓“企业兼并”，实际上是企业全部财产或者投资人的全部股权的收购或者合并；所谓“企业担保”，实际上是以企业现在和将来拥有的全部财产设定的担保。故“企业”根本不可能成为权利的客体。

因此，有关人格权、债权或者选择权的客体为权利人自身的说法是不妥当的，有关亲权、社员权或者债权的客体是他人的说法也是不妥当的。同样不妥当的，是有关企业是企业担保权的客体的说法。而将债权的客体认定为债务人的给付行为指向的对象（债务人交付的标的物、完成的工作、提供的劳务或者服务），混淆了给付与给付标的的界限，不利于揭示债权之请求权（请求债务人为特定行为）性质，也是不妥当的。

相反，将支配权（物权和知识产权）的客体认定为物或者智力成果，将人格权的客体认定为人格利益，[13] 将身份权的客体认定为身份利益，将债权以及其他请求权的客体认定为相对方的特定行为（给付），则是妥当的。

为此，民法上的权利客体应当包括：物、智力成果、人格利益和身份利益以及特定行为。

---

〔13〕 笔者不认为人格权为民事权利，也不认为人格权是民法上支配权之一种，此处姑且论之。参见尹田：“论人格权的本质”，载《法学研究》2003 年第 4 期。

（二）权利客体在民法典中的安排

基于以下理由，笔者认为，权利客体应当依照其类别，分别纳入相关权利的规范中进行规定，不宜在民法典总则编中规定其一般准则。

首先，民法上的权利类型多样，各种权利的客体并不相同，且相互之间基本上不具有共性，故无法归纳抽象出权利客体的一般规则。与此同时，即使在总则编将各种不同的权利客体以分别列举规定的方式予以安排，鉴于除“物”之外的权利客体根本不具有单独规定的价值，故此种安排既不符合“总则为提取和抽象的一般规定，普遍适用于分则各编所规定的权利”的基本要求，而且为规定而规定，徒增繁琐。例如，依照王利明先生的建议稿，在权利客体一章中，于“物”（包括有价证券）之后将其他权利客体一并在“其他权利客体”一节中进行规定，而对于“人格利益”与“智力成果”，该建议稿仅能对之个别设计出一个毫无意义的空洞条文（“民事主体依法享有的人格利益和身份利益，受法律保护。死者的人格利益，依法受法律保护。”“民事主体对其智力成果依法享有的著作权、商标权、专利权及技术秘密、发现权、发明权及其他科技成果权等，受法律保护。民事主体对其经营信息享有的合法利益，受法律保护。”），且均为宣示性（保护性）规定，丝毫不涉及权利客体本身的内容或者规则。与此同时，鉴于债权的客体完全不可能在立法上进行任何有意义的描述，故在该有关权利客体的规定中，缺乏债权及其他请求权的客体。

其次，如果仿照《德国民法典》的做法，在总则编仅规定“物”，则不免存在两方面的弊端：一是“物”仅为物权的客体，总则编有关物的规定完全不能适用于物权之外的其他权利，不符合总则规范之一般性的特点；二是“物”本身并非法律规范的对象，如果切断其与物权人之间的归属、利用关系，则有关“物”的独立规定是没有多少规范意义的。但物的归属问题应由物权规范解决，不应当规定于权利客体的内容之中，由此，诚如德国学者梅迪库斯所言，《德国民法典》有关“物”的“第93条及以下条款的意义，只有在物权法规定的背景下才能显现出来。所以，将物与其归属相分离，单独在民法总则编规定权利客体，必然会是一种失败的一般化尝试”。〔14〕

诚然，有学者对于单独将“物”规定于总则编的理由作了解释，认为民法典之所以专设“物”一章，“旨在维护民法体系的完备。其之所以仅以‘物’为内容，一方面是因为权利的客体依权利种类之不同而异，难设概括性规定；他方面系物不仅为物权的客体，且涉及一切财产关系，如债之关系、夫妻财产关系、继承，甚至刑法上的窃盗侵占等罪的成立，亦莫不与物之概念有关，故民法特以之规定于民法总则编”。〔15〕但此种解释颇为牵强，民法上与各种法律关系直接或者间接相关联的概念不计其数，被其他法律所运用的概念不计其数，这些概念并不因此而有在民法典中单章规定的必要。即使从体系完备的角度出发，民法典总则以法律关系的解构为基础，但基于立法与理论之间的差异，不可能完全照顾理论体系的周全（比如，民事法律关系和法律事实的概念就难以出现在民法典中）。再者，将物权的标的规定于物权法、债权的标的规定于债权法、知识产权的标的规定于知识产权法，顺理成章，便于法条的查阅和适用，又何乐而不为？

---

〔14〕 同注1引书，第26页。
〔15〕 同注7引书，第223页。

三、权利之一般规定的取舍

（一）概说

民事权利、义务本为民事法律关系的内容要素，其一般性规定应当放置于民法典总则。但很明显的是，《德国民法典》并未成功地完成这一法典之逻辑体系所要求的任务，仅在其总则编的后部分规定了所谓“权利的行使、自卫和自助”（第六章）。此一仅有六个条文的章节，仅有一个条文涉及权利的行使（第226条：“权利的行使不得以专损害他人为目的”），其余条文规定的均是正当防卫、紧急避险和私力救济问题。这一章的内容，完全不涉及民事权利或者义务本身。

对于该章规定，德国学者批评其“特别不完整”，认为其在对权利的限制方面，仅规定了几乎不可能出现的“刁难行为”，而没有规定重要得多的“失权行为”，而在权利的实现方面，仅规定了只在例外情况下才合法的自助行为，而没有规定正常情况下的通过法院实现权利（通过法院实现权利由诉讼法规定）的行为。〔16〕但实质上，《德国民法典》中的这一章内容安排是完全没有逻辑依据的。

我国台湾地区“民法”仿《德国民法典》，在总则编第七章规定了“权利的行使”，虽其更为清晰地规定了权利行使的各种限制以及正当防卫与紧急避险的有关问题，但仍然未对权利本身作出任何规定。相反，《日本民法典》没有规定相似章节，而是把有关权利行使的限制作为基本原则（“公共秩序”、“诚实信用”以及“权利不得滥用”）置于民法典开始之“通则”部分。此种安排，自然是非常合理的。

如前所述，民事权利的多样性及其内容的差异性，决定了从各种具体权利本身的内容归纳抽象出权利的一般性规则，在立法技术上是困难的。与此同时，离开各种具体权利特有的具体内容和富有个性的法律效力，权利将仅具空壳，毫无生命力。事实就是，各种民事权利的共同特性只在于其“强制性”或者“不可侵害性”，而这些共同规则，无需在民法典中以专章表达。这就是包括特别强调法典逻辑体系完备的德国在内的大陆法各国民法典中均未对民事权利的一般规则作出规定的原因。

（二）对我国民法典草案及建议稿的评价

在我国，将“民事权利”单章规定的做法，始自《民法通则》。《民法通则》在其第五章“民事权利”中，将所有权和与所有权相关的财产权、债权、知识产权以及人身权一一列举规定。其中，有关物权和债权的规定相当详尽，已经完全不属“一般规则”而为具体规则。至于知识产权和人身权，则极为简单，点到为止。此种做法，是为了满足立法之时物权规则尚付阙如、债权（合同法）规则残缺不全之需，其规定并不具有“总则”的特点。

但在全国人大法工委民法典草案之总则编中，却保留了此种做法，将“民事权利”单列一章，只是不再规定各种权利的具体问题，仅对各种类型的民事权利，作出概念解释性规定。其中，除第89条将知识产权的保护范围予以大量增加并列举之外（包括文学、艺术、科学等作品及其传播；专利；商标及其他有关商业标识；企业名称；原产地标记；商业秘密；集成电路布图设计；植物新品种；发现、发明以

---

〔16〕同注1引书，第28页。

及其他科技成果；传统知识；生物多样化等），还在债权部分以专条对不当得利和无因管理所生之债权作出了简要规定。

王利明先生建议稿则没有作此选择，而是仿《德国民法典》，在总则编末尾专章规定了“民事权利的行使和保护”。其中，在“民事权利的行使”一节规定了“权利义务的产生依据”、权利的“范围”、“限制”和“处分”、“权利不得滥用”和“环境保护”、“适当的容忍”和“充分的补偿”以及“权利失效”等。同时，在“权利的保护”一节中规定了自助行为。

梁慧星先生的建议稿既没有仿照《德国民法典》设专章规定“民事权利的行使”，亦未专设“民事权利”一章。

对于上列草案，笔者认为，全国人大法工委的做法最不可取。如前所述，如果要在民法典总则中规定“民事权利”，就必须能够归纳抽象出民事权利的一般属性并予以表达。对各种权利的列举式、定义式规定，既不符合总则的要求，亦无任何实际价值，空有其表；而各种具体民事权利的定义，即使需要立法表达，亦应置于该项权利所在的篇章。

至于王利明先生建议稿的做法，虽未采用民事权利的简单的列举式、定义式规定，但亦不足称道。理由是，其有关权利行使的规定中，依照性质，一部分应纳入民法的基本原则（包括可以将“民事权利的处分”的限制涵盖在内的“权利不得滥用”原则、“公序良俗”原则以及“环境保护”原则等），一部分应纳入物权法（包括土地所有人对他人行使权利的“适当容忍”以及国家征收、征用财产时的“适当补偿”），一部分应纳入民法典的一般规定（包括其他法律不得对民事权利进行限制、民事主体合法的民事权益受法律保护等）。此部分规定，与民法典总则的其他规定及分则的规定大都重合且残缺不全，毫无意义。

笔者认为仅梁慧星先生建议稿中的做法是可取的。

四、民事责任之一般规定的技术障碍

在中国民法理论和立法上，“民事责任”的概念在不同场合被赋予不同的含义。某些情况下，民事责任指违反约定义务或者法定义务的民事惩罚后果（如侵权责任、违约责任、缔约过失责任等等），另一些情况下，民事责任指民事义务（如合伙人的连带责任、债务人的债务清偿责任以及保证人的保证责任等等）。而在一些特别的场合，“责任”又被用来描述某种既非惩罚性后果亦非法律义务的法律现象（如投资人的“有限责任”）。〔17〕 但在讨论民法典总则是否设置民事责任一般规定问题时，此处的“民事责任”，专指违反法律义务的惩罚性后果。

在典型大陆法系的民法典中，作为义务违反之效果的民事责任，不仅在总则编无其独立地位，而且在民法典分则上亦无独立地位。其原因在于：

---

〔17〕 公司股东对公司债务所承担的所谓“有限责任”，并非指股东对于公司债务承担债权法意义上的债务清偿责任，而是以之描述“从经济学的角度来讲，公司财产实质上为股东的利益，故当公司以其财产清偿债务时，实质上用的是股东的财产”这一事实，并以此表达“股东对公司的债务不承担任何清偿责任”的法律效果。

首先，无论松散式的《法国民法典》还是体系化的《德国民法典》，其法典编纂的逻辑起点均为“权利”，亦即“权利”或者“法律关系”是其规范体系据以展开的逻辑基础。尤其是在采用德国样式的民法典中，类型化的权利是法典分则内容确定的基础，而只有法律关系构成要素或者发生根据（法律事实），才能独立成为总则的内容。而民事责任既非权利，亦非法律关系的要素：依适法行为或者事实行为以及事件所生之法律关系（如契约所生之债权关系等）本身，不存在民事责任，只存在民事义务。只有当出现义务违反之行为时，相关民事责任方可产生；而依不法行为所生之法律关系（如侵权所生之债权关系等），则损害赔偿、返还财产等应为行为已经被表达为与特定权利相对应的某种“义务”，故亦不存在作为法律关系构成要素的民事责任。

其次，从民事责任的发生原因来看，民事责任系由权利义务所派生，如无义务的违反，则无责任的发生。由此，民事责任为民事义务的派生物、附属物，二者相互关联、不可分割。所以，将民事义务与民事责任予以分割，在脱离民事权利义务的情况下单独规定民事责任，不符合立法技术的科学性要求。

最后，由于各种类型化的权利义务的具体内容和法律效力上的差别，其相互之间缺乏归纳抽象其共同性的具体材料，而在民事权利义务的一般规则尚且不能在民法典总则中合乎规律地独立存在的情况下，民事责任的一般规范在民法典总则中的独立存在，是不可想象的。

由此可见，正是立法技术上的限制和民事责任的特点，导致了民事责任一般规则在民法总则编中不能独立存在。

不过，1986年的《民法通则》曾经试图对传统民法逻辑体系进行重大突破，其将两种基本的民事责任（侵权责任与违约责任）予以合并及单章规定（第六章第二、三节），在此基础上，民事责任的“一般规定”（第一节）以及应属一般规则的“承担民事责任的方式”（第四节）也自然形成。但这一立法创新很快就被证明是失败的。人们迅速发现，在民法理论体系中，独立而统一的民事责任理论无从立足，在以《民法通则》提供的体系范本为模式所撰写的民法教科书中，由于不可能在尚未交待各种权利义务之前谈及义务违反的后果，所以，民事责任理论不可能被安排在民法总论部分；而由于民事责任规则必须自成一体，故在物权法内容中不能涉及侵犯物权的后果，在债权法内容中不能涉及违反合同的后果，在知识产权法内容中也不能涉及侵犯知识产权的后果，有关各种权利的法律救济即民事责任，只能被安排在教科书的末尾。由此以来，民法理论的“总—分”结构被完全打乱。尤其是在合同法理论进行到合同义务之后，被突然打住，然后令学生在远离合同法理论的教科书末尾再去学习违约责任，此种安排，无论如何也说不过去。而中国的民法教科书在经历了长时期的尴尬之后，终于悄悄地将合同责任重新归位到合同制度。但侵权责任之重新归位于债权法，却被逐渐成形的侵权法理论所阻隔，以至于演进成为一种体系习惯，并有可能被立法所采纳。[18] 不过，侵权责任在民法典中应否独立成编

---

〔18〕 全国人大法工委2002年公布的民法典草案中，“侵权法”独立成编，而独立的侵权法的起草工作目前正在进行，尽管如此，独立的侵权责任规则与物权请求权以及债法总则的冲突问题，仍然未能得到解决。

是一回事，而民事责任的一般规则应否在民法典总则中独立成章，则又是另一回事。

事实是，全国人大法工委草案继续沿袭《民法通则》的模式，将“民事责任”在总则编设立专章。但在删除了有关违约责任和侵权责任的具体规定之后，该草案只能仅就民事责任的方式、免责事由、责任竞合、民事赔偿责任优先等一般性问题作出规定（共七个条文，即第 92 ~ 98 条）。其中，有关“自然人、法人违反合同或者不履行其他义务的，应当承担民事责任”的规定（第 92 条），粗糙而模糊，并无实用价值，而关于“承担民事责任的方式”的规定（第 93 条），不过是将侵权责任和违约责任的各种具体形式予以简单罗列，亦无实用价值。至于有关因违约行为所生之责任竞合的处理（第 95 条），自应规定于合同法之中，而有关“自然人、法人有抽逃资金，隐藏、转移财产等行为，拒不履行发生法律效力的法律文书的，经权利人申请，人民法院可以将该逃避民事责任的情形予以公告，并可以采取必要措施限制其高消费等行为”的规定（第 98 条），则纯属应由程序法规定的事项。在王利明先生的建议稿中，虽在形式上未对民事责任设立专章，但在其总则编最后一章（第十章）“民事权利的行使和保护”之第二节“民事权利的保护”中，实际上就民事责任的一般性进行了专门规定，其与人大法工委草案一样，具体包括民事责任的方式、责任竞合、民事赔偿责任优先以及自助行为等。而前述草案及建议稿根本无法对民事责任的一般性规则作出具体、系统的归纳，寥寥几个互不关联的简单条文，根本无法展示民事责任的基本属性和基本规则。

总而言之，中国现有的民法典草案总则编有关“民事责任”一般规则的设计，未能克服亦不可能克服前述技术障碍。在中国民法典总则的内容体系中，不应包括有关民事责任的一般规则。

五、时效制度的妥当安排

罗马法上，取得时效的出现先于消灭时效。[19] 依据一种古老的传统，近代以来大陆法上的时效被区分为取得时效和消灭时效两种。取得时效以“占有”的事实状态为要件，其所生法律效果为权利的取得；消灭时效以权利人不行使权利为要件，其所生法律效果为权利的消灭。两种时效制度，其适用范围、成立要件以及法律效力迥然不同，相互之间并无牵连，故其各自具有完全独立的地位。

但是，大陆法系各国在两种时效制度的立法安排上，却存有四种不同的做法：

第一种是“同一并合模式”，即把取得时效和消灭时效合并为一项制度在民法典中统一加以规定。此种做法为《法国民法典》所采。该法典在其第三编“取得财产的各种方法”中，将“时效与占有”共同规定于第二十章，并对“时效”设置统一的定义：“时效系指依法律确定的条件经一定的期间而取得财产所有权或者自行免除义务的一种方法。”在这里，取得时效和消灭时效被同时纳入时效的定义。然后，该法典在该章其余部分有关时效的期间及中止、中断等规定中，尽可能把两种时效并合予以规定。

第二种是“并列并合模式”，即把取得时效和消灭时效并列规定于民法典总则编

〔19〕 关于罗马法上的取得时效和消灭时效，参见陈朝壁：《罗马法原理》（下），台湾商务印书馆 1979 年版，第 323 页以下。

的不同章节。《日本民法典》即采此种模式。该法典在其第一编总则中设第六章“时效”，分为三节：第一节为“总则”，规定适用于两种时效的共同规则（时效效力、时效利益的放弃以及时效的中止与中断等）；第二节为“取得时效”；第三节为“消灭时效”。

第三种是“相对分立模式”，即把消灭时效规定于民法典总则，把取得时效规定于物权编。采此种模式的系以《德国民法典》为代表。该法典在其第一编“总则”之第六章中仅规定“消灭时效”，另将取得时效规定于第三编“物权”的第三章“所有权”之内。《俄罗斯联邦民法典》以及我国台湾地区“民法”亦采此种模式。

第四种是“绝对分立模式”，即把取得时效规定于物权编，消灭时效规定于债权编。《阿尔及利亚民法典》即采此种模式。该法典将债权的消灭时效规定于第二编“债与合同”之第五章“债的消灭”所列举的债的消灭原因之内（第三章“非经履行地消灭债”之第三节），而将取得时效规定于第三编“主物权”之第一章“所有权”之内（第二章“所有权的取得方式”之第六节“占有”的第三目）。[20]《瑞士民法典》也大体采用了此种模式。

比较上述各种模式，《法国民法典》的做法将两种区别甚大的时效制度混杂于一处，相互交错，规则必然混乱，尤不可取。但其他三种做法则各有优劣，须加以分析。

将消灭时效规定于民法典总则编，将取得时效规定于物权编，为典型的德国模式，并为我国两部学者建议稿所共同采纳。对此种做法的理由，德国学者的解释是：“消灭时效适用于（几乎）所有请求权（第 194 条）。由于民法典各编中都有请求权的规定，因此消灭时效与民法典各编都有关系。”[21] 但是，该学者同时抱怨：“当然，第 194 条及以下条款的规定也并非完美无缺，因为这里并没有给所有请求权都规定消灭时效期间。”[22]

由此可见，根据民法典总则的特点，如果消灭时效仅仅适用于债权（债权请求权），而不适用于物权请求权以及身份权请求权，则缺乏进入民法典总则的当然资格。

但是，根据已有的分析，物权请求权之所以脱离债的法律关系的体系，被作为一种独立的权利规定于物权法，其重要原因之一，便在于此种请求权（包括排除妨害请求权和返还原物请求权）因取得时效的存在而不得适用消灭时效。[23] 因此，即使某些身份权请求权适用消灭时效，因此种时效亦并非能够适用于民法典分则各编所规定的各种权利，故将其置于民法典总则中予以规定并非妥当。

至于《日本民法典》将取得时效和消灭时效并列规定于总则的做法（为全国人大法工委的民法典草案所采），亦不足取。原因在于，两种不同时效制度本应各司其职，消灭时效与债权的行使相联系，取得时效与物的占有相联系，分置于相关权利

---

〔20〕 尹田译：《阿尔及利亚民法典》，中国法制出版社、金桥文化出版（香港）有限公司 2002 年版。

〔21〕 同注 1 引书，第 28 页。

〔22〕 同注 1 引书，第 28 页。

〔23〕 尹田：《物权法理论评析与思考》，中国人民大学出版社 2004 年版。

制度中，可以彰显其与相关权利规则的相互关联，其适用范围和适用条件明晰，条文查阅方便，反之，将此两项互不相关的制度并列规定于民法典总则，与民法典总则的特性完全不符，亦不具有任何实务上的应用价值。

因此，笔者认为将取得时效和消灭时效分别规定于物权编与债权编更为妥当。

不动产与动产划分之罗马法与近现代法分析

费安玲*

1982年3月我国《民事诉讼法》（试行）第30条中出现了“不动产”的表达，[1] 这是20世纪下半叶我国首次在中央立法机构颁布的法律中对不动产作出的规定。

虽然在民国时期“动产”与“不动产”的划分已经是当时社会中人们耳熟能详的法律中一个十分重要的术语；虽然在1950年1月1日《最高人民法院西南分院对外侨不动产之继承及遗赠问题应怎样处理的意见》中也明确规定了对外侨继承不动产的规则，即“外侨死后，其不动产之继承及遗赠问题应分为房屋及土地二部分办理……”；虽然在1986年的《民法通则》中也确认了不动产与动产的划分；虽然在我国于20世纪下半叶参加的国际公约和与其他国家缔结的双边条约或协定中，有323个公约和协定明确将不动产作为权利的客体加以规定，其中也包括我国在20世纪40年代参加的国际公约；虽然在1995年10月1日施行的《中华人民共和国担保法》第92条中，对“动产”与“不动产”分别作出了解释：“不动产”是指土地以及房屋、林木等地上定着物；而“动产”是指不动产以外的物。但是，迄今为止我们对动产与不动产的划分依然在立法上采取了粗线条的处理，对“动产”与“不动产”的解释均是属于框架性的。

因此，我们有必要对不动产的确认进行理论上的分析，为从立法上加以细化和规范化提供一些可资参考的建议。

在本文中，对“物”与“财产”两个术语采纳通说，即“财产”是指可以被主体支配并产生利益之有体或无体之客观对象。物被包括在财产之中。

一

罗马法中对动产与不动产的划分在帝国时期罗马皇帝的谕令中不断出现，动产和不动产的明确区分不仅出现在人们可以享有所有权的物中，而且也存在于人们不可以享有所有权的物中。[2] 如果从动产与不动产并行出现的历史演进的角度而言，在体现着罗马社会古典法精髓的《十二表法》中，尚未出现不动产与动产的明确划

---

* 中国政法大学教授，法学博士。

〔1〕 1982年《民事诉讼法》（试行）第30条规定：“下列案件，由本条规定的人民法院专属管辖：①因不动产提起的诉讼，由不动产所在地人民法院管辖……”

〔2〕 CJ. 7. 37. 2pr.：Imperator Zeno Omnes，*qui quascumque res mobiles vel immobiles seu se moventes vel in actionibus aut quocumque iure constitutas a sacratissimo aerario comparaverint...*

分，而仅仅用“土地（包括房屋）”和“土地之外其他物品”的表达来表明土地、房屋与其他物有着明显的性质不同。[3] 但是，这一表达在乌尔比安、莫德斯汀、马切尔等法学家的不断研究和阐释中发生了明显的变化，如乌尔比安在其作品阐述中，有时使用“土地（*deiectus*）”[4] 这个词以借助土地的特性来表达不可移动之物的含义，有时又直接以“不可移动之物（res mobiles non pertinere）”[5] 来表达包括土地与房屋在内的更为宽泛的不可移动之物。而莫德斯汀则在自己的作品中使用了更为概括、科学的表达形式，即“动产”与“不动产”。在其作品《论区别》中，莫德斯汀指出：“被指派对全部财产进行管理的监护人，没有权利人的特别指派，不得转让物的所有权，无论是动产或不动产（*mobiles vel immobiles*）……”[6]

显然，在罗马社会中，对动产与不动产的划分是一个渐进的过程，人们由最初对土地、房屋等不可移动之物的直观感觉渐进到抽象出“不动产”这样具有一定概括性的术语。这一概括过程伴随着人们对土地、房屋与那些可移动物不同特性的分析和相关法律制度如取得时效等制度设计的需要而渐进地发展。

1. 就动产与不动产之间的不同特性而言，根据罗马法原始文献所载信息，罗马人至少已经关注到两个方面的问题：

首先，是否具有可移动性。从罗马人由最初对土地、房屋等不可移动之物和对金钱、衣服等可移动之物的直观描述到抽象出“动产”和“不动产”的颇具抽象性的术语这一演进过程，我们发现罗马人很早就已经开始将动产与不动产的划分定位在是否可以移动上。所谓可移动性是指物可以自由移动且不会损害物本身。因此，也有学者从拉丁文中直译“可动物”与“不可动物”。罗马人对是否“可移动性”的关注，构成了罗马人划分“动产”与“不动产”的基本判断标准。

其次，不动产的整体性。罗马人通过其观察，在法律规则中揭示出了不动产的整体性。所谓不动产的整体性是指不动产所包含的内容不仅有土地而且还有在其上存在着的看得见和看不见的附着物，如嵌于土地中长久存在的房屋、沟渠等，嵌于土地中短期存在的树木、庄稼等，以及附着于不可移动之物上的虽看不见但是可以直接感觉到的权益，如所有权、用益权等。就所有权、用益权而言，虽然在当事人有约定的情况下可以将权利转移给他人，但是，这些权利的存在由于与土地不可分离，因此，它们与土地所形成的整体性依然不会因发生权利转移而受损，这就是权利的回归性得以存在的基本原因。对此，罗马人有自己的见解，即罗马人认为人们对土地的关注实质上是对土地权利的关注。尤里安曾经说过：“没有人怀疑，如果我

---

〔3〕《十二表法》第6表：“……三、凡占有土地（包括房屋）2年，其他物品1年的，即因时效取得所有权。”

〔4〕Dig. 43. 16. 1. 4 Ulpianus 69 ad ed. Et si quis de area deiectus sit，sine dubio interdicto locus est：et generaliter ad omnes hoc pertinet interdictum，qui de re solo cohaerenti deiciuntur：qualisqualis enim fuerit locus，unde quis vi. deiectus est，interdicto locus erit.

〔5〕Dig. 43. 16. 1. 6 Ulpianus 69 ad ed. Illud utique in dubium non venit interdictum hoc ad res mobiles non pertinere.

〔6〕Dig. 3. 3. 63 Modestinus 6 diff. Procurator totorum bonorum，cui res administrandae mandatae sunt，res domini neque mobiles vel immobiles neque servos sine speciali domini mandatu alienare potest，nisi fructus aut alias res，quae facile corrumpi possunt.

在我的土地上播种了你的小麦，收获物及出卖收获物的价金将是我的。”因为“在获取孳息的时候，人们关心的是对土地的权利，而非对种子的权利。”〔7〕

在罗马法中，不动产的判断不限于有体物，还包括不动产上的权益，如用益权、永佃权等。这一判断产生的理由在罗马法的原始文献中并没有十分明确的阐述，但是其思维进路却有值得我们深入思考的价值，即这些不动产上产生的权益与不动产本身密切相连，构成了不动产价值的重要组成部分。

此外，具有学说法律化阐释权的罗马法学家们在界定附着于不动产上的动产性质时，采取了罗马人典型的根据社会现实灵活阐释法律的方法，将附着于不动产上的动产定性为不动产，这实际上已经不再把是否可移动作为判断不动产与动产的唯一标准，而是同时确立了根据物的用途和作用来判断是否为动产或不动产。根据乌尔比安的介绍，罗马时代著名的法学家拉贝奥经常写道：永久地用于建筑物上的物是建筑物的一部分，被临时用于建筑物上的物则不是。〔8〕他认为：用若干木板为一个凉台制作的、冬天被安上夏天被卸下的遮盖物构成房屋的组成部分，因为它被安上是为了永久使用。

2. 根据罗马法原始文献所载信息，我们发现罗马人在强调动产与不动产的不同时，虽然与物的处分、占有令状规则等联系在一起，但是更多的情况是与取得时效制度的设计相关联。

取得时效被认为是罗马法所创造的一种重要的所有权法定取得制度。盖尤斯指出，罗马人“为了公共利益（*bonum pubblicum*）创设了取得时效，以便使某些物的所有权不致长期地并几乎永久地处于不确定状态，因为法律规定的取得时效期间对所有人寻找其物是足够的”。正因为伴随着取得时效的届满而产生所有权转移的结果，罗马人格外地关注“可移动”与“不可移动”之物对时间的不同要求。在《十二表法》中规定为“凡占有土地（包括房屋）2年，其他物品1年的，即因时效取得所有权”，而在查士丁尼的《法学阶梯》中则使用了“动产”与“不动产”这一更为科学的表达方式：“市民法规定：善意地从非所有人但被信以为所有人处买得物，或根据赠与或因其他正当原因收受物的人，如果该物为动产，在任何地方都是在1年内；如果是不动产，在2年内，但以在意大利的土地上为限，他因时效而取得该物，以免物的所有权处于不确定状态。之所以作出这一决定，乃是因古人认为上述期间足以使所有人寻找自己的物。朕坚持更好的主张，以免所有权人过快地被骗取其物，也避免这种恩惠被限于特定的地方，因此，朕就这一问题发布了一项敕令，〔9〕规定动产经3年得依时效取得；不动产则通过长期占有而取得之，即在邻近的人之间经过10年，在不邻近的人之间经过20年而时效取得，该这种方式不仅在意大利而且在朕统治的全部土地上，均可以根据事前发生的正当的占有原因而使物的所有权被取得。”这一规定首先出现在查士丁尼的谕令中，其强调：“通过此谕令我们规定还要改革有关意大利本土之不动产的取得时效，就像改革1年取得时效一样，

〔7〕 D. 22, 1, 25, 1.

〔8〕 D. 19, 1, 17, 7.

〔9〕 C. 7, 31, 1.

以便对这些物也适用10年、20年、30年或更长的时效期间”。[10]

此外，鉴于不动产的整体性，罗马法将动产与不动产上的用益权同样也适用于取得时效。“不动产用益权因2年不行使而消灭，动产用益权因1年不行使而消灭，我们不允许用益权在如此短的时间内就被丧失掉，因而将其丧失时间定为10年或20年……”[11]

二

19世纪~20世纪欧陆国家立法中，虽然各有不同的国内立法之民族、文化、经济等背景，但是在不动产的确认上却明显地继受了罗马法有关不动产确认的判断思维。但是，这种思维主要以两种思路表现：

1. 综合确认的思路。这种思路在《法国民法典》中获得典型体现。法国民法不仅继受了罗马法将物划分为不动产与动产的基本分类，[12] 而且继受了罗马法在确定不动产时所采用的不单独依物的性质来判断的思维方法。在确定不动产抑或动产时吸收了罗马法的将物的作用、用途等也纳入思考范围的综合分析方法，在判断不动产时，分别从自然性质、物的用途、是否附着于土地等不同角度作出判断，因此，农具、蜂巢中养的蜂群、室内墙壁上固定住的挂画等原本其自然性质属于动产的，却因为其用途与房屋等紧密联系而被法律确认为不动产；土地用益权、使用权、地役权等财产权利因附着于土地而被法律确认为不动产。因此，《法国民法典》第517条作出了“财产之所以成为不动产，或依性质，或依用途，或依权利客体”的规定以高度概括这一基本思路。

在该思路下，这些不动产物权变动的效力表现为可以对抗第三人。

2. 整体确认的思路。这种思路在《德国民法典》中表现明显。德国民法理论显然接受了罗马法中根据物的整体性来判断是否为不动产的价值判断，并将其引入到德国法之中。虽然在《德国民法典》中频繁出现的是“动产（bewegliche sachen）”与“土地（grundstüeke）”这一对应语，虽然土地不等于全部的不动产，尽管在其法典中规定了凡其他不属于“土地”的有体物均是动产，但是，如果曾经是动产的物在成为土地的重要组成部分后，便也成为土地这一不动产的组成部分，该部分被称之为“土地的重要成分”。[13] 这是因为，根据对物的功能整体性[14] 的判断，具体的物与物之间常存在着某种关系而构成了对权利交易而言具有决定性意义的功能整体

---

〔10〕 CJ. 7. 31. 1. 1：Imperator Justinianus. Ideo per praesentem legem et in italicis solis rebus，quae immobiles sunt vel esse intelleguntur，sicut annalem exceptionem，ita et usucapionem transformandam esse censemus，ut tantummodo et hic decem vel viginti annorum vel triginta et aliarum exceptionum tempora currant，huiusmodi angustiis penitus semotis.

〔11〕 CJ. 3. 34. 13：Imperator Justinianus.

〔12〕 在不动产与动产的划分上，法国人比古罗马人做得更为彻底，在分类上，明确宣布全部的财产或为不动产，或为动产。当然，“物”与“财产”不是同一概念，按照乌尔比安等罗马学者的看法，“财产”一词不仅包括现金，而且包括所有的物品即所有的有体物，“因为谁也不怀疑物体也被包含在‘财产’这个词中”（D. 50，16，178pr.），此外还包括权利（D. 50，16，222）。

〔13〕 ［德］鲍尔、施蒂尔纳：《德国物权法》（上册），张双根译，法律出版社2004年版，第23页。

〔14〕 ［德］鲍尔、施蒂尔纳：《德国物权法》（上册），张双根译，法律出版社2004年版，第24页。

性规则。所有权人所希望的是对物的整体性使用，而取得人对物的取得，也恰恰是基于其整体性功能。[15] 物的整体性的基本价值判断是，当不同的物紧密联系在一起时，若将它们分离将会导致这些物的损害或效用的丧失。因此，《德国民法典》第94条规定的内容表明建筑物、为建造建筑物而附合的物、土地的出产物等属于土地的组成部分。在例外规定上，《德国民法典》甚至将拉贝奥的话直接放入了条款的表达中，如第95条第2款的规定是“为临时目的而附着于建筑物的物，不是建筑物的必要组成部分”，而拉贝奥在他的作品中这样明确写道：“永久地用于建筑物上之物是建筑物的一部分，被临时用于建筑物上之物则不是”。[16] 显然，《德国民法典》也是将拉贝奥的话直接采纳，成为其条款的内容。

该思路下的物权变动的效力表现为：法律规范赋予土地、土地上附着物和土地上其他重要成分同样的物权变动之效力（第1120条）。但是，在20世纪的绝大部分时期，任何土地的重要成分均不得作为独立的权利客体成为了基本规则。德国著名学者拉伦茨的举例清楚地说明了这一点：用益权人A在所有权人B的土地上建造了一座造价昂贵的仓库，该仓库所有权属于B，待用益权结束后，该仓库的补偿或取决于协议的约定，或根据不当得利使仓库建造者获得救济。[17]

《意大利民法典》在其思路上也继受了罗马法中的物的整体性判断，在其法律规范中将不动产确定为土地、泉水、河流、树木、房屋和其他建筑物，即使是临时附着于土地的建筑物以及所有自然或人为地与土地结为一体的东西也属于不动产。而固定在河岸或者河床之上并且为永久使用而建造的磨坊、浴场以及其他漂浮在水面上的建筑则视为不动产。[18]

在法律效力上，则规定为：某物的永久性地供他物使用或者装饰他物的用途，不得损害第三人对该物已经享有的权利。主物是不动产或在公共登记簿上登记的动产的，除非持有载明早于善意第三人对从物享有权利的确切日期的书面文件，否则主物的所有权人不得对抗善意第三人。[19]

20世纪的民法立法，在近代法律理性思维上除坚守不动产与动产的基本划分外，有其一定的演变。例如，在他人土地上建造房屋，所有权必须要归属于土地所有权人，这在一定程度上限制了人们对土地的利用，也使得人们丧失了对不可能获得土地所有权却又不能不建造房屋的行为之信心，使得所有权被极力放大而使用权遭到巨大压抑。因此，德国规定了《地上权条例》和《住宅所有权及长期居住权法》（1951年），允许在他人土地上建造房屋的人可以获得房屋的所有权，[20] 这样，鉴于关注房屋建造者的利益而不再将在他人土地上建造的房屋看做是土地的重要成分，因而所有权的归属也随之发生了巨大的改变。这种思路有供我们进行思考的空间。

最值得注意的演变是20世纪90年代《俄罗斯民法典》有关不动产的规定。其

---

[15] ［德］鲍尔、施蒂尔纳：《德国物权法》（上册），张双根译，法律出版社2004年版，第24页。

[16] D. 19, 1, 17, 7.

[17] ［德］鲍尔、施蒂尔纳：《德国物权法》（上册），张双根译，法律出版社2004年版，第26页。

[18] 《意大利民法典》第812条。

[19] 《意大利民法典》第819条。

[20] 孙宪忠：《德国物权法》，法律出版社1997年版，第8页。

法典除继受罗马法有关不动产与动产区别在是否能够移动这一基本标准外，[21] 还提出了另外判断不动产与动产的标准：

（1）登记性不动产。原本性质为动产的物，由于权利登记行为的存在以及因权利登记而产生的对抗第三人的效力而被法律确认为不动产，如进行过权利登记的航空器、航天器和船舶。

（2）综合体性不动产。在《俄罗斯民法典》第132条中，提出了一个十分有意思的对不动产确认的标准，即作为财产综合体的企业在整体上属于不动产。这实际上是遵循了法国民法有关权利客体的思路并进一步向前推进的结果。根据《俄罗斯民法典》第132条的规定，所谓企业是用以从事经营活动的财产综合体，它包括所有用于其活动的财产，如土地、建筑物、构筑物、设备、器材、原料、产品、请求权、债务，以及对使企业、企业产品、工程和服务个别化的标志（商号、商标、服务标志）的权利和其他专属权，除非法律有特别规定。

在法律效力上而言，企业整体和企业的一部分均可以成为买卖、抵押、租赁等行为的客体。

同样需要注意的是英美法在不动产与动产划分上的判断标准。虽然由于历史、文化等原因，英美法与大陆法在立法模式与制度规范上有所不同，但是在对不动产与动产的理解上却有着相似之处。不过，值得我们关注的是在英美现代法中对动产的解释，即版权、专利权被扩展至动产范围内，构成无体动产的主要内容。[22] 其价值判断在于，这些财产一方面具有法律确认的独立存在性，另一方面则由于其知识信息的无体性而必须附载在一定的有体物上方得以体现，这样人们在交付有体物时，其价值首先不在于有体物而是知识产权。

三

如前所述，我国在不动产与动产的划分规范上需要进一步细化与梳理。从我国现行法的规范上分析，我们考虑不动产与动产划分的标准主要定位在是否可以移动和登记效力上。例如，我国《担保法》第42条规定：航空器、船舶、车辆、企业的设备和其他动产进行抵押的，必须与土地、房屋等不可移动之物一样办理登记，并因此而获得对抗第三人的效力。为此，这些动产实际上已经具有不动产的效力。而法律上判断一个财产是不动产或动产的价值就在于两者在权利变动上法律效力的不同。

在考虑物权法有关不动产与动产的界定标准时，除依物的自身属性为基本判断标准，即凡具有不可移动性者均为不动产之外，我们还应当作出如下考虑：

1. 不可移动物上的固定附着物不动产一体性标准。附着物是原有独立属性之物因各种原因而直接或间接依附于土地之上的物。事实上，土地上的定着物就具有属

---

〔21〕《俄罗斯民法典》第130条第1款规定：“不动产包括土地、矿床、独立水体和所有与土地牢固地吸附在一起的物，即一经移动便使其用途受到损害的物体，其中包括森林、多年生植物、建筑物、构筑物。”

〔22〕［英］F. H. 劳森、B. 拉登：《财产法》（第2版），施天涛等译，中国大百科全书出版社1998年版，第19~20页。

于土地附着物的性质，但是它们是直接定着于土地之上，而诸如房屋中的固定设备和装饰物、铁塔上的电梯等则因固定在土地的定着物上而间接依附于土地。那么，这些均应当被确认为不动产。

2. 不可移动物上的权益之不动产一体性标准。在土地、土地上的房屋等定着物、与土地尚未脱离的土地生成物、因自然或者人力添附于土地且不可分离的其他物上，必然存在着所有权或用益物权或抵押权等权益。土地、房屋等物的价值本质是在这些权益上，因此，我们需要从法律上对其作出一种价值取向。将依托于土地、房屋等物质实体上的权益作为不动产的一体化产物而共同按照不动产规则给予规范。〔23〕

3. 经营财产及其权益不动产一体性标准。在这个问题上我们可以参考《俄罗斯民法典》的基本思考，将具有独立法人资格的经营团体用于其经营活动的财产作为一个整体来看待，同时鉴于其整体财产价值的集中性而将经营团体的财产视为不动产，其中包括用于其经营活动的土地、建筑物、设备、器材、原料、产品、用益权等有体物和商号、商标、服务标志等无体物。但是，著作权中的财产权与专利权则不宜纳入不动产中。

4. 著作权中财产权和专利权的无体动产性标准。在现代社会，知识产权具有越来越大的推动经济发展的作用。对知识产权财产性质的定位决定着对知识产权的扬或抑的制度走向。由于商号、商标、服务标志等是使经营团体或服务团体等民商事主体及其产品、服务特定化的标志，其作为附着物而成为不动产的组成部分有其明显的价值与逻辑判断。但是，著作权中财产权和专利权则具有十分明显的独立性，它们不仅可以使作为物质载体的动产的价值得以提升，而且可以完全如同动产那样在不同主体之间发生流转。当然，这里将已经被固定在房屋等不可移动物上的作品本身的所有权以及展览权排除，例如当壁画被固定在房屋墙壁上时，该壁画应当属于不动产，因为房屋价值中包括壁画的价值在内，它构成了房屋的重要成分，同时壁画的展览权与所有权实际的不可分离，使得壁画的展览权也应当构成因固定于房屋墙壁上所产生的不动产的重要成分。

总之，划分动产与不动产的目的在于它们的交易规则因其物之属性不同而必然产生公示方式的不同，进而成为民法典在物的分类上的基本分类，其他分类均受到该分类的影响或制约。因此，传统观念中对单独存在的不动产或动产的形态认识以及对若干个不动产或动产存在的认识，虽然其意义与功能仍然存在，但是强化对它们之间以及与无体物之间整体性的认识，对我们更好地理解财产性质与更大发挥财产的效能十分重要。

---

〔23〕 在这个问题上，建设部发布的行业标准《房地产业基本术语标准》中有关不动产的解释值得关注。

从法律视角看中国事业单位改革*

——事业单位“法人化”批判

方流芳**

前　言

事业单位改革与经济改革几乎同时展开。与经济改革相比，事业单位改革的成就并不显著。事业单位的进一步改革如何进行，具体措施依赖于政策判断，而政策判断又依赖于决策者对事业单位现状和改革方向的认识。本报告旨在提供可能会对决策有用的分析和建议，因此作者将尽量保持客观分析的立场，避免将本报告变成某种价值判断或者理论的宣传。

事业单位是公权力的产物，事业单位改革在一定意义上是用公权力去解决它自身造成的问题。然而，公权力的形成、变动和运作未必都与法律有关，从法律视角去分析事业单位的改革，回避不了这样一个问题：“为什么有可能从法律视角去观察事业单位改革？所谓法律视角是在什么样的制度架构和法律关系中形成的?”作者认为，至少有两个相互关联的事实可以支持我们从法律的视角去观察事业单位改革：

1. 从20世纪80年代中期以来，一方面，越来越多的法律文件赋予了事业单位“法人”的身份；另一方面，事业单位依然是公权力结构中的一个“单位”。“单位”和“法人”的双重身份是法律对中国转型时期社会组织的一种表述，形式上的“法人”和实质上的“单位”提示了反思立法政策的必要性。

2. 在市场经济影响下，公共权力与商业活动相结合的所谓“多体整合”（corporatism），在一定程度上改造和重构了事业单位。事业单位本应秉持的“本分”和它新生的趋利冲动之间呈现出某种紧张关系，而那些牵涉事业单位的民事、刑事和行政诉讼常常生动地记载了这样的变化。

一、事业单位的固有属性

在现代中文中,“单位”一词包含重要的制度信息：①单位是各级政府创设的公立机构；②每个单位都有一个与之对应的主管部门；③在单位任职的管理者和专业人员都纳入“干部编制”；④单位自身又是公共资源分配和再分配的一个枢纽，公共

---

* 本研究报告承蒙世界银行和中国发展与改革委员会的“短期个人咨询专家——小型任务项目”的慷慨资助，谨此致谢。

** 中国政法大学教授。

资源的分配和一些公共服务都是“只对单位，不对个人”。[1]

1. 事业单位是“单位”的一个分支。在经济体制改革前后，事业单位都是指政府创设的提供教育、科研、文化和卫生服务的专门机构，尽管不同时期的法规对它的界定不尽相同，但并没有实质差别。[2] 事业单位的格局与政府机构的分布是一致的：在中央政府层面，有国务院直属和部属的事业单位；在地方政府层面，有省、市、县属的事业单位；每个事业单位必定以一个行政机关为主管部门，如学校必定隶属某一级政府的教育主管部门，医院必定隶属某一级政府的卫生主管部门。但是，管理权力的交叉和重合并非例外，如一个大学的出版社既是大学的“下属单位”，在“业务”上又属新闻出版署“归口管理”。

2. 事业单位和行政机关一同纳入“机构编制管理”。在事业单位出生之前，机构编制管理部门就代表同级政府核定其性质、业务、级别、内部机构、领导岗位职数和工作人员数。“编制管理”决定了事业单位只能是一个推进官办事业的国立或公立机构，事业单位的管理者与行政官员没有实质差别——他们都有一定的级别，都可以在不同性质的“单位”之间互换职位，都是以“单位”为仕途的起点和终点。[3]

3. 事业单位的营运资金来自各级政府（包括事业单位的主管部门）的拨款和自身的营运收入（分为全额拨款、差额拨款和自收自支）。主管部门控制事业单位的工资总额、核定经费的用途、监管营运收入、防止事业单位超越业务范围。事业单位非经批准不能举债：事业单位的开支受预算控制，即使有额外的资金需求，也不能自行举债，因为事业单位没有可用于担保债务的可抵押财产——它的动产和不动产通常具有专用性，转让受到严格限制，很难被法院强制执行以清偿债务，属不可抵押的财产，此外事业单位自行举债即意味着预算失去约束力。

4. 事业单位同时承担政府职能是常见的现象，某些上级事业单位本身就是下级事业单位的“主管部门”。但是，在20世纪80年代中期之前，政府机关和事业单位之间的界限还是比较清晰的：一个只有行政职能而不提供公共服务的机构不会作为事业单位设立，一个事业单位行使行政权力的范围不会超出它的主管单位。主管部门和它管辖之下的事业单位构成一个相对封闭的系统，一个主管部门通常不会涉足其他主管部门管辖范围内的事业单位。牵涉事业单位的争议（员工和管理者之间的争议、同一主管部门管辖之下的事业单位之间的争议、事业单位和主管部门之间的争议）通常都能在系统内解决，不会诉诸法院——在某种程度上，事业单位自身和背后的行政权力构成了有效解决争议的权威。

---

〔1〕 参见杨晓民、周翼虎：《中国单位制度》，中国经济出版社1999年版，第3~4、103页。

〔2〕 参见宋大涵主编：《事业单位改革与发展》，中国法制出版社2003年版，第2~3页。

〔3〕 关于机构编制管理的制度沿革，参见宋大涵主编：《事业单位改革与发展》，中国法制出版社2003年版。

二、事业单位的“法人化”

（一）在以往20年中，事业单位转变为类型多样，相互穿越、错综交致的混合组织

在21世纪的中国，试图用一个定义去概括事业单位的一般属性多半会犯简单化的错误，因为事业单位的多样化和复杂性已经远远超出了任何言词定义所能够概括的极限。[4]

1. 事业单位可以是一个纯粹的行政机关，也可以具有行政机关和公共服务双重职能。在以往20多年中，中央政府三令五申“精简机构”，但是政府机构膨胀的趋势并没有受到遏制。为了在精简机构的言说和机构膨胀的现实之间保持逻辑的一致，各种政治智慧便应运而生，其中之一就是把新设的政府机构叫做“事业单位”，这样，机构膨胀的事实就不会在统计数字中显现出来了。20世纪90年代之后增设的行业监督、行业准入许可机关多为“事业单位”，如中国证券监督管理委员会、中国银行业监督管理委员会、中国保险业监督管理委员会、国家电力监管委员会。[5] 政府机关作为“事业单位”被设立不仅在统计上掩盖了政府机关的膨胀，而且使那些在“事业单位”任职的政府官员得到了实惠。即如果该事业单位有足够的收入，官员的薪酬也就水涨船高，可以超过同一级别的“公务员”——在薪酬待遇方面，管理公务员薪酬的规则不适合事业单位的官员。对于那些已经存在而需要“精简”的机构，它们继续存在的途径就更多了，其中之一就是“变性”——从行政机关变成“事业单位”或者“按事业单位管理的公司”。[6]

“一个机构，两块牌子”是行政机关和事业单位合二为一的常见方式。一方面，政府想要继续把控那些本来不应当或者不必要由政府管理的事务；另一方面，政府又不愿用行政机关的名义抛头露面，于是就变生出行政机关的另一个自我——一个行政机关可以有另一个名称和招牌。[7]

2. 在提供公共服务的同时，事业单位也可以是一个以营利为目的的投资公司。从20世纪80年代开始，事业单位“办公司”历经了多次“清理整顿”，然而这一现象如同莠草蔓延，芟而复生，根除不尽，最后又不得不开禁，如今事业单位从事股

---

〔4〕 我们不妨以中国国际贸易促进委员会（CCPIT）为例说明事业单位的复杂性，CCPIT在名义上是社会团体，在人员编制上部分属公务员、部分属事业单位，行政级别为副部级；CCPIT的“法律部”是一个事业单位,“法律部”和“中国国际贸易仲裁委员会”（CIETAC）在2003年之前“其实是一家”，而CIETAC在法律上又是一个独立的事业单位。参见段宏庆、王和岩：“贸促会山雨欲来”，载《财经》2006年第16期。

〔5〕 设立国务院部、委的权力在全国人民代表大会和它的常务委员会（参见1982年《国务院组织法》第8条），而设立“国务院直属事业单位”则是国务院自身的权限。

〔6〕 例如国家商标局原先是国家工商行政管理总局下属的职能部门，在“精简机构”过程中，国家商标局的工作人员整建制地从行政机关序列转到事业单位序列，从而使国家工商行政管理总局完成了“精简机构”的任务。

〔7〕 例如国家体育总局是国务院直属局，它和中华全国体育总会是“一个机构，两块牌子”，前一块牌子代表国家机关，后一块牌子代表“依法成立的非营利社团法人”。参见《国务院关于机构设置的通知》（1998年）。

权投资已经完全合法化。[8] 一个事业单位可能同时又是一个拥有若干上市公司的控股公司，例如清华大学、北京大学、有色金属研究总院都是一些上市公司的发起人和大股东，而它们从上市公司获得的利润，又能免交“企业法人所得税”，因为它们并不是“企业”。[9] 在中央政府禁止国家机关经商办公司之后，[10] 国家机关通过它控制的事业单位进行股权投资就成为相当普遍的现象。

3. 事业单位提供公共服务，但未必是非营利机构。在经济体制改革之前，事业单位基本上没有自身的经济利益；在经济体制改革之后，预算不足驱动了事业单位“创收”——一种“靠山吃山，靠水吃水”的营利活动。即事业单位或是收取额外费用，或是把本应无偿提供的服务变成收费服务，甚至用国家拨款去进行商业投机，经营收入在单位成员之间进行分配。

医院收取“回扣”堪称“创收”之典型。在药品批发商的诱导之下，医院和医护人员竭力向患者销售或者搭售药品，然后以“回扣”形式分享销售利润。“回扣”把医院这样的“事业单位”改造成具有双重身份的组织、理论上，它们是政府设立的、从事医治救护的非营利机构；但实际上，它们是销售药品的代理商。医生和管理者共同使用医院的名义去招揽和锁定客户。药品批发商按销售业绩论功行赏，医生开出的处方越多“回扣”就越多；医院采购的药品越多，决定药品采购的“药事委员”[11] 的“回扣”就越多。

出售“灌水学位”是高校“创收”的主要途径。高校为那些需要学位的人量体裁衣，根据他们的资质、教育程度和身份设计入学途径、学位项目和课程。例如，一个人要攻读研究生项目，除了通过考试并取得超过最低录取分数线的成绩之外，还有名目繁多的“蹊径旁门”，如“推荐免试”（无须参加考试，即可录取）、“补充录取”（在最低录取分数线公布之后，从考试成绩低于最低分数线的考生中录取，但未必按分数高低录取）、“同步进修”（不参加入学考试，与研究生一起学习，“补考”过关之后，即可申请学位）；一个人要申请硕士或者博士学位，除了攻读研究生项目之外，还可以根据“同等学力”[12] 提出申请——没有经过研究生入学考试的人，可以直接参加专设的研究生课程班，通过考试就算达到了研究生“同等学力”，有资格申请学位。于是高校纷纷举办“研究生课程班”，帮助有学位需求者达到研究生“同

〔8〕 参见《国务院事业单位登记管理暂行条例》（2004年）第2条第2款；《铁道部铁路事业单位对外投资管理办法》（2003年）第3条。

〔9〕 关于资本所得复原为税前收入，纳入应纳额所得额的规定仅适用于“企业”的规定（参见《国家税务总局关于企业股权投资业务若干所得税问题的通知》2000年）。按照一些专项规定，事业单位的投资所得似乎并不能免税（参见1999年《国家税务总局事业单位、社会团体、民办非企业单位企业所得税征收管理办法》第1条），但是由于事业单位投资的复杂性，由于征税规则对事业单位和企业分而治之，该项规定完全缺乏可行性，也难以审计。

〔10〕 参见《中共中央、国务院关于清理整顿公司的决定》（1988年）；《中共中央、国务院关于进一步清理整顿公司的决定》（1989年）。

〔11〕 在整治“回扣”的名义下，许多医院都成立了一个名叫“药事委员会”的机构，该机构由科室主任、药房主任和行政官员组成，负责集体决定药品采购事务。但是，回扣依然盛行，“药事委员会”成为医院内部的回扣分配机构。

〔12〕 参见《中华人民共和国学位条例》（2004年）第5～6条。

等学力"，办班收入则由院、系和大学分成。[13]

事业单位具有营利性意味着公共权力和公共资源的私有化，这与政府机关经商没有什么差别。事业单位的营利趋势伴随着治理结构的改变而改变，在事业单位内部呈现出经济利益主导的"割据"局面：事业单位的各个职能部门分别"创收"，每个职能部门都有自己的"小金库"，相互竞争、封锁和对立；各个职能部门和事业单位的总部之间则呈现出一种许可证共享和利益分成的关系。如大学允许它的各个院、系开设"自考班"、"辅导班"、"研究生班"，并提供统一收费发票和证书，后者则将收费的一半左右上交大学。正因为事业单位是公共服务提供者，它才能从政府那里无偿获得行业准入许可，才能有减免税待遇，但是当事业单位用无偿获得的许可权和公共财产为自身谋取利益的时候，它得到豁免和特许的正当性基础也就不复存在。

我国管制不正当经营的法律通常只是针对"企业"，因此当事业单位从事不正当经营而受处罚的时候，通常都会以自己不是"企业"为由进行辩解，案例 1 即显示了这一情形。

【案例 1】事业单位与《反不正当竞争法》的适用[14]

湖北省宜昌市妇幼保健院（以下称保健院）在药品采购活动中，先后收受医药公司的现金和物品回扣共计 58 721 元，湖北省宜昌市工商行政管理局（以下称工商局）认为保健院的行为属收受"商业贿赂"，依据《反不正当竞争法》对前者罚款 1 万元。保健院不服行政处罚，提起行政诉讼。

保健院强调，《反不正当竞争法》规制的对象是"经营者……从事商品经营或者营利性服务的法人、其他经济组织和个人"，保健院是"全民所有制财政全额拨款的公益事业单位，不是能够作为市场主体的经营者，不属于《反不正当竞争法》调整的范围"。因此，工商局处罚保健院属行政越权和适用法律不当。工商局认为，保健院虽然是全额拨款的医疗卫生事业单位，但是其日常业务活动都是有偿的，其采购药品的行为是一种商品经营行为，属于《反不正当竞争法》调整的对象"，工商局依据《反不正当竞争法》查处"商业贿赂"是行使法定职权。

一审、二审法院都作出了支持工商局的判决。法院的意见是：一个机构或个人是否受《反不正当竞争法》规制，不仅看他是不是"经营者"，而且看他是不是牵涉"经营行为"，事业单位为销售而购买药品的行为显然是"经营行为"；另外，收受商业贿赂者"包括了所有从事公务采购活动而在账外暗中收受回扣的"单位和个人"，决不限于"经营者"。

---

[13] "2003 年这 18 所高校收取未经批准的进修费、MBA 学费等 64 427 万元，国家明令禁止的费用 6010 万元，自行设立辅修费、旁听费等 7351 万元，超标准、超范围收取的学费、住宿费等 5219 万元，强制收取服务性、代办性费用 3284 万元，重修费、专升本学费等 554 万元，共计 8.68 亿元，比上年增长 32%，占当年全部收费的 14.5%。"参见许峰："审计风暴刮向高校"，载《南方周末》2005 年 7 月 7 日。

[14] 参见"宜昌市妇幼保健院不服宜昌市工商行政管理局行政处罚决定案"（2000 年），收入国家信息中心法规光盘数据库（2004 年）。

在案例1中，保健院强调只有“经营者”才会收取商业贿赂，医院不是“经营者”。法院没有拘泥于“经营者”的文义解释，而是认为：如果一个人收受贿赂之后，仅仅因为他不是“经营者”就得到豁免，这是不符合法律本意的。

（二）围绕资源分配、行业许可和机构的分等评优，事业单位和事业单位的主管部门正在形成利益共同体

在“转变政府职能”的名义下，一些政府机关的分支在名义上转变为“中介机构”，政府机关制造审批、许可、分等评级，为这些“中介机构”开拓业务并锁定客户——凡向主管部门申请审批、许可、分等评级，须经主管部门指定的“中介机构”评估，而“中介机构”则向主管部门输送利益。例如教育部、国务院学位委员会创设了大学按照“二级学科”分类逐一申报“硕士点”、“博士点”的行政许可制度，[15] 而组织审批活动的机构是一个“有独立法人资格，具有社会中介机构性质的、非营利的社会组织”，同时又是教育部的“直属事业单位”，[16] 该“中心”囊括了“全国学位授权审核”、“学科评估”、“研究生院评估”、“研究生教材遴选”、“高等学校重点学科评估”等与研究生招生许可和学位授权直接相关的评审权；[17] 本科教育的评估则由教育部的另一个“行政性事业单位”——高等教育评估中心把控，它负责“院校评估”、“专项评估”、“评估培训”和“专业评估”。[18] 教育部把教育资源的分配和许可结合在一起，创设了繁复的、类似“积分”的评估审核制度——“学位点”的设立需经许可，“学位点”越多，从教育部分配的资金越多，纳入教育部“211工程”、[19] “985工程”，[20] 获得巨额专项资金的可能性也就越大。然而，每一项许可都和一个评估项目有关，每增加一个新的评估项目又给那些垄断性的“中介机构”带来一项新的业务。为了获得更多的教育经费，大学用已经获得的教育经费（在大学财会项目中作为“学科建设费”列支）到教育部设定的各个评估中心、学科组去“跑点”，实际上是用已经获得的教育经费去贿赂教育经费的分配者和它的代理人，以获得更多的分配；如果“跑点”成功，贿赂成本就从新增的教育经费中得到补偿。

（三）事业单位呈现法人外观

1. 事业单位成为民法法人。事业单位无一例外是由主管部门生成的，事业单位的合法性在于它和主管部门的共生、依从关系——一个无主管部门的事业单位不仅

---

〔15〕 试以法学为例诠释“硕士点”：一个大学要申请法学硕士项目，它并不能取得覆盖全部法学领域的学位授予权，只能率先进入法学的某一个分支（所谓“二级学科”），如刑法学、民法学或者诉讼法学等，这叫申请“学位点”。“学位点”累积多了，就可以申请覆盖全部法学的硕士学位授予权，这叫“法学一级学科硕士授予权”。在高校流行的相关行话叫“跑点”，就是为申报硕士点、博士点而疏通关系、拜访参加评审的各色人等。

〔16〕 参见“教育部学位与研究生教育发展中心”网站，http：//www. cdgdc. edu. cn.

〔17〕 参见“学位评估审核信息系统”网站，http：//www. cdgdc. edu. cn/phsh/.

〔18〕 参见“高等教育评估中心”网站，http：//www. pgzx. edu. cn.

〔19〕 从1995年开始，教育部从它管辖的大学里选拔出100所高等院校给予特别扶持。所谓“211工程”的意思就是重点建设面向21世纪的100所大学的工程。参见教育部网站，http：//www. moe. edu. cn.

〔20〕 从1998年5月开始，教育部推出了以“建设若干所世界一流大学和一批国际知名的高水平研究型大学为目标”，从纳入“211工程”的大学里选出了35所大学作为“重中之重”，由中央政府和地方政府拨付专项资金以重点扶持。

是特例，而且是反常现象。在这一基本格局没有发生实质变化的情况下，1986年颁布的《民法通则》率先将事业单位界定为“法人”，惟一的“法定代表人”是“代表法人行使职权的负责人”。[21]《民法通则》对法人的分类与国务院“编制管理”核定的机构分类是一致的；更准确地说，《民法通则》把1963年创设的单位分类改写为“法人”分类。[22] 但是，“单位”和法人毕竟是两类性质相去甚远的机构。

在1998年以前，事业单位的设立无需登记，因为事业单位的设立从一开始就纳入了比登记更为有效的管理。组建事业单位的意愿是按照政府权限和决策程序产生的，事业单位在出生之前就已经纳入了某个主管部门的管辖范围，既然事业单位的设立只是已有公共权力的延伸，那么无论作为许可还是备案，登记都是多此一举。

2. 实行事业单位的“法人登记”。1998年我国开始实施事业单位的“法人登记”制度。无论是已经成立，还是刚刚成立的事业单位，都要向主管部门申请“登记”或者“备案”，领取“中华人民共和国事业单位法人证书”和“中华人民共和国组织机构代码证”，[23] 两种证书的有效期都是1年；登记机关负责对事业单位进行“年检”，只有通过“年检”并交纳“年检费”，事业单位才能更换新的法人证书。因此登记主管机关就成为众多事业单位每年都要与之打交道的部门。

在事业单位的登记申请表和“法人证书”上记载着两个重要事项：“法定代表人”的姓名和“开办资金”的数额。这两项登记与现有的管理体制存在着某种不一致：①事业单位的治理结构通常都是“党委领导下的行政首长负责制”，行政首长未必是党委书记，但许多重大事务的最终决策者都是党委书记，这和行政首长充任惟一“法定代表人”的治理结构是无法并存的；②事业单位的“开办资金”是一项很难如实填报而又必须填报的内容，因为事业单位的资产分类和会计科目中并没有“开办资金”一项。[24]

【案例2】事业单位法人证书和诉讼当事人资格中英教育测量交流中心诉中国青年出版社等不正当竞争纠纷案（北京市海淀区人民法院，2002年）[25]

本案被告否认原告是适格当事人。被告声称：原告在起诉时尚未进行

---

〔21〕 参见《民法通则》（1986年）第38、50条。

〔22〕《民法通则》中的法人为企业法人、机关法人、事业单位法人和社会团体法人四种，虽然四类组织都是“单位”，但是只有“事业单位”是照搬原名而加上“法人”后缀，其他三类法人的名称都省略了“单位”一词；国务院“编制管理”核定的单位分为企业、事业和行政三种，社会团体是事业单位的一个分支。参见《国务院关于编制管理的暂行规定》（1963年）。

〔23〕“事业单位法人证书”的颁发单位是“国家事业单位登记管理局”，证书记载的事项有：“名称”、“宗旨和业务范围”、“住所”、“法定代表人”、“经费来源”、“开办资金”和“举办单位”。代码证载明的发证机构为“全国组织机构代码管理中心”（也是一个“事业单位”），而盖印机构却是“国家质量监督检验检疫总局”，两者之间是何种关系？事业单位的代码证为何与一个主管“质量监督”的部门有关？以上均有待考证。参见《国务院批转国家技术监督局等部门关于建立企业、事业单位和社会团体统一代码标识制度报告的通知》（1989年）。

〔24〕 参见《财政部事业单位会计制度》（1997年）；《财政部事业单位会计准则》（1997年）；《财政部事业单位财务规则》（1997年）。

〔25〕 参见北大法律信息网/法规中心资料库，网站：http：//www.chinalawinfo.com.

事业单位法人登记，起诉之后，原告在2003年3月31日领取了“事业单位法人证书”。因此，“……原告……不能作为事业单位法人进行法律诉讼。……原告是非法存在的，不具有合法的原告资格，应驳回其起诉。”法院认为：“被告以有关规章和通知的相关要求来否定原告的诉讼主体资格，不符合民事诉讼法的有关规定。”在本案中，法院似乎表明了这样的立场：审查当事人是否具有“诉讼主体资格”应当遵循法律，而不是行政规章。但是本案的事实背景是，原告在起诉之后已经取得了“事业单位法人证书”，法院只是把起诉时欠缺“事业单位法人证书”作为一种可补救的情形。

按照“中编办”的一个通知，从2001年开始，事业单位参加诉讼必须出示“事业单位法人证书”。[26]这一规则常常被一方律师用来质疑对方的诉讼当事人资格，设置诉讼的技术障碍。在案例2中，原告用来证明自己是适格当事人的文件包括：①机构编制委员会的批复；②全国组织机构代码管理中心颁发的两份中华人民共和国组织机构代码证；③机构开设银行账户的许可证；④事业单位法人证书。但是法院并没有告诉当事人，在上述证据中哪些是必要的，哪些是与案件无关的。法院接受如此之多的当事人身份证明，似乎传递了和判决相反的信息：如果没有事业单位法人证书，起诉将是一件困难的事。

事业单位是公办事业的载体，事业单位起诉和应诉（特别是在行政诉讼中）、胜诉和败诉，与政府有直接利害关系。因此，究竟是事业单位作为诉讼当事人，还是主管部门或者政府代表事业单位作为诉讼当事人，取决于创设事业单位的政府是否赋予事业单位这样的权力。有些事业单位为数众多，并且在同一行政管辖范围内（如市、区政府设立的中、小学），涉诉问题呈现相似性，由主管该事业单位的政府部门代表它们诉讼更为经济；有些事业单位经常面临损害赔偿诉讼（如医院），在普遍推行责任保险的情况下，胜诉、败诉主要影响保险公司的利益，由该事业单位自主行使诉权或者授权保险公司行使诉权显然比较合理；有些事业单位与商业公司没有什么差别（如出版社），理当自主行使诉权。总之，事业单位是否有资格充当诉讼当事人，与它有没有法人资格并不相干，而是与政府授权密切相关。国有商业银行在这方面提供了一个可以借鉴的实例：国有商业银行的分行、支行和储蓄所都不是法人，但它们都可以成为诉讼当事人，因为它们得到了总行的授权。

（四）事业单位独占教育、医疗、文化和科研领域的局面发生了实质变化

如今“教育、科研、文化、卫生”已经不是事业单位一统天下。在教育领域，“民办学校”、“中外合作办学”已经进入了小学、中学、大学本科和研究生教育；在

---

〔26〕 参见《中央机构编制委员会办公室关于〈事业单位法人证书〉使用问题的通知》（2000年），第2条第9项。

医疗领域，个体诊所、私立医院和私人承包的公立医院已呈现风起云涌之势；在科研领域，一方面是大量公立的科研机构转变为商业公司，另一方面是无数公司型的私立科研机构和“民办非企业单位”应运而生；在出版行业，私人投资早已通过“挂靠”或者“书号交易”隐形进入。在有些领域，事业单位已经完全退出，例如在20世纪80年代，“律师执行职务的工作机构是法律顾问处（即律师事务所）。法律顾问处是事业单位。”〔27〕然而，把律师事务所作为“事业单位”，从一开始就是不合时宜的，相当一部分律师事务所是执业律师个人发起、个人掌控和个人承担损益的法律服务机构，从来没有纳入、也不可能纳入事业单位的“编制管理”。从上个世纪90年代开始，公立的律师事务所经历了一场静悄悄的私有化运动，转变成所谓的“合作制”或者“合伙制”。在公立律师事务所全面私有化之后，律师界已不存在任何“事业单位”。然而，这一变化得到法律承认的时间比它实际发生的时间晚了大约10年。从1998年的《律师法》颁布开始，律师事务所名正言顺地从“事业单位”变成了“执业机构”（参见1998年《律师法》第15条）。

三、事业单位法人的困惑

（一）债权人的困惑：谁对事业单位的债务负责？法人登记是否是为了让事业单位的“主办单位”获得债务豁免权？

1．债权人无法找到事业单位的主管部门。

【案例3】上海市杨浦区跃化五金模具厂等诉上海社会科学院案（1990年）〔28〕

本案原告是上海市杨浦区跃化五金模具厂等5家企业。原告的债务人——“中外中小企业科技经济信息联合体（下称联合体）”——是“国务院上海经济区规划办公室”（下称规划办）在1988年批准设立的一个“自筹开办经费”、“作为独立法人”的事业单位。同年7月，规划办被撤销，联合体挂靠上海社会科学院（下称上海社科院）；1990年3月，上海社科院与联合体“脱钩”（解除“挂靠”关系），联合体转而“挂靠”中国管理科学研究院上海分院（下称上海分院）。1990年下半年，联合体解散，留下100多万元未清偿债务。鉴于联合体已经解散，原告对上海社科院提起诉讼，要求后者对联合体的债务负责。

原告否认联合体是一个事业单位法人，“规划办无权批准成立一个事业单位，故联合体既非企业法人，也非依法成立的事业单位，不具备法人资格，上海分院在上海没有自己的编制，也不具备法人资格，其与上海社科院间就联合体的转挂靠无效，故要求变更联合体的挂靠单位上海社科院为被告，承担民事责任”。上海社科院辩解说，联合体是一个事业单位法人，自己不是联合体的主办单位。“联合体系由规划办批准成立，公安部门据此

〔27〕参见《国务院律师暂行条例》（1980年颁布，1998年废止）第13条。

〔28〕参见《最高人民法院关于上海社会科学院应否对中外中小企业科技经济信息联合体的债务承担责任的函》（1991年），收入国家信息中心法规光盘数据库（2004年）。

准许刻制公章，原上海市市长汪道涵及其他一些领导同志都在其中担任重要职务。因此，是依法成立的事业单位……。”上海社科院承认与联合体存在“挂靠”关系，但是“挂靠”关系已经结束，在联合体解散之前，自己就不再是“主办单位”了。按照当时生效的行政法规，如果“主办单位”投资的公司解散，“主办单位”应负责清理债务，并以受益金额为限清偿公司债务，但不得动用预算内资金。[29]

案例3有两个非同寻常的情节：

（1）当事人之间发生了最不容易引发的争议。“主办单位”是事业单位的发起人、监护人，在多数情况下，“主办单位”就是事业单位的主管部门，事业单位存续期间必须依附一个“主办单位”。一般来说，不会出现一个没有“主办单位”的事业单位，而辨认“主办单位”一般也不会有什么困难。然而，本案的联合体在短短两年之内变动了三个“主办单位”：第一个被撤销了，第二个“脱钩”了，第三个本身就不是一个“事业单位法人”。

（2）联合体的三任“主办单位”都不合法。只有得到授权可以自行决定“机构编制序列”的主管部门才可以自行设立事业单位，规划办显然不是这样的机构。规划办被撤销之后，联合体“挂靠”了上海社科院，“联合体从挂靠到脱钩，从未与上海社科院发生过人事、财务、业务方面的实质性联系”；不久，上海社科院与之“脱钩”，联合体转而“挂靠”上海分院，后者自身并不是一个法人。在事业单位存续期间，如果它的“主办单位”被撤销，事业单位管理权的变更应当由比“主办单位”级别更高的行政当局决定，而不是由事业单位自身去寻找“挂靠”单位。

联合体债务纠纷案牵涉一些重要的法律问题，诸如中央政府驻地方的临时办公机构（如规划办）有没有权力在当地组建一个事业单位法人？如果规划办违规设立联合体造成了债权人的损失，在规划办被撤销之后，谁应当对债务负责？该案给法院提供了一个机会去回应中国经济转型过程中呈现的独特法律问题。但是法院却用“请示”代替了“审判”——一审法院书面“请示”二审法院，二审法院书面“请示”高级人民法院或者最高人民法院，民事诉讼蜕变为脱离诉辩双方对抗的行政决定。最高人民法院对上海市高级人民法院的答复是：“同意你院意见，责成上海社科院对联合体的债权债务予以清理，但上海社科院对联合体的债务不承担责任。”结果，法院不经审判就在“请示”过程中了断此案。原告除了债权落空又赔上一笔诉讼费，而联合体究竟是不是事业单位法人仍然无从得知。

2. 事业单位不是法人而参与事业活动，主管部门应对事业单位的债务负责。如今，一个级别较高的政府机关所统辖的“直属事业单位法人”往往多达数十，甚至上百，每个“事业单位法人”都有可能产生一群下属。名称、职能相同或者近似而

---

〔29〕 参见《国务院关于在清理整顿公司中被撤并公司债权债务清理问题的通知》（1990年）第3、7条。

又存在关联的事业单位越来越多，以至于事业单位交易的当事人往往不清楚自己是在和谁打交道。[30]

【案例4】惠州市经济开发实业总公司诉广东省惠州市质量技术监督局（广东省惠州市中级人民法院，2001年）[31]

该案原告是惠州市经济开发实业总公司（下称总公司），被告是惠州市测控技术研究所（下称测控所）和广东省惠州市质量技术监督局（下称质监局）。测控所于1992年成立，主管部门是质监局；1994年，机构编制主管部门将测控所正式定为"正科级"。1995年9月，测控所与总公司签订"承包经营合同"，测控所租赁总公司下属企业的设备，按月交纳承包费。2000年6月双方协议解除"承包经营合同"，测控所承认：欠总公司承包费本金125万元，利息3万元。2000年7月20日，测控所经广东省机构编制委员会办公室核发《事业单位法人证书》，主管部门仍为质监局。2001年6月20日，总公司以质监局、测控所为被告提起追讨债务的诉讼。一审法院认为，测控所"在1994年已是独立的事业法人单位"，质监局对测控所的债务不负责任。

总公司提起上诉。总公司认为：从1995年9月总公司和测控所签订合同到2000年6月双方解除合同，测控所都不是一个"法人"，测控所在2000年7月领取"事业单位法人证书"，正是为了帮助质监局逃避责任：测控所没有任何可用于清偿债务的财产，质监局本应对债务负责却借此逃债。

质监局认为测控所是一个法人："测控所之所以到2000年7月20日才领取《事业单位法人证书》是因为之前的有关法律法规没有要求事业单位法人要办理《事业单位法人证书》。直到1998年10月25日《事业单位登记管理暂行条例》施行后，……事业单位法人才办理登记手续，领取《事业单位法人证书》。测控所没有领取《事业单位法人证书》而具备法人资格完全是有法律依据的。《民法通则》第50条规定，具有法人条件的事业单位、社会团体，依法不需要办理法人登记的，从成立之日起具有法人资格。在《事业单位登记管理暂行条例》施行前，事业单位凭机构编制委员会的定编文件就可具备法人资格，可独立从事经营活动。"

在测控所是不是事业单位法人的问题上，二审法院的看法截然不同。二审法院认为，在2000年7月以前，测控所没有成为法人，质监局应当就测控所的债务对债权人负责。二审法院阐述了一项重要的法律意见：1994

[30] 2003年，北京市朝阳区人民法院认为"湖南电视台"与"湖南电视台生活频道"分别为两个"事业单位法人"，债务互不牵涉。参见"北京金环蛇影视文化传播有限公司诉湖南电视台电视剧播映权许可使用合同纠纷案"，北京市朝阳区人民法院（2003）朝民初字第25213号。2001年，大庆市中级人民法院认为"肇州公安局与肇州县公安局交警大队"是两个"独立法人"，前者为机关，后者为事业单位，债务互不牵涉。参见"大庆市万通建筑工程有限责任公司诉肇州县公安局等拖欠工程款案"。参见同注25。

[31] 参见广东省惠州市中级人民法院民事判决书（2001）惠中法经终字第206号。参见同注25。

> 年，机构编制委员会发文回复主管部门，同意后者提出的设立事业单位的申请，只是表示同意主管部门组建事业单位，并不表明该事业单位已经取得法人资格。判断测控所是否具备法人条件，应看它在和总公司签订合同时有无“必要的财产或经费”，是否“能够独立承担民事责任”，质监局和测控所提供的证据不足以让法院就这两个问题作出肯定回答。

主管部门是否应当对下属事业单位在商业交易中的债务负责？这恐怕不能仅仅从下属事业单位是不是一个法人而得出结论。在大多数情况下，事业单位的财产是法院无法强制执行的：事业单位的有些财产是不可转让的，例如电视频道、出版许可、办学许可；有些事业单位的财产在理论上可以转让，但转让的代价可能是该事业单位从此消失，例如一个公立医院经商而无力清偿债务，法院去拍卖它的设备或者病房，该医院可能因此倒闭，由此给公众造成的损失通常会大大超过拍卖所得。在我国，法律不允许事业单位破产，在事业单位无力清偿债务的情况下，即使法院可以执行它的财产，也缺乏确保债权人获得公平清偿的还债顺序。即使是事业单位可以支配的现金或者付款额度，也多为专项资金，动用这些资金去清偿不相干的资金，可能构成严重违反财务制度。

既然事业单位是没有能力承担商业风险的那一类组织，营利活动就是事业单位不应涉足的禁区，主管部门不应放任事业单位从事营利活动，更不应当从事业单位的营利活动中获得利益。事业单位违规从事营利活动而主管部门没有及时阻止，这本身也是一种疏忽。因此，在事业单位因公设立、不可破产，财产不可强制执行，主管部门任免事业单位负责人并监管事业单位活动不超出核定业务范围的情况下，不管事业单位是不是法人，主管部门都难以推卸责任。

可是，主管部门的财产情形和它管辖的事业单位大致相同——主管部门也没有可用于清偿债务的财产，法院执行主管部门的财产可能造成更为严重的问题。因此，在案例 4 中，法院如何去执行这一判决更耐人寻味。

3. 事业单位向银行举债的能力。事业单位的偿债能力受预算和业务范围的双重限定——事业单位的资金只能用于支付它在业务过程中产生的、不违反资金专用规定的费用。然而，这一规则如今已经被彻底颠覆。

从 1999 年开始，增加大学招生人数被当作“拉动内需”的一项经济措施。各地政府纷纷建“大学城”——在郊区建新校园，把城区的一些大学迁移到郊区——借此推动房地产市场升温。[32] 各级政府和主管部门都鼓励甚至“强迫”大学向银行借款，[33] 大学向银行举债就此合法化，甚至教育部的直属院校也不需要经过主管部门

---

〔32〕 何丰伦：“高校贷款黑洞助长房价飙升”，载《经济参考报》2007 年 3 月 19 日。

〔33〕 1999 年，教育部提出要“利用银行贷款，进一步加快中央部委高校的教职工住房建设”；2000 年，教育部和财政部联合颁发的一个文件实际上是授权大学以自己的名义向银行贷款。参见《国务院批转教育部面向 21 世纪教育振兴行动计划的通知》（1999 年）；《教育部、财政部关于高等学校建立经济责任制加强财务管理的几点意见》（2000 年）。李润文：“谁制造了高校贷款黑洞　高校政府银行各打算盘”，载《中国青年报》2007 年 3 月 11 日。

审批就可以到银行贷款。[34] 尽管对于此举的质疑和批评之声不绝于耳，但是在各级政府、主管部门、高校管理者和银行的积极推动之下，高校贷款已成不可阻挡之势，来自民间的反对之声变得无足轻重。从1998年到2006年，中国在校大学生的总人数从643万人增加到2500万人；在2007年，高校对银行的负债总额约在1500～5000亿之间。[35] 到2007年，高校普遍出现了还贷困难，高校贷款成为人大、政协会议的一个讨论焦点。[36]

在向银行举债的时候，高校一般是以未来的收入作为抵押来担保还贷。在支付银行本息的压力下，高校不得不增加收入，而高校除了政府拨款和招生之外，几乎没有其他的收入来源。扩招引发高校举债，债务压力又引发下一轮更为猛烈的扩招。

但是，即使高校可以不在乎声誉而不断地扩大招生，学校空间毕竟是有限的，教育部门分配给学校的招生配额也是有限的，学费又受到限价管制，当年的学费收入也不能全部用来清偿当年债务，因此指望用学费收入去清偿债务显然缺乏基本常识。高校的另一财源是年度政府拨款，政府拨款是维持高校正常运转的经费，只要高校继续营运，政府拨款就不能用来清偿高校债务。总之，高校自身缺乏债务清偿能力是一个不可能通过扩大招生去改变的事实。

高校的银行债务是当事人合谋的产物，合谋的共识就是：债务风险最终可以转移给参与合谋的当事人之外的“局外人”。对于在此期间正准备上市的银行来说，每一笔新增贷款到期之前都可以在账面上减少它的坏账比例，可以成为证明它盈利能力的一个正面信息，而且处理国有企业坏账的先例表明，银行至少可以把部分风险转移给财政。对于地方政府来说，地方院校本身是一个“法人”，它的债务在理论上与地方政府没有牵涉；地方公立机构的银行债务增加意味着地方占用的金融资源的比例增加，只要地方政府不承担清偿债务的责任，而借款人又不会破产，这些债务最终只能是在全国范围内被“消化”，即通过核销银行坏账的方式，把发展地方事业的代价分散给全国。在地方政府竞相通过银行贷款去转移发展本地事业的成本的时候，某一地区若有机会获得银行贷款却拒绝接受，显然是不明智的。因为这意味着该地区没有把本地发展的成本转移给其他地区，却可能接受了其他地区转移过来的发展成本。对于统领“直属院校”的教育部来说，增加招生人数相当于新设了上百所高校，而教育经费却没有明显增加，取得最终会被“消化”的银行贷款，正是以另一种方式补偿教育经费的不足。对于高校管理者来说，银行贷款是一种没有个人责任的债务，而控制金钱却是一种能给个人带来实惠的权力——所有的管理者都希望他们能控制超过机构本身所需要的金钱。

事实证明合谋者的判断是正确的。高校债务的最后结局不外乎三种情况：①银行把部分债务作为“呆坏账”处理，那些贷款最多、还债最少的大学成为最大的受益人；②迁移到“大学城”的高校获得政府许可，转让城区旧校址的土地，用转让

---

〔34〕 从2005年开始，教育部将“较高风险以上的学校的新增贷款均纳入审批范围”。参见《教育部关于建立直属高校银行贷款审批制度的通知》（2005年）。

〔35〕 周琼、于宁：“高校还贷危机”，载《财经杂志》2007年第181期。

〔36〕 参见“严格控制公办高校贷款：今天的高校可能重演国企倒闭的命运”，载《中国青年报》2007年3月9日。

资金还债；③如果地方政府事先有所承诺的话，将动用一些地方财政收入去清偿债务。

中国高校的债务危机说明：把公立大学当作一个可以自行举债并具有债务清偿能力的“法人”，大大增加了风险外部化的机会主义行为。

（二）主管部门的困惑：事业单位法人未经主管部门同意，擅自转让国有土地，其处分行为是否有效？

【案例5】事业单位未经主管部门同意而签订转让土地使用权的合同，被法院认定为不可解除的合同：广电总局东南工程处诉越洋公司合资设立的有限责任公司注册成立后要求确认合资合同无效并收回出资案（2002年）[37]

事业单位G与企业Y签约，双方约定：G以其名下的国有划拨土地的使用权出资，Y以现金出资，共同组建一个有限责任公司GY，G委托Y办理包括土地使用权过户在内的公司组建事务。GY成立不久，G认为：双方存在“重大误解和严重的意见分歧”，遂通知Y，令其停止办理土地使用权过户手续，Y无视C的通知，取得当地土地管理部门的协助，将G名下的土地使用权过户到GY名下。G遂提起诉讼，主张：土地出资未经主管部门事先同意，该项约定自始不生效力。

原告G的主要立场是：“以土地使用权出资入股成立公司，不仅没有向主管部门提出申请报告，而且也没有向国有资产管理部门提交立项申请，更未经批复而由资产评估机构进行评估。因此，原、被告之间的联营合同应为无效。”在土地使用权发生变动之前，G已收回了他对Y的委托授权，令其不要办理土地使用权过户手续，Y仍擅自办理土地使用权过户。

被告Y的主要立场是：原告和被告都是GY公司的股东，股东自应按合同约定履行出资义务。

一审、二审法院均判决原告败诉。法院认为：既然法律把事业单位定性为法人，事业单位就可以无视主管部门意见，向第三人转让国有划拨土地，这样的合约不仅有效，而且不可反悔，必须实际履行。法院判决的结果是：G丧失了他名下的以国有划拨土地出资而获得的GY公司的股份，地方政府土地局与GY公司签订土地出让合同而获得土地出让金，GY公司获得了一块可转让的土地，Y获得了GY公司的控制权。

法院的判决书声称：原告“作为事业单位法人，在民事活动中独立享受民事权利，承担民事义务，其上级主管部门的意见不能代表其真实意思表示”；原告“以上级主管部门与其意思表示不一致为理由，否认其事先作出的真实意思表示，缺乏法律依据。”

在案例5中，当事人争议的焦点是：事业单位未经主管部门同意，自行转让其

〔37〕参见国家信息中心法规光盘数据库（2004年）。

占有和使用的国有划拨土地，这是不是一种越权行为？按照中国现有法律，法院本应作出肯定回答。事业单位只是在目的事业范围内具有“民事行为能力”，事业单位超出目的事业范围的行为可能是无效行为。例如一个公立大学擅自把操场转让给房地产开发商、一个公立医院擅自把门诊大楼卖给娱乐公司，这样的行为注定不能生效，这是常人皆知的道理。如果事业单位可以擅自处分自身的不动产，不仅设立事业单位的宗旨完全落空了，事业单位的监控成本也会无比高昂。另外，国有划拨土地使用权是用地单位无偿取得的、不可转让的财产权利，用地单位须与当地政府签订土地出让合同、交纳土地出让金之后，划拨土地才能转变为可转让土地——在改变土地性质之前，用地单位与第三人签订转让国有划拨土地的合同是不生效力的。[38] 可是法院的意见与法律应有之义截然相反。法院在该案作出了有利于被告的判决，并且按照一种“法人理论”去建构判决的正当性。法院认为：法人拥有自主权，既然事业单位是法人，它就可以按照自己的意思转让划拨的土地使用权，无须经主管部门同意；在合同签订之后、土地转让之前，即使事业单位意识到自己越权交易而要求终止交易以避免损失，对方也可以无视该要求，径自将土地转让到自己名下——他这样做只是在履行一个生效的合同。在本案中，法院忽略了一个法律原理：在事业单位与主管部门的关系中，事业单位绝不能用“法人自主权”对抗主管部门，因为这里是民法所适用的“平等主体”关系的尽头，是公权力的疆域。

当法律不加区分地把公立和私立机构、营利和非营利机构统称为“法人”而规定它们具有同质的“民事行为能力”的时候，法律忽略了一个基本事实：每个机构都是在目的事业范围内，被拟制地赋予和目的事业相当的行为能力，机构的行为能力只是一个法律隐喻。事业单位本来是为公共利益而设立的，事业单位的财产本来只应当用于和目的事业有关的活动，主管部门监管事业单位是否按照目的事业而使用和处分它名下的财产是顺理成章的事，相反，疏于监管则是失职行为。在本案中，法官也许只是为了偏袒对方当事人，而不是真的相信什么法人理论。如果真是这样，案例5就提醒我们注意一个危险的现象：法律错误不止停留在文本上，当错误能给人带来利益的时候，法律错误就会在“依法办事”的名义下从文本走进现实。

（三）行政诉讼和刑事诉讼的困惑：如何区分事业单位和行政机关？

1．事业单位和行政诉讼的被告。事业单位不是行政机关，但是当事业单位依据法律、法规或者行政机关的授权而行使公权力、作出不利于相对人的决定时，相对人得请求法院审查该“具体行政行为”的合法性。[39] 因此，在法律列举的那些“具体行政行为”的范围内，事业单位视同行政机关，得为行政诉讼的被告。但是在有些案例中，法院只是简单地告诉原告：被告不是行政机关，然后就终结了诉讼，而原告却有很多理由认为被告确确实实是一个行政机关。

---

〔38〕 参见《国务院城镇国有土地使用权出让和转让暂行条例》（1990年）第43～45条。

〔39〕《行政诉讼法》（1989年）第2条规定，行政机关的“具体行政行为”受司法审查；《最高人民法院关于贯彻执行〈中华人民共和国行政诉讼法〉若干问题的意见》第1条规定，可能实施“具体行政行为”的人包括：“国家机关及其工作人员”、“法律法规授权的组织”、“行政机关委托的组织和个人”。

【案例6】原告错将清华大学派出所认作行政机关：赵永胜不服扣押物品的强制措施诉北京市公安局清华大学派出所案（1996年）[40]

原告Z承租了清华大学单元房，部分自用，部分转租他人。一天，R女士持清华大学房管科签发的入住通知和钥匙找上门，表明自己才是单元房真正的承租人，Z始知自己为“出租人”所欺骗。清华大学派出所（以下称派出所）的警察随即对Z进行盘问、搜身和搜查，取走Z的寻呼机、移动电话，并将Z带到派出所问话，直到第二天凌晨4点，Z才被允许离开。

Z向海淀区人民法院提起行政诉讼，称派出所扣押私人物品的行为违法，请求判令被告返还私人财物并赔偿损失。派出所称：Z不是房主，民警依照《治安管理处罚条例》，以非法侵占他人住宅为由，将Z带到派出所盘问。经查明，Z属非法承租公房，不构成治安案件，不属派出所管辖，寻呼机、移动电话是房产科扣押的，与派出所无关。

法院的意见是：清华大学派出所“不是一般意义上的治安派出所”。“1996年11月6日，北京市公安局批准原北京市公安局海淀分局清华园派出所改建为清华大学派出所。据此，北京市公安局有关部门和清华大学党委就该所的职责、任务范围、人员管理、经费开支等事项订立了协议，形成清华大学派出所和清华大学保卫部合署办公、归属清华大学党委和北京市公安局共同领导的双重体制。清华大学派出所自成立以来，民警全部列入清华大学事业编制，办公经费也由学校事业费开支。1992年7月1日《中华人民共和国人民警察警衔条例》、1995年2月28日《中华人民共和国人民警察法》颁行之后，该所民警均未被授予警衔，也未列入公安机关的人民警察序列。”该案结局是：“原告以清华大学派出所不是法定派出所，被告主体不合格为由，向法院申请撤回诉讼，另行起诉。”

在案例6中，法院认为清华大学派出所具有特殊性，它是一个“事业单位”，不能作为行政诉讼的被告。然而，大学派出所与其他派出所的职能并没有什么不同，至于派出所是公安局领导，还是公安局和大学共同领导，警察是否列入事业单位编制，都不会使派出所的职能发生任何变化。因此，法院本应得出的结论是：即使派出所按照“事业单位法人”登记，在行使公权力的范围内，它也不能免于行政诉讼；[41] 法院在此没有理由顺从有关部门把清华大学派出所作为“事业单位”设立的决定，因为法律明文规定，公安派出所是“市、县公安局管理治安工作的派出机关”。[42]

2. 事业单位和受贿罪“犯罪主体”的认定。在中国，个人或者机构能否适用《刑法》的特定条文而被指控或者定罪，这被认为是一个有关“犯罪主体”识别的问

---

〔40〕 北京市海淀区人民法院编：《审判案例选析：1997年度》，第303～305页。

〔41〕 按照公安部规章，在行政诉讼中，派出所得以自己的名义应诉。参见《公安部关于公安机关贯彻实施〈行政诉讼法〉若干问题的通知》（1990年）第15条。

〔42〕 参见《公安派出所组织条例》（1954年）。

题。在本节，本报告在此意义上使用“犯罪主体”一词。

在刑事案件中，指控被告的罪名是否成立，有时取决于被告任职的单位，此时事业单位和行政机关的区分就显得至为重要。《刑法》第385条规定了“受贿罪”，第163条规定了“公司、企业人员受贿罪”，前者是与公权力有关的受贿，后者是与公权力无关的受贿，这恰巧给我们检验事业单位和国家机关的区分提示了一条途径。

（1）如果事业单位实质上是国家机关，该事业单位的“干部”可作为一个整体视同国家工作人员，适用《刑法》第385条，列为贿赂罪的“犯罪主体”。例如在一个涉及证券监督和管理委员会（简称证监会）工作人员是否属于“国家工作人员”的案件中，北京市检察院首先请示最高人民检察院，后者又请示“中编办”,“中编办”指出：证监会是“具有行政职责的事业单位”，证监会“干部应视同为国家机关工作人员”。〔43〕

（2）在一般情况下，事业单位工作人员不是“受贿罪”或者“公司、企业人员受贿罪”的犯罪主体，除非他被认定为受“委派”而“从事公务的人员”（《刑法》第93条）。最高人民检察院的一项法律解释指出：“佛教协会属于社会团体，既不属于国家工作人员，也不属于公司、企业人员。根据《刑法》的规定，对非受委托从事公务的佛教协会的工作人员利用职务之便收受他人财物，为他人谋取利益的行为，不能按受贿罪或者公司、企业人员受贿罪追究刑事责任。”〔44〕当事业单位工作人员面对受贿罪指控的时候，他是否受“委派”而从事“公务”就成为区分罪与非罪的一条界限，然而这是一个不好把握的界限。〔45〕

（3）如果事业单位的工作人员受一个拥有公权力的机构委派而行使某种公权力，该工作人员可能成为受贿罪的犯罪主体。2003年，首都体育学院教师、足球裁判员龚建平收受利害关系人的财物，枉法裁判，北京市宣武区人民法院判决认定龚建平犯受贿罪，判处有期徒刑10年。然而，龚建平所在单位是一个事业单位，没有事实表明“首都体育学院”拥有与本案有关的公权力。法院认为：龚建平是受中国足球协会（以下简称足协）指派，在全国足球联赛中担任裁判，属于《刑法》第93条所称“其他依照法律从事公务的人员”，应以国家工作人员论，按受贿罪论处。〔46〕法

---

〔43〕《最高人民检察院关于中国证监会主体认定的答复函》（2004年），国家信息中心，同注14。

〔44〕《最高人民检察院关于佛教协会工作人员能否构成受贿罪或者公司、企业人员受贿罪主体问题的答复》（2003年）。

〔45〕例如，大学负责采购的行政官员收受“回扣”，被检察院指控犯有“受贿罪”，但是此类案件的被告都有一个很强的抗辩理由：“我们收受回扣是教育部早在1987年就明文允准的！”“1987年，国家教委，曾发文规定，高校教材允许有9%～12%的折扣，其中5%要返给学生，其余作为业务费用支出。”（转引自新华社：“109所江苏高校卷入教材商贿案，已立案130多起”，载新华网，http：//www. news. xinhuanet. com/legal/2006－05/15/content_ 4547015. htm.）2005年，江苏省检察机关对江苏高校的教材回扣以“商业贿赂”立案，然而这里面临两个问题：①商业贿赂并不是《刑法》规定的一个罪名，无从据此提起公诉；②如果收取回扣本身得到教育部明文授权，只是把本来应当交付学校财务的回扣放进了“小金库”，被告的错误就不是收取回扣，而是截取本应上交的回扣。教材回扣案似乎不足以按“受贿罪”定罪。

〔46〕参见新华社：“收受贿赂37万，‘黑哨’龚建平被判10年”，载新华网，http：//www. news. xinhuanet. com/nsports/2003－01/30/eontent_ 12787. htm.

院没有完全写进判决的推理过程是：足协相当于国家机关，龚建平受足协委派担任裁判，就是“依照法律从事公务”——法院立论的基础是足协的性质。问题在于：为什么法院认为足协相当于国家机关？一方面，足协是《体育法》所称的“体育社会团体”,〔47〕足协在其章程中的自我定义是“单位和个人自愿结成的惟一的全国性的非营利性社会团体法人”;〔48〕另一方面，足协与国家体育总局的“中国足球运动管理中心”是“一套班子，两块牌子”，足协的权力基础是它的另一块牌子——行政机关，而不是它声称的“社会团体”的身份。法院对足协的认识是“透过现象看本质”，但是法院还是省略了得出结论所需要的论证过程。即使足协是国家机关，也并不意味着它的所有行为都与公权力有关。因此，本案有两个关键问题没有得到回答：①任命裁判是不是基于公权力的“委派”？②在比赛现场担任足球裁判是不是行使公权力？

我们不难看出，法院有关龚建平案的判决与前面提到的最高人民检察院的批复是大相径庭的：前者认为足协裁判可以成为受贿罪的“犯罪主体”，后者认为佛教协会工作人员收受他人钱财不构成受贿罪，因为佛教协会不是国家机关。

（4）事业单位自身可能成为受贿罪的“犯罪主体”。按照《刑法》第387条的规定，如果事业单位的工作人员为了事业单位本身的利益而收取贿赂，该事业单位本身和它的负责人、直接责任人都可被认定为“单位受贿罪”。〔49〕《刑法》第387条承认了一个事实：一个事业单位的管理者可能代表该单位和它的全体成员收取贿赂，而他个人未必从中获得排他的或者额外的利益。行贿者把事业单位当做一个整体去买通，显然是因为事业单位本身所拥有的公权力。

（5）“公司、企业人员受贿罪”是指公司雇员或者代理人“吃里扒外”的行为：利用公司职位，收受他人利益，以牺牲公司利益为代价而为他人谋取利益，这本来和事业单位是没有什么关系的，因此事业单位的工作人员不是“公司、企业人员受贿罪”的犯罪主体。但是，2006年6月之后，修正之后的《刑法》第163条把“公司、企业人员受贿罪”的“犯罪主体”从“公司、企业人员”扩大到“公司、企业或者其他单位的工作人员”。此后，事业单位工作人员收受贿赂亦受《刑法》第163条管束。但是，事业单位工作人员的受贿和公司雇员的受贿毕竟是不同：前者受贿通常伴随公权

---

〔47〕《体育法》（1995年）第39条。

〔48〕参见《中国足球协会章程》（2005）第3条，载中华全国体育总会网站，http：//www.sport.org.cn/ziliaochaxun.jingji/2004-03-31/126297.html.

〔49〕厦门市杏林外商投资企业服务中心（以下简称服务中心）是一个事业单位。1994年，该事业单位将管辖范围之内的一段铁路路堤加宽和修建排水侧沟的工程交厦门铁路工程公司（以下简称工程公司）承揽。在交易过程中，服务中心的总经理（法定代表人）黄诚实向工程公司索取相当工程于总造价10%的“让利款”，支付方式是服务中心按合同金额支付工程款，工程公司收到工程款之后向服务中心支付“让利款”。“让利款”进入黄诚实个人控制的“小金库”,“用于单位应酬等开支”。法院判决服务中心、黄诚实犯有“单位受贿罪”。参见厦门市杏林外商投资企业服务中心单位受贿案（1994年），收入国家信息中心法规光盘数据库（2004年）。本文作者认为通过“回扣”这种形式，服务中心只是把本单位的经费从特定项目不可开支的经费变为可开支的经费，工程公司与服务中心合谋实现了这一目的，服务中心从工程公司拿到的钱本来就是它自己的，工程公司只是把多收的钱还给服务中心，双方是合谋欺诈政府，而不是行贿和受贿。

力的滥用；后者受贿通常伴随私法上的背信弃义。在《刑法》以贿赂是否与滥用公权力有关为标准进行区分的前提下，把事业单位工作人员纳入“公司、企业人员受贿罪”实际上是覆盖了可能发生在事业单位的两种性质的受贿：牵涉公权力的受贿按《刑法》第385条论罪，不牵涉公权力的受贿按《刑法》第163条论罪。

刑法修正表明了一个认识进步：在一些关系中，事业单位与国家机关存在一定的相似性，它们都是公权力的产物，因此事业单位工作人员与国家机关工作人员一样，都可能成为受贿罪的“犯罪主体”；在另一些关系中，事业单位与公权力没有联系，但工作人员仍然可能被他人收买，以牺牲单位的利益为代价，为他人谋取利益——在这些关系中，即使没有公权力的因素，同样也可能构成受贿。

3. 事业单位的“具体行政行为”。

【案例7】大学颁发学位证书是“具体行政行为”：田永诉北京科技大学拒绝颁发毕业证、学位证行政诉讼案[50]

原告为本科学生，涉嫌考试作弊而受到校方的纪律处分，又因纪律处分而没有获得毕业证书和学位证书。原告主张：校方拒绝颁发毕业证书、学位证书是违法的行政行为，请求法院命令大学颁发学位证书、毕业证书和派遣证。被告则主张：“我校依法制定校规、校纪及依据该校规、校纪对所属学生作出处理，属于办学自主权范畴，任何组织和个人不得以任何理由干预。”

北京市海淀区人民法院认为：①大学拒绝给在校毕业生颁发学位证书、毕业证书的决定并不能一律豁免司法审查。“在我国目前情况下，某些事业单位、社会团体，虽然不具有行政机关的资格，但是法律赋予它行使一定的行政管理职权。这些单位、团体与管理相对人之间不是平等的民事关系，而是特殊的行政管理关系。他们之间因管理行为而发生的争议，不是民事诉讼，而是行政诉讼。……本案被告北京科技大学是从事高等教育事业的法人，原告田永诉请其颁发毕业证、学位证，正是由于其代表国家行使对受教育者颁发学业证书、学位证书的行政权力时引起的行政争议，可以适用行政诉讼法予以解决。”②学校对学生的奖励、处分不是“内部行政行为”，而是受司法审查的“具体行政行为”。海淀区人民法院指出：“原告田永没有得到被告北京科技大学颁发的毕业证、学位证，起因是北京科技大学认为田永已被按退学处理，没有了学籍。《教育法》第28条规定的学校及其他教育机构行使的权利中，第④项明文规定：‘对受教育者进行学籍管理，实施奖励或者处分’。由此可见，学籍管理也是学校依法对受教育者实施的一项特殊的行政管理。”法院作出裁决，命令大学向原告颁发毕业证书、学位证书和派遣证。

[50] 参见“田永诉北京科技大学拒绝颁发毕业证、学位证行政诉讼案”，收入国家信息中心法规光盘数据库（2004年）。

在案例7中，法院认为，有些事业单位拥有公权力，事业单位行使公权力的行为应受司法审查；公立大学依据公权力授予学位，因此授予学位的行为应受司法审查——这个三段论的推理没有什么问题。[51] 问题在于：法院能否指令学校授予学位？法院并不是一个有权力决定是否给当事人颁发学位证书的机构；法院的权力恐怕只能限于审查程序的正当性——大学作出不利于学生的决定时，是否倾听了学生的陈述和申辩——而不是代替大学去颁发学位证书。

4. 小结。事业单位和国家机关的区分贯通了法律的制定和适用，这反映了一个认识误区：观念上的机构分类必须在每个现实层面得到印证，不是现实在修正分类，而是分类在改写现实。其实，只要用常理而不是教条地去思维，大致能形成这样的共识：事业单位和国家机关都是公立机构，两者有时需要为特定目的而适度区分（如在治理方面，学校需要一定程度的自治，国家机关应当更多地遵从上级权威）；有时应当合二为一，不去强行区分（如在专项经费管理、预算约束方面；在收受钱财是否构成受贿罪方面，关键要看是否牵涉公权力的滥用，而不以被告所在单位是机关还是事业单位而入罪出罪）。

四、“事业单位”身份的法律比较：以美国、德国和我国台湾的公立学校为例

（一）美国州立大学的地位和诉讼豁免

事业单位制度是一个从国外找不到到对应存在的制度，作为一个整体，事业单位很难在国际化的语境中找到相似者。但是，抽取事业单位的某一个分支，如公立学校，聚焦它的某些属性，还是可以在国外找到可比较的相似对象的。

1. 公立学校是独立实体还是政府工具？在美国法律之下，有关这一问题的任何一般性回答都可能造成误导，脱离具体场景提出这样的问题也会减损讨论问题的意义。普通法专家通常认为：只有当事人提出、法官也认为有讼争实益的问题，才需要费心思考——司法意见的有效边界是案件呈现的特定问题，而不是一般问题。总之，这是一个只能在诉讼中一点点澄清，而不可能一劳永逸解决的问题。同一公立学校在一些案件中被认定为政府工具，在另一些案件中则被看成是独立实体，这在诉讼中是常见的事，这并不是法律不一致，而是现实生活要求法律家透过具体的法律关系去认识公立学校的性质，不能不分场景地套用同一定义。

2. 新泽西 Rutgers 州立大学（Rutgers，The state Vniversity of New Jersey）在以往半个多世纪多次涉讼，在一些案件，法院裁定 Rutgers 是“州属机关”（state ageney）、州政府的“变身”（alter ego）或者“职能机构”（instrumentality）；在另一些案件法院又裁定 Rutgers，是独立于州当局的自主组织——在法官看来，Rutgers 的性质总是随着案件争议的问题和适用法律的不同而发生变化。[52]

---

〔51〕在杭篜诉南京理工大学取消研究生入学资格案中，原告诉请法院撤销被告作出的取消（他的）研究生入学资格的决定，南京市中级人民法院以大致相同的理由认定公立大学为行政诉讼的适格被告，公立大学依职权而作出不利于学生的决定，属司法审查范围内的“具体行政行为”。参见“杭篜诉南京理工大学取消研究生入学资格案”，载最高人民法院应用法学研究所编：《人民法院案例选》总第43辑，人民法院出版社2003年版。

〔52〕See：Seymour H. Fine v. Tutgers，The State University，163 N. J. 464.（2000）.

新泽西州1956年的《Rutgers州立大学法》[53] 将该大学定义为："以营运州立大学为目标的职能机构（instrumentality of the state for the purpose of operating the state university）。"但是，在Frank Briscoe Co., Inc. v. Rutgers案中,[54] 法院裁定在《新泽西州合同责任法》（New Jersey Contractual Liability Act）[55] 范围内，Rutgers并不是一个适用主权豁免规则的公权机构（public agency），应当对它自身的契约义务负责；在Kovats v. Rutgers案中,[56] 原告依据联邦民权法案，以雇用歧视为由，要求Rutgers予以赔偿，法院权衡组织形态、财产和管治模式等因素之后，得出结论：Rutgers不是政府机构，而是一个可以独立承担责任的法律实体。

在另一些法律和诉讼中，Rutgers则被认为是州的职能机构、变身或者与州政府同属一体。正如Seymour案的法官所言："1956年，立法当局制定了Rutgers法，创设了这样一个兼有公、私双重身份的混合机构。在侵权诉愿法、普通法上的知晓权和豁免地方不动产税等问题上，它被法院看成是一个政府机构。相反，在其他一些问题上，法院并没有给予Rutgers政府机构的身份。除非赋予Rutgers公共身份会阻碍实现章程设定的宗旨或者法律的初衷，Rutgers通常应当被认为是州政府的职能机构。"[57]

尽管Rutgers法一般性地把州立大学界定为"职能机构"，但这并不妨碍法院在合同关系中、在与民权有关的雇用关系中把它看成是独立于政府的法律实体；尽管在某些法律关系中，司法先例把州立大学当做一个"法人"，但是这并不妨碍同一法院在另外一些法律关系中把它界定为政府机构。从Rutgers大学涉讼的历史来看，可以得到这样的启发：界定某一社会组织的性质，应当结合创设该组织的目的和当下讨论话题所牵涉的法律关系，而不应把法律定义当做一个可以普遍套用的公式，用它去切割或者重塑现实——法律定义的有效性不能超出创设定义的背景和精神内涵。

3. 人们为什么争辩公立学校的法律地位？通过争辩能够解决哪些问题？注重实践的法律需要回答这样的问题。在美国法制之下，争辩这一问题的实益在于：公立学校成为被告之后，常常声称自己是州政府的工具，从而享有《美国宪法》第11修正案规定的"主权豁免"（诉讼豁免，sovereignty immunity）,[58] 即未经州当局同意，州不得被任何人、以任何案由、在任何法庭起诉；豁免条款不仅适用于以州当局为被告的诉讼，而且适用于形式上以州官员个人为被告、实际上是指向州当局的诉讼。美国的主权分为联邦主权和州主权，两者彼此恪守自己的领地，相互保持一定程度的独立。当一个公民对本州或者外州当局发动诉讼的时候，主权豁免就成为此类诉

---

[53] Rutgers, The State University Law, N. J. S. A. 18A: 65.

[54] 130 N. J. Super. 493.

[55] N. J. S. A. 59: 13-1~13-10.

[56] 822 F. 2d 1303, 1312.

[57] 同注52。

[58] 《美国宪法》第11修正案：合众国的司法权力不应延伸到一州公民或者其他主体发动指控或者告发另一州的法定诉讼或衡平诉讼。

讼的主要障碍。[59]

公立大学是不是一个独立实体，因而被排除在《美国宪法》第11修正案的保护范围之外?[60]美国法官声称，回答一个公立学校究竟是政府机构还是独立机构，需要综合考虑以下因素:[61] ①什么是当地法律和普通法对公立学校属性的界定？②一个不利于公立学校的判决实际上是不是由州财政买单？③公立学校是否可以动用州政府经费之外的资金（non-state fund）去执行判决？④案件争议的公立学校的职能，其性质究竟是政府职能，还是所有者职能？⑤公立学校是否各自为法人？⑥公立学校在营运中有多大程度的自主？⑦公立学校是否被赋予起诉和被诉的权力？⑧公立学校是否被赋予以自己名义充任合同当事人的权力？⑨公立学校是否得到税赋豁免？⑩州是否豁免了它自身对公立学校营运的责任？

在以上10个因素中，没有一个因素能够单独决定公立学校的性质，如何平衡案件牵涉的全部因素并确定每个因素的权重，这就属于法官的自由心证范围。

4. 在法院给予公立学校诉讼豁免的案件中，法官否定州立大学是一个“人”，其推理大致有以下套路：

（1）“变身说”。在Hall v. Medical College of Ohio at Toledo案中,[62] 一位学生起诉他所在的医学院，指控后者没有给予他应有的学术荣誉。学生主张：医学院能够动用州财政拨款之外的经费去执行法院裁决，因此医学院在本案不受宪法第11修正案保护。法院认为：尽管州立医学院能够以自己的名义发行债券，但是债券发行受到州立法当局的严格管制；州立医学院的财产在州政府名下，它的经费（包括州政府拨款和其他收入）是在一个合并账户之下，州法将州立医学院定义为公权机构；与社区学院和理工学院不同，州立医学院不能通过征税去筹集资金；最后，州当局可以通过立法，随时改变医学院的法律地位。法院的结论是：“州立医学院是州的变身”，处于宪法第11修正案的保护范围之内。

（2）“一人说”和“最终控制说”。有时候，州法虽然将公立大学界定为“官办公司”（public corporation），但是如果公立大学实际上是在州当局的严格控制之下，法院仍然会把公立大学与州当局看做同一个人，从而将其置于宪法第11修正案的保护范围之内。例如，德克萨斯州的法律把公立高等教育机构定性为“次级政治区划”（political subdivision），但是,“多数联邦法院历来把公立高等教育机构视为州政府的

---

〔59〕 关于主权豁免规则的一个理论阐述是：法院对主权者无管辖权，法院也没有能力强制执行一个不利于主权者的判决。但是，主权豁免（诉讼豁免）不包括这些事项：①法院的违宪审查；②在宪法授权范围内，国会明确地表示废除（abrogation）某些豁免；③主权当局得通过立法或者行动表示弃权（waiver）；④法院得针对官员个人作出判决或者颁发禁令。参见 Brian A. Snow,“The Significance of Blacks Tones Vnderstanding of Sovereign Immunity for America's Public Institution of Higher Education”, vol. 28 *J. C. & U. L.* 2001.

〔60〕 有关这一话题的杰出的研究报告，See Frank H. Julian,“The Promise and Perlis of Eleventh amendment Immunity in Suits against Public Colleges and Universities（在针对公立学院和大学的诉讼中宪法第11修正案的许诺和风险）”, vol. 36 *S. Tex. L. Rev.* 1995. 除 DEANGRAHAM 案之外，本节引用的案件均出自该研究报告，本文作者亦根据该研究报告的指引，查阅了法院判决原文。

〔61〕 See Krisel v. Duran, 258 F. Supp. 845, 849（S. D. N. Y. 1996）.

〔62〕 742 F. 2d 299（6th Cir. 1984）.

臂膀，依宪法第 11 修正案而不为诉讼追及。典型的案件就是，在一组（针对公立高等教育机构的）诉讼中，法院认定州立大学为州政府机构，不得在联邦法院被起诉”。[63]

1979 年，在一名职员诉德州理工大学种族歧视的案件中，联邦法院裁决：德克萨斯州和德州理工大学实质上是宪法第 11 修正案所保护的同一个人（...the State of Texas and Texas Tech were essentially the same entity...），因为，“在治理结构和财务政策方面，州政府对理工大学有广泛的控制”。[64] 在另一个案件里，法院认为：University of Kansas“绝对”处于州当局的控制之下，尽管法律授予大学管理委员会一定的自主权，但是没有任何力量能够阻止州立法者修改法律而限制管理委员会的权限，因此州当局掌握着“最终控制”权。[65]

（3）“职能机构说”。在 Wellman v. Trustees of Purdue University 案中，[66] 联邦法院重点分析涉案公立大学是否具有自主权。法院指出：虽然公立大学的受托人有权力购买和管理财产、发行债券、以大学的名义接受现金和非现金赠予，但是该大学的 10 名受托人都是由州当局指定，其中 7 名由州长个人选定，而州最高法院多年前的判决就曾经把该大学看成“州的一个职能机构”（an instrumentality of the state）。因此，在本案中，该大学与州政府一样，受宪法第 11 修正案保护。在有些案件中，法院省略了比较理论化的判决理由，只根据一个事实去作出判断：如果一项不利于公立大学的司法判决，实际上由州财政负担给付义务，那么该公立大学就是州政府机构而享有主权豁免，除非州政府放弃了豁免。

（4）“臂膀说”和 Dean Granam 案。[67] 原告是科罗拉多州立大学，被告是地产与原告毗邻的若干本地居民——他们经营落基山的马背旅游生意。原告指控被告长期非法入侵——在原告的地产上遛马、放马、载游客抄近路上山，被告的行为造成了原告地产的严重退化。原告要求法院颁发永久性禁令，禁止被告入侵原告地产，并赔偿损失。初审法院颁发初级禁止令。被告提起上诉并提出反诉，被告的主张是：原告存有恶意诉讼、阴谋、侵犯被告进入公共用地的权利，给被告造成了的严重损害，应负赔偿责任。被告主张损害赔偿的法律依据是美国联邦民权法案的相关规定：“任何人……致使任何公民受宪法和法律保护的权利、特权或者豁免被剥夺，得对受害人负其责任。”[68]

上诉法院认为：相关法律规定，在 1921 年 5 月 1 日之前对公众开放的通道，构成法律上的“公共通道”，因此系争的毗邻土地在法律上已是公用土地上的“公共通道”。同时，上诉法院也以主权豁免为由驳回了被告的赔偿请求——依据《民权法

---

〔63〕 Frank H. Julian, “The Promise and Perlis of Eleventh Amendment Immunity in Suits against Public Colleges and Vmversities”, vol. 36 *S. Rex. L. Rev.* 1995, p. 97.

〔64〕 Henry v. Texas Tech Univ., 466 F. Supp. 141, 143 ~ 44 (N. D. Tex. 1979).

〔65〕 451 F. 2d 1287 (10th Cir. 1971).

〔66〕 581 F. Supp. 1228 (N. D. Ind. 1984).

〔67〕 Dean Granam v. State of Colorado, acthing by and on behalf of The University of Northern Colorado, 1998 Colo. LEXIS 310; 1998 Colo. J. C. A. R1509.

〔68〕 42 U. S. C. 1983.

案》1983节提起赔偿之诉属联邦法院管辖，当诉讼针对州政府的时候，联邦法院无权受理此类诉讼，除非州政府明确放弃主权豁免。

被告认为上诉法院没有恰当地理解美国宪法所保护的、公民获得赔偿的权利，遂向州最高法院提起上诉。州最高法院认为，此案系争问题是："就《民权法案》1983节的目的而言，原告科罗拉多大学是不是一个'人'?"（whether UNC is a person for purposes of 1983）上诉法院以主权豁免为理由拒绝被告（反诉人）的反诉请求是否忽视了被告的宪法权利？州最高法院认为："尽管州立学院具有一定程度的行政和财务自主权，它无疑受制于州政府的行政指令和财务决定。最后，一份令州立学院承担赔偿责任的司法判决是由风险管理基金支付，而州政府才是与之有利害关系的真正的当事人。考虑这些因素，可以认定：州立学院不是一个法人，而是州政府的一个臂膀。"以往根据《民权法案》而在该州提起针对公立大学的诉讼，适格被告也是科罗拉多赔偿保险署（Colorado Compe nsation Insuranee Authority），而不是州立大学。

在以上案件中，法院认定公立学校为州当局的"臂膀"、"工具"、"变身"，都是导向有利于公立学校的判决——既然公立学校与州当局实为一体，它们就受到宪法第11修正案保护而拥有诉讼豁免权。

5. 在公立学校不能得到美国宪法第11修正案保护的案例中，法院的推理大致遵循三个说理套路：

（1）"次级政治区划说"。校区内的公立中学不属于州政府的臂膀。美国一些州的法律把"州"以下的行政分区（县、市）称为"次级政治区划"，在牵涉宪法第11修正案适用的诉讼中，"州"和"次级行政区划"在法律上是不同的"人"，而校区（school districts）则纳入"次级政治区划"的范畴。

在Doyle案，俄亥俄州的一名中学教师被解雇之后指控校方用解雇去惩罚他发表的不利于校方的言论，初审法院作出了有利于原告的裁定。被告提起上诉，主张：公立中学是州的臂膀，受宪法第11修正案的保护。案件一直上诉到联邦最高法院。被告究竟是州政府的一个臂膀而享有宪法第11修正案的诉讼豁免，还是宪法第11修正案保护范围之外的一个市政公司（municipal corporation）或者其他的次级政治区划？联邦最高法院的法律意见是：根据俄亥俄州的法律，"州"不包括"次级政治区划"，而校区则属于"次级政治区划"，上诉人（被告）是州境内的许多地方学校之一。地方学校接受州教育委员会的指引，获得大量州拨经费，但是地方学校拥有相当的权力去发行债券，在州法限制范围内征税。因此，地方学校更像县、市一类的"次级政治区划"，而不像州政府的臂膀，结论是地方学校不受宪法第11修正案的保护。[69]

在Goss v. San Jaeinto Junior College案中，[70] 德克萨斯州一名历史教师在试图组建教师工会之后被校方解雇，她以《民权法案》第1983节为依据，以被告侵犯原告的法定权利为由，在联邦地区法院提起诉讼。初审法院认定校方的解雇为报复行为，

---

〔69〕 Mt. Healthy, 429 U. S. at 279 ~ 281.

〔70〕 588 F. 2d 96 (5th Cir. 1979).

判决校方给予原告赔偿。校方提起上诉，主张学院是州的一部分，受宪法第 11 修正案保护而享有诉讼豁免。联邦上诉法院裁定，按照德州的制定法和普通法，被告是一个“次级政治区划”。该州的 Junior Colleges 都是地方产物，它们由地方发起、地方税收资助、地方选举的委员会管理，因此不属于州的组成部分，不能主张宪法第 11 修正案的诉讼豁免。

（2）实体说。Clemson 案〔71〕的被告南加州克莱森农业学院是根据州议会特许状设立的、以高等教育为目的的官办公司。1894 年，学院根据州政府的授权修建水坝，水坝造成河道变窄，水流湍急，堤岸崩塌，冲毁了原告的土地，原告遂提起诉讼，案件一直上诉到联邦最高法院。

联邦最高法院主要从以下两个方面论证了学院的诉讼当事人资格和损害赔偿责任。

一方面，被告强调自己是一个官办公司，修建水坝是州政府授权，自己对于水坝和周边土地并没有独立的利益。因此，形式上针对被告的诉讼，实质上是以州政府为被告，而州政府拥有诉讼豁免。法院则认为，诉讼豁免仅仅是州的法定特权，而不能无条件地延伸到州的代理人，无论代理人是个人还是公司实体。被告赖以设立的特许状没有给予被告任何诉讼豁免，只是表明了被告具有作为诉讼当事人的能力。

被告的受托人委员会是以南加州克莱森农业学院为名的“政治和公司实体”（a body politic and corporate）。按照设立学院的特许状，受托人委员会“得拥有公司印章并按自己的意愿变更之；得在本法令目的范围内以自己的名义缔结购买和拥有财产之合约；得接受和拥有他人通过合约、赠予和遗赠转移的财产。但是，接受赠予或者财产让与不得与本法设定之目的相抵触，并在任何情况下不得令本州承担义务；得以全部资金审慎投资；得保持其占有之下的所有财产；得出售没有设定信托义务的动产，并以他们认为最有利于该学院的方式将所得收入进行再投资；得以公司的名义起诉和被起诉、抗辩和反驳抗辩……。”法院认为，该“特许状造就了一个实体、一个公司、一个法人——学院能够拥有和使用财产与它能够以公司的名义起诉和被起诉、抗辩和反驳抗辩的条款是结合在一起的”。“被告在河边修建堤坝，在法律上，这与原告在河对岸修建堤坝的私人目的活动相似，如果原告修筑堤坝，导致被告的土地被淹，原告会被起诉并承担责任。”

另一方面，被告声称自己没有可供强制执行判决的财产——被告占用的土地是州属土地，被告的经费来自州当局，一个针对像被告一样的官办公司的诉讼，充其量只能导致一个不能通过扣押和拍卖被告财产而强制执行的判决。

法院对此持不同看法。除了来自州政府的年度拨款 10 万美元，学院每年来自学费、租金、出售乳制品、电厂和纺织系的收入的总和是 6500 美元。即使本案争议的特定的土地不可被法院强制执行，这并不排除法院强制执行学院今后在其他地方购买的土地，以作为对原告的一种替代性赔偿。

（3）“财产混同说”。州政府拥有诉讼豁免的理由是：法院没有能力通过扣押、

---

〔71〕 Hopkins v. Clemson AgriculTural College of South Carolina，221 U. S. 636（1911）.

变卖等方式去强制执行国家的财产，只有当国家同意的时候，法院才有这样的能力。因此，当公立学校的财产和国家财产混同的时候，公立学校受宪法第 11 修正案保护。在 Millerv. Rutgers Univ. 案中，[72] 事实表明被告 Rutgers 新泽西州立大学的收入包括教学辅助服务收入、赠予、州政府拨款和自创收入（seir-generated income）。法院认为：赠予收入有严格限定的赠予目的，教学辅助收入仅用于教学辅助目的；自创收入可用于法院判决的执行。但是被告的自创收入和其他收入混同于一个州政府控制的账号，因此法院执行被告的财产，州政府的经费也将在同一程度上被执行。

（二）公立大学法律地位另一表述：公共营造物和公法社团

1. 在德国，公立大学最初的法定身份是国家机构（Einrichtung des Staates），在 1794 年的《普鲁士一般邦法》（ALR）中，大学为特许设立的"国家营造物"（Veranstal-tungen des Staates）；在现行法（1998 年修正公布的《大学基准法》第 58 条）中，公立大学具有"公法社团"（Korperchaft des offentliehen Reehts）和"国家机构"（Staatliche Einrichtungen）的双重属性。德国法律用"公法社团"一词表达公立大学的属性，大致传递了以下信息：①公立大学依照公法组建和营运，从而与那些依照民法组建的"社团法人"存在差别；②公立大学是否具有公法人资格？联邦法律对此不作统一规定，留给各州法律定夺，因为德国所有的大学都是隶属州政府，没有一所大学是隶属联邦政府的；③公立大学是具有社团性质的国家机构，在管理方面既区别于一般社团，也区别于国家机构。公立大学"国家机构"的属性意味着：公立大学由国家创设，依照国家的意志承担教育职能，无论它是否被虚拟成一个公法人，它都是国家权力的产物和实现国家意志的工具。因此，公立大学的能力或者自主权受到相当限制，例如它无权处分登记在它名下的不动产，不能向银行借款或者发行债券，甚至不能以自己的名义签订雇佣契约。[73]

2. 中国台湾地区仿德国立法例，其"大学法"将公立大学定性为"公共营造物"——公立大学是实现教育职能的政府工具，自身并没有独立的法律人格。从 20 世纪 80 年代末开始，中国台湾地区的"立法院"就公立大学法律地位问题开展了若干次辩论。一些委员要求修改现行法律，主张公立大学的"公法人化"，另一些委员则持反对态度。公立大学"公法人化"的主要理由是：公立大学现有的各种弊端都来自行政干预，一旦修改法律，把公立大学定性为"公法人"，公立大学就能远离行政当局，其自主性和活力将因此而生发，故"公法人化"是促进学术自由和大学自治的一项措施。[74]

反对公立大学"公法人化"的观点主要有：①传统的法人分类（公法人、私法人；社团法人、财团法人）早已经无法容纳日趋复杂的社会组织类型，强行区分公法人、私法人，势必造成难以解决的问题，如为何私立大学为"财团法人"，公立大学为"公法人"？公法人在一个政体内究竟处于什么样的地位？公法人和私法人如何

---

〔72〕 619 F. Supp. 1386，1391（D. N. J. 1985）.

〔73〕 董保城："我国大学现今运作困境与未来公法人化之整备"，载《教育研究资讯》2000 年第 7、8 期；李建良："公立大学公法人化之问题探析"，载《台大法学论丛》第 29 卷第 4 期。

〔74〕 参见林时机、贺德芬 1989 年 1 月 7 日在"立法院"教育、法制联席会议上的发言，载《"大学法修正案"（法律草案专辑第 166 辑）》，"立法院"秘书处 1994 年编印，第 76、194 ~ 195 页。

区分？②大学自治与公立大学“公法人化”并没有内在联系，也不在于公立大学的法律定位。即使公立大学是“公共营造物”，政府也可以放松管制而实现大学自治。③公立大学公法人化之后，若与主管当局发生分歧，应当如何解决？[75]

迄今为止，中国台湾地区的公立大学“公法人化”的议案并没有获得通过，公立大学的法律地位仍然是“‘教育部’以组织规程所设立的公营造物，且为‘教育部’的‘下级机关’”。

（三）本节小结

1. 美国各州成文法有关州立大学的法律地位的界定大致可分以下三类：

（1）州立大学本身不是法人，但州立大学的管理委员会是一个相当于州政府“职能机构”（instrumentality）的法人。例如按照新泽西州的法律，管理州立大学的受托人是最初依据特许状组成、尔后依据法令改组的公司法人（Corporation，body... incorporated），而州立大学则是公司法人控管之下的教育实体（educational entity）——受托人是以州立大学名义而行为的公司法人。虽然州立大学的受托人是一个公司法人，它同时又是州政府营运州立大学的“职能机构”，重大事务的最终决策者是统管新泽西州高等院校的高教管理委员会（Governing Boards of Instiutions of Higher Education）。[76] 在侵权诉讼中，州立大学可以由州首席法务官代表诉讼，也可以自行诉讼；如果州立大学选择自行诉讼，它和它的有关雇员就在《新泽西州侵权诉愿法》的目的范围内被认为是一个诉讼主体。[77] 多数州的法律都是按照这种方式界定州立大学的法律地位。

（2）州立大学根据法律授权而履行提供高等教育的职能，但不是法人，州政府直接控管州立大学。例如按照设立科罗拉多州立大学的法律，州立大学由管理委员会控管，管理委员会的成员由该州的各个选区直接选举产生。州立大学或者它的管理委员会并不是法人；在一切诉讼中，州政府的首席法务官（The Attomey General）是州立大学的校长和管理委员会的法律顾问，并且以州当局的名义代表州立大学诉讼。[78]

（3）州立大学是一个与州或者州政府相分离的“公法人”（public corporation），不是政府机构或者政府部门，受托人委员会或者管理委员会行使公法人的全部权力，受托人只能为了营运和管理大学而行使这些权力。州立大学仅仅在目的事业范围内拥有权力，州立大学没有自己的雇员，大学的雇员都是州政府雇员，但是聘任和解聘的全部权力属于大学当局，因为创设州立大学的法律赋予了它这样的权力，州立大学既不能有自己的财产也不能有其他财产利益，它占有的全部财产都是以州政府为受益人的信托财产，按照法律规定的用途使用这些财产。州政府的首席法务官也并不是惟一可以代表大学起诉和应诉的法律顾问，在某些情形下，大学可以自行选

〔75〕 参见李建良：“公立大学公法人化之问题探析”，载《台大法学论丛》第29卷第4期。

〔76〕 N. J. S. A. 18 A：65－2，65－3；18A：3B－6－e.

〔77〕 N. J. S. A. 18A：3B－6－h.

〔78〕 C. R. S. A. 23－20－110.

择自己的法律顾问。[79]

当第三人对州立大学提起诉讼的时候，州立大学的法律地位常常成为一个争议点：如果州立大学是一个“法人”，它就不能得到宪法第11修正案有关政府豁免诉讼的保护，州政府就有可能为州立大学的败诉“买单”；如果州立大学不是一个“法人”，它就有可能被认为是州政府机关，从而得到宪法第11修正案的保护。但是，法院是结合个案具体情形而判断州立大学是不是法人，并不是只看设置州立大学的法律如何规定。法院的态度是实事求是和就事论事：法律虽然把州立大学界定为“法人”，法院在个案也可能把州立大学界定为州政府机构；法律虽然没有把州立大学界定为“法人”，法院在个案也可能把州立大学界定为“法人”。当然，在州政府放弃诉讼豁免的领域（如合同、侵权、雇用、宪法权利等领域），一般也就不会发生州立大学是不是“法人”的争议。

在中国的民事诉讼中，当事人争辩一个事业单位是不是法人，其背后的利害关系是追及或者开脱主管部门的民事责任：如果事业单位是法人，就不应当追及主管部门；如果事业单位不是法人，就应当追及主管部门。这和美国州立大学涉讼的逻辑是恰好相反的。

2. 中国台湾地区关于公立大学法律地位的讨论对于中国大陆有多重的借鉴意义。中国台湾地区的法律多采自欧陆法系，而中国台湾地区的法律家的叙事论道也是以欧陆法律为标尺来评述本地法律之得失。其基本逻辑是：若欧陆变法，本地法律不变则为落后；若欧陆不变法，本地法律与欧陆不尽相同，则为法律不完善。为了叙述简练，我们不妨把这种法律观称为“法律西方主义”，或者说是以西方法律为基准的法律解释学。倡导和反对“公立大学公法人化”的两种主张在某种程度上都是“法律西方主义”。倡导者的立场是在《德国大学基准法》中，公立大学的法律身份已经从“公共营造物”变成“公法社团、国家机构”，因此中国台湾地区的大学也应当变成“公法人”；反对者的立场是《德国大学基准法》只是把公立大学定性为“公法社团”，并没有称之为“公法人”，因此“公法人化”的鼓吹者并不是德国法的正宗追随者。“法律西方主义”面临的窘境是：他们省略了本应进行的论证：为什么追随西方某个国家的某个法律在当时、当地是最好的选择？

学术自由和大学自治总是令人兴奋的话题，但是中国台湾地区的公立大学“公法人化”只是不加论证地把一组假设联结在一起，而每一个假设的真实性和全部假设之间的内在联系都有待证实。“自由”、“自治”是一些动听的话语，但是它们究竟表达什么意思，需要进一步的信息去进行判断。公立大学为政府创设，公立大学能够保有多大程度的自治，这恐怕是政策判断和各种力量对比平衡之后的结局，而不只是一个法律概念问题。

结　论

事业单位法人化是一个历史的误会，公立机构的组织和治理应当遵循公权力运

---

〔79〕 People ex rel. Board of Trustees of University of Illinois et al. v. Barrett, Attorney General, et al. (1943), 382 Ill. 321, 46 N. E. 2nd 951.

作的机制，而不是民法。

如果要对事业单位进行改革，那必须区别对待，分类治理。想设计出统一适用于一切事业单位的改革方案，无疑是制造问题，而不是解决问题。在甄别之后，对那些继续保留的事业单位，不是要强化它们的法人地位，而是要“去法人化”，让它们回归于公权力的控制之下。而当下把“政事分开”看成普适的事业单位改革的方案，这未必妥当。在分类和区别对待的基础上，对甄别后应保留的事业单位，恐怕不是需要“政事分开”，而是要强化管理上的“政事合一”。

官办事业一律作为民法“法人”登记，这在全世界是独一无二的创举，也是违反常理的做法。公立机构的组织形式历来是民法不及的范围。将政府机关、政府设立的公共服务机构、政府创设的政治团体分别纳入机关法人、事业单位法人和社会团体法人，这是中国民法学的教条主义和形而上学在立法中的反映。“法人”在法律、法规和行政规章中的急剧膨胀正在将中国政体推向一种“多体整合”（corporatism)，这与中国宪法所说的“民主集中制”是背道而驰的。

创设公立机构的依据从来就不是民法，而是国家权力（政府命令、决定、特许、法令)；只是在特定的交易中，有时候需要把公立机构视为一个民法上的“人”，承认它具有从事交易和承担契约义务的能力。在中国，创设事业单位的国家权力分属中央政府和地方政府，事业单位是中央政府或地方政府在公共服务领域的延伸或者化身。事业单位不应当成为法人，这与公共权力不能私法化是一样的道理。事业单位治理的目标是有效实现创设者的意志，创设者直接或者授权公权力机构管理事业单位，这样的模式不仅是普适的，而且是难以改变的。

谁代表事业单位？这是没有必要，也不可能作出一般性回答的问题。例如，看门人在大学校门口“代表”大学维持秩序，教授“代表”大学在课堂上授课，各个院、系“代表”大学“创收”办培训班，学位委员会“代表”大学作出是否授予学位的决定，校长“代表”大学给新生作报告——在机构内任职的所有的人都是在本职范围内代表机构。公立机构对外由惟一的个人为“法定代表人”，这完全是一个缺乏想象力和常识的臆断。事业单位是实行“集体领导”，还是党委书记或者行政首脑负责，这历来是由主管部门和各级政府裁量定夺，而不应当由法律统一设定惟一的“法定代表人”。不管公立机构采用什么形式，任免公立机构当权派的权威始终来自上一级的公权力，绝对不是法人治理的结果。同理，任免事业单位首长的效力在于恰当地行使公权力，而不在于是否进行了法定代表人的变更登记。

公权力是等级分明和纵向贯通的。除基层单位之外，在公权力结构内的每一个单元都连接着它的上级和下级，公权力的权威建立于上、下级关系之中。上、下级公立机构之间并不是财产独立、意思自治的法人之间的关系，而是权威和顺从权威的关系。当事业单位不仅在法律文本中成为“法人”，而且真的按照法人治理模式去决策、运作的时候，它必定要脱离公权力结构——公权力单元的法人化与公权力的基本结构是无法兼容的。更为重要的是，政府创设公立机构，不是要让它成为法人而与自己分庭抗礼，而是要让它按照自己的意志行事——公立机构采用什么形式，具有多大的自主权，这似乎应当由创设公立机构的政府决定，而不是预先作“一刀切”的规定。

公司立法理念的选择

——以中西法律传统比较为视角

薄燕娜*

“法律是什么?”这一问题曾被反反复复地提出，又由严肃的思想家们以形形色色的、奇特的甚至反论的方式予以回答。[1] 然而由于中西社会文明、文化传统、历史发展的不同，法的概念似乎难成定论，法律所内涵的精神也各有不同。在中西公司立法中，法律条文更多地或强调国家强制，或彰显私法自治，不同法律理念的选择正是不同法律文化传统的必然产物。

一、中国的礼法文化与公司立法中的国家强制

（一）追溯中国法律传统中的礼法文化

礼主宰着中国传统文化的命脉。尽管礼源自古老的祭祀仪式，但是在长期的封建统治中，礼成为维系国家秩序的工具。从法的角度说，礼在氏族社会后期及夏商西周时期具有了习惯法的性质；在春秋战国成文法盛行并成为定制以后，礼仪也是法制精神之所在。[2] 当礼为儒家所倡导达至登峰造极之时，礼构造了一种“差序格局”——“亲亲也，尊尊也，长长也，男女有别——此其不可得与民变革者也。”[3] 在这种格局中，产生了中国所特有的家国概念。家与国不可分割：国源自家，当家这个团体向外推及，纳入了非亲非故的群体后，就有了一个多数人建构起来的国，也就是我们惯于称呼的国家。然而家与国却存在根本的不同：家有着不可阻断的血缘、姻缘，家的生存和延续依靠道德礼仪来维系，那种称之为家规、家法的东西并不是一种通用的、普适的标准。国的出现改变了家原有秩序的存在，家中的伦常由于家的扩张和外界群体的介入自然失去用武之地，道德再也不能确保私人之间可以和平共处。当伦理纲常无以实现和谐秩序时，国之法律成了国家维护秩序的工具。尤其是在儒家“君君、臣臣”之君为臣纲思想的教化下，臣民必得对君王顶礼膜拜，王令即是金科玉律成为人们的潜意识。既然“溥天之下，莫非王土”，王者之政的法自然为民所遵循、臣服。于是，法律本身就成了国家强制力的化身。只是此所谓的法远非现代所指的法的概念。

礼渗透在中国社会生活的各个领域，礼治与德治成为维持中国古代社会秩序的

---

* 中国政法大学比较法研究所副教授，法学博士。

[1] [英]哈特：《法律的概念》，张文显等译，中国大百科全书出版社 1996 年版，第 1 页。

[2] 马小红：《礼与法：法的历史连接》，北京大学出版社 2004 年版，第 83 ~ 84 页。

[3] 《礼记·大传》。

主导，发挥着无以替代的作用。但是道德与礼仪是把善的意志作为其要求对象，以自由为前提，需要自觉自律地遵守。由于私心驱使社会礼崩乐坏无法实现自律时，“礼之所去，刑之所取，失礼则入刑”。〔4〕而此所谓刑即是法。即使重“法”之法家，也是以严刑酷罚为其主旨。德主刑辅，“明礼以导民，定律以绳顽”，视法为刑，视法为禁，视法为“王者之政”构成了中国人法律观念的根本特征之一。〔5〕与之相通的是，在中国，法的古体写为“灋”，东汉许慎《说文》中曰“灋，刑也，平之如水；廌，所以触不直者去之。”将法与叫做“獬豸”的独角猛兽联系起来，刑成为国家强制力发挥作用的凭藉。

在中国的法律传统中，除却“引礼入法，礼法结合”外，还有一个不可不提的事实是对个人权利的忽视甚至无视。尽管有法的存在，但最多只是将之作为刑的制裁手段。也正是由于重刑轻民，造就了中国古代法律体系的又一个中国特色——“民刑不分”。自《法经》至《大清律例》典型的成文法典中，都呈现出了诸法合体的混合编纂结构形式。〔6〕既然刑事律令是断讼的依据，那么处理所有民事纠纷都将动用刑罚手段。缺失保护私权的民事法律姑且不论，单就解决户婚、田宅、继承等邻里纠纷就需动用笞、仗等身体刑，人之权利无从主张。再者，孔子竭力主张“听讼，吾犹人也。必也使无讼乎”，〔7〕老子提出“见素抱朴，少私寡欲”，〔8〕“祸莫大于不知足，咎莫大于欲得”。〔9〕私之存在就是祸首、私之追求就得获罪，既然重利轻义尚为人们所鄙弃，更不用提为权利而斗争了。反观当今一元钱官司的盛行，中国传统法律文化中无权利意识可谓尤为显见。事实上，儒家思想所赞同的无讼、道家的使民不争，乃至法家的严刑重罚，其共同的目的是实现去私、去刑，最终实现社会的秩序与和谐。〔10〕

（二）解读我国1993年《公司法》中的国家强制

在我国1993年《公司法》中充斥着太多的国家强制，国家强制之所以为当时中国公司立法所选择，有不同的解说。如国家基于公共目的在公司法领域施加强制以救济市场失灵；还有公司法中的国家强制是以防阻公司法中的私人强制为目的。〔11〕而这些与其说阐释了在中国公司立法中强调国家强制的原因，倒不如说为公司立法中适度地选择国家强制指引方向。它们都无法为我国1993年《公司法》中过分凸显国家强制的病症之根本切脉，不过是指明现状或者最多也只是提出一种立法构想。本人认为，在我国1993年《公司法》中，国家强制能够轻易冲破私法自治，摆脱不掉中国法律传统的印记。法律是文化不可或缺的元素，而文化自然的承继是无法规

〔4〕《后汉书》卷46《陈宠传》。

〔5〕梁治平：《寻求自然秩序中的和谐》，中国政法大学出版社2002年版，第61页。

〔6〕李显冬：《从〈大清律例〉到〈民国民法典〉的转型》，中国人民公安大学出版社2003年版，第21页。

〔7〕《论语·颜渊》。

〔8〕《老子》第19章。

〔9〕《老子》第46章。

〔10〕同注5引书，第203页。

〔11〕参见邓辉：《论公司法中的国家强制》，中国政法大学2003年博士学位论文“内容提要”。

避的，公司立法所负载的中国法律传统中礼法文化的烙印只不过是中国立法共通现象的一个缩影。

在1993年《公司法》中，从公司的资本制度到公司的行为规则，本应最集中体现权利内容的公司制度，恰恰都受制于国家的强制。最低注册资本制度设置了过高的市场准入门槛、出资形式严苛的法定主义、转投资比例严格限制、禁止股份折价发行、禁止股份回购、禁止退股等都带有浓厚的强制色彩，而这种强制若要具有威慑力就不得不落实在国家颁行的法律中。于是，公司法的自治法之本色被严重弱化。法学界曾经有资本信用与资产信用之说，由于误认公司信用基础为资本信用作祟，公司立法不得不保证资本的真实和充足，从而对股东设置如此之多的负担。对此，学者颇有创建性地提出了资产信用概念，认为将资产信用作为公司信用的基础，公司立法不仅会局部修正和补充，而且会发生整个公司立法、司法和理论的战略性调整。[12] 这种理论的提出的确能够在一定程度上为立法者崇信资本担保功用而不敢轻易放松因管制所被束缚的手脚提供了理论依据。但是1993年《公司法》中国家强制湮没其应有的私法自治，还有一个最根本的原因，就是根深蒂固于人们思想的法律传统在作怪。毕竟，公司立法对股东的限制不单单是股东获得股东权益所应支出的对价，而且在很大程度上冲击了股东权利的享有。究竟法律传统怎样影响着公司立法？

1. 追求秩序与和谐引发对安全的重视。“中国公司法突出了公司信用在交易安全中的地位，……这些，都是为了保护公司债权人合法权益，保证市场交易的安全。”[13] 保持社会秩序的稳定与市场交易的安全成为公司立法的一个价值追求。之所以对安全如此强调，甚至将之作为参考坐标成为评判立法好坏、善恶的标准，正是源于中国法律传统的礼法文化一贯追求的秩序与和谐。从家规、族规到国法，它们无不关系着家与国的兴衰乃至存续，这也是传统法观念中法本身的意义所在。正因为如此，公司法不得不纳入大量的强制性法律规范，目的是借以保障公司参与者能够享受到同等的待遇，避免为一己之利而害及他人之违规行为的出现。当所谓的秩序与和谐实现了，人不相争，天下自然就太平了。很显然，这不过是理想的应然状态。

2. 契约的缺失导致无信。在乡土社会里，人们从熟悉中得到信任。……乡土社会的信用并不是对契约的重视，而是发生于对一种行为规矩的熟悉到不假思索时的可靠性。这信用是没有根据的，其实最可靠也没有了，因为这是规矩。[14] 当老死不相往来的现代社会将人类从“身份”带到“契约”时，乡土社会中无从出现的契约被缔结，无从发生的法律被制定，人们为此所付出的代价是怀着“一朝被蛇咬，十年怕井绳”的心理畏惧却又不得不屡屡面对毁约、欺诈的社会现实，社会信用出现严重危机。公司是社会信用体系的微观主体，市场主体的欺诈与失信导致了中国前所未有的商业信用危机，此可谓“市无信则乱”。出于对这种现象的担忧，对市场主

---

〔12〕 赵旭东：“从资本信用到资产信用”，载《法学研究》2003年第5期。

〔13〕 王保树、崔勤之：《中国公司法原理》，社会科学文献出版社2000年版，第25页。

〔14〕 费孝通：《乡土中国生育制度》，北京大学出版社1998年版，第10页。

体信用状况的戒备，公司立法作出了严格规定。中国社会信用缺失的存在亦有其社会根源。中国长期受儒教思想的影响和君臣礼教文化的压迫，高低贵贱、伦常纲纪压制着自由与平等，逆来顺受、忍辱负重成了人们的处事之道，扭曲的心态不可能造就信任。更何况中国古代等级森严，不可能产生什么合意、契约，契约文化没有根基，契约意识淡漠，中国信用的启蒙意识就远远落后于西方。因此，解除信用危机最重要的是强化信用意识。

3. 法即罚的法律观念孕育了大量的强制性法规。中国的法律传统中是鲜见权利与自由的，讲求道德与礼仪，若不能自律，国家就会动用刑罚，正所谓“自古所谓法律，不过是刑律，为礼俗之补充辅助，不得已而用之”。[15] 就是这样的法的意识，使得法与强制、约束、惩罚成为等同的概念。由此培育了公司立法中大量的强制性法律、法规，却又不可避免地产生如下弊病：①条文的表达不够准确或者执行欠缺严格监督，即使是在文字表达上使用“应当”而非“可以”的词汇，该规范本身对公司及其参与人的限制也是极其微弱的。他们各行其是不可避免，公司法对此无能为力。②市场交易活动的开展有赖于双方讨价还价的磋商，强制性法律规范限制了人们的选择，或者阻碍了许多有效率交易的实现，致使公司参与者在进行合理合法的交易中产生大量的费用，耗费社会成本。③国家强制导致法律的滞后，当实践中规避或变通法律的做法俯拾皆是时，国家只得借助于位阶不高、效力不强的司法解释辅佐实施。更何况，大量强制法的硬性规定，使我们沉迷于公司法是“私法”还是“公法”的困惑之中。然而，公司法的“私法性”是无论如何都不可动摇的。

二、西方法律传统中法的精神与公司立法中的私法自治

（一）西方法律传统中法的精神彰显权利、自由和正义

西方法的基础是依据法律神圣观的“法治”的理想和与之互为表里的为法而斗争的义务。[16] 大陆法系与英美法系表现出了同样的法律传统，正是法律至上、为权利而斗争的西方法中的法的精神，决定了西方公司立法对私法自治理念的选择。西方之国与家的分离已经得到学界充分的论证，诸如“在西方社会里，国家这个团体是一个明显的也是惟一特殊的群己界限”。[17] “罗马人把国家生活与个人生活、公共生活与私生活区分开来的，乃是同一个原因，那就是在西方文明的形成时期，家与国的分离。”[18] 无论是社会实证的考察，抑或历史现象的分析，中西方国之概念的不同在卢梭法治共和国的憧憬中再次得到印证：国并非皇帝之家，而是民众放弃自己的权利集结而成的表意机构；国之君主治理国家也并非因为要雄居天下，而是按照人民的普遍意志践行公仆的职责。由此，在西方，国不是天下，也不是为了满足一统之政治需要，而是基于契约产生的，作为是非的裁判者、公正的维护者、权利的保护者存在。国与家的分离为个人权利的享有和行使创造了广阔的空间。

---

〔15〕 梁漱溟：“中国文化要义”，载《梁漱溟全集》第3卷，山东人民出版社1990年版，第199页。

〔16〕［日］大木雅夫：《东西方的法观念比较》，华夏等译，北京大学出版社2004年版，第34页。

〔17〕 同注14引书，第30页。

〔18〕 同注5引书，第20页。

早在古罗马时期就已经产生了私法。罗马私法高度发达，并独立于公法，引起法律第一次分化为公、私法两个不同部门。[19] 罗马法被恩格斯誉为“商品生产者社会的第一个世界性法律”，[20] 其私法部分极其广泛地影响到西方的民事立法。罗马法之所有具有如此强大的生命力和影响力，主要是因为：①在简单商品生产高度发达的物质生活条件具备时产生的私法体现了商品经济的一般规律，最契合西方国家建设发达市场经济的需求。②罗马法学并非来自判例的经验之说，而是重视法学思想与理论、尊重法学家的结果。罗马人在军事征服希腊时承继了希腊文化思想。自希腊的柏拉图、亚里士多德至罗马的西塞罗都是为法律战斗的楷模，他们崇尚正义、平等与权利，他们的思想迎合了西方的法治思想和建立共和国的愿望。③罗马私法是调整私人之间关系的法律，既然是私的关系，私人之间就应该是平等的主体，他们的个人权利在私法中得到了充分的维护和保障。西方国家发展市场经济同样需要自由的经济主体，立法不得不给他们充分行动的自由空间，因为为追求利益最大化，自由地进行交易就是理性经济人的必然选择。因此在西方国家的民事立法中渗透着对个人权利和自由的尊崇。总之，罗马私法产生并在西方国家具有重要影响，与其所彰显的权利意识与契约精神是密不可分的。

在西方的法律传统中，无论是自然法还是实证法，作为工具的法律从来不是国家统治的尚方宝剑，而是被用来分配权利、确定义务，并且是权利保障的“社会契约”。正如梁漱溟先生所言，在近世西方的语境中，法律乃是对于权利的厘定，“把这个权那个权来规划订定明白”。[21] 法律代表着正义和权利，为维护和体现正义，必须由法律来统治。只有法治之下，国家才能够依法行事，个人才可以获得真正的自由和权利。这种法的观念已经体现于古希腊、古罗马以及近代西方的启蒙思想中。法律与权利、自由、正义相生相长，并不表示西方的法是不谈义务与强制的。实际上，仅就法律实质而言，法律内涵了强制与自由，其中含有两层意思：①对于民众而言。法律面对恶民时显示出了强制的威慑力，然而当它面对良民时，它赐福的却是自由。②就法律本身而言。为了调和强制与自由这一对共生于同体的互生矛盾、相互制约的冤家，萨维尼提出了他关于“自由”的法律观：每个个人的存在和活动，若要获致一安全且自由的领域，须确立某种看不见的界限，然而此一界限的确立又须依凭某种规则，这种规则便是法律。[22] 西方的法律就是彰显自由却又不失强制力的。

（二）探析西方公司立法中的私法自治

西方文化共同体通常被划分为大陆法系和英美法系，尽管两者有不同的法律渊源，或归属于成文法国家，或是不成文法国家，但都有关于公司的制定法，如法典或者是单行法规。但不管采用何种法律表现形式，与我国 1993 年《公司法》相比，

---

〔19〕 周枏：《罗马法原论》（上册），商务印书馆 1994 年版，第 9 页。

〔20〕《马克思恩格斯全集》第 21 卷，第 346 页。

〔21〕 梁漱溟：“东西文化及其哲学”，载《梁漱溟全集》第 1 卷，山东人民出版社 2005 年版，第 655 页。转引自许章润：《说法活法立法》，清华大学出版社 2004 年版，第 48 ~49 页。

〔22〕［英］弗里德里希·冯·哈耶克：《自由秩序原理》（上），邓正来译，上海三联书店 1997 年版，第 183 页。

其特点是：①条文的宽松；②法律的规定更为完善；③权利与义务的配置更为和谐。这些立法特点，或者说对立法理念的选择，从超越制度层面上讲，仍是西方法律传统中法律观念的作用使然。

但就公司资本制度而言，在最低注册资本额的确定上，英国在1856～1980年相当长的时期内，公司法中没有关于最低资本的规定。只是为了执行《第二公司法令》，英国才在1980年对公众公司采用了最低资本额限制。[23] 而美国1969年《美国示范公司法》（MB－CA）废除最低资本额的规定后，各州的公司立法取消最低资本额的要求已经成为一个趋势。而在股东出资形式方面，不采法定资本制的英美国家股东出资财产范围宽泛不言而喻，即使在德国等采法定资本制的国家，立法在此方面的限制也没有如中国法那样严格。在公司转投资方面，如德国、英美等国家公司法并没有特别的规定，没有明确限制转投资的数额及主体。甚至近年来在西方国家，股份的折价发行都有所松动。把股份回购作为公司分配的措施，而不予以绝对禁止。西方公司立法在我们看来似乎没有对股东、公司有太多限制性规定，公司所有的参与者在做出自我判断时都有自由选择的余地，其实这与法律是明确权利而不是限制权利的法律精神息息相关。

另外，西方公司立法中所体现的法律至上、权利本位的一面还表现在公司立法的缜密上，当然立法的繁杂并不意味着立法严苛。以美国的公司立法为例，公司设立、融资、合并、解散以及公司的治理结构、公司的权利义务、股东权的保护、董事的义务与责任、公司的利润分配等方面都有极为详致的规定。美国成为世界上最发达的市场经济国家与其公司法的积极作用分不开，而公司法良性作用的发挥与西方的法治理念又是分不开的。法治要求依法为政，无法可依固然可怕，但有法却因缺漏或空白而没办法依凭，也无助于实现法治。再者言，法治的目的是为了维护正义，实现真正的权利，然而权利在法律中若得不到落实，就更容易被侵犯者所觊觎、侵犯乃至剥夺，只有将之全部纳入到立法中，才可以对由此引起的是非曲直依法而断，从而实现对权利的终极保护。

值得注意的是，西方的公司立法还特别注重权利和义务的配置。无论是公司、股东、董事还是高管人员，在公司立法中都有具体的权利和义务的安排，尤其是对董事的忠实义务、注意义务都有明确标准的规定。这在一个侧面反映了尽管西方法将法律作为权利的保护神甚至是化身，并不是说西方法中只讲权利没有义务。虽然它没有中国的“君子喻于义，小人喻于利”，但是义务仍是与权利相伴生的，只是权利往往被提升在义务之上而被更多地强调罢了。

三、实现中国公司立法中应然的国家强制与私法自治

（一）反思国家强制与私法自治的公司立法理念

1．自由与强制辨。随着20世纪末新时代的大门被打开，中国走出计划经济开始了社会主义市场经济建设。市场经济需要契约的存在，私法自治成了神圣不可侵犯的原则。在一个开放的时代，在一个诚信的社会，自由为价值的充分发展提供了必

〔23〕 何美欢：《公众公司及其股权证券》（上册），北京大学出版社1999年版，第49页。

须的土壤。人们希望通过自由的交易支配自己的劳动力、财物，人们甘心自觉自愿而不受外界因素干扰地限制自己的行为。只有当市场主体获取信息不对等，市场竞争不高效时，尤其是当交易一方不能够自由行动或者是不能理解他做的承诺所要背负的义务，甚至将对他人产生不利益时，国家强制才有了正当化的理由。

国家强制通常以强制性规范为其法律表现形式。既然强制是一种限制和管理，这些规范自然禁止不受其管辖的自主选择，在这一意义上，自由被剥夺了。强制性规范的确发挥了积极的作用，但它的产生本身是附带着诸多副产品的。事实上，无论从哪一个角度，我们都不能够妄断，我们可以且已经为使市场经济发挥更大作用设计了最佳的制度和安排。[24] 公司被完全视为由管理者建立的一套合意关系，以更好地胜任特定营业。因此，规定公司内部关系的强制性法律规范并无存在的空间，公司成文立法因此变得有限。[25] 公司所期待的法律是：它最好可以提供现成的规定公司内部关系的一种标准，但是每个公司有适当的路径选择来改变这种关系。然而在当今，现代公司法制定现成规则以使公司的参与者完全自由地按照他们的意愿去修正变更，这并不是事实。现代公司法尽管赋予公司按照他们的意愿去建立内部规则的相当大程度的自由，但也包括很大数量的强制性要求是公司无法删减和变更的。[26]

2. 效率与安全辨。效率与安全是公司实体保持其生命力所必不可少的价值追求，也是公司作为市场主体参与交易活动所背负的责任所在。效率与安全是公司立法的价值目标，是公司立法理念选择的最终指向。效率、安全分别对应于自由、强制而作为结果出现，也就是说自由的目的之一是效率，而强制旨在安全。现代企业是资本企业，作为企业之典型的公司，其基本功能就是资本筹集和资本运用，而资本是创造剩余价值的价值。对商业公司来说，利润最大化是一个合法而有利的目标。[27] 公司获利多少成为判断公司经营成功与否的试金石。

公司就其本质而言，是企业的管理者和人、财、物提供者所缔结的一系列合同的联结体。既然各方参与者通过合同缔造了一个公司，其最为理想的安排是各方均能受益，将做大的蛋糕共同分享。然而应然并非实然，谁投资、谁受益，既然公司的资本来源于股东的出资，股东是公司所有权人的理念造就了公司的价值追求在于满足股东利益最大化的要求。在公司有限资源的分配中，债权人、董事、经理、雇员等其他公司参与者的利益将不可避免地被忽视。公司若要成为有意义的实体存在，必须担负的责任是既要最大限度地谋求经济利益，又要平衡公司所有参与者之间的利益。每个参与者都是公司的组成元素，牵一发往往会动全身。此外，公司作为重要的市场交易主体，它对于整个市场交易秩序与安全所产生的影响也是不容忽视的。

（二）重新审视中西法律传统，构筑国家强制与私法自治的立法界限

公司立法理念的形成深受法律传统的影响，中国礼法文化和西方法的精神使得

---

〔24〕 同注22引书，第5页。

〔25〕 ［美］R. W. 汉密尔顿：《公司法》（影印注释本），中国人民大学出版社2001年版，第6～7页。

〔26〕 同注25引书，第11页。

〔27〕 ［美］罗伯特·C. 克拉克：《公司法则》，胡平等译，工商出版社1999年版，第565页。

中国与西方之公司立法对国家强制和私法自治做出选择成为顺理成章之事。如同对待拿来的东西我们应当取精华去糟粕，看待传统法律文化，我们同样需要抱以批判的态度来除旧布新。重新审视中国法律传统，在继承发扬“礼”文化的同时，革新“法为刑”之法的观念，增强权利意识，培育契约精神，对公司立法理念进行根本变革。公司在现代市场经济中是重要的经营主体，也是社会中不可或缺的组织细胞，公司的发展和繁荣与社会财富的增长、社会文明的进步息息相关。基于此，公司立法成为我们法律工作者所关注的焦点。正因如此，法律需要作用于公司领域。尽管法律对公司事务的作用是有限的，公司参与者可借助于其他的路径，如合同的约定来弱化法律的限制，但是法律并非因此就变得无足轻重、无关紧要。鉴于公司作为主要市场主体所产生的社会影响力和背负的社会责任，公司法的立法理念包含了为保证效率、安全的自由。公司立法的理想境界是既实现效率又不失安全，既有强制又可保证充分的自由。当两者不能够兼得时，哪种理念的更多体现或者侧重成为公司立法的重要考虑。

追求效率能够确保公司最大限度地谋取利益，只有保证公司资本增值、保值，股东的财富才得以增加，公司负担社会责任的能力才足以增强，整个社会的经济需求才可以更大程度地满足。而效率存在的要素是自由。调动公司参与者的积极性，保障他们自由地投资、自由地交易、自由地寻求法律救济途径，才可以有效地节约交易成本、社会成本，才有效率实现的可能性。在公司法中，对投资与资本筹集自由的要求，将效率体现得淋漓尽致。公司法必须能够充分地保障股东按照自己的意志进行市场决策，自主地决定投资多少、投资什么、投向何方，而投资者的抉择绝大程度上依赖于市场规则。如此一来，资本的社会化和资本的流通得到保障。但“人为财死、鸟为食亡”又是客观存在的，公司不同利益主体之间必然会为财利之争而引发纠纷。为了去私，实现民无争，公司法将努力缔造一种秩序与和谐，将希望寄托于对安全的期待，因而公司立法中的强制性要求同样必不可少。

当公司法在效率与安全的价值追求中出现了迥异的法律要求时，为了实现各公司参与人合作中潜在的利益，有效地解决他们合作中的冲突，发明法律制度以规范行为的人们必然要进行一次选择和判断。萨维尼主张获致安全且自由的领域还得需要依凭法律规则，而究竟这种法律如何表达，经济学为我们提供了可资参鉴的规则：从经济学上囚徒困境中演绎出一种规则——一项制度的安排要发生效力，必须实现纳什均衡，即所有参与人的最优的战略组成。〔28〕 对于中国公司立法而言，尤其是针对强制性法律规范繁多的立法现状，实现这种均衡单单强调公司信用在交易安全中的地位已显不足。当强制性立法对安全的过分强调限制了自由，从而阻碍了效率的实现，并最终影响到公司所有参与者包括整个经济社会的利益时，自由的公司立法就成为最优的选择。

四、新公司法革新法律传统，变革立法理念

一方面是基于中国法律传统对秩序与和谐的偏爱而导致的对交易安全的过分强

---

〔28〕 张维迎：《博弈论与信息经济学》，上海人民出版社1996年版，第17页。

调，并造就了立法中大量强制性法律规范的存在，以及政府管制权力的强化和扩散；一方面是西方法律传统中法的精神所追求的权利、自由和正义，从而使得立法在关注效率的前提下，实现权利与义务的和谐配置。在中西法律传统的碰撞中，为彰显公司法之自治法的本色，我们不得不变革深受礼法文化影响的带有浓厚国家强制色彩的公司立法理念。那么，效率应是中国法律改革的主要目标，将效率纳入法律的价值范畴之中，私法自治在公司立法中的地位自然举足轻重。对严格有余宽松不足的我国1993年《公司法》，引入效率的判断标准，弘扬私法自治，革新落后的法律传统，才能实现中国公司法律制度一次真正意义上的改革。

公司法修改浪潮的掀起为我们提供了重审中国法律传统、重思保持公司法作为自治法之本色的契机，于是我们开始了重新构筑国家强制与私法自治的立法界限，确立公司立法中效率与安全的最佳契合点的尝试；并试图探寻公司立法中国家强制的正当化理由。

我国2005年《公司法》扩展了公司、股东自治的空间，审慎地选择强制性法律规范，尽显公司法的自治法性格：资本制度不再法定，认缴资本替代实收资本，公司设立更为自由；最低注册资本额降低，市场准入条件放宽，公司参与市场竞争的机会趋于平等；扩大了股东出资形式，非但对货币、实物、知识产权、土地使用权等财产进行列举，而且设计了“可以用货币估价并可以依法转让的非货币财产作价出资”的弹性内容，非货币出资额可达70%；鼓励投资、充分利用投资资源成为新《公司法》的一大亮点；公司转投资不再有占净资产一定比例的限制；股权回购由局限于减少公司注册资本及与其他公司合并，拓展至将股份奖励给本公司职工、股东因对股东大会公司合并或分立的决议产生异议而提出回购要求等情形，公司对本公司股份的处分有了更多的自主权；在新《公司法》中甚至增加了有限责任公司中小股东在特定条件下的退出机制，这是前所未有的。当然，《公司法》对公司、股东自治权的尊重，还散见于《公司法》的多个角落，诸如公司章程个性化设计以及股东分红或优先认缴新增资本的约定都显见自治本色。

私法自治意味着私人是法律关系的缔造者和参与者，自治法因此成为提供自治的法律规范。依此推论，在公司的设立、运作、治理、终结的过程中，国家只能扮演市场管理者和秩序维护者的角色，不能对公司运营做过多的干预。然而在这一过程中，国家却无法以旁观者静观，公共利益的考量以及市场机制某些领域的失灵使得国家强制具有了正当化理由，国家介入不可避免。公司、股东的行为能否被赋予法律效力，尚须从国家管制的角度判断其是否具有社会价值的基础。公司法关涉公司、股东、债权人乃至社会等多方利益主体，保护交易安全适度地适用强制性法律规范是自治法必要的限制和补充，也是其应有的内容。

美国的侵权法研究：概括与分析

许传玺*

【编者按】 做研究综述乃是学术整理的必备作业，里面学问颇多，自家学说的整理总结已是不易，比较学意义上的整理总结工作则更是艰辛，几乎可以说是不可成之事业。然许传玺君本文可谓精于此道，是以成就斐然：其一，对美国的侵权法研究，中国学者至今尚无任何系统的综述论著，而此文可谓开辟先河。其二，美国的侵权法研究，其学派有如林立，其文献浩如烟海，即使作出普通的汇集已是不易，然而许君在潜心研究的基础上，发现了一条概念主义——现实主义——共识主义的主流线索，从而使得有关研究文献得以清晰呈现。因此，本文不是一般的综述，而是在一定意义上的关于研究的研究。其三，这也是本文的主要贡献之一，即提出了美国侵权法的历史发展及其现状在很大程度上与美国法律学者的侵权法研究密切相关的思想观点。由此，作者在文中提醒，由于上述这种密切的关联，借鉴美国侵权法不仅应该注重对美国侵权法本身的探讨，也应该在知识史和其他意义上充分地研究美国的侵权法研究。

美国侵权法的历史发展及其现状在很大程度上与美国法律学者的侵权法研究密切相关。虽然英国著名法官威廉·布莱克斯通早在18世纪中后期便在其法律分类中将侵权归于一种“非因合同而产生的非刑事侵害”（non-crim inal wrongs not arising out of contract）的次要范畴，[1] 但直到19世纪上半叶，侵权法在英美法系中仍然只是数种诉讼令状（writs）的松散组合，而不是一个独立的法律部门。[2]

在令状制度下，原告必须依据他对案件和相关法律的判断，正确地选择和使用令状，否则将面临诉讼被驳回的危险。因此，如果原告认为他能够证明其所受损害系由被告直接造成，他便应以直接侵害（trespass）为名起诉，如该损害系由被告间接造成，他则应以间接侵害（case）为名起诉，两者不可混淆。这种制度处理使得人们过多地关注诉讼的形式，而不是实质的法律原则或学说。[3]

对上述令状制度的不满使学者们转而探求具体侵权判例中具有普遍意义的实质

---

* 中国政法大学教授，美国哈佛大学法学博士（J. D.），耶鲁大学社会文化人类学博士。

〔1〕 William Blackstone, *Commentaries on the Laws of England*, vol. 3, p. 117 (1771), G. Edward White, *Tort Law in America: An Intellectual History*, p. 3, New York, N. Y. and Oxford, England: Oxford University Press (1980, 2003)。除非另有说明，下文对该书的引用均指其2003年增订版。

〔2〕 Oliver Wendell Holmes, “Book Review”, vol. 5 *American Law Review* 1871.

〔3〕 Francis Hilliard, *The Law of Torts*, vol. 2, pp. 6 ~7, Boston: Little, Brown (1859).

性的法律原则与学说，并进而将侵权视作一个独立的法律科目或法律部门。例如，霍尔姆斯在1873年的“侵权法理论”一文中试图以过失（negligence）作为侵权法的一项普遍原则来概括某些侵权法案例；[4] 又在1881年的《普通法》一书中提出，过错历来是施加侵权责任的前提。[5] 在霍尔姆斯开始其侵权法研究前后，弗朗西斯·希拉尔德于1859年出版了美国的第一部侵权法专著；[6] 克里斯托夫·兰德尔于1870年在哈佛大学法学院开设了美国的第一门侵权法课程；[7] 詹姆斯·艾姆斯于1874年出版了美国的第一本侵权法案例选编。[8] 作为一个独立的法律部门，英国侵权法的兴起要晚于美国。英国的第一部侵权法专著——弗莱德里克·坡洛克的《侵权法论》直到1887年才正式出版，[9] 比美国学者的同类著作晚了28年。

对美国学者延续至今的侵权法研究，可以作以下概括和分析。

一、美国侵权法研究的成果

美国侵权法研究的主要成果包括：

（一）法律评论文章（Law Review Articles）

此类文章通常发表于某种法律评论期刊，对侵权法的法律原则、学说、判例、历史沿革、发展动态等有关专题进行较集中的总结、分析和评论。美国侵权法学者在这方面的研究成果不胜枚举，其各阶段的代表性成果包括：奥利弗·温德尔·霍尔姆斯的《侵权法理论》；[10] 约翰·威格摩尔的《对侵权行为的责任：其历史渊源》；[11] 乔治·弗莱彻的《侵权法理论中的公平与效用》；[12] 理查德·波斯纳的《过失理论》；[13] 基多·凯勒布瑞兹与约恩·赫肖夫的《对侵权法严格责任的检验》；[14] 理查德·波斯纳的《严格责任评论》；[15] 理查德·爱泼斯坦的《故意伤

〔4〕 Oliver Wendell Holmes, “The Theory of Torts”, vol. 7 *American Law Review* 1873.

〔5〕 Oliver Wendell Holmes, p. 89, Boston: Little, Brown (1881). 当然，这一观点本身存在严重的缺陷，随后便受到另一位早期侵权法学者约翰·威格摩尔的质疑，认为早期侵权责任的构成与否并不在故意行为与非故意行为、过失行为与非过失行为之间进行区分。John Wigmore, “Responsibility for Tortious Acts: Its History”, vol. 7 *Harvard Law Review* 1894.

〔6〕 同注3引书。

〔7〕 *See The Centennial History of the Harvard Law School* 1817 ~ 1917, p. 29, Cambridge, MA: Harvard Law School Association (1918). 克里斯托夫·兰德尔时任哈佛大学法学院院长。

〔8〕 James B. Ames, *A Selection of Cases on the Law of Torts*, Cambridge, MA: Harvard Law Review Publishing Association (1874). 艾姆斯时任哈佛大学法学院教授，随后接替兰德尔担任哈佛大学法学院院长。

〔9〕 Frederick Pollock, *The Law of Torts*, London, England: Stevens and Sons (1887). 坡洛克将该书题献给了美国侵权法研究的先驱者之一——霍尔姆斯。

〔10〕 同注4引书。

〔11〕 同注5引书。

〔12〕 George Fletcher, “Fairness and Utility in Tort Theory”, vol. 85 *Harvard Law Review* 1972.

〔13〕 Richard Posner, “A Theory of Negligence”, vol. 1 *Journal of Legal Studies* 1972.

〔14〕 Guido Calabresi and Jon Hirschoff, “Toward a Test for Strict Liability in Torts”, vol. 81 *Yale Law Journal* 1972.

〔15〕 Richard Posner, “Strict Liability——A Comment”, vol. 2 *Journal of Legal Studies* 1973.

害》;[16] 罗伯特·L. 拉宾的《对侵权法改革进程的若干反思》;[17] 杰瑞·T. 施瓦茨的《侵权法的混合理论：确认遏止与纠正性正义》,[18] 等等。

（二）专著（Treatises）

在某种意义上，美国的侵权法专著是美国学者对侵权法所做的最全面、最实质的研究。此类著作通常涵盖侵权法的各项主要诉因、法律原则、学说、判例等，并对其进行系统、全面的阐述。美国侵权法研究在各阶段的代表性专著包括：弗朗西斯·希拉尔德的《侵权法》;[19] 托马斯·谢尔曼与阿马萨·莱德菲尔德的《过失法专著》;[20] 弗朗西斯·伯狄克的《侵权法论》;[21] 弗朗西斯·博伦的《侵权法研究》;[22] 里昂·格林的《侵权案例中的司法程序》;[23] 威廉·L. 普若瑟的《侵权法手册》;[24] 威廉·L. 普若瑟与W. 佩杰·基顿等人的《普若瑟与基顿论侵权法》;[25] 丹·B. 道布斯的《侵权法》[26] 等。

需要注意的是，由于侵权法专著通常含有大量的案例分析，同时也可能被某些侵权法教授指定为教学用书，因此某些侵权法专著与案例选编/教科书的界限有时很难划清。例如，上述里昂·格林的《侵权案例中的司法程序》、威廉·L. 普若瑟与W. 佩杰·基顿等人的《普若瑟与基顿论侵权法》等也可被视作案例选编/教科书。

（三）案例选编/教科书（Case books/Text books）

由于美国侵权法的判例法性质以及下文将要讨论的其他原因，案例选编历来是美国侵权法教学中不可或缺的主要教学用书。从这个角度讲，在美国侵权法领域，案例选编已成为教科书的同义词。依照时间顺序，美国具有代表性的侵权法案例选编/教科书包括：詹姆斯·艾姆斯的《侵权法案例选编》;[27] 约翰·威格摩尔的《侵

---

〔16〕 Richard Epstein, "Intentional Harms", vol. 4 *Journal of Legal Studies* 1975.

〔17〕 Robert L. Rabin, "Some Reflections on the Process of Tort Reform", vol. 25 *San Diego Law Review* 1988.

〔18〕 Gary T. Schwartz, "Mixed Theories of Tort Law: Affirming Both Deterrence and Corrective Justice", 75 *Texas Law Review* 1997.

〔19〕 同注3引书。

〔20〕 Thomas Shearman and Amasa Redfield, *A Treatise on the Law of Negligence*, 2nd edition, New York: Baker, Voorhis (1870).

〔21〕 Francis Burdick, *The Law of Torts*, Albany, NY: Banks & Company (1926).

〔22〕 Francis Bohlen, *Studies in the Law of Torts*, Indianapolis, IN: Bobbs – MerrillCompany (1926). 博伦在宾夕法尼亚大学法学院和哈佛大学法学院任教多年，是美国法律研究院《侵权法重述第一版》（The American Law Institute, *Restatement of the Law of Torts*）的主要起草人（报告人）。

〔23〕 Leon Green, *The Judicial Process in Tort Cases*, St. Paul, MN: West Publishing Co. (1931).

〔24〕 William L. Prosser, *Handbook of the Law of Torts*, 1st edition and 4th edition, St. Paul, MN: West Publishing Co. (1941, 1971). 普若瑟曾任教于哈佛大学法学院、加利福尼亚大学赫斯汀法学院等，是美国法律研究院《侵权法重述第二版》的主要起草人（报告人）。

〔25〕 William L. Prosser, W. Page Keeton et al., *Prosser and Keeton on the Law of Torts*, 5th edition, St. Paul, MN: West Publishing Co. (1984).

〔26〕 Dan B. Dobbs, *The Law of Torts*, 1st edition, St. Paul, MN: West Group (2000).

〔27〕 同注8引书。

权法案例选》;[28] 弗朗西斯·博伦的《侵权法案例》;[29] 沃伦·A. 西维和佩杰·基顿等人的《侵权法案例与资料》;[30] 威廉·L. 普若瑟与约翰·W. 威德的《侵权法案例与资料》;[31] 佩杰·基顿与罗伯特·E. 基顿等人的《侵权与事故法案例与资料》;[32] 威廉·L. 普若瑟、约翰·W. 威德与维克多·E. 施瓦茨等人的《侵权法案例与资料》;[33] 理查德·爱泼斯坦《侵权法案例与资料》;[34] 马克·A. 富兰克林与罗伯特·L. 拉宾的《侵权法及其替代：案例与资料》[35] 等。

（四）专题研究（Monographs）

美国侵权法学者的研究成果也包括为数不少的专题研究。此类著作通常只对侵权法的某些具体方面（如侵权法的形式与功能、侵权法的基本原则、侵权法某些归责原则的社会与经济效果等）进行较集中、深入的研究。与动辄厚逾千页的侵权法专著相比，此类专题研究的篇幅通常较短，也无意像侵权法专著那样对侵权法各项诉因、法律原则、学说、判例等做全面、系统的论述。不过，由于此类研究通常相对集中、深入，并且时常采用某些社会科学（如经济学、社会学等）的理论与方法，因此此类著作历来是美国侵权法研究中最前沿、最富有创见性的成果之一。在美国侵权法领域，较有影响和代表性的专题研究包括：基多·凯勒布瑞兹的《事故的成本：一项法律与经济学的分析》;[36] 理查德·波斯纳的《法律的经济学分析》;[37] 斯蒂文·沙维尔的《事故法的经济学分析》;[38] 马歇尔·S. 沙珀的《侵权法基本原则》;[39] 托马斯·H. 寇尼格与迈克尔·L. 拉斯特德的《为侵权法辩护》;[40] 肯尼斯·S. 亚伯拉罕的《侵权法的形式与功能》[41] 等。

---

〔28〕 John W igmore, *Select Cases on the Law of Torts*, Boston: Little, Brown (1911).

〔29〕 Francis Bohlen, *Cases on the Law of Torts*, Indianapolis, In: Bobbs-Merrill Company (1925).

〔30〕 Warren A. Seavey, Page Keeton et al., *Cases and Materials on the Law of Torts*, St. Paul, MN: West Publishing Co. (1957).

〔31〕 William L. Prosser and John W. Wade, *Cases and Materials on Torts*, Mineola, N. Y.: Foundation Press (1971).

〔32〕 Page Keeton, Robert E. Keeton et al., *Cases and Materials on Tort and Accident Law*, 2nd edition, St. Paul, MN: West Publishing Co. (1989, 1994 reprint).

〔33〕 William L. prossei, John W. wade, VictorE. Schwartz etal., *Cases and Materials on Torts*, 9th edition, Westbury, NY: Foundation Press (1994).

〔34〕 Richard Epstein, *Cases and Materials on Torts*, 6th edition, Boston: Little, Brown (1995).

〔35〕 Marc A. Franklin and Robert L. Rabin, *Tort Law and Alternatives: Cases and Materials*, New York: Foundation Press (2001).

〔36〕 Guido Calabresi, *The Costs of Accidents: A Legal and Economic Analysis*, New Haven, CT: Yale University Press (1970).

〔37〕 Richard Posner, *Economic Analysis of Law*, Boston: Little, Brown (1972).

〔38〕 Steven Shavell, *Economic Analysis of Accident Law*, Cambridge, MA: Harvard University Press (1987).

〔39〕 Marshall S. Shapo, *Basic Principles of Tort Law*, St. Paul, MN: West Group (1999).

〔40〕 Thomas H. Koenig and Michael L. Rustad, *In Defense of Tort Law*, New York: New York University Press (2001).

〔41〕 Kenneth S. Abraham, *The Forms and Functions of Tort Law*, New York: Foundation Press (2002).

（五）教学参考书（Primers）

在上述研究成果之外，美国侵权法学者也著有大量的教学参考书。此类著作多以上述其他研究成果为基础，对侵权法及其他相关专题做深入浅出的阐释，成为法学院学生和其他人士学习、掌握侵权法的辅助教材。这方面的代表性著作包括：爱德华·J. 柯恩卡的《侵权法精要》;[42] 杰瑞·J. 菲利普斯的《产品责任精要》;[43] 简·麦彻柔利·易格恩的《有毒物质侵权法精要》[44] 等。

二、美国侵权法研究中的概念主义

如上所述，美国的侵权法研究主要开始于19世纪中后期。此后，美国的侵权法研究虽然在其研究内容上保持了基本的稳定性与连续性，却经历了概念主义（conceptualism）、现实主义（realism）、“共识”（consensus）法学以及福利经济学（welfare economics）与道德哲学（moral philosophy）等多种不同的理论风格和理论取向。

美国侵权法研究的开创者如霍尔姆斯、兰德尔等人，在侵权法研究上主要受19世纪概念主义的影响。在法学领域，概念主义基本上等同于所谓的“科学方法”（the scientific method）或者“法律科学”（legal science），强调秩序和统一（order and unity）；其研究方法主要是概念化（conceptualization），即对有关数据进行科学整理和分析，将其归纳为可能普遍适用的理论或学说。[45] 霍尔姆斯对过失/过错侵权的研究即属此类。[46]

由于霍尔姆斯等人对侵权案件的概念化研究，到19世纪末，侵权法已成为初具理论框架、相对独立的民法部门法，而不再是一些涉及非合同民事诉讼令状的松散组合。过错责任制度（尤其是过失责任制度）得到了较多的总结和发展。在此基础上，侵权法被界定为与合同法及财产法相区别、处理“所有人对所有人”的普遍民事义务的私法分支。[47]

概念主义对美国侵权法研究（甚至美国其他领域的法学研究）产生了非常深远的影响。作为概念主义/科学方法（或称法律科学）学派的代表人物，兰德尔第一次将侵权作为一门独立的课程在法学院讲授，并且开创了以案例选编（case books）作为主要教学用书、以案例教学法（the case method）（或称苏格拉底式教学法——the Socratic method）作为主要教学方法的美国法学传统。案例选编与案例教学法以“科学”或归纳方法（the “scientific” or inductivemethod）作为其出发点，认为案例/判例尤其是上诉判决书（appellate opinions）是法律原则、法律学说的主要来源；学生与研究者应从案例/判例这种原始资料入手，探索、了解与掌握有关法律原则与学说，从而获得适用这些原则与学说的能力。[48]

---

〔42〕 Edward J. Kionka, *Torts in a Nutshell*, 2nd edition, St. Paul, MN: West Publishing Co. (1992).

〔43〕 Jerry J. Phillips, *Products Liability in a Nutshell*, 5th edition, St. Paul, MN: West Group (1998).

〔44〕 Jean Macchiaroli Eggen, *Toxic Torts in a Nutshell*, 2nd edition, St. Paul, MN: West Group (2000).

〔45〕 同注1引书，第6页。

〔46〕 同注4引文，第652页。同注5引文，第89页。

〔47〕 同注1引文，第19页。“所有人对所有人”（of all to all）同注4引文，第662页。

〔48〕 Christopher Langdell, *A Selection of Cases on the Law of Contracts*, p. vi, Boston: Little, Brown (1871).

上述理论取向远未停留于其发源地哈佛法学院，而是逐步扩展到随后建立的其他法律院校，造就了大批案例选编和案例选编作者，使案例选编自始至终都占据着美国法学教育与研究的主要舞台。

作为概念主义学派的另一位代表人物，霍尔姆斯率先创建了较为完整的早期侵权法理论，将过失/过错归纳为整合多种侵权案例的普适性原则。[49] 由于霍尔姆斯以及其他概念主义学者（包括霍尔姆斯的批评者与发展者威格摩尔）的努力，[50] 侵权法从一开始就着重研究针对伤害的民事责任（civil responsibility for injury）。通过大量的侵权法论著（包括法律评论文章、专著、专题研究等），概念主义法律学者在随后的几十年里逐步纠正了人们将民事伤害归因于受害人运气不佳或受害人性格缺陷等早期错误观念，建立起绝大多数受害人均有权获得某种赔偿的近现代侵权法。[51]

但是，人们在不久后便发现：法律其实并不像概念主义/法律科学所描述或希望的那样整齐划一、井然有序。许多学者意识到：所谓法律，实质上可能只是司法官员（包括陪审团成员）难免个性化的多种裁决的组合。法律事实上不仅包括“纸面规则”（paper rules），更包括实际影响司法裁决的“真正规则”（real rules）。[52] 在这些学者面前，概念主义/法律科学不免过于教条和简单化。到 20 世纪 30 年代，概念主义在法学研究（包括侵权法研究）中的地位和影响已大大减弱。

三、美国侵权法研究中的现实主义

在概念主义由盛转衰的 20 世纪初期，美国的法学研究（包括侵权法研究）开始出现现实主义的理论倾向。与概念主义法律学者不同，现实主义法律学者并不热衷于对各种实体法律学说（substantive legal doctrines）的归纳和研究，而是强调真正影响立法（主要是法官造法）与司法的各种实际过程与程序（processes and procedures）。

现实主义法律学者，其中包括“社会学派”法学家（“sociological” jurisprudes），主要以客观性与实证主义作为其理论诉求和研究目标。在这个意义上，他们构成了对概念主义和概念主义所代表的普适主义（universalism）的某种反动。现实主义法律学者反对概念主义学者对案例资料的抽象分类和归纳，主张对现实法律现象进行实时的、直接的观察。在现实主义学者看来，法律现象更多的是混乱、非理性和零散的数据，而不是秩序、理性和完整的理论；对于案例选编与案例教学法，他们认为，必须辅以对实际法律行为（包括法官与陪审团成员的行为）的实证研究。[53]

例如，作为现实主义学派的主要代表人物之一，卡尔·卢埃林不仅对概念主义/

---

〔49〕 同注 46 引书及引文。

〔50〕 同注 5 引书；同注 28 引书。

〔51〕 同注 1 引书，第 9 页。

〔52〕 Karl Llewellyn, “A Realistic Jurisprudence——The Next Step”, vol. 30 *Columbia Law Review* 1930, pp. 447 ~ 453; “Some Realism about Realism”, vol. 44 *Harvard Law Review* 1931. 卢埃林时任哥伦比亚大学法学院教授。

〔53〕 William Fisher, Morton Horwitz and Thomas Reed, *American Legal Realism*, New York, N. Y. and Oxford, England: Oxford University Press (1993).

科学方法/法律科学的教条和简单化提出质疑，[54] 也充分地借鉴了社会文化人类学（sociocultural anthropology）的研究方法，对某些法律现象进行了富有成效的实证研究。由卢埃林主持的对美国印第安人（沙彦部落）争议解决机制的人类学研究已成为早期法律人类学最具代表性的著作之一。[55] 现实主义学派（尤其是“社会学派”）的另一位主要代表人物罗斯科·庞德，对“书本上的法律”（law in books）和“实践中的法律”（law in action）也同样做出了非常重要的区分，对“社会学派”法学的理论和研究方法做出了系统的阐释和说明，[56] 虽然与卢埃林相比，庞德并不完全反对在案例资料的基础上归纳和总结可能普遍适用的法律规则。[57]

但是，虽然现实主义法律学者对20世纪美国法学的理论取向进行了重要的修正，使人们不再盲目地相信“书本上的法律”和法律原则的普适性，但它并未实际改变概念主义法律学者所建立的重视提炼法律原则、法律学说的美国法学传统。[58]

在侵权法研究领域，里昂·格林可能最突出地代表了现实主义法学的理论倾向。格林的侵权法专著《侵权案例中的司法程序》明显地带有反对概念主义和倡导实证主义的特点。[59] 格林强调在具体侵权诉讼中各方所体现的不同利益，强调侵权法对各方利益的协调、权衡等功能。因此，其侵权法专著抛弃了其他侵权法专著的三分结构（故意侵权、过失侵权、严格责任），根据具体侵权所涉及的各方利益和侵权法的相应功能对侵权案件进行分类（如机动车事故、商品生产者与销售者、公共运输商与乘客等）。[60] 但是，虽然如此，格林并未完全脱离由概念主义法律学者所建立的某些侵权法学的核心概念，如当事人之间的义务（duty）概念等。[61]

其他现实主义侵权法学者（如亥瑞·舒曼与弗莱明·杰姆斯）虽然同样关注和强调法律的实际运作方式、法律学说的政策含义、法学研究的社会学视角等，却在其分析框架上更多地沿用经修正的概念主义传统，而不是格林式的功能/利益分类。[62] 因此，总的说来，现实主义侵权法学者并未根本改变概念主义法律学者的研究思路，而是在其侵权法论著中更加重视对政策的探讨和分析、更多地借鉴社会科学的研究成果、更加强调法律学说与事实情形之间的互动。[63] 舒曼与杰姆斯的侵权法专著/案例选编第一次把侵权法案例与法学及社会科学的相关研究成果大量结合，开启

〔54〕 同注52引文。

〔55〕 Karl N. Llewellyn and E. Adamson Hoebel, *The Cheyenne Way: Conflict and Case Law in Primitive Jurisprudence*, Norman, OK: University of Oklahoma Press (1941); William Twining, *Karl Llewellyn and the Realist Movement*, Norman, OK: University of Oklahoma Press (1985).

〔56〕 Roscoe Pound, "Law in Books and Law in Action", vol. 44 *American Law Review* 1910; "The Scope and Purpose of Sociological Jurisprudence", vol. 24 *Harvard Law Review* 1911, vol. 25 *Harvard Law Review* 1912. 庞德时任哈佛大学法学院教授，于1916~1936年担任哈佛大学法学院院长。

〔57〕 庞德负责编辑出版了其前任院长詹姆斯·艾姆斯的《侵权法案例选编》1917年版。

〔58〕 同注1引文，第63页。

〔59〕 同注23引书。格林曾任耶鲁大学法学院教授，时任西北大学法学院院长。

〔60〕 同注23引书。

〔61〕 Leon Green, "The Duty Problem in Negligence Cases: Part I", vol. 28 *Columbia Law Review* (1929).

〔62〕 Harry Shulman and Fleming James, *Cases and Materials on the Law of Torts*, Chicago, IL: The Foundation Press (1942).

〔63〕 同注1引书，第83~91页。

了美国侵权法领域“案例与资料”（Cases and Materials）式专著/案例选编的先河。[64]

在法律现实主义时期，经修正的概念主义法学传统的主要代表人物是《侵权法重述第一版》的主要起草者弗朗西斯·博伦。[65] 博伦于1923年被美国法律研究院选为《侵权法重述第一版》的报告人。在该重述及其侵权法专著中，博伦主要采用从案例资料提炼、归纳法律原则与学说的研究方法，因此被现实主义法律学者视作19世纪概念主义法学传统的突出代表，但是经博伦修正过的法律概念主义实际上与法律科学的抽象及教条相差甚远。博伦不仅相信社会变革的重要性，相信法律原则与学说必须适应社会的变化发展，也同样反对传统概念主义/法律科学静止不变的分类方法。[66] 这种经修正的概念主义法学在20世纪初期与法律现实主义在对抗中共存，共同导致了美国法学界“共识”（consensus）法学的出现。

四、美国侵权法研究中的“共识”法学

从20世纪40年代起，美国侵权法研究的主流思路是综合经修正的法律概念主义与法律现实主义的理论创见，寻求立法者与司法者在其立法与司法活动中可能遵循的核心价值或基本原则，即所谓“共识”（consensus）。

美国侵权法研究（乃至整个普通法研究）的一个永恒主题是具有普遍意义的法律原则与具体事实情形（具体案件）之间的相互关系。传统意义上的概念主义法律学者通常过于强调具体判决对普遍原则的“体现”（embodiment），试图从案例/判例中归纳、提炼具有普遍意义的法律原则，并将此类原则在尽量大的范围内和尽量完整的意义上进行普遍适用。这种努力的结果便是美国侵权法研究对法律原理和法律学说的普遍重视。[67] 与此相较，现实主义法律学者并不认为具体案例/判例能够忠实地“体现”普遍的法律原则，他们倾向于对具体案例、对所谓的普遍原则提出质疑。对法律现实主义者来讲，与其说某一具体案例是对某项法律原则的体现，毋宁说是对该项法律原则的重新检验。法律现实主义者并不反对对法律现象的系统分析，但这种系统分析在他们看来，不应是19世纪自然科学式的分门别类，而应是当代社会科学的实证观察和实证研究。[68]

在美国侵权法领域,“共识”法学的主要代表人物是《侵权法重述第二版》的主要起草者、被许多人誉为“侵权法之父”的普若瑟。[69] 通过此重述及其《侵权法手册》等多项专著，普若瑟开创了美国侵权法研究寻求“共识”、整合的新时期。这种对“共识”、对整合的探求在相当大的程度上来源于人们对法律现实主义的反感，即虽然美国普通法并不完善，但它毕竟是建立在理性（reason）的基础之上，而不是完全的无原则、无秩序。对这种理性的制度保障包括：所有法官都必须以判决书的形式对其司法判决作出公开、书面的解释；上述解释将受到上级法院、相关政府机构

---

〔64〕 同注30～35、62引书。

〔65〕 同注22、29引书。

〔66〕 同注1、22、29引书。

〔67〕 同注1引书，第111页。

〔68〕 同注1引书，第111～112页。

〔69〕 同注1引书，第111～112页。

乃至公众的审查、监督或质疑；判例的约束力等。[70] 这些制度保障至少使司法判决在相当大的程度上“有章可循”。

在《侵权法重述第二版》及其《侵权法手册》等专著中，普若瑟实际上将侵权法视作多种相关学说的组合；每种法律学说均可被浓缩成一个普遍适用、由相关要素组成的公式。但是，这些公式仅代表被简单化了的无数相关案例/判例的抽象组合，而不是说任何案例/判例都能完全“体现”有关公式的所有要素。在普若瑟看来，我们必须拥有某些具有普遍意义的法律规则，而这些规则可以同时具有足够的灵活性（从而适应具体案件的具体情形）和足够的稳定性（从而可以作为未来行为的指南）。[71] 普若瑟因此在法律政策和法律学说之间采取了一种履中、蹈和的态度，重新确认了从具体判例推导、归纳法律学说的研究方法。当然，从普若瑟开始，人们对法律学说的认识已不同于法律科学/法律概念主义学者，在“共识”法律学者看来，法律学说并不像科学定理一样完美精准、一成不变，法律学说不仅复杂多样，也易受法律政策、社会舆论、具体案情等诸多因素的影响。[72]

由于普若瑟等“共识”法律学者的努力，美国的主流侵权法研究至今仍以构建、剖析法律学说为其主要研究重心和研究方法；美国法律研究院在《侵权法重述第三版》中也基本采用了这种思路。[73] 在经历了法律现实主义、“共识”法学等不同学派的批评和修正之后，对侵权法的各种原则、学说的研究目前已脱离早期侵权法学者对过错责任原则（尤其是过失责任原则）的偏爱，而扩展到对其他责任原则（如严格责任原则或无过错责任原则）的探讨；[74] 在对法律学说的具体研究上也较多地吸收了法律现实主义、“共识”法学以及其他学派的理论创见，更多地注重具体判例的社会、政治和经济背景；法律学说适用的局限性和必要的灵活性；现代责任保险制度、新型工商业、新型交通工具等对现代侵权行为和侵权法的影响等。[75] 与此同时，美国的侵权法案例选编/教科书等也同样受到“共识”法学以及法律现实主义的影响和修正，[76] 体现出较之以往不同的特点。[77]

五、美国侵权法研究中的其他学派

在“共识”法学保持其主流影响的同时，从 20 世纪 70 年代起，美国侵权法研究也出现了一些较有影响的学派。这些学派的一个共同特点是大量借鉴其他学科——如福利经济学（welfare economics）与道德哲学（moral philosophy）——的理

〔70〕 同注 1 引书，第 139 ~ 143 页。

〔71〕 同注 24 引书，第 17 ~ 18 页。

〔72〕 同注 1 引书，第 163 页。

〔73〕 *Restatement of the Law Third, Torts: Products Liability* (1997); *Restatement of the Law Third, Torts: Apportionment of Liability* (1999); *Restatement of the Law Third, Torts: Liability for Physical Harm*, Proposed Final Draft No. 1.

〔74〕 Page Keeton and Robert E. Keeton, *Cases and Materials on the Law of Torts*, Ist edition, St. Paul, MN: West Publishing Co. (1971)；同注 1 引书，第 164 页。

〔75〕 同注 12 ~ 18、24 ~ 26、36 ~ 41 引书及引文。

〔76〕 同注 63 ~ 64 引书。

〔77〕 同注 30 ~ 35、42 ~ 44 引书。

论创见，对侵权法进行综合、抽象、普适的理论建构（或重构）。由于这些学派对普适、综合理论的强调，有研究者也将其统称为侵权法研究中的新概念主义（new conceptualism）。[78] 随着这些学派的兴起，美国的侵权法研究在正规的法律分析方法之外又增加了其他相关学科（如经济学和其他社会科学）的研究方法。与此相应，侵权法研究成果的形式已不再局限于法律评论文章、专著、案例选编/教科书等，而开始包括与其他社会科学（甚至人文科学）风格相近的专题研究（monographs）。[79] 受其影响，某些法律评论文章与专著也更加理论化。[80]

在这些学派中，法律与经济学（law and economics）（或称对法律的经济学分析——the economic analysis of law）与“纠正性正义”（corrective justice）构成了最为重要的两种理论派别。前者主要借鉴了福利经济学的理论成果，以理查德·波斯纳、基多·凯勒布瑞兹等为其主要代表人物；后者主要借鉴了道德哲学的有关思想，以乔治·弗莱彻、理查德·爱泼斯坦等为其主要代表人物。波斯纳与凯勒布瑞兹等均以效率（efficiency）作为衡量侵权责任原则有效性的最重要的指标。如果一项侵权责任原则或学说能够实现对资源的有效利用（the efficient use of resources），[81] 那么它便是行之有效的，否则便应接受相应的改革甚至被废除。法律与经济学者并不怀疑对社会资源的有效利用是一项重要的社会价值（an important... social value）；[82] 有效的侵权责任原则可以使未来侵权人和/或受害人做出理性的选择，尽量避免得不偿失的侵权行为和/或伤害，从而使社会的事故发生和安全性保持在有效的程度（bring about... the efficient... level of accidents and safety）。[83] 不过，虽然其理论假设基本一致，波斯纳与凯勒布瑞兹对侵权责任原则的具体研究结果却大不相同。波斯纳认为，面对潜在的过失诉讼，未来侵权人将有足够的动机增强其行为的安全性，直到其安全成本接近或等于该未来侵权人必须赔偿受害人的数额。同样，面对参与过失（contributory negligence）或（在参与过失被废除后的）比较过失（comparative negligence）这一抗辩事由，未来受害人也有足够的动机避免其自身行为出现过失，以避免自己在受到伤害后无法获得相应的赔偿。所以，与严格责任相比，过失责任原则显然更有效率，因为在严格责任制度下，未来受害人并没有避免自己出现过失的动机。[84] 凯勒布瑞兹则认为，严格责任并不需要在单个案件中证明“过失”或“过错”，而只需事先确定未来侵权人（如产品制造者和销售者），使其有足够的动机避免损害的实际发生。与受害人相比，此类侵权人可用最小的成本来减少或杜绝事故的发生。因此，严格责任制度比过失责任更能实现对社会资源的有效利用。[85]

与法律和经济学者不同，弗莱彻与爱泼斯坦等学者主要关注在具体案件中双方

---

〔78〕 同注1引书。

〔79〕 参见上文第一部分的有关讨论。

〔80〕 同注13～15引文。

〔81〕 同注15引书，第221页。

〔82〕 同注15引书，第221页。

〔83〕 同注13引书，第33页。

〔84〕 同注13、15引书。

〔85〕 同注14、36引书。

当事人之间的“纠正性正义”而不是法律与经济学者所关注的社会资源和社会福利。[86] 在这种意义上，“纠正性正义”学派构成了对法律与经济学者的有益对抗。在弗莱彻等人看来，人们有权不受伤害，伤害他人者必须承担起赔偿受害者的道德义务。[87] 作为一位“非工具主义者”（non-instrumentalist），弗莱彻反对法律与经济学者在侵权法中对社会成本和社会效益进行比较；[88] 爱泼斯坦也同样反对侵权法研究中的功用主义（utilitarian）倾向，认为道德哲学比经济理论更适于对侵权责任原则的研究。[89] 虽然弗莱彻与爱泼斯坦在一些具体问题上（如当事人双方在给对方带来同等风险并造成伤害时是否应承担责任）不无分歧，[90] 但他们所提出的“纠正性正义”、“保护个人自由与私有财产”（protect... individual liberty and private property）[91] 等观念似乎比法律与经济学的理论更加贴近美国各级法院对侵权案件的实际处理，因此也更加贴近美国侵权法的实然状态。

六、结语

如果从1859年希拉尔德发表美国第一部侵权法专著算起，[92] 美国的侵权法研究至今已有接近150年的历史。在这期间，美国学者对侵权法及其相关问题的探讨和论证产生了诸多的研究成果，并因此实质性地推动了侵权法在美国的发展和完善。这种推动表现在：首先，侵权法学者的有关专著、法律评论文章、专题研究等时常被作为权威意见，被美国各级法官纳入对多种侵权案件（尤其是疑难案件）的考量与判决；其次，从1934年颁布《侵权法重述第一版》以来，[93] 代表美国侵权法学者集体智慧的《侵权法重述》系列[94]一直被美国各级法院广泛采用，以接近制定法的权威性影响着数以万计的侵权案件的判决。[95] 此外，通过某些研究者从学者到法官的角色转换（远者如霍尔姆斯，近者如波斯纳和凯勒布瑞兹），美国的侵权法研究在一定程度和范围内已直接、有效地融入美国的司法实践。由于上述种种密切的关联，我们在试图借鉴美国侵权法时，不仅应该注重对美国侵权法本身的探讨，也应该在知识史和其他意义上充分地研究美国的侵权法研究。

---

〔86〕 同注12、16、74引书。

〔87〕 同注12引书。

〔88〕 同注12引书。

〔89〕 Richard Epstein, "A Theory of Strict Liability", vol. 2 *Journal of Legal Studies*, 1973, p. 151.

〔90〕 弗莱彻认为，在这种情况下，不应迫使任何一方当事人承担责任。George Fletcher, "Fairness and Utility in Tort Theory" vol. 85 *Harvard Law Review* 1972. 爱泼斯坦则认为，如果一方当事人给另一方造成任何伤害，那么他必须因此承担责任；即使当事人双方给对方造成的风险完全对等，也不应因此剥夺一方当事人在确实受到伤害时诉诸法律、获得法律救济的权利。同注89引书，第203~204页。

〔91〕 同注16引文，第441页。

〔92〕 同注3、8引书。

〔93〕 同注22引书。

〔94〕 同注24、69、73、93引书及引文。

〔95〕 截止到2004年3月1日，美国各级法院已引用《侵权法重述》67 336次。See The American Law Institute, *2004 Annual Reports*, p. 11.

罗马法上的原因理论及其对近现代法的启示

——无因理论的罗马法视角

沈建峰*

一、导言：研究的目的与对象

要因行为和不要因行为的划分是德国民法和继受德国民法的各国民法学理中一种关于法律行为的重要分类，[1] 基于此种分类，许多学者进而认为物权行为是无因行为，债权行为是有因行为。[2] 但是对于原因是什么，原因和目的的关系是什么等问题我国理论界到目前为止尚未有充分的认识。笔者认为，只有准确地探究原因的基本含义、本质及其发展过程才能正确地解决上述问题，而这种探究不应从哲学的角度而应从历史的角度入手，这是因为"对一项法律制度的最好解释常常藏身于其历史而非其现在的运行中"。[3]

虽然"从历史上看，不要因原则发端于19世纪的普通法学，主要是源自萨维尼的学说"。[4] 在无因债权契约理论的起源问题上，"巴儿（Bahr）氏，[5] 因此被颂为无因债务理论的始祖"[6]，但是《德国民法典》中的这种分类也非仅仅是学者冥思苦想的结果，实际上正是在对罗马法的相关制度分析的基础上，学者们才建构起了无因行为的理论大厦。就罗马法本身而言，虽然说它并没有发展出完整、系统的法

---

* 中国劳动关系学院教师。

〔1〕 但是我国大陆20世纪90年代中期以前的民法学著述中几乎均不提及此分类，参见佟柔主编：《中国民法》，法律出版社1990年版；郑立、王作堂主编：《民法学》，北京大学出版社1993年版；李开国主编：《中国民法学教程》，法律出版社1997年版等。应该说这是受前苏联民法学的影响，参见［前苏联］诺维茨基：《法律行为·诉讼时效》，中国人民大学出版社1956年版，第33页。诺维茨基认为，"在苏维埃条件下把法律行为分为要因的法律行为和不要因的法律行为没有什么现实意义，因而也纯粹是琐碎的。" 基于这种现状和原因可以认为我国民法学界对于原因问题的探讨近年来才真正开始，因此更需要从本源上探讨原因的本质。

〔2〕 参见郑玉波：《民法总则》，三民书局2000年版，第223页；李宜琛：《民法总则》，"国立" 编译馆1977年版，第216页；史尚宽：《民法总论》，中国政法大学出版社2000年版，第317页。

〔3〕 ［德］伯恩哈德·格罗斯菲尔德：《比较法的力量与弱点》，孙世彦等译，清华大学出版社2002年版，第73页。

〔4〕 ［德］卡尔·拉伦茨：《德国民法通论》，谢怀栻等译，法律出版社2003年版，第442页。

〔5〕 我国的学者一般这样称呼他，但是该人的实际名字是Otto bahr，而非Bahr，因此笔者在本文中将其音译为"奥托·贝尔"，此点请读者注意。

〔6〕 陈华彬："罗马法上的Traditio、Stipulatio与近现代私法上无因行为概念的形成"，载［意］桑德罗·斯奇巴尼、杨振山主编：《罗马法·中国法与民法法典化——物权和债权之研究》，中国政法大学出版社2001年版。

律行为的概念，[7] 从而也就更不会发展出完整系统的原因理论。但是一方面，罗马法上出现了“causa”这个表示原因的统一概念；另一方面，罗马法上不仅出现了关于有因行为的论述，而且还出现了个别的无因行为的规定。因此如果我们要从历史的角度探讨原因的含义的话，那么历史的起点肯定是在罗马法。

二、罗马法上契约的正当原因

（一）契约原因问题的提出

“契约原因学说也是罗马法的创造”，[8] 但在罗马法上原因是契约的要素吗？如上所述，罗马法上并没有发展出一般的契约理论，只有相对典型的契约类型，主要包括口头契约、文字契约、实物契约、合意契约和无名契约等；[9] 就这些契约种类来讲口头契约采取严格的形式主义立场。以要式口约为例，“在最初时，人们不追问构成要式口约原因的关系是否具有现实性，也就是说，要式口约是最绝对意义上的要式适法行为”。[10] 基尔克（Otto von Gierke）也认为，“在罗马法上，自从古代，在要式口约中就包含着一个抽象的口头合同，在该合同中原因被形式所替代，从该合同中产生了从各个债权基础中可获得的诉权（Klage）。”[11] 可以说这种形式主义下的行为，原则上是无因的、抽象的，它们独立于它们以外的其他东西。“和其他早期法律秩序一样，对古罗马法而言，人们仅仅通过形式化的行为而受到法律上的约束乃是基本的观念。”[12] 到了西塞罗时代，人们才开始通过诈欺之诉和诈欺抗辩对这种形式主义下的不公平后果实行适当补救。[13] 优士丁尼的《学说汇纂》中规定：“如果某人无原因地成了与他人的要式口约的债权人，然后根据该要式口约起诉该人（即使在中间期间他似乎有了原因），他必然受到恶意欺诈抗辩的阻碍。”[14] 在罗马法的契约形式中，最后出现的是诺成契约，[15] 诺成契约以合意为基本构成要件，“毫无疑问它在‘契约’法史上开创了一个新阶段”，[16] 但是，在罗马法上并非所有的合意都可以成为契约并得到执行，“除非在‘合意’中有‘要因’，这合意就新法律

---

〔7〕 参见［美］艾伦·沃森：《民法法系的演变与形成》，李静冰、姚新华译，中国政法大学出版社1992年版，第二章；［德］罗尔夫·克尼佩尔：《法律与历史》，朱岩译，法律出版社2003年版，第132页；江平、米健：《罗马法基础》，中国政法大学出版社2004年版，第312页。

〔8〕 江平、米健：《罗马法基础》，中国政法大学出版社2004年版，第329页。

〔9〕 参见［意］彼德罗·彭梵德：《罗马法教科书》，黄风译，中国政法大学出版社1992年版，第307~308页。

〔10〕 同注9引书，第358页；周枏先生在其著的《罗马法原论》中也认为“罗马古代的严法行为拘泥于形式，而不问当事人的意思如何，只要方式具备，即可生效，故所有法律行为均为不要因行为，只有产生了诚信行为之后才有要因行为”。

〔11〕 Otto von Gierke, Deutsches Privatrecht, Dritter Band, Verlag von duncker und Humblot, 1917, S. 860.

〔12〕 Max Kaser, Römisches Privatrecht, Verlag CH Beck München, 1981, S 35.

〔13〕 同注9引书，第358页。

〔14〕 D. 44, 4, 2, 3. 参见［德］桑德罗·斯奇巴尼选编：《民法大全选译·法律行为》，徐国栋译，中国政法大学出版社1998年版，第66页。

〔15〕 关于罗马法上契约的发展过程，参见［英］梅因：《古代法》，沈景一译，商务印书馆1959年版，第183~191页。

〔16〕 同注15引书，第189页。

学而言就继续是空虚的。"[17] 与有因的诺成契约的勃兴相反，人们也可以看到要式口约这种无因契约的衰败，"优士丁尼法的编撰者似乎放弃了早期的严格性。当然在优士丁尼法中，只要协议成立，要式口约就是有效的"。[18]

书面契约的流行真正地冲击了要式口约的地位，公元427年在利奥的一项谕令中"完全废除了早期的口头程式，把要式口约的实质变成了在场当事人的口头协议"。[19] 这样一来要式口约就丧失了自己的原有特点，演变成了一种普通的书面契约，其无因性也大大地减弱了。因此，基尔克认为"在优士丁尼法中要式口约的许多原始本质已经失去了"。[20] 至此可以认为，原因真正成为了契约的要素，没有原因的契约就没有法律上的效力。

以上沿着罗马法上契约的发展过程，我们分析了契约原因在罗马法中地位的变化，从中可以得出如下结论：在罗马法上，契约的形式逐渐朝简单化发展，合意的地位日益重要。与此同时，契约原因的地位也日益突出，在早期法上，形式就可以形成债；在西塞罗时代，原因的缺失可以排除债；当诺成契约出现时，原因最终成为债的要素。因此可以认为罗马法上的契约是由无因走向有因，由要式行为走向非要式行为；对比契约形式和契约原因的关系，可以看出，在罗马契约法上它们是呈反方向运动的，而伴随着这个过程的是意思在合同中地位的提升。

（二）契约原因的含义

1. 罗马法上的原因不是主观目的。在回顾了原因的发展和功能之后，我们应进一步地考察罗马法上契约原因的含义，即原因究竟是指什么？罗马法上对此并没有直接的定义，经过后世的发展和界定，原因的含义已成为法学上观点最纷杂的问题之一。目前我国学界的观点至少有如下三种：①主观目的说，其认为原因就是当事人的交易目的。"原因或曰契约之近因乃债务人承担债务之直接目的，而同一法律行为所共同之法律上的前因也。"[21] ②客观依据说，其认为，"所谓要因，不外为发生债之效果。惟'要因'一词，颇令人费解，而为今日法理学之悬案。吾人就罗马法而言，可释为'法律认许成立债之原因'。"[22] ③多重含义说，其认为罗马法上的原因有三重含义：债的发生原因或依据；近因或目的因，也即客观原因；驱动原因、动机。[23] 就这三种观点来说，其基本的分歧之一在于对于罗马法上"原因"包不包括属于当事人意志范畴的目的或动机的不同认识。

笔者认为，罗马法上的原因是不包含目的这个意义的。因为与原则上可得到诉

---

〔17〕 同注15引书，第190页。

〔18〕 同注9引书，第357页。

〔19〕 同注9引书，第356页。

〔20〕 同注11引书，第860页。

〔21〕 陈朝璧：《罗马法原理》（上），中国台湾地区商务印书馆1979年版；亦可参见江平、米健：《罗马法基础》，中国政法大学出版社2004年版，第243页；曲可伸：《罗马法原理》，南开大学出版社1988年版，第314页。

〔22〕 丘汉平：《罗马法》，中国方正出版社2004年版，第320页；亦可参见周枏等：《罗马法》，群众出版社1983年版，第223页；还可参见林孙、黄俊编译：《罗马法》，北平震东印书馆1932年版，第244～245页。

〔23〕 徐涤宇：《原因理论研究》，中国政法大学出版社2005年版，第161～163页。

权的契约相对，还有一种原则上得不到诉权保护的合意的形式——简约。“简约就是两个或两个以上的当事人就共同感兴趣的事物达成的合意”,〔24〕但是根据 D. 2. 14. 7. 4,“没有原因时很明显不能通过协议产生债，因此，裸体简约不能产生债，但产生抗辩”。〔25〕可见简约就是合意的产物，但简约却不是契约，因为其没有形式或者原因，由此不难看出原因是外在于合意的，也即原因在罗马法上并非交易目的。〔26〕

2. 罗马法上契约原因的基本含义。那么在罗马法上契约原因究竟是指什么呢？就契约原因而言，在我们现有的翻译资料的范围内，以下条款可以给我们不少启发：

D. 2. 14. 7. 2，乌尔比安在《论告示》第四编中说：即使是那些没有自己名称的契约，只要存在原因（causa），阿里斯多对杰尔苏的答复是：那么就产生债的关系……事实上，阿里斯多称之为交换的也是一种契约，并由此产生这一诉权。〔27〕

D. 44. 4. 2. 3……如果某人无原因地成了与他人的要式口约的债权人，然后根据该要式口约起诉该人（即使在中间期间他似乎有了原因），他必然受到恶意欺诈抗辩的阻碍。……〔28〕

C. 4. 21. 17pr，优士丁尼帝致大区长官梅纳：我们规定在订立买卖、交换、不必履行特定法律手续的赠与、给付定金或其他任一原因（causae）的书面契约以及书面达成的和解协议时……〔29〕

对此我们可以作如下分析：

D. 2. 14. 7. 2 是针对无名契约而提出的。首先可以肯定本规定中的原因肯定不是主观的目的，因为有目的就能成为债实际上是不符合无名契约的本质的。根据彼德罗·彭梵德教授的观点,“在实物契约和无名契约中，债因均表现为某一主体为获得商定的回报而向另一主体已履行的给付。”〔30〕因此本规定中的原因实际上就是对方当事人已为的给付。这一点也为齐默尔曼教授的观点所证实，他认为,“原因，在这个文本中（此处指 D. 2. 14. 7. 2——作者注）很容易被和无名真正契约的（此处相对于简约——作者注）特征性要素——也即被关注的一方的履行（这个履行产生了对于相对履行的诉权）——相联系”。〔31〕从罗马法关于无名契约的论述来看，一方当事人的给付实际上就导致了契约之债的发生，而这种给付是一种利益的变动，构成了一种实质性的利益变动关系，这种契约之债实际上正是以这种实质性的利益

---

〔24〕［意］桑德罗·斯奇巴尼选编：《债·契约之债》，丁玫译，中国政法大学出版社 1992 年版，第 72 页。

〔25〕同注 23 引书，第 72 页。

〔26〕此处的逻辑在于，按照通说，典型交易目的属于合意的内容，而简约有合意——显然也就有典型交易目的——却不是契约，理由在于其没有原因，因此原因和典型交易目的并非同一。

〔27〕［意］桑德罗·斯奇巴尼选编：《债·契约之债与准契约之债》，丁玫译，中国政法大学出版社 1998 年版，第 11 页。本译文笔者参考了 Reinhard Zimmermann, *The law of Obligations*: *Roman Foundations of the Civilian Tradition*, Oxford University Press, 1996. 中的英文译文。

〔28〕同注 14 引书，第 66 页。

〔29〕同注 24 引书，第 14 页。

〔30〕同注 9 引书，第 384 页。

〔31〕Reinhard Zimmermann, *The Law of obligations*: *Roman Foundations of the Civilian Tradition*, Oxford Vniversity Press, 1996, p. 550.

变动关系为根据的。因此可以认为无名契约的原因就是一种实质性的利益变动关系。

D. 44. 4. 2. 3 是针对要式口约提出的。正确理解它的前提是对要式口约本身的正确认识。根据优士丁尼《法学总论》中的记载，一个典型的要式口约的构成是："——你承诺吗？——我承诺。"〔32〕 它是一种当事人通过问答单方承担义务的方式。要式口约的典型特点在于它是一种形式性的行为，通过这种行为当事人确定地表达了一种负债的意思，然而当事人为什么负债，从要式口约本身无法看出。但是，这种承诺肯定是以一个实质性的利益变动关系为基础的，"要式口约这时只是用来充当实质性利益变动关系的替代物，它提供了一个简单、安全的证明方式"。〔33〕 所以，如果这种实质性的关系不存在而当事人作了如上的允诺，就是 D. 44. 4. 2. 3 中提到的原因缺乏，由此而知，原因指的是实质性的利益变动关系。

在 C. 4. 21. 17pr 中我们可以看出优士丁尼帝将买卖、交换、不必履行特定法律手续的赠与、给付定金等称之为"任一原因"，而买卖、交换、赠与等只是一种典型的契约类型而已。由此可以推出，在此契约原因指的就是法律规定的契约类型。〔34〕 而契约的类型在更本质的意义上实际上是对具体契约所包含的利益变动关系的特征性描述。因此可以认为此处的原因实际上也是一种实质性的利益变动关系。

总结以上的论述，可以得知原因在罗马法上虽然包含如下三种具体的涵义：①无名契约中对方当事人已为的对待给付；②和要式口约相对的实质性的利益变动关系；③法律规定的契约类型，但是在更本质的意义上，它们指的都是一种实质性的利益变动关系。和债权行为结合起来用现代法的概念来分析就可以得知：原因指的就是在法律的视角下可以发生能产生诉权的债的法律基础，原则上只有以实质性的利益变动关系为基础，行为才可以产生债法上的效果。其逻辑在于：只有一个行为具有了法律基础才可以成为债权行为，而债权行为可以发生带有诉权的债。在有因债权行为的场合，行为和实质性利益变动关系是一体的；而在无因债权行为的场合，行为和实质性利益变动关系是分离的，前者可以称为实质性契约，后者仅仅是一种形式性契约。也就是说对于有因契约不是当事人说自己愿意负债就可以负债的，必须有一个实质性的基础来支持这种负债，使之产生诉权。因此，彭梵德教授的如下观点无疑是准确的，"适法行为中须区分两项要件，主体的意思和事实状态或客观条件……这种客观条件被罗马人叫做原因（cause）或者正当原因（ justa causa）。"〔35〕

但是在罗马法上，有了实质性利益变动关系也并不一定就能产生债的关系，因为在罗马法上这种实质性的利益变动关系的类型原则上是有限的，"那些不采用任何形式即可构成契约的债因总是表现为例外，他们是由立法者明确地、逐个地加以确定的关系"。〔36〕 因而不是任何基于实质性关系而产生的合意都可以成为契约，正是

---

〔32〕 参见［古罗马］优士丁尼：《法学总论》，张启泰译，商务印书馆 1989 年版，第 161～171 页。

〔33〕 Otto bähr, *Die Anerkennung als Verpflichtun Gsgrund*, Cassel und Gttingen, 1867, S. 7.

〔34〕 R. W. Lee, *The Elements of Roman Law*, Sweet and Maxwell, 1956, p. 349.

〔35〕 同注 9 引书，第 59 页。

〔36〕 同注 9 引书，第 308 页。

针对这种情况，梅因认为，“除非在合约中有要因，这合约对于新的法律学而论，就继续是空虚的”。[37] 在这种原因观念指导下的罗马法表现出一种契约类型法定的倾向。对这种法定的实质性关系而言，它表达了这样一种观念：不是当事人的合意产生了债，而是法律规定的条件、原因或者更直接地说是实质性的利益变动关系产生了债。当事人的合意可能只是诱发实质性利益变动关系的前提，而实质性利益变动关系才是契约的效力基础与原因。

3. 法定原因主义的立场的变通。在优士丁尼时期法定原因主义的立场得到变通，基于意思而产生的“缺乏形式而且不是根据某一债因而达成的协议”[38] ——简约的效力加强。以裁判官简约为例，“（裁判官简约）通常是裁判官根据实际情况，对一些交易纠纷基于诚实信用原则予以裁断，确认契约关系的存在，从而使守约方利益得到保护。”[39] 尽管从名义上来看，没有法定的原因也可以产生债，但是这并不是对原因本身的突破，而是原因法定的立场开始发生了变化：在滞后的制定法下，封闭的原因不能适应经济的发展，只能通过司法创制对之加以补充；但是我们也可以认为，这种债是受到裁判官告示约束的，即以裁判官认定的类型为限。尽管法定原因的立场开始变化，但是有一点没有变，即原因依然保持着它实质性利益变动关系的特征。

（三）罗马法上契约原因的功能

1. 契约原因首先表现出一种反对抽象债的倾向。“原因学说使得一个非常简单的观念发生效力，这个观念就是在没有考虑允诺人做允诺的理由和目的之前，不能赋予允诺以法律约束力，未详查这种理由和目的，则不应认为允诺具有约束力。”[40] 原则上不可能仅仅因为当事人允诺负债就给予这种允诺以法律上的执行力，原因在于：一方面这可能不符合正义原则，因为任何人不可能平白无故地负债；另一方面，这也可能不符合社会的公共利益。由于没有实质性关系的束缚，因此无因契约可能用作法律所不允许的负债，这就可能导致对法律的非法规避，损害社会利益。

2. 契约原因还表现了一种契约法定的倾向。只有符合国家法律规定的条件的合同才能产生债。可以认为，国家通过原因控制着合意的效力，契约的结构在于“契约 = 合意 + 原因”。原因成为债的根据，无原因的债是无效的。如果套用梅因的比喻：在这个时代，原因是用来吸引债的。但是，无疑这种结构也极大地维护了交易安全。在一个法律技术落后的时代，法定的契约类型保证了交易的确定和诉讼中举证的相对容易，显然也就保证了交易的安全。

3. 就要式口约来说，乌尔比安曾论述，“如果某人无原因地成了与他人的要式口约的债权人，然后根据该要式口约起诉该人（即使在中间期间他似乎有了原因），他

---

〔37〕 同注15引书，第190页。

〔38〕 同注9引书，第391页。

〔39〕 江平、米健：《罗马法基础》，中国政法大学出版社2004年版，第362页。亦可参见注9引书，第394页。

〔40〕 [法] 勒内·达维：《英国法与法国法——一种实质性比较》，潘华仿等译，清华大学出版社2002年版，第128页。

必然受到恶意欺诈抗辩的阻碍”。[41] 从中我们可以看出，要式契约中的原因主要用来排除形式的绝对性，保证最起码的契约正义。在这种契约形式中，根据梅因的观点，是形式将债吸引到当事人的合意上来，原因并不是从正面决定债的成立与效力，而是根据裁判官的支持，由当事人提出一个抗辩，从反面排除债的效力。虽然无因的行为本身是一个自足的行为，但是诚如奥托·贝尔所言，这是一个非自然的过程，虽然在法律逻辑上它是完美的，但是它也是对于生活逻辑的背离。因此，“如果这种独立性（指要式口约相对于原因的独立）是绝对的，就形成了这样的情况：通过要式口约，一个绝对的起作用的替代物代替了被保障的债权的位置。根据公平原则（aequitas）这走得有点远了。最后出现了一些折中，再次恢复了要式口约和它的原因的联系。”[42] 无疑，这种意义上的原因的基本功能在于对于为了交易安全而无因的行为从正义的角度进行再否定，从而实现安全与公平这两种价值的平衡。

（四）要式口约的非实质化及其启示

如上所述，原因指的是一种实质性利益变动关系，因此将原因作为行为的生效要件无疑意味着包含有实质性利益变动关系的行为在法律上才可以拥有诉权，但是我们却发现要式口约是这个原则的例外，一方面它是一种拥有诉权的、自足的契约，另一方面它却不包含实质性的利益变动关系，成为一种典型的形式化契约。

该契约形式及其在罗马法上的发展至少可以给我们如下启发：①无因化就是去实质化。要式口约的结构，如上所述，仅仅是一种负债的允诺；从整个交易过程来看，它实际上是放弃了对方的允诺，进而是放弃了实质性利益变动关系对该允诺效力的制约。因此，我们可以说无因化就是去实质化。无因行为是一种不包含有实质性利益变动关系的行为，而有因行为则是包含有实质性利益变动关系的行为，这是罗马法上关于原因和行为关系的最基本表述。②非实质化的契约都是严格的要式行为。就罗马法来看，一方面这是因为早期法上将契约效力的基础往往基于神意，因此需要严格的形式，可以说形式就是其效力的根源；另一方面，从实用的角度来看，由于该行为效力不取决于实质性利益变动关系，这会给允诺人带来确定的不公平的丧失利益的风险，因此法律对之提出了很高的形式要求，以保证当事人深思熟虑。③要式口约的着眼点在于交易的安全。法律之所以给了要式口约当事人这么强的救济手段，更深刻的原因在于他进行了授信行为。债权人的身份只能表明一种在实际利益中的劣势地位，在一个可能刚刚脱离物物交易的时代，对这种授信行为怎样保护都是不过分的，保护它就是对整个交易安全，进而是社会信用和资源优化配置的保护。这就是要式口约这种无因行为在罗马法上存在的理由。

---

〔41〕 D. 44, 4, 2, 3. 参见注14引书，第66页。

〔42〕 同注33引书，第33页。

三、给付[43]的正当原因

(一) 从给付与契约[44]的合一到二者的分离：原因问题的出现

罗马私法发展的历史表明，在人类社会的早期，交付和契约是合二为一的。[45]即时交易是早期人类社会交易的一般形态，而“物物交易意味着义务观念并不存在”。[46]债的观念，即权利的享有和义务的履行在时间上分离合理化的观念，是商品经济发展以后才出现的。在交付和契约合二为一的阶段，一方面，给付与契约就是一体的，不存在后世所谓的原因与结果的关系；另一方面，交付或者说契约[47]和所有早期的交易行为一样，严守法定的形式，同时本身就含有实质性的交易关系，因此形式做成之时物权就发生了转移，此时人们不讨论意思更不研究原因。

然而“在要式买卖和拟诉弃权消亡后，前优士丁尼法（das Vor Justinian ische Recht）认为，不是简单的让渡，而是所有权直接的随着买卖、赠与等被转移。”[48]因而“买卖、赠与等不再是所有权转移的原因关系而本身就变成了物权性的转移行为”。[49]“但经不了多久，我们到达了这样一个时期，这时一个契约的观念又被从一个让与的观念中分离出来”，[50]“‘耐克逊’的原意是一种财产让与，在不知不觉中也用来表示一个‘契约’，并且，在最后，这个词和一个‘契约’观念经常地发生联系，不得不用一个特定的名词‘曼企帕因’或‘曼企帕地荷’来表明真正的‘耐克逊’或交易，这样财产是真正地转移了。”[51]

回顾罗马法上交付、物权转移和合同的关系，我们可以看到在最初的历史中，交付和契约以及物权转移是一体的；在前优士丁尼法上一个作为事实行为的让渡从契约中分离了出来，但是这种交付只转移占有，物权在合同成立时就发生转移；在优士丁尼法上，合同成立之时物权并不转移，合同只发生债法的效果，物权的转移有赖于交付的进行。就此过程而言，合同和所有权转移日益分离，与此相适应，交付本身变得也日益复杂，交付在罗马法中的地位日益突出。这种发展带来的后果就是交易机会的增加和社会资源流转的可能性增大，甚至在抽象的意义上社会财富也因此而增加了一倍；但是与此相伴的结果就是给付的形式化和抽象化，给付本身不再包含一个实质性的关系。这一点显然为无因性理论埋下了伏笔。

---

〔43〕由于在罗马法上给付的方式包括让渡（tradizione）、要式买卖（mancipatio）和拟诉弃权（ in iure cessio）三种，三者和原因的关系并不相同，但是现代法上于此相对的意义上给付的方式只有让渡。为了论述的严谨，本文在使用给付时指的是让渡、要式买卖和拟诉弃权，而用让渡表示现代法意义上的给付，此点烦请读者注意。

〔44〕此处的契约从后世法律行为的角度来看指债权契约。

〔45〕关于耐克逊（nexi）和曼兮帕地荷（mancipatio）两个概念的变化过程和给付与契约观念分离的论述，参见注15引书，第176～183页。

〔46〕［德］韦伯：《论经济与社会中的法律》，张乃根译，中国大百科全书出版社1998年版，第106页。

〔47〕将这时的交易行为界定为交付或许更合理些，因为它直接发生了物权的变动。

〔48〕同注12引书，第103页。

〔49〕同注12引书，第103页。

〔50〕同注15引书，第179页。

〔51〕同注15引书，第182页。

（二）给付的原因在罗马法上从一开始解决的就是物权转移和债权契约的关系问题

在给付原因的含义问题上，主流的观点一般将典型的交易目的界定为交付的原因。[52] 但是就罗马法而言，我们却难以得出这样的结论，从以下罗马法原文中可以窥到一斑：D. 41. 1. 31pr. 保罗：《论告示》第31卷：单纯交付（nudatraditio）并不会使所有权转移，若先有出卖或其他正当原因（justa causa）而后据此为交付，则会使所有权转移。[53] D. 41. 1. 36. 尤里安：《学说汇纂》第13卷：当我们同意物的交付而对交付的原因有异议时，我认为交付无效没有道理。譬如，我认为根据遗嘱我有义务将一块土地交给你，而你却认为它是根据要式口约被交付给你；又如我将一笔现金赠给你，而你却将之作为贷款接受。虽然我们对交付和接受交付的原因有异议，但这并不妨碍我将所有权转交给你。[54]

因此，如果我把一件衣服、一块金子或者一块银子以买卖、赠与或者任何其他名义（在此黄风先生虽然将causa译作名义，但根据causa这个词来看，其实就是本文所指的原因——笔者注）让渡给你，该物就立即变为你的，只要我是物的所有主。[55]

分析以上不同时代、不同原文中的原因，我们会发现在这些原文中买卖、要式口约、遗嘱、贷款和赠与等均被称作原因，显然这些都不是当事人的目的，而是目的指向的客观的法律关系。“让渡是有因的，也就是说，它以有效的原因关系——买卖、赠与、嫁资的设立（Mitgift Bestellung）、借贷物的支付等为前提。”[56] 也许在当事人的心中，其行为的目的就是指向这种关系，但是这种关系毕竟是客观的，外在于人的意思的，而非主观的目的。这种将一种外在的，而不是主观的或者说典型的交易目的作为原因的观念，实际上也是给付和债的关系分离的必然结论。

（三）罗马法上交付和原因的关系分析

罗马法上交付的形式主要有三种：让渡（tradizione）、要式买卖（mancipatio）[57] 和拟诉弃权（in iure cessio）。“对于略式物来说，这种形式是自然的和简单的，表现为占有的转移或让渡（traditio）；而对于要式物来说，则是庄重的和公开的，通过要式买卖（mancipatio）和拟诉弃权（in iure cessio）。”[58] 无疑这三者本身只是一种履行行为，本身并不包含一种实质性的基础关系，因此和实质性关系的关系问题理所当然地被提出。

1. 要式买卖和拟诉弃权的无因性及其机理分析。一般认为要式买卖和拟诉弃权

---

〔52〕 参见王泽鉴：“物权行为理论之检讨”，载王泽鉴：《民法学说与判例研究》第1册，中国政法大学出版社1998年版，第285页。该文认为“所谓法律行为之原因，系指基于给付所欲追求之典型通常之交易目的，或是基于此交易目的而欲实现的法律效果”；又可参见田士永博士论文：《物权行为理论研究》，该文认为“给与行为之原因，由于当事人加以约定，凡不属于当事人约定之目的者，均不属于原因”；还可参见郑玉波：《民法总则》，三民书局2000年版，第133页，“惟何为法律行为之原因？即其目的是也”。

〔53〕 ［意］桑德罗·斯奇巴尼选编，《物与物权》，范怀俊译，中国政法大学出版社1999年版，第48页。

〔54〕 同注53引书，第48页。

〔55〕 ［古罗马］盖尤斯：《法学阶梯》，黄风译，中国政法大学出版社1996年版，第84页。

〔56〕 同注12引书，第102页。

〔57〕 也即前引文所言的曼企帕因，也有人音译为曼兮帕蓄。

〔58〕 同注9引书，第223页。

为无因行为,“要式买卖的效果独立于为要式买卖提供基础的原因关系的状态”。[59]这两种行为无因的理由一般认为在于它们严守着法定的形式，但是从罗马法对于二者的如下描述，我们似乎可以找出其他的使之无因化的理由：正如我们前面所说过的，要式买卖是一种虚拟的买卖，这是罗马市民特有的法。它按照下列程序进行：使用不少于5人的罗马市民做证人，另外有一名具有同样身份的人手持一把铜秤，他被称为司秤。买主手持铜块说：“我根据罗马法说此人是我的，我用这块铜和这把铜秤将他买下。”然后他用铜敲秤，并将铜块交给卖主，好似支付价金。[60]

从盖尤斯的这段论述中，我们确实可以看到要式买卖是一种要式行为，但更重要的是它是一种对于买卖的拟制，而拟制在法律效果上等于被拟制的对象，因此在法律的视野里，要式买卖本身就包含了一个实质性利益变动关系，它是物物交换在当时社会经济发展要求下的一种变形。既然它本身包含了实质性关系——尽管是拟制，因此就不存在和债的关系问题，它本身也因此而是自足的、是形式上的有因和实质上的无因的混合物。

就拟诉弃权而言，罗马法原文对它的描述如下：拟诉弃权以这样的方式进行：在罗马国家的执政官比如裁判官面前，接受物品转移的人手持该物说：“我认为这个人根据罗马法是我的。”在他提出要求后，裁判官询问转让物品的人是否提出反要求。如果他说不或者保持沉默，裁判官则将物品判给主张其所有权的人，这叫做法律诉讼。在行省，这也可以在总督面前进行。[61]

同样，拟诉弃权是一种要式行为，但更重要的在于它也是一种拟制——一种对于诉讼的拟制。这种行为的特点在于它是一种形式性行为，没有实质性的关系作支撑，但是由于国家司法权威的存在，对它的实质性关系的说明也就没了必要。因此可以说，是国家的司法权威使它无因。

这种拟制[62]显然不能满足生活的需要，因此其形式要件逐渐被弱化,“我们通常，甚至总是采用要式买卖。实际上，我们可以当着朋友的面做自己的事情，不必更为费力地在裁判官面前或在行省总督面前进行”。[63] 当要式买卖的形式要件被放弃时，它就失去了拟制的基础，因此,“优帝法典只须时效和赠与为市民法之取得方法，然在事实上尚有分配裁判和法定取得两种，而古代之买卖式不与焉”。[64] 因此罗马法上真正对后世有影响的交付就是让渡了。

2. 让渡的有因性及其缘由。由于在罗马法上对于给付意思分析的观念还不是那

---

〔59〕 同注12引书，第101页。关于要式买卖和拟诉弃权是无因行为的论述亦可参见陈允、应时：《罗马法》，商务印书馆1933年版，第158页；朱深述、李良疏：《罗马法》，本书为中国政法大学馆藏，无出版社，第94页。

〔60〕 同注55引书，第44页。

〔61〕 同注55引书，第86页。

〔62〕 关于拟制的重要作用和其存在的原因参见注15引书，第16~20页。

〔63〕 同注55引书，第86页。

〔64〕 丘汉平：《罗马法》，中国方正出版社2004年版，第181页；亦可参见［英］巴里·尼古拉斯：《罗马法概论》，黄风译，法律出版社2000年版，第122页；还可参见江平、米健：《罗马法基础》，中国政法大学出版社2004年版，第190页。此点也可以在优士丁尼《法学总论——法学阶梯》的体例和盖尤斯《法学阶梯》内容的对比中得到印证。

么强烈，而给付本身只是一个事实，因此不足以合理解释为什么让渡有效，“在罗马人看来，转移标的物所有权的意思（如果有的话）并不直接体现在交付中，而是体现在导致该交付发生的原因关系中”。〔65〕对此，卡泽尔也认为“（在优士丁尼时期）买卖、赠与再次被解释为所有权转移的纯粹原因”。〔66〕因此，“形式自由的交付〔V̈bergabe（traditio）〕使取得人（Erwerber）获得了所有权，如果该对于所有权的转让是基于正当原因而发生的，也就是说，出于一个使这种所有权转让合理化的法律基础。”〔67〕在优士丁尼法上完整地通过让渡转移所有权的模式应该是“原因关系+让渡→所有权的转移”。因此，相对于优士丁尼时期而言，雅科布斯的下列观点无疑是正确的，“罗马人确实曾（外行地）将债权请求权称为名义”。〔68〕这一点也可以从上文提到的D. 41. 1. 31pr中再次得到印证。总之，给付形式的简化使得给付本身合理化的问题出现，而对给付意思分析的粗糙和债的关系与给付在形式上的联系，使得至少在罗马法上一段时期内，债最终成为给付效果合理化的理由。

（四）让渡原因内涵的主观化和让渡与原因关系的最终走向

1. 让渡原因内涵的主观化。由以上的论述我们可以认为，在契约与给付分离的初期，给付本身只是一个客观的法律事实，给付的正当原因就是债的关系，这是一种客观的外在的关系。但是，随着法律观念的发展，有两个理论的提出极大地冲击了该客观原因观念，这两个理论就是作为继承人的时效取得制度和假想原因理论。

（1）作为继承人的时效取得（usucapio pro herede）制度。“作为优士丁尼法中的一种异常的现象，‘作为继承人’这一名义也被列入‘正当原因’，无论是真正的继承人将他人的物品误认为是继承物而善意地加以占有，还是表面的继承人善意地占有遗产和附属物。”〔69〕在这种制度下，非继承人取得遗产或者继承人取得非遗产时，均是以“继承人的名义”作为“正当原因”。但是显然，这种正当原因只是一种当事人主观的认识而非客观的事实，取得原因已经开始走向主观化。因此彼德罗·彭梵德认为，“‘作为继承人的时效取得’表明‘正当原因’的实质不再为优士丁尼法的编纂者们所理解”。〔70〕

（2）假想原因理论。“是否要求‘正当原因’的实际存在，或者说是否有主体的单纯确信即所谓的假想原因就够了……这是古典法理论中一个颇有争议的问题。”〔71〕但是按照假想原因理论，只要当事人认为给付是有原因的，物权就转移了。

---

〔65〕刘家安：“交付的法律性质——兼论原因理论的发展”，载《法学研究》2002年第1期。

〔66〕同注12引书，第103页。

〔67〕同注12引书，第102页。关于让渡的有因性亦可参见注9引书，第211页。

〔68〕［德］霍尔斯特·海因里希·雅科布斯：《十九世纪德国民法科学与立法》，王娜译，法律出版社2003年版，第185页。虽然雅科布斯认为罗马人很“外行”，但是至于将给付本身作为一个法律行为，而使得给付本身就足以使行为有效（现代德国法的模式）和只将给付看作一个事实，将债的关系看作其结果合理化的理由哪个更“正确”、更“优秀”、更“内行”，从比较法的角度来看似乎无法得出一个令人信服的结论。有些学者就认为将罗马法上最终简化的给付又“发展”成一个法律行为是法律的倒退。

〔69〕同注9引书，第223页。

〔70〕同注9引书，第226页。

〔71〕同注9引书，第225页。

至此，我们应该承认在古典法中由客观的债的关系构成原因的理论已经受到以当事人的主观意思作为原因的理论的挑战。“优士丁尼在理解那些主张必须具备实在的正当原因且主张误认存在无效的文献时加上了假想原因，倡导者们提出的限制条件：‘除非这种误认以可谅解的错误为基础’。”〔72〕 这表明他接受了假想原因的理论。在此条件下，客观原因是否存在已经没有什么意义了，只要当事人有清偿的主观目的即可发生物权转移。

显然，在这两种制度下正当原因的客观存在是不必要的，只要当事人认为存在一个物权转移的基础就足够了。实际上这里也存在一种拟制，即让一种能够客观上不存在的东西，产生和客观上存在一样的效果。这种拟制同样预示着法律的一种发展，这种发展的趋势就是让渡的日益独立。

2. 让渡和原因关系的最终走向。关于优士丁尼法上让渡和它的原因的关系是后世关于罗马法的理论中争议最大的问题之一。这种争论首先源自罗马法学家本身的矛盾和争论，其原文如下：

D. 12. 1. 18pr. 乌尔比安《争论》第7编：如果我为赠予目的而给了你一笔钱，而你却把它当作一项消费借贷而接受，尤里安认为不存在赠与。但必须弄清楚是否存在消费借贷。我认为，金钱的接受人接受金钱时有不同的看法，则并不存在消费借贷，而且更为重要的是，金钱并不转归接受人所有。〔73〕

D. 41. 1. 36. 尤里安《学说汇纂》第13卷：当我们同意物的交付而对交付的原因有异议时，我认为交付无效没有道理。譬如，我认为根据遗嘱我有义务将一块土地交给你，而你却认为它是根据要式口约被交付给你；又如我将一笔现金赠给你，而你却将之作为贷款接受。虽然我们对交付和接受交付的原因有异议，但这并不妨碍我将所有权转交给你。〔74〕

可以看出在这两段文字中，尤里安认为给付的效力并不受基础行为的影响，但是乌尔比安则恰恰支持相反的观点。值得注意的是，这两段文字均来源于优士丁尼皇帝钦定选编的《学说汇纂》中，因此均具有法律的效力。

除了以上的争论外，“优士丁尼在《民法大全》里加进了内拉蒂和阿富坎赞同假想原因的观点和杰尔苏、乌尔比安和保罗的反对意见”，〔75〕 可见在优士丁尼帝的罗马法上，对于有因和无因的问题并没有一个最终的结论。但是有一点是没有疑问的，即优士丁尼法上确实出现了让渡的无因性理论和对其的理论解释。

就让渡和原因关系的最终趋势来看，罗马法上的给付最终还是走上了无因化的道路。“最后提到的规则已经被推翻，转移所有权的共同意愿已经变为充分的条件，‘原因’只是从一个方面证明存在这种意愿。用评论学派的话来说，让渡不再是因某

---

〔72〕 同注9引书，第225页；亦可参见曲可伸：《罗马法原理》，南开大学出版社1988年版，第181页。

〔73〕 Reinhard Zimmermann, *The Law of obligations: Roman Foundations of the Civilian Tradition*, Oxford Vniversity Press, 1996, p. 550.

〔74〕 同注53引书，第48页。

〔75〕 同注9引书，第225页。

一原因而发生的，而是一种抽象的转让。"[76] 关于此点，一方面还可以得到如下制度的支持：无债因给付（datiosine causa）和无债因返还之诉（condictio sine causa）。因为无债因给付指的是："一方当事人因错误而在无先存债关系的情况下向另一方实行给付，也被称为错债给付。在发生无债因给付的情况下，给付者可以针对接受者提起无债因返还之诉。"[77] 而无债因返还之诉是"解决不当得利问题的诉讼手段，当某人根据不存在的债因实行了给付时，可以采用此诉要求返还已给付的钱财"。[78] 显然，既然无债因给付之诉是解决不当得利问题的诉讼手段，那么就说明在无债因给付的情况下物的所有权也转移了。另一方面，它也是上文提到的让渡原因主观化的必然结论。

可以说，当给付原因由客观的债的关系走向当事人主观的目的时，虽然给付本身还未被解释为一个法律行为，但是由于给付本身对客观原因的依赖减弱，当事人主观认为的原因足以使给付效果发生，优士丁尼法上给付原因自此走上了主观化的道路，而此也表达了一种给付效果独立化的倾向。

四、正当原因理论的总结——适法行为的原因

罗马法上并无现代法上所谓法律行为的概念，但是"我们称之为'适法行为'的概念实际上就是'法律交易'[79] 概念的原身或者源流"。[80] 因此，总结适法行为的原因理论对于我们从历史的角度正确地理解法律行为的原因理论肯定不无裨益：

1. 罗马法上原因理论发展的基本轨迹在于：就契约法而言，契约行为中意思的地位在上升，形式主义的成分在下降，在契约类型由要式口约走向合意契约的这个过程中，契约行为也由无因行为走向了有因行为。而在给付的领域，我们可以看到一个回归的过程：早期的交付和契约是一体的，交付是绝对的无因行为；在前优士丁尼法上，交付的形式简化成以让渡为主，但交付是形式性的，物权随契约的达成而转移，交付因而是有因的；但是在优士丁尼法上的某些情况下，让渡本身中日益被注入一个意思而成为一个无因行为。在给付和原因的关系问题上，罗马法上经历了无因→有因→无因的过程，但是前一个无因的逻辑在于将给付拟制为一个带有实质性利益变动关系的行为，后一个无因的逻辑在于将给付抽象为一个完整的法律行为。

2. 无论对于契约还是给付而言，适法行为的原因都是一种实质性的利益变动关

---

〔76〕［英］巴里·尼古拉斯：《罗马法概论》，黄风译，法律出版社 2000 年版，第 123 页。注意这里的作者并非大陆法系国家的学者，因而不存在为了说明物权行为的罗马法法源而人为解释的问题。彼德罗·彭梵德教授也认为，"如果先前的债纯粹是推测和无效的，所有权仍发生转移，而不能提出所有物返还之诉。"参见注 9 引书，第 212 页。亦可参见注 12 引书，第 103 页。"无论如何，'抽象性'学说——即，根据转移所有权的意思就足够了——似乎占了优势。"

〔77〕黄风：《罗马法词典》，"无债因给付（datio sine causa）"词条，法律出版社 2002 年版，第 83 页。

〔78〕黄风：《罗马法词典》，"无债因返还之诉（condictio sine causa）"词条，法律出版社 2002 年版，第 46 页。

〔79〕米健教授认为我国民法上的"法律行为"概念本身是一个误译，其正确的表述应该是"法律交易"，具体可参阅江平、米健：《罗马法基础》，中国政法大学出版社 2004 年版，第八章。

〔80〕江平、米健：《罗马法基础》，中国政法大学出版社 2004 年版，第 313 页。

系。对于有因行为来讲，其本质的含义在于法律行为必须包含一个实质性的利益变动关系，而不是当事人任意的允诺负债就可以负债了。这种排除抽象债的做法在现代法中仍然可以找到依据。以德国法为例，《德国民法典》第 780、781 条规定了抽象债权行为，与此同时对该种行为它也提出了形式性的要求。反推的话，不具有形式的债权行为都是有因的，在诉讼中当事人应提出之所以负债的实质性利益变动关系。在我国这一点也是可以得到证实的，根据我国最高人民法院《民事案件案由规定（试行）》，当事人诉讼时首先应提出相应的案由，而所谓的案由“一般应当包括两部分：当事人诉争的法律关系及其争议”，[81] 也即诉讼时当事人应提出各种实质性利益变动关系。

对于无因行为来讲，其含义在于实质性的利益变动关系不是法律行为的构成部分，该部分不影响法律行为的效力，不仅对于无因的物权行为，而且对于无因的债权行为这一点都是适用的。一般认为物权行为为无色的行为，它本身不可能违反善良风俗，原因就在于该行为剥离了实质性利益变动关系，成为一个纯粹的技术性行为，无法进行生活意义的道德观念的评价。

3. 适法行为的无因性理论采用了共同的法律技术——分离技术。对于要式口约来说，法律通过将相互依赖的两个允诺中的一个单独地提取出来，使它分离于原有的合同关系，成为一个单独的适法行为；对于交付来讲也是如此，法律将原本作为一个交易过程的利益变动关系，一分为三使之各自成为独立生效的部分。因此无因理论依赖的最基本的法律技术就是分离：法律规定将一个完整的交易过程的一个特定的部分独立为一个自足的法律行为。以此为前提，依据下面的逻辑，无因性就成为必然：既然是两个行为，从理论的视角来看，其就像任何的其他两个法律行为一样是不相干的，这样无因就理所当然了，因此可以说区分原则就是无因原则。

4. 适法行为原因的功能。原因理论的最根本的功能在于用生活来均衡法律的逻辑。任何形式的法律行为都是民事主体实现私法自治的手段，因此它本身并非目的，在本质上都是以一个实质性利益变动关系为内容的。但是，两种力量总是在推动法律行为的去实质化：①交易安全的需要。交易的安全需要便捷、确定，然而实质性的利益变动关系的相对性和非典型性，往往使得法律行为的内容变得非常的个性化并且非常的不稳定，因此为了使当事人的权利状态被简单地固定下来，去实质化理所当然。②意思主义的勃兴。在意思主义的大旗下，当事人的意志就相当于法律的效力，法律行为的效力基础就是意思，在这样的逻辑之下，如果当事人承认法律行为的效力，自然它就生效，实质性利益变动关系往往被剥离出法律行为。因此，可以说原因就是均衡安全与正义、社会利益和个人利益、法律逻辑和生活逻辑的砝码。但是在不同的时期，原因的这种功能作用的方式并不相同。例如，在形式主义占主导之时，原因是通过排除契约的效力来实现公正；而在意思主义的背景下，原因则表达了对于个人完全自治的不信任，它从基本的生活逻辑出发指出只有承担债务或者从事给付有原因的适法行为才是有效的，成为意思自治的一个反动。

---

〔81〕 参见最高人民法院《民事案件案由规定（试行）》的引言部分。

五、原因理论对于中国私法的启示

历史可以解释现实，也可以启示未来。“原因学说是罗马法的独创，但现代民法多不以为然。”[82] 继受德国的各国民法表面上均未将原因规定为法律行为的生效要件，但是如上所述，其从反面说明了原因对于法律行为效力的必要性。就中国私法来说，回过头来从本源上探讨原因的含义至少对我们有以下的启示：

（一）无因性理论的再认识

我国许多承认物权行为的学者认为，“财产给付行为中以原因之存在为必要者，谓之有因行为或要因行为，不以原因为必要者，谓之无因行为。”[83] 同时，相关的学者又称：“所谓法律行为之原因，系指基于给付所欲追求之典型通常之交易目的，或是基于此交易目的而欲实现的法律效果。”[84] 这样一来我们就需要回答这样一个问题：无因行为的典型交易目的也是原因吗？如果认为是，我们将不得不面对这样的矛盾：①众所周知，物权行为理论下给付也是一个契约，这个契约的目的就是转移物权，这个目的对于任何给付行为都是必需的，否则这个给付行为本身无效。将原因界定为目的就意味着无因契约也是有因行为，或者说任何法律行为都是有因行为。②从债权行为与物权行为的关系的角度来看，物权行为的无因性实际上指的是物权行为的效力不受债权行为的影响，所谓的“因”就是相对于物权行为的债权行为。如果“因”指的是目的，那么可以认为物权行为的目的就是债权行为，换句话说，即给付的目的就是债权行为，这显然是不符合物权行为无因性本身的逻辑的。因为在物权行为理论下，给付的目的只可能是转移物权而不可能是债权本身。同时，如果认为物权行为的目的是债权行为，按照法律行为效力及于目的的基本判断，坚持无因性实际上是人为地割裂了给付和其目的的关系，就物权行为理论的创立来看，这样低级的逻辑错误应该是不会有的。“物权合同与其基础行为的抽象性……并不是基于目的论的考虑，而是（或者说根据其意图判断，应该是）‘先验’正确的观点。”[85] 因为物权行为的无因性根本不是人为地为了保护交易安全而将物权行为与债权行为相区分（雅科布斯认为如果这样认为的话那“真可谓大炮打蚊子了”），[86] 而是物权行为本身就是一个独立的法律行为，与债权行为没有效力上的关系。

其实在物权行为的框架下，无因行为的目的和原因的法律效果的区分是明确的。当事人对于物权行为本身的目的没有达成合意，导致的是该行为的无效，如果该行

---

〔82〕 江平、米健：《罗马法基础》，中国政法大学出版社2004年版，第141页。

〔83〕 参见郑玉波：《民法总则》，三民书局2000年版，第223页；李宜琛：《民法总则》，“国立”编译馆1977年版，第216页；史尚宽：《民法总论》，中国政法大学出版社2000年版，第317页；张俊浩主编：《民法学原理》，中国政法大学出版社2000年版，第244页。

〔84〕 王泽鉴：《民法学说与判例研究》第1册，中国政法大学出版社1998年版，第258页。

〔85〕 ［德］霍尔斯特·海因里希·雅科布斯：《十九世纪德国民法科学与立法》，王娜译，法律出版社2003年版，第194页。

〔86〕 具体的论述参见［德］霍尔斯特·海因里希·雅科布斯：《十九世纪德国民法科学与立法》，王娜译，法律出版社2003年版，第192页。

为无效则物权不发生转移；如果基础行为——原因——无效，则物权发生转移，但是应发生不当得利返还。

（二）无因与有因问题无所谓绝对的对与错，或者说原因问题无所谓先验的合理标准

原因问题发展的历史轨迹表明，哪种行为应该无因以及为什么无因并不是绝对的，个别行为在一个历史阶段是有因的，在别的阶段又成为无因。因此，在我们争论有因行为与无因行为的时候，最终的着眼点似乎应该在于：对于一个客观上作为过程的交易来讲，对于一个有最终指向的交易意思来讲，法律应该以什么样的标准来划分行为的阶段，法律又应该将什么样的目的纳入法律行为的范畴，以便使人们通过法律行为能更好地实现私法上的目的，更好地实现意思自治。对此基本的判断尺度有二：①生活现实；②法律逻辑的需要。而这两个标准中，生活现实是基本的标准，法律逻辑只能算作对于生活逻辑的例外，也就是说我们应尽可能地将交易的过程在法律的技术上作为一个整体，只有特别的需要该整体才可以被从逻辑上进行人为的划分。

（三）契约行为的有因性不应被忽视

当意思自治的大旗被高举的时候，契约的原因主义也渐渐退居幕后，现代法上保护交易安全的需要、形式主义的抬头，使得原因主义在表面上更加式微。特别是在我国，当我们忙于探讨物权行为的无因性理论的时候，我们恰恰忽视了契约的有因性。但是笔者认为，原因主义表达了正义的基本要求和生活的基本逻辑，人们负担债务总是有一个法律上的基础，社会关于正义总有一个起码的认同，因此原因理论恰恰可以解决意思自治和形式主义带来的弊端。

1. 意思主义带来的问题需要原因理论来解释。在意思自治的背景之下，当事人的意思被赋予了相当于法律的效力，但是从古至今意思都不是契约的一切。意思自治的基本假设是主体平等、机会均等，从而实现一种形式正义。但是，这种前提在现代大工业社会的背景下已经开始动摇，面对消费者和企业之间、劳工和企业之间的经济地位的巨大差距，人们开始为了实现实质正义进行各种努力：法院在合理地干预着显失公平的合同、当事人在充分地运用着各种抗辩权。而这些行为合理性的基础都在于原因关系，原因由此成为正义观念介入私人之间法律关系、实现个案正义的重要通道。

2. 形式主义的弊端需要原因理论的救济。形式主义使我们又回到了意思主义以前的“远古时代”，在形式主义下，我们似乎是不问原因就使法律行为生效，但是恰恰是原因使得这种生效的法律结果最终受到法律保护。不当得利法中“没有法律上的原因”成为对于形式主义弊端的最有力矫治，而这个所谓的“原因”并没有摆脱原因的最本初的涵义——实质性的利益变动关系。可以说，形式主义在逻辑上排除了原因，却无法最终摆脱生活现实。

罗马法利益原则在确定契约责任中的作用

丁　玫*

面对罗马法种类繁多的归责标准、责任形态和责任等级，我们不禁要问：罗马法是依据怎样的标准来划分不同类型契约的责任，又是依据怎样的标准来确定同一种类契约的不同责任呢？这是一个困扰了无数法学家、甚至也曾深深困扰过罗马人自己的问题。

尽管这是一个十分复杂的问题，但是在认真研究分析了各种责任形态后，莫德斯丁〔1〕认为，在众多的影响这一责任确定的因素中，契约利益（utilitas contrahentia）无疑是最基本的、也是最重要的因素。正是这一因素在立法以及执法过程中起着主导的和决定性的作用。其他标准或优惠制度都可以说是利益原则的衍生物。那么，什么是罗马法的利益原则呢？简单地讲，利益原则就是“利益与注意义务相一致”原则。也就是说，在确定责任类别和等级时，如果债务人从债务关系中获取的利益越大，则应尽的注意义务就越多，承担的法定责任也就越重；反之，债务人从债务关系中获取的利益越小，应尽的注意义务就越小，承担的法定责任也就越轻。

在古典法中，当确定契约当事人责任时，如果债权人享有全部契约利益，那么债务人的责任止于故意（如委托契约和寄托契约）；如果债务人享有全部契约利益，那么债务人要尽最精确注意的义务（如使用借贷契约）；如果由契约双方当事人分享契约利益，那么债务人要就过失承担责任。〔2〕优士丁尼将这一划分方法简化为：如果契约是为契约双方当事人的利益订立的，那么债务人要对过失承担责任；如果契约是为单方利益订立的，那么另一方当事人仅就故意承担责任。〔3〕可见，罗马法是依照双方当事人在债的关系中可获利益的大小对过失进行分类的，进而确定债务人法定责任的不同等级。

罗马人巧妙地运用这一原则在错综复杂的债务关系中成功地确定了各种不同类型契约的基本责任，即法定责任。然而，当基于契约双方当事人的意愿而改变了某一契约的固有属性时，例如本应享有契约利益的一方，在订约时放弃了该利益（例如为出借人的利益订立的使用借贷契约），或本来不享有任何利益的当事人得以从契

---

* 中国政法大学教授。

〔1〕赫雷宁·莫德斯丁（Herennius Modestinus），公元3世纪法学家。

〔2〕Francesco M. De Robertis: La Responsabilità contrattuale nel sistema della grande compilazioneà, Cacucci Editore, Bari 1994: 64 ~ 65.

〔3〕J. 3, 14, 2 – 4；《优士丁尼·法学阶梯》，张企泰译，商务印书馆1989年版，第160 ~ 161页。D. 30, 108, 12; Corpus Iuris Civilis I, Weidmann 1993.

约中获取某种利益（如付报酬的寄托契约），[4] 我们就可以看到法定责任随着利益的变化而作出相应的改变：不再享有任何契约利益的借用人的责任止于故意（法定责任为过失——最精确注意的义务），而收取酬金的受寄人的责任则由法定故意责任扩大至过失。就是这样，在同一种类的契约中，由于当事人之间关系的不同而产生了不同种类的责任形态。这就是罗马人基于公平理念灵活运用利益原则的实例，从而有效地维护了契约当事人之间的利益均衡。

一、利益原则的形成

众所周知，罗马古代一直将债的关系视为人身关系（rapporti personali），从而以债务人的人身作为债的担保。然而，在债的关系中，债权人与债务人的地位却是平等的。债务人是自愿接受债的约束，债权人则是出于对债务人的信任而与债务人设立这一债的关系的。因此，在罗马古代，债的关系是人身和信任的关系。这一关系也正是以债为核心内容的早期罗马契约当事人之间所具有的关系，如早期的寄托契约就完全是基于对朋友的信任而将自己的物品托付于对方的。[5] 在委托与合伙契约中，联系当事人之间的纽带也是友情和信任。因此，在这类契约关系中，对缔约人善意的依赖是基本准则，根本不存在利益的问题。骗取或辜负信任的行为被视为欺诈（dolus）。[6] 对进行欺诈的当事人的处罚是极为严厉的“丧廉耻”，在当时那种名誉重于生命的社会里，这一处罚无异于死刑。

随着社会经济的发展，由债务人的疏忽造成给付不能的情况日渐增多，仅就欺诈承担责任已远远不能满足实际的需要了。于是在契约中出现了为保护债权人利益而特别加入的勤谨注意（diligentia）的要求，例如使用借贷契约。关于这一点我们可以从乌尔比安引述的库尹特·穆齐[7]的观点中得到证明：“在大多数情况下，使用借贷契约是为借用人的利益设立的。因此，库尹特·穆齐认为，借用人不仅要对自己的过错（泛指不符合法律规定、应受到谴责的行为）承担责任，而且要尽勤谨注意的义务。如果已经对使用借贷物进行了估价，那么一切风险（periculum omne）由允诺就物的价值承担责任的人承担。”[8] 由此可见，虽然在共和时期，在确定当事人的责任时，利益尚未被作为基本准则使用，但至少已成为一个不容忽视的因素了。

古典法时期，在程式诉讼中，利益原则是作为特别优惠在承审员认为适宜的情况下援引的。例如使用借贷契约的出借人不慎损坏了出借物，妨碍了借用人的使用，为此借用人提起了诉讼，要求出借人赔偿自己的损失。在这种情况下，出借人往往会以自己从该契约中得不到任何利益为依据提请承审员考虑是否应当减轻对自己的处罚。根据出借人陈述的事实和理由，在决定出借人是否应承担责任时，鉴于出借物的损坏并非出于债权人的故意，承审员将依据公平原则，以出借人无契约利益为由，作为特例免除出借人的过失责任。应当指出，对利益原则的重视意味着罗马人

〔4〕 D. 13, 6, 5, 2; Corpus Iuris Civilis I, Weidmann 1993.

〔5〕 J. 3, 14, 3;《优士丁尼·法学阶梯》，张企泰译，商务印书馆 1989 年版，第 160 页。

〔6〕 PasqualeVoci: lstituzioni di Diritto Romano, Milano 1994: 387.

〔7〕 库尹特·穆齐（Quintus Mucius），公元前 1 世纪法学家。

〔8〕 D. 13, 6, 5, 3; Corpus Iuris Civilis I, Weidmann 1993.

已经注意到契约中所蕴含的经济利益对契约当事人的影响，并尽量使利益与负担相均衡。同时，这也表明罗马人已经将法从人际关系的禁锢中解放了出来，并且开始将经济关系纳入法律的调整范围。因为罗马人已经懂得了在调整当事人的关系时，利益原则比其他原则更具合理性，也更加符合社会经济发展的需要，就这样利益原则逐步成为确定契约当事人责任的指导原则。

二、利益原则在不同法律关系中的应用

莫德斯丁在被收入《文集》〔9〕的一篇论述中这样写道："在使用借贷之诉中，使用人应当就过失承担责任。在寄托之诉中，寄托人应当就故意而不是过失承担责任。因为使用借贷契约是为双方当事人的利益订立的，因此应当就故意和过失承担责任；而寄托契约是为寄托人的利益订立的，因此你只须对故意承担责任。同样，在其他类似的情况下，这一规则应当被遵守。……"这段文字阐述了不同法律关系的各契约当事人所享有的契约利益。然而，在契约责任领域里讨论的对象通常只涉及债务人或曰义务人，因为在大多数情况下，只有他们才是责任的承担者。从莫德斯丁以及其他古典法学家的论述中，我们可以看到，在确定债务人应当承担责任的前提下，古典法是根据：①债权人享有全部契约利益；②债务人享有全部契约利益；③债权人和债务人分享契约利益，来决定债务人应当承担的责任程度或曰责任的种类和等级的。这就是著名的莫德斯丁三分法，也是古典法时期所遵循的确定契约当事人责任程度的一般原则。

在优士丁尼法典编纂时期，法典的编纂者们为解决确定各类法律关系责任程度的问题，也为了更好地表明立法者的意图——将不同法律关系各方当事人享有的契约利益作为衡量当事人应当承担的责任程度的标准，在将利益原则确认为优士丁尼契约责任领域的基本原则之一的同时，将莫德斯丁的三分法简化为二分法，这就是在《学说汇纂》第30编第108章第12条中优士丁尼法典的编纂者们借阿富里坎〔10〕之口表述的观点："因为我们在订立契约时遵循的是善意原则，所以如果契约是为双方当事人的利益订立的，那么应当对过失承担责任；如果契约是为单方当事人的利益订立的，那么对方当事人仅就故意承担责任。"《学说汇纂》第13编第6章第5条第2款和第3款是对这一原则的进一步诠释："现在我们应当来考察一下，在使用借贷之诉中，是根据什么决定当事人应当就故意或者就过失，甚至就风险承担责任的。当然，在契约关系中，在某些情况下，我们仅对故意承担责任；在另一些情况下，我们还要对过失承担责任。寄托契约只对故意承担责任，事实上，在寄托契约中，受寄人不享有任何契约利益，因此他只对故意承担责任是非常正确的。为受寄人约定报酬的情况（实际上，在为受寄人约定报酬的情况下，正如在皇帝的宪令中规定的那样，受寄人要对过失承担责任）以及在订立契约时就约定受寄人要对过失或者风险承担责任的情况不在此限。然而，在契约中也会有双方当事人分享利益的情况例如：买卖、赁借贷、嫁资、质权、合伙契约，在这类契约中，双方当事人既要对

---

〔9〕 Collatio 10.2. Collatio 是除优士丁尼《学说汇纂》以外的、今天我们尚能读到的汇集罗马法学家著述的一部文集。莫德斯丁的论述引自该文集第十章第2条。

〔10〕 塞斯特·凯其里·阿富里坎（Sextus Caecilius Africanus），公元2世纪法学家。

故意又要对过失承担责任。"[11] "在大多数情况下，使用借贷契约是为借用人的利益设立的。因此，库尹特·穆齐认为，借用人不仅要对自己的过失承担责任，而且要尽最精确注意的义务。如果已经对使用借贷物进行了估价，那么一切风险由允诺就物的价值承担责任的人承担。"[12]

1. 显然，《学说汇纂》第30编第108章第12条是确定当事人责任程度的基本原则。但是，从它开宗明义的第一句话"因为我们在订立契约时遵循的是善意原则，所以，……"中，我们可以感觉到这一原则似乎只对善意契约适用。而《学说汇纂》第13编第6章第5条第2款和第3款则似乎适用于所有类型的契约，它们是对这一原则的发展和运用。

我们一起来分析一下《学说汇纂》第13编第6章第5条第2款。该条可以分为三部分。第一部分是一般归责原则："在契约关系中，在某些情况下，我们仅对故意承担责任；在另一些情况下，我们还要对过失承担责任。"第二部分由两段组成，是乌尔比安运用利益原则在寄托、买卖、赁借贷、嫁资、质权以及合伙契约保持其典型契约[13]类型的性质的情况下，对当事人法定责任的规定："寄托契约只对故意承担责任，事实上，在寄托契约中受寄人不享有任何契约利益，因此他只对故意承担责任是非常正确的。""然而，在契约中也会有双方当事人分享利益的情况，例如买卖、赁借贷、嫁资、质权、合伙契约，在这类契约中，双方当事人既要对故意又要对过失承担责任。"第三部分：乌尔比安在"为受寄人约定报酬的情况（实际上，在为受寄人约定报酬的情况下，正如在皇帝的宪令中规定的那样，受寄人要对过失承担责任）以及在订立契约时就约定受寄人要对过失或者风险承担责任的情况不在此限"中列举的是两种特殊情况：

（1）为受寄人约定报酬的情况。寄托契约的无偿性是它作为典型契约类型的本质属性。当契约当事人为受寄人约定报酬时，就是以协议的方式改变了这种契约的性质——从无偿契约变为有偿契约，破坏了契约中原有的利益平衡。这一经当事人协议改变了的契约，也从寄托人单方享有契约利益的契约变为寄托人和受寄人双方享有契约利益的契约了。按照《学说汇纂》第30编第108章第12条的规定，在双方当事人分享契约利益的情况下应当对过失承担责任的原则，受寄人的责任也就从典型契约中的法定故意责任变为这一非典型契约（或曰变例契约）中的法定过失责任。在允许受寄人获得利益的同时，加重了他的责任，使利益与负担相一致，从而在新的契约关系中达到新的均衡。这是按照法律的规定进行的变更。

（2）在订立契约时就约定受寄人要对过失或者风险承担责任的情况。这种情况属于当事人协议责任和协议风险的范畴。在不违反法律的强制性规定的情况下，遵从当事人的约定。

---

〔11〕 D. 13, 6, 5, 2；同注4引书。

〔12〕 D. 13, 6, 5, 3；同注4引书。

〔13〕 J. 3, 14, 2是使用借贷契约的典型责任形态；J. 3, 14, 3是寄托契约的典型责任形态；J. 3, 14, 4是质权契约的典型责任形态。同注5引书，第160～161页。J. 3, 24, 5是赁借贷契约的典型责任形态，同注5引书，第178页。J. 3, 25, 9是合伙契约的典型责任形态，同注5引书，第180页。J. 3, 26, 13是委托契约的典型责任形态，同注5引书，第183页。

2.《学说汇纂》第13编第6章第5条第3款是有关使用借贷契约的规定，其可以分为两部分。第一部分是按照利益原则对使用借贷契约的法定责任形态作出的规定："在大多数情况下，使用借贷契约是为借用人的利益设立的。因此，库尹特·穆齐认为，借用人不仅要对自己的过失承担责任，而且要尽最精确注意的义务。"第二部分是有关当事人协议风险的规定："如果已经对使用借贷物进行了估价，那么，一切风险由允诺就物的价值承担责任的人承担。"这是古典法时期的典型做法——以对标的物进行估价的方式承担风险责任。如果在履行债务时标的物灭失或损毁，那么债务人可以以支付价金的方式履行契约义务。由于金钱是不会灭失的，所以在任何情况下，即使在由于不可抗力造成标的灭失的情况下，债务人也必须履行债务。因为对标的物进行估价，就意味着在当事人之间约定了债务人对标的物的一切风险承担责任。

3.《学说汇纂》第13编第6章第5条第2款是加重法定责任的情况：本来不享有任何契约利益的受寄人由于收取了报酬而承担过失责任。《学说汇纂》第13编第6章第5条第3款也是加重法定责任的情况：以对标的物进行估价的方式使借用人承担风险责任。《学说汇纂》第13编第6章第5条第10款则是减轻法定责任的情况——"有时，在使用借贷契约中，借用人只对故意承担责任。例如当事人这样约定：为了教育出借人的未婚妻或妻子使她们更有修养而使用借贷一名奴隶……。"[14] 使用借贷契约的典型责任形态是轻过失，借用人应当尽最精确的注意义务。但是，在典型的使用借贷契约中本来应当享有全部契约利益的借用人在这一契约中不享有任何契约利益，而本来不享有任何契约利益的出借人反而享有了全部契约利益。按照利益原则，如果契约是为单方利益设立的，那么另一方当事人仅就故意承担责任。就是这样，借用人的责任从法定责任形态的"轻过失——最精确注意的义务"改为故意责任了。通过以上分析，我们就可以毫不费力地解答为什么会在同一种契约中产生不同种类的责任形态了。

我们注意到，在各类债的关系中引入了利益原则以后，原有的债权人与债务人之间的关系以及相互责任都发生了深刻的变化。古典法学家杰尔苏[15]认为，按照这一原则，受寄人和受任人的责任应止于故意，因为他们从契约中都得不到任何利益，所以不应再加重他们的负担。同样，享有全部契约利益的使用借贷契约的借用人则应当承担最严格的责任——抽象轻过失责任并要对标的物尽最精确注意的义务，从而使利益与负担相一致。总之，根据利益原则，通常从契约中获取利益的一方要对过失承担责任，[16] 但是不获利的一方却不总是只对故意承担责任。可见，虽然利益原则是调整典型契约和一些非典型契约责任程度的主要依据，但并不是惟一的依据。除利益的变化和当事人的约定当然成为改变法定责任形态的主要因素以外，还有其他一些因素对改变法定责任形态产生影响。

---

〔14〕 参见D. 13, 6, 5, 10；同注4引书。

〔15〕 尤文第·杰尔苏（Iuventius Celsus），公元2世纪法学家。

〔16〕 任何法律都有例外，罗马法亦如此：临时受让人（precarista）享有全部契约利益，然而却只对故意承担责任。

在杰尔苏以前，合伙人只对故意承担责任。杰尔苏在研究了各种不同的合伙关系之后指出：如果有过失的合伙人不对自己的过失造成的损害承担责任，那么就等于减少他在合伙中所占有的份额。显然这是违背合伙规则的。因此，杰尔苏认为将合伙人的责任扩大至重过失是公正的。优士丁尼在确认合伙人应对过失承担责任的同时，鉴于合伙人相互关系的特殊性，将这一过失责任限定为具体过失："合伙人应当对另一合伙人就过失承担责任，也就是说，对懒惰和疏忽承担责任"。〔17〕

三、结 论

利益原则从共和国时期作为特别优惠开始使用，经过了古典法和后古典法时期的发展和完善，在罗马法归责体系中已经成为与过错原则同等重要的一项基本原则，是罗马法确定当事人责任种类和等级的主要依据和指导性原则。罗马法中的其他优惠制度或特别规定只是立法者基于公平原则对利益准则的修改和补充，这些特例丝毫无损于利益原则作为基本准则的地位。

在优士丁尼法中，优士丁尼不但以法律形式完全确认了利益原则的准则地位，而且为了更好地实施这一原则，在总结前人经验的基础上整理出一套与该原则相协调的勤勉谨慎注意的等级，从而使利益原则在优士丁尼法中不但是决定责任程度的标准，而且也是衡量赔偿的依据。然而，应当指出，这一准则并不是绝对的，它也同样受到为优士丁尼所充分肯定的、当事人之间可以协议修改法定责任规则的制约。

最后应当特别指出的是，优士丁尼正是根据利益原则创制了过失的等级并以此为依据重新调整了各契约当事人之间的关系，从而使经济利益最终战胜了长久以来一直占统治地位的人身关系，进而揭开了契约发展史上新的一页。

---

〔17〕 D. 17, 2, 72；同注4引书。

俄罗斯公司种类及其特点分析*

——兼与中国公司立法比较

王志华**

俄罗斯在传统上属于欧洲大陆法系国家，这一点也体现在对公司种类的规定上。沙俄时期，《俄罗斯帝国法规汇编》第10卷中的第2131～2135条规定了三种公司种类，即无限公司、两合公司和股份公司。[1]1922年《苏俄民法典》增加了有限责任公司。[2] 俄罗斯现行公司立法既有历史因素的传承，也有对大陆法系和英美法系的借鉴，规定公司的种类有无限公司、两合公司、有限责任公司、股份公司和补充责任公司五种。前四种是大陆法系国家公司的基本形式，而补充责任公司则取法于英国法上的保证责任公司，为大陆法系国家所无。而且，将股份公司分为封闭式股份公司和开放式股份公司，更是借鉴了美国的公司制度。与此同时，由于国有企业进行私有化改造的需要和使更大多数人在私有化过程中受益，还专门规定了股份制的所谓“人民企业”，称为雇员股份公司。因此，俄罗斯现行公司法体系不仅囊括了欧洲两大法系所规定的几乎所有公司种类，而且还有自己的独创，这为经营者提供了众多可以选择的经营模式。实践中，不同种类的公司各有其不同的功能，在经济改革与企业发展的过程中发挥着不同的作用。

汉语“公司”一词在俄语中有多个词与之对应，并且因种类不同，还存在称谓上的差异。在理论和现实经营活动中，一般称公司为КОМПАННЯ，意为结成伙伴合作经营以获取利益。另一个与英文CORPORATION对应的词КОРПОРАЦИЯ，在汉语中通常也译为公司，但实际上其含义要较公司广，主要意指社团，而公司只是社团的一种。在现行立法中，该词只作为国有商业组织名称的组成部分。[3] 在立法上，公司称为ТОВАРИЩЕСТВО和ОБЩЕСТВО，前者指人合公司或带有合伙性质的公司，即无限公司（ПОЛНОЕ ТОВАРИЩЕСТВО）和两合公司（ТОВАРИЩЕСТВО НА ВЕРЕ）；后者指资合公司或有限责任性质的公司，即有限责任公司（ОБЩЕСТВО С ОГРАНИЧЕННОЙ ОТВЕТСТВЕННОСТЬЮ）

---

* 本论文为华东政法大学国际法律与比较法研究中心资助项目成果之一。

** 中国政法大学比较法研究所副教授，法学博士。

〔1〕［俄］Г. Ф. 舍尔舍涅维奇：《俄罗斯民法教程》，斯帕尔克公司1995年版，第389页。

〔2〕但这种有限责任公司与我们所理解的有限责任公司和俄罗斯现行法上的有限责任公司含义不同，实际上是补充责任公司的当时称谓。详见下文。

〔3〕［俄］А. Я. 苏哈列夫、В. Е. 克鲁茨基主编：《法律大词典》，ИНФРА－М出版社2004年版，第288页。

和股份公司（АКЦИОНЕРНОЕ ОБЩЕСТВО）。[4] 但在1922年《苏俄民法典》颁布之前，所有公司都称ТОВАРИЩЕСТВО。股份公司在当时有几种称谓：ТОВАРИЩЕСТВО ПО УЧАСТКАМ、ПАЕВОЕ ТОВАРИЩЕСТВО、ТОВАРИЩЕСТВО НА ПАЯХ、АКЦИОНЕРНОЕ ТОВАРЩЕСТВО或АКЦИОНЕРНАЯ КОМПАНИЯ。[5] 有限责任公司在《苏俄民法典》中称为ТОВАРИЩЕСТВО С ОГРАНИЧЕННОЙ ОТВЕТСТВЕННОСТВЮ，使用ОБЩЕСТВО一词还是在1994年新的《俄罗斯民法典》公布之后才开始的。俄罗斯公司在称谓上的差异和演变，一方面反映了公司制度在演进过程中的规则差异，同时也是实践经验的总结和对俄罗斯公司法理论认识不断深化的结果，应该说是一个逐步发展完善和科学化的过程。

中国古汉语中无公司之名。近代早期多称为局、行、铺之类，如1870年成立的中国最早的股份制企业轮船招商局，以及为数众多的洋行。19世纪80年代以后才有公司之称。[6] 至1904年清政府颁布《钦定大清商律》，其中包括《公司律》131条，在立法上将公司这一称谓永久性地确定了下来。

中国历史上立法规定的公司种类有无限公司、两合公司、有限公司、股份有限公司和股份两合公司，我国台湾地区"公司法"（以下简称我国台湾"公司法"）是这一传统的延续。相比之下，祖国大陆现行立法只规定了股份有限公司和有限责任公司两种公司类型，实践中经营者几乎没有可供选择的余地。虽然祖国大陆现行法律体系通过对不同企业形态的规制，通过颁行《合伙企业法》和《个人独资企业法》这些相关法规弥补了《公司法》在这方面的不足，并收到简便易行之效。但是，我们生活在一个公司化的时代，任何形式的合伙企业或者独资企业都不能代替公司的作用。

本文拟通过对俄罗斯现行立法中关于公司种类的规定及其特点进行梳理，并与中国进行比较，对两个国家公司立法背景和所存在差异的原因以及各种不同种类的公司在经济转型时期的作用进行分析，探讨各自的制度渊源和时代价值，总结利弊得失，以期取长补短，对他国的经验有所借鉴。

一、无限公司

无限公司的产生与发展最初表现为家庭经营团体形式，由合伙企业演变而来，是俄罗斯历史上出现最早的公司形式。17世纪末，沙皇发布谕令，允许俄罗斯商人可以像其他国家一样成立公司进行交易活动。但最初根据沙皇谕令成立的公司在组织形式上特点并不鲜明，有的为无限公司，有些则发展为两合公司或股份公司。[7]

俄罗斯的无限公司在法律上的首次确认是在19世纪的《俄罗斯帝国法规汇编》第10卷中，更进一步的规定是1922年《苏俄民法典》中。但随着苏联社会主义建设的完成，至20世纪30年代，无限公司与其他公司均被取消，因此1964年的《苏

---

〔4〕 参见宋秀梅："中俄公司法人类型设置的冲突和解决"，载《外交学院学报》1997年第2期。

〔5〕［俄］В. И. 辛纳伊斯基：《俄罗斯民法》，法律（СТАТУТ）出版社2002年版，第432～433页。

〔6〕 方流芳："公司词义考：解读词语的制度信息"，载《中外法学》2000年第3期。

〔7〕［俄］В. Н. 拉特金：《帝俄时代法史教程——17和18世纪》，莫斯科镜子出版社2004年版，第515～517页。

俄民法典》中已经没有了任何公司的规定。那个时期，各种各样的合作社取代了公司，成为没有独立经济利益、所有权为国家所有的经营单位。直到20世纪90年代初才得以恢复，无限公司又被纳入规范之列。1994年颁布的《俄罗斯联邦民法典》（下称民法典）第一部分规定了民事主体，其中第四章“法人”（第69～81条）将无限公司作为法人的一种予以规定。

沙俄时期的法律规定，无限公司有权拥有自己的财产，但无限公司是否具有法人地位，立法上没有规定。理论上对该问题存在争议，实践中则承认无限公司为法人。[8] 根据现行《俄罗斯联邦民法典》的规定，无限公司是指“参加人以公司的名义从事经营活动并以属于他们的全部财产对公司的债务承担补充责任的公司”。[9] 根据这一规定，无限公司参加人的经营活动被认定为是公司的活动，公司具有法人地位。这与普通合伙（ПРАСТОЕ ТОВАРИЩЕСТВО）有原则性的不同。

公司的财产来源于参加人的出资和成立之后的经营所得。在公司进行国家登记时，参加人须缴纳认缴资本的一半以上，否则不予登记。但公司的基础仍然是参加人的个人信用，在公司财产不足以清偿公司的债务时，参加人要以自己的全部财产承担连带清偿责任。债权人可以向任何一个参加人追索，也可以向全体参加人追索。因此，在公司名称中不仅要标明“无限公司”字样，而且还至少要包含一个参加人的名字。在这种情况下，参加人的资格就有了一定的要求，一般自然人即使具有行为能力也不能成为合格的无限公司参加人。根据法律规定，无限公司的参加人原则上没有限制，既可以是自然人，也可以为各种商业组织。但自然人只有经过国家登记为个体经营者才具备这种能力，并且不能再为其他公司承担无限责任的参加人。[10] 因为根据破产法的规定，只有商个人，也就是个体经营者才具有破产能力。无限公司参加人之一依法被宣告破产，其在无限公司中的财产担保责任由其他参加人按照比例分担。

因为公司的参加人对公司的债务承担连带清偿责任，公司的参加人是以个人财产对公司的债务进行担保。因此，法律未规定公司的最低资本限额。各个参加人出资多少、公司注册资本额，均由参加人自己决定，法律不予强制性规定。为了不损害公司债权人的利益，无限公司实行“无盈不分”原则，即公司的资产低于参加人最初的投资时，不得以公司的财产进行分配。

根据法律规定，对公司债务承担个人财产责任的还有那些成立之后加入公司的参加人（其中包括他们加入公司之前发生的债务）以及退出公司的参加人，而且他

---

〔8〕［俄］В. И. 辛纳伊斯羞：《俄罗斯民法》，法律（СТАТУТ）出版社2002年版，第430页。

〔9〕俄罗斯立法和法人理论称公司成员为 УЧАСТНИК（参加人），各种不同公司的参加人，由于责任范围的不同而在称谓上又有区别，无限公司和两合公司的无限责任参加人均称为 ТОВАРИЩ，也可译为合伙人，但从整个公司制度角度考虑显然有欠妥当；有限责任参加人称为出资人 ВКЛАДЧИК。有限责任公司则直接称为参加人 УЧАСТНИК，只有股份公司参加人称为股东 АКЦИОНЕР。这与我国大陆现行公司法将有限责任公司出资人和我国台湾“公司法”将无限公司、两合公司与股份公司出资人一并均称为股东不同。这种称谓不无科学道理，非为股份公司、公司注册资本未分为等额股份而将出资人称为股东，似有不妥之处。

〔10〕参见《〈俄罗斯民法典〉第一部分释义——企业家版》，斯帕尔克出版社·《国家与法》杂志编辑部1999年版，第164页。

们的个人责任不得以参加人的协议解除和限制。如果无限公司参加人没有个人财产，无法清偿个人债务，债权人为了抵偿他的个人债务而追索其在公司注册资本中的份额，他参与无限公司的资格便告终止。[11]

设立无限公司的基础是全体参加人签订的设立合同，它是惟一的公司设立文件，无需制定公司章程。无限公司参加人的相互关系具有个人信赖性质，是典型的人合公司。这一点与我国的普通合伙企业类似。无限公司参加人必须两人以上，不能建立一人无限公司，否则协议无从签订。因此，无限公司在只剩一个参加人的情况下终止。如果该参加人有意继续经营，则有权在6个月内将无限公司变更为允许只有一个参加人的有限责任公司，但对转归有限责任公司的原有债务在2年内仍然要以个人的财产承担责任。

我国现行立法没有规定无限公司这种形式，虽然有学者呼吁增加无限公司，但未被采纳。[12] 理论上对此问题的探讨，主要依据我国台湾地区“公司法”的规定。而这种理论和实践，与俄罗斯有关无限公司的规定多有不同。

首先，现行我国台湾地区“公司法”规定，无限公司全体股东必须签订公司章程，并进行登记。这一点与俄罗斯法律只要求公司参加人签订设立合同的规定不同。这反映了两者在公司法理念上的差异。俄罗斯传统上实行民商合一，在民法典中一并规定了有关公司方面的条款。公司，无论是人合性质还是资合性质，都作为债的一种形式，属于典型的民法规范范畴。中国传统上原本奉行的是民商分立，直到南京国民政府制定“六法全书”时才改行民商合一体例，但1929年的《中华民国民法》，在民法债编中只规定了隐名合伙，公司规范并未纳入其中，而是另行制定了公司法。在这方面，没有像俄罗斯那样“合一”得更彻底，实际上是未能合一。另外，要求无限公司股东制定章程，对公司章程的内容予以规定，也偏重于强调公司的国家强制，从而弱化了公司股东的自治性质。

其次，在股东资格上，我国台湾地区“公司法”规定自然人而且只有自然人才有资格作为无限公司的股东，禁止法人成立无限公司，股东应为二人以上，并半数以上在我国台湾地区有住所。俄罗斯法没有关于住所的限制。而且，纯粹的自然人并无成为无限公司参加人的资格，只有登记为个体经营者时才可，而对法人和其他经营组织并无成为无限公司参加人的限制。

二、两合公司

两合公司在俄罗斯几乎与无限公司相伴而生。两合公司的一部分参加人只出资不参加经营，只以自己的出资承担经营风险，获取利润。《俄罗斯帝国法规汇编》第10卷、1922年的《苏俄民法典》和现行公司立法都规定有两合公司。

根据俄罗斯现行公司立法，两合公司也称为康孟达公司，是一种人的联合，其

---

〔11〕 参见［俄］E. A. 苏哈诺夫主编：《俄罗斯民法》（第1卷），Волтерс КлуВер 出版社2004年版，第274～276页。

〔12〕 参见黄永强、曹云清：“无限公司应成为我国公司立法的目标模式——兼论无限公司与合伙的区别”，载《企业经济》2006年第1期。

中部分参加人以公司名义从事经营活动，并以自己的个人财产对公司债务承担责任，即无限责任参加人，同时其他参加人仅出资而不直接参加经营活动，并仅承担丧失出资的风险。在两合公司中至少有一个参加人以个人的全部财产对共同债务承担责任，而其他参加人（一个或多个）仅以自己的出资为限承担风险。两合公司是经营者（无限责任参加人）与非经营者（出资人）的联合，是财产与经营活动的联合，兼具人合与资合的特点。

根据俄罗斯公司立法，两合公司的惟一设立文件为设立协议，由全体无限责任参加人签字生效。出资人不在设立协议上签字，也不参加筹办事宜。因为出资人出资而不能参与经营管理，他们仅保有取得收益和获得公司活动信息以及清算余额分配的权利。这样，他们的财产以及因财产而生的利益都只能委诸无限责任参加人，信任他们。俄罗斯传统的康孟达称谓为——ТОВАРИЩЕСТВО НА ВЕРЕ——信用公司，即由此而来。

两合公司在性质上仍属于一种无限公司，不同的只是增加了具有财产意义而不参与经营管理的出资人。因此，立法上有关无限公司的规定适用于两合公司，一个无限责任参加人不能成为另一个无限公司的参加人或两合公司的无限责任参加人，因为他的个人财产只能为一个公司承担无限责任担保。

在两合公司中，应当至少有一个无限责任参加人和一个出资人。但是，这种情形只有在其他参加人退出公司时才能出现。与无限公司一样，两合公司不能由一个参加人设立，因为那将无人与他签订设立合同。这样两合公司在设立时，必须至少有两个以上的无限责任参加人。作为无限责任参加人，可以是个体经营者或者商业组织，而作为出资人则可以是任何民事主体，但法律限制的主体除外。这些限制的主体包括联邦国家机关和地方自治机关。单一制企业参加两合公司，要经所有权人的同意批准。

两合公司出资人的法律地位有些特殊，他们不能参与公司经营，也不能参与对公司的管理。这方面比有限责任公司股东的权利要弱得多，但立法在其他方面对出资人有所补偿。他们有权取得公司与其份额（出资）相应的部分利润，通常优先于无限责任股东。他们既可以将自己的份额转让给其他出资人，也可以转让给未参加公司的第三人，对此不需要经公司或者无限责任股东的同意，因为出资人的参加不产生任何个人信赖关系。出资人出卖自己的全部或者部分份额给第三人时，公司的其他出资人享有优先购买权。出资人有权按照自己的愿望退出公司，并取得自己的出资价值。法律对能否将出资人开除出公司未作规定，而委诸设立合同加以规定。

两合公司可以在全部出资人退出公司时解散。但在这种情况下，其余无限责任参加人可以不进行清算而将其改组为无限公司。此时出资人取得返还自己出资的权利，尽管在所有的债权人之后，但优先于无限责任股东，即实质上成为最后顺序债权人，从而使得现行俄罗斯两合公司结构与传统有别。此后其尚可与无限责任参加人一起参与剩余财产的分配，以实现自己的清算余额请求权。

两合公司是无限公司的扩大，因为这使那些不能亲自参加公司经营的资本家可以通过投资获得收益，而公司也因此得以筹措到更多的资金用于周转和经营，扩大生产经营规模。

中国1914年颁布的《公司条例》第一次规定了两合公司，我国台湾地区一直沿用至今。祖国大陆现在则未规定两合公司这种类型。中国近代还规定了一种股份两合公司，在20世纪30年代有二十多家这种形式的公司。[13] 但到20世纪50年代在我国台湾地区已经没有一家这种公司存在。因此，在1980年我国台湾地区修改“公司法”时，删除了“股份两合公司”这一章。在俄罗斯历史上从未出现过这种公司。

三、有限责任公司

在各种公司中，有限责任公司出现较晚，但发展最快。1922年《苏俄民法典》规定的四种公司形式中有有限责任公司，但名同实异。公司参加人向公司投资，并以自己数倍于投入公司注册资本的财产对公司债务承担责任。这与1994年《俄罗斯民法典》中规定的补充责任公司一致。俄罗斯法学家认为，从名称与内涵实质来讲，这种“补充责任公司”更应称为“有限责任”公司。[14] 因为以参加人投资公司数倍的个人财产对公司的债务承担责任，这才是典型意义上的“有限责任”。而现代所谓的有限责任公司，参加人仅以自己的出资为限对公司的经营承担风险，实际上是不存在责任，没有责任。参加人只要按照约定或者法定出资到位，一般而言就只对公司享有权利，不再存在义务，更谈不上责任了。这种说法很具启发和创新意义。在俄罗斯法上，首次规定有限责任公司形式是1990年颁布的《俄罗斯企业和企业经营活动法》，后为1994年的《俄罗斯民法典》和1996年的《有限责任公司法》所确认。

根据《俄罗斯民法典》的规定，有限责任公司是指注册资本分为参加人份额，参加人对其债务不承担个人（财产）责任的经济公司。与无限公司和两合公司不同，参加人不必亲自参与公司的经营活动，有限责任公司有专门执行（意思表示）机关，其构成和权限由发起人制定的公司章程规定，而发起人成立公司的意思和参加公司的条件反映在设立合同中。这样有限责任公司应当有两个设立文件，即设立合同和公司章程。在两者内容不一致时，章程优先适用，它是在公司与他人（第三人）的相互关系中确定公司法律地位的直接适用的文件。

同时必须指出，两个设立文件的存在不仅产生了适用上的困难，而且也证明了有限责任公司还具有某些人合性特征的“过渡”性质。世界法制发达国家的公司法，都规定公司只能有一个设立文件，即或者是公司章程，或者是设立合同。两个设立文件会发生适用上的困难。中国三资企业法中也存在类似的规定。因此，有的学者认为，总有一天，在俄罗斯法中对有限责任公司需有设立合同的要求会随着时间的推移而逐渐消失。[15]

在俄罗斯的有限责任公司中，必须设置双重管理机构。公司的最高（意思形成）机关是股东会。除此之外，构成执行（意思表示）机关的既可以是委员会制（管理

---

〔13〕 张忠民：“近代中国公司的类型及其特点”，载《上海经济研究》1999年第2期。

〔14〕［俄］H. B. 克兹洛娃：《法人的概念和本质——历史与理论概要》，法律（СТАТУТ）出版社2003年版，第93页。

〔15〕［俄］E. A. 苏哈诺夫主编：《俄罗斯民法》（第1卷），Волтерс клувер 出版社2004年版，第277页。

委员会、经理室等)，也可以是独任制（总裁、经理、总经理等)。公司只有在必要时才组建委员会制执行机关，而独任执行机关在所有的情况下都是必设机关。独任执行机关可以是公司的参加人，也可以由聘用的管理人（经理人）担任，还可以由管理公司担任（其他商事组织)，也可以同时设立委员会制和独任制公司执行机关，并同时发挥管理公司的职能。

具体公司的章程可以规定设立监事会（董事会)，作为股东常设活动机关，在这种情况下规定它有权组建公司执行机关、决定以公司名义实施重大交易问题、股东会会议的准备和召开事宜。公司中还可设立不是公司机关的监察委员会，或者设立执行监察委员会功能的监察人。这是俄罗斯公司法上的双重管理制度。而中国《公司法》规定，监事会为公司的机关之一，行使公司的监督职能。

公司执行机关对公司日常活动进行管理，向其上级机关负责（股东会)。公司活动中最重要的问题属于股东会的专属职权，甚至根据股东会自己的意志都不能转由执行机关决定。这些职权包括：确定公司活动的基本方针；公司设立文件的变更（其中包括与变更公司注册资本数额有关的变更)；公司执行机关和监察委员会的组成和职权的提前终止；批准公司的年度总结和财务会计报告，以及分配利润和分担亏损；将参加人开除出公司；公司改组和清算等事项。立法上的这些规定负有保护公司参加人（他们并非都能成为职业经营者）最重要利益不受来自公司执行机关可能的恶意侵犯的使命。非专属于股东会职权的问题，推定为公司执行机关的职权，但具体的公司章程可以规定除上述专属于公司股东会职权之外的事项为股东会的专属职权。

公司实行严格的法定资本制。有限责任公司的最低注册资本限额为最低劳动报酬额的100倍以上。登记时可缴纳注册资本的一半，其余部分在成立后的1年内缴纳。否则，有限责任公司应当减少其注册资本，并进行相应的变更登记。公司经营亏损，其净资产低于注册资本时，公司应宣告减少注册资本。如果低于法定最低资本限额，则应按法定程序进行清算。

除国家和自治地方机关外，任何民事主体都可作为有限责任公司的股东。国有企业要受到一定的限制，单一制企业只有遵照法律规定经所有权人的同意后才能成为有限责任公司的股东。公司股东人数限定为50人以下。超过上限人数时，则将公司改组为股份公司或宣布解散。

已足额交付自己出资的公司股东，随时有权退出公司而无需经其他股东的同意。在这种情况下，应当向他支付相当于他在公司中份额的那部分财产价值或向他交付实物财产。显然，股东退出公司对公司事务是非常不利的，公司股东的关系也因此丧失了应有的稳固性，而在经营者眼里，自由退出公司权利存在本身在许多方面失去了吸引力，尤其是与封闭式股份公司相比。此外，股东的权利虽然得到了充分保障，公司却失去了应有的稳定性，公司债权人的利益也相应受到了威胁。相比之下，中国《公司法》规定，股东在缴纳出资之后不得抽逃出资。股东之间可以转让自己的出资，但向第三人转让时，其他股东享有优先购买权。只有在特殊情况下，股东才可要求公司回购其股份。其他国家公司立法或者严格限制股东这一权利，或者干脆不予规定。一般而言，股东退出公司是通过转让属于他的份额，而非通过要求公司向其支付份额予以实现。

另外，俄罗斯立法还规定有限责任公司可以根据章程或股东会全体一致同意扩大某些股东的权利，即附加权利。例如规定扩大在公司注册资本中所占份额比例的表决权或者任命一名公司董事会董事的权利。公司章程或者股东 2/3 以上（或者全体一致同意）表决权多数通过的股东会决议，可以对全体股东或者具体几个股东规定或者使其负担附加义务，如向公司补充缴纳出资。如果公司股东严重违反自己的义务，或者由于自己的行为给公司活动造成困难，持有 10% 以上份额的股东可以提议将其从公司中开除，但只能通过司法程序。[16]

有限责任公司在中国出现也较晚，1904 年的《钦定大清商律》和 1914 年的《公司条例》、1929 年的《公司法》都没有作出规定。直到 1946 年国民政府的《修正公司法》才规定了有限责任公司这种形式。1950 年《私营企业暂行条例》规定了有限责任公司。1979 年改革开放后的第一部有关公司的立法《中华人民共和国中外合资经营企业法》规定中外合资企业可以采用有限责任公司的形式。为了吸引外资，有限责任公司成了改革开放后中国首选的公司形式。

四、补充责任公司

注册资本分为股东份额，股东以自己数倍于注册资本的财产对公司的债务承担连带责任的经济公司为补充责任公司。这种责任只有在公司自有财产不足以清偿其债务时才会产生，也就是按照添补程序。在其他方面，这一公司的法律地位相当于有限责任公司，因而也适用相应的法律规范。

因此，该公司组织形式与有限责任公司的不同仅仅在于公司股东要以自己的财产对公司债务承担补充责任。[17] 但是，这一责任并不像无限公司一样涉及股东的全部财产，而只是公司设立文件事先规定的某一部分，如相当于注册资本出资价值的 3 倍或者 5 倍。在一个股东破产的情况下，他的补充责任由其他股东分担，如同他们的份额“增加”，或者按比例，或者在其他股东间均摊。因此，对公司债权人补充担保的总额不变。由此可见，补充责任公司处于无限公司（其参加人承担无限责任）与有限责任公司（排除股东的责任）的中间地位。

中国近代在 1929 年修订公司法时，曾有人提议增加保证有限公司——一种类似于俄罗斯现行补充责任公司的公司。其特点包括以下诸项：①股东的保证责任应为认缴股本的若干倍，股东人数不得超过 50 人；②公司股份不得向市场招募或转让；③公司不得发行债券；④公司宣布破产时，各股东之责任，除所缴之股本外，以其保证额为限。但这一公司形式在最后审定中未能通过。[18]

五、股份公司

股份公司在俄罗斯出现较早，18 世纪初彼得大帝时代就由政府参与设立了股份

---

〔16〕 参见《〈俄罗斯民法典〉第一部分释义——企业家版》，斯帕尔克出版社·《国家与法》杂志编辑部 1999 年版，第 167 页。

〔17〕 参见《俄罗斯联邦民法典》，黄道秀等译，中国大百科全书出版社 1999 年版，第 95 条第 3 款的规定。

〔18〕 同注 13 引文。

形式的公司开展海外贸易和渔猎作业。1836 年 12 月 6 日颁布《股份公司条例》，是为对股份公司正式立法之始。值得注意的是，在 1917 年以前，为了对抗大资本的股份公司的垄断地位，维护中小投资者的利益，在俄罗斯还存在过“可变资本股份公司”。

根据现行《俄罗斯民法典》和《股份公司法》的规定，股份公司分为开放式股份公司和封闭式股份公司。每个股份公司必须在公司章程、公司名称和公司印章中标明公司为股份公司形式。[19] 此外，还有所谓“雇员股份公司（人民企业）”。

（一）开放式股份公司

开放式股份公司之所以称为“开放式”的，是因为其股东范围不受限制，任何人都可加入而成为公司股东。它有权公开募集股份，但如果公司章程或规范性文件没有特别禁止性规定，也可以向特定范围内的人招募股份。股东可以自由转让自己的股份，股东人数多少不受限制。股份公司的公开性还体现在，公司必须每年公告年度报告、会计报告和盈亏报表。公告可在地方或中央媒体上刊登，视股东分布地域情况而定。开放式股份公司的最低注册资本为最低劳动报酬额的 1000 倍以上，由公司进行国家登记日期的联邦法律确定。

（二）封闭式股份公司

封闭式股份公司的股份通常由预先确定的范围内的人，一般由发起人全部予以认购。按照法律规定，这种股份公司的股东人数不得超过 50 人。在人数超过的情况下，公司须在 1 年之内变更为开放式股份公司，或者依照司法程序进行清算，或者公司股东人数减少至法律规定的 50 人以下。封闭式股份公司的最低注册资本为最低劳动报酬额的 100 倍，较开放式股份公司的注册资本最低限额低很多。这是因为封闭式股份公司具有人合性，股东相对较为固定，资本较少也不至于威胁到交易安全和对债权人造成损害。股东在公司内部转让自己的股份不受限制，有权将自己的股份转让给别的股东，无需经过其他股东的同意。但公司章程对股东向第三人转让股份可以作出限制性规定。公司章程可以规定，在股东向第三人转让自己的股份时，公司其他股东在同等条件下享有优先购买权。[20] 该权利有助于维护他们的“封闭性”。封闭式股份公司发行的股份均为记名式。对于封闭式股份公司，与对有限责任公司和合伙一样，未规定公开事务管理的义务，只有这种公司公开发售债券的情形除外。所有这一切都使得封闭式股份公司与有限责任公司接近，原则上执行着相同的经济任务。

封闭式股份公司由当代俄罗斯立法者从英美法移植而来，其所执行的功能与有限责任公司相似。但在俄罗斯进行私有化的过程中，却受到了经营者的普遍欢迎。所以，在股份公司中，封闭式股份公司较开放式数量为多。虽然因私有化成立的股份公司并不需要筹集初始资本，但经营者都是从“无产者”转变而来的“新生的有产者”，既无历史经验，对环境也难于把握，因此普遍的“自我封闭”是再自然不过

---

〔19〕 参见《俄罗斯联邦民法典》，黄道秀等译，中国大百科全书出版社 1999 年版，第 7 条和《俄罗斯联邦股份公司法》第 4 条第 1 款、第 11 条第 3 款、第 2 条第 7 款。

〔20〕 ［德］Д. В. 洛马金：“股份公司的种类”，载《莫斯科大学学报·法学》2002 年第 3 期。

了。这样，人数少、规模小的有限责任公司的优势与股份形式的优势集于一体的封闭式股份公司便成了时代的首选。

应当指出的是，开放式股份公司和封闭式股份公司都属于股份公司形式，因此当两者在一定条件下进行转换时，即开放式变更为封闭式，或者封闭式变更为开放式股份公司时，公司债权人无权要求提前履行或者终止债务。[21]

有些股份公司采取某种形式是法定的，没有自行选择的自由。如俄罗斯联邦、联邦主体或自治地方为股东的股份公司，只能是开放式股份公司（《俄罗斯联邦国有和自治地方所有财产私有化法》第13条第1款第1项），而雇员股份公司（人民企业）则只能采用封闭式股份公司的形式。

（三）雇员股份公司（人民企业）

雇员股份公司（人民企业）是俄罗斯立法上特有的一种股份公司形式，其法律依据是1998年7月19日颁布的《俄罗斯联邦雇员股份公司（人民企业）法律地位特别法》（下称《雇员股份公司法》）。[22] 雇员股份公司这一奇怪类型的出现，是为了贯彻俄罗斯国内立法必须重点保护那些成为国有企业股份公司受雇人的小股东利益的立法意图。

与一般股份公司相比，雇员股份公司存在许多不同特点。这类股份公司均为封闭式。与企业存在劳动关系的职工可以拥有股份，但其权利受到一定的限制。雇员股东可以向本企业的其他股东转让自己的股份，但不得超过其所拥有股份的20%。如果雇员股东拒绝受让这部分股份，则可以转让给其他非股东的雇员。不得将雇员股份转让给公司的总经理、副经理、监事会成员及其他管理人员。每一雇员所持股份不得超过总股本的5%。非雇员股总计不超过总股本的20%。[23] 有的学者认为，这种公司实际上并不是股份公司的一个类型，而是法人的某种混合形式，在其最为奇特的类型中包含着经济公司和生产合作社的元素。[24]

这些企业完全由其他商业组织改组成立，而且需经商业组织3/4以上参加人以及全体雇员的同意。该商业组织参加人与该组织的雇员制定和签署"关于成立人民企业合同书"以作为设立文件。在这种情况下，该组织股东不得超过5000人，但雇员不得少于51人，而且在雇员的组成中不是股东的雇员不得超过10%，也就是说，雇员股东不得少于46人。[25]

根据《雇员股份公司法》第12条的规定，"人民企业"的监事会对企业活动"进行总的领导"，即它是执行机关，而非监督机关，而且主持监事会工作的是"人民企业"的总经理。因此，"人民企业"的监察（监督）委员会，除批准企业实施大型交易的传统功能之外，还要对股东权的行使进行监督，也就是执行该法人机关（监事会）的功能。

---

〔21〕 参见［俄］M. Ю. 季哈米洛夫主编：《〈俄罗斯联邦股份公司法〉释义》，法律信息中心2004年版，第57~59页。

〔22〕 参见《俄联邦法律汇编》1998年第30卷总第3611期。

〔23〕 同注20引文。

〔24〕 参见［俄］A. П. 谢尔盖耶夫、Ю. K. 托尔斯泰主编：《民法》第1卷，法律（СТАТУТ）出版社2002年版，第188页。

〔25〕 同注20引文。

这种“立法创新”受到了俄罗斯法学理论界的强烈批评，认为它严重歪曲了企业经营股份形式的基本原则，实际上是在组织和支付劳动报酬方面实行一种建立在抽象和想象基础上的“社会公正”理念的平均主义，这一股份形式没有生命力，在现代条件下没有得到推广应用，从而证明了忽视深思熟虑和百试不爽的民法学结构不可避免地会导致的不良后果。

股份公司在中国出现也较早，1870 年成立的轮船招商局即被公认为中国第一家股份制企业。1904 年《钦定大清商律》规定了股份公司。此后的公司立法也都无一例外地确认了这种公司形式。从股份公司在中国诞生之日起，尤其是在 20 世纪 50 年代以前，股份公司一直是中国采用较多的一种公司形式。这主要可能是因为从最初的时候起，中国商业公司的发展就与集资目的有关。我国现行公司法对股份公司规定较为详细和完善。除了公司法之外，还有部门规章，以及证监会的上市公司章程指引等规定。

我国公司法规定的公司种类没有开放式和封闭式之分，但规定了可以采用募集设立和发起设立的形式。募集设立须是向社会不特定公众招股，发出公告，信息公开，注册资本必须一次缴纳；发起设立相对简单，人数不得超过 200 人，注册资本可以分期缴纳。

六、结　论

中国与俄罗斯的现行公司立法都是改革计划经济的产物。但一个根本不同的前提是，俄罗斯是通过实行私有化而进行一种“激进的”改革，而中国却选择了“摸着石头过河”的“渐进的”道路。包括对公司种类的不同设计，都从一个方面反映了这两个历史上曾经亲密无间的伙伴已然走上了也许最终目标一致，但在运用的方式方法上却大异其趣的不同发展道路。通过十几年的实践，应用的效果也逐渐露出了端倪。

计划经济时期，国民经济的支柱是国有大中型企业，但问题也主要出在国有大中型企业上。中俄两国改革之初，设计者们都把目光集中在了这些企业上面，而且都以对这些企业实行股份制改造为突破口。但各自的思路、目的却有很大的不同。中国对国有大中型企业进行股份制改造是为了挽救这些停止不前陷入困境的“老大难”，为了起死回生，为了聚集社会资金，为这些企业补充血液。而在俄罗斯则刚好相反，将国有企业改建为股份公司的目的是要把它“拆散”，将企业的财产私有化给个人，不是聚集资金，而是分散资金。不同的做法产生了不同的效果。一些大中型企业在中国确实在股份制改造中受益，达到了起死回生的目的，在新的机制下焕发了活力，但同时也存在着严重的问题。多数企业存在国有股长期一股独大，中小股东的权利得不到保护，而国有股当中的内部人控制却愈演愈烈，企业高层侵吞公私财产严重的现象。经过十几年的时间，中国通过与俄罗斯不同的途径实际上也完成了私有化，只是受益者比较单纯，都是企业的上层，通过权钱交易来完成。

俄罗斯的国有企业确实是按照设计者的思路，企业在瞬间转化为私人所有，最初阶段企业家所关心的只是如何使自己成为企业的主人，而不是改善经营以获得利润。因此，改革之初，俄罗斯的经济急剧下滑，本国货币一再贬值，一时间生产萎缩，导致人们生活水平下降，但改革者设计的任务也完成了。虽然得利者仍然是少数人，多数人没有获得实际利益，但保持了程序上或者表面上的公平。改革的设计者和立法者给了俄罗斯公众争夺国有财产的机会，没有得到或得到不够多怨不得别人。

股份公司在俄罗斯应用广泛，诸凡生产、建筑、贸易、中介以及银行、保险、投资基金等领域，都成立了为数众多的股份公司。还有在集体农庄和国营农场私有化过程中改组的农业企业、因对国有和自治地方所有企业进行私有化改建成立的商业组织等，不一而足。[26] 国有企业参股的公司必须采用开放式股份公司的形式，这与我国国有企业改革采用募集设立方式的做法如出一辙。俄罗斯具有特殊意义的是封闭式股份公司。虽然在制度设计上与有限责任公司无异，但对中小型国有企业私有化却具有重要意义。一个原属于国有的中小型企业，只要确定了各自的股份，私有化立即完成，它成了民商事流转中的一个独立的权利主体。其中，雇员股份公司为其典范，这一便利形式使得普通人有可能在改革中也分得一杯羹。

有限责任公司适合于中小企业规模和中小投资者投资。在俄罗斯，私有化主要是依靠股份制企业完成的。但在积攒了部分余资之后，人们便选择成立自己的企业，有限责任公司是最佳形式。因此，有限责任公司的发展是俄罗斯小私有者有了初步发展的产物。2005 年俄罗斯统一登记簿中有 130 多万家有限责任公司，比 17 万多家股份公司多了近 7 倍，这符合世界经济发展规律。世界上除了日本之外，各国有限责任公司的数量都是最多的。在我国有限责任公司也发展最为迅速。但我国没有经过私有化，中小私有者甚至大私有者，都是通过优惠政策白手起家的。这“无中生有”多少令人有些怀疑。中国人的生财能力在国有企业老总纷纷落马的现象背后也许能够找到一些答案。

无限公司和两合公司在俄罗斯立法上和实践中都获得了一席之地。根据有关资料统计，俄罗斯 2002～2005 年的无限公司数量依次为 494、520、531、482 家；两合公司的数量依次为 597、688、706、697 家。从这一统计数据可以看出，无限公司数量保持在 500 家左右，两合公司保持在 700 家左右，稳中有降。虽然与 17 万多家股份公司和 130 万多家有限责任公司比起来是微不足道的，但仅就两种公司的数量而言，仍然是不小的，可见仍有其现实的需要。[27]

在中国近代历史上，无限公司曾发挥巨大作用。无限公司的数量仅次于股份有限公司。1928～1947 年 6 月底，历年登记设立的 8088 家公司中，无限公司为 1207 家，占 14.9%。1915 年全国共有注册公司 941 家，其中两合公司 67 家，占总数的 7.1%。股份两合公司相对少些，有 24 家。但公司的重要性并不能以数量的多寡来评判。著名的荣氏企业，从 20 世纪初建立至 1946 年改组为股份公司之前，一直为无限公司组织形式，为家族企业的发展作出了贡献。[28] 就是总数最少的股份两合公司，

---

〔26〕 同注 21 引文，第 11 页。

〔27〕 俄罗斯在公司数量上可谓突飞猛进，因为在 1990 年代中期，俄罗斯有限责任公司只有 50 万家，股份公司只有 3 千家左右。参见［俄］B. Ф. 波波多布洛、B. Ф. 雅克夫列娃主编:《商法》，法律（СТАТУТ）出版社 2004 年版，第 71 页。

〔28〕 张忠民:“近代中国公司的类型及其特点”，载《上海经济研究》1999 年第 2 期。

虽然只有二十几家，但从其诞生之时起至20世纪40年代一直运行良好。

1993年，我国制定公司法过程中也曾遇到要不要规定四种公司形式的问题。全国人大法律委员会关于《中华人民共和国公司法（草案）审议结果的报告》（1993年12月20日）中指出："有委员提出，外国有的公司法的调整范围还包括无限责任公司和两合公司，是否应作出规定。我们研究，根据当前我国公司的实际情况和今后发展的需要，主要应该规定有限责任公司和股份有限公司……在国外，大量的、主要的也是这两种公司，无限公司、两合公司的数量则越来越少。因此，草案只对有限责任公司和股份有限公司作了规定，对无限责任公司、两合公司以及其他公司形式，在公司法中暂不作规定。如果有些经济组织需要承担无限责任的，可以依照《民法通则》有关合伙组织的规定处理。"2005年新修订的《公司法》仍然坚持只规定有限责任公司和股份公司两种形式。"中国公司法在公司种类的选择上可以说具有前瞻性，是应该肯定的。"〔29〕但笔者认为，这种说法值得商榷，因为一种公司形式是否重要并不能仅凭其数量认定，有时一个企业可能决定某个国家的某一产业发展的总体水平。

另外，要提出的是我国不仅在《民法通则》中规定了合伙，还在《公司法》颁布施行之后又颁布了《合伙企业法》和《个人独资企业法》，基本可以满足直接控制企业经营并愿意承担无限连带责任的投资者设立企业进行经营的需求。2005年新修订的《合伙企业法》又规定了特殊的普通合伙企业和有限合伙企业，增加了有限合伙，使同一企业中既有承担无限责任的普通合伙人，也有承担有限责任的投资者。从表面上看，既有经营者承担无限责任的合伙企业，也有股东承担有限责任的有限责任公司，似乎能够满足商业经营者选择企业形式的需要。其实不然，现代公司制度对人的影响既有实际的，也有心理上的因素。

我们生活在一个公司化的时代，无论怎样的合伙企业都不能取代公司的地位，哪怕这个公司是个无限责任公司或者两合公司。因此，中国立法只规定两种公司，这种立法上对公司种类的悭吝仍然是一种限制理念在起作用。经营者的自由包括选择设立公司种类的自由，都掌控在立法者手中，好像他们坐在办公室里比在商场上拼争的商业人士更知道经营者需要什么。这是一个表面上是而实际上不是公司法上的问题。当然，这些问题也不能仅仅通过公司立法即能得以解决。

---

〔29〕 王保树主编：《中国公司法修改草案建议稿》，社会科学文献出版社2004年版，第84～85页。

四、国际法

司法创制对欧洲一体化的推动*

米　健**

一、欧洲联盟（以下简称欧盟）的实质

1992年12月11日，欧洲共同体（以下简称欧共体）的一个新条约，即《马斯特里赫特条约》在荷兰小城马斯特里赫特签订。在同时举行的欧共体第46届首脑会议上，建立欧洲政治联盟和经济货币联盟的《欧洲联盟条约》以下简称《欧盟条约》得到通过，欧洲联盟正式建立。可以说，欧洲联盟是自20世纪50年代初欧洲一体化进程开始至今所达到的最高形式。但是，欧洲联盟在法律上究竟是一个什么性质的组织？要想明确回答这样一个问题，那就当然要从欧盟的起点，即从1951年4月18日《欧洲煤钢共同体条约》的签订开始考察。1951年的煤钢共同体是现今欧盟的发源，在此6年以后，在此共同体基础上，根据1957年的《罗马条约》又成立了欧洲经济共同体和欧洲原子能共同体。10年后，即1967年，这三个共同体又合并为欧洲共同体，其成员国从最初的6个增加到15个。从此，一个不可忽视的国际组织——欧洲共同体进入世界历史舞台，开始在国际事务中扮演着举足轻重的角色。可以说，从欧洲煤钢共同体到欧洲共同体，欧洲一体化达到了第一个跨越，即从特定经济领域的共同体转化成一个全面的经济共同体。到1992年，随着《马斯特利赫特条约》的签订，欧洲一体化又实现了一个巨大飞跃，即从一个主要是经济上的共同体转变成为一个政治经济联盟。到了1999年，《阿姆斯特丹条约》签订，欧盟一体化的纬度进一步扩大到社会政策、移民政策、人权法治和社会治安、防止犯罪等，从而将一体化又推进到了一个新的阶段。2000年12月11日，欧盟首脑会议通过了旨在改革欧盟机构、实施欧盟东扩的《尼斯条约》，从而为欧盟在组织上的扩大和生命活力的增加奠定了基础，于2004年6月18日在欧盟布鲁塞尔首脑会议上通过，当年10

---

* 本论文为执行中国政法大学“中国—欧盟欧洲研究中心项目”（Contract Number：ESCP/G003 - CUPL - 05）的研究成果。

** 中国政法大学教授。

月29日在罗马签署的《欧洲联盟宪法条约》，则标志着欧洲一体化又推进到一个新的历史阶段。

由上可知，欧洲联盟是欧洲共同体发展到新的历史阶段的产物，是欧洲一体化的进一步实现。然而，我们必须看到，即使如此，欧盟的本质仍然没有脱离当时设计的主导思想，即一个以具有主权的独立民族国家为单位，能够体现共同政治经济利益的区域性联合组织。表面上看，欧盟似乎是一个由多个主权国家在国际法层面上联合构成的一个实体。但是如果严格地按照传统国家学说去分析，又会发现它和传统国家理论上所说的国际法主体又有很大差别，无论是从该实体的组织基础或法律基础还是组织制度和组织结构上来看均如此。[1] 正因如此，欧盟的发展必将是各个成员国家和欧盟整体利益不断发生冲突但又不断予以调整的过程，换言之，欧盟的发展必然是在矛盾冲突中进行，而调节这种矛盾冲突的一个核心制度设置就是欧洲法院。因此，如果没有欧洲法院就不会有欧盟的共同体生活秩序，就不会有欧盟继续发展的条件，更不会有欧盟的未来理想目标。在此意义上可以说，欧洲法院不仅是欧盟的发动机，而且还是欧盟的平衡器和安全阀。

但是如前所述，无论如何欧盟的本质决定了它不是一个独立的国家实体，它是由不同独立民族国家构成的共同体。因此，它不可能像一个独立的国家实体那样建立和实现其管理。具体说原因有：①在政治上，欧盟的成员国仍享有基本主权，仍然是独立的国际法主体，成员国保留着对外事务的最终处理权；相反，欧盟理事会（The Council of the European Union）和欧洲理事会（The European Council）的设置与作用虽然表明了欧盟作为在政治上高度一体化的具有类似于国家管理职能的政府间组织，但其权力有很大的局限。欧盟理事会由各成员国部长级代表组成，对派出的国家和政府负责；欧洲理事会由欧盟成员国政府首脑及欧盟委员会主席组成，某种程度上发挥着欧盟最高权力机关的职能，它可以决定欧盟最重要、最根本的政策方针和原则事务。②在经济上，虽然欧盟的最初设想是建立一个体现和实现共同经济利益的国家间联合组织，但是每个成员国从来都是以自己国家的经济利益为出发点，目标也是通过欧盟这样的区域性组织获得欧盟内外的最大经济利益，而欧盟至今仍没有其本身经济利益可言。欧盟的经济利益职能还原为成员国经济利益方才存在。如果欧盟的经济利益不能还原为成员国经济利益，那么必然会导致欧盟内部的利益冲突乃至危机。③在军事上，欧盟没有足以表明其独立军事存在的军队，虽然有主要欧洲国家参与的北大西洋军事同盟，但它既不是专属于欧盟的，也不是一个独立实在的军事体系。2000年欧盟两个主要国家德国和法国在斯特拉斯堡成立的德法军团，其象征意义远远大于其实际意义。与此成为对应，成员国都保留着自己支撑和维护国家利益的最后手段——军事力量，而且这种保留根本不受欧盟的支配。④在法律上，欧盟虽然有自己的立法机构，如欧盟理事会和欧洲理事会及其下属的具有法律创制职能的各个委员会，但由于它没有一个像主权国家那样的最高权力机构，故它的立法权限和立法范围是十分有限的。进一步说，它的制定法法源非常有限，

---

〔1〕 Mattias Pechstein, Christian Koenig, *Europaesische Union*, 3. Auflage, Mohr Siebeck, 2000, Tuebingen, S. 29ff.

欧盟内部大部分法律关系及其对外法律关系的调整实际多是通过欧洲法院的司法创制予以完成。⑤在文化上，欧盟内部诸多民族国家各有其自身的文化历史传统。起初，在10个创始国之间这种历史文化传统的差异还不十分突出，但是随着欧盟的东扩和此后继续不断的扩大，具有迥然不同的文化历史传统的一些国家陆续加入欧盟，使得欧盟内部因历史文化传统不同而发生价值观念、道德观念、生活方式观念等矛盾冲突越来越多、越来越频繁。所有这些因素都表明欧盟虽然是一个越来越高度一体化的区域性国家联合组织，但仍然没有进化到一个具有独立主权和完整国家管理体系的国家。理解欧盟的政治、法律制度，应该以此为前提。[2]

二、欧洲法院在欧盟中的地位及其在欧洲一体化进程中的作用

欧洲法院是欧洲联盟的最高司法机关，其根本职能是通过对欧洲共同体或欧盟条约的解释和适用实现欧盟法律并建立欧盟内部的法律秩序。[3] 它是在各成员国协商一致的基础上，原则上由每一个成员国派出一名法官组成。为配合法官工作，另有9名检察官组成，任期6年。[4] 为保持法官的中立和独立，欧洲法院的法官可以连任，但每3年要轮换一半。欧洲法院院长由全体法官共同推举，任期3年。根据最初的《欧共体条约》和后来《欧盟条约》的有关规定，欧洲法院的主要职能是实现和保障欧洲法律。其中，首先是有关欧共体和欧盟成立的条约，各成员国签订或参加的条约；其次是共同体各机关依其职权制定的各种其他法律。[5]

欧洲法院的发展有其长久的历程，它的产生最早可溯源于欧洲煤钢共同体。根据欧洲12国于1951年4月18日签署的《欧洲煤钢共同体条约》第7条，该共同体设置了一个共同体法院，此即欧洲煤钢共同体法院（1952~1958年）。该法院属于当

---

〔2〕 有关欧盟的法律性质，至今仍是学者们争论不休的问题。佩希斯坦因、科尼格的《欧洲联盟》一书中对此有较为全面的概括和阐释。参见注1引书，S. 49ff.

〔3〕 参见《欧洲煤钢共同体条约》第7条和《欧洲经济共体条约》第164条。

〔4〕 Schweitzer，Hummer，*Europarecht*，Luchterhand，1996，第141页。应该说明的是，按照最初《欧洲共同体条约》的规定，欧共体法院是由7名法官、2名检察官组成。参见《欧洲煤钢共同体条约》第32、及相关附件和《欧共体条约》第165、166条。但是，1985年英国和葡萄牙加入欧盟时，欧共体对此进行了修改，法官人数增加至13名，检察官人数增加至6名，后来《马斯特里赫特条约》第165条沿用此规定。1995年，奥地利、芬兰和瑞典加入欧盟，法官人数增加至15人，检察官人数增至9人。关于法官人数，《欧共体条约》和《欧盟条约》在第165条第3款中均规定有余地，即必要时经欧洲理事会一致同意可以增加法官的人数。原则是每个成员国均得有一个法官席位，故欧洲法院法官的人数到2006年为25名。目前，欧洲法院由6个法庭组成，其中两个法庭分别由7名法官组成；两个法庭由3名法官组成，两个法庭由4名法官组成。实际人数已经远超出《欧共体条约》最初的规定。实践中，为了操作更有效率，普通案件的法庭审理一般由3或5名法官组成合议庭，全体法官参与的大审判庭也最多13名。

〔5〕 成员国或组织之间发生纠纷，欧洲法院得根据当事人一方的要求组成全部法官参加的大审判庭或由3人或5人组成的审判庭予以审理，并以不公开多数决议的原则作出判决。法院最初的工作语言是法语。但是，随着欧洲一体化的不断深入，欧洲法院的工作语言越来越成为一个大的问题，甚至成为一个负担。进入欧盟阶段以来，特别是2004年欧盟地理大扩张之后，按照《欧盟条约》的有关规定，现在欧盟的官方语言已经从11种增加到20种。欧盟各成员国对于欧洲法院的司法判决以统一的文本予以送达基本没有什么争议，而与此同时，欧盟的原则是尊重各成员国的权利，故具体案件的判决决议均须以所有成员国语言在公报上予以发布。毫无疑问，这是一个巨大的困难。

时共同体的四个主要机构之一，足见其重要地位。[6] 此后，依照这种模式，1958 年成立的欧洲经济共同体也设置了欧洲经济共同体法院。[7] 直至 1993 年，根据《马斯特里赫特条约》以新的欧洲法院取代之，欧洲法院至此发展到了一个新的阶段。当然，其管辖权只限于共同体法规定的范畴。

应该指出的是，在欧盟司法体系中，长期以来没有法院管辖领域的具体划分，也就是说没有各个专门法院。所以，欧洲法院实际一直表现为一个综合性的司法机关，其管辖范围包括成员国行为的司法审查（《马斯特里赫特条约》第 169 条），行政法院（《马斯特里赫特条约》第 173、175 条），民事法院（《马斯特里赫特条约》第 178、215 条第 2 款）和仲裁法院（《马斯特里赫特条约》第 169 条）。但是这种局面最近几年开始慢慢发生变化。例如，从欧盟发展阶段性特征来说，2004 年的欧盟发展主要表现为地理上的扩张，但在 2005 年，欧盟的发展则主要表现为在地理扩张之后的机构扩大。在此过程中，欧盟理事会 2004 年 11 月 2 日决议新设欧盟公共服务法院，这显然是对长期以来单一综合司法体系的一个突破，可以看作是欧盟组织机构上的一个重要步骤。从制度上看，这个法院实际是根据欧盟《尼斯条约》第 225 条在欧洲法院体系内的欧盟一审法院层面上设置的第一个专门法庭。它负责对所有共同体与共同体公务人员之间的法律纠纷，实际是欧盟一审法院的扩张，而且预示着未来欧盟专业法庭的开端。[8] 该法庭现有 7 名法官，设立后立即着手制定诉讼程序规则并且作出了第一个判决。2006 年该法庭处理了 53 件当予管辖的案件。整个欧洲法院在 2006 年审理案件 546 件，同时 2007 年又受理案件 537 件以上。[9]

在原来的欧洲共同体中和现在的欧洲联盟组织结构中，欧洲法院属于四个重要机关之一，虽然并不占据首要的地位，但在整个欧洲一体化进程中，欧洲法院所起到的作用是欧盟内部任何其他组织机构都无法取代的。可以说，没有欧洲法院就没有共同体和欧盟的发展，就没有至今仍然前行的欧洲一体化进程。所以，欧洲法院的作用无疑十分重要。实际上，它从一开始就被视为一个“一体化发动机”（Integration smotor）。[10] 不过，对于欧盟和欧洲一体化来说，欧洲法院的作用之所以如此关键，是因为它在实践中不仅起着“一体化发动机”的作用，而且还发挥着一个“一体化传动机”的作用。欧洲法院在欧盟各个组织机构之间前后联络、左右斡旋，消除误解并化解矛盾；在欧盟与各成员国之间承上启下、上传下达，消减冲突并落实行动。如果没有欧洲法院这个齿轮传动机，欧盟的运作、欧洲一体化的许多步骤和活动是不可想象的。

---

〔6〕 关于最初欧洲煤钢共同体法院的一些思路，后来大部分都被欧洲经济共同体法院延续，乃至于后来为欧洲法院所继续。详细规定可参见《欧洲煤钢共同体条约》第 31～45 条以及《欧洲经济共体条约》第164～188条。

〔7〕 根据 1957 年 3 月 25 日欧洲经济共同体发起国签署，1958 年 1 月 1 日实施的《欧洲经济共同体条约》，即《罗马条约》第 4 条第 1 款，该共同体设置了一个共同体法院。参见 Christian Kohler，Andreas Knapp，“EuGH Rechtsprechung zum Privatrecht 2005”，*ZEuP Zeitschrift für Europäisches Privatrecht* 2007. 2.

〔8〕 同注 7 引文。

〔9〕 2007 年约受理 140 件此类案件。See *ZEuP Zeitschrift für Europäisches Privatrecht*.

〔10〕 Schweitzer，Hummer，*Europarecht*，Luchterhand，1996，S. 133ff.

欧洲法院在欧盟和欧洲一体化中的作用可以从以下几个方面予以说明：

1. 保证欧盟条约的实施，实际推动一体化进程。欧洲法院最主要的任务和最终的目标就是保障《欧盟条约》的实施，切实推进一体化进程。如前所说，欧洲法院实际就是一个安全屏障，只要发生有碍一体化进程的事件或事实，欧洲法院就会介入。在欧洲一体化和欧盟发展的许多重大事件上或重大场合中，欧洲法院都扮演了极为关键的角色。从《欧洲煤钢共同体条约》到《欧盟条约》都明确规定了欧洲法院实现和保障欧盟法律的职能，这个规定本身已经非常明确地预见了欧盟司法判决的能动或创造因素。[11]

2. 行使司法审查权，监督欧盟各机构执行《欧盟条约》，保证欧洲一体化在《欧盟条约》既定的方向上发展。欧盟虽然不是一个传统意义上的国家实体和国际法主体，但根据《欧洲共同体条约》第230条的规定，欧洲法院可对欧盟议会和欧盟理事会共同制定的法令的合法性予以审查，也可以对欧盟理事会、欧盟委员会、欧盟中央银行以及欧盟议会制定的旨在对第三方直接产生法律效力的法令的合法性予以审查。此外，根据《欧洲经济共同体条约》第173条，欧洲法院对于欧盟委员会发布的决定、决议乃至通告，只要它认为其有法律约束力，就有权对其合法性进行审查，并在必要时宣告其无效。除了行政规章以外，欧洲法院对欧洲议会所制定适用于成员国的法律也有权进行司法审查。如此一来，欧洲法院显然就具有了类似宪法法院的职能。[12] 不仅如此，欧洲法院有权对成员国所通过的法律措施进行审查。在欧洲法院看来，欧盟是一个基于法治原则建立的共同体，因此成员国和欧共体的机构都必须本着《欧盟条约》的精神和原则制定其法律规章及其相应措施，而欧洲法院理所当然地对此有司法审查权。

3. 对内联络沟通欧盟各组织机构，化解机构之间的各种内部矛盾，保证欧盟组织整体的正常运作。在欧洲一体化和欧盟发展的过程中，欧盟各组织机构之间、各成员国之间以及成员国与欧盟之间不可避免地发生着各种各样的冲突与矛盾。在这重重矛盾与冲突中，欧洲法院通过它的司法活动起到了联系沟通欧盟各组织机构和欧盟与各成员国的作用，如协调沟通欧盟理事会与欧洲理事会关系、欧盟委员会和欧盟各个机构之间的关系等，从而建立和保障了欧盟与欧盟各成员国之间的法律联系，平行和垂直地推动欧盟法律与政策的实施，落实与实现欧盟的步骤和目标，从而推动欧洲一体化的顺利进行和欧盟的进一步发展。

例如，根据《欧盟条约》的有关规定，欧洲法院不仅可以对遭受非法行为侵害的欧盟机构提供司法救济，而且还可以受理对不作为行为提起的诉讼。《欧盟条约》第175条第1款规定："如欧盟议会、欧盟理事会或者欧盟委员会违反本条约的规定不作为，成员国和其他欧盟机构可以诉至欧洲法院，以认定其行为违法。"该条允许欧盟议会作为欧盟的一个机构，对欧盟理事会和欧盟委员会的不作为行为提出诉讼。1983年，欧盟议会首次行使了这项权利，将欧盟理事会诉至法院，理由是理事会没能按条约的要求采取适当的运输政策。此外，《欧盟条约》第175

〔11〕 同注10引书，第621页。

〔12〕 同注10引书，第134页。

条第3款还授权个人和公司在欧盟机构不作为时，向欧洲法院提起诉讼。例如，欧洲法院对奥地利大学入学事件的受理与审判，就是一个在特定领域关系到一体化进程的案件。[13]

4. 对外推行欧盟的观念与政策，维护欧盟的政治经济利益，确保欧盟在国际社会中的地位。在过去的50多年里，欧洲一体化进程经历了风风雨雨，有来自于内部的矛盾冲突，也有来自于外部的挑战干扰。欧洲法院除了在解决自身内部矛盾中发挥着重要作用外，还在处理排除外部挑战和干扰方面起着重要的作用。2006年欧盟法院大审判庭作出的“乘客姓名记录案”（Passenger Names Records）判决也获得了欧洲国家良好的反响。这一判决否定了欧洲理事会与美国签署的关于飞机乘客记录移送的国际协定，从而在某种程度上保护了欧盟成员国国家信息数据利益。[14] 而2007年9月17日，欧洲初审法院对美国微软垄断行为作出的判决，更是突出表明了欧洲法院在国际社会经济生活中所起到的积极作用。[15]

5. 通过判决实现司法创制，落实与规范欧盟法律框架内各种具体的法律关系，保障欧盟法律统一和欧盟法律秩序的建立。根据《欧盟条约》的规定，欧洲法院得根据自己对法律问题的理解作出判决。除了它针对具体案件能够作出自己的判决外，还有一个颇有意义的预先裁决（preliminary ruling）权。所谓预先裁决，是指根据成员国法院的请求，对该法院正在审理的案件中涉及欧盟法令的含义及其合法性问题进行审查并作出裁决。根据《欧盟条约》第177条的规定，预先裁决的范围包括：有关欧盟条约的解释；欧盟机构和欧盟中央银行制定的法令的效力和解释；对按欧盟理事会法令设置的机构所制定的法令进行解释。预先裁决的目的在于保障欧盟法的统一性，使欧盟法在各种情况下，在所有成员国保持相同。由于在欧盟范围内缺乏有力的联邦机构或欧盟范围内的上诉法院，预先裁决就成为保障欧盟法得以统一执行的重要手段。其实，从本质上看，预先裁决是成员国法院和欧洲法院之间的一种和谐化方式。欧洲法院的预先裁决对于申请裁决所涉的当事人具有

---

〔13〕 这是一个引起欧洲许多国家关注的案件，主要涉及奥地利接受外国学生的有关政策问题。它虽然发生在教育领域，但却有着普遍深远的意义。因为它一方面涉及欧盟的政策和整体利益，另一方面又关系到成员国的个别利益，在欧盟整体利益和成员国个别利益发生冲突的情况下如何解决问题的事例。对此，奥地利曾向欧洲法院提出了其所谓的十点愿望。详细论述可参见 Der Standard，2005年4月12日。

〔14〕 See *ZEuP Zeitschrift für Europäisches Privatrecht*, 2007. 4.

〔15〕 欧盟位于卢森堡的欧洲初审法院于2007年9月17日对美国微软公司反垄断案作出的判决，使欧盟与微软之间持续近9年的反垄断之争告一段落。这是迄今为止欧盟历史上反垄断的第一大案，而且是针对美国微软公司的，故引起世界范围内的广泛关注。此案起于1998年12月美国太阳微电子公司首先向欧盟反垄断执法机构——欧盟委员会投诉微软公司。该公司指控微软意图利用其在个人电脑操作系统市场上的绝对优势排斥其他服务器软件制造商。2004年3月24日，欧盟委员会认定微软公司滥用市场优势地位成立，要求微软公司在90天内提供不带自身媒体播放器的“视窗”操作系统版本，并在120天内向服务器软件行业的竞争对手公开相关技术信息。此外，欧盟委员会还对微软公司开出了4.97亿欧元的巨额罚单。2004年6月7日，微软公司向欧洲初审法院提出申诉，要求推翻欧盟委员会的决定。2004年7月，微软公司先支付了罚款，年底其请求被驳回。此后，虽然微软作出妥协姿态，但是欧盟委员会并没有放松对其垄断行为的审查，而且一度作出新的处罚决定。直至2007年9月17日，欧洲初审法院作出判决。

约束力，提出预先裁决申请的法院应在其申请裁决案件得到预先裁决后，即有义务予以遵行。

6. 通过其司法判决给予各成员国以方针政策性的指引。其实，这是欧洲法院通过欧盟司法判决所发生的最为核心的作用。欧洲法院以其判决向所有成员国表明欧盟的基本立场和态度；表明欧盟是一个法律共同体，在这个共同体内，有一个法律秩序真实和现实地存在；表明欧盟各成员国之间存在一种共同利益。每当欧盟成员国之间就某一规则或制度的制定争执不下、悬而不决时，欧洲法院的司法判决往往就起着定分止争、平息众议的作用。

7. 欧盟通过其法院的司法创制所获得的成果最为重要和实际的是它实现了一种法律的续造。欧洲法院实现这种续造首先是通过对条约的解释和适用，其次是通过对既有法律的漏洞和不足予以明确和填补。这是欧洲法院在履行其职责、实现其功能，即在实现法律过程中自然而不事声张地完成的使命，而且是十分关键的使命。就此而言，欧洲法院的司法创制具有非常普遍和深远的启示意义。

总而言之，欧洲法院的司法创制实际上是在超民族国家立场上完成的法律实现，因而能够成为欧盟不断发展、欧洲一体化不断深入的发动机和传动机。我们完全可以说，它实际是欧洲一体化进程中第一顺位、第一重要的一体化因素。

三、欧洲法院司法创制的理论基础

欧洲法院的法律创制直接导致了西方法治国家基本原理上的一个矛盾，即如果在制度上完全确认欧洲法院在欧盟内外事务中的司法创制权，那么就意味着原本用来制约监督行政执行权的司法机构本身也具有了立法权，这样传统的西方法治三权分立格局就被打破。正是在这个意义上，欧盟内部许多人对欧洲法院的司法创制权始终持反对态度，而且在学界也有很大争议。那么如何解释欧洲法院的司法创制权，以避免传统的、深入人心的，经历史证明是合理必要的三权分立理论不被突破？这是现今欧盟内部正在讨论的问题。

对此，可从以下几个方面予以说明：

1. 欧盟不是一个国家，不是一个具有完整国家管理体系的政治实体，因此不能用传统国家学说来评价和设计欧盟。如前所述，虽然欧盟看上去具有某些国家实体和国际法主体的特征，但是它毕竟还不是一个严格意义上的国家。它是一种超国家的国家联盟组织，故不能用传统的国家学说和相关理论去评价和要求它。进一步说，三权分立这样的国家学说不应适用于欧盟。

2. 欧洲法院虽然具有非常广阔的法律创制空间，但是这种法律创制空间里产生的法律不是原生或一般的法律渊源，而是派生和辅助的法律渊源。其法律创制实际上是在法律实现过程中，即在对既有法律解释和适用过程中产生的。换句话说，它在任何情况下都是居于立法机关之后的次位法律创制，一般都是对立法机关既有立法的补充和延展。在欧盟法律制度框架内，全部法律渊源可以概括为两大类，其一是共同体基本法源（Primaeres Gemeinschaftsrecht），其二是辅助法源（Sekundaeres Gemeinschaftsrecht）。

前者是指成立欧共体或欧盟的几个基本条约，其实也是准宪性条约；[16] 后者是指在欧盟基本条约基础上产生的法律文件和措施（Rechtsakten，Massnahmen）等。[17] 根据《欧共体条约》第177条，欧洲法院有权对欧共体的基本法和辅助法（Primaerrecht，Sekundaerrecht）作出有最终拘束力的解释。因此，欧洲法院的大量司法解释实践对于正确理解欧共体法的许多规范是不可或缺的。[18]

3. 从欧盟的整个制度设置来看，欧洲法院的地位并没有突破三权分立原则。在欧盟的四个主要组织机构，议会、理事会、委员会和法院中，它显然是与立法和行政平行的机构，它在实践中最多是与立法机关并行。这种制度设置决定了欧洲法院虽然在实践中会起到补充立法的作用，而且欧盟存在和运作的特殊性使其司法创制的空间更为广阔，但它永远不会超越立法机关而成为主要的法律创制机关。

四、欧洲法院司法创制与欧盟法律实现

任何法院都是为了实现法律而设置，欧洲法院也不例外。不过，由于欧洲法院较之于国内法院的司法创制权更为广泛，故欧洲法院实现法律在相当程度上表现为自我实现，即自己创制、自己实现。这与国内法院实现法律形成一个鲜明的区别。但是问题在于：欧洲法院实现法律与国内法院实现法律还有一个重大区别，即国内法院实现法律是直接的、自力的，即作出判决后即可付诸执行，而且有国家强制力的保障，而欧洲法院则不然，它实现法律是间接的、他力的，即它作出判决后不能自己付诸执行，它没有自己的执行机构及某种强制力的保障，其执行必须依赖于成员国国内法院协助执行，这与欧盟的实质是相应的。所以，欧洲法院实现法律的职能与国内法院的职能是有差别的，这也是必须看到的。那么，欧洲法院的司法创制如何转化为有效的法律实现，这才是欧洲法院乃至欧盟必须要解决的问题。也就是说，这个问题解决得越好，则欧洲法院的司法创制才越能表现出对于欧盟发展、欧洲一体化的积极作用。

欧盟法律的实现因其法律渊源构成不同而大体通过两条途径，其一是欧盟立法机构的立法即制定法直接进入成员国国家法律体系之中，即转化成为成员国国家的法律而得以执行实现；其二是欧洲法院以其具体的判决即司法创制表达欧盟的意志，并使之成为成员国法院接受的判决进而予以执行。在第一种情况下，欧盟法律作为一个已然获得欧盟各成员国承认的法律渊源，理论上在各成员国中得直接适用并有优先于成员国国内法适用的效力。不过在实践中，其效力转换要视具体国家而定。

---

〔16〕 其中包括：1951年欧共体发起国在巴黎签署的《欧洲煤钢共同体条约》、1957年在罗马签署的《欧洲经济共同体条约》和《欧洲原子能共同体条约》以及《欧共体成员国关于成立共同体条约的约定备忘录和进一步说明》；关于成立欧共体条约的修改，特别是1965年合并条约、各个参与条约、1986年EEA条约、1993年《马斯特里赫特条约》等；最后，还有各个成员国对于《欧共体条约?的约定备忘录和延伸解释等。

〔17〕 由欧洲共同体各个机构发布的和基于欧共体基本法源权力而发布的法律文件；根据《欧共体条约》第189条而由欧洲议会和欧洲理事会发布的法律文件；欧洲理事会单独发布的法律文件；各个委员会发布的法律文件。

〔18〕 Frank Emmert，*Europarecht*，Verlag C. H. Beck，1996，S. 134.

在一些奉行国际法与国内法一元论的国家中，如法国，欧盟法律不需特别转换程序即可以直接进入法国法体系而得以执行；但在奉行国际法和国内法两元论的国家中，如德国，欧盟法律必须经过特定的转换程序，否则不能直接进入国内法体系而付诸执行。当然，这是一个始终有争议的问题，但在实践中却是一个非常实际的问题。在第二种情况下，欧洲法院的判决虽然理论上具有直接约束成员国的效力，但是实践中并非那样简单。

五、司法创制与法律进步

从司法创制在欧洲一体化进程中所发挥的积极和重要的作用来看，我们可以这样说，如果没有欧洲法院的司法创制，没有欧洲法院对于欧洲一体化实际进程的推动与保障，我们现在所达到的欧洲一体化的程度以及欧洲联盟的今天都是不可想象的。换言之，"没有欧洲法院，没有欧洲法院司法判例作为一种具有拘束力的法律渊源，欧洲法和欧洲一体化的发展是不可能的。因为欧洲法院将共同体法从欧盟条约的国际法基础上解脱出来，并且将其原则在一种公共的共同生活广阔领域角度予以把握和运用，从而推动着欧盟基本结构的发展。"〔19〕 欧洲法院原院长库彻尔（Kutsscher）曾说，在一个被理解为法律共同体的共同体中，必须赋予其法院以实质性的使命。〔20〕 而他所说的"实质性使命"用一句话来说，就是要有充分的法律创制空间。其实，正是司法创制的机动、及时、有效、实际，才切实推动和保障了欧洲一体化的进程，才有今天欧盟的法治机制和法律秩序。

其实，司法创制与法律进步的关系是一个久远的话题。尽管当今世界有大陆法和英美法两大法系，但从历史发展的角度来考察，可以清楚地看到，无论是大陆法系还是英美法系，其法律制度的发展进步都离不开司法创制，只不过表现的方式不同、依赖的方式与程度不同、作用的先后早晚不同而已。大陆法系早在罗马万民法时期就已经达到了判例法的最高峰，从而为后世历经数千年而不衰的罗马成文法奠定了基础，并又在此基础上发展出大陆法系。至于英美法系，由于各种原因，则自始至终地保持了案例法的传统，使得司法创制成为其固有的特征。但是无论如何，两大法系法制的发展都离不开司法创制这一途径和规律则是不争的事实。因此，欧洲一体化的发展、欧盟的发展同样借重司法创制就不足为奇了。

在当今大陆法系国家，除了立法之外，法律的实现和发展主要有两个途径，即法律解释和法律续造。在德国法官看来，由于法律解释学有给付能力的局限，即不能满足社会发展的现实需要，故法官必然负担起法律续造的义务，而且这种法律续造某种程度上已经是法官行为的特征。德国联邦最高法院院长早就对此明确地予以表达："法官作为一种中间权力，作为只是表达法律既有规定的口舌"，从一开始就

---

〔19〕 Tanja Hitzel-Cassagnes, *Der Europaeische Gericht*: *Ein europaeissche "Verfassungsgericht"*?, Politik und Zeitgeschichte（B52～53/2000）.

〔20〕 Torsten Stein, "Richterrechtwie anderswo auch? ——Der Gerichtshofder Europaeischen Gemeinschaften als Integrationsmotor", *Richterliche Rechtsfortbildung - Erscheinungensformen*, *Auftrag und Grenzen*, Festschrift der juristischen Fakultaet zur 600-Jahr-Feierder Ruprecht-Karl-Universitaet Heidelberg, C. F. Mueller juristischer Verlag, Heidelberg 1986, S. 619.

是一种虚构。对于法官来说，法律适用不只是意味着“单纯的逻辑归入”，法官必须要有一种“价值判断”，在这种判断中，他自然有一定的判断余地。[21] 他的这种理解和阐释，实际上非常清楚地说明了法官续造法律的必然性和必要性。原联邦德国最高法院院长盖斯更加明白地说过：“通过法官发展的法律续造如今已经成为现代法律秩序的一个必然的组成部分。无论是法律上的缺漏，还是全部未予规定的法律领域，都要求法官具有法律创制性地去工作。”因为没有任何一个立法者能够预见所有未来的法律利益冲突。所有的法律或是由于生活关系的多样性和复杂性，或是由于这种关系的变化转变而不可避免地具有或产生缺漏。法官的职责就是在不违背宪法原则的前提下，通过司法手段为所有这些生活和社会关系提供保护，所以法官续造法律不只是一种权力，甚至也是一种义务。如今，司法创制问题已经不是可不可以的问题，而是以何种方式和在何种程度上予以实现的问题。法官不再是法律的口舌，这个时代其实已经过去。[22] 在欧洲一体化进程中，在欧盟法院范围内，法官的司法创制职责尤其显得突出和必要，因为作为一个非国家的政治经济组织，一方面，其立法机关的作用自然有更大的局限；另一方面，其法律实现和法律创制的适度结合会提高和增强法律实现的效率与效果。

---

〔21〕 Gert Reinhart, "Rechtsvergleichung und richterliche Rechtsfortbildung Aus dem Gebietdes Privatsrechts", *Richterliche Rechtsfortbildung – Erscheinungensformen*, *Auftrag und Grenzen*, Festschrift der juristischen Fakultaet zur 600 – Jahr – Feierder Ruprecht – Karl – Universitaet Heidelberg, C. F. Mueller juristischer Verlag, Heidelberg 1986, s. 603.

〔22〕 Karlmann Geiss, *Rechtsfortbildung durch Richterrecht*, Regional Conference of Judges of the Caucasus, 2002 – 12 – 3, Tbilisi, Republic of Georgia.

德国当代私法体系变迁中的消费者法

——以欧盟法为背景

张学哲*

2002年，作为《德国民法典》核心的债法编，在施行了100多年之后，经历了一次极具深度的现代化改革。其中，消费者法扮演了十分重要的角色。一方面，近数十年来出台的大部分消费者单行法被融入了民法典；另一方面，私法上最重要的消费者保护手段，即消费者撤回权制度，在民法典中得到了统一规定。这一重大整合的起因与结果，是消费者法由游离于民法典之外的私法旁支，最终被接受为一般私法的内在组成部分。也就是说，消费者法在德国私法上经历了一个“从边缘到核心、从冲突到统一”的发展过程。应当说，这一改革结果并不令人吃惊，因为在近30年的债法改革讨论中，消费者法不仅始终是主要议题之一，而且是导致债法改革最终于2002年得以实现的直接原因，但消费者法仍然因此而再次成为立法与学界争议的焦点。争议的核心问题是如何协调消费者法与一般私法在价值观以及基本原则上的矛盾与冲突。本文拟就这一主题，以德国消费者法发展的背景与过程，尤其是其中欧盟消费者法所产生的作用和影响为线索，揭示德国消费者法以及整个私法的立法发展规律与趋势，以期为我国民法典的起草与消费者法的完善提供借鉴。

一、德国消费者法的发展背景

（一）出发点：消费者的保护需求

在一个市场中，消费者与经营者之间是相互依赖的关系：没有消费者，经营者无法有目的地经营；反过来，没有经营者，消费者的生活需求也无法得到满足。因此，根据传统的市场经济理论，在供需关系调整下，消费者与经营者之间的地位应当是平等的。[1] 正是基于这一平等理念，私法上确立了私法自治和合同自由原则，使市场各参与者（包括消费者与经营者）在通过合同关系实现交易目的时，对合同的内容享有平等的决定权。

然而，消费者与经营者在市场上的平等地位只是一种理论上的假想，事实上双方的地位并不平等。在与经营者的合同关系中，消费者往往处于弱者地位这一弱者地位，主要体现在智力因素与经济因素两个方面：智力因素方面，消费者对市场、

---

* 中国政法大学中德法学院教师，德国柏林洪堡大学法学博士。

〔1〕 参见道纳－利布（Dauner－Lieb）：《通过创设消费者特别私法对消费者予以保护》，冬克和胡木布劳特出版社1983年版，第53页；冯·希佩尔（von Hippel）：《消费者保护》，茂·斯贝克出版社1986年版，第3页。

产品和合同内容常常缺乏足够的、相应的信息，而导致在订立合同时容易受到经营者的影响，而在出现纠纷时，又常常由于缺乏法律知识，无法通过法律手段获得补偿〔2〕；经济方面，消费者相对于经营者，明显缺乏确定市场条件的能力。〔3〕经营者一方面可以通过拟定格式条款，为自己谋取有利条件并避免不利条件，另一方面可以与其他经营者联合，以限制竞争甚至控制部分商品的市场。而消费者则相反，面对的常常是已经打印好的合同文本，事实上并不享有参与确定合同内容的权利，而只能选择要么完全接受合同，要么放弃签订合同。

消费者之所以作为一个群体需要受到保护，是因为其弱者地位不是个别性的，而是结构性的。〔4〕首先，消费者处在一个不平衡的市场中，其无法与日益增强的供方集体力量相抗衡。由于各个消费者之间利益的不一致性，使得他们总是以个体的形式出现，而很难像劳工那样团结起来，以集体的力量与经营者在确定市场条件和合同内容方面相抗衡。〔5〕其次，消费者对生活需求的依赖，使得他只能接受全部合同条件，而不能放弃签订合同。这样市场机制实现的前提之一，即消费者不购买的自由，也由于人的基本需求问题而无法得到行使。〔6〕同时，市场不透明也给消费者带来更多的负担。

由于这一结构性的弱者地位，使得消费者要在订立合同时真正实现其合同自由和自我决定，十分困难。〔7〕为了解决社会上结构性的不平等问题，德国联邦宪法法院授权甚至要求立法者对结构性的不平等进行干涉，以保证私法自治原则在新的社

---

〔2〕在法律实践中，消费者很少通过法律手段维护自己的权利，相反，消费者常常是被诉方而不是起诉方。参见冯·希佩尔（Von Hippel）：《消费者保护》，茂·斯贝克出版社 1986 年版，第 4 页以下，第 39 页；科赫（Koch）：《消费者程序法》，米勒法律出版社 1990 年版，第 21 页。

〔3〕肯珀（Kemper）：《消费者保护措施》，诺莫斯出版社 1994 年版，第 60 页以下。

〔4〕《联邦宪法法院判例集》第 81 卷，第 242、255 页；《法学家报》（Juristische Zeitung）1990 年，第 691 页，由维德曼（Wiedermann）注释；《联邦宪法法院判例集》第 89 卷，第 214、232 页；《法学家报》（Juristische Zeitung）1994 年；肯珀（Kemper）：《消费者保护措施》，诺莫斯出版社 1994 年版，第 32 页；梅迪库斯（Medicus）：《与债法中的私法自治告别?》，1994 年版，第 14 页及第 22 页以下；幸格（Singer）："合同自由、基本权利及人类对自身的防范"，载《法学家报》（Juristische Zeitung）1995 年；托纳（Tonner）："欧洲民法发展中消费者法所扮演的角色"，载《法学家报》（Juristische Zeitung）1996 年。相反观点参见：策尔纳（Zoellner）："债务合同法的规则空间"，载《民法实务档案》（Archiv für die civilistische Praxis）第 196 卷（1996 年），第 1、9 页；罗特（H. Roth），"欧共体指令与民法"，载《法学家报》（Juristische Zeitung）1999 年。

〔5〕最典型的问题是"搭便车"问题，即消费者组织的成立和运作依靠其成员支付会费，但其所实现的消费者保护成就不是仅适用于该组织的成员，而是适用于所有消费者。不伦瑞克（Braunschweig）：《消费者及其代表》，科维乐和迈耶出版社 1965 年版，第 64 页以下；耶施克（Jeschke）：《市场经济中的消费者主导地位——理念、批评、现实》，冬克和胡木布劳特出版社 1975 年版，第234 页。

〔6〕肯珀（Kemper）：《消费者保护措施》，诺莫斯出版社 1994 年版，第 62 页；赖希（Reich）、米克里茨（Micklitz）：《欧共体各成员国的消费者保护》，巴登－巴登出版社 1981 年版，第 133 页。亦见托纳（Tonner）："欧洲民法发展中消费者法所扮演的角色"，载《法学家报》（Juristische Zeitung）1996 年。

〔7〕约格斯（Joerges）："消费者保护和民法的统一性"，载《股份公司杂志》（Aktiengesellschaft）1983 年，第57 页；罗特（H. Roth）："欧共体指会与民法"，载《法学家报》（Juristische Zeitung）；冯·希佩尔（von Hippel）：《消费者保护》，茂·斯贝克出版社 1986 年版，第 5 页以下。

会形势下的实现和其作用的发挥。[8] 这样由消费者结构性的弱者地位而产生的特殊的保护需求，就构成了消费者政策和消费者法的出发点。

在西欧，随着20世纪60年代以来经济的迅速发展和富裕程度的提高，形成了"消费社会"。[9] 消费社会中的市场较之以前要庞大、复杂得多，消费者在信息上的缺乏也更加明显，消费者就更容易丧失判断能力，从而在订立合同时更容易受到经营者的影响。这样在消费社会中，消费者的弱势地位更加凸显出来。因此说，消费社会的形成促进了消费者法的产生和发展。

（二）私法自治原则与德国社会模式的变迁

以民法典为主要表现形式的德国私法，植根于自由社会模式中，私法自治是其不容质疑的基本原则。根据弗卢梅（Flume）的经典定义，私法自治指的是"个人根据自己的意愿来设定法律关系的原则"。[10] 根据这一原则，合同各方参与者在市场上应享有同样的自由，可以自主选择合同对方，并按照自己的意愿确定合同内容。按照设想，他们可以并且应当通过"目的—代价—关系"（Zweck - Mittel - Relation）分析法理性地做决定，以最好地满足自己的需求。[11] 这样至少从长期来看，各个参与者的盈亏会得到平衡。也就是说，市场会按照自己的规律进行调整。国家的任务只是确定大的框架条件，以保证市场的正常运行。在这样一个私法体系中，不存在、不必、也不应当存在对某一个特定人群的特别优待。

然而，这一经济自由主义理念的实现存在两个前提，一是市场竞争完善，二是消费者作为一个成熟的经济人（homo oeconomicus）进行交易。[12] 而这两个前提并不符合现实。一方面，市场竞争在一般情况下并不完善；另一方面，消费者作为一个普通人，也不是总能理性地做出决定，而是常常易动感情、并容易受到影响的。这样经营者就有机会利用不规范的竞争和消费者人性上的弱点，单纯根据自己的意愿，对合同自由原则做出有利于自己一方的解释，其结果是使消费者合同自由的行使受到很大程度的限制。在这种情形下，私法自治原则就成为被少数资本拥有者利用来

---

〔8〕《联邦宪法法院判例集》第81卷，第242、255页；《法学家报》（Juristische Zeitung）1990年；《联邦宪法法院判例集》第89卷，第214、232页；《法学家报》（Juristische Zeitung）1994年；托纳（Tonner）："欧洲民法发展中消费者法所扮演的角色"，载《法学家报》1996年。

〔9〕迈尔－多姆（Meyer - Dohm）：《从经济学角度看消费自由》；米克里茨（Micklitz）："欧盟消费者法进一步发展的新概念的必要性"，载《消费者与法》（Verbraucher und Recht）2003年；冯·希佩尔（von Hippel）：《消费者保护》，茂·斯贝克出版社1986年版，第3页。

〔10〕参见弗卢梅（Flume）：《民法总论》第2卷，第1章第1节。

〔11〕参见道纳－利布（Dauner - Lieb）：《通过创设消费者特别私法对消费者予以保护》，冬克和胡木布劳特出版社1983年版，第52页以下；迪克（Dick）：《司法判决中的理想消费者》，赫伯特·乌兹出版社1995年版，第19页；肯珀（Kemper）：《消费者保护措施》，诺莫斯出版社1994年版，第33页以下。

〔12〕参见道纳－利布（Dauner - Lieb）：《通过创设消费者特别私法对消费者予以保护》，冬克和胡木布劳特出版社1983年版，第52页以下；迪克（Dick）：《司法判决中的理想消费者》，赫伯特·乌兹出版社1995年版，第13页以下；施密特（Schmidt）："从私法自治到社会自治"，载《法学家报》（Juristische Zeitung）1980年。

实现自己利益的手段，而大部分人的利益却在这一看似正当的挡箭牌下受到侵害。[13]

根据1949年《德国基本法》第20条第1款，当代德国的基本社会模式是社会福利国家制度。这样德国就从一个自由资本主义国家转化为一个社会福利国家，而社会福利国家的一个主要任务是保护弱势人群，减少社会不公，以实质的公平取代程序抽象公平。[14] 这样绝对的、程序的私法自治原则就不再适应社会福利国家制度，并从而需要受到相应的限制和调整。[15] 同时随着消费者的弱势地位得到普遍承认，消费者需要受到保护的思想逐步得到统一，社会福利国家维护社会公平的任务，也从法政治学角度为消费者保护提供了基础。

然而，这一为了保护消费者而对私法自治原则进行限制的思想，在法学界遭到了激烈的批评。批评者认为，消费者法将从根本上破坏一般私法的基本原则和体系，并且将阻碍商品与服务的自由交易。[16] 但是，这些批评忽视了一个重要的事实基础，即消费者相对于经营者的弱者地位，已经使其合同平等地位受到了损害。而以自我决定为表现的私法自治，只有在各方当事人地位平等的前提下才可能实现，并从而保障和促进商品的自由和公平交易。所以，私法上对绝对私法自治的限制，其根本目的不是通过对某一特定人群进行区别对待，从而破坏或放弃这一原则，而恰恰是为了调整合同双方事实上被破坏了的平等关系，恢复和重建双方实质的平等地位，以保障私法自治与市场自由交易的真正实现。这一精神也同样体现在《德国基本法》第2条第1款中，即自由应当依照“规则—例外—关系”来实现：每个人都享有同样的自由，但在行使自由权利时，不能侵害他人的权利或违背符合基本法精神的制度。[17] 因此，消费者法并不是对一般私法的基本原则的违背，相反是为了在新的社会模式下更好地实现这些原则。

（三）以世界消费者运动为背景

20世纪60~70年代，消费社会的产生和世界消费者运动的兴起，为各国消费者法提供了系统发展的机会，直接推动了消费者法在全世界的蓬勃发展。许多国家通过不同形式制定了消费者法，大部分国际性组织也将促进消费者保护作为自己的任务之一。

---

〔13〕 道纳－利布（Dauner－Lieb）：《通过创设消费者特别私法对消费者予以保护》，冬克和胡木布劳特出版社1983年版，第24页；赖夫纳（Reifner）：《选择性经济法：以消费者债务为例》，第31页；施密特（Schmidt）：“从私法自治到社会自治”，载《法学家报》（Juristische Zeitung）。

〔14〕《联邦宪法法院判例集》第45卷，第376、387页，援引《联邦宪法法院判例集》35卷，第202、236页；迪克（Dick）：《司法判决中的理想消费者》，赫伯特·乌兹出版社1995年版，第22页；雅拉斯（Jarass）、皮罗特（Pierroth）主编：《基本法评注》，贝克出版社，第20条，边码104以下；冯·明希（V. Muench）、库尼克（Kunig）主编：《基本法评注》第5版，第20条，边码37。

〔15〕 克斯特尔－瓦尔津（Coester-Waltjen）：“一般交易条款法之外的对合同内容的控制”，载《民法实务档案》（Archiv für die civilistische Praxis）第190卷（1990年），第17页；道纳－利布（Dauner－Lieb）：《通过创设消费者特别私法对消费者予以保护》，冬克和胡木布劳特出版社1983年版，第23页；迪克（Dick）：《司法判决中的理想消费者》，赫伯特·乌兹出版社1995年版，第33、39页。

〔16〕 如德雷埃尔（Dreher）：“消费者——欧洲与德国法歌剧中的幽灵？”，载《法学家报》（Juristische Zeitung）1997年；梅迪库斯（Medicus）：《与债法中的私法自治告别？》，1994年版，第32页以下。

〔17〕 参见策尔纳（Zoellner）：“债务合同法的规则空间”载《居法实务档案》第196卷（1996年），第1页以下。

这一世界性的大背景也促进了德国消费者政策的发展。在此之前，尽管消费者保护思想已经逐步得到承认，但在法政策上一直缺乏一个明确、全面的认知。在世界消费者运动的推动下，德国联邦政府通过两个“消费者保护政策报告”,〔18〕明确了其消费者政策。在第一个报告中，联邦政府决定采取国家措施，承担起改善消费者弱者地位的义务；第二个报告则重申了对消费者基本权利，即消费自由和合同自由权利的保护。通过这两个报告，联邦政府明确了其对消费者保护的态度，即消费者相对于经营者，处于弱者地位，其合同自由可能受到侵害，因此需要通过国家的手段予以修正。两个政策报告的颁布，在明确德国联邦政府的消费者政策的同时，也为后来消费者法的逐步系统制定打下了基础。

二、欧盟法影响下的德国消费者法的发展

经济发展、社会福利国家原则的实施以及世界消费者运动，构成了德国消费者法的发展背景。但直接影响并加速德国消费者法发展的因素，则是欧盟消费者法的促进。德国作为欧盟的一个重要成员国，其消费者法的发展与欧盟消费者法之间的关系极为密切。事实上，从时间上可以以欧盟法的介入为分界，将德国消费者保护法的发展分为两个阶段。

（一）欧盟法介入之前的阶段

欧盟法介入以前，消费者法在德国主要通过《德国民法典》中的一些原则性规定和少量的特别法体现出来。

1. 民法典中的原则性规定。《德国民法典》作为自由资本主义时代的代表性民事立法，其首要目的是将当时已经普遍认同的民法学说通过法典固定下来，并对已经颁布的法律进行统一。〔19〕它所代表的基本精神是当时占据统治地位的程序抽象平等和私法自治原则。与此相应，在法律技术上，《德国民法典》采取了个人主义的原则以及学术性的体系，即潘德克顿体系。这样民法典的出发点就是，各个主体都是平等的、有判断能力的，并且在法律行为中能够理智地、负责任地进行协商谈判的。〔20〕在这样的一部民法典中，缺乏对某一个特定弱势人群的特殊保护意识的体现，因为对特定人群进行特别保护的思想，不符合这一出发点和程序抽象平等原则。〔21〕基尔克（Otto von Gierke）〔22〕所提出的，在私法体系中“滴入社会主义的一滴油”，以保证合同公平的观点，并没有在私法立法过程中得到普遍的赞同。民法典的立法者没有将消费者作为一个需要保护的人群来看待。

---

〔18〕第一个报告公布于1971年10月18日，联邦议院印刷品（Bundestag – Drucksache），6 /2724；第二个报告公布于1975年10月20日，联邦议院印刷品（Bundestag – Drucksache），7 /4181。

〔19〕参见沃尔夫（Wolf）：“债法的发展和修订”，载《法政治杂志》（Zeitschrift fuer Rechtspolitik）1978年。

〔20〕卡拉里斯（Canaris）：“债务合同法的变化”，载《民法实务档案》（Archiv für die civilistische Praxis）第200卷（2000年），第290页以下；埃塞尔 – 施密特（Esser – Schmidt）：《债法》，第1章第1节。

〔21〕参见道纳 – 利布（Dauner – Lieb）：《通过创设消费者特别私法对消费者予以保护》，冬克和胡木布劳特出版社1983年版，第23页；德雷克塞尔（Drexl）：《消费者的经济自我决定》，茂・斯贝克出版社1998年版，第19页以下。

〔22〕奥托・冯・基尔克（Otto von Gierke）：《私法的社会任务》，柏林，1889年，第10页。

然而，合同主体之间实际上的不平等存在于任何一个市场上，也同样存在于德国19世纪末、民法典产生时代的自由资本主义市场上。这一不平等状态也影响到私法自治与个人自我决定的实现。《德国民法典》的立法者对此也有所意识。因此，他们在民法典中制定了一些对程序抽象公平和私法自治原则进行修正和限制的条款，如第138条和第242条对实质合同自由和合同公平的保护，以及第119条和第123条中关于意思表示可撤销的规定。尽管这些条款并没有考虑到消费者相对于经营者的弱势地位和特殊的保护需求，但却可以在具体案件中，根据保障社会公平的原则，为消费者保护提供必要的法律依据。[23]

2. 消费者特别私法。尽管《德国民法典》时代的德国立法者并没有明确认识到消费者的特殊保护需求，但也意识到了消费者作为一个群体在某些特殊情形下的弱势地位，并通过适当限制私法自治原则，对这一弱势地位进行调整。然而，为了使民法典保持其一般私法法典的原则和地位，不宜在民法典中对一个特殊人群提供特殊的保护。[24] 故而，特别法就成为满足这种特殊保护需求的首选方式。

第一个关于消费者保护的特别立法是1894年的《分期付款买卖法》。[25] 这同时也是全世界第一部具有消费者保护性质的法律。[26] 该法第1条和第5条中关于法官可以对合同内容进行控制的规定，被视为第一个对程序私法自治原则的突破。[27] 然而，消费者的特殊保护需求并没有在这一法律中得到明确。[28] 以最能体现该法消费者保护意义的第8条为例，其中并没有对消费者进行法律定义，也没有明确规定该法只适用于消费者，而只是排除了对完全商人的适用。这样其保护对象就不仅仅限于消费者，而是包括几乎所有商品或服务的接受人。因此，这一法律尚不能被视为是消费者保护思想在法律上的体现。

这一在保护对象上的中立态度，使得《分期付款买卖法》中对私法自治的限制，与一般私法中的程序抽象公平原则并不明显矛盾。但尽管如此，为了保持一般私法规范的统一性，这些限制性规定的命运仍然从一开始就被决定，其只能通过特别法的形式表现出来。这样《分期付款买卖法》和1990年以后取代它的《消费者信贷

---

〔23〕 贝伦斯（Berens）：《消费者在误导性合同缔约中的他人决定》，朗出版社1998年版，第30页以下、第33页。

〔24〕 托纳（Tonner）："欧洲民法发展中消费者法所扮演的角色"，载《法学家报》1996年，第536页。

〔25〕 制定于1894年5月16日，《帝国法律公报》，第450页。

〔26〕 贝内尔（Benhr）："80年前的消费者保护"，载《商法经济法杂志》（Zeitschrift fuer das gesamte Handelsrechtund Wirtschaftsrecht）第138卷（1974年），第492页；德雷克塞尔（Drexl）：《通过创设消费者特别私法对消费者予以保护》，冬克和胡木劳特出版社1983年版，第20页；梅迪库斯（Medicus）："保护需求（尤其是消费者保护）和私法"，载《法律学习》（Juristische Schulung）1996年，第761、766页；托纳："欧洲民法发展中消费者法所扮演的角色"，载《法学家报》1996年，第533、536页；罗特（W.-H. Roth）："欧洲消费者保护和德国民法典"，载《法学家报》（Juristische Zeitung）2001年。

〔27〕 维斯特曼（H. P. Westermann）：《慕尼黑民法典评注》，第2版，第3卷，《分期付款买卖法》，第1条前，边码1；德雷克塞尔：《通过创设消费者特别私法对消费者予以保护》，冬克和胡木布劳特出版社1983年版，第18页。

〔28〕 道纳-利布：《通过创设消费者特别私法对消费者予以保护》，冬克和胡木布劳特出版社1983年版，第19页以下。

法》，作为具有消费者保护性质的法律，始终只能作为民法典的外围法存在，直到2002年的债法现代化改革后才被纳入《德国民法典》之中。

除《分期付款买卖法》之外，1969年的《外国投资股份销售法》和1970年的《投资公司法》也具有明显的消费者保护性质。在这两部法律中，消费者被赋予了“意思表示撤回权”，即如果卖方在其营业场所之外，通过口头协议使消费者同意购买外国投资份额或投资公司的股票，则消费者即使在合同签订后，仍可以撤回自己的合同意思表示。这是关于今天在欧洲非常重要的消费者保护手段——消费者撤回权制度——的最早规定。然而，这两部法律由于适用范围很窄，对于消费者保护的意义并不大。

上个世纪60年代以来的世界消费者运动，也直接促进了德国消费者保护立法，比如1973年的《价格标签条例》[29]、1976年的《一般交易条款法》[30]和1978年的《药物法》。[31]《分期付款买卖法》也在1974年得到了修订，[32]引进了消费者撤回权制度，使该法的消费者保护思想进一步得到强化。

随着1979年《旅游合同法》[33]的颁布及融入《德国民法典》，这一阶段的德国消费者法的制定进入尾声。所有后来的消费者保护法律，尽管仍然以消费者保护思想为基础并不断强化这一思想，但推动其制定的直接原因却是对欧盟消费者指令在国内法上的转化。

3. 此阶段德国消费者法存在的问题。这一阶段的德国消费者法主要存在两个问题。对这两个问题的认识和解决，在很大程度上决定了消费者法在第二个阶段的发展方向。

（1）缺乏对“消费者”的统一法律定义。欧盟法介入之前，德国已经存在一些具有消费者保护性质的法律，但消费者的概念却从来没有被明确予以定义。大部分情况下，法律保护对象被笼统地称为买方或顾客。而由于这些名称不对自然人和小企业主进行区分，使得这些法律的适用范围并不限于私人消费者，而是包括所有商品或服务的接受方，其中也包括小企业主。这一问题在《分期付款买卖法》中尤为明显：这里主要的保护对象恰恰不是私人消费者，而是小企业主。与法律中对消费者缺乏明确界定的现象相应，这一时期的法院判决也没有对私人消费者与小企业主进行区分。[34]

这一现象的根源在于，私人消费者相对于经营者的结构性的弱势地位和由此而产生的特别的保护需求，没有得到立法者足够的认识和重视。其后果则是很难确定

---

〔29〕 颁布于1973年5月10日，载《联邦法律公报》（BGBl），第一部分，第461页。

〔30〕 颁布于1976年12月9日，载《联邦法律公报》（BGBl），第一部分，第3317页。

〔31〕 颁布于1976年8月24日，载《联邦法律公报》（BGBl），第一部分，第2445页。

〔32〕 颁布于1974年5月15日，载《联邦法律公报》（BGBl），第一部分，第1169页。

〔33〕 颁布于1979年5月4日，载《联邦法律公报》（BGBl），第一部分，第509页。

〔34〕 联邦最高法院判决，《新法律周刊》（Neue Juristische Wochenschrift）1969年，第269页；亦见道纳-利布（Dauner-Lieb）：《通过创设消费者特别私法消费者予以保护》，冬克和胡木布劳特出版社1983年版，第28页以下；罗特（W.-H. Roth）：“欧洲消费者保护和德国民法典”，载《法学家报》（Juristische Zeitung）2001年。

消费者保护法律的适用范围，并最终导致这些法律无法实现其保护目的。正因为此，德里尔（Dreher）提出了一个无法回避的问题："难道一个没有消费者定义的消费者法是可能的吗？"[35]

（2）消费者特别法与民法典的关系。如上所述，为了避免私法体系受到干扰，德国立法者一直企图采取特别法的方式来制定消费者保护规则，以回避消费者法与民法典之间的冲突。这在市场不发达、消费者的弱势地位不明显、少量的特别法与民法典之间的紧张关系不突出的情形下，尚属可能。然而，这种立法方式已经为后来矛盾的激化埋下了伏笔。随着消费者保护需求在消费社会中的日趋明显和消费者特别法的迅速增多，这一问题逐步尖锐起来。因此，自20世纪70年代起，在关于债法改革的立法和学术讨论中，发生了一场广泛、持久而深刻的讨论，即消费者法是应当继续作为单独的特别法领域停留在民法典之外，还是应当作为一般私法的组成部分而融入民法典。[36] 这一争论直到消费者法通过债法改革被纳入民法典后的今天，也没有完全停止。

（二）欧盟法介入后的德国消费者法

1. 欧盟消费者保护法。

（1）关于消费者政策。根据《欧共体条约》前言以及第2条，欧共体最初的、也是首要的目的，是促进西欧和谐平衡的经济发展，提高生活水平和生活质量。当时，消费者保护被认为只是在以后的"富裕社会"里，并且是在各国国内才会出现的事物。[37] 但随着西欧经济的发展，消费者问题不断浮现出来，并阻碍了上述目的的实现。在这一背景下，同时也在世界消费者运动的影响下，共同体委员会自20世纪70年代起，颁布了两个保护和教育消费者的纲领，[38] 明确了其消费者政策，并强调了消费者应当享有的基本权利。在这两个纲领的基础上，产生了后来的一系列欧盟消费者指令。

（2）关于消费者指令。以1987年的《单一欧洲文件》[39] 为分界，欧盟消费者法基本上经过了两个阶段：①《单一欧洲文件》颁布之前。在欧盟法的各种派生渊源中，指令是消费者法最主要的方式。最早的消费者指令是1985年的《产品责任指

---

〔35〕 德雷埃尔（Dreher）："消费者——欧洲与德国法歌剧中的幽灵？"，载《法学家报》（Juristische Zeitung）1997年。

〔36〕 如舒尔策（Schulze）、舒尔特－内尔克（Schulte-Nölke）：《欧盟法背景下的债法改革》，茂·斯贝克出版社2001年版，第3、4页；达姆（Damm）："消费者特别立法与私法体系"，载《法学家报》（Juristische Zeitung）1978年；恩斯特（Ernst）："关于债法改革的委员会草案"，载《新法律周刊》（Neue juristische Wochenschrift）1994年，第2177页；利布（Lieb）："债法改革的基本问题"，载《民法实务档案》第183卷（1983年），第327、348页以下。

〔37〕 参见勒斯勒尔（Rosler）："通过消费者保护进行欧盟内的融合"，载《消费者与法》（Verbraucher und Recht）2003年，第12、17页。

〔38〕 第一个纲领颁布于1975年，参见《欧盟公报》（Abl.）Nr. C 90，1975年4月25日；第二个纲领颁布于1981年，参见《欧盟公报》（Abl.）Nr. C 133，1981年6月3日。

〔39〕 EEA，Einheitliche EuropäischeAkte，参见《欧盟公报》（Abl.）Nr. L 169，1987年6月29日。

令》[40] 以及《上门推销指令》。[41] 这些指令的共同特点是解决特定领域内发生的消费者问题。然而在《单一欧洲文件》颁布之前，指令的颁布要求欧共体部长理事会表决全票通过，一个成员国不同意，指令就无法获得通过。这样一个指令从欧共体委员会提出建议，到获得部长理事会的全票通过并得以颁布，常常要经历相当长的谈判和讨论阶段，比如《上门推销指令》早在1975年即由欧共体委员会提出建议，但由于德国联邦政府的长期保留，导致部长理事会全票通过的前提条件无法得到满足，而使指令的谈判持续了10年之久，直到德国联邦政府于1985年同意该指令并同时颁布与该指令相适应的《上门推销法》之后，欧盟《上门推销指令》才得以出台。因此在这一阶段，只有很少的消费者指令获得颁布。直到欧洲单一市场的发展以及《单一欧洲文件》颁布后，这一情形才有所改变。②《单一欧洲文件》颁布后。20世纪80年代以来，欧共体的工作重心转移到欧洲单一市场的建设上来。《单一欧洲文件》的主要目的就是服务于欧洲单一市场的发展。这一文件通过引进《欧共体条约》新的第100a条（现第95条），从两个方面促进了欧共体消费者法的发展：第一，提高了消费者保护在欧共体工作中的地位。第100a条明确规定，共同体委员会在单一市场规划中提出的关于消费者保护的指令建议，要从较高的保护水平出发。这样消费者保护就被作为单一市场规划的一个内在组成部分来看待。第二，在部长理事会的谈判中，多数票通过的规定取代了以往的全票通过要求。也就是说，在大部分有关单一市场的议题上，只要有有效多数赞成票即可决定。从此，某个单个成员国对指令的保留，就不再能阻止指令的通过。这样就在很大程度上减轻了部长理事会的谈判负担，加快了谈判以及指令通过的速度。[42] 之后，欧共体迅速出台了一系列的消费者指令，如1990年的《一揽子旅游指令》、[43] 1993年的消费者合同中的《滥用条款指令》、[44] 1994年的《不动产部分时段使用权指令》、[45] 1997年的《远程销售指令》、[46] 1998年的《不作为之诉指令》、[47] 1999年的《消费品买卖指令》[48] 以及2002年的《消费者远程金融服务指令》[49] 等。这些指令对各成员国的消费者私法乃至一般私法的发展道路，产生了非常深远的影响。

（3）关于欧盟指令对各成员国国内法的影响。欧盟消费者法采取指令的方式，对于各成员国将欧盟法转化为国内法来说是有利的。因为根据《欧共体条约》第249条（原第189条）第3项，指令对于各成员国来说，只在目的上具有约束力，各成

---

〔40〕 85/374/EWG，参见《欧盟公报》（Abl.） Nr. L 210，1985年8月7日，第29页。

〔41〕 85/577/EWG，参见《欧盟公报》（Abl.） Nr. L 372，1985年12月31日，第31页。

〔42〕 勒斯勒尔（Rösler）：“通过消费者保护进行欧洲一体化：发展原因和限制”，载《消费者与法》（Verbraucher und Recht）2003年。

〔43〕 90/314/EWG，《欧盟公报》（Abl.） Nr. L 158，1990年6月23日，第59页。

〔44〕 93/13/EWG，参见《欧盟公报》（Abl.） Nr. L 95，1993年4月21日，第29页。

〔45〕 94/47/EG，参见《欧盟公报》（Abl.） Nr. L 280，1994年10月29日，第83页。

〔46〕 97/7/EG，参见《欧盟公报》（Abl.） Nr. L 144，1997年6月4日，第19页。

〔47〕 98/27/EG，参见《欧盟公报》（Abl.） Nr. L 178，1998年6月11日，第51页。

〔48〕 1999/44/EG，参见《欧盟公报》（Abl.） Nr. L 171，1999年7月17日，第12页。

〔49〕 2002/65/EG，参见《欧盟公报》（Abl.） Nr. L 271，2002年10月9日，第16页。

员国在转化的方式和形式上，仍享有一定的选择自由。[50] 但尽管如此，随着指令数目上的增加和内容上的深化，欧盟法仍然日益深刻地影响了各成员国的国内法。一方面，从内容上，欧盟指令逐步深入地介入到了各国私法的领域。私法在传统上一直被视为各国的主权法，但如今也受到了欧盟法越来越多的干预。指令法尤其是消费者指令，已经从深度和广度上，通过对私法上“程序抽象平等与私法自治”的原则基础的突破，渗透到了各国私法的核心领域和基本原则中。要将这些指令转化为国内法，不可避免地会影响到各国固有的私法制度基础。[51] 而由于德国的私法体系比其他成员国更加明确、坚定地强调这些原则，其所受到的欧盟法的影响就格外深刻。[52] 另一方面，对欧盟指令的转化冲击了各成员国原有的私法体系的外在表现形式。由于指令大部分情况下是针对某一特殊领域的规则需求而制定的，各个指令的颁布因此并不系统，而是局部、片面的。为了避免破坏业已形成的法律体系，在一开始，各成员国一般都围绕相关指令所涉及的主题，通过制定新的单行法来进行转化。然而，随着指令以及指令转化法的迅速增加，各国原有的私法体系的整体与系统性不可避免地受到影响。这一点尤其通过《滥用条款指令》以及《消费品买卖指令》体现出来。与之前的指令不同，这两个指令不限于某一个具体的领域，而属于一般私法的范畴，这样无论是将其通过与原有一般私法法典平行适用的单行法进行转化，还是融入原有的私法制度之中，各国原有的私法体系都不可避免地要受到影响。

因此，对为转化欧盟指令而颁布的各消费者特别法进行统一，并使之与原有私法体系相协调的必要性日益突出。对此，各成员国采取了不同的对策。比如，法国制定了一部消费者保护法，而德国则在经过长期的谈判之后，将绝大部分消费者特别法纳入到了民法典之中。

2. 欧盟指令在德国的转化。如同大多数欧盟成员国，欧盟指令在德国法上的转化也首先是通过单行法实现的，原因首先在于指令本身的不系统性以及转化时间的压力。当然也出于国内立法者的全盘考虑，即尽可能减少欧盟指令对国内现有私法体系的影响，并且对私法自治与合同坚守原则的突破应当被控制在确实必要的范围内。

德国第一个来自于欧盟法的消费者特别法，是1985年的《上门推销法》。从形式上，这部法律并不是对指令的转化，因为它在时间上先于指令出台。然而实质上，这一法律颁布的缘由是欧共体的《上门推销指令》。此后，更多的消费者指令被通过

---

〔50〕 米克里茨（Micklitz）：“欧盟消费者法进一步发展的新概念的必要性”，载《消费者与法》2003年；舒尔特－内尔克（Schulte-Nölke）、舒尔策（Schulze）：《欧洲法律协调与国内私法》，巴登－巴登出版社1999年版，第11页。

〔51〕 托纳（Tonner）：“欧洲民法发展中消费者法所扮演的角色”，载《法学家报》，（Juristische Zeitung）1996年，以《德国民法典》第138条与消费者保护法的关系为例。

〔52〕 德雷埃尔（Dreher）：“消费者——欧洲与德国法歌剧中的幽灵？”载《法学家报》Juristische Zeitung，1997年；罗特（H. Roth）：“欧共体指令与民法”，载《法学家报》（Juristische Zeitung）1999年，第529页以下。

特别法的形式转化为国内法，如《产品责任法》、《消费者信贷法》、[53]《不动产部分时段使用权法》[54] 等。

而在转化《滥用条款指令》时，立法者采取了一种与以往有所不同的方式。指令颁布之前，德国已经有了一部《一般交易条款法》。和指令不同的是，这部法律不是仅仅适用于消费者合同，而是适用于所有的债务合同，也就是说不仅适用于经营者与消费者之间，也适用于经营者之间的格式条款合同。因此，这一法律实际上属于一般私法范畴。为了避免与原有的私法体系产生矛盾和冲突，一些学者提出，应当通过一部单独的、仅适用于消费者合同的、与原有的《一般交易条款法》相平行的特别法，对欧盟指令进行转化。[55] 然而，立法者最终还是决定根据欧盟指令，对原有的《一般交易条款法》进行修订，这样《一般交易条款法》就由一部传统民法领域内的法律转变为一部消费者法。这在德国消费者法发展史上是非常重要的一步，因为对一个与民法密切相关的消费者保护指令的转化，第一次不是通过制定在特定领域内适用的特别法，而是通过修订一部原有的一般民事法律来实现的。[56]

尽管由于欧盟指令本身的不系统导致转化法的片面性，但随着指令与转化法的发展，消费者法已经基本形成了。

3. 通过单行法对欧盟指令进行转化带来的问题。在将欧盟指令转化为国内法的早期过程中，由于立法者采取了特别法的方式，使得欧盟法介入之前德国消费者法上存在的两个主要问题，仍然没有得到解决。

在消费者的法律定义问题方面，由于欧盟消费者指令都明确规定只适用于消费者合同，即消费者和经营者之间的合同，德国在将指令转化为国内法时，必须明确这些法律在人的适用范围上只适用于消费者。这是德国消费者法在欧盟法促进下的一大进步。从这个角度讲，可以说真正意义上的德国消费者法是在欧盟法介入之下产生的。[57] 然而，各个消费者特别法尽管都明确规定只适用于消费者，但对于谁是消费者，并没有给出一个统一、明确的法律概念，而只是在各个特别法中，通过不同的表达予以说明。这样消费者法仍然缺乏一个对消费者的统一的法律定义。

而关于消费者法和一般私法之间关系如何界定的问题，通过特别法对指令进行转化的方式，不仅无法继续回避这一问题，反而使其更加尖锐。实际上，这一问题贯穿了德国立法者对欧盟指令进行转化的整个过程。

在内容上，消费者法与一般私法之间的复杂关系，突出地通过《一般交易条款法》体现出来。一方面，在归属问题上，这一法律既是一般私法的一部分，又是消费者立法新的里程碑，这样关于其是应当被视为消费者法还是一般私法的问题，始

〔53〕 颁布于 1990 年 12 月 17 日，载《德国法律公报》，第一部分，第 2840 页。

〔54〕 颁布于 1996 年 12 月 20 日，载《德国法律公报》，第一部分，第 2154 页。

〔55〕 参见霍梅尔霍夫（Hommelhoff）、维德曼（Wiedermann）：“与商人的一般交易条款以及消费者合同中未议妥的条款”，载《经济法杂志》（Zeitschrift für Wirtschaftsrecht）1993 年。

〔56〕 罗特（H. Roth）：“欧共体指令与民法”，载《法学家报》（Juristische Zeitung）1999 年；托纳（Tonner）：“欧共体指令与民法”，载《法学家报》（Juristische Zeitung）1999 年。

〔57〕 托纳（Tonner）：“欧共体指令与民法”，载《法学家报》（Juristische Zeitung）1999 年；罗特（W.-H. Roth），“欧洲消费者保护和德国民法典”，载《法学家报》（Juristische Zeitung）2001 年。

终争论不休。[58] 这一争论实际上反映出来的问题是，消费者法所调整的市场主体之间的关系，其实是在私法所调整的范围内。另一方面，尽管消费者法以民法典的基本原则为基础，但对消费者提供特殊保护的思想，仍然在形式上不可避免地强烈冲击了整个私法以及作为其主要表现形式的民法典的最基本的原则——私法自治原则。这一冲击尤其明显地通过《一般交易条款法》第 8 条以下关于合同内容控制的规定体现出来。根据这一规定，如果经营者所拟定的一般交易条款中的内容违背诚信原则，非法侵害了合同对方的利益，则即使合同对方根据其程序上的私法自治权接受了该合同内容，该内容仍然无效。这样至少拟定该条款的一方的私法自治与合同自由就受到限制。

而在法律体系上，单行法的迅速增加以及与民法典平行存在和适用，导致了法律体系的混乱。同时，各个单行法对一些相同的消费者保护法律措施的规定不统一，也在很大程度上阻碍了消费者对其权利的行使，从而削弱了消费者法的保护目的。这一后果最典型地体现在关于“消费者撤回权制度”[59] 的规定上。由于各个特别法对这一权利的行使方式和法律后果的规定非常混乱，给消费者对其权利的行使带来很大困难。

因此，对消费者私法与一般私法之间的关系进行调整，从而构建一个完整、协调的私法体系，就成为一项急迫的任务。

4. 消费者法融入《德国民法典》。在如何完成这一任务的问题上，主要存在两种不同意见。第一种意见认为，应当制定一部单独的《消费者保护法》，对各个特别法的内容予以归纳，以减少消费者法对原有的民法典的影响，并且便利今后对欧盟指令的转化。[60] 第二种意见则认为，应当调整原有的一般私法体系，将消费者法统一地融入到民法典之中，以便更好地实现私法自治、合同自由和实质公平等民法基本理念。[61]

第一个方案存在的一个明显的缺点是，由于消费者法所调整的对象，其实也属于私法的调整范围，一些规则会在民法典与消费者保护法中被重复规定，并从而导致法律适用上的困难和体系上的混乱，而这一后果又恰恰违背了私法系统化的目的。

---

〔58〕 比如在 1974 年在汉堡召开的第 50 届德国法学家大会上，对这一问题的争论尤其激烈。参见《第 50 届德国法学家大会论文集及会议报告》，赖希（Reich）：第 86 页以下；乌尔默（Ulmer）：第 93 页以下。

〔59〕 这一制度是目前德国和欧盟法中最重要的消费者保护制度。根据该制度，在法律明确规定的情形下，消费者可以在合同有效签订后的一定时期内，无条件地撤回自己关于订立合同的意思表示，从而不再受到合同的约束。

〔60〕 同意这一意见的有：梅迪库斯（Medicus）：《欧洲买卖瑕疵担保法》，卡尔·黑曼出版社 2000 年版，第 219、220 页；罗特（W. -H. . oth），“保护需求（尤其是消费者保护）和私法”，载《法律学习》（Juristische Schulung）1996 年。

〔61〕 这一意见的代表人物是维斯特曼（H. P. Westermann）。他早在 20 世纪 80 年代关于债法改革的讨论中就已经提出了这一观点。详见维斯特曼（H. P. Westermann）：《债法修订的意见与建议》第 3 卷，联邦司法部主编，1983 年，第 1 页；“特别私法的社会模式和一般私法”，载《民法实务档案》（Archiv für die civilistische Praxis）第 178 卷（1978 年），第 150 页。附从者有德雷克塞尔（Drexl）：《消费者的经济自我决定》，茂·斯贝克出版社 1998 年版，第 82 页；罗特（W. -H. Roth）：“欧洲消费者保护和德国民法典”，载《法学家报》（Juristische Zeitung）2001 年。

此外，消费者法与传统民法在价值观上的冲突和统一，也不能通过这一方案得到解决或避免。

第二种意见更能体现出民法的基本原则在当前时代实现的客观需要，即通过对消费者弱者地位的干预和调整，重建合同双方在订立合同时实际上的平等，以保证双方实质的合同自由和意思自治的实现。基于这一认识，德国立法者最终选择了这一意见，并在2000年通过转化欧盟《远程销售指令》，对民法典进行了相应的改革，为实现这一方案迈出了第一步。改革后，消费者法上的基本概念——消费者与经营者——在民法典中得到了法律定义，消费者撤回权制度也在债法部分得到了统一规定。通过这一改革，立法者明确了自己对消费者法的立场：消费者法不是一个单独的私法领域，而是一般私法的内在组成部分；这一组成部分不应当总是停留在一般私法之外，与民法典平行存在与适用，而应当回到民法典之中。

这一改革为2002年的债法现代化改革定下了基调。在经过了近30年的讨论之后，债法改革终于在立法上得以实现。使改革得以实现的直接推动因素，正是对欧盟《消费品买卖指令》的转化。而改革的一个中心内容和特征就是消费者法被全面地融入民法典，使得消费者保护被作为私法本身的目的之一，在民法典中得到了直接及系统的规定。也就是说，消费者法既是债法改革的直接起因，也是核心内容之一。改革后，几乎所有重要的消费者单行法，如《上门推销法》、《消费者信贷法》、《不动产部分时段使用权法》、《远程销售法》以及《一般交易条款法》，都通过在体系及内容上与原有的私法规范相协调，在民法典中实现了自己新的定位。

三、德国消费者法的发展对我国消费者以及民事立法的意义

德国私法的体系与原则精神对我国私法体系的形成与发展，曾经产生过并仍在产生着深刻的影响。今天我们在制定民法典等私法规范时，在强调符合中国实际情况和本土需求的同时，了解德国债法的现代化改革尤其是消费者法在其中所扮演的角色及其发展过程，仍具有重要的借鉴意义。

（一）相似的立法思路

纵观德国消费者法的发展进程，可以得出结论：德国私法的立法规律基本上符合诺尔（Peter Noll）[62] 的立法规律观察，即成文法的发展是遵循着法典化——非法典化——重新法典化的节奏进行的。《德国民法典》历史上的制定人在一部民法典中对所有私法制度进行永久性规范的努力，被一系列私法特别法证明是徒劳的。事实上，在一部法典形成、法典化时代结束之后，就会随之开始一个非法典化时代。在这一时代，随着新的价值观的形成和立法目的的变化，现实中出现的具体问题大都首先通过单行立法得以解决。这样就会产生很多单行法或法官造法。这些单行法与原有的法典在时间上并存，适用上相互补充，形成一个灵活的“混合法”体系。随着单行法范围的扩大、内容的深入以及数目的增多，成文法体系需要得到新的统一。

---

〔62〕 诺尔（Peter Noll）：《立法学》，海因贝克汉堡出版社1973年版，第214页。

这样在第二个阶段产生的单行法，又会在新的法典化时代被纳入法典体系之中。今天，德国私法体系及其代表——《德国民法典》——正处于第三个阶段，即立法者努力根据新的社会理念和立法需求，调整和修正私法体系原有的系统和原则，并将在过去的100多年中产生的单行法、法官造法以及被学界广泛接受的学说，系统融入民法典体系之中。在这个过程中最具代表性的表现就是消费者私法被脱去特别私法的外衣，而被纳入一般私法体系之中。

在我国，如果将1986年的《民法通则》视为目前我国私法基本法的话，在这之后的20年里，有众多的私法单行法被颁布出来，与《民法通则》共同存在和适用。随着我国国内经济以及国际贸易合作的迅速发展，这一缺乏系统化的法律状态已经无法满足经济与社会发展的实际需要。因此，我国立法者目前正谋求通过私法法典立法，将分散的单行法以及近年来被普遍接受的私法学说，在民法典中进行协调统一。从这个发展过程看，基本上可以说，如同德国的债法改革，我国的民事立法也正处于诺尔所观察的立法规律的第三个阶段。

（二）立法目的上的借鉴意义

消费者法在德国民法中，从被认为与传统民法的价值观和原则相背离，因而被长期排除在私法法典之外，到与私法的立法目的相协调，并重新融入到私法体系之中，其根本原因在于社会制度的变迁以及立法目的的深层变化。这一变化的驱动力和根本目的是保护弱势人群利益、减少社会不公、建立和保障真实的社会公正。这一目的同样也是我国社会主义私法应当追求的目标和立法中不可忽视的因素。正是出于这一目的，我国在1993年制定了《消费者权益保护法》。

目前在我国，与消费者切身利益密切相关的消费者私法，已经形成了以《民法通则》和《合同法》的基本原则为基础、以《消费者权益保护法》为轴心、以其他相关特别法中的消费者保护规定为具体保护手段的体系结构。然而，众所周知，我国的消费者私法仍然处于很不完善的阶段。尤其是近年来，随着我国经济的迅速发展，消费者问题日益突出。消费者因其弱势地位而受到的损害，与经济发展之间的矛盾日益深刻：一方面，社会主义经济的发展不应以消费者利益受到侵害为代价；另一方面，对消费者利益的损害，从长远看，也会阻碍经济的可持续发展。因此，在民法典等私法的立法过程中，充分考虑保障实际社会公正和对社会不平等地位的平衡，是这个时代的呼唤。而德国债法改革的立法经验，即通过对私法自治原则进行必要的限制，恢复社会经济主体之间的真实平等关系，保障实质合同自由与公正的实现，使消费者法与整体私法在体系、目的与原则上相协调，对我国民法以及消费者法的立法思路具有借鉴意义。

（三）国际贸易中消费者保护协调上的意义

在《德国民法典》中，程序抽象公平、私法自治和合同自由等是牢不可破的原则。因为要对这些原则进行突破，使得消费者法不可能顺利自如地从这个体系中自动演变出来。实际上，德国的消费者法体系在很大程度上是在欧盟法律协调的推动和促进下被动地形成的。而欧盟对各成员国消费者保护水平进行提高和统一的目的，又是为了保障单一欧洲市场的顺利发展。也就是说，欧盟立法者认识到，各成员国消费者保护水平的不一致，已经明显阻碍了单一市场内、各成员国之间的自由的经济往来。[63] 在实际经济交往中，消费者往往因为不熟悉其他成员国有关消费者保护的不同法律而不敢轻易从事跨国交易。因此，为了保护单一市场内的交易安全和经济的顺利发展，欧盟要求各成员国对消费者保护进行统一、协调的规定。

随着我国市场的开放和国际贸易的发展，我国的产品不再仅限于中国境内的消费者，而是要面对全世界的消费者；同样，我国的消费者所消费的也不再仅仅是中国产品，而是来自世界各地的产品。这样在消费者私法领域内，提高消费者保护水平，使之与国际消费者保护水平相协调，对于保障国际贸易往来中的交易安全，促进经济贸易的顺利进行，十分必要。如果在国际贸易交往中，我国的法律不能为消费者提供与其他国家相适应的保护水平和措施，则在一些情形下不利于我国消费者获得与其他国家消费者同样的赔偿和保护，而在另一些情形下则会引发国际间的法律争议，并影响和阻碍我国对外贸易的发展。所以，我们需要充分了解世界消费者法的发展，并在此基础上，根据我国实际需要制定符合我国国情和国际趋势的消费者法律和制度。从这个意义上讲，了解德国作为欧盟一个非常重要的成员国，在欧盟法的促进下，通过债法改革所带动和实现的消费者法的变革，对我国的消费者乃至整个民事立法的现代化，同样有其借鉴意义。

---

〔63〕 杨森（Jansen）：《单一市场、私法与欧洲认同》，茂·斯贝克出版社 2004 年版，第 10 页以下。

WTO 体系下司法审查范围的理论与实践

孙南申*

WTO 体系下的司法审查包括国内法意义和国际法意义两个层面上的司法审查。前者指 WTO 成员的国内法院审查行政机关行为的国内司法程序活动，其法律依据首先是 WTO 各协议中有关要求成员提供司法审查程序的规定，其次是各成员国内法中有关司法审查或行政诉讼的法律规定；后者指 WTO 的争端解决机构处理成员间贸易争端时所进行的国际司法程序活动，其法律依据即 WTO《关于争端解决规则与程序的谅解》(DSU)。

这一体系下的司法审查的范围有两层含义：第一是指司法审查的广度，即哪些领域或类型的行政行为可能被诉至法院受到司法审查，这是从横向角度或一般意义而言的；第二是指司法审查的深度，即某种被诉的行政行为在哪些方面或多大程度上受到司法审查，这是从纵向角度或特定意义而言的。以上两层含义解决的均是司法审查的可行性问题，应当是在确定了司法审查对象即可诉性问题的前提下才予以解决的问题。

一、WTO 协议中的司法审查范围

司法审查范围亦称可诉事项范围。根据 WTO 协议的有关司法审查的规定，司法审查所涉及的范围相当广泛，几乎涵盖了 WTO 领域中的各类行政行为。在 WTO 法律体系中，对司法审查直接作出规定的共有 12 个协议，具体为：《关税与贸易总协定》(第 10 条)、《服务贸易总协定》(第 6 条)、《与贸易有关的知识产权协议》(第 41 条)、《反倾销协议》(第 13 条)、《补贴与反补贴措施协议》(第 23 条)、《进口许可程序协议》(第 3 条)、《实施卫生与植物卫生措施协议》(附件 C)、《技术性贸易壁垒措施协议》(第 5 条)、《政府采购协议》(第 6 条)、《装船前检验协议》(第 4 条)、《海关估价协议》(第 11 条)、《原产地规则协议》(第 2 条)。这些条款均对司法审查的范围作了明确规定，具体包括与海关事项有关的行政行为，影响服务贸易的行政措施，有关知识产权取得和维持的行政程序，以及有关反倾销、反补贴、进口许可、技术性贸易措施、政府采购、装船前检验、海关估价、产地规则等非关税措施方面的行政行为。

---

* 复旦大学法学院教授，博士生导师。

上述规定即为WTO协议要求各成员在国内实施的司法审查范围，现将有关审查范围列表如下：[1]

WTO协议名称	条款标题	司法审查形式	审查范围与内容
关于实施GATT1994第6条的协议（反倾销协议）	第13条：司法审查	司法、仲裁或行政庭或程序	与最终裁定行政行为有关且属于反倾销税和价格承诺的期限和复审范围内的裁定
补贴与反补贴措施协议（SCM协议）	第23条：司法审查	同上	与最终裁定行政行为有关且属反补贴税及其复审范围内的裁定
进口许可程序协议	第3条：非自动进口许可，第5款第（e）项；	按国内立法或程序进行上诉或进行审查	许可证申请未获批准
实施卫生与植物卫生措施协议（SPS协议）	附件C：控制检查和批准程序，第1款第（i）项	未作限定，仅规定建立投诉程序。	在实施控制、检查和批准程序时是否遵守附件C的规定
技术性贸易壁垒协议（TBT协议）	第5条：中央政府机构的合格评定程序，第2款第8项	同上	审查中央政府机构有关合格评定程序的实施
政府采购协议	第20条：质疑程序，第6款	独立行政审查和司法审查	听取和审查在采购过程任一阶段产生的质疑
GATT1994	第10条：贸易法规的公布与实施，第3款第（b）项	司法、仲裁或行政庭或行政程序	审查纠正与海关事项有关的行政行为
装船前检验协议	第4条：独立审查程序 ①独立实体（由检验实体和出口商双方组成）；②独立实体制定专家名单；③专家组的决定。		关于用户成员装船前检验中的活动
关于实施GATT第7条的协议（海关估价协议）	第11条第1、2款	可向司法机关上诉；可向海关内部一部门上诉；向一独立机构上诉。	对完税价格的确定

〔1〕资料来源：《WTO乌拉圭回合多边贸易谈判结果法律文本》，对外贸易经济合作部国际经贸关系司译，法律出版社2000年版；王传丽："WTO协议与司法审查"，载《中国法学》2003年第2期。GATT《关锐与贸易总协定》。

WTO 协议名称	条款标题	司法审查形式	审查范围与内容
原产地规则协议	第 2 条：过渡期内的纪律，第（j）项，第 3 条过渡期后的纪律，第（b）项	司法的、仲裁或行政庭或程序	有关原产地确定的任何行政行为
服务贸易总协定（GATS）	第 6 条：国内法规，第 2 款	司法、仲裁或行政庭或程序	对影响服务贸易的行政决定
与贸易有关的知识产权协议（TRIPS）	第 31 条：未经权利持有人授权的其它使用，第（i）、（j）款	司法审查或行政独立审查	与此种使用有关的任何决定的法律效力；任何与此种使用的报酬有关的决定。
	第 32 条：撤销/无效	司法审查	对任何有关撤销或宣布一专利无效的决定
	第三部分 知识产权的实施，第 41 条第 4 款	司法审查	对最终行政裁定 对初步司法判决的法律方面（但对构成刑事案件的无罪判决不进行审查）
	第四部分 知识产权的取得和维持以及当事方之间的相关程序，第 62 条第 5 款	司法或准司法机关审查	有关取得和维持知识产权的程序 当事方之间的程序：如行政撤销、异议、撤销和注销等的行政终局裁决

二、中国的司法审查范围

关于中国司法审查的范围，《中国加入工作组报告书》中有关司法审查的第 76 节与第 79 节亦作了明确规定。[2]

---

〔2〕 第 76 节和条文表述为，一些工作组成员表示，中国应指定独立审查庭、联络点和程序，以便迅速审查所有与 GATT1994 第 10 条所指的法律、法规、普遍适用的司法决定和行政决定的执行有关的行政行为，包括与进出口许可证、非关税措施和关税配额管理、合格评定程序及其他措施有关的行政行为。这些成员寻求作出明确确认，即某些类型的措施，例如与标准和化学品登记有关的决定，应接受司法审查。一些工作组成员还表示，接受审查的行政行为还应包括根据 TRIPS 协定和 GATS 有关规定要求进行审查的任何行为。这些成员表示，此类审查庭应独立于被授权对该事项进行行政执行的机关，且不应对该事项的结果有任何实质利害关系。第 79 节的条文表述为，对于某些工作组成员提出的问题，中国代表确认，与 GATT1994 第 10 条第 1 款、GATS 第 6 条和 TRIPS 协定相关规定所指的法律、法规、普遍适用的司法决定和行政决定的实施有关的行政行为，包括与国民待遇、合格评定、服务的管理、控制、提供或推销，包括发放或拒绝提供服务所需的许可证和其他事项的实施有关的行政行为，且此类行政行为受根据议定书（草案）第 2 条（D）节第（2）款确立的迅速审查程序的约束，有关此类程序的信息将通过中国在自加入时起设立的咨询点提供。工作组注意到这些承诺。

其中有关司法审查范围的承诺主要针对与 GATT 项下的货物贸易、GATS 项下的服务贸易、TRIPS 项下的知识产权相关的行政措施、行政决定、行政许可等行政行为。因此，WTO 体系下的司法审查范围，在我国主要指贸易行政案件；其所涉及的具体的可诉行政行为，即当事人不服的行政行为有许多种类，具体包括行政处罚、行政裁决、行政确认、行政登记、行政许可、行政命令、行政复议、行政撤销、行政执行、行政检查、行政征用、行政划拨和行政出让等，这种行为均是政府对外行政机关在行使对外经贸管理职能中所采取的各种作为与不作为。由于这类司法审查的范围与 WTO 领域相关，故亦称涉世案件，其范围大体分为与 WTO 体系相适应的四类贸易行政案件。

（1）货物贸易案件。这类案件一般涉及以下几方面：①政府限制进口的决定与行为，包括许可程序、进口数量限制；②出口补贴措施，具体表现为政府对企业的各类优惠与补贴；③对进口产品的反倾销与反补贴措施。上述案件具体表现为反倾销案件、反补贴案件以及海关估价、进出口检验检疫和其他非关税措施的案件。

（2）知识产权案件。指与贸易有关的知识产权案件，包括专利和商标行政案件，以及版权、外观设计、集成电路、布图设计等知识产权行政案件。

（3）服务贸易与投资措施案件。

（4）行政审批（许可）案件，亦称市场准入案件。

以上分类的法律依据为最高人民法院《关于审理国际贸易行政案件若干问题的规定》中的第 1 条："下列案件属于本规定所称国际贸易行政案件：①有关国际货物贸易的行政案件；②有关国际服务贸易的行政案件；③与国际贸易有关的知识产权行政案件；④其他国际贸易行政案件。"

目前国内最多的是以海关为被告的海关估价行政案件，即原告不服海关对进出口货物估价后作出的征税决定，例如海关认为申报的成交价格明显低于同类货物成交价格，因而重新估价后确定完税价格。以上案件根据我国《行政诉讼法》规定，由最初作出具体行政行为的行政机关所在地人民法院管辖，并根据行政机关级别，确定管辖法院级别。

从总体上看，我国法院受理的贸易行政案件，主要针对对外经贸领域的各种具体的行政行为，所受理行政案件的案由的基本方法是划分案件类别，以行政管理范围和被诉的具体行政行为为标准，涉及 WTO 调整领域的有以下七大类别：①质量监督检验检疫行政管理。具体包括进出口产品质量的监督、检验和检疫三块，分别由商检局和质检局行使，其中装船前检验涉及商检局的行政执法。②食品、药品安全行政管理。主要针对进出口食品、药品的安检。具体执法行政机关为质检局与药检局。③知识产权的行政管理。具体包括专利、商标和版权行政管理三大块，分别由专利局、工商局和版权局行使，其特殊性在于涉外知识产权关系，即民事纠纷涉及中外当事人。此外，海关管理也涉及知识产权问题，此属知识产权保护的边境措施。实际上知识产权侵权不仅发生于进出口环节，也发生于境内经济活动中，例如国内仿制外国专利产品和在中国注册的外国商标即属此类。④海关行政管理。贸易行政案件中，多数集中反映的是海关行政执法案件。涉及 WTO 规则的有海关估价、关税征收、产品监管、许可程序、原产地规则等。由于 WTO 规则中大多数涉及货物贸易，海关因此成为贸易行政案件的焦点，因为这些均在海关管辖范围之内。⑤经贸行政管理。在中国，经贸行政管理包括内贸与外贸两块。涉及 WTO 规则的主要为反倾销与反补贴案件，过去分别由外经贸部与经济贸易委员会联合执法，2003 年起两机关已合并为商务部，由其统一行使管理职能。⑥金融行政管理。中国人民银行为宏观主管部门，具体管理机构为外汇管理局、银监会、证监会和保监会，分别为外汇、银行、证券和保险方面的主管部门，其管辖领域涉及上述四块。中国入世后，服务业全方位开放，金融部门首当其冲。根据中国入世承诺，这些部门均已实行市场准入。其中外汇部门的管理范围广泛，涉及货物贸易、服务贸易及外商投资各领域。⑦外资行政管理。管理部门为各地对外经贸委（厅）的外资处，内容为外资审批、组织清算等。外资的工商登记主要归工商局管理。

入世之后，随着我国相关法律、法规的修订、补充与完善，以及我国对司法审查承诺的逐步落实，我国行政审判的领域开始更多地介入到货物贸易、服务贸易、与贸易有关的知识产权以及外商投资等贸易领域，贸易行政案件成为行政审判的重要组成部分。按我国目前民事诉讼法及最高人民法院、司法部的规定，有关反倾销、反补贴、专利复审与商标评审等贸易行政案件集中由北京市中级以上人民法院管辖，其他涉及货物贸易、版权贸易、知识产权及外商投资等领域的贸易行政案件等由各地中级以上人民法院受理。

关于海关估价行政案件的审查范围，一般会涉及以下问题：①诉因。海关认为进口公司所申报成交价格明显低于同类货物成交价格，因而重新估价后确定免税价格，然后作出征税决定，当事人对此不服。这类案件由于征税引起，在零关税情况下是不会发生类似案件的。②法律适用。通常适用《海关法》、《进出口关税条例》、《海关审定进出口货物完税价格办法》等国内法规，均必须与 WTO《海关估价协议》相符。这类案件在法律适用上没有问题，因为《进出口关税条例》第 17 条规定了如实申报原则，并规定申报成交价明显低于或高于相同或类似成交价格的，由海关按规定确定完税价，即第 11 条规定的“从该项进口货物同一出口国购进的相同或类似货物的成交价格”。③争议焦点（审查要点）。在审查范围上，这类案件通常属事实审，即海关的决定是否有事实根据。海关举证责任为：首先，如何证明进口公司申报的成交价明显低于相同货物的成交价格？其次，能否证明海关确定的完税价格是从同一出口国购进的相同或类似货物的成交价格？海关如举证不能，则承担败诉后果，由法院撤销海关估价决定后重新作出处理。

关于反倾销案件的司法审查范围，我国现行的法律制度的具体规定是：“人民法院依照行政诉讼法及其他有关反倾销的法律、行政法规，参照国务院部门规章，对被诉反倾销行政行为的事实问题和法律问题，进行合法性审查。”[3] 此处的规定是指审查的深度或程度，是从纵向角度所确定的特定意义上的司法审查范围。相同的法律原则亦可见于最高人民法院《关于执行〈行政诉讼法〉若干问题的解释》中关于二审司法审查范围的规定，具体内容如下：①法律审查。第二审人民法院审理上诉案件，应对原审人民法院的裁判和被诉具体行政行为是否合法进行全面审查。

---

〔3〕 参见《最高人民法院关于审理反倾销行政案件应用法律若干问题的规定》第 6 条。

②事实审查。当事人对原审人民法院认定的事实有争议的，或者第二审人民法院认为原审人民法院认定事实不清楚的，第二审人民法院应当开庭审理。

以上规定表明，我国反倾销案件的司法审查范围是针对反倾销行政行为的事实问题与法律问题两方面。前者审查反倾销行政机关确定的事实是否真实，后者审查该机关处理的程序与决定是否合法。因此真实性与合法性是审查的标准，该标准依据的程序法是我国的《行政诉讼法》。就实体法而言则为三个层次：其一为有关反倾销的法律，指《对外贸易法》中有关反倾销的规定；其二为行政法规，指国务院颁布的《反倾销条例》；其三为商务部颁布的一系列有关反倾销立案的调查、听证、复审等问题的暂行规定，但仅是参照适用。

国际经贸领域的行政许可事项亦在司法审查范围之列，一般包括以下方面：①外汇管理中的行政许可，具体涉及经常项目、资本项目、金融机构外汇业务及国际收支等方面；②海关监督中的行政许可，包括关税监管、货物管理、企业管理等方面；③工商行政管理中的行政许可，涉及企业注册登记、商标管理、合同管理、市场管理（拍卖、招标）和企业年检等方面；④质量技术监督检验检疫行政许可，包括质量认证、进出境商品检验、国境卫生和出入境动植物检疫等方面；⑤证券管理中的行政许可；⑥保险管理中的行政许可；⑦银行业管理中的行政许可（金融机构管理）；⑧食品药品管理中的行政许可。

以上行政许可事项均为政府有关主管部门的行政管理事项，其许可决定如不符法律规定或不合理而损及相关企业权益时很容易引发行政诉讼，例如 2001 年上海市中级人民法院曾受理过一起外资企业诉外经委不予批准筹建银行的行政案件。这类案件即属市场准入的行政案件。

三、WTO/DSB 司法审查范围

从 WTO 争端解决机制的角度，司法审查的范围有一般意义上的司法审查范围（广义的）和特定意义上的司法审查范围（狭义的）。前者是指 DSB（争端解决机构）受理争端案件或者国际贸易领域可诉的政府措施（行为）的范围，所以是广义的，上述所列内容即为一般意义上的司法审查范围。后者仅指 DSB 对所受理具体贸易争端案件的审查范围，针对的是个案审查，所以是狭义的。同理，在成员的国内司法审查制度中，司法审查范围亦有广狭义之分，前者是指法院受理行政案件的范围；后者指对具体案件的审查范围，一般以诉讼请求为限。在 WTO 的争端解决机制中，专家组和上诉机构为了寻求解决方案，通常只需审查为解决具体纠纷所必须分析的问题，而不一定对当事方提出的所有诉请都逐项予以审查，此即所谓的“司法经济”（judicial economy）原则，已多次为 DSB 在 WTO 争端解决案件中采用。因为其最终目的是解决争端，没有必要讨论其他诉请，况且 DSB 规则也没有要求对起诉方所有诉请都进行审查，所以“司法经济”原则的采用是以专家组认为有无必要对诉请进行审查为条件的，如果专家组认为有必要，则仍应对所诉相关问题作进一步审查。

在 WTO 争端解决机制下，DSB 的审查范围在当事成员争端磋商阶段就已确定，实际应以所提交的书面磋商请求内容为限。根据 WTO 争端解决中形成的惯例，在争端解决程序启动之时，DSU 第4 条第4 款规定的最低要求在任何案件中都应已得到满足，即“任何磋商请求应以书面形式提交，并应说明提出请求的理由，包括确认所争论的措施，并指出起诉的法律根据”。[4] 根据 DSU 所规定程序，在成员之间磋商无果时，争端便可进入诉讼程序，即专家组司法审查阶段。为此，DSU 第6 条第2 款明确规定：“设立专家组的请求应以书面形式提出。请求应指出是否已进行磋商，确认争端中的措施并提供一份足以明确陈述问题的起诉的法律根据概要。”

以上条款中均出现的“起诉的法律根据”，是起诉方必须满足的最低法定要求之一。在 WTO 争端解决实践中，只要起诉方列举出 WTO 协议中的具体条款就算符合了这一最低标准。[5] 换言之，DSU 第6 条第2 款要求起诉方列明 WTO 协议的条款以作为其起诉的依据，因为只有这样，专家组才能理解根据这些法律条款，哪些请求需要进行审查或处理。

根据 DSU 第 11 条的规定，专家组的职能就是“对其审议的事项作出客观评价”。此处的“事项”（matter）实为司法审查的范围。专家组与上诉机构已经确认所审查的事项是由“措施”（measure）和“请求”（claims）构成的，前者即设立专家组请求中所载明的措施，后者即对这一措施的指控，亦为起诉的法律根据。[6] 这两者构成了专家组审查的基础。

关于“措施”的确定，专家组与上诉机构在实践中已形成一些易为接受的标准，以满足 DSU 第6 条第2 款的要求。该标准规定，如果一项措施符合以下条件，专家组就应将其纳入审查范围：第一，已在成立专家组请求中明确指出，例如措施的名称、公布的时间和地点；第二，从属或来源于具有行政权的相同措施；第三，与该相同的措施有密切的关系。[7] 关于“请求”，如只是列举义务而无更多的内容将不构成请求，因为其缺乏足够的表述而不能满足 DSU 第 6 条第 2 款关于请求的条件。“请求”一词在美国法学理论上被定义为诉因，而所谓诉因是指符合法律对人或事的实施条件的事实或状态。[8]

在 WTO 争端解决机制下，专家组对争端的审查范围及审查结果并不受申诉方诉请的限制。因为这类案件属公法范畴，审查标准是 WTO 国际规则，所以不受当事方诉请的限制，亦不适用私法自治的原则。这一习惯规则可以从“秘鲁诉欧共体沙丁鱼贸易标准案”中得到反映。在此案中，秘鲁认为欧共体的规定禁止在沙丁鱼前面加上国名或地理区域，没有以 Codex Stan 94 为基础，不符合 TBT 协议第 2. 4 条；如果专家组认为欧共体的措施符合 TBT 协议第 2. 4 条，则欧共体的措施违反了 TBT 协议第2. 2 条，因为措施对贸易的影响超过了必要的限度；如果专家组认为欧共体的措

〔4〕《关于争端解决规则与程序的谅解》第 4 条第4 款。

〔5〕 Report of the Panel, European Communities /Regime for the Importation, etc. WT/DS27 /R /USA. para. 7. 29 (1997).

〔6〕 See Report of the Appellate Body, Guatemala /Anti/dumping Investigation, etc. WT/DS60 /AB-R. para. 72 (1998).

〔7〕 See Report of the Appellate Body, at para. 140; Argentina safeguarded Measures on Import of Footwear, WT/DS12 /R. paras. 8. 23 – 8. 46 (1999).

〔8〕 Blacks Law Dictionary, (6th ed. 1990) p. 221.

施没有违反 TBT 协议第 2 条和第 4 条，则欧共体的措施违反了 TBT 协定第 2.1 条，因为它给予秘鲁产品的待遇低于其给予欧共体产品的待遇；如果专家组认为欧共体的措施没有违反 TBT 协议，则它违反了 GATT 的第 3.4 条的国民待遇原则。[9]

虽然专家组在审查范围上有权不受当事方诉请的限制，但在实践中基本上都是以诉请为依据，并有可能延及相关的其他方面。在 WTO 处理贸易争端案件中的大多数情况下，事实问题只是专家组的审查对象，而非上诉机构司法审查中要解决的问题。在 DSU 体制下，上诉机构不应对专家组对证据的分析和评价进行第二次审查，因为专家组具有对事实审查的自由裁量权，而对证据的分析是完全在这一裁量权的范围之内的。虽然上诉程序对事实不进行重新审查，但对同样的事实，上诉机构与专家组却可能有不同的定性。上诉复审看重的是法律适用和程序公正。因此，只有在专家组超越自己在确认事实方面的法定权限的情况下或者有证据表明事实错误时，上诉机构才可以对事实重新认定。

上诉机构对案件的审查范围仅限于专家组报告及其法律解释中所涉及的法律问题，因为根据 DSU 第 17 条第 6 款的规定，对专家组所认定的事实是不可上诉的。因此，为了确定其审查范围就必须对法律问题与事实问题加以区分。在“欧共体荷尔蒙案”中，上诉机构将事实问题定义为：确定某项事件在某时某地是否发生，就是一个典型的事实问题，例如关于药典是否采用了 MGA 的国际标准、指南或建议的问题；然而某项事实或一组事实是否符合某项条约所规定的标准，则是一个法律性质的问题，即法律问题。[10] 但两者的划分有时并不那么清楚，有些与法律相关的问题，其实是事实问题；而有些与事实相关的问题，却又是法律问题。例如当事一方的主张所依据的法律规定是否存在是一个事实问题，需要当事方加以证明，所以举证责任不仅是证明事实也包括提供法律规定；另一方面，根据 DSU 第 11 条的规定，专家组对某项事实是否作出客观的评估，却又是一个法律问题。

此外还应注意的是，为了进行全面的法律分析与彻底解决当事方的争议，上诉机构亦可审查专家组因故未涉及，且又与本案有关的法律问题。[11] 这表明上诉机构审查法律问题的范围不受专家组原定法律问题的限制。

从另一角度看，上诉机构所审查法律问题的范围不仅包括实体事项，也包括程序事项。前者如对 GATT1994、卫生措施协议（SPS 协议）、保障措施协议、补贴与反补贴协议（SCM 协议）中各条款规定的解释；后者包括举证责任、审查标准、司法经济、专家组管辖权、专家组寻求信息与技术咨询的权限、法庭之友援助、商业秘密信息的保护、申诉权、协商的效力、上诉通知的效力、证据的提供、当事方提交信息的义务、专家组报告的地位、条款解释的规则等。这些均是上诉机构在处理成员间贸易争端案件中所确定的规则与做法。

---

〔9〕 资料来源：WT/DS231；朱榄叶：《WTO 国际贸易纠纷案例评析》，法律出版社 2004 年版，第 195 页。

〔10〕 WT/DS 48 /AB/R. Feb. 1998. para. 132.

〔11〕 参见上诉机构报告“澳大利亚鲑鱼案”，WT/DS18 /AB/R，Nov. 1998，para. 117.

冲突法基本路径的经济分析*

——双边主义对单边主义

徐崇利**

一、导论

目前，主张内外国法平等适用的双边主义法律选择路径在各国的冲突法立法中虽然已占据主流地位，但是在司法实践中，法官对适用法院地法的单边主义偏好却始终存在。由此，在双边主义对单边主义的冲突法基本路径选择上，便形成了立法与司法之间的一种张力。如何评判这两种法律选择的基本路径，也构成了各种范式的冲突法理论研究的出发点。然而，在我国的冲突法学界，对于法律选择上双边主义和单边主义的比较，以往的学说多注重以“公正”作为价值评判的标准；而以法律适用的“效率”为价值取向展开研究的著述，尚未得见。

效率是法经济学追求的基本价值取向，冲突法的经济分析也不例外。在冲突法的经济分析中，可将法律适用的效率分为两大类：一是“冲突效率”（conflicts efficiency），即冲突法规范本身在适用过程中涉及的降低社会成本和促进社会收益提高的问题，主要由法律选择的稳定性、可预见性、一致性带来的“冲突效率”与适用法律的简便性带来的“冲突效率”两部分构成；二是“实体效率”（substantive efficiency），即依冲突规范选择最有效率之实体法的问题，〔1〕而判断一个国家的实体法是否有效率，在法经济学中主要采取“卡尔多—希克斯准则”。该准则是指即使一方福利的增加会使他方的福利减少，那么只要受益方增加的福利超过受损方减少的福利，就被认为是有效率的。

本文拟结合我国的法律选择实际，在不损害公正的前提下，采取法律的经济分析方法，及以“政府”、“私人”及“法官”为本位的三种进路，研究双边主义对单边主义的冲突法基本路径问题。

二、冲突法之立法取向：推行双边主义的经济分析

对于冲突法立法的经济分析，主要采取以“私人”及“政府”为本位的两种进路。以“政府”为本位的进路主要求得各国实体法之立法政策效用的最大化，即采

---

* 本文的研究受2004年度教育部“新世纪优秀人才支持计划”（编号：NCET-04-0592）资助。

** 厦门大学法学院教授，国际法专业博士生导师、法学博士。

〔1〕 有关“冲突效率”和“实体效率”的区分，参见 Joel P. Trachtman, “Economic Analysis of Prescriptive Jurisdiction”, vol. 42 *Va. J. Int'lL.* 2001, p. 42.

取适当的政府利益分析方法实现法律选择的“实体效率”；而以“私人”为本位的进路所追求的是实现社会福利的最大化。然而，无论是以“政府”为本位，还是以“私人”为本位的分析，在冲突法立法上，双边主义都是比单边主义更具效率的一种基本法律选择路径。

（一）以“政府”为本位的经济分析

美国现代冲突法鼻祖柯里采取的就是以“政府”为本位的解决法律冲突的进路。然而，柯氏提出的“政府利益分析说”带有浓厚的单边主义色彩。具体而言，对于跨州民商事案件，各州适用本州法当然能求得本州政策效用的最大化。但事实上，任何一个州都不可能包揽对所有跨州民商事案件的管辖权，于是就会出现这样的情形：就X、Y两州间发生的跨州民商事案件，假如其中由X州法院受理的那些案件只适用X州法律，固然促进了X州政策效用的实现。但是，这等于Y州法律被完全排除适用，Y州的政策效用会因此而受损，而且Y州政策效用受损之程度可能会高于X州政策效用增进之程度；同样，假如由Y州法院受理的另一些案件一概适用Y州法律，Y州的政策效用得到了实现。但是此时，因X州的法律没有得到适用，X州的政策效用受到了损害；而且其政策效用受损之程度可能会高于Y州政策效用增进之程度。显然，单边主义无法保证共同促进两州政策效用的最大化，是一种缺乏效率的法律选择路径。

美国另一位著名的冲突法学者巴克斯特在1963年发表的《法律选择与联邦制度》专论中，提出了“比较损害说”。巴氏虽然认同柯里以“政府利益”为基点的解决法律冲突的进路，但是反对柯氏的单边主义做法，赞成双边主义的法律选择方法。“比较损害说”主张，在两个州法律发生真实冲突的情况下，应选择假如不适用其中一州法律会对其利益造成更大损害的那一个州的法律。倘若各州都采取这种“两害相权取其轻”的做法（卡尔多—希克斯准则），就能“达到所有政府实体的根本目的的最大化”。[2] 具体言之，只要X、Y两州都以“比较损害分析”这样的双边主义方法选择法律，做到只有在X州法律得不到适用致使X州受损程度大于Y州法律得不到适用致使Y州受损的程度时，方才适用X州法；相反，在X州法律得不到适用致使X州受损程度小于Y州法律得不到适用致使Y州受损的程度时，就适用Y州法。巴氏进一步假设，假设X、Y两州展开谈判，则“各方将审慎地通过放弃可得利益少的去换取可得利益大的，各方顾及己方自我利益和它方目的的考虑得到强化，由此而达成的最终协议将使各方接近各自效用的最大化”。[3] 在该专论中，巴氏虽然没有明确，但实际上是运用了法经济学的方法分析法律冲突问题。据此，巴

---

〔2〕 William F. Baxter, “Choice of Law and the Federal System”, vol. 16 *Stan. L. Rev.* 1963, p. 12. 从冲突法的经济分析角度对巴克斯特的“比较损害说”进行研究的，详见 William H. Allen & Erin A. O, Hara, “Second Generation Law and Economics of Conflict of Laws: Baxter's Comparative Impairment and Beyond”, vol. 51 *Stan. L. Rev.* 1999, pp. 1011 ~ 1048.

〔3〕 从冲突法的经济分析角度对巴克斯特的“比较损害说”进行研究的，详见 William H. Allen & Erin A. O, Hara, “Second Generation Law and Economics of Conflict of Laws: Baxter's Comparative Impairment and Beyond”, vol. 51 *Stan. L. Rev.* 1999, p. 7.

氏被誉为冲突法经济分析之先驱。[4]

美国当代著名冲突法学者克雷默认为，各州对单边主义和双边主义冲突法基本路径的选择属于“囚徒困境”博弈。[5] 对此，美国另一位当代著名冲突法学者布莱梅尔主张，尽管“囚徒困境”博弈模式广受重视，但并不意味着另外两种博弈模式——“猎鹿”博弈模式和“懦夫”博弈模式就没有了用武之地。布氏指出，判别各州对冲突法基本路径的选择到底属于哪一种博弈模式并不重要，进行这样的归类是一个需要实证的问题，其中的一种博弈模式的解释力是否强于其他两种博弈模式，有时并不清晰。重要的是，在现实生活中，对于冲突法基本路径的选择，一州往往同时具有追求合作和私利的混合动机，所采用的三种博弈模式都有助于证明：通过发展理性的战略，各州有可能在相互合作的基础上，而不是在追求短期私利之中，求得较好的结果。[6] 无论是以上三种博弈模式中的哪一种，对各州来说，选择“背弃”（主张单边主义）虽然是个体的最优结果（“囚徒困境”博弈与“懦夫”博弈）或次优结果（“猎鹿”博弈），但问题是各州都选择“背弃”（“相互背弃”）战略，无疑会带来集体最差的结局。因而，片面扩张法院地法适用之单边主义的盛行，对各州来说终将是无效率之举；反之，各州均采取“相互合作”（主张双边主义）的战略，将会取得集体的最优结果，即可实现各州政策效用的最大化。

当然，以上无论哪一种博弈模式都表明，如一州选择“合作”，另一州却选择“背弃”，则选择合作的一方将损失惨重（出现个体最差的结果）。由此，互信对于促成各州的共同合作至关重要。就此，克雷默和布莱梅尔均依博弈论原理，以“囚徒困境”博弈为例说明：只要实施“投桃报李，以牙还牙”（Tit－Tat）的互惠策略，对选择“合作”（实行双边主义）的州给予报偿（以己方也采取双边主义作为奖赏），对选择“背弃”（采取单边主义）的州施以报复（以己方也采取单边主义作为惩罚），那么在重复博弈中，各州之间就可建立互信，以致最终在法律选择上集体放弃单边主义，共同实行双边主义，以获得有效率的结果。上述巴克斯特提出两州通过谈判达成共同采用“比较损害说”之假设，实际上就是在无意之中运用了博弈论的这一原理。

需要指出的是，通常只有美国的冲突法采取“政府利益分析”的范式，故以“政府”为本位分析法律选择中单边主义和多边主义之“实体效率”的方法，通常只适用于美国的“州际”法律冲突实践，对其他国家冲突法处理的“国际”法律冲突，这种冲突法的经济分析原理基本上不适用。这是因为：首先，将解决各国“私法”适用问题的冲突法全盘提升到政府利益的高度去认识，实际上完全抹杀了“私法”与“公法”之间的应有界限；其次，迄今仍缺乏有效的实证研究说明国家与国家之间在没有签订统一冲突法条约的广大领域，正在有意识地进行合作。

---

〔4〕 Joel P. Trachtman, “Conflict of Laws and Accuracy in the Allocation of Government Responsibility”, vol. 26 *Vand. J. Transnat'l L.* 1994, p. 1017.

〔5〕 Larry Kramer, “Rethinking Choice of Law”, vol. 90 *Colum. L. Rev.*, 1990, pp. 339 ~ 344.

〔6〕 Lea Brilmayer, *Conflict of Laws: Foundations and Future Directions*, Little, Brown and Company, 2nd ed., 1995, pp. 169 ~ 196.

（二）以“私人”为本位的经济分析

对于冲突法中双边主义对单边主义的立法取向，以“私人”为本位的分析是最为主要的，究其原因，主要在于冲突法毕竟是解决私人与私人之间跨国民商事法律冲突的法律部门。采取“私人本位制”分析冲突法的基本路径，具有双重目标：一是为了降低当事人诉前的交易成本和诉后的诉讼成本，以求当事人之间“冲突效率”的实现；二是为了选择最适合调整当事人参与之跨国民商事关系的实体法，以便实现当事人之间的“实体正义”。

1. 当事人之间“冲突效率”的实现。实行法律选择上的单边主义，主张适用法院地法，在当事人之间最多只有助于实现法律选择的“嗣后可预见性”（secondary predictability），即案件归哪个国家管辖，就适用哪个国家的法律。因此，案件起诉之后所适用的法律便可得到确定。然而，单边主义将无以在当事人之间求得法律选择的“初始可预见性”（primary predictability），[7] 即在诉讼开始之前的阶段，当事人无法预见相互间的跨国民商事关系将适用哪个国家的法律，以致难以对交易做出具体的安排和监督，从而带来交易成本的增加。

从诉讼制度运作成本来看，如采取单边主义的法律选择方法，只有待诉讼提起之后，所适用的法律才能确定。从表面上看，此乃管辖地决定法律选择，实则往往相反，蜕变成了当事人为了挑选对自己有利的法律而选择案件的管辖地；而当事人“选购法院”的结果，必然造成社会诉讼成本的提高。

（1）当原告可以通过有策略地“选购法院”来最大限度地获得其预期回报之时，就会导致潜在的被告迅速起诉以抢先对手获得对管辖的选择权。由此而引发的“诉讼竞赛”将加速起诉的过程，并使一些原本不会起诉的案件最终被当事人诉诸法院，从而浪费社会资源。[8]

（2）在可供选购的多个法院中，原告在一国起诉获得对己方有利的适用法律之后，为了对抗原告，被告有可能会在其它国家法院起诉，以便取得对自己有利的法律选择；或者，原告在一国败诉后，判定仍存在有利于己方的其它国家的法律，于是再次在另一国法院起诉，从而形成“一事多诉”这种诉讼不经济现象。

（3）当案件所适用的法律给原告带来的边际赔偿金较小时，一个理性的原告可能会放弃诉讼；即便选择了起诉，也会通过减少诉讼成本来使自己的诉讼效益最大化。然而，在有“选购法院”机会的情况下，只要其中一个国家的法律会给原告带来很大的潜在预期赔偿金，就会助长原告起诉，并减少其控制诉讼成本的激励力度。[9]

（4）在实践中，原告为了获取于己有利的法律而“选购法院”，其所选择的法院地国未必与案件有密切的联系。倘若如此，案件由该等“不方便法院”审理，将会

---

〔7〕有关“初始可预见性”与“嗣后可预见性”之区分，最早见于巴克斯特，参见 William F. Baxter，“Choice of Law and the Federal System”，vol. 16 *Stan. L. Rev.* 1963，p. 3.

〔8〕［美］皮特·纽曼主编：《新帕尔格雷夫法经济学大辞典》（第1卷）“法律冲突”词条，许明月编译，法律出版社2003年版，第438～439页。

〔9〕Michael J. Whincop & Mary Keyes，*Policy and Pragmatism in the Conflict of Law*，Ashgate Publish Limiting Company，2001，p. 27.

给当事人带来很高的诉讼成本，如取证难度和费用的增加以及出庭差旅费用的提高等。

（5）在其它条件相同的情况下，赔偿金越多，原告就越愿意采取诉讼方式而不是通过庭外和解来解决纠纷。[10] 在有多个法院可供起诉的情形下，只要依某个国家的法律，边际赔偿金上升到一定的幅度，原告就会选择该国法院起诉，而不会求诸和解。由于诉讼的社会成本一般大于和解的社会成本，就此而论，“挑选法院”将带来无效率的结果。[11]

（6）因单边主义主导下法律选择“初始可预见性”的缺失，在纠纷发生之后至起诉之前的这段期间，双方当事人因无法划定“和解范围”，也就难以确定对双方互利的和解条件，[12] 致使许多案件丧失和解的机会，从而增加社会诉讼成本。

从以上各个方面来判断，对于当事人而言，偏好法院地法的单边主义法律选择路径缺乏“冲突效率”。反之，倘若各国都采用一致的比较明确和具体的双边冲突规则，依这些双边冲突规则中连结点的指引，决定到底是适用内国法还是外国法，就可以大大提高当事人之间法律选择的“初始可预见性”。由此，一则可以降低当事人之间的交易成本；二则按照双边冲突规则选择法律，无论当事一方向哪个国家的法院起诉，纠纷适用的法律均相同，也可抑制“选购法院”现象的产生。

可见，无论是在降低当事人诉前的交易成本方面，还是在防止当事人“选购法院”以降低当事人诉讼成本方面，都是双边主义而不是单边主义更有助于当事人之间“冲突效率”的实现。

2. 当事人之间“实体效率”的实现。以单边主义为主导，强调适用法院地法显然不可能处处求得当事人之间的“实体效率”。因为任何人都无法断言，只有法院地法而不是外国法，才是最适合调整当事人参与之跨国民商事关系的实体法。

法经济学的开创者波斯纳主张，在发生冲突的内外州法律中，倘若采取双边冲突规则，选择其中一个对调整跨州民商事关系最有“比较管理优势”那个州（如该州的立法者对某类跨州民商事关系最有管理经验以及最具有掌握相关信息的能力等）的法律，那么这样的法律选择就能达到促进社会福利最大化的目的，也就是具有法律适用上的“实体效率”；相反，单边主义将阻碍各州“比较管理优势”的实现。[13]

现假设一位南卡罗来纳州的司机在纽约市与另一位来自佛罗里达州的司机发生撞车事故。纽约市采用的交通侵权法规定，司机只有尽到适当水平的注意才能免责。

---

〔10〕 当案件的赔偿金很少时，诉讼给原告带来的潜在收益也很小，而且这种收益可能低于诉讼对和解的成本差。倘若如此，原告就会选择诉讼而非和解。参见 Richard A. Posner, *Economic Analysis of Law*, CITIC Publishing House, 2003, pp. 568 ~ 569.

〔11〕 Larry E. Ribstein, “Choosing Law by Contract”, vol. 18 *J. Corp. L.* 1993, p. 254.

〔12〕 犹如任何契约，和解成功的必要条件是，存在一个双方当事人认识到依之会增加他们福利的价格。由此，只有当原告在诉讼请求上愿意接受的妥协价格低于被告愿意赔付的最高价格时，和解才有可能，否则当事人只能进入诉讼程序。而所谓的“和解范围”指的就是双方当事人间最低和解条件或保留价格的重叠区域。同注 10 引书，第 567 页。

〔13〕 同注 10 引书，第 602 ~ 603 页。波斯纳的“比较管理优势说”得到了美国其他一些冲突法经济分析学者的支持和拓展。参见 Erin A. O, H ara & Larry Ribstein, “From Politics to Efficiency in Choice of Law”, vol. 67 *U. Chi. L. Rev.* 2000, pp. 1153, 1179 ~ 1180, 1190 ~ 1192.

应该说，作为交通事故的发生地，纽约市的法律规则一般最能与当地的行车条件（诸如道路、气候等）相适配，因而对发生在当地的交通事故具有“比较管理优势”；而南卡罗来纳州法律规定的注意标准过低，不利于促使司机谨慎驾驶以减少交通事故。如果该案起诉到南卡罗来纳州法院，南卡罗来纳州法院采取单边主义，只适用本州的法律，那么纽约市的法律就得不到适用。由此，对于交通侵权没有“比较管理优势”的南卡罗来纳州法律便驱逐了有“比较管理优势”的纽约市法律，这样的法律选择肯定是没有效率的。反之，假如南卡罗来纳州法院采取双边主义，就该案选择纽约市的法律，要求路经纽约市的南卡罗来纳州司机都应遵守纽约市的法定注意标准，那么就会促使纽约市将关于合理注意的法律规定修改得更好，从而进一步发挥其法律的“比较管理优势”。[14]

单边主义赋予原告单方面“选购法院”的权利，还可能会造成各国之间无效率的恶性“管理竞争”。兹以美国州际产品责任侵权案件的法律适用为例：美国制造商在为产品定价时，一般都需考虑潜在的产品责任赔偿支出。然而，由于产品将销往美国各州，实际上根本无法分别计算出各州潜在赔偿支出的大小以便逐州订出不同的价格，于是，制造商只能采取全美统一定价的做法。由此带来的结果是，一个州如果提高对原告产品责任的赔偿标准，制造商就会把这部分边际赔偿支出计入全美统一定价，转嫁给其他州的消费者分摊。这是一种没有效率的立法，等于认可一个州的消费者在行使损害赔偿请求权时可以不把其所产生的“外部性”内化，而是将它转变为由其它各州消费者承担的社会成本。其它各州也会如法炮制，纷纷提高本州立法的产品责任赔偿标准，并主张本州法院受理的产品责任案件应适用法院地法；且在保护本州原告的动因刺激下，各州将会展开此类“实体法上的竞争”和“冲突法上的竞争”，以致形成一种“越来越往底线”（race to the bottom）的恶性“管理竞争”。相反，如果采用侵权行为依侵权行为地法这样的双边冲突规则，一个州受理的产品侵权责任案件不一定适用法院地法，就会大大抑制各州竞相提高本州产品责任赔偿标准的动力。[15]

波斯纳认为，从经济的角度来看，诉讼制度的目的是使司法判决错误和诉讼制度运作两类成本最小化，这样的分析也适用于法律选择过程中对“冲突效率”的追求。[16] 除前文已探讨的涉及“冲突效率”之诉讼制度运作成本的问题外，从与“实体效率”相关的司法判决错误成本来看，[17] 法官对法院地法的理解程度一般甚于他们对外国法内容和精神的了解，因此适用法院地法而发生司法判决错误的概率必定要小于适用外国法的情形。

---

〔14〕 该假设案例参见注 8 引书，第 440 页。

〔15〕 Michael E. Solimine, “An Economic and Empirical Analysis of Choice of Law”, vol. 24 *Ga. L. Rev.* 1989, pp. 68 ~ 89.

〔16〕 同注 15 引书，第 59 页。

〔17〕 所谓的“司法判决错误成本”是指因法院作出错误判决的几率改变了当事人的行为选择而带来的社会成本的增加。现假设，某一类事故的预期成本是 100 美元，而潜在加害人避免事故的成本是 90 美元。如果法院准确适用事故责任法，那么潜在加害人就会采取措施避免事故。然而，如果法院作出错误判决的几率为 15%，那么潜在加害人的预期事故成本就降到了 85 美元，低于避免事故的成本（90 美元）。由此，事故就得不到防止，其结果将导致 10 美元的社会净损失。同注 10 引书，第 563 页。

尽管单边主义的司法判决错误成本小于双边主义，但是在促进各国实体法律“比较管理优势”的实现以及防止各国实体法之间的恶性“管理竞争”方面，双边主义比之单边主义显然更具效率。据此，从总体上看，在求得当事人之间的“实体效率”上，双边主义仍要优于单边主义。

三、冲突法之司法实践：抑制单边主义的经济分析

对冲突法的经济分析，除了本文上部分论述的“私人本位制”及“政府本位制”之外，还有以“法官”为本位的第三种进路。该进路是指从司法经济原则出发，尽量减轻法官选择法律的成本，即肯定适用法院地法的简便性而给法官带来的“冲突效率”。例如，1971年出版的《美国冲突法第二次重述》第6条第2款列举的判断最密切联系程度七要素中的最后一项就是，法官“确定和适用将予适用之法律的简便性”。该条评注C明确指出，七要素的重要性并非按照从高到低的顺序排列，而是应视具体案情而定；换言之，在有些案件中，该第七项要素可能是最重要的。又如，美国现代冲突法最具代表性的学说之一——莱弗拉尔的“较好法说”主张的法官“法律选择的五点考虑”之一同样为“司法任务的简便化”。与对冲突法立法的经济分析不同，对于司法实践中单边主义的研究，应以探讨“法官本位制”作为起点。

（一）法官适用法院地法偏好的形成

从上述以“私人”及“政府”为本位的分析来看，片面扩大法院地法的适用是一种缺乏“冲突效率”和“实体效率”的法律选择路径，目前各国的冲突法立法已普遍摒弃单边主义。然而，双边主义虽已成为各国冲突法普适的立法取向，但在各国的司法实践中，单边主义仍大受法官的青睐，我国更是如此。最高人民法院对2001～2002年间我国法院审结的涉外商事案件的抽样调查表明，在被调查的50起案件中，适用中国法的比例高达90%（45件）；适用外国法的只有4%（2件）；适用国际公约的为2%（1件）；适用国际惯例的占4%（2件）。[18] 另外我国学者对2003～2004年我国法院审结的涉外商事案件的抽样调查表明，在被调查的100起案件中适用中国法的比例仍高达91%（91件）；适用外国（外法域）法的仅为3%（3件）；分别适用国际公约和国际惯例的为2%（2件）；分别适用中国法和国际公约（惯例）的占4%（4件）。[19]

从各国的法律选择实践来看，法官滥用法院地法的主要情形有二：一方面，他们可能会视先决问题、识别、反致以及公共秩序保留等传统冲突法制度为“玩偶”，不惜玩弄“概念游戏”，刻意回避依双边冲突规则原本应当适用的外国法，改取法院地法；[20] 另一方面，法官也可能先入为主，早已设定法院地法为案件的准据法，然后

---

〔18〕 参见最高人民法院2003年发布的《关于我国法院审理涉外商事案件适用法律情况的通报》，案件适用法律分布表（表二）。

〔19〕 黄进、杜焕芳：“2003年中国国际私法司法实践述评”，载《国际私法与比较法年刊》2004年第7卷，法律出版社2005年版，第133页；黄进、李庆明、杜焕芳：“2004年中国国际私法司法实践述评”，载《国际私法与比较法年刊》2005年第8卷，法律出版社2006年版，第94页。

〔20〕 Kurt G. Siehr, “Domestic Relations in Europe: European Equivalents to American Evolutions”, vol. 30 *Am. J. Comp. L.* 1982, pp. 63～65.

再“以结果为导向”，利用最密切联系原则等现代法律选择方法的“弹性”特点，通过操纵其分析过程以达到既定的目标。近年来，我国法院依最密切联系原则选择的几乎全为法院地法（中国法），即明显表露出了这一倾向。[21] 此外，在我国的司法实践中，还存在着大量的法官未说明理由就适用法院地法的情形。在最高人民法院统计的2001～2002年间我国法院适用法院地法的45起案件中，未说明理由的就有26起，所占比例高达58%；[22] 2003～2004年，这一比例虽趋于下降，但据我国学者统计，在适用中国法的91起案件中，仍有18起未说明理由，所占比例约为20%。[23]

在各国冲突法立法普遍反对单边主义的情形下，为何在司法实践中这种选择法律的路径仍然大行其道呢？从以法官为“本位”的冲突法经济分析中，不难得出这样的结论：法官熟悉法院地法，故法院地法易于适用，由此可以大大降低法官选择法律的司法成本，以致对法官产生巨大的吸引力；相反，在适用外国法的情形下，如由法官负责查明外国法的内容，并将之适用于涉外民商事案件，往往会带来司法成本的大幅增加。鉴于此，从理性选择的角度来看，法官为了追求法律适用的“冲突效率”，必然会采取压制双边主义、扩张单边主义的做法。

无疑，法院地法主义的泛滥实质上就等于否认内外国法律冲突现象的存在，最终将导致冲突法的衰退。为了抑制司法中的单边主义倾向，我们认为，在不损害冲突法中公正之基本价值的前提下，可将法院适用外国法的成本转移给当事人承担（即将这部分诉讼运作成本由公共成本转化为私人成本），但同时应允许当事人进行适当的成本控制。

（二）法官适用外国法之成本的转移

将法官适用外国法的成本转移给当事人承担，其主要的制度设计为：对于外国法性质的认定应放弃“法律说”，改从“事实说”；相应地，应免除法官依职权查明外国法内容的义务，改由当事人负举证责任。

根据“法律说”，外国法与内国法一样，都是“法律”。据此，如就涉外民商事案件选择外国法，依“法官知法”的原则，法官得依职权查明外国法的内容，然后加以适用，这将会给他们带来高昂的司法成本；相反，“事实说”主张，外国法与内国法不同，其不是“法律”，而只是“事实”。据此，即便涉外民商事案件适用的是外国法，依“谁主张，谁举证”的原则，外国法的内容应由当事人负责举证，法官没有义务主动去查明，这就在相当程度上降低了法官审理案件的负担。例如，法国著名冲突法学者巴蒂福尔及拉加德认为，法国最高法院曾一度将外国法的举证责任

---

〔21〕据我国学者对2002～2004年间中国法院审结的涉外商事案件的抽样调查表明，在依最密切联系原则选择法律的40起案件中，只有1起适用的是外法域法（香港法），1起并用中国法和国际商事惯例，其余均适用中国法。参见黄进、杜焕芳：“2002年中国国际私法司法实践述评”，载《国际私法与比较法年刊》2003年第6卷，法律出版社2003年版，第20～31页；《国际私法与比较法年刊》2004年第7卷，法律出版社2005年版，第119～133页；《国际私法与比较法年刊》2005年第8卷，法律出版社2006年版，第79～93页。

〔22〕参见最高人民法院2003年发布的《关于我国法院审理涉外商事案件适用法律情况的通报》，法律选择方法统计表（表三）。

〔23〕《国际私法与比较法年刊》2004年第7卷，法律出版社2005年版，第133页；《国际私法与比较法年刊》2005年第8卷，法律出版社2006年版，第94页。

转移给当事人，其原因就在于，“这样解决是考虑到无需没有必要地增加查明外国法内容的成本”。[24]

对于外国法的性质，我国的冲突法未予明确界定。但国内有冲突法权威教科书指出：“在我国，民事诉讼采取‘以事实为根据，以法律为准绳’的原则，人民法院在审理涉外民事案件时，要作出切合实际、合理的判决，维护当事人的正当权益，促进我国对外开放事业的发展，不管是‘事实’还是‘法律’，都必须查清，因此，把外国法看成是‘法律’还是‘事实’的争论，在我国没有实际意义。”[25] 然而，目前我国发生的大量涉外民商事关系与西方国家有关，由于东西方在语言、文化、社会、历史传统等方面存在巨大差异，要求中国法官查清、释明各西方国家法律的具体内容，尤显困难。此已成为导致中国司法实践中单边主义盛行的主因。从法经济学的角度分析，如果将由法官承担查明外国法内容责任的做法，改为由当事人负举证责任，[26] 那么法官就不会因自己在查明外国法方面负担过重而轻易扩大法院地法的适用；相反，法官可能会尽量给当事人以举证外国法内容的机会，避免动辄以法院地法取而代之。例如，以色列冲突法就外国法的性质采“事实说”，要求当事人负举证责任。但在许多案件中，原告有时主张外国法的内容与以色列法类似，因而不再去举证外国法的内容。待法官审理之后发现，原告关于内外国法内容一致的主张并不成立，而此时原告又没有举证外国法的内容，本来法院可以适用法院地法（以色列法）了之，但在大多数这样的案件中，法官都会给当事人重新举证外国法内容的机会。除非当事人实在无法做到，才改用以色列法。[27]

依上而论，外国法查明责任由法官向当事人转移，不无现实意义。值得一提的是，在我国的司法实践中，已有法院在审理涉外民商事案件的过程中采纳外国法的“事实说”，并以当事人不能举证为由，推定其放弃适用外国法的权利。[28]

---

〔24〕 Sofie Geeroms, *Foreign Law in Civil Litigation: A Comparative and Functional Analysis*, Oxford University Press, 2004, p. 246.

〔25〕 韩德培主编：《国际私法新论》，武汉大学出版社2003年版，第146页。

〔26〕 按照1990年最高人民法院《关于贯彻执行〈民法通则〉若干问题的意见（修改稿）》第222条规定，当事人应该至少有配合法官查明外国法内容的义务。在采取“法律说”的国家，这种做法也很常见。然而，当事人配合法官查明外国法内容与“事实说”主张的由其负举证责任不同。在前一种情况下，法官仍不能摆脱查明外国法内容的最终责任。同注24引书，第127～129页。

〔27〕 Talia Einhorn, "The Ascertainment and Application of Foreign Law in Israeli Courts – Getting the Facts and Fallacies Straight", in Talia Einhorn & Kurt Siehreds., *Intercontinental Cooperation through Private International Law*, T. M. C Asser Press, 2004, p. 111.

〔28〕 例如，在上海海事法院2003年裁决的“美亚保险公司上海分公司诉香港东航船务有限公司、民生轮船有限公司上海分公司海上货物运输合同货损差代位求偿纠纷”案中，当事双方约定适用英国法，但均未提供英国法的证明。法院最后以“当事人有义务提供约定的英国法律”，却没有提供为由，改用中国法。又如，在“厦门象屿集团有限公司诉瑞士米歇尔贸易公司”案中，当事双方在合同中约定，合同争议首先适用1980年《联合国国际货物销售合同公约》；就该公约未规定事项，适用国际统一私法协会1994年《国际商事合同通则》；如该公约和该通则仍未有规定的，则应当适用国际惯例及卖方主要营业地的法律。2004年，厦门市中级人民法院在裁定中认为，该案合同约定的补充或替代准据法——卖方主要营业地的法律为瑞士法，但申请人没有在举证期限内亦未在合议庭限定的期限内提交，应视为其放弃该权利。参见郑金雄、曹发贵：“不能仅凭涉外仲裁条款未明确约定仲裁机构而认定无效”，载《人民法院报》2005年1月4日，第C2版。

（三）当事人对适用外国法之成本的控制

显然，查明外国法内容的责任由法官向当事人转移，只不过是负责查明工作的主体发生了变化而已，因不能断言责令当事人举证外国法内容就比法官查明更为困难，因此这种责任的转移并不会带来社会成本的提高。在将查明外国法内容的责任由法官转移给当事人之后，当事人可作的选择有二：

1. 当事人自感可以承受外国法举证的成本，于是继续主张外国法的适用。这样的决定是当事人在对整个诉讼成本进行分析之后自愿作出的选择，因而一般是有效率的。

2. 当事人认定外国法举证的成本太高，无力承担，需要进行成本控制。此时，冲突法应给当事人以放弃适用外国法的更大自由。这就牵涉我国冲突法学界近年来兴起的有关冲突规则的强制性与任意性之争。[29] 该项争议的实质在于，法官是否必须依职权适用冲突规则，或曰当事人是否有权排除冲突规则适用的问题。从各国的法律实践来看，绝对地采用其中一种主张者并不多见，大多数国家的做法是混合型的；亦即，它们都在不同程度上认可当事人合意排除冲突规则适用的权利。[30] 而确立当事人意思自治原则通常是有效率的：一方面，意思自治意味着当事人可以事先锁定跨国民商事关系的准据法，于是法律适用自始便具有了相当大的稳定性，符合“冲突效率”的要求；另一方面，通过当事人意思自治选择法律，也能够实现“实体效率”之价值目标。按照法经济学原理，自愿交易可产生有效率的结果，当事人自主选择法律亦是如此，因为当事人最了解适合调整自己参与之跨国民商事关系的法律。鉴于意思自治原则可达到“冲突效率”与“实体效率”的高度合一，从而为冲突法经济分析学派的一些学者所顶礼膜拜，他们甚至尊奉该原则为整个冲突法体系的基石。[31]

在合同等领域，各国业已普遍赋予当事人合意选择法律的权利。因此，有关冲突规则强制性与任意性争议的焦点实际上成了在更为广泛的法律冲突领域，法院能否以当事人存在默示同意选择法院地法为由，从而排除依冲突规则原应适用之外国法的问题。我们认为，在这个问题上，应该给予当事人以更大的意思自治权。

在这里，当事人默示同意选择法院地法特指，一方当事人依法院地法提出请求，另一方当事人没有表示反对并依法院地法进行抗辩的，可视为当事人双方默示接受法院地法的管辖。[32] 在实践中，当事人默示同意选择法院地法，放弃外国法适用的原因很多，大致为两类：一类是当事人对外国法的内容疏于举证或举证不能，即当事人没有意识到卷入的是一个涉及外国法适用问题的涉外案件；更为常见的是，当

---

〔29〕 参见王娟：“论冲突规则的性质”和徐鹏：“冲突规范适用初论”，分别载《中国国际私法学会 2004 年年会论文集》上卷，第 422 ~ 428 页；下卷，第 263 ~ 282 页；宋晓：“论冲突规则的依职权适用性质”和杜涛：“‘任意性冲突法’理论研究”，分别载《中国国际私法学会 2005 年年会发言代表论文集》，第 203 ~ 210、224 ~ 230 页。

〔30〕 Symeon C. Symeonides ed., *Private International Law at the End of the 20th Century: Progress or Regress?* Kluwer Law International, 2000, p. 171.

〔31〕 See Erin A. O, H ara & Larry Ribstein, “From Politics to Efficiency in Choice of Law”, vol. 67 *U. Chi. L. Rev.* pp. 1151 ~ 1152.

〔32〕 Trevor C. Hartley, “Pleading and Proof of Foreign Law: The Major European Systems Compared”, vol. 45 *ICLQ* 1996, p. 45.

事人了解案件的涉外性质，但不知涉案外国法的具体内容。在这种情形下，既然当事人对外国法的内容疏于举证或举证不能，说明他们自始不了解该外国法的内容，从而也就谈不上事先已依该外国法安排交易的问题。因此，法官不适用该外国法，未必就会带来牺牲当事人之间“实体效率”的结果。另一类是当事人不愿举证，主要是因外国法查明的费用过高，当事人无法承受。〔33〕据英国冲突法学者芬特曼的分析，后一种情形是主要的。芬氏断言：“诉讼，至少是商业诉讼，很少被当事各方看成是在追求正义，或探究真义。它是一项投资，即盘算着获取商业上的好处，通常意在就主张的损害获得金钱赔偿。这是一种成本/效益分析，其中所涉的突出因素是结果的可预见性以及获得该结果的支出。……诉求于外国法将带来高额的成本（专家证据是口头的，也许会采用报告的形式，但按规则要经过交叉询问，由此造成的诉讼拖延意味着成本和不可预见因素的增加）。”〔34〕

在法律选择上，当事人默示同意的法律效果应与明示同意相差无几，因为默示同意也是当事人真实意思的表示，也表明当事双方均认同法院地法为适合调整其参与之跨国民商事关系的法律，只不过与明示同意相比，所采取的同意方式不同而已。据此可以认定，当事双方默示同意选择法院地法一般同样具有“实体效率”；同时，当事双方默示同意选择法院地法，与单方通过“选购法院”不正当获取法院地法不同，不致带来缺乏“冲突效率”的结果。此外，由于法官熟悉法院地法，还可降低司法判决错误的成本。正因当事人默示同意选择法律的对象只是法院地法，而不是外国法，故不存在损害法院地公共利益的问题；如当事人默示同意选择法院地法构成对外国法中强制性或禁止性规则的规避，仍可依法律规避及强制性规则适用等制度对之加以限制。此外，虽认可当事人在更为广泛的领域可以默示同意的方式选择法院地法，但对该原则所适用的法律冲突领域也并非不加限制，如对于那些当事人“不可处分”的权利（如物权），冲突法仍可将它们排除在意思自治的作用范围之外。例如，法国就是对冲突规则“任意性说”和“强制性说”采取折衷态度之国家的典型代表，在1999年的Mutuelle du Man案中，法国最高法院判决，对于那些当事人“不可处分”的权利，法官还是有依职权适用外国法的义务；只是对于那些当事人“可处分”的权利，允许当事人通过意思自治选择法院地法。〔35〕

在涉外合同（含海商法中有关提单的案件）冲突法中，我国业已确认意思自治原则，包括承认当事人默示同意选择法院地法的权利。例如，在“富春航业股份有限公司、胜惟航业股份有限公司与鞍钢集团国际经济贸易公司海上运输无单放货纠纷再审案”中，最高人民法院认定：“在一、二审审理过程中，当事人对适用中国海商法未提出异议，故认定本案适用中国法律。”〔36〕我们建议，应将当事人默示同意选择法院地法的权利推及至更为广泛的法律冲突领域。目前，我国法院主张适用中国法律但又未

---

〔33〕 Rudolf B. Schlesinger, “A Recurrent Problem in Transnational Litigation: The Effect of Failure to Invoke or Prove the Applicable Foreign Law”, vol. 59 *Cornell L. Rev.* 1973, pp. 2～3.

〔34〕 Richard Fentiman, *Foreign Law in English Courts: Pleading, Proof, and Choice of Law*, Oxford University Press, 1998, p. 171.

〔35〕 同注24引书，第70～72页。

〔36〕 参见《中华人民共和国最高人民法院公报》2002年第1期。

提供理由的，多为当事双方均援用中国法主张权利和进行抗辩的涉外民商事案件。如将这些案件中当事人默示同意选择中国法的行为加以合法化，就可名正言顺地避免因适用外国法而给我国法院带来的高司法成本。按照英国的经验，就涉外民商事纠纷，当事双方一般只根据英国法提交诉讼，而因为英国冲突法将这种情形视为对英国法的默示选择，所以英国法院现已很少真正用到有可能指向外国法的冲突规则。[37]

需要指出的是，"推定当事人同意"与上述"当事人默示同意"不同，前者是法官根据各种因素推定当事人同意选择某一国法律（包括法院地国法，下同），而非当事人自己主动选择的结果，其不一定代表当事人的真实意图。[38] 推定当事人同意选择某一国家法律所依据的因素包括：当事人适用该国的标准合同（如英国劳合社的格式保险合同）或该国法律中的特殊条款；当事人选择该国为法院地或仲裁地；相关的交易或以前的交易适用该国法律；当事双方拥有该国的共同国籍或在该国具有共同住所地；以及合同的特征履行地位于该国；等等。[39] 应该说，法官按照这些因素作出同意之推定，并不一定是对当事人本意的尊重，所选择的也并不一定是适合调整当事人参与之跨国民商事关系的法律，而且容易造成法官借当事人同意之名行盲目扩大法院地法适用之实。因此，由法官推定当事人同意选择法院地法既不能保证"实体效率"的实现；同时因推定的结果具有很大的不确定性，也会带来当事人之间"冲突效率"的缺失。可见，对法官推定当事人同意之做法，应予否定，其不能作为主张冲突规则任意性的一个手段。

四、结论

各国冲突法现普遍以双边主义为立法导向。对冲突法的经济分析表明，无论是就当事人之间的"冲突效率"而言，还是就其"实体效率"而言，法律选择上的双边主义均优于单边主义。众所周知，法律的经济分析方法最受诟病的是它尊奉的效率价值取向可能与正义之基本目标相悖。然而事实上，冲突法中的单边主义既缺乏效率，也难有公正：一方面，采取单边主义意味着概采法院地法，而法院地法并非一定与跨国民商事关系在空间上存有最紧密的联系；而且采取单边主义，实际上就是单方面赋予原告"选购法院"的机会，这些都将损害"冲突正义"。另一方面，实行单边主义独尊法院地法的正义文本，并以此为据建立对法院地法的偏好，显然过于狭隘，与冲突法中的"实体正义"亦是不符。[40]

---

〔37〕 同注30引书，第6页。

〔38〕 参见《国际私法与比较法年刊》2003年第6卷，法律出版社2003年版，第39页。

〔39〕 Peter E. Nych, *Autonomy in International Contracts*, Clarendon Press, 1999, pp. 113～120.

〔40〕 冲突法的正义目标可一分为二：一是"冲突正义"，即冲突规范本身在适用过程中涉及的公正问题，主要是指应依适当的连结点指引，选择与跨国民商事关系在空间上有最紧密联系的法律，以求得法律选择的稳定性、一致性和可预见性等。由此可见，当事人之间的"冲突正义"与"冲突效率"具有相合性。二是"实体正义"，是指按照冲突规范援引的实体法适用之结果，应能公正地调整当事人之间的跨国民商事权利义务关系。然而，体现当事人之间"实体效率"的法律，并不一定就符合"实体正义"的要求。一般认为，在冲突法中，有关"冲突正义"和"实体正义"之区分，最早由德国著名冲突法学者克格尔提出。See Gerhard Kegel,"Paternal Home and Dream: Traditional Conflict of Laws and the American Reformers", vol. 27*Am. J. Comp. L.* 1979, pp. 617～621.

尽管双边主义已被各国冲突法立法尊奉为主导价值取向，但在司法实践中，各国法官对单边主义却钟爱有加。其主要原因在于，法官适用法院地法的司法成本要大大小于适用外国法的情形。在我国的涉外审判实践中，法院地法扩张的现象也十分严重。为了缓解冲突法立法上的双边主义与司法上的单边主义之间的张力，可以在选择法律的两个层面上采取相应的对策：首先，在外国法内容查明层面，应采纳“事实说”而非“法律说”。相应地，我国的冲突法立法亦应将查明外国法内容的责任由法官转移给当事人，这将在相当程度上降低法官适用法律的司法成本，使之不会在“舍繁就简”（放弃本应选择的外国法改取本不该适用的法院地法）动机的驱使下，产生法律选择上的“恋家情结”；而在当事人也无法承受外国法查明成本之时，则应允许他们在到底是选择适用法院地法还是外国法的层面上实行成本控制，即适度借鉴冲突规则的“任意性说”，在更为广泛的法律冲突领域赋予当事人默示同意选择法院地法的权利，使他们可以避免因适用外国法而带来的举证方面的高成本负担。

同样需要指出的是，以上关于缓解冲突法立法上双边主义与司法上单边主义之间张力的两项主张虽是采取法经济学方法分析之后得出的结论，但其本身也符合冲突法对正义的基本要求。其一，将法官查明外国法内容的责任转移给当事人承担，符合“谁主张，谁举证”的程序正义原则。进一步来看，如果不给予当事人以充分举证外国法内容的机会而任由法官查明，其主观臆断的结果反而容易造成不公正的裁决。[41] 正如日本学者谷口安平所言：“法的判断不许当事人染指的结果往往是在程序上带来对当事者的不意打击。”[42] 其二，允许当事人在更广泛的冲突法领域默示同意选择法院地法，本身就体现了他们的自由意志，符合“实体正义”的基本要求。此外，当事双方默示同意选择法院地法，还可以排除当事一方“选购法院”现象的发生，也有利于“冲突正义”的求得。

毋庸讳言，学界对于采取外国法定性的“事实说”，从而将查明外国法的责任由法官转移给当事人的对策主张以及对于适度借鉴冲突规则的“任意说”，从而在更为广泛的领域承认当事人默示同意选择法院地法的对策主张，均存在异议。异议者提出了各种各样的反对理由，这些反对意见并非全无道理。然而，双边主义对单边主义不但是关于法律选择的基本路径之争，实际上涉及是否承认内外国法律冲突存在这一关系冲突法生死存亡的根本性问题；而本文求证的上述两种对策主张可谓是抑制单边主义，支持双边主义的“良方”，是决定冲突法兴衰之命运的基本技术手段。在此“大义”的威压下，任何反对的具体理由终归是次要的，不能成为否定上述两种对策主张的根据，但在依该两种对策主张进行制度的具体设计时，仍应将这些反对的理由作为制约的因素加以考虑，以防止最终形成的制度带有偏颇性。

---

〔41〕 徐卉：“外国法证明问题研究”，载陈光中、江伟主编：《诉讼法论丛》第3卷，法律出版社1999年版，第604~619页。

〔42〕 [日] 谷口安平：《程序正义与诉讼》（增补本），王亚新、刘荣军译，中国政法大学出版社2002年版，第163页。

国际引渡合作规则的新发展

黄　风*

最近十几年来，各国缔结了大量涉及引渡合作的双边条约和多边公约，许多国家修改了自己的引渡法，有的国家甚至在不长的时间内数次修改引渡法。[1] 认真研读这些关于引渡合作的法律文件，可以从中感悟到国际刑事司法合作的一些理念更新和制度变革。同时，从完善我国引渡制度、提高有关的缔约水平和进行引渡合作实务操作的角度，也不能不特别关注这些国际引渡合作规则的新发展。

一、放弃或者变通引渡问题上的"条约前置主义"

在引渡问题上的"条约前置主义"[2] 是指一些国家的法律要求以与请求国存在双边引渡条约关系作为开展引渡合作的前提条件，在不存在这种双边条约关系的情况下就无法向外国实行引渡。英美法系国家的传统引渡法多采用此制度。[3]

实际上，任何一个国家都难以或者不可能与所有外国缔结双边引渡条约，因此"条约前置主义"严重地限制了引渡的合作范围，不仅实行"条约前置主义"的国家只能向数目有限的伙伴提供引渡合作，而且他们向外国提出的引渡请求也往往因不符合互惠原则而遭到拒绝。在这样的形势下，原来采取"条约前置主义"态度的国家纷纷通过立法程序改变这一立场。这种改变主要表现为以下几种形式：

（一）明确允许在无双边条约关系情况下开展引渡合作

英国曾经是典型的"条约前置主义"国家，[4] 它新近颁布的《2003 年引渡法》第 70 条第 7 款不再把条约或者预先的安排规定为适用该法的前提条件，而是要求有关领域以"认可的方式（in the approved way）"提出引渡请求，即由有关法域负责提出引渡请求的权力机关或者外交、领事代表提出引渡请求，上述机关或代表的资格须获得英国国务大臣（Secretary of State）的承认。

---

* 北京师范大学刑事司法研究中心教授，法学博士。

〔1〕例如，1988 年《英国刑事司法法》对自己的引渡制度进行了重大修改，随后又颁布了《2003 年引渡法》，再次对本国引渡制度的框架实行改革。

〔2〕这一简练的称谓是由韩国李万熙教授在其著作《引渡与国际法》中使用的，参见［韩］李万熙《引渡与国际法》，马相哲译，法律出版社 2002 年版，第 11 页。

〔3〕目前仍然有一些英美法系的国家继续在引渡问题上坚持"条约前置主义"，例如，斐济、津巴布韦、斯里兰卡、纳米比亚等。

〔4〕《英国 1870 年引渡法》第 2 条第 1 款曾经规定："一旦与任何外国就向该国移交任何逃犯问题达成协议，女王陛下可根据枢密院令，命令对该外国适用本法。"

英国最新引渡立法对“条约前置主义”的放弃也反映在“特定性原则”问题上，其《2003年引渡法》第95条第3款不仅仅将请求方与英国缔结的引渡条约条款规定为“特定性安排（speciality arrangements）”，而且也将请求方相关的“法律”规定解释为特定性安排，这意味着某些国家与英国开展引渡合作的基本规则并非必须通过双边条约加以确定。

先于英国放弃“条约前置主义”的国家是新西兰，它的《1999年引渡法》第12条规定，对于新西兰未与之缔结引渡条约的国家，可以根据本法执行该国提出的引渡请求。紧接着，第16条规定，总督可以根据司法部长的建议，采用枢密院令，对未与之缔结引渡条约并且不属于英联邦成员国的国家，适用本法的有关规定。

印度则早在1993年12月就修改其《1962年引渡法》，在该法第3条中规定，中央政府可以颁布命令，决定将引渡法中的相关规定适用于“在该命令中指明的国家”，而无论与该外国是否缔结了双边引渡条约。南非也于1996年修改了其《1962年引渡法》，授权总统可以根据具体情况与任何外国达成协议，在互惠的基础上，依据引渡法向该外国移交逃犯。

（二）允许将多边公约或者个案协议作为引渡合作的依据

《尼泊尔1988年引渡法》第2条一方面规定，可引渡犯罪的范围以及可与之开展引渡合作的外国均应当依据“引渡条约”加以确定，另一方面对“引渡条约”作出较为宽泛的解释，认为这一概念既指与尼泊尔缔结的双边条约，也包括尼泊尔加入的多边国际公约。

《澳大利亚1988年引渡法》第5条对“引渡条约”的解释是：有关外国和澳大利亚均为缔约方的、全部或者部分涉及移交因犯罪而受到指控人员或被定罪人员的条约；为了强调这一概念不局限于双边条约，有关的解释条款特别在括号中注明：“无论是否其他任何国家也为该条约的缔约方”。《加拿大1999年引渡法》则在此基础上更进一步，它不仅在第2条中规定“引渡协定”涵盖多边公约，而且还在第10条中规定，在不存在引渡协定的情况下，经司法部长的同意，外交部长可以与有关外国就个案达成“特定协议（specific agreements）”，以便执行该外国的引渡请求。加拿大的上述模式似乎借鉴的是《英国1988年刑事司法法》中的相关改革，这部英国法律第1条规定“引渡安排”可有两种形式，即除了“总体的引渡安排”以外，与一个没有作出总体安排的国家可以为在特定案件中实施本法本编而作出“特定的引渡安排”。当然，如上所述，《英国2003年引渡法》又进行了更彻底的改革，在引渡问题上完全放弃了“条约前置主义”。

（三）允许极个别情况下的例外

美国基于三权分立原则，在引渡问题上特别注重国会对行政部门外交权的制约，因而一直严守“条约前置主义”。即便如此，它还是于1996年对《美国法典》第18编第209章第3181条关于引渡法规的适用范围与限度的规定进行了修订，引入了一种在无双边引渡条约关系情况下合作的可能性，即如果在外国受到指控的犯罪属于针对海外美国国民的暴力犯罪，即使美国与该外国没有缔结任何关于引渡的协定或条约，美国也可以向该外国引渡犯罪嫌疑人。但是，这样做须符合如下条件：①犯罪嫌疑人不是美国国民或者永久居留者；②外国政府向美国司法部提供了足够的犯罪证据材料；③被指控的犯罪不具有政治性质。

虽然美国法律对“条约前置主义”的上述通融明显地出于保护本国国民安全的意图，但这也表明它的有关立法已经出现了松动迹象。

二、以相互承认逮捕令为基础的逃犯移交制度日臻成熟

随着在一些国家或者区域法律一体化的发展，传统引渡制度的基础正在发生根本改变，引渡不再仅仅被认为是“国际礼让”和相互提供便利的法律程序，而更多地被理解为共同体成员国在法制方面相互信任并相互承认司法裁决的法律程序，因而官方形式主义的引渡请求书不再重要，人们更加尊重合作伙伴发出的、具有法律强制力的司法文件，即对逃犯的逮捕令。

（一）欧盟的“欧洲逮捕令”制度

欧洲国家自1957年缔结《欧洲引渡公约》以来，为了不断扩大引渡合作的范围、简化程序、提高效率，先后于1975年和1978年签订了两份附加议定书，并且于1995年和1996年缔结了两项具有补充意义的欧盟成员国之间的引渡公约。但是，欧盟国家仍感到上述修修补补不足以适应法律和司法一体化的进程，它们认为相互承认司法裁决和判决应当成为民事和刑事司法合作的基石。“在引渡问题上，实行相互承认司法裁决和判决的原则意味着：每个国家的司法机关应当采用最简化的程序实际承认由其他成员国司法机关提出的移交某人的请求。”〔5〕

欧洲逮捕令制度的目的是相互强制移交逃犯，是建立在充分信任和承认请求国司法裁决基础之上的。只要请求国对被请求人发出了按照统一格式填写的“欧洲逮捕令（European Arrest Warrant）”，并且有关犯罪属于被欧盟各国列入犯罪清单中的罪行，〔6〕被请求国司法机关即应依据此逮捕令对该人实行逮捕，在经过比较简捷的司法审查之后，就可以将其移交给请求国司法机关。它增强了引渡审查的司法性，政治审查和行政审查被取消，从而提高了引渡合作的效率。它同时取消了本国国民不引渡的原则，考虑引进欧盟公民籍制度，欧盟各国的国民现在好像都成为了“欧洲公民”。此外，它还废除了双重犯罪原则和特定性原则。

移交被请求人的请求只能依据以下几项理由加以拒绝：①执行国认为针对某些犯罪执行欧洲逮捕令将违背该国法律制度的基本原则；②执行国认为有关犯罪并不是发生或者至少不是部分发生在签发国境内；③不符合一事不再理原则，即执行国已对被请求人的同一行为作出裁决，或者已决定不提起或撤销诉讼；④执行国对有关犯罪实行大赦；⑤执行国认为被请求人享有豁免权；⑥被签发的欧洲逮捕令缺乏必要的信息，或者不能据以辨别被请求人的身份。

新的欧洲逮捕令制度还引进了一项重要的原则，即一体化原则（principle of

〔5〕 参见《〈关于欧洲逮捕令和成员国间遣返程序的委员会框架决定〉解释性备忘录》第二部分。

〔6〕 欧洲逮捕令针对的是被判处了（包括通过缺席判决判处）至少4个月以上剥夺自由刑的人，或者在成员国可能被判处至少12个月剥夺自由刑或监禁刑的人。但各成员国可以确定不适用欧洲逮捕令制度的犯罪清单。

integration），根据这一原则，如果执行国认为在本国执行刑罚更有助于被请求人重返社会，并且被请求人也同意在执行国执行由签发国宣告的刑罚，它可以拒绝移交（第33条）；或者以实行被判刑人移管作为移交被请求人的条件（第36条）。

（二）英联邦国家间的“签注逮捕令”制度

“签注逮捕令（endorsement of warrant）”制度曾经是英国与爱尔兰之间一种特殊的引渡合作机制，现在它已经在英联邦（Commonwealth）各成员国之间被广泛采纳。2002年11月在英国金斯敦修订的《关于在英联邦范围内引渡的伦敦安排》第3条第1款允许根据由请求国签发的并且经被请求国主管司法机关签注的逮捕令引渡逃犯。

签注逮捕令制度同样以相互承认和执行司法裁决作为引渡逃犯的便利条件，它表现为：在引渡合作的情况下，被请求国直接根据请求国签发的逮捕令拘捕被请求引渡人，被请求国司法机关不再重新签发逮捕令，而只是以签注的形式对请求国签发的逮捕令予以认可。该制度一般有以下特点：

1. 经过签注的外国逮捕令在被请求国具有与本国司法机关签发的逮捕令相同的效力。例如，《津巴布韦1982年引渡法》第5条第3款规定，根据该法第5条第2款签注的外国逮捕令“应当在津巴布韦全境具有充分的权力，可据以为本法的目的逮捕和羁押该逮捕令所列举的人员”。

2. 请求国司法机关签发的逮捕令是启动引渡程序的主要法律文件，它不再仅仅是支持引渡请求的附属性文件，被请求国可以不要求请求国另外提出引渡请求。例如，《英国2003年引渡法》把与之实行签注逮捕令制度的法域列为“1类法域（category 1 territories）”，只要英国的“指定机关”证明已经收到了上述法域司法机关签发的逮捕令，英国司法机关即可决定对被拘捕者进行引渡听审程序，无须等待该法域提出引渡请求。[7]

3. 被请求国可以基于对请求国主管机关刑事追诉活动依据的信任，简化关于证据材料方面的要求。例如，《新西兰1999年引渡法》第25条允许所谓“经豁免的国家（exempted country）”在引渡听审中向新西兰司法机关提供支持其引渡请求的“证据概述（a summary of evidence）”，而无须提供新西兰有关诉讼规则所要求的“证据”。

（三）澳大利亚与新西兰之间的特殊安排

如果研读《澳大利亚1988年引渡法》和《新西兰1999年引渡法》，人们会发现其中包含着关于两国引渡合作的某些特殊安排，这种特殊安排以英联邦签注逮捕令制度为基础，引进了一些更优惠、更简捷的程序，使双方相互的引渡请求审查活动更具有形式性并且更为快捷。

给人印象最深的是明确禁止在引渡听审中对案件事实进行实质性审查。在这个问题上，《澳大利亚1988年引渡法》第34条第4款规定：“在依照本条进行的听审程序中，被请求引渡人无权提交证据，以反驳关于该人涉嫌从事构成新西兰签发的并经签注的逮捕令所针对之犯罪的指控，而且法官也无权接受这样的证据。”

《新西兰1999年引渡法》第47条则授权审理由澳大利亚提出的引渡请求的法

---

〔7〕 参见《英国2003年引渡法》第1、2、7条。

官，在进行法定范围的形式审查之后立即对被请求引渡人签发移交令，无须提请司法部长对该引渡请求进行行政审查并签发引渡令，除非出现特定例外情形。[8]

（四）意大利与西班牙之间的特殊安排

2000年11月28日，意大利与西班牙签订了《意大利共和国与西班牙王国关于通过在共同执法领域采取超越引渡的措施追究严重犯罪的条约》，宣布对于某些严重犯罪（例如至少可判处4年以上监禁刑的恐怖主义犯罪、有组织犯罪、贩卖毒品罪、贩卖武器罪、贩卖人口罪、对未成年人的性犯罪等）建立“共同执法领域（spazio digiustizia commune）”，采用超越引渡的措施开展移交逃犯的合作，即根据相互承认司法裁决和拘捕决定的原则，不经正常的引渡审查程序而移交逃犯，不再评估那些在引渡程序中所审核并且可能引起争议的法律问题，“例如有关行为是否必须在两国均被规定为犯罪，该犯罪是否根据任何一方的法律制度已经超过时效，缺席判决对于被请求国是否合法，对于这些问题将不再进行审查，因为在上述条约中没有提出这样的要求。此外，将不再适用特定性规则或原则，也就是说，不像在引渡中那样，为了能够针对在引渡前实施的、未列入引渡请求中的犯罪进行追诉或者执行限制人身自由的决定或处罚决定，应当获得关于扩展引渡的准可”。[9]

三、政治犯罪例外原则的适用范围越来越受限制

政治犯罪例外曾经是国际引渡合作中一项非常重要的原则，但是，随着国际社会对打击跨国有组织犯罪、恐怖主义犯罪、腐败犯罪以及各种危害人类基本权利和生存的犯罪的重视并且认识的统一，政治犯罪例外原则的“安全阀”作用越来越降低，人们更加关注不要让这一原则成为犯罪分子躲避制裁的护身符。

（一）对恐怖主义犯罪的非政治化

1996年9月27日制定的《欧盟成员国间引渡公约》在很大程度上排除了“政治犯罪不引渡”原则的适用。该公约第5条第1款规定：“为适用本公约之目的，被请求成员国不得视任何犯罪为政治犯罪、与政治犯罪有关的犯罪或基于政治动机的犯罪。”虽然该条第2款允许各缔约国对上述规定的适用范围提出保留，但对于《惩治恐怖主义犯罪的欧洲公约》第1条和第2条列举的犯罪，则必须适用该规定，也就是说，对于劫机、谋杀、伤害、绑架、爆炸等某些严重危害公共安全或人身权利的暴力犯罪，在引渡问题上不得将其视为政治犯罪、与政治有关的犯罪或基于政治动机的犯罪。

1997年12月15日通过的《联合国制止恐怖主义爆炸公约》第11条规定，为引渡或司法协助的目的，不得将在公共场所、国家或政府设施、公共交通系统或基础设施，或是向公用场所、国家或政府设施、公共交通系统或基础设施投掷、放置、发射或引爆爆炸装置或致死装置的犯罪行为视为政治犯罪、同政治犯罪有关的罪行或由政治动机引起的罪行。

---

〔8〕这里所说的“特定例外情形”是指：①被请求引渡人是新西兰公民；②被请求引渡人已经或者可能被判处死刑；③确有理由认为被请求引渡人面临遭受刑讯的危险；④在为执行刑罚而引渡的情况下，被请求引渡人应当在新西兰监狱中执行根据新西兰法律判处的刑罚。

〔9〕参见意大利司法部为实施《意大利共和国与西班牙王国关于通过在共同执法领域采取超越引渡的措施追究严重犯罪的条约》而向意大利众议院提交的《第7712号法律草案说明》。

1999年12月9日于纽约通过的《联合国制止向恐怖主义提供资助的国际公约》第14条规定，为引渡或司法协助的目的，不得将以任何手段，直接或间接地非法和故意地提供或募集资金，以资助本公约附件所列公约规定之犯罪或其他恐怖主义行为的犯罪视为政治犯罪。

许多国家在缔结双边引渡条约时都明确把恐怖主义犯罪排除在政治犯罪例外原则的适用范围之外，还有的国家为实现这样的排除而修订了原有的引渡条约。例如，美国与英国在2003年3月31日就引渡问题签署了一项补充条约，[10] 该条约规定，对于劫持或破坏民用航空器的犯罪、侵害应受国际保护人员的犯罪、劫持人质罪、谋杀罪、屠杀罪、绑架罪、涉及武器或爆炸物并造成严重财产损失的犯罪，无论出于怎样的理由，均不得援引政治犯罪例外原则免除对犯罪嫌疑人的引渡。

（二）对腐败犯罪的非政治化

对于贪污贿赂等腐败犯罪，在开展引渡合作时是否应当将其排除在政治犯罪例外原则的适用范围之外？围绕这个问题，负责起草《联合国反腐败公约》的特委会曾有过长时间的、激烈的辩论。由于腐败犯罪的主体经常由公职人员甚至高级公职人员构成，为了防止这些人员在逃跑到外国后，利用自己的政治身份或者其他与政治有关的借口为自己的罪行开脱，对抗针对其开展的引渡合作，包括中国在内的一些国家的代表要求在引渡问题上实现对腐败犯罪的非政治化，即在《联合国反腐败公约》中明确宣布，对腐败犯罪不适用政治犯罪例外原则。但另一部分国家则提出异议，它们担心某些国家以反腐败为借口迫害改革者或持不同政见者，因而希望在引渡问题上仍保留政治犯罪例外原则。[11]

作为一种折中的方案，法国代表团提出在有关案文中加进限制性条件，即对腐败犯罪的非政治化以“不违反被请求国的国内法基本原则”为条件，但这一条件遭到反对，被认为是在用国内法削弱国际公约规范的效力。在《联合国反腐败公约》草案三读的最后时刻，各方同意将腐败犯罪的非政治化限定在依据该公约开展引渡合作的情况下，也就是说，只有当各缔约国使用本公约作为引渡合作的依据时，才不得将公约所规定的犯罪视为政治犯罪。最终，2003年10月31日于纽约通过的《联合国反腐败公约》第44条第4款规定：“在以本公约作为引渡依据时，如果缔约国本国法律允许，根据本公约确立的任何犯罪均不应当视为政治犯罪。”

（三）对国际犯罪的普遍非政治化趋向

虽然并不是所有多边国际公约均将自己所列举的犯罪排除在政治犯罪例外原则的适用范围之外，但是不少国家在引渡的立法或缔约实践中采取了一种将所有国际犯罪非政治化的态度，即对于所有由多边国际公约惩处的国际犯罪均不认为属于政治犯罪。

加拿大和意大利于2005年1月缔结了一项取代1981年双边引渡条约的新条约，其中第2条第（a）款规定，如果“行为构成意大利和加拿大均加入的多边国际协定

---

〔10〕 该条约已在英国获得批准但在美国，由于其中一些条款受到人权组织的抨击而在国会审议时受阻。

〔11〕 黄风：“来自国际反腐战线的报告——《联合国反腐败公约》若干法律问题”，载《法制日报》2003年8月21日，第9版。

列举的犯罪并且根据该协定缔约国承担‘或者引渡或者将案件提交主管机关起诉’的义务”，则不属于政治犯罪或具有政治性质的犯罪。

中国在分别与阿联酋和莱索托缔结的双边引渡条约中也引入了类似的条款，在排除适用“政治犯罪不引渡”问题上规定得比较宽泛，例如《中国与阿联酋引渡条约》第3条第2款第2项规定，“缔约双方均为当事方、且规定当事方有‘或者起诉，或者引渡’义务的国际公约中规定的犯罪”，不应被视为政治犯罪。

有些引渡立法和引渡条约为上述非政治化条款附加了一定的条件，即多边国际公约也对有关犯罪做出非政治化规定。例如《马来西亚1991年引渡法》第9条第1款第（b）项规定，如果某一行为根据马来西亚和提出引渡请求的国家均已加入的多边协定构成犯罪，并且“针对该犯罪无论行为是否具有政治特点或理由，均应对有关人员实行引渡或者起诉”，则不得将该犯罪视为政治犯罪。《中国和巴西引渡条约》第3条第2款规定：“双方均为缔约国的国际公约不视为政治犯罪的罪行，在任何情况下均不被认为是政治犯罪。”

四、人权保护条款地位上升且越来越具体

与政治犯罪例外原则的发展趋向相反，人权保护条款却越来越受到重视。即使是在一些有着比较密切的引渡合作关系、甚至建立了某种超越一般引渡规则的特殊移交逃犯安排的国家之间，政治犯罪例外原则可以变通，但人权保护条款则仍然保持着刚性条款的地位，是不容置疑的。[12] 即使对于某些最被深恶痛绝的犯罪，国际社会可以将其作非政治化处理，但对被请求引渡人的人权保护却仍然是不可动摇的。例如，1997年《联合国制止恐怖主义爆炸公约》在宣布对所列举的犯罪不适用政治犯罪例外原则之后，马上申明：“如被请求的缔约国有实质理由认为，要求为第2条所列罪行进行引渡或要求为此种罪行进行相互法律协助的目的是为了因某人的种族、宗教、国籍、族裔或政治观点而对该人进行起诉或惩罚，或认为顺从这一请求将使该人的情况因上述理由受到损害，则本公约的任何条款不应被解释为规定该国有引渡或提供相互法律协助的义务。”

在引渡问题上的人权保护条款被拟订得越来越细致，主要表现在以下方面：

（一）传统的“防止迫害”条款

“防止迫害”在有的国家引渡法中被称为“非分考虑（extraneous considerations）”条款。[13]《新西兰1999年引渡法》第7条将该条款进一步细分为两款：（b）虽然表面上以可引渡之罪为对象，但要求引渡实际上是为了因种族、宗教、国籍、性别、政治见解进行追诉或者惩罚；（c）被引渡人可能因上述因素在审判中受到影响，或者受到惩罚或其他剥夺人身自由的措施。根据该法第11条的规定，这一限制性条款是不受任何引渡条约变通的。

在联合国特委会讨论《联合国反腐败公约》时，有的代表提出疑问：既然对腐

---

〔12〕参见本文第二部分在介绍欧洲逮捕令制度时提到的“一体化原则”和在介绍澳大利亚与新西兰特殊引渡安排时提到的“特定例外情形”。

〔13〕《英国2003年引渡法》第13、81条。

败犯罪在引渡合作中可以不适用政治犯罪例外原则，是否还有必要保留“防止迫害”条款呢？后来经过澄清，与会代表形成一致认识：政治犯罪例外条款与“防止迫害”条款具有不同的性质，前者针对的是被请求引渡人的行为，后者针对的是请求国的追诉活动，防止这种追诉活动产生侵犯基本人权的后果。因此，这一条款应当独立于政治犯罪例外原则而完全加以保留。

（二）保障基本诉讼权利的条款

2000年通过的《联合国打击跨国有组织犯罪公约》和2003年通过的《联合国反腐败公约》，不同于以往的国际公约，引人注目地在有关引渡的一条中加进了这样一款：“在对任何人就本条所适用的任何犯罪进行诉讼时，应当确保其在诉讼的所有阶段受到公平待遇，包括享有其所在国本国法律所提供的一切权利和保障。”一些国家的引渡立法也把请求国能否公正执法和采用正当程序确定为是否与之开展引渡合作的条件，例如《新西兰1999年引渡法》第8条把有关的刑事检控活动“不符合公正执法的要求(not made in good faith in the interests of justice)”列为拒绝引渡的理由之一。

基于对被请求引渡人基本诉讼权利的保护，缺席判决被大多数国家视为无效，那些依然保留缺席审判制度的国家发现自己在请求引渡时遇到了越来越难以逾越的法律障碍。例如，近几年来意大利大量根据缺席判决而向外国提出的引渡逃犯的请求遭到拒绝，其中包括涉及140名犯有恐怖主义罪行的逃犯的引渡请求，在这种背景下，意大利于最近颁布了一项法令。该法令规定，受到缺席判决的人自实际知晓该判决之日起30日内有权对缺席判决提出上诉。即便是这种经过修改的缺席审判制度仍被欧洲法院在有关引渡的申诉案件中认定为违反“公平程序”的原则。[14]

（三）确保被引渡人与权利保护机关间的联系

1979年通过的《反对劫持人质国际公约》在引渡合作问题上规定了一个特殊条款。如果被请求引渡人的处境可能因“有权行使保护权利的国家的适当机关无法与其联系”而受损害，引渡请求不得予以同意（第9条第1款）。《英国2003年引渡法》第16条和第83条明确将上述关于被请求引渡人可能无法与负责其权利保护的机关进行联系的情形规定为拒绝提供引渡合作的理由。

（四）加强对未成年人权益的特别保护

当被请求引渡人是未成年人时，一些关于引渡的国内立法或国际条约要求被请求国应当特别考虑对其基本权益的保障，允许被请求国基于这种特殊的人权考虑拒绝引渡请求。例如，意大利与加拿大于2005年1月缔结的双边引渡条约第4条第1款第（b）项规定：“当根据被请求国的法律，被请求引渡人在实施犯罪时是未成年人，并且请求国对该人将适用的法律与被请求国关于未成年人的法律基本原则不相容时”，可以拒绝有关的引渡请求。

（五）对监狱条件的重视

请求国监狱条件也成为一些国家主管机关在决定是否准予引渡时考虑的重要情况，这里指的监狱条件包括监狱的生活条件、人道主义的待遇程度、是否存在刑讯等情况。

---

〔14〕 Leonardo Filippi, Decreto legge sull' estradizione, l'obiettivoe' l'equo processo. http: //www. restretti it.

（六）将引渡审查程序与庇护程序联系起来

为了增加对被请求引渡人基本人权的保护，一些国家允许被请求引渡人随时提出关于庇护的申请。例如，《英国2003年引渡法》第39条和第121条允许被请求引渡人在自引渡审查程序启动之后的任何时候（直到被实际移交之前）向国务大臣提出庇护请求，从而使引渡审查程序与庇护申请程序联系起来，赋予被请求引渡人又一项与人道主义保护相关的行政救济手段。

在我国与一些国家缔结的双边引渡条约中，关于庇护的条款也经历了一个微妙的演变过程。最初，由于一些国家不接受"政治犯罪"的概念，因而"受庇护的权利"曾经是政治犯罪例外原则的替代表述形式；〔15〕但到了后来，出现了"政治犯罪"与"受庇护的权利"相互并行的情况，〔16〕这表明在中国和有关缔约国的引渡案件审理中，申请庇护可以成为独立于关于政治犯罪问题审查的一项人权保护措施。

（七）防止酷刑条款

1984年在纽约签订的《联合国禁止酷刑和其他残忍、不人道或有辱人格的待遇或处罚公约》第3条第1款规定："如有充分理由相信任何人在另一国家将有遭受酷刑的危险时，任何缔约国不得将该人驱逐、推回或引渡至该国。"在引渡合作中，此公约的所有缔约国都可以直接援引该规定拒绝外国的引渡请求。有的国家还在引渡立法或条约中作出这方面的明确规定。例如，中国2000年《引渡法》第8条第7项规定，如果"被请求引渡人在请求国曾经遭受或者可能遭受酷刑或者其他残忍、不人道或者有辱人格的待遇或者处罚的"，应当拒绝引渡。

五、死刑不引渡已变为刚性原则

在可能对被引渡人判处或者执行死刑的情况下拒绝引渡，在几十年前还算不上国际引渡合作的基本原则之一，主要表现为一些国家关于引渡问题的国内立法中的一种限制性规定，而现在这一规定正在快速普及，出现在越来越多的引渡条约当中，并且成为引渡合作中使用频率较高的拒绝理由或者限制性条件。

（一）死刑不引渡条款已成为引渡条约的一般性规定

如果翻阅一下近20年来各国缔结的引渡条约，人们会发现死刑不引渡条款已经普遍存在，它也被写入了1990年通过的《联合国引渡示范条约》〔第4条第（d）项〕。它的普遍性还可以通过下列事实证明：死刑不引渡原则的采纳已经不再与开展引渡合作的国家是否仍然保留死刑问题存在必然联系，那些已经废除了死刑的国家在相互缔结引渡条约时同样会重申死刑不引渡原则，那些仍然保留死刑的国家在相互缔结引渡条约时也可能要求确立这一原则。例如，澳大利亚与荷兰均已废除了死刑，但这两个国家于1988年缔结的双边引渡条约第3条第2款第（c）项依然写道，"当被请求引渡人受到指控的犯罪涉及死刑时"，可以拒绝引渡，除非请求国保证将不判处死刑，或者如果已判处，将不执行死刑。菲律宾和印度尼西亚是两个仍然保

---

〔15〕例如，我国分别与俄罗斯、白俄罗斯、保加利亚、哈萨克斯坦、蒙古、乌克兰等国缔结的双边引渡条约。

〔16〕例如，我国分别与老挝、阿塞拜疆等国缔结的双边引渡条约。

留死刑的国家，它们缔结的双边引渡条约同样包含着一个关于死刑问题的专门条款，即第10条规定："如果引渡请求所针对的犯罪根据请求方的法律可判处死刑，并且针对这样的犯罪被请求方的法律未规定死刑或者通常不执行死刑，可以拒绝引渡，除非请求方提供的保证足以使被请求方相信死刑将不被执行。"

（二）死刑不引渡条款受到特别强调

死刑不引渡条款在国际条约中的地位也变得越来越重要。例如，欧盟与美国于2003年缔结了一项引渡协定，在引渡合作的限制性情形问题上，该协定没有再去提及政治犯罪例外、国民不引渡、一事不再理等原则，偏偏设专条调整死刑不引渡问题，其这样规定："当引渡请求所针对的犯罪根据请求国的法律可判处死刑，并且根据被请求国的法律不可判处死刑时，被请求国可以根据下述条件允许引渡，即对被请求引渡人将不判处死刑，或者如果由于程序原因请求国不能满足该条件，则以将不执行已判处的死刑为条件。如果请求国同意按照本条列举的条件进行引渡，它应当遵守这样的条件。如果请求国不接受这样的条件，引渡请求可以予以拒绝。"笔者想顺便指出的是，这一条款与通常的死刑不引渡条款存在着一个重要的差异或者说是发展，它明确规定请求国如果接受不判处死刑或者不执行死刑的条件，"应当遵守这样的条件"，从而将遵守上述条件确定为国际义务。

（三）死刑不引渡原则在引渡实践中作用凸显

由于死刑不引渡原则越来越受到各国国内立法和国际条约的维护，在引渡的实践中，面临涉及死刑的刑事审判的被请求引渡人往往可以通过各种各样的方式和渠道向被请求国司法机关或者其他主管机关请求法律救济，甚至向某些国际的或者区域的法院以及联合国人权委员会就对其不利的引渡决定提出申诉。例如，1991年一名在美国宾夕法尼亚州被指控犯有一级谋杀罪的美国人，在加拿大被拘捕并被美国请求引渡，针对美国方面的引渡请求和不判处死刑的承诺，被请求引渡人援引《联合国公民权利和政治权利国际公约》先后向加拿大魁北克高级法院、魁北克上诉法院以及联合国人权委员会提出上诉和申诉，以寻求保护。[17]

随着死刑不引渡原则地位的提高，被请求引渡人援引该原则提出法律救济的申请成功率很高。例如，1990年荷兰最高法院援引《欧洲人权公约》关于废除死刑的第6号议定书撤销了荷兰上诉法院作出的同意向美国引渡美国士官生肖特的裁定。[18] 1995年欧洲人权法院援引同样的法律文件宣告英国向美国引渡索埃林是错误的。[19] 1996年意大利宪法法院援引《意大利宪法》第27条第4款肯定了被请求引渡人彼德罗针对美国引渡请求提出的抗辩，并且裁定《意大利刑事诉讼法典》第698条第2款关于死刑承诺的规定违宪。

（四）关于不适用死刑的承诺不容丝毫含糊

死刑不引渡原则的刚性还表现在被请求国对请求国作出的关于不判处或者不执

---

〔17〕 1992年8月17日联合国人权委员会经审议后认为，被请求引渡人还可以依照加拿大法律进一步在加拿大寻求有关的法律救济。

〔18〕 黄风：《中国引渡制度研究》，中国政法大学出版社1997年版，第105页。

〔19〕 同注18引书，第107页。

行死刑的承诺要进行严格的审查。我们前面援引的引渡条约（协定）都要求这种承诺必须是“足够的”，而且是否符合这一标准应当由被请求国加以判断。为此，一些国家的引渡立法专门指定某个主管机关负责相关的审查。例如，《英国2003年引渡法》第94条指定国务大臣（Secretary of State）负责接受关于不判处或者不执行死刑的“书面保证”，并且审查它是否“适当”；《意大利刑事诉讼法典》第698条第2款则要求由司法部长和对引渡请求进行司法审查的法院认为这种保证是“充足的”。

值得注意的是，最近这种“足够的”或者“适当的”标准在对死刑深恶痛绝的意大利也受到摈弃。1993年美国政府向意大利政府提出引渡在佛罗里达州犯有一级谋杀罪的意大利公民彼德罗（Pietro Venezia），并根据两国于1983年签订的双边引渡条约第9条作出关于不判处或者不执行死刑的保证，意大利司法部长和主管法院根据《意大利刑事诉讼法典》第698条第2款的规定对美国提供的保证进行了审查并认为是充足的，[20] 据此意大利司法部长作出允许引渡的决定。针对这一决定，被请求引渡人彼德罗向意大利行政法院提出上诉，并且向意大利宪法法院起诉，认为《意大利刑事诉讼法典》第698条第2款违宪。意大利宪法法院于1996年6月27日作出判决，指出意大利《宪法》第27条第4款对死刑的禁止“在很多方面可以说是意大利原则”，然而，这一宪法保障的绝对性却被《意大利刑事诉讼法典》和《意美引渡条约》中关于对不适用死刑保证的审查制度削弱了，因为这种审查“依赖的是可以自由裁量的、逐案的评估，是对请求国所作保证的可信性和实在性程度的判断”。因此，宪法法院宣告《意大利刑事诉讼法典》第698条第2款和《意美引渡条约》第9条违宪。[21]

意大利宪法法院的上述判决使得意大利政府现在对外缔结引渡条约时再不敢轻易接受关于不适用死刑承诺的条款，[22] 也使得意大利司法机关在对外国引渡请求进行审查时不再认可请求国的这种承诺。意大利比较愿意接受的做法是当引渡请求所针对的犯罪根据请求方的法律应判处死刑时，请求方将适用意大利法律针对同一犯罪规定的刑罚，[23] 而这又谈何容易。死刑现已成为意大利对外提供引渡时不可逾越的法律障碍。

六、关于国民引渡的限制不断放宽

本国国民不引渡曾经是国际引渡合作中的一项基本原则，尤其是对于大陆法系的国家来说，往往是一种刚性的宪法原则；它在许多双边引渡条约中是列位第一的、

---

〔20〕 该款规定：“如果外国法律对引渡请求所针对的犯罪规定了死刑，只有当该外国保证将不科处此种刑罚或者不执行已科处的死刑，并且司法部长和司法机关认为这一保证是充足的时，才可准予引渡。”

〔21〕 参见意大利宪法法院1996年6月27日第223号判决。

〔22〕 2003年意大利与阿尔及利亚缔结的双边引渡条约在关于死刑的条款（第5条）中不再使用“足够的保证”一语，而是规定：“如果引渡请求所针对的犯罪根据请求方的法律被适用死刑，被请求方的引渡以请求方不判处死刑或者不执行已判处的死刑为条件。”那么，请求方应该怎样表明自己将不判处死刑或者不执行已判处的死刑呢？条约则缄口未谈。

〔23〕 这种规定非常罕见地出现在《意大利和摩洛哥刑事司法协助、相互执行刑罚和引渡条约》第31条当中。

引渡的强制性拒绝理由。随着各国人员交往关系的不断密切和国际刑事司法合作关系的日益紧密，越来越多的国家更加尊重刑事司法管辖的属地原则，松动了对本国国民不引渡原则的适用。

（一）允许在一定条件下引渡本国国民

1996年《欧盟成员国间引渡公约》第7条第1款改变了1957年《欧洲引渡公约》第6条关于“缔约方有权拒绝引渡其本国国民”的规定，明确规定：“不得以被请求引渡人是《欧洲引渡公约》第6条意义上的被请求引渡国国民为由拒绝引渡。”考虑到一些国家目前存在的法律困难，《欧盟成员国间引渡公约》允许缔约国对上述解禁条款的适用作出保留，但有关保留声明的有效期限定为5年，可以按照相同的期限实行逐次续展。2004年开始实施的“欧洲逮捕令制度”则完全废除了本国国民不引渡的原则。

《意大利宪法》一直保留着不允许引渡国民的规定，但近几年来，意大利特别注意利用其《宪法》关于“国际条约明确允许的情况除外”的规定，在对外缔结的双边引渡条约中大胆地变通自己的宪法原则。例如，在2005年与加拿大签订的引渡条约中明确规定：“被请求国不得仅以某人是本国公民为由拒绝引渡该人。”

有的引渡条约把不引渡本国国民规定为一种例外的情况。例如，瑞士与美国于1990年签订的双边引渡条约第8条第1款规定：“被请求国不应以被请求引渡人是其本国国民为由拒绝引渡，除非对于引渡请求所针对的犯罪它享有对该人实行追诉的司法管辖权。”

（二）鼓励实行“先引渡后移管”和“或者引渡或者执行请求国判决”

传统的引渡条约一般规定，如果被请求国因被请求引渡人是其本国国民而不予引渡，则应将有关案件提交本国主管机关进行追诉，即所谓的“或者引渡或者起诉”。为了鼓励各国变通本国国民不引渡原则，同时又考虑被请求国对本国国民的司法管辖和法律保护，《联合国打击跨国有组织犯罪公约》和《联合国反腐败公约》引进了两种制度，即“先引渡后移管”和“或者引渡或者执行请求国判决”。

所谓“先引渡后移管”是指被请求国可以先将本国国民引渡给请求国接受刑事追诉和审判，在定罪判刑之后，请求国再对被引渡人实行被判刑人移管，也就是说，将该人送回被请求国，在被请求国的监狱中执行由请求国判处的刑罚；这样做将免除被请求国“或者引渡或者起诉”的义务。

所谓“或者引渡或者执行请求国判决”是指当请求国以执行刑事判决为目的请求引渡，并且被请求国以被请求引渡人是其本国国民为由拒绝引渡时，双方可以协商决定在被请求国执行由请求国针对被请求引渡人判处的刑罚。例如，《联合国反腐败公约》第44条第13款规定：“如果为执行判决而提出的引渡请求由于被请求引渡人为被请求缔约国的国民而遭到拒绝，被请求缔约国应当在其本国法律允许并且符合该法律要求的情况下，根据请求缔约国的请求，考虑执行根据请求缔约国本国法律判处的刑罚或者尚未服满的刑期。”除了“或者引渡或者起诉”原则外，在为执行刑罚而请求引渡的情况下，还出现了“或者引渡或者移管”的规则。

（三）设法防止本国国民不引渡原则的滥用

在一些重大的引渡案件中，滥用本国国民不引渡原则的情况颇为严重。一些逃犯采取各种手段在隐藏地国家获取到该国国籍，从而援引国民不引渡原则对抗引渡请求。例如，意大利公民左尔兹（Delfo Zorzi）涉嫌策划 1969 年 12 月 12 日在意大利米兰喷泉广场附近的国家农业银行中央大厅内制造爆炸，造成 17 人死亡，88 人受伤。随后，左尔兹移居日本并且于 1989 年提出了加入日本国籍的申请，取日本名为 Hagen Roi，他的申请很快获得批准而变成了日本国民。意大利司法机关于 1997 年对左尔兹发出国际逮捕令，2000 年 3 月意大利正式向日本提出引渡左尔兹的请求。日本主管当局以本国国民不引渡为由拒绝了意大利的引渡请求。

另外，有的国家为了扩大对本国移民或侨民的保护，对于某些已经丧失了该国国籍的移民或侨民也援引国民不引渡原则对抗引渡请求。例如，秘鲁前总统藤森于 2000 年 11 月在出国参加国际会议期间，突然改道前往日本并在那里宣布辞去秘鲁总统职务，2001 年秘鲁司法机关以渎职罪对藤森发出国际通缉令，2003 年 7 月秘鲁政府以谋杀罪等罪名向日本提出引渡请求，日本政府以《日本引渡法》不允许引渡本国国民为由拒绝引渡藤森。实际上，藤森本人一直坚持自己的秘鲁国籍，并且试图参加秘鲁新一届的总统选举，而《日本国籍法》是不承认双重国籍的，如果藤森本人不放弃秘鲁国籍，他将在法律上当然地丧失日本国籍。

面对滥用本国国民不引渡原则的可能性，一些国家在认真考虑和讨论在立法、缔约以及个案合作中弥补某些漏洞。首先，尽可能地明确规定取得被请求国国籍的时间标准，并且尽量将这一标准提前，从“被请求国就引渡请求作出决定时”提前到“收到引渡请求时”,〔24〕或者“引渡请求所针对的犯罪完成时”。例如，《墨西哥国际引渡法》第 15 条规定：“如果墨西哥国籍是在引渡请求所针对的行为实施之后取得的，将不构成引渡的障碍。”其次，对于已经取得了被请求国国籍的逃犯，设法找到某些瑕疵以吊销其已经取得的被请求国国籍。例如，针对上述左尔兹引渡案，日本主管机关认为：从理论上讲，如果日本国籍是采用严重违规行为取得的，是可以撤销的；因此，日本方面从 2000 年开始调查左尔兹在取得日本国籍之前或者之后是否采取了不良行为，例如是否隐瞒了自己的刑事前科，在取得日本国籍之后是否违反日本法律的明确禁止继续保持自己的意大利国籍等。〔25〕

（四）向国际刑事法庭引渡本国国民已成为一种义务

根据《国际刑事法院罗马规约》（以下简称《罗马规约》）第 89 条的规定，被要求移交人只能以一罪不二审原则为理由向被请求国法院就国际刑事法院的逮捕和移交请求提出异议，因此《罗马规约》的缔约国不能以被指控人的国籍或者禁止引渡本国国民的宪法规定等理由拒绝国际刑事法院的移交请求。如果国际刑事法院要求有关国家移交本国国民，该国有义务执行这项请求。〔26〕

---

〔24〕 例如《意大利与巴西引渡条约》第 6 条第 1 款。

〔25〕 2002 年 5 月 14 日，在八国集团司法部长和内务部长会议期间，意大利司法部长卡斯泰利再次向日本司法部副部长横内提出引渡左尔兹问题。日本司法部副部长解释说，日本法律不允许引渡本国国民。“因而，惟一的办法似乎就是撤销左尔兹的国籍。在过去，这样一种程序在日本尚无先例。”横内副部长告诉卡斯泰利部长，为了启动撤销左尔兹日本国籍的程序，需要由意大利司法机关提供相关的证据材料，证明左尔兹确实具有罪过，随后日本当局才能研究这一问题。参见意大利司法部 2002 年 6 月 4 日发布的《新闻公报——司法：关于左尔兹案的澄清》。

〔26〕 参见《批准与执行——国际刑事法院罗马规约手册》，中信出版社 2002 年版，第 76 页。

上述移交本国国民的义务不仅针对国际刑事法院存在，而且同样适用于其他经联合国授权成立的国际刑事法庭。2001 年 6 月 28 日，南斯拉夫联盟共和国将自己的前总统米洛舍维奇移交给前南国际刑事法庭，就是一个典型的事例。就连一直很警惕地对待国际刑事法院司法管辖权的美国也在 1996 年通过一项法案，允许美国政府向卢旺达国际刑事法庭“移交包括美国公民在内的人员”。[27]

七、在举证要求方面盛行“亲亲疏疏”标准

对于外国提供的支持其引渡请求的材料，各个国家的引渡法规或者相互间缔结的引渡条约可能会提出不同的举证要求，但是同一个国家面对不同国家的引渡请求能够提出不同的举证要求吗？比如，要求 A 国提供被请求引渡人详细的犯罪证据，却要求 B 国只提供案情概要，而无须提供证据材料。在现实中，这种答案是肯定的，而且引渡合作中的上述“双重标准”倾向越来越明显和流行。对于那些与本国有着相同的或者类似的社会制度和法律制度的国家，对于那些与本国人员交往密切、引渡合作频繁的国家，对于那些同属某一共同体或联合体或者有着睦邻关系的国家，关于支持引渡请求的举证要求就放得比较宽；相反，对于那些与自己法律制度和社会制度有着较大差距的国家，对于那些相互间缺乏深入了解、尚未建立稳定的合作关系的国家，关于支持引渡请求的举证要求则比较严格。

《英国 2003 年引渡法》将引渡的合作伙伴划分为“1 类法域（category 1 territories）”和“2 类法域（category 2 territories）”；[28] 虽然该法没有说明根据怎样的标准实行上述划分，但该法中的某些条款已经表明这种划分主要考虑的是法律制度的异同。例如，该法第 1 条第 3 款规定，根据普通刑法可能适用死刑的法域不得被划入 1 类法域。在引渡程序方面，两类不同的法域享受着不同的待遇，对于 1 类法域，以英国的“指定机关”收到该法域司法机关签发的逮捕令作为启动引渡程序的第一步；对于 2 类法域，则以英国国务大臣收到该法域特定机构出具的引渡请求书并签发证明书作为启动引渡程序的第一步。

对于两类法域在引渡程序上的不同待遇突出地体现在关于支持引渡请求的举证标准上。1 类法域在向英国提出引渡逃犯的请求时，根据该法第 2 条第 6 款的要求，除本国司法机关签发的逮捕令外，只须提供有关“情况（information）”，即：①关于被请求引渡人身份和特征的情况；②关于对被请求引渡人作出的其他拘捕决定的情况；③关于被指控的犯罪的基本情况，包括犯罪的时间、地点、触犯的法律条文；或者④对于已经被判刑的逃犯，关于处罚判决的情况。然而，2 类法域在向英国提出引渡逃犯的请求时，根据第 71 条第 3 款的要求，请求方则应当提供有关“证据（evidence）”，即①足以证明假如被请求引渡人在英国实施被指控的犯罪，英国主管法官有理由对其签发逮捕令的证据；或者②足以证明假如被请求引渡人在英国在被定罪后非法处于监外，英国主管法官有理由对其签发逮捕令将其收监的证据。只有在英国主管法官认为上述证据要求得到满足的情况下，才能对被请求引渡人发出逮

〔27〕 参见美国第五巡回上诉法院第 98－41597 号判决。

〔28〕 该法使用“法域（territory）”一词取代“国家”一词。

捕令，从而开展对该人的引渡审查程序。

实际上，上述针对 2 类法域提出的证据要求是相当严格的，几乎无异于提请英国司法机关依照本国的举证标准决定是否应当对外国逃犯开展刑事追诉并且采取刑事强制措施。大概正是注意到这种要求的严苛性，《英国 2003 年引渡法》授权国务大臣根据具体情况，针对某些他信得过的 2 类法域，采用命令的方式将关于“证据”的要求改为只提供“情况”的要求（第 71 条第 4 款）。

《澳大利亚 1988 年引渡法》和《新西兰 1999 年引渡法》也都各以专门的部分调整同某些“指定国家”的引渡合作关系，这种关系的最大特点就是相互信任、程序简便，不要求请求方提供相关的证据材料。被请求方司法机关在依据这种关系对引渡请求进行审查时，不审查引渡请求所提出的指控是否符合“表面证据”的标准，而只是审查：①引渡请求所列举的犯罪是否属于“性质微不足道的”犯罪；②有关的指控是否符合公正执法的要求；③有关的追诉活动是否已过时效。〔29〕相反，对于其他“非指定国家”，法院在对引渡案件听审时则要求请求方提供相关的证据材料证明：假如被指控的犯罪发生在被请求方管辖范围以内，有理由将其提交审判；或者在被请求引渡人已被定罪的情况下，证明对该人应当如此定罪。上述证据的充分程度应当符合“表面证据（prima facie evidence）”的标准，即在未遇反驳的情况下，该证据构成据以将有关人员提交法院审判的充足根据。〔30〕

举证方面的特殊优惠待遇通常是通过缔结国际条约在缔约方之间相互给予。《马来西亚 1991 年引渡法》第 4 条规定，如果马来西亚与某一外国之间达成的关于引渡在逃罪犯的安排包含相关条款，允许概括地或者针对一类犯罪或数类犯罪免除提供表面证据的要求，司法部长可以发出书面指示，对有关案件适用第 20 条列举的程序，即不要求请求方按照表面证据的标准提供支持引渡请求的证据材料。

英国是一个在引渡问题上坚持表面证据标准的典型国家，但是它现在已通过国际条约在同所有《欧洲引渡公约》的缔约国以及阿塞拜疆、阿尔巴尼亚等 40 多个国家的引渡合作中免除了表面证据标准的适用。2003 年，英国与美国签订了新的引渡条约，其中也不再要求美国为自己的引渡请求提供相关的表面证据。但是，由于美国对英国仍然不放弃这样的证据标准，这一新条约在英国议会受到批评。英国内务大臣 Baroness Scotland of Asthal 在回答议会质询时称，在引渡合作方面，“我们看不出有理由对美国这样一个稳定的民主国家应当提出比较严格的证据要求”。

大陆法系国家在支持引渡请求的文件要求方面，一般不像英美法系国家那样采用表面证据的标准，它们通常侧重的是形式要件方面的审查，可以不要求请求方提供证据材料。但是，对于那些尚未与之建立稳定的司法合作关系的国家，它们也可能提出比较严格的举证要求。例如，《意大利刑事诉讼法典》第 705 条第 1 款规定，当意大利与提出引渡请求的国家之间不存在引渡条约关系时，请求国为支持自己的引渡请求应当提供关于“犯罪的重大嫌疑”的证据材料。在实践中，意大利司法机

〔29〕 参见《澳大利亚 1988 年引渡法》第 34 条、《新西兰 1999 年引渡法》第 45 条。

〔30〕 参见《澳大利亚 1988 年引渡法》第 11 条第 5 款第（b）项、《新西兰 1999 年引渡法》第 24 条第 2 款第（d）项。

关也曾援引这样的条款对某些国家的引渡请求提出非常严苛的证据要求，甚至以所提供的证据材料不符合“重大嫌疑”标准为由拒绝有关的引渡请求。

八、鼓励运用简易引渡程序

所谓简易引渡是指在被请求引渡人同意自愿接受引渡的条件下，省略一般的审查程序，快速将该人移交给请求国。实行简易引渡一方面能够节省司法资源，加快国际合作的进程；另一方面也体现了对被请求引渡人诉讼权利和意愿的尊重，并缩短该人在被请求国受羁押的时间。正如《〈欧盟成员国间简易引渡程序公约〉解释报告》所说，“如果进展缓慢意味着对人的反对被引渡这一权利的尊重，则符合公正的刑事诉讼的原则。但是，假若被引渡人并无意反对对其的引渡，则这一拖延是无正当理由的。”[31]

正是基于这样的原因，近十几年来，简易引渡程序越来越受到国际社会的重视。1995年欧盟制定了《欧盟成员国间简易引渡程序公约》，要求各成员国在被请求引渡人同意引渡且被请求国主管机关准许的情况下，无需提交引渡请求书（第3条第2款），也不适用正式的引渡程序；在被引渡人表示同意后最长40天内移交被引渡人。2000年《联合国打击跨国有组织犯罪公约》和2003年《联合国反腐败公约》都呼吁各国“在符合本国法律的情况下，努力加快引渡程序并简化与之有关的证据要求”。

为适用简易引渡程序，被请求引渡人应当有权在引渡决定作出前的任何时间表达自己同意引渡的意愿。例如，《新西兰1999年引渡法》第28条第1款规定：“某人可以在任何时候通知法院他（她）同意因引渡请求所针对的可引渡犯罪而被移交给引渡请求国。”一般来说，这种同意应当向负责对外国引渡请求进行司法审查的司法机关（法院）表达；如果不处在司法审查阶段，也可向行政主管机关提出。[32] 被请求国在对同意接受引渡的意愿进行审查时应当特别注意以下情形：①被请求引渡人在有关程序中得到了合法代理，即获得了法律顾问的帮助；②被请求引渡人是在被充分告知并且充分了解有关法律后果之后自愿表示同意的。[33] “有关法律后果”包括：他将被立即收监；他无权就收监的决定提出人身保护令（habeas corpus）申请；在被移交后他可能会因未在引渡请求中列举的、其他比较轻微的罪行或者被请求国同意审判的其他可引渡之罪接受审判。[34]

关于同意接受引渡的意愿一般应采用书面形式表达，一旦被司法审查机关接受，即不可撤回。[35] 接受该同意的机关应当立即将引渡请求连同被请求引渡人的同意意见转送有权作出引渡决定的机关，以便立即作出引渡决定并且安排移交。对于自愿同意引渡的人，被请求国有权将其收监以等待移交，但是，“法院可以允许对该人实行保释”。[36]

---

〔31〕 参见《欧盟刑事司法协助研究暨相关文献中英文本》，中国人民公安大学出版社2003年版，第224页。

〔32〕 参见《英国2003年引渡法》第127条第4、5款。

〔33〕 参见《新西兰1999年引渡法》第28条第3款。

〔34〕 参见《马来西亚1991年引渡法》第22条第1款。

〔35〕 参见《英国2003年引渡法》第127条第3款、《德国1982年国际刑事司法协助法》第41条第3款。

〔36〕 参见新西兰《1999年引渡法》第28条5款。

在被请求引渡人自愿同意引渡的情况下，被请求国的司法机关将放弃或者终止对引渡请求的审查，因此，可以不要求请求国提供支持引渡请求的文件或证据材料，[37] 甚至可以免除依照法定的程序提出正式引渡请求的要求。例如，不必通过外交程序并且采用书面形式提交经过合法认证的引渡请求书。[38] 但是，为确保能够向被请求引渡人告知必要的信息并且正确辨认被请求引渡人的身份，有的引渡条约则规定，即使在实行简易引渡的情况下，请求国同样应当向被请求国提供关于被请求引渡人身份、请求逮捕的机关、逮捕令或者判决书、案情概要以及相关的法律规定等文件和材料。[39]

根据一些国家的法律，在实行简易引渡的情况下，请求国对被引渡人的刑事审判可以不受特定性原则的约束，也就是说，可以针对被引渡人在引渡前实施的、未列入引渡请求中的其他犯罪追究该人的刑事责任，并且可以不经被请求国同意而将该人再引渡给第三国。例如，《英国 2003 年引渡法》第 128 条第 5 款规定："该人应当被视为已经放弃了他本享有的、在 2 类法域不因在引渡前实施的犯罪受到处理的任何权利。"但是，根据另一些国家的法律，对于自愿同意接受引渡的人是否适用特定性原则，这取决于该人在表达同意的意愿时是否明确放弃了特定性原则所给予的权利保护。例如，《新西兰 1999 年引渡法》第 29 条要求审理有关引渡案件的法院应当询问被请求引渡人是否同意因其他犯罪接受审判。

国际条约通常把对被简易引渡人是否适用特定性原则问题交由各缔约国国内法决定。例如，《欧盟成员国间简易引渡程序公约》第 9 条要求各缔约国在交存批准书、接受书、核准书或加入书时就是否需要被请求引渡人"明确放弃其援引特定规则的权利"问题作出声明。《澳大利亚与荷兰引渡条约》第 5 条第 3 款规定："在遵守被请求国法律的情况下，如果被请求国声明允许这样做，"请求国将在简易引渡的情况下不受特定性原则的约束。

九、关于被请求引渡对象的新"三分法"值得注意

传统的引渡法和引渡条约一般把引渡的对象划分为两大类：一类是在请求国受到刑事指控的人，一类是在请求国已经被判处刑罚的人。对于前一类人的引渡以对该人进行刑事追诉和审判为目的，因而在理论上被称为"诉讼引渡"；对于后一类人的引渡以对该人执行刑罚为目的，因而在理论上被称为"执行引渡"。

上述传统的两分法在相当一部分国家的引渡立法或对外缔约中被新的三分法所取代。例如，《英国 1988 年刑事司法法》还把引渡的对象划分为"被指控犯有一项引渡罪行的人员"和"被指称被该国法院判定犯有一项引渡罪行后非法逃脱的人员"；而《英国 2003 年引渡法》则将引渡的对象划分为三大类，除在请求国被指控犯有引渡罪行的人员外，将已被定罪、但尚未被判刑的人员和已被判刑的人员区分

---

〔37〕 例如，2005 年缔结的《加拿大与意大利引渡条约》第 10 条规定："即使第 7 条列举的条件没有得到满足，只要被请求引渡人同意对他的引渡，亦可允许依照本条约引渡该人。"该条约第 7 条列举的是关于为支持引渡请求所应提供的文件和材料的要求。

〔38〕 参见 1988 年实施的《澳大利亚与荷兰引渡条约》第 5 条第 3 款。

〔39〕 参见《欧盟成员国间简易引渡程序公约》第 4 条。

开来。[40]《澳大利亚1988年引渡法》第6条在解释“可引渡人（extraditable person）”的含义时，将已定罪的情况区分为“作为定罪的结果打算对有关人员判刑”和“作为定罪的结果尚需执行全部或部分已判处的刑罚”两种情况。[41]《新西兰1999年引渡法》第3条也将“已被认定犯有引渡罪行”的情况区分为“（i）作为定罪的结果打算判处刑罚”和“（ii）作为定罪的结果尚需执行全部或部分已判处的刑罚”。

新的“三分法”的出现是有着其法律理由的。在一些国家的刑事诉讼制度中，关于犯罪事实的审判和关于量刑的判决是相互分离的，前一种审判可以由陪审团进行，或者由法官根据被告人的认罪答辩先行完成，后一种判决则可由法官根据定罪的情况随后发出。为了防止某些刑事被告人钻定罪和判刑之间的空子，在被定罪后潜逃，在引渡合作中出现了将已被定罪、但尚待判刑的人单独列为一类特殊对象的情况。

新的“三分法”的出现直接影响到引渡的程序性规则，特别是关于请求国提供支持引渡请求的文件和材料的规则。在这一程序性规则方面，各国引渡立法有着不同的处理方式。有的国家将已被定罪、但尚未判刑的情况纳入为追诉目的请求引渡的情况，因而要求请求方提供对被请求引渡人的逮捕令、案情概要、相关的指控根据等材料。[42] 有的国家则将已被定罪、但尚未判刑的情况纳入为执行目的请求引渡的情况，因而只要求请求方提供关于被请求引渡人已被定罪的证明材料，而不是要求提供关于受指控行为的证明材料。[43]

有的引渡条约针对三种不同的引渡对象明确提出三种不同的关于证明文件的要求。例如，《澳大利亚与荷兰引渡条约》第5条“引渡程序和所要求的文件”规定，如果被请求引渡人受到犯罪指控，请求国应当提供对该人的拘捕令或其副本、关于犯罪事实的案情概要等材料；如果被请求引渡人已经被认定犯罪，应当提供的文件是关于定罪和所判刑罚的证明文件、关于刑罚可立即执行的说明以及关于尚未执行的刑罚的说明；如果被请求引渡人“已经被认定犯罪，但在请求时尚未被判处刑罚”，请求国则应当提供“关于定罪的证明文件以及确认它打算判处刑罚的说明”。

中国在最近的对外缔约实践中也遇到因新的“三分法”而带来的上述程序性问题。对于已经定罪但尚未判刑的情况是应当将其归入为追诉目的的引渡，还是应当归入为执行目的的引渡？经过研究和磋商，最后达成这样的共识，即只要有关定罪的程序是按照正常的即充分保障当事人诉讼权利的审判程序进行的，即使尚未判处刑罚，同样可以要求请求国按照为执行目的而引渡的情况提供支持引渡请求的文件和材料。2005年12月缔结的《中国和纳米比亚引渡条约》第7条“应当提交的文件”第3款规定：“在被请求引渡人已被定罪的情况下，应当提供请求方主管机关对该人某项被定罪的行为的说明和记录对该人的定罪，以及如果判刑则提供对该人判

---

〔40〕 参见《英国2003年引渡法》第64条第1款。

〔41〕 参见《澳大利亚1988年引渡法》第6条第（a）款第（ii）项。

〔42〕 例如《英国2003年引渡法》第2条的规定。

〔43〕 例如《新西兰1999年引渡法》第24条第2款第（d）项第（ii）目的规定。

刑的文件的副本；如果部分刑期已经执行，主管机关对未执行刑期的具体说明。”此款中“如果判刑”一语，实际上说明这里涉及已经定罪但尚未判刑和已经定罪并判刑这两种情况，而且在所要求提交的文件方面是有差别的。

工业事故跨界影响的国际法分析

林灿铃*

一、工业事故的界定

基于当前人类的文明程度和迅猛发展的科学技术，尤其是人类工业的飞速发展，人类尚难避免意外事故尤其是突发性工业事故所带来的灾难，而灾难性的突发工业事故又往往难于避免产生跨界影响。何谓“工业事故”？当前并没有普遍性国际公约就此做出统一的界定，具有普遍效力直接调整工业事故跨界影响的国际条约也不存在。惟一涉及这一问题的仅有欧洲经济委员会于1992年通过并于2000年生效的《工业事故跨界影响公约》。

根据欧洲经济委员会《工业事故跨界影响公约》第1条第12项的规定，“工业事故”是指任何涉及危险物质的活动过程中发生的突发性事件，[1] 这些活动过程包括：①发生在一设施中的活动，如生产、使用、储存、操作或处理过程；②受第2条第2款4项规制的任何运输过程。[2] 此外，理解这一定义可参考1993年第80届国际劳工大会通过的《预防重大工业事故公约》第3条第（d）项“重大事故”一词，是指在重大危害设置内的一项活动过程中出现的突发性事件，诸如严重泄漏、失火或爆炸，涉及一种或一种以上的危害物质，并导致对工人、公众或环境造成即刻的或日后的严重危险。

鉴于此，工业事故可定义为“工业生产活动过程中发生的意外事故”，“意外”指的是不可预见性，“生产活动”则包括生产、使用、储存、操作或处理、运输等过程。

二、跨界影响与跨界损害的区别

若按照欧洲经济委员会《工业事故跨界影响公约》的规定，“跨界影响”指的是发生于一缔约方管辖范围内的工业事故在另一缔约方管辖范围内造成的严重影响。[3] 而所谓“影响”则指由一工业事故对下述方面除其他外造成的任何直接或间接、即刻或滞后的不利影响：①人类、动物、植物；②土壤、水、空气和景观；

* 中国政法大学教授、博士生导师、法学博士。

[1] 参见欧洲经济委员会《工业事故跨界影响公约》第2条第2款第4项的规定。

[2] 欧洲经济委员会《工业事故跨界影响公约》第2条第2款第4项规定，公约不适用于陆源运输事故，但以下事故除外：①对此类事故的紧急反应；②在危险活动处所进行的运输。

[3] 参见《工业事故跨界影响公约》第1条第4款。

③第1 项与第 2 项要素间的相互作用；④物质资产和文化遗产，包括历史遗迹。[4]

“跨界损害”是指国家管辖或控制下的活动造成国家管辖或控制范围以外地区的环境损害。它具有以下特征：首先，损害必须是人类的行为所致，且其后果是物质的、数量的或是有形的。换言之，损害必须对一些方面有实际破坏作用，这些破坏作用必须能以实际和客观的标准衡量。国际法委员会强调了“跨界损害”的“有形后果”，[5] 认为跨界损害必须是活动的“实际后果”造成的，排除了金融、社会经济或类似领域的国家政策可能造成的跨界损害。其次，行为的有形后果所造成的损害的“重大”性。当然，关于“重大”一词的含义，并非没有含糊性，但一般地可以这样理解：“重大”的程度超过“察觉”，但不必达到“严重”或“显著”的程度。[6] 最后，行为的有形后果具有明显的跨界性。“跨界性”是指一项活动所产生的有形后果已经超越行为所在国国界，给行为国领土以外的区域造成损害的情况。准确而言，这里所说的“界”乃是领土界线、管辖界线和控制界线。[7]

可见，跨界影响与跨界损害具有根本的区别。跨界损害是国家管辖或控制下的活动造成国家管辖或控制范围以外地区的环境损害，它包括有意识造成国家管辖或控制范围以外地区的环境损害后果。[8] 而跨界影响则是指由于工业事故导致在另一国家管辖范围内或在事故发生地国管辖或控制范围以外地区造成的严重影响。

三、工业事故跨界影响与跨界损害责任制度

适用于跨界损害领域的国际法律责任制度，迄今有成熟的传统国家责任制度和有待进一步完善的跨界损害责任制度。

（一）工业事故跨界影响与传统国家责任

传统国家责任是指当一个国际法主体从事了违反国际法规则的行为，或者说，当一个国家违反了自己所承担的国际义务时，在国际法上应承担的责任。[9] 前苏联著名的国际法学者童金教授指出，国际法律责任是指“国际法主体由于违反国际法律义务而引起的法律后果”。[10] 前苏联另一国际法学者热科夫尼科夫更强调国家责任的法律后果，他在主编的《国际法》中强调：对法律秩序的破坏，引起相应的国际法主体责任。这种责任既在给其他主体造成物质损害的场合，又在虽未造成直接的物质损害，但是侵犯了一个或数个国际法主体权利的情况下产生。正因为如此，对国际法律责任的产生来说，典型的与其说是造成物质损害的事实本身，不如说是

---

〔4〕 参见《工业事故跨界影响公约》第 1 条第 3 款。

〔5〕 参见联合国大会第 51 届会议补编第 10 号（A/51/10）《国际法委员会第 48 届会议工作报告》第 202 页：《关于国际法不加禁止的行为所造成的损害性后果的国际责任条款草案》第 1 条。

〔6〕 参见联合国大会第 51 届会议补编第 10 号（A/51/10）《国际法委员会第 48 届会议工作报告》第 202 页：《关于国际法不加禁止的行为所产生的损害性后果的国际责任条款草案》第 1 条评注。

〔7〕 参见联合国大会第 51 届会议补编第 10 号（A/51/10）《国际法委员会第 48 届会议工作报告》第 208 页：《关于国际法不加禁止的行为所产生的损害性后果的国际责任条款草案》第 2 条评注。

〔8〕 如 1990 年 8 月 2 日，伊拉克无视国际关系和国际法准则，非法入侵和占领科威特，并向大海倾倒原油和战败后纵火焚烧科威特油井，由此造成无法估量的大气和海洋污染以及对他国的严重侵害。

〔9〕 王铁崖主编：《国际法》，法律出版社 1995 年版，第 136 页。

〔10〕 ［前苏联］童金主编：《国际法》，邵天任、刘文宗译，法律出版社 1988 年版，第 204 页。

违法行为（违法行为既可能是不当行为又可能是不当之不行为的结果），即非法侵犯国际法主体的政治或物质权利。[11] 简言之，国家责任是“国家对其国际不法行为所承担的责任”[12] 或“一国对其国际不法行为的责任”。[13]

可见，国家责任的成立必须具备违反国际法规则和可归责于国际法主体这样两个要件，即必须满足主观要件和客观要件。所谓主观要件是指一不当行为可归因于国家而被视为该国的国家行为。是否可归因于国家的判断标准是国际法而不是某一国家的国内法。国家责任的主观要件意味着只有违反国际义务的行为是可归因于国家的行为才引起国家责任，并非所有违背国际义务的行为均构成国际不法行为，不能要求国家对其境内的所有人从事的一切活动都对外负责。所谓客观要件是指国家的行为违背了该国所承担的国际义务此项国际义务无论是基于国际条约，还是习惯国际法，其法律后果都一样，均引起该国的国家责任。这种行为既指国家对某一国际义务的作为，也指国家对某一国际义务的不作为。

显然，传统国家责任无法适用于工业事故跨界影响。但工业事故跨界影响是否违反了国际环境法所确立的“尊重国家主权和不损害国外环境原则”的习惯原则呢？这一国际环境法基本原则可表述为：“根据《联合国宪章》和国际法原则，各国拥有按照其本国的环境与发展政策开发本国自然资源的主权权利，并负有确保在其管辖范围内或在其控制下的活动不致损害其他国家或在各国管辖范围以外地区的环境的责任。”很明显，这一原则也不适用于工业事故跨界影响。因为必须把“生产活动”与“工业事故”区分开,“生产活动”是包括生产、使用、储存、操作或处理、运输等过程，而“工业事故”的发生不是生产活动的组成部分。国家承担“保证其管辖或控制范围内的活动，不致损害其他国家或国家管辖范围以外地区的环境”义务，这种意义上的活动是指该国正常的生产活动，而不包括国家也不愿发生的意外事故。这一点使工业事故造成的跨界影响与1931年特雷尔冶炼厂案及核试验案有了本质差别。在特雷尔冶炼厂案中，提炼矿物质时排放含硫烟雾的活动就是其生产活动的一部分；在核试验案中，法国在波利尼亚上空进行大气层核试验造成放射性微粒回降，这种微粒回降也是空中核爆炸活动的组成部分。所以，特雷尔冶炼厂案和法国大气层核试验案都是行为本身造成跨界损害，无疑应适用“尊重国家主权和不损害国外环境原则”，而“工业事故跨界影响”则完全不同，因为“事故”不同于“活动”。

（二）工业事故跨界影响与跨界损害责任制度

“跨界损害责任”是指国家为其管辖或控制下的活动造成国家管辖或控制范围以外地区的环境损害而承担的赔偿责任。由于该活动虽然造成损害性后果，但其本身并非国际法所禁止，因此也被称为“国际法不加禁止行为所产生的损害性后果的国际责任”。所谓国际法“不加禁止”包含两方面的情况：一是国际法文件规定对此种行为不加任何限制，即不加禁止而允许的；另一种是国际法文件对此种行为没有明

---

〔11〕［前苏联］热科夫尼科夫主编：《国际法》，刘莎等译，商务印书馆1985年版，第105页。

〔12〕［英］斯塔克：《国际法导论》，赵维田译，法律出版社1984年版，第238页。

〔13〕联合国大会第51届会议补编第10号（A/51/10）《国际法委员会第48届会议工作报告》第95页：《国家责任条款草案》第1条。

文规定禁止也没有明文规定允许。这就意味着只看行为与后果的关系，而不问其行为是否违反国际法的规定。这一责任制度的特点是：损害发生以后，并不以行为者的过失作为其承担责任的依据，只要行为者所实施的行为与损害结果间存在一种因果关系，就可判定其承担损害赔偿责任。

如同国内法的发展一样，国际法并不绝对禁止产生跨界损害，国家之间边境发展都可能对邻国产生某种程度上的不利影响。各国在本国境内进行各种合法活动时会相互影响，只要没有达到“重大”程度，就被认为是可以容忍的，亦即国际上对那些只造成间接或轻微损害、影响的活动通常是可以容忍的。作为一种行为规范，国际法应在何种程度上禁止跨界损害，这就涉及损害标准的确立问题。此外，环境破坏所造成的损害影响往往又有一个逐渐累积的过程，所以就此来看，从环境保护角度考虑，当损害影响可估量时，就应当受到法律的限制，也就是说并不是所有的跨界损害都一概而论地必须承担损害赔偿责任。正如国际法委员会所认为的：……限制这些条款之范围的最有效的方法是规定这些活动须产生跨界实际后果，并产生严重损害。[14]

工业事故之“跨界影响”指的是由于工业事故导致在另一国家管辖范围内或在事故发生地国管辖或控制范围以外地区造成的严重影响。而所谓“影响”则指由工业事故所造成的直接或间接、即刻或滞后的不利影响。“跨界损害”是指在国家管辖或控制下的活动造成国家管辖或控制范围以外地区的环境损害，具有行为的有形后果所造成的损害的重大性以及其后果是物质的、数量的或是有形的等特征。[15] 可见，工业事故跨界影响与跨界损害具有完全不同的特征。此外，工业事故是工业生产活动过程中发生的事故而非行为者所实施的行为。所以，工业事故所导致的跨界影响也不是国家管辖或控制下的活动所造成的跨界损害。因此，工业事故跨界影响也无法适用“跨界损害责任制度”。当然，工业事故跨界影响就更不适用在外层空间探索活动与核能利用上所采取的绝对责任。[16]

四、跨界影响的法律属性

国际上关于油污、核材料利用、航空航天等活动造成的跨界影响基本上都已建立起了相关的条约制度。例如，在调整油污领域有 1969 年的《国际油污损害民事责任公约》和《国际干预公海油污事故公约》、1971 年的《设立国际油污损害赔偿基金公约》、1990 年的《国际油污防备、反应和合作公约》以及 2001 年的《国际燃油污染损害民事责任公约》等；在核材料利用方面则有 1986 年的《及早通报核事故公约》和《核事故或辐射紧急援助公约》、1994 年的《核安全公约》、1997 年的《关于核损害民事责任公约》等；在航空航天领域有 1963 年的《关于在航空器内犯罪和其他某些行为的公约》（简称《东京公约》）、1970 年的《关于制止非法劫持航空器的公约》（简称《海牙公约》）、1971 年的《关于制止危害民用航空安全的非法行为

---

〔14〕 联合国大会第 51 届会议补编第 10 号（A/51/10）《国际法委员会第 48 届会议工作报告》第 208 页。
〔15〕 林灿铃：《国际法上的跨界损害之国家责任》，华文出版社 2000 年版，第 46～53 页。
〔16〕 参见《空间实体造成损失的国际责任公约》第 2 条和《核能损害民事责任维也纳公约》第 2 条。

的公约》（简称《蒙特利尔公约》）、1967 年的《关于各国探索和利用包括月球和其他天体在内的外层空间活动的原则条约》、1972 年的《空间实体造成损失的国际责任公约》等。

尽管突发性工业事故频仍，但与其所导致的跨界影响相关的制度却未见雏形，目前依然缺少与此相关的普遍性国际条约。

1986 年 4 月 26 日，位于前苏联乌克兰地区基辅以北 130 公里的切尔诺贝利核电站爆炸，事故产生的放射性元素扩散到大面积区域，大约 100 万～300 万居里的铯 137 被排泄出来，其中 1/3 沉降在前苏联境内，1/3 在欧洲其他国家，1/3 进入北半球其余地区。苏联政府在爆炸发生 15 天后才向外界发表公开声明。遭受这次核污染的国家包括瑞典、挪威、意大利、德国等。这次污染事故造成了巨大的经济损失，对于环境和人体健康造成的损失更是不可估量。而当时受到损害的国家都没有对前苏联提起求偿诉讼。这主要是以下几个方面的原因：找不到要求前苏联政府赔偿的法律基础；难以量化损害；难以确定放射性微尘与损害的直接因果关系；可能造成消极的政治影响。事故虽然过去了，但是这次事故造成的灾难却依然在继续，它对环境破坏和人体健康的损害是数十年不灭的，甚至更久远。2005 年，俄罗斯批准了《核损害民事责任公约》。但是，作为前苏联继承者的俄罗斯却拒绝就切尔诺贝利核事故承担责任，其理由如下：①公约并未规定恐怖活动导致的核损害赔偿；②公约的主要目的是为对因发生在另一国的核事故遭受损害的一国国民提供保护，但俄罗斯国内法目前还不赋予受害者以此种保护；③事故发生在俄罗斯批准公约前，且发生在另一国范围内。

2000 年 1 月底，罗马尼亚西北部连降几场大雨，该地区的河流和水库水位暴涨。1 月 30 日夜至 31 日晨，西北部城市巴亚马雷附近金矿污水处理池出现一大裂口，10 多万升含剧毒的氰化物及铅、汞等重金属污水流入附近的索梅什河，又经此河流入匈牙利境内的蒂萨河，造成该河 88%～90% 的动植物死亡。含氰化物的污水污染了匈牙利的蒂萨河后，又流入前南斯拉夫境内的多瑙河段，造成鱼类大量死亡。发生事故的金矿是罗马尼亚同澳大利亚的合资公司。匈牙利和前南斯拉夫都表示要求罗马尼亚政府和金矿公司承担赔偿责任。但是，由于缺乏可以适用的国际规则，由这起污染事故导致的损害最终都没有得到赔偿。虽然没有解决任何赔偿问题，但此次事故催生了 2003 年《关于工业事故越界影响对越界水体造成损害的民事责任和赔偿的议定书》（简称《基辅议定书》）。《基辅议定书》试图为工业事故跨界影响对跨界水体造成损害的民事责任以及对损害作出充分、迅速的赔偿规定一项全面制度。它确立了基于严格和过错责任的连带责任制度。它使经营人[17]要对工业事故造成的损害负赔偿责任。它还使任何人都要对其故意、轻率或疏忽的不当作为或不作为所造成或促成的损害负赔偿责任，不当作为或不作为由可适用的相关国内法的规则确定，

---

〔17〕 根据《工业事故跨界影响公约》第 1 条第（e）项的规定，经营人是指负责某项活动，例如监督、计划实施或实施活动的任何自然人或法人，包括公共当局。

包括关于雇用人和代理人赔偿责任的法律。[18] 根据《基辅议定书》第2条第2款第（c）项的规定，损害包括如下内容：①生命丧失或人身损害；②财产的损失或损害，应负责者所持有的财产除外；③为经济目的以任何方式使用越界水体而获得的法律所保护的权益因越界水体遭到破坏而受到损害，从而直接造成的收入的丧失；④为恢复被破坏的越界水体而采取的措施所涉及的费用，但只限于已实际采取或拟采取的措施所涉及的费用，以及⑤反应措施的费用。

可见，当前对于工业事故所造成的跨界影响，除前述《预防重大工业事故公约》、《工业事故跨界影响公约》及其议定书外，尚无其他对工业事故跨界影响进行规制的国际条约。而《预防重大工业事故公约》和《工业事故跨界影响公约》目前也只适用于少数几个国家，只对少数缔约国生效，[19] 而并非普遍性的全球公约。再者，公约亦没有规定工业事故造成跨界影响时来源方对于受害方的责任，只有《工业事故跨界影响公约》在其第13条“责任与赔偿责任”中规定，当事方应支持阐明责任与赔偿责任领域的规则、标准和程序的国际努力，而没有进一步澄清责任的实体性或程序性规则。此外，《工业事故跨界影响公约》议定书则尚未生效。显然，突发性工业事故跨界影响乃是一个在传统国家责任制度和跨界损害国家责任制度以外有待于我们研究填补的新领域，依赖于国际法的进一步发展和国际社会的进一步合作！

五、结论

一切都在发展中，法律制度也在发展中，国际法亦不例外。

保护环境、防止跨界损害和工业事故的跨界影响，已经成为国际社会的共同利益和共同责任，如何预防和减少跨界损害、致力于环境保护已经成为国际关系更是国际环境法的主要课题。尽管关于工业事故跨界影响目前在国际法上还是一片空白，缺乏系统而可靠的理论、缺乏相应的国际法调整机制，但这并不意味着工业事故跨界影响就可以完全漠视。在事故发生后应采取积极的预防和控制措施，可能对管辖或控制领域外环境或人体健康造成威胁时，应向可能受影响国家和民众告知该事故的有关潜在影响并提供相关信息资料，以便受影响国采取必要的预防措施，同时也有利于就该事故所导致的跨界影响可能造成的损害进行磋商，以便最大限度地减小损害或寻求替代措施。同时，工业事故发生国亦可依据国际法善意原则，在突发工业事故爆发导致邻国环境遭受实际损害的情形下，予以人道主义的救助。

---

〔18〕 联合国大会国际法委员会第56届会议工作报告《关于国际法不加禁止的行为所产生之损害性后果之国际责任专题的各种责任制度概览》，第57页。

〔19〕 目前批准《预防重大工业事故公约》的国家有阿尔巴尼亚、亚美尼亚、比利时、巴西、哥伦比亚、爱沙尼亚、黎巴嫩、荷兰、沙特阿拉伯、瑞典、津巴布韦等11国；目前《工业事故跨界影响公约》的缔约方则主要是欧盟国家。

图书在版编目（CIP）数据

比较法学文萃.3 / 米健主编. 一北京：中国政法大学出版社，2009.3

ISBN 978-7-5620-3353-0

Ⅰ.比... Ⅱ.米... Ⅲ.比较法学 — 文集 Ⅳ.D908-53

中国版本图书馆CIP数据核字(2009)第029510号

书　　名	比较法学文萃（三）
出 版 人	李传敢
出版发行	中国政法大学出版社(北京市海淀区西土城路 25 号) 北京 100088 信箱 8034 分箱　　邮政编码 100088 zf5620@263.net http://www.cuplpress.com　（网络实名：中国政法大学出版社） (010) 58908325（发行部）　58908285(总编室)　　58908334(邮购部)
承　　印	固安华明印刷厂
规　　格	787×1092　　16 开本　　37 印张　　830 千字
版　　本	2009 年 4 月第 1 版　　2009 年 4 月第 1 次印刷
书　　号	ISBN 978-7-5620-3353-0/D·3313
定　　价	58.00 元